suhrkamp taschenbuch
wissenschaft 2324

Markus Schroer plädiert in seinem neuen Buch für eine umfassende Ausweitung der soziologischen Denkzone angesichts der Herausforderungen des Anthropozäns. Dieses ist nicht bloß der Begriff für ein neues geologisches Zeitalter, sondern steht für eine umfassende Infragestellung des bisherigen Selbstverständnisses des Menschen und seiner Auffassung von Natur, Kultur und Gesellschaft. *Geosoziologie* untersucht unter Rückgriff auf klassische und aktuelle Texte, wie Böden, Steine, Berge, Meere, Pflanzen, Tiere und Menschen in wechselnden Nachbarschafts-, Konkurrenz- und Kooperationsbeziehungen die Erde als Raum des Lebens gestalten.

Markus Schroer ist Professor für Allgemeine Soziologie an der Philipps-Universität Marburg. Zuletzt erschienen von ihm im Suhrkamp Verlag: *Räume, Orte, Grenzen. Auf dem Weg zu einer Soziologie des Raums* (stw 1761) und *Diven, Hacker, Spekulanten. Sozialfiguren der Gegenwart* (hg. zus. mit Stephan Moebius, es 2573).

Markus Schroer
Geosoziologie

Die Erde als Raum des Lebens

Suhrkamp

Erste Auflage 2022
suhrkamp taschenbuch wissenschaft 2321

Umschlag nach Entwürfen von
Willy Fleckhaus und Rolf Staudt
Druck und Bindung: C. H. Beck, Nördlingen
Dieses Buch wurde klimaneutral produziert:
climatepartner.com/14438-2110-1001.
Printed in Germany
ISBN 978-3-518-29924-1

www.suhrkamp.de

»Die Erde bleibt das Schicksal des Menschen.«

Hans Blumenberg, *Die Vollzähligkeit der Sterne*,
Frankfurt/M. 1997, S. 435

Inhalt

Vorwort

Das vorliegende Buch ist unter dem Eindruck zweier globaler Krisen geschrieben worden, die während des Schreibprozesses zunehmend katastrophische Züge annahmen: die Globale Erwärmung auf der einen und die Covid-19-Pandemie auf der anderen Seite, die mehr miteinander zu tun haben, als auf den ersten Blick ersichtlich ist. Beide lassen sich als Folge des hochproblematischen Umgangs des Menschen mit der Erde und ihren Lebewesen verstehen. Trotz dieser besonderen Umstände ist auch dieses Buch nicht gänzlich in stiller Einsamkeit verfasst worden, sondern verdankt sein Entstehen Zusammenhängen, ohne die es zweifellos ein anderes geworden wäre. Dazu zählen auch die zahlreichen Begegnungen insbesondere mit nichtmenschlichen Akteuren, die die Arbeit am Text nicht nur begleitet, sondern sie auch um eine zusätzliche praktische Dimension bereichert haben. Eine große Rolle haben dabei der eigene Garten und der nahe gelegene Wald gespielt. In beiden Lebensräumen lassen sich die Auswirkungen des Klimawandels konkret beobachten und erfahren. Weite Teile der von künstlich angelegten Wegen durchzogenen Baumgruppen haben sich in wenigen Jahren zu einer Art Waldruine entwickelt. Zwischen Unmengen von geschlagenem Holz, immer brauner werdenden Nadelhölzern, kahlgeschlagenen Flächen und ausgetrockneten Böden sind zwar hier und dort die einstmaligen Formationen noch zu erkennen, doch vieles ist dem weiteren Verfall preisgegeben. Bei einigen Wiederaufforstungsprojekten ist immerhin der Versuch erkennbar, eine Wiederholung der in Reih und Glied stramm Aufstellung nehmenden Nadelbäume zu vermeiden, was als längst überfällige Entmilitarisierung des Waldes gewertet werden kann. Wie es mit dem Wald weitergehen wird, ist dennoch ebenso offen wie die Zukunft der Meere, der Böden, der Pflanzen, Tiere und Menschen. Das Zeitalter des Anthropozäns, in dem wir leben, enthält die Botschaft, dass es ganz entscheidend auch von der Lebensweise des Menschen abhängen wird, ob und für wen es auf der Erde Zukunft geben und wie diese aussehen wird. Mit dem hiermit vorgelegten Buch soll gezeigt werden, welchen Beitrag die Soziologie zu dieser Problematik leisten kann, wenn sie sich als Geosoziologie versteht, deren Basis auf den folgenden Seiten entwickelt wird.

Einige noch vorläufige Ideen zur Geosoziologie konnte ich im Rahmen von Seminaren, Kolloquien und Vorträgen bereits vorstellen und weiterentwickeln. Allen, die mir dazu die Möglichkeit geboten bzw. daran teilgenommen haben, sei für ihre Beiträge ausdrücklich gedankt. Dies betrifft vor allem auch die Besucher:innen meines Forschungskolloquiums an der Philipps-Universität Marburg, der ich für die Gewährung eines Forschungssemesters zu danken habe, das eine kontinuierliche Textproduktion emöglicht, an die im Normalbetrieb nicht mehr zu denken ist. Ein besonderer Dank gilt dabei meinen ehemaligen Mitarbeitern Julian Höhmann und Jan Gerd Wilkens sowie meiner Mitarbeiterin Constanze Erhard, die sich auch der Mühe unterzogen haben, eine frühe, noch recht unvollständige Fassung des Manuskripts zu lesen und kritisch zu kommentieren. Herzlich zu danken ist darüber hinaus meinem studentischen Mitarbeiter Philipp Hennch, der in unermüdlichem Einsatz Unmengen an Texten herbeigezaubert und mir zugänglich gemacht hat. Philipp Hölzing vom Suhrkamp Verlag danke ich für seine sorgfältige Lektüre des Manuskripts, die verlässliche Zusammenarbeit und seine Geduld.

Jutta Anna danke ich für die vielen anregenden Gespräche während unserer gemeinsamen Aufenthalte in verschiedenen Ökosystemen. Ihre stete Neugier, ihr unbestechlicher Blick und ihr Vertrauen haben mehr zur Abfassung des Buches beigetragen als sich in Worten sagen lässt. Rosa und Hannah bin ich dankbar für ihre beständig liebevollen Aufmunterungen und ihr wachsendes Interesse am Thema. Ihnen und ihrer Zukunft ist dieses Buch gewidmet.

Marburg, im August 2021

Einleitung – Von der Öffnung der Soziologie für die Erforschung des Anthropozäns

Die Erde ist unbewohnbar wie der Mond. Diese Diagnose des Schriftstellers Gerhard Zwerenz (1925-2015) in seinem gleichnamigen Roman aus dem Jahr 1973[1] wird heute wieder gestellt, wenn auch aus ganz anderen Gründen. In seinem Buch *Die unbewohnbare Erde* stellt sich der Journalist David Wallace-Wells das »Leben nach der Erderwärmung«[2] vor. Nicht mehr die soziale Kälte, die nach Meinung des Schriftstellers an die Temperaturen auf dem Mond gemahnen, sondern der Klimawandel birgt heute die Gefahr, zumindest große Teile der Erde unbewohnbar zu machen. Höchste Zeit also, sich um sie zu kümmern – auch soziologisch. Obwohl die im Roman behandelte Problematik der rücksichtslosen Häuser- und Grundstücksspekulationen damit keineswegs als obsolet betrachtet werden soll – die physische Überhitzung des Planeten tritt zur sozialen Kälte eher hinzu als diese abzulösen –, geht es im vorliegenden Buch darum, die Soziologie über solche eher traditionellen Themen hinauszuführen und für das neue Zeitalter zu öffnen, das wir auf Vorschlag der Geologen begonnen haben *Anthropozän* zu nennen.[3] Angesichts der Herausforderungen, die das Anthropozän beinhaltet, wird darin für eine umfassende *Ausweitung der soziologischen Denkzone* plädiert. Nötig ist diese schon deshalb, weil es sich beim Anthropozän um weit mehr als nur eine geologische Kategorisierung des gegenwärtigen Erdzeitalters handelt. Vielmehr ist das gesamte Selbstverständnis des Menschen, seine bisherige Auffassung von Natur, Kultur und Gesellschaft und sein bislang gepflegter Umgang mit anderen Lebewesen in Frage gestellt.

1 Gerhard Zwerenz, *Die Erde ist unbewohnbar wie der Mond*, Frankfurt/M. 1976.

2 David Wallace-Wells, *Die unbewohnbare Erde. Leben nach der Erderwärmung*, München 2019.

3 Paul Crutzen, »Die Geologie der Menschheit«, in: *Das Raumschiff Erde hat keinen Notausgang. Texte von Paul J. Crutzen, Mike Davis, Michael D. Mastrandrea, Stephen H. Schneider und Peter Sloterdijk*, Berlin 2011, S. 7-10. Dass sich damit Fragen sozialer Ungleichheit keineswegs erledigt haben, sondern neu stellen, sei ausdrücklich betont.

Angesichts einer solch weitreichenden Diagnose setzen schnell die fast schon üblich gewordenen Reflexe ein, der Soziologie eine sträfliche Vernachlässigung bestimmter Kategorien vorzuwerfen, die nunmehr stärkere Berücksichtigung zu finden hätten. Ein neuer *turn* ist schnell ausgerufen.[4] Doch so einfach liegen die Dinge nicht. *Auf der einen Seite* ist es zwar tatsächlich so, dass die Soziologie in ihrer Geschichte mit einem reichhaltigen Programm an Themen und Problemen gestartet ist, im Laufe ihrer Entwicklung aber ihren Gegenstandsbereich mehr und mehr eingeschränkt und dadurch eine Vielzahl dieser Themen unbearbeitet gelassen hat, die vernachlässigt zu haben ihr heute durchaus zu Recht vorgeworfen wird. So hat sie trotz ihrer frühen Arbeiten etwa zum Film oder zu den Medien beide Themenkomplexe lange nicht weiterverfolgt[5] und damit das Feld zunehmend für andere Wissenschaften geräumt, die sich auf der Basis der verwaisten Pionierleistungen eine eigene Existenz aufbauen konnten. Ebenso zogen die heute wieder ganz oben auf der Agenda stehenden Themen wie Natur, Umwelt, Tiere und Pflanzen, geologische Formationen und geographische wie klimatische Verhältnisse lange Zeit kaum soziologische Aufmerksamkeit auf sich. *Auf der anderen Seite* aber bin ich bei den intensiven Grabungen, die ich für dieses Buch vorgenommen habe, auf eine ganze Reihe von soziologischen Arbeiten gestoßen, die sich durchaus mit geographischen Gegebenheiten und den materiellen Grundlagen von Gesellschaften auseinandersetzen, die deren Ausrichtung, Verfassung und Gestalt untersuchen und die Berücksichtigung von nichtmenschlichen Lebensformen wie Pflanzen und Tieren innerhalb der Soziologie für erforderlich halten.[6] Diese – vor allem auch aus den Anfangstagen der Soziologie stammenden – Arbeiten erweisen sich angesichts der aktuellen theoretischen Vorstöße des

4 Vgl. Christophe Bonneuil, »The Geological Turn: Narratives of the Anthropocene«, in: Gemene Hamilton, François Gemenne und Christophe Bonneuil, *The Anthropocene and the The Global Environmental Crisis. Rethinking Modernity in a New Epoch*, London 2015, S. 17-31. Einen Überblick über die bisherigen *turns* bietet Stephan Moebius (Hg.), *Kultur. Von den Cultural Studies bis zu den Visual Studies,* Bielefeld 2012.

5 Zu denken ist für den Film an die frühe Studie von Emilie Altenloh, *Zur Soziologie des Kino*, Jena 1914 und für die Medien etwa an Gabriel Tarde, *Masse und Meinung*, Konstanz 2015.

6 Vgl. Kap. 1 und 4.

Posthumanismus,[7] der Akteur-Netzwerk-Theorie,[8] des Neomaterialismus[9] und einer Soziologie des Lebens,[10] die der vorliegenden Arbeit als theoretische Ausgangspunkte und grundlegende Basis dienen, als überraschend aktuell, auch wenn die jeweilige Behandlung dieser Themenkomplexe und die theoretische Perspektive insgesamt durchaus unterschiedlich ausfallen.

Im Zuge ihrer erfolgreichen Etablierung als universitäres Fach fehlen in der Soziologie die Einlassungen zu Raum, Umwelt, Natur, Pflanzen und Tieren jedoch in zunehmenden Maße, weil sich der Gedanke immer mehr durchsetzt, dass sich der moderne Mensch aus der Umklammerung der physischen Welt erfolgreich befreit habe und sich mit ihr folglich auch nicht länger auseinanderzusetzen brauche, nach dem Motto: Keine Stimme den Besiegten! Leicht erkennbar stoßen wir hier auf einen der Hauptstränge der klassischen Modernisierungserzählung, der von der mithilfe der Technik erzielten Emanzipation von naturräumlichen Verhältnissen handelt, denen vormoderne Gesellschaften noch weitgehend ausgeliefert sind. Angesichts dieser Entwicklung begreifen sich sowohl die moderne Gesellschaft als auch der moderne Mensch als aus den Zusammenhängen der Natur weitestgehend herausgelöst. Auf dem Höhepunkt dieser Entwicklung, die mit dem schillernden Wort *Globalisierung* angezeigt wird, wird eine *Weltgesellschaft* in Aussicht gestellt, die sich mithilfe der Transport- und Kommunikationsmedien in einem solchen Ausmaß aus erdräumlichen Zusammenhängen etabliert hat, dass diese wie die Überbleibsel einer längst überwundenen Epoche erscheinen, die bald vollstän-

7 Rosi Braidotti, *Posthumanismus. Leben jenseits des Menschen,* Frankfurt/M., New York 2014.

8 Bruno Latour, *Eine neue Soziologie für eine neue Gesellschaft*, Berlin 2007.

9 Jane Bennett, *Lebhafte Materie. Eine politische Theorie der Dinge*, Berlin 2020, Karen Barad, *Agentieller Realismus. Über die Bedeutung materiell-diskursiver Praktiken,* Berlin 2012, S. 7: »Der Sprache wurde zuviel Macht eingeräumt. Die sprachkritische Wende, die semiotische Wende, die interpretative Wende, die kulturelle Wende: es scheint, daß in jüngster Zeit bei jeder Wende jedes ›Ding‹ – selbst die Materialität – zu einer sprachlichen Angelegenheit oder einer anderen Form von kultureller Repräsentation wird. [...] Es geht um die Sprache. Es geht um den Diskurs. Es geht um die Kultur. In einer wichtigen Hinsicht ist das einzige, worum es anscheinend nicht mehr geht, die Materie.«

10 Vgl. Heike Delitz u. a. (Hg.), *Soziologie des Lebens. Überschreitung, Differenz, Kritik*, Bielefeld 2018.

dig beseitigt sein werden.[11] Der Mensch wird parallel dazu als ein vor allem geistiges, mobiles Wesen ohne Körper vorgestellt, das sich in seinen Handlungen von klimatischen Verhältnissen, geographischen Gegebenheiten und nachgerade archaisch wirkenden Kategorien wie dem Boden nicht länger einschränken lässt. Nach diesem weit verbreiteten Missverständnis hat sich der Mensch von einem ehemaligen Sklaven der Natur zunehmend zu ihrem Herrscher aufgeschwungen. Seine Emanzipation von den materiellen Gegebenheiten der Erde gipfelt in dem Versuch, seinen Heimatplaneten zu verlassen, um sein Glück auf anderen Planeten zu suchen.[12]

Es ist exakt diese von der Soziologie wesentlich mitgetragene Vorstellung einer zunehmenden Emanzipation des Menschen aus erdräumlichen Verhältnissen, der in der hier vorgelegten *Geosoziologie* vehement widersprochen werden soll, da immer deutlicher wird, dass es sich dabei um einen fatalen Irrtum handelt, der sowohl die Gesellschaft als auch die sie beobachtende Soziologie in eine Sackgasse geführt hat. Das Konzept des Anthropozäns hat seine Bedeutung vor allem darin, auf die Erde als Schicksal der Menschen erneut aufmerksam zu machen und in Erinnerung zu rufen, dass sie unser Lebensraum ist, zu dem es – zumindest derzeit und wohl auch noch auf längere Zeit hin – keine Alternative gibt. Obwohl dieser Gedanke nicht gänzlich neu ist, prägt er doch maßgeblich die aktuelle politische Debatte darum, ob und wie sich dieser Lebensraum auf Dauer erhalten lässt.

Trotz der hochproblematischen Entwicklung der Soziologie im Sinne einer sukzessiven Einschränkung ihres Gegenstandsbereichs soll hier jedoch keineswegs eine lineare Geschichte des Vergessens und der Vernachlässigung erzählt werden. Zwar hat sich die Auffassung von Soziologie letztlich durchgesetzt, die sich allein auf das Handeln der Menschen und deren Belange ausrichtet. Einige Fachvertreter:innen scheinen die Zukunft der Soziologie gar in ihrer Reduzierung auf eine Art Umfragewissenschaft zu sehen, die sich mit theoretischen Überlegungen generell nicht länger belasten zu müssen meint.[13] Immer wieder aber wird im Laufe der Sozio-

11 Vgl. Kap. 4.6 und 5.5.

12 Vgl. Kap. 2.5.3 und Kap. 5.3.

13 In diesem Sinne spricht auch Rosi Braidotti, *Posthumanismus*, S. 10, zutreffend von einer »theoriefeindlichen Wende«, die »den Antiintellektualismus zu einem hervorstechenden Zug unserer Zeit gemacht« habe. An die Stelle der Theorie sei

logiegeschichte auch Einspruch erhoben gegen eine zu abstrakt werdende Vorstellung von Gesellschaft, so als ob diese gänzlich unabhängig vom physischen Raum und materiellen Gegebenheiten existieren könnte. Eine der Aufgaben des vorliegenden Buches ist es, diese Stimmen wieder zu Wort kommen zu lassen und dabei gerade diejenigen zu versammeln, für die die Berücksichtigung der nichtmenschlichen materiellen Welt innerhalb der Soziologie noch selbstverständlich war. Um die Einsichten zu Umwelt, Natur, Steinen, Pflanzen und Tieren zu erfassen, die die enorme Reichhaltigkeit des Faches unter Beweis stellen, wird es daneben aber immer auch nötig sein, über die inzwischen allzu eng gezogenen Grenzen der Soziologie hinauszugehen und Anthropologie, Geschichte, Geographie und Philosophie mit einzubeziehen – Wissenschaften, die nicht immer so streng voneinander geschieden wurden wie in unserer Zeit üblich. Die Soziologie ist aus meiner Sicht gerade heute gut beraten, nicht nur den Kontakt zu ihren unmittelbaren Nachbarwissenschaften weiterhin intensiv zu pflegen, sondern auch den Sprung über die Geistes- und Sozialwissenschaften hinaus etwa zur Biologie, Geographie und Geologie zu wagen, ohne dabei die dortigen Denkschemata gleich kritiklos zu übernehmen. Die Soziologie ist längst reif genug, um sich deren Forschungsergebnissen zu stellen und sie für ihre Zwecke zu verwenden, statt sich dem Gespräch von vornherein zu verweigern, getrieben von der Angst, die eigene Autonomie zu verlieren. Insgesamt hat die stets auf Abgrenzung gegenüber anderen Wissenschaften bedachte Entwicklung der Soziologie, die als notwendig für ihre zunehmende Institutionalisierung und Professionalisierung angesehen wurde, zu einer intellektuellen Verarmung und völlig unnötigen Reduzierung ihres Gegenstandsbereichs geführt – von wenigen Ausnahmen abgesehen, die in dieser Arbeit noch ausführlich zu Wort kommen werden. Für die Her-

ein »flacher Neoempirismus – der oft nicht viel mehr ist als Datenauswertung« – getreten. So ist es in der Tat. Die Folgen sind bereits absehbar. Zu ihnen gehört, dass auch in weiten Teilen der Soziologie die Haltung vorherrscht, die Theorie entweder für gänzlich verzichtbar oder für eine Angelegenheit zu halten, die sich ebenso gut auch von anderen Schwerpunkten aus, gleichsam im Nebenerwerb, miterledigen lässt. Eine Idee, auf die man im Falle der Methoden nie kommen würde. Die Wertschätzung von Theorie scheint schon einmal deutlich größer gewesen zu sein: vgl. Philipp Felsch, *Der lange Sommer der Theorie,* Frankfurt/M. 2013.

ausforderungen der Zukunft gilt es jedoch, diese unfruchtbare Perspektivenverengung zu überwinden, sofern die Soziologie zu den anstehenden Problemen des neuen Erdzeitalters noch einen gehaltvollen Beitrag leisten will. Nicht zuletzt soll mit einer solchen Ausrichtung verhindert werden, dass »die Soziologie zu einer sich dem Leben entziehenden Wissenschaft«[14] wird. Denn es ist letztlich das Leben, dem auch die Soziologie sich widmet, obwohl sie ihre in ihren Anfängen gut entwickelte lebensphilosophische bzw. -soziologische Basis viel zu früh aufgegeben hat, die heute völlig zu Recht wieder zu revitalisieren versucht wird:[15] Die Soziologie ist eine Lebenswissenschaft par excellence! Darauf verweist allein schon ihr vielfach mit dem Leben verbundener Begriffshaushalt.[16]

Aufgrund ihrer perspektivenreichen Geschichte, die insbesondere in ihren Anfängen noch mit sehr viel größerer Offenheit als nach ihrer erfolgreichen Konsolidierung als Universitätsfach auf das Leben in all seinen Facetten zugreift, ist eine Totalrevision der Soziologie aus meiner Sicht jedoch nicht nötig. Ein *Reset Sociology!* muss es nicht geben. Eher im Gegenteil: Statt permanent scheinbar ganz neue Trends und Entwicklungen aufzuspüren und immer neue *turns* auszurufen, könnte die Soziologie durchaus davon profitieren, sich stärker mit ihrer eigenen Vergangenheit zu beschäftigen, da diese ein ungemein reichhaltiges Repertoire an Gedanken und Ideen enthält, die oft genug in Vergessenheit gera-

14 Edgar Morin, »Die Unidualität des Menschen«, in: Dietmar Kamper, Christoph Wulf (Hg.), *Anthropologie nach dem Tode des Menschen*, Frankfurt/M. 1994, S. 15-24, hier S. 21. Morin plädiert dafür, »die Wissenschaften vom Leben und die Gesellschaftswissenschaften *epistemologisch zu verschweißen*«. Ebd., S. 22.

15 Vgl. Heike Delitz u. a. (Hg.), *Soziologie des Lebens.*

16 Vgl. Gilles Clément, *Die Weisheit des Gärtners*, Berlin 2017, S. 39: »Die Verhaltensforscher [...] und jene auf das Verhalten der Pflanzen konzentrierte Botaniker [...] sowie Ethnologen und Soziologen haben gemeinsam, dass sie mit den wechselnden Tatsachen des Lebendigen arbeiten. In keinem Augenblick ist es ihnen möglich, eine Situation als stabil oder endgültig zu beschreiben. Sie müssen sich an den temporären Zustand halten: an die in diesem Augenblick. Sie können uns alles geben. Ihr Unterricht löscht die Sicherheiten aus.« Die Orientierung der Soziologie am Begriff des Lebens zeigt schon die weite Verbreitung solcher Begriffe wie Lebenswelt, Lebensführung, Lebensstil, Lebensalter, Lebenslauf usw. Auffällig ist jedoch, dass dabei eine genauere Klärung des Lebensbegriffs zumeist ausbleibt, vgl. Markus Schroer, »Rausch, Fest und Ekstase. Zur Lebenssoziologie von Georges Bataille und Michel Maffesoli«, in: Heike Delitz u. a. (Hg.), *Soziologie des Lebens*, S. 91-112.

ten sind oder einfach nur im neuen Gewand daherkommen, ohne auf ihren Ursprung noch zu verweisen. Statt nach Anschlüssen zu suchen, sind ihre Vertreter:innen zumeist eher auf Neuerfindungen aus, nicht selten vorgetragen mit dem Habitus des solitären Genius, medial verstärkt und gefördert. Taucht man dagegen ein in den reichen Schatz an bereits Gedachtem, wird schnell das Ausmaß der vielen nahezu völlig in Vergessenheit geratenen Texte ersichtlich, die es neu zu entdecken gilt. Und zwar nicht aus einem musealen Interesse heraus, sondern weil sie von oft verblüffender Aktualität sind und es sich um vernachlässigte Einsichten handelt, an die zu erinnern sich unter veränderten Vorzeichen lohnt. Deshalb wird in den folgenden Kapiteln mit Vorsatz verstärkt auch auf ältere Texte Bezug genommen, die in der schon von Norbert Elias (1897-1990) als gegenwartsfixiert gescholtenen Soziologie[17] oft vorschnell als veraltet ad acta gelegt oder von vorneherein schlicht ignoriert werden. Die »Wiederauferstehung von toten Texten«[18] ist Teil des hier vorgelegten Programms einer auch theoriegeschichtlich informierten Geosoziologie. Da sich das vorliegende Buch immer auch für die Bestände des soziologischen Denkens interessiert, begreife ich es zugleich als Beitrag zur Geschichte der Soziologie, der dem weit verbreiteten Trend entgegentreten will, sich der mühsamen Aneignung der vielen Vorgänger durch umfassendes Ignorieren zu entledigen. Dieses Ziel bringt es mit sich, dass auf Quellen nicht nur salopp hingewiesen wird, wie sich dies mittlerweile eingebürgert zu haben scheint. Vielmehr sollen sie, auch ausführlicher als dies inzwischen üblich ist, selbst zu Wort kommen. Insofern wird hier keine gefällige Erzählung vorgelegt, sondern eine gründliche, wenn auch nicht vollständige Rekonstruktion des soziologischen Nachdenkens über die Erde, den Boden, das Wasser, Pflanzen und Tiere unternommen, die etwas von einer Spurensuche hat. Das ganze Vorhaben besteht auch in dem Versuch, Brücken zwischen den klassischen soziologischen Texten und den neuen theoretischen Ansätzen zu bauen, um sie miteinander ins Gespräch zu bringen, statt die alten stillschweigend zu übergehen, da sie angeblich für die Gegenwart nichts mehr zu sagen hätten, denn das Gegenteil

17 Norbert Elias, »Über den Rückzug der Soziologen auf die Gegenwart (I)« (1983), in: ders, *Gesammelte Schriften, Aufsätze und andere Schriften*, Bd. II, Frankfurt/M. 2006, S. 389-408.

18 Michel Serres, *Aufklärungen. Fünf Gespräche mit Bruno Latour*, Berlin 2008, S. 87.

ist der Fall: »Es gibt eben Erfahrungen und Einsichten, die viertausend Jahre zurückreichen und deshalb noch nicht falsch sind.«[19] In unserem Fall sind es oftmals nur wenige Jahrzehnte, die ausreichen, um soziologische Einsichten und Positionen – zu Unrecht – dem Vergessen preiszugeben. Einem Vergessen, dem hier entschieden entgegengearbeitet werden soll.

Trotz der gezielten Nichtvernachlässigung älterer Texte soll es um die blinde Verteidigung des Alten gegenüber dem Neuen jedoch ebenso wenig gehen wie um die sonst so beliebte Vorstellung eines vollständigen Ersatzes des Alten durch das Neue. Insofern geht es weder um Nostalgie noch um den der Soziologie inhärenten Glauben an einen kumulativen Erkenntnisfortschritt, der zumeist unreflektiert davon ausgeht, dass alle neueren Texte mehr zu gegenwärtigen Problemen beizutragen haben als ältere, weil aus der zeitlichen Nähe zur bearbeiteten Problematik eine überlegene Erklärungskraft abgeleitet wird. Wer diese Auffassung teilt, plädiert zumeist auch dafür, dass sich die Soziologie mit der Kenntnisnahme ihrer Klassiker nicht länger aufhalten soll, so als ginge es dabei um die Verehrung alter Meister um ihrer selbst willen.[20] Eine solche

19 Reinhard Koselleck, »Der Aufbruch in die Moderne oder das Ende des Pferdezeitalters«, in: Berthold Tillmann (Hg.), *Historikerpreis der Stadt Münster. Die Preisträger und Laudatoren von 1981-2003*, Münster 2005. S. 159-174, hier S. 172.

20 Vgl. dazu etwa Eva Barlösius, »Klassiker im Goldrahmen – Ein Beitrag zur Soziologie der Klassiker«, in: *Leviathan* 32 (2004), S. 514-542. Zur gegenteiligen Position siehe Dirk Kaesler, »Was sind und zu welchem Ende studiert man die Klassiker der Soziologie?«, in: ders., *Klassiker der Soziologie. Von Auguste Comte bis Norbert Elias*, München 1999, S. 11-38 und Markus Schroer, *Soziologische Theorien. Von den Klassikern bis zur Gegenwart*, Paderborn 2017, S. 11-17. Auch für die Klassiker der Soziologie gilt, was Michel Foucault (1926-1984) und Gilles Deleuze (1925-1995) über die berühmten Philosophen gesagt haben und sich so zusammenfassen lässt: »Wir haben von den großen und bekannten Philosophen, so ›ausgeforscht‹ sie auch sein mögen, noch durchaus Neues zu erfahren, sie stehen uns gewissermaßen noch bevor. […] Wir wissen noch gar nicht, was die Philosophen *vermögen*, weil das Bild, das wir uns von ihnen machen, zu einfach, zu harmlos, zu ›gesichert‹ ist, weil wir daran gewöhnt sind, die philosophischen Entwürfe immer von ihren ersten Prinzipien oder ihren Konklusionen her zu beurteilen, statt sie ›mittendrin‹ zu nehmen, dort, wie ihre Probleme sprießen und wo sie von Lösungen am weitesten entfernt sind.« Friedrich Balke, *Gilles Deleuze*, Frankfurt/M., New York 1998, S. 10 f. Es wäre ein überaus lohnendes Unterfangen, die immer gleichen Klassiker auf diese Weise neu zu lesen und daneben auch mit der Lektüre in Vergessenheit geratener und kaum gelesener Klassiker endlich

Gegenwartsfixierung wird hier dezidiert nicht geteilt aufgrund einer nichtmodernen Zeitauffassung, nach der Ereignisse nicht entlang einer Linie, sondern entlang einer Spirale angeordnet werden:

> Wir haben dann sehr wohl eine Zukunft und eine Vergangenheit, aber die Zukunft hat die Form eines sich in alle Richtungen ausweitenden Kreises, und die Vergangenheit ist nicht überholt, sondern wird wiederholt, aufgegriffen, umschlossen, geschützt, neu kombiniert, neu interpretiert und neu geschaffen. […] Mit einer solchen Zeitlichkeit sind wir nicht mehr gezwungen, die Etiketten ›archaisch‹ oder ›fortgeschritten‹ zu verwenden, denn jede Kohorte zeitgenössischer Elemente kann Elemente aus allen Zeiten zusammenfügen. In einem solchen Rahmen werden unsere Handlungen endlich als polytemporell anerkannt.[21]

Diese räumliche Auffassung der Zeit, in der scheinbar Veraltetes wieder hochaktuell werden kann, muss selbstverständlich auch den Umgang mit Texten prägen, die nicht aufgrund ihrer Entstehungszeit herangezogen werden, sondern aufgrund ihres reichhaltigen Gehalts. Dazu gehört beispielsweise die Einsicht, dass ein der aktuellen Lage entsprechendes Verständnis des Sozialen keineswegs nur in neueren Texten zu finden ist, während in älteren ausschließlich überholte Vorstellungen anzutreffen sind. Ganz im Gegenteil scheint die derzeitige Herausforderung durch das Anthropozän es mit sich zu bringen, dass es sich in nicht wenigen Fällen eher umgekehrt verhält: Während manch ein Theorieangebot der jüngeren Vergangenheit ein außerordentlich reduziertes Bild vom Sozialen entwirft, erweisen sich nahezu in Vergessenheit geratene Klassiker als überaus anregende Alternativen zum Mainstream soziologischer Theoriebildung.[22]

zu *beginnen*, statt weiterhin den Eindruck zu vermitteln, als hätten alle ohnehin längst »die« Klassiker vollständig gelesen (was angesichts des zumeist enormen Umfangs der hinterlassenen Werke eher selten tatsächlich der Fall sein dürfte), sodass man sich nun ausschließlich mit den aktuellen Texten beschäftigen kann. Die Kenntnis vieler Klassiker bezieht sich bei Lichte besehen – abgesehen von einzelnen Expert:innen für bestimmte Autoren – zumeist nur auf einige wenige einschlägige Texte, die in regelmäßigen Abständen in »Greatest-Hits«-Bänden veröffentlicht werden, während der riesige »Rest« kaum wahrgenommen wird.

21 Bruno Latour, *Wir sind nie modern gewesen. Versuch einer symmetrischen Anthropologie*, Frankfurt/M. 1988, S. 102.

22 Zu denken ist hier einerseits an den Versuch der Rational-Choice-Theorie, das Soziale auf Kosten-Nutzenerwägungen vereinzelter Akteure zu reduzieren, und

Grundsätzlicher noch soll mit diesem Zeitverständnis auch die in der Soziologie noch immer weit verbreitete Substitutionslogik verabschiedet werden. Demnach löst ein Zeitalter das andere ab, tritt die moderne an die Stelle der vormodernen Gesellschaft, die Zweite an die Stelle der Ersten Moderne, die Zeit an die Stelle des Raums usw. Immer löst demnach das Neue das Alte ab. Dabei sind sich wiederholende Formeln zu beobachten, mit denen der Abstand zur Vergangenheit immer wieder aufs Neue zementiert wird. Der exzessive Gebrauch des Etiketts »alteuropäisch« in der Gesellschaftstheorie Niklas Luhmanns[23] wäre dafür ebenso ein Beispiel wie die Rede von »primitiven Gesellschaften« in klassischen Modernisierungstheorien: Reine Abgrenzungsrituale, die den Gedanken an bestehende Kontinuitäten zwischen der eigenen Gegenwart und der scheinbar abgegoltenen Vergangenheit gar nicht erst aufkommen lassen sollen oder sogar offensiv leugnen. Man will damit die Diskontinuität hervorheben und das Gegenwärtige als kategorial verschiedene und letztlich auch überlegene Überwindung des Vergangenen ausweisen.[24]

andererseits an das wiederentdeckte Werk von Gabriel Tarde, vgl. Bruno Latour, »Gabriel Tarde und das Ende des Sozialen«, in: *Soziale Welt* 52 (2001), S. 361-375.

23 Vgl. dazu beispielsweise Niklas Luhmann, *Die Gesellschaft der Gesellschaft*, Frankfurt/M. 1997, S. 79. Damit werden alle zurückliegenden Versuche einer Gesellschaftstheorie letztlich als nicht mehr länger tragfähig zurückgewiesen. Dazu passt, dass man die Beschäftigung mit Klassikern als das »Wiederaufwärmen und Immer-wieder-Abnagen der Knochen der Klassiker« (Niklas Luhmann, *Archimedes und wir*, Berlin 1987, S. 28) abqualifiziert, womit ganz nebenbei vom eigenen Nagen elegant abgelenkt wird. Hinter diesem Abgesang auf die Klassiker, zu denen Luhmann inzwischen auch selbst gehört, verbirgt sich wohl nicht zuletzt die Sehnsucht nach einem von der Vergangenheit unbelasteten Neuanfang, der für seine Generation aufgrund der oftmals durch ihre Verstrickungen in den Nationalsozialismus belasteten Vorgängergeneration durchaus nachvollziehbar erscheint. Der hier vorgelegte Versuch einer *Geosoziologie* lebt dagegen davon, in der Vergangenheit auf oftmals überzeugendere Theorieangebote zu stoßen als in der Gegenwart, zumal sich einige neuere Wege inzwischen als Sackgassen erwiesen haben, weil sie auf einer überholten epistemologischen Grundlage beruhen, die etwa von der strikten Trennung von Gesellschaft und Natur ausgeht.

24 Paul Virilio etwa macht in all seinen Beschreibungen exzessiven Gebrauch von dieser Logik, vgl. etwa *Fluchtgeschwindigkeit. Essay*, München, Wien 1996, S. 121: »In Zukunft wird die *städtische Seßhaftigkeit* in Gebieten mit einer hohen Beschäftigungszahl *abgelöst* [Hervorh. MS] von einem *weltweiten Nomadismus* [...]. Die *verbindende Nähe* der Raumordnung der Erdoberfläche wird *abgelöst* [Hervorh. MS] durch die auflösende Vergänglichkeit einer globalen Zeitordnung,

Im Gegensatz dazu soll auf den nächsten Seiten die spannungsreiche Verschränkung von Alt und Neu aufgezeigt werden: Von alten und neuen Materialien, von »realen« und »virtuellen« Größen, von der Erde als Boden und der Erde als »Google Earth«, von der Abhängigkeit des Menschen vom Klima und den Versuchen, es zu manipulieren. Eingelassen ist darin die Erkenntnis, dass kaum etwas auf Nimmerwiedersehen verschwindet. Wir verlieren zwar vorübergehend den Boden unter unseren Füßen, wenn wir uns mit einem Flugzeug von A nach B bewegen. Doch der Boden löst sich durch den Flug ebenso wenig auf wie durch dessen digitale Erschließung. Im Gegenteil ergibt sich gerade aufgrund der digitalen Erfassung und Neuvermessung die Chance eines neuen Erlebens des Bodens und der Erde.[25] Auch ist nicht erkennbar, dass sich die Neigung zur Verankerung im Erdraum abgeschwächt hätte, wie im Diskurs um die Globalisierung immer wieder behauptet wird.

Die These vom »Zeitalter des Raumes«[26] ernst zu nehmen bedeutet, dass nichts mehr wirklich vorbei ist, weil wir kein Nach-, sondern ein Nebeneinander beobachten können, ein Koexistieren von Paralleluniversen. Das Alte vergeht also nicht, bleibt vielmehr latent präsent, tritt nur vorübergehend in den Hintergrund, um dann unverhofft wieder in den Vordergrund zu treten und sich mit dem Neuen zu vermischen. Jegliches Werden ist deshalb nicht auf einer Linie abbildbar, die einander ablösende Zustände verzeichnet, sondern geht eher in die Breite, Varianten des Früheren treten neben das Neuere, nichts verschwindet. Was angeblich verschwindet, gerät nur vorübergehend aus dem Aufmerksamkeitsfokus. Eine

was zu einem Zerfall der jahrhundertealten gesellschaftspolitischen Strukturen führt.«

25 Zumindest derzeit noch wird die *schwere Moderne* nicht einfach durch eine *leichte Moderne* ersetzt, wie etwa Zygmunt Bauman meinte, vgl. *Flüchtige Moderne*, Frankfurt/M. 2003. Es ist auch nicht erkennbar, dass sich die architektonische Verankerung im Erdraum abgeschwächt hätte. Die Speerspitze der New Economy, das Silicon Valley, macht auf sich aufmerksam und stellt ihre Bedeutung aus, indem sie imposante Gebäude bauen lässt, in denen ihre scheinbar raumenthobene Technik untergebracht ist. Die virtuelle Welt des Internets greift auf Server zurück, die einen festen Standort benötigen, von dem aus sie nicht unerhebliche Mengen von CO_2 ausstoßen.

26 Michel Foucault, »Von anderen Räumen« (1967), in: Jörg Dünne, Stephan Günzel (Hg.), *Raumtheorie. Grundlagentexte aus Philosophie und Kulturwissenschaften*, Frankfurt/M. 2006, S. 317-329, hier S. 317.

ganze Reihe von Phänomenen, denen im Laufe der Zeit ein baldiges Ende in Aussicht gestellt wurde, sind immer noch da und erweisen sich als überraschend persistent, darunter die Natur, das Subjekt, der Raum, die Religion und die Familie. Insofern gilt: »Nichts ist jemals zu Ende.«[27]

Im Folgenden geht es vor allem darum zu zeigen, wie Menschen, Tiere und Pflanzen sich mithilfe verschiedener Strategien und Praktiken auf der Erde einrichten, sie bestellen, bearbeiten und bewohnen. Die Erde wird dabei als *Raum des Lebens* vorgestellt, weil der »Raum der Erde«[28] alles Leben beherbergt, ohne deshalb zwangsläufig selbst lebendig zu sein, wie es die Gaia-These von James Lovelock behauptet.[29] Außerhalb der Erde blieb die Suche nach Leben bisher jedenfalls erfolglos. Die Erde ist folglich eine »geologische Monade [...], die allem Leben, Denken und Erfinden als Grundlage dient«.[30] Gegenstand der Geosoziologie ist somit der »geographische und irdische Raum, in dem wir uns befinden«.[31] Mit der *Geosoziologie* soll gezeigt werden, dass sich Fragen der Umwelt bzw. Natur nicht an eine andere Wissenschaft komplett delegieren oder in Randbezirke wie die soziologische Ökologie oder eine spezielle Soziologie wie die Umweltsoziologie abschieben lassen. Eine Spezialbehandlung wird ihnen – spätestens heute – nicht mehr länger gerecht. Sie gehören vielmehr in den Mittelpunkt der Allgemeinen Soziologie und soziologischen Theorie, um ihren Stellenwert und ihre Bedeutung zu unterstreichen, die ihnen für das allgemeine Verständnis der Gesellschaft und des Sozialen zukommt, welche sich kategorial nicht mehr länger von Natur unterscheiden lassen. Die Geosoziologie hat die unaufhebbare Verwobenheit des Sozialen mit dem Terrestrischen zum Thema, wobei das Terrestrische sowohl im Wortsinn als »die Erde betreffend, zur Erde gehörend« als

27 Gilles Deleuze, Félix Guattari, *Tausend Plateaus*, Berlin 1992, S. 674.

28 Michel Serres, *Atlas*, Berlin 2005, S. 32.

29 James Lovelock, *Gaia. Die Erde ist ein Lebewesen*, Bern, München u. a. 1992. Vgl. auch Kap. 5.6 dieser Arbeit.

30 Peter Sloterdijk, *Im Weltinnenraum des Kapitals*, Frankfurt/M. 2005, S. 15. Die Erde setzt sich zusammen aus Atmosphäre (Gashülle), Biosphäre (Gesamtheit des Lebendigen), Pedosphäre (Boden), Hydrosphäre (Wasserwelt), vgl. Thomas E. Graedel, Paul J. Crutzen, *Atmosphäre im Wandel. Die empfindliche Lufthülle unseres Planeten*, Heidelberg, Berlin u. a. 1996, S. 3-5.

31 Michel Foucault, *Die Ordnung der Dinge. Eine Archäologie der Humanwissenschaften*, Frankfurt/M. 1971, S. 192.

auch – im Anschluss an Latour – als »Zusammenleben miteinander verflochtener Lebensformen«[32] in gemeinsam geteilten Lebensräumen verstanden wird. Das darüber erzeugte Soziale wird damit zum Geosozialen, Sozialität zur Geosozialität, während Konflikte zu »geosozialen Konflikten«[33] avancieren. Der durch ihre massive Gefährdung intensiver werdende Bezug zur Erde ist so elementar geworden, dass kein Verständnis des Sozialen mehr länger von ihm absehen kann.

Obwohl die Einsicht in die Ununterscheidbarkeit von Natur und Gesellschaft als hochaktuell gilt und zu Recht mit den Vorstößen Bruno Latours und Philippe Descolas in Verbindung gebracht wird,[34] gibt es auch hier Vorläufer, die zu ihrer Zeit jedoch weit weniger Beachtung gefunden haben als die nachfolgenden Vorschläge. So erklärte etwa der Münchner Systemtheoretiker Walter L. Bühl (1934-2007) bereits zu Beginn der 1980er Jahre:

> Heute, wo die ›Umwelt‹ nicht mehr nur als external gedacht werden kann und wo die Organismen – in einer Biozönose verbunden und in einer dynamischen wechselseitigen Adaption mit den ebenso systemisch miteinander verbundenen Biotopen stehend – als offene und sich selbst organisierende [...] Systeme begriffen werden, sind die metaphysischen Dichotomien von ›Natur‹ und ›Geist‹, von ›unbelebt‹ und ›belebt‹, aber auch von ›Mensch‹ und ›Natur‹, von ›Organismus‹ und ›Umwelt‹ oder auch von ›Notwendigkeit‹ und ›Zufall‹, ›Freiheit‹ und ›Determinismus‹ usw. weithin verblaßt, wenn nicht einfach lächerlich geworden.[35]

Trotz dieser Einsicht in ihre Lächerlichkeit ist exakt mit diesen Dichotomien unvermindert weitergearbeitet worden, was spätestens heute nicht mehr länger der Fall sein kann. Für die hier vorgelegte Geosoziologie ist deshalb die von den posthumanistischen Arbeiten Michel Serres' (1930-2019), Bruno Latours, Donna Haraways und Rosi Braidottis inspirierte Auffassung vom Zusammenwirken

32 Bruno Latour, »Wir alle sind wie Trump. Bruno Latour im Interview«, ⟨https://www.faz.net/aktuell/feuilleton/buecher/autoren/interview-mit-dem-franzoesischen-soziologen-bruno-latour-15586851.html⟩, letzter Zugriff 09. 08. 2021.

33 Bruno Latour, *Das terrestrische Manifest*, Berlin 2018, S. 92.

34 vgl. Bruno Latour, *Wir sind nie modern gewesen. Versuch einer symmetrischen Anthropologie*, Frankfurt/M. 1988; Philippe Descola, *Jenseits von Natur und Kultur*, Berlin 2011.

35 Walter L. Bühl, »Das ökologische Paradigma in der Soziologie«, in: Harald Niemeyer (Hg.), *Soziale Beziehungsgeflechte*, Berlin 1980, S. 96-122, hier S. 116 f.

menschlicher und nichtmenschlicher Akteure sowie die Erkenntnis grundlegend, dass die Erde nicht nur eine Bühne für das menschliche Schauspiel darstellt, sondern hier eine ganze Reihe weiterer Akteure zu berücksichtigen sind, die aus dem Schatten ihrer Passivität heraustreten, wenn man ihren Stimmen bzw. ihren Arten und Weisen, sich auszudrücken, nur die nötige Aufmerksamkeit schenkt. Zumal Pflanzen und Tiere werden dabei nicht länger als passive Objekte angesehen, mit denen etwas geschieht, sondern als aktive Subjekte, die auch selbst etwas tun und die Menschen, sehr viel mehr als diesen bekannt und bewusst ist, zu ihren Handlungen veranlassen.[36]

Die hier vorgelegte Geosoziologie, die sich Fernand Braudels *Geohistorie*,[37] Gilles Deleuzes und Félix Guattaris *Geophilosophie*,[38] Michel Maffesolis *Geosophie*[39] und Willy Hellpachs *Geopysche*[40] sowie deren systematische Berücksichtigung des Geo-Faktors in ihren Wissenschaften zum Vorbild nimmt, versteht sich als ein fortzuschreibendes Projekt, das der kontinuierlichen Weiterverfolgung bedarf, auf den folgenden Seiten aber eine erste Grundlegung erfahren soll. Die damit verbundene Ausweitung der soziologischen Denkzone im gerade skizzierten Sinne gehört aus meiner Sicht zu den dringlichsten Aufgaben einer zeitgemäßen Soziologie, die sich den Entwicklungen in anderen Wissenschaften nicht mit den üblichen Reflexen verschließen, sondern sie in ihre Auseinandersetzungen und Überlegungen mit einbeziehen sollte, um zu einer umfassenden Beschreibung und systematischen Erfassung des Gesellschaft-Natur-Kultur-Hybrids zu gelangen, in dem wir leben. Eine entscheidende

36 Vgl. Kap. 2.3 und 2.4.

37 Fernand Braudel, »Géohistoire und geographischer Determinismus«, in: Jörg Dünne, Stephan Günzel (Hg.), *Raumtheorie. Grundlagentexte aus Philosophie und Kulturwissenschaften*, Frankfurt/M. 2006, S. 396-408.

38 Gilles Deleuze, Félix Guattari, *Was ist Philosophie?*, Frankfurt/M. 2000, S. 97 ff.; vgl. auch Walther Maas, »Geophilosophie«, in: ders., *Geographie und Soziologie*, Braunschweig 1966, S. 26-39 und Stephan Günzel, »Geophilosophie«, in: *Information Philosophie* 2 (2005), S. 1-5.

39 vgl. Michel Maffesoli, »Élan Vital«, in: Heike Delitz u. a. (Hg.), *Soziologie des Lebens. Überschreitung, Differenzierung, Kritik*, Bielefeld 2018, S. 65-89, hier S. 75 und ders., *Écosophie. Une écologie pour notre temps*, Paris 2017. Vgl. auch Markus Schroer, »Michel Maffesolis postmoderne Soziologie des Alltags«, in: Heike Delitz, *Soziologisches Denken aus Frankreich*, Wiesbaden 2022, i. E.

40 Willy Hellpach, *Geopsyche. Die Menschenseele unter dem Einfluß von Wetter und Klima, Boden und Landschaft*, Stuttgart 1977.

Konsequenz aus der im Diskurs um das Anthropozän formulierten Einsicht, Menschheits- und Erdgeschichte nicht mehr länger voneinander getrennt zu betrachten,[41] ist die Verstärkung der Anstrengungen zu transdisziplinärer Zusammenarbeit. Die von Skepsis oder gar Geringschätzung für die Arbeit der jeweils anderen Seite geprägte Haltung zwischen Naturwissenschaften auf der einen und den Geistes- und Sozialwissenschaften auf der anderen Seite gilt es abzulegen. Einer einstmals von Erwin Scheuch (1928-2003) geforderten Soziologie, die »nichts weiter sein will als Soziologie«, hatte schon Theodor W. Adorno (1903-1969) eine »neurotische Berührungsangst« attestiert und entgegnet: »Reinheit wird überwertig. Zöge man von der Soziologie all das ab, was nicht, beispielsweise, der Weberschen Definition zu Beginn von ›Wirtschaft und Gesellschaft‹ strikt entspricht, so bliebe nichts von ihr übrig.«[42] Diese Einschätzung halte ich noch immer für richtig. Eine Wissenschaft, die sich in sich selber einschließt, kann spätestens in unseren Tagen nicht mehr überzeugen. Womöglich stärker als je zuvor bedarf es der Kooperation mit anderen Fächern, die der Transdisziplinarität im Sinne des Konzepts der *diagonalen Wissenschaften* von Roger Caillois (1913-1978) folgen könnte, mit dem traditionelle Fächergrenzen bewusst unterlaufen werden sollen, ohne sie gänzlich aufzuheben. Caillois, das – neben George Bataille (1897-1962) und Michel Leiris (1901-1990) – wichtigste Gründungsmitglied des Collège de Sociologie,[43] wirbt mit diesem Vorschlag darum, sich durch dogmatisch gezogene Grenzlinien den Blick auf »grundlegende Verwandtschaftsbeziehungen«[44] nicht verstellen zu lassen. Damit könnte eine »transversale Wissenschaft,

41 Jan Zalasiewicz, »Die Einstiegsfrage: Wann hat das Anthropozän begonnen?«, in: Jürgen Renn, Bernd Scherer (Hg.), *Das Anthropozän. Zum Stand der Dinge,* Berlin 2015, S. 160-180, hier S. 160. Das sieht Dipesh Chakrabarty ganz genauso, vgl. ders., »Das Klima der Geschichte: Vier Thesen«, in: Harald Welzer u. a. (Hg.), *KlimaKulturen. Soziale Wirklichkeiten im Klimawandel,* Frankfurt/M., New York 2010, S. 270-301.

42 Vgl. Theodor W. Adorno, »Einleitung«, in: ders. u. a., *Der Positivismusstreit in der deutschen Soziologie*, Darmstadt, Neuwied 1972, S. 7-79, hier S. 67, Fn. 60. Über Adorno hinaus ist heute bei der gebotenen Zusammenarbeit über Disziplingrenzen hinweg jedoch nicht nur an die sozialwissenschaftlichen Nachbarfächer zu denken.

43 Vgl. Stephan Moebius, *Die Zauberlehrlinge. Soziologiegeschichte des Collège de Sociologie (1937-1939),* Konstanz 2006.

44 Roger Caillois, »Diagonale Wissenschaften«, in: ders., *Méduse & Cie. Die Gottesanbeterin – Mimese und legendäre Psychasthenie*, Berlin 2007, S. 47-59, hier S. 47.

eine Wissenschaft der *unerwarteten* Verbindungen«[45] entstehen, die eine adäquate Antwort auf die Erforschung des Anthropozäns sein könnte. Denn gerade dabei müssen Dinge miteinander in Beziehung gesetzt werden, die klassischerweise als so strikt verschieden betrachtet werden, dass sie nur von hochspezialisierten Expert:innen bearbeitet werden können. Das betrifft auch die Textebene, auf der Positionen unerwartet miteinander ins Gespräch gebracht werden sollen. Dafür gilt es über den eigenen Tellerrand hinauszusehen, Nachbardisziplinen zu konsultieren und Ergebnisse der Forschung zu berücksichtigen, die nur wenig Aufmerksamkeit auf sich lenken konnten, da sie den herrschenden Lehrmeinungen nicht entsprachen und deshalb nie Eingang in den Mainstream gefunden haben. Dazu gehört auch das Wissen der Laien, das in unseren Tagen eine ganz neue Chance erhält, da die konkreten Erfahrungen der Menschen, etwa mit Tieren, nicht länger ignoriert werden, sondern offenbar zunehmend Berücksichtigung finden.[46] Wenn man hier nicht mehr umgehend das Fallbeil des wissenschaftlich nicht validierten Wissens heruntersausen lässt, eröffnet sich eine enorme Vielfalt überraschender Erzählungen, die einen ganz anderen Blick – auf Tiere oder Pflanzen – eröffnen. Nötig dafür ist eine Neujustierung soziologischer Begrifflichkeiten – etwa des Gesellschaftsbegriffs[47] –, aber keine kompletten Neuerfindungen. Wir benötigen keinen Überbietungswettbewerb in Neologismen, der die Möglichkeit zur Auseinandersetzung eher verhindert als befördert.

Gemeinsam ist allen durch das Präfix *Geo* angezeigten Umstrukturierungen der Fächer – Geophilosophie, Geohistorie, Geopsychologie, Geosoziologie – die Einsicht, geographische und geologische Verhältnisse als elementar für geschichtliche, psychische und gesellschaftliche Zusammenhänge anzusehen. Denn auch in der Geschichtsforschung und der Philosophie wird die Nichtberücksichtigung geographischer und geologischer Faktoren beklagt. Der Historiker Dipesh Chakrabarty geht beispielsweise davon aus, dass man etwa bei einer Darstellung der Geschichte Indiens im

45 Eva Johach, »Diagonale Verwandtschaften. Caillois, Bergson und die sozialen Insekten«, in: Anne von der Heiden, Sarah Kolb (Hg.), *Logik des Imaginären. Diagonale Wissenschaft nach Roger Caillois*, Bd. 1: *Versuchungen durch Natur, Kultur und Imagination*, Berlin 2018, S. 159-182, hier S. 171.

46 Vgl. Kap. 2.4.

47 Vgl. Kap. 4.

17. oder 18. Jahrhundert »den Himalaya stillschweigend als Gebirge im Hintergrund voraussetzen« würde, »als Ursprung seiner Flüsse. Geologie und Geografie würden als Kulisse angesehen, vor der sich das menschliche Drama entwickelt. In diesem Sinne haben wir die Geologie und die Geografie in unseren Köpfen von der Geschichte abgekoppelt.«[48] Auch er ist davon überzeugt, dass eine solche geographie- und geologieabstinente Geschichtsschreibung spätestens vor dem Hintergrund des Anthropozäns nicht länger zu überzeugen vermag. Anknüpfen lässt sich ebenso an eine sehr frühe Phase der Geographie, die etwa mit dem Namen Carl Ritter (1779-1859) verbunden ist, auf dessen Überlegungen sich der Epistemologe und Philosoph Georges Canguilhem (1904-1995) bezieht:

> Nach Ritter ist die menschliche Geschichte ohne die Bindung des Menschen an den Boden, und zwar den Boden in seiner Gänze, unverständlich. In ihrer Gesamtheit betrachtet, ist die Erde der Träger der Wechselfälle der Geschichte. Der irdische Raum und seine Beschaffenheit sind folglich nicht nur geometrisches, nicht nur geologisches, sondern auch soziologisches und biologisches Erkenntnisobjekt.[49]

In der Philosophie wird eine Abwendung von der physischen Umwelt ebenso ausdrücklich moniert: »Traurig, aber wahr: wir hatten die Welt verloren. Da endet ein halbes Jahrhundert Philosophie ohne einen Baum, ohne ein Stückchen Himmel, ohne einen See, ohne ein Meer. Als Diskurs war sie schwarz auf weiß zu lesen und vergaß darüber die Welt.«[50] Für die Soziologie kann dagegen gezeigt werden – und dies ist einer der Leitgedanken der hier vorgelegten Geosoziologie –, dass es durchaus immer wieder vielversprechende Ansätze zu einer geo-gesättigten Perspektive in der Soziologie gege-

48 Dipesh Chakrabarty im Gespräch mit Katrin Klingan, »Eine gemeinsame, aber differenzierte Verantwortung«, in: Jürgen Renn, Bernd Scherer (Hg.), *Das Anthropozän. Zum Stand der Dinge,* Berlin 2015, S. 142-159, hier S. 143 f. Zu einer den physischen Raum systematisch berücksichtigenden Geschichtsschreibung vgl. Karl Schlögel, *Im Raum lesen wir die Zeit. Über Zivilisationsgeschichte und Geopolitik,* Frankfurt/M. 2006.

49 Georges Canguilhem, »Das Lebendige und sein Milieu«, in: ders., *Die Erkenntnis des Lebens,* Berlin 2009, S. 233-279, hier S. 251.

50 Michel Serres, »Anfänge«, in: ders., Ilya Prigogine, Isabell Stengers, Serge Pahaut, *Anfänge. Die Dynamik – von Leibniz zu Lukrez,* Berlin 1991, S. 7-18, hier S. 7. Ähnlich argumentiert Emanuele Coccia, *Die Wurzeln der Welt. Eine Philosophie der Pflanzen,* München 2018, S. 32.

ben hat, an die sich heute anschließen lässt bei dem Versuch, der Erde einen ihr angemessenen Stellenwert einzuräumen. Dieser Versuch kann auch an die Angebote der Ökologie und der Umweltsoziologie anknüpfen, deren oftmaliges Verhaftetsein in einer strikten Natur-Gesellschafts-Dichotomie jedoch überwunden werden muss im Sinne neuerer theoretische Ansätze wie etwa der Akteur-Netzwerk-Theorie, des Neomaterialismus und des Posthumanismus. Mit der Ökologie kommen diese Ansätze und die Geosoziologie insofern überein, als auch sie »sich gegen die Hybris des neuzeitlichen Menschen« wendet, »der die Natur beherrscht und wie der Sonnenkönig in selbstherrlicher Autonomie auf dem Thron der Welt sitzt«.[51] Eines der Ziele der Geosoziologie ist es, das in der Soziologie »weitgehend verlorengegangene Verständnis dafür, daß geographische Lage, Bodenschätze, Klima, aber auch [...] biologische [...] Prozesse soziologisch relevant sein können«,[52] wiederzugewinnen und dahingehend zu verstärken, dass ihre Relevanz in Zeiten des Anthropozäns sogar noch deutlich zunimmt. Die Notwendigkeit drängt sich heute umso mehr auf, als wir etwa geographische Lage, Boden und Klima nicht mehr länger als stabile Faktoren ansehen können, die nur den neutralen Rahmen für das Schauspiel der menschlichen Interaktionen abgeben, sondern als dynamische Aktivposten, die einen so erheblichen Einfluss auf das soziale Geschehen nehmen, dass dieses nicht mehr länger isoliert werden kann von der Natur bzw. der Umwelt. Als Leitgedanke oder gar Motto der Geosoziologie kann dabei die Aussage von Gilles Deleuze (1925-1995) dienen: »Das Werden ist geographisch.«[53] Das *Werden* wird bei Deleuze und Félix Guattari (1930-1992) dabei als permanenter Prozess gedacht, der niemals zu einem Ende kommt. Weder wird ein festgestellter Endzustand angestrebt, noch werden einzelne Stufen innerhalb ei-

51 Hansperter Padrutt, »Heideggers Denken und die Ökologie«, in: *Heidegger Studies* 6 (1990), S. 43-66, hier S. 48.

52 Peter M. Hejl, »Biologische Metaphern in der deutschsprachigen Soziologie der zweiten Hälfte des 19. Jahrhunderts«, in: Achim Barsch, Peter M. Hejl (Hg.), *Menschenbilder. Zur Pluralisierung der Vorstellung von der menschlichen Natur (1850-1914),* Frankfurt/M. 2000, S. 167-214, hier S. 186.

53 Gilles Deleuze, Claire Parnet, *Dialoge*, Frankfurt/M. 1980, S. 45. Entgegen einer häufig zu lesenden Auffassung der Raumabstinenz des Poststrukturalismus ist für ihn im Gegenteil die besondere Berücksichtigung des Raums charakteristisch, vgl. Markus Schroer, »Raum im Poststrukturalismus«, in: ders., *Räume der Gesellschaft. Soziologische Studien*, Wiesbaden 2019, S. 27-41.

ner auf ein Ziel zulaufenden Entwicklung identifiziert. Vielmehr wird die Festlegung auf ein So-und-nicht-anders-Sein-und-Bleiben alles Lebendigen vermieden, die Vorstellung feststehender Identitäten und Wesenheiten abgelehnt. So gibt es kein Subjekt, das bestimmte Entwicklung in bestimmten Phasen durchläuft, sondern Subjekte, die von verschiedenen Werdensprozessen durchquert werden, die sie als solches erst hervorbringen.[54] Wenn das Werden eher geographisch als geschichtlich ist, so heißt dies auch, dass es sich eher räumlich, im Sinne eines Nebeneinanders, als zeitlich, im Sinne eines Nacheinanders, entfaltet. Erst das räumliche Nebeneinander erlaubt die vielfältige und gleichzeitige Entfaltung des Werdens, das durch keine chronologische Abfolge der Ereignisse von einem Zustand in den nächsten überführt wird, sondern sich rhizomatisch in alle Richtungen verzweigt und ausbreitet:[55] »Werden, das ist Geographie, das sind Richtungen und Verläufe, Eingänge und Ausgänge.«[56] Die Geosoziologie teilt darüber hinaus mit Maffesolis Variante einer *Geosophie* die herausgehobene Bedeutung des Raumes:

In ihrer vitalen Verwurzelung erinnert die *Geosophie* an den charismatischen Charakter des Raumes, der charismatisch ist, sofern er eine Kommunion erlaubt. Erst der gemeinsam geteilte Raum erlaubt, am Anderen zu kleben (*coller*). [...] Im Begriff der Geosophie ist es also die Bindung an die Erde, die wir erinnern wollen. [...] [Nunmehr, MS] ist der *Raum* der Vektor einer gelebten Sozialitiät. Es ist der Ort, der immer erneut die grundlegende Solidarität (die familiale, die tribale, die lokale) sichert. Der Raum ist das Fundament des Zusammen-Seins. Mitwelt und Umwelt, Sein zur Welt finden mit, durch und dank der Umgebung statt, in der Teilung eines Ortes.[57]

Mit Maffesoli und Roland Barthes (1915-1980) können wir »das Zusammenleben als wesentlich räumliche Tatsache«[58] auffassen.

Geosoziologie beinhaltet eine Soziologie der Erde, der Umwelt, der Natur und Kultur ebenso wie eine des Raums, der Grenzen und

54 Vgl. Friedrich Balke, *Gilles Deleuze*, Frankfurt/M., New York 1998, S. 126.

55 Gilles Deleuze, Félix Guattari, *Tausend Plateaus*, S. 11-42.

56 Deleuze, Parnet, *Dialoge*, S. 9.

57 Michel Maffesoli, »Élan Vital«, S. 75 f.

58 Roland Barthes, *Wie zusammen leben. Simulationen einiger alltäglicher Räume im Roman, Vorlesungen am Collège de Fance 1976-1977*, Frankfurt/M. 2007, S. 41.

der Territorien, der Architektur, des Wohnens und des Wissens, der Politik und der Ökonomie. Sie thematisiert die biologische Ausstattung des Menschen und deren Veränderung und stellt in den Mittelpunkt ihrer Überlegungen, dass sich Lebewesen stets in Räumen aufhalten, sich Nester, Höhlen und Häuser bauen, die sie gemeinsam mit anderen Lebewesen bewohnen,[59] und Lebensräume gestalten, die selbst dann noch einen Bezug zur Erde aufrechterhalten, wenn sie diese in Richtung Weltall verlassen. Elementar für dieses Vorhaben ist der Begriff der »Geopraktiken«,[60] der über die einzelnen Kapitel hinweg zur Anwendung kommt. Anders als bei Michel Serres, der die *Geopraktiken* für eine vergangene Epoche der bäuerlichen Bodennutzung reserviert, soll hier unter Geopraktiken sehr viel mehr verstanden werden: Von den industriell-maschinellen Umwälzungen des Bodens, den Erdbohrungen und dem Düngen von Ackerland über das Errichten von Zäunen, Mauern und sonstigen Grenzbefestigungen bis hin zu den verschiedenen Gartentätigkeiten, dem Umgraben des Bodens, dem Säen und Pflanzen. Darüber hinaus sollen auch das Errichten, Gestalten und Bewohnen von Häusern, die Vermessung der Welt durch die Satellitentechnologie und die Suche nach Orten durch Navigationsgeräte als Geopraktiken aufgefasst werden, die tief in unserem Alltag verankert sind und uns täglich mit der Erde in Berührung bzw. Kontakt bringen. Was mit der Erfassung dieser Geopraktiken sichtbar werden soll, ist, dass wir es nicht mit einer vielfach beschworenen Ablösung des physischen durch den virtuellen Raum zu tun haben, sondern mit zahlreichen Überlagerungen der verschiedenen Raumebenen und Raumordnungen, mit immer wieder neu hergestellten Verkettungen zwischen verschiedenen Faktoren, die keine getrennten Welten konstituieren – hier der physische, dort der virtuelle und dazwischen der soziale Raum, fein säuberlich voneinander getrennt –, vielmehr ein vielfältiges Gefüge und Gewebe aus den verschiedensten Bestandteilen bilden, die Altes und Neues spannungsreich miteinander verbinden.[61]

Der Entwurf einer Geosoziologie reagiert nicht zuletzt auch auf

59 Michel Serres, *Atlas*, S. 49.

60 Michel Serres, *Erfindet euch neu! Eine Liebeserklärung an die vernetzte Generation*, Berlin 2013, S. 9.

61 Vgl. dazu auch Markus Schroer, *Räume, Orte, Grenzen. Auf dem Weg zu einer Soziologie des Raums*, Frankfurt/M. 2006.

eine unverkennbare Wiederkehr des Faktors *Geo*, die sich unter anderem an den vielen neuen Geographien ablesen lässt, die seit dem Beginn des 21. Jahrhunderts vermehrt entwickelt werden. Während am Ende des 20. Jahrhunderts, auf dem Höhepunkt der Globalisierungseuphorie, noch ein »Ende der Geographie«[62] verkündet wurde, erleben wir mit Anbruch des 21. Jahrhunderts eine Renaissance geographischen Denkens und die Erfindung ständig neuer Geographien: Von »Internetgeographien«,[63] der »Geographie des Zorns«,[64] der »Geographie der Angst, Bedrohung und Spaltung«,[65] der »Sakrale(n) Geographie«,[66] der »Geographien der Gewalt«,[67] der »Geographie des Krieges«,[68] der »Macht der Geographie«,[69] der »Psychogeografie«,[70] der »Mediengeographie«,[71] der »Geoästhetik«[72] und »Geo-Kultur«[73] ist etwa die Rede. Auch der groß angelegte Versuch eines »geometrischen Vitalismus«[74] gehört in diesen Zu-

62 Richard O'Brien, *Global Financial Integration. The End of Geography*, London 1992.

63 Alexander Budke u. a. (Hg.), *Internetgeographien. Beobachtungen zum Verhältnis von Internet, Raum und Gesellschaft*, Stuttgart 2004.

64 Arjun Appadurai, *Geographie des Zorns*, Berlin 2009.

65 Stuart Elden, *Terror and Territory. The Spatial Extent of Sovereignty*, Minneapolis, London 2009, S. 1-32.

66 Elisabeth Heidenreich, *Sakrale Geographie. Essay über den modernen Dschihad und seine Räume*, Bielefeld 2010.

67 Benedikt Korf, Conrad Schetter (Hg.), *Geographien der Gewalt. Kriege, Konflikte und die Ordnung des Raumes im 21. Jahrhundert*, Stuttgart 2015.

68 Benedikt Korf, Conrad Schetter, »Nachwort. Zur Geographie des Krieges«, in: dies. (Hg.), *Geographien der Gewalt. Kriege, Konflikte und die Ordnung des Raumes im 21. Jahrhundert*, Stuttgart 2015, S. 230-240 und Arjun Appadurai, *Geographie des Zorns*, S. 117.

69 Tim Marshall, *Die Macht der Geographie. Wie sich Weltpolitik anhand von 10 Karten erklären lässt*, München 2015.

70 Colin Ellard, Sigrid Ruschmeier, *Psychogeografie. Wie die Umgebung unser Verhalten und unsere Entscheidungen beeinflusst*, München 2017.

71 Jörg Döring, Tristan Thielmann (Hg.), *Mediengeographie. Theorie – Analyse – Diskussion*, Bielefeld 2009.

72 Delia González de Reufels u. a. (Hg.), *Grenzüberschreitendes Kino. Geoästhetik, Arbeitsmigration und transnationale Identitätsbildung*, Berlin 2019.

73 Immanuel Wallerstein, »Die Entstehung einer Geokultur. Ideologien, soziale Bewegungen und die Sozialwissenschaften«, in: ders., *Welt-System-Analyse. Eine Einführung*, Wiesbaden 2019, S. 69-86.

74 Peter Sloterdijk, *Sphären I: Mikrosphärologie. Blasen*, Frankfurt/M. 1998, S. 13.

sammenhang. An die Stelle der »Geographievergessenheit«[75] bis weit in die Geographie hinein tritt eine vielfache Neuentdeckung geographischer Zusammenhänge und eine zunehmende Aktivität des Hervorbringens neuer Geographien. Diese erneute Berücksichtigung von erdräumlichen Zusammenhängen hat etwas mit den erlahmenden Energien derjenigen Globalisierungserzählung zu tun, die die Überwindung erdräumlicher Widerstände zugunsten einer umfassenden Beschleunigung des Lebens enthusiastisch in Aussicht gestellt hatte: Eine widerstandslose Zusammenkunft weit entfernt voneinander liegender Akteure, immer nur einen Mausklick voneinander entfernt, unter der Voraussetzung einer nahezu kompletten Aufhebung der Ferne.[76]

Hinsichtlich des Begriffs *Geosoziologie* geht es mir ähnlich wie Donna Haraway: »*Kapitalozän* ist ein Wort wie *Sympoiesis*. Wenn du glaubst, du hast es erfunden, musst du dich nur umsehen und du bemerkst, wie viele andere Leute den Begriff zur selben Zeit erfinden.«[77] Wenn es auch keineswegs »viele andere Leute« sind, die den Begriff bereits benutzen, so gibt es auch in diesem Fall Vorläufer.[78] Der Begriff Geosoziologie geht auf den heute nahezu vergessenen Amsterdamer Soziologen Sebald Rudolf Steinmetz (1862-1940) zurück.[79] Aktuell findet er bei Michel Maffe-

75 Walter Seitter, »Technischer Raum: Enträumlichung«, in: Stephan Günzel (Hg.), *Raum. Ein interdisziplinäres Handbuch,* Stuttgart, Weimar 2010, S. 204-218, hier S. 217, Barbara Zahnen, »Geographievergessenheit«, in: *Divinatio* 34 (2011), S. 197-228.

76 Vgl. Kap. 5.5.

77 Donna Haraway, *Unruhig bleiben. Die Verwandtschaft der Arten im Chtuluzän,* Frankfurt/M. 2018, S. 251, Fn. 58.

78 Meine Recherchen für einen Vortrag zu einer Tagung, die im Januar 2015 am Hanse-Wissenschaftskolleg in Delmenhorst stattfand, förderten ein »Institut für Geosoziologie und Politik« zutage, das in den 1950er Jahren in Bad Godesberg existierte und von 1951 bis 1968 eine *Zeitschrift für Geopolitik* herausgab. Vgl. Markus Schroer, »Erde, Klima, Territorien – Konturen einer Geosoziologie«, in: *Merkur* 69 (2015), H. 9, S. 93-102 und ders., »Geosoziologie im Zeitalter des Anthropozän«, in: Anna Henkel u. a. (Hg.), *Raum und Zeit. Soziologische Betrachtungen zur gesellschaftlichen Raumzeit,* 4. Sonderband der *Zeitschrift für Theoretische Soziologie,* Weinheim 2017, S. 126-152, die als Vorarbeiten zum vorliegenden Buch angesehen werden können.

79 Rudolf Steinmetz, »Die Stellung der Soziogeographie in der Reihe der Geisteswissenschaften«, in: *Archiv für Rechts- und Wirtschaftsphilosophie,* Bd. VI (1912/13), S. 492-501, hier S. 501. Das von Arno Bammé vorgelegte Buch *Geosoziologie. Ge-*

soli[80] Erwähnung, bleibt dort jedoch ohne nähere Erläuterung und systematische Verwendung, da Maffesoli offenbar die »Geosophie« favorisiert. Einschlägiger ist die Arbeit »Geographical Sociology« von Jeremy A. Porter und Frank M. Howell, in der immerhin explizit von »geo-sociology«[81] die Rede ist. Insgesamt aber geht die hier vorgelegte *Geosoziologie* weit über das Vorhaben dieser einzelnen Fundstücke hinaus, da sie den Anspruch erhebt, eine neue theoretische Basis der Soziologie vor dem Hintergrund der Herausforderungen des Anthropozäns zu entwickeln.

sellschaft neu denken, Marburg 2016, bezieht diesen Begriff allein auf diese Quelle. Dabei muss die Titelgebung insofern überraschen, als der Begriff zwar ganz am Ende des Buches flüchtig eingeführt, zuvor aber kein systematischer Gebrauch von ihm gemacht wird. Statt um Geoverhältnisse, Geosozialität, Geopolitik usw. geht es eher um verschiedene Naturbegriffe bei soziologischen Theoretikern wie etwa Ferdinand Tönnies und Niklas Luhmann.

80 Michel Maffesoli, *Die Zeit kehrt wieder*, Berlin 2014, S. 29 und 48 und ders., *Matrimonium. Petit traité d'écosophie*, Paris 2010, S. 59 ff.

81 Jeremy A. Porter und Frank M. Howell, *Geographical Sociology. Theoretical Foundations and Methodological Applications in the Sociology of Location,* Dordrecht, Heidelberg u. a. 2012, S. 1.

1. Terra – Die Umwandlung der Erde und der Mensch als geologischer Faktor

> »Der Mensch ist dabei, in einem nie dagewesenen Umfang seine natürliche Umgebung zu revolutionieren.«[1]

1.1 Herausforderung Anthropozän – Auftritt der menschengemachten Erde

Innerhalb der Soziologie gibt es gleich eine ganze Reihe von Namen für unser gegenwärtiges Zeitalter: Spätmoderne (Anthony Giddens), Zweite bzw. Reflexive Moderne (Ulrich Beck), Postmoderne (Michel Maffesoli) oder Nichtmoderne (Bruno Latour) stehen zur Auswahl und ringen um Deutungshoheit. All diese Vorschläge lassen sich mit bestimmten Autoren in Verbindung bringen, die in ihren Schriften stichhaltige Argumente für die Plausibilität des von ihnen favorisierten Namens zu unterbreiten versuchen.[2] Die kontroverse Benennung der Gegenwart gehört gewissermaßen zum Kerngeschäft soziologischer Arbeit. Dies trifft umso mehr zu, wenn man die Vielzahl der Gesellschaftsdiagnosen hinzunimmt, die in den vergangenen Jahrzehnten vorgelegt worden sind.[3]

1 Ilya Prigogine, Isabelle Stengers, *Dialog mit der Natur. Neue Wege naturwissenschaftlichen Denkens*, München 1981, S. 29.

2 Gemeinsam ist allen Namensgebungen ihr Bezug zur Moderne. Umstritten ist dagegen die Phase, in der sich die Moderne befindet, und die Frage, ob wir überhaupt jemals modern waren, sie von der Zweiten Moderne bzw. Postmoderne inzwischen abgelöst, kritisch begleitet oder ergänzt wurde. Eine der hilflosesten, gegenwärtig aber vielfach gebrauchte Bestimmung des gegenwärtigen Zeitalters ist die Bezeichnung »Spätmoderne«. Denn ob etwas als »spät« bezeichnet werden kann, lässt sich immer nur im Nachhinein bestimmen. In der Gegenwart lässt sich daher von Zeitgenossen nicht entscheiden, ob wir in der Spätphase der Moderne leben, da dies die Kenntnis ihres Endes voraussetzen würde. So kann man etwa von einem reifen oder alten Menschen deshalb sprechen, weil diese Bezeichnung an der durchschnittlichen Lebenserwartung gemessen wird. Aber eine solche zeitliche Vorgabe kann es bei Epochenbezeichnungen nicht geben. Vom Spätmittelalter zu sprechen, wäre den Menschen, die in dieser Zeit gelebt haben, nicht eingefallen. Die Bezeichnung verdankt sich einer Einteilung der Nachgeborenen.

3 Ob die immer neue Ausrufung einer Gesellschaft sinnvoll ist, die jede nur denkbare

Die Geologie denkt dagegen in viel weiter ausgreifenden Zeiträumen (Quartär, Jura, Kambrium etc.).[4] Deshalb hatte auch wohl niemand damit gerechnet, zum Zeitzeugen eines neuen geologischen Zeitalters zu werden. Doch im Februar 2000 war es so weit. Der Atmosphärenchemiker und Nobelpreisträge Paul Crutzen (1933-2021) verkündete während einer Tagung in Mexiko, dass die Erde sich nicht mehr länger im Holozän, sondern im *Anthropozän* befinde und somit eine neue geologische Epoche angebrochen sei. Dabei bezieht er sich ausdrücklich auf den italienischen Geologen Antonio Stoppani (1824-1891), der bereits 1873 von einem »anthropozänen Zeitalter« gesprochen habe.[5] Das 21. Jahrhundert begann für die Geologie also mit einem Paukenschlag, der auch im Rest der Welt überraschend schnell Gehör fand. Noch im selben Jahr veröffentlichte Crutzen gemeinsam mit Eugen Stoermer (1934-2012), der den Begriff unabhängig von Crutzen ebenfalls schon benutzt hatte, einen Beitrag für den Newsletter des International Geosphere-Biosphere Program.[6] Im Jahr 2002 fasste Crutzen seine

Eigenschaft, jeden Trend und jedes Einzelphänomen zu *dem* Kennzeichen der Gesellschaft insgesamt erhebt, darf bezweifelt werden. Der Zeitgeistphilosoph Byung-Chul Han versorgt die interessierte Öffentlichkeit in bestechender Regelmäßigkeit mit immer neuen Gesellschaftslabels, wobei stets an eine angebliche Eigenschaft zeitgenössischer Gesellschaften, wie etwa die, müde zu sein, der Begriff Gesellschaft als Suffix einfach angehängt wird, sodass etwa von einer *Müdigkeitsgesellschaft*, Berlin 2016, gesprochen werden kann. Auffällig ist dabei vor allem, dass der Begriff Gesellschaft gar nicht mehr eigenes problematisiert, sondern als unproblematisch gegeben vorausgesetzt wird, was er niemals war und vor allem auch heute nicht ist, vgl. dazu Kap. 4. Von den vielen Angeboten erweist sich eins als auch für das Anthropozän noch immer passend: »Gesellschaften, die zunächst verdeckt, dann immer offensichtlicher mit den Herausforderungen der selbstgeschaffenen Vernichtungsmöglichkeiten allen Lebens auf der Erde konfrontiert sind, nenne ich *Risikogesellschaften*.« Ulrich Beck, *Gegengifte. Die organisierte Unverantwortlichkeit*, Frankfurt/M. 1988, S. 109.

4 Vgl. David R. Oldroyd, *Die Biographie der Erde. Zur Wissenschaftsgeschichte der Erde*, Frankfurt/M. 1998; Lewis Dartnell, *Ursprünge. Wie die Erde uns erschuffen hat*, Berlin 2019.

5 Paul J. Crutzen, »Die Geologie der Menschheit«, in: *Das Raumschiff Erde hat keinen Notausgang*, S. 7-10, hier S. 7; vgl. auch »Wir sind nicht dem Untergang geweiht«, ein Interview mit Paul J. Crutzen, in: Nina Möllers u. a. (Hg.), *Willkommen im Anthropozän. Unsere Verantwortung für die Zukunft der Erde*, München 2015, S. 30-36.

6 Paul J. Crutzen, Eugen Stoermer, »The ›Anthropocene‹«, in: *Global Change Newsletter*, IGBP 41, Mai 2000, S. 17-18. ⟨http://www.igbp.net/download/18.316f18321323470177580001401/1376383088452/NL41.pdf⟩, letzter Zugriff 17. 08. 2021.

Argumente für das Anthropozän in der renommierten naturwissenschaftlichen Zeitschrift *Nature* auf einer einzigen Seite zusammen.[7] Dort sind bereits nahezu alle Phänomene aufgelistet, die zur Diagnose des Anthropozäns geführt haben und seither im Fokus der umfassenden Untersuchungen über das neue Zeitalter stehen. Das Kernargument lautet:

> In den letzten drei Jahrhunderten sind die Effekte des menschlichen Handelns auf die globale Umwelt eskaliert. Aufgrund der anthropogenen CO_2-Emissionen dürfte das Klima auf dem Planeten in den kommenden Jahrtausenden signifikant von der natürlichen Entwicklung abweichen. Insofern scheint es mir angemessen, die gegenwärtige, vom Menschen geprägte geologische Epoche als ›Anthropozän‹ zu bezeichnen. Sie folgt auf das Holozän, jene warme Periode, die sich über die letzten zehn bis zwölftausend Jahre erstreckte. Den Beginn des Anthropozäns kann man auf das späte 18. Jahrhundert datieren, da Untersuchungen der in Eisbohrkernen eingeschlossenen Luftbläschen ergaben, daß die Konzentration von CO_2 und Methan in der Atmosphäre in dieser Zeit weltweit zuzunehmen begann.[8]

Schon heute sei die »Konzentration dieser so genannten Treibhausgase in der Atmosphäre höher als zu irgendeinem Zeitpunkt während der letzten 400 Jahrtausende«.[9] Der Einfluss der Menschen auf ihre Umwelt habe sich vor allem in den letzten Jahrzehnten derart intensiviert, dass sie zu einem »maßgeblichen ökologischen Faktor«[10] geworden seien, dessen zerstörerische Auswirkungen auf den Planeten nicht mehr länger übersehen werden könnten. Deshalb scheint es Crutzen gerechtfertigt, das neue Zeitalter als eines zu bezeichnen, das im Wesentlichen vom Umgang des Menschen mit seiner Umwelt geprägt ist und auch in Zukunft geprägt sein wird.[11] War der Mensch zu Beginn seiner Geschichte der Natur noch ausgeliefert, so hat er inzwischen Macht über die Natur[12] – mit

7 Paul J. Crutzen, »The Geology of Mankind«, in: *Nature*, Bd. 415, S. 23; vgl. Jan Zalasiewicz, »Die Einstiegsfrage: Wann hat das Anthropozän begonnen?«, in: Jürgen Renn, Bernd Scherer (Hg.), *Das Anthropozän. Zum Stand der Dinge,* Berlin 2015, S. 160-180.

8 Crutzen, »Die Geologie der Menschheit«, S. 7.

9 Ebd., S. 9.

10 Ebd., S. 10.

11 Das heißt nicht, dass alle anderen geologischen Faktoren deshalb keine Rolle mehr spielen.

12 Vgl. Paul Crutzen, »Wir sind nicht dem Untergang geweiht. Ein Interview mit

verheerenden Folgen für beide. Der Mensch hat sich die Erde untertan gemacht um den Preis seines eigenen möglichen Untergangs einschließlich desjenigen zahlreicher anderer Lebewesen. Der Benennung *Anthropozän* ist insofern das Paradox eingeschrieben, dass sich ausgerechnet das menschengemachte Erdzeitalter als dasjenige erweisen könnte, das aufgrund der Massivität seiner Interventionen seinen eigenen Untergang endgültig besiegelt. Somit müsste *Der Mensch erscheint im Holozän*[13] von Max Frisch (1911-1991) bald ergänzt werden durch die Erzählung *Der Mensch verschwand im Anthropozän*.

Spätestens seit Crutzens Publikation von 2002 hat die Bezeichnung Anthropozän in bemerkenswertem Tempo Verbreitung gefunden. Weit über die Fachkreise der Geologie hinaus fand er schnell Anklang nicht nur in den Natur-, sondern auch in den Sozial- und Kulturwissenschaften, wurde von den Medien aufgegriffen und zog die Aufmerksamkeit von Künstlern und Architekten auf sich.[14] Anders als in der Soziologie muss sich ein solch weitreichender Vorschlag jedoch nicht nur dem Urteil der Leser:innen, der kritischen Öffentlichkeit und der Kolleginnen und Kollegen stellen, die über den Nutzen oder Nachteil des neuen Namens für die gegenwärtige Gesellschaft entscheiden. In der Geologie hat die International Union of Geological Sciences (IUGS) im Jahr 2009 vielmehr eigens eine internationale Anthropozän-Arbeitsgruppe der ICS (International Commission on Stratigraphy) eingesetzt, um die Frage zu prüfen, ob hinreichend viele Indizien dafür sprechen, das Anthropozän als neue geologische Epoche auszurufen. Die Arbeitsgruppe hat sich auf dem 35. Kongress der Geological Society für die Verwendung des Begriffs ausgesprochen. Das Anthropozän hat demnach das Holozän, das die letzten zehn- bis zwölftausend Jahre bestand, abgelöst.

Paul J. Crutzen«, in: Nina Möllers u. a. (Hg.), *Willkommen im Anthropozän. Unsere Verantwortung für die Zukunft der Erde*, München: Deutsches Museum 2015, S. 30-36, hier S. 32 f.

13 Max Frisch, *Der Mensch erscheint im Holozän*, Frankfurt/M. 1979.

14 Das zeigt sich nicht zuletzt auch an der explosionsartig zugenommenen Anzahl an Publikationen zum Themenkomplex Anthropozän in wenigen Jahren. Als Überblick über die inzwischen weit verzweigte Diskussion eignen sich Erle C. Ellis, *Anthropocene. A Very Short Introduction*, Oxford 2018 und Eva Horn, Hannes Bergthaller, *Anthropozän. Eine Einführung*, Hamburg 2019.

Die bemerkenswert schnelle Verbreitung des Begriffs in der Öffentlichkeit und in verschiedenen universitären Disziplinen sowie seine offizielle Anerkennung durch die Kommission sollte jedoch nicht darüber hinwegtäuschen, dass es sich dennoch nach wie vor um eine umstrittene These handelt. Streitpunkte sind vor allem der den Faktor Mensch hervorhebende Name des Anthropozäns und die Frage nach dessen Beginn, für den eine Reihe von unterschiedlichen Vorschlägen vorliegen.

Hinsichtlich der Plausibilität des Namens werden bereits seit einigen Jahren Alternativen diskutiert. Gemeinsam ist ihnen, dass nicht die Menschheit, sondern etwa das Kapital, der reiche Westen, die Technik oder das Sterben bzw. der Tod als dominierender Faktor für die massive Veränderung der Erde angesetzt werden, weshalb vom *Kapitalozän*,[15] *Eurozän, Technozän*[16] oder *Thanatozän*[17] die Rede ist. Daran zeigt sich zunächst vor allem, dass es sich beim Anthropozän nicht um einen rein geologischen Begriff handelt, sondern um eine auch von den Sozial- und Kulturwissenschaften sowie der Philosophie aufgegriffene Zeitdiagnose, die sich umgehend Neu- und Alternativbenennungen widmen und damit zugleich eine geologische Epoche wie einen gesellschaftlichen Trend behandeln. Auffällig ist dabei die Unverträglichkeit der geologischen Diagnose des Anthropozäns, die den Menschen wieder in den Mittelpunkt rückt und ihm eine herausragende Position zuschreibt, mit der Diskussion in den Sozial- und Kulturwissenschaften, die mit ihren Theorien des Posthumanismus, der Akteur-Netzwerk-Theorie und des Neomaterialismus seit einiger Zeit eine genau umgekehrte Perspektive verfolgen, die den Menschen ohne den Anspruch auf eine Sonderstellung als eingebettet in ein Gefüge von Lebewesen vorstellt. Aus letzterer Perspektive erscheint die Rede vom Anthropozän wie eine erneute Inthronisierung des Menschen als Krone der Schöpfung, die dem entgegengesetzten Versuch seiner Eingliederung in ein lebendiges Gefüge unterschiedlichster

15 Vgl. Jason W. Moore, *Kapitalismus im Lebensnetz. Ökologie und die Akkumulation des Kapitals*, Berlin 2020. In Kap. 6.2 wird darauf weiter eingegangen.

16 Beide Vorschläge stammen von Peter Sloterdijk, »Das Anthropozän – Ein Prozess-Zustand am Rande der Erdgeschichte?«, in: Jürgen Renn, Bernd Scherer (Hg.), *Das Anthropozän. Zum Stand der Dinge*, Berlin 2015, S. 25-44, hier S. 27.

17 Christophe Bonneuil, Jean-Baptiste Fressoz, *The Shock of the Anthropocene. The Earth, History and Us*, London, New York: Verso 2017, S. 122-147.

Spezies, die auf dem Planeten Erde zu Hause sind, widerspricht. Tatsächlich verbindet sich mit dem Nachweis der menschengemachten Gefährdung der natürlichen Grundlagen alles irdischen Lebens bei Crutzen die Vorstellung, dass der Verursacher in der Pflicht steht, den von ihm angerichteten Schaden auch wieder zu beseitigen, womit der Mensch zugleich zum Zerstörer *und* Retter der Erde wird. Strittig ist dabei, ob das Talent des Menschen zur Heilung des Planeten ebenso stark ausgeprägt ist wie sein zweifellos herausragendes Talent zur Zerstörung. Frühere Einschätzungen zu dieser Frage stimmen nicht eben hoffnungsvoll:

> Denn Menschen sind immer fähig zu zerstören, was sie selbst gemacht haben, und ihre Zerstörungskapazität hat heute sogar den Punkt erreicht, wo sie zerstören können, was sie nie machten – die Erde und das Leben auf ihr; aber Menschen sind offenbar schlechterdings unfähig, die Prozesse, die sie durch Handeln in die Welt loslassen, wieder rückgängig zu machen oder auch nur verläßliche Kontrolle über sie zu gewinnen. […] Und dieser Unfähigkeit, Getanes ungeschehen zu machen, entspricht eine fast ebenso große Unfähigkeit, seine Folgen vorauszusehen oder seine Motive verläßlich zu ergründen.[18]

Der Widerspruch lässt sich jedoch auflösen oder zumindest lindern, wenn man davon ausgeht, dass der Mensch, der vor den Trümmern seines bisherigen Umgangs mit der Erde steht, nicht länger derselbe sein kann oder sogar schon nicht mehr ist, der als Prometheus, *homo faber*[19] und *homo oeconomicus* dieses verheerende Ergebnis hervorgebracht hat. Es lässt sich vielmehr argumentieren, dass wir es bereits mit einem ganz anderen Menschen zu tun haben, *ein neuer Mensch für ein neues Zeitalter* bereits im Entstehen begriffen ist: »Wir sind keine modernen Menschen alten Schlages mehr; wir leben nicht mehr im Zeitalter des Holozän!«[20] Das neue Erdzeitalter führt demnach auch zu einer anderen Art Mensch. Die Gleichzeitigkeit bzw. das Zusammenfallen von Erd- und Menschheitsgeschichte zeigt, dass wir es mit einer parallelen Entwicklung

18 Hannah Arendt, *Vita activa oder Vom tätigen Leben*, München 2002, S. 297.

19 Über den es schon bei Hannah Arendt heißt: »Alles Herstellen ist gewalttätig, und Homo Faber, der Schöpfer der Welt, kann sein Geschäft nur verrichten, indem er Natur zerstört.« Ebd., S. 165.

20 Bruno Latour, *Kampf um Gaia. Acht Vorträge über das neue Klimaregime*, Berlin 2017, S. 248.

zu tun haben, in der sich Erde und Menschheit beiderseitig verändern. Gerade in den rein klimatologischen Debatten wird oftmals übersehen, dass die Menschen sich auch selbst längst verwandelt haben in hybride Wesen aus sowohl organischen als auch technischen Elementen,[21] es also nicht um einen sich gleich bleibenden Menschen geht, der auf eine durch ihn radikal umgestaltete Erde trifft, sondern um eine Veränderung des Menschen wie auch der Erde, die zu einem Natur-Kultur-Komplex amalgamieren.

Im Anthropozän zu leben, bedeutet vor allem, sich darüber im Klaren zu sein, dass alles, was der Mensch tut, auf ihn selbst zurückwirkt, da er der Erde nicht gegenübersteht, sondern als Bestandteil der Erde anzusehen ist. Alle von ihm verursachten Schäden in der Umwelt sind somit Schäden, die er sich auch selbst zufügt, da diese kein außerhalb seiner selbst befindliches externes Gebiet bezeichnet, sondern einen lebendigen Zusammenhang, dem er auf Gedeih und Verderb angehört. Dabei ist es gerade der in den letzten Jahren gewachsene Zugriff des Menschen auf die Erde und dessen Auswirkungen, der die Menschheit in eine neue Abhängigkeit von der längst nicht mehr natürlichen Natur gebracht zu haben scheint. Mehr als je zuvor wird der Mensch im Hinblick auf die Natur mit den Folgen seines eigenen Tuns konfrontiert. Wohin er auch sieht, er sieht immer nur seine eigenen Produkte, letztlich sich selbst, eine ewige Selbstbegegnung, die Natur als Spiegel seiner selbst:

> Indessen spreizt sich gerade der Mensch in die Gestalt des Herrn der Erde auf. Dadurch macht sich der Anschein breit, alles was begegne, bestehe nur, insofern es ein Gemächte des Menschen sei. Dieser Anschein zeitigt einen letzten trügerischen Schein. Nach ihm sieht es so aus, als begegne der Mensch überall nur noch sich selbst.[22]

Mit dem Anthropozän scheinen wir genau diesen Zustand erreicht zu haben. Gäbe es da nichts anderes als uns selbst, käme jede Hinwendung zur Natur einem Selbstgespräch gleich. Maßnahmen, die zur Rettung der Natur erlassen werden, würden damit eigentlich uns selbst gelten, die Sorge um den Planeten eigentlich eine Sorge

21 Alexander Bullik, Markus Schroer, »Hybride Körper. (Re-)Assembling the Body?«, in: Thomas Kron (Hg.), *Hybride Sozialität – soziale Hybridität,* Weilerswist 2015, S. 201-222.

22 Martin Heidegger, *Vorträge und Aufsätze,* Pfullingen 1954, S. 30 f.

um uns selbst sein.[23] Es spricht gar nicht wenig dafür, dass dem tatsächlich so ist.

Das Anthropozän könnte aber auch missverstanden werden als der endgültige Triumph des Menschen über die Natur. Endlich hätte er es demnach geschafft, die Erde zu beherrschen, ein alter Menschheitstraum hätte sich erfüllt. Die schwer zu leugnende Tatsache jedoch, dass sich seine seit der Industrialisierung verstärkenden Eingriffe in die natürliche Umwelt bereits in den Gesteinssegmenten der Erde als unauslöschlicher Fußabdruck nachweisen lassen, ist nicht mit der Tatsache einer kompletten Steuerung und Kontrolle der natürlichen Kräfte zu verwechseln. Ganz im Gegenteil scheint es eher so zu sein, dass der Mensch auf die Natur zwar im großen Stil einwirkt, die Folgen dieser Interventionen aber keineswegs abzuschätzen vermag, sodass er verstärkt Sorge zu tragen hat für Antworten der Natur, die sich in Form von »Naturkatastrophen« vollziehen, die nach wie vor kaum vorherzusagen sind und die damit ein schon in der vormodernen Gesellschaft geltendes hohes Maß an Unberechenbarkeit behalten – trotz des Anteils der Menschen an ihrem Zustandekommen. Der Unterschied ist nur, dass die Natur uns heute nicht mehr länger als eine uns gegenüberstehende Macht erscheint, sondern als ein Teil unser selbst, da sie den Lebenszusammenhang ausmacht, dem auch wir angehören. Diese engen Verflechtungen und Verbindungen alles Lebendigen konnten erstaunlich lange verdrängt und die Umweltverschmutzungen erfolgreich externalisiert und invisibilisiert werden, doch inzwischen sind die Zusammenhänge so offensichtlich und das Ausmaß der Zerstörungen einfach zu groß, um noch länger ignoriert werden zu können. Die routinisierten Externalisierungs- und Invisibilisierungsstrategien versagen angesichts der für alle Augen sichtbaren Verschmutzung der Flüsse und Meere, der Luft und des Bodens. Die weltweit verbreiteten Bilder von Menschen, die mit Atemschutzmasken ausgerüstet durch die Städte laufen, durch Berge von Müll hindurchwaten und verzweifelt gegen Feuersbrünste und Überschwemmungen ankämpfen, die Bilder von angespülten toten Fischen, durch Wassermangel verendeten Tieren in den sich rasant

23 Grundsätzlich hält Blumenberg, *Die Vollzähligkeit der Sterne*, Frankfurt/M., S. 93, fest: »›Sorge‹ hängt mit dem Leben und seiner Entwicklung von allem Anfang an zusammen.«

vermehrenden Wüstengebieten und von Öl verpesteten Küsten und Stränden lassen die Verleugnung der wahrhaft existentiellen Bedrohungslage kaum mehr länger zu. Das Anthropozän als Bezeichnung für das derzeitige Zeitalter verleiht nicht nur der Erkenntnis Ausdruck, dass all diese Ereignisse auf menschliche Aktivitäten zurückzuführen sind, sondern hilft auch bei der Aufgabe, diese Einsicht auf einen Nenner zu bringen und zu verbreiten. Die These vom Anthropozän impliziert indessen nicht nur, dass die Naturzerstörungen in hohem Maße auf den Menschen zurückzuführen sind, sondern nährt auch die Hoffnung, dass dessen zunehmende Einflussnahme auf das »Heimatland Erde«[24] in eine andere Richtung gelenkt werden könnte. Dabei stehen vor allem die weitreichenden Veränderungen des Klimas im Vordergrund. Dass Externalisierung nicht gelingt, heißt etwa, dass die vom Menschen produzierten Abfälle, Verbrennungsrückstände und Emissionen nicht an einen Ort außerhalb der Erde gebracht und so entsorgt werden können, dass sie keinerlei Auswirkungen und Rückkopplungen mit dem Leben auf der Erde mehr haben können. Vielmehr verbleiben sie im irdischen Kreislauf des Stoffwechsels, verschwinden nicht und sind weiterhin Bestandteil des Lebens hier auf der Erde.

Der zweite strittige Punkt betrifft die Frage nach dem Beginn des neuen Zeitalters.[25] Dabei wird auch diskutiert, ob überhaupt von einem neuen Zeitalter gesprochen werden kann, da sich der Einfluss der Menschen auf das Klima bis in das Neolithikum zurückverfolgen lässt: »Kaum jemand«, so Thomas Macho, »zweifelt ernsthaft daran, dass die Menschen während vieler Jahrhunderte – spätestens seit der neolithischen Revolution – die klimatischen Verhältnisse in ihrer jeweiligen Heimat verändert haben.«[26] Insofern kann es sich nicht um die Frage der Eingriffe an sich handeln, sondern um das Ausmaß derselben. Doch selbst großräumige Umweltzerstörungen gehören nicht erst seit gestern zu den Aktivitäten des Menschen: »Dass menschliche Akteure auf die Natur zurückwirken, ist keine ganz neue Beobachtung. Schon in der Antike wurden in Hellas und Italien Entwaldungen notiert, die auf

24 Edgar Morin, *Heimatland Erde. Versuch einer planetarischen Politik,* Wien 1999.

25 Vgl. Jan Zalasiewicz, »Die Einstiegsfrage: Wann hat das Anthropozän begonnen?«.

26 Thomas Macho, »Wetter machen«, in: Petra Lutz, Thomas Macho (Hg.), *Das Wetter, der Mensch und sein Klima,* Göttingen 2008, S. 132-138, hier S. 132.

den Holzbedarf des Schiffbaus zurückgeführt wurden.«[27] Folglich kann festgehalten werden: »Seit der Mensch Mensch ist, behandelt er seine Umwelt.«[28] Das ist auch von der Soziologie bereits früh angemerkt worden: »Zu allen Zeiten, seitdem der Zustand der Naturvölker überwunden ist, haben die Menschen die Erde zu erkunden getrachtet, haben sie nach Wissen gestrebt, haben sie die Erde bevölkert, haben sie sie verändert und ihren Zwecken dienstbar gemacht.«[29] Hat der Mensch demnach also schon seit seinem erstmaligen Auftauchen im Anthropozän gelebt? Muss damit nachträglich die Zeitspanne des Holozäns erheblich verkürzt und die Geologiegeschichte umgeschrieben werden? Dagegen spricht, dass Paul Crutzen unser gegenwärtiges Zeitalter als Anthropozän bezeichnet wissen will, um damit die seit dem späten 18. Jahrhundert stetig gewachsene Einflussnahme des Menschen auf die Gestaltung der Erde adäquat zum Ausdruck zu bringen.[30] Die These, dass die Umwälzungen der Erde sich mit Anbruch des Anthropozäns stark vermehrt und beschleunigt haben, impliziert indessen nicht, dass der Mensch sich zuvor an seine Umwelt angepasst hätte, ohne diese zu verändern. Es geht also nicht um den Nachweis oder die Widerlegung eines generellen Einflusses des Menschen auf die Umwelt – der sich tatsächlich schwer bestreiten lässt –, sondern um die seit der Industriellen Revolution messbare Zunahme der menschlichen Aktivitäten, die inzwischen deutliche Spuren in der Atmosphäre und in den Gesteinsformationen hinterlassen haben. Die Konzentration von CO_2 und Methan in der Atmosphäre hat seit Beginn der Industrialisierung – nachweisbar etwa durch die Untersuchung von Eisbohrkernen[31] – weltweit zugenommen. Damals nahm auch James Watt (1736-1819) eine entscheidende Verbesserung an der Dampfmaschine vor, sodass sich für Crutzen der Beginn des Anthropozäns sogar exakt auf das Jahr 1784 datieren lässt.[32] Ne-

27 Peter Sloterdijk, »Das Anthropozän – Ein Prozess-Zustand am Rande der Erd-Geschichte?«, S. 27 f.

28 Vilém Flusser, *Dinge und Undinge. Phänomenologische Skizzen*, München, Wien 1993, S. 85.

29 Werner Sombart, *Vom Menschen. Versuch einer geisteswissenschaftlichen Anthropologie*, Paderborn 2012, S. 338.

30 Vgl. Paul Crutzen, »Die Geologie der Menschheit«.

31 ⟨https://mosaic-expedition.org/⟩, letzter Zugriff 03. 08. 2021.

32 Crutzen, »Die Geologie der Menschheit«, S. 7.

ben diesem Vorschlag wird der Beginn des Anthropozäns auf den Zeitpunkt der Sesshaftwerdung des Menschen (*Early Anthropocene*) oder den Beginn der Kolonialisierungsgeschichte der Frühen Neuzeit (*The Columbian Exchange*) datiert.[33] Der Historiker James C. Scott schlägt vor, von einem schwachen und starken Anthropozän zu sprechen, um die unbeabsichtigen Folgen der Anstrengungen des Homo sapiens in der Frühzeit von den modernen Eingriffen in die Natur zu unterscheiden.[34] Welche Entscheidung hier auch immer getroffen werden mag: Zu Recht weist Jason W. Moore darauf hin, dass die Periodisierung alles andere als ein banales Problem ist, da sie gravierende Auswirkungen auf die Interpretation der Ereignisse und die Lösungsansätze hat.[35] Der Streit wird also nicht umsonst geführt.

Angesichts der Datierung des Anthropozäns durch Crutzen ist die Soziologie jedenfalls wie kaum eine andere Disziplin für die Erforschung des Anthropozäns prädestiniert, fällt dieses doch mit der Zeitepoche zusammen, auf die die Soziologie sich in ihren Arbeiten seit jeher konzentriert: die Moderne. Sie hat die im 18. Jahrhundert anlaufende Industrielle Revolution hinsichtlich ihrer Auswirkungen auf die Erde immer wieder beschrieben. Gerade dann, wenn die Industrielle Revolution als Anfang des Anthropozäns definiert wird und mit dem Beginn der Moderne zusammenfällt, ist die Soziologie in einer günstigen Ausgangslage zur Analyse des geologischen neuen Zeitalters, da sie sich in ihren gesellschaftstheoretischen Untersuchungen exakt auf diese Zeit bezieht.[36]

33 Vgl. dazu den Überblick in Horn, Bergthaller, *Anthropozän zur Einführung*, s. S. 37 ff.

34 Vgl. James Scott, *Die Mühlen der Zivilisation. Eine Tiefengeschichte der frühesten Staaten*, Berlin 2019, S. 34.

35 Jason W. Moore, *Kapitalismus im Lebensnetz*, S. 267.

36 Leser:innen, die sich nicht im Detail für die Geschichte der Soziologie interessieren, können dieses Kapitel überspringen, ohne dass das Verständnis der weiteren Kapitel dadurch gefährdet wäre.

1.2 Geographische Soziologie oder Soziologie ohne Geographie? Von der systematischen Berücksichtigung zur zunehmenden Vernachlässigung der physischen Basis von Gesellschaften

In ihrer Frühphase ist die Auseinandersetzung mit den Lebensbedingungen auf der Erde als Voraussetzung für das Entstehen und Überleben von Gesellschaften noch eine Selbstverständlichkeit für die Soziologie. Noch ist nicht ausgemacht, dass sich die Soziologie ausschließlich um den Menschen und seine Beziehungen zu seinesgleichen – unter Absehung seiner materiellen Umgebung – zu kümmern hat. Eine Thematisierung der physischen Grundlagen von Gesellschaften ist deshalb keine Seltenheit. Die Einsicht, dass der Mensch sich seiner natürlichen Umgebung nicht einfach anpasst, sondern sie umfassend verändert, ist für die Soziologie keineswegs eine neue Erkenntnis. Vielmehr wird von ihr immer wieder deutlich gemacht, dass der Mensch die Bedingungen auf der Erde nicht nur einfach vorfindet, sondern diese so lange zu beeinflussen oder zu verändern versucht, bis sie seiner Lebensweise und seinen Bedürfnissen entsprechen. Als »geologischer Faktor« gilt der Mensch folgerichtig nicht erst dem Chemiker Paul J. Crutzen in unseren Tagen, sondern bereits dem Geologen Ernst Fischer (1888-1914) zu Beginn des 20. Jahrhunderts.[37] Auch der Arzt und Philosoph Georges Canguilhem bezeichnet den Menschen in den 1940er Jahren als »geographischen Faktor«,[38] und der russische Geologe, Geochemiker und Mineraloge Wladimir Iwanowitsch Wernadski (1863-1945) charakterisiert ihn in den späten 1930er Jahren ebenso als »geologische Kraft«,[39] wie der Sozialpsychologe Serge Moscovici (1925-2014), der 1968 vom Menschen als einer »geologischen Kraft mit erheblicher Wirksamkeit«[40] spricht. Aus soziologischer Sicht

37 Ernst Fischer, »Der Mensch als geologischer Faktor«, in: *Zeitschrift der Deutschen Geologischen Gesellschaft. Abhandlungen und Monatsberichte* 67 (1915), S. 106-148. Ein insgesamt überaus bemerkenswerter Text.

38 Georges Canguilhem, *Die Erkenntnis des Lebens*, Berlin 2009, S. 257.

39 Vladimir I. Vernadskij, *Der Mensch in der Biosphäre. Zur Naturgeschichte der Vernunft*, Frankfurt/M. u. a. 1997, S. 36. Er verweist zudem darauf, dass der Geologe L. Agassiz (1807-173) bereits »1859 eine eigene geologische *Ära des Menschen*« (ebd., S. 52) ausrief.

40 Serge Moscovici, *Versuch über die menschliche Geschichte der Natur*, Frankfurt/M. 1982, S. 498.

lässt sich der Mensch daran anschließend als geologischer Akteur verstehen, der im kleinen und großen Maßstab – vom Umgraben des Gartens bis zum Bau von Fabriken und Kraftwerken, vom Entfachen des Feuers bis zum Flug in das Weltall – beständig auf die natürliche Umwelt einwirkt. Boden, Wasser und Luft werden von ihm nicht als vorgefundene Gegebenheiten des Lebens hingenommen, sondern für seine Zwecke umgestaltet, umgeleitet und umgewandelt, genutzt, geformt und verbraucht. Erst sehr viel später tritt ins allgemeine Bewusstsein, dass Böden, Wasser und Luft durch diese umfassende Nutzbarmachung nicht nur einfach benutzt, sondern auch verschmutzt, vergiftet und zerstört werden. Jeder Eingriff in die Natur bleibt für diese nicht ohne Folgen, auch wenn sich die Menschheit darum lange Zeit kaum Gedanken gemacht hat, und wenn überhaupt, dann im lokalen Bereich, nicht aber im globalen Maßstab. Die Erde muss den Menschen in früheren Dekaden wie eine unerschöpfliche Quelle von Nahrungsmitteln, Rohstoffen und Energievorräten vorgekommen sein, aus der man sich hemmungslos bedienen kann, da ohnehin alles im Überfluss vorhanden ist. Erst mit der zunehmenden Messbarkeit und Visualisierung der Konsequenzen und ihres wissenschaftlichen Nachweises als Folgen menschlichen Tuns setzt die Umweltschutzbewegung ein, die heute in den Aufmärschen der Fridays-for-Future-Bewegung eine Fortsetzung findet.[41]

Deutlich älter als die Thematisierung der Umwandlung der Erde durch den Menschen aber scheint die umgekehrte Perspektive zu sein, nach der der Mensch als Produkt seiner Umweltbedingungen vorgestellt wird. Nach dieser Auffassung bedingen die jeweiligen erdräumlichen Zusammenhänge die menschlichen Lebensweisen. Die klimatischen Bedingungen, die geographische Lage und die Beschaffenheiten des Bodens ermöglichen, erleichtern oder verhindern demnach die Ansiedlungen des Menschen auf der Erdoberfläche. In jedem Fall liefern sie die Grundlage und bestimmen die Möglichkeiten seiner Existenz. Nicht die Veränderungen der natürlichen Gegebenheiten also, sondern die Anpassung an diese steht in dieser Perspektive im Mittelpunkt der menschlichen Anstrengungen. Gezeigt wird, in welchem Ausmaß und auf welche Weise die Menschen sich von erdräumlichen Gegebenheiten insofern zuneh-

41 Vgl. Joachim Radkau, *Die Ära der Ökologie. Eine Weltgeschichte*, München 2011.

mend zu emanzipieren meinen, als die Menschheit mithilfe technischer Erfindungen eine eigene Welt zu erbauen versucht, indem sie die ehemaligen Einflussfaktoren in *Be*einflussungsfaktoren ihres Lebens umwandelt. Erst in der zweiten Hälfte des 20. Jahrhunderts wird zunehmend reflektiert, welches Ausmaß an Zerstörung mit diesen Manipulationsversuchen der Natur einhergeht. Sie sind in einigen frühen Texten als mögliche Folgen der industriellen Bearbeitung der Erde zwar bereits angedacht, stehen aber nicht im Mittelpunkt der Untersuchungen.

Herbert Spencer (1820-1903) wird von dem italienischen Soziologen Fausto Squillace (ca. 1878 - ca. 1920) zu denjenigen Soziologen gezählt, die »die physischen Verhältnisse zur Grundlage der sozialen Phänomene gemacht haben«.[42] In den *Prinzipien der Soziologie*[43] widmet Spencer sich in der Tat ausführlich der Frage, welche ursprünglichen äußeren Faktoren, zu denen er vor allem das Klima, den Boden, Flora und Fauna zählt, sich hemmend oder förderlich auf die Entwicklung von Gesellschaften ausgewirkt haben. Der gesamte von ihm zusammengetragene Wissensbestand aus den Natur- und Sozialwissenschaften seiner Zeit dient dem Zweck, die Bedingungen für den Fortschritt ausfindig zu machen, da dieser sich nicht in allen Regionen der Welt gleichermaßen ausbreiten konnte. Als fortschrittlich erweisen sich für ihn letztlich diejenigen Gesellschaften, die sich am erfolgreichsten von der Natur unabhängig machen, während »auf der niedrigsten Stufe stehende Gesellschaften ganz und gar von den Bedingungen ihrer Umgebung abhängig sind«.[44] Spencer geht jedoch nicht von einem einseitigen Wirkungsverhältnis der natürlichen Umgebung auf die Entwicklungsmöglichkeiten von Gesellschaften aus, sondern berücksichtigt auch die Rückwirkungen der gesellschaftlichen Umgestaltungen auf die natürliche Umgebung: »Die von Anfang an bestehenden Einfüsse der Umgebung, unorganischer wie organischer Art, ursprunglich fast unveränderlich, ändern sich mehr und mehr unter dem Einfluss der sich entwickelnden Gesellschaften.«[45] Trotz des erreichten Fortschritts der industriellen Gesellschaften bleibt doch auch diese auf den Stoffwechsel mit ihrer Umgebung angewiesen:

42 Fausto Squillace, *Die soziologischen Theorien*, Leipzig 1911, S. 148.
43 Herbert Spencer, *Die Prinzipien der Soziologie*, 1. Band, Stuttgart 1877.
44 Ebd., S. 38.
45 Ebd., S. 17.

Eine Gesellschaft lebt, indem sie allerhand Stoffe aus der Erde sich aneignet: die mineralischen Stoffe, welche sie für Gebäude, als Brennmaterial etc. braucht, die pflanzlichen Stoffe, die auf der Erdoberfläche für Nahrung und Kleidung gewonnen werden, die thierischen Stoffe, die sich aus den vorigen mit oder ohne menschliche Oberleitung entwickeln.[46]

Selbst die Tatsache, dass sich die Industrielle Revolution zunächst vor allem in England vollzieht, hat ihre Ursache in der geographischen Lage des Landes und seiner spezifischen Ausstattung mit Bodenschätzen: »Die Natur des Landes bot einen Standortvorteil. Sie barg reichlich Kohle und Eisenerz, sodass Bergbau und Hüttenwesen leichter betrieben werden konnten; und der Lauf der Flüsse und die langen Küsten begünstigten den Transport schwerer Güter.«[47]

Mit *Gabriel Tarde* (1843-1904), dem zeitgenössischen Gegenspieler Émile Durkheims, weiß die Soziologie einen Klassiker in ihren Reihen, der immer wieder auf die Verschränkung von Geographie und Kultur hinweist:

Die Untersuchung der Auswirkungen jener am Anfang einer kulturellen Entwicklung stehenden, natürlichen Gaben des Bodens auf den gesamten weiteren Verlauf dieser Kultur ist beispielsweise von größtem Interesse. Je nachdem ob die Kultur in einem fruchtbaren Tal oder einer mehr oder weniger an Weideland reichen Steppe entstand, sind die Arbeitsbedingungen verschieden und folglich auch die Bedingungen der Hausgemeinschaft und der politischen Institutionen.[48]

Auch *Georg Simmel* (1858-1918) bewahrt sich ein Gespür für die Anerkennung geographischer Gegebenheiten und ihren Einfluss auf das Soziale:

Der Raum erhält durch die Gliederung seiner Grundfläche oft Einteilungen, die die Beziehungen der Bewohner untereinander und zu den draußen stehenden in einzigartiger Weise färben. Das bekannteste Beispiel sind die Gebirgsbewohner mit ihrem eigentümlichen Ineinsbringen von Freiheitssinn und Konservatismus, von Sprödigkeit des Verhaltens gegen einander und leidenschaftlicher Anhänglichkeit an den Boden, die dennoch ein außerordentlich starkes Band zwischen ihnen schafft. Der Konservatismus ist in Gebirgstälern sehr einfach aus der Erschwerung des Verkehrs mit der

46 Herbert Spencer, *Die Prinzipien der Soziologie*, 2. Bd., Stuttgart 1877, S. 58.

47 Gerhard Wagner, *Eine Geschichte der Soziologie*, Konstanz 2007, S. 153.

48 Gabriel Tarde, *Die Gesetze der Nachahmung*, Frankfurt/M. 2003, S. 163 f.

Außenwelt und dem daraus hervorgehenden Mangel an Anregungen zur Veränderung erklärt.[49]

Aus der geographischen Lage heraus erklärt er sich eine bestimmte Mentalität ihrer Bewohner. Selbst die beim Gebirgsbewohner besonders ausgeprägte »Leidenschaft für die Heimat«[50] führt Simmel

> auf die auffällige Differenzierung des Bodens zurück, die das Bewußtsein stark an ihn und die Besonderheit seiner Gestalt fesseln muß, oft gerade an das Fleckchen Erde, das dem Einzelnen gehörte oder das er bewohnt hat. An sich liegt kein Grund vor, weshalb der Bergbewohner seine Heimat mehr lieben sollte, als der Flachlandbewohner. Allein das Gefühlsleben verschmilzt allenthalben mit der differenziert-unvergleichlichen, als einzig empfundenen Formation in besonders enger und wirksamer Weise, deshalb mehr mit einer alten, winkligen, unregelmäßigen Stadt als mit der schnurgeraden modernen, mehr mit dem Gebirge, in dem jedes Stück des Bodens ganz individuelle, unverkennbare Gestalt zeigt, als mit der Ebene, deren Stücke alle gleich sind.[51]

Ebenso hat auch die Fruchtbarkeit des Niltales den Bewohnern »oft eine konservative Erstarrung für Jahrhunderte ausgezwungen, wie sie an der Küste des ägäischen Meeres schon aus geographischen Gründen gar nicht erzielbar war«.[52] Zeigt sich das Gebirge als eine kaum überwindbare Grenze, die den Austausch zwischen den Menschen verhindert, steht das Meer für das Verbindende:

> Das Meer ist aufs innigste in die Schicksale und Entwicklungen unserer Art hineingewachsen; es hat sich unzählige Male nicht als die Trennung, sondern als die Verbindung der Länder erwiesen. Gebirge aber haben im Maße ihrer Höhe innerhalb der Menschengeschichte wesentlich nur negativ gewirkt, haben Leben gegen Leben isoliert und seine wechselseitige Bewegung ebenso gehindert, wie das Meer sie vermittelt hat.[53]

Für Simmel üben die jeweiligen geographischen Bedingungen also einen großen Einfluss auf die Menschen und die Entwicklungsmöglichkeiten der Gesellschaften aus.

49 Georg Simmel, *Soziologie. Untersuchungen über die Formen der Vergesellschaftung,* Gesamtausgabe Bd. 11, Frankfurt/M. 1992. S. 695f.

50 Ebd., S. 695, Fn. 1.

51 Ebd., S. 696, Fn. 1. Das hat schon Hegel ähnlich gesehen, vgl. Kap. 1.4.

52 Ebd.

53 Georg Simmel, »Die Alpen«, in: ders., *Hauptprobleme der Philosophie. Philosophie der Kultur*, Gesamtausgabe Bd. 14, Frankfurt/M. 1996, S. 296-303, hier S. 301.

Das ist bei *Max Weber* (1864-1920) kaum anders. Obwohl beide zumeist mit anderen Grundkategorien der Soziologie in Verbindung gebracht werden, für die sie derart exklusiv stehen, dass andere Komponenten ihres reichhaltigen Werks oft kaum mehr wahrgenommen werden und darüber in Vergessenheit zu geraten drohen, wird die physisch-geographische Basis gesellschaftlicher Entwicklungen auch in Webers Schriften keineswegs gänzlich ausgespart. Stehen insgesamt zweifellos soziale, ökonomische, politische und juristische Gesichtspunkte im Vordergrund seiner vielfältigen Studien, so wird in ihnen doch auch der Wandel gesellschaftlicher Bodenverhältnisse thematisiert[54] und auf die physische Gestalt der Stadt als »Marktan*siedlung*«[55] eingegangen. In seinen Arbeiten über die Genese der Entstehung des modernen Kapitalismus wird zudem nicht nur die Wahlverwandtschaft von Religion und Wirtschaft beleuchtet: »Die *äußeren* Bedingungen für seine Entwicklung sind vielmehr zunächst *geographischer* Natur.«[56] Demnach gibt es für die Herausbildung kapitalistischer Strukturen günstige und weniger günstige Regionen auf der Erde:

In China und Indien mußten bei dem ausgesprochenen Binnenlandverkehr dieser Gebiete die ungeheuren Transportkosten die Schicht derjenigen, die in der Lage waren, im Handel Verdienste zu machen, und die Möglichkeit besaßen, auf dem Händlerkapital ein kapitalistisches System aufzubauen, außerordentlich hemmen, während im Abendland der Binnenmeercharakter des Mittelmeeres und der Reichtum an Stromverbindungen eine entgegengesetzte Entwicklung begünstigte. Aber auch dieses

54 Vgl. dazu die Hinweise bei Anna Henkel, »Terra. Zur Differenzierung und Verdinglichung von Boden, Raum und Pflanzenernährung in der modernen Gesellschaft«, in: dies. u. a. (Hg.), *Raum und Zeit. Soziologische Beobachtungen zur gesellschaftlichen Raumzeit*, 4. Sonderband der *Zeitschrift für Theoretische Soziologie*, Weinheim 2017, S. 97-125.

55 Max Weber, »Die nichtlegitime Herrschaft (Typologie der Städte)«, in: ders., *Wirtschaft und Gesellschaft. Grundriss der verstehenden Soziologie*, Tübingen 1972, S. 727-814, hier S. 728, i. O. gesperrt.

56 Max Weber, *Wirtschaftsgeschichte: Abriss der universalen Sozial- und Wirtschaftsgeschichte*, München 1923, S. 301, i. O. gesperrt. Ferner darf die »Edelmetallzufuhr« (ebd.) zwar nicht wie bei Werner Sombart als alleinige Entstehungsursache des Kapitalismus angesehen werden. Doch die »Bedeutung der *Edelmetallvorräte* muss für das *Tempo* kapitalistischer Entwicklung zweifellos hoch angeschlagen werden.« Max Weber, »Agrarverhältnisse im Altertum«, in: ders., *Gesammelte Aufsätze zur Sozial- und Wirtschaftsgeschichte*, Tübingen 1988, S. 1-288, hier S. 17.

Moment darf nicht überschätzt werden. Die Kultur der Antike ist ausgesprochene Küstenkultur gewesen. Dort waren dank der Beschaffenheit des mittelländischen Meeres (im Gegensatz zu den chinesischen Gewässern mit ihren Taifunen) die Verkehrsmöglichkeiten sehr günstig, und doch ist damals kein Kapitalismus entstanden. Auch in der Neuzeit ist die kapitalistische Entwicklung in Florenz viel intensiver als in Genua oder Venedig. In den binnenländischen Gewerbestädten, nicht den Seehandelsstädten des Okzidents, wurde der Kapitalismus geboren.[57]

Auf gar keinen Fall also kann die geographische Lage nach Weber einen determinierenden Einfluss auf die wirtschaftlichen Entwicklungsmöglichkeiten eines Landes ausüben, da auch andere Faktoren eine Rolle spielen und in einer soziologischen Untersuchung entsprechend Berücksichtigung finden müssen. Sehr wohl aber bieten die verschiedenen geographischen Ausgangssituationen unterschiedliche Bedingungen für die Herausbildung der kapitalistischen Wirtschaftsweise, die in einer soziologischen Gesamtbetrachtung nicht unterschlagen werden dürfen.

In der frühen amerikanischen Soziologie an der Universität von Chicago wird man bei der Suche nach der Thematisierung erdräumlicher Voraussetzungen von Gesellschaft ebenfalls schnell fündig.[58] Die von *Robert Ezra Park* (1864-1944) und weiteren Vertretern der Chicago School of Sociology entwickelte Human- und Sozialökologie stellt den erfolgreichen Versuch dar, die Wechselbeziehungen zwischen dem Menschen und seiner natürlichen Umgebung systematisch zu erfassen. Eine Schlüsselrolle nimmt bei diesen Bemühungen der US-amerikanische Soziologe *Edward C. Hayes* (1868-1928) ein, da er sich für eine Verbindung aus Geographie und Soziologie explizit stark gemacht hat:

Uns allen ist auf vordergründige Weise die offensichtliche Tatsache bewusst, dass die Aktivitäten einer Bevölkerung zu einem großen Teil von ihrer geographischen Umgebung beeinflusst sind. Das Leben in arktischen Regionen kann nicht dasselbe sein wie in den Tropen; das Leben in Wüsten aus Treibsand nicht dasselbe wie in grasbewachsenen Steppen, die den umherziehenden Hirten und ihren Herden das natürliche Zuhause bieten;

57 Ebd., S. 302. Zu weiteren Hinweisen zur Auseinandersetzung Webers mit den natürlichen Grundlagen von Gesellschaften, die insgesamt aber marginal bleibt, vgl. Matthias Groß, *Die Natur der Gesellschaft. Eine Geschichte der Umweltsoziologie*, Weinheim, München 2001, S. 49-55.

58 Vgl. Groß, *Die Natur der Gesellschaft*, S. 63 ff.

das Leben an der Küste mit ihren Fischereien und ihrem Handelsverkehr nicht dasselbe wie in den Bergen mit ihren Wäldern und Mienen. Es sind aber nicht nur die extremen und ungewöhnlichen Erscheinungsformen der Natur, die sich auf das Leben des Menschen auswirken. Vielmehr könnte gerade die Abwesenheit von Extremen dazu beigetragen haben, aus Europa den Sitz der reichsten Zivilisation zu machen.[59]

Der französische Soziologe *René Worms* (1869-1926) führt in seinen grundsätzlichen Ausführungen zu den Aufgaben der Sozologie aus, dass sie die »außermenschlichen Bereiche, die Dinge«[60] in zwei Gruppen unterteilt. Während die erste die »Erzeugnisse der Natur« umfasse, enthalte die zweite die Erzeugnisse »menschlichen Könnens«, für die die Natur die Bestandteile bereitstellt. Zum ersten Bereich gehört zunächst der Boden, »die zu jeder Tätigkeit des Menschen unentbehrliche Voraussetzung«; an zweiter Stelle alles das, was sich unter dem Boden befindet, das »Erdinnere«, das durch »seine mineralischen Schätze und durch die den Pflanzen gespendete Nahrung […] von größter Bedeutung für Industrie und Landwirtschaft« ist. An dritter Stelle gehört zu diesem Bereich das »›Erd-Obere‹«, das die Atmosphäre, das Klima und die physikalischen Einflüsse sowie Pflanzen und Tiere umfasse: »Alle diese Elemente üben einen starken Einfluss auf den Menschen aus; er versteht es jedoch, sie seinerseits seinen Zwecken nutzbar zu machen und sie als unentbehrliche Bestandteile in seine Werke aufzunehmen.«[61] Worms beschließt seine Ausführungen zu den natürlichen Einflussfaktoren mit einer eindeutigen Mahnung an seine Zunft: »Man darf nicht vergessen, den außermenschlichen Elementen in der Soziologie die ihnen gebührende Stellung einzuräumen. Man wird sogar zuweilen in Versuchung kommen, diese Stellung zu überschätzen.«[62] Worms' Befürchtung einer Überschätzung der außermenschlichen Faktoren hat sich im Zuge der Etablierung des Faches als unbegründet herausgestellt. Die Entwicklung

59 Edward C. Hayes, »Effects of Geographic Conditions upon Social Realities«, in: *American Journal of Sociology* 19 (1914), S. 813-824, hier S. 813; zur Chicago-School vgl. auch Kap. 3.4.

60 René Worms, *Die Soziologie. Wesen, Inhalt und Beziehung zu anderen Wissenschaften*, Karlsruhe 1926, S. 43.

61 Ebd., S. 44.

62 Ebd. Zu einer solchen Überschätzung neigt in seinen Augen Pierre Guillaume Frédéric Le Play (1806-1882).

der Soziologie nimmt eher den umgekehrten Verlauf einer zunehmenden Vernachlässigung der außermenschlichen Elemente und ignoriert damit Worms' Aufruf zu deren angemessener Berücksichtigung weitgehend. Heißt es bei *Friedrich Ratzel* (1844-1904), dem Begründer der Anthropogeographie, noch: »Es ist sicherlich eine irrige Auffassung, wenn man sagt, die Völker lösen sich immer mehr von der Natur los, die ihre Unterlage und Umgebung bildet«,[63] vertritt der Ökonom *Otto Neurath* (1882-1945) nur vierzig Jahre später bereits die gegenteilige Perspektive: »Der Mensch wird immer unabhängiger vom Boden, auf dem er lebt.«[64] Beide Auffassungen bilden zwischen 1882 und 1931 gleichsam die Klammer der möglichen Argumentationen, zwischen der die Soziologie nach ihrer genuinen Stimme sucht. In ihrem zunehmenden Autonomiestreben ist sie deutlich bemüht, Positionen wie die Ratzels hinter sich zu lassen, auch wenn Durkheims Rezensionen seiner Werke durchaus Sympathien mit seinem Ansatz deutlich werden lassen.[65] Durkheims Schüler und Neffe *Marcel Mauss* (1872-1950) setzt sich in seiner sozialmorphologischen Untersuchung über die Gesellschaften der Inuit explizit in ein Verhältnis zur »Anthropogeographie« von Friedrich Ratzel, die die Wechselbeziehung von Mensch und geographischer Umwelt ausführlich diskutiert.[66] Den Fehler dieses Ansatzes macht Mauss in seiner Annahme einer unmittelbaren Wirkung der Bodenverhältnisse auf die soziale Organisation menschlicher Beziehungen aus, während die soziale Morphologie eine solch einseitige Fixierung auf den Boden durch die Berücksichtigung zusätzlicher Faktoren (moralische, rechtliche und religiöse) vermeiden will. Die soziale Morphologie kümmert sich insgesamt in der Tat mehr um die von Worms so genannten *Erzeugnisse menschlichen Könnens* (Städte und Häuser, Verkehrs-

63 Friedrich Ratzel, *Anthropogeographie oder Grundzüge der Anwendung der Erdkunde auf die Geschichte*, 2005/1882, S. 87.

64 Otto Neurath, *Empirische Soziologie. Der wissenschaftliche Gehalt der Geschichte und Nationalökonomie*, Wien 1931, S. 118.

65 Zur Auseinandersetzung Durkheims mit der Anthropogeographie Ratzels vgl. Werner Köster, *Die Rede über den »Raum«. Zur semantischen Karriere eines Konzepts*, Heidelberg 2002, S. 90-94.

66 Marcel Mauss, »Über den jahreszeitlichen Wandel der Eskimogesellschaften. Eine Studie zur sozialen Morphologie«, in: ders., *Soziologie und Anthropologie, Bd. 1: Theorie der Magie/Soziale Morphologie*, Wiesbaden 2010, S. 183-278, hier S. 186.

wege usw.), zu denen die Erde die Mittel bereitstellt, als um die genaue Analyse der Erdoberfläche bzw. des Bodens, auf dem eine Gesellschaft sich ausbreitet. Durkheims eigene Position ist ein Paradebeispiel für diese sich mehr und mehr durchsetzende Haltung: »In Gegensatz zu dem, was Herr Ratzel sagt, ist die Rolle des Territoriums im moralischen und mentalen Leben der Völker, weit erntfernt von einem Anwachsen, dabei abzunehmen. Die Gesellschaften vergeistigen sich, wie die Individuen, d. h. sie lockern die Abhängigkeit von ihrer materiellen Basis.«[67] Da die Soziologie sich mehr und mehr von der Geographie weg und hin zur Ökonomie als Vorbild entwickelt, unterschätzt sie so wie diese die Natur bzw. den Boden als Einflussfaktor gesellschaftlicher Zusammenhänge zunehmend. Neben dem technologischen Fortschritt im Rahmen der Industriellen Revolution, der zu dieser Annahme Anlass gibt, ist es vor allem die sich ausbreitende Geldkultur, die der These einer wachsenden Emanzipation aus physischen Gegebenheiten insgesamt Vorschub leistet: »Das Geld steht vermöge der Abstraktheit seiner Form jenseits aller bestimmten Beziehungen zum Raum; es kann seine Wirkungen in die weitesten Fernen erstrecken, ja es ist gewissermaßen in jedem Augenblick der Mittelpunkt eines Kreises potentieller Wirkungen.«[68] Geld kann gleichsam überräumlich bzw. raumunabhängig agieren, ist auf konkrete spezifische Aktionsräume nicht angewiesen, kann vielmehr flexibel eingesetzt werden. Die zunehmende Abkehr des Geldes von einem materiellen Gegenwert im Zuge der Etablierung der Finanzökonomie wird von der Abkehr von der Materie im ökonomischen Denken begleitet. Wenn »Geldzahlung an die Stelle« von »naturalen Leistungen tritt, wird das materielle Moment eigentlich ausgeschaltet«.[69] Ein

67 Zitiert nach Köster, *Die Rede über den »Raum«*, S. 93.

68 Georg Simmel, *Philosophie des Geldes*, Gesamtausgabe Bd. 6, Frankfurt/M. 1989, S. 704.

69 Ebd., S. 543. Vgl. auch: »Was wir als Grund und Boden bezeichnen, ist ein mit den Lebensumständen des Menschen untrennbar verwobenes Stück Natur. Dieses Stück Natur herauszunehmen und einen Markt daraus zu machen, war das vielleicht absurdeste Unterfangen unserer Vorfahren. Traditionsgemäß waren Boden und Arbeit nicht getrennt; die Arbeit ist Teil des Lebens, Boden bleibt ein Teil der Natur, Leben und Natur bilden ein zusammenhängendes Ganzes. Grund und Boden sind somit verbunden mit Verwandtschaft, Nachbarschaft, Handwerk und Glauben, mit Stamm und Tempel, Dorf, Gilde und Kirche.«

Einfluss der Geographie bzw. der erdräumlichen Basis auf die Gesellschaft wird in der Soziologie mehr und mehr allein für frühere Phasen der Gesellschaftsentwicklung eingeräumt, während für die moderne Gesellschaft als typisch angesehen wird, dass sie sich aus ihrer materiellen Umklammerung erfolgreich befreit.[70]

Dieser Behauptung einer zunehmenden Emanzipation aus erdräumlichen Verhältnissen durch die zunehmende Etablierung der Geldökonomie widerspricht der amerikanische Soziologe *Edward Alsworth Ross* (1866-1951) – zumindest teilweise. Er widmet in seiner grundlegenden Publikation *Das Buch der Gesellschaft* dem »Einfluß der geographischen Umgebung«[71] noch ein eigenes Kapitel, in dem er gleich zu Beginn konstatiert:

> Es liegt auf der Hand, daß die unmittelbare physikalische Umgebung – Klima, Boden, Erze, Topographie, Gebirge, Küstengestaltung, Wasserwege, Regenmenge, Häfen usw. – den Umfang und die örtliche Verteilung der Bevölkerung, der Schlüsselindustrien, der Hauptbeschäftigungsarten, der Arten der Arbeitssteilung, der Lebensweise, der Wanderungswege, der Verkehrsinseln und die Art des Handels bestimmen. Mit einem Wort, die Umgebung bestimmt die allgemeine ökonomische Grundlage der Gesellschaft.[72]

Anders verhält es sich bei der Bestimmung des Einflusses all dieser Faktoren auf die Gesamtheit der sozialen Erscheinungen, worunter er »menschlichen Beziehungen, soziale Organisationen, Einrichtungen, moralisches und ästhetisches Niveau, Kunst, Religion und geistige Entwicklung«[73] rechnet, die er für schwerer nachzuweisen hält. Nachdem er sich jeweils knapp den Themen »Klima und Zivilisation«, »Klima und Politik«, »Religion und Umgebung«, »Sexuelle Verhältnisse und Umgebung« und »Natur und Staat«[74] gewidmet hat, stellt er die grundsätzliche Frage:

Karl Polanyi, *The Great Transformation. Politische und ökonomische Ursprünge von Gesellschaft uund Wirtschaftssystemen*, Frankfurt/M. 1978, S. 243.

70 Vgl. Kap. 4.5.

71 Edward Alsworth Ross, *Das Buch der Gesellschaft. Grundlagen der Soziologie und Sozialreform,* Karlsruhe 1926, S. 68-74.

72 Ebd., S. 68.

73 Ebd.

74 Ebd., S. 68-72.

Wird der Mensch mit fortschreitender gesellschaftlicher Entwicklung weniger oder mehr von seiner geographischen Umgebung abhängig? Einige meinen das letztere. Ein wandernder Stamm ist kaum mehr an den Boden gebunden, wie das schwankende Gras der Prairie. Zivilisierte Menschen hingegen senken ihre Wurzeln tief in die Erde. Sie roden, nivellieren, bewässern, umzäunen, pflanzen, schlagen Brücken, bauen Wege, bohren Brunnen, kanalisieren Flüsse, bauen Dämme, kurz sie verflechten sich auf tausend Arten mit dem Land, aus dem sie sich nur durch eine Katastrophe vertreiben lassen.[75]

Die Sesshaftigkeit hat demnach gegenüber dem Nomadendasein für eine tiefere Verankerung des Menschen in der Erde gesorgt, die sie täglich umformen. Das Gegenargument einer spätestens seit der Dampfschifffahrt und dem Handel erfolgenden Loslösung des Menschen aus seiner örtlichen Umgebung lässt Ross nicht gelten. Vielmehr ermögliche ihm der vereinfachte und verbilligte Transport den Import aller benötigten Waren, die er für seine Arbeit braucht. Dadurch kann er den durch die örtlichen Gegebenheiten naheliegenden Gewerben nachgehen, sei es nun »Preißelbeerzucht, Austernfang, Selleriepflanzung, Ölbohrung oder Erzbergbau«.[76] Insofern wird das Gemeinwesen »mehr als früher durch seine unmittelbare Umgebung gemodelt«.[77] In ihrer Rolle als Konsumenten dagegen befreien sich die Menschen »von den örtlichen Schranken und ziehen die ganze Welt zu sich heran«.[78] Noch die an den entferntesten Orten produzierten Produkte können eingeführt werden und dem Genuss dienen (Tabak, Zucker, Tee).

Ohne wirklich überzeugend zu erklären, warum die Einführung von Waren für die eigene Arbeit die Bindung an den Ort verstärkt, während die Einführung von Waren für den Konsum die örtliche Verankerung löst – handelt es sich doch in beiden Fällen um einen Import von Gütern –, weist das Wirtschaftsleben für Ross diese Widersprüchlichkeit auf, sodass man ein ambivalentes Verhältnis zu dieser Frage vermuten könnte. Insgesamt kommt er dann aber doch zu dem etwas überraschenden Ergebnis, dass es

keinem Zweifel unterliegen [könne, MS], daß der Mensch sich mit fortschreitender Zivilisation der Herrschaft des Geographischen immer mehr

75 Ebd., S. 72.
76 Ebd.
77 Ebd.
78 Ebd., S. 73.

entzieht. Er hat viele natürliche Grenzen, die ihn von anderen Menschen abtrennten, überwunden, ausgerodet, abgetragen und ausgebaggert. Aus trennenden Gewässern hat er schiffbare Wege gemacht. Auf den weiten Meeren fährt er nach Belieben umher, den Wellen, Passatwinden, Strömungen, Stürmen und Treibeis zum Trotz. Er durchrast die Wüste in wenigen Stunden mit einem eisernen Kamel [...]. Und heute, da er sich in die Lüfte hinaufschwingt, spottet er der Flüsse, Gebirge, Wüsten, Dschungel, Sümpfe und Tundren, die einst die menschlichen Gemeinschaften in ebensoviel Zellen abgeschlossen hielten. Immer mehr ist es die menschliche Seele und nicht die Natur, die Kameradschaft und gegenseitige Hilfe der Völker und Rassen verhindert.[79]

Aus seiner Analyse des Einflusses der geographischen Umgebung auf die Gesellschaft zieht er damit eine weitreichende Schlussfolgerung: Da die Natur keine nennenswerten Hindernisse mehr aufzubieten hat, die der Mensch nicht überwinden könnte, kann ihr ein Ausbleiben des größeren Zusammenwachsens der Welt nicht mehr länger angelastet werden. Schon hier klingen die technisch bedingten Möglichkeiten der Raumüberwindung so, als wären dem Menschen tatsächlich Flügel gewachsen, die es ihm erlauben, sich ohne technische Hilfsmittel wie ein Vogel über die räumlichen Widerstände von Bergen, Seen und Meeren emporzuschwingen und sich ungehindert fortzubewegen. Wie in der Globalisierungsdiskussion unserer Tage[80] wird dabei die rein technische Möglichkeit der Raumüberwindung als permanenter Sieg über die Geographie gedeutet, so als könnte sich jede und jeder zu jeder Zeit über die geographischen Hindernisse nach Belieben hinwegsetzen und würde nicht auch weiterhin eine große Anzahl von Menschen in Abhängigkeit von lokalen geographischen Gegebenheiten existieren, weite Wege bis zum nächsten Wasserloch zurücklegen und ebenso beschwerliche wie gefährliche Wege zur nächsten Schule in Kauf nehmen müssen. Tatsächlich wirkt manch eine euphorische Beschreibung des Informationszeitalters heute so, als wären die die Mobilität erschwerenden Berge abgetragen, die trennenden Sümpfe ausgetrocknet und die Wüsten schlicht nicht mehr existent. An der durchaus nicht marginalen Position von Ross wird deutlich, wie weit der scheinbare Triumph über die Geographie zurückreicht. Zudem zeigt sich, dass

79 Ebd.
80 Vgl. Kap. 4.6 und Kap. 5.5.

es vor allem die ökonomischen Verhältnisse und die technologische Entwicklung sind, mit denen die zunehmende Unabhängigkeit von erdräumlichen Bedingungen begründet wird.[81]

Der aus der Sowjetunion in die Vereinigten Staaten emigrierte Soziologe *Pitirim Sorokin* (1889-1968) stellt in seiner Zusammenstellung soziologischer Theorien des 19. und 20. Jahrhunderts auch eine *Geographische Schule* der Soziologie vor[82] und widmet *Pierre Guilleaume Fréderic Le Play* (1806-1882), der vor allem als Begründer der Methode der Soziographie Eingang in die Geschichte der Soziologie gefunden hat,[83] ein eigenständiges Kapitel. Über ihn und seine Schule heißt es:

> Man muß jedoch der Schule zubilligen, daß sie im Gegensatz zu vielen Sozial-Geographen nicht beansprucht, den geographischen Umgebungsfaktor allein vorherrschen zu lassen: sie erkennt an, daß der direkte Einfluß der geographischen Umgebung nachzulassen beginnt und von anderen Faktoren verdrängt wird, wenn die Gesellschaften in einen mehr entwickelten Zustand übergegangen sind.[84]

Auch bei Sorokin findet vor allem der Gedanke einer zunehmenden Loslösung von geographischen Bedingungen im Zuge des Modernisierungsprozesses Anklang. Sorokin kommt zu dem Ergebnis, dass diese Schule den Einfluss »geographischer Umgebung«[85] insgesamt überschätze, während sie den der Rasse und Vererbung unterschätze. Dennoch stellt er Le Play auf eine Stufe mit *Auguste Comte* (1798-1857) und Herbert Spencer. Eine Einschätzung, bei dem ihm die überwiegende Mehrheit der nachfolgenden Soziologen nicht

81 Vgl. Kap. 4 und 5.3.

82 Pitirim Sorokin, *Soziologische Theorien im 19. und 20. Jahrhundert*, München 1931, S. 31 ff. Eine »geographische Soziologie« stellt auch schon der italienische Soziologe Fausto Squillace in seinem Überblick über soziologische Theorien ausführlich vor. Eingehend erörtert wird von ihm auch der Ansatz Friedrich Ratzels (S. 141-145), mit dem sich Durkheim und seine Schüler ebenfalls eingehend befassen. Faustino Squillace, *Die soziologischen Theorien*, Leipzig 1911, S. 127-159.

83 Vgl. Friedrich Jonas, *Geschichte der Soziologie*, Opaden 1980, S. 276 f. Le Play ist auch bei Worms, *Die Soziologie. Wesen, Inhalt und Beziehung zu anderen Wissenschaften*, S. 44, das Beispiel für eine übertriebene Darstellung des Einflusses der Natur auf die Gesellschaft.

84 Ebd., S. 29.

85 Ebd., S. 30.

gefolgt ist, was vor allem mit Le Plays Orientierung an geographischen Größen zur Erklärung sozialer Ereignisse im Zusammenhang stehen dürfte. Sein Kapitel über die Geographische Schule beginnt Sorokin mit einem Satz, dem die Soziologe lange Zeit keinerlei Bedeutung zugemessen hat: »Seit langem war bekannt, daß Verhalten, soziale Organisation und historisches Schicksal einer Gesellschaft von der geographischen Umgebung abhängen.«[86] In der soziologischen Betrachtung von Gesellschaften ist diese Einsicht so lange ignoriert worden, dass er inzwischen über den Umweg der Biogeographie neu angeeignet werden muss.[87] Aus den Arbeiten der Geographischen Schule ist zu entnehmen,

> daß es kaum einen physischen oder psychischen Zug des Menschen gibt, eine charakteristische Eigenschaft der sozialen Organisation einer Gruppe oder überhaupt einen sozialen Vorgang oder ein geschichtliches Ereignis, die nicht durch geographische Einflüsse von den Anhängern dieser Schule erklärt worden sind.[88]

Sorokin versucht anhand der vielen Themen, denen diese Schule sich zugewandt hat, zu verdeutlichen, dass bei der Erklärung von Wohlstand, Nahrung, Rasse, Gesundheit, Religion, Kunst und Literatur, der sozialen und politischen Organisation der Gesellschaft sowie dem Klima und der Entwicklung der Kulturen nicht allein die geographische Umgebung den Ausschlag gibt, sondern weitere Faktoren hinzugenommen werden müssen. Trotz dieses grundsätzlichen Einwands gegen die zu große Einseitigkeit dieser Perspektive schließt er das Kapitel mit den Worten: »Jede Untersuchung sozialer Erscheinungen bleibt unvollkommen, wenn sie geographische Einflüsse unberücksichtigt läßt.«[89] Sie dürfe sich nur in der Untersuchung der geographischen Faktoren nicht erschöpfen, wie dies bei einigen ihrer Vertreter leider zu beobachten sei. Dann führten sie zu einer unangemessenen »Überschätzung der Bedeutung geographischer Einflüsse«.[90]

86 Ebd., S. 31.

87 Vgl. Jared Diamond, *Kollaps. Warum Gesellschaften überleben oder untergehen*, Frankfurt/M. 2005, ders., *Arm und Reich. Die Schicksale menschlicher Gesellschaften*, Frankfurt/M. 2006.

88 Sorokin, *Soziologische Theorien im 19. und 20. Jahrhundert*, S. 32.

89 Ebd., S. 52.

90 Ebd.

Der Kölner Soziologe *Leopold von Wiese* (1876-1969) konzipiert die Soziologie als ein »Stück Anthropologie«,[91] welches nur ein »Ausschnitt aus der Gesamtlehre vom Menschen«[92] darstelle und sich auf die Untersuchung des »Zwischenmenschlichen«[93] zu konzentrieren habe, das er mit dem Begriff »sozial« gleichsetzt. Insofern lässt sich die Soziologie für von Wiese als »Beziehungslehre«[94] betreiben, die alles zu untersuchen hat, was sich zwischen Menschen – und nur zwischen diesen – ereignet:

> Die Sphäre des Zwischenmenschlichen gehört nicht der Körperwelt an; sie ist aber ebensowenig das Ganze oder ein Teil des Seelenbereiches. Sie ist substanzlos; es gibt im Sozialen keinerlei wahrnehmbare Gebilde. In der Welt des physischen Raumes ist nirgends ein soziales Gebilde oder gar der totale Gesellschaftskörper aufweisbar. Das Soziale besteht aus einer relativ endlosen Kette von Geschehnissen, die sich in der Zeit abspielen.[95]

Die von Durkheim, Halbwachs und Mauss thematisierten Phänomene der materiellen Formen des Sozialen[96] innerhalb ihrer sozialen Morphologie werden mit dieser Konzentration auf das Zwischenmenschliche aus dem Bereich der Soziologie wieder exkommuniziert. Vorgänge, die sich nicht zwischen Menschen, sondern zwischen Menschen und Dingen abspielen, gehören demnach nicht zum Untersuchungsgegenstand der Soziologie. Zwar räumt von Wiese immerhin ein, dass es auch »Mensch-Ding-Beziehungen, etwa zum Boden, zum Hause, zum Kleide, zum Buche, Bilde usw.«[97] gibt, die man, »will man den zwischenmenschlichen Zusammenhang erfassen, niemals ganz vergessen«[98] darf. Doch die Sachen müssen als »bloße Hilfsmittel der Verbindung zwischen Menschen,

91 Leopold von Wiese, *System der Allgemeinen Soziologie als Lehre von den sozialen Prozessen und den sozialen Gebilden der Menschen (Beziehungslehre)*, München, Leipzig 1993, S. 101.

92 Ebd.

93 Ebd., S. 102.

94 Ebd.

95 Ebd.

96 Vgl. Markus Schroer, »Materielle Formen des Sozialen. Die ›Architektur der Gesellschaft‹ aus Sicht der sozialen Morphologie«, in: Joachim Fischer, Heike Delitz (Hg.), *Die Architektur der Gesellschaft. Theorien für die Architektursoziologie*, Bielefeld 2009, S. 19-48.

97 Von Wiese, *Sysstem der Allgemeinen Soziologie*, S. 106.

98 Ebd.

als Symbole oder Konkretisierungen der Mensch-Mensch-Beziehungen erscheinen«.[99] Damit verkennt er eine heute hoch im Kurs stehende Soziologie der Dinge,[100] für die die von Hermann Schmalenbach (1885-1950) schon in den 1920er Jahren vorgelegte *Soziologie der Sachverhältnisse*,[101] die von Wiese stark kritisiert,[102] als Pionierleistung gelten kann. Diese massive Beschneidung des soziologischen Gegenstandsbereichs durch von Wiese wird von ihm als notwendig erachtet im Sinne einer zielorientierten Wissenschaft: »Hier zeigt sich wieder (wie so oft), daß alle Wissenschaft nur durch angemessene Isolierungen zum Ziel gelangt.«[103] Dies dürfte einer der Irrtümer sein, die es heute – etwa unter Rekurs auf Caillois' diagonale Wissenschaften[104] – zu korrigieren gilt. Der unbedingte Wille zur Konzentration auf einen einzigen Aspekt des Sozialen ergibt sich letztlich aus der beständigen Angst der Soziologie, in andere Wissenschaften abzugleiten und nicht als eigenständig wahrgenommen zu werden. Wie dies schon an Durkheims Strategie der Etablierung eines neuen Faches namens Soziologie an den Universitäten zu beobachten war, geht es auch bei von Wiese noch immer um die unbedingte Betonung eines hoch exklusiven Gegenstandsbereichs, der von keiner anderen Wissenschaft bereits bearbeitet wird. Die dabei übersehene Gefahr besteht darin, dass die durch von Wiese ausdrücklich angestrebte Isolierung des Gegenstandsbereichs zur zunehmenden Isolation des Faches führt. Eine

99 Ebd.

100 Vgl. Friedrich Balke u. a. (Hg.), *Die Wiederkehr der Dinge*, Berlin 2011; Gustav Roßler, *Der Anteil der Dinge an der Gesellschaft. Sozialität – Kognition – Netzwerke*, Bielefeld 2016.

101 Vgl. Hermann Schmalenbach, »Soziologie der Sachverhältnisse«, in: *Jahrbuch für Soziologie*, 3. Bd. (1927), S. 38-45. Doch auch diese Warnung verhallt mehr oder weniger ungehört. Hans Linde, *Sachdominanz in Sozialstrukturen*, Tübingen 1972 beklagt einige Jahrzehnte später noch immer die grundsätzliche Vernachlässigung der Sachen bzw. Dinge in der Soziologie, die etwa auch von Niklas Luhmann konsequent fortgesetzt wird. Dessen Systemtheorie hält sich viel darauf zugute, »daß nicht mehr von Objekten die Rede ist, sondern von Unterscheidungen« (Niklas Luhmann, *Die Gesellschaft der Gesellschaft*, Frankfurt/M., S. 79), womit in den 1980er und 1990er Jahren die schon durch von Wiese betriebene radikale Dematerialisierung des soziologischen Denkens eine wirkmächtige Unterstützung erhielt.

102 Vgl. von Wiese, *System der Allgemeinen Soziologie*, S. 130 f.

103 Ebd., S. 107.

104 Vgl. die Einleitung zu diesem Buch.

Isolation, die die Soziologie in der Folge immer wieder an den Rand der Bedeutungslosigkeit bringen wird.[105] Von Wieses eigenwillige Beschneidung des soziologischen Untersuchungsgegenstandes hat auch Auswirkungen auf die Behandlung des Themas Raum, der als rein sozialer aufgefasst und vom physischen Raum strikt unterschieden wird:

> Der soziale Raum ist das Universum, in dem sich die sozialen Prozesse abspielen. Er ist vom physischen Raume zu unterscheiden. Auch dieser in Teilausschnitten wahrnehmbare Raum ist für das gesellschaftliche Leben von großer Bedeutung. Er ist aber selbst kein Gegenstand soziologischer Forschung. Unsere Forschungen und Aussagen über Abstand, Messung, Quantifizierung in der Soziologie beziehen sich nicht auf die Materie, die Welt der physischen Stoffe und Kräfte, sondern stets auf Vorgänge im unkörperlichen sozialen Raume.[106]

Diese folgenreiche Abwendung vom physischen Raum verdankt sich offenbar der Einsicht, dass dieser zwar als Grundlage von sozialem Handeln und sozialen Prozessen angesehen werden kann, auf beides aber keinerlei direkten Einfluss hat, folglich auch nicht eigens von der Soziologie thematisiert zu werden braucht. Damit wird der Einspruch gegen die Determination des Sozialen durch den physischen Raum bis zur Behauptung der Irrelevanz räumlicher Gegebenheiten für das soziale Geschehen überdehnt und das Band zwischen dem physischen Raum und der Soziologie nachhaltig gekappt. Bei von Wiese findet sich diese Position in Reinform. Nur aber weil dem physischen Raum keine determinierende Wirkung zukommt, heißt dies noch keineswegs, dass er keinerlei Einfluss auf das soziale Geschehen hat.[107] Vielmehr ist immer wieder

105 Nicht zuletzt auch deshalb, weil sie bei der Ökonomie eine Ausnahme gemacht hat und dieser – etwa in Gestalt der Rational-Choice-Theorie – in einem Ausmaß gefolgt ist, dass sie oft als überflüssiges Anhängsel derselben erscheinen musste.

106 Ebd., S. 110 f.

107 So aber funktioniert es zumeist. Über die Zurückweisung des determinierenden Einflusses wird eine Beeinflussung gleich generell abgestritten, womit die Absage an den Determinismus in das andere Extrem der vollkommenen Beliebigkeit kippt. Hier gilt es noch einmal an Bühl zu erinnern, der den Unterschied von Determinismus und Freiheit bereits als lächerlich zurückgewiesen hatte (siehe Einleitung). Die enorme Angst davor, in keinen Raum- oder Klima- oder sonst einen Determinismus zu verfallen, hat gleich zur gänzlichen Absehung von erd-

gezeigt worden, dass die Entwicklung der Gesellschaften durchaus im Zusammenhang mit geographischen Verhältnissen gesehen werden muss. Von Wiese hat es sich dagegen zur Aufgabe gemacht, die Soziologie endgültig frei zu halten von der Thematisierung der Einflüsse des Physischen – eine Haltung, die sich weitgehend durchgesetzt hat, in unseren Tagen aber zunehmend auf Widerstand stößt.[108]

Mit *Werner Sombart* (1863-1941) kehrt dagegen eine Auseinandersetzung mit den physischen Grundlagen der Gesellschaft nicht nur zurück, bei ihm erleben wir auch einen Umschwung innerhalb der bisher vorgestellten Positionen, insofern es ihm nicht mehr allein um den Einfluss der physischen Umgebung auf die Entwicklungsmöglichkeiten von Gesellschaften geht, sondern auch das umgekehrte, durch das Anthropozän angezeigte Phänomen bereits ausführlich behandelt wird, nach dem der Mensch seinerseits die ihn umgebende Umwelt verändert. Obwohl Sombart in seiner »No-Soziologie«[109] einen ausdrücklich geisteswissenschaftlichen Ansatz verfolgt, der sich auch in seiner »geisteswissenschaftlichen

räumlichen Aspekten geführt und ist damit weit über das Ziel hinausgeschossen. In der Soziologie geht es stattdessen vor allem um den Einfluss, den der Mensch auf seine Umwelt ausübt. Sie versucht sich so weit wie möglich von der Tradition zu entfernen, die das umgekehrte Verhältnis beleuchtet hat, um jeden Verdacht eines Determinismus, eines Umwelt- oder Raumdeterminismus, von sich zu weisen. Der einzige Determinismus, den sie sich hin und wieder noch gönnt, ist der Gesellschaftsdeterminismus, nach dem die Gesellschaft an die ehemals von der Umwelt oder dem Raum eingenommene Stelle rückt. Die übertriebene Angst vor einem Determinismus hat die Soziologie dazu verführt, der Vorstellung von einem Individuum als souveränem Entscheider und Gestalter das Wort zu reden, der sich gerade durch seine Fähigkeit zur Ablehnung gesellschaftlicher oder natürlicher Vorgaben auszeichnet. Diese Dichotomie von Freiheit oder Determinismus hat übersehen lassen, dass menschliche Akteure weder frei noch determiniert, sondern Teil eines Gefüges von anderen Lebewesen und Materien sind, die sich stets wechselseitig beeinflussen.

108 Schon sein Nachfolger René König hat hier vieles deutlich anders gesehen. Nicht zuletzt indem er der sozialen Morphologie der Durkheim-Schule einen hohen Stellenwert beigemessen hat, die ihr auch einen Eintrag in sein *Fischer Lexikon Soziologie* eingebracht hat, in der sich ansonsten ausschließlich Einträge zu sehr viel etablierteren Gegenständen der Soziologie finden, vgl. René König, »Soziale Morphologie«, in: ders. (Hg.), *Soziologie*, Frankfurt/M. 1958, S. 257-268.

109 Werner Sombart, *No-Soziologie*, Berlin 1956.

Anthropologie«[110] niederschlägt, thematisiert er dennoch ausführlich Erde und Klima als Einflussfaktoren der historischen Entwicklung. Für das »Werden und Vergehen der Völker«[111] erscheinen ihm »die natürlichen, oder besser geographischen Bedingungen, unter denen ein Volk sich bildet«[112] von grundsätzlicher Bedeutung zu sein. Sie sind »oft genug entscheidend für dessen Schicksal und bilden oft genug für die geistigen Faktoren die Leitbahn, auf der diese die endgültige Gestaltung des Volkes in einem bestimmten Sinne beeinflussen«.[113] Dieser Erkenntnis gehen ausführliche Erörterungen nicht nur über die Beschaffenheit des Bodens und die klimatischen Verhältnisse in verschiedenen Ländern, sondern auch solche über die »Veränderungen der Natur durch den Menschen«[114] voraus:

> Der Mensch, nicht zufrieden damit, die Erdoberfläche, sei es als Wohnort, sei es als Mittel der Gütererzeugung, so wie er sie vorfand, zu nutzen, hat es auch für nötig befunden, sie seinen Zwecken noch weiter dadurch dienstbar zu machen, daß er sie – und mit ihr in weitem Umfange Pflanzen- und Tierwelt sowie die Atmosphäre, die sich über sie erhebt – teilweise recht gründlich umgestaltete.[115]

Dazu gehört die Veränderung von Flora und Fauna, die Umgestaltung der festen Erdoberfläche etwa durch den Bergbau und die Waldrohdung, der Bau von Eisenbahnstrecken und Autostraßen, die Lenkung von Gewässern, Trockenlegung von Sümpfen und viele Eingriffe mehr. Sombart spricht in diesem Zusammenhang von der »Unterjochung der Natur durch den Menschen«[116] und von den »Siegen […], die die Menschheit im Kampfe mit der sie umgebenden Natur davongetragen hat«.[117] Dieser Kampf äußert sich seiner Wahrnehmung nach in drei verschiedenen Formen:

110 Werner Sombart, *Vom Menschen. Versuch einer geisteswissenschaftlichen Anthropologie* (1938), Paderborn 2012.
111 Ebd., S. 340 ff.
112 Ebd., S. 361.
113 Ebd.
114 Ebd., S. 330 f.
115 Ebd.
116 Ebd., S. 323.
117 Ebd.

I. Die Eroberung der Erde durch den Menschen;
II. Die Umgestaltung der Erde durch den Menschen;
III. Der Sieg des Menschen über das Leben.[118]

Die *Eroberung der Erde* habe sich einerseits durch die »Erkundung der Erdoberfläche« und andererseits »durch deren Besiedlung«[119] vollzogen. Inzwischen sei die Erde so umfassend vom Menschen in Besitz genommen worden, dass die Natur »dem menschlichen Forschungsdrang bald kein Geheimnis mehr«[120] biete. Vor allem aber die weiträumige Besiedelung der Erde durch den Menschen, die sich in einer enormen Zunahme der Bevölkerungszahlen zeige, macht das Ausmaß seiner Inbesitznahme der Erde deutlich:

> Eine wesentliche Ausweitung hat die Herrschaft des Menschen über die Erde und ihre Erzeugnisse durch die Entwicklung des Verkehrswesens erfahren, wodurch es dem Menschen in weitem Umfange gelungen ist, Raum und Zeit zu überwinden, Böden und Klimate beliebig zu verschieben und den Gesamtertrag der Erde erheblich zu steigern.[121]

Zur *Umgestaltung der Erde durch den Menschen* zählt Sombart die umfassende Veränderung und Umgestaltung von Flora und Fauna, der Erdoberfläche, der Gewässer, des Klimas und der Siedlungsweise.[122] Bemerkenswert ist in diesem Zusammenhang seine Annahme, dass die Menschen angesichts ihrer Zerstörung der Natur ein »Angstgefühl«[123] entwickeln, aus dem heraus sie sich zur Gründung von Naturschutzparks entschlossen haben: »Das dürfte das

118 Ebd.
119 Ebd.
120 Ebd., S. 325.
121 Ebd., S. 330.
122 Ebd., S. 330-335. Über die Entwaldung heißt es: »Hier ist übrigens [...] eine der Stellen, wo die Natur selbst sich gegen ihre Vergewaltigung auflehnt und den Menschen zwingt, von seinem ökonomischen Rationalismus einen erheblichen Teil abzulassen. Die Erfahrung hat nämlich gezeigt, daß die ausschließliche Bepflanzung des Bodens mit Nadelhölzern und die Einfuhrung des Schlagwaldes zur Verbreitung der Forleule u. a. Schädlinge beigetragen hat.« Ebd., S. 331. Wenn Sombart notiert, dass man aufgrund dieser Erfahrung wieder zum Mischwald übergegangen sei, wird deutlich, dass diese wichtige Lektion zwischenzeitlich offenbar in Vergessenheit geriet, da später, insbesondere nach dem Zweiten Weltkrieg, wieder verstärkt auf nadelhölzerne Monokultur umgeschaltet wurde. Heute sind es vor allem die Nadelbäume, die der globalen Erwärmung nicht standhalten.
123 Ebd., S. 335.

Zukunftsbild sein, das sich hier vor unseren Augen auftut: Natur nur noch als musealer Gegenstand.«[124] Sombart nimmt hier spätere Stimmen über die sich nur noch in Naturschutzparks erhaltende Tierwelt bereits vorweg.

Der *Sieg des Menschen über das Leben* vollzieht sich für Sombart zum einen durch die »Vernichtung des Lebens«,[125] da hierauf »der ganze, große Lebensvorgang des Alls«[126] beruhe. Doch im Gegensatz etwa zu Pflanzen und Tieren, die ebenfalls töten, tut der Mensch dies mithilfe seines Geistes, der ihm – etwa durch die Erfindung von Waffen – in einem solch enormen Umfang zu töten erlaubt, dass der Bestand anderer Lebewesen in bedrohlichem Ausmaß zurückgeht. Auch von dem heute unter dem Begriff »Artensterben« viel diskutierten Phänomen ist also bereits die Rede. Zum anderen besiegt der Mensch nach Sombart das Leben, indem er »immer neue Mittel ausfindig macht, um gerade umgekehrt das Leben zu erhalten und zu fördern«.[127] Dabei denkt er vor allem an die Verlängerung des Lebens durch die erzielten Fortschritte auf den Gebieten der Hygiene und der medizinischen Forschung, die heute unter dem Stichwort »Biopolitik« diskutiert werden. Hinzu kommt aber noch die »fortschreitende Ersetzung des Lebens durch Geistesgebilde aller Art«,[128] die drei Hauptrichtungen einnimmt:

- Die »Vergeistigung der leib-seelischen Vorgänge«,[129] worunter er die Einordnung der Handlungen von Menschen in irgendein »System von Vorschriften, Regeln, Normen, Bestimmungen«[130] fasst;
- die »Verdinglichung dieser Systeme in Instrumenten«,[131] worunter Phänomene wie die »Apparatisierung, Mechanisierung, Automatisierung, Taxametrisierung, Motorisierung, Maschinisierung«[132] zu verstehen sind, die den lebendigen Menschen am Ende zu verdrängen drohen; und schließlich

124 Ebd.
125 Ebd.
126 Ebd.
127 Ebd., S. 336.
128 Ebd.
129 Ebd.
130 Ebd.
131 Ebd., S. 337.
132 Ebd.

– die »Ausschaltung der lebendigen Umwelt, der Pflanzen und Tiere«.[133]

Sombart beschließt seine Überlegungen damit, dass seit der Überwindung der Stufe der »Naturvölker« die Menschen die Erde erkundet, eingenommen und für sich umgewandelt hätten, was nicht grundsätzlich zu kritisieren sei. Vielmehr komme es dabei auf das richtige Maß an, um einen erstrebenswerten »Zustand der Harmonie zwischen Geist und Natur«[134] zu erreichen. Doch für Sombart kehrt sich ausgerechnet der Geist, mit dessen Hilfe der Mensch sich aus dem Naturzustand erfolgreich befreit hat – »denn der Geist ist es im Menschendasein, der über das Leben den Sieg davonträgt«[135] –, am Ende gegen ihn selbst. Das heißt nicht allein, dass der Mensch seine Naturhaftigkeit immer weiter zugunsten des Geistes verliert, sondern auch seine intellektuellen Fähigkeiten werden immer mehr durch Apparate und Maschinen ersetzt, sodass er sich im Grunde in doppelter Weise verliert und zurückzukehren droht »in einen Zustand der Primitivität und Animalität«.[136]

Werner Sombarts ausführliche Darstellung der umfassenden Umwälzungen der Erde durch den Menschen zeigen, dass sich Soziologie und Geologie heute – in der Anthropozän-These – nicht zum ersten Mal begegnen. Viele der von ihm aufgeführten Umwälzungen der Erde finden sich ähnlich bereits in einer Darstellung des Geologen Ernst Fischer aus dem Jahr 1915 mit dem einschlägigen Titel »Der Mensch als geologischer Faktor«.[137] Ohne die sich damals immer mehr durchsetzende harte Trennung von Geistes- und Sozialwissenschaften einerseits und Naturwissenschaften andererseits hätte die Soziologie in den 1910er Jahren stärker auf diese Ergebnisse zugreifen können, als sie es tatsächlich getan hat. Aus dem Beispiel ließe sich lernen, dass sie auch heute gut beraten ist, sich auf die geologischen Befunde einzulassen, wenn es um die Bestimmung des

133 Ebd.

134 Ebd., S. 338.

135 Ebd., S. 335. Darin ist er sich mit Max Scheler einig, der davon ausgeht, dass der Geist »außerhalb alles dessen, was wir ›Leben‹ nennen« steht, zitiert nach Gerhard Schmied, *Das Rätsel Mensch – Antworten der Soziologie*, Opladen, Farmington Hills 2007, S. 167.

136 Ebd., S. 339.

137 Fischer, »Der Mensch als geologischer Faktor«. Vgl. auch Edwin Fels, *Der Mensch als Gestalter der Erde. Ein Beitrag zur allgemeinen Wirtschafts- und Verkehrsgeographie*, Leipzig 1935.

neuen Zeitalters geht. Mit hoher Anschlussfähigkeit an die aktuelle Debatte um das Anthropozän plädiert Fischer in seinem Text für die verstärkte »Erforschung des Menschen als eines Faktors im Ablauf der von ihm beeinflußten Naturvorgänge«.[138] Dies sei deshalb umso dringlicher, da die Anthropographie, die Urgeschichte, die Soziologie, die Nationalökonomie und auch die Psychologie sich mit der genau entgegengesetzten Frage nach »dem Einfluß der Umwelt auf die Entwicklung der menschlichen Dinge«[139] befassten, die schon sehr viel früher gestellt worden sei. Auch sei dem Menschen selbst seine Abhängigkeit von der Natur wohl eher bewusst geworden »als seine relative Unabhängigkeit von ihr«.[140] Der Auffassung, dass der Grund für diese erst sehr spät einsetzende Umkehrung der Fragestellung in dem nur sehr geringen Umfang zu suchen sei, in dem der Mensch auf seine Umwelt eingewirkt habe, widerspricht Fischer mit dem Argument, dass es dabei nicht um eine Frage der Quantität, sondern um eine der Qualität gehen müsse. Zwar könne es durchaus sein, dass die »geologischen Wirkungen des Menschen bis heute noch nicht, ja vielleicht niemals die eines anderen geologischen Faktors an Größe erreichen werden«.[141] Dennoch aber ist er der festen Überzeugung, dass »der Mensch als geologischer Faktor bis jetzt in unberechtigtem Maß vernachlässigt worden« sei.[142] Diese sich immer noch ein Hintertürchen offen haltende Argumentation erfährt durch die geologische Forschung unserer Tage eine imposante Bestätigung, in der der Mensch als einflussreichster geologischer Faktor gehandelt wird. Fischer ist es im Weiteren nun darum zu tun, diese Wirkmächtigkeit des Menschen auf seine Umwelt zu belegen: »Wenn man von geologischer Wirksamkeit des Menschen redet, so denkt man wohl zunächst an die direktest in die Erdkruste eingreifende Tätigkeit des Menschen, die durch ihn vollzogene Massenbewegung fester Gesteine von einer Stelle zur anderen und ihre mechanische oder chemische Veränderung.«[143] Darunter fallen der Bau von Straßen, Kanälen, Tunneln usw., die massive Erdbewegungen erfordern. Darüber hinaus widmet er sich

138 Fischer, »Der Mensch als geologischer Faktor«, S. 107.

139 Ebd., S. 107.

140 Ebd., S. 109.

141 Ebd., S. 111.

142 Ebd.

143 Ebd., S. 112.

auch den »Einflüssen des Menschen auf die Wassermassen unseres Erdballs«,[144] auf die Pflanzenwelt einschließlich des Waldes und auf die Tierwelt, wobei es dabei vor allem um die Auswirkungen der menschlichen Umwälzungen der Erde geht, die sich auf Pflanzen und Tiere auswirken. Akribisch listet Fischer die vielfältigen Modifikationen der Umwelt durch den Menschen auf und weist dabei auch schon darauf hin, dass sich dessen Wirken mitunter auch bereits »zu seinem eigenen Schaden«[145] ausgewirkt habe.

Schon damals hätte die Soziologie in der Geologie eine solide Grundlage für ihre weitere Entwicklung finden können, wenn sie sich der Thematisierung der materiell-physischen Grundlage von Gesellschaften weiterhin verpflichtet gefühlt hätte. Stattdessen aber schlug sie einen ganz anderen Weg ein. Insbesondere der *linguistic turn*, dem beide über viele Jahre dominierenden Theorien der Soziologie, Jürgen Habermas' *Theorie des kommunikativen Handelns* auf der einen und Niklas Luhmanns *Theorie sozialer Systeme* auf der anderen Seite, verpflichtet sind, hat das Nachdenken über geographische Zusammenhänge und physische Gegebenheiten vollständig, aber nur scheinbar endgültig an den Rand gedrängt. Niklas Luhmann (1927-1998) hält dabei sogar ausdrücklich fest, dass Kommunikation »ohne Kohlenstoff, ohne gemäßigte Temperaturen, ohne Erdmagnetismus, ohne atomare Festigung der Materie nicht möglich«,[146] dies aber von der Soziologie nicht näher zu thematisieren sei. Damit fährt er in den Fahrwassern Leopold von Wieses, denn schon bei diesem liegt eine solche Argumentation in Reinkultur vor, wenn er sich ausschließlich mit dem sozialen Raum als Abstraktum und nicht mit geographischen Tatbeständen befassen will. Diese Ausgliederung der physischen Grundlagen von Gesellschaften aus dem soziologischen Zuständigkeitsbereich kann spätestens heute jedoch nicht mehr länger überzeugen.

Bevor es zu dieser umfassenden Verabschiedung der materiellen Grundlage von Gesellschaften als soziologischer Gegenstand kommt, findet sich in der Untersuchung der modernen Industriegesellschaft von *Hans Freyer* (1887-1969) nicht nur eine Berücksichtigung erdräumlicher Zusammenhänge, sondern auch eine für

144 Ebd., S. 120.

145 Ebd., S. 148.

146 Niklas Luhmann, »Was ist Kommunikation?«, in: ders., *Short Cuts*, Frankfurt/M. 2000, S. 41-63, hier S. 44.

die soziologische Erschließung des Anthropozäns zentrale Aussage: »Kein Zweifel, daß der Mensch die Oberfläche unseres Planeten so stark verwandelt hat wie sonst keine Macht außer den Kräften, die die Gebirge aufgeworfen und die Meere getieft haben; und neun Zehntel dieser Veränderungen der Erde entfallen auf die letzten drei Menschenalter.«[147] Im Grunde wird hier – wenn auch ohne den Namen zu verwenden – die Diagnose vom Anthropozän bereits vorweggenommen. Für Freyer beginnt die industrielle Gesellschaft zudem mit der Erfindung der Dampfmaschine – was auch für Crutzen und andere mit der Geburtsstunde des Anthropozäns zusammenfällt.[148] Im Mittelpunkt von Freyers Perspektive steht nicht mehr nur der Einfluss der Umwelt auf den Menschen, sondern die systematische Umwandlung der Erde im Sinne der menschlichen Interessen:

> Der Mensch ist dazu herangereift oder er maßt sich an, er hat den Entschluß gefaßt oder er hat sich zu ihm hinreißen lassen, aus eigenen Kräften eine andere Erde zu schaffen als die, in die er hineingeschaffen worden ist, mit dem Anspruch, daß erst auf ihr ein wahrhaft menschliches Leben möglich werde.[149]

Zwar habe er schon seit langem seine eigene Welt mitgestaltet. Doch bei diesen Gestaltungsaufgaben habe er sich stets der vorhandenen Materialien der Erde bedient. Die Industrielle Revolution dagegen führe darüber weit hinaus:

> Jetzt aber ist der Anspruch, bald auch der Effekt ein ganz anderer. Was die Erde hergibt, was sich mit Gewalt, List und Tücke aus ihr herausholen läßt, dient nur als Rohstoff für die vom Menschen in Gang gesetzten Produktionsvorgänge. Die natürlichen Bestände werden nicht einfach genützt, auch nicht bloß veredelt, sondern erst einmal zerstört und dann nach neuen Bauplänen zusammengesetzt, auch zu Materien, die in der Natur selbst nicht vorkommen.[150]

Freyer spricht angesichts dieser Neuzusammensetzung der Natur durch den Menschen von einer »zweite(n) Genesis, deren wir-

147 Hans Freyer, *Theorie des gegenwärtigen Zeitalters*, Stuttgart 1955, S. 28 f.

148 Hans Freyer, *Schwellen der Zeiten. Beiträge zur Soziologie der Kultur*, Stuttgart 1965, S. 188.

149 Ebd., S. 162.

150 Ebd., S. 162 f.

kendes Subjekt nun aber der Mensch ist«.[151] Der Mensch ist also auch bei ihm zum geologischen Faktor mutiert. Bei der »willentlich bewirkte[n] Veränderung der Erde«[152] hat man die Erde lange Zeit für eine schier unerschöpfliche Quelle von Ressourcen gehalten, die der Verwertung durch den Menschen unbegrenzt zur Verfügung steht. Die Tatsache, dass sie auf Dauer überfordert und irreparabel beschädigt werden könnte von den immer massiver werdenden Eingriffen und Veränderungen, hat lange Zeit kaum Berücksichtigung gefunden, auch wenn dieser Aspekt bei Freyer durchaus bereits angesprochen wird:

> Am schärfsten spitzt sich das Problem zu, wenn die Fortschritte der Industriekultur an die natürlichen Grundlagen rühren, an die alles Leben [...] gebunden ist und die sich, wenn sie einmal zerstört sind, durch keine technische Kunst reparieren lassen: an den Grund und Boden der natürlichen Erde, an das Wasser der Flüsse und Quellen, an die Zusammensetzung, den Wärmehaushalt und das Strahlungsfeld der Atmosphäre.[153]

Auch in Alfred Webers kulturgeschichtlicher und -soziologischer Abhandlung über das Verhältnis von Mensch und Erde wird »durch die Entfaltung der Technisierung eine riesenhafte Zunahme der ›Ausweidung‹ der Erde nach Kohle, Öl und allen Mineralschätzen«[154] thematisiert und gesehen, dass diese zunehmend auf »Erdschranken stößt«,[155] womit die heute thematisierten planetarischen Grenzen[156]

151 Ebd., S. 163.

152 Ebd.

153 Ebd., S. 287.

154 Alfred Weber, *Der dritte oder der vierte Mensch. Vom Sinn des geschichtlichen Daseins*, München 1953, S. 20.

155 Weber, *Der dritte oder der vierte Mensch*, S. 23.

156 Vgl. Will Steffen, Johan Rockström, Robert Constanza, »How Defining Planetary Boundaries Can Transform our Approach to Growth«, in: *Solutions. For A Sustainable & Desirable Future* 2, S. 59-65. ⟨https://www.researchgate.net/publication/229069964_How_Defining_Planetary_Boundaries_Can_Transform_Our_Approach_to_Growth_Solutions⟩, letzter Zugriff 23. 08. 2021. Von diesen Grenzen hatte allerdings auch Herbert Gruhl, *Ein Planet wird geplündert – Die Schreckensbilanz unserer Politik*«, Frankfurt/M. 1975, bereits gesprochen, S. 225 f.: »Nicht nur der Mensch bestimmt den Fortgang der Geschichte, sondern die Grenzen dieses Planeten Erde legen alle Bedingungen fest für das, was hier noch möglich ist. [...] Diese jetzige totale Wendung bedeutet, daß der Mensch nicht mehr von seinem Standpunkt aus handeln kann, sondern von

bereits angesprochen werden, die sich für Weber vor allem aus der »phantastisch wachsenden Bevölkerungsmenge«[157] ergeben.

Insgesamt wird deutlich, dass die Soziologie den langsamen Emanzipationsprozess der menschlichen Gesellschaft von ihrer physischen Umgebung und die zunehmende Umwandlung der Erde durch diese beschreibt, aber gleichzeitig eine entsprechende Abkehr des soziologischen Denkens von der physischen und materiellen Grundlage von Gesellschaften betreibt. Deutlich wird jedoch auch, dass dies nicht durchweg als unproblematischer oder gar begrüßenswerter Prozess einer wachsenden Beherrschung der Natur interpretiert wird, sondern die daraus resultierenden Probleme durchaus thematisiert werden. Diese zunehmende Abwendung der Soziologie von geographischen Bedingungen des Sozialen, die heute selbstverständlich erscheint, ist nicht zuletzt insofern zu bedauern, als zumindest die deutschsprachige Geographie sich ihrerseits zu einer »Geographie ohne Raum«[158] so erfolgreich zu entwickeln bemüht hat, dass inzwischen über eine »Geographievergessenheit«[159] innerhalb der Geographie selbst geklagt wird. Die Geographie hat in weiten Teilen offenbar ein recht gespaltenes Verhältnis zu ihrem

den Grenzen unserer Erde ausgehend denken und handeln muß. Wir nennen diese radikale Umkehr die *Planetarische Wende*.«

157 Weber, *Der dritte oder der vierte Mensch*, S. 23.

158 Für diese Position steht vor allem Benno Werlen, »Gibt es eine Geographie ohne Raum? Zum Verhältnis von traditioneller Geographie und zeitgenössischen Gesellschaften«, in: *Erdkunde* 47,4 (1993), S. 241-255, der proklamiert: »Wissenschaftliche Geographie ist auch ohne ›Raum‹ denk- und praktizierbar, ohne daß man in eine Legitimationskrise gerät. [...] Nicht der Raum ist der Gegenstand der geographischen Forschung, sondern die menschlichen Tätigkeiten unter bestimmten sozialen und räumlichen Bedingungen.« Ebd., S. 241. Raum ist hier also nicht mehr als eine unter anderen Rahmenbedingungen rein menschlicher Aktivitäten. Das hier verfolgte Projekt einer Geosoziologie steht in diametralem Gegensatz zu einem solchen Ansatz, da es unter einer neomaterialistischen und postanthropozentrischen Perspektive Raum selbst als Akteur begreift und seine Beeinflussung und Beeinflussbarkeit auf pflanzliche und tierische Lebewesen ausdehnt. Insbesondere auch unter systemtheoretischen Einfluss hat die Geographie dagegen versucht, sich ihres Gegenstandes zu entledigen zugunsten eines radikalkonstruktivistischen Ansatzes, vgl. Gerhard Hard, »Der Spatial Turn, von der Geographie her betrachtet«, in: Jörg Döring, Tristan Thielmann (Hg.), *Spatial Turn. Das Raumparadigma in den Kultur- und Sozialwissenschaften*, Bielefeld 2008, S. 263-315.

159 Barbara Zahlen, »Geographievergessenheit«, in: *Divinatio* 34 (2011), S. 197-228.

eigenen Gegenstand. Die Geosoziologie verfolgt dagegen das Ziel, Geographie und Geologie in die soziologische Arbeit zu integrieren und all ihre Themen wieder stärker mit physisch-materiellen Bedingungen in Verbindung zu bringen. Mit den hier nachgezeichneten zahlreichen Kontakten zwischen Geographie und Soziologie wird der These ausdrücklich widersprochen, dass »es keine signifikante Episode in der Geschichte soziologischen Denkens zu geben scheint, in der die Geographie ein bedeutsamer Kontaktpartner und Konkurrent war«.[160] Ganz im Gegenteil gibt es eine reichhaltige wechselseitige Beeinflussung, die in Deutschland irgendwann zum Erliegen gekommen ist, während sie heute wieder aufzunehmen wäre.

1.3 Die Erde als Boden: Die Natur, das Leben und die (Digitalisierung der) Landwirtschaft

»Wir sind keine bodenlosen Wesen.«[161]

»Schaut nach unten, Soziologen.«[162]

Nach der zunehmenden Distanzierung der Soziologie von geographischen Zusammenhängen widmet sie sich dem Boden allenfalls im Rahmen wirtschaftssoziologischer Überlegungen, bei denen es vor allem um Grund und Boden als Form des Besitzes geht.[163]

160 Rudolf Stichweh, »Raum und moderne Gesellschaft. Aspekte der sozialen Kontrolle des Raums«, in: Thomas Krämer-Badoni, Klaus Kuhm (Hg.), *Die Gesellschaft und ihr Raum. Raum als Gegenstand der Soziologie*, Opladen 2003, S. 93-102.

161 Vilém Flusser, *Dinge und Undinge. Phänomenologische Skizzen*, München, Wien 1993, S. 90.

162 Bruno Latour, »Gabriel Tarde und das Ende des Sozialen«, in: *Soziale Welt* 52 (2001), S. 361-375, hier S. 368.

163 Passend dazu enthält das *Lexikon zur Soziologie*, hg. von Werner Fuchs-Heinritz u. a., Wiesbaden 2011, allein einen Eintrag zur Boden- bzw. Grundrente, vgl. S. 261. In Karl-Heinz Hillmanns *Wörterbuch der Soziologie*, Stuttgart 2007, S. 108, findet sich dagegen immerhin ein allgemeiner Eintrag zu »Boden«. Zwar wird auch hier vor allem der ökonomische Aspekt angesprochen. Doch darüber hinaus wird auch ein Bezug zur Ökologie hergestellt: »Die Bewältigung der Umweltkrise erfordert eine wirkungsvolle B.schutzpolitik: Eindämmung der Schadstoffbelastung des B.s. insbes. infolge intensiver landwirtschaftl. Nutzung

Wenn wir jedoch wissen wollen, worum es sich beim Boden in grundsätzlicher Hinsicht handelt, was der Boden überhaupt ist, der mit der Erde so oft gleichgesetzt wird, müssen wir zunächst auf andere Wissensquellen zurückgreifen:

> Unter Erde versteht man in erster Linie den Großkörper, auf dem wir wohnen. Wir – das sind wir Menschen, aber auch die Tiere, die Pflanzen, die wir kennen. Unter Erde versteht man aber auch ein ganz bestimmtes Material, das einen großen Teil des Großkörpers Erde bildet. Das Material, das man Erde nennt, besteht aus kleinen Mineralien und Pflanzenrückständen und ist meist grau oder rot oder braun oder schwarz; trocken kann es sehr hart und fest sein; mit Wasser vermischt ist es weicher und durchlässiger. Die Erde ist ein Inbegriff von ›Abfällen‹. Sie besteht aus Zerbröselungen von Steinen, auch von Architekturen, und aus Verwesungen pflanzlicher, tierischer, natürlich auch menschlicher Organismen.[164]

In dieser Annäherung an den Begriff Erde wird zum einen die Erdoberfläche angesprochen, *auf* der Menschen, Tiere und Pflanzen wohnen, und zum anderen wird darunter der Erdboden verstanden, der sich aus den Überresten dieser Organismen, den Resten ihrer Behausungen und aus zerbröselten Steinen bildet. Die Erde im ersten Sinne meint den im All kreisenden Planeten, die Erde im zweiten Sinne die Erde als Boden, den wir in die Luft werfen und durch unsere Finger rieseln lassen können. Diese Erde als Material ist haptisch erfahrbar, die Erde als Planet nicht. Nicht im Fokus dieser Bestimmung steht die aktive Hervorbringung der Erde in beiderlei Hinsicht durch die Art von Lebewesen, die der Historiker Jules Michelet (1798-1874) als die »unbemerkbaren Erbauer des Erdballes«[165] bezeichnet:

> Es giebt eine Welt unter dieser Welt, darüber, darunter, darin, rings um sie her, eine Welt, von der wir keine Ahnung haben. [...] Die Unendlichkeit

(Umstellung auf biologischen Landbau), Einschränkung der weiteren Überbauung (›Zersiedlung‹) und der Landschaftszerschneidung durch Straßenbau.«

164 Walter Seitter, *Physik der Medien*, Kromsdorf 2002, S. 97. Aufschlussreich sind auch Hans Blumenbergs Reflexionen über den Boden, vgl. etwa Hans Blumenberg, *Die Sorge geht über den Fluß*, Frankfurt/M. 1987, S. 102: »Der Boden, auf dem man steht, *kann* allein der sein, auf den man fällt. Denn es gibt nur den einen Boden – nur im Ackerbau spricht man von Böden als solchen verschiedener Güte und Eignung; der Planet hat und gewährt nur einen.«

165 Jules Michelet, »Die unbemerkbaren Erbauer des Erdballs«, in: *Tumult. Zeitschrift für Verkehrswissenschaften: Der Planet*, 1983, S. 78-82.

des unsichtbaren Lebens, des schweigenden Lebens, die Welt der Nacht, der Grund der Erde, des dunklen Ozeans, die Welt der Unsichtbaren der Luft, die wir einathmen, aber die, in unsere Getränke gemischt, unbemerkt in uns circulieren.[166]

Diese vom menschlichen Auge nicht erfassbaren Mikroorganismen und Kleinstlebewesen, diese »Kleinen der Kleinsten«,[167] die erst unter dem Mikroskop sichtbar werden, sind für ihn nichts »Geringeres, als die Erbauer der Weltkugel, auf der wir leben. Mit ihren Körpern, ihren Ueberbleibseln, haben sie den Boden bereitet, der unter unseren Füßen ist.«[168] Michelet weist den Kleinstlebewesen und Mikroorganismen eine aktive Rolle bei der Erschaffung der Erdkugel zu, an die erst in unseren Tagen wieder erinnert wird,[169] weil sie in der Zwischenzeit nahezu in Vergessenheit geraten waren. Eine besondere Rolle spielt dabei zweifellos der Regenwurm, dem schon Charles Darwin (1809-1882) eine eigene Abhandlung widmete: *Die Bildung der Ackererde durch die Thätigkeit der Würmer.*[170] Der Regenwurm ist für eine lockere Beschaffenheit des Bodens von zentraler Bedeutung, weil durch die von ihm kreuz und quer durch den Boden gebohrten Gänge das Regenwasser in den Unterboden

166 Ebd., S. 78.
167 Ebd., S. 79.
168 Ebd. Der Historiker lässt die weitgehend ignorierten Lebewesen für sich selbst sprechen: »›Wir‹, würden die Unbemerkbaren sagen, ›die unbekannten, ungenannten Thierchen, die der Mensch verachtet oder von denen er nichts weiß, wir sind die Versorger, die Vorbereiter deiner Cultur, deiner Wohnungen. Es sind nicht die großen Fossilien, Rhinocerosse oder Mastodonten, welche diesen Boden durch ihre Gebeine gebildet haben. Es ist der unsrige, oder wir sind es vielmehr selbst. Deine Städte, deine Louvres, deine Capitole sind aus unseren Ueberbleibseln erbaut.« (Ebd., S. 79) Die hat wohl auch Gilles Clément im Blick, wenn er schreibt: »[E]s gibt eine beachtliche Welt, deren Gegenwart sich uns entzieht, die sich aus stillen, nicht wahrnehmbaren, langsamen und manchmal mimetischen Lebewesen zusammensetzt, die unseren Beuteblicken entzogen sind, sich aber untereinander kennen, sich aus dem Wege gehen oder sich verfolgen. Diese Welt ist mit der unseren verbunden, ohne dass wir uns dessen bewusst sind.« Gilles Clément, *Die Weisheit des Gärtners*, Berlin 2015, S. 20.
169 Lynn Margulis, *Der symbiotische Planet oder Wie die Evolution wirklich verlief*, Frankfurt/M. 2017.
170 Im englischen Original: *The Formation of Vegetable Mould through the Action of Worms, with Observations on their Habits* von 1881, ⟨https://web.archive.org/web/20111125114847/http://www.regenwurm.de/pdf/bildung-der-ackererde.pdf⟩, letzter Zugriff 23. 08. 2021.

fließen kann, wo dann die Pflanzen ihre Wurzeln schlagen können, die auf die Durchlässigkeit des Bodens angewiesen sind.[171] Von den weltweit auf etwa 3000 verschiedene Arten geschätzten Tierchen bekommen wir in Europa zumeist den Gemeinen Regenwurm, *Lumbricus terrestris,* zu sehen. Ebenso wichtig für die Lockerheit der Böden aber sind die in ihnen lebenden Asseln, Milben, Springschwänze und Tausendfüßler, die nicht nur den Blicken zumeist entzogen sind, sondern auch selbst keine Augen ausgebildet haben. Da das Sehen aufgrund der Dunkelheit des Erdbodens nicht möglich ist, verfügen sie stattdessen über andere Sinnesorgane, wie etwa Tasthaare, mit deren Hilfe sie sich ihre Wege unter der Erde bahnen,[172] die so etwas wie ein natürliches Wasser- und Sauerstofftransportsystem bilden. Wenn ein vorhandener Boden in einen fruchtbaren Boden, in Humus,[173] umgewandelt werden soll, was er keineswegs immer schon ist, bleibt der Mensch angewiesen auf die Mithilfe all dieser unscheinbaren Lebewesen. Solange diese im Erdreich nicht ihre Arbeit verrichten, lässt sich dem Boden nichts entnehmen, was der Ernährung der anderen Tiere und des Menschen dienen könnte. Es ist also keineswegs allein der Mensch, der den Boden bereitet, auf dem er steht. Aber er ist es, der als Bauer bzw. Landwirt rodet, sät, pflanzt und erntet und dabei den Boden so zu behandeln hat, dass sich das Säen und Ernten jedes Jahr aufs Neue durchführen lässt. Durch diese wiederholten *Geopraktiken* entsteht eine »Agri-Kultur«, die an den Ursprung des modernen Kulturbegriffs erinnert. Das lateinische Wort *cultura* bedeutet Ackerbau und auch Pflege. Das dazugehörige Verb *colere* kann mit bebauen, bestellen, bewohnen und pflegen übersetzt werden. Kultur meint

171 »Der Regenwurm spielte lange Zeit und spielt zum Teil heute noch diese Rolle des einzigen und scheinbar einzigartigen Vertreters der tierischen Faktoren bei der Bodenbildung. Und doch wird man, ohne seinen berechtigten Ruhm schmälern zu wollen, sagen können, daß es außer ihm noch eine ganze Menge anderer ebenso wichtiger oder noch wichtigerer Tiere gibt.« Fischer, »Der Mensch als geologischer Faktor«, S. 111.

172 Vgl. Peter Klaas, »Lebensraum Boden. Vom Maulwurf bis zur Bakterie«, in: Bernd Busch (Red.), *Erde,* Köln 2002, S. 215-220; Heinrich-Böll-Stiftung (Hg.), *Bodenatlas. Daten und Fakten über Acker, Land und Erde*, Würzburg 2015, S. 12.

173 »Die enge Beziehung der Menschen zum Erdboden [...,] *homo* (Mensch) und das Wort *humus* (Erdboden) gehören genauso eng zusammen.« Manfred Hutter, »Der Erdboden: Symbol des Lebens, der Heiligkeit, der Vernichtung«, in: Bernd Busch (Red.), *Erde*, S. 187-194, hier S. 189.

also ursprünglich die Bestellung von Land, sie beginnt mit der Bearbeitung und Pflege des Bodens.[174] Im Angesicht der sizilianischen Bauern, die unermüdlich gegen die Zerstörungen des Vulkans Ätna und seiner Lavaströme ankämpfen,[175] hat René König (1906-1992) diese ursprüngliche Bedeutung von Kultur aufgegriffen und als »Arbeit des Menschen am widerspenstigen Stoff«, nicht nur als »Arbeit am Boden«, sondern gar als »Arbeit gegen den Boden«[176] charakterisiert. Wer dieser mühevollen Tätigkeit regelmäßig nachgeht, gewinnt der unbearbeitet vorhandenen Natur etwas ab, was vorher nicht existierte. Doch aus eigener Kraft allein bewältigt der Mensch diese Aufgabe nicht. Er bleibt angewiesen auf die Mithilfe der Natur, die vollständig zu kontrollieren nicht in seiner Macht steht. Um eine erfolgreiche Landwirtschaft betreiben zu können, bedarf es folglich nicht nur der »Kunst des landwirtschaftlichen Fachmannes«,[177] sondern des Zusammenwirkens von Pflanze, Tier und Mensch einschließlich des Klimas und des Wetters.[178] In dieser Berücksichtigung der nichtmenschlichen Akteure unterscheidet sich eine posthumanistische Perspektive, die den aktiven Teil der nonhumanen Spezies berücksichtigt, von einer klassisch humanistischen Sichtweise, die den Menschen und seine Tätigkeit in den Mittelpunkt stellt und nur ihn allein als Akteur wahr-

174 Eine Würdigung dieser Perspektive findet sich bei Wolfgang Lipp, »Heimatbewegung, Regionalismus. Pfade aus der Moderne?«, in: Friedhelm Neidhardt u. a. (Hg.), *Kultur und Gesellschaft*. Opladen 1986, S. 331-355, hier S. 331.

175 »Die Geschichtsschreibung verzeichnet an die hundert Ausbrüche des Ätna seit jenem denkwürdigen, von dem Pindar und Äschylos um 475 v. Chr. berichten.« Fernand Braudel, »Das Land«, in: ders. (Hg.), *Die Welt des Mittelmeeres. Zur Geschichte und Geographie kultureller Lebensformen*, Frankfurt/M. 2006, S. 11-34, hier S. 15.

176 René König, *Sizilien. Ein Buch von Städten und Höhlen, von Fels und Lava und von der großen Freiheit des Vulkans*, München 1950, S. 42. In anderen Regionen der Welt ist diese Arbeit eher als eine Arbeit gegen das Meer aufzufassen. Etwa durch den Bau der Dämme als Hochwasserschutz, der nicht nur eine bleibende, sondern angesichts des vorausgesagten Anstiegs des Meeresspiegels aufgrund des Treibhauseffekts eine noch zu intensivierende Aufgabe darstellt. Die Nordseeinseln kämpfen ohnehin um den Erhalt ihrer Strände, die sie immer wieder neu aufschütten müssen, da das Meer große Teile regelmäßig wegreißt.

177 Verena Winiwarter, »Landwirtschaftliches Wissen vom Boden. Zur Geschichte der Konzepte eines praktischen Umgangs mit der Erde«, in: Bernd Busch (Red.), *Erde*, S. 221-232, hier S. 225.

178 Vgl. Kap. 1.5 und 1.6.

nimmt.[179] Von einem harmonischen Zusammenspiel all dieser Kräfte kann dabei jedoch keine Rede sein:

Die Landwirtschaft konnte nicht vor der vollständigen Entblößung bestimmter Bodenflächen beginnen. Nicht bevor reiner Tisch, *tabula rasa*, mit der Pflanzendecke gemacht war. Das Feld ist zunächst eine Fläche, auf der alles ausgerissen ist. Ein Schlachtfeld, ein Trümmerfeld, alles ist aus dem Felde geschlagen. [...] Es ging also nicht darum, die Erde durch Bearbeitung fruchtbar zu machen, es ging um Ausmerzen, Unterdrücken, Vertreiben. Es ging um Zerstören. Das Pflugmesser ist ein Opfermesser. Die Pflanzen total ausrotten und einen sauberen Platz schaffen. Alles, was hier wächst, wird ausgeschlossen. Und nicht nur die Pflanzen, die wir heute als Unkraut bezeichnen, nein, alle. Reinigung durch Leere.[180]

Demnach übt der Mensch als Landwirt keineswegs eine pflegende, sondern vor allem eine zerstörerische Wirkung auf den Boden aus. Er kämpft mit seinem Tun unaufhörlich dagegen an, dass sich die Natur zurückholt, was er ihr mühsam abzuringen versucht. Jedes Nachlassen in seinen Anstrengungen zieht eine Rückkehr der Wildnis nach sich. Deshalb gibt es für den Bauern auch keinen Sonntag. Eine Ruhepause darf er sich nicht gönnen, wenn er seine Felder nicht wieder an die Natur abtreten will:

Machtvoll ergreift das ungebundene Naturleben Besitz, wenn die Menschenhand nachlässig wird, wenn wir unsere Werke sich selbst überlassen. Vegetation dringt von allen Seiten herein; Moose und Flechten überziehen den Stein, in den Ritzen beginnt es zu blühen. Bald sprengt die Kraft der Wurzeln die Mauern in Stücke, Gebüsch und Wald überfallen die verlassenen Felder. Im wilden, wuchernden Wuchs der Pflanzen mahnen Ruinen an die gewaltige Macht der Vegetation.[181]

Aus dieser Einsicht leitet Rolf Peter Sieferle (1949-2016) seine Begriffsbestimmung von Natur ab: »Natur ist das Andere der Agri-Kultur, sie ist das Nicht-Kolonisierte und zugleich diejenige Kraft, welche dahin tendiert, jede Kolonisierung wieder zurückzunehmen. Natur ist somit dasjenige, was von der Kultur nicht (noch nicht oder nicht mehr) bearbeitet, umgestaltet und verbaut worden

179 Vgl. Kap. 2.4.

180 Michel Serres, *Der Parasit*, Frankfurt/M. 1981, S. 271.

181 Adolf Portmann, *Alles fließt. Wege des Lebendigen*, Freiburg, Basel u.a. 1967, S. 49.

ist.«[182] Solange sie sich immer wieder Bahn bricht und immer wieder zurückgedrängt werden muss, kann es ein »Ende der Natur«[183] nicht geben, das mit einem Ende des Lebens gleichzusetzen wäre. Denn die Kraft, von der Sieferle spricht, ist letztlich nichts anderes als das Leben selbst:

Die Erdoberfläche wird, soweit es möglich ist, vom Leben eingenommen. Die Vielfalt der Lebensformen entspricht insgesamt den vorhandenen Energiequellen, so daß letztlich nur der Raum die Grenze für das Leben ist. [...] Unter der Voraussetzung eines konstanten Verhältnisses zwischen dem Volumen der lebenden Masse und den lokalen, klimatischen und geologischen Gegebenheiten nimmt das Leben den gesamten verfügbaren Raum ein. Diese lokalen Gegebenheiten bestimmen die Intensität des Drucks, den das Leben nach allen Richtungen hin ausübt. Das heißt, wenn der vorhandene Lebensraum auf irgendeine Weise erweitert wird, so wird er sofort ebenso vom Leben eingenommen wie der benachbarte Raum. Das geschieht auch jedes Mal, wenn an irgendeinem Ort der Erde, durch einen Waldbrand, einen Vulkanausbruch oder durch Menschenhand, Leben zerstört wird. Das deutlichste Beispiel ist eine von einem Gärtner angelegte und freigehaltene Allee: sobald sie aufgegeben wird, wird der Druck des umliegenden Lebens sie sofort wieder mit Gras und Büschen überziehen, in denen es dann auch rasch von tierischem Leben wimmelt.[184]

Bei Portmann, Sieferle und Bataille gibt es also eine Kraft, die sie Natur oder Leben nennen, die den zahlreichen menschlichen Domestizierungs- und Destruktionsversuchen erfolgreich trotzt und widerständig aus allen Poren der versiegelten Erdoberfläche hervorbricht. Es hängt vieles davon ab, ob man dies als hoffnungsvoll stimmenden Prozess ansieht, der zeigt, dass sich das Leben bzw. die Natur nicht dauerhaft kleinkriegen lassen, oder als beunruhigende Nachricht über das angsteinflößende Versagen menschlicher Zivilisationsanstrengungen. Bei Roger Caillois überwiegt eindeutig die letztere Auffassung, die sich bei ihm mit der Angst vor dem Weiblichen paart:

182 Rolf-Peter Sieferle, »Im Einklang mit der Natur«, in: Bodo-Michael Baumunk, Jasdan Joerges (Hg.), *7 Hügel – Bilder und Zeichen des 21. Jahrhunderts: Dschungel*, Berlin 2000, S. 12-16, hier S. 14.

183 Bill McKibben, *The End of Nature*, New York 1989.

184 Georges Bataille, *Die Aufhebung der Ökonomie*, Berlin 2001, S. 5. Vgl. auch ebd., S. 57: Die Erde bietet »dem Leben zunächst den Raum der Gewässer und des Erdbodens. Aber bald bemächtigt sich das Leben des Luftraums.«

In Brasilien entdeckte ich die Vegetation schlechthin, deren beängstigende Macht die des Menschen aufwiegt, sogar im Herzen der Städte, wo die Baumwurzeln manchmal das Straßenpflaster aufsprengen. Ich erinnere mich an meine ersten Eindrücke angesichts des gewaltigen und gleichsam unbezwingbaren Vorrats weiblicher Kräfte, die zugleich passiv, tückisch und gierig sind. Eine langsame und lautlose Entfesselung, die mich ängstigte.[185]

Doch zurück zum Boden. Während sich angesichts der Befunde über die Rolle des Regenwurms und des Menschen bei der Gestaltung des Bodens eine Heldengeschichte des Kleinstlebewesens ebenso erzählen wie ein Abgesang auf den Homo sapiens und seine Zerstörungswut anstimmen ließe, gibt Latour in seiner Abhandlung über den Erdwurm im Regenwald Amazoniens[186] den zentralen Hinweis, dass die Eigenschaften eines Lebewesens nie isoliert betrachtet werden sollten, da sie immer abhängig sind von der Anwesenheit anderer Lebewesen, mit denen sie ein fragiles Gefüge bilden, das gegenüber Interventionen von außen störanfällig reagiert: »Der Fall unseres Wurms zeigt, dass wir, wenn es um ökologische Belange geht, nicht die Ordnung der Natur entdecken, sondern im Gegenteil ein fortwährendes Umgruppieren der jeweiligen Bedeutsamkeit der Akteure.«[187] Im Gegensatz zu den weit verbreiteten Vorstellungen über die segensreichen Wirkung des Erdwurms auf die Durchlässigkeit des Bodens stoßen die Wissenschaftler:innen, Bauern, Indianer und Projektentwickler:innen im Regenwald mit Erstaunen auf eine Art, die aufgrund der durch Baumrodungen zurückgehenden biologischen Vielfalt einen so verheerenden Einfluss auf den Boden nimmt, dass Latour ihn kurzerhand vom Helden

185 Roger Caillois, *Der Fluss Alpheios,* Berlin 2016, S. 90. Ganz anders beschreibt das gleiche Phänomen Antoine de Saint-Exupéry, *Wind, Sand und Sterne*, Düsseldorf 2010, S. 101: »In Paraguay hatte mir eine Pflanze gefallen, die ihre kecke Nase zwischen den Pflastersteinen der Stadt hervorstreckt, als sollte sie im Auftrag des unsichtbaren, aber allgegenwärtigen Urwalds einmal ausschauen, ob die Menschen immer noch die Stadt bewohnten, oder ob der Augenblick gekommen wäre, all die Steine zu stürzen und zu überwuchern. Solch halber Verfall, ein Zeichen von übergroßem Reichtum, beeindruckte mich.«

186 Bruno Latour, »Übersehen wir den Erdwurm nicht«, in: Bodo-Michael Baumunk, Jasdan Joerges (Hg.), *7 Hügel – Bilder und Zeichen des 21. Jahrhunderts: Dschungel*, S. 17-21.

187 Ebd., S. 14.

zu »Attila«,[188] dem Zerstörer, erklärt. Denn statt zur Lockerung der Erde beizutragen, bewirkt er aufgrund seiner Ausscheidungen eine regelrechte Versiegelung des Bodens, undurchlässig für Sauerstoff und Wasser. Deutlich daran wird, dass die einem Lebewesen zugeschriebenen Eigenschaften diesem nicht generell anhaften, sondern sich erst im Verbund mit anderen Lebewesen ausprägen. Fehlen diese aufgrund von Interventionen wie etwa Baumrodungen, können sich die Eigenschaften, die ein Lebewesen durch das Zusammenspiel mit den anderen hatte, in ihr Gegenteil verkehren, von einer produktiven in eine zerstörerische Wirkung umkippen. Latour zufolge übertragen europäische und nordamerikanische Experten aller Art ihre Vorstellungen von Natur, Boden und Wald in unzulässiger Weise auf eine Region der Erde, in der ganz andere Vorstellungen von Natur vorherrschen, die sich aus den Erfahrungen vor Ort speisen – ein regelrechtes Lehrstück dafür, dass Natur nicht gleich Natur ist und sich an einem Ort als nützlich erweisen kann, was sich an einem anderen schädlich auswirkt. Eine globale Bekämpfung ökologischer Probleme ist ohne eine genaue Kenntnis der konkreten Gegebenheiten vor Ort nicht möglich. Werden die genauen ökologischen Verhältnisse vor Ort ignoriert, wie dies in den kolonialistischen und neokolonialistischen Interventionen Europas und Nordamerikas üblich war und ist, kann selbst durch noch so benevolente Vorhaben mehr Schaden angerichtet als Verbesserung erzielt werden.

Folgen wir der weiter oben skizzierten Perspektive von Serres, lässt sich von den Anfängen der Landwirtschaft im Neolithikum, in Mesopotamien und Ägypten etwa, bis in die Gegenwart ein Bild der Zerstörung zeichnen, das sich über die jüngere Vergangenheit – »Bodenzerstörung ist ein Daseinsproblem der heutigen Menschheit«[189] – bis in die aktuelle ökologische Diskussion verfolgen lässt, in der dieses Thema wieder ganz oben auf der Tagesordnung steht: »Das Thema Boden [...] wurde lange vernachlässigt, heute ist es zurück. Jeder Zentimeter ist unterschiedlich. Es dauert tausend Jahre, bis sich der Boden bildet. Zurzeit wird er massiv zerstört. Das ist eine sehr ernste, aber sehr wenig verstandene Bedrohung.«[190]

188 Ebd.

189 Erwin Fels, *Die Umgestaltung der Erde durch den Menschen* 1962, S. 3.

190 Latour, »Wir sind alle wie Trump. Bruno Latour im Interview«, in: ⟨https://www.faz.net/aktuell/feuilleton/buecher/autoren/interview-mit-dem-franzoesi

Die Bedrohung besteht wohl vor allem in der sich rasant ändernden Bodenqualität im Zeitalter des Anthropozäns, das seinen Namen ja vor allem aus der Beschaffenheit der neuen geologischen Formation des Bodens bezieht. Während wir oftmals noch immer von der weitgehend natürlichen Beschaffenheit der Böden ausgehen, sind Schätzungen zufolge bereits 20 bis 25 Prozent der Böden weltweit durch Übernutzung und Überdüngung degradiert, also von einer starken Verschlechterung der Bodenqualität betroffen.[191] Über die Reduzierung ihres Nährstoffgehalts hinaus verwandeln sie sich immer mehr in »Technosole«, worunter Böden zu verstehen sind, »die vor allem aus ›künstlichen‹ oder ›technischen‹ Materialien wie Beton, Glas und Ziegeln bestehen, aus Trümmerschutt, Hausmüll und industriellem Abfall in allen Größenordnungen«.[192] Was soll auf einem solchen Boden noch wachsen? Weitere Bedrohungen ergeben sich etwa durch die Bodenerosionen, die vom Abholzen des Waldes ausgelöst werden, und das Ansteigen des Meeresspiegels durch das Schmelzen der Gletscher, wodurch das Meer sich Teile der Küsten einverleibt. Trotz dieser vielfältigen Bedrohungslage, wird weiterhin – und zwar im globalen Maßstab – Agrarwirtschaft betrieben. Die Behauptung, sie spiele heute »keine zentrale Rolle mehr«,[193] verdankt sich einer vorschnellen und zudem recht eurozentrischen Perspektive, die ähnlich auch von Serres eingenommen wird:

Um 1900 arbeiteten die meisten Menschen auf unserem Planeten in der Land- und Ernährungswirtschaft; heute machen in Frankreich wie in vergleichbaren Ländern die Bauern gerade noch ein Prozent der Bevölkerung aus. Zweifellos wird man darin einen der tiefsten historischen Brüche seit dem Neolithikum erkennen müssen. Einst unauflöslich an Geopraktiken gebunden, haben unsere Kulturen sich mit einem Mal gewandelt. Bleibt, daß es noch immer die Erde ist, die uns auf diesem Planeten mit Nahrung versorgt.[194]

schen-soziologen-bruno-latour-15586851.html〉, letzter Zugriff 09.08.2021; vgl. Karl Stahr, »Böden tragen uns? – Böden ernähren uns? Was kennen wir vom Wesen unserer Böden?«, in: Bernd Busch (Red.), *Erde*, S. 195-214.

191 Vgl. Heinrich-Böll-Stiftung (Hg.), *Bodenatlas. Daten und Fakten über Acker, Land und Erde*, S. 13.

192 Ebd., S. 11.

193 Vgl. Sieferle, »Im Einklang mit der Natur«, S. 14.

194 Serres, *Erfindet euch neu! Eine Liebeserklärung an die vernetzte Generation*, Berlin 2013, S. 9.

Hebt man den Blick auch nur ein klein wenig über die nationale Scholle hinaus zur Welt insgesamt, ergibt sich ein deutlich anderes Bild: »Etwa 3,37 Milliarden Menschen oder 45 % der Weltbevölkerung wohnen in ländlichen Gebieten. Mehr als 2 Milliarden Menschen leben vorwiegend von der Landwirtschaft. In Afrika wohnen 57 % der Bevölkerung auf dem Lande und 53 % der Menschen dient die Landwirtschaft als Existenzgrundlage.«[195] Diese Befunde nicht in die eigene Zeitdiagnose einzubeziehen, muss zwangsläufig zu einem sehr einseitigen Blick auf die Verhältnisse führen, der die deutsche und französische Situation unzulässig verallgemeinert. Hätte sich die Welt insgesamt in dem behaupteten Maße von der Landwirtschaft verabschiedet und unabhängig von ihren Erzeugnissen gemacht, ließe sich der aktuell massiv zunehmende Kampf um den Boden kaum erklären.[196] Auch sind die *Geopraktiken* keineswegs zum Erliegen gekommen, wie von Serres behauptet. Der geosoziologische Blick könnte sich von einem herkömmlichen soziologischen und kulturphilosophischen Blick genau darin unterscheiden, sich nicht mit dem Verkünden radikaler Brüche, dem Ende eines Zeitalters und dem Beginn eines neuen zu begnügen, sondern sich für das hartnäckige Weiterbestehen scheinbar veralteter Prinzipien und Elemente unter neuen Vorzeichen zu interessieren. Hinsichtlich der Frage nach der Zukunft der Landwirtschaft gilt es dabei, die neuen Schnittstellen zwischen Geo- und Technosphäre wahrzunehmen, die neuen Allianzen, die zwischen der Erde und der Technik, dem Boden und den Agrartechnologien, dem Alten und dem Neuen geschmiedet werden. Eine völlige Aufgabe der Landwirtschaft wird es in absehbarer Zeit ebenso wenig geben wie die Rückkehr zu einer bäuerlichen Idylle der ökologischen Selbstversorgung, die nur in Einzelfällen realisierbar ist. Vielmehr werden Roboter, Drohnen und künstliche Intelligenz vermehrt auch im Agrarsektor Einzug halten und die Geopraktiken maschinell und medial unterstützen. Die Digitalisierung der Landwirtschaft lässt sich kaum mehr aufhalten und bringt auch eine Digitalisierung der klassischen Geopraktiken mit sich. Die Smart-Farm ist längst erdacht und kann als eine mögliche Variante des Ackerbaus der Zukunft gelten.[197] Die

195 ⟨https://www.weltagrarbericht.de/themen-des-weltagrarberichts/baeuerliche-und-industrielle-landwirtschaft.html⟩, letzter Zugriff 02.08.2021.

196 Vgl. Kap. 5.2.

197 Vgl. Nils Klawitter, »Apps für den Acker«, in: *Der Spiegel* 42 (2017), S. 68-70; Philip Bethge, »Unsere schlaue Farm«, in: *Der Spiegel* 45 (2020), S. 96-98.

Herausforderung dabei besteht in der Schonung der Umwelt trotz Ertragssteigerung. Wie hat man sich das vorzustellen? Die derzeit noch immer vorherrschende Art der Bodenbewirtschaftung, die durch den Einsatz von Pestiziden Insekten und Vögel von den Feldern vertreibt und durch die maßlose Düngung das Grundwasser mit Nitrat belastet, soll abgelöst werden durch eine maschinen-, drohnen- und computerbetriebene Agrarwirtschaft, die die Umwelt in weit geringerem Maße belasten soll als die konventionelle Art der Bewirtschaftung. Damit verbunden ist ein tiefgreifender Wandel im Berufsbild des Bauern. Er ist im Prinzip – neben dem Landvermesser, dem Gärtner, dem Navigator usw. – sicher eine der herausragenden *terrestrischen Sozialfiguren*, die über die Jahrhunderte ausgemacht werden können.[198] Das archaische Bild vom sich tief über sein Feld bückenden und hinter dem Pflug hergehenden Bauern wird von modernen Landwirt:innen ergänzt, die auf ihrem Traktor sitzend ihr Feld bearbeiten. Ihnen zur Seite gesellen sich aktuell die Farmmanager:innen, die mithilfe von intelligenten Robotern, Maschinen und Computern ihren Betrieb organisieren und leiten. Ganz im Sinne meines weiter oben geschilderten Zeitverständnisses löst keine Sozialfigur die andere restlos ab, da weltweit gesehen noch immer alle Typen des Ackerbauers und der Ackerbäuerin vorzufinden sind:

> Die Erde liegt tief, tiefer noch als die Füße, man muß sich bücken und beugen, biegen und krümmen, um sie zu bearbeiten. Ja, früher da wimmelten die Felder von Bauern und Bäuerinnen, vornübergebeugt oder knieend, als wollten sie der Göttin Erde huldigen. [...] Sie haben sich schließlich aufgerichtet.[199]

Aber nicht nur das: Sie haben sich auch aufge*rüstet*, sich technologische Unterstützung geholt und deshalb zunehmend hingesetzt und vor dem Computerbildschirm platziert. Auch der Bauer und die Bäuerin sind in hochtechnisierten Gesellschaften nunmehr ein *homo sedens* und haben sich damit dem allgemeinen Trend zur Vermeh-

198 Zum Konzept der Sozialfiguren vgl. Stephan Moebius, Markus Schroer, *Diven, Hacker, Spekulanten. Sozialfiguren der Gegenwart*, Berlin 2010. Zu den terrestrischen Sozialfiguren kann darüber hinaus auch der Architekt gezählt werden.

199 Michel Serres, *Was genau war früher besser? Ein optimistischer Wutanfall*, Berlin 2019, S. 43.

rung der Sitztätigkeiten angeglichen.[200] Der tiefe Bruch, den Serres ausmacht, ist keiner, der uns vom Zeitalter der Agrarwirtschaft endgültig abschneidet. Womit wir es vielmehr zu tun haben, sind gravierende Umbrüche *innerhalb* der Geschichte des Ackerbaus. Welche Entwicklung die Agrarwirtschaft in den nächsten Jahrzehnten auch immer nehmen wird, zu bedenken wäre in jedem Fall die bleibende Gültigkeit der Einsicht des Erfinders der *Geopsychologie*: »Wir sind erdbodengebundene Geschöpfe. Darum kann die Beschaffenheit des Bodens für uns nicht gleichgültig sein.«[201] Wo der Boden nicht genährt und gepflegt wird, verwandelt er sich in eine Wüste.

1.4 Das Meer und das Wasser, die Wüste und der Sand

Das »Haus der Soziologie«[202] ist nicht nah am Wasser errichtet worden. Für das Meer interessiert sie sich bis heute so gut wie gar nicht. Die vereinzelten Einlassungen, die vorliegen, thematisieren das Meer nicht als Lebensraum, sondern widmen sich etwa in einer berufssoziologischen Perspektive dem Seemann und dem Marineoffizier.[203] Ob deshalb aber schon von einer »maritimen Soziologie«[204] gesprochen werden kann, scheint zumindest derzeit eher fragwürdig. Die noch immer vorherrschende Zurückhaltung ist als eine weitere Folge der oben geschilderten Bereinigung der Soziologie von den geographischen Grundlagen ihres Gegenstandbereichs zu

200 Über den traditionellen Umgang des Bauern mit der Erde gestern erhält man viele wertvolle Einblicke in Émile Zolas *Die Erde*, München 1976, über den Umgang heute in Michel Houellebecq, *Serotonin*, Köln 2020. Der Held ist nicht mehr Bauer, sondern Agraringenieur.

201 Willy Hellpach, *Geopsyche*, S. 158.

202 Dirk Kaesler, »Was sind und zu welchem Ende studiert man die Klassiker der Soziologie?«, in: ders, *Klassiker der Soziologie: Von Auguste Comte bis Norbert Elias*, München 1999, S. 11-38, hier S. 11.

203 Ferdinand Tönnies, »Hafenarbeiter und Seeleute in Hamburg vor dem Strike 1896/97«, in: *Archiv für soziale Gesetzgebung und Statistik* Jg. 10, H. 2 (1897), S. 173-238; ders., »Die Ostseehäfen Flensburg, Kiel, Lübeck«, in: *Die Lage der in der Seefahrt beschäftigten Arbeiter*, Leipzig 1903, S. 509-614. Norbert Elias, »Untersuchungen zur Genese des Marineberufs«, in: ders.: *Aufsätze und andere Schriften I*, Berlin 2006, S. 22-59.

204 ⟨https://de.wikipedia.org/wiki/Maritime_Soziologie⟩, letzter Zugriff 03.08.2021.

verstehen. Eine Geosoziologie, die diese Ausgliederung alles Geographischen aus ihrem Gegenstandsbereich wieder rückgängig machen will, hat sich selbstverständlich auch des Raums des Meeres, seines Aufbaus und seiner Lebewesen anzunehmen.

Wie ist dieser Raum aufgebaut? Die Meeresoberfläche erscheint wie ein Vorhang, der sich wölbt und wieder glättet. Er verbirgt eine Welt aus Flora und Fauna, die für den Menschen in ihrer ganzen Fülle nur sichtbar wird, wenn er in sie hineintaucht, was er für längere Zeit nur unter Zuhilfenahme entsprechender technischer Geräte vermag. Auch das Meer hat einen Boden, der sich zu unterschiedlich hohen Bergen auftürmt. Die höchsten ragen aus dem Wasser heraus, bilden Inseln und das Festland. Angesichts der enormen Ausdehnung der Meere auf der Erdkugel drängt sich eine Wahrnehmung der maritimen Welt förmlich auf: »Auf der Oberfläche des Erdballs ist das Wasser die Regel, die Erde ist die Ausnahme.«[205] Tatsächlich sind etwa drei Viertel der Erdoberfläche von Wasser bedeckt.[206] Doch Wasser ist nicht einfach nur in großen Massen vorhanden und weit verbreitet, sondern vor allem auch alles durchdringend:

> Das Wasser strömt durch alles hindurch – durch unsere Körper, die Industriesysteme, die Kanalisationen, die Pflanzen, die Länder, es steigt auf als Wolken, fällt als Regen herab und fließt von den Bergen ins Meer, bestimmt maßgeblich das Klima, umfaßt alle Kontinente und macht das Land zur Minderheit.[207]

Was die Soziologie bisher davon abgehalten hat, sich stärker mit dem Meer zu beschäftigen, ist womöglich der Umstand, dass es eine dauerhafte Besiedlung nicht zulässt, hier keine Siedlungen, Städte und Staaten errichtet werden können, woran deutlich wird, wie eng die Soziologie mit dem auf festem Grund Gebauten von Anfang an

205 Jules Michelet, *Das Meer*, Frankfurt/M. 1987, S. 21. Vgl. auch John Urry, *Grenzenloser Profit. Wirtschaft in der Grauzone*, Berlin 2015, S. 159.

206 Schon bei Immanuel Kant, *Physische Geographie. Mathematische Vorkenntnisse und die allgemeine Beschreibung der Meere und des Landes*, Musaicum Books 2019, S. 28, heißt es: »Die Oberfläche der Erde hat eine Ausdehnung von mehr als neun Millionen Quadratmeilen, von denen das Meer oder der Ozean 6 ½, das feste Land noch nicht 2 ½ Millionen Quadratmeilen beträgt.«

207 Hartmut Böhme, »Anthropologie der vier Elemente«, in: Bernd Busch, Larissa Förster (Red.), *Wasser*, Köln 2000, S. 17-37, hier S. 17.

in Verbindung steht.[208] Zwar lassen sich Häuser, Dörfer und Städte *am* Meer errichten, nicht aber *auf* dem Meer. Das Meer bietet dem Menschen keinen stabilen Grund, der einen dauerhaften Aufenthalt ermöglichen würde. Als langfristig bewohnbarer Raum kommt es deshalb für ihn nicht in Frage: »Insofern der Mensch für das Wohnen auf dem Lande geschaffen ist und nur vorübergehend auf dem Wasser zu weilen vermag, ist er als Landtier zu betrachten, und bei all seiner Wanderlust und Erfindungsgabe hat denn auch das Meer nirgends eine dauernde Wohnstätte werden können.«[209] Es eignet sich nur zur zeitlich limitierten Überquerung, um von einer Landmasse zur nächsten zu gelangen, auf der der Mensch wieder Fuß fassen kann. Dafür bedarf es eines besonderen Fahrzeugs, das den Transport über das flüssige Element erlaubt: das Schiff! Auf diesem ist auch das Wohnen möglich, wenngleich Schiffe nur selten als dauerhafte, sondern zumeist nur als vorübergehende Wohnunterkünfte dienen: »Indessen, dieses Wohnen auf Schiffen, in Booten, Flössen u. dgl. hat doch immer nur etwas Zeitweiliges. Es ist kein festes Wohnen.«[210] Das gilt selbst noch für die so genannten Hausboote, die für den Versuch einer Vermittlung von Sesshaftigkeit und Nomadendasein stehen, zumeist aber ebenfalls nur zeitlich limitiert als Wohn- und Transportmittel gleichermaßen genutzt werden. Allerdings beginnt auch diese lange Zeit gültige Einsicht aktuell zu bröckeln. Inzwischen gibt es Beispiele für eine Art *maritime Architektur*, die umsetzt, was bisher als nahezu unmöglich galt: Ein Bauen auf dem Meer! Die entscheidende Neuerung dabei ist, dass das Meer nicht mehr als Hindernis angesehen wird, sondern die Architektur sich mit schwimmenden Gebäuden dem Wasser als flüssigem Element anzunähern versucht. Trotz einiger bemerkenswerter Beispiele und Tendenzen entwickelt sich daraus aber bisher keine dauerhafte Bautätigkeit und das Meer bleibt im großen Maßstab für den Menschen unbewohnbar.[211]

Bis der Mensch sich jedoch überhaupt auf das Meer hinausgewagt hat, mussten tiefsitzende Ängste überwunden werden. Das Meer ist von Beginn an nicht der natürlich zur Verfügung stehende

208 Vgl. Heike Delitz, *Die gebaute Gesellschaft*, Frankfurt/M., New York 2010 und Kap. 3.3.

209 Ratzel, *Anthropogeographie*, S. 254.

210 Ebd., S. 255.

211 Vgl. Kap. 3.6.

Lebensraum, den er sich umgehend aneignet. Der Historiker Fernand Braudel (1902-1985), der in seinen historischen Untersuchungen Geographie grundsätzlich systematisch berücksichtigt, spricht von einer nur zögerlichen Erschließung der Meere:

> Lange Zeit blieb die Seefahrt von Vorsicht bestimmt, ein Unternehmen, das kaum jemals über einen schon bei der Ausfahrt in Sichtweite liegenden Punkt hinausführte. Man löste sich nicht vom Ufer, das der Leitfaden schlechthin war, und bei Nacht traute man sich nicht hinaus. Man fuhr von Strand zu Strand; ging der Tag zur Neige, wurde das Boot auf den Sand gezogen.[212]

Diese stets in Küstennähe betriebene »häusliche Seefahrt«[213] ist Ausdruck der vielen Ängste, die sich mit dem Meer verbinden, das als Lebensraum zahlreicher Ungeheuer galt. Selbst dort, wo man sich schließlich nach und nach weiter hinaus aufs offene Meer wagte, blieb die Angst vor den zahlreichen Gefahren auf See, den Stürmen, Orkanen und unerwünschten Begegnungen mit Ungeheuern oder Piraten sowie unerklärlichen Phänomenen ein ständiger Begleiter.[214] Die Berichte der in Seenot geratenen Seeleute, die vielen Geschichten, die sich um die stets gefahrvollen und entbehrungsreichen Fahrten ranken, dokumentieren das lange Zeit vorherrschende Widerstreben, sich den Gefahren und Tücken des Meeres auszusetzen.[215] Insofern lässt sich das Meer nicht von Beginn an als

212 Fernand Braudel, »Das Meer«, in: ders. (Hg.), *Die Welt des Mittelmeeres. Zur Geschichte und Geographie kultureller Lebensformen*, Frankfurt/M. 2006, S. 35-60, hier S. 44.

213 Ebd., S. 45.

214 Roger Caillois untersucht eine ganze Reihe von Quellen, die etwa den Kraken als »Riesenmonstrum, [...] Schiffezerstörer und Blutsauger« darstellen, vgl. Roger Caillois, *Der Krake. Versuch über die Logik der Imagination*, München 1986, S. 95. Heute wird sehr viel mehr auf die überraschend hohe Intelligenz des Kraken bzw. Tintenfisches hingewiesen, vgl. Katrin Blawar, »Die Klugheit der Kopffüßler«, in: *Süddeutsche Zeitung*, 21. 12. 2018, Nr. 294, S. 14. Gleichzeitig tauchen im Internet immer wieder Berichte von angeblichen Riesenkraken auf, die die alte Faszination für das monströse Geschöpf aus der Tiefsee weiterhin befeuern.

215 »Doch Schifffahrt und Schiffbruch bleiben aufs engste verbunden. Keine der Kulturtechniken ist so unmittelbar dem Tode konfrontiert wie die Fahrt über das Meer. Und darum bleibt das Schiff, das den Menschen zum Herren der Meere befördert, mit dem Untergang verbunden.« Hartmut Böhme, *Aussichten der Natur*, Berlin 2017, S. 58.

Völker und Länder verbindende »kulturelle Kontaktzone«[216] begreifen. Ganz im Gegenteil »war das Meer, bevor es Verbindung wurde, lange Zeit ein Hindernis«,[217] ein den Menschen »ursprünglich [...] ausschließendes Element«.[218] Zwar überwand der Mensch »schon frühzeitig, aber doch nur sporadisch die Barriere des Meeres. Die Weite der See blieb lange Zeit unerkundet und ungenutzt.«[219] Der insbesondere von Georg Wilhelm Friedrich Hegel (1770-1831) hervorgehobene Charakter des Meeres als das »größte äußerliche Mittel der Verbindung«[220] ist dem Meer also nicht inhärent, sondern das Ergebnis einer historischen Entwicklung, der immer häufiger erprobten Wagnisse kühner Seeleute, die sich im Zuge einer massiven Verbesserung der Schiffe, Navigationsinstrumente und Karten diesem zunehmend zu stellen trauten. Ohne das Schiff als »Mittel der Raumüberwindung«[221] aber bleibt das Meer eine unüberwindliche Grenze wie vor der Erfindung des Flugzeugs die Gebirge.[222] Wer über diese Transportmittel nicht verfügt, dem bieten sich Berge und Meere nach wie vor als Hindernis dar. Darauf gilt es aufmerksam zu machen, da in den Fortschrittserzählungen der Moderne und der Globalisierung oftmals der Eindruck erweckt wird, als hätten Berge und Meere ihren Charakter des Trennenden durch die *Möglichkeit*

216 Bernhard Klein, Gesa Mackenthum (Hg.), *Das Meer als kulturelle Kontaktzone. Räume, Reisen, Repräsentationen,* Konstanz 2003.

217 Fernand Braudel, »Das Meer«, S. 44. Vgl. dazu ähnlich auch Friedrich Ratzel, *Anthropogeographie*, S. 229, der im Meer die »natürlichste[] aller Grenzen« sieht, an der die Menschheit »wohl eine lange Reihe von Tausenden von Jahren Halt machen musste, ehe sie dieselbe zu überschreiten vermochte, um dann aber [...] eine reichlicher und vor allem rascher fließende Quelle von Macht in ihrer Überschreitung zu finden, als das Land allein jemals geboten hatte. Erst Schranke, dann Schwelle.«

218 Ratzel, *Anthropogeographie*, S. 259.

219 Braudel, »Das Meer«, S. 63.

220 Hegel, *Philosophie des Rechts. Die Vorlesung von 1819/20 in einer Nachschrift*, hg. von Dieter Henrich, Frankfurt/M. 1983, S. 200.

221 Freyer, *Schwellen der Zeit*, S. 102. Auch für Schiffe interessiert sich die Soziologie bisher kaum. Eine der wenigen Ausnahmen stammt aus der Akteur-Netzwerk-Forschung, vgl. John Law: »Technik und heterogenes Engineering: Der Fall der portugiesischen Expansion«, in: Andréa Belliger, David J. Krieger (Hg.), *ANThology. Ein einführendes Handbuch zur Akteur-Netzwerk-Theorie*, Bielefeld 2006, S. 213-236.

222 Die Erschließungsmöglichkeiten durch das Flugzeug werden eindringlich geschildert in Saint-Exupéry, *Wind, Sand und Sterne.*

der Überwindung qua Technologie vollends verloren. Dabei wird vergessen, dass es für die Überwindung von Bergen und Meeren der jeweiligen technischen Mittel bedarf. Für die Geflüchteten unserer Tage, die sich in heillos überfüllten Booten aufmachen, um das rettende Ufer Europas zu erreichen, verliert sich der Charakter des Meeres als Passage und Transportfläche sehr schnell, zumal dann, wenn sie von dieser Art der Nutzung des Meeres systematisch abgehalten werden, ihnen der Weg aus handfesten politischen Interessen heraus massiv versperrt wird. Entgegen dem Potential des Meeres als verbindendes Element wird es hier gleichsam künstlich in eine unüberschreitbare Grenze zurückverwandelt. Für Geflüchtete erweist sich das Meer damit gerade nicht als »breite, ungeheure Straße, wodurch Menschen in Verbindung miteinander treten«,[223] wie es bei Hegel euphorisch heißt, sondern als eine nicht selten tödliche Falle. Das Meer bringt keineswegs ausnahmslos alle Menschen in Verbindung, sondern diejenigen, die Handel treiben wollen, die etwas zu verkaufen haben und über die Mittel verfügen, etwas zu kaufen, schließlich ist es »das Naturelement der Industrie«.[224] Wer sich ohne solche Ambitionen und die entsprechenden Möglichkeiten auf das Meer hinauswagt, muss dagegen im wörtlichen Sinne damit rechnen unterzugehen.

Doch das Meer ist nicht nur eine zwischen den Landmassen sich ausbreitende »Transportfläche«,[225] die es zu überwinden gilt, um vom Ufer des einen Landes zu dem des anderen Landes zu gelangen. Es ist vielmehr auch ein »Nahrungsreservoir«.[226] Die ursprüngliche Motivation, sich auf das Meer hinauszuwagen, dürfte nicht mit dem Ziel verbunden gewesen sein, es zu überqueren, um womöglich andere Kontinente zu entdecken, sondern mit der elementaren Suche nach Nahrung. Für viele Völker gilt, dass sie »der Hunger mit dem Element des Meeres bekannt«[227] gemacht

223 Hegel, *Philosophie des Rechts*, S. 200.

224 Ebd., S. 199. Das Meer als Grab nicht mehr von Seeleuten, sondern von Geflüchteten, die sich auf die verzweifelte Fahrt begeben, mit überladenen Booten, den Bedingungen auf dem Meer ausgeliefert, auf Hilfe hoffend: Die Filme *Fucoamare* (It/F 2016, R: Gianfranco Rosi) und *Styx* (D/Ö 2018, R: Wolfgang Fischer) schildern diese Situation sehr eindringlich.

225 Braudel, »Das Meer«, S. 44.

226 Ebd.

227 Johann Gottfried Herder, *Zur Philosophie der Geschichte. Eine Auswahl in zwei Bänden*, Bd. 2: *Ideen zur Philosophie der Geschichte der Menschheit*, Berlin 1952, S. 313.

hat. Nicht der in See stechende Entdecker, sondern der Fischer ist somit der eigentliche Pionier der Seefahrt. Er begibt sich erstmals auf die Suche nach den unter der Meeresoberfläche schwimmenden Fischschwärmen, die er mit seinen Netzen zu fangen und auf sein Schiff zu ziehen versucht, um sie im heimischen Hafen zum Verkauf anzubieten.[228] Obwohl sich diese ursprüngliche Art des Fischens, eine fürwahr archaische Geopraxis, in einigen Regionen der Welt durchaus noch beobachten lässt, wird die Fischerei längst im großen Umfang industriell betrieben. Heute machen sich ganze Fangflotten auf den Weg aufs Meer, wo sie ihre riesigen, bis auf den Meeresgrund reichenden Netze auswerfen, in denen sich weit über den gesuchten Fisch hinaus auch zahlreiche andere Meerestiere als »Beifang« verheddert, der oftmals ebenso achtlos wieder über Bord geworfen wird wie all der während der Fahrt anfallende Müll.[229]

Gegenwärtig ist es kaum mehr möglich, an das Meer zu denken und dabei die zunehmende Verschmutzung dieses Lebensraums, den radikalen Rückgang der Fischbestände und die enorme Ansammlung von Plastik zu übersehen. Alle Erscheinungsweisen der Erde – Berge, Wüsten, Wälder, Wiesen, Meere, Seen, Flüsse – sind mehr und mehr durchsetzt mit den Überbleibseln der von Menschen geschaffenen Produkte und ihren Überresten. Sie prägen in zunehmendem Maße die verschiedenen Landschaften. Beim Erklimmen eines Berges, beim Schwimmen im Meer oder einem Waldspaziergang: Überall treffen wir auf die Spuren der anthropogenen Übernutzung der Lebensräume. Der Müll, die sterbenden Wälder, die vergifteten Flüsse, Seen, Meere und Böden sind unübersehbare Zeichen für den destruktiven Einfluss des Menschen

228 Dabei enthält das Meer nicht nur Fische und Meeresfrüchte aller Art, sondern im großen Ausmaß auch Pflanzen: »Das Meer hat diesen eigentümlich faulen Geruch – ein Leben, das gleichsam immer in Verwesung aufgelöst ist. Die Schiffer sprechen im Sommer vom *Blühen* des Meeres. Im Juli, August und September wird das Meer unrein, trübe, schleimartig [...]. Das Meer ist mit unendlich viel vegetabilischen Punkten, Fäden, Flächenartigem erfüllt; es ist eine Tendenz zum Ausschlagen ins Vegetabilische. [...] Nimmt man Wasser davon, so erstirbt diese Lebendigkeit sogleich, und es bleibt ein *gallertartiger Schleim*, der Beginn vegetabilischen Lebens, womit das Meer von oben bis unten erfüllt ist.« G.W.F. Hegel, *Enzyklopädie der philosophischen Wissenschaften II*, Werke 9, Frankfurt/M. 2013, S. 364. Vgl. dazu auch Alain Corbin, *Meereslust. Das Abendland und die Entdeckung der Küste,* Berlin 1990, S. 32.

229 Vgl. Kap. 5.2.

auf die von vielen anderen Lebewesen bewohnten Lebensräume, in die er nicht nur permanent eingreift, sondern die er auch scheinbar unaufhaltsam zerstört.

Hat sich die Soziologie zum Meer bisher auch kaum geäußert, so gerät ihr der Grenzraum des Strandes durchaus in den Blick. Dort, wo ein Übergang von einem Element in das andere erlebt werden kann, ist sie weit mehr ›in ihrem Element‹. Am Strand, »diesem idealen Treffpunkt von Körper, Meer, Sand, Wind, Sonne und Leere kristallisiert sich die Besonderheit des Raumes, eine ›Magie des Ortes‹ heraus [...], die das Verlangen nach der Küste schürt«.[230] Hier lässt sich etwa die Durchsetzung zivilisatorischer Standards, das Ausmaß der Selbstkontrolle und Selbstdisziplin erkunden und die zwischen den leichtbekleideten Badenden immer wieder auszuhandelnde Feinabstimmung der Blicke zwischen erlaubtem Sehen einerseits und verbotenem Starren andererseits untersuchen. Wenn man sieht, wie viele Menschen sich in den Ferienmonaten Jahr für Jahr aufmachen, um ans Meer zu gelangen, dann hat dieses Meer seine Anziehungskraft auf den Menschen offensichtlich lange noch nicht verloren. Hier lockt weit mehr als nur die Aussicht auf Sonne, Strand und Badevergnügen. Vielmehr gibt es offenbar eine tiefe Sehnsucht, sich dem Meer »als Ursprung des Lebens«[231] zu nähern, auch wenn es zumeist in sicherem Abstand vom Strand aus betrachtet oder nur in Küstennähe befahren wird, den ursprünglich zögerlichen Umgang mit dem Meer wiederholend.

Von einer solchen Sehnsucht ist in Bezug auf die Wüste nichts bekannt. Sie erscheint in einem ersten Zugriff wie das exakte Gegenteil des Meeres. So wie das Meer mit dem Wasser verbunden ist, so die Wüste mit dem Sand. Der Feuchtigkeit des Meeres steht

230 Jean-Claude Kaufmann, *Frauenkörper – Männerblicke*, Konstanz 1996.

231 Vgl. Alain Corbin, *Meereslust*, S. 146. Wie sehr die Meeresnähe als das Elixier des Lebens angesehen wird, zeigt auch der Umstand, dass selbst für den Traum von einer sich selbst erschaffenden Maschine der Strand als bevorzugter Geburtsort angesehen wird: »›Ein guter Standort für den Prototyp einer solchen Maschine wäre das Meeresufer, wo er sich einer großen Vielfalt verfügbarer Materialien bedienen könnte.‹ Die windige Luft würde für Stickstoff, Sauerstoff und Argon sorgen; das Salzwasser böte Wasserstoff, Chlor, Natrium, Magnesium, Schwefel, Kalzium, Kohlenstoff und weitere Elemente; und im Sand und Erdboden fänden sich Silizium, Eisen und Aluminium.« Damit wäre der Strand der Geburtsort des künstlichen Lebens. Thomas Rid, *Maschinendämmerung. Eine kurze Geschichte der Kybernetik*, Berlin 2016, S. 152.

die Trockenheit der Wüste gegenüber. Wird das Meer zur »Quelle alles Lebens«[232] erkoren, so erscheint die Wüste dagegen als leer und tot.[233] Sie ist wie die Negation der anderen Lebensräume (des Bodens, des Meeres), in denen es vor Leben nur so wimmelt. In sie sollen sich die anderen Lebensräume tunlichst nicht verwandeln. Die menschlichen Anstrengungen gelten dem Ziel zu verhindern, dass die anderen Räume zu etwas werden, was die Wüste schon ist: ein scheinbar lebensfeindlicher Raum. Die semantische Bedeutung der Wüste ist stark mit der Zerstörung, der Monotonie, der Instabilität, aber auch – nur scheinbar paradox – der ständigen Verwandlung assoziiert.[234] Nach der Durchsuchung eines Zimmers erscheint es als *verwüstet*. Sich endlos erstreckende, voneinander kaum zu unterscheidende Großstadtsiedlungen mit der immer gleichen Anordnung und Farbe der Wohnsilos werden als Beton*wüsten* bezeichnet. Ist etwas nicht beständig oder stabil, erscheint es wie

232 Corbin, *Meereslust*, S. 146.

233 Diese grundlegende Eigenschaft bleibt auch dann bestehen, wenn es sich um Eiswüsten handelt. Beide physischen Räume haben ihre Schriftsteller, die sich entweder dem Leben auf dem Meer oder dem in der Wüste verschrieben haben. Stehen für das Meer vor allem Herman Melville (1819-1891), aber auch Jack London (1876-1916) und Joseph Conrad (1857-1924), so sind es für die Wüste vor allem Antoine de Saint-Exupéry (1900-1944) und Paul Bowles (1910-1999). Über diese Klassiker hinaus wären in der Gegenwartsliteratur der Roman *Sand*, Berlin 2011, von Wolfgang Herrndorf (1965-2013) und *Wir Ertrunkenen*, München 2002, von Carsten Jensen zu nennen. Für die filmische Auseinandersetzung mit dem Meer vgl. den Band von Roman Mauer, *Das Meer im Film. Grenze, Spiegel, Übergang*, München 2010, der sich ähnlich auch für die Wüste erarbeiten ließe. Zu den herausragenden Wüstenfilmen, die einen erheblichen Einfluss auf das allgemein verbreitete Bild von der Wüste haben, zählen zweifellos *Lawrence of Arabia* (GB 1962, R: David Lean), *Paris Texas* (FR, D 1984, R: Wim Wenders) und *The Sheltering Sky* (GB, It 1990, R: Bernardo Bertolucci), aber auch unzählige Western. Der große Regisseur der verschiedenen Lebensräume auf der Erde, Werner Herzog, hat sich ihr gleich zweimal zugewandt. In *Fata Morgana* (D 2007) und in *Queen of the Desert* (USA 2015). Gus van Sants *Gerry* (USA 2002) dürfte bei einer Sammlung über die Wüste im Film ebenfalls nicht fehlen. Zur bereits vorliegenden Bearbeitung des Themas vgl. Yann Lardeau, »Blindlings«, in: Ulrich Conrads, *Wüsten*, Berlin, Braunschweig 1981, S. 56-62.

234 Auch die Wüste ist längst von Spuren menschlicher Geschichte durchzogen. Der Film *Nostalgia de la Luz* (Chile/Frankreich/Deutschland 2010, R: Paricio Guzman) sucht eine Gruppe von Frauen die Atacama-Wüste in Chile nach den Knochen ihrer Männer ab, die das Pinochet-Regime ermorden und dort verschwinden ließ.

auf Sand gebaut. Wer etwas in den Sand setzt, hat es vermasselt, ist gescheitert. Im Sand findet nichts Halt. Wenn etwas im Sande verläuft, so ist aus der Unternehmung nichts geworden, ist eine Initiative zum Stillstand gekommen. Die Wüste steht deshalb für das Unstrukturierte, Unbeständige und Unordentliche, das aus ihrem Zusammenspiel mit dem Sand und dem Wind resultiert. Der Wind fegt über den Sand, verwischt alle Spuren und schafft damit, was der Regen am Boden bewirkt. Wüstenformationen verändern ständig ihre Gestalt, sind heute nicht mehr so, wie sie gestern noch waren, und erschweren dadurch die Orientierung. Das macht sie unberechenbar. Alle drei Eigenschaften trennt die Wüste jedoch nicht vom Meer, sondern verbindet beide: Auch das Meer ist mit Zerstörung verbunden, kann ein tiefes Gefühl der Monotonie auslösen und ist aufgrund seiner dauernden Beweglichkeit unbeständig. Nach Tagen der Flaute stellt sich die Monotonie ebenso unwillkürlich ein wie bei einem nicht nachlassenden Sturm. Nicht nur die pure Ereignislosigkeit, sondern auch die Wiederholung des Immergleichen erzeugt Monotonie. Das glatte Meer kann sich jederzeit und weil das Wetter ›umschlägt‹, sehr plötzlich in ein tosendes Meer verwandeln, das keine Ähnlichkeit mehr hat mit dem Zustand zuvor. Es ist also ebenso unberechenbar wie die Wüste. In der Wüste wie auf dem Meer sorgt das Zusammenspiel mit dem Wind für die Bewegung des Wassers und des Sandes, wodurch sich neue Wüstenformationen und Wasserlandschaften je nach Windstärke bilden: Immer wieder anders und doch zu ähnlich und gleichförmig, um mit dem bloßen Auge Orientierung zu ermöglichen. Die Wüste erscheint wie das Meer unbegrenzt und endlos durch das weitgehende Fehlen der Vertikalen. Dem Auge fehlen die Anhaltspunkte. Alles sieht gleich aus, man verirrt sich leicht. Verlässliche Orientierung ist hier wie dort nur möglich durch technische Gerätschaften wie Kompass, Sextant und Satellitensysteme:

> Beim Unternehmen der Orientierung geht es darum, daß man sich *auf* einer Fläche oder *in* einem Raum befindet und sich *an* etwas ausrichtet – ursprünglich eben am Orient, am Osten des Sonnenaufgangs. Diese Ausrichtung erlaubt es, die eigene Position zu bestimmen und gegebenenfalls die nächsten Schritte zu definieren.[235]

235 Dieter Thomä, »Selbstbestimmung und Desorientierung des Individuums in

Die Schwierigkeit der Orientierung ist auch für Deleuze und Guattari eine der Gemeinsamkeiten von Meer und Wüste,[236] die sie gleichermaßen als glatte Räume beschreiben und von gekerbten Räumen unterscheiden. Das Meer steht dabei geradezu paradigmatisch für einen glatten Raum, der mithilfe von Karten und Navigation zwar regelmäßig gekerbt wird, sich aufgrund der niemals ruhenden Wellenbewegungen einer dauerhaften Ausmessung und Aufteilung jedoch entzieht, sodass es zu einer beständigen Umwandlung des glatten in einen gekerbten Raum und umgekehrt kommt.[237] Die Ähnlichkeiten zwischen Meer und Wüste sind so weitreichend, dass selbst das Meer als Wüste, nämlich als »Wasserwüste«, bezeichnet wird: »Der Name, den man der Wüste gab: *das Land, in dem die Angst herrscht*, man hätte ihn auch der großen Wasserwüste geben können.«[238] Diese Angst gewinnt heute wieder an Aktualität, auch wenn es sich weniger um die Angst *in* der Wüste und *auf* dem Meer als vielmehr *vor* dem Meer und der Wüste handelt. In vielen Küstenregionen und Inseln, die sich kaum über dem Meeresspiegel befinden, besteht die Angst vor der Überflutung aufgrund des steigenden Meeresspiegels in Folge der Erderwärmung. Szenarien des Klimawandels zeigen, wie etwa die norddeutsche Küste, große Teile Hollands oder Inselgruppen wie die Malediven im Meer versinken werden, wenn die Erde sich ungebremst weiter erhitzt. Hier wird das Meer wieder zur Gefahr. Gleichzeitig gilt das Meer jedoch als zu schützender Lebensraum, wovon im Fall der Wüste keine Rede sein kann. Die Wüste scheint grundsätzlich nicht als Lebensraum, der geschont und gerettet werden soll, sondern selbst als das Problem. Doch wiederum ähnlich wie im Fall des Meeres, das vor allem gefürchtet wird, wenn es – ausgelöst etwa durch eine tektonische Verschiebung der Erdplatten, die einen Tsunami auslöst – über die

der Moderne«, in: Werner Stegmaier (Hg.), *Orientierung. Philosophische Perspektiven*, Frankfurt/M., 2005, S. 289-308, hier S. 289.

236 Übertroffen werden Meer und Wüste darin nur noch von der Luft, da deren Unsichtbarkeit und Ungreifbarkeit jegliche Orientierung verunmöglicht, vgl. Gernot Böhme, Hartmut Böhme, *Feuer, Erde, Wasser, Luft. Kulturgeschichte der Naturwahrnehmung in den Elementen*, München 1996, S. 291.

237 Vgl. Deleuze, Guattari, *Tausend Plateaus*, S. 657-693 und Markus Schroer, »Raum im Poststrukturalismus«, in: ders., *Räume der Gesellschaft. Soziologische Studien*, Wiesbaden 2019, S. 27-41, hier S. 38 f.

238 Michelet, *Das Meer*, S. 17.

Ufer tritt und ganze Landstriche zerstört, richtet sich die Sorge in Bezug auf die Wüste ebenfalls weniger auf ihr Bestehen in den bisherigen Grenzen als vielmehr auf die Gefahr ihrer zunehmenden Ausdehnung über diese hinaus. Die konkrete Befürchtung lautet, dass »sich immer größere Teile des bebaubaren Landes auf der Erde in trockene Wüsten verwandeln«.[239] Wenn Trockenheit das hervorstechendste Merkmal der Wüste ist,[240] dann ist sie aufgrund der häufiger werdenden trockenen Sommer gerade dabei, sich auch in Landstrichen auszubreiten, in denen es bisher gar keine gab. Berichten zufolge könnte sich bis zu einem Drittel der Landmasse der Erde in Wüste verwandeln. Die Deutsche Gesellschaft für Internationale Zusammenarbeit (GIZ) liefert dazu alarmierende Zahlen:

> Desertifikationserscheinungen sind inzwischen in 70 Prozent aller Trockengebiete festzustellen. Betroffen sind derzeit 36 Millionen km², eine Fläche dreieinhalb Mal so groß wie Europa. In Afrika leben 40 Prozent der Gesamtbevölkerung in Gebieten, die von Desertifikation bedroht sind, in Asien 39 Prozent, in Südamerika 30 Prozent. Es sind gerade die Entwicklungsländer, die besonders unter der Zerstörung von Land und Ressourcen leiden: Die 50 am wenigsten entwickelten Länder sind besonders stark von der Desertifikation betroffen. In diesen Ländern nehmen Trockengebiete rund zwei Drittel der Landesfläche ein.[241]

Die Wüste ist so gesehen ein physischer Raum mit Zukunft, die es zu verhindern gilt. In eine Wüste sollen sich Meer und fruchtbarer Boden tunlichst nicht verwandeln. Dabei gerät schnell in Vergessenheit, dass es sich auch bei der Wüste um einen Lebensraum handelt. Dort kein Leben entdecken zu können, verdankt sich in einem kaum zu überschätzendem Ausmaß dem Blick des Nordeuropäers, für den Wald, Flüsse und Wiesen den Inbegriff fruchtbarer Landstriche ausmachen und der auf das weitgehende Fehlen der gewohnten Formen von Flora und Fauna ebenso irritiert reagiert wie auf das ihm fremde Leben des Nomaden. Doch auch die Wüste bringt ihre eigenen pflanzlichen und tierischen Lebensformen hervor, die sich den extremen Lebensbedingungen angepasst haben

239 Urry, *Grenzenloser Profit*, S. 167.

240 Yves Lacoste, »Einheit und Vielfalt der Wüsten«, in: Ulrich Conrads (Hg.), *Wüsten*, Berlin, Braunschweig 1981, S. 11-25.

241 ⟨https://www.desertifikation.de/was-ist-desertifikation/⟩, letzter Zugriff 03.08.2021.

(Wüstenlöwen, Eidechsen, Bussarde, Kakteen etc.). Die Frage ist deshalb, ob wir uns mit den herkömmlichen Vorstellungen über die Wüste, die stets als trocken, heiß, leer und monoton beschrieben wird, womöglich vorschnell den Blick verstellen auf die Qualitäten auch dieses Lebensraums. Angesichts der globalen Erwärmung ist die Untersuchung der an die Wüste angepassten pflanzlichen und tierischen Lebensformen von einiger Relevanz. Da sie mit der knappen Ressource Wasser schon jetzt umzugehen verstehen, können ihre Überlebensstrategien geradezu Modellcharakter für das Leben in einer wasserarmen Zukunft erlangen. Bei den Rettungsunternehmungen bezüglich der Natur stehen auffälligerweise immer nur *bestimmte* Lebensräume, Pflanzen und Tiere im Vordergrund: Das Meer, aber nicht die Wüste, der Eisbär, aber nicht die Insekten, die Sonnenblume, aber nicht die Distel. Dem vielfältigen Lebendigen wird so ein unterschiedliches Maß von Erhaltenswertigkeit zugesprochen. Allzu oft unberücksichtigt bleibt, dass gerade auch den vernachlässigten Lebensformen und -räumen eine große Bedeutung für das Leben auf der Erde zukommt. Das gilt selbst für die Wüste:

> Aber auch wenn Wüstenregionen lebensfeindlich sind, bewirkt ihr Einfluss auf den Rest des Planeten eher das Gegenteil. Hunderte Millionen Tonnen Saharastaub werden vom Wind in die Atmosphäre getragen und auf den Atlantik geweht, wo er im Wasser das Wachstum von CO_2 speichernden Organismen fördert. Der Rest des Staubes fliegt weiter nach Südamerika. Dort füttert er als wichtiger Mineralienlieferant den Amazonas-Regenwald – die grüne Lunge der Erde.[242]

1.5 Das Klima als soziologisches Thema: Vom Einfluss des Klimas auf den Menschen zur menschlichen Beeinflussung des Klimas

Angesichts der vielfachen Verwechslung und des mitunter synonymen Gebrauchs von Wetter und Klima ist zunächst eine begriffliche Unterscheidung angebracht:

242 ⟨https://www.dw.com/de/w%C3%BCste-lebensfeindlicher-lebensraum/a-17832858⟩, letzter Zugriff 20.08.2021.

Das Wetter ist die flüchtige, aktuelle, lokale Witterung des Tages. Das Klima ist im Vergleich sehr viel weniger veränderlich und umfasst größere Zeiträume und in der Regel größere geographische Gebiete. Mess- und Beobachtungsreihen atmosphärischer Größen, in erster Linie Temperatur und Niederschlag, über längere Zeiträume machen das Klima quantifizierbar und statistisch erfassbar. [...] Die Erforschung des Klimas besteht [...] aus einer räumlich vergleichenden Erfassung und Klassifikation des Mittels wechselnder Wetterbedingungen über längere Zeiträume. Das Klima erscheint mehr oder minder statisch und ist geographisch auf die atmosphärische Grenzschicht über Landmassen beschränkt. Das globale Klima ist nicht mehr und nicht weniger als die Summe aller regionalen Klimate.[243]

Der Unterschied von Klima und Wetter lässt sich damit ähnlich fassen wie der Unterschied zwischen *langue* und *parole* in der strukturalistischen Linguistik von Ferdinand de Saussure (1857-1913). Während die *langue* ein abstraktes System von Regeln für die Anwendung einer Sprache bezeichnet, also für das Sprachsystem steht, das die Gesamtheit aller möglichen Sätze umfasst (Grammatik), wird unter der *parole* die konkrete Nutzung dieses Systems für den alltäglichen Sprachgebrauch verstanden. In diesem Sinne ist das Klima die Gesamtheit aller möglichen Wetterereignisse, während das Wetter die lokale Konkretisierung vor Ort ist.

Für die Soziologie ist das Klima kein neues Thema. Sie insgesamt der »Klima-Ignoranz«[244] zu bezichtigen, übersieht die in den soziologischen Thematisierungen der geographischen Grundlagen von Gesellschaften enthaltenen Überlegungen zu klimatischen Verhältnissen und ihren Auswirkungen auf diese, wie sie etwa bei Spencer, Sombart, Ross, Freyer, Tarde angestellt werden.[245] Die Soziologie verfügt mit dem französischen Aufklärer Charles-Louis de Montesquieu (1689-1755) sogar über einen Klassiker in ihren Reihen, der sich nicht nur im Vorübergehen mit dem Thema befasst.[246]

243 Nico Stehr, Hans von Storch, *Klima, Wetter, Mensch,* Opladen, Farmington Hills 2010, S. 13.

244 Fritz Reusswig, »Klimawandel und Gesellschaft – Vom Katastrophen- zum Gestaltungsdiskurs im Horizont der postkarbonen Gesellschaft«, in: Martin Voss (Hg.), *Der Klimawandel. Sozialwissenschaftliche Perspektiven,* Wiesbaden 2010, S. 75-97, hier S. 81.

245 Vgl. Kap. 1.2.

246 Zwar wird Montesquieu oftmals der Philosophie zugeordnet, doch Raymond Aron (1905-1983) beginnt seine zweibändige Darstellung soziologischer Klassiker mit Montesquieu und begründet dies so: »Wenn man den Soziologen [...]

Seine Einlassungen zum Thema finden deshalb regelmäßig Erwähnung in der einschlägigen Literatur. Dabei liegt das Verdienst von Montesquieu für die Geosoziologie weniger darin, sich mit dem *Sozialen an sich* zu beschäftigen, sondern in der von Aron ebenfalls herausgestellten Betonung der physisch-materiellen Voraussetzungen des Sozialen,[247] die auch Ernst Cassirer (1874-1945) zu Recht hervorhebt:

> Die Menschenwelt ist keine von allem losgelöste Entität, keine Wirklichkeit für sich. Der Mensch lebt in einer materiellen Umgebung, die ihn ständig beeinflußt und seinen Lebensformen ihren Stempel aufdrückt. Wenn wir seine Schöpfungen – sein ›symbolisches Universum‹ – verstehen wollen, dann müssen wir diesen Einfluß stets berücksichtigen. Montesquieu hat in seinem Meisterwerk versucht, den ›Geist des Gesetzes‹ zu schildern. Dabei stellte er fest, daß dieser Geist überall an materielle Voraussetzungen gebunden ist. Der Boden, das Klima, der anthropologische Charakter der verschiedenen Nationen, so erklärt er, gehören zu den Grundvoraussetzungen ihrer Gesetze und Institutionen.[248]

an der Absicht erkennt, das Soziale an sich wissenschaftlich zu erfassen, dann ist Montesquieu ebenso gut ein Soziologe wie Auguste Comte.« Raymond Aron, *Hauptströmungen des klassischen soziologischen Denkens I. Montesquieu, Comte, Marx, Tocqueville,* Reinbek bei Hamburg 1979, S. 23. Für Montesquieu ist etwa »der Drang, in Gesellschaft zu leben, [...] ein viertes Naturgesetz«. Montesquieu, *Vom Geist der Gesetze,* Tübingen 1951, Buch 1, Kap. 2, S. 14.

247 Vgl.: »Montesquieu hat gesehen, daß sich alles in einer Gesellschaft vollzieht, daß alles, Klima, Bevölkerungsanzahl, Religion, Sitten, Lebensgewohnheiten, Verfassung miteinander zusammenhängt und ein Ganzes bildet. Montesquieu kommt ebenfalls das Verdienst zu, kein determinierendes, alle anderen beherrschendes Element zum Prinzip zu erheben. [...] Montesquieu hat die wichtigsten Determinanten der gesellschaftlichen Ordnung erkannt und die aufgeführt. Zunächst sind es Klima und Boden, die natürliche oder geographische Umwelt jeder Gesellschaft.« Raymond Aron, *Die industrielle Gesellschaft. 18 Vorlesungen,* Frankfurt/M. 1964, S. 50

248 Ernst Cassirer, *Versuch über den Menschen*, Hamburg 2007, S. 308. Die Wertschätzung Sombarts fällt dagegen weit geringer aus, vgl. Sombart, *Vom Menschen*, 387 f. Vgl. auch: »Der Mensch ist für Montesquieu eine Maschine, die in ihrer Art zu fühlen, zu wollen und zu handeln durch das Klima bestimmt wird.« Karl A. Wittfogel, »Geopolitik, Geographischer Materialismus und Marxismus«, in: *Unter dem Banner des Marxismus* 3 (1929), S. 17-51, 485-522, 698-735, hier S. 488. Squillace gilt Montesquieu »nicht bloß als Vorläufer, sondern als Begründer der modernen soziogeographischen Richtung von Le Play, Ratzel, Demolins«. Squillace, *Die soziologischen Theorien*, S. 16 f.

In seiner berühmten Schrift *Vom Geist der Gesetze* von 1748 thematisiert Montesquieu in der Tat den Einfluss des Klimas auf die physische und psychische Konstitution der Bevölkerung eines Landes, weil er davon ausgeht, dass es nicht die eine ideale Staatsform gibt, die sich auf der ganzen Erde etablieren lässt. Die Gesetze, verstanden als »Beziehungen, die sich aus der Natur der Dinge mit Notwendigkeit ergeben«,[249] müssen vielmehr zu der jeweiligen Regierungsform – er unterscheidet zwischen der republikanischen, monarchischen und despotischen – ebenso passen wie zu »der *Natur* des Landes [...], seinem kalten, heißen oder gemäßigten Klima, der Beschaffenheit des Bodens, seiner Lage und Größe«.[250] Dabei geht er davon aus, dass die unterschiedlichen Temperaturen in den verschiedenen Klimazonen unterschiedliche Temperamente hervorbringen. Je nachdem, ob die Menschen in warmen oder kalten Klimazonen leben, entwickeln sie verschiedene Charaktereigenschaften, die ihnen also nicht angeboren sind, sondern sich durch die äußeren Lebensbedingungen ergeben und deshalb auch ändern können, wenn sie in eine andere Klimazone gelangen. Grundsätzlich kommt Montesquieu zu dem Ergebnis, dass sich die Völker des Nordens von denen des Südens in ihrem gesamten Verhalten gravierend unterscheiden. Während sich die Menschen im Norden etwa durch Kraft, Mut und Tugend auszeichneten, seien die des Südens von Furchtsamkeit, Feigheit und Leidenschaft geprägt. Die Hitze schwäche die Menschen und mache sie lethargisch, womit sie zur leichten Beute despotischer Herrscher würden. Die Unterschiede ergeben sich, weil sich das Klima unmittelbar auf den menschlichen Körper auswirkt, worauf Montesquieu in seinem gesamten Werk so ausführlich zu sprechen kommt, als würde es sich um eine medizinische Abhandlung handeln.[251] Die Begründung für die in den kalten Klimaten vorhandene Kraft der Menschen lautet etwa:

249 Montesquieu, *Vom Geist der Gesetze*, 1. Bd., Buch I, Kap. 1, S. 9.

250 Ebd., Kap. 3, S. 16. Zu den Klimatheorien von Montesquieu, Herder, Kant und Hegel vgl. Stephan Günzel, »Geographie der Aufklärung. Klimapolitik von Montesquieu zu Kant«, in: *Aufklärung und Kritik* 2 (2004), S. 66-91.

251 Was kein Zufall ist. Denn schon Hippokrates von Kos (ca. 460 - ca. 377 v. Chr.) hatte die Wirkungen des Klimas auf die körperliche Konstitution des Menschen untersucht, vgl. Stehr, Storch, *Klima, Wetter, Mensch*, S. 53.

Die Wirkung des Herzens und die Gegenwirkung der äußeren Gewebe sind dort besser, die Säfte sind besser im Gleichgewicht, das Blut ist mehr zum Herzen getrieben, und das Herz wiederum hat mehr Kraft. Diese größere Stärke muß viele Wirkungen hervorbringen, zum Beispiel mehr Selbstvertrauen, und das heißt: mehr Mut.[252]

Umgekehrt hat das im Süden vorherrschende warme Klima negative Auswirkungen auf den Körper: »Die Wärme des Klimas kann so außerordentlich sein, daß der Körper vollständig kraftlos ist. Dann teilt sich die Ermattung auch dem Geist mit, es gibt keinen Wissensdrang, keine edle Handlung, keine hochherzige Empfindung; die Neigungen bleiben ganz passiv, Nichtstun ist das Glück.«[253] Die Beeinflussungskette lautet demnach: Klima, Körper, Geist, Gesetze. Zugespitzt, und die Vermittlungsstufen auslassend, lässt sich deshalb sagen, dass das Klima die Gesetze erfindet:[254] »Es ist nicht nur die Vielweiberei, die an einigen Orten des Orients die Einschließung der Frauen erfordert, sondern es ist das Klima. [...] Das Klima muß über diese Dinge entscheiden.«[255] Der Einfluss des Klimas auf die Menschen ist nach Montesquieu so groß, dass es schnell auch auf diejenigen abfärbt, die sich nur vorübergehend in eine andere Klimazone hineinbegeben – es handelt sich also nicht um genetische Unterschiede. Er meint etwa feststellen zu können, »daß die Völker des Nordens, wenn sie in südlichere Länder gebracht werden, dort nicht so glückliche Taten vollbringen wie die Landsleute, die unter ihrem eigenen Klima kämpfen und sich ihres vollen Mutes erfreuen«.[256] Doch so gravierend physische Faktoren wie Klima und Boden auf die Völker auch einwirken, so sind sie dennoch nicht die einzigen, die Herrschaft über die Menschen ausüben. Hinzu kommen »Religion, Gesetze, Regierungsgrundsätze, Vorbilder der Vergangenheit, Sitten und Gebräuche«,[257] wobei gilt: »Je stärker in einem Volk einer dieser Gründe wirkt, um so mehr treten die anderen zurück. Natur und Klima beherrschen fast allein die wilden Völker«,[258] während sich andere Völker durch die

252 Montesquieu, *Vom Geist der Gesetze*, Buch XIV, Kap. 2, S. 311.
253 Ebd., S. 314.
254 Vgl. ebd., Kap. 14, S. 326.
255 Ebd., Buch XVI, Kap. 11, S. 362.
256 Ebd., Buch XIV, Kap. 2, S. 311.
257 Ebd., Buch XIX, Kap. 3, S. 413.
258 Ebd.

Dominanz der anderen Instanzen auszeichnen. Im Zuge der Herausbildung und Etablierung von Staaten und deren Gesetzen wird der Einfluss von Klima und Boden folglich zurückgedrängt, wenn auch keineswegs obsolet.[259] Trotz seines Nachweises einer grundsätzlichen Abhängigkeit aller Völker vom Klima partizipiert damit auch der Aufklärer Montesquieu an der modernen Erzählung von einer wachsenden Emanzipation der Völker von ihren physischen Grundlagen, die sich in späteren Stimmen der Soziologie findet.[260] Eine durchaus vergleichbare Position nimmt Herbert Spencer ein, der viele Überlegungen Montesquieus zum generellen Einfluss des Klimas auf die Entwicklungschancen von Gesellschaften teilt und ebenfalls die These vertritt, dass evolutiv erfolgreiche Gesellschaften sich dadurch auszeichnen, den von der Natur vorgegebenen Bedingungen nicht passiv ausgesetzt zu sein, insofern es ihnen gelingt, sie für ihre zivilisatorische Entwicklung zu nutzen. Allerdings teilt Spencer nicht »die landläufige Vorstellung, dass große Hitze den Fortschritt hindere. Viele Gesellschaften sind in heissen Klimaten entstanden und viele haben in heissen Klimaten ein bedeutendes und compliciertes Wachstum erreicht.«[261]

Auch der amerikanische Soziologe Edward Alsworth Ross geht in seiner Darstellung über den »Einfluß der geographischen Umgebung«[262] noch ausführlich auf die Wirkung des Klimas auf Politik, Religion, Sexualität und den Staat ein und resümiert: »Die sozialen Erscheinungen werden durch das Klima sehr deutlich beeinflußt.«[263] Ohne Montesquieu explizit anzuführen, folgt seine Argumentation dessen Ergebnissen bis ins Detail. Wie dieser sieht auch er es für die Entwicklung der Zivilisation als wenig förderlich an, wenn die ausreichende Versorgung mit Nahrungsgütern ohne entsprechende Anstrengung der Menschen aufgrund der üppigen und fruchtbaren Vegetation gewährleistet ist. Die kaum vorhandene Notwendigkeit zur Arbeit bringt zur Trägheit neigende Menschen hervor, die nicht die nötigen Voraussetzungen und Ei-

259 Dass es Montesquieu gerade nicht um einen Naturdeterminismus geht, weist stichhaltig nach: Thomas Leuerer, »Raum und Politik – am Beispiel Montesquieus«, in: Karl Schmitt (Hg.), *Politik und Raum*, Baden-Baden 2002, S. 29-42.

260 Vgl. Kap. 1.2.

261 Spencer, *Die Prinzipien der Soziologie*, 1. Band, S. 23.

262 Edward Alsworth Ross, *Das Buch der Gesellschaft*, S. 68.

263 Ebd.

genschaften mitbringen – »Energie, Ehrgeiz, Selbstvertrauen, Fleiß und Sparsamkeit«[264] –, die für die Entwicklung einer Zivilisation notwendig sind:

> In den gemäßigten Zonen gewährt die Natur dem Menschen wenig umsonst, aber sie belohnt ihn für den Schweiß seines Angesichts, seine Selbstzucht und seine Voraussicht. Zwar spannt sie ihn hier an die Arbeit, aber sie bricht seinen Fleiß nicht durch entnervende Hitze oder durch einen langen, lähmenden Winter.[265]

Mit dieser Einsicht steht er Gabriel Tarde näher als Émile Durkheim, der in seiner Studie über den Selbstmord das Klima als mögliche Einflussgröße für verschiedene Suizidraten in einigen Ländern Europas strikt zurückweist:

> Es ist [...] so, daß der Selbstmord nun wirklich nicht mit einem bestimmten Klima zusammenhängt, er kommt unter jedem Himmel vor. [...] Man muß also die Ursache für die verschieden starke Neigung der Völker zum Selbstmord im Wesen ihrer Zivilisation und deren Verbreitung in den verschiedenen Ländern suchen und nicht in irgendwelchen geheimnisvollen Eigenschaften des Klimas.[266]

Gemäß seiner eigenen methodologischen Maxime, Soziales nur durch Soziales zu erklären, wird allen Theorien und Untersuchungen eine Absage erteilt, die die Ab- oder Zunahme von Suiziden auf die »physische Umwelt«[267] zurückführen. Die Ursache für diese Schwankungen ist für Durkheim vielmehr in den »gesellschaftlichen Umweltbedingungen«[268] auszumachen, worunter er vor allem die wechselnde Intensität des Kollektivlebens versteht. Vereinsamung ebenso wie ein erzwungenes Kollektivleben können demnach eine Erhöhung der Suizidraten bedingen, während eine wohl-

264 Ebd., S. 69.

265 Ebd., S. 69. Auch damit folgt er Montesquieu, der ebenfalls betont: »Die Unfruchtbarkeit des Bodens macht die Menschen fleißig, nüchtern, arbeitsfähig, tapfer und kriegstüchtig; sie müssen sich eben erarbeiten, was der Boden ihnen versagt. Die Fruchtbarkeit des Landes erzeugt mit dem Wohlstand Verweichlichung und eine gewisse Anhänglichkeit an das Leben.« Montesquieu, *Vom Geist der Gesetze*, S. 383.

266 Émile Durkheim, *Der Selbstmord*, Frankfurt/M. 1983, S. 101 f.

267 Ebd., S. 122.

268 Ebd.

temperierte Integration in die Gesellschaft – weder zu stark noch zu gering – vor Selbsttötung weitgehend verlässlich schützt. Entgegen dieser Absage an alle physischen Voraussetzungen des Sozialen ist die Berücksichtigung erdräumlicher und klimatischer Verhältnisse als Einflussgrößen des Sozialen im Werk seines Gegenspielers Tarde eine Selbstverständlichkeit: »Die Untersuchungen der Modifikationen einer Lebensform, welche durch die Auswirkungen des Klimas [...] entstehen, sind der Soziologie ebenso nützlich wie der Biologie.«[269] Zwar ist die bloße Feststellung der Anpassung einer bestimmten Lebensform an äußere Bedingungen für Tarde nicht auch schon deren Erklärung. Doch als Einflussfaktoren müssen sie seiner Auffassung nach in der Soziologie durchaus Berücksichtigung finden. Wie insgesamt, so hat Durkheim auch in dieser Frage den Sieg über Tarde davongetragen.[270] Im Zuge ihrer Etablierung hat sich die Soziologie weitaus stärker der Durkheimschen Absage an die Berücksichtigung geographischer und klimatischer Gegebenheiten zur Erklärung gesellschaftlicher Phänomene angeschlossen, als dem Hinweis von Tarde zu folgen. Nach einer langen Phase des Schweigens drängt sich das Thema Klima aufgrund der breiten öffentlichen Berichterstattung über den Zustand der Erde erst seit wenigen Jahren wieder in einem Ausmaß auf, dass auch seine soziologische Bearbeitung inzwischen wieder eingesetzt hat.[271] Dabei findet auch die schon von Montesquieu betonte enge Verbindung von Klima und Gesellschaft in überraschender Weise Bestätigung: »Das Klima ist genau genommen ein für den Charakter der Nationen nicht zu vernachlässigendes Element.«[272] Michel Maffesoli redet damit keinem überwunden geglaubten Klimadeterminismus das Wort. Es hat vielmehr ganz den Anschein, dass die im Zuge der Modernisierung sich verstärkende Kritik an einem Klimadeterminismus[273] in

269 Gabriel Tarde, *Die Gesetze der Nachahmung*, Frankfurt/M. 2003, S. 163.

270 Vgl. Bruno Latour, »Gabriel Tarde und das Ende des Sozialen«, in: *Soziale Welt* 52 (2001), S. 361-375.

271 Vgl. Anthony Giddens, *The Politics of Climate Change,* Cambridge, Malden 2009; John Urry, *Climate Change and Society*, Cambridge, Malden 2011; Nico Stehr, Amanda Machin, *Gesellschaft und Klima. Entwicklungen, Herausforderungen, Umbrüche*, Weilerswist 2019.

272 Maffesoli, *Die Zeit kehrt wieder*, S. 48.

273 »Die intellektuelle und politische Nähe des Klimadeterminismus zur Rassenlehre und zur nationalsozialistischen Ideologie brachte den Klimadeterminis-

der Soziologie dazu geführt hat, den Einfluss des Klimas gleich so umfassend zu leugnen bzw. zu ignorieren, dass es zu einer Vernachlässigung des Klimas insgesamt gekommen ist, die angesichts der aktuellen Konjunktur des Themas wieder zu korrigieren versucht wird. Einzubeziehen wäre bei dieser Wiederentdeckung allerdings die bereits in der Klimatheorie von Johann Gottfried Herder (1744-1803) artikulierte Einsicht, dass nicht nur das Klima den Menschen beeinflusst, sondern dieser auch umgekehrt auf das Klima einzuwirken vermag:

Nun ist es keine Frage, daß, wie das Klima ein Inbegriff von Kräften und Einflüssen ist, zu dem die Pflanze wie das Tier beiträgt und der allem Lebendigen in einem wechselseitigen Zusammenhang dient, der Mensch auch darin zum Herrn der Erde gesetzt sei, daß er es durch Kunst ändre. Seitdem er das Feuer vom Himmel stahl und seine Faust das Eisen lenkte, seitdem er Tiere und seine Mitbrüder selbst zusammenzwang und sie sowohl als die Pflanze zu seinen Diensten erzog, hat er auf mancherlei Weise zur Veränderung desselben mitgewirkt. [...] Wir können also das Menschengeschlecht als eine Schar kühner, obwohl kleiner Riesen betrachten, die allmählich von den Bergen herabstiegen, die Erde zu unterjochen und das Klima mit ihrer schwachen Faust zu verändern. Wie weit sie es darin gebracht haben mögen, wird uns die Zukunft lehren.[274]

Inzwischen wissen wir, wie weit sie es darin gebracht haben. Das traditionelle Thema der Beeinflussung des Menschen durch das Klima ist heute nahezu vollständig abgelöst worden durch die Problematisierung des menschengemachten Klimawandels, die auch im Mittelpunkt der Anthropozändebatte steht.[275] Als aktuellstes

mus in der Nachkriegszeit zum Schweigen«, notieren Nico Stehr und Hans von Storch, *Klima, Wetter, Mensch*, S. 63.

274 Herder, *Ideen zur Philosophie der Geschichte der Menschheit*, S. 156. Einem Klimadeterminismus erteilt er eine klare Absage: »Das Klima zwingt nicht, sondern es neigt«, ebd., S. 157.

275 Der japanische Philosoph Watsuji Tetsuro (1889-1960) spricht sich in seinem bemerkenswerten Buch *Wind und Erde. Der Zusammenhang zwischen Klima und Kultur*, Darmstadt 1997, das in Japan im Jahr 1935 erstmalig erschien, noch dezidiert gegen die Annahme einer wechselseitigen Beeinflussung von Mensch und Klima aus, vgl. ebd., S. 12. Er thematisiert ausschließlich die Beeinflussung des Menschen durch das Klima, das dessen ganze Lebensweise bestimme. Demnach wird der »Stil eines Hauses« ebenso wie der »Stil der Kleidung [...] vom Klima einer Gegend bestimmt. Noch stärker kommt die Abhängigkeit vom Klima bei der Nahrung zum Ausdruck, da die Lebensmittelproduktion

und dringlichstes Thema gilt dabei die drohende Erwärmung der Erde durch den »Treibhauseffekt«.[276]

Spätestens seit Anfang des 21. Jahrhunderts reißen die mit wachsender Sorge und Dramatik vorgetragenen Meldungen über die zerstörerischen Auswirkungen der Erderwärmung nicht mehr ab: Schmelzende Gletscher, zunehmende Dürren, häufigere Wirbelstürme und Waldbrände, die Verschmutzung der Meere und das Artensterben sind nur einige der gravierenden Folgen des Klimawandels. Schon zu Beginn des 20. Jahrhunderts wurde zumindest die Möglichkeit einer zerstörerischen Beeinflussung des Klimas durch den Menschen in Betracht gezogen: »Man könnte [...] daran denken, daß die intensive Verbrennung der großen, aus alten Zeiten aufgesparten Vorräte an Brennmaterialien, Stein- und Braunkohlen, Petroleum mit der Zeit eine gewisse Änderung des Kohlensäuregehalts der Luft und damit einiger klimatisch wichtiger Faktoren bedingen könnte.«[277] Zwar nimmt Ernst Fischer an,

auf engste mit den klimatischen Bedingungen zusammenhängt.« (Ebd.) Der Mensch entwickle auch seine Vorliebe für Fisch oder Fleisch, »weil das Klima ihm vorschreibe, daß er Viehzüchter oder Fischer werde. [...] Auch in der Art und Weise, wie menschliche Aktivität zum Ausdruck kommt, in Literatur, Kunst, Religion, in den Sitten und Bräuchen etwa, begegnen wir klimatischen Phänomenen. Dies ist nur natürlich, weil der Mensch im Klima zum Verständnis seiner selbst gelangt.« (Ebd., S. 11) Wenn Tetsuro die von ihm unterschiedenen Klimata – Monsum-, Wüsten- und Wiesenklima – vorstellt, kommt es zu stark an Montesquieu erinnernden Beschreibungen der den jeweiligen Klimazonen angepassten Eigenschaften der Menschen, die sich ebenso aber auch bei dem von Tetsuro zitierten Historiker Eduard Meyer (1855-1930) und dessen Abhandlung über die *Geschichte des Altertums* finden lassen (vgl. Tetsuro, *Wind und Erde*, S. 47), was die enorme Verbreitung solcher und ähnlicher Annahmen über den Zusammenhang von Mensch und Klima veranschaulicht.

276 Zu seiner ›Entdeckung‹ vgl. Nico Stehr, Amanda Machin, *Gesellschaft und Klima*, S. 49-51.

277 Ernst Fischer, »Der Mensch als geologischer Faktor«, S. 127. Der Chemiker und Naturphilosoph Wilhelm Ostwald (1853-1932), der die Kulturwissenschaft bzw. Soziologie auf eine energetische Basis stellen wollte, zeigt sich bereits im Jahr 1909 überzeugt, »daß die gegenwärtige arge Verunreinigung der Luft durch den wegen mangelhafter Konstruktion entweichenden Rauch unserer Öfen und anderer chemischer Anlagen künftig aufhören wird«. Vgl. Wilhelm Ostwald, *Energetische Grundlagen der Kulturwissenschaft*, Leipzig 1909, S. 47. Darin heißt es bereits: »Auch ist es nicht unwahrscheinlich, daß künftig einmal die Menschheit einen Genuß darin finden wird, mit geringem Energieverbrauch ein anmutiges Dasein zu führen und die rohe Energiefresserei des gegenwärtigen Lebens

dass dies nicht ausreicht, um eine »spürbare Änderung in der Zusammensetzung der Gesamtatmosphäre veranlassen zu können«,[278] doch auf lokaler Ebene kann die

> Verunreinigung der Luft durch die verbrannten Kohlenmassen und gleichzeitig freigemachte schweflige Säure usw. aus den nichtkohligen Verunreinigungen des Brennmaterials sich sehr deutlich und unangenehm spürbar machen [...] und allerdings gewisse schädigende Einflüsse auf Tier- und Pflanzenwelt wie sogar auf den Verlauf einiger Verwitterungsprozesse ausüben.[279]

In welchem Ausmaß sich diese und weitere durch den Eingriff des Menschen ausgelösten Umweltschädigungen im Lauf der Zeit noch verstärken würden, ließ sich aber zu dieser Zeit noch nicht vollends überblicken. Das Treibhausproblem setzt bereits mit Beginn der Industrialisierung ein, doch der Ausstoß von CO_2 nimmt ab ca. 1950 gegenüber dem zuvor nur langsamen Anstieg so exponentiell zu, dass von der *Great Accelaration*, der Großen Beschleunigung, die Rede ist.[280] In dieser Zeit verstärkt sich auch die im 20. Jahrhundert insgesamt zu beobachtende Zunahme der Weltbevölkerung von 1,6 auf 6 Milliarden Menschen. Insofern mag es einen gewissen Einfluss des Menschen auf das Klima geben, seit er in seine Umwelt

wie eine beklagenswerte Barbarei anzusehen.« (Ebd., S. 50) Mitbedingt durch die harsche Kritik Max Webers an Ostwald ist die Soziologie um eine frühe Berücksichtigung ökologischer Fragestellungen gebracht worden, weil sie sich auf Ostwalds Idee nicht einlassen wollte. Vgl. Max Weber, »›Energetische‹ Kulturtheorien« (1909), in: ders., *Gesammelte Aufsätze zur Wissenschaftstheorie,* Tübingen 1988, S. 400-426. Heute wird zu Recht auf die Aktualität der Fragestellung Ostwalds hingewiesen, vgl. Matthias Neuber, »Max Weber, Wilhelm Ostwald und die ›energetischen Grundlagen‹ der Kulturwissenschaft«, in: Gerhard Wagner, Claudius Härpfer (Hg.), *Max Webers vergessene Zeitgenossen. Beiträge zur Genese der Wissenschaftslehre*, Wiesbaden 2016 und Matthias Groß, »Energetische Soziologie« in: Lars Holstenkamp, Jörg Radtke (Hg.), *Handbuch Energiewende und Partizipation*, Wiesbaden 2018, S. 177-193.

278 Fischer, »Der Mensch als geologischer Faktor«, S. 127.

279 Ebd., S. 127 f. Vgl. auch: »Wetter und Klima, Boden und Landschaft machen uns alle mit zu dem, was wir sind – aber vielfältig und desto mehr, je genauer wir sie erkennen lernen, machen auch wir aus ihnen, was uns gutdünkt.« Hellpach, *Geopsyche*, S. 210.

280 Will Steffen u. a., »The Anthropocene: Are Humans Now Overwhelming the Great Forces of Nature?«, in: *AMBIO. A Journal of the Human Environment* 36 (2007), H. 8, S. 614-621.

eingreift, also schon immer. Doch dieser war schon aufgrund der niedrigen Bevölkerungszahl über so viele Jahrhunderte hinweg so gering, dass er als irrelevant angesehen werden konnte. Dass der Mensch zum geologischen Faktor geworden ist, bedeutet vor allem, dass sich der ehemalige Zwerg in einen Riesen verwandelt hat. Dieser Befund ist deshalb von erheblicher gesellschaftlicher und politischer Relevanz, weil er zu keiner geschichtsphilosophischen Betrachtung einlädt, die den Kern der heutigen Krise im Auftreten des Menschen auf der Erde generell vermutet und letztlich nur seine rigorose Abschaffung als Problemlösung ansieht, sondern zu einer kritischen Betrachtung der gesellschaftlichen Entwicklung seit der Industrialisierung, die zur politischen Debatte über die möglichen Maßnahmen führt, wie die bereits eingetretenen und noch bevorstehenden Folgen des Klimawandels so beeinflusst werden können, dass der bereits schwer beschädigte Planet sich nicht endgültig in einen unbewohnbaren verwandelt.[281] Schon jetzt beschert der Klimawandel den irdischen Lebewesen Naturkatastrophen, die in immer stärkerem Ausmaß als von Menschen gemacht angesehen werden müssen. Gegenüber den früheren Vorstellungen von verschiedenen Klimazonen auf der Erde, vom Jahr für Jahr sich wiederholenden Zyklus der Jahreszeiten und den damit verbundenen Temperaturwechseln, Niederschlagswahrscheinlichkeiten und Windverhältnissen ist das Klima inzwischen so unberechenbar geworden, als wollte es zu Wetter werden. Seine ihm im Gegensatz zum Wetter ehemals zugesprochene Stabilität ist ihm jedenfalls weitgehend abhandengekommen. Inzwischen hat man sich in Mitteleuropa schon fast daran gewöhnt, dass der Winter ausfällt, weil die Temperaturen für diese Jahreszeit viel zu hoch sind, der Sommer glühend heiß und trocken ist, weil der Regen in einem bisher nicht gekannten Ausmaß ausbleibt, es aber plötzlich hereinbrechende und umso heftigere Niederschläge, die zu Überschwemmungen führen, häufiger auftretende Stürme und Orkane ebenso wie Feuersbrünste gibt, die in dieser Intensität bisher nicht bekannt waren. Alle Ereignisse zusammengenommen zeigen, dass die globale Erwärmung zur Ursache einer steigenden Anzahl von Naturkatastrophen wird.

281 Vgl. Kap. 6.

1.6 Das Wetter als Grundlage des sozialen Lebens und seine Bedeutung im Alltag

Das Wetter ist für die Soziologie bisher kein Thema. Ein Grund für diese indifferente Haltung lässt sich wohl vor allem darauf zurückführen, dass es sich dem Einfluss des Menschen komplett zu entziehen scheint. Das Wetter ist eben, wie es ist. Es ist launisch, macht, was es will. Das ist seine Natur. So wird es im Alltag jedenfalls kommentiert, und alle wissenschaftlich-technischen Anstrengungen, es berechenbarer zu machen, haben an dieser Wahrnehmung bisher nicht viel ändern können. Was sich jedoch nicht ändern lässt und einfach hingenommen werden muss, kann kaum ein Gegenstand der Soziologie sein, die sich seit ihrem Bestehen stets an der Veränderbarkeit vorgefundener Zustände interessiert zeigt. Aus Sicht der mit dem Aufstieg der Moderne im Bunde stehenden Soziologie ist das Wetter letztlich ein Ärgernis und Skandal, weil es sich – anders als der Boden, das Wasser, die Tiere und die Pflanzen – so hartnäckig allen menschlichen Interventionen, Manipulations- und Domestizierungsversuchen entzieht. Zwar gibt es durchaus diverse Ansätze zur Steuerung und Kontrolle des Wetters, doch alle Versuche der direkten Wettermanipulation müssen letztlich als gescheitert betrachtet werden oder sind bisher zumindest nur von sehr begrenzter Wirkung geblieben. Allein die Versuche zeigen allerdings eindrucksvoll, wie unermüdlich die Menschen daran arbeiten, als natürlich geltende Vorgänge zu modifizieren und zu manipulieren. Insbesondere für Großmächte wie die USA, Russland oder China scheinen die Möglichkeiten der Wettermanipulation eine unwiderstehliche Verlockung darzustellen, der Weltöffentlichkeit ihre Macht als nahezu grenzenlos zu demonstrieren. Im Jahr 2008 etwa war die Volksrepublik China für die Ausrichtung der Olympischen Spiele zuständig und hat nichts unversucht gelassen, um eine perfekte Inszenierung des sportlichen Großereignisses in Peking zu gewährleisten.[282] Dazu gehörte auch die Selbstverpflichtung, für

282 Vgl. ⟨https://www.spiegel.de/wissenschaft/natur/olympia-wetter-china-schiesst-auf-regenwolken-a-569361.html⟩, letzter Zugriff 03.08.2021. Zu den verschiedenen Versuchen der Wettermanipulation als Mittel der »klimatologischen Kriegsführung« vgl. »Die Erfindung des Wolkenimpfens: das ›Projekt Cirrus‹«, in: Peter Lutz, Thomas Macho (Hg.), *Zwei Grad. Das Wetter, der Mensch und sein Klima,* Göttingen 2008, S. 62-66.

ein garantiert gutes Wetter zu sorgen. Damit die sportlichen Attraktionen im eigens für den Anlass erbauten Stadion in Peking – geplant vom Schweizer Stararchitekturbüro Herzog & de Meuron und von der Bevölkerung als »Vogelnest« bezeichnet – nicht durch Regengüsse gestört würden, entschloss sich die Regierung, durch eine Armada von Dorfbewohnern auf die Wolken schießen zu lassen, sobald diese vor den Toren Pekings den Himmel zu trüben begännen. Geschossen werden sollte mit Silberjodid, wobei auch Trockeneis oder flüssiger Stickstoff verwendet werden können. Bei der Prozedur der Wolkenimpfung bediente sich China einer bereits von den USA während des Vietnamkrieges angewandten Technik. Der Beschuss soll das Abregnen der Wolken bewirken und so den Blick frei geben – auf den Feind oder auf den Sport, je nach Interesse.[283] Während des Kalten Krieges wurde auf beiden Seiten wiederholt über die militärische Verwendung der Wettermanipulation nachgedacht, etwa über die Möglichkeit, »auf feindlichem Gebiet Überschwemmungen und Dürreperioden zu verursachen«.[284] Jenseits solcher gezielter Maßnahmen zur Unterstützung politischer Ziele soll der Beschuss der Wolken für einen Regenguss in regenarmen Regionen sorgen.[285] Auch an diesem Beispiel zeigt sich, wie stabil über die Zeit die Versuche bleiben, Natur und Umwelt für die eigenen Zwecke beeinflussen zu wollen. Einer Veränderung unterliegen dabei allein die Mittel. So gibt es auf der ganzen Welt in den verschiedensten Religionen seit alters her diverse Rituale zur Wetterbeschwörung, die das gleiche Ziel verfolgen wie die Wissenschaftler mit ihren technisch gestützten Versuchen der Einflussnah-

283 Vgl. dazu Jody Berland, »Das Wetter und wir. Wie Natur und Kultur sich miteinander verschränken«, in: Karl H. Hörning, Rainer Winter (Hg.), *Widerspenstige Kulturen. Cultural Studies als Herausforderung,* Frankfurt/M. 1999, S. 544-567, hier S. 551.

284 Dipesh Chakrabarty im Gespräch mit Katrin Klingan, »Eine gemeinsame, aber differenzierte Verantwortung«, in: Jürgen Renn, Bernd Scherer (Hg.), *Das Anthropozän. Zum Stand der Dinge,* Berlin 2015, S. 142-159, hier S. 146.

285 In jedem Fall geht es also darum, dass Wetter zu *organisieren.* In Platonows Roman *Die Baugrube*, Berlin 2016 wird der Versuch der allumfassenden Organisation von Wirtschaft und Gesellschaft durch das sowjetische Regime unter Stalin geschildert. Da das Wetter sich diesen Organisations- und Kontrollversuchen hartnäckig entzieht, ist vom »unorganisierten Wetter« (ebd., S. 84) die Rede: »›Desorganisation!‹ sagte der Aktivist voll Verzagtheit über diesen kühlenden Wind der Natur.« (Ebd., S. 103)

me auf das Wetter.[286] Der Erfolg bzw. Misserfolg beider Strategien dürfte sich dabei auf einem vergleichbaren Level bewegen, auch wenn exakte Zahlen schwer zu beschaffen sein dürften.

Angesichts der ebenso kostspieligen wie insgesamt wenig berechenbaren Wirkung der technologischen Wettermanipulationsversuche stehen deshalb – anders als beim Klima – nach wie vor eher die Versuche des Menschen im Mittelpunkt, sich dem Wetter anzupassen und sich vor ihm zu schützen, es für die eigenen Tätigkeiten zu nutzen und so präzise wie möglich vorauszusagen, damit die geplanten Tätigkeiten auch ungestört stattfinden können, statt von bestimmten Wetterereignissen verhindert zu werden. Kann man das Wetter schon nicht so wie erwünscht lenken, will man es wenigstens so exakt wie möglich vorausberechnen können:

> Das Wetter vorhersagen zu können war schon immer ein Traum der Menschheit. Dabei ging es nicht um die eher banale Frage, ob man morgens den Regenschirm mitnehmen sollte. Wetter ist existentiell, vor allem in Gesellschaften, die ihm schutzlos ausgeliefert sind. Flutkatastrophen, Dürren, Wirbelstürme sind eine Frage von Leben und Tod. Aber auch moderne Gesellschaften sind vom Wetter abhängig. Nicht nur die Landwirtschaft will wissen, wie der Sommer wird, auch Energiekonzerne wollen planen, wie viel Strom sie in den nächsten Wochen zur Verfügung stellen müssen.[287]

Demnach gibt es einerseits Gesellschaften, die dem Wetter nach wie vor nur wenig entgegenzusetzen haben, während es andererseits die modernen Varianten gibt, die zwar ebenfalls abhängig vom Wetter sind, dieses aber zu berechnen versuchen, um planen zu können. Doch hierbei geht es ebenfalls um Leben und Tod, wie ein Blick auf die Naturkatastrophen der letzten Jahre zeigt. Richtig ist, dass sich die Anstrengungen in den Industrienationen auf eine immer exakter werdende Berechnung des kurzfristig eintretenden Wetters konzentrieren. Dabei beziehen sie sich vor allem auf die Aufzeichnung der Wetterdaten durch Wetterstationen und die seit 1979 um die Erde kreisenden Wettersatelliten.[288] Allen Verbesse-

286 Vgl. die Bildfolge in Petra Lutz, Thomas Macho (Hg.), *Zwei Grad. Das Wetter, der Mensch und sein Klima*, Göttingen 2008, S. 127-132.

287 Christoph Drösser, »Wichtig zu wissen: das Wetter«, in: ebd., S. 86-91, hier S. 86.

288 Vgl. dazu Kap. 5.3.

rungen der Wetterberechnungen und Wetterprognosen zum Trotz bleibt die Unberechenbarkeit jedoch bis auf Weiteres ein charakteristisches Merkmal des Wetter, das in seinen verschiedenen Formen und Gestalten – als Sonnenschein, Wolken, Wind, Wärme, Regen, Schnee, Gewitter, Hagel, Frost, Nebel und deren Kombinationen[289] – auch in den modernen Gesellschaften einen sehr viel größeren Einfluss auf das gesellschaftliche Geschehen hat, als gemeinhin zugestanden wird. Eine der wenigen Soziologen, die diesen Zusammenhang thematisiert haben, ist wiederum Gabriel Tarde, der in seiner grundlegenden Untersuchung über die Massen eine Unterscheidung zwischen der Masse und dem Publikum einführt, die sich nicht zuletzt durch ihr unterschiedliches Verhältnis zum Wetter herleiten lässt:

> Die Masse ist als natürliche Gruppierung den Naturkräften stärker unterworfen; sie ist von Regen oder schönem Wetter, von Hitze oder Kälte abhängig; im Sommer tritt sie häufiger auf als im Winter. Ein Sonnenstrahl genügt, um eine Masse zu versammeln, ein Regenschauer zerstreut sie. [...] Umgekehrt ist das Publikum als Gruppierung höherer Ordnung solchen Veränderungen und Launen der natürlichen Umgebung, der Jahreszeit oder gar des Klimas nicht unterworfen.[290]

An anderer Stelle heißt es:

> Man kann die Massen nach dem Wetter, nach der Jahreszeit, nach den Breitengraden unterscheiden. [...] Die Wirkung von Naturkräften auf die Entstehung und Entwicklung eines Publikums ist nahezu gleich null, während sie die Entstehung und das Verhalten von Massen selbstherrlich lenkt. Die Sonne ist eines der großen Stärkungsmittel der Massen; im Sommer sind sie viel fiebriger als im Winter.[291]

289 Vgl. Hellpach, *Geopsyche*, S. 7. Vgl. dazu Rudolf Miller, »Von Willy Hellpachs ›Geopsyche‹ bis heute«, in: Georg Braungart, Urs Büttner (Hg.), *Wind und Wetter. Kultur – Wissen – Ästhetik*, Paderborn 2018, S. 333-356.

290 Gabriel Tarde, *Masse und Meinung*, Konstanz 2015, S. 19. In der erzählenden Literatur wird dieser Zusammenhang ebenso hergestellt: »Solange die Sonne schien, war es trocken und warm – Oktoberwetter im Januar. Aber als die Sonne allmählich verschwand und die Schatten der mächtigen Bäume sich verdichteten, dämpften Kälte und Dunkelheit die Lebhaftigkeit der Menge. Dämpften und reduzierten sie; gegen sechs waren etwa nur noch etwa dreihundert Menschen auf dem Platz versammelt.« Truman Capote, *Kaltblütig. Wahrheitsgemäßer Bericht über einen mehrfachen Mord und seine Folgen*, Gütersloh 1993, S. 309.

291 Tarde, *Masse und Meinung*, S. 33.

Während sich ein Publikum nach Tarde über die gleichzeitige Rezeption eines Massenmediums an verschiedensten Orten der Welt konstituiert, bleibt die Masse angewiesen auf die Versammlung von Körpern an einem bestimmten Ort zu einer bestimmten Zeit. Publika erscheinen damit prädestiniert zu sein für die heraufziehende beschleunigte Moderne, die mittels ihrer Medien eine größere Ortsunabhängigkeit und bald schon weltweite Kommunikation verspricht, während sich die Masse im Vergleich dazu wie ein Überbleibsel einer untergehenden Epoche ausnimmt, das auf die Kommunikation unter Anwesenden angewiesen bleibt. Neben den Gründen, die Susanne Lüdemann aufführt,[292] ist in der Wetterabhängigkeit ein weiterer Grund für das Unbehagen auszumachen, das die Soziologie gegenüber dem Massenphänomen und -begriff empfindet. Die Masse verträgt sich offensichtlich nicht mit dem allgemeinen Versprechen der Modernisierung, sich von natürlichen Voraussetzungen zunehmend unabhängig machen zu können. Da ihr Eintreten bzw. Auftreten sich nicht vorhersagen lässt, erscheinen sowohl die Masse als auch das Wetter als letztlich unzuverlässige und unberechenbare Größen mit enormem Destruktionspotential, die sich dem Rationalisierungsimperativ der Moderne nicht beugen und sich nach der Logik der Modernisierungserzählung dem Bereich des Irrationalen zuordnen lassen müssen. Denn spätestens seit René Descartes (1596-1650) wird die Welt grundsätzlich für berechenbar gehalten.[293]

292 Susanne Lüdemann, »›Zusammenhanglose Bevölkerungshaufen, aller inneren Gliederung bar‹ – Die Masse als das Andere der Ordnung im Diskurs der Soziologie«, in: *Behemoth* 7 (2014), S. 103-117. Vgl. auch Alexander Bullik, »Singularität der ›Massen‹? Kollektivität bei Canetti und Tarde«, in: *Zeitschrift für Kultur- und Kollektivwissenschaft* 6 (2020), S. 145-176.

293 Vgl.: »Die zunehmende Intellektualisierung und Rationalisierung bedeutet [...] *nicht* eine zunehmende allgemeine Kenntnis der Lebensbedingungen, unter denen man steht. Sondern sie bedeutet etwas anderes: das Wissen davon oder den Glauben daran: daß man, wenn man nur wollte, es jederzeit erfahren könnte, daß es also prinzipiell keine geheimnisvollen unberechenbaren Mächte gebe, die da hineinspielen, daß man vielmehr alle Dinge – im Prinzip – durch *Berechnen beherrschen* könne. Das aber bedeutet: die Entzauberung der Welt. Nicht mehr, wie der Wilde, für den es solche Mächte gab, muß man zu magischen Mitteln greifen, um die Geister zu beherrschen oder zu erbitten. Sondern technische Mittel und Berechnung leisten das.« Max Weber, »Wissenschaft als Beruf« (1919), in: ders., *Gesammelte Aufsätze zur Wissenschaftslehre*, Tübingen 1988, S. 582-613, hier S. 594 (Hervorheb. i. O. gesperrt).

Die in der Soziologie weit verbreitete Distanz gegenüber dem Begriff und dem Phänomen der Masse hat folglich auch mit der von Tarde hervorgehobenen Abhängigkeit vom Wetter zu tun, die an vormoderne Gesellschaften gemahnt, denen gegenüber sich die Moderne unbedingt überlegen wissen möchte. Die Versammlungen der Massen finden bei Tarde unter freiem Himmel statt und sind deshalb von den Wetterereignissen abhängig, was an die dem Wetter ausgelieferten vormodernen Gesellschaften erinnert, die sich nur unzureichend zu schützen wissen. Die moderne Gesellschaft stellt man sich dagegen stillschweigend als weitgehend überdacht vor. »In unseren von Wänden durchzogenen westlichen Gesellschaften«,[294] »die sich im wesentlichen in geschlossenen Räumen beweg[en]«,[295] wähnt man sich deshalb weitgehend unabhängig von so archaischen Einflussgrößen wie dem Wetter. Ein nachgewiesener Einfluss des Wetters auf das soziale Geschehen würde dagegen schmerzlich an eine Kontinuität zu vormodernen Gesellschaften erinnern, was tunlichst zu vermeiden versucht wird. Doch entgegen dem weitgreifenden Versuch, sich das soziale Leben in den modern genannten Gesellschaften als sich weitgehend in Innenräumen abspielend vorzustellen, ist die nach wie vor bestehende Wetterabhängigkeit zwar vorübergehend zu verdrängen, aufs Ganze gesehen aber nur schwer zu bestreiten. Denn selbst wenn es zuträfe, dass sich die Menschen überwiegend in Räumen aufhalten, in denen sie Wetter kaum mehr wahrnehmen und völlig unabhängig von solchen Einflussfaktoren ihren Beschäftigungen nachgehen können, gibt es weiterhin die Notwendigkeit, zwischen verschiedenen Räumen zu wechseln. Und selbst wenn dies heute weitgehend mithilfe überdachter Verkehrsmittel geschieht, bleibt doch immer noch hinreichend Wegstrecke zwischen den besuchten Orten, auf der man dem Wetter ausgesetzt ist. Zudem hat das Wetter auch Einfluss

294 Erving Goffman, *Interaktion im öffentlichen Raum*, Frankfurt/M., New York 2009, S. 33.

295 Erving Goffman, *Wir alle spielen Theater. Die Selbstdarstellung im Alltag*, München 1983. Diese Diagnose wird auch von Architekten geteilt: »Wir leben zumeist in geschlossenen Räumen. Die bilden das Milieu, aus dem unsre Kultur herauswächst.« Der einzige Weg, den Räumen das Geschlosssene zu nehmen, bestehe in der »Einführung der Glasarchitektur«, so Paul Scheerbart, zitiert nach Richard Sennett, *Civitas. Die Großstadt und die Kultur des Unterschieds*, Frankfurt/M. 1991, S. 142.

auf die Fahrtüchtigkeit der Transportmittel. Bis heute sind Autos, die Bahn, Schiffe und Flugzeuge in weit größerem Maß von Wettereinflüssen abhängig, als dies normalerweise eingestanden wird. Sie bleiben liegen, fallen aus, können nicht ablegen oder abheben aufgrund von Hitze, Schneefällen oder Nebel. Selbst Raketenstarts müssen aufgrund ungünstiger Wetterverhältnisse abgebrochen werden. Unabhängig davon aber bleiben auch die das Wetter draußen haltenden Gebäude und Räume auf das jeweilige Wetter bezogen. Die Räume kühlen sich bei niedrigen Temperaturen ab und erwärmen sich bei hohen. Heizungen, Klima- und Lüftungsanlagen regulieren die Raumtemperaturen auf die als angenehm empfundene Gradzahl, wobei entsprechend den Wetteränderungen oftmals nachjustiert werden muss. Zudem werden je nach Bedarf Fenster geöffnet oder geschlossen, Heizkörper auf- und abgedreht usw. Der enorme Aufwand, der schon beim Bau eines Hauses betrieben werden muss, um eine stets behagliche Temperatur in den Innenräumen zu ermöglichen, Regen und Wasser grundsätzlich vom Haus fernzuhalten, Dächer so zu bauen, dass sie auch schwersten Schneemassen trotzen, wird zumeist nicht mitbedacht, wenn von der wetterunabhängigen Lebensweise moderner Gesellschaften ausgegangen wird. Da die dafür notwendige Haustechnik weitgehend verborgen bleibt, weil etwa Leitungen unter Putz gelegt werden und sich Pumpen, Kessel und Tanks im Keller befinden, den kaum jemand zu sehen bekommt, wähnt sich der Mensch in der Illusion eines weitgehend wetterunabhängigen Daseins. Nur bei den seltenen Gelegenheiten, bei denen kein schützendes Dach zur Verfügung steht, glaubt man demnach, dem Wetter noch ausgeliefert zu sein, und muss sich dann notdürftig zu schützen versuchen mit einem Regenschirm oder Sonnenhut. Doch schon die tägliche Prozedur des Ankleidens richtet sich danach, welches Wetter wir haben. Auch unsere Kleidung ist auf die klimatischen Bedingungen unserer Umgebung abgestimmt. Wir ziehen uns warm an, wenn es draußen kalt ist, und wir reduzieren die Kleidung auf das Allernotwendigste, wenn wir sommerliche Temperaturen zu verzeichnen haben. Mit dem Wechsel der Jahreszeiten stellt die Bekleidungsindustrie die entsprechende Kleidung her und bieten die Geschäfte diejenige an, die für die Jahreszeit als angemessen gilt: Mäntel, dicke Wollpullover, Hüte und Mützen für den Winter, kurzärmelige Hemden, kurze Hosen, Bikinis und Badehosen für den Sommer.

Die schwere Bekleidung weicht der leichten und umgekehrt im jahreszeitlichen Rhythmus. Hätten wir Körper, denen Regen und Sonneneinstrahlung nichts anhaben könnte, hätten Architektur und Kleidung wohl nicht den Stellenwert, den beide für den Menschen haben. Während wir uns bei einem Regenguss ins Trockene flüchten, stehen durch ihr Fell geschützte Tiere unbeeindruckt im Regen. Dies ist dem Menschen nur mit entsprechender Bekleidung möglich. Er hat Regenmäntel und Sonnenschirme erfunden, um seine nackte Haut vor dem direkten Kontakt mit den Elementen zu schützen.[296] Allerdings sind unsere Erfahrungen mit dem Wetter seit der wissenschaftlich-technischen Berechnung des Wetters nicht weniger sinnlich als zuvor. Wir werden weiterhin nass, wenn wir ungeschützt in einen Wolkenbruch geraten, holen uns einen Sonnenbrand, wenn wir uns den Strahlen der Sonne zu lange aussetzen, und klappern mit den Zähnen, wenn wir in der Kälte ausharren müssen. Nur die Kulturkritik will es so, dass wir durch die Technik den Zugang zur Natur und damit auch zum Wetter verlieren. Dabei stehen die wissenschaftliche Erfassung des Wetters und das subjektive Empfinden keineswegs im Widerspruch zueinander. Über diese enge Bindung von Körper und Wetter hinaus können wir täglich beobachten, dass durch die Beeinflussung des Wetters Ziele nicht erreicht, Termine nicht wahrgenommen und Vorhaben verschoben werden. Obwohl dies Auswirkungen auf die Arbeits-, Familien- und Freundeswelt und die Intensität sozialer Kontakte hat, wir geplante Verabredungen und Aktivitäten von den Wetteraussichten und den herrschenden Wetterverhältnissen abhängig machen, diese zudem ein Dauerthema der alltäglichen Kommunikation sind, die Aussichten auf das Wetter das Pflichtprogramm einer jeden Nachrichtensendung[297] bilden und eine »Wetter-App« zur Standardaus-

296 Das Wetter beeinflusst zudem eine ganze Industrie: die Tourismusindustrie. Sie hängt existentiell von stabilen Wetterverhältnissen ab, die eine Reise für ihre Kunden überhaupt erst attraktiv machen. In kaum einer anderen Branche wird deshalb so viel mit ›gutem‹ Wetter geworben wie in dieser.

297 Am Wetterbericht und der Wettervorhersage kann jeden Abend der regelmäßig scheiternde Versuch beobachtet werden, die Berechenbarkeit der Welt zu simulieren. Mit großer Überzeugung, Zweifel durch die vergangenen Fehlschläge ausblendend, wird gesagt, wie es kommen wird. Inmitten der vielen Zweifel, Ambivalenzen, Kontingenzen und Komplexitäten des Lebens in postmodernen Zeiten entsteht so allabendlich die Illusion von Sicherheit und Zuversicht. Neben der Astrologie trauen sich auch Meterologen zu, die Ereignisse der nächsten

rüstung eines jeden Smartphones gehört, ist das Wetter bisher dennoch kein soziologisches Thema. Zu sehr wird hier der typisch modernen Vorstellung gehuldigt, dass man sich mithilfe technischer Erfindungen längst unabhängig von der Unberechenbarkeit der Wetterkapriolen gemacht hat; ganz so, als gäbe es nur mehr Innen- und keine Außenräume mehr. Zur Vernachlässigung des Wetters als soziologisches Thema[298] trägt die Vorstellung erheblich bei, dass man in modernen Gesellschaften aufgrund des angeblich vorherrschenden Aufenthalts in beheizten und klimatisierten Gebäuden über das Wetter längst erhaben sei.[299] Die Distanz der Soziologie gegenüber dem Alltag der Menschen[300] lässt sich gerade auch an der Aussparung des Themas Wetter ermessen. Sie zeigt, wie weit entfernt vom Erfahrungsraum des Menschen die Soziologie zumeist agiert, für den die Literatur und der Film ein viel feineres Gespür entwickelt haben. Beide zeigen immer wieder, dass die meisten unserer Erlebnisse, Erfahrungen und Emotionen eng verbunden sind mit den jeweilig herrschenden Wetterverhältnissen. Dabei werden sie natürlich auch gezielt eingesetzt, um eine bestimmte Stimmung zu erzeugen: Der unaufhörlich niederprasselnde Regen verstärkt das Gefühl der Bedrohung, und die Angst vor dem Verdursten beim Marsch durch die Gluthitze der Wüste wird

Tage vorauszusagen. Zur vernachlässigten Bedeutung der Atmosphäre, der Luft, des Wetterberichts, der Air Condition und der Atemräume für die moderne Gesellschaft vgl. Peter Sloterdijk, *Schäume. Sphären III*, Frankfurt/M. 2004, S. 154 ff.

298 Zu den wenigen Ausnahmen gehören Joy Berland, »Das Wetter und wir. Wie Natur und Kultur sich miteinander verschränken« und Stehr, Storch, *Klima, Wetter, Mensch*.

299 Tatsächlich vom Wetter unabhängig ist die unterirdische Gesellschaft, die Gabriel Tarde in seinem Zukunftsroman *Fragment einer Geschichte der Zukunft*, Konstanz 2015, schildert. Vgl. dazu Wolf Lepenies, *Die drei Kulturen. Soziologie zwischen Literatur und Wissenschaft*, Frankfurt/M. 2002, S. 59 ff., der konstatiert: »Unter der Erde ist die Soziologie Durkheims verschwunden; die Sozialpsychologie Gabriel Tardes hat überlebt.« (Ebd., S. 63) Tarde nimmt in seiner Utopie dem Unterirdischen das Image des Bedrohlichen, das ihm so häufig anhaftet, als Sitz der Hölle, Ort des Leidens und der Strafe und Reich des Todes, etwa in Dante Alighieris *Göttlicher Komödie*, vgl. dazu auch Kap. 3.3.1.

300 Michel Maffesoli hat dies immer wieder moniert und selbst über Jahrzehnte an einer *Soziologie des Alltags* gearbeitet, vgl. dazu Markus Schroer, »Michel Maffesolis postmoderne Soziologie des Alltags«, in: Heike Delitz (Hg.), *Soziologisches Denken aus Frankreich*, Opladen 2022, i. E.

durch in die Sonne blinzelnde Augen, die leere Wasserflasche sowie die am Himmel kreisenden Geier in unzähligen Filmen angezeigt und vom Zuschauer sofort verstanden. Selbst wenn diese dabei auch zum Cliché verkommen können, verdeutlichen sie doch zutreffend die Einbettung des Lebens in klimatische und meteorologische Verhältnisse, die auf den Gang der Geschehnisse durchaus Einfluss nehmen. Ja, mehr noch: Sie zeigen zutreffend und in Übereinstimmung mit den Anregungen durch die Akteur-Netzwerk-Theorie, dass Regen, Nebel und Sonnenschein selbst als Akteure aufzufassen sind, die menschliche Akteure zu bestimmten Handlungen veranlassen, während sie andere erschweren und sogar verhindern. Statt sich vom filmischen Umgang mit dem Wetter inspirieren zu lassen, ist es in der Soziologie jedoch verpönt, dem Wetter einen Einfluss auf das soziale Geschehen zuzugestehen. Darüber hinaus ist keineswegs ersichtlich, warum die etwa von Hellpach beschriebenen Zusammenhänge zwischen den Gefühlen und dem Wetter nicht auch soziologisches Interesse auf sich ziehen sollten.[301]

Es ist nicht auszuschließen, dass die Soziologie sich stärker für das Wetter zu interessieren beginnt, wenn es nicht mehr als unveränderbares Schicksal gilt, sondern der Mensch als – wie von Freyer bereits antizipiert[302] – *Wettermacher*[303] auf den Plan tritt, da sich weite Teil dieses Faches mit der menschlichen Hervorbringung sozialer Phänomene beschäftigt, denen sich nun die natürlichen Phänomene hinzugesellen, da sich beide Bereiche nicht mehr länger trennscharf voneinander unterscheiden lassen. Mit der Rede vom Wettermacher ist jedoch nicht gemeint, dass sich die Träume der Großmächte von einer durchschlagenden Wettermanipulation am Ende doch noch erfüllt hätten. Keine Einzelperson, keine Gruppe und kein Staat können sich den Wetterbericht ansehen und die dort

301 Als möglicher Ausgangspunkt eignet sich dabei etwa die im Alltag viel thematisierte »Wetterfühligkeit«, also das unterschiedliche Empfinden von Wetter. Vgl. dazu Gernot Böhme, »Das Wetter und die Gefühle. Für eine Phänomenologie des Wetters«, in: Bernd Busch (Red.), *Luft*, Köln 2003, S. 148-161.

302 »Und es fehlt nicht mehr viel, so wird auch das Wetter gemacht.« Freyer, *Schwelle der Zeiten*, S. 295.

303 Tim Flannery, *Wir Wettermacher. Wie die Menschen das Klima verändern und was das für unser Leben auf der Erde bedeutet*, Frankfurt/M. 2006; vgl. auch Klaus Vogel, Friedrich Christian Delius, »Reden über das Wetter«, in: Petra Lutz, Thomas Macho (Hg.), *Zwei Grad. Das Wetter, der Mensch und sein Klima*, Göttingen 2008, S. 76-81, hier S. 80.

gezeigten Wetterereignisse als ihr eigenes Werk betrachten. Nach wie vor kann niemand gezielt Schneegestöber auslösen, Blitze vom Himmel auf die Erde herunterschicken, Donner beliebig an- und wieder ausstellen. Allerdings kann es sich bei den verschiedenen Wetterereignissen – im Gegensatz zu allen vorherigen Dekaden der Erdgeschichte – um Folgen menschlicher Aktivitäten handeln, die sich – zeitversetzt – auf diese Weise äußern: »Fortan ist nicht mehr zu leugnen, daß es teilweise an uns liegt, ob es regnet oder die Sonne scheint!«[304] Damit bleibt ein kleiner Rest Unsicherheit über das Ausmaß des menschlichen Anteils am Klimawandel, der einerseits vor übertriebener Hybris bewahren, andererseits aber auch eine letzte Zuflucht für notorische Klimawandelleugner bieten kann. Jenseits von Allmachtsphantasien und Wirklichkeitsverleugnung kann jedoch von nachhaltigen Auswirkungen der menschlichen Tätigkeit auf das Klima ausgegangen werden, die sich auch in einer Veränderung des Wetters niederschlagen: »Das Wetter ist heute ein anderes, weil wir Menschen das Klima verändert haben.«[305] Der Klimawandel bleibt deshalb kein abstraktes Gebilde, weil er sich in sehr konkreten Extremwetterereignissen Ausdruck verschafft, die viele Menschen in zunehmendem Maße zu spüren bekommen. In der Zuordnungswissenschaft von Friederike Otto geht es um die Möglichkeit, Schuldige für die folgenschweren Extremwetterereignisse zu identifizieren. Ihre Erzählung vom Anthropozän lässt sich deshalb dem »Gerichtsnarrativ« zuschlagen, das »die Frage nach der Verursachung und Haftbarkeit für die Schäden«[306] in den Mittelpunkt rückt.

Zweifellos sorgt der Klimawandel für das gehäufte Auftreten von Extremwetter und steigert dessen Intensität. Mit dem gestiegenen Risiko des Eintretens und der Verstärkung der Auswirkungen der Extremwetterereignisse wird die Frage nach dem Schutz vor diesen zu einem noch drängenderen Problem als in der Vergangenheit. Übersteigen die Naturkatastrophen nicht eine bestimmte Häu-

304 Bruno Latour, *Kampf um Gaia*, S. 428.

305 Friederike Otto, *Wütendes Wetter. Auf der Suche nach den Schuldigen für Hitzewellen, Hochwasser und Stürme*, Berlin 2019, S. 12.

306 Vgl. Gabriele Dürbeck, »Das Anthropozän erzählen. Fünf Narrative«, in: *Aus Politik und Zeitgeschichte* 68 (2018), H. 21-23, S. 11-17, hier S. 14 f. Die anderen Narrative sind das Katastrophennarrativ, das Narrativ von der Großen Transformation, das (bio-)technologische Narrativ und das Interdependenz-Narrativ.

figkeit und bleibt das Ausmaß der Zerstörung in einem gewissen Rahmen, der etwa auch die Versicherungen nicht gänzlich überfordert, haben sich Gesellschaften auf ein gewisses Maß an regelmäßig eintretenden Naturkatastrophen eingestellt und können mit einem bestimmten Quantum an Extremwetter offenbar leben. Im Anthropozän entfernen wir uns in zunehemdem Maße von dieser Form eingehegter Naturkatastrophen, da diese das Ausmaß erwartbarer Schäden um ein Vielfaches überschreiten.

1.7 Die Erde in Aufruhr: Naturkatastrophen in Zeiten des Klimawandels

»Die Natur ist zum Aufruhr bereit.«[307]

Im Anthropozän wird uns die Erde als in Aufruhr befindlich präsentiert. Wir leben demnach auf einem »unruhigen Planeten«.[308] Das war nicht immer das vorherrschende Bild von der Erde. Ganz im Gegenteil galt sie lange Zeit als Inbegriff des Festen und Stabilen. Mochten sich auch Gesellschaften bilden und wieder verschwinden, Revolutionen kommen und gehen, Kriege angezettelt werden und zahlreiche Menschenleben kosten: Die Erde blieb der feste Grund, auf dem dies alles sich abspielte, bis gegenteilige Erfahrungen Zweifel an dieser Auffassung nährten:

> Das Element der Erde steht nicht nur für Fruchtbarkeit, sondern auch für das Feste: Sie ist der tragende Grund, das Verläßliche, das, auf das man bauen kann. […] Um so fürchterlicher das Entsetzen, wenn dieser tragende Grund erschüttert wird. Es wird damit nicht nur der Boden, auf dem man steht und auf den man baut, fragwürdig, sondern die Ordnung des menschlichen Zusammenlebens überhaupt.[309]

307 Siegfried Kracauer, »Felsenwahn in Positano«, in: ders., *Straßen in Berlin und anderswo*, Berlin 1987, S. 55-63, hier S. 63.

308 Vgl. Richard Dikau, Juergen Weichselgartner, *Der unruhige Planet. Der Mensch und die Naturgewalten*, Darmstadt 2005.

309 Böhme, Böhme, *Feuer, Erde, Wasser, Luft*, S. 282. In literarischen Verarbeitungen der Erdbeben – wie etwa in Heinrich von Kleist Erzählung *Das Erdbeben von Chili* – geht es immer wieder um den Zusammenhang von »Erderschütterung und Erschütterung der Gesellschaft«, ebd., S. 285.

In der langen Reihe von historisch belegten Erdbeben haben sich einige besonders in das kollektive Gedächtnis eingebrannt, etwa das Erdbeben von Lissabon (1755), von San Francisco (1906) und von Tokio (1923). Dass diese bis heute erinnert werden, hat nicht nur etwas mit der hohen Anzahl von Opfern zu tun, die in anderen Fällen sogar deutlich höher lagen, sondern wohl auch mit ihrer kulturellen Aufbereitung und Verbreitung, die eine genauere Analyse lohnen würde. So gibt es etwa eine Verfilmung des Erdbebens in San Francisco aus dem Jahr 1936, die sicher dazu beigetragen hat, die Erinnerung an diese Katastrophe wachzuhalten. Für die auf Naturbeherrschung bedachte menschliche Zivilisation musste das plötzliche Hereinbrechen einer Naturgewalt mit so einer enormen Zerstörungskraft eine starke Verunsicherung mit sich bringen. Angesichts solcher Ereignisse erscheint der durch den Zivilisationsprozess zur Übergröße mutierte Mensch plötzlich wieder recht klein und schutzlos. Die Erdbeben können Zweifel am Glauben der Beherrschbarkeit der Erde nähren – allen entsprechenden Versuchen zum Trotz. Von daher verwundert es nicht, dass eine der wiederkehrenden Reaktionen auf ein Erdbeben die Panik ist:

In ihren grandiosesten Zügen zeigt sich wohl die Panik beim Erdbeben: Wenn auch das Festeste und Sicherste, der Boden, ins Wanken gerät und kein Haltepunkt mehr zu finden ist, dann zerfällt auch jedes scheinbar noch so feste Gefüge in Staub. Auch schwächt die häufige Wiederholung solcher Naturereignisse den Eindruck nicht ab, sondern verstärkt ihn eher; denn die Plötzlichkeit des Eintritts bleibt doch bestehen, die ängstliche Spannung aber vermehrt sich nur. So zeigt es sich besonders bei wiederholten Erdstößen. Eine ganze Bevölkerung kann darüber verdüstert, ungastlich und unstet, vor Atem höchst schreckhaft werden, wie man es nach den großen Erdbeben in Kalabrien gesehen hat.[310]

Die nachhaltige Wirkung auf die Mentalität der Bevölkerung und der gesellschaftlichen Ordnung durch die Erschütterung der Erde resultiert also vor allem aus den Erwartungen an eine bis dahin als unerschütterlich geltende Lebensgrundlage:

Das Beben der Erde läßt Angst aus einem kulturell unauffälligen leiblichen ›Grund‹ entstehen, nämlich der Verwirrung des *kinästhetischen Sinns*. Auf

310 Eberhard Gothein, »Soziologie der Panik«, in: *Verhandlungen des Ersten Deutschen Soziologentages vom 19. bis 22. Oktober 1910 in Frankfurt am Main*. Frankfurt/M. 1911, S. 216-249, hier S. 229.

dem Wasser etwa wird Gleichgewicht nicht erwartet, hinsichtlich der Erde aber ist es eine wahrhaft ›fundamentale‹ Voraussetzung von Selbstgefühl und Handlungskompetenz.[311]

Aufgrund der gravierenden Auswirkungen der Erdbeben liegt es deshalb nahe, sowohl Vorsorge dafür zu treffen, dass das Ausmaß der Zerstörung beim nächsten Mal geringer ausfällt, als auch die Erwartung an eine garantiert stabile Erdoberfläche den gegenteiligen Erfahrungen anzupassen. In der Tat lassen sich dementsprechende Anstrengungen der Institutionalisierung eines Katastrophenschutzes und eines Frühwarnsystems ausmachen. Anders verhält es sich im Hinblick auf die Korrektur der Erwartungen. Denn trotz der wiederkehrenden Erfahrung der Erdbeben hat sich gezeigt, dass »das Wissen, daß wir auf einer *bewegten* Erde leben – die Gesamtheit der jährlichen Beben, über den Globus verteilt, beziffert sich auf mehr als eine Million –, nicht ins Alltagsbewußtsein integriert werden kann«.[312] Mit anderen Worten: Entgegen ihrer wiederholt zutage tretenden Instabilität bleibt der Glaube an die Stabilität der Erde erhalten: »Das Eintreten ungeheurer Naturereignisse überführt den Menschen so augenscheinlich seiner Hilflosigkeit«,[313] dass die Flucht in die Verdrängung und das Ausmaß an Gewöhnung über alle anderen Formen der Bewältigung solch einschneidender Erfahrungen offenbar immer wieder obsiegen. Trotz bekannter Risiken an vielen Standorten auf der Welt sind die Beharrungskräfte oftmals stärker als der Wille zur wohnmäßigen Standortverlagerung durch Umzug oder Umsiedlung: »Obwohl man täglich daran erinnert wird, daß ›wir in einem Land der Erdbeben leben‹ [gemeint ist Kalifornien, MS], sorgt jedes größere Naturereignis – seismische Erschütterungen, Überflutungen, Brände, Stürme oder Erdrutsche – für Schock und Erstaunen.«[314] Doch warum bleiben viele Menschen weiterhin in der Nähe von Vulkanen wohnen, obwohl diese nicht verloschen sind und es immer wieder zu kleinen Ausbrüchen kommt? Warum ziehen Anwohner aus Hochwassergebieten nicht

311 Hartmut Böhme, »Elemente – Feuer, Wasser, Erde, Luft«, in: Christoph Wulf (Hg.), *Der Mensch und seine Kultur. Hundert Beiträge zur Geschichte, Gegenwart und Zukunft des menschlichen Lebens,* Köln 2010, S. 17-45, hier S. 40.

312 Böhme, Böhme, *Feuer, Erde, Wasser, Luft*, S. 286.

313 Gothein, »Soziologie der Panik«, S. 226.

314 Mike Davis, *Ökologie der Angst. Los Angeles und das Leben mit der Katastrophe*, München 1999, S. 25.

einfach weg? Warum werden Atomkraftwerke in Tsunami-gefährdeten Küstengebieten überhaupt noch in Betrieb genommen? Mit anderen Worten: Warum werden nicht die naheliegenden Konsequenzen aus bereits eingetroffenen Katastrophen gezogen? Warum überwiegt so oft ein ›Weiter so‹?

> Es gibt dafür drei Gründe. Der erste: Die Gefahr ist nur abstrakt, wir sehen sie nicht. Ein Erdbeben ist eine abstrakte Bedrohung, sie wird erst konkret, wenn es rumst. […]. Der zweite Grund: Der Mensch kann Zeiträume schlecht einschätzen, hat ein schlechtes Gefahrengedächtnis und verdrängt. […] Wenn 100 Jahre nichts passiert, fällt es schwer, alarmiert zu bleiben. Der dritte Grund schließlich: Geld. Vorsorge kostet. Ein Tsunami-Warnsystem etablieren, obwohl der nächste Tsunami vielleicht erst anrollt, wenn die Alarmtonnen schon durchgerostet sind? Teuer.[315]

Hinzu kommt eine Haltung, die durch die mediale Berichterstattung über Katastrophen eher noch zunimmt: Sie finden im *Fern*sehen statt, also – wenn auch of nur scheinbar – weit weg vom eigenen Standort. Die Betroffenen sind – im Vergleich zur gesamen Weltbevölkerung – stets nur eine kleine Minderheit. Katastrophen sind in den meisten Fällen räumlich begrenzt genug, um sich von ihnen und ihren Folgen nicht unmittelbar betroffen fühlen zu müssen. Der Schock der gegenwärtigen Covid-19-Pandemie[316] dürfte zu einem großen Teil vor allem in der Zerstörung der Zuschauerrolle bestehen, in der insbesondere die privilegierten Länder der westlichen Hemisphäre es bisher gewohnt waren, die Katastrophen dieser Welt zu betrachten. Gerade anhand der Pandemie wird jedoch etwas deutlich, auf das auch der US-Stadtsoziologe Mike Davis in seiner Los-Angeles-Studie hinweist und das für das Anthropozän insgesamt so charakteristisch ist: Die als Naturkatastrophen dargestellen Katastrophen sind inzwischen zumeist menschengemacht, was jedoch immer wieder zu verschleiern versucht wird:

315 Cordt Schnibben, David Schraven (Hg.), *Corona. Geschichte eines angekündigten Sterbens,* München 2020, S. 105 f. Zur Kurzsichtigkeit des Kostenarguments vgl. auch Richard Buckminster-Fuller, *Bedienungsanleitung für das Raumschiff Erde und andere Schriften*, Amsterdam, Dresden 1998, ⟨https://campus.burg-halle.de/id-neuwerk/start-up-start-now/wp-content/uploads/sites/41/2015/09/Fuller-Raumschiff-Erde.pdf⟩, S. 28 ff., letzter Zugriff 17. 08. 2021.

316 Vgl. Kap. 7.

Die Paranoia vor der Natur lenkt aber von der offensichtlichen Tatsache ab, daß sich diese Stadt vorsätzlich der Gefahr ausgesetzt hat. Über Generationen hinweg mißachtete eine von den Gesetzen des Marktes diktierte Urbanisierung jegliche umweltpolitische Vernunft. In jahrhundertealten Feuerzonen stampfte man des schönen Ausblicks wegen Vorstädte aus dem Boden, aus Sumpfgebieten wurden Jachthäfen, aus Flußniederungen Industriebezirke und Wohnsiedlungen. Monolithische öffentliche Baumaßahmen traten an die Stelle einer Regionalplanung und des verantwortlichen Umgangs mit den Ressourcen an Grund und Boden.[317]

Das Vergessen der etwa durch ein Erdbeben hevorgerufenen katastrophalen Zerstörungen schließt das Vergessen der vielen einzelnen fatalen Entscheidungen ein, die in der Summe die Katastrophen erst ermöglichen. Beide Formen des Vergessens und die schleichende Gewöhnung an außergewöhnliche, nicht tragbare Zustände sind die größten Feinde bei der Bekämpfung ihrer Ursachen und dem Kampf darum, dass sie sich nicht wiederholen. Wenn das menschliche Bewusstsein sich dagegen sperrt, den Ausnahmefall als Normalfall zu akzeptieren, so ist dies jedoch nicht nur einfach ein mentales Problem, dem man mit der gezielten Erinnerung an die Ereignisse und deren Opfer leicht begegnen könnte. Es handelt sich vielmehr um ein durchaus gewolltes und gefördertes Vergessen, das es den politischen Entscheidern und ökonomischen Nutznießern solcher von Davis geschilderter Eingriffe in die Geographie und Geologie erlaubt, weiterzumachen wie bisher.

Wenn immer wieder aufs Neue und wider besseres Wissen dennoch an der überkommenen Vorstellung von der Stabilität der Erde festgehalten wird, dann deshalb, weil dies der Alltagserfahrung der meisten Menschen entspricht. Es ist jedoch nicht nur das Alltagsbewusstsein, das sich gegen die gravierende Imageveränderung der Erde sträubt. Auch in der Philosophie hat die Vorstellung von der Stabilität der Erde trotz der gut dokumentierten Erdbeben weiterhin eine Fortsetzung erfahren. So ist die Erde für Heidegger »die dienend Tragende, die blühend Fruchtende, hingebreitet in Gestein

317 Mike Davis, *Ökologie der Angst. Los Angeles und das Leben mit der Katastrophe*, München 1999, S. 17. Für Davis ist »die Grenze zwischen Los Angeles und der Wildnis der Ort, an dem Naturgeschichte und Sozialgeschichte zumindest manchmal die beiden Seiten einer Medaille sind«, ebd., S. 239. Wir gehen dagegen davon aus, dass sich Natur- und Sozialgeschichte im Anthropozän grundsätzlich nicht mehr voneinander trennen lassen.

und Gewässer, aufgehend zu Gewächs und Getier«.[318] Die Erde als *dienend Tragende* begegnet uns auch bei Heideggers Lehrer Edmund Husserl (1859-1938), dessen Charakterisierung der Erde sich vor allem auf ihre Unbeweglichkeit bezieht: »Die Erde bewegt sich nicht.«[319] Unseren Sinnen ist es nicht möglich, die Bewegung der Erde, ihr Kreisen um sich selbst, das Schwimmen der Erdplatten auf flüssigem Untergrund, wahrzunehmen. Es scheint uns deshalb nicht nur so, als wäre sie der stabile Untergrund des Lebens, für die meisten Menschen ist sie es auch.[320] Wir benötigen den Glauben daran, um weiterhin von der Stabilität unseres Lebens ausgehen zu können, so jedenfalls lehrt es die Phänomenologie. Otto F. Bollnow (1903-1991) geht davon aus, »daß der Mensch einen festen Boden unter den Füßen braucht, um sich bewegen zu können, und daß die Solidität des Bodens die Grundlage abgibt, die alle Sicherheit des menschlichen Lebens erst ermöglicht«.[321]

Aber ist nicht schon die Vorstellung von einer dienenden Erde eben das Bild, das ihre Ausbeutung gerade ermöglicht? Eine Erde, die sich still verhält und die Angriffe auf sich stumm erträgt, die sich alles gefallen lässt und nicht auch Widerstand leistet? Wünscht sich nicht so jeder Herrscher seine Untertanen und das Patriarchat seine Frauen? Ute Guzzoni hat in ihrer Studie über den Zusammenhang von Wohnen und Wandern die einseitige Sichtweise Heideggers und Bollnows entscheidend ergänzt:

Tatsächlich ist die Erde für das Wohnen nicht nur die ›sichere‹, sondern sie ist zugleich zuweilen steinig und unzugänglich, zuweilen schwankend und bebend, sie besteht auch aus Tiefen und Abgründen, wie sie sich zu den

318 Martin Heidegger, *Vorträge und Aufsätze*, Pfullingen 1954, S. 143.

319 Edmund Husserl, »Kopernikanische Umwendung der Kopernikanischen Umwendung« (1934), in: Stephan Günzel (Hg.), *Raumtheorie. Grundlagentexte aus Philosophie und Kulturwissenschaften*, Frankfurt/M. 2006, S. 153-165, hier S. 157.

320 Ebenso hält sich die Rede vom Sonnenuntergang hartnäckig – obwohl alle wissen, dass sie keineswegs untergeht.

321 Otto Friedrich Bollnow, *Mensch und Raum*, Stuttgart 1963, S. 48. Vgl. auch: »Die ökonomische Funktion von Grund und Boden ist bloß eine seiner vielen entscheidenden Funktionen. Er verleiht dem Leben des Menschen Stetigkeit, er ist der Ort seiner Behausung, er ist eine Bedingung für seine physische Sicherheit, er bedeutet Landschaft und Jahreszeiten. Wir können uns ebenso gut vorstellen, daß der Mensch ohne Hände und Füße geboren würde, wie daß er ein Leben ohne Land leben könnte.« Polanyi, *The Great Transformation*, S. 244.

höchsten Höhen aufschichtet. […] Die Erde trägt den Wandernden nicht nur, sie setzt ihm auch ihre Widerstände entgegen, ihre Schwere, ihre Grausamkeit. Wenn sie bebt oder wenn sie sich glühend und Feuer speiend auftut, hintertreibt und zerstört sie jedes Wohnen und Wandern auf ihr.[322]

Heute – angesichts der zunehmenden Extremwetterereignisse, der steigenden Meeresspiegel, der Desertifikation und der damit einhergenhenden Zerstörungen – scheint die Erde den ihr zugesprochenen Charakter einer unendlich geduldigen und unterwürfigen Dienerin des Menschen endgültig zu verlieren. Die Erde als stabilen Grund anzusehen, war jedoch schon immer eine Täuschung:

> Die Erde ist niemals ruhig, sie wirbelt mit unvorstellbarer Geschwindigkeit durchs Weltall. Riesige Gesteinsplatten sind in steter Bewegung. Beständig entstehen neue Arten, andere verschwinden. Flüsse verlagern ihr Bett, Böden entwickeln sich in nacktem Gestein. […] Nichts hat Bestand, alles bewegt sich in kürzeren oder längeren Zyklen.[323]

Dies alles ereignet sich zwar auch ohne Einmischung des Menschen. Alle lebenswichtigen Elemente – Boden, Wasser, Luft und Feuer – haben die Eigenschaft, sich zu einer zerstörerischen Kraft entwickeln zu können. Der feste Boden kann plötzlich nachgeben, Risse aufweisen und alles unter sich begraben, was bis dahin scheinbar sicher auf ihm Halt gefunden hat (Erdbeben); im Ozean kann sich das Wasser etwa aufgrund einer Verschiebung der tektonischen Platten zu einer gewaltigen Welle auftürmen (Tsunami); ein harmlos dahinplätschernder Bach kann sich aufgrund lang anhaltender Regenfälle in einen reißenden Fluss verwandeln, die lebenswichtige Luft kann sich mit einer Geschwindigkeit in Bewegung setzen, dass sie als Orkan oder Tornado ganze Landstriche verwüstet und das Feuer kann von einer wichtigen Energie- und Wärmequelle zu einem Waldbrand werden, der dort, wo er wütet, sämtliches Leben vernichtet.[324] Inzwischen aber gibt es eine Vielzahl von Belegen da-

322 Ute Guzzoni, *Wohnen und Wandern*, Freiburg, München 2017, S. 126.

323 Verene Winiwarter, Hans-Rudolf Bork, *Geschichte unserer Umwelt. 66 Reisen durch die Zeit*, Darmstadt 2019, S. 9; vgl. auch Lewis Dartnell, *Ursprünge. Wie die Erde uns erschaffen hat*, Berlin 2018, S. 8 f.

324 In ähnlicher Weise kann sich auch »die materielle Kultur in ihr Gegenteil verkehren. […] Nicht nur wird die Behausung, die tragen und schützen soll, zum Sarg. Die Notausgänge lassen sich nicht öffenen und werden damit zu Fallen, und die Rettungsboote, die nicht zu Wasser gebracht werden können, hindern

für, dass all diese weiterhin als Naturkatastrophen deklarierten Ereignisse aufgrund des menschengemachten Klimawandels offenbar immer häufiger und heftiger auftreten, sodass sie immer weniger als natürliche Ereignisse verstanden werden können, die sich ohne menschliche Einflüsse vollziehen. Statt von *der* Natur selbst hervorgebracht zu sein, sind die Naturkatastrophen vielmehr in zunehmendem Maße das Ergebnis von menschlichen Handlungen, die auf diese im Grunde altvertraute Weise in der Natur sichtbar werden und sich Ausdruck verschaffen. Da sie auch als menschengemachte Naturkatastrophen genau so aussehen wie natürlich bedingte Naturkatastrophen, fällt die Anerkennung ihrer menschlichen Verursachung offenbar so schwer. Überschwemmungen, Stürmen, Hurrikans, Taifunen, Hitzewellen, Dürren, Erdbeben, Waldbränden, Epidemien und Pandemien kann man nicht ansehen, dass sie durch menschliche Handlungen verursacht sind. Es sind vor allem Berechnungen, Zahlen und mediale Bilder, die diesen Zusammenhang behaupten. Das Auge vermag dagegen nicht zu erkennen, dass hier Anthropos am Werk ist. Allein die Tatsache, dass sie in immer kürzeren Zeitabständen auftreten, reicht an die Erfahrungswelt der Menschen heran. Doch selbst dies kann noch geleugnet, verdrängt und als ganz natürliche oder vorübergehende Erscheinungen zurückgewiesen werden. Der Einfluss der Bilder auf einen notwendigen Umdenkungsprozess ist nicht von der Hand zu weisen, aber er ist kurzlebig und sollte deshalb nicht überschätzt werden. Eher scheint plausibel, dass die Auswirkungen des Klimawandels nicht nur medial beobachtbar, sondern am eigenen Leib spürbar werden müssen, damit die Ausflüchte zunehmend als solche entlarvbar werden. Solange behauptet werden kann »Alles schon mal dagewesen!«, wird es schwer, ein kollektives Umdenken und Aufbäumen gegen die sich bereits massiv zeigenden Folgen der Globalen Erwärmung einzuleiten.

Groß ist in jedem Fall die Verunsicherung, weil die Ereignisse dem Selbstbild des *homo faber* widersprechen, der es verstanden hat, die Natur zu bändigen und ihren Gewalten Herr zu werden. Neu hinzu kommt im Zeitalter des Anthropozän nun aber auch noch

an anderweitigen Entscheidungen, die eine Rettung […] ermöglichen könnten.« Elke Geenen, »Kollektive Krisen. Katastrophe, Terror, Revolution – Gemeinsamkeiten und Unterschiede«, in: Lars Clausen (Hg.), *Entsetzliche soziale Prozesse. Theorie und Empirie der Katastrophen*, Münster 2003, S. 5-24, hier S. 16.

der Verdacht, er habe selbst die Katastrophen verursacht, die er nicht kommen sah und die er nicht verhindern konnte. Angesichts der zunehmenden Einsicht in den eigenen Anteil an den verheerenden Folgen der verstärkt auftretenden Katastrophen verwandelt sich die viel beklagte Hybris des Menschen schnell in eine Miniaturisierung seiner selbst, da er sich als Individuum längst nicht mehr als Teil eines Kollektivs versteht und deshalb nicht nachvollziehen kann, dass eine Vervielfachung individueller Verhaltensweisen, die das Klima schädigen, eine kollektive geologische Macht entstehen lässt, die dazu in der Lage ist, Katastrophen auszulösen. Schwer fällt deshalb auch die Einsicht in diejenigen Folgen des eigenen Tuns, die sich nicht direkt vor der eigenen Haustür niederschlagen und somit als unmittelbare Folgen des eigenen Handelns wahrgenommen werden können, sondern in viele Kilometer entfernten Regionen. Warum sollte das eigene Tun etwas mit der Dürre in Afrika zu tun haben? Für viele Menschen bleibt ein solcher Zusammenhang eine letztlich nur schwer nachvollziehbare Behauptung, die sich auf den ersten Blick der Logik des Handelns zu entziehen scheint, da dessen Folgen von Haus aus als überschaubar angesehen werden. Kaum jemand – abgesehen von dafür prädestinierten Diktatoren und milliardenschweren Erfindern – nimmt sich selbst als so mächtig wahr, dass er sich zutrauen würde, solche komplexen Prozesse und folgenschweren Ereignisse in Gang setzen zu können. Vor der Einsicht in die globalen Folgen des lokalen Handelns schützt die Illusion der lokalen Begrenztheit aller Handlungen. Erst wenn die scheinbar abstrakten Zusammenhänge nicht auf der globalen Ebene verbleiben, sondern sich lokal niederschlagen, ein globaler Klimawandel sich in Form von konkretem Wetter Ausdruck verschafft, könnte sich langsam die Einsicht verbreiten und ins kollektive Bewusstsein eindringen, dass die globale Erwärmung sehr konkrete lokale Auswirkungen nach sich zieht, vor denen man sich vor Ort zwar schützen kann, deren Ursachen sich aber nicht allein auf lokaler Ebene verändern lassen.

Was sich im Zeitalter des Anthropozäns hinsichtlich der Ursachen von Naturkatastrophen deutlich verändert hat, ist, dass hinsichtlich der Rolle des Menschen nicht mehr länger die Unschuldsvermutung gilt, bis der Beweis für ein schuldhaftes Verhalten eindeutig erbracht ist. Vielmehr gilt nunmehr umgekehrt die Schuldunterstellung. Stets steht der Verdacht im Raum, dass auch der Erdrutsch, die Lawine und die Überschwemmung letztlich durch menschliche Aktivitäten ausgelöst wurde, wenn auch oft nicht unmittelbar und in einem direkten kausalen Sinne. Es reicht ja schon, dass die Erde insgesamt bereits als so fragil angesehen wird, dass bisher für unproblematisch gehaltenes Verhalten plötzlich unter dem Verdacht steht, einen schädlichen Einfluss auszuüben. Die Unbekümmertheit des Reisens, des Essens, des Bauens und Wohnens und vieles mehr weicht einer misstrauischen Beobachtung bis hin zu einer ablehnenden Verurteilung der als schädlich für das Klima angesehenen Verhaltensweisen. Was sich an den Naturkatastrophen im Anthropozän darüber hinaus ändert, ist, dass diese nicht mehr länger als singuläre Ereignisse angesehen werden können wie einstmals das Erdbeben, der Vulkanausbruch oder das Jahrhunderthochwasser, die als spektakuläre Ausnahmen von der Regel Geschichte schrieben, sondern als sich mehr und mehr verstetigende Zustände erscheinen. Die Vermüllung und Übersäuerung der Meere ist kein Ereignis wie etwa der Tsunami von 2014, sondern ein Prozess dauerhafter Verschmutzung, der weitere Katastrophen nach sich ziehen kann. Es sind nicht mehr länger nur punktuelle Ereignisse als vielmehr über einen längeren Zeitraum sich erstreckende Entwicklungen, die einen katastrophalen Verlauf nehmen, ohne noch an ein Ende zu gelangen. Doch selbst diese Vervielfältigung und Verstetigung von Katastrophen scheint noch nicht das letzte Wort zu sein:

> Heute sind die Menschen überall auf dem Planeten zu einem Teil der Natur geworden, doch nicht als harmlose Passagiere, wie die ebenfalls weltweit anzutreffenden Krähen oder Füchse, sondern so wie ehemals (und immer noch) die Vulkane und die Meteore. Nun sind *sie* die auf dem Planeten allgegenwärtige Naturkatastrophe, die erste, die von sich als einer solchen weiß.[325]

Statt nur Opfer und Auslöser von Katastrophen zu sein, wird der Mensch damit selbst als Katastrophe angesehen. Er wird zu einem wahren Monstrum stilisiert, das zu nichts anderem als zur Zerstörung in der Lage ist. Die Frage ist allerdings, wohin eine solche Perspektive am Ende führt. Wenn daraus folgt, dass der Menschheit kurzerhand ihre Existenzberechtigung abgesprochen und sie

325 Michael Hampe, *Tunguska oder das Ende der Natur*, München 2011, S. 21.

als dringend zu überwindendes Übel behandelt wird, öffnet dies Tür und Tor für transhumanistische Überwindungsversuche des als völlig unzureichend angesehenen Menschen[326] auf der einen und für Fatalismus auf der anderen Seite. Zwar liegt es in der Tat nahe, angesichts der Zerstörungsbilanz der Spezies Mensch in Misanthrophie und Fatalismus zu verfallen. Ihnen gilt es aber dennoch zu entsagen, wenn keine vollständige Kapitulation vor den Herausforderungen des Anthropozäns das Ziel sein soll, die jede weitere Anstrengung zur Verbesserung der Situation von vorneherein überflüssig machen würde.[327]

326 Vgl. Kap. 2.5.3.
327 Vgl. dagegen Kap. 6.

2. Das Leben auf der Erde: Steine, Pflanzen, Tiere, Menschen

»Unser irdischer Lebensraum, Boden samt Bodenluft, die Geosphäre, ist unsere eigentliche Heimat, die wir nie verlassen können.«[1]

2.1 Lebensräume schaffen und Welten bilden: Eine Geopraxis aller Lebewesen

Über den Zusammenhang von Leben und Raum wird im Rahmen der aktuellen Erneuerungsversuche von Lebensphilosophie und Lebenssoziologie wieder verstärkt nachgedacht.[2] Der aus Leben und Raum zusammengesetzte Begriff des Lebensraums hat mehrere Väter. Zum einen findet er bei dem Begründer der Anthropogeographie Friedrich Ratzel in einem gleichnamigen Essay von 1901 Verwendung und macht dann Karriere im Umfeld des geopolitischen Denkens bei Karl Haushofer (1869-1946) und darüber hinaus. Aufgrund dieser Traditionslinie bestehen bis heute Vorbehalte gegenüber der Verwendung des Begriffs. Zum anderen taucht er jedoch ebenso bei dem Biogeographen Karl August Möbius (1825-1908) und dem Begründer der Ökologie Ernst Haeckel (1834-1919) auf. Eugen Rosenstock Huessy (1888-1973) führt ihn mit seiner Schrift *Werkstattaussiedlung. Untersuchungen über den Lebensraum des Industriearbeiters* schließlich in die Soziologie ein, wo er dann auch immer mal wieder benutzt wird.[3] So hat etwa Alois Hahn 1972 einen Beitrag mit dem Titel »Gesellschaft als Lebensraum« für ein soziologisches Lehrbuch verfasst und der damalige Herausgeber Alfred Bellebaum legt 2014 einen gleichnamigen Aufsatz vor.[4] Ins-

1 Willy Hellpach, *Geopsyche,* S. 210.

2 Vgl. etwa die Beiträge in Thomas Brandstetter u. a. (Hg.), *Ambiente. Das Leben und seine Räume*, Wien 2010.

3 Vgl. Rolf Nohr, »Lebensraum«, in: Stephan Günzel (Hg.), *Lexikon der Raumphilosophie*, Darmstadt 2012, S. 230.

4 Alois Hahn, »Gesellschaft als Lebensraum«, in: Alfred Bellebaum (Hg.), *Die moderne Gesellschaft. Formen des menschlichen Zusammenlebens*, Freiburg, Basel,

gesamt gesehen favorisiert die Soziologie jedoch den von Edmund Husserl stammenden Begriff der Lebenswelt, worin der Gedanke der Ökologie allerdings auf der Strecke bleibt. Da für Husserl Leben nichts mit Biologie zu tun hatte,[5] markiert die Soziologie durch die Priorisierung des Lebensweltbegriffs ihre immer wieder gesuchte Distanz zur Biologie, die ihrerseits den Begriff Lebensraum stark mitgeprägt hat. Der unterschiedliche Gebrauch des Begriffs in verschiedenen Theorietraditionen kann hier zwar nicht im Einzelnen weiterverfolgt werden, weist jedoch von Anfang an auf eine gewisse Spaltung hin: Während es von Ratzels Physischer Geographie aus sehr schnell zum Kampf um Lebensraum geht, hebt die ökologische Tradition von Möbius und Haeckel auf das Ergründen der Beziehungsmodi zwischen den verschiedenen Lebensformen in einem gemeinsam geteilten Lebensraum ab. Die Bedeutung des Lebensraumbegriffs für die heutige, vom Anthropozän bestimmte Debatte scheint mir gerade in diesen verschiedenen Herkünften zu liegen, die die ökologische Erforschung der Wechselbeziehungen zwischen den Lebewesen und ihrer Umwelt ebenso aufruft wie das vor allem auf Konkurrenz und Kampf angelegte geopolitische Denken. Nur die Berücksichtigung beider Traditionslinien bewahrt vor einseitig bellizistischen oder ebenso einseitig irenischen Einlassungen über die Beziehungsmodi des Lebendigen. Darüber hinaus halte ich den Begriff *Lebensraum* auch insofern für elementar und gewinnbringend, weil er einen Beitrag dazu leisten kann, dem allzu konstruktivistischen Raumverständnis in der Soziologie und Teilen der deutschsprachigen Geographie ein vitalistisches Raumverständnis entgegenzusetzen, das sich nicht darin erschöpft, von sozialen Räumen zu handeln, die durch menschliche Interaktionen gebildet werden, sondern sich sowohl zutraut als auch zumutet, über materiale, also sicht-, fühl- und betretbare Räume nachzudenken und dabei mehr als nur menschliche Akteure als raumbildende Kräfte zu berücksichtigen. Auf ein für die heutige Diskussion fruchtbares Nachdenken über den Zusammenhang von Raum und Leben stößt man dabei nicht erst in der Gegenwart, sondern bereits bei Autoren, von denen man dies vielleicht nicht unbedingt erwarten wür-

Wien 1972, S. 100-116; Alfred Bellebaum, »Gesellschaft als Lebensraum«, in: ders., *Unser Alltag ist voll von Gesellschaft. Sozialwissenschaftliche Beiträge*, Wiesbaden 2014, S. 9-13.

5 Vgl. Walter L. Bühl, *Phänomenologische Soziologie*, Konstanz 2002, S. 149.

de. So findet sich etwa bei dem heute zu Unrecht fast vergessenen protestantischen Theologen Paul Tillich (1886-1965) die folgende Einlassung:

> Raum ist kein Ding, auch kein Behälter, in dem Dinge sind, sondern Raum ist die Art des Lebendigen, zur Existenz zu kommen. Raum ist Raummächtigkeit, Macht des Lebendigen, sich Raum zu schaffen. Es gibt keinen Raum an sich, sondern es gibt so viele Arten von Raum, wie es Arten des Lebendigen gibt, sich Raum zu schaffen, und d. h., wie es Arten des Lebens gibt, Wirklichkeit zu werden. An seiner Räumlichkeit ist alles Lebendige, ist auch das Menschliche erkennbar.[6]

Bemerkenswert ist hier nicht nur die oppositionelle Haltung gegenüber der Behälterraumvorstellung, sondern die darüber hinausgehende Betonung des sich Raum schaffenden Lebendigen, zu dem erst am Ende des Zitats auch das menschliche Leben gezählt wird. Die zweite bemerkenswerte Quelle stammt von dem Kultursoziologen Wolfgang Lipp (1941-2014), der innerhalb der Kultursoziologie zwar mittlerweile zu den Klassikern gezählt wird, ebenfalls aber nicht zu den Autoren gehört, auf die bevorzugt rekurriert wird, wenn es um das Begreifen des Zusammenhangs von Raum und Leben geht:

> Leben entwickelt sich nicht nur in Räumen, die konturenlos, als omnipräsentes Außen, immer schon vorgegeben sind, sondern im Schonhof eines Territoriums, das mit dem Dasein partiell verschmilzt, ihm zugehört und aktiv verteidigt wird. ›Revierverhalten‹ dieses Typs betrifft in der Tat nicht nur Tiere; phylogenetisch gewiß tief angelegt, schlägt es bis hin zum Menschen durch und wird virulent auf soziokultureller Stufe. [...] Leben ›braucht‹ auf dieser Stufe nicht nur ›Raum‹ –; es ›schafft‹ und ›gestaltet‹ auch ›Lebensraum‹.[7]

Wieder ist hier nicht primär vom Menschen die Rede, der Raum schafft und gestaltet, sondern vom Leben selbst als raumbildender Kraft. Diese Befunde legen nahe, dass das lebensphilosophische

6 Paul Tillich, »Das Wohnen, der Raum und die Zeit«, in: ders., *Der Widerstreit von Raum und Zeit. Schriften zur Geschichtsphilosophie*, Berlin 1963, S. 328-332, hier S. 329.

7 Wolfgang Lipp, »Soziale Räume, regionale Kultur: Industriegesellschaft im Wandel«, in: ders., *Industriegesellschaft und Regionalkultur. Untersuchungen für Europa*, Köln, Berlin u. a. 1984, S. 1-56, hier S. 10.

und lebenssoziologische Denken innerhalb der Soziologie – gewissermaßen unerkannt – über die Klassiker wie Georg Simmel hinaus eine Fortsetzung erfahren hat, die auch für die heutige Diskussion rund um das Anthropozän zahlreiche Anregungen zu bieten hätte.[8] Der Begriff des Lebensraums kann eine angemessene Vorstellung vom Leben im Anthropozän insofern befördern, als er nicht mehr Raum und Mensch als einander gegenüberstehend betrachtet, sondern den Menschen wie die anderen Spezies als im Raum enthalten denkt, den sie durch ihre Aktivitäten hervorbringen und in den sie eingelassen sind. Menschen stehen keinem von ihnen geschaffenen Raum gegenüber, sondern befinden sich in ihm, weshalb mit Heidegger von einem räumlichen *In-der-Welt-Sein* gesprochen werden kann: »Ist die Rede von Mensch und Raum, dann hört sich dies an, als stünde der Mensch auf der einen und der Raum auf der anderen Seite. Doch der Raum ist kein Gegenüber für den Menschen. Er ist weder ein äußerer Gegenstand noch ein inneres Erlebnis. Es gibt nicht die Menschen und außerdem Raum.«[9] So anschlussfähig sich ein solches Raumverständnis für die Geosoziologie insgesamt erweist, weil es die unaufhebbare Verwobenheit von Mensch und Raum betont, so unzureichend erweist sich der alleinige Bezug auf den Menschen, der auch in anderen klassischen Konzeptionen vorherrscht, wenn es um die Hervorbringung von Lebensraum geht:

Einen anthropozentrischen Beiklang hat sogar der Umweltbegriff Jakob von Uexkülls gewonnen, nach dem nun die heutige Umweltpolitik benannt wird. Uexküll wollte damit zum Ausdruck bringen, daß jede Art von Lebewesen ihre spezifische Umwelt hat, daß es also Umwelten nur im

8 Solche aus völlig verschiedenen Zusammenhängen stammenden Texte miteinander ins Gespräch zu bringen, gehört für mich zur Cailloisschen Methode der diagonalen Wissenschaften, wie sie in der Einleitung erläutert wurde. Zur aktuellen Lesart Simmels als Lebensphilosoph und -soziologe vgl. Scott Lash, »Georg Simmel im Informationszeitalter«, in: Heike Delitz u. a. (Hg.), *Soziologie des Lebens. Überschreitung, Differenzierung, Kritik*, Bielefeld 2018, S. 35-63 und Thomas Kron, Pascal Berger, »Leben und Form der Gesellschaft«, in: ebd., S. 113-136.

9 Martin Heidegger, »Bauen, Wohnen, Denken«, in: ders., *Vorträge und Aufsätze*, Pfullingen 1954, S. 139-156, hier S. 151. Die Entscheidung Luhmanns, nicht von Politik *und* Gesellschaft, Wirtschaft *und* Gesellschaft, Kunst *und* Gesellschaft usw., sondern von der Politik, der Wirtschaft und der Kunst *der* Gesellschaft zu sprechen, liegt letztlich die gleiche Annahme einer durch das *und* fälschlich betonten Gegenüberstellung von Politik usw. und Gesellschaft zugrunde, so als wären all diese Bereiche nicht selbst Teil der Gesellschaft.

Plural gibt. Die menschliche Umwelt ist danach der menschliche Lebensraum auf der Erde, und andere Lebewesen haben ihre eigenen, anderen Lebensräume. Die Industriegesellschaft hat dies so mißverstanden, als sei die ganze Erde nichts als der menschliche Lebensraum, so daß die anderen Arten von Lebewesen ihren Lebensraum in dem unseren suchen oder sonst verschwinden sollen.[10]

Die ökologische Krise resultiert demzufolge aus den expansionistischen Aktivitäten der Menschen, die den anderen Lebewesen ihre Lebensräume systematisch streitig machen und vor die Alternative Anpassung oder Flucht stellen. Die Antwort auf dieses zerstörerische Tun kann deshalb nur darin bestehen, die von anderen Lebewesen geschaffenen Lebensräume nicht zu zerstören und Lebensräume zu schaffen, die von verschiedenen Lebewesen bewohnt werden können. Dafür ist es jedoch wichtig, überhaupt erst einmal zur Kenntnis zu nehmen, dass nicht nur der Mensch, sondern auch andere Lebewesen aktiv ihre Umwelt gestalten und Lebensräume hervorbringen: »[D]ie Fähigkeit der Menschen, alles um sie herum neu zu ordnen, ist eine allgemeine Fähigkeit der Lebewesen. Keiner auf dieser ERDE ist passiv.«[11] Bei Cornelius Castoriadis (1922-1997) heißt es entsprechend: »Wir gehen [...] von der offenkundigen Tatsache aus, dass jedes Lebewesen (zumindest jede lebendige Spezies – ein Olivenbaum, ein Seestern, eine Zikade) die Welt auf *seine* Weise organisiert, formiert und informiert.«[12] Anna Lowenhaupt Tsing kommt in ihrer Studie über Pilze, die sie als »Weltenbauer« einführt, »die für sich und andere Umwelten erschaffen«,[13] zu einem ganz ähnlichen Ergebnis. Angesichts der »zahlreichen welterzeugenden Bestrebungen«[14] sowohl menschlicher als auch nichtmenschlicher Akteure verliert der Mensch seine exklusiven Status als Weltenbauer:

Welterzeugung ist nicht nur dem Menschen vorbehalten. Und nicht nur Biber gestalten Bäche um, indem sie Dämme, Kanäle, und Baue erstellen;

10 Klaus Michael Meyer-Abich, »Mitwelt – Erde«, in: Christoph Wulf (Hg.), *Der Mensch und seine Kultur. Hundert Beiträge zur Geschichte, Gegenwart und Zukunft des menschlichen Lebens,* Köln 2010, S. 140-148, hier S. 146.

11 Latour, *Kampf um Gaia*, S. 173 f.

12 Cornelius Castoriadis, »Ontologische Tragweite der Wissenschaftsgeschichte«, in: ders., *Das imaginäre Element und die menschliche Schöpfung. Ausgewählte Schriften Bd. 3*, Lich 2010, S. 149-190, hier S. 156. Vgl. dazu auch Kap. 3.1.

13 Anna Lowenhaupt Tsing, *Der Pilz am Ende der Welt*, Berlin 2019, S. 192.

14 Ebd., S. 38.

tatsächlich schaffen sämtliche Organismen ein ökologisches Lebensumfeld und verändern den Boden, die Luft und das Wasser. Ohne die Fähigkeit, sich funktionierende Lebensräume einzurichten, würden die Arten aussterben. Dabei verändert jeder Organismus die Welt aller anderen Organismen. Bakterien erzeugten unsere Sauerstoffatmosphäre und die Pflanzen tragen zu ihrer Erhaltung bei. Pflanzen können an Land leben, weil Pilze den Boden bereiten, indem sie Gestein zersetzen. Wie diese Beispiele darlegen, können sich welterzeugende Bestrebungen überlappen und Raum für mehr als nur eine Art bieten. Auch die Menschen sind in artenübergreifende Welterzeugungsprozesse verwickelt.[15]

Sowohl Latour als auch Tsing plädieren damit dafür, den Menschen nicht von diesen vitalistischen Zusammenhängen künstlich zu isolieren, sondern in sie einzufügen. Von beiden werden die Gemeinsamkeiten der menschlichen und nichtmenschlichen Lebewesen betont, die nicht nur je für sich separate Lebensräume schaffen, wie Uexküll noch meinte, sondern in einem Gefüge einander überlappender Räume existieren. Eine entscheidende Frage der Zukunft wird sicher sein, wie diese vielfachen Verschränkungen menschlicher und nichtmenschlicher Akteure sich organisieren, inwieweit sie zur Steigerung der Kooperation oder der Konfrontation führen und welche neuen Bündnisse und neuen Konflikte hier entstehen werden.[16]

In der von Latour, Castoriadis, Lowenhaupt, Tsing, Coccia und anderen betonten Welterzeugungsfähigkeit auch nichtmenschlicher Lebewesen wird der weit verbreiteten Sichtweise widersprochen, nach der nur Menschen dazu in der Lage sind, sich selbst eine Welt zu schaffen. Nach dieser Auffassung, ergibt sich aus der Unfähigkeit des Menschen, sich an eine natürlich gegebene Umwelt anzupassen, der Zwang, sich eine neue zu errichten, die im Allgemeinen Kultur genannt wird. Das ist eine bis heute vielfach reproduzierte Grundannahme der Sozial- und Kulturwissenschaften. Auch Heidegger hatte es noch als Besonderheit des Menschen angesehen, dass allein dieser sich – im Gegensatz zu anderen Lebe-

15 Ebd., S. 38 f. Auch Coccia, *Die Wurzeln der Welt*, S. 56 betont: »Allein schon *durch ihre Existenz* verändern die Pflanzen ganz global die Welt, ohne sich dabei auch nur zu bewegen, ohne überhaupt zu handeln. Sein bedeutet für sie *Welt machen*, und umgekehrt ist die Konstruktion von (unserer) Welt, das Weltmachen, nur ein Synonym für das Sein.«

16 Vgl. Kap. 6.

wesen – über das Vorgefundene hinaus eine eigene Welt erschafft: »1. Der Stein ist weltlos. 2. Das Tier ist weltarm. 3. Der Mensch ist weltbildend.«[17] Diese Aussagen sind zwar kein apodiktisches Urteil, sondern das Ergebnis einer über viele Seiten hinweg entfalteten differenzierten Argumentation, wie es für diesen Autor typisch ist. Insgesamt aber – trotz einiger bemerkenswerter Infragestellungen der herausgehobenen Position des Menschen[18] – gelangt Heidegger auch in späteren Publikationen zu einer klaren Trennungslinie zwischen Menschen und Tieren. Für ihn wird der Besonderheit des Menschen nicht hinreichend Genüge getan, wenn er als Lebewesen unter anderen Lebewesen bloß von diesen abgegrenzt wird. Zwar konzediert Heidegger, dass ein solches Vorgehen nicht zu grundsätzlich falschen Ergebnissen kommt, doch damit werde der Mensch »endgültig in den Wesensbereich der Animalitas verstoßen«, womit sein Wesen »zu gering geachtet«[19] werde. Schließlich sei schon der Leib des Menschen »etwas wesentlich anderes als ein tierischer Organismus«.[20] Heideggers Position ist grundsätzlich auf die Differenz und nicht auf die Verwandtschaft des Menschen mit anderen Lebensformen ausgerichtet.

Als wegweisender für die heutige Öffnung der Sozial- und Kulturwissenschaften gegenüber der Einbeziehung anderer als nur menschlicher Lebewesen in den Bereich des Sozialen erweisen sich die Einlassungen von Carl Schmitt (1888-1985) bzw. von Jules Michelet, die deutlich machen, dass Tiere nicht nur ihre eigenen Lebensräume schaffen, sondern auch in hohem Maße zur Welterschließung der Menschen beigetragen haben:

> Wer hat, fragt Michelet, den Menschen den Ozean offenbart? Wer hat die Zonen und Straßen des Ozeans entdeckt? Mit einem Wort: Wer hat den Erdball entdeckt? Der Wal und die Walfischjäger! [...] Ohne den Wal hätten sich die Fischer immer nur an die Küste gehalten. Der Wal hat sie

17 Martin Heidegger, *Die Grundbegriffe der Metaphysik. Welt – Endlichkeit – Einsamkeit*, Frankfurt/M. 1983, S. 273.

18 »So schnell wir bei der Hand sind in der Abschätzung des Menschen als eines höheren Wesens gegenüber dem Tier, so fragwürdig ist solche Beurteilung, zumal wenn wir bedenken, daß der Mensch tiefer sinken kann als das Tier; dieses kann nie so verkommen sein wie ein Mensch.« Heidegger, *Die Grundbegriffe der Metaphysik*, S. 286.

19 Martin Heidegger, *Über den Humanismus*, Frankfurt/M. 1981, S. 15.

20 Ebd., S. 15 f.

auf die Ozeane gelockt und von der Küste emanzipiert. Durch den Wal hat man die Meeresströmungen entdeckt und den Durchgang im Norden gefunden. Der Walfisch hat uns geführt.[21]

Statt Menschen als die einzigen Wesen zu begreifen, die zur Welterschaffung in der Lage sind, da alle anderen Lebewesen auf das Dasein in ihren jeweiligen Umwelten verwiesen sind, wird hier vielmehr deutlich, dass Tiere nicht nur je für sich Welten erzeugen, sondern das Lebewesen Mensch überhaupt erst in die Lage versetzen, Welten zu erschließen und zu schaffen. Sie erweisen sich damit als unfreiwillige Verbündete der menschlichen Welterschließung, auch wenn ihr Anteil daran zumeist komplett geleugnet wird.[22]

2.2 Die Steine und der Mensch

»Wer von Steinen nicht reden will, soll von Menschen schweigen.«[23]

»Wir sind wandernde, sprechende Steine.«[24]

Die menschliche Evolution beginnt mit dem Stein. Als *Stein*zeit wird die erste Phase der Entwicklungsgeschichte des Menschen bezeichnet. So wird es bis heute in der Schule gelehrt.

Alle Kenntnisse, die wir über dieses Zeitalter haben, »gründen im wesentlichen auf den Steinwerkzeugen«,[25] die aufgrund ihrer Haltbarkeit unser Bild über die Steinzeit prägen, es gleichzeitig aber auch stark vereinseitigen, da nur wenige andere Artefakte aus dieser Zeit überdauert haben. Der spätere, moderne Umgang mit dem Stein hat viel mit dieser Datierung zu tun, gilt doch die Stein-

21 Carl Schmitt, *Land und Meer, Eine weltgeschichtliche Betrachtung. Meiner Tochter Anima erzählt,* Köln-Lövenich 1981, S. 34. Bei Michelet heißt es in der Tat nahezu wortgleich: »Wer hat den Menschen die Wege der großen Seefahrt erschlossen, wer offenbarte das Meer, wer bestimmte seine einzelnen Bereiche und Straßen, wer entdeckte den Erdball? Der Wal und der Walfänger.« Michelet, *Das Meer,* S. 196.

22 Vgl. Kap. 4.5.

23 Peter Sloterdijk, *Das Menschentreibhaus. Stichworte zur historischen und prophetischen Anthropologie*, Weimar 2001, S. 37.

24 Lynn Margulis, Dorion Sagan, *Leben. Vom Ursprung zur Vielfalt*, Heidelberg, Berlin 1999, S. 45.

25 André Leroi-Gourhan, *Hand und Wort, Die Evolution von Technik, Sprache und Kunst*, Frankfurt/M. 1984, S. 171.

zeit als die denkbar älteste Stufe der gesellschaftlichen Evolution, die wir scheinbar weit hinter uns gelassen haben und die heute angeblich keine Rolle mehr spielt. Im Alltag gebräuchliche Redewendungen zementieren stets aufs Neue den Abstand, in der sich die gegenwärtige Gesellschaft gegenüber der steinzeitlichen sieht. Will man etwas als nicht auf der Höhe der Zeit abwerten, wird es nicht zufällig als »steinzeitlich« charakterisiert und damit als hoffnungslos veraltet zurückgewiesen. Die sich mit der Moderne konstituierende Soziologie, die zu einem umfassenden Verständnis ihrer eigenen Gegenwart beitragen will, hat aufgrund dieser Ausrichtung nicht viel über die Steinzeit zu sagen. Deren Erforschung hat sie weitgehend den Historikern, Archäologen und Anthropologen überlassen, deren Ergebnisse sie zumeist nur heranzieht, wenn auf den überlegenen Status der modernen Gesellschaft in Differenz zur steinzeitlichen aufmerksam gemacht werden soll. Solche Stufen- und Entwicklungsmodelle tragen jedoch nur dazu bei, durchaus vorhandene Nähen zu anderen Zeitaltern nicht erkennen zu können, obwohl sie mit Händen zu greifen sind. Nach Walter Seitter ist die Steinzeit dagegen nie zu Ende gegangen. Sie ist keineswegs durch andere Epochen abgelöst worden, wie man sich das gemeinhin gerne vorstellt:

> Wir leben immer noch auf einer dünnen Steinkruste über einem riesigen Steinfeuer – nur so und nur da leben wir. Zwar können sich die Menschen (auch einige Tiere können das) partiell von der Erde lösen. Wir können, ja wir müssen uns aufrichten und woandershin denken. Aber auch dazu brauchen wir Apparate, die aus dem Stein kommen.[26]

Die Beispiele, die für die Unterstützung dieser Perspektive herangezogen werden, reichen von den klassischen »Architekturen aus Stein«[27] wie etwa Kathedralen und Kirchen bis hin zu den »Siliziumarchitekturen«,[28] auf denen die neuesten Informationstechnologien beruhen. Es lässt sich also sagen: Die Steinzeit läuft weiter. Wie andere Epochen auch ragt sie bis weit in die Gegenwart hinein, ist nie abgelöst worden im Sinne einer vollständigen Überwindung der für sie typischen Merkmale. Wer also glaubt, dass

26 Walter Seitter, *Physik des Daseins. Bausteine zu einer Philosophie der Erscheinungen*, Wien 1997, S. 95f.

27 Ebd., S. 96.

28 Ebd.

Steine in unseren Tagen keine Bedeutung mehr haben, da sie längst abgelöst wurden durch moderne bzw. künstlich hergestellte Baumaterialien, der unterliegt einem weit verbreiteten Irrtum:

> Genau besehen leben wir nicht im Informationszeitalter, sondern im Zeitalter der Quarzkristalle: Kein Handy, keine Quarzuhr, kein Computer, kein Internet, kein Geldautomat wäre denkbar ohne diese besonderen Eigenschaften der Quarzkristalle. Sie takten, synchronisieren, speichern und spucken Information aus.[29]

Es ist allerdings typisch für unsere Zeit, dass die Materialien, die in die neuesten technologischen Erfindungen der Infosphäre eingehen, hinter der glatten Benutzeroberfläche verborgen und unsichtbar gemacht werden. Damit wird ihre enge Bindung an die ›Schätze der Erde‹ verleugnet und die Illusion einer sauberen Technologie erzeugt. Die gängigen Informations- und Kommunikationstheorien folgen dieser Illusion insofern, als auch sie sich für die Materialität der Kommunikation zumeist nicht interessieren.

Wenn sich die Soziologie der Steine überhaupt annimmt, dann zumeist mit dem Ziel, ihren unlebendigen Charakter und ihren mangelnden Einfluss auf das menschliche Dasein unter Beweis zu stellen. So arbeitet Thomas Luckmann (1927-2016) in seiner grundlegenden Abhandlung über die *Grenzen der Sozialwelt*[30] die sukzessiven Ausschlüsse von Steinen, Pflanzen und Tieren aus dem Kreis des Sozialen heraus, die sowohl im Alltag als auch in der Wissenschaft der modernen Welt zur Einengung des soziologischen Blickwinkels auf den Menschen geführt haben. Luckmann gibt jedoch zu bedenken, dass das uns selbstverständlich erscheinende Zusammenfallen von Sozialem und Menschlichem keineswegs universelle Gültigkeit für sich in Anspruch nehmen kann, es sich vielmehr um eine »idealtypische Konstruktion«[31] handelt, wenn eine veränderliche Physiognomie, Beweglichkeit und gegenseitige Kommunikation als Kriterien für die Unterscheidung von Sozialem und Nicht-Sozialem herangezogen werden. Aufgrund dieser

29 Christian Appelt, *Powerkristalle. Heilen mit energetisierten Quarzkristallen*, Baden, München 2005, S. 43; zitiert nach Benjamin Bühler, Stefan Rieger, *Bunte Steine. Ein Lapidarium des Wissens*, Berlin 2014, S. 161.

30 Thomas Luckmann, »Grenzen der Sozialwelt«, in: ders., *Lebenswelt und Gesellschaft*, Paderborn u. a. 1980, S. 56-92.

31 Ebd., S. 85.

vor allem in westlichen Gesellschaften wirkmächtigen Konstruktion sind Steine wegen ihrer physiognomischen Ausdrucksstarre, Pflanzen wegen ihrer mangelnden Beweglichkeit und Tiere wegen ihrer mangelnden Sprachfähigkeit aus dem Bereich des Sozialen und Gesellschaftlichen ausgegliedert worden. Luckmann spricht diesbezüglich auch von einer »Ent-Sozialisierung der Welt«[32] und »Ent-Gesellschaftung der Welt«.[33] Ein Stein kann schon aufgrund seiner äußerlichen Unveränderlichkeit nicht das Prädikat eines sozialen Gegenübers erhalten, da diese auf das Fehlen eines Inneren verweist, das für einen lebendigen Körper charakteristisch ist:

> Einige [...] Dinge haben einen veränderlichen Ausdruck, andere nicht. Zum Beispiel wird ein Stein zunächst als Teil eines intersubjektiven Zusammenhangs erfahren. Ich stolpere über einen Stein: der Stein verletzt meine Zehen. Die Außenseite des Steins wird als Verkörperung einer durée erfahren. Aber zusätzlich [...] kann eine besondere Ansicht der Außenseite als Ausdruck eines besonderen inneren Zustandes des Steins aufgefaßt werden, nämlich Zorn oder ähnliches. Wenn ich den Stein nach einiger Zeit erneut betrachte, bemerke ich jedoch, daß sich sein Ausdruck nicht verändert hat. Vergleiche ich nun den Stein mit anderen Körpern in meiner Erfahrung, [...] bin ich durch seinen gleichbleibenden Ausdruck verblüfft. Viele Körper der Lebenswelt verändern ihren Ausdruck, und diese Änderungen bieten sich meiner Erfahrung als Anzeichen einer Umwandlung des ›Inneren‹ dieser Körper dar. Bei dem Stein kann ich keine derartigen Umwandlungen an einer vergleichbaren, äußeren Veränderung ablesen.[34]

Die unveränderliche Physiognomie des Steins, seine Ausdrucksstarre, disqualifiziert ihn demnach als ernst zu nehmenden sozialen Partner auf Augenhöhe, der über »das subjektive Bewußtsein der eigenen Leiblichkeit«[35] verfügen muss. In der im Alltag verbreiteten Rede von einer ›versteinerten Miene‹ bei einem menschlichen Gegenüber wird diese Eigenschaft des Steins auf den Menschen übertragen, der sich mit seinem reglosen Mienenspiel an den Rand des Sozialen und Lebendigen begibt, da er sich durch seine mimi-

32 Ebd., S. 73.

33 Ebd., S. 84.

34 Ebd., S. 79. »Ich bilde im Augenblick der Berührung oder des Anstoßes am Steine z.B. eine Einheit mit ihm, die sich dann sofort oder zugleich in eine Zweiheit des Ichs und des Gegenübers spaltet.« Karl Mannheim, *Strukturen des Denkens*, Frankfurt/M. 1980, S. 207.

35 Thomas Luckmann, *Grenzen der Sozialwelt*, Paderborn 1980, S. 82.

sche Regungslosigkeit einer Art Resonanzverweigerung schuldig macht. Kommt es zu gar keiner erkennbaren, sich im Gesicht widerspiegelnden Reaktion, kann die Starre als Anzeichen des Todes gedeutet werden. Nun kann von der Ausdrucksstarre beim Stein nur dann die Rede sein, wenn wir eine unmittelbare Reaktion nach Vorbild des Menschen zugrunde legen, der im Idealfall mit einem bestimmten Gesichtsausdruck auf die Ansprache seines Gegenübers reagiert. Steine als unbeweglich und unveränderlich zu definieren, ist vor allem unserer Wahrnehmung geschuldet, die abhängig von unserer Sinnesapparatur ist. Wäre man dazu in der Lage, Steine über Jahrmillionen hinweg zu betrachten, würde sich schnell zeigen, dass auch sie keineswegs so unveränderlich und beständig sind, wie es uns in unserem flüchtigen Dasein erscheint. Zeitrafferaufnahmen ermöglichen es uns heute, Einblick in Bewegungsabläufe zu erhalten, die wir mit bloßem Auge nicht zu erkennen in der Lage sind. Der Zerfall von Felsenformationen in Gebirgen in Form von Bergstürzen, etwa durch Witterungsprozesse, lässt sich jedoch sogar mit bloßem Auge beobachten.[36] Das Phänomen der »Wandernden Steine« im Death Valley der USA, die im Sand deutliche Schleifspuren ihrer Wanderungen hinter sich herziehen, hat den Forschern lange Zeit Rätsel aufgegeben. Inzwischen geht man davon aus, dass die Steine durch unter ihnen wegschmelzendes Eis in Bewegung geraten, das wie eine Art Rutschbahn wirkt.[37] Sie bewegen sich also nicht selbstständig, sondern werden bewegt. Dennoch ist fraglich, ob die Charakterisierung von Steinen als leblose Materie noch länger Bestand haben kann, denn auch Steine verändern sich. Eine Stimme aus der Philosophischen Anthropologie kommt dieser Auffassung – zumindest mit Blick auf eine besondere Art von Stein – bereits entgegen:

> Auch der Kristall wächst und altert, und wie vieles gibt es nicht in der unbelebten Natur, das im Lauf der Zeit an Umfang zunimmt oder abnimmt oder an Widerstandsfähigkeit abnimmt, sich abnutzt. Man spricht von alten Gebirgsformationen, Landschaften usw. Wachsen und Altern sind hier rein extensiver Natur. Sie bedeuten die allmähliche Veränderung, welche

36 Harald Zepp, *Geomorphologie. Eine Einführung*, Paderborn 2017, S. 107.

37 Vgl. Richard D. Norris u. a., »Sliding Rocks on Racetrack Playa, Death Valley National Park: First Observation of Rocks in Motion«, in: *Plos One,* 27. August 2014, ⟨https://journals.plos.org/plosone/article?id=10.1371/journal.pone.0105948⟩, letzter Zugriff 05. 08. 2021.

der anfangs vorhandene Körper durch Anlagerung oder durch Eingriff anderer Stoffe erfährt und ihn selbst zu einem anderen macht.[38]

Nach Helmuth Plessner (1892-1985) sind es demnach also stets von außen auf den Kristall einwirkende Kräfte, die seine Veränderung bewirken. Der Schriftsteller Alfred Döblin (1878-1957), der sich mit seiner 1933 erschienenen Schrift *Unser Dasein* ähnlich wie Max Scheler, Helmuth Plessner und Arnold Gehlen (1904-1976) an einer eigenständigen Philosophischen Anthropologie versucht,[39] die in der Soziologie bisher zwar nicht zur Kentnis genommen wurde, angesichts des aktuell wiederauflebenden Interesses an der Lebensphilosophie und -soziologie eine intensive Wahrnehmung jedoch verdient hätte, partizipiert ebenso wie Plessner an einer in den 1920er Jahren geführten Debatte über die mögliche Lebendigkeit des Kristalls.[40] Für Döblin sind die Kristalle neben den Gesteinen, Erden, Flüssigkeiten und Gasen zunächst Teil der anorganischen Welt:

> Obwohl diese Welt des Anorganischen und der Kräfte unserem Ich sehr fremd ist und obwohl wir eine Kluft empfinden zwischen dieser Welt und der Welt der wachsenden und sterbenden Pflanzen und Tiere, so müssen wir doch durchaus von ihr Kenntnis nehmen und Einblick in sie zu gewinnen suchen, weil wir ja offenbar selbst als Menschen, die wir sind, unter der Gewalt dieser Kräfte leben, und wenn wir an die Stoffe jener anorganischen Welt denken, so wissen wir ja: aus diesen Elementen, die dort kristallisieren oder amorph sind, ist unser Körper aufgebaut, und diese Stoffe nehmen wir als Wasser, Salze, Säuren und in den Teilen von Tieren und Pflanzen ständig auf.[41]

Trotz ihrer scheinbaren Fremdheit und Distanz unserem eigenen Dasein gegenüber stehen wir also in enger Verbindung zum Anorganischen, aus dem unsere Körper sich letztlich zusammensetzen

38 Helmuth Plessner, *Die Stufen des Organischen und der Mensch*, Berlin, New York 1975, S. 183.

39 Vgl. Alfred Döblin, *Unser Dasein*, Frankfurt/M. 2017 und Christan Althen, Thomas Keil, »Nachwort«, in: ebd., S. 501-522, hier S. 517.

40 Döblin bezieht sich in seiner Beschäftigung mit dem Kristall auf den Erfinder der Ökologie, den Mediziner und Zoologen Ernst Haeckel, den Kunst- und Musiktheoretiker Hans Kayser (1891-1964) und den Physiker Otto Lehmann (1855-1922). Letzterer drehte auch 1921 einen Kinofilm mit dem Titel *Flüssige Kristalle und ihr scheinbares Lebe*. Zu den Einflüssen im Einzelnen vgl. Christan Althen, Thomas Keil, »Nachwort«, in: Döblin, *Unser Dasein*, S. 514 ff.

41 Döblin, *Unser Dasein*, S. 115.

Für Döblin stehen die Kristalle schon deshalb »ebenbürtig neben Pflanzen und Tieren«,[42] auch wenn sie weder Stoffwechsel noch Atmung aufweisen. Ähnlich wie Plessner sieht auch Döblin vor allem Kräfte von außen auf sie einwirken, die ihren Gestaltwandel bewirken: »Unaufhörlich, nachdem sie sich gebildet haben, wachsen die Mineralien weiter und zehrt die Umwelt an ihnen, wandeln sie sich um, lösen sie sich auf.«[43] Döblin kommt mit diesem Verständnis der Kristalle dem heutigen Wissen über sie schon sehr nahe. Am Kristall zeigt sich für Benjamin Bühler und Stefan Rieger, »daß Steine weder auf leblose Dinge noch auf passive Objekte reduziert werden können, sind ihre Beziehungen zum Reich des Lebendigen doch weitaus vielfältiger und komplexer«.[44] Statt sie nur als tote Objekte anzusehen, vor deren Hintergrund sich das Leben entfaltet, sind sie vielmehr selbst »Akteure, die die Grenze zwischen Unbelebtem und Belebtem immer wieder überschreiten«.[45] Bühler und Rieger verdeutlichen dies anhand von Beispielen aus der Literatur, »die die Dynamik der Steine immer wieder herausstellt und somit die Grenzlinien zwischen den Reichen der Natur unterläuft«.[46] Neben Ovids *Metamorphosen* und Wolfram von Eschenbachs *Parzival* werden dafür vor allem Adalbert Stifters *Bunte Steine* als Belege angeführt.

Die wenigen Bemerkungen über die Steine bei Luckmann und Plessner können indessen nicht darüber hinwegtäuschen, dass sich der Mainstream der Soziologie für Steine nicht interessiert. Eine umso auffälligere Ausnahme bildet daher Roger Caillois, der auch durch seine Beschäftigung mit dem Kraken und der Gottesanbeterin[47] aus dem Mainstream der Soziologie deutlich herausragt. Nach eigenem Bekunden richtet sich sein Interesse auf »alles Geheimnisvolle und Phantastische«, auf »alles, was nicht spricht und doch im

42 Ebd., S. 121.

43 Ebd.

44 Bühler, Rieger, *Bunte Steine*, S. 9.

45 Ebd., S. 10.

46 Ebd.

47 Roger Caillois, *Der Krake. Versuch über die Logik der Imagination*, München 1986. Roger Caillois, »Die Gottesanbeterin«, in: ders., *Méduse & Cie. Die Gottesanbeterin – Mimese und legendäre Psychasthenie*, Berlin 2007, S. 7-24; vgl. dazu Wolfgang Eßbach, »Und wie ist das bei Tintenfischen? Annäherungen an Montaignes Katze und ihre Antipoden«, in: Oya Erdoğan, Dietmar Koch (Hg.), *Im Garten der Philosophie. Festschrift für Hans-Dieter Bahr*, München 2005, S. 77-84.

Universum ein Echo hat«.[48] Getragen wird dieses Interesse durch seine feste Überzeugung, »daß es eine unbedingte Wahrheit des Universums gibt, die ich einzukreisen versuche, indem ich Steine und Insekten und was mir sonst noch vor die Augen kommt, beschreibe«.[49] Caillois ist mit dem russischen Chemiker Dmitri Iwanowitsch Mendelejew (1834-1907) überzeugt, »daß das Universum auf wenigen Grundelementen beruht, die sich ständig wiederholen, so daß in diesem System alles miteinander in Beziehung steht«.[50] Er hat es sich deshalb zur Lebensaufgabe gemacht, die zumeist verborgenen Muster der Natur aufzudecken und die untergründigen Beziehungen zwischen allem Existierendem nachzuweisen. Caillois, der sich in seinen Publikationen nicht nur mehrfach intensiv mit Steinen befasste,[51] sondern auch selbst ein leidenschaftlicher Sammler war,[52] beginnt seine Monographie *Steine* mit einer Spezifikation der Art von Steinen, mit denen er sich beschäftigt. Es sind nicht diejenigen, die die Aufmerksamkeit der Künstler, Archäologen oder Diamantenhändler auf sich ziehen, sondern vor allem die zumeist unbeachtet bleibenden, unauffälligen Exemplare. Caillois interessiert sich für Steine vor ihrer Verarbeitung durch Menschenhand, vor ihrer Verwandlung in etwas anderes – in Schmuck, in ein Kunst- oder Bauwerk. In Anlehnung an Foucaults Rede von den *infamen Menschen*[53] ließe sich bei Caillois von den *infamen Steinen* sprechen. Seine Auseinandersetzung mit ihnen zielt dabei auf das

48 Hector Bianciotti, Jean-Paul Enthoven, »Gespräch mit Roger Caillois«, in: *Sinn und Form. Beiträge zur Literatur*, 62 (2010), H. 3, S. 300-308, hier S. 307.

49 Ebd., S. 306.

50 Ebd., S. 302.

51 Vgl. Roger Caillois, *Steine*, München 1983 und ders., *Die Schrift der Steine*, Graz, Wien 2004. Innerhalb der Soziologie sind diese Schriften allerdings kaum jemals zur Kenntnis genommen worden. Ein wenig bekannter sind seine Arbeiten über das Heilige und das Spiel, vgl. Roger Caillois, *Der Mensch und das Heilige*, München, Wien 1988 und ders., *Die Spiele und die Menschen. Maske und Rausch*, Berlin 2017.

52 Vgl. das Porträt von Marguerite Yourcenar, »Der Mann, der die Steine liebte«, in: dies., *Die Zeit, die große Bildnerin. Essays über Mythen, Geschichte und Literatur*, München, Wien 1998, S. 226-250 und Monika Schmitz-Emans, »Roger Caillois' Texte über Steine. Ein literarisches Lapidarium«, in: Kurt Röttgers, Monika Schmitz-Emans (Hg.), *Steine – Versteinertes*, Essen 2014, S. 47-60.

53 Michel Foucault, *Das Leben der infamen Menschen*, Berlin: Merve 2001 versteht seine Untersuchung als »eine Anthologie von Existenzen. Es sind Leben von wenigen Zeilen oder etlichen Seiten; es sind Unglücke oder Abenteuer ohne Zahl,

auch in anderen Schriften verfolgte Ziel einer Zusammenführung von Materie und Imagination:

Für mich ist die Imagination nur eine Verlängerung der Materie, und ich glaube auch nicht, daß Poesie ein rein menschliches Phänomen ist und sich auf die Sprache beschränkt. Heute beschäftige ich mich nur noch mit Steinen, weil ich zeigen möchte, daß ihre Struktur, ihre Gestaltwerdung alles Irdische in gleichsam reduzierter und verkleinerter Form enthält. Die Imagination ist stolz darauf, frei fabulieren zu können, doch das Innere eines Steins verkündet, daß Exaktheit wie Variation bloß unterschiedliche Anstrengungen innerhalb des gleichen, ewig unveränderlichen Rahmens sind. Die unergründliche Freiheit des Geistes und die Schwere des Gesteins unterliegen den gleichen geheimnisvollen Regeln.[54]

Da die Steine auch für Caillois zunächst nur ein stummes, keineswegs aber ausdrucksstarres Gegenüber sind, gilt es umso mehr, ihren Geheimnissen auf die Schliche zu kommen, sie zu entziffern. Auch wenn auf ihnen meist keine Schriftzeichen vermerkt sind, so fungierten sie doch oft selbst als Zeichen. Als Beobachter und Beschreiber der Steine bezieht Caillois sie auch auf sich selbst und setzt sich in ein Verhältnis zu ihnen: »Der Lebendige, der sie betrachtet, begreift, daß er seinerseits weder so dauerhaft noch so beharrlich ist.«[55]

Für eine Soziologie, die sich entschlossen hat, ausschließlich die Beziehungen der Menschen zueinander oder zum Markt in den Mittelpunkt ihrer Untersuchungen zu stellen, gelten Steine zweifellos als abgelegenes Thema. In der mangelnden Beschäftigung der Soziologie mit ihnen zeigt sich einmal mehr ihr Abstand gegenüber dem Alltag, in dem wir auf Schritt und Tritt auf sie stoßen. So ließe sich wohl ein menschliches Leben auch über seine Begegnungen mit Steinen erzählen. Von der immer noch beliebten Sammlung von Steinen in Kindertagen über die Grundsteinlegung beim Bau des eigenen Hauses bis hin zum Grabstein steckt unser Leben über

zusammengerafft in eine Handvoll Wörter. Kurze Leben, angetroffen im Zufall der Bücher und der Dokumente.« (Ebd., S. 7) Die Parallele ergibt sich aus der »Zuwendung zu den niedrigen und fast nichtigen Existenzen« (Walter Seitter, »Nachwort«, in: ebd., S. 49-75, hier S. 53), die sich auch bei Caillois – hier in Bezug auf Steine – findet.

54 Bianciotti, Enthoven, »Gespräch mit Roger Caillois«, S. 303.

55 Caillois, *Steine*, S. 63.

die individuelle Lebensspanne hinaus voller Begegnungen mit ihnen. Wie viele Kindheiten sind auch heute noch eng verbunden mit dem Sammeln von Steinen? Welche Verbindung wird hier eingegangen? Wie kommt es zu dieser Beziehung zu Steinen? Gegen wie viele Steine haben wir im Laufe des Lebens getreten? Wie viele haben wir an Stränden gesammelt und zu Mustern zusammengelegt? Wie viele haben wir über die Wasseroberfläche springen lassen? Über wie viele sind wir schon gestolpert? Wie oft haben wir sie hin und herbewegt bei anfallenden Gartenarbeiten? Wie viele Mauern bilden sie bis heute? Wie oft stehen wir noch immer staunend vor den steinernen Bauten der Vergangenheit bei unseren touristischen Unternehmungen? Zu wie vielen dieser Unternehmungen und Aktivitäten fordern sie uns regelrecht auf durch ihre pure Anwesenheit?[56] Zählt man Steine zu den Dingen, so sind sie spätestens seit Latours Vorstoß, diese nicht mehr als völlig teilnahmslose Objekte zu behandeln, auch Akteure: »Kurz gesagt: Dinge tun etwas mit den Menschen (und nicht nur wir mit ihnen).«[57]

Bei all diesen verschiedenen Aktivitäten handelt es sich natürlich nicht immer um ein und dieselbe Art von Steinen. Wir kennen den Pflasterstein als Bodenbelag von Straßen und als Mittel gewalttätiger politischer Auseinandersetzungen, wir kennen Grenzsteine, Kieselsteine, Schmucksteine, Meilensteine, und wir verwenden Backsteine als Baumaterial.[58] Selbst wenn sie in diesem Zusammenhang Erwähnung finden, erhalten sie typischerweise den Status eines Objekts, mit dem beliebig verfahren werden kann, ausgerichtet an den Vorhaben der Menschen. Das ist die vorherr-

56 Im Lied »Bevor ich dich traf« von der Gruppe *Element of Crime* um Sven Regener heißt es: »Siehst du den Stein auf der Straße / Der ist klein, schmutzig und schwer / Der liegt dort, weil keiner ihn haben will / Aber auch, weil er niemanden stört / Den wird irgendwann einer werfen / Gegen wen oder was ist nicht klar / Und der Stein wird das erste Mal fliegen / Und findet das ganz wunderbar«. Über verborgene Existenzweisen weiß die Kunst klassischerweise mehr zu erzählen, als eine um das Rationalitätspostulat herum gebaute positivistische Wissenschaft es vermag, die Imaginationen jeglicher Art fälschlicherweise für unwirklich hält und deshalb kategorisch aus ihren Überlegungen ausschließt.

57 Hartmut Böhme, *Fetischismus und Kultur. Eine andere Theorie der Moderne*, Reinbek bei Hamburg 2006, S. 13.

58 Adalbert Stifter benennt die Erzählungen in seinem Buch *Bunte Steine und andere Erzählungen*, hg. und kommentiert von Jürgen Jahn, Leipzig 1981, nach verschiedenen Steinen. Zum Thema Grenzsteine vgl. auch Kap. 4.4.2.

schende Perspektive der Wissenschaft. Menschen, die in der Praxis mit Materialien wie dem Stein zu tun haben, wissen – ähnlich wie auch im Falle des Umgangs mit Tieren[59] – anderes zu berichten. Aus der unmittelbaren Behandlung des Steins erwachsen andere Blicke auf den angeblich toten Stoff. Ein schlagendes Beispiel dafür liefert der Architekt Louis Kahn (1901-1974), bei dem der Backstein als »non-humaner Akteur« erscheint:

> Ohne die Hilfe der Natur können Sie nichts gestalten. [...] Wenn Sie etwas Präsenz verleihen möchten, müssen Sie die Natur befragen. [...] Wenn Sie z. B. an Backsteine denken und Sie die Anordnungen befragen, dann befragen Sie das Wesen des Backsteins. Das ist ganz natürlich. Sie sagen: ›Was willst du, Backstein?‹, und der Backstein sagt zu Ihnen: ›Ich will einen Bogen.‹ Und Sie sagen zum Backstein: ›Sieh mal, ich will auch einen, aber Bögen sind teuer, und ich kann einen Betonsturz auf dich, auf die Öffnung setzen.‹ Und dann sagen Sie: ›Was hältst du davon, Backstein?‹ Der Backstein antwortet: ›Ich möchte einen Bogen.‹[60]

Nicht nur der Mensch und das Tier wollen etwas, auch der Stein will von sich aus etwas, und zwar ganz entschieden. Er erweist sich als durchaus eigensinnig und hartnäckig. Material ist demnach nicht frei und beliebig verfügbar, gestaltbar und dehnbar, sondern drängt von sich aus auf eine bestimmte Art der Verwendung! Es selbst will etwas und verweigert sich gegenüber ihm nicht entsprechenden Bearbeitungen. Das Material ist bei weitem nicht so passiv, wie es zumeist dargestellt wird. Es unterliegt keineswegs der beliebigen Verwendung durch den Menschen, auch wenn dieser dies gerne behauptet, weil es seinem Selbstbild von der alles beherrschenden Spezies entspricht. Materialien wie Lehm, Sand, Stein, Mörtel, Beton verweisen vielmehr selbst auf eine bestimmte Behandlung und Form, zu der sie von sich aus tendieren. Und sie verweigern sich oft genug nichtadäquaten Verwendungsweisen. Jeder Hausbau und alle daran beteiligten Gewerke haben mit dieser Widerständigkeit des Materials permanent zu tun, auch wenn der aktive Beitrag der Materie selbst dabei seltsam unbeleuchtet bleibt und zumeist nur

59 Vgl. Kap. 2.3.

60 Zitiert nach Henning Schmidgen, *Latour zur Einführung*, Hamburg, S. 160. Bei Gabriel Tarde, *Die Gesetze der Nachahmung*, Frankfurt/M. 2003, S. 79 heißt es: »Hier der Spitzbogen, dort der Giebel, und anderswo der Rundbogen: Das ist das zugleich sichtbarste und tiefgründigste Merkmal einer Gesellschaft.«

die Tätigkeit des Menschen Erwähnung findet, wenn etwa sein gekonnter Umgang mit dem Material betont wird. Künstler wissen ebenfalls seit langem um den Eigenwillen des Materials. Sie wissen, dass sich nicht jedem Material eine beliebige Form aufdrängen lässt:

> Denn natürlich bewegt sich jede Formgebung nur innerhalb der Grenzen bestimmter Materialien. Was überhaupt von Menschen formbar ist, unterscheidet sich ganz wesentlich, je nachdem, ob Holz, Stein oder Beton zur Verfügung stehen, ob mit Glas, Keramik oder Polyethylen gearbeitet wird, ob mit Leinen oder Nylon.[61]

Warum findet ein solches Wissen kaum Eingang in das wissenschaftliche Wissen? Die Antwortet lautet schlicht: Weil diese in der Regel auf die Praktiker nicht hört. Sie ist stets um die Distanz zu ihrem Gegenstand bemüht und verbietet sich grundsätzlich, die Perspektive des von ihr Untersuchten einfach zu übernehmen. Aber diese notwendige Distanz zieht schnell die Ignoranz nach sich, die sich im vollständigen Verzicht auf die Stimmen der Praxis und der Leugnung der Relevanz ihrer Aussagen und Erfahrungsbe-

61 Benjamin Steiniger, »Sand, Beton, Sediment«, in: Andreas L. Hofbauer (Hg.), *Bleibende Steinzeit*, Wien 2018, S. 30-42, hier S. 32. Vgl. auch Monika Wagner, *Das Material der Kunst. Eine andere Geschichte der Moderne*, München 2001, S. 174: »Die Vorstellung, daß der Stein selbst das ihm gemäße Bild in sich trage, daß die künftige Figur also im Stein verborgen liege, ist in vielen Varianten, so etwa von Meister Eckhart, Leon Battista Alberti und Michelangelo, überliefert. Demnach entsteht das Werk durch ›Wegnahme des Überflüssigen‹; der Künstler befreit die verborgene, innere Form, welche die Natur als Bildnerin selbst geschaffen hat, aus dem Stein.« Vgl. dazu auch Georg Simmel, »Aesthetik der Schwere«, in: ders., *Aufsätze und Abhandlungen 1901-1908, Bd. I, Gesamtausgabe Bd. 7*, hg. von Rüdiger Kramme, Angela Rammstedt und Otthein Rammstedt, Frankfurt/M. 1995, S. 43-48, hier S. 47: »Der Mamor [...] hat etwas Objektives, wie der Raum, er ist sozusagen der bloße Raum als Körper, so daß die Plastik als Gestaltung des Raumes an ihm das biegsamste, jedem Verhältnis der Formen und Kräfte nachgiebigste Material findet; während bei dem Holz, dem Porzellan, der Bronze schon besondere, dem Stoffe eigene Schwereverhältnisse stark präjudizierend wirken.« Vgl. Delitz, *Die gebaute Gesellschaft*, S. 139 f.: »Stein ist nicht einfach ›Stein‹ und Beton nicht einfach ›Beton‹: immer ist er porös oder weniger porös, widerständig oder weniger widerständig, geschmeidig oder weniger geschmeidig. Es ist ein Unetrschied, ob Beton glatt ist (wie bei Tadao Ando) oder rau (wie im Brutalismus); ober von geringer Festigkeit und starr oder selbstverdichtend und daher beweglich, organisch formbar ist. Ebenso ist es mit dem Holz, das nie einfach nur ›Holz‹ ist.«

richte niederschlägt. Und so perpetuiert sich die Rede vom aktiven menschlichen Subjekt, das etwas will, und dem passiven nichtmenschlichen Objekt, das etwas soll. Den Zielen des mächtigen Subjekts unterwirft sich nach dieser Auffassung das ohnmächtige Objekt. So will es bis heute die noch immer favorisierte cartesianische Denkweise.[62]

62 In außereuropäischen Kulturen ist ein anderer Umgang mit Steinen vorzufinden. Der koreanische Regisseur des Films *The Parasite* (Südkorea 2019, R: Bong Joonho) weist in einem Interview auf die Bedeutung des Steins in der Kultur Koreas hin: »Die Szene, in welcher der Freund der Familie den Stein mitbringt, wirkt recht seltsam. Junge Menschen heute in Korea wissen kaum etwas darüber, doch der Stein hat verschiedene symbolische Bedeutungen, er ist ein Glücksstein. In ›Parasite‹ entwickelt sich eine obsessive Beziehung dazu, als würde der Stein dem Sohn überallhin folgen. Wichtig ist, dass die Mutter sagt, man könne den Stein nicht essen. Denn: Solche Steine werden in Korea an Ausstellungen für hohe Summen gehandelt, und die Armen verstehen nicht, warum jemand für einen Stein so viel Geld bezahlt. Wahrhaft symbolisch wird der Stein jedoch dadurch, dass er für Begehren und Ehrgeiz des jungen Mannes steht. Der ahmt den reichen Freund nach, der den Stein gebracht hat. Da jedoch das ganze Verhängnis mit dem Stein begann, fühlt er sich auch schuldig. Am Ende gibt er ihn der Natur zurück, vielleicht, weil er neu beginnen will: Vom Blut gereinigt glitzert der Stein im Wasser, als wäre alles nur ein Traum gewesen.« Bong Joon-ho im Gespräch mit Hoo Nam Seelmann am 07.08.2019 in *Neue Zürcher Zeitung*, ⟨https://www.nzz.ch/feuilleton/bong-joon-ho-der-suedkoreanische-regisseur-im-interview-ld.1497681⟩, letzter Zugriff 17.08.2021. Auch in dem japanischen Film *Nokan – Die Kunst des Ausklangs* (Japan 2008, R: Masahiro Motoki) und in *127 Hours* (USA 2010, R: Danny Boyle) übernehmen ein Stein bzw. ein Felsbrocken eine tragende Rolle.

2.3 Das Leben der Pflanzen und der Mensch

> »Wir sind Pflanzen, die – wir mögen es uns gerne gestehen oder nicht – mit den Wurzeln aus der Erde steigen müssen, um im Äther zu blühen und Früchte tragen zu können.«[63]

Ebenso wie die Steine sind auch die Pflanzen schon sehr viel länger seit etwa 800 Millionen Jahren[64] auf der Erde heimisch als der Mensch. Anders aber als im Falle der Steine sind andere Lebewesen unmittelbar abhängig von den Pflanzen und ihren Fähigkeiten. Ohne sie könnten Tiere wie Menschen weder atmen noch sich ausreichend ernähren. Es sind die Pflanzen, die den zum animalischen wie menschlichen Leben notwendigen Sauerstoff zu erzeugen in der Lage sind, aus dem sich darüber hinaus die Ozonschicht gebildet hat, ohne die alle Lebewesen den Ultraviolettstrahlungen der Sonne schutzlos ausgeliefert wären. Wem eine solch tragende Rolle für das Leben auf diesem Planeten zukommt, dem sollte die Verehrung in allen menschlichen Kulturen sicher sein. Zumindest aber müssten Pflanzen einen hohen Stellenwert im Ranking der Lebewesen einnehmen. Von beidem kann jedoch keine Rede sein. Zumal in den westlichen Kulturen kommt nach der Verehrung des Menschen für sich selbst allenfalls noch die der Götter und bestimmter Tiere in Frage, kaum aber eine der Pflanzen.[65] Das

63 Johann Peter Hebel (1760-1826), zitiert nach Martin Heidegger, *Aus der Erfahrung des Denkens. Gesamtausgabe I, Abteilung Veröffentlichte Schriften 1910-1976*, Bd. 13, Frankfurt/M. 1983, S. 150.

64 Vgl. Christoph Wulf, »Pflanzen«, in: ders. (Hg.), *Der Mensch und seine Kultur*, Köln 2010, S. 55.

65 Herbert Spencer behandelt Tier- wie Pflanzenverehrung als ein Phänomen »primitiver Kulturen«, vgl. Herbert Spencer, *Die Prinzipien der Soziologie*, 1. Band, Stuttgart 1877, S. 396 ff. Eine bedeutsame Ausnahme ist hier der Wald, der nach Elias Canetti, *Masse und Macht*, Frankfurt/M. 1980, S. 98 »zum Vorbild der *Andacht* geworden ist. Er zwingt den Menschen aufzuschauen, dankbar für seinen überlegenen Schutz. Das Hinaufschauen an vielen Stämmen wird zu einem Aufschauen überhaupt. Der Wald baut dem Kirchengefühl vor, dem Stehen vor Gott unter Säulen und Pfeilern.« Wie eine Illustration dieses Gedankens erscheint eine Einstellung in dem Film *Black Robe – Am Fluss der Irokesen* (KAN, AUS: 1991, R: Bruce Beresford, nach einem Roman von Brian Moore): Ein Rundum- und Aufblick zu den Bäumen wird parallelisiert bzw. gegengeschnitten mit einem entsprechenden Blick in einer Kirche oder Kathedrale. In dieser einen Szene ver-

Verhältnis der Menschen zu ihnen ist letztlich nicht einmal als ambivalent zu bezeichnen. Vielmehr scheint es nahezu durchgängig davon bestimmt, dass der Mensch sie rücksichtslos für seine eigenen Zwecke einsetzt. Der Umgang, den der Mensch generell mit der Natur pflegt, zeigt sich insbesondere auch bei seiner Behandlung der Pflanzen. Er hat sie »als gegeben vorgefunden, er hat sie aber nicht als solche angenommen«.[66] Stattdessen hat er sie nach seinen Vorstellungen und Bedürfnissen radikal umgestaltet. Indem er »ihre Natürlichkeit vergewaltigte«,[67] wurden aus Wildpflanzen Kulturpflanzen. Die Entwicklung der menschlichen Hochkulturen ist ohne den umfassenden Eingriff der Menschen in die Evolution der Pflanzen nicht vorstellbar.[68] Erst der großflächige Anbau von Getreide und Gemüse hat die Ernährung der Menschen auf diesem Niveau ermöglicht. Das Leben der Pflanzen wurde dafür in hohem Maße manipuliert, die Ausbreitung unerwünschter Arten unterdrückt oder gänzlich verhindert. Die Entwicklung der Pflanzen und die der Menschen verlaufen dabei nicht getrennt nebeneinander her, sondern überlappen sich: »Indem aus wilden Pflanzen anbaubare und eßbare Kulturpflanzen werden, wird der Mensch selbst von einem wilden zu einem kulturellen Wesen. Unklar bleibt dabei die Richtung des Kultivierungsprozesses: ob die Menschen die Pflanzen oder die Pflanzen die Menschen kultivieren.«[69] Die sich in der zweiten Betrachtungsweise andeutende aktive Rolle der Pflanzen stand lange Zeit nicht im Fokus ihrer Erforschung, wird heute jedoch verstärkt verfolgt.[70] Vorherrschend in den Dar-

dichtet sich die Aussage des Films: Der Kirche der Irokesen ist der Wald bzw. die Natur. Da sie schon eine Kirche haben, stoßen die Aktivitäten der christlichen Missionare weitgehend auf Unverständnis und Ablehnung.

66 Vilém Flusser, *Dinge und Undinge. Phänomenologische Skizzen*, München, Wien 1993, S. 49.

67 Ebd.

68 Vgl. Christoph Wulf, »Pflanzen«, in: ders. (Hg.), *Der Mensch und seine Kultur*. Köln 2010, S. 57.

69 Benjamin Bühler, Stefan Rieger, *Das Wuchern der Pflanzen. Ein Florilegium des Wissens*, Frankfurt/M. 2009, S. 13.

70 Vgl. Michael Pollan, *Die Botanik der Begierde. Vier Pflanzen betrachten die Welt*, München 2002. Pollan fällt hinter diese Perspektive jedoch wieder zurück, wenn er formuliert: »Die Arten, die sich in den letzten zehntausend Jahren damit beschäftigt haben, wie sie uns am besten nähren, heilen, bekleiden, berauschen oder sonst wie erfreuen können, haben sich dadurch zu den größten Erfolgsstorys der Natur entwickelt.« Ebd., S. 13. Hier erlangen die Pflanzen zwar Akteurstatus.

stellungen aber ist zunächst die erste Beeinflussungsrichtung. Der bereits erwähnte Geologe Ernst Fischer lässt dabei keinen Zweifel daran, dass es sich bei der Kultivierung keineswegs um einen Prozess friedlicher und behutsamer Interventionen handelt, sondern um eine umfassende Domestizierung der Natur, die mit Akten der Zerstörung einhergeht: »Unsere gesamten dichter bewohnten Kulturgebiete haben eine völlig dem Menschen unterworfene Pflanzenwelt. Fast unabhängig pflanzt und sät er, siedelt an und rottet aus und gestaltet alles neu nach seinem Willen.«[71] Wir stoßen hier nicht zufällig auf die gleiche Geschichte wie beim Boden. Ebenso wie dieser nicht so belassen wird, wie er ursprünglich ist, werden mit ihm auch die Pflanzen entsprechend den Bedürfnissen des Menschen umgeändert. Das Schicksal der Pflanzen ist mit dem des Bodens verknüpft, schließlich sind sie sowohl die Bewohner als auch – neben den vielen Kleinstlebewesen – die Schöpfer des Bodens. Insofern erscheinen Pflanzen überwiegend als von Menschenhand geformt und für menschliche Zwecke zugerichtet. Dabei wird stets danach gefragt, wie die Pflanzen vom Menschen behandelt und zugerichtet werden. Sie selbst scheinen diesen Maßnahmen ebenso hilflos ausgeliefert zu sein wie der Boden – ohne die Möglichkeit zur eigenständigen Aktion.

Aktuell gelten Pflanzen dagegen als sträflich unterschätze Lebensform, die zu eigenen Aktivitäten in der Lage ist und keineswegs nur eine passive Rolle einnimmt. Biologinnen und Botaniker weisen verstärkt darauf hin, dass Pflanzen über weit mehr Fähigkeiten verfügen, als gemeinhin angenommen wird. Der durch diese Forschung ermöglichte neue Blick auf sie macht zwar den traditionellen Blick auf sie nicht mit einem Schlag zunichte, bietet aber die Chance, in Zukunft einen anderen Umgang mit ihnen zu pflegen. Der italienische Botaniker Stefano Mancuso etwa konfrontiert sowohl die Fachwelt als auch die Öffentlichkeit mit verblüffenden Ergebnissen aus seiner Erforschung der Pflanzen,[72] die inzwischen

Unterstellt wird aber, dass Pflanzen nichts anderes im Sinn hätten, als dem Menschen zu dienen, womit sich eine anthropozentrische Lesart durch die Hintertür wieder einschleicht.

71 Fischer, »Der Mensch als geologischer Faktor«, S. 128.

72 Vgl. Stefano Mancuso, *Die Intelligenz der Pflanzen*, München 2015; Stefano Mancuso, *Pflanzenrevolution. Wie die Pflanzen unsere Zukunft erfinden*, München 2018.

auch von der Philosophie verstärkt aufgenommen werden.[73] Pflanzen können demnach sowohl untereinander als auch mit Tieren kommunizieren, sie sind soziale Lebewesen, verfügen über Problemlösungskompetenzen, sie können andere Lebewesen imitieren, abwägen und Entscheidungen treffen, haben Lern- und Erinnerungsvermögen, und einige von ihnen spielen sogar.[74] Mit anderen Worten: Sie besitzen Intelligenz.[75] Angesichts dieser gut belegten Fähigkeiten plädiert Mancuso für einen Paradigmenwechsel beim Umgang mit Pflanzen und dem Nachdenken über sie, der umso dringlicher erscheint, da viele der Fähigkeiten von Pflanzen durchaus seit langem bekannt sind, die tief in unsere Kultur eingesenkten Vorurteile aber immer wieder den Sieg über die wissenschaftlichen Erkenntnisse davontragen. Obwohl die Liste der Philosophen und Naturforscher prominent besetzt ist, die den Pflanzen bereits Intelligenz zugesprochen haben – Mancuso nennt Platon (428/427-348/347 v. Ch), Demokrit (459/460-370 v.Chr.), Gustav Theodor Fechner (1801-1887) und Darwin –, wird bis heute unberührt von deren Einsichten daran festgehalten, dass es sich bei Pflanzen um niedrige Geschöpfe handelt, die auf der »Evolutionsleiter«,[76] für deren Plausibilität ohnehin jeder Nachweis fehlt, gerade eine Stufe über den unbelebten Objekten stünden. Für den offenbar unerschütterlichen Glauben an eine Hierarchie der Lebewesen macht Mancuso den französischen Philosophen und Theologen Charles

73 Vgl. Coccia, *Die Wurzeln der Welt*; ders., »Die Wurzeln der Welt«, in: *Merkur. Zeitschrift für europäisches Denken* 72 (2018), S. 23-33.

74 Vgl. das Interview mit Stefano Mancuso im *ZEIT-Magazin* 22. März 2018, S. 18-25; S. 22.

75 Vgl. Mancuso, *Die Intelligenz der Pflanzen*, S. 7 f. Obwohl dies bereits von Francis Darwin (1848-1925), dem Sohn von Charles Darwin, erstmalig 1908 öffentlich vertreten wurde, ist es auch in wissenschaftlichen Kreisen immer wieder bestritten worden, vgl. ebd., S. 26. Im Ende des 19. Jahrhundert erschienenen Roman *Erewhon oder Jenseits der Berge*, Frankfurt/M. 1994, von Samuel Butler (1835-1902) heißt es bereits: »Pflanzen [...] verraten kein Interesse für menschliche Angelegenheiten. Wir werden einer Rose nie begreiflich machen können, daß fünf mal sieben gleich fünfundreißig ist, und es hat keinen Zweck, mit einer Eiche vom Auf und Ab der Börsenkurse zu reden. Daher behaupten wir, die Eiche und die Rose seien unintelligent; wir stellen fest, daß sie von unserem Geschäft nichts verstehen, und schließen daraus, daß sie auch ihr eigenes nicht verstehen. Doch was versteht einer, der so redet, von Intelligenz? Wer verrät die höhere Intelligenz? Er oder die Rose und die Eiche?«, S. 329.

76 Mancuso, *Die Intelligenz der Pflanzen*, S. 14.

de Bouelles (1479-1567) verantwortlich, auf den diese eigentlich längst überholte Vorstellung zurückgehe:

> Eine Abbildung aus dem Werk verrät mehr als tausend Worte: Sie zeigt, auf Treppenstufen angeordnet, die belebte und unbelebte Natur. Auf den Fels – der lapidar ›est‹, also einfach existiert – folgen die Pflanzenwelt – die ›est et vivit‹, also existiert und lebt – und die Tierwelt – die ›sentit‹, Empfindungsvermögen besitzt – und schließlich der Menschen, der ›intelligit‹ und damit als Einziger vernunftbegabt ist. Die Vorstellung der Renaissance, Lebewesen seien unterschiedlich entwickelt und beseelt, wirkt bis heute fort und gehört zu unserem kulturellen Erbe, von dem wir uns nur schwer lösen können.[77]

Mancuso fragt sich, warum sich dieses Bild von den Pflanzen so hartnäckig hält, obwohl es den Ergebnissen der Forschung eindeutig widerspricht. Was er dabei nicht ins Kalkül zieht, ist, dass die stabile Abwertung der Pflanzen es dem Menschen erst erlaubt, die Pflanze so zu behandeln wie er sie behandelt: Als »Rohstoff, als Nahrungsquelle oder schmückendes Beiwerk«.[78] Die Einsicht, es mit intelligenten Lebewesen zu tun zu haben, die auch noch Gefühle haben, könnte den Menschen dagegen eine im Alltag eher lästige Zurückhaltung und Rücksichtnahme im Umgang mit Pflanzen auferlegen. Sich als *Krone der Schöpfung* fühlen zu können, impliziert das hartnäckige Insistieren auf der Minderwertigkeit anderer Lebensformen. Ein anderes Hemmnis, der Pflanze als intelligentem Wesen endlich die ihr zustehende Anerkennung zu schenken, liefert Mancuso selbst, allerdings ohne dies zu sehen, wenn er postuliert, dass die Pflanze kein Individuum sei: »Eine Pflanze stellt man sich besser als Kolonie vor, weil ein Baum wesentlich mehr Ähnlichkeit mit einem Bienen- oder Ameisenvolk hat als mit einem einzelnen Tier.«[79] Doch die Pflanze als Kolonie trifft auf die – auch in der Soziologie verbreiteten – Vorbehalte gegen die Masse oder Menge,

77 Ebd., S. 22.

78 Ebd., S. 32.

79 Ebd., S. 39. Bereits Ernst Furhmann notiert in seinem Fotoband über die Pflanzen: »Die Pflanze ist ein Staat. Ihre Einzelwesen haben ganz verschiedene Aufgaben zu erledigen. Die einen wirken am Boden, die anderen im Stamm und in der Rinde, wieder andere kommen zur Entfaltung, und einige müssen eine dauernde Leistung vollbringen.« Ernst Fuhrmann, *Pflanzen als Lebewesen. Eine Biographie in 200 Aufnahmen,* Frankfurt/M. 1930, S. III.

auf die zumeist mit Abscheu und Verachtung geblickt wird.[80] Der Besonderheitsstatus des Menschen leitet sich dagegen aus seinem Status als unverwechselbares Individuum ab.[81] Will man der Pflanze ebenfalls Individualität verleihen, zeigt man ein einzelnes Exemplar und gibt ihr einen spezifischen Namen. Ändern könnte sich die geringschätzende Bewertung der Pflanzen wohl erst dann, wenn auch der Mensch nicht so sehr als abgeschlossenes Individuum, als isolierte Einheit, sondern als Teil eines Gefüges aus unterschiedlichen Spezies angesehen würde.

Ein Schritt in diese Richtung wäre für Mancuso schon getan, wenn die enorme Vielfalt der Pflanzen und die gravierenden Unterschiede zwischen ihnen nicht immer schon dadurch verdeckt würden, dass sie vom Farn bis zum Mammutbaum alle unter diesen einen Begriff zusammengefasst würden. So gibt es etwa soziale und nicht soziale Pflanzen.[82] Die sozialen Pflanzen tauschen andauernd Informationen aus und warnen sich vor Insektenangriffen, etwa durch Düfte, die sie aussenden. Sie verfügen also über eine eigene Sprache, die »Duftsprache«.[83] Obwohl sich in unserer Gegenwart langsam ein bewussterer Umgang mit den Pflanzen durchsetze, sei unsere Landwirtschaft noch immer primitiv, da sie Pflanzen als »bloße Produktionsmittel, nicht als lebende Organismen«[84] ansehe: »Statt ihre natürlichen Fähigkeiten zu nutzen und sie so zum Wachstum zu verführen, knallen wir sie mit Dünger zu und töten alles Leben in ihrer Umgebung.«[85] Der Einsatz von Pestiziden und Herbiziden sei jedoch schon deshalb gar nicht nötig, weil Pflanzen »von allein mit jeder Bedrohung fertig [werden], die man sich vorstellen kann«.[86] Was das Saatgut betrifft, werde zudem ohne Rücksicht auf lokale Bedingungen überall das gleiche Produkt verteilt. »Unser Umgang mit Pflanzen vergiftet nicht nur die Erde – es gefährdet auch noch uns selbst.«[87]

Doch so faszinierend sich die neuen Untersuchungen über die

80 Vgl. Kap. 1.6.

81 Vgl. Markus Schroer, *Das Individuum der Gesellschaft. Synchrone und diachrone Theorieperspektiven*, Frankfurt/M. 2001.

82 Vgl. Kap. 4.1.

83 Interview mit Stefan Mancuso in *ZEIT-Magazin*, S. 24.

84 Ebd., S. 25.

85 Ebd.

86 Ebd.

87 Ebd.

Intelligenz der Pflanzen auch lesen mögen, die Erkenntnisse über das Leben der Pflanzen sind nicht so neu, wie sie heute oftmals dargestellt werden. Auch auf diesem Feld lassen die neuen Publikationen Referenzen auf frühere Werke oftmals vermissen.[88] Ein bemerkenswerter Vorläufer vieler heute wieder aktueller Einsichten ist etwa der Schriftsteller, Verlags- und Museumsleiter Ernst Fuhrmann (1886-1956), der im Jahr 1930 einen Bildband mit 200 Pflanzenfotografien veröffentlicht, die er als »Biographie« bezeichnet.[89] Dessen Kerngedanke lautet: »Die Pflanze ist ein Lebewesen.«[90] Im Anschluss an diese Vorlage setzt sich der Schriftsteller Alfred Döblin in seiner bereits behandelten Schrift *Unser Dasein*[91] von der herkömmlichen Betrachtung der Pflanze ab und versucht sich an einer Umwertung der auch von Mancuso kritisierten Hierarchie der Lebensformen im Sinne einer Stufenleiter durch eine wortmächtige Lobeshymne auf die so oft sträflich unterschätzte Pflanze:

> Der Mensch, wie die meisten Tiere, ist nicht am Boden festgewachsen. Die Pflanzen entwickeln ihr Ich am Boden, und was sie zur Ernährung, zum Wachstum, zur Fortpflanzung benötigen, können sie an Ort und Stelle verrichten [...], sie haben die größte Klugheit entwickelt in der Bewältigung und Aufschließung des Bodens, in der Fähigkeit, physikalisch und chemisch sich den Boden anzueignen, ebenso in der Anpassung an Luft und Temperatur. Sie können Wachs- und Lederhäute entwickeln, um die Wasserverdunstung aus ihrem Leib zu verhindern und nicht einzutrocknen, sie vermögen Nässe in Wüsten zu speichern, sie schützen sich mit Stacheln

88 Das betrifft insbesondere die Arbeiten der Pflanzensoziologie, vgl. Kap. 4.1. Auch Gustav Theodor Fechner hat dazu bereits Denkwürdiges gesagt, vgl. Fechner, »Nanna oder über das Seelenleben der Pflanzen«, in: ders., *Das unendliche Leben*, Berlin 1984, S. 17-53.

89 Er ist ebenfalls Autor der Schrift *Was die Erde will. Eine Biosophie*, Berlin 1986

90 Ernst Fuhrmann, zitiert nach Christian Althen, Thomas Keil, »Nachwort«, in: Alfred Döblin, *Unser Dasein*, Frankfurt/M. 2017, S. 501-522, hier S. 512. Wer solche Gedanken verfolgt und damit den wissenschafltichen Mainstream verlässt, ist selbst heute noch vor Spott nicht sicher. In einer Rezension zu Michael Pollans *Die Botanik der Begierde* heißt der letzte Satz: »Bei Michael Pollan hat man allerdings eher den Eindruck, er habe ein paar Joints zu viel geraucht.« Vgl. Reiner Klingholz, »Was Pflanzen alles anrichten«, in: *DIE ZEIT* Nr. 31, 25. Juli 2002. Interessant daran ist in wissens- und wissenschaftsssoziologischer Perspektive, dass manche Wissenschaftsjournalist:innen bzw. Feuilletonisten sich offenbar in der Rolle der Hüter wissenschaftlicher Standards sehen, die sie gegenüber Wissenschaftler:innen meinen einklagen zu müssen.

91 Alfred Döblin, *Unser Dasein*, Frankfurt/M. 2017. Vgl. Kap. 2.1.

gegen Tiere, sammeln Stärkevorräte, verstehen mit dem Wind umzugehen und sind dazu bald verborgen in Gebüsch, bald sehr starr und breit, bald dünn wie Gräser oder biegsam wie Tannen [...]. Die Pflanze greift nicht und läuft nicht, sie bleibt an ihrer Nahrungsquelle, aber sie kann wachsen und sich drehen. [...] Es sind kluge Werkzeugträger, die, am Boden festgewachsen, sich an ihre Nahrungsquelle, die Mutterbrust, heften. Ihnen fließt alles in den Mund. Die meisten Tiere aber und die Menschen müssen suchen gehen. Ihnen ist die Nahrungssuche auferlegt.[92]

Nicht nur also verfügen die Pflanzen über eine ganze Fülle von Formen und Fähigkeiten und können sich durchaus bewegen, sie wissen sich auch an dem Ort, an dem sie ihre Wurzeln in die Erde gesenkt haben, zu behaupten und gegen Bedrohungen zu wehren. Selbst ihr Verhaftetsein im Boden und ihre Unfähigkeit zur beliebigen Ortsveränderung verwandelt sich in dieser Beschreibung in einen Vorteil gegenüber Tier und Mensch, die – zu einer solchen Bodenhaftung und Verwurzelung nicht in der Lage – gezwungen sind, ihre Umgebung zu durchstreifen, um für ihr Überleben unverzichtbare Nahrungsquellen ausfindig zu machen. Der 1926 erstmalig in den Kinos vorgeführte Film *Das Blumenwunder* (D 1926, Regie: Max Reichmann) unterstützte die Einsichten von Fuhrmann bzw. Döblin und hätte für eine größere Verbreitung der Idee von der Pflanze als intelligentem Lebewesen führen können. Mithilfe der filmischen Technik des Zeitraffers konnte »in wenigen Minuten das ganze Aufkeimen und Abwelken der Pflanze, ihr Sehnen, Suchen,

92 Ebd., S. 101-103. Bei Henri Bergson heißt es ähnlich: »Die Pflanze braucht sich nicht vom Fleck zu bemühen, sie findet rings um sich herum, in der Atmosphäre, dem Wasser und der Erde, dort wo sie steht, die mineralischen Elemente, die sie sich auf direktem Wege einverleibt.« (Henri Bergson, *Die schöpferische Evolution*, Hamburg 2013, S. 130) Aber auch er sieht die Pflanze keineswegs als grundsätzlich unbeweglich an: »In Wahrheit aber gibt es kein lebendes Wesen, das zu spontaner Bewegung ganz und gar unfähig erschiene. Selbst in der Pflanzenwelt, wo der Organismus im allgemeinen am Erdboden fixiert ist, ist die Bewegungsfähigkeit eher schlummernd als nicht vorhanden; sie erwacht, sobald sie sich nützlich machen kann. Ich glaube, alle lebenden Wesen – Pflanzen und Tiere – besitzen sie von Rechts wegen, aber de facto verzichten viele von ihnen darauf.« (Henri Bergson, *Die seelische Energie. Aufsätze und Vorträge*, Jena 1928, S. 10) Bergson nimmt an, »daß die Pflanze und das Tier von einem gemeinsamen Vorfahren abstammen, der die Tendenzen des einen wie des anderen im Entstehungszustand in sich vereint« (Bergson, *Die schöpferische Evolution*, S. 135), um sich dann aufzuspalten in zweierlei Existenzformen mit unterschiedlichen Eigenschaften.

Kämpfen, Greifen, Tasten, Hingeben, Erkranken und Sterben«[93] dem Kinozuschauer miterlebbar gemacht werden.[94] Für Theodor Lessing (1872-1933) unterstützen die im Film zu sehenden Bilder der vitalen Pflanzen die Vorstellung von der »grundsätzlichen Gleichartigkeit von Blume, Tier und Mensch«.[95]

Doch gerade vor dem Hintergrund der Entwicklung einer mobilen Moderne, die sich das Tempo und die Beschleunigung des Lebens auf ihre Fahnen schreibt und immer neue Möglichkeiten erfindet, sich vom Raum zu lösen, um möglichst schnell über ihn hinwegzugleiten, gilt die auch durch den Blumenwunderfilm nicht widerlegte Angewiesenheit der Pflanze auf ihren Standort und ihre Verwurzelung in der Erde als nicht kompensierbares Handicap.[96] Der Mensch schätzt alles, was dem Boden entfliehen kann. Der Vogel erhebt sich in die Lüfte und schwebt erhaben über der Erdoberfläche. Der Mensch versucht es ihm nachzutun. Auch er sucht sein Glück in luftigen Höhen, streckt sich dem Licht entgegen. Eine Sehnsucht, sich im Dunkel des Erdreichs bewegen zu können wie ein Regenwurm oder Maulwurf, ist dagegen nicht überliefert. Der Mensch will Adler sein, nicht Assel. Die Wertigkeit der Lebewesen aus menschlicher Sicht steht und fällt also mit dem Verhältnis der Lebewesen zur Erde. Vollkommen erdverbunden und

93 Theodor Lessing, *Blumen*, Berlin 2004, S. 169.

94 Vgl. zu den damaligen Reaktionen von Lessing, Scheler und anderen auf diesen Film Wolfgang Eßbach, »›Des Menschen Tage sind wie Gras‹. Ein Dissens über Wachstum in der Philosophischen Anthropologie«, in: Heike Delitz u. a. (Hg.), *Soziologien des Lebens. Überschreitung, Differenzierung, Kritik*, Bielefeld 2018, S. 199-218.

95 Lessing, *Blumen*, S. 170. Er leitet weitreichende Konsequenzen aus dem erstmalig sichtbar gemachten Lebensprozess der Pflanzen ab: »Wir sehen durch die bildliche Verkürzung der Zeitdauer, daß in den Pflanzen dieselben Leidenschaften wie im Tiere wirken, nur ins Breite auseinandergezogen. Es wird uns klar, daß Tier- und Menschwelt das Leben der Pflanzen noch einmal wiederholen, nur in einem gedrängteren Zeitmaß, und das Zusammendrängen des Tempos irgendwie zusammenhängen muß mit dem Hervortreten und Aufwachen von wachem Bewußtsein und wachem Wollen.« (Ebd., S. 180) Lessing nimmt insgesamt eine fulminante Umdeutung der üblichen Auffassung über das Leben vor: »Dieses aber haben wir nur in unbewegter Stille. So daß also Blumen zwar weniger Wille und Geist, aber eben darum lebendiger sind als Tiere und mehr noch lebendig als Blumen: die Steine.« (Ebd., S. 217) Was sich bewegt, ist danach schon auf halbem Weg in den Tod.

96 Zu dem wohl nur Golfspieler ein einigermaßen entspanntes Verhältnis haben.

immobil zu sein, erscheint dabei eher als Makel. Geschätzt wird die Beweglichkeit, die Möglichkeit, sich vom Ort wegbewegen und andere Orte aufsuchen zu können. In der Moderne schaut man deshalb auch auf den an die Scholle gebundenen Bauern mit Verachtung. So wenig wie die von ihm gesetzten Pflanzen entspricht sein am Acker klebendes Dasein dem modernen Mobilitäts- und Geschwindigkeitsregime, das sich im Zuge des Modernisierungsprozesses herausbildet.[97] Angesichts dieses Regimes bleiben Lebewesen mit anderen Geschwindigkeiten auf der Strecke: »Menschen sind ›schnell‹ und Pflanzen ›langsam‹. Sehr langsam sogar! Die Geschwindigkeitsdifferenz zwischen uns und ihnen ist so gewaltig, dass sie zu echten Wahrnehmungsstörungen führt.«[98] Die Beweglichkeit der Pflanzen wird weiterhin und wider besseren Wissens als so gering eingeschätzt, dass ihr Leben immer wieder in die Nähe des Schlafes gerückt wird: »Ein schlafender, aller Spannungen entledigter Mensch führt nur noch ein Pflanzendasein.«[99] Hier wird das Leben der Pflanzen im Sinne vollkommener Erschlaffung gedeutet. Nur ein vegetatives Leben zu führen, wird auch im Film *Schmetterling und Taucherglocke* (FR, USA 2007, R: Julian Schnabel) thematisiert. Der im Mittelpunkt der Handlung stehende Protagonist, der am ganzen Körper gelähmt ist und nur noch seine Augen zu bewegen vermag, wird von einem seiner ehemaligen Kollegen abfällig als »Gemüse« bezeichnet. In solchen Fällen ist auch oft die

97 Vgl. Paul Virilio, *Rasender Stillstand*, München, Wien 1992.

98 Mancuso, *Die Intelligenz der Pflanzen*, S. 40. Darauf weist schon Max Scheler hin: »Der Eindruck, der Pflanze mangele ein Innenzustand, rührt nur von der Langsamkeit ihrer Lebensvorgänge her; vor der Zeitlupe verschwindet dieser Eindruck vollkommen.« Scheler, *Stellung des Menschen im Kosmos*, Bonn 2007, S. 13. Was, wenn dies auch auf andere Lebewesen zuträfe, die nur aufgrund der Langsamkeit ihrer Lebensvorgänge von uns nicht zu ihnen gezählt werden? Im Gegensatz zum Wetter halten wir das Klima auch nur so lange für stabil, wie wir es über einen kurzen Zeitraum betrachten. Über Jahrmillionen betrachtet, erweist es sich dagegen als ebenso wechselhaft wie das Wetter. Über Jahrmillionen betrachtet, ist wohl auch an Steinen mehr Aktivität zu beobachten als in unserer üblichen Betrachtungsweise, die nicht mehr als eine Momentaufnahme darstellt.

99 Oswald Spengler, *Untergang des Abendlandes. Umrisse einer Morphologie der Weltgeschichte*, Berlin 2015, S. 559. Das sieht Max Scheler – trotz seiner Kenntnis des Blumenwunderfilms – nicht anders: »Insofern ist der Schlaf ein relativ pflanzlicher Zustand des Menschen.« Scheler, *Die Stellung des Menschen im Kosmos*, S. 18. Insgesamt »geht in Ernährung und Wachstum, Fortpflanzung und Tod […] ihr Dasein auf« (S. 16).

Rede von einem bloßen »Dahin*vegetieren*«. Das in diesen Beispielen transportierte Bild von der Pflanze als ein in der Regungslosigkeit verharrendes Geschöpf lässt sich mit den wissenschaftlichen Forschungen über die Pflanze zwar kaum in Einklang bringen, unterstreicht damit aber noch einmal ihr offenbar nur schwer zu erschütterndes Image, das sich als stabiler erweist als die neu gewonnenen Erkenntnisse aus der Botanik. Keine Berücksichtigung findet dabei auch die Tatsache, dass die Pflanze trotz ihrer Standorttreue und nicht vorhandenen Mobilität allen drohenden Gefahren und Angriffen keineswegs wehrlos ausgeliefert ist:

> Sogar Pflanzen kennen Strategien, mit deren Hilfe sie beispielsweise einander Raum und Licht streitig machen; so sondern Radieschen schädliche Substanzen ab, um andere Pflanzen fernzuhalten; die Bäume im Wald verdrängen sich gegenseitig, um möglichst viel Sonnenlicht zu empfangen; Blumen setzen besondere Strategien ein, um bestäubende Insekten anzulocken. Unaufhörlich finden Rechen- und Kommunikationsprozesse zwischen den Lebewesen statt.[100]

Auch die Welt der Pflanzen ist demnach nicht frei von Konkurrenz und Kampf um die besten Lebensbedingungen.[101] Wie andere Lebewesen auch unternehmen sie den Versuch, die anderen aus dem Feld zu schlagen, wenn sie ihren Lebensraum bedrohen. Doch diese Möglichkeiten der Wehrhaftigkeit haben in der kulturellen Darstellung der Pflanze kaum jemals dazu geführt, Pflanzen als gefährliche Spezies erscheinen zu lassen. Während der *Tierhorrorfilm* ein eigenes Genre bildet, erscheinen Pflanzen nur äußerst selten als Bedrohung – sieht man von B-Movies wie *The Little Shop of Horrors* (USA 1960, R: Roger Corman) oder *Attack oft the Killer*

100 Edgar Morin, *Einen neuen Anfang wagen. Überlegungen für das 21. Jahrhundert*, Hamburg 1992, S. 156

101 Vgl.: »Auch pflanzliches Leben entkommt nicht der Regel, daß sich Leben auf Kosten anderen Lebens vollzieht. Pflanzen ›rivalisieren‹ um Licht, Luft, Wasser und Mineralien. Einige setzen sich auf Kosten anderer durch, die zurückgedrängt werden oder auf der Strecke bleiben. Ein ›Gerangel‹ um die besten Lebensbedingungen entsteht. Einige Pflanzen setzen sogar Gift gegen andere ein. […] Noch entschiedener wehren sich Pflanzen gegen Tiere, die davon leben, sie zu zerstören. Den Stacheln vieler Pflanzen kommt diese Aufgabe zu.« Wulf, »Pflanze«, S. 56. Vgl. auch Butler, *Erewhon oder Jenseits der Berge*, S. 330 f.

Tomatoes (USA 1978, R: John De Bello) einmal ab.[102] Sich selbst in ein Tier zu verwandeln (Werwolffilme, Katzenmenschen) oder von Tieren verfolgt und getötet zu werden (von Haien oder Bären etwa), nimmt einen ungleich größeren Raum in der Filmgeschichte ein. Bezeichnend ist, dass die *Killer-Tomaten* eine entscheidende Fähigkeit hinzugewinnen, über die Pflanzen definitionsgemäß nicht bzw. in nur sehr eingeschränktem Maße verfügen: die Beweglichkeit. Die vermittelte Botschaft ist: Was sich nicht bewegt, kann auch nicht gefährlich sein! Man kann ihm zumindest leicht aus dem Weg gehen. Auch in *Day of the Triffids* (GB 1963, R: Steve Sekely) wird auf dem Filmplakat mit den Worten geworben: »Sie wachsen, sie lernen, sie laufen, sie reden und sie töten.« Erst dann also, wenn sie alle Fähigkeiten der Menschen erreichen, die diese an die Spitze der Evolution gesetzt haben, werden auch sie gefährlich. In Tierhorrorfilmen kann eine für den Menschen ausweglose Lage geschildert werden, indem diese mit den der Pflanze zugeschriebenen Eigenschaften ausgestattet werden. In Filmen wie *Cujo* (USA 1983, R: Lewis Teague) oder *Prey* (USA 2007, R: Darrell Roodt) werden Menschen von einem Hund bzw. von Löwen in ihren nicht mehr fahrtüchtigen Autos angegriffen und dabei gleichsam zur Pflanze, die vor einer Bedrohung nicht weglaufen, sondern sich nur an Ort und Stelle, so gut es eben geht, der Angriffe erwehren kann.

Aufgrund ihrer Standortgebundenheit und ihrer eingeschränkten Bewegungsfähigkeiten ist die Pflanze immer wieder als niedrigere Lebensform eingestuft worden als Tiere und Menschen. Erst heute, da sich aufgrund der zunehmenden Umweltverschmutzung und der Folgen des Klimawandels die Verwerfungen der ständigen Steigerung der Mobilität im Zuge des Modernisierungs- und Globalisierungsprozesses immer klarer zeigen, könnte die für die Pflanze typische starke Verwurzelung in der Erde und Orientierung am Lokalen neuen Auftrieb und damit auch das pflanzliche Dasein eine Aufwertung erfahren. Statt weiterhin um den Nachweis einer doch auch bei der Pflanze vorhandenen Beweglichkeit bemüht zu sein, der sie stärker in die Nähe von Mensch und Tier rückt, ginge es dann eher um die Umwandlung der als Defizite bewerteten Eigenschaften in Qualitäten. Damit würden Pflanzen nicht aufgrund

102 Auch die Verfilmung der Geschichte der *Alraune* (D 1928, R: Henrik Galeen) nach dem Roman von Hanns Heinz Ewers (1871-1943) gehört entfernt in diesen Zusammenhang.

ihrer Nähe zu Tier und Mensch geschätzt, die stillschweigend als Maßstab des Vergleichs fungieren, sondern aufgrund ihres genuinen Daseins als Pflanze. Nimmt man den Pascalschen Hinweis hinzu, »daß das ganze Unglück der Menschen aus einem einzigen Umstand herrühre, nämlich, daß sie nicht ruhig in einem Zimmer bleiben können«,[103] bietet sich die Pflanze geradezu als Vorbild für das Ideal eines sesshaften Lebens an, das nicht ausschwärmt, andere Räume durchpflügt und besetzt, sondern an Ort und Stelle verweilt, da sie intelligent genug ist, dort zu finden, was sie für ihr Dasein braucht:

Der Mensch, das Tier läuft hierhin, dorthin, zerstreut sich zwischen allerlei Genüssen, erfährt, betastet allerlei, was weit auseinander liegt. Das hat seine Vorteile. Aber sehen wir nur im Menschlichen selbst nach, so erkennen wir auch die Einseitigkeit dieser Vorteile. Neben dem Wandern und Reisen hat auch das häusliche Einleben seine Vorteile, die nicht verlorengehen dürfen.[104]

Entgegen der stabilen Abwertung der Pflanze als Inbegriff eines zur Immobilität verdammten Lebens stellt sich ohnehin die Frage, ob die Pflanze nicht dennoch schon längst das heimliche Vorbild der menschlichen Lebensweise darstellt. Ahmen Menschen die Pflanze etwa nicht nach? Diese wächst oberhalb der Erdoberfläche und reckt ihre Blätter der Sonne entgegen, wurzelt aber im Erdboden, aus dem sie ihre Nahrung zieht. Der Mensch legt sich einen Keller unterhalb der Erdoberfläche an, baut aber darüber in die Höhe, dem Licht entgegen. Die technische Versorgung des gesamten Hauses ist angesiedelt im Keller. Hier steht die Heizung, deren Rohre sich mit den Wasserleitungen bis in die höheren Etagen an den Wänden entlang nach oben schlängeln. Dort befinden sich die repräsentativen Räume, die offen vorgezeigt werden, als wären sie die Blätter und Blüten des Hauses. Ohne ihre im Boden versenkte Infrastruktur als ihr Wurzelwerk kommen jedoch weder das Haus noch die Stadt aus. Auch diese befindet sich überwiegend unterhalb der Erdoberfläche. Darüber reckt alles Leben sich dem Himmel

103 Blaise Pascal, *Gedanken*, Stuttgart 1987, S. 95.

104 Fechner, »Nanna oder über das Seelenleben der Pflanzen«, S. 21 f. Vgl. zu Fechner insgesamt Hans-Peter Waldrich, »Das Bewußtsein aller Dinge. Gustav Theodor Fechner und die Einheit von Geist und Materie«, in: ders., *Grenzgänger der Wissenschaft*, München 1993, S. 12-37.

entgegen und setzt sich der Wahrnehmung durch die anderen aus. Es lässt sich von den Pflanzen aber noch mehr lernen: »Wir sehen Pflanzen immer aus der Perspektive eines Tiers, weil wir selbst Tiere sind. Tiere bewältigen die Probleme, die ihre Umgebung ihnen stellt, indem sie sich bewegen. [...] Pflanzen dagegen lösen ihre Probleme, weil sie in ihrer Umwelt gefangen sind.«[105] Am Beispiel junger Sonnenblumen erläutert Mancuso: »Sie versuchen ihre Umgebung und einander kennenzulernen, um herauszufinden, wie sie zusammenleben können. Es sind soziale Pflanzen.«[106] Ihre Probleme an Ort und Stelle zu lösen, statt Zuflucht in vermeintlich vielversprechendere Habitate zu suchen – durch Reisen zum Mond oder Mars etwa[107] –, und der Versuch des Austestens von Möglichkeiten des Zusammenlebens vor jeder vorschnellen Festlegung qua Herkunft könnten sich im 21. Jahrhundert als kluge Überlebensstrategie erweisen. Als Experimentierfeld eignet sich dafür der Garten.

2.3.1 Der Garten als Lebensraum von Pflanze, Tier und Mensch

Die neueren wissenschaftlichen Untersuchungsergebnisse und die daraus resultierende Aufwertung der Pflanze korrespondieren in besonderer Weise mit den Erfahrungen vieler Menschen, die sich als Hobbygärtner der Aufzucht und Pflege von Pflanzen hingebungsvoll widmen. Für die neuesten Ergebnisse der Pflanzenforschung dürften deshalb viele Menschen durchaus empfänglich sein. Die Überzeugung, dass Pflanzen Gefühle haben, ist in der Bevölkerung ohnehin weit verbreitet.[108] Nicht wenige Zeitgenossen sprechen sogar mit ihren Pflanzen. In jedem Fall wird eine Beziehung zu ihnen hergestellt: »Man nimmt eine Pflanze bei sich auf und lernt sie kennen. Man kommt sich näher, die Pflanze und der Gärtner. Die Pflanze spricht nicht eben viel, schon klar, aber sie reagiert, sie zeigt dem Gärtner, ob sie sich wohlfühlt, ob er es versteht, mit ihr

105 Interview mit Stefano Mancuso im *ZEIT-Magazin* 22. März 2018, S. 18-25, hier S. 22.

106 Ebd., S. 24.

107 Vgl. Kap. 5.3.

108 Vgl. Wolfgang Eßbach, »›Des Menschen Tage sind wie Gras‹. Ein Dissens über Wachstum in der Philosophischen Anthropologie«, S. 203.

umzugehen.«[109] Menschen stehen folglich in enger Verbindung zu ihren Pflanzen, die sie als Kommunikationspartner und sensible Lebewesen behandeln. In Deutschland erlebt das Gärtnerwesen womöglich nicht zuletzt aufgrund der Beziehung zur Pflanze als antwortendem Gegenüber seit Jahren einen wirtschaftlichen Boom.[110] Dass die Soziologie davon kaum Notiz nimmt, zeigt einmal mehr ihren enormen Abstand zum Alltag der Menschen und den von ihnen ausgeübten Praktiken.[111] Dabei ist es keineswegs ein Zufall, dass gerade vor dem Hintergrund der Digitalisierung viele Menschen das Begehren verspüren, in der Erde zu wühlen, ihre Hände in den Boden zu graben, zu pflanzen, zu pflücken und zu ernten, um sich wieder als das zu empfinden, was sie noch immer sind und wohl auch noch einige Zeit bleiben werden: Erdbewohner![112] Im Kontrast zur haptischen Erfahrung der glatten Oberflächen von Touchscreens entsteht das Begehren nach einem lebendigen und widerständigen Material wie dem Boden. Diesen Zusammenhang übersieht der Zeitgeistphilosoph Byung-Chul Han,[113] bei dem das Digitale nach bekanntem kulturkritischen Muster ausschließlich negative Folgen hat und für die Erde eine Bedrohung darstellt: »Die Digitalisierung der Welt […] bringt die Erde ganz zum

109 Jakob Augstein, *Die Tages des Gärtners. Vom Glück, im Freien zu sein*, München 2012, S. 95.

110 Vgl. Hanno Rauterberg, »Das Glück ist grün«, in: *ZEIT ONLINE*, 24. 05. 2012, ⟨https://www.zeit.de/2012/22/Garten⟩, letzter Zugriff 05. 08. 2021.

111 Der Garten ist offenbar kein Thema für die Soziologie. In den soziologischen Beiträgen aus dem Band von Siegfried Lamnek, Marie-Theres Tinnefeld (Hg.), *Privatheit, Garten und politische Kultur. Von kommunikativen Zwischenräumen*, Opladen 2003, wird das Kunststück vollbracht, über ein Refugium namens »Garten« zu reden, ohne dass es auch nur im Ansatz um Blumen, Pflanzen, Hecken, Erde, Boden, Teiche, Pilze, Gräser, Insekten, Käfer, Raupen, Schmetterlinge usw. gehen würde. All dies, was einen Garten ausmacht, wird nicht einmal erwähnt. In ihm lebt nichts, er ist tot. Der Garten fungiert hier nur als exemplarischer – und abstrakt bleibender – Rückzugsort.

112 Meistens bewegen wir uns berührungsfrei über den Erdboden mithilfe von Abstandhaltern wie Schuhen, Reifen von Fahrzeugen aller Art, Fluggeräten usw. Der Boden wird mit Teer immer mehr versiegelt, um leichter über ihn hinweggleiten zu können. Nah kommen wir ihm nur noch in Geopraktiken wie dem Gärtnern, da selbst die Landwirtschaft den Maschinen die Bodenbearbeitung überlässt. Gleichzeitig nimmt die wissenschaftliche Durchdringung des Bodens zu, wird dem Boden zunehmend Aufmerksamkeit geschenkt.

113 Byung-Chul Han, *Lob der Erde. Eine Reise in den Garten*, Berlin 2018.

Verschwinden.«[114] Der Verfall ist in diesem Szenario schon deshalb unaufhaltsam, weil die Entwicklung immer nur in eine Richtung geht und keine gegenteiligen, dem Trend entgegengesetzten Tendenzen kennt: »Die Digitalisierung erhöht den Kommunikationslärm. Sie besiegt nicht nur die Stille, sondern auch das Haptische, das Materielle, Düfte, duftende Farben, vor allem die *Schwere der Erde*.«[115] Dabei ist es gerade die zunehmend digitale Umgebung, die uns zur Begegnung mit der analogen Welt motiviert, während der »Kommunikationslärm« erst die Sehnsucht nach Stille hervorruft und das Berühren glatter Benutzeroberflächen das Bedürfnis nach lebendiger und widerständiger Materie wie dem Boden verstärkt.

Der Garten ist auch insofern ein vielsagender und aufschlussreicher Ort, weil hier wie unter einem Brennglas die Sehnsucht nach der Erde sich vereint mit den Bestrebungen des Menschen, sich mithilfe der Technik über diese zu erheben. Die weit verbreiteten Gerätschaften, mit denen heute ein Gärtner seiner Parzelle und den darin versammelten Lebewesen auf den Leib rückt, summieren sich zu einem Maschinenpark: Rasenmäher, Heckenschere, Hochdruckreiniger, Laubbläser und viele weitere Geräte gehören inzwischen zum Grundinventar des ambitionierten Gärtners des 21. Jahrhunderts. All diese von Elektro- oder Benzinmotoren angetriebenen Gartengeräte sollen den Garten so zu gestalten helfen wie die Gärtner:innen ihn wollen. Wenn sie mit ihren Tätigkeiten beginnen, herrscht in der angeblichen Idylle und gesuchten Stille schnell nicht weniger Lärm als in der vom Verkehr belasteten Stadt. Das mag man beklagen.[116] Doch trotz der maschinellen Aufrüstung im Garten geht der Bezug zum Boden bei der Gartenarbeit nicht gänzlich verloren. Wer gärtnert, weiß, dass es ohne Handarbeit nicht geht. In den wiederkehrenden Tätigkeiten des Gärtners im Wechsel der Jahreszeiten – Geopraktiken par excellence – wird ein – und sei es auch noch so sehr technisch unterstützter – Bezug zur

114 Ebd., S. 25.

115 Ebd., S. 124.

116 Auch aus gutem Grund: »Was soll zum Beispiel der Laubbläser, ein lautes, umweltschädliches und übelriechendes Gerät, das die Erde und den Humus, die ganze nahrhafte Materie aufwirbelt, um mit Müh und Not ein paar Blätter auf dem Boden zusammenzuhäufeln? Saubermachen. Nach zehn Jahren Blasen, das den Bäumen die Feuchtigkeit und Nahrung entzogen hatte, starb im Parc de la Tête d'Or in Lyon plötzlich ein Wäldchen.« Gilles Clément, *Die Weisheit des Gärtners*, Berlin 2017, S. 45.

Erde und ihren Lebewesen hergestellt. Darüber hinaus gibt es eine ganze Fülle von Apps, die der Gärtnerin nicht nur dabei helfen, ihre Arbeit zu verrichten, sondern auch ein Wissen über alle im Garten befindlichen Lebewesen ermöglichen, indem sie Vogelstimmen erkennen oder Pflanzen und Pilze zu bestimmen helfen: Anders als der Zeitgeistphilosoph Han meint, muss die Digitalisierung also nicht zwangsweise von der Erde weg-, sondern kann auch zu ihr hinführen. Dem Gartenbuch hätte man diese Qualität allemal zugestanden, dem Smartphone dagegen nicht. Dabei kann das Smartphone nicht nur als Wissensspeicher angezapft werden, sondern es ermöglicht auch die je individuelle visuelle Dokumentation des eigenen Pflanzenbestandes und der kreativen Gestaltung des Gartens sowie die Verbreitung derselben auf entsprechenden Plattformen im Internet. Die immer noch erstaunlich weit verbreitete Vorstellung, dass Technik sich stets zu Lasten der Natur verbreitet, um diese bald vollständig zu ersetzen, ist ein verführerisch schlichter Gedanke, der immer wieder gerne für kulturkritische Abgesänge auf die Gegenwart genutzt wird. Doch dabei wird übersehen, dass Technik auch für den Schutz der Natur stehen und mittels Smartphones den Weg zu ihr bahnen kann. Statt etwa die Tiere zu töten, um sie sammeln zu können, um Käfer und Schmetterlinge aufzuspießen und ähnliche in der rein analogen Welt ebenso verbreitete wie fragwürdige Annäherungen an die Natur, gehen die Tiere heute aus ihrer digitalen Erfassung völlig unversehrt hervor. Hier reichen sich Natur und Technik die Hand und gehen eine ganz neue Verbindung ein.

Bei Han stehen diese beiden Welten dagegen nicht in kreativer Spannung nebeneinander, sondern es siegt das Digitale über das Analoge, da auch bei ihm jene Substitutionslogik vorherrscht, die für verfallstheoretische Kulturkritik ebenso charakteristisch ist wie für unkritische Fortschrittsgläubigkeit. Von Gegentendenzen oder in sich widersprüchlichen Entwicklungen fehlt in beiden Denkrichtungen und den von ihnen entwickelten Szenarien jegliche Spur. Und doch ist es so: Ob nun Urbanisierung, Globalisierung oder Digitalisierung – stets lassen sich auch kontrastive Entwicklungen beobachten. Wäre dem nicht so, würde es den Garten als privates Refugium wohl schon lange nicht mehr geben. Denn gerade dort, wo sich der Siegeszug der Technik am sichtbarsten vollzogen hat, wächst offenbar gleichzeitig auch der Wunsch nach der Natur, sodass die Industrialisierung auch die Schrebergärten hervorgebracht hat, die um etwa 1865 entstanden.[117] Da in den schnell wachsenden Großstädten samt den Fläche verzehrenden Verkehrsmitteln zunehmend kein Platz mehr für Gärten war, wurden diese an die Ränder der Städte verlegt. Freistehende Häuser und Reihenhäuser bleiben dagegen von einer dem Grundstück zugehörigen unbebauten Fläche umgeben, die als Garten genutzt wird. Überall auf der Welt, wo in dieser Weise gebaut wird, ist der Garten ein nicht wegzudenkendes Anhängsel des Hauses. Der Garten ist eine »der Natur abgerungene Einfriedung«,[118] die eine klare Grenze zu einem Außenraum zieht, vor dessen Unruhe, Unordnung und Unsicherheiten er schützen soll. Im Garten soll die Natur, wenn auch im streng kontrollierten Ausmaß, zu ihrem Recht kommen, während die Wildnis draußen zu halten versucht wird.[119] Auch im Garten wird der Mensch zum Gestalter einer Umgebung, die nicht einfach hingenommen, sondern auf die eingewirkt werden soll. Dabei ist die Arbeit der Gärtner:innen keineswegs nur harmlos, weil friedlich und darum bemüht, Pflanzen zu pflegen und zu schützen: »Betrachten wir die Arbeit eines Gärtners. Wenn er das Unkraut ausjätet, kämpft er gegen die Natur, wählt er Rosen für gewisse Beete aus und Tulpen für andere, so leitet er die Kräfte der Natur, lenkt sie oder paßt sie sich an, benutzt sie.«[120] Sein Kampf *gegen die Natur* gilt dabei allem nicht selbst Gepflanzten, das sich invasorisch in seinem Garten auszubreiten versucht:

Was Pflanzen zu ›Unkraut‹ macht, das wir gnadenlos bekämpfen und ausreißen, ist ihre erschreckende Tendenz, die Grenze zwischen unserem Garten und der Wildnis unkenntlich zu machen. […] Sein Fehler ist es, ungebeten an einem Ort zu erscheinen, der fein säuberlich in Rasen, Rosenhecken, Gemüse- und Blumenbeete unterteilt sein soll.[121]

117 ⟨https://www.urbanlife.de/leben-und-genuss/item/38-geschichte-der-schrebergaerten.html⟩, letzter Zugriff 08. 08. 2021, vgl. auch Olaf Briese, *Steinzeit. Mauern in Berlin*, Berlin 2011, S. 249 ff.

118 Flusser, *Dinge und Undinge*, S. 46.

119 »Anti-Wildnis, wo der Mensch seit sehr alter Zeit ein besonders intimes und zugleich kreatives Verhältnis zur Natur ausbildete: der Garten! Mehr noch als der Acker ist er durch die Umzäunung, die dichte Abgrenzung gegen die Wildnis gekennzeichnet. […] Hier herrscht nicht der Pflug, sondern der Spaten, der Grabstock, die Schaufel. Allem Anschein nach ist der Gartenbau älter als der Ackerbau.« Joachim Radkau, *Natur und Macht*, München 2000, S. 71.

120 Walther Maas, *Geographie und Soziologie*, Braunschweig 1966, S. 29.

121 Zygmunt Bauman, *Vom Nutzen der Soziologie*, Frankfurt/M. 2000, S. 83.

Die vielfältigen Bemühungen der Gärtner verfolgen das Ziel, dem Garten als »Raum der Einfriedung«[122] eine Ordnung abzuringen, die sich durch die streng voneinander geschiedenen Parzellen und eine klare Grenze zur ungebändigten Natur, zur Wildnis, ergeben soll. Und um diese Grenze zu verteidigen, wird nach allem gegriffen, was das Waffenarsenal der Gartenmärkte hergibt, um unerwünschte Gäste aus dem Garten zu vertreiben oder kurzerhand zu vernichten. Nicht wenige scheinen die Gartenarbeit als eine Art Kriegsführung zu begreifen. Nichts scheint der eigentlichen Idee des Gartens als Idylle und beschaulicher Rückzugsraum stärker zu widersprechen als die Zurichtung des Gartens zu einem Kampfplatz – und doch hängt beides eng zusammen. Denn nur wer die unbedingte Idylle und Harmonie will, muss immerzu Krieg führen gegen alles, was diese zu stören scheint. Nur wer in allen planlos wachsenden und fremd sich ansiedelnden Pflanzenarten und anderen Lebewesen ausschließlich eine massive Bedrohung des Eigenen erkennen kann, sieht sich zur ständigen Ab- und Gegenwehr aufgefordert.[123] Jeder Gärtnerin und jedem Gärtner stellt sich unweigerlich die Frage, welche Pflanzen und Tiere sich im Garten aufhalten und ausbreiten dürfen und welche gnadenlos bekämpft werden sollen, um der eigenen Vorstellung vom Garten zu entsprechen. Nach wie vor stellt man sich Gärtner:innen dabei als handlungsmächtige Subjekte vor, die es mit einer ganzen Reihe von mehr oder weniger domestizierbaren Objekten zu tun haben, die es immer wieder zu zähmen und zu stutzen gilt, und mit Feinden, die permanent bekämpft werden müssen. Begreift man den Garten dagegen nicht nur im geopolitischen Sinne als Kampfplatz des Menschen gegen die Natur, sondern im ökologischen Sinne als einen Lebensraum vielfältigen Lebens, dann muss auch das Gärtnern nicht auf seine zerstörerischen Aktivitäten beschränkt werden: »Der Mensch gestaltet Welten, in denen viele Arten gedeihen können, wenn seine Lebensarrangements Raum für andere Arten schaffen. Das ist nicht nur eine Sache des Ackerbaus, der Viehhaltung und des Umgangs

122 Gilles Clément, *Gärten, Landschaft und das Genie der Natur*, Berlin 2015, S. 14.

123 Zugegeben: Wer wirklich einen Garten anlegen will, kann sich kaum dazu entschließen, alles so zu lassen, wie es ist und wie es sich von selbst entwickelt. Mit einer reinen Appeasement-Strategie wird der angelegte Garten sich in der Tat sehr schnell in Wildnis zurückverwandeln.

mit Haustieren.«[124] Das ist in der Tat auch eine Sache des Gärtnerns. Jeder, der einen Garten anlegt, kann ihn so gestalten, dass dadurch in diesem Sinne Lebensräume für andere Arten geschaffen werden, und es zulassen, dass diese Arten selbst weitere Lebensräume eigenständig kreieren. Damit gliche das Anlegen eines Gartens einem Initialakt für den Aufbau eines Raums des Lebens, der aus einer Fülle von wechselseitig aufeinander Einfluss nehmenden Assoziationen im Sinne der ANT besteht. Neben den vielfachen Kämpfen, die im Garten ausgefochten werden, darf darüber der sorgenvolle Umgang mit ihm nicht in Vergessenheit geraten:

Ein von Menschen angelegter Garten entsteht in der Zeit und durch sie. Er wird vom Gärtner im Voraus geplant, dann wird er dementsprechend besät oder bestellt, und zu gegebener Zeit bringt er seine Früchte oder den erhofften Genuss hervor. Unterdessen plagen den Gärtner neue Sorgen. Denn wie eine Geschichte hat ein Garten sozusagen seine eigene sich entwickelnde Handlung, deren Verwicklungen den Besorger unter mehr oder weniger beständigen Druck setzen. Der wahre Gärtner ist immer der ›ständige Gärtner‹.[125]

Der Landschaftsarchitekt und Gärtner Gilles Clément geht in seiner Antrittsvorlesung am Collège de France von einer enorm gestiegenen Bedeutung des Gärtnerns im Zeitalter des Anthropozäns aus, die zu einem fundamentalen Wandel des Gartens führen muss:

Der heutige Garten kann sich nicht an die traditionelle Einfriedung halten, er verpflichtet die Nachbarschaft zum Teilen. Die Insekten, die Vögel, der Sauerstoff und das Wasser kennen nur den einen Raum: die Oberfläche der Erde und die Ausdehnung der Biosphäre; sie überwinden die institutionellen Schranken. Im planetarischen Garten ist jeder Zaun eine Illusion und zeigt eine veraltete Sichtweise der Herrschaft über das Lebendige.[126]

Clément feiert in seinem Vortrag geradezu den Durchbruch der Ökologie. Mit ihrer grundsätzlichen Idee von einer biologischen Gleichwertigkeit aller Lebewesen der Natur erschüttere die Ökologie »unsere Gesellschaften in ihren Grundfesten«.[127] Seit Beginn

124 Tsing, *Der Pilz am anderen Ende der Welt.*

125 Robert Harrison, *Gärten. Ein Versuch über das Wesen der Menschen*, München 2010, S. 21 f.

126 Clément, *Gärten, Landschaft und das Genie der Natur*, S. 23.

127 Ebd., S. 20.

des 21. Jahrhunderts sei der Gärtner nicht mehr länger einfach nur der »Lieferant von Früchten, Blumen und Gemüsen«, sondern *»verantwortlich für das Lebendige«* und zum »Garanten einer Diversität, von der die ganze Menschheit abhängt«[128] aufgewertet worden. Angesichts dieser neuen Rolle entwickelt Clément sein Konzept eines *planetarischen Gartens*, in dem wir alle Gärtner sind. Das vorherrschende Prinzip dieses Gartens hat er auf die folgende Formel gebracht: *»[S]o viel wie möglich ›mit‹ [faire avec], so wenig wie möglich ›gegen‹ [faire contre] die lokalen Energien an einem bestimmten Ort tun.«*[129] Das Motto für ein solch behutsames Vorgehen, das jeder Intervention mittels Brachialgewalt abschwört und nur minimalinvasive Eingriffe in das lebendige Geschehen erlaubt, könnte auch *Mehr Wildnis wagen!* lauten, denn die rigorose Abschottung ihr gegenüber würde damit nicht mehr in der Weise gelingen können, wie dies traditionell immer als konstitutiver Akt einer Gartengründung beschrieben worden ist. Mit einer solchen Form des behutsamen Gärtnerns würde ein Zusammenleben in friedlicher Koexistenz möglich, das sich von einem konturlosen Verschmelzen alles Lebendigen ebenso unterscheidet wie von einem permanenten Gegeneinander isolierter Einzelspezies. Da der Garten mit Michel Foucault als »die kleinste Parzelle der Welt und gleichzeitig [als] die ganze Welt«[130] aufgefasst werden kann, weisen die im Garten zur Anwendung kommenden Konzepte und die dort erzielten Ergebnisse weit über ihren konkreten Ort hinaus und könnten insofern ein Modell für ein gelungenes Zusammenleben abgeben. Man sollte sich dabei nur keinen Illusionen hingeben. Nicht zu vergessen bleibt, dass im Garten nicht nur der Mensch gegen eine Vielzahl von unerwünschten Eindringlingen beständig ankämpft, sondern auch alle anderen Lebewesen sich keineswegs ausschließlich in friedlicher und kooperativer Weise zugeneigt sind, sondern sich auch gegenseitig bekämpfen und im wahrsten Sinne des Wortes gegenseitig das Wasser abgraben, um ihr eigenes Überleben zu sichern.

128 Ebd., S. 22.

129 Ebd., S. 27.

130 Michel Foucault, »Von anderen Räumen«, in: Jörg Dünne, Stephan Günzel (Hg.), *Raumtheorie. Grundlagentexte aus Philosophie und Kulturwissenschaften*, Frankfurt/M. 2006, S. 317-329, hier S. 324.

2.4 Das Leben der Tiere und der Mensch

»Wir alle sind Teil des Tierreichs.«[131]

»Um jedes Tier ist eine Aura; es steht so gut im Mittelpunkt wie wir.«[132]

Verfolgt man die Thematisierung des Tieres innerhalb der Philosophiegeschichte, so geht die bis heute selbstverständlich erscheinende Unterscheidung von Mensch und Tier wohl vor allem auf Aristoteles (385-323 v.Chr.) zurück. Er behauptet eine *differentia specifica* zu allen anderen Lebewesen.[133] Mit seiner Auffassung, dass der Mensch zwar auch ein Tier, aber ein ganz besonderes Tier ist, legt er den Grundstein für eine in vielen Varianten wiederkehrende Argumentation, die den Vergleich zwischen Tier und Mensch stets dafür nutzt, eine Sonderstellung des Menschen unter den Lebewesen zu behaupten. Im Mittelpunkt steht dabei vor allem immer wieder die Sprache als das entscheidende Kriterium,[134] mit dem sich der Mensch aus der Gemeinschaft der Tiere herauskatapultiert und an die Spitze der Evolution setzt. Trotz dieser frühen Festlegung schwankt die Philosophie in der Folgezeit zwischen der Annäherung von Mensch und Tier einerseits und ihrer kategorialen Trennung andererseits hin und her. Für beide Argumentationen lassen sich prominente Fürsprecher finden, wobei die Positionen, die von einer strikten Unterscheidung von Tier und Mensch ausgehen, wohl im Laufe der Zeit die Vorherrschaft errungen haben. Während etwa René Descartes,[135] der die Tiere für Automaten hielt, die Trennung von Mensch und Tier weiter verfestigt, hinterfragt Michel de Montaigne (1533-1592) sie in einer Weise, die bereits Anklänge an heute vertretene Positionen enthält,[136] wenn er zunächst generell festhält: »Wir stehen weder tiefer noch höher als die üb-

131 Paul Virilio, *Die Küste, letzte Grenze*, Wien 2015, S. 38.

132 Ernst Jünger, *Annäherungen. Drogen und Rausch*, Stuttgart 2014, S. 424.

133 Vgl. Thomas Macho, »Tier«, in: Christoph Wulf (Hg.): *Der Mensch und seine Kultur. Hundert Beiträge zur Geschichte, Gegenwart und Zukunft des menschlichen Lebens*, Köln 2010, S. 62-85.

134 Vgl. Aristoteles, *Politik*, München 1996, S. 49.

135 René Descartes, »Bericht über die Methode«, in: Roland Borgards u.a. (Hg.), *Texte zur Tiertheorie*, Stuttgart 2015, S. 55-60.

136 Vgl. Fahim Amir, *Schwein und Zeit*, Hamburg 2018, Vincienne Despret, *Was würden Tiere sagen, würden wir die richtigen Fragen stellen*, Münster 2018.

rigen Geschöpfe.«[137] Vor allem aber bezweifelt er bereits die stets unterstellte Rollenverteilung zwischen beiden Lebewesen, indem er fragt: »Wenn ich mit meiner Katze spiele – wer weiß, ob ich nicht mehr ihr zum Zeitvertreib diene als sie mir? Die närrischen Spiele, mit denen wir uns vergnügen, sind wechselseitig: Ebensooft wie ich bestimmt sie, wann es losgehn oder aufhören soll.«[138] Üblicherweise wird dagegen davon ausgegangen, dass es stets der Mensch ist, der den Ton angibt, der bestimmt und befiehlt, während das Tier den Anordnungen Folge zu leisten hat, gilt doch der Mensch bis heute zumeist als das Subjekt und das Tier als das Objekt des Geschehens. Demnach führt selbstverständlich das Herrchen seinen Hund an der Leine und nicht umgekehrt. Montaigne jedoch zieht sogar das nur dem Menschen zugesprochene Sprachvermögen radikal in Zweifel:

> Diese Unfähigkeit zur Kommunikation zwischen ihnen und uns – warum sollte sie nicht ebenso unsere sein wie ihre? Es bleibt eine offne Frage, wessen Fehler es ist, daß wir uns nicht verstehen, denn wir verstehen sie keineswegs besser als sie uns! So können sie uns mit gleichem Recht für vernunftlose Tiere halten wie wir sie.[139]

Mit einer solchen Umkehrung der Perspektive erweist sich Montaigne als seiner Zeit weit voraus. Bei diesen und anderen philosophischen Positionen geht es durchgehend um eine generelle Wesensbestimmung der Tiere gegenüber den Menschen – zumeist ohne weitere Spezifikation der Tierart. Ein erster Schritt zu einer differenzierteren Wahrnehmung der Tiere besteht nun darin, sie nicht immer unter einen Kollektivsingular zu subsumieren, sondern sie in verschiedene Klassen zu ordnen. Auch wenn die von den großen Naturforschern des 18. Jahrhunderts wie Jean-Baptiste de Lamarck (1744-1829) oder Carl von Linné (1707-1778) erstellten Taxonomien stets umstritten waren und hinterfragt worden sind,[140] ist uns auch heute eine Einteilung in Fische, Amphibien, Reptilien, Vögel und Säugetiere geläufig, die gemeinsam die große Gruppe der Wirbeltiere bilden. Daneben gibt es die Gruppe der Weichtiere

137 Michel de Montaigne, »Apologie für Raymond Sebond«, in: Roland Borgards u. a. (Hg.), *Texte zur Tiertheorie*, Stuttgart 2015, S. 38-52, hier S. 49 f.

138 Ebd., S. 39.

139 Ebd.

140 Vgl. Foucault, *Die Ordnung der Dinge*.

als wirbellose Tiere, z.B. Schnecken, Ringelwürmer, Nesseltiere und Insekten. Bemerkenswert ist, dass die Zuordnung bestimmter Spezies zu jeweils nur einer Gruppe diesen insofern Gewalt antut, als ihre Zugehörigkeit keineswegs immer so eindeutig ist, wie von der Systematik behauptet. Mit Bezug auf den Naturforscher Georges-Louis Leclerc, Comte de Buffon (1707-1788) weist Foucault auf die »›mittleren Geschöpfe‹« hin wie »zum Beispiel den Polypen zwischen den Pflanzen und dem Tier, das fliegende Eichhörnchen zwischen dem Vogel und dem Vierfüßer, den Affen zwischen dem Vierfüßer und dem Menschen«.[141] Für Alfred North Whitehead (1861-1947) »gibt es keine scharfe Trennung zwischen Tieren und Pflanzen«,[142] und auch für Henri Bergson (1859-1941) besteht kein kategorialer Unterschied zwischen Tier und Pflanzen.[143] Da alle Taxonomien vom Entweder-oder-Prinzip leben, tun sie sich von Haus aus schwer mit Mischwesen, die sich der klaren Zuordnung entziehen. Zu Beginn der *Ordnung der Dinge*[144] rekurriert Michel Foucault auf einen Text des argentinischen Schriftstellers Jorge Luis Borges (1899-1986), der »eine gewisse chinesische Enzyklopädie« zitiert, nach der Tiere wie folgt gruppiert werden:

> a) Tiere, die dem Kaiser gehören, b) einbalsamierte Tiere, c) gezähmte, d) Milchschweine, e) Sirenen, f) Fabeltiere, g) herrenlose Hunde, h) in diese Gruppierung gehörige, i) die sich wie Tolle gebärden, k) die mit einem ganz feinen Pinsel aus Kamelhaar gezeichnet sind, l) und so weiter, m) die den Wasserkrug zerbrochen haben, n) die von weitem wie Fliegen aussehen.[145]

An dieser uns befremdlich und geradezu absurd erscheinenden Systematik macht Borges ironisch deutlich, dass einer jeden zwangs-

141 Ebd., S. 191.

142 Alfred North Whitehead, *Denkweisen,* Frankfurt/M. 2001, S. 67.

143 Vgl. Henri Bergson, *Schöpferische Evolution,* S. 127ff.

144 Foucault, *Die Ordnung der Dinge.*

145 Ebd., S. 17. Der Schriftsteller Georges Perec (1936-1982) hat in Anlehnung daran eine eigene Variante erstellt, mit der er die Persiflage seinerseits persifliert: »A) Tiere, auf die man wettet, B) Tiere, die vom 1. April bis zum 15. September nicht bejagt werden dürfen, C) gestrandete Wale, D) Tiere, die nur nach einer Quarantäne auf das nationale Hoheitsgebiet gelassen werden, E) Tiere als Miteigentum, F) ausgestopfte Tiere, G) et cetera, H) Tiere, die die Lepra übertragen können, I) Blindenhunde, K) Tiere, die in Kabinen transportiert werden können, L) entlaufene Hunde ohne Halsband, M) Esel, N) vermutlich trächtige Stuten.« George Perec, *Denken/Ordnen,* Zürich, Berlin 2014, S. 154f.

läufig etwas Künstliches anhaftet, sie immer nur das vorübergehende Produkt eines menschlichen Ordnungsversuchs ist und nicht als Abbild einer natürlichen Ordnung gelten kann. Borges selbst wird die Klassifikation in Tiere, mit denen wir TV gucken, Tiere, die wir essen, und Tiere, vor denen wir uns grausen, zugeschrieben.[146] Selbst diese Schrumpfform einer Taxonomie verrät, welch umfassenden Gebrauch der Mensch von den Tieren immer schon gemacht hat und auch weiterhin macht. Sie dienen ihm sowohl als Gefährten wie auch als Nahrungsmittel und sind Quelle seiner Ängste. Tatsächlich haben die Menschen im Laufe ihrer Geschichte die Tiere als Arbeitstiere, Jagdtiere, Kriegstiere, Opfertiere, Reittiere, Schlachtvieh, Schmuse- und Schoßtiere, Versuchstiere, Zirkus-, Zoo- und Zuchttiere[147] behandelt bzw. eingesetzt. Sie sind insofern in jeder Phase der Menschheitsgeschichte präsent und haben dabei wechselnde Funktionen übernommen. Doch immer stehen sie in irgendeiner Weise im Dienst der Menschheit und haben einen bestimmten Zweck zu erfüllen. Obwohl damit die Abhängigkeit des Menschen vom Tier und seinen Leistungen mehr als deutlich wird, wird die Beziehung zwischen ihnen doch stets als das des überlegenen Menschen und des unterlegenen Tieres gedeutet. Doch dieses Bild hat besonders in den letzten Jahren deutliche Risse bekommen. Aktuell wird die so lange Zeit gültige Erzählung über das Tier als defizitäres und dem Menschen unterlegenes Wesen massiv in Frage gestellt. Diese unübersehbare Aufwertung der Tiere scheint jedoch erst vor dem Hintergrund ihrer erreichten Domestizierung möglich geworden zu sein. Tiere als Lebewesen auszuweisen, die sich vor allem dadurch auszeichnen, dass sie viele der Fähigkeiten der Menschen nicht beherrschen, mag auch eine Art der Angstbewältigung gegenüber den Tieren gewesen sein, von denen viele lange Zeit vor allem als gefährlich wahrgenommen wurden. Ihr Anblick erfolgt deshalb allenfalls aus sicherer Distanz heraus, durch die Gitterstäbe der Käfige hindurch, in die man sie eingesperrt hat, und über die Gräben hinweg, die etwa im Zoo eine schützende Barriere zwischen den Zuschauern auf der einen und den »wilden Bestien« auf der anderen Seite bilden sollen. Wären sie neben ihrer

146 Vgl. Braidotti, *Posthumanismus*, Frankfurt/M., New York 2014, S. 7.
147 Vgl. Macho, »Tier«, S. 70; Bernhard Kathan, *Zum Fressen gern. Vom Haustier zum Schlachtvieh*, Berlin 2004.

Kraft, Ausdauer und Geschicklichkeit zudem noch intelligent und der Sprache mächtig, hätten sie als nahezu übermächtiger Gegner erscheinen können, den zu bezwingen nicht in der Macht der Menschen steht, sodass deren eigene Unterwerfung unter die Tiere nahegelegen hätte. Erst die Reduzierung auf typisch tierische, mit dem Menschen nicht vergleichbare Eigenschaften hat es ermöglicht, den Tieren als ganz anders geartete Wesen anzutun, was die Menschen ihnen im Laufe der Jahrhunderte angetan haben. Dafür spricht, dass Menschen, die ihresgleichen Schreckliches antun wollen, diese zunächst als Tiere bezeichnen, was es ihnen erst erlaubt, sie so zu behandeln, wie sie auch diese Tiere behandeln. Sie meinen sie etwa abschlachten zu dürfen, da es ja »Schweine« sind, mit denen sie das ja auch völlig selbstverständlich und unbehelligt von Strafe und Gesetz seit Jahrhunderten immer wieder getan haben und auch weiterhin tun. Unabdingbar dafür, andere Lebewesen, ob Mensch oder Tier, zu vernichten, ist ihre Herabstufung auf ein niedrigeres Niveau, während wir uns selbst auf einem höheren wähnen. Ein anderes Aussehen, eine andere Hautfarbe oder auch nur andere Verhaltensweisen, Sitten und Gebräuche können dafür herhalten, eine Grenze einzuziehen. Bei den Tieren scheint sie so offensichtlich gegeben, dass uns sehr ähnliche, aber durch ein bestimmtes Merkmal als anders ausgewiesene Lebewesen nur den Tieren zugerechnet werden müssen, um ein entsprechendes Verhalten ihnen gegenüber zu rechtfertigen. Umgekehrt gilt: Wollen wir Tiere als unsere Gefährten in unsere Nähe rücken, lassen wir ihnen eine menschliche Behandlung zuteilwerden: Wir ziehen sie an, statten sie mit Kleidung aus, bringen sie zum Arzt und Friseur und bestatten sie aufwändig.

Die Anerkennung der Tiere als dem Menschen gleichwertige Lebewesen wirft allerdings eine Reihe von Fragen auf, die vor allem in einer kulminiert: Wenn wir es mit denkenden und fühlenden Wesen zu tun haben, dürfen wir sie dann noch einsperren, töten und essen? Nicht zufällig steht diese Frage im Mittelpunkt vieler theoretischer und praktischer Auseinandersetzungen um den Stellenwert des Tieres in heutigen Gesellschaften und hat innerhalb der Tierforschung mit der Tierethik eine eigenen Forschungsbereich etabliert.[148] Je mehr dem Menschen ähnliche Eigenschaften ans Ta-

148 Vgl. dazu etwa Friederike Schmitz, *Tierethik. Grundlagentexte*, Berlin 2014; Rainer Wiedenmann, *Die Tiere der Gesellschaft*, Konstanz 2002.

geslicht befördert werden, desto virulenter wird die Frage nach der Tötungsberechtigung gegenüber Tieren. Es ist jedoch kein Zufall, dass sie in dieser Intensität erst heute verhandelt wird. Sie ist nämlich auch ein Ergebnis des nahezu vollständigen Verschwindens der wilden Tiere aus dem Lebenszusammenhang moderner Menschen: »Die Periode zwischen der Altsteinzeit und unserer Zeit zeigt keine besonderen qualitativen Unterschiede in der Beziehung von Mensch und Tier. Die äußere Natur ist allmählich ganz von Tieren, die den Menschen gefährlich sein können, gesäubert worden.«[149] Heute genießen die Menschen den Anblick der gezähmten Kreatur im geschützten Raum des Zoos oder im eigenen Wohnzimmer von der Couch aus bei der Betrachtung von Tierdokumentationen: »Sind die nicht süß?« Das Verschwinden gefährlicher Tiere ist dabei so umfassend, dass die Erinnerung an ihre Gefährlichkeit nur durch einige wenige Begegnungen wachgehalten wird, die entsprechend reißerisch von den Medien aufbereitet werden (»Riesiger Bär fällt Spaziergänger an«), oder durch so genannte Unfälle, bei denen für harmlos gehaltene Tiere plötzlich ihre Besitzer, Dresseure oder Pfleger anfallen (»Tiger tötet Tierpflegerin«), über die aber stets als bedauerliche Abweichung von der Regel berichtet wird: »Wie konnte das nur passieren?« Diese beständig wiederkehrende Frage lässt sich als Zeichen der Hilflosigkeit gegenüber der Tatsache interpretieren, dass Raubtiere auch im Käfig Raubtiere bleiben, was vor allem auch bedeutet, dass ihr Verhalten nicht komplett kontrolliert und berechenbar gemacht werden kann, sondern mit Überraschungen stets zu rechnen ist. Die mediale Berichterstattung über solche Fälle befriedigt auf der einen Seite die Sensationslust ihres Publikums und vermittelt gleichzeitig die Botschaft, dass es sich dabei um eine absolute Ausnahme handelt und für den Normalbürger auch weiterhin nichts zu befürchten ist.

In Anbetracht der nahezu vollständig verschwundenen Angst der Menschen vor den Tieren angesichts ihrer umfassenden Zähmung tritt deshalb mehr und mehr die Problematisierung der Angst der Tiere vor den Menschen auf den Plan. Dabei werden durchaus erstaunliche Zusammenhänge hergestellt. Exemplarisch dafür steht etwa die Argumentation des Chemikers und Philosophen Jens Soentgen, der zunächst konstatiert, dass das Tier eben-

149 Gernot Böhme, *Anthropologie in pragmatischer Hinsicht*, Frankfurt/M. 1985, S. 247.

so Angst empfinden könne wie der Mensch. Da jedes Tier Feinde habe, werde der dadurch stets drohenden Gefahr mit »speziellen Raumnutzungsstrategien« begegnet: »Sie verlegen ihre Wohnorte nach Möglichkeit dorthin, wo sie sich vor ihren Feinden halbwegs sicher fühlen. Sie graben Höhlen, klettern auf Bäume und bauen sich Nester oder verlegen ihre Aktivität in die Nacht.«[150] Offenbar nimmt Soentgen an, dass sie dies alles nicht tun würden, wenn sie nicht beständig Angst vor dem Zugriff der Feinde haben müssten, was eine ziemlich gewagte These ist, gibt es doch auch ganz andere Gründe für diese Verhaltensweisen (Aufzucht des Nachwuchses, Nahrungssuche, Vorratshaltung usw.). Nur wenige Zeilen später ist von den Feinden einzig der Mensch übrig geblieben, durch dessen Präsenz allein die Tiere dazu bewegt werden, ihre Aktivitäten in die Nacht zu verlegen.[151] Diese Präventionsmaßnahme gegen eventuelle Begegnungen mit dem Menschen werde so umfassend ausgeführt, dass wir die Tiere überhaupt nicht mehr zu sehen bekämen. Wenn aber doch, dann müssten wir feststellen: »Sie fliegen, rennen, hoppeln davon, sobald sich ein Mensch auch nur von weitem sehen lässt.«[152] Während einige wenige Tierarten – Enten und Schwäne, Kaninchen und Hasen – in Städten und Parks ihre Scheu weitgehend abgelegt hätten, sei dies in den Wäldern keineswegs so: »Wer als Pilzsammler im Forst unterwegs ist, wird entweder kein Tier sehen oder aber explosionsartig aufspringende und wegrennende Tiere.«[153] Seltsam mutet hier die Erwartung an, dass die etwa von quer durch den Wald marschierenden Pilzsammlern aufgescheuchten Tiere sich von diesen nicht weiter stören lassen oder sich ihnen gar angstfrei nähern sollen. Zu erwarten, dass sie einem freudig entgegenhoppeln, zeigt vor allem, dass die Begegnung mit Wildtieren wohl tatsächlich so selten geworden ist, dass man sie sich inzwischen so zahm wie Haustiere vorstellt, wünscht oder zu solchen kurzerhand umdeutet, womit vor allem eine Verleugnung ihrer Wildheit einhergeht. Ganz im Gegensatz zu dieser Beobachtung steht meine eigene: Auch die Tiere des Waldes verlieren zunehmend ihre Scheu. Trifft man auf sie, so blicken sie neugierig auf, schätzen

150 Jens Soentgen, »Im Funktionskreis des Feindes. Über die Angst der Tiere im Anthropozän«, in: *Merkur* 71 (2017), S. 18-30.

151 Vgl. ebd., S. 25.

152 Ebd., S. 24.

153 Ebd., S. 25.

kurz ab, ob Gefahr droht, und wenn dem nicht so zu sein scheint, äsen sie unbekümmert weiter. Das Kläffen eines Hundes dagegen verleitet sie umgehend zur Flucht. Doch für Soentgen bleibt am Ende allein der Mensch als Angst- und Fluchtauslöser übrig: »Nur der Mensch ist in der Natur fast überall eine Panik erzeugende Ausnahmegestalt.«[154] Diese Behauptung tut so, als würden Beutetiere nicht vor den sie fressenden Raubtieren fliehen und nicht in steter Wachsamkeit leben, ständig Ausschau haltend nach ihren Feinden, die rechtzeitig zu bemerken für sie überlebenswichtig ist. Eine Versöhnung mit der Natur, die er im Anschluss an Adorno anstrebt, verfolgt den »Traum von einem friedlichen, angstfreien Zusammensein von Mensch und Tier«.[155] Bis es so weit ist, sei auch schon viel erreicht, wenn der Mensch die Bereitschaft habe, »selbst Angst in der Natur zu erleiden«.[156] Da die vollständige Realisierung eines Ideals sich bekanntlich stets als schwierig erweist, scheint die Beteiligung des Menschen an der Angsterfahrung zumindest als wichtiges Etappenziel gelten zu dürfen. Die Frage ist jedoch, ob dies nicht ohnehin der Fall ist, wenn etwa ein nächtlicher Gang durch den Wald aufgrund der Angst vor einer Begegnung etwa mit Wildschweinen vermieden wird, sodass sich auch von einem stillen Übereinkommen von Mensch und Tier sprechen ließe, das den Tieren in der Nacht den Lebensraum überlässt, der nur am Tag auch von Menschen angstfrei betreten werden kann. Erst recht wenn man den Blick nicht nur auf den europäischen Kontinent richtet, ist das Gefühl der Angst vor gefährlichen Tieren nicht so eine Seltenheit, wie es dem wildtierentwöhnten Mitteleuropäer erscheinen mag. Eine Reise in asiatische oder afrikanische Länder oder nach Australien etwa konfrontiert ihn mit einer ganzen Reihe von Spezies, die nicht dafür bekannt sind, beim Anblick des Menschen in Angststarre zu verfallen oder umgehend die Flucht zu ergreifen (Schlangen, Krokodile, Löwen, Bären, Haie, Mücken). Auch die Frühmenschen, die tagtäglich Tieren gegenüberstanden, »die zwei-, zehn- und sogar zwanzigmal größer sind: Großkatzen, Bären, elefantengroße Schildkröten, viereinhalb Meter große Faultiere«,[157]

154 Ebd., S. 27.

155 Ebd.

156 Ebd., S. 30.

157 Elizabeth Kolbert, *Das sechste Sterben. Wie der Mensch Naturgeschichte schreibt*, Berlin 2015, S. 9.

hätten wohl wenig Verständnis für den Vorschlag, die im Laufe der Geschichte erreichte Angst der Tiere vor den Menschen gegen ihre eigene Angst vor den Tieren wieder einzutauschen. Auch dort, wo Wildtiere in Wohnsiedlungen der Menschen wiederauftauchen, diese angreifen und verletzen, ist die Reaktion zunächst weit entfernt von einer Willkommenskultur. Entgegengewirkt werden kann den sich schnell ins Hysterische steigernden Beschreibungen einer angeblichen Bedrohung monströsen Ausmaßes, die sich bei Lichte betrachtet zumeist auf einige wenige Tiere bezieht, nur durch angemessene Sicherheitsvorkehrungen und eine Entdramatisierung der sich stets schnell aufheizenden Debatte. Am Beispiel des Angriffs eines Pumas in einer Siedlung im Großraum Los Angeles teilt Mike Davis die Reaktionsweisen in zwei Lager ein: »Anscheinend gibt es beim Puma nur eine unrealistische Schwarzweißsicht: Für die einen ist er ein Serienmörder, für die anderen ein knuddeliges Plüschtier.«[158] Diese Einstellungen, von maßloser Übertreibung bis zur unangemessenen Verharmlosung und Leugnung, können weit über diesen konkreten Fall hinaus beobachtet werden. Für eine angemessene Beurteilung der Situation bleibt es entscheidend, daran zu erinnern, dass die unerwarteten Besuche der Wildtiere in den menschlichen Wohnsiedlungen aus dem immer massiver werdenden Eindringen des Menschen in deren Lebensräume resultiert. Allerdings kommt man auch um die – womöglich unbequeme – Einsicht nicht herum, dass die Sehnsucht nach einem friedlichen Zusammenleben von Menschen und Tieren sich erst vor dem Hintergrund der erfolgreichen Domestizierung von Raubtieren entwickeln konnte, der Umgang mit dem Tier insofern immer auch eine Machtfrage war und auch weiterhin ist:

Gegenüber der *Natur* fühlen wir uns heute sehr überlegen. Wir fürchten sie nicht mehr. Soweit sie uns als Krankheit oder Naturkatastrophe unangenehm wird, hoffen wir, sie bald zu besiegen. Der Mensch – von Natur ein schwaches Lebewesen – hat sich mithilfe der Technik über seine Umwelt mächtig erhoben. Er hat sich zum Herrn der Natur und aller irdischen Lebewesen gemacht. Die Schranke, die ihm die Natur in früheren Zeiten fühlbar auferlegte, durch Kälte und Hitze, Hunger und Mangel, wilde Tiere und Gefahren aller Art, diese Naturschranke weicht offensichtlich zu-

158 Mike Davis, *Ökologie der Angst*, S. 231. Davis verhandelt dieses Thema unter der Überschrift »Die Natur beißt zurück«, ebd., S. 229 ff. Vgl. dazu auch Kap. 3.5.

rück. […] Wenn heute ein Löwe oder ein Wolf in eine moderne Großstadt hineingerät, so ist das höchstens ein Verkehrshindernis und kaum noch ein Kinderschreck. Gegenüber der Natur fühlt sich der Mensch heute derartig überlegen, daß er es sich leistet, Naturschutzparks einzurichten.[159]

Mit anderen Worten: Erst seitdem wir die Natur nicht mehr fürchten, wollen wir sie nur noch schonen und retten. Die Angst *vor* dem Tier ist der Angst *um* das Tier gewichen. Tatsächlich ist der Bestand vieler Tiere heute so stark gefährdet, dass ein vollständiges Aussterben zahlreicher Gattungen droht. Dass die Herrschaft der Menschen einmal so weit gehen könnte, dass die Existenz ganzer Populationen in Frage steht, wird in Carl Schmitts sonst so bedenkenswerter Überlegung noch nicht mitgedacht. Vor allem diese neue Qualität in der Beziehung zwischen Menschen und Tieren gerät in der aktuellen Debatte in den Vordergrund und verändert das Nachdenken über Letztere in rasantem Tempo. Im Zuge des Posthumanismus und der ökologischen Debatte, der ANT und der *Animal Studi*es steht das Verhältnis zwischen Menschen und Tieren zur Disposition und ist dabei, noch einmal ganz neu verhandelt zu werden.

Für eine neue Sicht auf das Verhältnis von Mensch und Tier plädiert etwa die belgische Philosophin Vinciane Despret, die sich kritisch mit der herkömmlichen Erforschung der Tiere auseinandersetzt, einen zweiten Blick auf deren Ergebnisse wirft und diese mit neueren Ergebnissen der Tierforschung konfrontiert. Ihr Vorgehen verbindet sie mit einer grundlegenden Kritik am traditionellen Umgang der Wissenschaft mit den Erfahrungen der Menschen mit Tieren, die auch für die Soziologie insgesamt und das Vorhaben der Geosoziologie im Besonderen von hoher Relevanz ist. Statt sich der vielen Geschichten der Menschen anzunehmen, die über eine Fülle von praktischen Erfahrungen mit Tieren verfügen – Tierbesitzer:innen, Tierpfleger:innen, Jäger:innen, Vieh-

159 Carl Schmitt, *Gespräch über die Macht und den Zugang zum Machthaber. Gespräch über den Neuen Raum,* Berlin 1994, S. 12. Ein ähnlicher Hinweis findet sich auch bei Helmut Schelsky: »Ich will Sie nur daran erinnern, daß es wahrscheinlich noch zu unseren Lebzeiten dazu kommt, daß es auf der ganzen Erde kaum noch ein größeres wildes Tier geben wird, das seine Existenz nicht der bewußten Hege des Menschen verdankt.« Helmut Schelsky, »Der Mensch in der wissenschaftlichen Zivilisation« (1961), in: ders., *Auf der Suche nach Wirklichkeit. Gesammelte Aufsätze,* Düsseldorf, Köln 1965, S. 439-480, hier S. 441.

züchter:innen, Dresseur:innen, Naturschützer:innen und Dokumentarfilmer:innen –, hätten Wissenschaftler:innen diese stets als irrelevante Anekdoten abgetan.[160] Der Vorstoß von Despret beruht über weite Teile nun darauf, an genau diesen enormen Wissensvorrat anzuknüpfen und für ein besseres Verstehen der Tiere ausdrücklich zu nutzen. Wenn sie darüber hinaus anhand vieler Beispiele zeigt, dass das Wissen über das Verhalten der Tiere aus Versuchen stammt, die unter Laborbedingungen zustande gekommen sind, verstärkt sie das schon von Edgar Morin vorgebrachte Bedenken gegenüber den Ergebnissen der Tierforschung, die sich nahezu ausschließlich der experimentellen Methode verdanken, die das Tier isoliert, statt es in seiner ureigenen Umgebung zu beobachten.[161] Unter Rekurs auf die Forschung von professionellen Tierbeobachter:innen, Tierpfleger:innen und Laien, die Tiere in ihrem natürlichen Habitat beobachten und täglich mit ihnen umgehen, werden einige verblüffende Einsichten über Tiere präsentiert, deren Verhalten in freier Wildbahn ein ganz anderes ist als

160 Vinciane Despret, *Was würden Tiere sagen, würden wir die richtigen Fragen stellen?*, Münster 2019, S. 17; vgl. dazu auch Latour in seinem »Vorwort« zu Desprets Buch, S. XII. Ein Beispiel dafür wäre etwa der Schriftsteller Paul Eipper (1891-1964), der in seinem Buch *Tiere sehen dich an*, Berlin 1928 sein Vorhaben als »*Aufruf*« beschreibt, der »das Tier aus der Niederung des Nur-Objekts unserer Wünsche und Nutzungsbegierden emporheben [will, MS] zum Subjekt, zur Persönlichkeit«, S. 10. Er berichtet darin von einigen bemerkenswerten Beobachtungen, in denen das Tier unmissverständlich von sich aus Kontakt zum Menschen aufnimmt.

161 Morin, *Einen neuen Anfang wagen*, S. 161: »Die Experimentalmethode hat sich [...] als steril und widernatürlich erwiesen, als man das Verhalten von Tieren im Laboratorium erforschen wollte statt in ihrer natürlichen Umgebung, wo sie in Gesellschaft ihrer Artgenossen waren. Die Labormethode war zum Beispiel nicht in der Lage, die wichtigen Erkenntnisse zu erlangen, die durch die Beobachtung von Schimpansen in freier Wildbahn erzielt werden konnten. Dort stellte man fest, daß Schimpansen Allesfresser sind, daß sie erfinderisch und fähig sind, Werkzeuge herzustellen und zu jagen; man hat erkannt, daß sie komplexe Wesen von unterschiedlichem Charakter und unterschiedlicher Intelligenz sind.« Schon in einem älteren Text notiert er: »Die Erforschung von Gruppen von Affen und Menschenaffen in Freiheit hat zu einer veränderten Auffassung ihres sozialen Lebens und überhaupt ihres Lebens [...] geführt.« Edgar Morin, *Das Rätsel des Humanen. Grundfragen einer neuen Anthropologie*, München, Zürich 1974, S. 39. Dagegen heißt es bei Max Horkheimer und Theodor W. Adorno, *Dialektik der Aufklärung. Philosophische Fragmente*, Frankfurt/M. 1971, S. 220: »Noch das stärkste Tier ist unendlich debil.«

das in Gefangenschaft.[162] Scheinbar gut abgesicherte Erkenntnisse über das vermeintlich typische Verhalten bestimmter Tierarten lösen sich dabei vor den staunenden Augen des Lesers in Luft auf. So wird etwa die weit verbreitete Vorstellung von einer ubiquitären hierarchischen Ordnung im Tierreich am Beispiel von Pavianen und Wölfen gründlich desavouiert.[163] In beiden Fällen erweist sich, dass es zur Herausbildung stabiler Hierarchien nur in Tierparks und Zoos kommt, in denen einander fremde Tiere beliebig zu einem Rudel zusammengestellt werden, im natürlichen Habitat der Tiere dagegen nicht. Es werden aber nach wie vor viele angebliche Eigenschaften und scheinbar typische Verhaltensweisen der Tiere unter den Bedingungen der Gefangenschaft erhoben und auf ihr Verhalten in Freiheit einfach übertragen. Eine Bestätigung dieser Praxis findet sich in den tiersoziologischen Studien des Tübinger Zoologen Hans M. Peters (1908-1996): »Wenn sich auch die meisten der Beobachtungen auf Tiere unter den Bedingungen der Gefangenschaft beziehen, so kann nicht daran gezweifelt werden, daß das Prinzip der Rangordnungen im Leben geselliger Tiere auch in freier Natur eine bedeutsame Rolle spielt.«[164] Obwohl hier der Zweifel ausdrücklich, aber ohne Beleg, ausgeschlossen wird, sind Zweifel durchaus angebracht. Offenbar glaubt man eher an die Validität der Übertragbarkeit der Ergebnisse, als dass man sich dessen eigens versichern würde, was eine recht merkwürdige Auffassung für einen Wissenschaftler ist. Doch was sich als Rangordnung den Blicken der Forscher aufzudrängen scheint, ist das Ergebnis einer nur wenige Tage andauernden Beobachtung, die nicht mehr als eine Momentaufnahme bieten kann. Schon eine geringfügige Verlängerung des Beobachtungszeitraums lässt dagegen erkennen, dass die scheinbar stabile Hierarchie sich alle paar Tage ändert. Doch am Bild von den Alpha-Tieren, die an der Spitze des Rudels den Ton angeben, wird trotzdem weiterhin festgehalten und es wird etwa auf menschliche

162 Diese Einsicht findet sich schon bei Theodor Lessing mit den Worten umschrieben: »Im allgemeinen glaube ich, daß alle Tiere, wenn man sie einkäfigt, wahnsinnig werden. Darum wissen wir nichts von den Tieren. Wir machen sie wahnsinnig.« Theodor Lessing, *Meine Tiere*, Berlin 2004, S. 29.

163 Vgl. Despret, *Was würden Tiere sagen, würden wir die richtigen Fragen stellen?*, S. 69-79.

164 Hans M. Peters, »Gesellungsformen der Tiere«, in: Werner Ziegenfuß (Hg.), *Handbuch der Soziologie*, Stuttgart 1956, S. 613-640, hier S. 620.

Organisationen übertragen, um deren hierarchische Ordnung mit dem Verweis auf ein vermeintliches Gesetz der Natur zu legitimieren. Ähnlich wie in der Erforschung der Pflanzen erweisen sich auch die tradierten Vorstellungen von Tieren und ihrem Zusammenleben als sehr viel hartnäckiger als die dazu konträr liegenden neuen Beobachtungen der Tierforschung. Die Blockaden und Widerstände innerhalb der *scientific community* gegenüber Forschungsergebnissen, die etablierte Auffassungen über die Zusammenhänge in der Natur, die Fähigkeiten von Pflanzen oder das Verhalten von Tieren massiv in Frage stellen, sind regelmäßig enorm groß, obwohl alle wissenschaftlichen Innovationen immer auf genau dieser kritischen Infragestellung des etablierten Wissens beruhen.[165] Doch über eine erstaunlich lange Zeit hinweg erweist sich die Wissenschaftsgemeinde immer wieder als nahezu immun gegenüber lästigen neuen Erkenntnissen, die die eigene Arbeit zunichtezumachen drohen. Fatal ist dies allein schon deshalb, weil die Art und Weise des Nachdenkens und Sprechens über Tiere keine rein akademische Angelegenheit ist, sondern auch praktische Folgen hat:

> Die Hierarchie-Theorie ähnelt einer ansteckenden Krankheit, die von sehr resistenten Viren verbreitet wird. Ihre Symptome können, ebenso wie ihre Ansteckungsgefahr, leicht identifiziert und kategorisiert werden. Sie bringt Lebewesen hervor, die sich nach strengen Regeln verhalten, Lebewesen, die wenig interessant sind, Lebewesen, die Routinen nachgehen, ohne sich zu viele Fragen zu stellen. Und sie kontaminiert die Menschen, die diese Theorie anwenden, ebenso wie die Tiere, auf die sie angewendet wird.[166]

Es ist, als wäre auch die der Natur unterstellte Ordnung, mit ihren so und nicht anders ausgestatteten Pflanzen und den sich so und nicht anders verhaltenden Tieren, vor allem dazu ersonnen worden, vor jeder Überraschung verlässlich zu schützen, da jede Erschütterung gut gefestigter Ordnungen unwillkommene Irritationen auslöst, die Unsicherheit generieren.

165 Es wäre eine ganz eigene, vielversprechende Aufgabe, die aus Rücksicht vor der herrschenden wissenschaftlichen Meinung, der Doxa (Bourdieu), zurückgehaltenen Forschungsergebnisse zu sammeln. Mancuso entnehme ich ein Beispiel, das Darwin betrifft. Jens Soentgen berichtet über den Enzyklopädisten Charles-Georges Le Roy (1723-1789), der seine Erkenntnisse über die Angst der Tiere lieber unter Pseudonym veröffentlicht habe.

166 Despret, *Was würden Tiere sagen, würden wir die richtigen Fragen stellen?*, S. 79.

Noch in den 1970er Jahren gab es an deutschen Grundschulen ein Fach namens Heimatkunde. Dort hat man unter anderem die Tiere aus der unmittelbaren Umgebung, in die man selbst wie diese Tiere zufällig hineingeboren wurde, durchgenommen, und zwar nach einem immer gleichen Schema. Zum Beispiel: Der Hase. 1. Wo er lebt. 2. Was er frisst. 3. Wie er aussieht. Dass Tiere einer Art sich über einen bestimmten Zeitraum auch verändern und sich in verschiedenen Kontexten anders verhalten, dass der Hase von vor Jahrzehnten nicht mehr der von heute sein könnte, wurde hier noch nicht mitgedacht: »Wagt folgendes Gedankenexperiment: Vergleicht das, wozu Wölfe, Affen, Raben, Kühe, Schafe, Delfine und Pferde vor dreißig Jahren fähig gewesen sein sollen, mit den Fähigkeiten, mit denen sie heute ausgestattet sind, ein völlig neues Universum von Fähigkeiten tut sich auf.«[167] Das Tier hatte vielmehr so zu sein, wie es letztgültig beschrieben und bestimmt worden ist, punktum. Was für eine Welt tut sich demgegenüber auf, wenn man Tiere nicht als unveränderbare Gattungen in einen vom Menschen gezimmerten Verhaltenskäfig einsperrt, sondern ihre sich vermehrenden Fähigkeiten und wandelnden Erscheinungen beobachtet.

Ziel der von Despret zusammengetragenen Geschichten über die vielfältigen Erfahrungen mit Tieren ist es zu zeigen, dass diese keine sich passiv in ihr Schicksal fügenden Kreaturen sind, die, allein von ihrem Instinkt gesteuert, sich in immer gleicher Weise verhalten, sondern Lebewesen, die fühlen und denken können, über Sprache verfügen und keineswegs immer das tun, was die Menschen von ihnen erwarten und verlangen, vielmehr auch überraschend anders agieren als vorgesehen. Statt nur als Objekte behandelt zu werden, sind sie deshalb endlich als Subjekte anzuerkennen, die ihren eigenen Plänen folgen. Ebenso wie den Menschen kommt auch ihnen Handlungsmacht (*agency*) zu, weil sie andere Akteure zu Handlungen veranlassen. Sie reagieren nicht nur, sie agieren. Dabei geht es Despret nicht darum, die erstaunlichen Fähigkeiten aufzulisten, über die verschiedene Tiere zur großen Verblüffung einer staunenden Öffentlichkeit verfügen, und schon gar nicht darum, diese als Fälschungen entlarven zu wollen, wie so viele Wissenschaftler:innen es tun, indem sie auf ihrem regelrechten »Feldzug der Entzauberung«[168] den Beitrag des Menschen am

167 Latour, »Vorwort«, S. XX.

168 Despret, *Was würden Tiere sagen, würden wir die richtigen Fragen stellen?*, S. 23.

Zustandekommen der Sprechfähigkeit von Pferden und Hunden oder der Malfähigkeit von Elefanten mit großem Eifer nachzuweisen versuchen. Die belgische Philosophin will vielmehr darauf hinaus, dass Mensch und Tier in der Lage sind, gemeinsam etwas hervorzubringen. Programmatisch steht dafür ihre Abwandlung der berühmten Aussage von Baruch de Spinoza (1632-1677), dass niemand wisse, wozu der Körper fähig ist: »Wir wussten nicht, wozu unsere Körper fähig sind, bis wir es gemeinsam mit unseren Tieren gelernt haben.«[169] Ein wiederkehrendes Defizit der experimentellen Methode besteht für sie gerade in dieser Verleugnung einer kooperativen Beziehung, die sich schon darin äußert, dass die Versuchsleiter:innen über ihre eigenen körperlichen Reaktionen auf die Versuchstiere und ihre bei der Durchführung von Experimenten empfundenen Gefühle zumeist nicht berichten, sondern sich ausschließlich auf die Reaktionen der untersuchten Tiere auf die jeweilige Versuchsanordnung konzentrieren.

Den Nachweis zu erbringen, dass Tiere selbstständige Akteure sind, lässt auch die bereits angesprochenen »Unfälle« mit Tieren in einem anderen Licht erscheinen. Statt darin den unabänderlichen Charakter des Raubtiers zu sehen, das einfach nicht anders kann, als seinem Instinkt zu folgen, können diese als Unfälle deklarierten Vorfälle auch als ein Akt des Widerstands und der Revolte gegen die fortwährenden Misshandlungen der Dresseur:innen und Pfleger:innen gedeutet werden. Jason Hribal verfolgt diese Perspektive ebenso wie Fahim Amir,[170] der das gemeinsame Anliegen so formuliert:

> Es geht darum, Tiere nicht als die ultimativen Verlierer von Kultur und Kapitalismus zu verstehen, sondern als widerständige Akteure innerhalb einer nicht-unschuldigen Gemengelage. Die ganze Assemblage von Markierungs- und Manipulationstechnologien, Kontroll- und Käfigarchitekturen, Hormonen und Kalziumzusätzen, Volieren und Gattern, Netzen und Ködern wären nicht bloß Monumente ihres Elends, sondern Beweise ihrer ungeheuren Kraft.[171]

169 Ebd., S. 9.

170 Vgl. Jason Hribal, *Fear of the Animal Planet. The Hidden History of Animal Resistance*, 2010; Amir, *Schwein und Zeit*.

171 Ebd., S. 56.

Auch Despret greift diese Positionen in ihrem Buch auf und verweist darauf, dass auch die Berichte über die Widerständigkeit der Tiere nicht neu sind, sich bereits in wissenschaftlichen Berichten vor Beginn des 20. Jahrhunderts finden und bis heute von Zoowärter:innen, Viehzüchter:innen und -pfleger:innen verbreitet werden. So berichtet sie etwa von einem Schimpansen namens Santino, der in einem schwedischen Zoo regelmäßig die Zoobesucher:innen mit Steinen bewarf. Offenbar handelte es sich dabei keineswegs um eine spontane Aktion, sondern um sorgfältig geplante Angriffe. Denn mit Ausnahme der Tage, an denen der Zoo geschlossen bleibt, hat Santino die Steine bereits früh am Morgen aufgeschichtet, um sie umgehend als Wurfgeschosse einsetzen zu können, sobald sich die Besucher:innen seinem Käfig näherten.[172] Neben solchen durch Waffen unterstützten Angriffen finden sich eine Vielzahl von Geschichten über eher »zivile« Varianten der Revolte in Form von Verweigerungen oder Zuwiderhandlungen.[173] Die weit verbreite Rede von der Bockigkeit und Launenhaftigkeit des Kamels, des Esels und einiger anderer Tiere, die darauf verweist, dass diese sich nur schwer führen lassen, verdeckt dabei eher die Möglichkeit, dass darin nicht der spezifische Charakter des Tieres zum Ausdruck gelangt, sondern es sich auch um eine Art von Protest und aktivem Widerstand handeln könnte.[174] Diese der üb-

172 Despret, *Was würden Tiere sagen, würden wir die richtigen Fragen stellen?*, S. 34.

173 So gibt es auch Berichte darüber, dass bei nicht sachgerechter Melktechnik die Kühe ihre Milch zurückhalten und damit den Ertrag mindern, vgl. Bernhard Kathan, *Zum Fressen gern*, Berlin 2004, S. 198 f. Eine Verweigerungshaltung, die an Bartlebys berühmten Ausspruch erinnert: »I would prefer not to!« Auch ohne Sprache im menschlichen Verständnis lässt sich eine solche Haltung ausdrücken.

174 »Der Widerstand der Tiere ähnelt natürlich so gar nicht liberalen Vorstellungen zivilgesellschaftlicher Partizipation an bürgerlichen Selbstgesetzgebungsprozessen. Tiere verfassen keine Unterschriftenlisten, starten keine Bürgerinitiativen, gehen weder wählen noch kandidieren sie selbst. Der Widerstand von Tieren ähnelt mehr dem Widerstand von US-Sklav*innen vor dem amerikanischen Bürgerkrieg: individuelle und kollektive Arbeitsverweigerung, Sabotage, Flucht, Gewalt gegen ihre Besitzer*innen.« Fahim Amir, *Schwein und Zeit*, S. 15 f. Ein bemerkenswertes Beispiel ereignet sich während der Olympiade 2021 in Tokio beim modernen Fünfkampf während des Springreitens. Eine Reiterin muss unter Tränen erleben, dass das ihr zugeloste Pferd einige Hürdensprünge mehrfach verweigert. Anfeuernde Rufe ihrer Trainerin werden in den Medien mit: »Hau drauf, hau richtig drauf!« wiedergegeben. Das Tier soll zum Sprung mit Gewalt

lichen Wahrnehmung von Tieren entgegengesetzte Perspektive hat gravierende Folgen. Mit ihr erweist sich, dass auch das Tier ebenso wie der Mensch ein »Neinsagenkönner« ist und keineswegs »immer ›Ja‹ zum Wirklichsein«[175] sagt.

Insgesamt geht es Despret jedoch gerade nicht darum, der wissenschaftlichen Beschäftigung mit Tieren eine durchgängige Geschichte der Leugnung ihrer enormen Fähigkeiten vorzuwerfen. Vielmehr zeigt sie – und hier gibt es eine deutliche Parallele zur Erforschung der Pflanzen –, dass die Naturforscher des 19. Jahrhunderts noch viel aufgeschlossener darin waren, den »Tieren Gefühle, Intentionen, einen eigenen Willen, Wünsche und kognitive Fähigkeiten«[176] zuzuerkennen. Ein gutes Indiz dafür, nicht an einen linear voranschreitenden Erkenntnisfortschritt zu glauben. Vielmehr scheint es generell so, dass zentrale Einsichten auch wieder in Vergessenheit geraten können. Deshalb allein schon lohnt der Blick in zumeist nur scheinbar veraltete Literatur, wie er für das hier vorgestellte Projekt einer *Geosoziologie* ohnehin zentral ist. Despret folgend, zeichnet sich das wissenschaftliche Denken im 20. Jahrhundert im Gegensatz zu seinen Vorläufern im 19. durch die »Ablehnung aller Anekdoten und den Ausschluss jeglicher Form von Anthropomorphismus«[177] aus. Tatsächlich wird dieser Vorwurf bis hin zur Akteur-Netzwerk-Theorie unserer Tage erhoben. Es spricht

gezwungen werden. Immerhin steht eine Goldmedaille auf dem Spiel. Aufschlussreich ist nicht nur dieser fragwürdige Umgang mit dem Pferd, sondern auch die Berichterstattung in den Medien. In einem Beispiel brüllt der Kommentator seine Fassungslosigkeit darüber völlig enthemmt heraus, dass es doch nicht sein könne, dass so ein »mieses Pferd«, das schon zuvor »zerritten« wurde, Deutschland um eine Goldmedaille bringe. Wir lernen daraus, dass das Pferd nicht mehr als ein Sportgerät ist, das in diesem Fall einfach »nicht funktionierte«. Nachzuhören unter: ⟨https://www.eurosport.de/moderner-funfkampf/olympia-moderner-funfkampf/2021/olympia-2021-annika-schleu-verliert-fast-schon-sicher-geglaubtes-gold-wegen-bockigem-pferd-im-springreiten_vid1523286/video.shtml⟩, letzter Zugriff 07.08. 2021. Besonnenere Stimmen kritisieren im Nachgang das Reglement, das den unter Stress stehenden Tieren den Umgang mit extrem angespannten Sportler:innen zumutet und umgekehrt. Für die Recherche zu Verweigerungshaltungen von Tieren im Sinne Amirs bietet der Sport eine Fundgrube von ähnlichen Beispielen, die aufzeigen, dass sie keine willenlosen Jasager sind.

175 Scheler, *Die Stellung des Menschen im Kosmos*, S. 61.

176 Despret, *Was würden Tiere sagen, würden wir die richtigen Fragen stellen?*, S. 51.

177 Ebd.

für die hohe Aktualität des Werks von Roger Caillois, wenn er in seinem Text »Kurze Anmerkung über den Anthropomorphismus«[178] notiert, dass es sich bei dieser Übertragung menschlicher Eigenschaften oder Emotionen auf Dinge oder andere Lebewesen zwar um eine »gefährliche Verlockung«[179] handele, deren Gefahren man sich bewusst bleiben müsse, eine strikte Ablehnung jedoch »darauf hinausläuft, den Menschen im Universum zu isolieren und jede nähere Verwandtschaft zwischen ihm und den anderen Wesen in Abrede zu stellen«.[180] Wenn »selbst die geringste Analogie«[181] zwischen Mensch und Tier zu vermeiden versucht werde, mache man sich blind für die zwischen beiden bestehende tiefe Verbundenheit:

> Der Mensch ist ein Tier wie alle anderen, seine Biologie ist die gleiche, er ist allen Gesetzen des Universums unterworfen, denen der Schwerkraft, der Chemie, der Symmetrie und tausend anderen. Warum also wird dem Versuch, die Eigenschaften seiner Natur anderswo wiederzufinden, bzw. umgekehrt die in der Tierwelt regierenden Gesetze bei ihm wiederzufinden, a priori unterstellt, er sei notwendigerweise Manie, Illusion oder Einbildung? Alles spricht doch für Kontinuität.[182]

Statt diese zu leugnen, bestimmt Caillois es als zielführende Aufgabe, »den Folgen einer unvermeidlichen Existenzgemeinschaft nachzugehen«,[183] die sich stets »in irgendeiner Weise manifestieren, stets in besonderer, manchmal auch widersprüchlicher Weise, aber doch immer so, daß es möglich bleibt, die gleichen grundlegenden Übereinstimmungen aufzuspüren«.[184]

Für Despret steckt im Vorwurf des Anthropomorphismus vor allem die Diskreditierung des alternativen Wissens der Laien:

178 Roger Caillois, »Kurze Anmerkung über den Anthropomorphismus«, in: ders., *Méduse & Cie. Mit Die Gottesanbeterin und Mimese und Legendäre Psychasthenie*, Berlin 2007, S. 52-53.

179 Ebd., S. 52.

180 Ebd., S. 53.

181 Ebd., S. 52.

182 Ebd., S. 53.

183 Ebd.

184 Ebd. Caillois erweist sich für das gegenwärtige Interesse an Tieren und dem Versuch, sie aus dem Schatten ihrer Existenz herauszulösen, als wichtiger Vorreiter, obwohl er weder bei Morin, Despret oder Haraway Erwähnung findet.

Der Vorwurf des Anthropomorphismus ist, anders gesagt, bevor er einen wie auch immer gearteten kognitiven Vorgang klassifiziert, zuallererst ein politischer Vorwurf, ein Vorwurf der Politik der Wissenschaften, die vor allem darauf abzielt, eine Art von Wissen und Erkenntnis zu disqualifizieren, derer die wissenschaftliche Arbeit sich zu entledigen versucht hat, nämlich jene des Laien.[185]

Donna Haraway, deren Werk auch Despret viele Anregungen verdankt, bemüht sich ebenfalls um einen neuen Zugang zu Tieren. Ihr Augenmerk liegt dabei vor allem auf den vielfältigen Verbindungen, die Mensch und Tier bereits so intensiv eingegangen sind, dass eine klare Grenzziehung zwischen beiden kaum mehr länger möglich erscheint. Statt weiterhin von strikt voneinander getrennt existierenden Spezies auszugehen, liegt Haraways Augenmerk auf den vielfältigen Beziehungen zwischen Mensch, Tier und Maschine, die sich längst zu neuen Mischwesen zusammensetzen. [186]

185 Despret, *Was würden Tiere sagen*, S. 54. Das war nicht immer so. Der Tiersoziologe Friedrich Alverdes (1889-1952) etwa lädt im Gegenteil sogar ausdrücklich zur Mitarbeit ein. Ausgehend von der Beobachtung, dass wir über das Verhalten von Tieren noch viel zu wenig wüssten und deshalb noch viel Arbeit zu tun sei, schreibt er: »[J]eder Tierliebhaber kann hier erfolgreich mitarbeiten, wofern er kritisch vorgeht.« Friedrich Alverdes, *Tiersoziologie*, Leipzig 1925, S. 2. Auch der Ethologe Nikolaas Tinbergen (1907-1988) kommt zu dem Ergebnis, dass sich die Tiersoziologie zu großen Teilen der Arbeit von »Liebhabern« verdankt, deren Unvoreingenommenheit als großer Vorteil gegenüber den Profi-Zoologen angesehen wird, vgl. seine Schrift *Tiere untereinander. Formen sozialen Verhaltens*, Berlin, Hamburg 1975, S. 118.

186 Vgl. Kap. 6.3.

2.5 Das Leben des Menschen und seine Metamorphosen

> »Das Denken der Menschen muß sich wieder auf die elementaren Ordnungen ihres terrestrischen Daseins richten. Wir suchen das Sinnreich der Erde.«[187]

2.5.1 Anfang und Ende der Sonderstellung des Menschen in der Natur

Die Liste von Namen, die man dem Menschen schon gegeben hat, ist lang. Besondere Popularität haben dabei *homo sapiens, homo faber, homo oeconomicus* und *homo sociologicus* erlangt.[188] Bei diesen Bestimmungsversuchen wird stets eine bestimmte Eigenschaft des Menschen zu seiner eigentlichen Natur erhoben: Der vernünftige und verständige Mensch; der arbeitende Mensch, der mithilfe von Werkzeugen etwas erschaffen kann; der wirtschaftende, allein an seinem Nutzen interessierte Mensch; der Mensch als Rollenbündel, der den gesellschaftlichen Erwartungen nachzukommen hat. An vielen der gängigen Charakterisierungen des Menschen fällt auf, dass sie aus dem Vergleich mit dem Tier resultieren. Dabei ist der Mensch für viele eine besondere Art Tier: etwa das *animal rationale* bzw. *zoon logon echon* (Aristoteles), »das tauschende Tier (Georg Simmel)« oder »das noch nicht festgestellte Tier« (Nietzsche), »das Tier, das versprechen darf« (Nietzsche).[189] Der Begriff Mensch ist

187 Carl Schmitt, *Der Nomos der Erde im Völkerrecht des Jus Publicum Europaeum*, Berlin 1997, S. 6.

188 Vgl. zu den einzelnen Konzepten Gerhard Schmied, *Das Rätsel Mensch – Antworten der Soziologie*, Opladen, Farmington Hills 2007. Eine weitaus längere Liste von Bezeichnungen und ihre Diskussion finden sich bei Hans Blumenberg, *Beschreibung des Menschen*, Frankfurt/M. 2006, S. 512 ff.

189 Vgl. ebd., S. 512-516. Blumenberg unterbreitet auch einen eigenen Vorschlag: »Vielleicht sollte man dabei nicht auf die niemals durchgehaltenen absolut sicheren Unterscheidungsmerkmale des Menschen von den Tieren achten, sondern auf dasjenige Merkmal, welches vielleicht auch oder gelegentlich an anderen Lebewesen auftritt, aber für die Entwicklung und Eigenart des Menschen entscheidend geworden ist. Ich meine, man würde dann auf den ganz naheliegenden Satz stoßen müssen: *Der Mensch ist das Tier, das einen aufrechten Gang hat.*« *Beschreibung des Menschen*, S. 518. Seine damit erlangte Sichtbarkeit »macht ihn anfällig für die Lockung der Rückkehr in die Höhle«. Hans Blumenberg, *Höhlenausgänge*, S. 55. Vgl. Kap. 3.3.1.

insofern immer schon relational angelegt, weil es kaum eine Definition des Menschen gibt, die sich nicht auf andere Lebewesen bezieht und aus dem Vergleich – zumeist mit dem Tier, aber auch der Maschine – gewonnen wird. Der Mensch wird also nicht aus sich selbst heraus verstanden, sondern immer schon in impliziter oder expliziter Abgrenzung zu anderen Lebewesen bzw. Existenzformen. Im Mittelpunkt der anthropologischen Überlegungen stehen Vergleiche mit dem Tier, der Pflanze und der Maschine. Die vielfältigen Stimmen zu dieser Frage unterscheiden sich deutlich darin, wie groß oder klein der Abstand zu den anderen Entitäten jeweils bemessen wird. Viele von ihnen sollen vor allem dabei helfen, die Besonderheit des Menschen gegenüber den Tieren hervorzuheben. Damit einher geht die Vorstellung, dass sich der Mensch im Gegensatz zum Tier aus der Natur, inklusive seiner eigenen, immer weiter heraushebt und von ihm auferlegten Lebensbedingungen emanzipiert. Im Grunde ließe sich die Geschichte des Menschen daher als ein langer Kampf um die klare Trennung zwischen sich und dem Tier erzählen.[190] Heute scheint sie so erfolgreich vollzogen zu sein, dass die Menschen darum bemüht sind, eine neue Beziehung zum Tier herzustellen, die neue Versuche der Annäherung beinhaltet und in einer freiwilligen Aufhebung der Trennung gipfelt. Ebenso wie der Mensch von der Natur, der Erde, dem Boden nicht wirklich loskommt, bleibt auch das Tier ein Gegenüber, das nicht ignoriert werden kann, zu dem man sich vielmehr irgendwie verhalten muss. Eine Hinwendung zum Tier steht und fällt dabei mit der Einsicht in den Menschen als biologisches, mit einem Körper ausgestattetes Wesen. Umgekehrt geht die scharfe Grenzziehung gegenüber der Natur und dem Tier mit der starken Betonung des Menschen als primär geistiges Wesen einher. Überall dort, wo vom intelligenten Menschen die Rede ist, der sich vor allem durch sein Sprachvermögen von allen anderen Lebewesen kategorial unterscheidet, stellt sich der Eindruck ein, als bestünde der Mensch ausschließlich aus seinem Geist, so als werde sein Dasein vor allem vom Denken und Sprechen bestimmt. So ist es ein wiederkehrender Topos in der kulturellen Beschreibung von Gelehrten bis hin zum Klischee, dass sie als Kopfarbeiter gekennzeichnet werden, die den Rest ihres Körpers als lästiges Anhängsel betrachten und die Körperfunktionen dem-

190 Vgl. Kathan, *Zum Fressen gern*, S. 222.

entsprechend oftmals als reine Last und Erniedrigung des Menschen auffassen, da sie den Menschen als Krone der Schöpfung unweigerlich an seine Ähnlichkeit mit dem Tier erinnern. Dass der Mensch nicht nur denkt und handelt, sondern einen Körper hat und Leib ist, der niest, rülpst, flatuliert, uriniert, defäkiert, fühlt und Schmerz verursacht,[191] stellt für die Vertreter dieses Menschenbildes ein permanentes Ärgernis dar, das so gut wie möglich zu ignorieren, zu verstecken und zu leugnen versucht wird. Alles was daran erinnern könnte, dass der Mensch auch nichts anderes als ein mit einem Leib versehenes Naturwesen mit Verfallsdatum ist, wird möglichst verborgen gehalten oder an den Rand des Wahrnehmbaren, in die Peripherie der Aufmerksamkeitsfokussesse gerückt: Toiletten finden sich deshalb stets in den Randzonen von Wohnungen und öffentlichen Gebäuden, alte Menschen werden in eigens für sie hergestellten Heimen untergebracht, Sterben und Tod möglichst unsichtbar gemacht und abgesondert. Das nennt man im Allgemeinen Zivilisation.[192] Der *Prozeß der Zivilisation*[193] lässt sich daher auch als »Prozeß der Körperausschaltung«[194] verstehen. Sich zivilisiert zu verhalten, bedeutet die weitgehende Ausschaltung bzw. umfassende Kontrolle des Körpers und seiner unerwünschten Angewohnheit, sich in den ungünstigsten Momenten bemerkbar zu machen.[195] Trotz aller Disziplinierungsanstrengungen macht er sich täglich der Zuwiderhandlung gegen die Regeln der Zivilisation schuldig, was man die Rache des Leibes an der gesellschaftlichen Zurichtung des Körpers nennen könnte. Aus der Perspektive der Kopfarbeiter resultiert denn auch die überaus erfolgreiche Vorstellung von der Sonderstellung des Menschen, die er gegenüber allen

191 »Im Schmerz wird der Leib real, insofern er den Anspruch nicht oder nicht mehr erfüllt, er habe sich gefälligst nicht bemerkbar zu machen.« Blumenberg, *Beschreibung des Menschen*, S. 679.

192 Das leibliche Dasein des Menschen wird auch deshalb so erfolgreich verdrängt, weil es seiner Erhöhung auf die Stufe eines Gottes äußerst störend im Wege steht. Vor allem »[der] Unterleib ist der Grund dafür, dass der Mensch sich nicht so leicht für einen Gott hält«, meint auch Friedrich Nietzsche, *Jenseits von Gut und Böse. Zur Genealogie der Moral*, Kritische Studienausgabe, München 1988, S. 97.

193 Norbert Elias, *Über den Prozeß der Zivilisation*, 2 Bde., Frankfurt/M. 1976.

194 Blumenberg, *Beschreibung des Menschen*, S. 596.

195 Vgl. Markus Schroer, »Einleitung. Zur Soziologie des Körpers«, in: ders. (Hg.), *Soziologie des Körpers*, Frankfurt/M. 2015, S. 7-47.

anderen Lebewesen angeblich einnimmt. Die schon von Aristoteles (385-322 v. Chr.) vertretene These einer Sonderstellung wird von Johann Gottfried Herder (1744-1803) und Immanuel Kant (1724-1804) als Philosophen der Aufklärung weiter ausgebaut und findet insbesondere mit Max Scheler (1874-1928) bis in die Philosophische Anthropologie hinein Unterstützung. Dabei handelt es sich nicht um vier isolierte Einzel-, sondern um außerordentlich wirkungsmächtige Lehrmeinungen, die weit über ihre Autoren hinaus Anklang gefunden haben und das Verhältnis von Mensch und Tier bis in unsere Tage hinein prägen. Allen vier Positionen ist die Abgrenzung des Menschen gegenüber dem Tierreich ein zentrales Anliegen. Dabei sind es vor allem die Vernunft, die Sprache und der Geist des Menschen, die ihn in ihren Augen vom Tier unterscheiden und als ganz besonderes Lebewesen auszeichnen. Schon bei Aristoteles ist es vor allem die Sprache, die dem Menschen seine Sonderstellung verleiht. Herder gilt der Mensch ebenfalls in erster Linie als »Sprachwesen«.[196] Als Schüler Kants und Sohn der Aufklärung bestimmt er ihn darüber hinaus auch als mit Vernunft ausgestattetes Lebewesen. Für Kant ist der Erwerb der Vernunft durch Erziehung ein zentrales Anliegen. Da sich der Mensch erst zum Vernunftwesen formen muss, ist ein Hinabsinken auf die Ebene des Tieres eine ständig lauernde Gefahr: »Kant wird nicht müde, immer wieder vor den Gefahren der Tierheit im Menschen zu warnen, der stets drohenden Regression bei Wuchern und Überhandnehmen des Tierischen im Menschen. Es wird gewarnt vor der Leidenschaft, vor der Einbildungskraft, vor der Sexualität.«[197] Wir haben es hier nicht nur mit einer philosophischen Position, sondern auch mit einem Menschen- und Erziehungsideal zu tun, das Eingang in die Praxis erlangt hat. Die Unterdrückung der Leidenschaften, die Ablehnung von Träumen und Phantasie sowie die Angst vor der Sexualität prägen das gesamte Leben einer sich als zivilisiert beschreibenden Gesellschaft. Daraus resultieren Tugendkataloge und Verhaltensvorschriften, die – unter tatkräftiger Mithilfe der christlichen Kirchen – nicht zuletzt mittels Prügelstrafe an jede junge Generation weitergereicht

196 Helmut Gipper, »Johann Gottfried Herder. Apologie der Sonderstellung des Menschen«, in: René Weiland (Hg.), *Philosophische Anthropologie der Moderne*, Weinheim 1995, S. 15-29, hier S. 16.

197 Gernot Böhme, »Immanuel Kant. Die Bildung des Menschen zum Vernunftwesen«, in: ebd., S. 30-38, hier S. 32.

und in ihre Körper eingeschrieben wurden. Seine Sonderstellung als Vernunftwesen muss sich der Mensch so gesehen durch Rituale der Bestrafung, der Prüfung und Disziplinierung kontinuierlich hart erkämpfen.[198] Für die Realisierung der Ideale der Aufklärung bedurfte es der Produktion »gelehriger Körper«,[199] die erst durch diese Art der Zurichtung in die Lage versetzt wurden, über ihre animalischen Triebe zu siegen: »Die ›Aufklärung‹, welche die Freiheiten erfunden hat, hat auch die Disziplinen erfunden.«[200] Verstöße gegen die sich nach und nach konstituierende bürgerliche Ordnung und ihren Verhaltenskodex werden dabei nicht zufällig immer wieder mit Verhaltensweisen der Tiere gleichgesetzt. Ob »Wie die Schweine!«, »Blöder Hund!« oder »Dumme Gans!« – stets werden die derart Gemaßregelten auf ihren Verbleib auf der Stufe der Tiere hingewiesen. Das *Sprachwesen* Mensch nutzt seine herausragende Fähigkeit auf diese Weise zur beständig sich wiederholenden Grenzziehung gegenüber dem Tierreich, die damit immer aufs Neue zementiert wird. Eine bis heute durchaus andauernde Praxis, die jedoch nur so lange funktioniert, wie diese und andere Tiere weiterhin als unter dem Menschen stehende Lebewesen gedacht und entsprechend behandelt werden. Im vorangegangenen Kapitel haben wir bereits gesehen, dass sich hier – zumindest in der Theorie – kaum weniger als ein Paradigmenwechsel anbahnt.

Durch Max Scheler findet die These von der Sonderstellung des Menschen unmittelbar Eingang in die Soziologie. Er ringt in seinen Schriften um eine Bestimmung des Menschen, die er auch selbst als Hauptanliegen seines Denkens ausgibt.[201] Die Philosophische Anthropologie,[202] die außer von Scheler vor allem von Helmuth Plessner und Arnold Gehlen entwickelt wurde, zeichnet sich, bei allen drei Autoren übereinstimmend, durch ein Vorgehen aus, bei

198 Vgl. Michel Foucault, *Überwachen und Strafen. Die Geburt des Gefängnisses*, Frankfurt/M. 1976.

199 Ebd., S. 173 ff.

200 Ebd., S. 285.

201 »Die Fragen *Was ist der Mensch, und was ist seine Stellung im Sein?* haben mich seit dem ersten Erwachen meines philosophischen Bewußtseins wesentlicher beschäftigt als jede andere philosophische Frage.« Scheler, *Die Stellung des Menschen im Kosmos*, S. 5.

202 Zur philosophischen Anthropologie insgesamt vgl. die umfassende Gesamtschau von Joachim Fischer, *Philosophische Anthropologie. Eine Denkrichtung des 20. Jahrhunderts*, Freiburg, München 2008.

dem zunächst die Ähnlichkeiten zwischen Mensch und Tier herausgearbeitet werden, um dann, an einem bestimmten Punkt ihrer – sich im Detail durchaus unterscheidenden – Argumentation, das Alleinstellungsmerkmal des Menschen gegenüber allen anderen Lebewesen sukzessive herauszuarbeiten. Ist dieses erst einmal identifiziert, wird der Unterschied gegenüber den Tieren nicht mehr als nur graduell, sondern als gravierend, als »*Wesensunterschied*«[203] eingestuft. Die Ähnlichkeiten zwischen Tieren und Menschen sind ab diesem Zeitpunkt nur mehr von sekundärer Bedeutung gegenüber der einen, alles überragenden Eigenschaft, deren genaue Charakterisierung dann den Großteil ihrer Argumentationen ausmacht.[204] Für Scheler ist dies zweifelsohne der Geist. Scheler geht davon aus, dass der Mensch sich nicht aus dem Tier entwickelt, sondern über verschiedene Stufen hinweg – er gesteht den Tieren Phantasie, Intelligenz, Gedächtnis, Wahlentscheidungen und Werkzeuggebrauch zu – Ähnlichkeiten mit den Tieren aufweist, bis ein qualitativer Sprung ihn aus diesem Zusammenhang reißt und auf eine höhere Stufe des Daseins katapultiert, auf dem er mit sich und seinesgleichen allein ist. Vor dem Hintergrund der Bestimmung des Menschen als Geisteswesen verblassen dann alle zuvor gemachten Zugeständnisse gegenüber den Fähigkeiten der Tiere. Die eingeräumte Zugehörigkeit des Menschen zum Tierreich gilt nämlich nur so lange, wie der Mensch als Lebewesen unter anderen Lebewesen betrachtet wird. Aber er ist eben mehr als nur dies:

> Das, was den Menschen allein zum ›Menschen‹ macht, ist nicht eine neue Stufe des Lebens […], sondern es ist ein allem und *jedem Leben überhaupt, auch dem Leben im Menschen entgegengesetztes Prinzip:* eine echte neue Wesenstatsache, die als solche überhaupt nicht auf die ›natürliche Lebensevolution‹ zurückgeführt werden kann.[205]

203 Scheler, *Die Stellung des Menschen im Kosmos*, S. 40; Arnold Gehlen, *Der Mensch. Seine Natur und seine Stellung in der Welt*, Wiebelsheim 2009, S. 36.

204 Insofern scheint mir die Einschätzung von Heike Delitz zu wohlwollend zu sein: »Bereits Scheler und Plessner haben den Menschen in Kontinuität und Kontrast zum Tier gedacht; beide billigen dabei dem Tier so viel wie möglich zu, hielten den Kreis der menschlichen Monopole so klein wie möglich.« Heike Delitz, *Arnold Gehlen*, Konstanz 2011, S. 49. Das Monopol des Menschen als Geisteswesen bei Scheler kann kaum radikaler gefasst werden.

205 Scheler, *Die Stellung des Menschen im Kosmos*, S. 41.

Dieses schon von den Griechen als Vernunft bezeichnete Prinzip ist für Scheler eben der die Vernunft implizierende, über diese Bestimmung aber hinausweisende *Geist.* Nach der Benennung dieses Prinzips geht es auf den noch verbleibenden Seiten der programmatischen Grundschrift der Philosophischen Anthropologie über die Sonderstellung des Menschen nur mehr um die genauere Erläuterung des Begriffs und den Nachweis der – daran gemessen – defizitären Ausstattung der Tiere, denen *Geist* völlig wesensfremd sei. Obgleich Descartes dafür gescholten wird, »ein ganzes Heer von Irrtümern schwerster Art über die menschliche Art eingeführt zu haben«, lag er Scheler zufolge doch richtig mit seiner Annahme der »Autonomie und Souveränität des Geistes [...], in der Erkenntnis der *Überlegenheit des Geistes über alles Organische* und Nur-Lebendige«.[206] Auch wenn sich hier der Eindruck aufdrängt, als würde damit einem Dualismus von Geist und Leben das Wort geredet, den Scheler bei Ludwig Klages (1872-1956), dem Autor von *Der Geist als Widersacher der Seele,* ausmacht, betont er ausdrücklich seine entgegengesetzte Absicht: »Geist und Leben sind aufeinander hingeordnet – es ist ein Grundirrtum, sie in eine ursprüngliche Feindschaft, in einen ursprünglichen Kampfzustand zu bringen. ›*Wer das Tiefste gedacht, liebt das Lebendigste*‹.«[207] Statt von zwei sich konträr gegenüberstehenden Prinzipien auszugehen, strebt Scheler deren Synthese an. Mit dieser Argumentation kann er auf der Seite des Lebens eine Verwandtschaft des Menschen mit dem Tier weiterhin zugestehen und gleichzeitig das Dasein als Geisteswesen allein dem Menschen vorbehalten:

> Der Mensch allein – sofern er Person ist – vermag sich über sich als Lebewesen emporzuschwingen und von einem Zentrum gleichsam jenseits der raumzeitlichen Welt aus alles, darunter auch sich selbst, zum Gegenstande seiner Erkenntnis zu machen. So ist der Mensch als Geisteswesen das sich selber als Lebewesen und der Welt überlegene Wesen.[208]

Hier, vom Hochplateau des privilegierten Geisteswesens aus, erweist sich das Tier als nunmehr nur noch defizitäres Wesen, das nichts von dem hat, was den Menschen als Menschen auszeichnet: Während das Tier in seiner jeweiligen Umwelt angeblich nur verharrt,

206 Ebd., S. 80.
207 Ebd., S. 97.
208 Ebd., S. 52.

ist der Mensch »nicht mehr trieb- und umweltgebunden, sondern ›umweltfrei‹ und, wie wir es nennen wollen, ›*weltoffen*‹: Ein solches Wesen hat ›*Welt*‹«;[209] außerdem hat das Tier nur Bewusstsein, der Mensch dagegen Selbstbewusstsein;[210] der Mensch ist »*der ›Nein-sagenkönner*‹, der ›*Asket des Lebens*‹«, während das Tier nur »immer ›Ja‹ zum Wirklichsein sagt«;[211] der Mensch ist danach in der Lage, seine Triebe zu zügeln, denen das Tier wehrlos ausgeliefert ist.[212]

Am Ende also läuft die gesamte Argumentation Schelers auf den Nachweis der Überlegenheit des Menschen gegenüber dem Dasein der Pflanzen und Tiere hinaus. Sich vom pflanzlichen und tierischen Leben so unbedingt unterscheiden zu wollen, führt in der Praxis zur Legitimierung der prinzipiellen Erhebung über andere Lebewesen und ihrer Zurichtung und Nutzbarmachung für die eigenen Zwecke. Was Philosophie und Soziologie von der Einsicht einer weitgehenden Verwandtschaft von Mensch und Tier immer weiter entfernt, ist vor allem die Glorifizierung des Geistes als das alles entscheidende Unterscheidungsmerkmal gegenüber anderen Lebensformen, die den Kern der Schelerschen Position ausmacht.[213]

Obwohl auch Helmuth Plessner eine Sonderstellung des Menschen annimmt, unterscheidet sich seine Konzeption zunächst deutlich von derjenigen Max Schelers. Im Gegensatz zu Scheler ist es Plessner nicht darum zu tun, die Überlegenheit des Geistes gegenüber dem lebendigen Organismus zu behaupten. Plessner gebührt vielmehr das Verdienst, den Geist wieder stärker in das Leben zurückgeholt zu haben, ihn als dem Leben nicht gegenüberstehendes, sondern mit ihm vereintes Prinzip zu sehen. Doch hinsicht-

209 Ebd., S. 42. Dem schließt sich Gehlen an: »Der Mensch ist weltoffen heißt: er entbehrt der tierischen Einpassung in ein Ausschnitt-Milieu.« Gehlen, *Der Mensch*, S. 35.

210 Vgl. Scheler, *Die Stellung des Menschen im Kosmos*, S. 45.

211 Ebd., S. 61.

212 Scheler rekurriert an dieser Stelle auf Freuds Theorie der Trieb- und Affektverdrängung durch Sublimierung, vgl. ebd., S. 66. Gehlen wirft Scheler mit einigem Recht vor, den altbekannten Dualismus von Leib und Seele nicht nur verschoben, sondern sogar verschärft zu haben, da er »den Geist ganz ausdrücklich dem Leben entgegensetzte«. Arnold Gehlen, *Anthropologische Forschung. Zur Selbstbegegnung und Selbstentdeckung des Menschen*, Reinbek bei Hamburg 1961, S. 16.

213 Eine Position, die auch von anderen Positionen aus geteilt wird, vgl. Sombart, *Vom Menschen*, S. 65.

lich der Tiere wird auch von Plessner eine kategoriale Trennlinie zum Menschen gezogen: »Ferner liegt in der Feststellung einer dem Menschen vorbehaltenen Mitwelt die Absage an Theorien, welche die sozialen Verhältnisse der Tiere, ihr Mit- und Gegeneinander unter dieselben Gesichtspunkte rücken wie die sozialen Lebensformen des Menschen.«[214] Anders als Caillois wehrt Plessner sich gegen die in seinen Augen unzulässige »Nivellierung der Grenze zwischen Tier und Mensch«,[215] die »meint, ihre Differenzen zu Unterschieden des Grades abschwächen zu dürfen. Und das Resulat? Enten, Hunde, Affen laufen wieder wie verkleidete Menschen herum.«[216] Der unbedinge Wille zur Ausweisung eines Sonderstatus für den Menschen zeigt sich insofern sehr nachdrücklich auch bei Plessner. Deutlich wird dies nicht zuletzt an seiner Auseinandersetzung mit dem Phänomen der Masse. Das Problematische an dieser von der Soziologie beinahe durchweg nicht geliebten Form der Vergemeinschaftung liegt für ihn darin, dass sich »bei der Bildung amorpher Mengen, beim Ausbruch einer Panik, in sozialen Extremsituationen« Reaktionen zeigen, »die sich von tierischen nicht unterscheiden«.[217] Die auf der »Reziprozität des Füreinanders«[218] gegründete Distanz, welche die für den Menschen typische Form der *ungeselligen Geselligkeit* (Kant) hervorbringt, kann von diesem in der Menge nicht aufrechterhalten werden. Das Verhalten der Menschen nähert sich in solchen Massenaufläufen vielmehr den Beziehungsmodi der Tiere an, die dem »Gesetz der Nähe«[219] unterliegen und vor allem auf »Gefühlsansteckung«[220] beruhen. Das Unbehagen des bürgerlichen Intellektuellen vor affektuellen und auf Nähe gegründeten Sozialverhältnissen ist in solchen Formulierungen mit Händen zu greifen. Auch Plessners in seinem anthropologischen Hauptwerk *Die Stufen des Organischen und der*

214 Plessner, *Die Stufen des Organischen und der Mensch*, S. 306. Vgl. dazu Kap. 4.2.

215 Helmuth Plessner, »Ungesellige Geselligkeit. Anmerkungen zu einem Kantischen Begriff« (1966), in: ders., *Conditio humana*, Frankfurt/M. 1983, S. 294-306, hier S. 304.

216 Ebd., S. 304 f.

217 Helmuth Plessner, »Zur Frage der Vergleichbarkeit tierischen und menschlichen Verhaltens« (1965), in: ders., *Condition humana*, Frankfurt/M. 1983, S. 284-293, hier S. 290.

218 Ebd., S. 289.

219 Ebd.

220 Ebd., S. 288.

Mensch ausgeführtes Entwicklungsmodell impliziert den Gedanken einer Höherentwicklung.[221] Die Interpretation Joachim Fischers, dass es sich nur um die bloße Schilderung der »Organisationsniveaus von Organismen im Verhältnis zu ihren Umwelten, ohne eine Teleologie zu höheren Lebensformen zu postulieren«,[222] handele, verfängt nicht. Wollte man eine solche Konnotation tatsächlich vermeiden, hätte es neutraler etwa »Dimensionen« oder »Sphären« heißen müssen, denen keine hierarchische Konnotation anhaftet. Stufen aber führen entweder hinauf oder hinunter, sonst sind es keine. Es sei denn, es handelt sich um von M. C. Escher (1898-1972) gezeichnete, denen das Kunststück gelingt, trotz scheinbarer Auf- und Abstiege auf einer Ebene zu verbleiben. Für Plessner ist »der Mensch der Emigrant der Natur«,[223] »eine Tierart, die das Tierische zugleich aufsprengt und hinter sich läßt«.[224] Eben das ist durchaus zu bezweifeln. Eher umgekehrt erweist sich, dass der Mensch das Tierische so wenig hinter sich lassen kann wie die Erde als sein Habitat.

Der Beitrag Arnold Gehlens zur Philosophischen Anthropologie besteht in einem radikalen Perspektivenwechsel, dem zufolge nicht mehr länger der Mensch dem Tier, sondern das Tier dem Menschen überlegen ist. Im Anschluss an Herder bestimmt Gehlen den Menschen negativ als »Mängelwesen«,[225] das sich vom Tier vor allem durch seine körperlichen Defizite unterscheidet. Statt wie Scheler mit einer Auflistung der Gemeinsamkeiten von Mensch und Tier zu beginnen und mit dem Nachweis der Unterlegenheit des Tieres sukzessive die Überlegenheit des Menschen herauszuarbeiten, hebt Gehlens Beschreibung des Menschen mit dessen geradezu lachhafter körperlicher Unterausstattung an:

> Morphologisch ist nämlich der Mensch im Gegensatz zu allen höheren Säugern hauptsächlich durch *Mängel* bestimmt, die jeweils im exakt biolo-

221 Vgl. Plessner, *Die Stufen des Organischen und der Mensch*.

222 Joachim Fischer, »Exzentrische Positionalität im Kosmos. Weltraumfahrt im Blick der modernen Philosophischen Anthropologie«, in: ders., Dierk Spreen (Hg.), *Soziologie der Weltraumfahrt,* Bielefeld 2014, S. 21-40, hier S. 28.

223 Helmuth Plessner, »Mensch und Tier« (1946), in: ders., *Conditio humana*, Gesammelte Schriften VIII, Frankfurt/M. 1983, S. 52-65, hier S. 64.

224 Helmuth Plessner, »Der Mensch als Naturereignis« (1965), in: ebd., S. 267-283, hier S. 270.

225 Gehlen, *Der Mensch*, S. 83.

gischen Sinne als Unangepaßtheiten, Unspezialisiertheiten, als Primitivismen, d.h. als Unentwickeltes zu bezeichnen sind: also wesentlich negativ. Es fehlt das Haarkleid und damit der natürliche Witterungsschutz; es fehlen natürliche Angriffsorgane, aber auch eine zur Flucht geeignete Körperbildung; der Mensch wird von den meisten Tieren an Schärfe der Sinne übertroffen, er hat einen geradezu lebensgefährlichen Mangel an echten Instinkten, und er unterliegt während der ganzen Säuglings- und Kinderzeit einer ganz unvergleichlich langfristigen Schutzbedürftigkeit.[226]

Mit einem Wort: Der Mensch ist eine recht armselige, bemitleidenswerte Kreatur, nicht dazu geschaffen, in der Natur zu überleben, leichte Beute für jedes hungrige, nichtmenschliche Tier. Doch »trotz seiner physischen Mittellosigkeit«[227] gelingt es ihm, sich die Natur zunehmend zu unterwerfen. Weil er nicht wie das Tier auf das Leben in einer bestimmten Umwelt angewiesen ist, sondern »überall, unter Pol und Äquator, auf dem Wasser und auf dem Lande, in Wald, Sumpf, Gebirge und Steppe ›sich halten‹«[228] kann, hat er sich über die gesamte Erde verbreiten können. Diese Überlegenheit des Menschen gegenüber allen anderen Lebewesen resultiert nach Gehlen geradezu aus seiner Unterlegenheit als Naturwesen. Seine vermeintlichen Schwächen haben sich unter der Hand in eine Stärke verwandelt, da er – anders als das Tier – aufgrund seiner mangelnden Anpassung an eine spezifische Umwelt dazu gezwungen ist, sich eine Lebensgrundlage aus eigener Kraft erst schaffen zu müssen. Gehlen stimmt mit Scheler zwar durchaus darin überein, dass die Natur »dem Menschen eine Sonderstellung angewiesen«[229] hat, doch besteht diese für ihn nicht in einem Prinzip namens Geist. Gehlen lehnt das Schelersche Stufenmodell von Instinkt, Gewohnheit, praktischer Intelligenz und menschlicher Intelligenz rundweg ab, da dies dem Menschen entweder nur die Möglichkeit einer bloßen »Verfeinerung« und »Komplizierung

226 Ebd., S. 33.

227 Ebd., S. 47.

228 Ebd. Abgesehen wird dabei typischerweise von Pflanzen und Tieren, die ihm dies überhaupt erst ermöglichen: »Betrachtet man den Homo sapiens als die erfolgreichste und zahlreichste invasive Spezies in der Geschichte, so verdankt sich diese zweifelhafte Leistung den verbündeten Bataillonen domestizierter Pflanzen und Viehherden, die er praktisch in jeden Winkel des Globus mitnahm.« Scott, *Die Mühlen der Zivilisation*, S. 89.

229 Gehlen, *Der Mensch*, S. 17.

tierischer ›Eigenschaften‹«[230] oder ein aus den anderen Kategorien herausgehobenes und entgegengesetztes Prinzip wie den Geist anzubieten hätte. Für Gehlen wird damit die Möglichkeit gerade verfehlt, das durchgängig Typische des Menschen zu erkennen, das auf keiner der auch vom Tier erreichten Stufen eine Entsprechung findet: Der Mensch ist vor allen anderen ein »*handelndes Wesen*«:[231] Gehlen will in seiner Schrift nachweisen,

> wie die Bestimmung des Menschen zur Handlung das durchlaufende Aufbaugesetz *aller* menschlichen Funktionen und Leistungen ist und daß sich diese Bestimmung aus der physischen Organisation des Menschen eindeutig ergibt: ein physisch so verfaßtes Wesen ist nur als handelndes lebensfähig; und damit ist das Aufbaugesetz aller menschlichen Vollzüge, von den somatischen bis zu den geistigen, gegeben.[232]

Nach Gehlen schert der Mensch weder erst ab einem bestimmten Zeitpunkt aus der über lange Perioden parallel verlaufenden Entwicklung der Arten aus noch vereint er die vorhergehenden und überwundenen Stufen in sich, wie von Aristoteles bis Scheler immer wieder angenommen wurde. Vielmehr stellt der Mensch von Anbeginn schon aufgrund seiner körperlichen Verfasstheit eine gänzlich andere, unvergleichliche Daseinsform dar. Es gibt insofern keine tierischen oder gar pflanzlichen Anteile im Menschen. Er ist eine genuin eigenständige Kreation, deren Exklusivität nicht zuletzt darin besteht, ein unfertiges Wesen zu sein, dem sein Leben zur Aufgabe wird, weshalb er auch zu sich selbst Stellung nehmen kann und sich erst zu etwas machen muss:

> Es ist dies nicht Luxus, der auch unterbleiben könnte, sondern das ›Unfertigsein‹ gehört zu seinen physischen Bedingungen, zu seiner Natur, und in

230 Ebd., S. 22.

231 Ebd., S. 23. Wenn Gehlen den Menschen als »zur Tat verurteilt« – so Arlt, *Philosophische Anthropologie*, S. 132 ff. – beschreibt, dann teilt er diese Auffassung mit Helmuth Plessner: »Denn der Mensch muß tun, um zu leben. [...] Ihm genügt nicht Eine Tat, sondern allein die Rastlosigkeit unablässigen Tuns.« Plessner, *Stufen des Organischen*, S. 320. Wenn Plessner schreibt: »Der Mensch lebt also nur, wenn er ein Leben führt« (ebd., S. 316), so heißt es bei Gehlen: »Er lebt nicht, wie ich zu sagen pflege, er führt sein Leben.« Gehlen, *Der Mensch*, S. 17. Einen Verweis auf Plessner bleibt Gehlen jeweils schuldig. Vgl. dazu näher Fischer, *Philosophische Anthropologie*.

232 Gehlen, *Der Mensch*, S. 23.

dieser Hinsicht ist er ein Wesen der *Zucht*: Selbstzucht, Erziehung, Züchtung als In-Form-Kommen und In-Form-Bleiben gehört zu den Existenzbedingungen eines nicht festgestellten Wesens.[233]

Gegenüber dem Tier befindet sich der Mensch insofern in einer denkbar unkomfortablen Situation, ist er doch nicht in der Lage, seine natürliche Ausgangsposition einfach hinzunehmen und in den Tag hinein zu leben. Er ist vielmehr ein durch seine Unangepasstheit an die äußeren Lebensbedingungen stark belastetes Wesen, das nach einem entsprechenden Ausgleich, nach »Entlastung«[234] – ein Schlüsselbegriff der Gehlenschen Anthropologie – sucht. Er kann sich auf nichts bereits Gegebenes verlassen, das ihm bei der Bewältigung seines Lebens helfen könnte, sondern muss sich eine für ihn erträgliche Umgebung mühsam erst aufbauen, die Gehlen Kultur nennt: »Kultur soll uns heißen: der Inbegriff der vom Menschen tätig, arbeitend bewältigten, veränderten und verwerteten Naturbedingungen, einschließlich der bedingteren, entlasteten Fertigkeiten und Künste, die auf jener Basis erst möglich werden.«[235] Gehlen vertritt damit eine Position innerhalb der Philosophischen Anthropologie, die eine Bestimmung des Menschen vornimmt, die den größtmöglichen Abstand zum Tier formuliert. Der Mensch ist für ihn das »mit jedem Tier wesentlich unvergleichbare Wesen«.[236]

Auch in der Argumentation der Philosophischen Anthropologie also werden Pflanzen und Tiere letztlich immer an den für herausragend gehaltenen Fähigkeiten des Menschen gemessen, die wie selbstverständlich den Bewertungsmaßstab bilden. Für die Besonderheiten der anderen Lebensformen und deren exklusive Fähigkeiten interessieren sie sich indessen allenfalls am Rande. Kamper und Wulf machen auf die gravierenden Folgen der Sonderstellungsargumentation für den Menschen aufmerksam:

Zur Norm wurde die ›Sonderstellung im Kosmos‹ (Scheler). Ausgeschlossen wurde alles, was diese Perspektive gefährdete. Daher wurde der Mensch in Abgrenzung zum Tier und in Ausgrenzung des Animalischen begriffen. Festgeschrieben wurde eine mit den Zielen und Leistungen des Bürgertums

233 Ebd., S. 32. Eine Wortwahl, die noch immer befremdlich wirkt.
234 Ebd., S. 39.
235 Ebd., S. 39.
236 Ebd., S. 36.

verbundene Norm des perfektiblen Menschen. […] Das Fremde und das Wilde, die Gewalt und der Wahnsinn, die Hinfälligkeit und die Sterblichkeit hatten keinen Raum in den einseitig auf Vervollkommnung des Menschen und der Gattung orientierten Hauptströmungen bürgerlicher Anthropologie.[237]

Der vernünftige, stets rational sich verhaltende Mensch ist in der Tat zum Idealbild des Menschen in der Moderne avanciert. All seine triebhaften Ausbrüche und Grenzüberschreitungen werden stets als unzivilisierte Regression oder Rückfall in die Barbarei zurückgewiesen und streng geahndet. Die herausgehobene Stellung im Reich des Lebendigen hat also seinen Preis:

Unmoral, Verwahrlosung, Wahnsinn wurden als Rückfall in die Tierheit verstanden. Und Menschen, denen das geschah, wurden auch wie Tiere gehalten. Aber das Tier war im Menschen nicht wegzubringen. Alles, was sich spontan regte, alle Bedürfnisantriebe, alles Nicht-Ich am Menschen wurde der Tierheit zugerechnet. Humanisierung konnte deshalb nur als Beherrschung und Kontrolle der Tierheit im Menschen verstanden werden.[238]

Mit den Arbeiten von Georges Bataille, Edgar Morin und Michel Maffesoli stehen anthropologische Alternativen zu dieser Vereinseitigung des Menschen bereit, die jene ausgeschlossenen Bereiche seines Daseins in den Mittelpunkt rücken und die Verbindung zu allem Animalischen und Lebendigen nicht länger leugnen: »Wir sind auf jeden Fall Tiere. Zweifellos sind wir Menschen und Geisteswesen: doch können wir nicht verhindern, daß das Tierwesen in uns weiterlebt und uns oft überwältigt. Im Gegensatz zum geistigen Pol bedeutet unsere überschwengliche Sexualität die Fortdauer des tierischen Lebens.«[239] Während es in der Philosophischen Anthropologie von Scheler und Gehlen vor allem um die Vorrangstellung

237 Dietmar Kamper, Christoph Wulf, »Einleitung. Zum Spannungsfeld von Vervollkommnung und Unverbesserlichkeit«, in: dies. (Hg.), *Anthropologie nach dem Tod des Menschen*, Frankfurt/M. 1994, S. 10.

238 Böhme, *Anthropologie in pragmatischer Hinsicht*, S. 241. Elias' Zivilisationstheorie zeichnet nach, »wie die Menschen im Laufe der Zivilisationsbewegung alles das zurückzudrängen suchen, was sie an sich selbst als ›tierische Charaktere‹ empfinden«. Elias, *Über den Prozess der Zivilisation*, Bd. 1, S. 162.

239 Georges Bataille, *Die Erotik*, Berlin 2020, S. 211. Damit nimmt er die exakte Gegenposition zu Arnold Gehlen ein, dessen Position sich so auf den Punkt bringen lässt: »Es geht darum, dass schon unser Körper ›untierisch‹ ist: Es gibt kein Tier in uns.« Heike Delitz, *Arnold Gehlen*, Konstanz 2011, S. 49.

und das Herausgehobensein des Menschen aus den Qualitätsstufen der anderen Lebewesen geht, steht bei Bataille dagegen das unleugbare Verhaftetsein und Verhaftetbleiben des Menschlichen im Animalischen im Vordergrund. Das Entscheidende ist hier also nicht die Differenz, sondern die Ähnlichkeit und Kontinuität zur animalischen Existenz: »Durch das Tier öffnet sich vor mir eine Tiefe, die mich anzieht und die mir vertraut ist. In gewissem Sinne ist diese Tiefe mir bekannt: Es ist die meine.«[240] Bataille ist nicht davon getrieben aufzuzeigen, wie die Menschen durch die Vervollkommnung ihres Geistes über das Animalische immer weiter hinausgelangen. Ihm geht es im Gegenteil darum, Erfahrungsbereiche zu erkunden, die es ermöglichen, die verlorene Intimität zu allem Lebendigen zumindest vorübergehend wieder zu erlangen, Momente des Daseins zu durchleben, in denen die Trennung vom animalischen Dasein aufgehoben werden kann. Für Bataille sind dies all diejenigen Bereiche des Lebens, in denen nichts produziert wird, sondern es zur »*unproduktiven Verausgabung*«[241] kommt. Ein Paradebeispiel dafür ist die Erotik, die für ihn

der Königsweg ist, in den Augenblick einzutreten, den Augenblick zu leben. Mit anderen Worten: ich glaube, dass der größte Teil der menschlichen Tätigkeit darin besteht, Dinge zu tun, die später nützlich sein werden, während die Erotik [...] zu nichts führt. Sie ist reine Verschwendung, Verausgabung von Energie um ihrer selbst willen, ein Fieber, bei dem es nur um das unmittelbare und nicht um das spätere Ergebnis geht, wie in dem Falle, wo ein Arbeiter arbeitet.[242]

240 Georges Bataille, *Theorie der Religion*, München 1997, S. 23. In der Betonung der animalischen Anteile des Menschen besteht neben der zur Philosophischen Anthropologie auch die Differenz zur Heideggerschen Position. Die für Heidegger »kaum auszudenkende abgründige leibliche Verwandtschaft mit dem Tier« (Heidegger, *Über den Humanismus*, S. 17) wird bei Bataille gerade in den Fokus gerückt.

241 Georges Bataille, *Die Aufhebung der Ökonomie*, Berlin 2001, S. 11.

242 Georges Bataille, *Die Aufgaben des Geistes*, Berlin 2012, S. 124. An anderer Stelle nennt er als weitere Beispiele »Luxus, Trauerzeremonien, Kriege, Kulte, die Errichtung von Prachtbauten, Spiele, Theater, Künste, die perverse (d. h. von der Genitalität losgelöste) Sexualität«. Bataille, *Die Aufhebung der Ökonomie*, S. 12. Eine gewisse Parallele ergibt sich hier zum filmischen Schaffen Werner Herzogs, vgl. dessen Buch *Eroberung des Nutzlosen*, Frankfurt/M. 2009.

Um »dieser ewigen Animalität in uns«[243] zu entkommen, hat die auf Nützlichkeit und Produktivität aufgebaute Gesellschaft eine Vielzahl von Verboten erlassen, die uns von allen Erfahrungen abschneiden sollen, die von ihr als irrational, unvernünftig, unproduktiv und damit überflüssig gebrandmarkt und zu unterdrücken versucht werden. Doch immer wieder gelingt es, den schwer auf uns lastenden Verboten durch Grenzüberschreitung zu entgehen.[244]

Foucault, Morin und Maffesoli knüpfen direkt an Bataille an, wenn sie ebenfalls darauf hinweisen, dass der Mensch nicht allein als arbeitendes und vernünftiges Wesen beschrieben werden kann.[245] Statt nur *homo sapiens* und *homo faber* zu sein, ist er ebenso auch als *homo demens*[246] oder *homo festivus*[247] zu begreifen. Auf seine rationalistische und technische Seite lässt sich der Mensch nicht reduzieren. Ebenso zentral ist für ihn die Suche nach dem Rausch, der Ekstase, dem Fest, dem Tanz und die Maßlosigkeit.[248] Maffesoli diagnostiziert eine »Ökologisierung der Sozialwelt«[249] und setzt dabei auf ein Zusammenwirken alles Lebendigen, ohne dabei eine Vorrangstellung des Menschen zu behaupten. Das Bemühen um den Nachweis einer Sonderstellung des Menschen ist bei diesen Denkern in weite Ferne gerückt. Haben sich diese Perspektiven so

243 Georges Bataille, *Die Höhlenbilder von Lascaux oder die Geburt der Kunst*, Stuttgart 1983.

244 Vgl. Michel Foucault, »Vorrede zur Überschreitung«, in: ders., *Von der Subversion des Wissens*, Frankfurt/M., 1987, S. 28-45.

245 Vgl.: »Es ist falsch, mit jenem berühmten ›Nach-Hegelianer‹ zu sagen, daß die konkrete Existenz des Menschen die Arbeit ist. Denn das Leben und die Zeit des Menschen sind nicht von Natur aus Arbeit, sie sind: Lust, Unstetigkeit, Fest, Ruhe, Bedürfnisse, Zufälle, Begierden, Gewalttätigkeiten, Räubereien etc.« Michel Foucault, *Mikrophysik der Macht*, Berlin, S. 117.

246 Morin, *Das Rätsel des Humanen*, S. 239.

247 Michel Maffesoli, *Der Schatten des Dionysos*, Frankfurt/M. 1986.

248 Vgl. dazu Markus Schroer, »Rausch, Fest und Ekstase. Zur Lebenssoziologie von Georges Bataille und Michel Maffesoli«, in: Heike Delitz u. a. (Hg.), *Soziologie des Lebens. Überschreitung, Differenzierung, Kritik*, Bielefeld 2018, S. 91-112.

249 Michel Maffesoli, »Vitalismus und Naturalismus als epistemische Grundlagen einer Soziologie des Alltags«, in: Thomas Jung, Stefan Müller Doohm (Hg.), *Wirklichkeit im Deutungsprozeß. Verstehen und Methoden in den Kultur- und Sozialwissenschaften*, Frankfurt/M., S. 482-494, hier S. 490: »Damit ist die Tatsache gemeint, daß die Natur nicht mehr einfach als auszubeutendes Objekt angesehen wird, sondern daß sie sich in einem Prozeß gegenseitiger Partnerschaft einbindet.« Ebd., S. 482.

sehr durchsetzen können, dass die Versuche der Philosophischen Anthropologie Schelers, Gehlens und Plessners damit als überholt gelten können? Karl Siegbert Rehberg als aktueller soziologischer Vertreter der Philosophischen Anthropologie meint, dass die vor allem von der Sprachmächtigkeit des Menschen hergeleitete Sonderstellung noch immer Gültigkeit besitzt.[250] Das wird jedoch längst deutlich anders gesehen:

> Daß nur der Mensch Sprache habe, wird heute kaum noch jemand behaupten. Es werden bei den verschiedenen Tierarten, beispielsweise bei den Bienen, inzwischen raffinierte Signal- und Kommunikationssysteme entziffert. Von allen diesen Unterschieden auf der Ebene zweckrationaler Mittel zur Jagd, zur Kommunikation, zum Nest- oder Hausbau ist eigentlich nur der Feuergebrauch als Spezifikum des Menschen geblieben.[251]

250 Vgl. Karl-Siegbert Rehberg, »Soziologie als ›Wirklichkeitswissenschaft‹ jenseits von Naturalismus und Virtualitätseuphorie: Eröffnungsvortrag des 33. Kongresses der Deutschen Gesellschaft für Soziologie«, in: ders. (Hg.): *Die Natur der Gesellschaft, Verhandlungen des 33. Kongresses der Deutschen Gesellschaft für Soziologie in Kassel 2006*, Teilbd. 1 u. 2, Frankfurt/M. 2008, S. 23-41, hier S. 30. Dagegen argumentiert Markus Gabriel in aller Klarheit: »Diese [linguistische, MS] Wende geht meistens einher mit der Meinung, dass unser Denken durch und durch sprachlich verfasst sei, sodass man angeblich auch buchstäblich anders denkt, wenn man eine andere Sprache spricht. Insbesondere wurde damit in der Vergangenheit bisweilen auch der Anspruch verbunden, dass ohnehin nur Menschen denken können, weil nur sie über eine Sprache verfügen, in der sie denken. Das halte ich von vorne bis hinten für falsch. Auch andere Lebewesen verfügen über eine Sprache, und es ist abwegig, davon auszugehen, das Denken sei ein Vorrecht des Menschen. Das leuchtet nur ein, wenn man bestimmte Formen des Denkens mit dem Denken selber identifiziert.« Markus Gabriel, *Der Sinn des Denkens*, Berlin 2018, S. 42. Ganz in diesem Sinne hatte auch Rainer Wiedemann bereits gefragt: »Sicher: Tiere denken nicht wie Menschen. Was aber wäre, wenn sie radikal anders ›denken‹ als wir? Sollten wir dieses fremde Denken ausblenden, weil es sich vielleicht schwerer eingemeinden läßt als das Denken eines menschlichen Fremden?« Rainer E. Wiedenmann, *Tiere der Gesellschaft. Studien zur Soziologie und Semantik von Mensch-Tier-Beziehungen*, Konstanz 2002, S. 17.

251 Böhme, *Anthropologie in pragmatischer Hinsicht*, S. 243. Auch Johan Goudsblom, *Feuer und Zivilisation*, Frankfurt/M. 1995 gilt dies noch als entscheidendere exklusive Fähigkeit des Menschen als das Sprachvermögen und der Gebrauch von Werkzeugen (vgl. ebd., S. 11). Aber was ist aus dem Todesbewusstsein geworden? Zum Gedanken, dass nur der Mensch weiß, dass er sterben muss, vgl. Plessner, *Conditio humana*, S. 230. Ernst Bloch, *Das Prinzip Hoffnung*, Frankfurt/M. 1985, S. 821, bringt noch ein anderes Merkmal ins Spiel: »Die Orgie unterscheidet den Menschen vom Tier, deutlicher als der Verstand.«

Und selbst an dieser exklusiv dem Menschen vorbehaltenen Fähigkeit des Feuergebrauchs werden inzwischen begründete Zweifel angemeldet. So gibt es offenbar einen Affen, der durchaus mit Feuer umgehen kann,[252] während Greifvögel sogar unter dem Verdacht stehen, Feuer zu legen.[253]

Statt Sprache weiterhin für *das* herausragende Merkmal der menschlichen Spezies zu halten, werden längst die »Sprachen der Tiere«[254] katalogisiert. Diese sind bei einigen Tierarten sehr viel komplexer, als lange Zeit angenommen wurde. Aus der entsprechenden Forschung wird deutlich, dass die These von der Sprachlosigkeit der Tiere verbreitet und verallgemeinert wurde, ohne sie im Detail untersucht zu haben. Die von Plessner mehrfach angeführte Antwort des Naturforschers Alexander von Humboldt

252 »Es gibt auch ein Tier, das selber Feuer machen kann: Kanzi. Kanzi ist ein 37 Jahre alter Bonobo, ein sogenannter Zwergschimpanse, der in einem speziellen Tierheim im US-Bundesstaat Iowa lebt und als eines der klügsten Tiere der Welt gilt. Zum Feuermachen sammelt Kanzi zunächst einige Äste. Anschließend zerbricht er die Zweige in kleine Stücke, um sie dann sorgfältig zu einem kleinen Haufen aufzuschichten. Und dann muss der kluge Bonobo nur noch mithilfe von Streichhölzern ein Lagerfeuer entfachen, um sich gemütlich an einem Stecken einige Marshmallows zu grillen. Warm isst Kanzi seine Marshmallows am liebsten. Der Affe weiß übrigens nicht nur, wie man ein Feuer entfacht, sondern er verfügt offenbar auch über ein ausgeprägtes Sicherheitsdenken. Nach der Mahlzeit löscht er die Flammen stets sorgfältig mit einer Flasche Wasser.« ⟨https://www.deutschlandfunknova.de/beitrag/wald-und-savennenbrand-wenn-tiere-mit-dem-feuer-spielen⟩, letzter Zugriff 02. 08. 2021.

253 »Bestimmte Vögel Australiens stehen unter dem dringenden Tatverdacht, Feuer gezielt auszuweiten. Bei den Angeklagten handelt es sich um drei Greifvogelarten, den Schwarzmilan (Milvus migrans), den Keilschwanzweih (Haliastur sphenurus) und den Habichtfalken (Falco berigora). Ihnen wird laut einer aktuellen Studie von Geographen, die im Fachmagazin ›Journal of Ethnobiology‹ veröffentlicht wurde, gezielte Brandstiftung zu Lasten gelegt. Die Aborigines wissen das schon lange. Die ›Feuervögel‹ sollen glimmende oder brennende Zweige mit dem Schnabel oder den Krallen am noch nicht entflammten Ende ergreifen und über bislang vom Feuer verschont gebliebenen Gegenden fallen lassen. Für die Ureinwohner Australiens, die Aborigines, ist das Verhalten der Vögel keine neue Erkenntnis, sondern schon über Generationen beobachtete Realität. Seit rund 40 000 Jahren, so die Studie, sei das Verhalten der Vögel für die Aborigines bekannt.« ⟨https://weather.com/de-DE/wissen/tiere/news/2018-01-10-brandstifter-im-federkleid-diese-vogel-legen-gezielt-feuer⟩, letzter Zugriff 02. 08. 2021.

254 Vgl. Eva Meijer, *Die Sprachen der Tiere*, Berlin 2018.

(1769-1859) auf die Frage, warum die Tiere nicht sprechen – »weil sie nichts zu sagen haben«[255] –, vermag heute nicht mehr zu überzeugen. So haben etwa Wale nachweislich nicht nur »Möglichkeiten der Mitteilung durch Warnlaute, Werbelaute wie überhaupt Lautgebärden«,[256] vielmehr singen sie sich mehrstrophige Lieder vor, bringen sich diese gegenseitig bei und verbreiten sie über Tausende Kilometer hinweg in den Weltmeeren. Offenbar tauschen sie über diesen Weg auch für ihr Leben zentrale Informationen aus.[257] Damit bietet der Wal ein gutes Beispiel dafür, dass Tiere nicht schlechterdings »unschöpferisch«[258] genannt werden können. Nimmt man die beeindruckende Bautätigkeit vieler Tiere hinzu, lässt sich diese negative Attribuierung getrost ad acta legen.[259] Aktuell werden immer neue Forschungsberichte publiziert, in denen die Unterschiede mehr und mehr eingezogen und eher die Ähnlichkeiten zwischen Menschen und Tieren betont werden. Einige davon bestätigen Annahmen, die schon von Darwin formuliert wurden, hat er doch den Verstand und die Sprache keineswegs für ein Privileg des Menschen gehalten.[260] Alle Konzepte der Sonderstellung des Menschen sind im Grunde als der fortlaufende Versuch anzusehen, der Darwinschen Eingliederung des Menschen in die Natur zu widersprechen und ihm ein Sonderreich zuzuweisen:

Als nach Darwin der Mensch seine Zugehörigkeit zum Tierreich anerkennen mußte, versuchte er wenigstens seine Position zu halten, indem er sich

255 Helmuth Plessner, *Conditio humana*, Frankfurt/M. 1983, S. 273, 285, 314 f.

256 Ebd., S. 272.

257 Vgl. Yuval Noah Harari, *Homo Deus. Eine Geschichte von Morgen*, München 2017, S. 483 f. Alistair MacIntyre widmet sich in seiner Schrift *Die Anerkennung der Abhängigkeit*, Hamburg 2001, S. 31 ff. der bemerkenswerten Intelligenz der Delfine.

258 Gehlen, *Der Mensch*, S. 349.

259 Vgl. Kap. 3.1.

260 Charles Darwin, *Die Abstammung des Menschen*, Stuttgart 2002; ders., *Über die Entstehung der Arten im Thier- und Pflanzenreich durch natürliche Züchtung oder Erhaltung der vervollkommneten Rassen im Kampfe um's Dasein*, Darmstadt 2008. Statt die menschliche Sprache zum unhinterfragbaren Maßstab zu erheben, könnte vielmehr die Neugier für ganz anders gebaute Sprachen zu neuen Erkenntnissen führen. Dabei sollte man sich auch nicht dem Gedanken von vorneherein verschließen, dass Tiere es womöglich gar nicht nötig haben, sich nach dem Vordbild des Menschen sprachlich zu artikulieren, da sie sich auch auf andere Weise hinreichend verständigen können.

selbst als das fortgeschrittenste, das ausdifferenzierteste Tier der Evolution setzte, das durch die Schaffung von Kultur und die zweckrationale Umgestaltung der Natur einen weiteren Evolutionsschritt einleitet.[261]

Die gesuchte Abgrenzung des Menschen von den Tieren in Philosophie und Soziologie ist auch dem gewollten Abgrenzungswillen gegenüber der Biologie geschuldet. Die Angst vor dem Vorwurf des Biologismus oder Sozialdarwinismus ist so groß, dass der Kontakt mit der Biologie zumeist gleich ganz gemieden wird. Der Philosophischen Anthropologie kommt zweifellos das Verdienst zu, ihre theoretischen Konstrukte nicht unter Aussparung biologischer Erkenntnisse, sondern im Durchgang durch diese zu entwickeln. Diese Nähe zur Biologie, die – neben anderen Gründen – ihre Aufnahme in den Kanon der soziologischen Theorien oft genug verhindert hat, erweist sich heute, in Zeiten einer unverkennbaren Wiederannäherung an die Biologie, als strategischer Vorteil im Vergleich zu anderen, weniger biologieaffinen Ansätzen. Heute zeigt sich nur zu deutlich, dass die Ignoranz gegenüber dem Menschen als auch biologisches Wesen und die Verleugnung der animalischen Anteile in ihm zu seiner zunehmenden Isolierung im Reich des Lebendigen führt als weitgehend körperloses Wesen, eingesperrt in den Käfig seines Geistes.[262]

Ein unbedingtes Bestehen auf der Sonderstellung des Menschen im Reich der Natur erweist sich heute als nicht mehr länger plausibel. Wie groß die Zugeständnisse an andere Lebensformen in diesen Konzeptionen auch immer sein mögen, es bleiben nicht mehr als Zugeständnisse, die an den besonderen Qualitäten so vieler Spezies konsequent vorbeizielen. Eine Sonderstellung allein für den Menschen zu behaupten, ruft unweigerlich das schiefe Bild

261 Böhme, *Anthropologie in pragmatischer Hinsicht*, S. 245.

262 »Die durchgreifende Tabuisierung des Biologischen, lange Zeit auch der Demographie, hing mit der pseudonaturwissenschaftlich sich legitimieren wollenden Vernichtungspolitik des Nationalsozialismus zusammen, mit Rassenwahn und einer mörderischen Eugenik des Todes. Jedoch entstand daraus das Tabu, das die Wahrnehmung wichtiger Probleme verschleiern half.« Karl-Siegbert Rehberg, »Soziologie als ›Wirklichkeitswissenschaft‹ jenseits von Naturalismus und Virtualitätseuphorie: Eröffnungsvortrag des 33. Kongresses der Deutschen Gesellschaft für Soziologie«, in: ders. (Hg.), *Die Natur der Gesellschaft. Verhandlungen des 33. Kongresses der Deutschen Gesellschaft für Soziologie in Kassel 2006*, Teilbd. 1 u. 2, Frankfurt/M. 2008, S. 23-41, hier S. 32. Diese durchaus nachvollziehbare Tabuisierung gilt es heute dennoch behutsam zu überwinden.

eines einsamen Hochbegabten inmitten einer Masse von Normal- oder Minderbegabten hervor, denen selbst mit diversen Förderprogrammen kaum auf die Sprünge zu helfen ist. Eine Sonderstellung kommt jedoch, wenn überhaupt, dann allen Lebewesen zu, da ein jedes von ihnen auf je eigene Art etwas Besonderes hat, das ihm eine Sonderstellung gegenüber allen anderen verschafft. Der Mensch nimmt insofern keine exklusive Sonderrolle, sondern einfach seine Rolle ein – wie alle anderen Lebewesen auch.[263] Die These von der Überlegenheit des Menschen problematisiert zudem nicht den Umstand, dass er diese nur auf Kosten der Lebensbedingungen der anderen Lebewesen, deren Degradierung auf eine niedrigere Stufe des Daseins und unter Absehung der Abhängigkeiten von der Welt der Pflanzen und Tiere erlangen kann. Statt in Kategorien wie »überlegen« und »unterlegen« zu denken, wäre die Differenz zwischen den Lebewesen spätestens in unseren Tagen dagegen als eine zu fassen, die Andersheit zulassen kann, ohne immer wieder in hierarchisierende Kategorien wie unterlegen/überlegen, minderwertig/höherwertig etc. zu verfallen: »Das Sterben der Arten zwingt den Menschen, sich selbst erneut als Art zu denken, als posthumanes Menschentier innerhalb ökologischer Systeme, in denen seine Sonderstellung weniger wichtig ist als seine Vernetzung mit anderen Arten.«[264]

In Zeiten des Anthropozäns, das dem Menschen ein nahezu unvergleichliches Potential an Veränderungen der erdräumlichen Verhältnisse zuspricht, wird die Frage nach seiner vermeintlichen Sonderstellung im Reich des Lebendigen anders beantwortet als ehemals angenommen. Seine Sonderstellung ergibt sich heute allenfalls aus seiner unvergleichlichen Fähigkeit zur Zerstörung des Planeten Erde.

263 Günther Anders hat die These von der Sonderstellung bei Heidegger und der Philosophischen Anthropologie scharf zurückgewiesen. Wer »die Fragen ›Was ist der Mensch?‹ bzw. ›Wer ist der Mensch?‹ ernst nimmt, der beweist damit bereits, daß er die andere, die Fundamentalfrage, ob es denn gerechtfertigt sei, dem Menschen eine metaphysische oder theologische Sonderstellung einzuräumen, aus Hochnäsigkeit gegenüber den Millionen Spezies, die es im Universum gibt, positiv beantwortet hat.« Günther Anders, *Die Antiquiertheit des Menschen. Über die Zerstörung des Lebens im Zeitalter der dritten industriellen Revolution*, München 1980, Bd. 2, S. 129.

264 Ursula K. Heise, *Nach der Natur. Das Artensterben und die moderne Kultur*, Berlin 2010, S. 149.

Eine alternative Position zur Rede von der Sonderstellung wird bemerkenswerterweise aber nicht erst heute, sondern bereits bei Alfred Döblin eingenommen, der in seiner Anthropologie von vornherein nicht auf die Bestimmung der menschlichen Einmaligkeit abzielt, sondern auf den Menschen als Teil eines Ökosystems, das ihn mit den Tieren, Pflanzen und der Erde verbindet. Das Ergebnis unterscheidet sich deutlich von den Positionen, deren Erkenntnisinteresse auf die Sonderstellung des Menschen abzielt:

> Unser Körper also, nach allen Seiten mit seinen Organen ausstrahlend und in aller Welt wurzelnd, zeigt, daß er nicht von der Art ist, wie manche glauben, nämlich ein geschlossenes fertiges Stück, ein isolierter Gegenstand. Es hat dieser scheinbar isolierte Körper Bedürfnisse, Vermögen und Funktionen, und mit Bedürfnissen, Vermögen und Funktionen, die aber seine Natur sind, ist er ausgebreitet und hingegeben an die Luft und so verwachsen mit der Atmosphäre der Erde – ist er hingebreitet und hingegeben an die Wärme und das Licht und so verwachsen mit der Sonne – ist er ausgebreitet und hingegeben an das Wasser und die Nahrung und so verwachsen mit den Flüssen und den Tieren und Pflanzen.[265]

Weil man in wissenschaftlichen Kreisen nicht gewohnt ist, Gedanken von Literaten in die eigene Argumentation einzuspeisen, da man sie – vor allem in Deutschland – aus grundsätzlichen Erwägungen heraus für nicht satisfaktionsfähig hält und eine Nähe zur Literatur stets Argwohn und Ablehnung hervorruft,[266] haben Döblins ökologische Überlegungen keinen ersichtlichen Einfluss auf das Denken seiner Zeitgenossen in den Wissenschaften gehabt. Seine Konzeption, die sich wie eine Vorwegnahme vieler heutiger ökologischer Positionen liest, steht in deutlicher Opposition zu allen Varianten der Idee einer Sonderstellung des Menschen:

265 Döblin, *Unser Dasein*, S. 72. Ähnlich heißt es schon bei Gustav Theodor Fechner, *Das unendliche Leben*, Berlin 1984, S. 121: »Der Mensch verkehrt während seines Lebens nicht allein geistig, sondern auch materiell mit der Natur. Wärme, Luft, Wasser und Erde dringen von allen Seiten in ihn hinein, und strömen nach allen Seiten aus ihm wieder zurück, schaffen und wechseln seinen Leib.«

266 Vgl. Wolf Lepenies, *Die drei Kulturen. Soziologie zwischen Literatur und Wissenschaft*, Frankfurt/M. 2002. Habermas benutzt und verstärkt diesen Argwohn in seinem Feldzug gegen die Postmoderne, vgl. Jürgen Habermas, *Der philosophische Diskurs der Moderne. Zwölf Vorlesungen*, Frankfurt/M. 1985, insbesondere S. 219 ff.

Man muß sich vor dem Irrtum bewahren, als sei das Sehen, Hören, das Vermögen des Gehirns, die Bewußtheit, das Gedächtnis und was sonst etwas Wunderbares. Es ist in der Tat etwas, was den Menschen oder auch Tiere von den Pflanzen unterscheidet. Es sind Unterschiede, aber sie machen keinen wesentlichen Schnitt zwischen Tier, Mensch und Pflanze.[267]

Für Döblin hat die Betonung des Gehirns und der Muskulatur alle anderen Anteile des Menschen zu sehr in den Hintergrund gedrängt. Durch das Vergessen seiner pflanzlichen und tierischen Anteile entstehe das falsche Bild eines menschlichen Wesens, »das sich vom Boden antizipiert oder emanzipieren muß«.[268] Der zunehmende gesellschaftliche Versuch, dem Boden zu entkommen, an ihn nicht mehr länger gebunden zu sein, sich von ihm zu emanzipieren, was sich in der zunehmenden Temporalisierung aller Lebensbereiche in der Moderne ausdrückt, hat seine Ursache demnach auch darin, dass die vegetabilischen und animalischen Anteile des Menschen geleugnet werden, um ihn zu einem gänzlich ungebundenen, mobilen und neonomadischen Wesen zu erklären. Unterstützung erhält die Betonung der nach wie vor auf den Boden verwiesenen Menschen dagegen durch den Baseler Biologen, Zoologen und Anthropologen Adolf Portmann (1897-1982), der ebenfalls der Philosophischen Anthropologie zugerechnet wird:

Wir leben alle in einer unbewußten, stetigen Beziehung zum Schwerefeld der Erde. Mit vielen anderen, niedrigen und hochorganisierten Tiergestalten ist der Mensch durch besondere Sinnesreize in dieses Feld der Erdanziehung als wahrnehmendes Wesen eingegliedert. [...] Auf jeden Fall steht der Mensch ununterbrochen, im Wachen wie im Schlafen, im Schwerefeld der Erde, dem er durch die unbewußt arbeitende Organisation seiner nervösen Strukturen eingegliedert ist. Unser ganzes Wesen und Dasein ist nicht nur erdverbunden und erdgebunden in Hinsicht auf die bewußten Bedürfnisse und Taten, sondern noch stärker durch die unbewußten Wirkweisen, deren vielfältige Einflüsse wir nur zum Teil kennen.[269]

267 Döblin, *Unser Dasein*, S. 105.

268 Ebd., S. 104.

269 Adolf Portmann, *Biologie und Geist*, Frankfurt/M. 1973, S. 204-205. Unterstützung erhält eine solche Perspektive von Hans Freyer: »Leben, zumal menschliches Leben, ist ein nach unten und nach oben, nach hinten und nach vorn offenes Feld. Wir wurzeln zwar nicht wie die Pflanzen, doch daß wir Erde spüren, Strömungen der Natur in uns auffangen und, flach liegend mit ausgeschaltetem Bewußtsein, uns in der Nacht für den Tag regenerieren, darauf sind wir angewiesen.« Freyer, *Theorie des gegenwärtigen Zeitalters*, S. 46.

Für Portmann ist die Erde nicht allein die Heimat des Menschen, sondern die »Heimat des Lebens«.[270] Als Biologe argumentiert Portmann weitgehend unbelastet vom Zwang der am Menschen ausgerichteten Wissenschaften, diesem ein nur ihm zugedachtes Reich des Geistes zuzuweisen, zu dem Pflanzen und Tieren der Schlüssel fehlt. Zwar ist es auch ihm um die Sonderstellung des Menschen zu tun,[271] doch seine Forschung als Biologe wird stärker vom Interesse an allen Erscheinungen des Lebens im Allgemeinen getragen, nicht vom menschlichen Leben im Besonderen. Auch für Döblins Perspektive ist entscheidend, den Menschen aus seiner isolierten Ausnahmeexistenz als Geisteswesen zurückzuholen und wieder einzugliedern in die Prozesse des Lebens:

> Das meiste, auch am Menschen, ist unabhängig vom Bewußtsein, alle chemischen Prozesse des Stoffwechsels, die komplizierte Selbststeuerung des Organismus bei den chemischen Abläufen, der gleichbleibende Zuckerspiegel im Blut, die Unmasse von Automatismen und der Darmbewegung, in Lymphsystemen, Gefäßsystemen. […] Setzt man Leben mit Bewußtsein gleich, so ist der Mensch größtenteils tot. Es lebt nur ein Fleckchen von ihm. […] Das eigentliche Handeln des Menschen wird vom Bewußtsein nicht oder kaum gesehen.[272]

Mit dieser Entthronisierung des Bewusstseins zerstört er das am stärksten verteidigte und am stolzesten hochgehaltene Distinktionsmerkmal des Menschen gegenüber dem Tier.

Die Beispiele zeigen, dass es in der Vergangenheit bereits durchaus Stimmen gegeben hat, die den Menschen nicht mehr länger als Krone der Schöpfung und Spitze der Evolution begreifen und dagegen seine Verbundenheit mit allen anderen Lebewesen und der Erde in den Vordergrund rücken. Die aktuellen Ansätze des Posthumanismus belegen jedoch zur Genüge, dass die Vorstellungen

270 Portmann, *Biologie und Geist,* S. 199.

271 Vgl. Adolf Portmann, *An den Grenzen des Wissens. Vom Beitrag der Biologie zu einem neuen Weltbild*, Wien, Düsseldorf 1974, S. 93 ff.

272 Döblin, *Unser Dasein*, S. 107. Schon Max Weber, *Wirtschaft und Gesellschaft. Grundriss der verstehenden Soziologie*, Tübingen 1972, S. 10, definiert den Menschen keineswegs als stets bewusst und rational handelndes Subjekt, wenn er notiert: »Das *reale* Handeln verläuft in der großen Masse seiner Fälle in dumpfer Halbbewußtheit oder Unbewußtheit seines ›gemeinten Sinns‹. Der Handelnde ›fühlt‹ ihn mehr unbestimmt, als daß er ihn wüßte oder ›sich klar machte‹, handelt in der Mehrzahl der Fälle triebhaft oder gewohnheitsmäßig.«

von der Überlegenheit des Menschen nicht nur weiter angedauert haben, sondern zur dominierenden Position innerhalb des Nachdenkens über den Stellenwert des Menschen und sein Verhältnis zu Pflanzen und Tieren geworden sind, gegen die sie nun erneut opponieren. Der Erfolg der Sonderstellungsargumentation hat vor allem auch damit zu tun, dass alle theoretischen Konstrukte, die den Menschen nicht in den Mittelpunkt rücken, als antihumanistisch bzw. menschenfeindlich eingestuft wurden. Eine Schlüsselstellung kommt dabei dem Strukturalisten Claude Lévi-Strauss (1908-2009) zu, der dieses Verdikt ebenfalls auf sich gezogen hat. Gerade von ihm aber stammt eine Steilvorlage für den heutigen Posthumanismus, die zeigt, dass es nicht um die Abwertung des Menschen geht, die etwa mit einer Aufwertung anderer Lebewesen plump konterkariert wird, sondern um das Werben für eine Gleichbehandlung aller Lebensformen:

> Ich glaube, all die Tragödien, die wir erlebt haben, erst mit dem Kolonialismus, dann mit dem Faschismus und zuletzt mit den Vernichtungslagern, stehen nicht im Gegensatz oder im Widerspruch zu dem angeblichen Humanismus in der Form, wie wir ihn seit mehreren Jahrhunderten praktizieren, sondern sie sind, möchte ich sagen, fast seine natürliche Folge. Denn es läuft ja auf ein und dasselbe hinaus, wenn der Mensch erst die Grenze seiner Vorrechte zwischen sich und den anderen zieht und dann diese Grenze ins Innere der eigenen Spezies verschiebt, bestimmte Kategorien als allein wahrhaft menschlich anerkennt, im Unterschied zu anderen Kategorien, die als minderwertig eingestuft werden, nach demselben Schema wie bei der Unterscheidung zwischen dem Menschen und den anderen Lebewesen. Das ist die wahre Erbsünde; sie treibt die Menschheit zur Selbstzerstörung. [...] Man müßte vielmehr von einer prinzipiellen Demut ausgehen: Wenn der Mensch alle anderen Lebensformen achtet, schützt er sich vor der Gefahr, nicht alle menschlichen Lebensformen gleichermaßen zu achten.[273]

Aber nicht nur aus der Ethnologie erfolgt die Kritik am wirkmächtigen Versuch, dem Menschen eine Sonderstellung zuzuweisen. Auch in der Soziologie finden sich Stimmen, denen es um die unbedingte Suche nach der Differenz zum Tier nicht geht: »Der Mensch ist vom physischen Gesichtspunkt aus nichts anderes als ein System von Zellen, und vom geistigen Standpunkt aus ein System von Vorstellungen: in der einen wie in der anderen Beziehung unter-

273 Claude Lévi-Strauss, *Mythos und Bedeutung. Vorträge*, Frankfurt/M. 1980, S. 247 f.

scheidet er sich nur gradweise vom Tier.«[274] Die Verwandtschaft des Menschen mit dem Tier zu bestreiten und seine Verbindung zu anderen Lebewesen zu leugnen, verdankt sich der Vorstellung vom Menschen als einem Lebewesen, das aufgrund seiner exorbitanten Fähigkeiten allen anderen überlegen ist.[275] Die Verabsolutierung des menschlichen Geistes und die Feier des Menschen als Vernunftwesen im aufklärerisch-humanistischen Diskurs hat zu seiner radikalen Abspaltung von der Natur geführt. Nicht erst die Gleichstellung, sondern im Grunde schon der Vergleich mit anderen Lebewesen wird darin als geradezu beleidigende und unzulässige Herabstufung empfunden. Was dabei immer wieder verhindert, alle Lebewesen gleichermaßen anzuerkennen, ist der Gedanke der Entwicklung: »Wenn man leugnet, daß die menschliche Gesellschaft auf ein Ziel absieht, und wenn man den Menschen von heute unmittelbar anderen Tieren gleichstellt, dann fällt man wieder in den schon oftmals gerügten Irrtum Haeckels und gewisser Soziologen zurück, dann vergißt man die Entwicklung.«[276] Umgekehrt lässt sich sagen, dass das Verständnis von Veränderungen als Entwicklung zwangsläufig dazu führt, dem Lebendigen verschiedene Wertigkeiten zuzusprechen. Solange von einer »Degradierung des Menschen auf den Status des Tiers«[277] oder von einer Erhöhung des Tieres zum Menschen gesprochen wird, bleiben wir in einer hierarchisch gedachten Ordnung des Lebens gefangen. Edgar Morin ist daher uneingeschränkt zuzustimmen: »Das Wort Entwicklung muß von Grund auf neu überdacht werden und einen komplexeren Sinn erhalten.«[278]

274 Émile Durkheim, *Die elementaren Formen des religiösen Lebens*, Frankfurt/M. 1984, S. 311.

275 Vgl.: »Je mehr die Natur herabgesetzt wird, umso strahlender erscheint alles, was nicht zu ihr gehört: Gott und der Mensch.« Ilya Prigogine, Isabelle Stengers, *Dialog mit der Natur. Neue Wege naturwissenschaftlichen Denkens*, München 1981, S. 57.

276 Marcel Prenant, *Adaptation. Écologie et Biocoenotique*, Paris 1934, S. 51, zitiert nach Armand Cuvillier, *Kurzer Abriß der soziologischen Denkweise. Probleme und Methoden*, Stuttgart 1960, S. 29 f.

277 Jean-Claude Guillebaud, *Das Prinzip Mensch. Ende einer abendländischen Utopie?*, München 2004, S. 61.

278 Morin, *Einen neuen Anfang wagen*, S. 163. Vgl. auch »Die vulgäre Rede von der Entwicklung dient in der Regel nur dazu, teleologische Überinterpretationen der Natur-Humangeschichte zu bedecken.« Peter Sloterdijk, »Anthropogoni-

Wenn von höher und niedriger entwickelten Lebewesen die Rede ist, stellt sich spätestens heute die Frage, was damit noch sinnvoll bezeichnet werden kann, für wen die Höherentwicklung gilt und auf Kosten welcher anderen Lebewesen diese sich hat entfalten können. Kann eine Spezies, die sich anschickt, ihre eigenen Lebensgrundlagen zu zerstören, überhaupt noch als höher entwickelt gelten? Oder schließt die Höherentwicklung einer Spezies ein hohes Maß an Zerstörung ihrer natürlichen Umwelt geradezu ein? Ist ab einer bestimmten Verbreitung und Reichweite einer Lebensform die Zerstörung ihrer Lebensgrundlage am Ende gar unvermeidlich? Müsste angesichts seines Zerstörungsvolumens der Mensch nicht als nur wenig entwickelt gelten, da er nicht einmal dazu in der Lage ist, seine eigenen Lebensgrundlagen zu schützen und zu erhalten, wie alle anderen Lebewesen es tun? Demnach stünde der Mensch deutlich unter den Tieren. Doch eine solche bloße Umkehrung der Positionen würde die Vorstellung von einer hierarchischen Ordnung des Lebens nur perpetuieren.

Hebt man den Menschen dagegen nicht aus der Natur heraus und setzt man nicht von vorneherein bei ihm als allen anderen überlegenes Wesen an, sondern am Begriff des Lebens, ergibt sich sogleich eine andere – auch bei Döblin anklingende – Sicht auf die Dinge:

> Im Lebensbegriff wird vermieden die Vorrangstellung des Menschen in der Welt, also ob der Mensch letzten Endes das Zentrum wäre und alles andere nun sekundär. Es ist so, daß wir im Lebensbegriff eine ursprüngliche Gemeinsamkeit auch mit Außermenschlichem feststellen und herausheben; denn nicht nur ich, die anderen Menschen sind belebt, sondern auch die Tiere und die Pflanzen leben.[279]

Die Orientierung am Lebensbegriff ermöglicht die Distanz gegenüber der einseitigen Zentrierung auf den Menschen. Durch ihn wird offenbar, dass der Mensch nicht isoliert von anderen Lebewesen existiert, sondern in mehrfacher Weise mit ihnen verbunden ist:

scher Exodus«, in: Tom Fecht, Dietmar Kamper (Hg.), *Umzug ins Offene. Vier Versuche über den Raum*, Wien, New York 1998, S. 302-312, hier S. 302.

279 Helmuth Plessner, *Elemente der Metaphysik. Eine Vorlesung aus dem Wintersemester 1931/32*, Berlin 2002, S. 89.

Obwohl die Fähigkeiten des Menschen beträchtlich sein mögen, seine Lebensweise zu ändern und Strategien einzuschlagen, die anderen Arten nicht in dieser Breite zugänglich sind, so schwebt doch auch er nicht über den Wolken: er steht in Konkurrenz mit anderen Arten, er lebt von ihnen und er lebt mit ihnen.[280]

Werden diese Verbindungen zwischen den Menschen und anderen Lebensformen geleugnet, herrscht weiterhin der Anthropozentrismus vor:

Sowie der Mensch aus dem Universum ausgeschlossen und von den allgemeinen Gesetzmäßigkeiten ausgenommen wird, handelt es sich weniger um einen Anthopomorphismus als um einen Anthropozentrismus. Um einen zwar negativen Anthropozentrismus, der aber nicht weniger schädlich ist als jener andere, der den Menschen in den Mittelpunkt der Welt stellt und alles nur auf ihn bezieht. Es sind zwei Folgeerscheinungen desselben Hochmuts.[281]

Alle drei soeben angeführten Stimmen sprechen sich übereinstimmend gegen die Vorrangstellung des Menschen im Reich des Lebendigen und seine Isolierung von allen anderen Lebewesen aus. Damit können sie, neben Claude Lévi-Strauss und bei allen Unterschieden im Detail, als Wegbereiter des aktuellen Posthumanismus angesehen werden, der den Gedanken einer Gleichstellung alles Lebendigen aufnimmt und noch einmal erheblich radikalisiert. Sind die anthropologischen Darstellungen lange Zeit davon geprägt, vor allem die Differenzen zwischen den Lebewesen herauszuarbeiten, findet man heute den weit verbreiteten konträren Versuch, diese aufzuweichen. Der Mensch ist weder einfach nur ein Tier, noch ist er so viel anders als das Tier: »Wir sind überhaupt nie so außergewöhnlich.«[282] Der Mensch muss sich weder kleiner noch größer machen, als er ist, sondern seine Rolle im Gefüge des Lebendigen finden:

Der falsche Humanismus jahrhundertelanger christlicher Indoktrinierung über die Zentralität des ›Menschen‹ verfängt nicht mehr. Der Geist-Körper-Dualismus, dem historisch die Funktion zukam, über die Komplexität der Verhältnisse hinwegzutäuschen, hat an Überzeugungskraft verloren.

280 Walter L. Bühl, *Ökologische Knappheit. Gesellschaftliche und technologische Bedingungen ihrer Bewältigung*, Göttingen 1981, S. 56.

281 Caillois, *Méduse & Cie.*, S. 53.

282 Serres, *Der Parasit*, S. 132.

Die Zoë, verstanden als posthumane Kraft, steht heute im Mittelpunkt. Sie umfasst alle Tiere und anderen Erdbewohner.[283]

Festgehalten werden kann insgesamt: Wann immer *der* Mensch von *dem* Tier abgegrenzt werden soll, gelingt die Behauptung der Sonderstellung problemlos. Sobald aber bestimmte Tiere genannt werden, fällt die strenge Grenzziehung zumeist viel schwerer. Mit anderen Worten: Vieles, was als Gegensatz zum Menschen angeführt wird, trifft auf einige Tiere zu, auf andere jedoch nicht.[284] Zur Herausstellung der Besonderheiten eines jeden Lebewesens bedarf es also einer stärkeren Individualisierung der gesamten Tierwelt, einer spezifischeren Bezeichnung des Tieres, von dem jeweils die Rede sein soll, statt sie immer nur unter den Oberbegriff Tier zu subsumieren. Eine Einsicht, die auch auf die Welt der Pflanzen und Steine zu übertragen wäre.

2.5.2 Der posthumane Mensch und seine Gefährten

> »Die insuläre Konzeption des Menschen ist unwiderruflich angeschlagen.«[285]

Der Posthumanismus lässt sich als Sammelbezeichnung für Theoretiker:innen verstehen, die an Positionen des französischen Strukturalismus von Claude Lévi-Strauss und den Poststrukturalismus von Michel Foucault, Gilles Deleuze und Jean François Lyotard (1924-1998) anschließen. Zu ihnen zähle ich etwa Rosi Braidotti, Donna Haraway und Bruno Latour. Sie alle verabschie-

283 Rosi Braidotti, »Zur Transpolitik des Lebens im Zeitalter des genetischen Biokapitalismus« in: Martin G. Weiß (Hg.), *Bios und Zoë. Die menschliche Natur im Zeitalter ihrer technischen Reproduzierbarkeit*, Frankfurt/M., 2009, S. 108-135, hier S. 125. Braidotti unterscheidet *Bios* von *Zoë* als »generative[r] Kraft, die alle biologischen Arten durchströmt«, ebd., S. 107.

284 Alistair MacIntyre, *Die Anerkennung der Abhängigkeit*, Hamburg 2001, S. 57, kritisiert Heideggers Auseinandersetzung exakt an diesem Punkt. Die Abgrenzung des Menschen vom Tier gelinge diesem nur durch die Berücksichtigung bestimmter Tiere und die Vernachlässigung anderer. So begegneten einem bei Heidegger zwar Bienen, Motten, Süßwasserkrebse, Eidechsen, Holzwürmer, Spechte und Eichhörnchen, nicht aber Wölfe, Elefanten, Gorillas, Schimpansen und Delphine. Alles was dem Menschen zu nahe kommen könnte, wird also ausgespart, damit die behauptete Differenz tragfähig bleiben kann.

285 Morin, *Das Rätsel des Humanen*, S. 60.

den den in den Sozial- und Kulturwissenschaften noch immer vorherrschenden Anthropozentrismus und plädieren für einen Post-Anthropozentrismus, der »den Gedanken einer Artenhierarchie und einer besonderen allgemeinen Norm ›des Menschen‹ als dem Maß aller Dinge«[286] konsequent negiert. Der Posthumanismus wendet sich dabei dezidiert gegen den klassischen Humanismus,[287] der nicht nur für eine einseitige Zentrierung auf den Menschen und eine Vernachlässigung bzw. Ausschließung anderer Lebewesen steht – »Humanisten beschäftigen sich allein mit Menschen; alles Übrige ist für sie bloße Materialität oder kalte Objektivität«[288] –, sondern auch für die Festschreibung eines ganz bestimmten Ideals des Menschen, der »männlich, weiß, europäisch, stattlich und wohlproportioniert«[289] oder gar nicht zu sein hat. Der Humanismus erhebt damit »eine bestimmte Form des Menschseins zu einem allgemeinen Maßstab, der als das Menschliche einen höheren Stellenwert erhält. Das Männliche wird zum Ideal der Männlichkeit und zum Menschlichen als allgemeiner Erscheinungsform von Humanität.«[290] Alle diejenigen Bevölkerungsteile, die diesem Ideal nicht entsprechen, werden aus der Gemeinschaft der Menschheit kurzerhand aussortiert. Hinter der gepflegten Rede des Humanismus von *dem* Menschen als scheinbar allumfassenden Kollektiv verbirgt sich insofern eine ganze Fülle von folgenschweren Grenzziehungen und Ausschlüssen. Claude-Lévi Strauss hat diesen Zusammenhang bereits in aller Klarheit formuliert:

> Es hat damit begonnen, daß der Mensch von der Natur abgeschnitten wurde und daß man ihm einen eigenen Herrschaftsbereich zuwies; dann glaubte man, seinen eindeutigen Wesenszug auslöschen zu können: daß er nämlich

286 Braidotti, *Posthumanismus*, S. 72.

287 Vgl.: »Wir haben heute die Aufgabe, uns endgültig vom Humanismus zu befreien, und in diesem Sinne ist unsere Arbeit politisch, zumal alle Regime im Osten wie im Westen ihre verdorbene Ware unter dem schützenden Dach des Humanismus feilbieten.« Michel Foucault, »Gespräch mit Madeleine Chapsal«, in: ders., *Schriften*, Band 1, Frankfurt/M. 2001, S. 664-670, hier S. 668.

288 Bruno Latour, »Ein vorsichtiger Prometheus. Einige Schritte hin zu einer Philosophie des Designs, unter besonderer Berücksichtigung von Peter Sloterdijk«, in: Marc Jongen u. a. (Hg.), *Die Vermessung des Ungeheuren. Philosophie nach Peter Sloterdijk*, Paderborn 2009, S. 356-373, hier S. 369.

289 Braidotti, *Posthumanismus*, S. 29; vgl. auch ebd., S. 70.

290 Ebd., S. 31. Vgl. dazu auch Michel Foucault, *Die Anormalen. Vorlesungen am Collège de France (1974-1975)*, Frankfurt/M. 2003.

ein lebendes Wesen ist. […] Der abendländische Mensch kann an keiner Zeit besser als an den letzten vier Jahrhunderten seiner eigenen Geschichte ablesen, daß er mit der Anmaßung des Rechtes, die Menschheit radikal von den übrigen Lebewesen zu trennen, einen verderblichen Kreislauf eröffnet hat, indem er jener zusprach, was er diesen entzog: dieselbe Grenze, fortwährend enger gezogen, diente ebenso dazu, Menschen von anderen zu trennen und zugunsten immer weiter eingeschränkter Minderheiten das Privileg eines Humanismus zu beanspruchen, der von Anfang an korrumpierbar war, da er sein Prinzip und seinen Begriff von der Eigenliebe herleiten sollte.[291]

Der Posthumanismus setzt sich deshalb für ein neues Menschenverständnis ein, das den Anspruch des Menschen auf Überlegenheit und Einzigartigkeit gegenüber allen anderen Lebewesen zurückweist, woraus er sich Effekte für ein gelungeneres Zusammenleben aller Lebewesen erhofft. Das posthumanistische Denken ringt um ein erweitertes Verständnis des Sozialen, das auch Pflanzen, Tiere und technische Dinge umfasst, die allesamt nicht mehr länger als willfährige Handlanger und passive Objekte behandelt werden, sondern als ebenso eigenständige wie eigenwillige Akteure, die aktiv in ihre Umwelt eingreifen: »Tiere, Insekten, Pflanzen und die Umwelt, der Planet und der gesamte Kosmos kommen als Akteure ins Spiel.«[292] Posthumanistische Ansätze zeichnen sich insgesamt dadurch aus, dass mit diesen anderen Akteuren Verbindungen eingegangen werden und Artengrenzen überschreitende Bündnisse gesucht werden sollen. Dabei sympathisiert Rosi Braidotti mit dem »Panhumanismus« und dessen »generelle[r] Einsicht in die Verbundenheit aller menschlichen und nichtmenschlichen Umwelten«.[293] Zwar wurde auf diese Verbundheit als »eine allgemeine Erscheinung in der Welt«[294] auch früher schon hingewiesen: »[A]uch Steine und Tiere und Pflanzen können verbunden sein. Offenbar in je besonderer Weise.«[295] Doch dabei ging es vor allem darum, die artspezifischen Modi der Verbundenheit zu bestimmen und insbesondere nach der »dem Menschen eigene[n] Art der Verbundenheit«[296] zu

291 Claude Lévi-Strauss, *Strukturale Anthropologie II,* Frankfurt/M. 1975, S. 53 f.

292 Braidotti, *Posthumanismus*, S. 71.

293 Braidotti, »Zur Transposition des Lebens im Zeitalter des genetischen Biokapitalismus«, S. 132.

294 Werner Sombart, *Vom Menschen*, S. 65.

295 Ebd.

296 Ebd.

fragen: »Die dem Menschen eigene Art der Verbundenheit ist nicht die körperliche, die auch die Steine haben, nicht die leibseelische, die auch die Pflanzen und Tiere haben, sondern ist die geistige.«[297]

Im Posthumanismus geht es dagegen gerade um die artenübergreifenden Verbundenheiten nichtmenschlicher wie menschlicher Akteure, die eine Neubestimmung des Humanen nötig machen: »Posthumane Theorie ist [...] ein generatives Werkzeug, das uns hilft, im biogenetischen Zeitalter des ›Anthropozän‹ – dem erdgeschichtlichen Moment, in dem das Humane zu einer alles Leben beeinflussenden geologischen Kraft wird – die Bezugseinheit des Humanen neu zu begreifen.«[298]

Die posthumanistischen Ansätze von Braidotti, Haraway und Latour sind mit dem Nachdenken über das Anthropozän eng verknüpft. Im nach dem Menschen benannten neuen Zeitalter sehen sie jedoch keinen Widerspruch zu der von ihnen als notwendig erachteten Dezentrierung des Menschen. Die Antwort auf das neue Menschenzeitalter kann in ihren Augen keinesfalls ein erneuter Anthropozentrismus sein, der den Menschen aufgrund seiner überragenden Rolle als Verursacher der massiven ökologischen Probleme erneut in den Mittelpunkt rückt. Verzichten lässt sich auf seinen Beitrag zur Wiederherstellung eines für alle Lebewesen bewohnbaren Planeten jedoch ebenso wenig. Trotz der verheerenden Auswirkungen des Menschen auf seine Umwelt wird im Posthumanismus nicht seine Abschaffung empfohlen wie im Transhumanimus,[299] sondern für eine umfassende Neubewertung seiner Rolle im Gefüge alles Lebendigen plädiert. Der Mensch ist im Anthropozän eben nicht mehr länger das herausgehobene Wesen, sondern dasjenige, das sich wie nie zuvor mit anderen Existenzen in Bezug zu setzen hat, da er endlich begreift, dass er ohne diese nicht überleben kann. Der Mensch hat die Erde nicht in einem derartigen Ausmaß verändert, ohne sich dabei auch selbst zu verändern. Zu berücksichtigen sind deshalb die an seinem Körper bereits vorgenommenen Umbauten. Statt einen ganz neuen Menschen zu fordern oder ihn gänzlich überwinden zu wollen, legen die posthumanen Ansätze ihr Augenmerk sehr viel mehr auf die bereits erfolgten und sich

297 Ebd. Vgl. Kap. 2.5.1.

298 Braidotti, *Posthumanismus*, S. 11.

299 Vgl. Kap. 2.5.3.

weiterhin vollziehenden Modifikationen und Metamorphosen des Menschen und seines Körpers:

Ohne daß wir dessen gewahr wurden, ist in einer kurzen Zeitspanne, in jener, die uns von den siebziger Jahren trennt, ein neuer Mensch geboren worden. Er oder sie hat nicht mehr den gleichen Körper und nicht mehr dieselbe Lebenserwartung, kommuniziert nicht mehr auf die gleiche Weise, nimmt nicht mehr dieselbe Welt wahr, lebt nicht mehr in derselben Natur, nicht mehr im selben Raum.[300]

Die gleichbleibende Rede von *dem* Menschen täuscht schnell über die Metamorphosen hinweg, die er bereits durchlaufen hat und die sich immer schneller zu vollziehen scheinen. Die Anwälte des klassischen Humanismus verteidigen dagegen eine ein für alle Mal festgelegte menschliche Natur gegen jede Form der Veränderung und gehen dabei von einem unveränderten Menschen aus, der über die Jahrhunderte hinweg mit sich identisch bleibt und wohl auch bleiben soll.[301] Diese Art von Verteidigung des Menschen, wie er immer schon war, übersieht dessen bereits erfolgten Umbau im Laufe seines Werdens. Statt die technologische Entwicklung dabei als eine Bedrohung seines innerstens Wesen zu interpretieren, die ihn von seinem eigentlichen Sein immer weiter entfernt, heben posthumane Ansätze hervor, dass der Mensch sich von Anbeginn in einer Umgebung bewegt, die er im Zusammenspiel mit anderen Lebewesen und mithilfe von Werkzeugen, also mit Technik,[302] in seinem Sinne umgestaltet: »Nackte Menschen sind genauso selten wie nackte Kosmonauten. Menschen definieren heißt die Umhüllungen definieren, die Lebenserhaltungssysteme, die Umwelt, die es ihnen erlaubt zu atmen. Genau das hat der Humanismus stets versäumt.«[303] Dass der Mensch insofern nie das nackte Naturwesen war, als das er bis heute so gerne vorgestellt wird, lässt nur den einen Schluss zu: Wir sind immer schon posthuman gewesen!

300 Serres, *Erfindet euch neu*, S. 15.

301 Thomas Fuchs, *Verteidigung des Menschen. Grundfragen einer verkörperten Anthropologie,* Berlin 2020.

302 Leroi-Gourhan, *Hand und Wort.*

303 Bruno Latour, »Ein vorsichtiger Prometheus. Einige Schritte hin zu einer Philosophie des Designs, unter besonderer Berücksichtigung von Peter Sloterdijk«, S. 366. Sloterdijk hat sich in seiner *Sphären*-Trilogie ausführlich mit diesen Lebenserhaltungssystemen beschäftigt.

2.5.3 Transhumanismus: Das Projekt der Menschenverbesserung und der Abschied von der Erde

»Wir sind alle Astronauten.«[304]

Wie der Begriff *Trans*humanismus schon sagt, wollen alle Transhumanisten über den Menschen, wie wir ihn heute kennen, hinausgelangen.[305] Trotz einiger im Detail vorhandener Unterschiede eint die Transhumanisten die Vorstellung, dass der menschliche Körper ein in vielfacher Hinsicht defizitärer, ungenügend funktionierender Organismus ist, der ohne eine umfassende Überarbeitung keine Zukunft haben wird. Soll er eine Zukunft haben, muss er optimiert, modifiziert, weiterentwickelt, verbessert, generalüberholt oder gleich ganz neu designt werden. Oberstes und letztes Ziel des Transhumanismus ist nichts weniger als die Abschaffung des bisherigen und die Erschaffung eines gänzlich neuen Menschen. In ihrer jetzigen Verfassung sind Menschen aus der Sicht der Transhumanisten nichts weiter als wahrhaft bejammernswert unvollkommene Geschöpfe. Ihre Unvollkommenheit ergibt sich aus ihren für den Transhumanismus gänzlich unannehmbaren Eigenschaften, die im Allgemeinen für typisch menschlich gehalten werden: Menschen müssen schlafen, werden alt, krank, und sie sterben, was für die Verfechter des Transhumanismus völlig inakzeptabel ist und als Skandalon behandelt wird. Die größten Gegner der Transhumanisten sind deshalb Krankheit, Alter und Tod. Als Fehlerquelle Nummer eins erweist sich die organische Ausstattung des Menschen, also sein Körper, der in seiner jetzigen Verfassung für die Herausforderungen der Zukunft nicht gerüstet ist und deshalb entweder massiv verbessert oder aber durch superintelligente Wesen ersetzt werden muss, deren Erschaffung sich Transhumanisten zur Aufgabe machen. Der menschliche Organismus ist dabei nur eine Art Ausgangsmaterial, das in den Augen des Transhumanismus einen kompletten Umbau dringend nötig hat.

Sämtliche Anstrengungen transhumanistischer Forschungen

304 Richard Buckminster-Fuller, *Bedienungsanleitung für das Raumschiff Erde und andere Schriften*, Amsterdam, Dresden 1998.

305 Da alle hier behandelten einschlägigen Autoren des Transhumanismus – im Gegensatz zum Posthumanismus – männlichen Geschlechts sind, wird im Folgenden bei ihrer Bezeichnung auf die weibliche Form verzichtet.

und Erfindungen widmen sich dem übergeordneten Ziel, die Menschen von der schweren Bürde ihrer körperlichen Existenz zu befreien, und erweisen sich damit als aktuelle Vertreter einer körperfeindlichen Auffassung des Menschen, die mit der Apotheose des Geistes verbunden ist. Im Mittelpunkt der zahlreichen Heilsversprechen des Transhumanismus steht folgerichtig ein gesundes Leben, das man von Alterungsprozessen befreien will, um so auch den Tod letztlich abzuschaffen. Der Mensch der Zukunft soll entweder – hier gibt es unterschiedliche Vorstellungen innerhalb der Transhumanistenszene – sehr viel länger als heute üblich leben oder aber gar die Unsterblichkeit erlangen. Der Transhumanist Aubrey de Grey etwa ruft zu einem »Krieg gegen das Altern«[306] auf. Er arbeitet an der Möglichkeit einer Verjüngungskur, der sich die Menschen regelmäßig zu unterziehen hätten, um ca. 1000 Jahre alt werden zu können. Nicht zufällig greift er dabei auf den Vergleich mit dem Auto zurück: »Das wird ein bisschen wie bei der Pflege eines Autos sein. Soll der Wagen – also der Körper – immer gut aussehen und perfekt in Schuss sein, bringt man ihn häufig in die Werkstatt. Reicht es, dass das Auto zuverlässig fährt, kommt man nur alle paar Jahre zum Service.«[307] Treffender lässt sich die Stichhaltigkeit der These von Günther Anders (1902-1992) wohl nicht untermauern, der bereits in den 1950er Jahren in seiner Schrift *Die Antiquiertheit des Menschen* die These aufstellte: »Der Mensch desertiert ins Lager seiner Geräte.«[308] Was in der durchweg affirmativen Technikbegeisterung der Transhumanisten zum Ausdruck kommt, ist die schon von Anders in den 1950er Jahren so benannte »prometheische Scham«,[309] die »*Scham, kein Ding zu sein*«.[310] Die im Transhumanismus gepflegte Apotheose der Maschine verdankt sich demnach einem ausgeprägten Minderwertigkeitskomplex, der vor allem aus den übereinstimmend diagnostizierten Unzulänglichkeiten des menschlichen Körpers resultiert. Es ist schon bemerkenswert: Aus dem Vergleich mit dem Tier ergibt sich stets die Überzeugung der Sonderstellung der überlegenen Stellung des Menschen. Der Ver-

306 ⟨https://www.sueddeutsche.de/wissen/interview-mit-aubrey-de-grey-altern-ist-auf-jeden-fall-ungesund-1.611889, letzter Zugriff 24.08.2021.

307 Ebd.

308 Anders, *Die Antiquiertheit des Menschen*, S. 11.

309 Ebd., S. 23.

310 Ebd., S. 30.

gleich mit der Maschine fällt dagegen stets zu Lasten des Menschen aus. Im Ranking der Vollkommenheit rangiert der nichtmodifizierte Mensch nur auf Platz 2, während der Maschine eine gottgleiche Stellung eingeräumt wird.

Die Transhumanisten Hans Moravec und Ray Kurzweil gehen noch einen Schritt weiter. Beide streben an, das menschliche Gehirn einzuscannen und auf einen Computer hochzuladen, also ein so genanntes *Mind Uploading* durchzuführen.[311] Damit hätte sich der Mensch von seiner sterblichen Hülle, seinem Körper, verstanden als *Hardware*, befreit und könnte als Geist bzw. *Software* ewig weiterleben. Wie das konkret funktionieren soll, weiß allerdings niemand. Deshalb gibt es bisher nur bildliche Annäherungen an den Vorgang, der eine Verschmelzung von Fleisch und Technik zum Ziel hat.[312] Die damit in Aussicht gestellte Überwindung des menschlichen Körpers stellt die ultimative Utopie des transhumanistischen Denkens dar. Doch so futuristisch dieser Gedanke zunächst auch erscheinen mag, er ist letztlich nur die konsequente Fortführung eines lang gehegten Traums vom Menschen als reinem Geisteswesen, der in der abendländischen Philosophiegeschichte in zahlreichen Varianten auftritt. So heißt es etwa schon bei Descartes, dass »der Körper den Geist immer beim Denken behindert«.[313] Der Geist wird in der abendländischen Philosophie letztlich als das behandelt, was den Menschen ausmacht und ihm seinen überragenden Stellenwert in der Hierarchie alles Lebendigen verschafft, während der Körper als lästiges Anhängsel gilt, das mit all seinen Eigentümlichkeiten und Bedürfnissen beständig daran erinnert, dass auch der Mensch letztlich nichts anderes ist als ein Tier. Die im humanistischen Denken für den Menschen veranschlagte Sonderstellung im Bereich des Lebendigen, die ihn zur Krone der Schöpfung stilisiert, beruht auf seiner einseitigen Betrachtung als vernunftbegabtes Geisteswesen bei weitgehender Eliminierung seiner animalischen Anteile, die stets mit seinem körperlichen Dasein assoziiert werden. Damit der Geist zur vollen Entfaltung

311 Ray Kurzweil, *Homo S@piens. Leben im 21. Jahrhundert – Was bleibt vom Menschen?*, Köln 1999; ders., *Menschheit 2.0: Die Singularität naht*, Berlin 2013, S. 199 ff.

312 Im Spielfilm *Transcendence* (USA 2014, R: Wally Pfister) werden entsprechende Bilder für diesen Vorgang und seine Folgen kreiert.

313 René Descartes, *Gespräch mit Burmann*, Hamburg 1982, S. 15.

gelangen kann, muss deshalb folgerichtig alles Körperliche unterdrückt, kontrolliert und überwacht werden. Michel Foucault hat in *Überwachen und Strafen* gezeigt, in welchem Ausmaß in Klöstern, Fabriken und Schulen an der Domestizierung und Disziplinierung des menschlichen Körpers gearbeitet wird. Bildung, Kultur und Zivilisation beruhen auf der weitgehenden Unterdrückung körperlicher Impulse. Die Transhumanisten dagegen erweisen sich in ihrer offenkundigen Körperfeindlichkeit und ihrem Versuch, den menschlichen Geist aus seinem körperlichen Gefängnis zu befreien, ihn auf das Gehirn zu reduzieren und dieses zu einem Supercomputer auszubauen, als aktuelle Nachfolger des klassischen Humanismus und der Aufklärung. Der Biologe Julian Huxley (1887-1975), der den Begriff Transhumanismus 1957 erstmalig einführt, spricht auch von einem neuen oder evolutionären Humanismus.[314] Dabei bezieht er sich explizit auf den Theologen und Naturwissenschaftler Pierre Teilhard de Chardin (1881-1955), der in den 1920er Jahren die Entwicklung einer *Noosphäre* diagnostiziert, einer reinen Sphäre des Denkens, welche die Biosphäre der Erde überlagern können soll:

> Der Mensch, zunächst eine bloße Spezies, aber schrittweise – durch seinen ethnisch-sozialen Zusammenschluß – darüber hinausweisend, wird allmählich zu einer in ihrer Art völlig neuen Hülle dieser Erde. Er ist mehr als ein bloßer zoologischer Zweig, ja mehr als ein ganzes Reich; er ist nichts weniger als eine ganze ›Sphäre‹, die Noosphäre (oder Sphäre des Denkens), welche die Biosphäre in iher ganzen Ausdehnung, doch ungleich geschlossener und homogener, überlagert.[315]

Der Mensch wird am Ende dieser Entwicklung wenn schon nicht zu einem »Über-Menschsein«, dann aber doch wenigstens zu einem »Ultra-Menschsein«[316] gelangen.

In unserer unmittelbaren Gegenwart sieht der Technikenthusiast und Erfinder der Gaia-Theorie James Lovelock das Zeitalter des *Novozän* heraufziehen, in dem superintelligente Maschinen die Herrschaft übernehmen werden.[317] Auch hier geht es um eine

314 Julian Huxley, *Ich sehe den zukünftigen Menschen. Natur und neuer Humanismus*, München 1965, S. 75.

315 Pierre Teilhard de Chardin, *Die Entstehung des Menschen*, München 1997, S. 86.

316 Ebd., S. 116.

317 James Lovelock, *Novozän. Das kommende Zeitalter der Hyperintelligenz*, München 2020.

Verselbstständigung des Geistes, der auf Materie nicht länger angewiesen ist. Die Transhumanisten sind eng mit der Forschung zur Künstlichen Intelligenz verbunden, die einem ausgesprochenen Machbarkeitswahn unterliegt, vor dem schon Mary Shelley (1797-1891) mit ihrem Frankenstein-Roman gewarnt hatte.[318] Der menschliche Körper soll in den Visionen des Transhumanismus allerdings nicht mithilfe von Disziplinierungsmaßnahmen zu Höchstleistungen angetrieben werden, sondern durch den Umbau des menschlichen Organismus zu einer Maschine den Anforderungen und Herausforderungen einer immer komplexer werdenden Welt genügen. Die von den Transhumanisten vorangetriebenen Optimierungsversuche des menschlichen Körpers gipfeln deshalb in dem Ziel, ihn letztlich komplett überwinden zu können. An die Stelle der Menschen treten von diesen selbst geschaffene Roboter oder Cyborgs, die als superintelligente Wesen den Menschen über kurz oder lang den Rang ablaufen werden.

Angesichts solcher Szenarien drängt sich die Frage auf, was aus den Menschen werden soll, die es nicht vermocht oder sogar abgelehnt haben, sich in ausreichendem Maße zu optimieren und zu einem Cyborg zu werden.

Die von Nick Bostrom, Ray Kurzweil, James Lovelock und anderen Transhumanisten gleichermaßen lustvoll beschriebene Ablösung des unheilbar überforderten Menschen durch eine überlegene Spezies stellt den Menschen, die sich allen genetischen, medizinischen und neurologischen Optimierungen verweigern, eine wenig attraktive Zukunft in Aussicht. Während James Lovelock annimmt, dass die Cyborgs uns mit einer Mischung aus Wohlwollen und Erstaunen betrachten werden wie wir heute die Pflanzen, heißt es bei Jens Sorgner: »Noch werden wir nicht in Zwingern gehalten.«[319] Doch wenn die Machtübernahme transhumaner Wesen erst einmal erfolgt ist, werde der herkömmliche Mensch, so Sorgner weiter, »wohl künftig in Zoos leben« oder als eine Art »Haustier«[320] angesehen werden. Den nicht perfektionierten Menschen würde es dann so ergehen wie den so genannten »exotischen« Men-

318 Mary Shelley, *Frankenstein or The Modern Prometheus*, Ditzingen 2014, vgl. Karin Priester, *Mary Shelley – Die Frau die Frankenstein erfand*, München 2001.

319 Jens Sorgner, *Transhumanismus. Die gefährlichste Idee der Welt?*, Freiburg, Basel u.a. 2016, S.88.

320 Ebd.

schen, die ebenfalls wie in einem Zoo dem Publikum vorgeführt wurden.[321]

Für Jean Baudrillard (1919-2007) ist dagegen das berühmte Projekt *Biosphäre 2* »der erste Zoo, der die menschliche Art ausstellt und in dem sich das menschliche Wesen selbst für eine vom Aussterben bedrohte zoologische Art hält«.[322] Der Transhumanist Nick Bostrom spekuliert: »Vielleicht werden wir zu gerade noch bewussten Gehirnen in Tanks, von Maschinen mit Sauerstoff und Nahrung versorgt, langsam Geld für die Reproduktion ansparend, für die ein Roboter einen Klon von uns heranzüchtet.«[323] Insgesamt beschleicht einen der Verdacht, dass mit den in Aussicht gestellten Zukünften eine Drohkulisse aufgebaut wird, die zur höheren Akzeptanz der Menschen gegenüber biopolitischen Optimierungsprogrammen führen soll.[324] Die Soziologie ist gut vertraut mit der Diskussion um Exklusionen und der Erzeugung von »Überflüssigen«,[325] die bisher einen vom allgemeinen gesellschaftlichen Geschehen abgehängten Bevölkerungsteil bezeichnen. Geht es nach den Vorstellungen der Transhumanisten, werden demnächst alle Menschen, die sich den verschiedenen Enhancement-Verfahren nicht unterwerfen, schlicht überflüssig sein.

Auffällig an den transhumanistischen Szenarien, die derzeit wieder hoch im Kurs stehen, ist insgesamt ihr utopischer Überschuss, ihre enge Verbindung zur Science-Fiction-Literatur und

321 Vgl. Thomas Macho, »Zoologiken. Tierpark, Zirkus und Freakshow«, in: Gert Theile (Hg.), *Anthropometrie. Zur Vorgeschichte des Menschen nach Maß*, München 2015, S. 155-177, siehe auch Kap. 3.2.

322 Jean Baudrillard, »Überleben und Unsterblichkeit«, in: Dietmar Kamper, Christoph Wulf (Hg.), *Anthropologie nach dem Tod des Menschen*, Frankfurt/M. 1994, S. 335-354, hier S. 335. Bei Biosphäre 2 handelt es sich um einen unter einer Glaskuppel erbauten Gebäudekomplex in der Wüste Arizonas, USA, der die Erde als Biosphäre 1 im Miniaturformat nachbilden soll. Ziel war es, ein von der Außenwelt unabhängiges, sich selbst erhaltendes Ökosystem zu schaffen. T. C. Boyle hat dieses Projekt zu dem Roman *The Terranauts*, New York 2016 verarbeitet. Die Idee der unter einer Glaskuppel lebenden Menschen, die einen Teil der Erde und deren Bewohner:innen sich selbst überlässt, wird in Jean-Christophe Rufins dystopischem Roman *Globalia*, Köln 2005 geschildert.

323 Nick Bostrom, *Die Zukunft der Menschheit*, Berlin 2018, S. 234.

324 Vgl. dazu auch Dierk Spreen, *Upgradekultur. Der Körper in der Enhancement-Gesellschaft*, Bielefeld 2015.

325 Vgl. Heinz Bude, Andreas Willisch, *Exklusion: Die Debatte über die »Überflüssigen«*, Frankfurt/M. 2007.

ihre weitgehende Ausblendung von Gesellschaft und Politik. Der Transhumanismus, der vor allem von Technikvisionären und Technikutopisten angeführt wird, die zumeist außerhalb von Universitäten für große Konzerne im IT-Bereich oder eigenen Instituten arbeiten, haben zu Politik und Gesellschaft in der Regel nichts zu sagen.[326] Den Grund dafür sehe ich darin, dass sie von einer sich gleichsam evolutiv durchsetzenden Herrschaft der Technik ausgehen, die sich aus ihrer gesellschaftlichen Umklammerung längst gelöst hat. Ein Nachdenken über die gesellschaftlichen Voraussetzungen und Folgen ihrer Konzepte findet in den Schriften der Transhumanisten deshalb kaum statt. Technik ist zugleich Mittel und Ziel ihrer Vorstellungen. Die von ihnen favorisierte künstliche Intelligenz wird sich ihren Annahmen zufolge in welcher Gestalt auch immer zur vorherrschenden Lebensform nicht nur der Erde entwickeln, sondern sich im gesamten Weltall ausbreiten. Von dieser stets als Heilsprophetie vorgetragenen Zukunftsaussicht lassen sich die Transhumanisten durch die bisher wenig greifbaren Erfolge nicht abbringen. Auch bisher nicht eingetroffene Voraussagen lassen bei ihnen keine grundsätzlichen Zweifel an der Richtigkeit des eingeschlagenen Kurses aufkommen. Korrigiert wird allenfalls der Zeitpunkt der in Aussicht gestellten Unsterblichkeit des Menschen oder der Herrschaftsübernahme durch die Superintelligenz, die nach Nichteintreffen ihrer Prognosen einfach weiter in die Zukunft verlegt werden. Der Frage, warum alle Menschen so emsig daran mitarbeiten sollten, sich selbst abzuschaffen oder überflüssig zu machen, wird dabei ebenso wenig nachgegangen wie der Frage, was Gesellschaften dazu veranlassen sollte, diesen Weg zu beschreiten und den dafür notwendigen ökonomischen wie rechtlichen Rahmen zu schaffen. Mit der hartnäckigen Verweigerung, Warum- und Wozu-Fragen überhaupt noch zu stellen, folgt der Transhumanismus unübersehbar dem Fortschrittsglauben der Industriellen Moderne, zu deren Eigentümlichkeiten es gehört, die Frage nach dem Sinn von Veränderungen systematisch auszublenden. Die Möglichkeit, etwas tun zu können, reicht als Begründung für dieses Tun vielmehr völlig aus.[327] Den menschlichen Körper

326 Vgl. Janina Loh, *Trans- und Posthumanismus zur Einführung*, Hamburg 2018, S. 71.

327 Vgl. Zygmunt Bauman, »Biologie und das Projekt der Moderne«, in: *Mittelweg 36* (1993), S. 3-16.

gilt es demnach zu verbessern wie einen Formel 1-Rennwagen, der ebenso – selbst wenn er tadellos funktioniert – von Saison zu Saison generalüberholt werden muss, um ihn noch besser, noch schneller, noch stabiler zu machen. Von dieser Eigendynamik leben auch die Vorstellungen des Transhumanismus über den Menschen, wenngleich sie mit hoch gesteckten Zielen verbunden werden: Unsterblichkeit, Allwissenheit, Vollkommenheit. Entscheidender aber als das Erreichen eines bestimmten Ziels ist dabei, dass die technologische Dynamik von sich immer weiter überbietenden Innovationen nicht angehalten wird. Schon jetzt wird der Mensch dabei vom Transhumanismus behandelt wie eine Maschine, die von Jahr zu Jahr mehr können muss als ihr Vorgänger.

Liest man sich in die Texte der Transhumanisten ein, so fällt schnell das hohe Maß an höchst spekulativen Szenarien, der massive Gebrauch des Konjunktivs und die reiche Verwendung von Superlativen auf. Angesichts ihrer stets für die Zukunft angekündigten Großereignisse kommt es in ihren Überlegungen zu einer unübersehbaren Revitalisierung von Utopien. Bezeichnenderweise handelt es sich dabei jedoch nicht mehr um *Gesellschafts*utopien. Ihre Utopien konzentrieren sich vielmehr ganz auf die Optimierung des Menschen oder seine Ablösung durch ihm haushoch überlegene Roboter und Supercomputer, woraus sich für sie dann eine ganz neue Welt einfach ergibt, die mit Gesellschaft schon deshalb nicht assoziiert wird, da vom Sozialen, von Modi der Verbundenheit und der Zusammengehörigkeit nie die Rede ist. Es ist kein Zufall, dass die dem Genre des Science-Fiction-Films entnommenen Vorbilder des Transhumanismus bzw. umgekehrt die am Transhumanismus orientierten Superhelden des Science-Fiction-Films alle Einzelkämpfer sind. Im Mittelpunkt der transhumanistischen Szenarien steht stets ein isoliert gedachtes Individuum, das sich perfektionieren soll, um darin sein persönliches Glück zu finden. In dieser Hinsicht folgen die Transhumanisten einer der entschiedensten Vorkämpfer:innen und späteren Gallionsfigur des Neoliberalismus, der ehemaligen britischen Premierministerin Margret Thatcher (1925-2013), die wirkungsmächtig verkündete: »There is no such thing as society!« Der deutlich erkennbare Mangel einer gesellschaftstheoretischen Fundierung des Transhumanismus ist insofern kein Zufall. Das für Utopien jeglicher Coleur sonst typische Zusammendenken von Mensch und Gesellschaft findet im

Transhumanismus nicht mehr statt. Doch diese ignorante Haltung gegenüber gesellschaftlichen und politischen Aspekten heißt natürlich keineswegs, dass seine Konzepte und Überlegungen keine gesellschaftlichen Folgen hätten. Ganz im Gegenteil sickern Leitideen des Transhumanismus längst in die Gesellschaft hinein. Die immer wieder erneut für die Zukunft in Aussicht gestellten revolutionären Umbrüche und Sprünge, die regelmäßig die öffentliche Aufmerksamkeit auf sich ziehen, wirken beinahe wie ein Ablenkungsmanöver für den sich weitgehend unauffällig vollziehenden transhumanistischen Umbau des Alltags. Nichts wäre deshalb leichter, als die futuristischen Einlassungen des Transhumanismus mit einem Federstrich als völlig irreal vom Tisch zu wischen und sie als Phantastereien einer »Handvoll ausgeflippter Intellektueller«[328] zu bezeichnen. Doch eine solche verbalradikale Abwehrhaltung gegenüber unliebsamen Ideen lässt völlig außer Acht, dass die technische Optimierung des menschlichen Körpers im Sinne des Transhumanismus bereits in vollem Gange ist, die vermeintlichen Phantastereien längst sehr reale Folgen haben, die auch soziologische Aufmerksamkeit hervorrufen sollten. Über den Einsatz von Prothesen aller Art bis hin zu Organtransplantationen bestimmen auch Selbstoptimierungstechnologien den Umgang mit unseren Körpern. Biometrische Geräte zur Überwachung von Blutdruck und Puls, »Apps, digitale Armbanduhren, Körpersensoren und digitale Aufzeichnungstools [...], die den Gesundheitszustand, [...] die Ernährung, Schlaf- und Wachzustände, den Emotionshaushalt, Gewohnheiten«[329] und vieles mehr messen, haben im Zuge der Digitalisierung Eingang in unser alltägliches Leben gefunden. *Diese* Form des Transhumanismus, eine Art *Transhumanismus light*, hat unser gegenwärtiges Gesundheitsregime, das die Bevölkerung permanent zu einem gesunden Lebensstil anhält und die körperlich-geistige Fitness zu einem Wert an sich erhoben hat, längst als Verbündeten an seiner Seite.

Auch wenn der Transhumanismus selbst weder gesellschaftstheoretische Anstrengungen unternimmt oder gesellschaftliche Debatten über die Folgen seiner Vorstellungen und Prognosen antreibt,

328 Jürgen Habermas, *Die Zukunft der menschlichen Natur. Auf dem Weg zu einer liberalen Eugenik?*, Frankfurt/M. 2001, S. 43.

329 Steffen Mau, *Das metrische Wir. Über die Quanitifzierung des Sozialen*, Berlin S. 167.

so hat er mit seinen Zukunftsvisionen doch einen gehörigen Anteil an der Entwicklung einer zunehmenden »Quantifizierung des Sozialen«:

Die Gesellschaft des metrischen Wir erzieht uns zu Numerokraten, die immerzu die Zahlen im Blick haben. Die Quantifizierung des Sozialen hat somit das Potenzial, ein neues Regime der Ungleichheit hervorzubringen, in dem wir immerfort bewertet sowie mit anderen verglichen werden und in dem wir uns fortwährend darum bemühen müssen, mit guten Zahlen zu glanzen.[330]

Diese um sich greifende Bewertungsmanie bestimmt immer mehr gesellschaftliche Bereiche und hat zu der Flut von Evaluationen und Rankings geführt, die mit dem Anspruch auftreten, die Qualität von Universitäten, Lehrer:innen, Ärzt:innen, Politiker:innen oder Restaurants verbindlich messen zu können. Der Transhumanismus fügt diesem allgemeinen Trend eine weitere Dimension hinzu, indem er die Leistungen des menschlichen Körpers quantitativ bestimmen können und mit den Fähigkeiten von Maschinen vergleichen will. Die *prometheische Scham* ist hier so groß, dass der Übergang zur Maschine endgültig vollzogen werden soll. Alle seine Verlautbarungen leben von dem quantitativen Vergleich zwischen den Leistungen der Menschen auf der einen und der Computer und Roboter auf der anderen Seite. Dieser Logik folgend, können Menschen sich nur behaupten, wenn sie in die Lage versetzt werden, die kognitiven Leistungen ihrer maschinellen Herausforderer zu übertrumpfen. Wehe ihnen, sollten sie dazu eines Tages nicht mehr in der Lage sein.

2.5.4 Der *terrestrische Mensch* im Netzwerk des Lebens

»Der Mensch ist wie alles Lebende kein sich selbst genügendes, von der Umwelt unabhängiges Naturobjekt.«[331]

Obwohl Trans- und Posthumanismus oftmals synonym benutzt werden, weisen ihre jeweiligen theoretischen Herkünfte und Grundlagen, ihre Ziele und Zukunftsvorstellungen erhebliche Differenzen

330 Ebd., Klappentext.

331 Vernadskij, *Der Mensch in der Biosphäre*, S. 36.

auf. Sorgner stellt sogar eine »gewisse Feindschaft«[332] zwischen beiden Lagern fest, die aufgrund der oft diametral entgegengesetzten Perspektiven in der Tat nicht von der Hand zu weisen ist. Während es im Transhumanismus stets um die reale Überwindung des Menschen aufgrund seiner vermeintlichen körperlichen Defizite geht, setzt sich der Posthumanismus vor allem für ein neues Menschenverständnis ein, von dem man sich Effekte für ein gelungeneres Zusammenleben aller Lebewesen erhofft. Dabei spielt der Körper eine tragende Rolle, da »wir auch als geistige Wesen verkörpert sind: reflektierte Leiblichkeit. Auch durch die am besten begründenden Reflexionen können wir aus den natürlichen Beziehungen, in die unser Leib verwoben ist, nicht heraustreten.«[333] Wenn der Transhumanismus dagegen »einmal mehr die Erlösung von den Übeln des Fleisches und der Erde durch die Intelligenz eines souveränen, dominanten, westlichen und maskulinen Geschichtssubjekts«[334] verspricht, so erweist er sich damit als exaktes Gegenprogramm zum Posthumanismus, der gerade das körperlich-leibliche Dasein des Menschen betont und aus postfeministischer Perspektive die einseitige Idealisierung des Männlichen kritisiert, wovon der Transhumanismus weit entfernt ist. Dem Posthumanismus geht es nicht um die immer weitergehende technische Verbesserung des Menschen, sondern um die Zurückweisung seines Anspruchs auf Einzigartigkeit. Während im Transhumanismus die Differenz zu anderen Lebewesen durch die forcierte Perfektionierung des Menschen letztlich noch größer werden soll, ringt der Posthumanismus um ein erweitertes Verständnis des Sozialen, das Pflanzen, Tiere und technische Dinge einschließt. Posthumanistische Ansätze leben davon, dass mit anderen Lebewesen eine Verbindung eingegangen wird und Artengrenzen überschreitende Bündnisse gesucht werden, nicht zuletzt mithilfe der Technik. [335] Diese steht nicht

332 Sorgner, *Transhumanismus*, S. 82.

333 Hampe, *Tunguska oder das Ende der Natur*, S. 254. Schon bei Herder, *Ideen zur Philosophie der Geschichte der Menschheit*, S. 426 heißt es: »Der Leib der Menschen ist eine zerbrechliche, immer erneute Hülle, die endlich sich nicht mehr erneuen kann; ihr Geist aber wirkt auf Erden nur in und mit dem Leibe. Wir dünken uns selbständig und hangen von allem in der Natur ab; in eine Kette wandelbarer Dinge verflochten, müssen auch wir den Gesetzen ihres Kreislaufs folgen, die keine anderen sind als Entstehen, Sein und Verschwinden.«

334 Volker Demuth, *Der nächste Mensch*, Berlin 2018, S. 112.

335 Vgl. Kap. 6.

immer schon für das Bestreben, sich aus der Natur herauszukatapultieren, sondern kann auch dafür eingesetzt werden, sich Tieren besser annähern zu können.[336]

Der Posthumanismus teilt auch das transhumanistische Verständnis des Menschen als mitleiderregend defizitäres Mängelwesen nicht und setzt sich deshalb weder für die diversen Optimierungsprogramme noch für die Erschaffung eines neuen Menschen ein. Statt sich an den Visionen eines sich selbst perfektionierenden Menschen zu beteiligen, der am Ende von einer ihm haushoch überlegenen neuen Spezies, einer Superintelligenz, abgelöst wird, betont der Posthumanismus in einer sozialtheoretischen Perspektive sehr viel mehr, dass die bereits erfolgten Modifikationen und Metamorphosen des Menschen gar nicht zu übersehen sind.

Statt ein neues Zeitalter zu propagieren, die Optimierung des Menschen als unausweichlich zu fordern und daraus eine Art Paradies entstehen zu sehen, in dem Krankheit, Alter und Tod abgeschafft sein werden, interessieren sich diese Perspektiven für die heute bereits mithilfe der Technik vollzogenen Veränderungen am Körper des Menschen, die weder beworben noch verdammt, sondern vor allem theoretisch analysiert werden. Zum Tragen kommt dabei auch eine kritische Haltung gegenüber einer schrankenlosen Technifizierung des Sozialen, die im durchweg technophilen Transhumanismus nirgendwo eine Entsprechung findet. So werden im Posthumanismus Braidottis viele Varianten der Körpermanipulationen und -modifizierungen als biopolitische Maßnahme im Sinne Michel Foucaults aufgefasst und damit nicht als Selbstermächtigungsstrategie von Individuen gefeiert, sondern als zunehmende Kontroll- und Überwachungsmaßnahmen staatlicher Organe und privater Firmen problematisiert.[337]

Entscheidend für unseren geosoziologischen Zusammenhang ist aber vor allem, dass der bevorzugte und alternativlose Lebensraum für den posthumanen Menschen die Erde ist, da dieser trotz Metamorphosen ein »terrestrische[r] Mensch«[338] bleiben wird. Im Transhumanismus ist die Erde dagegen ebenso ein Provisorium wie der Mensch. Wenn die umfassenden Umbaumaßnahmen des

336 Vgl. Alexander Pschera, *Das Internet der Tiere. Der neue Dialog zwischen Mensch und Natur,* Berlin 2014.

337 Vgl. Braidotti, *Posthumanismus*, S. 50 ff.

338 Hans Blumenberg, *Die Vollzähligkeit der Sterne*, Frankfurt/M. 1997, S. 541.

Transhumanismus erst einmal verwirklicht sein werden, ist das Schicksal von Erde und Mensch gleichermaßen besiegelt: »Zurück bliebe ein vom Weltraum subventioniertes Naturreservat namens Erde. Menschen leben dann in diesem Reservat, während sich die schnell weiterentwickelnden Maschinen im restlichen Universum ausbreiten.«[339] Auch der transhumanistische Künstler und Vordenker Stelarc teilt diese Ansicht: »Heute arbeiten die Technologien genauer, und sie sind leistungsfähiger als der menschliche Körper. Heute *beschränkt sich unser Raum nicht mehr auf die Biosphäre*, wir sind auf einen außerirdischen Raum hin orientiert, während unser Körper nur für diese Biosphäre geschaffen ist.«[340] Es geht also nicht nur um die Abschaffung des Körpers, wie wir ihn kannten. Es geht ebenso um das Verlassen der Erde und die Überwindung der Biosphäre in Richtung Weltraum.[341] Die Zukunft des Maschinen-Menschen liegt für den Transhumanismus im Weltall, während sich der Posthumanismus für verbesserte Lebensbedingungen aller Lebewesen auf der Erde einsetzt.[342] Der Posthumanismus will den Menschen aus seiner Sonderstellung befreien und zum Gefährten anderer Lebewesen machen. Dabei wird immer wieder die starke Verbindung zur Erde betont, die »unsere Mitte und unsere Grundlage ist. Sie ist das ›Milieu‹ für uns alle, für alle menschlichen und nichtmenschlichen Bewohner dieses besonderen Planeten in dieser besonderen Zeit.«[343] Anders als in den Großutopien des Transhumanismus bleiben posthumane Menschen »erdgebundene Wesen«.[344] Ihre »feste Verwurzelung in der Erde«[345] haben sie über alle Metamorphosen hinweg nicht eingebüßt. Ihre Beziehung zur Erde ist auch deshalb nicht aufkündbar, weil er Bestandteil derselben ist: »Wir sind nicht einfach in einem Raum, der von Erde und Himmel als seinen beiden Rändern begrenzt würde. Sondern wir sind auf der Erde und an der Erde, wir sind irdisch, was auch heißt:

339 Hans Moravec, zitiert nach Bernd Flessner, »Imitatio machinae. Die Säkularisierung der Idee vom vollkommenen Menschen«, in: *Kursbuch* 2001, S. 145-155.

340 So der zypriotisch-australische Medien- und Performance-Künstler Stelarc, zitiert nach Paul Virilio, *Die Eroberung des Körpers*, München, Wien 1994, S. 121.

341 Vgl. Kap. 5.3.

342 Vgl. Kap. 6.

343 Braidotti, *Posthumanismus*, S. 5.

344 Arendt, *Vita activa oder Vom tätigen Leben*, S. 10.

345 Otto F. Bollnow, *Neue Geborgenheit. Das Problem einer Überwindung des Existentialismus*, Stuttgart, Köln 1955, S. 165.

aus Erde.«[346] Tatsächlich gibt es eine bemerkenswerte sprachliche Verwandtschaft der Bezeichnungen für Mensch und Erde. So trägt der erste Mensch in der Genesis des Alten Testaments

den Namen ›Adam‹, weil er aus der Ackererde, der *adamah*, erschaffen wurde. Das lateinische Wort *homo* (Mensch) und das Wort *humus* (Erdboden) gehören genauso eng zusammen, wie vom griechischen Begriff *chthon* (Erde) der Ausdruck *chthonios* abgeleitet ist – mit den Bedeutungen ›irdisch‹, ›sterblich‹, um dadurch die Beziehung der Menschen zur Erde anzudeuten, was aber den Menschen in die naturgegebene Vergänglichkeit alles aus der Erde Entstandenden einbettet.[347]

Ebenso wie eine nur für ihn selbst reservierte Sphäre wie die Noosphäre den Menschen von der Erde und all ihren Lebewesen entfernt, führt ihn die Einsicht in sein auf die Biosphäre angewiesenes Leben zur Erde hin:

Der Mensch hat zum ersten Mal wirklich verstanden, daß er Bewohner des Planeten ist und in einer neuen Perspektive denken und handeln kann und muß, nicht nur aus der Perspektive der einzelnen Persönlichkeit, Familie oder Sippe, Staaten oder ihrer Bünde, sondern in planetarer Perspektive. Wie alles Leben kann er nur im Bereich des Lebens – in der Biosphäre – planetar denken und handeln, in einer bestimmten Erdhülle, mit der er untrennbar, gesetzmäßig verbunden ist und von der er sich nicht abnabeln kann. Seine Existenz ist eine Funktion der Biosphäre. Er trägt sie in sich überallhin. Und er verändert sie unausweichlich, gesetzmäßig, ununterbrochen.[348]

Eine zentrale Grundlage des Posthumanismus besteht darin, die biologische und biosphärische Daseinsform des Menschen ganz

346 Guzzoni, *Wohnen und Wandern*, S. 128.

347 Manfred Hutter, »Der Erdboden: Symbol des Lebens, der Heiligkeit, der Vernichtung«, in: Bernd Busch (Red.), *Erde*, Köln 2002, S. 187-194, hier S. 189. Vgl. auch: »Selbstverständlich besteht jeder von uns, wie alle anderen Lebewesen auf dem Planeten, buchstäblich aus Erde. Das Wasser in unserem Körper floss einst den Nil hinunter, fiel als Monsunregen auf Indien und wirbelte über dem Pazifik. Der Kohlenstoff der organischen Moleküle unserer Zellen wurde der Atmosphäre über die Pflanzen, die wir verzehren, entzogen. Das Salz unserers Schweißes und unserer Tränen, das Kalzium unserer Knochen und das Eisen unseres Blutes wurden aus den Felsen der Erdkruste herausgewaschen; und den Schwefel der Eiweißmoleküle unserer Haare und Muskeln haben Vulkane ausgespien.« Dartnell, *Ursprünge*, S. 7.

348 Vernadskij, *Der Mensch in der Biosphäre*, S. 52.

in diesem Sinne nicht länger zu verleugnen. Soziologische Klassiker wie Georg Simmel haben sich mit diesem Zugeständnis noch nicht schwergetan: »Sehen wir unser Leben als einen biologischen Prozeß an, so ist es nicht anders als die Pflanzen in die Wirklichkeit der Welt verwebt, und alle seine Funktionen vollziehen sich in ihrer Zweckmäßigkeit wie das Atmen des Schlafenden.«[349] Doch für Simmel geht die Existenzweise des Menschen im Biologischen nicht auf: »Der Mensch ist ein zu vielfältiges Wesen, um sich in einer so geradlinig teleologischen Weise wie die Pflanze in der Welt erhalten zu können.«[350] Der Mensch ist demnach nicht nur, aber eben auch ein biologisches Wesen. Die zunehmende Aussparung des Biologischen aus dem soziologischen Diskurs im Laufe der Etablierung der Soziologie als autonome Fachwissenschaft hat den ersten Satz Simmels jedoch immer mehr in Vergessenheit geraten lassen: »Zu glauben, man könne vom Menschen nur sprechen, indem man sein biologisches Wesen ausschließt, ist ein Delirium, das fast ein Jahrhundert lang den Titel einer Wissenschaft vom Menschen usurpiert hat.«[351] Das Erwachen aus diesem Delirium ist eine zentrale Grundvoraussetzung, um sich mit den Herausforderungen des Anthropozäns soziologisch angemessen befassen zu können. Nicht zuletzt die Berücksichtigung der Ergebnisse neuerer biologischer Forschung ermöglicht die Überwindung der Subjekt/Objekt-Spaltung, durch die das menschliche Subjekt nicht mehr länger als in sich abgeschlossene Entität, der die Welt als Objekt gegenübersteht, sondern als aus weiteren Lebensformen bestehendes Lebewesen mit fließenden Grenzen im Sinne eines materiellen Vitalismus bestimmt werden kann:

Ich bin eine materielle Konfiguration, die Tauben im Park sind materielle Konfigurationen, die Viren, Parasiten und Schwermetalle in meinem Fleisch, und in dem der Tauben, sind Materialitäten, wie es auch Neuro-

349 Georg Simmel, »Lebensanschauung. Vier metaphysische Kapitel«, in: ders., *Der Krieg und die geistigen Entscheidungen / Grundfragen der Soziologie / Vom Wesen des historischen Verstehens / Der Konflikt der modernen Kultur / Lebensanschauung*, Gesamtausgabe Bd. 16, hg. von Gregor Fitzi und Otthein Rammstedt, Frankfurt/M. 1999, S. 258.

350 Ebd., S. 260.

351 Edgar Morin, »Die Unidualität des Menschen«, in: Dietmar Kamper, Christoph Wulf (Hg.), *Anthropologie nach dem Tod des Menschen*, Frankfurt/M. 1994, S. 15-24, hier S. 20.

chemikalien, Orkanwinde, Kolibakterien und der Staub auf dem Fußboden sind. Materialität [...] lenkt die menschliche Aufmerksamkeit gleichsam seitwärts, fort von der ontologischen Hierarchie einer großen Kette des Seins und hin zu einer ausgeprägteren Aufmerksamkeit für die komplexen Verstrickungen von Menschlichem und Nichtmenschlichem.[352]

2.6 Der Mensch und seine Sehnsucht nach einem Dasein als Stein, Pflanze und Tier

Der Mensch ist nicht nur auf die verschiedensten Daseinsformen reduziert worden: auf das politische oder vernunfbegabte Tier, dem etwa der feiernde und spielende Mensch gegenübergestellt wird. Er hat sich darüber hinaus wohl auch immer schon in ganz andere Daseins- bzw. Existenzweisen hineinimaginiert. Die Lust an der Verwandlung und der Metamorphose, von der zahlreiche Mythen, Sagen und Märchen erzählen und die sich nicht zuletzt auch im Interesse des Menschen an Masken und der Maskerade, an dem Sich-maskieren-Wollen niederschlagen, zeugen von der tiefen Sehnsucht, andere Daseinsformen aus eigener Anschauung kennenzulernen und wissen zu wollen, wie sich das anfühlt, ein Tier, eine Pflanze oder auch ein Stein zu sein.

Am weitesten entfernt von unserem Dasein scheint dabei der Stein zu sein, und doch gibt es auch die Imagination in diese Existenzform: »Ein Sprung aus unserer Biologie hinaus. Müssen wir für immer menschlich bleiben? Das Bewusstsein hat sich erschöpft. Zurück zu inorganischer Materie, na los. Das wollen wir. Wir wollen Steine auf dem Feld sein.«[353] Aber warum sollten wir dies wollen? Mit Caillois ließe sich der Wunsch nach einer Verwandlung in Steine damit begründen, dass wir bestimmte ihrer Eigenschaften schätzen und gerne übernehmen würden: »Der Mensch beneidet

352 Bennett, *Lebhafte Materie*, S. 185. Vgl. auch: »Durch ihr Ineinandergreifen, durch ihr ›Erfassen‹ oder ihren Zugriff konstituieren Wesen einander und sich selbst. Sie existieren nicht vor ihren Verhältnissen und Beziehungen. [...]. Es gibt keine unabhängig existierenden Subjekte und Objekte und keine einzelnen Ursprünge, einheitliche Akteur*innen oder abschließende Ziele.« Donna Haraway, *Das Manifest für Gefährten*, Berlin 2016, S. 12.

353 Don DeLillo, *Der Omega-Punkt*, Köln 2010, S. 51.

sie um ihre Dauerhaftigkeit, ihre Härte, ihren Starrsinn und Glanz, beneidet sie, weil sie glatt und undurchdringlich sind und als zerbrochene sogar noch ganz.«[354]

Verglichen mit Pflanzen oder Tieren ist uns die Vorstellung einer beseelten bzw. belebten Materie am fremdesten, obwohl schon Giordano Bruno (1548-1600) eine Beseeltheit der Elemente in seine Vorstellungen einschloss. Der französische Philosoph und Psychologe Gilbert Simondon (1924-1989) charakterisiert die Grundeinsicht von Brunos Philosophie wie folgt:

> Gemäß seiner Lehre ist die Beseeltheit, das heißt das Leben, nicht allein eine Tatsache der Individuen, also eine Tatsache in der uns vertrauten Größenordnung, sondern sie kann auch eine Tatsache der Sterne sein [...], sie kann in den Elementen existieren, von denen wir annehmen, dass die kein Leben in sich tragen. Selbst der Stein fühlt auf seine Weise und empfindet bestimmte Gefühlsregungen. Leben und Bewusstsein sind keine Phänomene, die erst mit Formen wie den menschlichen Formen auftreten würden; die Existenz von Leben und Bewusstsein beginnt bereits auf der Ebene des Kosmos.[355]

Sollte sich das Urteil der katholischen Kirche über Giordano Bruno noch immer darin bestätigt sehen können, dass solche Vorstellungen bis heute als ketzerische Abweichungen vom wissenschaftlichen Mainstream deklariert und weiterhin als überholte Metaphysik ausgeschlossen werden? Inzwischen gibt es gute Gründe, diese Formen der aus einem Überlegenheitsgefühl resultierenden Ausschlüsse der Steine aus dem Kreis des Lebendigen noch einmal gründlich zu überdenken.[356]

Der Wunsch, eine Pflanze zu sein, ist den Menschen ebenfalls nicht fremd: »Übrigens sehnt sich der oft gejagte Mensch entweder nach der Ruhe des Ansiedelns oder romantisch nach der Ruhe eines völlig pflanzlichen Daseins.«[357] Im Roman *Die Vegetarierin* der südkoreanischen Schriftstellerin Han Kang will sich die Heldin in einen Baum verwandeln.[358] Im Öko-Thriller Film *Endzeit* (D 2018, R: Carolina Hellsgård) taucht eine Figur auf, deren Körper deutli-

354 Roger Caillois, *Steine,* München 1983, S. 6.

355 Gilbert Simondon, *Tier und Mensch. Zwei Vorlesungen*, Berlin 2011, S. 68 f.

356 Vgl. Kap. 2.2.

357 Döblin, *Unser Dasein*, S. 104.

358 Han Kang, *Die Vegetarierin*, Berlin 2016.

che Spuren einer Symbiose mit Pflanzen aufweist, was als Rettungsmöglichkeit des Überlebens des Menschen durch eine symbiotische Verbindung zumindest angedeutet wird.

Die menschliche Sehnsucht nach einem tierischen Dasein zeigt sich in den vielfältigen Mythen, Erzählungen und Filmen, in denen eine Umwandlung des Menschen ins Tier Thema ist. Zwar ist der Aussage »Menschsein bedeutet die erworbene Unfähigkeit, ein Tier zu bleiben«[359] kaum zu widersprechen. Doch gerade die Unfähigkeit, es bleiben zu können, ruft das starke Bedürfnis hervor, sich zumindest zeitweise wieder wie ein Tier zu fühlen. Neben den zahlreichen literarischen und filmischen Quellen, die von einer Umwandlung des Menschen in ein Tier erzählen, verweist das Spiel von Kindern auf die Lust an der Verstellung, der Verwandlung, des vorübergehenden Existenzwechsels. Kindern ist der Wunsch noch vertraut und nah, ein anderer sein zu wollen, und dieser andere muss weder unbedingt ein Mensch sein noch immer nur eine »Blinde Kuh«. Eine archaische Furcht vor Tieren, die einen fressen können, vor denen man sich schützen und davonlaufen muss, bricht sich im Spiel von Kindern, die in die Rolle des Bären, Krokodils oder Rehs schlüpfen, immer wieder Bahn. Es kann auch ein Pferd, ein Hund oder eine Katze sein, deren Verhaltensweisen nachgeahmt werden. Kindern bereitet es sichtlich Spaß, die typischen Verhaltensweisen und Laute der Tiere zu imitieren. Entscheidend ist die darin zum Ausdruck kommende Beziehung, die sie damit zu Tieren unterhalten. Im Erwachsenenalter ist die Lektion zwar längst gelernt, dass Tiere ein vom Menschen scheinbar völlig verschiedenes Dasein führen, zu dem wir kaum mehr einen Zugang haben, doch die Sehnsucht nach der Verwandlung in andere Lebensformen bleibt auch im Erwachsenenalter bestehen. In so unterschiedlichen Filmen wie *Der letzte Tango in Paris* (IT/FR 1972, R: Bernardo Bertolucci), *Intimacy* (FR/GB/D/SP 2001, R: Patrice Chéreau) und *Körper und Seele* (Ungarn 2017, R: Ildikó Enyedi) werden sexuelle Verbindungen eingegangen oder imaginiert, die auf dem weitgehenden Verzicht auf sprachlichen Austausch beruhen. In den ersten beiden Fällen werden von den Paaren die Nennung der Namen und weitere Auskünfte über die Personen vermieden, die konventionell über den sexuellen Akt hinausführen und eine intime Beziehung begründen.

359 Peter Sloterdijk, *Sphären III: Plurale Sphärologie: Schäume,* Frankfurt/M. 2004, S. 495 f.

Im *Letzten Tango* werden von den beiden Protagonisten als Teil des Liebesspiels Tierlaute an die Stelle der menschlichen Sprache gerückt. Im dritten Fall geht es um zwei Menschen, die sich näherkommen, weil sie exakt den gleichen Traum träumen, in dem sie in die Körper von Wildtieren schlüpfen. In diesem eindrucksvollen Beispiel cineastischer Poesie werden zwei verschiedene Welten von Tieren kontrastiert – die Welt der im Wald frei umherstreifenden Wildtiere, in die sich die beiden Hauptfiguren in ihren Träumen hineinimaginieren, auf der einen und die Welt des Schlachthofes auf der anderen Seite, in der Kühe maschinell zu Nahrungsmitteln verarbeitet werden, was in nahezu dokumentarisch wirkenden, kühlen Bildern gezeigt wird. Zwei Lebensräume, wie sie unterschiedlicher nicht sein könnten. In unterschiedlicher Variation thematisieren alle drei Filmbeispiele die Sehnsucht nach einer animalisch-sexuellen, rein körperlichen Verbindung ohne Sprache, die durch das typisch menschliche Bedürfnis nach verbalem Austausch und mehr Informationen über das Gegenüber wieder zunichtegemacht wird. Vorübergehend – so zeigen die Filme – können wir uns also durchaus an das animalische Leben anschmiegen und annähern, nicht aber dauerhaft. Gerade aber die reale Unmöglichkeit der Verwandlung facht die Imagination weiter an, nährt immer wieder aufs Neue den Wunsch, es wider aller Wahrscheinlichkeit dennoch zu versuchen. Der Spielfilm *Wild* (D 2016, R: Nicolette Krebitz) erzählt von der Begegnung mit einem Wolf über übliche Grenzen hinaus und von der ersehnten Tierwerdung der Protagonistin. Eine junge Frau ähnelt ihr Verhalten dem Wolf an, den sie sich in die Wohnung geholt hat. Nachdem sich die Überführung des Tieres in ihren menschlichen Lebensraum als problematisch erweist, folgt sie dem Wolf in den seinen und versucht dort dessen Verhaltensweisen anzunehmen, indem sie sich etwa auf allen vieren über eine Pfütze beugt und so zu trinken versucht.

In all diesen Versuchen steckt die Sehnsucht danach, Naturwesen sein zu können, fernab von der Zurichtung durch die Kultur – nach einer Abwendung von den eigenen Artgenossen und einer Hinwendung zu anderen Spezies. Dabei muss die Unfähigkeit, ein Leben als Pflanze oder Tier führen zu können, nicht mit einem tiefen Bedauern, sondern kann auch mit der Einsicht in die imaginative Fähigkeit einhergehen, die verschiedensten anderen Identitäten durch entsprechende Verkleidungen etwa oder durch Verstellung und Maskerade spielerisch annehmen zu können. Was für ein Reichtum möglicher Existenzformen, in die wir uns zeitweise versetzen können! In Caillois' Klassifikation der Spiele, die in vier Hauptrubriken unterteilt werden, wird der »Hang des Menschen, sich zu verstellen, zu verkleiden, eine Maske zu tragen, *eine Rolle zu spielen*«[360] als »*Mimicry*«[361] bezeichnet, die sowohl von Menschen als auch von Tieren betrieben wird. Der Unterschied besteht für ihn allein darin, dass der Mensch einige Utensilien benötigt, um dieses Spiel spielen zu können, während die Verkleidung beim Tier Teil des Körpers ist: »Aber in beiden Fällen dient sie genau den gleichen Zwecken: Sie soll die äußere Erscheinung des Trägers verwandeln und den anderen Furcht einflößen.«[362] Die Besonderheit dieser Spielform macht Caillois darin aus, dass sie nicht wie andere Spielformen dazu dient, der Welt zu entfliehen, »indem man *sie* zu einer anderen macht«, sondern »indem man *sich* zu einem anderen macht«.[363] Eine auch in den westlichen Gesellschaften nicht sanktionierte Form des Übertritts zum Tier ist das Anlegen von Tierkostümen und Tiermasken. Für Fasching, Karneval und sonstige Kostümfeste steht eine reichhaltige Palette an Tierkostümen und -masken turnusgemäß zur Verfügung, und diese erfreuen sich konstanter Beliebtheit. Da ihm eine andauernde Verwandlung verwehrt bleibt, lässt sich der Mensch also immer wieder imaginär auf andere Daseinsformen ein und nimmt dabei vorübergehend andere Identitäten an.

Einen anderen Weg beschreitet der britische Naturkundler Charles Foster, der sich dem Versuch ausgesetzt hat, als Dachs, Otter, Fuchs, Rothirsch und Mauersegler zu leben.[364] Seine Leserinnen und Leser fordert er zur Nachahmung auf:

Lernen Sie altes Liedgut, essen Sie Lebensmittel aus Ihrer Umgebung. Setzen Sie sich in die Ecke eines Feldes, und lauschen Sie. Stopfen Sie sich

360 Caillois, *Die Spiel und die Menschen. Maske und Rausch*, S. 43.

361 Ebd., S. 42. Die anderen Spieltypen lauten Agon (Wettstreit, Wettkampf), Alea (Zufall) und Illinx (Rausch), vgl. ebd., S. 33.

362 Ebd.

363 Ebd., S. 42. Caillois berücksichtigt durchgängig, dass nicht nur Menschen, sondern auch Tiere spielen, und führt dafür eine Vielzahl von Beispielen an: »Tiere kennen Kampfspiele, Verstellungs- und Rauschspiele.« Ebd., S. 41.

364 Charles Foster, *Der Geschmack von Laub und Erde. Wie ich versuchte, als Tier zu leben*, München, Berlin 2017.

Ohrstöpsel in die Ohren, schließen Sie die Augen, und schnuppern Sie an und nach allem, wo auch immer Sie sind; aktivieren Sie Ihre olfaktorischen Zentren.[365]

Um Mut für ein solches Selbstexperiment zu machen, listet er die durchaus ansehnlichen Fähigkeiten des Menschen auf, die auf eine Zurückweisung der seit Arnold Gehlen etablierten These vom »Mängelwesen« Mensch hinauslaufen.[366] Ohne diese zu erwähnen, spricht er von der Neigung der Menschen, ihre »sensorischen Fähigkeiten kleinzureden«,[367] weil wir sie entweder als Städter nicht zu brauchen meinen oder uns allein auf unsere kognitiven Fähigkeiten verlassen, die alle Sinne in den Schatten stellen, auf die die Tiere angewiesen bleiben:

In Wirklichkeit stehen wir aber gar nicht so schlecht da. Kleine Kinder können oft Geräusche mit einer Frequenz von mehr als zwanzigtausend Hertz hören. Da liegen sie nicht allzu weit hinter dem Hund zurück (üblicherweise vierzigtausend Hertz), sind viel besser als die Krickente (maximal zweitausend Hertz) und die meisten Fische (im Allgemeinen kaum über fünfhundert Hertz). Und in den tiefen Frequenzbereichen schneiden wir besser ab als die meisten kleinen Säugetiere. [...] Sogar unser Geruchssinn, den wir normalerweise für schwer zivilisationsgeschädigt halten, ist [...] erstaunlich unversehrt. [...] Ob es uns gefällt oder nicht, wir sind sensorisch multimodale Tiere, denen durchaus zuzutrauen ist, dass sie einiges von dem mitbekommen, was ihren Cousins in Wald und Flur durch Licht, Luft, und Schall zugetragen wird.[368]

Foster baut vor allem darauf, dass sich die durch unsere urbane Lebensweise verschütteten sensorischen Fähigkeiten durch Übung in einem erstaunlichen Maße reaktivieren lassen.

Und er gelangt durch seinen Selbstversuch zu einer starken Aussage: »Wittgenstein sagte, wenn ein Löwe sprechen könnte, würden wir kein Wort verstehen, weil sich die Welt des Löwen in ihrer Gestalt so grundlegend von der unseren unterscheidet. Wittgenstein irrt. Ich weiß es.«[369] Foster versucht sich am außergewöhnlichen Experiment einer Tier-Werdung, die Plessner noch unmöglich erschienen war: »Wir müßten uns da ganz aufgeben, müssten selbst

365 Ebd., S. 39.
366 Vgl. Kap. 2.4.
367 Foster, *Der Geschmack von Laub und Erde*, S. 26.
368 Ebd., S. 26.
369 Ebd., S. 41.

Tier werden, um zu wissen, wie ihre Welt aussieht, aber dann hätten wir keine Möglichkeit mehr, davon zu erzählen und über die Anmaßung des Menschen zu lächeln.«[370] Auch Foster weiß durchaus um die Einschränkungen beim Versuch der Tierwerdung und der Erzählung davon als Mensch, lässt sich davon jedoch nicht abschrecken. Jenseits der schamanischen Verwandlungen in ein Tier auf der einen Seite und der klassischen Beobachtung von Tieren aus der sicheren Distanz auf der anderen Seite strebt Foster die weitestmögliche Annäherung an, ohne die vollständige Transformation in eine andere Daseinsform anzustreben. Dabei steht keine Kontaktaufnahme zum Tier im Vordergrund, sondern die Nachahmung von dessen Lebensweise, die sich für Foster vor allem über die spezifische Landschaft erschließt, in dem die Tiere leben: »Ich kann dieselben Orte aufsuchen wie sie. Auf sie und mich fällt derselbe Regen, wir werden von ein und demselben Ginster gepiekt, fühlen beide die Erschütterung im Boden, wenn Sattelschlepper vorbeifahren, sehen ein und denselben Bauern mit seinem Gewehr herumstreifen.«[371] Es geht also vor allem darum, ganz in die je spezifische Umwelt des Tieres, in dessen Habitat einzutauchen und sich an seine Lebensweise mimetisch anzuschmiegen.[372] Schon 1974 argumentiert Thomas Nagel,[373] dass der menschliche Geist nicht in der Lage ist, sich die subjektive Welt einer Fledermaus vorzustellen. Wie sehr sich Foster also auch bemüht haben mag, der Welt der Dachse, Otter, Füchse, Rothirsche und Mauersegler hat er sich durch seine Nachahmungsversuche, sein körperliches Hineinversetzen in andere Lebensformen, allenfalls annähern können. Allerdings ist diese Einsicht weit weniger niederschmetternd, als sie zunächst klingt, wenn man sich vor Augen hält, dass auch das Hineinversetzen in andere menschliche Subjekte immer nur annäherungsweise möglich ist. »Können wir uns überhaupt in das Tier versetzen, wo wir uns doch kaum in ein Wesen unseresglei-

370 Plessner, »Mensch und Tier (1946)«, in: ders., *Conditio humana*, Frankfurt/M. 1983, S. 59.

371 Foster, *Der Geschmack von Laub und Erde*, S. 36.

372 Das Thema der Möglichkeiten, aus der Sicht des Tieres zu schreiben wird auch bei anderen Autoren thematisiert, aber klarer zurückgewiesen. Vgl. Ulrich Raulff, *Das letzte Jahrhundert der Pferde. Geschichte eine Trennung*, München 2015.

373 Thomas Nagel, *What Is It Like to Be a Bat? Wie ist es, eine Fledermaus zu sein?*, Stuttgart 2020.

chen, in einen Menschen, versetzen können?«[374] Die menschlichen Bewusstseine sind prinzipiell füreinander intransparent. Die Illusion einer Annäherung gelingt hier nur aufgrund von gemeinsam geteilten Annahmen über eine Vergleichbarkeit der Standpunkte, die durch die Ähnlichkeit der Körper erleichtert wird, wenn sie denn gesehen und nicht geleugnet wird: »Der Leib des Menschen ist etwas wesentlich anderes als ein tierischer Organismus.«[375] Dort, wo sie nicht gesehen wird, gibt es die Neigung, unüberbrückbare Differenzen zu behaupten, die Menschen aus dem Zusammenhang des Lebendigen herauszuheben und von anderen Lebewesen zu isolieren: »Das nicht an den Boden gebundene Tier wird sich leicht als Individuum vorkommen und Zusammenhänge ignorieren. Dem ungebundenen Wesen mit Hirn und Muskulatur liegt der Ichwahn nahe.«[376] Demnach ist es nicht zuletzt das in der Moderne erreichte Maß an Individualisierung, dass zur Verkennung der Zusammenhänge und Verbindungen beiträgt, in dem sich das menschliche Individuum bewegt. Er vergisst seine durchaus auf den Boden bezogene Daseinsweise:

> Der Mensch ist ein Landwesen, ein Landtreter. Er steht und geht und bewegt sich auf der festgegründeten Erde. Das ist sein Standpunkt und sein Boden; dadurch erhält er einen Blickpunkt; das bestimmt seine Eindrücke und seine Art, die Welt zu sehen. Nicht nur seinen Gesichtskreis, sondern auch die Form seines Gehens und seiner Bewegungen, seine Gestalt erhält er als ein erdgebundenes und auf der Erde sich bewegendes Lebewesen.[377]

Einen anders gelagerten Versuch als Foster hat auch Timothy Treadwell (1957-2003) unternommen, den Werner Herzog in seinem Dokumentarfilm *Grizzly Man* (USA 2005) porträtiert hat. Im von diesem selbst gedrehten Videomaterial, das in Herzogs Film integriert wird, wird deutlich, dass Treadwell immer wieder über seine Aufgabe sprach, die Bären in Alaska beschützen zu müssen. Ersichtlich werden, wie er sich in diese Aufgabe immer mehr hineinsteigert, die Bären immer mehr verherrlicht und die Menschenwelt immer mehr verurteilt. Es scheint ihm deshalb schier das Herz

374 Martin Heidegger, *Die Grundbegriffe der Metaphysik. Welt – Endlichkeit – Einsamkeit*, Frankfurt/M. 1983, S. 295.

375 Martin Heidegger, *Brief über den Humanismus*, Frankfurt/M. 1981, S. 15 f.

376 Döblin, *Unser Dasein*, S. 106.

377 Schmitt, *Land und Meer*, S. 7.

zu brechen, als er feststellen muss, dass seine geliebten Bären nicht davor zurückschrecken, ihre eigenen Jungen zu verspeisen, wenn sie keine anderen Nahrungsmittel – vor allem Lachse – in ausreichender Anzahl erhalten. Doch ist sein Versuch, den Grizzlies so nah wie nur möglich zu kommen, auch mehr als nur das. Er hat sich wohl auch an einer Art Transformation versucht, so als wolle er selbst ein Bär oder doch zumindest ein Teil seiner Welt sein. Am Ende hat ihn seine intensiv gesuchte Nähe zu diesem von ihm so verehrten Lebewesen alle Vorsichtsmaßnahmen über Bord werfen lassen, was er schließlich mit seinem Leben bezahlt hat: Ein Bär hat ihn angefallen und gefressen, Teile der Körper von ihm und seiner Freundin fanden sich im Verdauungstrakt des vom Wildhüter erschossenen Tieres. Erstaunlich genug aber ist die Tatsache, dass er immerhin dreizehn Jahre lang in den Sommermonaten in engster Nähe bei den Bären gelebt hat. Allerdings weisen die Bilder an keiner Stelle auf eine Beziehung hin, die die Tiere mit ihm eingegangen wären, sondern an ein erstaunlich hohes Maß an Gleichgültigkeit seitens der Bären, die den mitunter recht aufdringlichen Gast dreizehn Jahre lang gewähren ließen, weitgehend ignorierten oder – wenn seine Annäherungsversuche allzu lästig wurden – wie eine lästige Fliege abschüttelten. Anders als bei den durchaus neugierigen Füchsen, denen er sich ebenfalls näherte, gibt es keine Zeichen der Annäherung zwischen Treadwell und dem von ihm wie eine Gottheit verehrten Bären – zumindest nicht in den Bildern, die der Regisseur Werner Herzog aus dem über hundert Stunden umfassenden Bildmaterial für seinen Film ausgesucht hat. Es gibt vielmehr einen sich selbst als Tierschützer verstehenden Selbstdarsteller, der immer wieder seine eigene Person vor dem Hintergrund mit Bären inszeniert und sich immer exzessiver in die Rolle des einsamen und unverstandenen Retters der Bären hineinsteigert.

Resümiert man diese verschiedenen Versuche des Existenzwechsels, der gesuchten Metamorphose in ein anderes tierisches Lebewesen, stellt sich die Frage, wie es zum Wunsch nach einem Dasein als Stein, Pflanze oder Tier überhaupt kommt. Mit Döblins Anthropologie lässt sich einer Antwort auf diese Frage näher kommen. Er beschreibt sein Vorgehen so:

> Wir werden vom Menschen zum Tier, zur Pflanze, zum Mineral, zum Stein und zu den Naturkräften gehen, aber uns eigentlich dabei nicht vom Menschen wegbewegen. Wir werden das Tier, die Pflanze, das Mineral, den

Stein im Menschen aufdecken und dabei vorgehen, als wenn wir Schale um Schale von einer Zwiebel abziehen.[378]

Wenn der Mensch demnach alle anderen Seinsarten in sich enthält und diese freigelegt werden können, wird sein Streben und seine Sehnsucht danach, eine dieser anderen Wesen (Stein, Pflanze, Tier) wieder sein zu können, nachvollziehbar.[379] Um dem puren Menschendasein zu entfliehen, das allein auf seine Vernunft und Rationalität reduziert wird, nehmen wir gleichsam Zuflucht bei den anderen Daseinsformen und versuchen diese zu ihrem Recht kommen zu lassen, statt sie zu verleugnen und zu unterdrücken, wie der Zivilisationsprozess es uns abverlangt. Trotz seiner scheinbaren Überlegenheit und seiner angeblichen Position an der Spitze der Evolution bleibt dem Menschen der Vergleich mit den anderen Lebewesen demnach schon deshalb nicht erspart, weil diese in gewisser Weise ein Teil von ihm sind. Sie begleiten ihn durchs Leben und üben Einfluss auf ihn aus, lassen ihn über andere Möglichkeiten des Lebens nachdenken und die Sehnsucht nach einem animalischen oder vegetativen Leben immer wieder in ihm keimen. Zugleich könnte der Einblick in die eigenen steinernen, vegetativen und animalischen Anteile in uns einen Zugang zu diesen Lebensformen und die Überwindung der zwischen ihnen herrschenden Kluft ermöglichen.

2.7 Vereint in der Selbstdarstellung – Steine, Pflanzen, Tiere, Menschen und ihre Suche nach Ausdruck

Ein jegliches Lebewesen scheint nicht nur kein gleichsam selbstgenügsames Leben für sich zu haben, sondern sein Dasein immer auch im Hinblick auf andere Lebewesen zu organisieren. Jedes Lebewesen ist nicht nur einfach da, es stellt sich vielmehr auch dar. Das Sichtbar-Sein und Sich-Zeigen, die Selbstdarstellung der Pflanzen- und Tierwelt, hat Adolf Portmann in den Mittelpunkt seiner biologischen und anthropologischen Lebensforschung gestellt und

378 Döblin, *Unser Dasein*, S. 99 f.

379 Vgl. dazu auch Gottfried Benn, »Der Aufbau der Persönlichkeit. Grundrisse einer Geologie des Ich«, in: ders., *Essays und Reden. In der Fassung der Erstdrucke*, Frankfurt/M. 1989, S. 111-124.

immer wieder thematisiert.[380] Sein Interesse gilt der »*Selbstdarstellung* der Lebensformen«.[381] Er verfolgt damit eine Perspektive, die das Erscheinungsbild der Pflanzen und Tiere nicht wie allgemein üblich auf eine »Erhaltungsfunktion«[382] reduziert, sondern deren »Eigenwert«[383] unter Beweis stellen will: »Im Darstellungswert wird jede elementare Notwendigkeit überschritten.«[384] Portmann führt eine Fülle von Beispielen an, die seine These untermauern sollen, dass die Auffälligkeiten in der Morphologie der Pflanzen und Tiere, ihre Formen und Farbenvielfalt, sich nicht allein mit der Selbst- und Arterhaltung erklären lassen:

Die schlichteste Pflanze zeigt ihr eigenes Sein in Blattgestalt, Blüte und Frucht, jedes Falterleben formt Raupe, Puppe und Imago in artgemäßer Erscheinung. Die verborgenen Meeresschnecken, die nur das Auge des Forschers sieht, stellen ihre Eigenheit in wunderbaren Gestaltungen von Form und Farbe dar, eine jede nach ihrer Art. Ihr Erscheinung spricht eine Sprache, von der wir ahnend einige Worte zu erfassen meinen, und zeugt von der verborgenen Macht des Lebens, die nicht allein der Erhaltung dient.[385]

Für Hannah Arendt (1906-1975), die sich auch auf Portmann bezieht, handelt es sich um ein grundlegendes Prinzip dieser Welt, dass in ihr »*Sein und Erscheinen dasselbe*«[386] sind: »Es gibt in dieser Welt nichts und niemanden, dessen bloßes Sein nicht einen *Zu-*

380 Vgl. dazu Peter Berz, »Die Lebewesen und ihre Medien«, in: Thomas Brandstetter u. a. (Hg.), *Ambiente. Das Leben und seine Räume*, Wien 2010, S. 23-49. Zu Portmann insgesamt vgl. Joachim Illies, *Das Geheimnis des Lebendigen. Leben und Werk des Biologen Adolf Portmann*, München 1976.

381 Adolf Portmann, *Entläßt die Natur den Menschen? Gesammelte Aufsätze zur Biologie und Anthropologie,* München 1970, S. 73. Vgl. auch ders., *An den Grenzen des Wissens*, S. 138. Irenäus Eibl-Eibesfeld, *Die Biologie des menschlichen Verhaltens. Grundriß der Humanethologie,* Weyarn 1997, S. 923 notiert: »Ästhetische Selbstdarstellung spielt bereits im Werbeverhalten der Tiere eine große Rolle.«

382 Portmann, *Entläßt die Natur den Menschen? Gesammelte Aufsätze zur Biologie und Anthropologie*, S. 73.

383 Ebd., S. 66.

384 Portmann, *Biologie und Geist*, S. 25.

385 Adolf Portmann, zitiert nach Illies, *Das Geheimnis des Lebendigen*, S. 180. Auch Caillois hält fest, dass es den »starken Trieb nach Pracht, Spiel, Rausch und Ansehen [...] auch [...] im Tierreich gibt.« Hector Bianciotti, Jean-Paul Enthoven, »Gespräch mit Caillois (1978)«, in: *Sinn und Form. Beiträge zur Literatur* 62, H. 3 (2010), S. 300-308, hier S. 305.

386 Hannah Arendt, *Vom Leben des Geistes*, München 1998, S. 29.

schauer voraussetzte. Mit anderen Worten, kein Seiendes, sofern es erscheint, existiert für sich allein; jedes Seiende soll von jemandem wahrgenommen werden.«[387] Der »Drang zur Selbstdarstellung«[388] ist nach Arendt Menschen und Tieren gemeinsam, während Portmann vor allem Tiere und Pflanzen im Blick hat. Beide Perspektiven folgen damit nicht der in der Soziologie üblichen Verkürzung des Phänomens der Selbstdarstellung auf den Menschen. Selbst Erving Goffman (1922-1982), der die ethologische Verbindung von Mensch und Tier sonst nicht scheut,[389] konzentriert sich in seinem berühmtesten Buch allein auf die Selbstdarstellung der Menschen.[390] In der Philosophischen Anthropologie spielt der Ausdruck alles Lebendigen dagegen eine elementare Rolle: »Jedoch findet sich bereits im pflanzlichen Dasein das Urphänomen des Ausdrucks, eine gewisse Physiognomik ihrer Innenzustände, der Zuständigkeiten ihres Gefühlsdrangs als des Innenseins ihres Lebens, wie matt, kraftvoll, üppig, arm. Der Ausdruck ist eben ein *Urphänomen* des Lebens.«[391]

Alle Positionen eint, dass sie im Erscheinen-Können noch keine stark limitierte Ressource ausmachen, was sich inzwischen deutlich geändert hat. Die Chancen des Erscheinen-Könnens sind nicht mehr unproblematisch gegeben: »Der fundamentalpolitische Charakter der menschlichen Erscheinungschancen ist in jüngerer Zeit daran aufgewiesen worden, dass die modernen Aufmerksamkeits- und Auffälligkeitsregimes viele Menschen auf den Nullpunkt des Erscheinens – also die Grenze zum Verschwinden – reduzieren.«[392] Statt die Chance zur Erscheinung zu erhalten und damit sichtbar zu werden und von Relevanz zu sein, geraten weltweit viele Menschen durch eine Verkettung von Ausschließungen nah an die Zone

387 Ebd. Hans Blumenberg, *Die Vollzähligkeit der Sterne*, Frankfurt/M. 1997, S. 113, erklärt selbst die Versuche, mit anderen Lebewesen im Weltall Kontakt aufnehmen zu wollen, mit dem »Drang, uns zu zeigen. Oder: In Erscheinung zu treten. Vielleicht sogar: Uns selbst darzustellen.«

388 Ebd., S. 31.

389 Vgl. Kap. 4.2.1.

390 Vgl. Erving Goffman, *Wir alle spielen Theater. Die Selbstdarstellung im Alltag*, München 1983.

391 Scheler, *Die Stellung des Menschen im Kosmos*, S. 16.

392 Walter Seitter, »Aufmerksamkeitskorrelate auf der Ebene der Erscheinungen«, in: Aleida Assmann, Jan Assmann (Hg.), *Aufmerksamkeiten. Archäologie der literarischen Kommunikation VII*, München 2001, S. 171-182, hier S. 178.

der Unsichtbarkeit oder werden in diese hineingestoßen. Das »erscheinende und verschwindende Wesen«[393] Mensch, das mit seiner Geburt in eine Welt eintritt, die auch nach seinem Abtreten weiter existieren wird, tritt in diesem Fall schon zu Lebzeiten kaum in Erscheinung und lebt existenzminimiert am Rande der Zone des Verschwindens, in diesem sozialen Tod den physischen schon vorwegnehmend. Die unterschiedlich verteilten Möglichkeiten, durch Selbstdarstellung Sichtbarkeit zu erlangen, beeinflussen das Ausmaß der Partizipation am gesellschaftlichen Leben. Wer unsichtbar bleibt, wird als irrelevant eingestuft.[394] Auch im Reich der Tiere kann von gesellschaftlich limitierten Erscheinungschancen gesprochen werden, da auch hier die Möglichkeit besteht, dass die Selbstdarstellungen ohne Zuschauer und von ihren Artgenossen unerwidert bleiben, die Tiere eine Schattenexistenz führen und damit außerhalb der Wahrnehmung der anderen stehen.[395] Vor dem Hintergrund der aktuellen ökologischen Lage und des viel diskutierten Artensterbens wird die Wahrnehmung der Selbstdarstellung der nichtmenschlichen Lebewesen durch menschliche Lebewesen geradezu zu einer Überlebensfrage:

> Die Arten, die für die Öffentlichkeit das Artensterben im Allgemeinen symbolisieren, rekrutieren sich [...] meist aus einer relativ kleinen Gruppe. Es handelt sich dabei fast immer um Tiere, während den ebenfalls bedrohten Pflanzen nur äußerst selten Aufmerksamkeit geschenkt wird. Unter den Tieren sind es die großen und beeindruckend schönen oder die uns sehr nahe verwandten Arten, die am ehesten in den Mittelpunkt rücken: Gorillas, Schimpansen, Großkatzen, Bären, Pandas, Rhinozerosse und Wale. Aber auch Vögel – zum Beispiel Adler, Papageien oder Spechte – erfreuen

393 Arendt, *Vom Leben des Geistes*, S. 30.

394 Vgl. dazu Markus Schroer: »Sichtbar oder unsichtbar? Vom Kampf um Aufmerksamkeit in der Visuellen Kultur«, in: *Soziale Welt* 64 (2013), H. 1-2, S. 17-36 und ders., »Soziologie der Aufmerksamkeit. Grundlegende Überlegungen zu einem Theorieprogramm«, in: *Kölner Zeitschrift für Soziologie und Sozialpsychologie* 66 (2014), S. 193-218.

395 Schon Darwin hat Tieren einen Sinn für Ästhetik zugebilligt. Die angestrengten Versuche des Pfaus, ein Rad vor einem Schwein zu schlagen, heißen für ihn: »Die Männchen zeigten eben gerne ihre Schönheit und möchten dabei natürlich einen Zuschauer haben, sei es nun ein anderer Pfau, eine Pute oder ein Schwein.« Deprets, *Was würden Tiere sagen, würden wir die richtigen Fragen stellen?*, S. 50. Folgerichtig bestimmt Blumenberg, *Die Vollzähligkeit der Sterne*, S. 117, den »Zuschauerbedarf« als unser »tierisches Erbe«.

sich großer Beliebtheit, während Reptilien, Fische und Amphibien nur gelegentlich und meist nur dann erwähnt werden, wenn es um faszinierend bunte Frösche geht. [...] Krebse, Würmer, Pilze und Bakterien bleiben im Allgemeinen aus der Diskussion ebenso ausgeschlossen wie Pflanzen. Es ist also ein sehr begrenzter Teil der Fauna und Flora, mit dem das Publikum im Kontext der Biodiversität konfrontiert wird.[396]

Die – mit Portmann gesprochen – verschiedenen *Erscheinungsweisen* der Tiere eignen sich offenbar nicht alle in gleichem Maße dazu, die Aufmerksamkeit zu erlangen, die nötig ist, um in der öffentlichen Wahrnehmung als bedrohte und schützenswerte Gattung gelten zu können. Es gibt vielmehr Vorlieben für bestimmte Arten und Vorbehalte gegenüber anderen. Das sich oftmals schleichend vollziehende Aussterben bestimmter Arten hängt also auch mit ihrer unterschiedlichen Bewertung durch den Menschen zusammen:

Es ist nur menschlich, sich um das Wohlergehen farbenfroher Vögel und knuddeliger Tiere in fernen Rousseau'schen Wäldern zu sorgen, aber solche Lebewesen gleichen den Dandys unserer Zivilisation: Sie tragen kaum etwas zu der Schwerarbeit bei, die Gaia am Laufen hält; die erledigen größtenteils die Bodenbewohner, die Mikroorganismen, Pilze, Würmer, die Schleimpilze und die Bäume. Mit diesem natürlichen Proletariat, der Unterwelt der Natur, hat sich der Umweltschutz kaum befasst.[397]

Auffällig an der Gruppe der selten bis gar nicht Berücksichtigung findenden Lebewesen ist, dass sie durchgehend weniger sichtbar sind als die schon aufgrund ihrer Größe kaum zu übersehenden Konkurrenten und als weniger schön oder gar hässlich gelten. Das weitere Schicksal der Tiere und Pflanzen auf diesem Planeten ist insofern eng verbunden mit der Form und Intensität ihrer Wahrnehmung durch die Menschen, die in ihren Bewertungsschemata nicht zuletzt ästhetischen Kriterien folgen.[398] Da die Tiere nicht

396 Heise, *Nach der Natur. Das Artensterben und die moderne Kultur*, S. 48; 34; vgl. auch Josef H. Reichholf, *Naturschutz. Krise und Zukunft*, Berlin 2010, S. 15 ff.

397 James Lovelock, *Gaias Rache. Warum die Erde sich wehrt*, Berlin 2008, S. 161. Auch seine Kollegin Lynn Margulis spricht davon, dass Bakterien verteufelt werden, von Protocisten aber nicht mal jemand spricht oder sie auch nur benennt, vgl. Lynn Margulis, *Der symbiotische Planet*, S. 131.

398 Ein Teil der unberücksichtigt bleibenden bzw. vernachlässigten Spezies gehört zur Gruppe der von Julia Kristeva so genannten *Abjekte*, vgl. Julia Kristeva, *Powers of Horror. An Essay on Abjection*, New York 1982; vgl. dazu auch Martina F. Biebert, Michael T. Schetsche, »Theorie kultureller Abjekte. Zum gesellschaft-

von selbst auf ihr Schicksal aufmerksam machen, zumindest nicht in einer Sprache, die von Menschen verstanden wird und die medial verbreitet werden könnte, benötigen sie Anwälte, Sprecher, Repräsentanten, Übersetzer, damit ihre Anliegen, ihre Bedrohung verdeutlicht werden kann und ihr Verschwinden sich nicht einfach lautlos vollzieht. Ohne solche Fürsprecher ist ein Zugang zu den politischen Entscheidern kaum herzustellen. Deshalb braucht es ein *Parlament der Dinge*![399] Doch es gibt weitere Möglichkeiten für die Erlangung einer größeren Aufmerksamkeit für die Tiere. Im Gegensatz zu John Bergers Diagnose aus den 1970er Jahren, der in einer dezidiert verfallstheoretischen Perspektive »das Verschwinden der Tiere aus dem täglichen Leben«[400] beklagt, sieht Despret in der zunehmenden Anzahl von Tierdokumentationen und den vielen im Internet kursierenden Tiervideos ganz neue Möglichkeiten dafür entstehen, den »Tieren Sichtbarkeit zu verschaffen«.[401] Die Tiere haben in diesen medialen Darbietungsformen, »durch die immer mehr Tiere ein Teil unserer Gemeinschaft werden«,[402] den Status von Akteuren erlangt: »Tiere mit großem Talent oder solche, die sich durch Heroismus, sozialen Sinn, kognitive oder emotionale Intelligenz, Witz, Gewitztheit oder Einfallsreichtum hervortun, sind heute Teil des Alltags.«[403] Entscheidend daran ist für Despret nicht das bloße Vorführen der verschiedenen Aktionen einzelner Tiere, sondern die in den von ihr herangezogenen Clips sichtbar werdende Beziehung zwischen Mensch und Tier, die nicht nur zeigen, was Tiere alles können, sondern »wozu *wir* gemeinsam mit ihnen fähig sind«.[404] Hier also wird die Selbstdarstellung nicht mehr länger als Vorführung einiger tierischer Akteure vor einer und für eine Gruppe von menschlichen Zuschauern gedacht, sondern als gemeinsame

lichen Umgang mit dauerhaft unintegrierbarem Wissen«, in: *Behemoth. Journal on Civilisation* 9 (2016), Issue No. 2, S. 97-123.

399 Bruno Latour, *Das Parlament der Dinge*, Frankfurt/M. 2001.

400 John Berger, »Warum sehen wir Tiere an?«, in: Roland Borgards u. a. (Hg.), *Texte zur Tiertheorie*, Stuttgart 2015, S. 181.

401 Despret, *Was würden Tiere sagen, würden wir die richtigen Fragen stellen?*, S. 275.

402 Ebd.

403 Ebd., S. 277. Grundsätzlich scheinen Tiere für eine Vorzugsbehandlung durchaus empfänglich zu sein. Wird ihnen eine intensive Aufmerksamkeit zuteil, so bleibt ihnen dies nicht verborgen. Davon sind einige Viehzüchter jedenfalls fest überzeugt, wie Despret, ebd., S. 45 f. berichtet.

404 Ebd., S. 280.

Aufführung beider für weitere verstanden. Grundsätzlicher noch geht es um die vielen Dinge, die sich durch die enge Kooperation von Mensch und Tier ergeben. Keiner von beiden wäre dazu allein in der Lage gewesen.[405]

Haben wir es bei Portmann, Arendt und Despret noch mit Pflanzen, Tieren und Menschen als Lebewesen zu tun, so geht der an Baruch de Spinoza anknüpfende vitalistische Materialismus von Deleuze und Guattari noch einen Schritt weiter: »[N]icht nur Pflanzen und Tiere, Orchideen und Wespen singen oder drücken sich aus, auch Felsen und sogar Flüsse tun es, alle stratifizierten Dinge auf der Erde.«[406] Latour knüpft daran mit seiner Aussage an: »Was bis jetzt eine Metapher geblieben war – daß selbst die Steine den Schmerz herausschreien, den die Menschen ihnen angetan haben –, wird buchstäblich zur Tatsache.«[407] Braidotti pflichtet dem bei: »Die Materie ist einheitlich und ontologisch frei, getrieben vom Wunsch nach Selbstausdruck.«[408] Schon bei Nietzsche heißt es: »Sie lernten vom Meer auch noch seine Eitelkeit: ist nicht das Meer der Pfau der Pfauen?«[409] In diesem Sinne könnten Naturkatastrophen als Ekstasen der Natur angesehen werden. Erdbeben, Vulkanausbrüche, Überschwemmungen, Hurrikans sind ihre Art, sich auszudrücken und auf sich aufmerksam zu machen. Der Schweizer Schriftsteller Friedrich Dürrenmatt (1921-1990) verfolgt in seiner fulminanten Novelle *Der Auftrag* die Idee einer Beobachtungsgesellschaft, in der Staaten andere Staaten und die Menschen beobachten, während diese in einem nie gekannten Ausmaß mithilfe von Kameras, Teleskopen, Mikroskopen, Satelliten und anderen Beobachtungsapparaturen die Natur beobachten. Doch es scheine

bisweilen, die Natur beobachte nun ihrerseits den sie beobachtenden Menschen und werde aggressiv, bei der verschmutzten Luft, dem verseuchten Boden, dem verunreinigten Grundwasser, den sterbenden Wäldern handele es sich um einen Streik, um eine bewußte Weigerung, die Schadstoffe

405 Vgl. Kap. 2.4.

406 Deleuze, Guattari, *Tausend Plateaus*, S. 65.

407 Latour, *Kampf um Gaia*, S. 130. Vgl auch: »Kein Gegenstand, nichts sei stumm. Alles drücke fortwährend seinen Schmerz aus.« Thomas Bernhard, *Frost*, Frankfurt/M. 1963, S. 164.

408 Braidotti, *Posthumanismus*, S. 62.

409 Friedrich Nietzsche, *Also sprach Zarathustra*, Frankfurt/M. 1988, S. 165.

unschädlich zu machen, die neuen Viren, die Erdbeben, Dürren, Überschwemmungen, Hurrikane, Vulkanausbrüche usw.[410]

Solange die Natur friedlich erscheint, fällt es offenbar schwer, sie sich als Akteur vorzustellen. Ihre Aktivitäten bedürfen schon eines dafür besonders geschulten und aufmerksamen Blicks, sonst bleiben sie oftmals unsichtbar. Angesichts von Naturkatastrophen jedoch, also dann, wenn die Natur zur Bedrohung wird, weil sie sich aus den gewohnten Rahmungen und Einfassungen befreit, in die wir sie hineingezwungen haben, fällt es sehr viel leichter, sich diese als Akteur vorzustellen, weil auch im soziologischen Denken die Neigung vorherrscht, Aktivität und Akteursstatus kurzzuschließen. Wer passiv bleibt, wird kaum wahrgenommen, schon gar nicht als Akteur.[411] Um wahrgenommen zu werden, bedarf es bestimmter Anstrengungen, zu denen insbesondere die Selbstdarstellung gehört.

410 Friedrich Dürrenmatt, *Der Auftrag oder Vom Beobachten des Beobachters der Beobachter. Novelle in vierundzwanzig Sätzen*, Zürich 1986, S. 21.

411 Zu einer Kritik dieses vielfach unterstellten Zusammenhangs von Aktivität und Akteurstatus vgl. die Studie von Robert Seyfert, *Beziehungsweisen. Elemente einer relationalen Soziologie*, Weilerswist 2019.

3. Geo-Architektur: Gebauter Raum von Menschen und Tieren

»Wir sind Bewohner der Erde.«[1]

3.1 Die Bauten der Tiere: Tierische Architekten bauen Wohnungen

Das Bauen ist kein Privileg der Menschen. Bei der weit verbreiteten Neigung, das Bauen mit menschlichem Bauen gleichzusetzen und bei Bauten automatisch an von diesen für sich selbst errichtete Gebäude zu denken, die von ihnen nicht nur bewohnt, sondern auch gezielt aufgesucht werden, um vor den Meisterwerken menschlicher Baukunst staunend zu verharren, wird die vielfältige Bautätigkeit von Tieren häufig übersehen, die sich ihren Bedarfen entsprechend Nester, Horste, Höhlen, Hütten, Waben, Türme, Gehäuse, Röhren und Kammern bauen, welche der Komplexität und Kunstfertigkeit menschlicher Bautätigkeit oftmals kaum nachstehen.[2] Philosophie und Kulturgeschichte haben viel dafür getan, das Bauen und Wohnen als spezifische Leistung des Menschen als Kulturwesen aufzufassen.[3] Doch die Menschen lernen das Bauen von den Tieren und nicht umgekehrt. Als die Menschen durch die Entdeckung des Feuers zu längeren Zusammenkünften zusammenkamen und in Verbindung traten, begannen

> die einen von Laub Dächer zu machen, die anderen unter den Bergen Höhlen zu graben, einige, die Nester der Schwalben und deren Bau nachahmend, aus Lehm und Zweigen Stätten zu bereiten, wo sie unterkommen konnten. Alsdann andere Wohnungen beobachtend und aus eigener Erfindung Neues hinzufügend, brachten sie von Tag zu Tag verbesserte Arten von Hütten zustande.[4]

1 Edgar Morin, *Heimatland Erde. Versuch einer planetarischen Politik*, Wien 1999, S. 192.

2 Vgl. Karl von Frisch, *Tiere als Baumeister*, Frankfurt/M. u.a. 1974; Ingo Arndt, Jürgen Tautz, *Architektier. Baumeister der Natur*, München 2013.

3 Vgl. Achim Hahn, *Architekturtheorie*, Konstanz 2008, S. 50 ff.

4 Vitruv, *Zehn Bücher über Architektur*, Köln 2019, S. 63.

Zwar fehlt es im Einzelfall nicht an Anerkennung für die enormen architektonischen Leistungen der Tiere: »Die großartigsten Bauten haben, viele Jahrmillionen vor dem menschlichen Neolithikum, die staatenbildenden Insekten aufgeführt, Wolkenkratzer und ganze Großstädte, am Maß ihrer Erbauer und Bewohner gemessen, und sie führen sie noch heute über die ganze Erde hinweg auf.«[5] Doch noch immer stehen die Bauten der Tiere im Schatten der architektonischen Leistungen des Menschen. Architekturführer und Architekturübersichten weisen mit großer Selbstverständlichkeit ausschließlich auf die Gebäude von Menschen für Menschen hin. Die wenigen Publikationen, die sich mit animalischer Architektur befassen, stammen zumeist von Biolog:innen und Tierfilmer:innen, nicht von Architekt:innen oder Tiersoziolog:innen. Wie im Allgemeinen über die Baukünste der Tiere gedacht wird, verraten schon die Ausdrücke, mit denen die Bauten der Tiere bezeichnet werden. Die Rede ist etwa von Ameisen*haufen* oder Termiten*hügeln*, obwohl diese Bezeichnungen nicht annähernd die Komplexität dieser Bauwerke adäquat zu erfassen vermögen: »Am Bau eines Ameisenhaufens wird dauernd weitergebaut, ausgebessert, abgestützt, erweitert. Die Termitenbauten sind steinhart, komplizierte Systeme von Gängen und Stuben, Türme bis zur Höhe von Mauern.«[6] Tatsächlich bauen Termiten bis zu sieben Meter hohe Wohntürme,[7] die es – angesichts der Größe der Tiere – mit den größten Gebäuden der Menschen durchaus aufnehmen können: »Die sozialen Funktionen des Bienenstocks, des Termitenbaus und des Ameisenhügels – kunstvolle Bauwerke von oft eindrucksvoller Größe«,[8] sind für den Stadtforscher Lewis Mumford (1895-1990) den Funktionen einer von Menschen erbauten Stadt sehr ähnlich. Die oftmals sehr aufwändige Bauweise, die ästhetische Vielgestaltigkeit und der Formenreichtum animalischer Architektur stellt nicht nur im Vergleich zu menschlichen Behausungen, sondern auch für sich genommen wahre Baukunst dar.

Neben den Insekten sind es vor allem einige Vogelarten, die als

5 Freyer, *Schwellen der Zeiten*, S. 48.

6 Ebd.

7 Vgl. von Frisch, *Tiere als Baumeister*, S. 137.

8 Lewis Mumford, *Die Stadt. Geschichte und Ausblick*, München 1979, 2 Bde., S. 4 f. Auch der Zoologe und Psychologe Friedrich Alverdes spricht von »Ameisen, diese großen Baukünstler«, vgl. Alverdes, *Tiersoziologie*, Leipzig 1915, S. 8.

professionelle Baumeister gelten können. Als besonders eindrucksvoll fallen dabei die aufwändigen Bauten des Hüttengärtners auf, der zur Familie der Laubenvögel gehört. Der Hüttengärtner baut nicht nur bis zu einem Meter hohe Hütten, die aus einem Geflecht von kleinen Ästen und Zweigen bestehen, die er um einen schmalen Baumstamm herum anordnet und mit Moos auslegt. Wie sein Name schon besagt, legt er zudem auch einen Garten an, dessen Vielfalt und Buntheit den Vergleich mit menschlichen Vorgärten nicht zu scheuen braucht. Der Hüttengärtner scheut keine Mühe, um mit den flink herangetragenen Blättern, Beeren, Pilzen und Federn einen kunstvoll arrangierten Teppich für das Hüttengärtnerweibchen auszulegen, um das er mit seinem auffälligen Bauwerk wirbt.[9]

Es sind jedoch nicht nur Termiten, Ameisen und Laubenvögel, die als *Architektiere* angesehen werden können. Die Liste tierischer *Baumeister* ist lang: Auch Amöben, Polypen, Schnecken, Kreuzspinnen, Wespen, Bienen, Hummeln, Fische (Stichlinge, Lippfische u. a.), Laubfrösche, viele Vogelarten, Maulwürfe, Dachse, Mäuse, Eichhörnchen, Murmeltiere, Biber, Affen bauen Behausungen für sich und ihren Nachwuchs.[10] Als geradezu klassisches Beispiel kann die Bautätigkeit des Bibers gelten: »Selbst die komplexe Technik der Menschheit entbehrt nicht animalischer Vorläufer. Bei gewissen Tierarten, zumal bei den Bibern, führt die Ansiedlung zu einer planmäßigen Umgestaltung der Umwelt: Bäume werden gefällt, Dämme errichtet und Unterschlupfe gebaut.«[11] Neben der Größe, Vielfalt und Schönheit der Bauten fällt auch das Raffinement auf, mit der komplexe Bauaufgaben gelöst werden: »Manche Spinnen bauen für ihre Wohnröhren komplizierte Verschlußeinrichtungen, richtige Türen, die geöffnet und zugezogen werden können.«[12]

9 Vgl. dazu von Frisch, *Tiere als Baumeister*, S. 245 ff. und die Fotos der Bautätigkeit bei Arndt, Tautz, *Architektier*. Auf den Laubenvogel geht auch Alverdes, *Tiersoziologie*, S. 100 f. bereits ein.

10 Vgl. von Frisch, *Tiere als Baumeister*; Arndt, Tautz, *Architektier*.

11 Mumford, *Die Stadt*, S. 4. Schon bei Herbert Spencer heißt es: »Bei einzelnen herdenweise lebenden Säugethieren [...], namentlich bei den Bibern, hat das gesellschaftliche Zusammenwirken eine beträchtlich hohe Ausbildung erreicht und ihre vereinte Thätigkeit liefert sehr bemerkenswerthe Producte in Gestalt ihrer Wohnungen.« Spencer, *Die Prinzipien der Soziologie*, 1. Band, S. 8.

12 Adolf Portmann, *Das Tier als soziales Wesen*, Frankfurt/M. 1978, S. 84. Die Tür sichert den limitierten Zugang zum eigenen Territorium, vgl. Kap. 4.4.

Auch Ameisen und Bienen liefern Beispiele für die »Türbildungen an Wohnstätten«.[13] Die Funktion der Tür ist dabei keine andere als in menschlichen Behausungen. Mitbewohner können eingelassen, unerwünschte Gäste abgewiesen werden. Dabei erfüllt etwa bei der Halictusbiene eine eigens dafür abgestellte »Türhüterin«[14] diese Aufgabe. Das Bauen der Tiere unterscheidet sich damit insgesamt kaum vom menschlichen Bauen. Die dafür erforderlichen Tätigkeiten des Rodens, Grabens und der Innenausbau finden sich hier wie dort: »Um auf die Idee zu kommen, einen Bogen oder einen Tunnel zu bauen und ihn dann eher hier als dort zu konstruieren, muss eine Ameise die gleiche oder sogar eine noch größere Fähigkeit und Neigung zu Neuerungen zeigen als unsere Ingenieure, die Landengen überbrücken oder Berge durchbohren.«[15]

Aber die Tiere bauen nicht nur *für* sich, sondern auch *bei* uns. Sie bauen sich ihre eigenen Wohnungen in unseren Häusern als zumeist unerwünschte Untermieter. Die Bauten der Tiere sind damit keineswegs immer so fein säuberlich von den Menschen getrennt und nur ›draußen in der Natur‹ vorzufinden, sondern befinden sich oft in unmittelbarer Nachbarschaft zu diesen oder auch in deren Wohnbehausungen. Da der Mensch im Zuge seiner Gesamterschließung der Erde immer mehr in die Lebensräume der Tiere eindringt, rücken auch die Tiere selbst immer mehr in die Lebensräume der Menschen vor. Aufgrund dieser Tatsache entstehen auf diesem Feld zunehmend Konflikte, bei denen die Interessen der Menschen und der Tiere kollidieren und ein Einvernehmen nicht leicht herzustellen ist. Wenn der Waschbär sich auf dem Dachboden breitmacht, die Wildschweine den Garten verwüsten, die Hornissen ihr Nest direkt an der Terrasse bauen, wo man unbeschwert die lauen Sommerabende genießen will, Wildschweine den Badegenuss am Strand stören, Wolf und Bär auch in den hiesigen Wäldern wieder heimisch werden und bei Ausflügen in die

13 Ebd., S. 85.

14 Ebd., S. 84. Portman verweist hier auf den französischen Insektenforscher Jean-Henri Fabre (1823-1915), den er an anderer Stelle als wichtigen Lehrer näher vorstellt, vgl. Portmann, *Entläßt die Natur den Menschen? Gesammelte Aufsätze zur Biologie und Anthropologie*, S. 145 und ders., *An den Grenzen des Wissens*, S. 149 ff. Fabres Schriften erleben in jüngster Zeit eine Wiederentdeckung, vgl. Jean-Henri Fabre, *Erinnerungen eines Insektenforschers*, Berlin 2020.

15 Tarde, *Die Gesetze der Nachahmung*, S. 27.

Menschensiedlungen Schafe und Ziegen reißen, dann schrumpft oft umgehend die Akzeptanz gegenüber diesen Lebewesen – selbst wenn sie unter Naturschutz stehen. Angesichts solcher als räumliche Übergriffe der Tiere empfundenen Entwicklungen gewinnt plötzlich das Prinzip einer starken Separierung wieder an Attraktivität: Hier das Territorium für die Menschen, dort das Territorium für die Tiere – Überschneidungen unerwünscht! Doch angesichts der immer knapper werdenden Lebensräume für Tier und Mensch werden artübergreifende Begegnungen in Zukunft noch weiter zunehmen und Konfrontationen unvermeidlich sein.

Das vielfältige Bauen der Tiere zeigt insgesamt eindrücklich, dass sie sich nicht einfach einer gegebenen Umwelt anpassen, sondern diese in ihrem Sinne umgestalten, »damit sie ihnen mehr behagt«.[16] Ebenso wie der Mensch richten sie sich an einem Ort ein, an den sie immer wieder zurückkommen und den sie oft prunkvoll ausstaffieren, da er als Nahrungsdepot und zur Brutpflege genutzt wird: »Die Untersuchung der Tierwohnung in freier Wildbahn zeigte, daß sich die Grundrisse der Wohnungen von Mensch und Tier im wesentlichen gleichen. Auch in der tierischen Wohnung gibt es besondere Eß- und Trinkstellen, Bade- und Schlafplätze, Vorratsräume und Klosette, Sonnenterassen und Kinderstuben.«[17] In einer anthropozentrischen Sicht wird dagegen am Wohnen als Menschheitsprivileg weiterhin festgehalten:

> Nur der Mensch wohnt, entwirft, baut, weil nur er sich über seine Bedürfnisse, Überzeugungen, Wünsche und Absichten im transsubjektiven Handlungs- und Erfahrungsfeld klar werden und entsprechend reagieren kann. Sprachlichkeit und Sozialität sind Grundvoraussetzungen der Lebenswelt und der Gestalten des Wohnens, Entwerfens und Bauens.[18]

16 Latour, *Kampf um Gaia*, S. 173.

17 Hellmuth Heinsdorff, »Bauten und Anlagen zoologischer Gärten«, in: Natascha Meuser (Hg.), *Architektur und Zoologie. Quellentexte zur Zooarchitektur*, Berlin 2017, S. 83-101, hier S. 100.

18 Achim Hahn, »›Gebrauch und Geschmack‹ – Architektonisches Verhalten im Kontext der Lebensführung. Die ›Architektur der Gesellschaft‹ aus Sicht der phänomenologisch-hermeneutischen Soziologie«, in: Joachim Fischer, Heike Delitz (Hg.), *Die Architektur der Gesellschaft. Theorien für die Architektursoziologie*, Bielefeld 2009, S. 195-222, hier S. 84. Vgl. auch: »Tiere und Pflanzen leben im allgemeinen in ihrem natürlichen Lebensraum – Habitat genannt. Ihr Überleben sichern sie, indem sie diese Umwelt nutzen, ohne sie jedoch absichtlich zu verändern. Und wenn sie ihre Umwelt irgendwie beeinflussen, so ist dies eine direkte

Die hier angeführten Beispiele haben gezeigt, dass Tiere ihre vorhandene Umwelt keineswegs nur nutzen, sondern sehr wohl für ihre Zwecke umbauen und kreativ gestalten. Die Fähigkeit zum Bauen und Wohnen kann daher nicht länger allein für den Menschen reserviert werden: »Kurz, ich sehe nicht mehr, wo der Unterschied zwischen einer Biene und einem Architekten liegt.«[19]

3.2 Bauten für die Tiere: Ställe, Käfige und Gehege in Zoos, Tierparks und Schlachthöfen

Wilde Tiere aus ihrem natürlichen Habitat zu entfernen, um sie in den eigenen Tempeln, Klöstern, Palästen, Schlössern, Villen und Parks in Ställen, Gehegen und Käfigen zu halten und auszustellen, ist keine Idee der Neuzeit, sondern lässt sich bis ins alte Ägypten und China zurückverfolgen.[20] Bis ins 18. Jahrhundert wurden sie vor allem für die Jagd, als Zeichen des Luxus und zum Beweis des Reichtums ihrer zumeist königlichen Besitzer angeschafft. Zur Demonstration und Symbolisierung der eigenen Macht hat man

Folge ihrer Existenz: eine Folge ihres Atmens, ihrer Nahrungsaufnahme und Ausscheidung. Völlig anders verhält es sich mit den Menschen, die gewissermaßen eine besondere Art Tier sind. Sie sind die einzige Spezies, die den eigenen natürlichen Lebensraum vorsätzlich manipuliert und versucht, ihn anzupassen an ein Bild eines Lebensraumes, das einzig und allein in ihrer gemeinsamen Vorstellung existiert.« Yona Friedman, »Wohnen als Spiegel der Gesellschaft«, in: Lutz Franke (Hg.), *Menschlich wohnen,* Frankfurt/M., New York 1985, S. 9-22. Das hat schon Whitehead deutlich anders gesehen: »Aber selbst das unmittelbare Verhalten des einzelnen Lebewesens besteht schon aus Aktivitäten, die die Umwelt modifizieren. Die einfachsten Organismen lassen ihre Nahrung in ihr Inneres hineinschwimmen. Die höheren Tiere suchen und jagen ihre Nahrung, fangen und zerkleinern sie – und passen so die Umwelt ihren eigenen Zwecken an.« Alfred North Whitehead, *Die Funktion der Vernunft*, Stuttgart 1974, S. 9. Diese Aktivitäten als bloße Anpassung an die Umwelt zu bezeichnen, wird den tatsächlichen Verhaltensweisen kaum gerecht: »Die höheren Lebensformen sind darauf eingestellt, ihre Umwelt durch aktives Eingreifen zu verändern; und im Falle des Menschen ist dieser aktive Angriff auf die Umwelt der bemerkenswerteste Zug seiner Existenz.« Ebd.

19 Serres, *Der Parasit*, S. 133.

20 Vgl. Eric Baratay, Elisabeth Hardouin-Fugier, *Zoo. Von der Menagerie zum Tierpark*, Berlin 2000, S. 12. Zwar wurden auch schon im Neolithikum Tiere in Gefangenschaft gehalten, offenbar aber nicht zur Schau gestellt.

dabei auch Tierkämpfe verschiedenster Art organisiert – einheimische Arten gegen wilde Tiere, Raubtier gegen Haustier, Raubtier gegen Raubtier usw. –, die zeigen, dass sich das Gefallen an solch blutrünstigen Veranstaltungen nicht auf das alte Rom begrenzen lässt.[21] Einzelne Vertreter der Aristokratie entwickelten eine äußerst kostspielige Sammelleidenschaft für seltene exotische Tiere, die sie in ihren Kabinetten und Menagerien zur Schau stellten,[22] die als Vorläufer der heutigen zoologischen Gärten angesehen werden können. War der Besuch der Menagerien zunächst ausschließlich einem engen Kreis geladener Gäste und Freunde der höfischen Gesellschaft vorbehalten, erhielt ab dem 17. Jahrhundert auch eine breitere Öffentlichkeit zunehmend Zugang zu den radialkonzentrisch angelegten Grundrissen der Höfe und ihren Attraktionen in Gestalt von exotischen Tieren und Pflanzen, Gewächshäusern, Orangerien, aufwändigen Wasserläufen, Springbrunnen und Teichen.[23] Die ersten Zoos, wie wir sie heute als Tierparks oder Tiergärten kennen, wurden aber erst seit dem späten 18. Jahrhundert gegründet. Kompakt definieren lässt sich der Zoo als »eine publikumsorientierte Gartenanlage mit Gehegen und Tierhäusern zur Präsentation und

21 Ebd., S. 22. Dabei stoßen wir noch einmal auf Hinweise darauf, dass Tiere den an sie gestellten Anforderungen nicht immer nachzukommen bereit sind: »Für die Zeitgenossen waren diese Veranstaltungen ein Mißerfolg, wenn die Tiere den Kampf verweigerten und nicht die Rolle übernehmen wollten, die man ihnen in Unkenntnis ihrer Ethologie zugedacht hatte. Beispielsweise ergriff der Elefant, der 1517 nach Portugal gebracht wurde, beim Anblick eines Nashorns die Flucht.« Ebd.

22 Vgl. ebd., S. 31 und 40 ff. Die Sammelleidenschaft bezog sich auch auf Pflanzen und Menschen, die den höfischen Sammlern als Geschenk aus der Neuen Welt übergeben wurden, vgl. ebd., S. 37 ff. Zur gemeinsamen Geschichte verschiedener Lebewesen als Ausstellungsstücke, zu denen auch Menschen gehörten, vgl. Thomas Macho, »Zoologiken. Tierpark, Zirkus und Freakshow«, in: Gert Theile (Hg.), *Anthropometrie. Zur Vorgeschichte des Menschen nach Maß*, München 2015, S. 155-177. »Was immer den Voyeurismus breiter Besucherkreise motivierte und was immer die sich ausstellenden Personen, die sich von finanziellen Versprechen anlocken ließen, selbst motivierte: Sie waren Akteure eines ökonomisch-politischen Skripts, eines Kolonialdramas, das Verfügungsgewalt über die Kolonien und potenziellen Kolonien demonstrierte und gleichzeitig heraustellte, dass es sich um minderwertiges, kulturell unterentwickeltes und gerade erst durch Kolonialisierung zu zivilierendes Menschenmaterial handelte.« Olaf Briese, *Steinzeit. Mauern in Berlin*, Berlin 2011, S. 261 f.

23 Vgl. Baratay, Hardouin-Fugier, *Zoo*, S. 43 ff.

Haltung lebendiger, meist exotischer Wildtiere«.[24] Grundsätzlich unterscheidet sich der Zoo von seinen Vorläufern, den höfischen Tiergehegen und Menagerien, in mindestens vier Punkten:

> [E]rstens durch seine Anbindung an die Wissenschaft, zweitens durch seine Assoziation mit einer idealisierten Natur (in der Gestaltung zum städtischen Park und Erholungsraum), drittens durch seine öffentliche Zugänglichkeit sowie viertens durch seinen nationalen Prestigewert und die symbolische Verkörperung des jeweiligen Gemeinwesens.[25]

Der Grundriss und die Konzeption der Zoos unterscheiden sich weltweit kaum voneinander, sondern weisen die immer gleichen Bausteine auf: »Der Zoo ist städtebaulich eingebunden, umzäunt und versammelt eine Vielzahl an unterschiedlichen Gebäuden – von Volieren über Stallbauten bis hin zu Holzhäusern oder Massivbauten. Es gibt eine Infrastruktur und Wegeführung sowie Einrichtungen, Einkaufs- und Versorgungsmöglichkeiten.«[26] Würde nicht die Ausstellung der Tiere im Vordergrund stehen, könnte es sich auch um einen gewöhnlichen Freizeitpark handeln. Im Vergleich zur Menagerie entfallen die nicht für die Tiere ausgerichteten Prunkbauten zugunsten von Zweckbauten, die stärker den Lebensbedingungen des Tieres entsprechen sollen.[27] Seit der Öffnung der Zoos für ein Publikum, das gegen Entrichtung eines festgelegten Entgelts den freien Zugang zu den verschiedenen, auf begrenztem Raum versammelten Tierarten erhält, gehört der Zoobesuch zu den beliebtesten Freizeitgestaltungen weltweit, wobei sich etwa die Hälfte aller Zoos in Europa befindet und Deutschland über eine sehr hohe Dichte von Zoos verfügt. Jährlich verzeichnen alle Zoos in Deutschland zusammengenommen bis zu 65 Millionen Besucher.[28]

Die Behausungen, die in den Zoos für die Tiere errichtet werden, werfen ein bezeichnendes Licht auf den Umgang des Men-

24 Ernst Seidl (Hg.), *Lexikon der Bautypen. Funktionen und Formen der Architektur*, Stuttgart 2006, S. 589.

25 Macho, »Zoologiken. Tierpark, Zirkus und Freakshow«, S. 158 f.

26 Natascha Meuser, *Architektur im Zoo. Theorie und Geschichte einer Bautypologie*, Berlin 2017, S. 13.

27 Vgl. ebd., S. 29.

28 Vgl. Meuser, *Architektur im Zoo*, S. 15; vgl. auch Cord Riechelmann, *Bestiarium. Der Zoo als Welt – die Welt als Zoo*, Frankfurt/M. 2003, S. 5 f.

schen mit seinen animalischen Gefährten. Die Räume, in denen sie untergebracht sind – Käfige, Ställe, Pferche, Gehege –, gleichen nicht nur oberflächlich denjenigen, die auch für menschliche Delinquenten, Straffällige und Kriminelle gebaut werden:

> Die Typologie der Zoobauten hat zweifellos ihre Ursprünge in der Gefängnisarchitektur. Die Anforderungen an ein Wegsperren beziehungsweise an eine räumliche Absonderung haben sich bis heute kaum verändert. Wenngleich es bei einem Zoogebäude freilich nicht um eine Disziplinierung oder Zähmung des Wildtieres geht, so sind die baulichen Anforderungen – insbesondere an eine räumliche Abtrennung – vergleichbar. [...] Absperrungen können in der Zooarchitektur als ein Gestaltungselement eingesetzt werden: in Form von natürlichen Absperrungen wie Gruben, Gräben oder Wasserflächen, seminatürlichen Absperrungen wie Zäunen, Gittern oder Drahtgeflechten sowie unnatürlichen Absperrungen wie Glasfenstern oder Elektrodrähten.[29]

Obgleich die Ähnlichkeit beider Bautypen damit nicht bestritten wird – die Käfige, Gitter und Zäune sprechen eine eindeutige Sprache –, besteht der entscheidende Unterschied doch darin, dass Tiere im Zoo nicht nur abgesondert und weggesperrt, sondern einem Publikum auch präsentiert werden sollen. Die Zooarchitektur weist deshalb auch Ähnlichkeiten zum Theater- und Museumsbau auf.[30] Im Vordergrund steht dabei die Inszenierung der Tiere, die Wissensvermittlung durch Führungen und die Darbietung von Informationsmaterial auf Tafeln und Schildern, während die konfrontative Gegenüberstellung von Mensch und Tier durch die Abschwächung der Grenzen zwischen Zuschauer- und Bühnenraum und das Vermeiden von Absonderungsarchitektur verhindert werden soll. Angestrebt wird stattdessen eine behutsame Annäherung und die Ermöglichung einer Begegnung zwischen Menschen und Tieren.

Doch Zoos sind nicht die einzigen Orte, an denen Tiere gehalten werden. Besondere Räume für einen spezifischen Umgang mit Tieren sind auch die Ställe für Rinder und Schweine, Legebatterien für Hühner in landwirtschaftlichen Betrieben, Weiden und Koppeln für Pferde sowie die Käfige in Forschungslaboren für

29 Meuser, *Architektur im Zoo*, S. 125. John Berger weist ebenfalls auf diese Parallele hin: »Alle Orte des erzwungenen Rückzugs – Ghettos, Barackenstädte, Gefängnisse, Irrenhäuser, Konzentrationslager – haben etwas mit den Zoos gemeinsam.« Berger, »Warum sehen wir Tiere an?«, S. 187.

30 Vgl. Meuser, *Architektur im Zoo*, S. 127 f.

diverse Versuchstiere wie etwa Mäuse, Ratten und Affen. Auch in privaten Haushalten werden Tieren spezifische Räume zugewiesen: Käfige, Zwinger, Hütten, Aquarien und Terrarien. Sie alle dienen dazu, sie unter menschliche Kontrolle zu bringen. Der Käfig kann dabei als die verbreitetste Form der Tierunterbringung angesehen werden. Ob Vögel, Raubkatzen oder Affen: Sie alle werden in einen Käfig gesperrt und damit in ihrer Bewegungsfreiheit stark eingeschränkt. In Aquarium und Terrarium wird der Versuch erkennbar, den natürlichen Lebensraum der Tiere auf äußerst reduziertem Raum, gleichsam im Miniaturformat, nachzubilden. Statt durch die durchlässigen Gitterstäbe der Käfige zeichnen sie sich durch undurchlässige Glaswände aus.

Wie wir mit Tieren umgehen, zeigt sich zu einem gravierenden Teil schon daran, welche Räume wir ihnen zugestehen, zur Verfügung stellen oder bauen. Der erste Akt im Umgang mit Tieren besteht in der Raumreduzierung und Raumzuweisung. Am Beispiel der Veränderungen in der Schweinehaltung lässt sich etwa zeigen, wie sich das Gefüge von Tier, Mensch und Technik durch die jeweilige Einführung neuer Technologien verändert.[31] Je nach räumlicher Unterbringung der Tiere verändert sich ihr Verhalten bis hin zu nachweisbaren Verhaltensstörungen wie etwa Deprivation oder Hospitalismus.

Der Architekturhistoriker Sigfried Giedion (1888-1968) widmet sich in seiner grundlegenden kulturgeschichtlichen Untersuchung über die Mechanisierung ausführlich der Geschichte der maschinellen Fleischproduktion in den Schlachthöfen. Schon unter Napoleon I. (1769-1821) wurde demnach damit begonnen, die Schlachthäuser außerhalb der Stadtmauern anzusiedeln und die Fleischer zu verpflichten, ihr Handwerk an keinem anderen Ort mehr auszuführen.[32] Georges-Eugène Baron Haussmann (1809-1891), der von 1853 bis 1870 Präfekt des französischen Departements Seine

31 Veronika Settele, »Mensch, Tier und Technik. ›Doing Technology‹ in deutschen Schweineställen und die Veränderung des Verhältnisses von Mensch und Tier seit 1945«, in: *Technikgeschichte*, Bd. 87 (2020), H. 2, S. 133-163.

32 Vgl. Sigfried Giedion, *Die Herrschaft der Mechanisierung. Ein Beitrag zur anonymen Geschichte*, Frankfurt/M. 1982, S. 238-277; Helmut Lackner, »Ein ›blutiges Geschäft‹. Kommunale Vieh- und Schlachthöfe im Urbanisierungsprozess des 19. Jahrhunderts. Ein Beitrag zur Geschichte der städtischen Infrastruktur«, in: *Technikgeschichte* 71 (2004), H. 2, S. 89-138.

war und als Stadtplaner von Paris der französischen Hauptstadt ihr bis heute erhaltenes Stadtbild verlieh, errrichtete in Paris das erste zentrale Schlachthaus, *La Villette*, das den gesamten Fleischbedarf der Pariser Bevölkerung abdecken können sollte. Aus dem architektonischen Aufbau der gesamten Anlage schließt Giedion, dass das einzelne Tier hier noch als wertvoll erachtet wurde. Jeder Ochse erhielt seinen eigenen Verschlag, in dem er getötet werden sollte. Giedion meint, dass sich in dieser Form der Einrichtung Überbleibsel der ehemaligen bäuerlichen Kleinbetriebe erhalten haben, die ihren Tieren eine intensive Pflege angedeihen ließen und so ein intensives Verhältnis zu ihnen aufbauten. In den amerikanischen Schlachthäusern von Cincinnati und Chicago steht dagegen die »Bandproduktion«[33] ebenso im Einklang mit dem distanzierteren Umgang mit den Viehherden, die vom Pferd aus, ohne weitere Pflegebemühungen, auf den weitläufigen Grasflächen jenseits des Mississippis gehütet wurden.[34] Giedion schildert ausführlich die um zunehmende Perfektion bemühte Entwicklung des Schlachtens am Beispiel Nordamerikas, die auf größtmögliche Effizienz angelegte Organisation des Schlachtens, die präzise getakteten Arbeitsabläufe, die Torturen der Tiere, und vollzieht die vielen einzelnen Schritte nach, die unternommen wurden, um ein möglichst rentables und effizientes Schlachten zu ermöglichen. Eine ganze Reihe von Erfindungen dienen dabei dem Zweck, den gesamten Vorgang des Tötens und Verwertens der Tiere so weit wie möglich zu mechanisieren. Am Ende der Entwicklung steht eine Todesmaschinerie, die so schnell und präzise arbeitet,[35] dass jegliche emotionale Beteiligung der Menschen im Keim erstickt wird:

33 Giedion, *Die Herrschaft der Mechanisierung*, S. 240.

34 Bertolt Brecht wählt Chicago als Schauplatz für sein Theaterstück *Die Heilige Johanna der Schlachthöfe*.

35 Eine dafür eigens erfundene »Schlachtmaschine« funktionierte wie folgt: »Ein Haken, den man dem lebenden Schwein ins Schienbein bohrte, wurde mittels eines Dampfaufzugs an einer Zahnstange in die Höhe gehoben. Das Schwein wurde mit dem Bein an dem Transportband hängend weiterbewegt, so daß ihm – ohne den Hammerschlag auf den Kopf – bei lebendigem Leib die Gurgel durchgeschnitten werden konnte. Dann wurde der Kadaver entborstet, enthäutet, ausgeweidet, gevierteilt, zerstückelt und zerschnitten. Das Tier mit dem Kopf nach unten zu töten, erleichterte das Ausbluten und verbesserte die Fleischqualität.« Marco d'Eramo, *Das Schwein und der Wolkenkratzer. Chicago: Eine Geschichte unserer Zukunft*, Reinbek bei Hamburg 1998, S. 39.

Es geschieht alles so rasch und ist so geschmeidig in den Produktionsvorgang eingegliedert, daß kein Gefühl aufkommt. Was an diesem massenweisen Übergang vom Leben zum Tod so erschütternd wirkt, ist die vollkommene Neutralität des Aktes. Man spürt nichts mehr, man empfindet nichts mehr, man beobachtet nur.[36]

Giedion stellt die durch den Maschineneinsatz ermöglichte »Neutralität des Tötens«[37] als Einübung einer Tötungspraxis dar, die erst im Zweiten Weltkrieg im großen Maßstab zur Anwendung kam.

Der amerikanische Schriftsteller Upton Sinclair (1878-1968) liefert in seinem weltberühmten sozialkritischen Roman *Der Dschungel* eine eindrücklichere Beschreibung der miserablen Arbeitsbedingungen der Menschen, der vorherrschenden hygienischen Zustände und des Leidens der Tiere, die bis heute ihresgleichen sucht.[38] Die damaligen Verhältnisse werden in Sinclairs sozialdokumentari-

36 Giedion, *Die Herrschaft der Mechanisierung*, S. 276. Für Georges Bataille resultiert aus dem modernen Schlachtbetrieb und seiner Verlagerung an die Ränder der Städte noch ein ganz anderes Problem: »[D]er Schlachthof unserer Tage ist verfemt und wie ein Schiff, das von Cholera betroffen ist, unter Quarantäne gestellt. Nun sind die Leidtragenden dieses Fluchs weder die Metzger noch die Tiere, sondern die braven Leute selbst, die auf diese Weise dahin gekommen sind, ihre eigene Häßlichkeit nur noch zu ertragen, eine Häßlichkeit, die tatsächlich auf ein krankhaftes Bedürfnis nach Sauberkeit, nach galliger Kleinlichkeit und Langeweile antwortet: Der Fluch bringt sie dazu, so fern wie möglich von den Schlachthöfen zu vegetieren, sich durch Züchtigung in eine amorphe Welt zu flüchten, in der es nichts Grauenhaftes mehr gibt und in der sie, dem unauslöschlichen Zwang zur Schande unterworfen, darauf zurückgeworfen sind, Käse zu essen.« Georges Bataille, »Schlachthof«, in: Rainer Maria Kiesow, Henning Schmidgen (Hg.), *Kritisches Wörterbuch*, Berlin 2005, S. 33. Für Bataille steht die räumliche Auslagerung des Schlachthofs für eine Verleugnung und Verdrängung alles Unsauberen und Nichtsterilen aus dem Sichtfeld des Menschen, die ihm insgesamt als höchst problematisch erscheint, weil er davon überzeugt ist, »daß es nichts Wichtigeres für den Menschen gibt als anzuerkennen, daß sein Schicksal unzertrennlich mit dem verbunden ist, was seinen heftigsten Abscheu herruft.« Georges Bataille, »Anziehung und Abstoßung II. Die soziale Struktur«, in: Denis Hollier (Hg.), *Das Collège de Sociologie 1937-1939*, Berlin 2012, S. 130-149, hier S. 133. Sich solch Verfemtem nicht zu stellen, gebiert Ungeheuer, denn es wird sich angesichts dieser Leugung erst recht seiner bemächtigen. Ein Argument, das sich bei Latours Einführung der Hybriden wiederholt, die sich gerade durch ihre Verleugnung ebenfalls stark vermehren, vgl. ders., *Wir sind nie modern gewesen. Versuch einer symmetrischen Anthropologie*, Frankfurt/M. 1998, S. 21.

37 Giedion, *Die Herrschaft der Mechanisierung*, S. 277.

38 Upton Sinclair, *Der Dschungel*, Zürich 2020.

schem Stil so präzise eingefangen, dass sich auch Giedion bei der Schilderung der Tierschlachtung auf sie beruft.[39] Die Besonderheit der Sinclairschen Perspektive besteht darin, dass die unerträglichen Zustände sowohl für die Tiere als auch für die Arbeiter beschrieben werden. Die rücksichtlose Ausbeutung der menschlichen Arbeitskraft und die der Tiere werden parallelisiert. Ähnlich wie die Tierkörper einer restlosen Verwertung unterworfen werden, werden auch die Körper der Arbeiter im lückenlosen Arbeitstakt verbraucht. Aktuelle Skandale in diesem Industriezweig zeigen, dass sich die Arbeitsbedingungen in den Schlachthöfen weit weniger verbessert haben, als in der Öffentlichkeit zumeist angenommen wird. Da Giedions Beobachtung auch gute siebzig Jahre später immer noch gilt, dass »noch niemand in der Lage gewesen [ist], eine Maschinerie zu erfinden, die einen Schenkel von einem Gerippe loslösen kann«, sind Schlachthöfe weiterhin abhängig von menschlichen Arbeitskräften. Wenn diese sich aufgrund mangelhafter Unterbringung mit einem Virus infizieren, wird deutlich: »Auch die Intensivhaltung von Leiharbeitern ist anfällig für Seuchen.«[40] An der Industrialisierung der Tierkörperverwertung hat sich bis heute ebenso wenig geändert:

> Tiere (Mäuse, Schafe, Rinder, Hasen, Schweine, Vögel, Geflügel und Katzen) werden in industriell organisierten Tierfarmen aufgezogen und in Käfigen gehalten, die am ehesten an Folterkammern erinnern. […] Tiere liefern lebendes Material für vielfältige Experimente. Sie werden manipuliert, misshandelt, gefoltert und genetisch verändert in einer Art und Weise, die für die biotechnologische Landwirtschaft, die kosmetische Industrie und weitere Sektoren der Ökonomie produktiv ist. […] Tiere stellen heute eine Masse kommerzialisierter und verfügbarer Körper unterschiedlichster Art dar und sind Teil der globalen Zirkulation.[41]

Als »exotische Ware«[42] werden sie in winzige Käfige gepfercht und über den Land-, Wasser- und Luftweg in alle Welt transportiert, um dort ihrer weiteren Verwendung zugeführt zu werden. Die hochtechnisierten Länder haben sich zu einer Art Verwertungsgesellschaft Tier zusammengeschlossen.[43]

39 Vgl. Giedion, *Die Herrschaft der Mechanisierung*, S. 259.

40 *Der Spiegel*, Nr. 6, 06. 02. 2021, S. 54.

41 Braidotti, »Zur Transposition des Lebens im Zeitalter des genetischen Biokapitalismus«, S. 123.

42 Ebd.

43 Für Pflanzen ließe sich ein ähnlicher Verwertungsprozess nachzeichnen. Man

Doch Menschen sind dazu in der Lage, Tieren nicht nur Käfige und Ställe zu bauen. Vielmehr können sie auch Lebensräume erschaffen, die von verschiedenen Tieren frei genutzt werden können. So bietet jeder Garten nicht nur Pflanzen, sondern auch einer Vielzahl von Tieren einen Lebensraum. Durch das Errichten von Trockenmauern, das Anlegen von Teichen und das Aufhängen von Nistkästen entstehen Lebensräume für Eidechsen, Mäuse und Insekten, Frösche, Lurche, Fische und Vögel. Die im Anthropozän notwendig werdende Veränderung der Beziehung zu Tieren wird sich nicht zuletzt an Gestalt und Form der Räume ablesen lassen, die Menschen für sie erbauen.

3.3 Das Bauen und Wohnen der Menschen: Ober- und unterirdische Architektur

3.3.1 In, auf und unter der Erde: Von der Höhle über das Haus bis zur Erdwohnung

Wenn man bis auf die Anfänge menschlicher Behausungen zurückgeht, kommt man an der Höhle nicht vorbei: »Daß die Menschen vorgeschichtlicher Zeit in Höhlen gelebt haben, ist [...] eine seit langem feste Vorstellung unseres Geschichtsbewußtseins. Der vorgefundene Unterschlupf, den die Natur bereitstellte, war die naheliegende Form des Wetterschutzes.«[44] Die These von der Höhle als ursprünglichem Wohnort des Menschen ist allerdings nicht unumstritten. Schon der französische Archäologe und Paläoanthropologe André Leroi-Gourhan (1911-1986) geht vielmehr davon aus, dass »der Mensch nur gelegentlich auf Höhlen zurückgegriffen hat, so weit sie bewohnbar waren, daß er aber mit überwältigender statistischer Häufigkeit ständig an der frischen Luft und [...] in künstlich

denke etwa nur daran, wie viele Medikamente aus Pflanzenbestandteilen und Pflanzenextrakten gewonnen werden.

44 Heinrich Klotz, *Von der Urhütte zum Wolkenkratzer*, 1991, S. 17; vgl. auch: »Es gibt aber noch einen anderen Teil seiner Umwelt, den der Steinzeitmensch nicht nur benutzte, sondern von Zeit zu Zeit immer wieder aufsuchte: die Höhle. In der ganzen Welt finden wir eine Fülle von Hinweisen darauf, daß Höhlen in der Vorzeit bewohnt oder aufgesucht wurden.« Mumford, *Die Stadt*, S. 6.

errichteten Schutzbauten gelebt hat«.[45] Die archäologischen Befunde weisen auf Hütten und Zelte hin, die zum Teil am Eingang von Höhlen errichtet wurden. Die von Leroi-Gourhan damit eingeleitete Absetzbewegung von der »zählebigen wissenschaftlichen Tradition«,[46] die den Anfang menschlicher Behausungen partout in der Höhle verorten will, findet heute weitere Bestätigung. So geht man in der aktuellen archäologischen Erforschung paläolithischer Höhlen davon aus, dass diese »nur in Ausnahmefällen als Wohnstätten dienten«.[47] Die bevorzugte Wohnform der Jäger und Sammler waren demnach vielmehr offene Ansiedlungen oder Lager, die in der Siedlungsarchäologie auch als »Freilandstationen«[48] bezeichnet werden. Höhlen können diesen Befunden nach schon deshalb nicht der bevorzugte Ort zum Wohnen gewesen sein, da in den von den paläolithischen Menschen besiedelten Gebieten kaum Höhlen zu finden sind.[49] Gleichwohl lässt sich mutmaßen, dass »nicht zuletzt die Höhle dem urzeitlichen Menschen zum ersten Mal eine architektonische Raumvorstellung gegeben«[50] hat und als Vorbild für die selbst erbauten Unterkünfte diente, mit denen der Schutz bietende Charakter der Höhle nachgeahmt wurde. Damit wurde schon in dieser frühen Periode der Menschheitsgeschichte ein »Wohnraum gegen das Chaos der Umgebung abgegrenzt«[51] und ein »Jagdraum (die Steppe)« von einem »Verdauungs- und Fortpflanzungsraum (die Hütte)«[52] unterschieden. Als vulnerables Wesen bzw. *Mängelwesen* sucht der Mensch Orte auf, die ihn vor wilden Tieren und vor anderen, ihm feindlich gesinnten Artgenossen ebenso schützen sollen wie vor Kälte, Wind und Regen: »[F]ür das Bedürfnis nach Schutz und Sicherheit galten einmal

45 Leroi-Gourhan, *Hand und Wort*, S. 396.

46 Ebd.

47 Peter Trebsche, Nils Müller-Scheeßel, Sabine Reinhold, »Einleitung«, in: dies. (Hg.), *Der gebaute Raum. Bausteine einer Architektursoziologie vormoderner Gesellschaften*, Münster 2010, S. 9-28, hier S. 18.

48 Ebd.

49 Ebd.

50 Lewis Mumford, *Die Stadt*, S. 8.

51 Leroi-Gourhan, *Hand und Wort*, S. 397.

52 Vilém Flusser, »Räume«, in: Jörg Dünne, Stephan Günzel (Hg.), *Raumtheorie. Grundlagentexte aus Philosophie und Kulturwissenschaften*, Frankfurt/M. 2006, S. 274-285, hier S. 279.

Höhlen als selbstverständlich.«[53] Insofern richtet sich das Wohnen von Anfang an gegen eine lebensbedrohliche Umwelt, die – in welcher Gestalt auch immer – so weit wie möglich draußen gehalten werden soll. Ob es sich dabei aber nun um vorgefundene oder erbaute Behausungen handelt: Der Mensch richtet sich in und mit ihnen auf dieser Erde als terrestrisches Lebewesen ein. Höhlen stellt man sich dabei heute gerne als Relikte einer überwundenen primitiven Stufe des menschlichen Daseins vor. Die evolutionistische Vorstellung einer steten Aufwärtsbewegung – »von der Urhütte zum Wolkenkratzer«[54] – übersieht jedoch die Persistenz und Neuerfindung von überwunden geglaubten Bautypen. Ähnlich wie anhand der anhaltenden Bedeutung des Steins und der Steinzeit gezeigt werden konnte, ist auch die Höhle keineswegs ein Wohnraum, der jemals endgültig verlassen worden wäre. Vielmehr ist sie auch ein immer wieder neu imaginierter Sehnsuchtsraum, der als möglichst behaglicher und komfortabler Innenraum Schutz vor jeglichen von außen kommenden Gefahren bieten soll. Im Grunde haben wir ihn nie wirklich verlassen: »Die Höhle, die Gebärmutter der Berge, ist unsere Wohnung. So hoch, so funktionell, so offen sie auch sein mögen, unsere Gebäude sind und bleiben dennoch Höhlenimitationen. Je gemütlicher unsere Räume, desto höhlenähnlicher.«[55] Über ihre vielfältigen Umformungen hinweg überlebt die Höhle als bevorzugter Schutzraum des Menschen bis in unsere Gegenwart. Ablesbar ist dies nicht zuletzt an den Höhlenbauten der Kinder im Spiel. Selbst wenn sie sich bereits in einem schützenden Raum wie dem Zimmer einer Wohnung oder eines Hauses befinden, übt das Bauen einer provisorischen Höhle aus Stangen, Tüchern und Textildecken einen unwiderstehlichen Reiz auf sie aus. Manchmal reicht bereits die aus Decken und Kissen geformte Höhle im Bett. Zwar steht sie auf diese Weise errichtet bautypologisch dem Zelt[56] näher, zumal sie, anders als etwa die Felsenhöhle, erst gebaut werden muss. Entscheidend ist jedoch die Funktion des bergenden Unterschlupfs, in den man hineinkriechen und sich vor der sonstigen Welt mit all ihren Herausforderungen und Gefahren abschirmen

53 Arnold Gehlen, *Urmensch und Spätkultur. Philosophische Ergebnisse und Aussagen*, Frankfurt/M. 2004.

54 Klotz, *Von der Urhütte zum Wolkenkratzer*.

55 Flusser, *Dinge und Undinge*, S. 110.

56 Vgl. Seidl (Hg.), *Lexikon der Bautypen*, S. 574 ff.

und verstecken kann. Diese ihre anhaltende Attraktivität begründende Funktion kommt mit dem Ende der Kindheit nicht plötzlich zum Erliegen. Von der »kindlichen Leidenschaft für Hütten und Zelte«, in denen sich das Streben nach dem behaglichen »Sicheinschließen und -einrichten« als »existentielle[r] Kindheitstraum«[57] äußert, wird nicht nur in den Romanen von Jules Verne (1828-1905) erzählt, die den Anlass für Roland Barthes' Überlegungen zur Höhle geboten haben. Die ihr zugesprochenen Qualitäten spielen vielmehr auch beim Bau eines Hauses eine wesentliche Rolle:

> Im Leben des Menschen schließt das Haus Zufälligkeiten aus, es vermehrt seine Bedachtheit auf Kontinuität. Sonst wäre der Mensch ein verstreutes Wesen. Es hält den Menschen aufrecht, durch alle Gewitter des Himmels und des Lebens hindurch. Es ist Körper und Seele. Es ist die erste Welt des menschlichen Seins. Bevor er ›in die Welt geworfen‹ wird, wie die eiligen Metaphysiker lehren, wird der Mensch in die Wiege des Hauses gelegt. [...] Das Leben beginnt gut, es beginnt umschlossen, umhegt, ganz warm im Schoß des Hauses.[58]

Wie die Höhle und die ihr nachempfundene Hütte soll auch das Haus die Fortpflanzung, die Aufzucht des Nachwuchses und die Nahrungsaufnahme ermöglichen, unbehelligt von äußeren Einflüssen. Über die Unterschiedlichkeit der Behauungstypen hinweg bleiben die elementaren Funktionen des Wohnens erhalten. In den allgemeinen Darstellungen des Wohnens wird jedoch nach der vorherrschenden Substitutionslogik der einander ablösenden Architekturstile und Wohnformen verfahren. Demnach haben wir es in der neueren Geschichte der Architektur mit einer Entwicklung zu tun, nach der die dunklen, mit Mobiliar und kleineren Gegenständen (»Nippes«) vollgestopften und mit Teppichen übersäten Wohnhöhlen des neunzehnten Jahrhunderts durch luftige, lichtdurchflutete und nur sparsam möblierte Wohnungen abgelöst wurden. Walter Benjamin (1892-1940), der das neunzehnte Jahhundert als »wohnsüchtig«[59] beschreibt, konstatiert, dass das zwanzigste Jahrhundert durch seine »Porosität, Transparenz, sein[] Freilicht-

57 Roland Barthes, *Mythen des Alltags*, Vollständige Ausgabe, Berlin 2010, S. 103.

58 Gaston Bachelard, *Poetik des Raumes*, München 1960, S. 39.

59 Walter Benjamin, *Das Passagen-Werk. Gesammelte Schriften, Bd. V.1*, Frankfurt/M. 1982, S. 292.

und Freiluftwesen dem Wohnen im alten Sinne ein Ende«[60] bereitet. Wesentliche Impulse für die Ideen des neuen Wohnens, das als »befreites Wohnen«[61] angepriesen wird, gehen insbesondere von dem Architekten Walter Gropius (1883-1969) und dem von ihm begründeten Bauhaus sowie von Le Corbusier (1887-1965) aus, die nicht nur nach den neuen Prinzipien entwerfen, planen und bauen, sondern sich auch in zahlreichen Schriften mit den Anforderungen an ein zeitgemäßes Bauen und Wohnen theoretisch auseinandersetzen. Die Prinzipien »Licht – Luft – Öffnung«[62] avancieren dabei zum offiziellen Bauhaus-Motto.

Trotz des unbestreitbaren Formen- und Stilwandels, der durch die Ideen des neuen Bauens und Wohnens eingeleitet wurde, haben wir es jedoch bis heute nicht mit einem schlichten Übergang vom abgeschotteten zum transparenten Wohnen zu tun, sondern mit einer vielfältigen Mixtur aus beidem. Auch in der nach Transparenz strebenden Architektur werden die Möglichkeiten zur Abschließung nach außen durch die Konstruktion eines uneinsehbaren Innenraums nicht vollends aufgegeben. Statt nur mehr transparent sein zu wollen, folgt moderne Gebäudearchitektur eher dem Prinzip der Flexibilität, nach dem Räume sich ohne großen Aufwand verwandeln lassen, sich offen und einladend ebenso wie abgeschlossen und abweisend geben können, je nach den aktuellen Bedürfnissen und Zwecken ihrer Bewohner bzw. Benutzer.

Über die intensive Beschäftigung mit der Formen- und Stilsprache der Architektur gerät oftmals in Vergessenheit, dass auch bei den ambitioniertesten Gebäuden der Moderne der Bezug zur Erde keineswegs obsolet geworden ist. Für den Bau eines Hauses ist weiterhin die Versorgung mit Energie, fließendem Wasser und sauberer Luft durch die Verlegung von Rohren und Leitungen, den Einbau von Klima-, Lüftungs- und sanitären Anlagen obligatorisch. Das Haus muss dabei so solide gebaut sein, dass es auch Stürmen, starken Regenfällen, Bränden und leichten Erdbeben dauerhaft standhält. Wie kläglich oder imposant gestaltet es dabei auch immer aussehen mag: Der Bau einer Hütte, eines Hauses oder selbst eines Palastes verfolgt zunächst das Ziel, uns nicht nur Wohn-,

60 Ebd.

61 Sigfried Giedion, *Befreites Wohnen*, Zürich 1919.

62 Diese drei Begriffe prangen auch auf dem Umschlagscover des Buches von Giedion.

sondern auch Schutzhöhle zu sein. Mit ihrer Hilfe versuchen wir uns gestern wie heute dem Einfluss des Wetters so gut wie möglich zu entziehen. Damit sind Architektur und Wetter von Anfang an aufeinander bezogen: »Jedes vom Menschen hergestellte Konstruktionsgebilde, das dem Wetterschutz dient, ist Architektur.«[63] Die Berücksichtigung der geologischen, geographischen, klimatischen und meteorologischen Verhältnisse gehört deshalb von Anfang an zu den zentralen Faktoren bei der Planung eines Hauses, die auch auf dessen Gestaltung und die ästhetische Wahrnehmung bzw. deren Bewertungskriterien sichtbar Einfluss nehmen:

> Die natürlichen Bautypen und Bauformen bilden sich aufgrund der unterschiedlichen und sozialen Voraussetzungen. Die natürlichen Auslösefaktoren sind die klimatischen Bedingungen; sie bestimmen sich an der Verfügbarkeit verschiedenartiger Baumaterialien. Das breite Spektrum vielfältiger Wohnformen, der Hütten- und Haustypen, hat in den wechselnden klimatischen und materialen Bedingungen der Umwelt seinen Hintergrund.[64]

Den Lehmhütten Afrikas, den Indianerzelten aus Hölzern und Tierfellen – etwa den Tipis der Lakota und Cree – oder den Iglus der Innuit ist daher anzusehen, ob sie sich »stärker gegen Hitze oder gegen Kälte zur Wehr setzen«[65] müssen, sodass sich von den verschiedenen Bautypen auf das an ihren Standorten herrschende Klima schließen lässt: »Im Stil eines Hauses z.B. zeigt sich eine festgelegte Weise des Bauens, die aber nicht ohne Beziehung zum Klima entstehen konnte.«[66] Allein die Neigung des Daches gibt dem geschulten Auge schon einen Hinweis auf die klimatischen Verhältnisse, die am Standort des zugehörigen Hauses herrschen: »Das Dach spricht sofort seinen Daseinszweck aus: es beschirmt den Menschen, der den Regen und die Sonne fürchtet. Die Geographen erinnern immer wieder daran, daß in jedem Lande die Neigung des Daches eines der sichersten Kennzeichen des Klimas ist.«[67] Nicht zuletzt aus diesem Grund wirken die Versuche, vorherrschende Architekturstile aus anderen Regionen zu importieren, so auffällig deplatziert. Sowenig ein Schwarzwaldhaus an die italienische

63 Klotz, *Von der Urhütte zum Wolkenkratzer*, S. 18.

64 Ebd., S. 9.

65 Tetsuro, *Fudo – Wind und Erde*, S. 10.

66 Ebd.

67 Bachelard, *Poetik des Raums*, S. 50.

Riviera ›passt‹, so merkwürdig nimmt sich eine im spanischen Stil erbaute Villa mitten im Ruhrgebiet aus. Auch die ästhetische Wahrnehmung scheint insofern nicht unabhängig von den klimatischen Rahmenbedingungen zu sein.[68] Diesen Ursprung der Bautypen aus den Bedingungen des Klimas vergessen wir heute oft, wenn vom Bau von Häusern die Rede ist, obwohl es sich beim Wetterschutz um eine bleibende Funktion der Architektur handelt, der durch die Orientierung an anderen Fragen (Größe, Lage, Ästhetik etc.) jedoch oftmals nur noch wenig Aufmerksamkeit geschenkt wird.[69] Angesichts zunehmender Extremwetterereignisse wird diese Elementarfunktion der Häuser zweifellos wieder stärker in den Aufmerksamkeitsfokus gelangen.

Entscheidend für eine geosoziologische Perspektive ist gerade die in den angeführten Überlegungen zum Ausdruck kommende enge Verbindung des Hauses zum Klima der Erde und zum Boden, auf dem es steht, die bereits durch den Architekten und Kunsttheoretiker Gottfried Semper (1803-1879) ausdrücklich hervorgehoben wird:

> Das Haus hat seinen Ort. Es steht im Gelände, es bleibt unwiderruflich mit dem Erdreich verknüpft. Wie hervorgewachsen thront es über dem Boden. Gottfried Semper [...] spekulierte, dass der Uranfang des Häuserbaus der Erdaufwurf sei, ein aus Erde geformter Schutz des Herdes. Ein hüfthoher Hügel wie der Auswurf eines unterirdisch wühlenden und bauenden Wesens.[70]

68 Zudem richtete sich die Verwendung bestimmter Baumaterialien zunächst nach den vor Ort vorhandenen Ressourcen, vgl. Dartnell, *Ursprünge*, S. 172 f.

69 Den je nach Klima zur Anwendung kommenden Baumaterialien, ihrer Beschaffenheit und Verwendungsweise widmet sich bereits der Architekturtheoretiker Vitruv (81 15 v. Chr.). Er hält es für seine Aufgabe, über die Eigenschaften der verschiedenen Baustoffe aufzuklären, damit »diejenigen, welche zu bauen gedenken, nicht Fehlgriffe machen, sondern das für den Gebrauch geeignete Material für ihre Bauten beschaffen«. Vitruv, *Zehn Bücher über Architektur*, S. 68. Anschließend widmet er sich im Einzelnen den Ziegeln, dem Sand, dem Kalk und der Pluteolanerde, ihren Eigenschaften und Einsatzmöglichkeiten.

70 Ulf Jonak, »Parasitäre Architektur. Schmarotzer in der Stadt«, in: Sabine Fabo (Hg.), *Parasitäre Strategien*, Kunstforum International 2007, S. 108-119, hier S. 109. Eine ähnlich enge Verbindung zwischen Haus und Boden sieht auch Maurice Halbwachs, *Das kollektive Gedächtnis*, Frankfurt/M. 1991, S. 180: »Die verschiedenen Viertel innerhalb einer Stadt und die Häuser innerhalb eines Viertels haben einen festen Platz und sind ebenso stark im Boden verankert wie Bäume und Felsen, wie ein Hügel oder eine Hochfläche.«

Das Bauen bringt den Menschen also – ebenso wie die bauenden Tiere – stets in unmittelbaren Kontakt mit der Erde als Boden. Seine Behausungen scheinen sich im Laufe der Zeit zwar immer weiter von ihrer ursprünglichen Nähe zur Erde zu entfernen. Von den ersten Höhlen und Hütten bis zu den Wolkenkratzern ließe sich die Geschichte der Architektur als ein sukzessiver Austausch der Elemente im Sinne einer Abwendung vom Erdboden und einer Hinwendung zur Luft erzählen. So spricht etwa Afred Weber (1868-1958) in den 1950er Jahren von einer »ungeheuren geschichtlichen Daseinsumwälzung«,[71] die auch gravierende Auswirkungen auf das Bauen und den Kontakt zur Erde hat:

> Die Raumordnung des neu heraufkommenden heutigen Daseins, in dem man um die Erde wie um eine Litfaßsäule herumspricht, in dem es keine in sich ganz geschlossenen nahen und keine unerreichbar fernen Räume mehr gibt, hat alles, was mit der Erd- und Ortsgebundenheit des Bauens zusammenhängt, das doch immer eine bestimmte gleichzeitig gefühlsmäßige Raumzusammenfassung ist, dahin verschoben, daß sie die innerliche und äußerliche Erd- und Ortsgebundenheit gelockert, wenn nicht weitgehend aufgehoben hat.[72]

In Webers Perspektive hat vor allem die für das neue Bauen charakteristische Verwendung von Stahl und Glas die »Ablehnung der alten wesentlich an Stein gebunden gewesenen Formensprache«[73] vorangetrieben. Die Bevorzugung der neuen Materialien finde nicht nur im Fabrik- und Anstaltsbau (Krankenhäuser, Schulen, Verwaltungsgebäude), sondern sogar im Wohnbau ihre Erfüllung darin, die »Erdgebundenheit des früheren Bauens aufzugeben, sei es, daß das mittlere Stockwerk auf hohe Pfeiler gesetzt wird, die das unterste Stockwerk ersetzen, [...], sei es, daß dies Stockwerk hervorkragend oder in anderer Weise in die Luft hinausstehend gestaltet wird«.[74] Tatsächlich haben sich im Laufe der Zeit Archi-

71 Alfred Weber, *Der dritte oder der vierte Mensch. Vom Sinn des geschichtlichen Daseins*, München 1953, S. 252.

72 Ebd., S. 254. Damit interpretiert auch Alfred Weber eine heute unter dem Begriff Globalisierung verhandelte Entwicklung im Sinne einer Emanzipation aus erdräumlichen Zusammenhängen, vgl. dazu Kap. 1.2, 4.6 und 5.5.

73 Weber, *Der dritte oder der vierte Mensch*, S. 257. Vgl. dazu auch Markus Schroer, »Materialität und Raum/Materiality and Space«, in: Marta Herford (Hg.), *Glas und Beton – Manifestationen des Unmöglichen*, Herford, S. 71-73.

74 Weber, *Der dritte oder der vierte Mensch*, S. 259. Dagegen konstatiert Lewis Mum-

tekturstile entwickelt, die den größtmöglichen Abstand zur Erde gesucht haben. So baut etwa Le Corbusier mit seiner Villa Savoy (1919-1931) ein Haus, das auf aus Stahlbeton gefertigten Pfeilern steht, die das Wohngeschoss von jeglicher Bodenberührung befreit. Der amerikanische Architekt und Designer Richard Buckminster Fuller (1895-1983) baute bereits 1927 einen ersten Prototyp seines Dymaxion-Hauses, das nicht auf dem Boden errichtet, sondern an Tragebalken aufgehängt werden sollte, also gewissermaßen in der Luft hängt. Auch in unserer Gegenwart werden weiterhin Versuche in dieser Richtung unternommen. Die von der irakisch-britischen Architektin Zaha Hadid (1950-2016) entworfenen Häuser können sogar fliegen.[75] Die Verabschiedung der Schwere[76] zugunsten des Leichten und die Verflüssigung des Festen[77] gehört sicher zu den herausragenden Trends der Moderne, die sich gerade auch in der Architektur niedergeschlagen haben. Einer genaueren Untersuchung hält die behauptete Emanzipation vom Boden allerdings nicht stand. Zwar haben sich die Gebäude immer weiter gen Himmel gestreckt, doch ihr Fundament und ihre Basis haben sie in

ford, *Die Stadt*, S. 17: »Trotz Glas und Stahl ist die moderne Stadt immer noch im Grunde ein erdverhaftetes Bauwerk der Steinzeit.«

75 »Ich glaube fest, daß es so etwas gibt wie Schwerelosigkeit. Ich glaube wirklich, daß die Gebäude fliegen. Ich weiß, daß sie es nicht tun, aber ich glaube daran – außer, wenn ich mich mit meinen Ingenieuren treffe. [...] Wir müssen alle Möglichkeiten der Schwerelosigkeit erproben, ohne Kompromisse am Entwurf zu machen.« Zahah Hadid im Gespräch mit Alvin Boyarski, »Häuser können fliegen«, in: *Arch+* (1986) S. 28-33, hier S. 32. Damit bestätigt auch Hadid eine üblich gewordene Rollenteilung zwischen dem Architekten als Künstler auf der einen Seite, der nicht so sehr auf die Realisierungsmöglichkeiten seiner Entwürfe achtet als vielmehr auf die Gestaltung, die der Phantasie freien Lauf lassen soll, und dem Ingenieur auf der anderen Seite, der dagegen das Realitätsprinzip verkörpert. Er ist der Spielverderber in ihrer Beziehung. Ähnlich wie Hadid hatte schon der russische Künstler und Architekt Eliezer »El« Lissitzky (1890-1941) gefordert: »Die Überwindung des Fundaments, der Erdgebundenheit, geht noch weiter und verlangt die Überwindung der Schwerkraft an sich. Verlangt den schwebenden Körper, die physisch-dynamische Architektur.« El Lissitzky, *Russland. Architektur für eine Weltrevolution*, Braunschweig 1989, S. 48.

76 Vgl. Joseph Hanimann, *Vom Schweren. Ein geheimes Thema der Moderne*, München 1999. Vgl. auch Georg Simmel, »Aesthetik der Schwere«, in: ders.: *Aufsätze und Abhandlungen 1901-1908, Bd. I*, Gesamtausgabe Bd. 7, Frankfurt/M. 1995, S. 43-48.

77 Vgl. Zygmunt Bauman, *Flüchtige Moderne*, Frankfurt/M. 2003.

ihrer überwältigenden Mehrheit auch weiterhin in der Erde. Nach wie vor beginnt noch jeder Hausbau mit dem Erdaushub. Welche weiteren Versuche der Erdflucht auch immer angestellt werden mögen, auch für den Architekten gilt vorerst und wohl auch weiterhin: Der Erde entkommt man nicht! Zudem ist die vorherrschende Praxis des Bauens zumeist weit entfernt von den kühnen Entwürfen vereinzelter Star-Architekten, die solitäre Gebäude in die Landschaft implementieren, die zeigen sollen, wie auch gebaut werden könnte. Doch nur selten setzen sich diese Baustile in der Breite auch wirklich durch, denn die Bauindustrie verharrt weitgehend in konventioneller Bauweise, sodass Architekten auf Baustellen große Vermittlungsprobleme hinsichtlich ihrer Pläne haben, da man alles gerne weiterhin so macht, wie man es immer gemacht hat, weil man es auch nicht anders gelernt hat. Doch die nach wie vor mit großer Selbstverständlichkeit verwendeten Baumaterialien sind im benötigten Umfang nicht mehr vorhanden und müssen von weither aufwändig herangeschafft werden. Das führt dazu, dass in einigen Regionen der Welt Sand rücksichtlos abgebaut und in die Länder der Erde exportiert werden, die sich den immer knapper werdenden Baustoff ökonomisch noch leisten können, auch wenn es sich aus ökologischen Gründen längst verbietet.[78]

Statt der Entfernung von der Erde bringt uns eine aktuelle Entwicklung auf dem Gebiet der Architektur sogar wieder verstärkt in die Nähe der Erde. Statt weiterhin nur auf das Bauen in die Höhe zu setzen, wird nunmehr wieder auch in die Tiefe gebaut, entsteht eine »unterirdische Architektur«[79] größeren Ausmaßes. Die von verschiedenen Architekten geforderte und von Alfred Weber kommentierte Tendenz zur Entfernung der Architektur von der Erde erlebt damit aktuell eine bemerkenswerte Widerlegung. Über die schon grundsätzlich nicht zu leugnende Bindung an die Erde hinaus ist aktuell in der Architektur eine explizite Hinwendung zur Erde auszumachen. Angesichts der weiterhin zunehmenden Urbanisierung auf diesem Planeten, die immer mehr Menschen an einem Ort versammelt, stößt das bewährte Bauen in die Höhe an

78 Vgl. Kiran Pereira, »Sand, ein knappes Gut«, in: Le Monde diplomatique, *Atlas der Globalisierung. Weniger wird mehr, Kolleg Postwachstumsgesellschaften*, Berlin 2015, S. 72-75.

79 Pierre Zoelly, *Terratektur. Einstieg in die unterirdische Architektur*, Basel u. a. 1989, S. 9.

seine Grenzen. Die neueste Entwicklung innerhalb der Architektur zeigt deshalb nicht mehr länger nur nach oben, sondern zunehmend auch nach unten. Statt immer höhere *Skyscraper* zu bauen, sollen *Earthscraper* als unterirdische Architektur eine Antwort auf die Herausforderungen der wachsenden Urbanität sein.[80] Während wir schon jetzt eine Fülle typisch urbaner Einrichtungen unterhalb der Erdoberfläche vorfinden – Shopping Malls, Fitnessstudios, Kinosäle usw. –, gibt es Überlegungen, dieses Raumangebot, das durch stillgelegte U-Bahnhöfe z.T. bereits existiert, weiter auszubauen und auch als Wohnraum zu erschließen.[81] Darüber hinaus wird vor dem Hintergrund des gegenwärtigen Klimawandels nach architektonischen Lösungen für ein schonendes Bauen gesucht, das sich der Erde in mehrfacher Hinsicht wieder verstärkt zuwendet. Dazu gehören zum einen die verstärkte Verwendung ökologischer Materialien wie Holz, Bambus, Naturstein, Lehm usw. und zum anderen die so genannten *Erdhäuser* und *Erdhügelhäuser*, die an ursprüngliche Formen des Bauens und Wohnens erinnern und diese wiederzubeleben versuchen. Neben Höhlen und Hütten steht auch die »Erdwohnung«[82] generell für eine archaische Form des Wohnungsbaus, für die es zahlreiche Beispiele überall auf der Erde gibt, die zeigen, dass wir es mit einer weit zurückreichenden Geschichte des unterirdischen Wohnens zu tun haben, die bis heute andauert. Statt weiterhin an der Vorstellung festzuhalten, dass der Mensch die Höhlen für immer verlassen hat, gilt es vielmehr zu konstatieren, dass »zu allen Zeiten und in allen Regionen immer ein Großteil der Bevölkerung unter der Erde gelebt« hat und die unterirdischen Bauten als die »älteste aller Architekturformen«[83] anzusehen sind. Dazu gehören etwa die unterirdischen Städte in Kapadokien, die mit Erde bedeckten Behausungen amerikanischer Indianerstämme, die in Tunesien erbauten Höhlenstädte, das unterirdische Peking, das in den 1960er Jahren aus Angst vor einem russischen Atom-

80 Schon Ernst Bloch, *Das Prinzip Hoffnung*, Frankfurt/M. 1985, S. 859, spricht von der Maginotlinie und dem Plan einer unterirdischen Stadt als »Earthscraper […], glänzende Dachslöcher, rettende Kellerstadt«.

81 ⟨https://blog.allplan.com/de/earthscraper⟩, letzter Zugriff 02. 08. 2021. Im Sinne eines nachhaltigen Bauens sollen hier Wohnräume geschaffen werden, die wieder stärker mit der Natur verbunden sind.

82 Frank H. Giddings, *Prinzipien der Soziologie*, Leipzig 1911, S. 75.

83 Mike Edelhart, *Das Erdhaus. Handbuch für Architekten und Bauherren*, Wien 1983, S. 22.

schlag angelegt wurde, oder auch die Höhlenwohnungen in Halberstadt und Langenstein im Harz.[84]

Heute wird das Erdhaus als ambitionierte architektonische Antwort auf die ökologischen Gefährdungen und den Klimawandel in Stellung gebracht.[85] Im Gegensatz zu der betont leichten und luftigen Bauweise der Avantgardisten der 1920er Jahre wird hier der Haftung der Gebäude an der Erdoberfläche nicht zu entfliehen versucht. Vielmehr geht man mit der Erde regelrecht auf Tuchfühlung und macht sich ihre Eigenschaften zunutze. Dazu gehört vor allem die in der Erde herrschende Temperaturstabilität, die erhebliche Energieeinsparungen ermöglicht. Bei aller Verschiedenheit der einzelnen Konstruktionen ist das hervorstechendste Merkmal dieser Bauweise vor allem darin zu sehen, dass das Erdhaus »ein Leben in Gemeinschaft *mit* der Erde« verspricht: »Nicht ein Leben *unter* und *in* der Erde, sondern *mit* ihr.«[86] Das beginnt schon damit, dass die Erde nicht abgetragen und weggeschafft, sondern gewissermaßen als Mantel des Hauses genutzt wird, weshalb auch von »erdbedecktem Bauen«[87] die Rede ist. Der Eingriff in die Landschaft ist bei diesem geopraktischen Umgang mit der Erde ein viel geringerer und behutsamerer als beim konventionellen Bauen. Anders als in den Bauten, die sich der Transparenz, der Leicht- und Luftigkeit verschrieben haben, kommt der Luft beim unterirdischen Bauen

84 Vgl. ebd. und Ulrich Raulff, »Das unterirdische Paradies oder: ein Stück aus einer künftigen Geschichte«, in: *Daidalos* 13 (1984), S. 124-131, hier S. 131. Auf der Homepage der Stadt Halberstadt heißt es: »Einige Behausungen, so vermutet man, stammen sogar aus der germanischen Siedlungszeit. Massive Türen in der Felswand, Fenster mit weißen Gardinen und winzige Gärten mit Küchenkräutern erinnern noch heute an das Leben ihrer einstigen Bewohner. Manchmal scheint es gar, als würde jeden Moment ein Hobbit aus einem Tolkien-Roman zur Tür hineinstolpern. Der letzte Troglodyt, wie die Höhlenbewohner genannt wurden, verließ seine ungewöhnliche Heimstätte erst 1916.« ⟨https://www.halberstadt.de/de/hoehlenwohnungen/hoehlenwohnungen.html⟩, letzter Zugriff 06. 05. 2021. Auch das erste Stadion ist zunächst ein Erdstadion, vgl. Markus Schroer, »Materielle Formen des Sozialen. Die ›Architektur der Gesellschaft‹ aus Sicht der sozialen Morphologie«, in: Joachim Fischer, Heike Delitz (Hg.), *Die Architektur der Gesellschaft. Theorien für die Architektursoziologie*, Bielefeld 2009, S. 19-48.

85 Edelhart, *Das Erdhaus*. Ausdrücklich werden die »Vorteile für die Umwelt« als Hauptgrund genannt, warum sich die Architekten mit Erdhäusern beschäftigen.

86 Ebd., S. 9.

87 Ebd.

eine negative Rolle zu: »Wenn Haus und Erde getrennte Einheiten sind, dann bauen wir tatsächlich ›in die Luft‹; und die Luft ist ein Dieb, der die Wärme und Feuchtigkeit unserer Bauten stiehlt. Die Luft zerstört ihre Außenhaut, verkürzt ihre Lebensdauer.«[88] Inzwischen gibt es bereits die Möglichkeit, in solchen Erdhäusern die Ferien zu verbringen,[89] die als Hobbit-Häuser unter dem Motto »Wohnen wie ein Hobbit« vermarktet werden. Die geäußerte Befürchtung, dass sich die Bewohner eines Erdhauses aufgrund der unvermeidlichen dunklen Bereiche des Hauses »wie in einem Tunnel oder einer Höhle fühlen«,[90] dürfte von denjenigen, die eine solche Wohnweise wählen, kaum als Nachteil, sondern gerade als Teil der Attraktion von Erdhäusern empfunden werden.

Zusammengenommen lassen sich diese verschiedenen Trends zum erdnahen Bauen und Wohnen – Erdhäuser- und wohnungen, Earthscraper – unter dem Bergiff *Terra-* oder *Geo-Tektur* subsumieren: »Warum der Name *Terra-Tektur*? Er soll aussagen, daß sich hier das Bauen mit der Erde penetrativ – im Gegensatz zu superfizial – befaßt, also an und in die Erde geht. *Geo-Tektur* meint das gleiche, nur mit griechischem Prädikat. Beide Begriffe wurden in den sechziger Jahren in den USA geprägt.«[91] Geosoziologisch gesehen geht es darum, die Architektur insgesamt als mit der Erde verbunden anzusehen und deshalb als *Geo-Architektur* zu bezeichnen. Davon kann die *Geo- bzw. Terra-Tektur* noch einmal unterschieden werden, insofern diese ausschließlich die *unterhalb* der Erdoberfläche befindlichen Bauten umfassen soll. Geo-Architektur ist also nicht immer schon Geo-Tektur. Anders als diese schließt Geo-Architektur auch das Bauen auf dem Wasser ein, da auch Flüsse, Seen und Meere zur Erde gehören. Der Schweizer und US-amerikanische Architekt Pierre Zoelly (1923-2003) argumentiert, dass sich das Interesse an der unterirdischen Architektur aus den zentralen Eigenschaften unserer Epoche speist, zu denen er »Angst, Unruhe, Rückzug und Neubesinnung«[92] zählt. Er beschreibt, wie das unterirdische Wohnen die Bedingungen bereitstellt, um vor den Anforderungen des

88 Ebd.

89 Vgl. ⟨https://feriendorf-auenland.de/erdhaeuser/⟩, letzter Zugriff 18.08.2021.

90 ⟨https://blog.allplan.com/de/erdhaus-trend-nachhaltiges-bauen⟩, letzter Zugriff 02.08.2021.

91 Zoelly, *Terratektur*, S. 9.

92 Ebd., S. 10.

hektischen modernen Lebens Zuflucht nehmen zu können. Gerade diese Art der Architektur steht damit in deutlicher Kontinuität zu den Höhlenbauten und ihrer Schutzfunktion: »Denn was bietet besseren Schutz als solider Fels und konstante Erdtemperatur?«[93]

Trotz der schutzbietenden Funktion und anderer Qualitäten hat das unterirdische Bauen mit Akzeptanzproblem zu kämpfen, die sicher mit den tief verankerten Konnotationen des Unterirdischen zu tun haben werden, die über Schutz und Sicherheit hinausgehen: Unter der Erdobläche befindliche Behausungen werden oftmals als Fluchträume wahrgenommen. Das Wohnen unter der Erde entspricht in vielen Fällen einer Flucht vor den auf der Erdoberfläche lauernden Gefahren. So verbindet sich mit der Flucht in den Luftschutzkeller der Krieg und damit der Tod: »Der Luftkrieg hat die Menschen unter die Erde getrieben.«[94] Der dort eigens eingerichtete Luftschutzkeller erzeugt schon deshalb Unbehagen, weil zu Recht die Befürchtung besteht, er könnte das Grab sein, »in das man zwar hineinkommt, aus dem man jedoch nicht wieder herauskommt«, weshalb er als »Nullpunkt der Architektur« bzw. »Nichtarchitektur«[95] bezeichnet werden kann. Während des Kalten Krieges wurden eine Menge neuer Bunker aus Angst vor einem drohenden Atomschlag gebaut.[96] Heute werden sie aus Furcht vor einer Klimakatastrophe errichtet. Dabei geht es nicht um komfortable Behausungen, sondern um provisorische Verstecke, die nur für eine absehbare Zeit aufgesucht werden, in der Hoffnung, man könne dort die über der Erdoberfläche tobenden Ereignisse abwartend überleben.[97] Auch wer der Verfolgung zu entgehen wünscht,

93 Ebd., S. 16. Insgesamt handelt es sich für Zoelly beim »Übergang von der Architektur zur Terratektur um einen Gedanken- und Formentransfer vom männlichen zum weiblichen Prinzip«. Ebd., S. 17.

94 Marion Ackermann, »Vorwort«, in: Kunstsammlung Nordrhein-Westfalen (Hg.), *Unter der Erde. Von Kafka bis Kippenberger*, Dortmund 2014, S. 7.

95 Dirk Baecker, »Bauen, Ordnen, Abreißen im Formmodell des Sozialen. Die ›Architektur der Gesellschaft‹ aus system- und formtheoretischer Sicht«, in: Joachim Fischer, Heike Delitz (Hg.), *Die Architektur der Gesellschaft*, S. 195-222, hier S. 206.

96 Vgl. Paul Virilio, *Bunkerarchäologie*, Wien 2011.

97 Auch nach der Apokalypse werden wieder die Höhlen aufgesucht. wie etwa in *The Road* von Cormac MacCarthy, Stuttgart 2014 geschildert. Aber nicht jede, auf die man trifft, ist sicher: Ist es das eine Mal eine gut gefüllte Speisekammer, ist es ein anderes Mal ein Verließ mit Gefangenen, die selbst als

flieht unter die Erde. Der einst mächtige irakische Diktator Saddam Hussein (1937-2006) wird nach dem Sturz seines Regimes in einem armseligen Erdloch aufgefunden und in verwahrlostem Zustand der Weltöffentlichkeit vorgeführt.[98] Mit kaum einem anderen Bild hätte sich seine Niederlage besser illustrieren lassen. Das schlechte Image des unter der Erde Befindlichen hat einen großen Anteil an dieser Wahrnehmung eines massiven Scheiterns. Wie wir bereits in der Auseinandersetzung mit dem Leben der Pflanzen und Tiere und deren Status in der Hierarchie des Lebens gesehen haben, gibt es grundsätzlich eine niedrigere Bewertung all dessen, was sich unter unseren Füßen, im Boden, unter der Erdoberfläche befindet.[99] Ein Teil dieser Vorbehalte mag darauf zurückzuführen sein, dass wir nur sehr wenig über das wissen, was sich im Erdreich vollzieht, da wir es nur schlecht beobachten können,[100] was wiederum die Phantasie anregt, sodass der »Raum unter der Erde [...] zum Raum der Projektion und Imagination«[101] wurde. Steht das leichte, lufti-

Nahrung dienen. Höhle steht hier nicht durchgängig für Sicherheit. Auch in der Steinzeit konnte sich darin bereits ein Bär befinden. Erst wenn man sich der Unbewohntheit versichert hatte, taugte sie als Schutzraum. Zum Fluchtraum vor dem Klimawandel wird ein Bunker in *Take Shelter – Ein Sturm zieht auf* (USA 2011, R: Jeff Nichols).

98 Mit der Enttäuschung über die Fehlversuche der Astronautik (vgl. Kap. 5.3), aufgrund der »Unbewohnbarkeit der Erde« (Blumenberg, *Höhlenausgänge*, S. 802) unter den Planeten eine Alternative für sie zu finden, richtet sich der Blick in die entgegengesetzte Richtung: »zum Unterirdischen und Innerirdischen als Überlebensstätte für die von der verderbten Oberfläche Flüchtigen. Pioniere dieser Wendung sind Personen, deren Schutzwürdigkeit vor tödlicher Einwirkung über jeden Zweifel so erhaben ist, daß nicht einer einmal angemeldet worden wäre. Tief in Felsen sind die Kommandozentralen für Fälle untergebracht und abgesichert, in denen vielleicht schon nichts mehr zu kommandieren wäre.« (Ebd.) Blumenberg erinnert dabei an Hitlers letzte Tage im Bunker.

99 Vgl. Kap. 2.2 und 2.3.

100 Die Botanik beginnt gerade erst mithilfe aufwändiger Verfahren die Wurzeln als elementaren, bisher aber wenige beachteten Teil der Pflanze zu untersuchen. Ähnlich wie bei den herkömmlichen Betrachtungen von Häusern und Städten, die sich mit deren unterirdisch befindlicher Infrastruktur kaum befassen, hat man sich auch hier nahezu ausschließlich mit dem über der Erdoberfläche wachsenden und damit sichtbaren Teil der Pflanze beschäftigt. Vgl. dazu ⟨https://www.3sat.de/wissen/wissenschaftsdoku/210415-weltretterwurzeln-wido-104.html⟩, letzter Zugriff 23.08.2021.

101 Marion Ackermann, »Vorwort«, S. 6.

ge und offene Bauen ganz im Zeichen der Transparenz, steht alles Unterirdische mit dem Geheimnis im Bunde. Ein schon größerer Teil der Vorbehalte kann darauf zurückgeführt werden, dass sich die erschwerten Beobachtungsmöglichkeiten unter der Erde auch nutzen lassen und gerade unser Wissen um das hier stattfindende Geschehen das Unbehagen an unterirdischen Räumen weiter steigert. Unter die Erde wird gerne all das verlegt, was den Blicken der anderen tunlichst verborgen bleiben soll. Wie geschaffen dafür ist der Keller eines Hauses:

> Gewiß wird man ihn nützlich finden. Man wird ihn rationalisieren, indem man seine Bequemlichkeiten aufzählt. Zuerst ist er jedoch das dunkle Wesen des Hauses, das Wesen, das an den unterirdischen Mächen teilhat. Wenn man dort ins Träumen gerät, kommt man in Kontakt mit der Irrationalität der Tiefen.[102]

Wie uns der Film *Im Keller* (Ö 2014, R: Ulrich Seidel) plastisch vor Augen führt, werden hier geheimste, nicht gesellschaftsfähige Wünsche ausgelebt und wird bizarren Hobbies nachgegangen. Auch werden im Keller bevorzugt Dinge und auch Menschen versteckt, die nicht jeder zu Gesicht bekommen soll. Auslöser für seinen Film soll unter anderem der Fall des Josef Fritzl gewesen sein, der im Keller seines Hauses über Jahre seine eigene Tochter gefangen hielt, die er vergewaltigte und mit der er sieben Kinder zeugte. Durch diese Formen der Nutzung – von eher harmlosen Ausschweifungen bis zu schweren Verbrechen – erscheint der Keller nicht nur als eines der letzten Refugien von Privatheit, sondern auch als verhängnisvolle Falle. Die Akteure und Täter machen sich hier die Erfahrung zunutze, in den Kellerräumen ungestörter zu sein als in den oberhalb der Erdoberfläche gelegenen Wohnräumen, die im Allgemeinen stärker frequentiert werden, sodass mit ungewollten Begegnungen immer gerechnet werden muss.[103]

102 Bachelard, *Poetik des Raumes*, S. 50.

103 Dass sich hier nahezu ausschließlich Männer mit Tolerierung der Frau ein eigenes Reich einrichten dürfen, das sonst niemand betreten darf, gehört nicht zufällig zu den festen Topoi in Thrillern und Horrofilmen. Überhaupt ist dieses Genre stark mit dem Haus und dem Wohnen verbunden. So sitzt die ausgestopfte Mutter von Norman Bates in Alfred Hitchcocks *Psycho* ›natürlich‹ im Keller. Zur psychoanalytischen Bedeutung des Kellers hat sich an diesem Beispiel Slavoij Žižek geäußert. Vgl. *The Pervert's Guide to Cinema, presented by*

Nicht zuletzt gilt die Welt unterhalb der Erdoberfläche auch als Reich der Toten: »Wer unter die Erde geht, sucht die Kommunikation mit den Toten.«[104] Dies schon deshalb, weil es ihr herkömmlicher Aufenthaltsort ist, sich hier ihre Gräber befinden. Nach christlichem Brauch werden die Gestorbenen in der Erde bestattet. Sie »werden in die Erde gelegt, be-erdigt, werden zu Erde«.[105] Insbesondere für einige nordamerikanische Indianerstämme sei es von großer Bedeutung, so Ute Guzzoni,

> daß ihre Gebeine oder ihre Asche wieder zur Erde werden. Die Erde, auf der sie leben, ist ihnen vermischt mit den Gestorbenen früherer Zeiten – toten Pflanzen, toten Tieren, toten Menschen –, weswegen die Vertreibung von dieser Erde eine Vertreibung nicht nur von ihrer Mutter Erde, sondern auch von der Gemeinschaft mit ihren Toten bedeutet.[106]

Auch aufgrund dieser schwer abzulegenden Verbindung des Unterirdischen mit dem Reich der Toten bleibt das Wohnen im Erdreich von bisher eher begrenzter Verbreitung.

Slavoj Žižek (GB 2006, R: Sophie Fiennes). Wenn nun alles Wohnen unter die Erde verlegt wird, breiten sich dann die dort begangenen Taten überallhin aus? Lädt es zu solchen Verhaltensweisen und Taten am Ende geradezu ein? Das ist wohl eher unwahrscheinlich. Durchaus plausibel ist es aber, die Häuser selbst als Akteure zu begreifen, vgl. dazu Thomas Gieryn, »What Buildings Do«, in: *Theory and Society* 31 (2002), S. 35-74 und grundsätzlich: »Es ist das Unglück, daß Würde und Feinheit von Gedanken oft von den Raumverhältnissen eines Zimmers, einer beglückenden Fensteraussicht, einem gewissen Maß von Licht und Farbe abhängig sind, so daß einer, der sein Leben lang in einer Art von länglichen Schachteln gehaust hat und eines Tages ein edel proportioniertes Gemach betritt, sich zu glauben geneigt findet, wieviel er vielleicht allein durch den Charakter seiner Wohnräume geistig verloren haben könnte.« Christian Morgenstern, *Stufen*, München 1984, S. 178. Daran wird deutlich, dass Häuser uns zwar kaum zu Taten zwingen können, durchaus aber Einfluss auf unser Handeln und Empfinden nehmen.

104 Ulrich Raulff im Gespräch mit Marion Ackermann, in: Kunstsammlung Nordrhein-Westfalen (Hg.), *Unter der Erde*, S. 65-74, hier S. 72. Nicht selten wird auch der Sitz der Hölle unter der Erde vermutet, vgl. Florence Thurmes, »Unheimlich unterirdisch«, in: ebd., S. 105-112.

105 Guzzoni, *Wohnen und Wandern*, S. 91.

106 Ebd. Die »Erdbestattung« gilt auch seit den Anfängen des Chistentums als übliche Form der Bestattung. Der Sarg aus verrottbarem Material und die Leiche als zersetzbarer Körper sorgen für einen Zerfallsprozess, an dessen Ende die Verwandlung in fruchtbaren Humusboden steht. Vgl. dazu Oliver Roland (Hg.), *Friedhof – Ade? Die Bestattungskultur des 21. Jahrhunderts*, Mannheim 2006.

Erschwerend kommt hinzu, dass die unterirdische Architektur weitgehend unsichtbar ist. Im Gegensatz zu ihrer großen Schwester, der Geo-Architektur, zeigt sich die Geo-Tektur nicht. Sie steht nicht für jeden sichtbar da, sondern verbleibt im Verborgenen und erschließt sich nur über das Betreten der Gebäude, wird also nur kinetisch und haptisch erfahrbar, entbehrt aber weitgehend der Visualität, die gerade zu den überragenden Charakterzügen von Architektur zählt. Wenn sie diese aufgibt, gibt sie sich dann nicht selbst auf? Dass man über Erdarchitektur »buchstäblich [...] stolpern sollte, bevor man sie sieht«,[107] erweist sich so gesehen als Nachteil. Notwendig für ihren Erfolg wäre insofern nicht zuletzt eine diesbezügliche Einstellungsänderung der Architekt:innen, die auf die unübersehbare Präsenz ihrer auf Sichtbarkeit angelegten Gebäude im öffentlichen Raum verzichten müssten. Bisher hat vor allem dort auch das Unterirdische eine Chance, wo beides miteinander kombiniert werden kann: die oberirdische Sichtbarkeit eines stattlichen Gebäudes und die unterirdische Raumerweiterung zur Herstellung jeglichen Luxus. Realisiert wird dies in den so genannten »Eisberg-Villen«,[108] die ihren Namen der Tatsache verdanken, dass diese Gebäude unterhalb ihrer sichtbaren Erscheinung oberhalb der Erdoberfläche über weitere unsichtbare, weil unterhalb der Erdoberfläche gelegene Etagen verfügen. Der begrenzte Raum in exklusiven Lagen der Londoner Innenstadt wird von einigen superreichen Bewohner:innen durch ein Ausweichen in die Tiefe kompensiert. Die unterirdischen Erweiterungsbauten enthalten Swimmingpools, Trainingsräume, Heimkinos, Quartiere für das Personal und Garagen für die Luxusautomobile.

Mit diesen unterschiedlichen Formen unterirdischen Wohnens scheint die Sesshaftigkeit wieder manifest zu werden und die Höhlenwohnungen an Attraktivität zu gewinnen. Zwar haben sie oftmals mit den Vorbehalten gegenüber dem Unterirdischen zu kämpfen, aber aus ökologischer Sicht haben vor allem die Erdhäuser eine kaum zu bestreitende Attraktivität. Allerdings ist inzwischen fraglich, ob sich der Raum unter der Erde insgesamt noch als Rettungsraum vor den oberirdischen Umweltzerstörungen ansehen lässt an-

107 Edelhart, *Das Erdhaus*, S. 10.

108 Vgl. ⟨https://www.spiegel.de/politik/die-toten-haeuser-von-london-a-0b7a1b63-0002-0001-0000-000157772724⟩, ⟨https://www.ubm-development.com/magazin/londons-luxurioese-unterwelt/⟩, letzter Zugriff 06. 08. 2021.

gesichts vielfach verseuchter Böden, des dort lagernden Atommülls usw. Selbst dort, an diesen entlegenen Orten, begegnet der Mensch noch seinen eigenen Eingriffen in das Ökosystem Erde.

Mit steigender Mobilität der Gesellschaft gibt es über das unterirdische Wohnen hinaus auch einen unübersehbaren Trend hin zum mobilen Wohnen, das für eine traditionelle Vorstellung vom Wohnen ein Widerspruch in sich ist. Das muss aber nicht so bleiben.

3.3.2 Mobiles Wohnen: Zwischen Sesshaftigkeit und Nomadentum

Auf die existentielle Bedeutung des Wohnens für den Menschen ist zu Recht immer wieder aufmerksam gemacht worden. Ob nun Höhle, Hütte oder Haus: Jede dieser Behausungen bietet dem Menschen eine Wohnstatt, die auf ein grundlegendes Bedürfnis nach Schutz und Rückzug antwortet: »Wir wohnen. Wir können nicht leben, wenn wir nicht wohnen. Wir wären unbehaust und schutzlos. Ausgesetzt einer Welt ohne Mitte. Unsere Wohnung ist die Weltmitte. Aus ihr stoßen wir in die Welt vor, um uns auf sie wieder zurückzuziehen. [...] Unsere Wohnung ist das, was die Welt befestigt.«[109] Neben dem Stabilisierungs- und Schutzaspekt betont Vilém Flusser (1920-1991) bei dieser Bestimmung des Wohnens das Verlassen der Wohnung und die Rückkehr in sie. Demnach ließe sich das typisch menschliche Wohnen als steter Pendelverkehr zwischen Wohnung und Welt konzipieren. Ohne den möglichen Rückzug in unsere Behausungen würden wir uns den Vorstoß in die Welt wohl gar nicht erst zumuten: »Meine Wohnung, dieses Netz von Gewohnheiten, dient dem Auffangen von Abenteuern und dient als Sprungbrett ins Abenteuer.«[110] Erst aus diesem Schutzraum heraus wagen wir den Kontakt mit dem vielfältigen Leben, das uns zwar ständig umgibt, dem wir uns aber nur dosiert zuwenden, der Rückkehrmöglichkeit in das eigene Habitat stets eingedenk.[111] Flusser

109 Flusser, *Dinge und Undinge*, S. 89. Auch Gaston Bachelard thematisiert »wie wir unseren Lebensraum [...] bewohnen, wie wir uns Tag für Tag in einen ›Winkel der Welt‹ verwurzeln. Denn das Haus ist unser Winkel der Welt. Es ist [...] unser erstes All. Es ist wirklich ein Kosmos.« Bachelard, *Poetik des Raums*, S. 36.

110 Vílem Flusser, *Von der Freiheit des Migranten*, Bensheim 1994, S. 27.

111 Paul Tillich bestimmt das Verhältnis von Raum, Zeit und Wohnen und fasst

unterscheidet sich mit seinem Mobilität einschließenden Wohnverständnis von konkurrierenden Wohnbegriffen, die im Vergleich dazu vor allem die Bleibefunktion und Dauerhaftigkeit des Wohnens betonen. Für den Architekturtheoretiker Achim Hahn etwa besteht kein Zweifel: »Man *wohnt*, um zu *bleiben*.«[112] Mit dieser Priorisierung des Bleibens als zentralem Charaktermerkmal des Wohnens geht eine Abwertung mobiler Wohnformen einher: »Ein Nomadenvolk braucht keine Bauten, allenfalls Zelte für den kurzfristigen Aufenthalt.«[113] Mit einer solchen Charakterisierung wird jedoch der Bautyp Zelt unterschätzt, der im *Lexikon der Bautypen* nicht umsonst einen Eintrag erhalten hat.[114] Darin wird das Zelt gerade »als *dauerhafte* [Hervorhebung MS] Behausung umherziehender Völker« vorgestellt, das *auch* »als kurzzeitige Unterkunft u. a. zu repräsentativen, militärischen und privaten Zwecken«[115] dient. Wer das Zelt dagegen allein als kurzfristigen Unterschlupf ansieht, verkennt in einer ausgeprägt westlichen Perspektive dessen Größe, aufwändigen Aufbau und reichhaltige Ausstattung. Das Leben der Nomaden ist weder als selbstgewählte Lebensweise zu verstehen, noch stellen Zelte eine primitivere Form des Wohnens dar als das Wohnen in gemauerten Häusern. Wie ein genauerer Blick auf das Leben der Nomaden zeigt, ist vielmehr auch diese Architektur »nur zusammen mit dem geographischen Milieu zu denken: dem weiten Raum der Wüste, der Existenz bestimmter Tiere, der Kamele, deren Produkte und Affekte (Ausdauer, Geschwindigkeit, Genügsamkeit, Tragfähigkeit)«.[116] Wie in allen anderen Regionen der Welt entsteht auch in der Wüste eine an den dortigen klimatischen und geographischen Verhältnissen orientierte Architektur, die mit der Heraus-

dabei Raum und Zeit als Themen philosophischer Abstraktion auf, während es das Wohnen mit der »Deutung des Nächsten, des Konkreten, des Alltäglichen« zu tun habe. Der »Raum des Wohnens […] ist die erste und unmittelbarste Beziehung, die der Mensch zum Raum überhaupt hat. In ihr schafft er sich den Raum, der *sein* Raum ist. Und erst von seinem Raum aus kann er vorstoßen in den Raum überhaupt, den unendlichen Raum.« Paul Tillich, »Das Wohnen, der Raum und die Zeit«, in: ders., *Der Widersteit von Raum und Zeit. Schriften zur Geschichtsphilosophie*, Berlin 1963, S. 328-332.

112 Hahn, *Architekturtheorie*, S. 168.

113 Vgl. ebd., S. 157.

114 Vgl. Seidl (Hg.), *Lexikon der Bautypen*, S. 574 ff.

115 Ebd., S. 574.

116 Delitz, *Architektursoziologie*, S. 101.

bildung einer bestimmten Lebensweise einhergeht. Wer das Wohnen mit einem langfristigen Verbleiben im Sinne der Sesshaftigkeit kurzschließt und das Umherziehen der Nomaden dementsprechend nicht mit dem Wohnen in Verbindung bringt, überschätzt das Verharren des Sesshaften an einem Ort und unterschätzt das Verbleiben des Nomaden in seinem Zelt. Mit anderen Worten: Die Lebensweise des Sesshaften ist weitaus mobiler, die Lebensweise des Nomaden weitaus ortsgebundener, als oftmals angenommen wird.[117] In beiden Lebensweisen wird vielmehr das Verharrende und das Bewegliche, das Immobile und Mobile, das Verbleiben und das Wandern in Einklang zu bringen versucht, sodass sich die sesshafte und die nomadische Lebensweise weniger strikt gegenüberstehen, als oft der Anschein erweckt wird. Nur *überwiegt* in einem Fall der Aufenthalt an einem Ort, während im anderen das Umherziehen dominiert. Aufgrund dieses auf beiden Seiten zu findenden Mischverhältnisses lässt sich das nomadische Dasein auch nicht als reine Deterritorialisierung verstehen, sondern als eine dynamische Bewegung einander ablösender De- und Reterritorialisierungen, bei denen es allerdings zur langfristigen Einnahme und Verteidigung eines bestimmten Territoriums nicht kommt. Im Bezug zur Erde unterscheiden sich sesshaftes und nomadisches Dasein dadurch, dass das Haus in der Erde dauerhaft verankert wird, während das Zelt lediglich auf der Erde steht, dort aber durchaus fixiert werden muss, damit es nicht vom Wind fortgetragen wird. Ein Zelt ist kein Luftkissen, das ohne Durchdringung des Bodens auf der Erdoberfläche nur ruht, und steht deshalb nicht außerhalb der Geo-Architektur, sondern stellt die spezifische *Architektur der Nomaden*[118] dar. Wenn wir als charakteristischen Unterschied gelten lassen, dass das Haus einen festen Standort hat und nur seine Bewohner beweglich sind, während der Nomade beim längerfristigen Verlassen seines temporären Standortes sein Zelt mitnimmt, können wir an einigen aktuellen Wohntrends unserer Zeit eine Annäherung an diese nomadische Existenzweise feststellen: »Nur in den Vereinigten Staaten kann es einem

117 Wäre das strikte Verbleiben an einem Ort das entscheidende Merkmal des Wohnens, müssten die Insassen der Gefängnisse den Idealtypus des Wohnenden darstellen. Dass auch in Gefängnissen durchaus gewohnt wird, zeigt Jürgen Hasse, *Unbedachtes Wohnen. Lebensformen an verdeckten Rändern der Gesellschaft*, Bielefeld 2009, S. 45 ff.

118 Torvald Faegre, *Zelte. Die Architektur der Nomaden*, Hamburg 1980.

auf der Autobahn passieren, von einem kleinen Einfamilienhaus mit flatternden Gardinen, einem Kamin, einem Spitzdach und manchmal sogar mit kleinem Balkon überholt zu werden.«[119] Diese Häuser befinden sich auf dem Anhänger eines Lastkraftwagens und werden über die Interstates an ihren Standort gebracht. Diese *mobile homes* stehen für den Versuch, Mobilität und Sesshaftigkeit miteinander zu vereinen im Sinne einer »Mobitektur«.[120] Nach Marco D'Eramo gelingt dies nicht, weil sie weder die volle Mobilität eines Autos noch die Bequemlichkeit eines Hauses erreichen, da sie mit ihren Standardmaßen von elf Metern Länge und dreieinhalb Metern Breite gerade einmal auf vierzig Quadratmeter Wohnfläche kommen. Zudem würden sie zumeist nur von der Fabrik an einen festen Ort geliefert und anschließend entweder nie wieder fortbewegt oder von einem standardisierten Campingplatz zum nächsten befördert, an denen sie auf die immer gleichen Aussichten stoßen und die immer gleichen Menschen treffen, die mit *mobile homes* und Wohnwagen unterwegs sind.[121] Selbst wenn sich in diesem Fall die Waage deutlich in Richtung Sesshaftigkeit neigt, kann die durch das *mobile home* erreichte Lebensweise, die weit weniger fest an einen bestimmten Ort gebunden ist als bei einem klassischen Hausbau, nicht bestritten werden. Vor allem aber gibt es weitere Beispiele, die ebenfalls für den Versuch stehen, das Unterwegssein mit den Annehmlichkeiten der Sesshaftigkeit zu verbinden. Dafür spricht schon die Entwicklung des Automobils insgesamt, das nicht nur zur Durchquerung des Raums benutzt werden kann, sondern auch selbst als »Wohnraum«[122] fungiert, da auf seine luxuriöse Inneneinrichtung im Laufe der Jahrzehnte immer mehr Wert gelegt wurde, sodass es nicht mehr länger als Gegenstück zur Wohnung betrachtet werden kann, sondern inzwischen selbst ein »Zuhause, allerdings ein außergewöhnliches; ein verschlossenes Gehäuse der Intimität«[123] geworden ist. Immer mehr Tätigkeiten können auch

119 D'Eramo, *Das Schwein und der Wolkenkratzer. Chicago: Eine Geschichte unserer Zukunft*, S. 84.

120 Vgl. dazu Markus Schroer, »Raum, Wohnen und Mobilität«, in: ders., *Räume der Gesellschaft. Soziologische Studien*, Wiesbaden 2019, S. 167-177.

121 Vgl. D'Eramo, *Das Schwein und der Wolkenkratzer*, S. 87.

122 Jean Baudrillard, *Das System der Dinge. Über das Verhältnis zu den alltäglichen Dingen*, Frankfurt/M., New York 1991, S. 91.

123 Ebd., S. 88.

im Auto erledigt werden: Die Liegesitze ermöglichen das Schlafen und den Beischlaf, die Hi-Fi-Anlage das Musikhören, Essen und Trinken wird durch das Anbringen von an den Sitzen befestigten Tischen und Haltevorrichtungen für Trinkgefäße, das Telefonieren mit der Einrichtung von Freisprechanlagen ermöglicht. In besonders luxuriös ausgestatteten Straßenkreuzern fehlt es auch nicht an TV und einer Bar. Das selbstfahrende Auto wird diesen Trend, das Fahrzeug als Wohnraum auszustatten, in dem viele Tätigkeiten ausgeführt werden können, während es sich von A nach B bewegt, wohl noch weiter verstärken.[124]

Die Campingmobile unserer Gegenwart gehen den umgekehrten Weg des *mobile home*. Während dieses das Haus möglichst mobil machen soll, steht ein Campingmobil für eine zunehmende Verhäuslichung des Fahrzeugs. Denn das Luxuswohnmobil ist nicht nur ein Haus auf Rädern, es ist eher eine *mobile Villa* mit bis zu über fünfunddreißig Quadratmetern Wohnfläche.[125] In Bodennähe ist eine Garage integriert, in der ein Auto mitgeführt werden kann. Das fahrbare Haus, das als Fahrzeug fungiert, führt also ein kleineres Fahrzeug mit, um an einem entsprechenden Ort der Wahl die Mobilität aufrechterhalten zu können, während die Wohnmobilvilla als eine Art Mutterschiff für kleinere Ausfahrten nicht bewegt werden muss, sondern gleichsam vor Anker liegen bleibt, nicht unähnlich einem Flugzeugträger, der, sich selbst auf dem Wasser fortbewegend, Flugzeugen mit seiner Start- und Landebahn den Aufbruch, die Wiederkehr und den Aufenthalt an Bord ermöglicht.

Angesichts dieser Versuche, Mobilität und Sesshaftigkeit eng miteinander zu verbinden, indem Häuser Mobilität ermöglichen und Fahrzeuge zu Wohneinheiten umgerüstet werden, wird deutlich, wie wenig Fahrzeuge letztlich ausschließlich für den Aufbruch stehen und wie wenig Häuser mit dem Verharren an einem Ort gleichzusetzen sind. Roland Barthes hat den Zusammenhang von Wohnen und Transport schon für das Schiff gültig beschrieben:

> Das Schiff mag wohl das Symbol des Aufbruchs sein; auf einer tieferen Ebene ist es Chiffre der Abgeschlossenheit. Die Liebe zu Schiffen ist immer das

124 Vgl. Markus Schroer, »Raum, Wohnen und Mobilität«, und ders., Jessica Wilde, »Stadt und Körper«, in: Robert Gugutzer u. a. (Hg.), *Handbuch Körpersoziologie*, Wiesbaden 2016, S. 319-333.

125 Vgl. Christian Wüst, »Villa ohne Grenzen«, in: *Der Spiegel* Nr. 37, 07.09.2019.

Vergnügen, sich vollkommen einzuschließen, die größtmögliche Anzahl von Gegenständen unter Kontrolle zu haben, über einen absolut endlichen Raum zu verfügen. Wer eine Vorliebe für Schiffe hat, liebt zunächst ein superlativistisches, weil unwiderruflich abgeschlossenes Haus und keineswegs die großen Aufbrüche ins Ungewisse: Das Schiff ist ein Ort des Wohnens, erst in zweiter Linie Transportmittel. [...] Der Genuß der Einschließung erreicht seinen Gipfel, wenn es möglich ist, aus dem Inneren dieses vollkommen dichten Binnenraums durch eine große Scheibe das unbestimmte Außen des Wassers zu betrachten und so das Innere durch sein Gegenteil zu definieren.[126]

Diese Auffassung des Schiffes ließe sich auch auf das Flugzeug übertragen, von dem aus das unbestimmte Außen der Luft betrachtet werden kann. Autos ebenso wie Schiffe zeigen, dass der Wunsch nach Bewegung, Reisen und Transport so weit wie möglich so organisiert wird, dass ein Gefühl des behaglichen Abschlusses von der Außenwelt gesucht wird, so als hätte man sich gar nicht vom eigenen Zuhause entfernt. Hinzu kommt aber der ergänzende Trend der Umrüstung der Häuser in bergende Orte, von denen aus virtuelle Reisen nahezu gefahrlos unternommen und weltweit Kontakte eingegangen werden können.

Deutlich wird dadurch vor allem, dass Wohnen nicht mit fester Verwurzelung identifiziert werden muss, sondern mit Mobilität durchaus einhergehen kann. Wohnen, verstanden als ein Sich-räumlich-Einrichten, wird an jedem Ort unternommen – »wir reisen und wohnen unterwegs, bald hier, bald dort«.[127] Deshalb wird auch in Flüchtlingsheimen und anderen provisorischen Unterkünften, also auch unter widrigsten Bedingungen, durchaus gewohnt:

Selbst die Ärmsten der Armen bewahren sich ein Mindestmaß an Privatem, das es ihnen ermöglicht, wenigstens einige Augenblicke für sich zu sein. Ob Lumpen oder Nische, das ist das Residuum an Eigentum, das *proprium*, das die Menschen definiert: ein Mindestmaß, ein Rest, eine Spur, ein Residuum, die einzige *differentia specifica*. Ein vollkommen öffentliches Leben würde uns zerstören, totale Öffentlichkeit wäre tödlich.[128]

126 Roland Barthes, *Mythen des Alltags*, Vollständige Ausgabe, Berlin 2010, S. 105.

127 Heidegger, »Bauen, Wohnen, Denken«, in: ders., *Vorträge und Aufsätze*, Pfullingen 1954, S. 139-156, hier S. 141.

128 Michel Serres, *Atlas*, Berlin 2005, S. 50. Vilém Flusser, *Von der Freiheit des Migranten. Einsprüche gegen den Nationalismus*, Bensheim 1994, S. 27, geht noch weiter: »Man kann die Heimat auswechseln oder keine haben, aber man muß

Das Sich-Einrichten geschieht durch die Abschirmung eines sei es auch noch so kleinen Areals für uns allein, möglichst uneinsehbar und nicht ohne weiteres betretbar, ausstaffiert mit den Dingen, die uns wichtig sind und mit denen wir versuchen, uns eine vertraute Zone zu schaffen, um uns in ihr für eine gewisse Zeit einzurichten.[129] Oft reicht die Zeit dafür nicht aus, sodass der Wohneinrichtungsakt abgebrochen werden muss. Wenn jedoch ausreichend Zeit zur Verfügung steht, beginnen sogleich die Aktivitäten des Sich wohnlich-Einrichtens. Auf langen Bahnfahrten etwa lässt sich beobachten, wie Reisende ihr Abteil zu einem eigenen Wohnraum umzugestalten versuchen. Je intensiver sie sich niedergelassen haben, desto schwerer lassen sie sich von dort wieder vertreiben. Untrügliches Zeichen dafür, dass ein Wohnversuch stattgefunden hat, ist der hinterlassene Müll. In nuce lassen sich hier die Anfänge menschlicher Siedlungsversuche beobachten: Das Einnehmen eines Territoriums und die Verteidigung desselben gegen mögliche Besetzungsversuche durch andere.[130] Insofern wird das Wohnen durch das Aufbrechen zu einer Reise nicht aufgehoben, die Sesshaftigkeit nicht gegen das Nomadendasein eingetauscht, sondern so weit wie möglich bewahrt und an die neuen Gegebenheiten angepasst. Deshalb lässt sich mit Flusser festhalten: »Wir sind wohnende Tiere (sei es in Nestern, Höhlen, Zelten, Häusern, übereinandergeschichteten Würfeln, Wohnwagen oder unter Brücken). Denn ohne einen gewöhnlichen Ort könnten wir nichts erfahren.«[131] Als *wohnende Tiere* umgeben wir uns stets mit einem von uns gestalteten und eingerichteten Raum, der uns die Erkundung, die Erschließung und das Bereisen des Erdraums allererst ermöglicht.[132]

Das Haus der Gegenwart ist für Flusser nicht mehr als die nach außen abgeschlossene Höhle zu betrachten:

immer, gleichgültig wo, wohnen. Die Pariser Clochards wohnen unter Brücken, die Zigeuner in Karawanen, die brasilianischen Landarbeiter in Hütten, und so entsetzlich es klingen mag, man wohnte in Auschwitz. Denn ohne Wohnung kommt man buchstäblich um.«

129 Goffman hat dies selbst für den Fall der Asyle nachgewiesen, vgl. ders., *Asyle. Über die soziale Situation psychiatrischer Patienten und anderer Insassen*, Frankfurt/M. 1973.

130 Vgl. Kap. 4.4.

131 Flusser, *Von der Freiheit des Migranten*, S. 65.

132 Das ist selbst dann der Fall, wenn wir die Erde verlassen, um das Weltall auf der Suche nach lebenswerten Planeten erkunden, vgl. Kap. 5.3.

Das heile Haus mit Dach, Mauer, Fenster und Tür gibt es nur noch in Märchenbüchern. Materielle und immaterielle Kabel haben es wie einen Emmentaler Käse durchlöchert: auf dem Dach die Antenne, durch die Mauer der Telefondraht, statt Fenster das Fernsehen und statt Tür die Garage mit dem Auto. Das heile Haus wurde zur Ruine, durch deren Risse der Wind der Kommunikation bläst. Das ist ein schäbiges Flickwerk. Eine neue Architektur ist vonnöten.[133]

Die Medien verschaffen sich demnach Zutritt zum Haus und konterkarrieren seinen Abschluss und den Schutz nach außen. Doch warum es dadurch seine schützende Funktion verlieren sollte, ist nicht zwingend einzusehen. Während bei Flusser die Kommunikationstechnologien an die Stelle der typischen Bestandteile des Hauses treten, ersetzen sie diese keineswegs, sondern treten zu ihnen hinzu. Damit kann das Haus tatsächlich kein völlig abgeschlossener Bunker sein, in den nichts von außen Kommendes Einlass erhält, der Kontakt zur Außenwelt radikal unterbunden wird. Doch ein solches Haus hat es ohnehin nie gegeben. Das klassische Haus mit seinen Fenstern und Türen hat den Kontakt nach außen ja immer schon gesucht, organisiert und materiell hergestellt. Ähnlich wie diese architektonischen Grundelemente stellen auch die elektronischen Medien einen Kontakt mit der Welt her.[134] Es wird empfangen *und* gesendet und der Schutz vor unerwünschten Zutritten nicht aufgegeben, sondern noch verstärkt und auf den medial aufgerüsteten Wohnraum ausgedehnt. Etwa durch das Einrichten einer Firewall, die das hauseigene Netz vor unerwünschten Zugriffen

133 Flusser, *Von der Freiheit des Migranten*, S. 67.

134 Und sind damit nur die Nachfolger klassischer Medien. Dereinst dienten Bücherregale als »Gestell für Bücher, die mich mit der Welt verbinden«, Hans Paul Bahrdt, *Umwelterfahrung. Soziologische Betrachtungen über den Beitrag des Subjets zur Konstitution von Umwelt*, München 1974, S. 218. Ebenso wie ich ein Buch zur Hand nehme, um mich mit der Welt zu verbinden, kann ich dies heute mithilfe des Computers oder Smartphones tun. Bleibt das Buch im Regal oder bleiben die Geräte ausgeschaltet, besteht die Verbindung zur Welt nur potentiell. Das Zitat Flussers dagegen ruft eher das Bild eines willenlosen Ausgeliefertseins an die kommunikativen Ströme hervor, die in das Haus eindringen wie ein »Kolonialherr in die Stammesgesellschaft« (Jürgen Habermas). Notorisch vergessen wird in solchen Szenarien stets die Trivialität des durchaus noch immer möglichen Abstellens der Kommunikationsmaschinen. Sehr viel mehr als es zumeist eingestanden wird, ist das angebliche Ausgeliefertsein an die Technik, das einen gängigen Topos der Technikphilosophie ausmacht, selbstgewählt.

und Hackerattacken schützen soll. Statt einer Bedrohung des Hauses sieht Serres dagegen eher eine Vervielfältigung und Ausbreitung des Hauses bzw. Hausprinzips über dessen Grenzen hinaus: »Nehmen Sie wirklich die Straße? Nein, Sie wechseln nur das Haus.« Eine wirkliche Reise, die diesen Namen verdient, hieße für Serres: »Einen unbebauten Weg erfinden. Mit dem Wohnen aufhören.« Seine Schussfolgerung: »Man kommt von zu Hause gar nicht so leicht raus, wie man glaubt!«[135]

3.4 In der Erde verankert. Zur Geographie, Materialität und Infrastruktur der Städte

Bereits 3000 Jahre vor unserer Zeitrechnung entstanden die ersten Städte in Vorderasien, Ägypten, Mesopotamien und im Iran. Ihre Ausbreitung in den folgenden 1500 Jahren erfolgte »klimatisch begünstigt zwischen dem 20. und 40. Breitengrad vorwiegend an Meeresküsten und Flüssen«.[136] Sie werden also nicht wahllos über die Erdoberfläche verteilt, sondern dort erbaut, wo die klimatischen Bedingungen günstig sind und die geographische Lage die Versorgung mit ausreichender Nahrung verspricht, Schutz vor Feinden bietet und Handel ermöglicht. All diese äußeren Bedingungen nehmen Einfluss auf die Gründung und die Entwicklungsmöglichkeiten der Städte. Entgegen vielen geographisch indifferenten Darstellungen innerhalb der Stadtsoziologie unterscheiden sie sich bis heute danach, ob sie direkt am Meer liegen, ein Fluss durch sie hindurchfließt, sie hoch in den Bergen oder im flachen Tal errichtet worden sind. Die Art und Weise ihrer Versorgung, der Aufwand, der für die Errichtung und Instandhaltung ihrer Infrastruktur, die Mobilität ihrer Bürger und die Zugänglichkeit für aus-

135 Michel Serres, »Nie Netze verlassen …«. Interview mit Regis Debray für die Cahiers de Médiologie, übersetzt von Alessandro Baraberi. ⟨https://homepage.univie.ac.at/alessandro.barberi/Publikationen/Interview%20mit%20Michel%20Serres.pdf⟩, letzter Zugriff 19.08.2021.

136 Jürgen Hotzan, *dtv-Atlas Stadt. Von den ersten Gründungen bis zur modernen Stadtplanung*, München 1994, S. 23; vgl. Leonardo Benevolo, *Die Geschichte der Stadt*, Frankfurt/M., New York 1983; vgl. auch: »Hauptsächlich in der Nähe des Wassers konnten sich größere Märkte, größere Städte und ein lebhafterer Geldverkehr entwickeln. Das Binnenland behielt immer einen vorwiegend hauswirtschaftlichen Charakter.« Elias, *Über den Prozess der Zivilisation*, Bd. 2, S. 43.

wärtige Zulieferer und Besucher betrieben werden muss, hängt wesentlich ab von ihrer geographischen Lage. Die meisten soziologischen Auseinandersetzungen mit der Stadt kommen jedoch ohne eine solch ausdrückliche Berücksichtigung dieser erdräumlichen Faktoren aus. Der Versuch, eine genuine *Soziologie* der Stadt zu betreiben, zeigt sich im Gegenteil darum bemüht, geographische Zusammenhänge weitgehend auszusparen, um eine Alternative zur herkömmlichen, historisch-geographischen Betrachtung der Stadt bieten zu können und auf gar keinen Fall mit einer *Geographie* der Stadt verwechselt zu werden.[137] Die anfänglich noch zu beobachtende Bereitschaft der Stadtsoziologie zur Berücksichtigung geographisch-physischer Zusammenhänge – etwa in den Schriften der Vertreter der Chicago School oder der sozialen Morphologie – tritt mehr und mehr in den Hintergrund zugunsten einer reduktionistischen Betrachtung des Städtischen als ein Interaktionsgeschehen zwischen Menschen, das als das genuin Soziale ausgegeben wird. Folge dieses fragwürdigen professionspolitischen Emanzipationswillens ist die weitgehende Entmaterialisierung und Entnaturalisierung der Stadt. Im Mittelpunkt einer als Teilbereich der Soziologie etablierten stadtsoziologischen Forschung stehen Themen wie Armut und Ausgrenzung, Gentrification, Milieus, Nachbarschaft, Stadtkultur, Zuwanderung,[138] die zwar alle auf räumliche Zusammenhänge verweisen, oftmals aber ohne Raumbezug diskutiert werden. Architektur, Natur, Boden, Klima, Pflanzen und Tiere kommen in der herkömmlichen Stadtsoziologie nur am Rande vor. Wenn die Stadt überhaupt als spezifischer Raum thematisiert wird, meint das den durch soziale Kontakte zwischen Menschen entstehenden sozialen Raum bzw. Begegnungsraum. Es hat den An-

137 Zu dieser allgemeinen Absetzbewegung gegenüber der Geographie vgl. Kap. 1.2.

138 Obligatorisch erscheint dafür der von Hartmut Häußermann herausgegebene Sammelband *Großstadt. Soziologische Stichworte*, Opladen 2000. Es passt zur Ausrichtung einer solchen Stadtsoziologie, dass dieser renommierte Sammelband einen Eintrag zur »Ökonomie der Stadt« aufweist. Dabei handelt es sich um die einzige Orientierung an einer anderen Disziplin, die von einer breiten Mehrheit in der Soziologie als unproblematisch angesehen wurde. Eine »Biologie« oder »Geographie der Stadt« scheint dagegen geradezu außerhalb des Denkbaren – trotz der wirkmächtigen Chicago School, die den Bereich des Biologischen und Geographischen ausdrücklich nicht gemieden hat, was sie für die Geosoziologie attraktiv macht.

schein, als müsse gerade die Stadt, die als *die* Errungenschaft der Moderne angesehen wird, von sämtlichen Restbeständen natürlicher und materieller Faktoren bereinigt werden, da diese mit traditionellen Gesellschaftsformen und der dort noch gegebenen Abhängigkeit von der Natur assoziiert werden. Wie sehr in den meisten soziologischen Darstellungen der Stadt die erdräumlichen Zusammenhänge vollständig in Vergessenheit zu geraten drohen, erkennt man schon am Duktus der wenigen Interventionen, die dieser Entnaturalisierung und Entmaterialisierung der Stadtforschung entgegenzuwirken versuchen, indem sie an die Berücksichtigung der natürlichen Basis gemahnen: »Aber immer noch steht alles auf Böden und Gestein, immer noch gibt es Klima und Pflanzen, es gibt Wasser und eine spezifische Topographie, das heißt, es gibt die Natur der Stadt.«[139] Es ist diese spezifische Topographie, die den Städten ihren je besonderen Charakter verleiht. Sie bestimmt weitgehend darüber, was eine Stadt vermag, welche Möglichkeiten sie hat und welche ihr verbaut sind. [140] Was wäre Venedig ohne die Tatsache, dass sie eine auf Schwemmland gebaute Lagunenstadt ist, in der man sich nur zu Fuß oder mit dem Boot vorwärtsbewegen kann? Was wäre San Francisco ohne seine charakteristischen Hügelketten, die eine Fortbewegung durch die Stadt per Tram oder Auto zu einer permanenten Auf- und Abbewegung machen? Was wären Casablanca oder Tanger ohne den Wüstensand, der einen überallhin verfolgt? Was wäre London ohne die Themse? Die Eigenheiten einer Stadt beginnen mit ihrer charakteristischen Lage, ihrer besonderen geographischen und geologischen Basis, die weitere Eigenschaften und die in ihr möglichen Lebensweisen nach sich ziehen. Es handelt sich hier nicht um triviale Oberflächenphänomene, die Ansicht der Städte, deren bloßes Erscheinungsbild und Image, die sie allein für die Tourismusindustrie von sich entwerfen, und es sagt viel über die übliche soziologische Erforschung der Stadt aus, wenn

139 Detlev Ipsen, »Ökologie, Naturverhältnis«, in: Hartmut Häußermann (Hg.), *Großstadt*, S. 191.

140 Vgl. Radkau, *Natur und Macht*, S. 142 ff. Auch bei Max Weber, *Wirtschaftsgeschichte: Abriss der universalen Sozial- und Wirtschaftsgeschichte*, München 1923, S. 277, heißt es bereits: »[B]ezeichnend ist, daß es in der Antike keine Stadt von Bedeutung gab, die weiter als eine Tagesreise vom Meere entfernt gelegen wäre: nur jene blühten, die aus politischen oder geographischen Gründen starke Chancen der Teilnahme am Handel besaßen.«

derlei Informationen in die Reiseliteratur verbannt werden, so als handele es sich um rein touristische Attraktionen, die über das typische Leben einer Stadt nichts weiter aussagen. Dabei geht es hier vielmehr um die von der Stadt vorgegebenen Strukturen, an denen sich noch jedes Leben auszurichten hat. Man kann nicht in jeder Stadt das gleiche Leben führen, sondern muss es an den dortigen Verhältnissen, den physischen Gegebenheiten und materiellen Strukturen ausrichten. Doch eine solche Annäherung an die Städte erscheint aus einem weit verbreiteten soziologischen Blickwinkel heraus offenbar als zu deterministisch. Dabei ist mit der Anerkennung bestimmter räumlicher Vorgaben der jeweilige Gebrauch, den Bewohner von ihrer Stadt machen, nicht vollkommen festgelegt, ganz gewiss aber vorstrukturiert. Der unbedingte Wille, auch nur den Anflug eines Determinismus zu vermeiden, verführt auch die Stadtsoziologie zu einem ausufernden Voluntarismus, der allein die kreative Hervorbringung der Stadt durch ihre Benutzer und Bewohner betont und damit überzeichnet. Der einseitige Blick auf menschliche Aktivitäten und Beziehungen, die die Stadt ausmachen sollen, unter Absehung von ihrer Materialität, ist – insbesondere der deutschen – Stadtsoziologie, die zu lange von einer rein sozialstrukturellen Perspektive gelebt hat, offenbar nur schwer auszutreiben. Eine Berücksichtigung der materiellen Basis der Stadt findet sich dagegen etwa in Joachim Fischers architektursoziologischer Perspektive: »Die Stadt als soziales System funktioniert primär nicht über soziale Interaktion in ihr, sondern über die Baukörper als symbolische Kommunikationsmedien, die spezifisch städtische Kommunikation vorcodieren.«[141] Über die Baukörper hinaus aber wären nach einem geosoziologischen Verständnis auch die geographischen und klimatologischen Verhältnisse zu berücksichtigen, die das tägliche Leben in der Stadt bestimmen, spezifische Baukörper hervorbringen und deren gewählte Materialität mitbedingen. Klima, Geologie und Geographie geben zu einem erheblichen Teil vor, was eine Stadt vermag und welche Möglichkeiten – zur Expansion, zur Veränderung, zur Neuerfindung – ihr verschlossen bleiben. Wie so oft, ließe sich auch in diesem Fall vom

141 Joachim Fischer, »Interphänomenalität. Zur Anthropo-Soziologie des Designs«, in: Stephan Moebius (Hg.), *Das Design der Gesellschaft. Zur Kultursoziologie des Designs*, Bielefeld 2012, S. 91-107, hier S. 105.

Film lernen.[142] *Lola* (Frankreich/Philippinen 2009, R: Brillante Mendoza) etwa erzählt eine Geschichte, zu der das enge Leben in den Straßen von Manila, die auf Stelzen stehenden Häuser, die nur mit dem Boot zu erreichen sind, und der Dauerregen nicht bloß eine Kulisse bieten, vor deren Hintergrund sich die Geschichte abspielt. Vielmehr wird diese spezifische Umgebung zu einem tragenden Element der Geschichte, weil die klimatischen, meteorologischen und physischen Gegebenheiten ebenso Einfluss auf das Geschehen nehmen wie die sozialen und politischen Verhältnisse. Sie erschweren bestimmte Handlungen ebenso, wie sie andere erst ermöglichen. Damit ist eine grundsätzliche Lektion über die Möglichkeiten und Einschränkungen des Lebens nicht nur in Städten verbunden, die wir uns jedoch zu ignorieren angewöhnt haben. Nach dem Selbstverständnis moderner Gesellschaften hat sich der moderne Mensch aus der Umklammerung des Wetters und anderer natürlicher Faktoren gelöst und durch Technik unabhängig gemacht.[143] Es ist kein Zufall, dass sich diese Haltung auch in der Art und Weise der Filmproduktion niederschlägt. Das so genannte Goldene Zeitalter Hollywoods wird vor allem anderen durch seine gigantischen Studios geprägt, in denen alle materiellen Umgebungen künstlich hergestellt werden können, um sich von der Unberechenbarkeit des Wetters oder anderer physischer Einflussfaktoren gänzlich unabhängig zu machen. Die Studios und ihre aufwändigen Nachbauten realer Schauplätze unter den schützenden Dächern weiträumiger Hallen sollen die absolute Kontrolle über den Produktionsvorgang erlauben. Alles was hier an Natur vorkommt, wird künstlich erzeugt: Der Schneefall oder ein Regenguss erfolgen auf Kommando und genau zur rechten Zeit, exakt dann, wenn sie benötigt werden. Diese totale Verfügung über eigentlich unkontrollierbare Elemente liefert das Modell dafür, wie man auch im realen Leben über die Natur gerne verfügen würde, um alles Unberechenbare und plötzlich Eintretende zu verhindern. Nicht nur aufgrund der enormen Anzahl von zeitgleich vorangetriebenen Produktionen, sondern auch aus diesem Grund kann Hollywood als Film*fabrik* bezeichnet werden. Von den geographischen Strukturen und klimatischen Verhältnissen wird in der soziologischen

142 Vgl. Markus Schroer, *Gesellschaft und Film*, Konstanz 2008.

143 Vgl. Kap. 2.4.

Erforschung der Stadt jedoch zumeist abstrahiert, da sie als Kind der Moderne deren Mythos von der stetig wachsenden Unabhängigkeit von erdräumlichen Bedingungen mitträgt und bei jedem Hinweis auf diese den Vorwurf des Umwelt- oder Raumdeterminismus fürchtet. Ihre Beschreibungen kommen folgerichtig dann auch zumeist ebenso aseptisch daher wie die Studioaufnahmen im Filmgeschäft: Kein Staub, kein Abfall, keine Fäkalien, keine lästigen Tiere oder widerspenstige Pflanzen trüben den Blick auf das rein menschliche Geschehen innerhalb der städtischen Kulisse. Von unliebsamen Gerüchen, die sich jedem Städter und Städtebesucher überall aufdrängen, ganz zu schweigen. Das Olfaktorische gehört innerhalb der soziologischen Erforschung der Städte nach wie vor zu den großen Unbekannten.[144] Und auch wenn die geographischen und klimatischen Faktoren hier und dort Berücksichtigung finden, steht in soziologischen Thematisierungen der Stadt vor allem die Begegnung einander fremder Menschen im Vordergrund, bei der die Stadt nur als bauliche Kulisse fungiert, der kein Einfluss auf diese Begegnungen zugestanden wird, da sie nur aus scheinbar passiven Objekten besteht. Das völlige Absehen von ihren materiellen Gegebenheiten erzeugt dabei einen Effekt, den der dänische Regisseur Lars von Trier in seinem Film *Dogville* (USA/Frankreich/Schweden 2003) erzeugt, indem er alle Schauspieler auf einer gänzlich unmöblierten, gleichsam nackten Bühne agieren lässt, auf der nur Kreidestriche auf das Vorhandensein von Wänden und Türen symbolisch hinweisen. Hier haben wir das Bild von einem nackten Raum vor Augen, der, frei von Sachen, jeglicher Dinglichkeit entbehrt und sich allein auf die menschlichen Figuren konzentriert.

Obwohl sich Stadtsoziologie insofern zweifellos auch ohne Berücksichtigung ihrer physisch-materiellen Basis betreiben lässt, ist aus geosoziologischer Perspektive darauf hinzuweisen, dass damit nur ein sehr eingeschränktes Verständnis der Stadt zu erreichen ist, weil man sich gewissermaßen nur für die Software, nicht aber für die Hardware der Städte interessiert, obwohl diese jene erst ermöglicht. Nicht im Fokus stehen bei der menschenzentrierten Betrachtungsweise der Städte die Architektur der Gebäude, die bauliche Substanz, die nichtmenschlichen Lebewesen und die kli-

144 Zu einer ersten Annäherung vgl. Markus Schroer und Jessica Wilde, »Mit allen Sinnen. Aufmerksamkeitsgenerator Stadt«, in: *Der Architekt. Zeitschrift des Bundes Deutscher Architekten* 2 (2012), S. 46-50.

matischen Verhältnisse. Zwar gibt es auch in diesem Fall Ausnahmen, zu denen vor allem Walter Benjamin und Siegfried Kracauer (1889-1966) zu zählen sind, die sich insbesondere für die dinglich-materielle Seite der Städte, für ihre Architektur und Bausubstanz interessiert haben. Obwohl beide längst zu den herausragenden Intellektuellen des zwanzigsten Jahrhunderts gezählt werden, nehmen sie innerhalb der Stadtsoziologie jedoch weiterhin eher den Status von Randfiguren ein.[145] Beide müssen als Opfer einer gerade auch in der Stadtsoziologie zu beobachtenden »Tabuisierung der Materialität«[146] angesehen werden, die auch die Soziologie insgesamt nachhaltig geprägt hat. Über Benjamin und Kracauer hinaus ist vor allem auf Heinrich Popitz (1925-2002) und Richard Sennett hinzuweisen, die den materiellen Aspekt der Stadt in ihren Schriften durchaus berücksichtigen. So ist für Popitz eine Stadt: 1. »ein Ort zentrierter Herrschaft«, der sich durch eine spezifische »Herrschaftsarchitektur« auszeichnet, die sich in monumentalen Bauten wie Burg, Palast, Rathaus, Tempel und der Ummauerung der Stadt ausdrückt; 2. »ein großer Speicher« von Lebensmitteln, Produkten des Handwerks und Handelswaren, was sich baulich in Kornhäusern, Kaufhäusern und Markplätzen niederschlägt; 3. »eine räumliche Konzentration von arbeitsteiligen Aktivitäten«, die ihre bauliche Entsprechung in Werkstätten, Handwerksquartieren, Manufakturen und Fabriken finden; 4. »ein Ort verdichteten Zusammenlebens großer Menschenmengen«, der sich oberirdisch durch enge Bebauung und Hochhausbauten auszeichnet und unterirdisch durch Kanäle für die Versorgung mit Wasser und die Entsorgung des Abwassers. Für Popitz entsteht mit der Stadt »eine neue Art von Raum, eine neue Komplexität erfundener räumlicher

145 Unverständlich ist dies vor allem im Fall Siegfried Kracauers, mit dem sich die Soziologie zwar ohnehin immer schwergetan hat, der aber – von seinen sonstigen soziologischen Beiträgen einmal abgesehen – auch zu Stadt und Architektur einschlägig publiziert hat, vgl. dazu Markus Schroer, »Auf der Suche nach der verlorenen Wirklichkeit. Aufmerksamkeit und Dingwahrnehmung bei Siegfried Kracauer«, in: *Österreichische Zeitschrift für Soziologie* 32, 1 (2007), S. 3-24. Beide Theorieangebote bleiben in gängigen soziologischen Überblicken über die Stadtforschung nach wie vor unberücksichtigt.

146 Bernward Joerges, »Prosopopoietische Systeme«, in: Jost Halfmann, Werner Rammert (Hg.), *Technik und Gesellschaft Jahrbuch 8: Theoriebausteine der Techniksoziologie*, Frankfurt/M., New York 1995, S. 31-48, hier S. 44.

Bezüge«.[147] Bemerkenswert ist an dieser dezidiert räumlichen Perspektive auf die Stadt, dass sie »Hoch- und Tiefbauarchitektur«[148] gleichermaßen berücksichtigt und sich damit einen Bezug zur materiellen Infrastruktur als Lebensadern der Städte bewahrt, der in der soziologischen Stadtforschung Seltenheitswert genießt.

Wenngleich sich Sennett immer auch für die Stadt als Begegnungsstätte von Fremden interessiert, widmet er sich doch zugleich ihren räumlich-materiellen Aspekten.[149] Mit *Fleisch und Stein* legt er eine Geschichte der Stadt vor, die von sich stetig wandelnden Körperbildern geprägt ist. Die Grundthese des Buches besagt, dass die Art und Weise der Körperbilder und des Körperempfindens die Gestalt urbaner Räume prägt. Aus dem äußeren Bild der Städte, aus der Architektur ihrer Gebäude, der Anlage und Größe von Plätzen und Straßen lassen sich Rückschlüsse auf die in der jeweiligen Epoche gültigen Körperbilder ziehen. Schon seine vorausgegangene Schrift *Civitas* ist eine der wenigen stadtsoziologischen Arbeiten, in denen die Architektur eine tragende Rolle spielt. Der öffentliche Raum, um dessen Erhalt bzw. Herstellung es Sennett immer wieder geht, ist hier keine neutrale Bühne, auf der sich die Begegnung zwischen einander Fremden ereignet, sondern ein mit architektonischen Mitteln, durch eine bestimmte Anlage und Ausrichtung von Gebäuden geschaffener Raum. Je nach Art und Weise der Gestaltung von öffentlichen Plätzen kann die Begegnung zwischen den Menschen befördert oder unterdrückt werden. Plätze, auf denen militärische Paraden stattfinden sollen, sehen anders aus als Plätze, auf denen sich Menschen versammeln sollen, um über öffentliche Belange räsonieren zu können. Stadtplanung nimmt bei Sennett eine so herausgehobene Bedeutung an, weil es ihre Aufgabe ist, den räumlichen Rahmen für eine funktionierende demokratische Kultur zu schaffen, die durch die Flucht ins Private gefährdet, durch das öffentliche Leben aber gestärkt wird. Durch eine zunehmende

147 Heinrich Popitz, *Der Aufbruch zur artifiziellen Gesellschaft. Zur Anthropologie der Technik*, Tübingen 1995, S. 26 ff.

148 Ebd., S. 27

149 Vgl. Richard Sennett, *Civitas. Die Großstadt und die Kultur des Unterschieds*, Frankfurt/M. 1991; ders., *Fleisch und Stein. Der Körper und die Stadt in der westlichen Zivilisation,* Frankfurt/M. 1997; Markus Schroer, »Richard Sennett«, in: Dirk Kaesler (Hg.), *Aktuelle Theorien der Gegenwart. Von Shmuel N. Eisenstadt bis zur Postmoderne*, München 2005, S. 250-266.

Innenorientierung der westlichen Kultur verkümmern die städtischen Räume in Sennetts Perspektive zu reinen Verkehrsknotenpunkten und Konsummeilen, in denen öffentliche Plätze nicht mehr vorhanden sind.

Eine weitere zentrale Studie, die sich mit der materiellen Basis der Stadt befasst, ist die von Bruno Latour und Emilie Hermant gemeinsam erstellte Untersuchung *Paris. Ville invisible.*[150] Darin geht es explizit darum, Stadt nicht mehr länger als bloße Bühne menschlicher Begegnungen vorzustellen, sondern als eine Assoziation aus menschlichen und nichtmenschlichen Akteuren, die durch ihre Aktivitäten die Stadt überhaupt erst hervorbringen. Städte sind in dieser Perspektive eine je einmalige Verdichtung von Beton, Metall, Wasserleitungen, Drähten, Leitungen und Dingen, mit denen menschliche Akteure tagtäglich interagieren. Bei ihrer Inventarisierung von Paris kommen Latour und Hermant zu einer imposanten Aufzählung von im öffentlichen Raum befindlichen Objekten, die bisher zu Unrecht nicht zur Bevölkerung von Paris gezählt worden sind: 770 Litfaßsäulen, 4400 Zeitungsstände, 700 Reklamewände, 400 öffentliche Toiletten, 1800 Bushäuschen, 9000 Parkautomaten, 10 000 Verkehrsampeln, 2300 Briefkästen, 2000 Mülleimer und 9000 Bänke. Für Latour handelt es sich bei diesen städtischen Artefakten keineswegs um bloße Infrastruktur, die lediglich als materieller Rahmen in die Pläne von Architekten und Städtebauern Eingang findet. Gleich einer plötzlichen Bevölkerungsexplosion zählt er alle diese nicht-menschlichen Entitäten vielmehr zu den Einwohnern der Stadt, deren Aktivität an menschliche Passanten adressiert ist und somit auch deren Aufmerksamkeit beansprucht.[151] Diese bei Latour durchgängig vorhandene Perspektive findet sich schon bei Christian Morgenstern (1871-1914):

Es gibt keine ›toten‹ Gegenstände. Jeder Gegenstand ist eine Lebensäußerung, die weiterwirkt und ihre Ansprüche geltend macht wie ein gegenwärtig Lebendiges. Und je mehr Gegenstände du daher besitzt, desto mehr

150 Bruno Latour, Emilie Hermant, *Paris. Invisible City*, Paris 2006, ⟨http://www.bruno-latour.fr/virtual/EN/index.html⟩, letzter Zugriff 15.06.2021. Diese Studie ist in der Stadtsoziologie jedoch bisher nicht angekommen und wird auch in allgemeinen Auseinandersetzungen mit Latour nahezu vollständig ignoriert. Vgl. dagegen jetzt ausführlich Jessica Wilde, *Die Fabrikation der Stadt. Eine Neuausrichtung der Stadtsoziologie nach Bruno Latour*, Bielefeld 2021.

151 Vgl. auch Briese, *Steinzeit*.

Ansprüche hast du zu befriedigen. Nicht nur sie dienen uns, sondern auch wir müssen ihnen dienen. Und wir sind oft viel mehr ihre Diener, als sie die unseren.[152]

An Latours auf die Infrastruktur der Stadt Paris fokussierten Betrachtung wird das ganze Ausmaß der Nichtthematisierung dieser Dimension in gängigen Beschreibungen der Stadt erst vollends deutlich.[153] Mit den von allen dinglich-materiellen Voraussetzung städtischen Lebens abstrahierenden Darstellungen geht die soziologische Erforschung letztlich der Selbstdarstellung der Städte auf den Leim,[154] die alle nach wie vor bestehenden Verbundenheiten mit ihren natürlichen Voraussetzungen und den Abhängigkeiten von der technischen Infrastruktur möglichst unsichtbar zu machen versuchen, da sie sich als künstlich und kunstvoll geschaffene Gebilde von Natur kategorial unterscheiden wollen. Alle Lebensadern, die die Städte mit der notwendigen Energie versorgen, werden in die Erde verlegt und damit unsichtbar gemacht, so wie jedes moderne Haus seine Elektro- und Wasserleitungen unter Putz legt und damit in gleicher Weise verbirgt.[155] Die Stadt verleugnet damit ihre Herkunft im Boden und ihre nach wie vor bestehende Erdgebundenheit. Doch

das, was sich üblicherweise in und unter den Straßen befindet, stellt bildlich gesprochen die Nabelschnur dar, die den Stadtkörper von der Mutter Erde her nährt. Mit ihrer Architektur und ihrem Städtebau mag es der Gesellschaft gelingen, ein wie auch immer geartetes Ordnungssystem anschaulich zu machen – mit Stadttechnik indes wird es (erst) wirksam.[156]

152 Morgenstern, *Stufen*, S. 157. Dabei konnte der Dichter zu seinen Lebzeiten von den vielen elektronischen Geräten, die durch Klingeln, Piepen und Blinken regelmäßig auf sich aufmerksam zu machen versuchen und damit unseren Alltag ebenso strukturieren wie malträtieren, noch gar nichts wissen.

153 Die Soziologie überlässt auch in diesem Fall der Geographie das Feld, vgl. Michael Flitner u. a. (Hg.), *Infrastrukturen der Stadt,* Wiesbaden 2017*;* eine der wenigen soziologischen Beiträge liefert Elisabeth Heidenreich, *Fliessräume. Die Vernetzung von Natur, Raum und Gesellschaft seit dem 19. Jahrhundert*, Frankfurt/M., New York 2004.

154 Dabei die Warnung ignorierend: »Man darf die Meinung der Stadt von sich selbst nicht einfach übernehmen.« John Berger, *Das Sichtbare und das Verborgene*, Frankfurt/M. 1999, S. 79.

155 Vgl. Kap. 2.4.

156 Robert Kaltenbrunner, Peter Jakobowski, *Die Stadt der Zukunft. Wie wir leben wollen*, Berlin 2018, S. 50 f.

Wenn Instandsetzungsarbeiten oder Umbaumaßnahmen vorübergehend die städtischen Versorgungsleitungen sichtbar machen, werden diese so schamvoll abgedeckt wie die Körper von Patienten auf der Intensivstation. Der Zugang zu den als Baustellen ausgewiesenen Arealen wird nicht nur wegen der als Grund stets vorgeschobenen Gefahren erschwert, die mit einem Betreten derselben gegeben sein könnte, sondern aufgrund des unerwünschten Blicks auf das entblößte Innere der Städte, die ausschließlich ihre Fassaden den Blicken freiwillig darbieten, ihr Innenleben aber stets zu verbergen bestrebt sind. Nicht anders als menschliche Akteure, präsentieren sich Städte auf der Vorderbühne, während ihre Energiereservoirs und Versorgungsdepots auf der Hinterbühne möglichst uneinsehbar bleiben sollen. Dass sich der Blick auf die Stadt so häufig auf die Ereignisse auf der Erdoberfläche konzentriert und von ihrer unterirdischen Basis absieht, ist indes kein Zufall, sondern Folge der Installierung einer Infrastruktur wie der Kanalisation, die den Dreck und Gestank nicht beseitigt, sondern unter die Erdoberfläche verbannt. Dort, wo diese Maßnahme ergriffen worden ist, haben sich die Städte einen derart cleanen Anstrich verpasst, dass die Illusion eines nahezu keimfreien städtischen Geschehens entstehen konnte. In einer Vielzahl von Metropolen und Großstädten auf dieser Erde sind Dreck, Müll, Gestank und mangelnde Hygiene jedoch weiterhin anzutreffen. Die den Blicken ausgesetzten Verschmutzungen werden – mit unterschiedlichem Erfolg – den Blicken der Passanten und vor allem der Besucher durch kontinuierliche Reinigungsbestrebungen zu entziehen versucht. Erst wenn etwa die Müllabfuhr streikt, wird das Ausmaß des Müllaufkommens in den Städten für jeden sichtbar. Der einseitige Blick auf die städtischen Phänomene, die sich auf der versiegelten Erdoberfläche abspielen, übersieht die elementare Funktion des Unterirdischen für das Funktionieren einer Stadt:

> Auch für die Zukunft gilt: Es sind die Infrastrukturen: die Straßen, die Wasserversorgung, die Kloake, die Elektrizitätsversorgung, die Eisenbahn, die Tram, die Metro, das Telefonnetz und schließlich auch das Internet, die eine Stadt ausmachen, indem sie den Austausch in ihrem Inneren und mit ihrer Umgebung ermöglichen.[157]

157 Ebd., S. 52.

Während diese theoretischen Perspektiven vor allem eine dinglich-materielle Seite der Stadt im Blick haben, findet sich eine Berücksichtigung der biologischen und geographischen Gesichtspunkte noch immer am stärksten in der Chicago School, in deren Tradition sich auch Sennett sieht. Bewahrt wird ein Zugang zur Natur der Stadt auch in der eigens dafür entworfenen Stadtökologie,[158] was sich insofern jedoch als problematisch herausstellt, da mit dieser Ausweisung einer soziologischen Frage in eine speziell dafür eingerichtete Sparte – hier der Stadtsoziologie – wie stets die Entlastung der Soziologie insgesamt davon einhergeht, sich mit dieser Dimension des Sozialen überhaupt abgeben zu müssen. Die Suche nach einer Thematisierung von Stadt und Natur in soziologischen Lehrbüchern ergibt deshalb zumeist nur eine Fehlanzeige.[159] Die große Ausnahme bleibt insofern die Chicago School von Robert E. Park (1864-1944), Ernest Burgess (1886-1966), Roderick Duncan McKenzie (1885-1940) u.a. Mit der Gründung dieser Schule ist der umfassende Versuch verbunden, Geographie und Biologie ausdrücklich nicht auszusparen, sondern in die Untersuchungen der Stadt einzubeziehen. Park schreibt gleich zu Beginn seines mit Burgess gemeinsam vorgelegten Buches *The City. Suggestions for the Investigation of Human Behavior in the Urban Environment*:[160] »Die Stadt ist nicht nur ein physischer Mechanismus und eine artifizielle Konstruktion. Sie hat Anteil an den vitalen Prozessen der Menschen, aus denen sie besteht. Sie ist ein Produkt der Natur und im Besonderen der menschlichen Natur.«[161] Gleich darauf zitieren die beiden Autoren zustimmend Oswald Spengler (1880-1936) mit dem Satz: »Auch die Stadt hat, wie die Hütte des Bauern, ihre Wurzeln in der Erde.«[162] Anschließend erfolgt der Hinweis darauf, wie die Stadt zu studieren ist: »In jüngerer Zeit hat man die Stadt unter dem Gesichtspunkt ihrer Geographhie untersucht, und in noch

158 Vgl. dazu den informativen Überblick von Wilfried Endlicher, »Stadtökologie«, in: Harald A. Mieg, Christoph Heyl (Hg.), *Stadt. Ein interdisziplinäres Handbuch*, Stuttgart 2013, S. 97-119.

159 Vgl. Ipsen, »Ökologie, Naturverhältnis«, S. 182.

160 Robert Ezra Park, Ernest Burgess und Roderick D. McKenzie, *The City. Suggestions for Investigation of Human Behavior in the Urban Environment*, Chicago, London 1967, 5. Aufl.

161 Ebd., S. 1. Übersetzung von MS.

162 Ebd. Übersetzung von MS.

jüngerer Zeit unter dem Gesichtspunkt ihrer Ökologie.«[163] Für den Simmel-Schüler Park ist die Stadt zwar auch eine wirtschaftliche, vor allem aber eine geographische und ökologische Einheit.[164] Er geht davon aus, dass sich jede Stadt in »natural areas« (Businessdistrikte, Wohngebiete, Satellitenstädte, Slums, Einwanderungsgebiete) untergliedert. Park nennt diese einzelnen Gebiete vor allem deshalb »natürlich«, weil sie »nicht geplant waren, sondern durch ökologische Prozesse entstanden seien. [...] Die Vorstellung basierte darauf, daß ein Soziologe, genau wie ein Geologe oder Ornithologe einen natürlichen Ort untersuchen könne.«[165] Bei Park finden wir insofern eine der Geosoziologie verwandte Vorstellung vom Sozialen, die Biologie, Geologie und Geographie umfasst. Obwohl in unserer Zeit gerne der Eindruck erweckt wird, dass sich moderne Gesellschaften, zumal die Großstädte und Metropolen als ihre Aushängeschilder, aus solchen naturräumlichen Strukturen längst befreit hätten, hält deren Einfluss ungebrochen an, auch wenn dies nur selten angesprochen wird:

> Mehr als irgendeine andere Küstenstadt ist Chicago den Winden ausgesetzt. Nicht von ungefähr trägt sie den Beinamen Windy City, windige Stadt. Die Böen werfen Passanten um und reißen Ampeln aus. Im Fernsehen wird in der Wettervorhersage nicht nur eine Temperatur angegeben wie bei uns, sondern zwei, eine für die Luft und eine für den Wind.[166]

Und der Wind ist bei weitem nicht der einzige Einfluss, den die Natur auf die Stadt hat. Wie sehr das Klima das Leben in den Städten bestimmt, wird aktuell an den entsprechenden Reaktionen und

163 Ebd.

164 In seinem Nachruf würdigt Burgess Park als denjenigen, dessen Begründung der Humanökologie, »eine grundlegende, eng mit der Geographie und der Biologie verwobene Sozialwissenschaft, die Grundlagen für die Soziologie, die Ökonomie und die Politikwissenschaft liefern soll. Er arbeitete bestehende Ähnlichkeiten zwischen Humanökologie und Pflanzen- und Tierökologie heraus, wies aber auch auf Unterschiede hin.« Ernest Burgess, zitiert nach Gabriele Christmann, *Robert Ezra Park*, Tübingen 2007, S. 70.

165 Matthias Groß, *Die Natur der Gesellschaft. Eine Geschichte der Umweltsoziologie*, Weinheim, München 2001, S. 142.

166 D'Eramo, *Das Schwein und der Wolkenkratzer*, S. 8. Der amerikanische Historiker William Cronon bezeichnet sie kurzerhand als »Metropole der Natur«, vgl. William Cronon, *Nature's Metropolis: Chicago and the Great West,* New York 1991.

Maßnahmen auf den derzeitigen Wandel der Klimaverhältnisse deutlich. Die Aussicht auf die schwindenden Energieressourcen prägt schon jetzt auch die Architektur und damit auch die Ästhetik unserer Häuser, führt verstärkt zum Bau von Passivhäusern und verwandelt nachhaltig das Antlitz von historischen Fassaden durch das nachträgliche Einbauen von Dämmstoffen. Angesichts dieses flächendeckenden Umbaus in den Innenstädten, die zur Verdrängung ärmerer Schichten durch zahlungskräftige Klientel führt, ist bereits von einer »energetischen Segregation«[167] die Rede.

Eine der ganz wenigen stadtsoziologischen Arbeiten, die einen direkten Bezug zur Geologie und Geographie von Städten herstellen, ist Mike Davis' Studie über die kalifornische Stadt Los Angeles. Statt auf eine rein ökologische Betrachtung der Stadt einfach umzustellen, geht ihm es gerade um den Nachweis eines engen Zusammenhangs von sozialen und ökologischen Aspekten bei Katastrophen, die Natur und Gesellschaft nicht nur gleichermaßen betreffen, sondern auch gleichermaßen verursachen: »Das Charakteristische an dieser Stadt ist nämlich nicht das bloße Zusammenspiel von Erdbeben, Buschbränden und Überschwemmungen, sondern die einzigartige explosive Mischung aus natürlichem Gefahren- und sozialem Konfliktpotential.«[168]

Viel zu lange hat die Stadtsoziologie an der Vorstellung der Stadt als einem der Natur entgegengesetzten Raum partizipiert. Die Stadt lässt sich jedoch immer weniger als künstliche Gegenwelt zur Natur begreifen, weil sie mit dieser in so vielfacher Hinsicht verbunden ist, dass sie als ein Kultur-Natur-Hybrid angesehen werden muss.

167 Bernhard Wiens, »Die dritte Zerstörung. Fassadendämmungen aus Hartschaum befeuern die Nachhaltigkeitsdebatte, in: *Telepolis*, 01.01.2015, ⟨https://www.heise.de/tp/features/Die-dritte-Zerstoerung-3369177.html⟩, letzter Zugriff 04.08.2021.

168 Mike Davis, *Ökologie der Angst. Los Angeles und das Leben mit der Katastrophe*, München 1999.

3.5 Mitten in der Natur: Die Stadt als Lebensraum für Pflanzen, Tiere und Menschen

Die Städte gehören nicht den Menschen allein. Eine Vielzahl weiterer Lebewesen haben sich hier angesiedelt und ihr Zuhause gefunden. Dabei geht es nicht um die von Menschenhand errichteten Orte wie Zoos, Parks und Botanische Gärten, die für die Begegnung von Menschen, Tieren und Pflanzen ausdrücklich eingerichtet wurden, sondern um die von Menschen nicht geplante Aneignung des städtischen Raums durch Tiere und Pflanzen. Wird in älteren Beiträgen zum Thema Natur in der Stadt darauf hingewiesen, dass es dort immer noch Pflanzen und Tiere als eine Art übrig gebliebenen Rest gibt, der von Stahl, Beton und Verkehr noch nicht verdrängt wurde, so stehen wir heute vor dem Phänomen, dass sich Pflanzen und Tiere in großer Zahl und Vielfalt in der Stadt ansiedeln und sich den dortigen Lebensbedingungen in überraschend hohem Tempo anpassen. Dabei kommen die Tiere nicht aufgrund einer unstillbaren Sehnsucht nach einem Kontakt mit den Menschen in die Städte, sondern weil diese ihnen zunehmend ihre Lebensräume rauben und weil sie hier oftmals bessere Lebensbedingungen als auf den zersiedelten Flächen und in dem übernutzten Boden auf dem Land vorfinden. Die Städte werden so mehr und mehr zu einem attraktiven Lebensraum von Pflanzen und Tieren, womit sich auch ihr Erscheinungsbild insgesamt verändert. Die zunehmende Anwesenheit von Tieren in der Stadt stellt die strikte Unterscheidung von Natur und Stadt in Frage. Eine Vielzahl von Tieren unterlaufen die Grenze zwischen der Stadt als bevorzugtem Lebensraum der Menschen und der Natur als dem angestammten Lebensraum der Tiere, indem sie in großer Zahl eben dort zunehmend angetroffen werden, wo man sie normalerweise nicht erwartet.[169] Die sich in den letzten Jahren häufenden Berichte und Clips in den sozialen

169 Das Phänomen wird mindestens seit den 1990er Jahren regelmäßig angezeigt, vgl. dazu Stefan Ineichen, *Die wilden Tiere in der Stadt. Zur Naturgeschichte der Stadt*, Frauenfeld 1997; Cord Riechelmann, *Wilde Tiere in der Großstadt*, Berlin 2004; Josef H. Reichholf, *Stadtnatur. Eine neue Heimat für Tiere und Pflanzen*, München 2007; Florian Möllers, *Wilde Tiere in der Stadt*, München 2010; Bernhard Kegel, *Tiere in der Stadt. Eine Naturgeschichte*, Köln 2013; Clemens Wischermann, »Der Ort des Tieres in einer städtischen Gesellschaft«, in: *Informationen zur modernen Stadtgeschichte 2, Themenschwerpunkt: Tiere in der Stadt*, (2009), S. 3-12.

Medien über Wildschweine in Fußgängerzonen, Hirsche, Füchse, Rehe und Waschbären in Wohngebieten und Vorgärten, welche mit der Corona-Pandemie und den entsprechenden Lockdown-Maßnahmen zwar noch einmal zugenommen,[170] nicht aber begonnen haben, ermöglichen den Einwohnern vieler Städte unverhoffte Begegnungen mit Tieren direkt vor ihrer Haustür. Sie erhalten dadurch die Möglichkeit, Beziehungen zu nichtmenschlichen Lebewesen herzustellen, die sie als scheue Wildtiere in den Wäldern vermuten, nicht aber in ihren Gärten anzutreffen erwarten. Diese neue Präsenz von tierischem Leben in urbanen Räumen ruft auch die Biolog:innen auf den Plan, die das animalische Leben bisher wie selbstverständlich immer außerhalb der Städte vermutet hatten. Doch statt sich im Wald weiterhin auf die Lauer zu legen, um nach Stunden der Wartezeit durch einen kurzen Blick auf die immer noch als scheu geltenden Waldtiere belohnt zu werden, stolpern sie in den Metropolen geradezu über die keineswegs mehr sehr scheuen Exemplare, um zunehmend festzustellen, dass sich die in der Stadt lebenden Tiere in rasantem Tempo an die neue Umgebung anpassen und in ihrem Verhalten von ihren auf dem Land lebenden Verwandten oftmals so gravierend unterscheiden, dass sogar von der Entstehung neuer Arten die Rede ist: »*Für Darwin war die Evolution ein langsamer Vorgang, die in einem einzelnen Menschenleben nicht wahrzunehmen war. Dieses eine Mal lag er falsch.*«[171] Der niederländische Biologe Menno Schilthuizen ist einer derjenigen Forscher, die, ihrem »Untersuchungsgegenstand« folgend, ihr angestammtes Habitat gegen eine neues eintauschen und hier von erstaunlichen Entdeckungen zu berichten wissen.[172] Dazu gehören etwa die Buschhühner in Sydney, die etwa zweitausend in Chicago lebenden Kojoten, die Füchse in London, die Leoparden in Mumbai und die Sumpfkrokodile in Ahmedabad,[173] von denen Exemplare auch schon auf Golfplätzen in Florida ge-

170 Vgl. Kap. 7.4.

171 Vgl. Menno Schilthuizen, *Darwin in der Stadt. Die rasante Evolution der Tiere im Großstadtdschungel*, München 2018.

172 Vgl. ebd., S. 10ff. Auch Josef H. Reichholf bestätigt: »Wir haben den Tieren und Pflanzen in der Stadt bisher viel zu wenig Aufmerksamkeit geschenkt.« Ders., *Stadtnatur*, S. 7. Um dieses Defizit zu korrigieren, widmet auch er sich, am Beispiel Münchens, den Städtern unter den Tieren.

173 Vgl. Schilthuizen, *Darwin in der Stadt*, S. 76f.

sichtet wurden. Sie alle werden offenbar davon angelockt, dass auf sie – anders als in freier Wildbahn – nicht unverzüglich geschossen wird, wenn sie unvermittelt in den angestammten Lebensräumen der Menschen auftauchen. Im Vergleich zu seinen Verwandten auf dem Land hat etwa der Städter unter den Kojoten eine viermal so niedrige Wahrscheinlichkeit, gewaltsam zu Tode zu kommen. In der indischen Metropole Mumbai leben die Menschen sogar eng mit den Leoparden zusammen.[174] Die dicht besiedelte Stadt an der Westküste Indiens, die mit über fünfzehn Millionen Einwohnern zu den größten Metropolen der Welt gezählt wird, verfügt über einen über hundert Quadratkilometer großen Stadtpark, in dem auch Leoparden leben. Sowohl innerhalb des Parks, in dem der indigenen Bevölkerungsgruppe der Warli zu wohnen erlaubt ist, als auch außerhalb kommt es immer wieder auch zu Übergriffen auf den Menschen, die vereinzelt auch zu Todesopfern geführt haben. Denn zwar ist der Park von einer Mauer umgeben, doch diese ist zu niedrig, um die Leoparden von ihren nächtlichen Streifzügen abhalten zu können. Statt ein Verbot der Tiere oder ihren sofortigen Abschuss zu fordern, hat man sich im ehemaligen Bombay dazu entschlossen, mit dem Tier zu leben. Durch die Berücksichtigung von ein paar wenigen Verhaltensregeln (kein Müll auf die Straße werfen, Kinder in den Abendstunden nicht allein auf die Straßen lassen usw.) konnte die Zahl der Angriffe auf den Menschen zwar nicht völlig ausgeschlossen, aber stark minimiert werden. Schließlich ist sogar entdeckt worden, dass die Leoparden die Menschen auch beschützen, vor allem indem sie Jagd auf die unzähligen streunenden Hunde machen, von denen viele Tollwut haben, mit der sie die Bewohner von Mumbai anstecken. Es wird hier also eine tatsächliche Koexistenz von Mensch und Raubtier realisiert, die verdeutlicht, dass Koexistenz nicht mit einem harmonischen Zusammenleben zu verwechseln ist, keine wechselseitige Zuneigung meint, sondern eher für eine gegenseitige Duldung steht, kein intensives Miteinander, sondern ein sich gegenseitig tolerierendes

174 Vgl. ⟨https://www.geo.de/natur/tierwelt/22768-rtkl-indien-40-wilde-leoparden-jagen-mitten-mumbai-und-retten-dadurch⟩, letzter Zugriff 25. 08. 2021; ⟨https://www.sueddeutsche.de/wissen/leoparden-indien-mumbai-stadt-nationalpark-1.4202159⟩, letzter Zugriff 25. 08. 2021; ⟨https://www.spiegel.de/spiegel/40-wilde-leoparden-streifen-nachts-durch-mumbai-a-1186744.html⟩, letzter Zugriff 25. 08. 2021.

Nebeneinander. Möglich wird dies unter anderem durch den Hinduismus, der, anders als das Christentum, keine Vormachtstellung des Menschen gegenüber dem Tier vorsieht, sondern von einem Existenzrecht aller Lebewesen ausgeht.

Neben diesen erstaunlichen und nicht zu übersehenden Fällen, über die die Medien gerne und regelmäßig berichten, vollzieht sich jedoch auch eine ganze Reihe von weniger sichtbaren Vorgängen, die die Stadtbiodiversität mindestens ebenso sehr verändern wie das Auftreten großer Wirbeltiere, aber sehr viel seltener im Fokus der Aufmerksamkeit stehen. Ein eindrückliches Beispiel dafür liefert bereits in den 1990er Jahren die Genetikerin Katharine Byrne.[175] Sie untersuchte in den U-Bahnschächten Londons die Stechmücke *Culex pipiens molestus*, auch *London Underground Mosquito* genannt, und fand heraus, dass sich die Populationen dreier U-Bahnlinien genetisch voneinander unterscheiden.[176] Den Grund dafür fand Byrne in dem Umstand, dass die Mückenschwärme sich ausschließlich an ihren jeweiligen Linien aufhielten, ohne mit den anderen in Berührung zu kommen, was eine Mischung der Gene zur Folge gehabt hätte. Über diese Verschiedenheiten untereinander hinaus konnte sie ebenfalls nachweisen, dass sich alle drei Arten auch von ihren oberirdischen Artgenossen unterschieden. Seit den bahnbrechenden Erkenntnissen Byrnes ist wiederholt gezeigt worden, dass sich dieses Phänomen nicht auf die Londoner U-Bahn beschränkt, sondern überall auf der Welt nachgewiesen werden kann. Entscheidend aber ist, dass die »Evolution der gemeinen Stechmücke *Culex pipiens pipiens* zur *Culex pipiens molestus* […] wahrscheinlich erst […] mit der Konstruktion unterirdischer Großbauten begann«.[177] Für Schilthuizen ist dies ein schlagendes Beispiel dafür, dass sich die Evolution nicht im Laufe von Millionen Jahren nahezu unmerklich vollzieht und erst ganz allmählich zur Entstehung und Veränderung der Arten führt, sondern »hier und jetzt zu beobachten«[178] ist: »›Wilde‹ Tiere und Pflanzen passen sich Lebensräumen an, die ursprünglich von Menschen für Menschen geschaffen wurden. Diese Ahnung bringt uns zu Bewusstsein, dass die Wandlungen, die wir

175 Ich folge hier der Darstellung von Schilthuizen, *Darwin in der Stadt. Die rasante Evolution der Tiere im Großstadtdschungel.*

176 Vgl. ebd., S. 11 f.

177 Ebd., S. 12.

178 Ebd., S. 13.

der Erde aufzwingen, irreversibel sind.«[179] Diese wahrhaft revolutionären Erkenntnisse der Evolutionsbiologie können die noch immer weit verbreitete Vorstellung von den sich über Jahrmillionen gleich bleibenden Tierarten widerlegen helfen, die weiterhin gerne als Argument für die herausgehobene Stellung des wandlungsfähigen Menschen angeführt wird. Der Mensch als das sich ständig wandelnde Wesen, während alles um ihn herum in der einmal gefundenen Form gefangen bleibt: das ist wohl die höchste Form der Apotheose des Menschen.

Bemerkenswert für unser geosoziologisches Vorhaben ist darüber hinaus die Schlussfolgerung, die der Biologe aus seinen Beobachtungen zieht:

> Während wir alle unsere Aufmerksamkeit auf das schwindende Quantum unverdorbener Natur konzentriert haben, haben sich hinter unserem Rücken urbane Ökosysteme herausgebildet, und zwar just in den Großstädten, über die wir verächtlich unsere Naturforschernasen rümpfen. Bei unserem Bemühen, das globale präurbane Ökosystem zu retten, haben wir ganz übersehen, dass die Natur bereits Fundamente für den Aufbau zukunftsträchtiger Ökosysteme gelegt hat.[180]

Wer seine Anstrengungen ganz darauf verlegt, einen einmal erreichten Zustand der Natur zu konservieren, ohne Veränderungen zu tolerieren, wird diese Perspektive auf die Selbsthilfe der Natur nicht überzeugen können, obwohl sich darin Natur womöglich in ihrer reinsten Form zeigt, nämlich als der Versuch, sich den veränderten Lebensbedingungen auf durchaus kreative Weise anzupassen und dabei etwas Neues hervorzubringen. Lassen sich die Beobachtungen von Schilthuizen verallgemeinern? Was, wenn sich diese Beobachtung auch im globalen Maßstab zeigen würde? Kann es sein, dass wir auf das Artensterben schauen und dabei die uns bekannten Arten suchen, die verschwinden, dabei aber nicht sehen, wie diese sich bereits so verändert haben, dass sie noch in kein Raster passen und deshalb nicht erfasst werden? Könnte es sein, dass es gar nicht um das Aussterben geht, sondern um einen großen Wandlungsprozess? Es gibt keine Belege dafür, dass sich das Artensterben gegen die zu beobachtenden Anpassungsprozesse, durch die Tiere sich

179 Ebd.
180 Ebd., S. 16.

rasant verändern, einfach aufgerechnet werden könnten. Doch der Hinweis darauf, sich stärker für die Modifikationen der Tierarten zu interessieren, ist sehr bedenkenswert.

Obwohl wir also in der Stadt wieder zunehmend von Tieren und Pflanzen umgeben sind, die sich in dem scheinbar für den Menschen exklusiv eingerichteten Lebensraum verstärkt ihre eigenen Nischen schaffen, ist unsere übliche Wahrnehmung auf sie zumeist nicht ausgerichtet. Ein beliebiger Tag in einer mittelgroßen deutschen Stadt könnte etwa so aussehen: Schon sehr früh am Morgen, noch bevor die ersten Autos sich mit anderen Exemplaren ihrer Art zu einem Klangorchester zusammenfinden, das andere Geräusche mühelos zu übertönen vermag, dringt der liebliche Gesang der Amsel durch das offene Fenster an das Ohr von Herrn W. Beim Aufstehen begrüßt ihn wie immer freundlich sein Cockerspaniel. Der Weg ins Bad führt ihn am Aquarium vorbei, an dessen Glas er ritualhaft klopft, um die darin schwimmenden Fische, zumeist erfolglos, zu einer Reaktion zu animieren. Beim Rasieren stört ihn eine aufdringliche Schmeißfliege, die hartnäckige Versuche unternimmt, sich auf seinem mit Schaum bedeckten Gesicht niederzulassen. Beim Frühstück lässt er sich seine Frühstücksbrote mit Honig schmecken. Als er auf die Straße tritt, stolpert er fast über einen Hund, der, an langer Leine achtlos geführt, hinter seinem Frauchen hertrottet. Dabei fällt ihm ein, dass er vergessen hat, seinem eigenen Hund frisches Wasser und eine Mahlzeit bereitzustellen, sodass er noch einmal in die Wohnung zurückkehrt, wo er nun auch die Blumen auf dem Esstisch bemerkt, die dringend gegossen werden müssen. Seine Kinder werden bestimmt nicht daran denken, und seine Frau hat das Haus noch früher verlassen als er. Wieder auf dem Gehsteig angelangt, kommt er immer wieder den dort umhertippelnden Tauben so nah, als würden sie es wissentlich auf eine Kollision ankommen lassen. Am Auto angelangt, sieht er sogleich die Fülle von Taubenkot, der den Lack des Fahrzeugs und Teile der Scheiben an vielen Stellen überdeckt. Als er sich endlich in seinem mit Lammfell überzogenen Fahrersitz niederlassen kann und losfahren will, sieht er im letzten Moment eine Katze, die sich direkt vor dem rechten Rad gemütlich niedergelassen hat. Es dauert einige Zeit, bis sie auf seine Versuche, sie zu verscheuchen, reagiert. Inzwischen verschmieren die Scheibenwischblätter den Taubendreck auf der Windschutzscheibe. Im Büro angekommen, herrscht helle Aufregung, da sich ein Schwarm Wespen über den Geburtstagkuchen herzumachen anschickt, der erst am Nachmittag zum Kaffee verzehrt werden soll. In der Mittagspause sieht er beim Blick aus dem Fenster der Kantine – es gibt mal wieder Schweineschnitzel – ein Eichhörnchen eilig einen Baum hinaufklettern. Nach Feierabend, auf dem Rückweg nach Hause, kommt er an einer Wiese vorbei, auf der Kühe gemächlich grasen. Darüber sieht er einen Bussard kreisen, auf das Auftauchen einer unvorsichtigen Maus lauernd. Bevor er ins Haus geht, sieht er mit Sorgenfalten auf der Stirn auf seinen Rasen, den wieder ein paar mehr Maulwurfshügel schmücken als noch gestern. Am Abendbrottisch im Kreis der Familie sitzend, nach dieser reichhaltigen Reihe von Begegnungen mit Tieren über den Tag hinweg, antwortet Herr W. auf die Frage, wie sein Tag war: »Ganz gut, wie immer – viel Verkehr. Ach ja, ich habe Leander getroffen, er hat uns für Samstag zum Essen eingeladen.« Mit anderen Worten: Die Begegnungen mit Tieren kommen in unseren Erzählungen zumeist nicht vor, auch wenn sie noch so häufig erfolgen.[181] Sie zählen offenbar nicht, selbst wenn sie unseren Alltag strukturieren, Routinen stören und uns zu bestimmten Handlungen wie etwa Ausweichmanövern oder der Bereitstellung von Futter veranlassen. Es muss sich schon um spektakuläre Begegnungen handeln, wenn sie zum Gegenstand einer Erzählung avancieren wollen. Die Vollbremsung wegen eines plötzlich über die Straße laufenden Hundes oder die vom Steinmarder durchgebissene Ölleitung am Auto beispielsweise. Von einem Zusammentreffen mit einem anderen Menschen zu erzählen, gehört dagegen zur Norm, auch wenn nichts Dramatisches passiert ist. Niemand wird etwa von seiner Lebenspartnerin dafür zur Rede gestellt werden, dass er sein Erlebnis mit Hund, Katze oder Taube nicht erwähnt hat. Das Verschweigen der Begegnung mit einem gemeinsamen Bekannten dagegen kann zu Nachfragen führen oder sogar Vorwürfe nach sich ziehen. Denn diese Bekannten können ihrerseits von der Begegnung erzählen, die Tiere nicht. Von ihnen ist daher auch keinerlei Indiskretion zu erwarten, was sie zu beliebten Geheimnisträgern macht. Das fiktive Beispiel verdeutlicht, dass Tiere nicht als vollwertige Interaktionspartner angesehen werden. Sie werden übersehen, obwohl sie jeder jeden Tag sehen kann. Von der Begegnung

181 Es sei denn, es betrifft die eigenen Haustiere, die aufgrund unserer emotionalen Bindung an sie eine Ausnahme darstellen.

mit Pflanzen wollen wir erst gar nicht reden. Der Befund ist weniger trivial, als das Beispiel suggeriert: Welche Geschichten wir erzählen, hat einen Einfluss auf die Art und Weise des Umgangs mit anderen Lebewesen. Der enormen Anwesenheit von Tieren in Wohnungen und im städtischen Raum gilt es auch in den Erzählungen stärker Rechnung zu tragen als bisher, wenn wir dem Ziel näher kommen wollen, nichtmenschliche Lebewesen nicht länger aus dem sozialen Geschehen künstlich herauszufiltern.

Die nahezu vollständige Abwesenheit anderer Lebewesen im Nachdenken über das Wohnen ist frappant. Auch im Mittelpunkt einer *Soziologie des Wohnens* steht klassischerweise die Beschäftigung mit Fragen der Wohnungspolitik und der Wohnstruktur.[182] Das Zusammenwohnen von Menschen, Tieren und Pflanzen ist jedoch nicht nur kein Thema der Wohnsoziologie. Wohnen gilt gemeinhin als ein typisches Merkmal des Menschen unter Ausblendung der Tiere und Pflanzen. Dabei leben in rund 34 Millionen Haushalten in Deutschland Haustiere: 14,7 Mio. Katzen, 10,1 Mio. Hunde, 5,2 Mio. Kleintiere und 4,0 Mio. Ziervögel (Zierfische und Terrarientiere nicht mitgerechnet).[183] Trotz dieser enormen Präsenz der Tiere in Wohnungen und Häusern wird das Zusammenleben der Menschen mit ihren Tieren nur selten zum Thema soziologischer Reflexion. Mit den Pflanzen verhält es sich nicht anders. Angesichts der unübersehbaren Anwesenheit von Pflanzen und Tieren in Haushalten lässt sich sagen, dass wir uns die Erde und ihre Lebewesen buchstäblich ins Haus holen und uns mit ihnen gemeinsam gegen eine Außenwelt abgrenzen. Dabei gilt in der Regel: Was sich im Innen aufhält oder befindet – ob Menschen, Tiere, Pflanzen oder Dinge –, gehört dazu, alle anderen müssen um Einlass bitten. Zur häuslichen Ordnung gehört, dass allen Mitbewohnern ein Platz zugewiesen wird. Für die Menschen sind die einzelnen Zimmer vorgesehen, während Tieren innerhalb dieser Räume ihre eigens für sie vorgesehenen Plätze zugewiesen werden. Je nach Be-

182 Hartmut Häußermann, Walter Siebel, *Soziologie des Wohnens. Eine Einführung in Wandel und Ausdifferenzierung des Wohnens*, Weinheim, München: Juventa 1996.

183 ⟨https://de.statista.com/themen/174/haustiere/⟩, letzter Zugriff 24.04.2021. Im europäischen Vergleich gibt es mit 47,7 Mio. Exemplaren die meisten Haustiere in Russland, gefolgt von Deutschland. Europaweit sind Katzen die am häufigsten in Haushalten vertretene Tierart.

weglichkeit können sie jenseits der Ruhezeiten in allen Räumen angetroffen werden (Hunde, Katzen), oder aber sie sind fixiert auf ihre speziellen Unterkünfte (Aquarium, Vogel- oder Hamsterkäfig, Zwinger). Während für Tiere also speziell für sie vorgesehene Behausungen wie Ställe, Körbe, Käfige, Aquarien und Terrarien zur Verfügung stehen, sind für die Pflanzen Blumentöpfe, Beete und Vasen reserviert. Wir wollen also Tiere und Pflanzen durchaus in unserer Nähe haben, aber überwiegend an ihren vorgesehenen Plätzen und in ihnen exklusiv zur Verfügung gestellten Behausungen. Ein gewisser Abstand soll also gewahrt bleiben. Nur den beliebtesten Haustieren wird zugestanden, uns auf Schritt und Tritt zu begleiten, bei unseren eigenen Gängen durch die Wohnung oder sogar bis ins eigene Bett.

Pflanzen und Tiere erweisen sich dabei als Akteure im Latourschen Sinne, da sie uns zu Handlungen veranlassen, die regelmäßig ausgeführt werden: Tiere bringen uns dazu, Futter für sie bereitzustellen, ihre Käfige zu säubern und ihnen Auslauf zu verschaffen, Pflanzen zeigen uns an, dass sie gegossen, in größere Behältnisse umgetopft oder von Parasiten befreit werden müssen. Jede dieser Handlungen gehört für viele Menschen zu den Routinen des Alltags, die diesem Struktur verleihen. Die Anwesenheit von Pflanzen und Tieren bringt Menschen miteinander ins Gespräch, sodass sie als Kontaktvermittler gelten können. Manch eine Reise kann nicht angetreten oder muss verkürzt werden, weil man Tiere und Pflanzen nicht so lange alleine lassen kann. Wie viele Nachbarschaften funktionieren auch heute noch vor allem deshalb, weil man auf die Pflege und Versorgung der Pflanzen und Tiere während der eigenen Abwesenheit angewiesen ist? Wie viele Beziehungen, die man sich als reine Beziehung zwischen Menschen vorstellt, werden letztlich durch Tiere zusammengehalten? Wie viele Kontaktabbrüche können auf deren unerwünschter Anwesenheit beruhen? Wie viele Streitigkeiten im Alltag entzünden sich an der ungewollten Begegnung mit den Haustieren der Mitmenschen?

Auch der Öffentlichkeit wird die Anwesenheit der Tiere in der Stadt vor allem dann bewusst, wenn etwa anstehende Bauvorhaben durch sie behindert, aufgeschoben oder gar gestoppt werden müssen, wenn seltene und deshalb unter Naturschutz stehende Arten durch die Bautätigkeiten in ihrer Existenz bedroht sind. So legte etwa erst eine Fledermausart und dann ein Biber den Bau der Dresdner Waldschlösschenbrücke über die Elbe vorübergehend lahm.[184] Auf diese Weise geraten Tiere vor allem als Störfaktoren in den öffentlichen Aufmerksamkeitsfokus.

Es gibt gegenwärtig einige Initiativen, die das systematische Ignorieren der pflanzlichen und animalischen Mitbewohner in den Städten ändern wollen, indem sie auf das Leben der Tiere dort verstärkt aufmerksam machen. Sogar Führungen durch die Stadt zu den Plätzen, wo bestimmte Tierpopulationen anzutreffen sind, werden angeboten. Zudem erscheinen vermehrt Stadtführer im Buchformat, die dem Stadtbewohner das pflanzliche und tierische Leben in seiner nächsten Umgebung näher bringen wollen.[185]

Zu diesen Bemühungen hinzu kommt die etwa seit den 1990er Jahren bestehende Bewegung des *Urban Gardening*. Jenseits der sich selbst im Stadtgebiet verbreitenden Pflanzen werden verstärkt Anstrengungen unternommen, Städte nicht nur mithilfe von Pflanzen aller Art zu begrünen, sondern auch gemeinschaftlich Gemüse anzubauen, um so ein urbanes Gärtnern zu betreiben. Damit wird im Grunde keine ganz neue Entwicklung eingeleitet, sondern an den Ursprung der Städte angeknüpft, denn Gärten und Städte sind offenbar gemeinsamen Ursprungs.[186]

Insgesamt gesehen werden die Städte der Zukunft mithilfe solcher und anderer Initiativen und Bestrebungen zweifellos grüner und animalischer sein als viele ihre *modernen* Vorläufer, in denen auf die strikte Trennung von Stadt und Natur Wert gelegt wurde. Die vielfach beklagte Lebensfeindlichkeit der modernen Städte scheint insofern auf dem Rückmarsch zu sein. Mitunter scheint es dabei fast, als würden wir Zeuge einer Art Inversion von Stadt und Land, nach der sich die Stadt immer mehr mit Natur auffüllt, während sie auf dem Land zunehmend verschwindet, weil hier Monokultur und die Zersiedlung der Landschaft zum Rückgang der Artenvielfalt von Tieren und Pflanzen geführt haben. Inzwischen gibt es in

184 ⟨https://www.sueddeutsche.de/wissen/baustopp-biberburg-am-waldschloesschen-1.941693⟩, letzter Zugriff 04. 08. 2021.

185 Vgl. etwa Paul Philipp Hanske, Christian Werner, *Die Blüten der Stadt. Ein Wegweiser durch die urbane Pflanzenwelt*, Berlin 2018; Stefan Ineichen, Bernhard Klausnitzer, Max Ruckstuhl, *Stadtfauna. 600 Tierarten unserer Städte*, Bern u. a. 2012.

186 Vgl. dazu etwa Jane Jacobs, *Stadt im Untergang. Thesen über den Verfall von Wirtschaft und Gesellschaft in Amerika*, Frankfurt/M., Berlin, Wien 1970.

Städten schon weit mehr Vogelarten und Insektenarten als auf dem Land.[187] Nimmt man hinzu, dass sich die Automobilität – einst als typisch für das städtische Leben angesehen – auf dem Land voraussichtlich länger halten wird als in den Städten, die, motiviert durch das Ziel der CO_2-freien Städte im Sinne der Bekämpfung des Klimawandels, immer mehr umzusteigen versuchen auf emissionsfreie öffentliche Verkehrsmittel und Freiheit vom Auto, liegt der Gedanke nicht mehr fern, dass der ländliche und der städtische Raum in einem Akt der Inversion jeweils an die Stelle des anderen treten. Die Natur zieht in die Stadt ein, während die Stadt aufs Land zieht. Die ursprünglich für die Stadt typische Automobilisierung kehrt sich um, denn auf dem Land ist das Auto unverzichtbarer als in der Stadt. Schon in ihrer klassischen Form steht die Stadt zudem dafür, dass sie alles auf engstem Raum versammelt und hier zentriert. Aktuell kommt die Versammlung der Tiere und die vermehrte Präsenz der Pflanzen hinzu, sodass die Fahrt aus der Stadt hinaus ins Grüne schon heute immer weniger nötig ist, um Natur zu erfahren. Geht die Entwicklung so weiter, wird man auf dem Land vermehrt nur noch die Ruinen der Agrarindustrie antreffen, in Steppen und Wüsten verwandelte Böden. Damit wird die lange Zeit für gültig gehaltene Dynamik der Moderne des »Immer mehr, immer größer, immer schneller« an einem entscheidenden Punkt korrigiert. Statt sich immer stärker zu einem Lebensraum zu entwickeln, in dem für die Natur immer weniger Platz ist, weisen die Großstädte eine erstaunliche Pflanzen- und Tiervielfalt auf, wobei insbesondere auch ein bemerkenswerter Vogelartenreichtum ins Auge sticht.[188] Obwohl sich viele Exemplare der pflanzlichen und tierischen Stadtbewohner auch Nischen in bestehenden Gebäuden (Parkhäusern, Glockentürmen etc.) suchen, tragen zur Verbreitung der Populationen auch die in Städten längere Zeit über geduldete Nichtnutzung frei werdender Flächen bei, die auf dem Land umgehend zur Bepflanzung frei gegeben würden: »So merkwürdig es auch klingen mag: Die Stadt lässt mehr natürliches Werden und viel mehr Dynamik zu als das Land.«[189] Während weiterhin die Vorstellung vorherrscht,

187 Vgl. Josef H. Reichholf, *Naturschutz. Krise und Zukunft*, Berlin 2010; ders., *Stadtnatur*.

188 Vgl. ebd., S. 17 ff.

189 Ebd., S. 31. Vgl. auch ders., *Naturschutz*, S. 9 f. Für Los Angeles berichtet Mike Davis, *Ökologie der Angst*, S. 236, über einen ähnlichen Befund.

dass auf dem Land die Natur und in der Stadt die Kultur zu besichtigen ist, ist deutlich geworden, dass Natur mehr und mehr in die Städte einwandert und diese mehr und mehr Natur in sich aufnehmen. Statt eine klare Trennlinie zur Natur zu ziehen, wird diese verstärkt in den Stadtraum integriert. Es bedarf in der Stadtsoziologie deshalb dringend der Überwindung des Anthropozentrismus, der hier immer noch vorherrscht. Wenn von Sennett bis Jan Gehl[190] über Stadt nachgedacht wird, dann erscheint die Stadt nach wie vor als Begegnungsraum zwischen Menschen. Doch wer die Städte der Zukunft allein als *Städte für Menschen* konzipiert, nährt weiterhin die Illusion, dass das städtische Leben ein Leben ist, in dem die Menschen unter sich sind. Dabei sind die Menschen nicht mehr nur *nicht mehr* länger unter sich, wie Latour meint. Vielmehr waren sie es noch nie und werden es auch wohl weiterhin nicht sein. Die Stadt ist vielmehr ein Lebensraum für eine Fülle weiterer Spezies. Sie ist eine Ansammlung einer Vielzahl von Pflanzen, Tieren und Menschen, von Gebäuden, Technologien und Maschinen. Wer von einer Stadt träumt, in der all diese vitalen und materiellen Akteure fehlen, träumt nicht von einer Stadt, sondern von einer Art Menschenzoo, in der die Menschen mit ihresgleichen allein sind. Was für eine Dystopie!

Durch die zunehmende Verflechtung von Menschen, Tieren und Pflanzen in der Stadt kann diese nicht mehr länger in Gänze als Höhle betrachtet werden, wie es Blumenberg noch vorschwebte: »Die Stadt ist die Wiederholung der Höhle mit anderen Mitteln. Sie ist vor allem Abschirmung gegen alle Realitäten, die sie nicht selbst hervorbringt oder als bloße Materialien in sich hineinzieht. Im Schutz dieser Abschirmung ist sie der Inbegriff von Künstlichkeit.«[191] Und weiter:

> Wie die Höhle läßt die Stadt mit allen Mitteln die Welt draußen vergessen, um ihre eigene Welt drinnen an deren Stelle zu setzen. Das Maß an Natur, das sie einschließt, wenn nicht einsperrt, depotenziert sie zum Ornament, vom Park bis zum Blumenkasten. Selbst in botanischen und zoologischen Gärten fehlt es nie an Betonung des Umstands, daß die Natur so sich nicht darbieten würde und könnte, weil sie sich diese Ungestörtheit gar nicht verschaffen kann, die ihr der Mensch in seiner Vorrichtung gewährt.[192]

190 Jan Gehl, *Städte für Menschen*, Berlin 2015.
191 Blumenberg, *Höhlenausgänge*, S. 76.
192 Ebd., S. 79.

Die Stadt als künstliche Höhle lässt Natur demnach nur insoweit zu, wie sie sie in ihrem Sinne verwandeln kann. Blumenberg geht dabei implizit von der ordnenden Hand des Menschen aus, der in der Stadt der Natur einzelne Areale zuweist. Wie wir gesehen haben, ist heute dagegen nicht länger zu übersehen, dass sich Pflanzen und Tiere nicht allein an den ihnen eingeräumten Plätzen der Stadt aufhalten, sondern sich auch über diese hinaus verbreiten, sodass sehr viel mehr Draußen in das Drinnen eindringt, als das Ideal der Höhle vorsieht. Die Höhle wäre demnach in wachsendem Ausmaß durch Realitäten des Außenbereichs kontaminiert, worunter ihr Sicherheits- und Schutzcharakter empfindlich leiden könnte. Umso mehr könnte dies die Anstrengungen der Stadtbewohner verstärken, sich mit ihren Wohnungen und Häusern eine verlässliche Höhle in der unzuverlässig gewordenen Stadthöhle einzurichten, durchsetzt von weiteren Höhlen ihrer kindlichen und tierischen Mitbewohner.

3.6 Wohnend die Erde retten?
Vom Bauen und Wohnen im Anthropozän

Auf dem Feld der Architektur wird die Frage des umweltgerechten, ressourcenschonenden und klimagerechten Bauens und Wohnens zu Recht intensiv diskutiert. Denn die Art und Weise, wie wir bauen und wohnen, hat auf die Erde und ihren Zustand einen unmittelbaren Einfluss. Ist das Wohnen schon für das Leben des Menschen existentiell, so ist es dies auch mehr und mehr für die Erde, zumindest dann, wenn es um den Erhalt in ihrer derzeitigen Form geht. Da sie zweifellos in der Lage ist, auch ganz anderes Leben hervorzubringen, wenn sich die Lebensbedingungen auf ihr gravierend ändern, wie dies im Laufe der Erdgeschichte schon mehrfach geschehen ist, richten sich alle vom Menschen angestrebten Rettungsversuche des Planeten letztlich immer darauf, sie so zu erhalten, dass sein eigenes Leben weiterhin gesichert ist. Setzt man allerdings allein beim Menschen und seinen Bedürfnissen an, ist sein Weiterleben stark gefährdet, da er unweigerlich verwoben ist in das Leben alles anderen, was viel zu lange verkannt wurde und noch immer nicht hinreichend Berücksichtigung gefunden hat. Doch ohne den Beitrag einer Vielzahl von Pflanzen, Tieren und Kleinstlebewesen ist auch das Überleben des Menschen auf der Erde nicht garantiert. Ihr Überleben sichert auch das seine. Angesichts der vielfach angezeigten »Unbewohnbarkeit der Erde«[193] geht es aktuell darum, die »Bewohnbarkeit der Erde«[194] zu erhalten, wie es Claude Lévi-Strauss schon Anfang der 1980er Jahre als Ziel ausgegeben hat.

Wie kein anderer hat Heidegger das Wohnen mit der Erde und ihrer Rettung in Beziehung gesetzt:

> Die Sterblichen wohnen, insofern sie die Erde retten [...]. Die Rettung entreißt nicht nur einer Gefahr, retten bedeutet eigentlich: etwas in sein eigenes Wesen freilassen. [...] Das Retten der Erde meistert die Erde nicht und macht sich die Erde nicht untertan, von wo nur ein Schritt ist zur schrankenlosen Ausbeutung.[195]

In seinem ungemein dichten und gehaltvollen Vortrag, der bis heute einen ständigen Bezugspunkt innerhalb des Nachdenkens über den Stellenwert des Bauens und Wohnens in Philosophie und Architekturtheorie bildet,[196] bestimmt er das Wohnen als existentiell für den Menschen: »Die Art, wie du bist und ich bin, die Weise, nach der wir Menschen auf der Erde *sind*, ist das Buan, das Wohnen. Mensch sein heißt: als Sterblicher auf der Erde sein, heißt: wohnen.«[197] Hei-

193 Ebd., S. 802.

194 Lévi-Strauss, *Mythos und Bedeutung*, S. 272.

195 Heidegger, »Bauen, Denken, Wohnen«, S. 144.

196 Vgl. etwa Jürgen Hasse, *Unbedachtes Wohnen. Lebensformen an verdeckten Rändern der Gesellschaft*, Bielefeld 2009, S. 21-40; Florian Rötzer, *Sein und Wohnen. Philosophische Streifzüge zur Geschichte und Bedeutung des Wohnens*, Frankfurt/M. 2020; Hahn, *Architekturtheorie*, S. 167-177; Guzzoni, *Wohnen und Wandern*.

197 Heidegger, »Bauen, Wohnen, Denken«, S. 141. Zur Kritik an der Heideggerschen Verwendung der Wortgeschichte in diesem Zusammenhang vgl. Byung-Chul Han, *Martin Heidegger. Eine Einführung*, München 1999, S. 175 ff. Wesentlich für Heideggers Denken ist es, sich gleichsam von der Sprache führen zu lassen. Für die Klärung von Sachverhalten ist stets der Hinweis wesentlich, der gewissermaßen Heideggers Methode ausmacht: »Hören wir noch einmal auf den Zuspruch der Sprache« (Heidegger, »Bauen, Wohnen, Denken«, S. 143), um anschließend die zur Klärung anstehenden Wörter auf ihre Ursprünge bzw. alten Wortstämme zurückzuführen. Offenbar nur so lassen sich Zusammenhänge wie etwa die zwischen Bauen und Wohnen erschließen: »Der Zuspruch über das Wesen einer Sache kommt zu uns aus der Sprache, vorausgesetzt, daß wir deren eigenes Wesen achten.« (Ebd., S. 140) Doch dies geschieht seiner Ansicht nach immer weniger: »Der Mensch gebärdet sich, als sei *er* Bildner und Meister der

degger bedient sich hier des althochdeutschen Wortes »buan«, das *wohnen* bedeutet. Es scheint nicht abwegig, seine Erläuterungen über die elementare Bedeutung des Wohnens auf die Formel *Ich wohne, also bin ich* oder *Ich bin, weil ich wohne* zu bringen, wenn gelten kann: »Bauen, buan, bhu, beo ist nämlich unser Wort ›bin‹ in den Wendungen: ich bin, du bist [...]. Was heißt dann: ich bin? Das alte Wort bauen, zu dem das ›bin‹ gehört, antwortet: ›ich bin, du bist‹ besagt: ich wohne, du wohnst.«[198] Mit dieser etymologischen Herleitung gelingt es ihm, einen unauflöslichen Zusammenhang zwischen Bauen, Wohnen und dem menschlichen Dasein zu behaupten. Man *ist* nicht einfach zunächst da und fängt in einem zweiten Schritt an zu wohnen. Vielmehr ist das Wohnen ein nicht negierbarer Vollzug des Daseins. Heidegger geht davon aus, dass Wohnen und Bauen inzwischen nicht mehr so eng aufeinander bezogen werden, wie sie es ihrer Wortherkunft nach sind. Das Bauen hat sich derart verselbstständigt, dass das Wohnen als ursprünglicher Sinn des Bauens in Vergessenheit zu geraten droht. Das liegt unter anderem daran, dass die industrielle Welt eine Fülle von Bauten errichtet (Brücken, Flughallen, Stadien, Kraftwerke), in denen die Menschen sich zwar aufhalten, die sie sogar *be*wohnen, die aber keine Gewähr mehr dafür bieten, dass in ihnen auch tatsächlich »ein *Wohnen* geschieht«.[199] Die herkömmliche Auffassung, dass das Bauen das Mittel für den Zweck des Wohnens ist, hält er zwar für keine gänzlich falsche Vorstellung. Sie übersieht seiner Einschätzung nach aber den Zusammenhang, der in der Herkunftsgeschichte der Wörter noch aufbewahrt ist, in der Praxis des Bauens aber zunehmend aufgehoben wird: »Bauen nämlich ist nicht nur Mittel und Weg zum Wohnen, das Bauen ist in sich selber bereits Wohnen.«[200] Er betont, dass es sich bei dem Auseinanderdriften von Bauen und Wohnen keineswegs um einen schlichten Bedeutungswandel von Wörtern handelt, sondern um das gravierende Versäumnis, Wohnen nicht mehr länger als das zu denken, was es eigentlich ist: das »Sein des Menschen« bzw. der »Grundzug des

Sprache, während *sie* doch die Herrin des Menschen bleibt. Vielleicht ist es vor allem die vom Menschen betriebene Verkehrung *dieses* Herrschaftsverhältnisses, was sein Wesen in das Unheimische treibt.« (Ebd.)

198 Ebd., S. 140.

199 Ebd.

200 Ebd.

Menschseins«.[201] Heidegger will auf diese elementare Bedeutung des Wohnens aufmerksam machen und es vor dem Abrutschen ins Banale bewahren: »Es ist, als ob gerade das Wohnen der Gefahr des Gewöhnlichen am leichtesten erliege.«[202] Wohnen lässt sich gerade nicht wie eine beliebige andere Tätigkeit des Menschen denken, der man nachgehen kann oder auch nicht. Zu wohnen ist für den Menschen vielmehr unausweichlich: »Wir wohnen nicht, weil wir gebaut haben, sondern wir bauen und haben gebaut, insofern wir wohnen, d. h. *als die Wohnenden* sind.«[203] Um die Frage nach dem Wesen des Wohnens beantworten zu können, lädt Heidegger in seinem Vortrag wiederum dazu ein, den Hinweisen der Sprache zu folgen. Demnach wird im Altsächsischen und Gotischen das Wohnen ebenso wie das Bauen als ein »Bleiben« und »Sich-Aufhalten« bestimmt, wobei das Gotische dieses Bleiben als »zufrieden sein, zum Frieden gebracht, in ihm bleiben« konkretisiert und mit dem Freien verbindet, wobei

> fry bedeutet: bewahrt vor Schaden und Bedrohung, bewahrt [...] d. h. geschont. [...] Das Schonen selbst besteht nicht nur darin, das wir dem Geschonten nichts antun [es nur *ver*schonen, MS]. Das Schonen ist etwas Positives und geschieht dann, wenn wir etwas zum voraus in seinem Wesen belassen, wenn wir etwas eigens in sein Wesen zurückbergen, es entsprechend dem Wort freien: einfrieden. [...] *Der Grundzug des Wohnens ist dieses Schonen.* Es durchzieht das Wohnen in seiner ganzen Weite. Sie zeigt sich uns, sobald wir daran denken, daß im Wohnen das Menschsein beruht, und zwar im Sinne des Aufenthalts der Sterblichen auf der Erde.[204]

In Heideggers Bestimmung des Wohnens als Schonen wird die Wohnung nicht primär als Rückzugsraum ausgemacht, von dem aus sich der entkräftete Mensch von den Strapazen seiner Weltkontakte erholen und neue Kräfte für die Herausforderungen der nächsten Tage sammeln können soll, indem er sich selbst schont. Seine Vorstellung vom Wohnen beschwört keineswegs ein bürgerliches Idyll herauf. Vielmehr ist das Wohnen nicht selbstverständlich und muss immer wieder neu bedacht werden: »*Die eigentliche Not des Wohnens*« besteht für ihn nicht erst im Fehlen ausreichenden

201 Ebd., S. 142.

202 Heidegger, *Was heißt Denken?*, Frankfurt/M. 2002, S. 122.

203 Heidegger, »Bauen, Denken, Wohnen«, S. 143.

204 Ebd.

Wohnraums, so »hart und bitter, so hemmend und bedrohlich« der Wohnungsmangel auch sei, sondern darin, »daß die Sterblichen das Wesen des Wohnens immer erst wieder suchen, daß sie *das Wohnen erst lernen müssen*«.[205] Dazu gehört die notwendige Bezugnahme auf die existentiellen Grundstrukturen des menschlichen Daseins, auf das so genannte »Geviert« (Himmel und Erde, die Göttlichen und die Sterblichen).[206] Damit setzt sich der Mensch im Wohnen nicht nur in eine Beziehung zu seinen Mitmenschen, sondern auch zur Natur und zum Göttlichen. Am Beispiel des Schwarzwaldhofes erläutert er diesen Zusammenhang:

Denken wir für eine Weile an einen Schwarzwaldhof, den vor zwei Jahrhunderten noch bäuerliches Wohnen baute. Hier hat die Inständigkeit des Vermögens, Erde und Himmel, die Göttlichen und die Sterblichen *einfältig* in die Dinge einzulassen, das Haus gerichtet. Es hat den Hof an die windgeschützte Berglehne gegen Mittag zwischen die Matte in die Nähe der Quelle gestellt. Es hat ihm das weit ausladende Schindeldach gegeben, das in geeigneter Schräge die Schneelasten trägt und tief herabreichend die Stuben gegen die Stürme der langen Winternächte schützt. Es hat den Herrgottswinkel hinter dem gemeinsamen Tisch nicht vergessen, es hat die geheiligten Plätze für Kindbett und Totenbaum, so heißt dort der Sarg, in die Stuben eingeräumt und so den verschiedenen Lebensaltern unter einem Dach das Gepräge ihres Ganges durch die Zeit vorgezeichnet.[207]

In dieser Beschreibung kommt nicht etwa eine rückwärtsgewandte Idealisierung eines traditionellen Bautyps zum Ausdruck. Heidegger hält vielmehr ausdrücklich fest, dass der Hinweis auf den Schwarzwaldhof keineswegs meint, »wir sollten und könnten zum Bauen

205 Ebd., S. 156.

206 Eine nähere Erläuterung des Gevierts findet sich bei Heidegger etwa in seinem Vortrag »Das Ding«, in: ders., *Vorträge und Aufsätze*, Pfullingen 1954, S. 157-175, hier S. 170 f. Vgl. auch Hasse, *Unbedachtes Wohnen*, S. 36. Über das »leicht ins Kitschige abrutschende Sprechen vom Geviert« vgl. auch Karsten Harries, »›Das Ding‹, ›Bauen Wohnen Denken‹, ›... Dichterisch wohnet der Mensch ...‹ und andere Texte aus dem Umfeld. Unterwegs zum Geviert«, in: Dieter Thomä (Hg.), *Heidegger-Handbuch. Leben – Werk – Wirkung*, Stuttgart, Metzler 2013, S. 250-261, hier S. 250.

207 Heidegger, *Vorträge und Aufsätze*, Pfullingen 1954, S. 155. Aufschlussreich in diesem Zusammenhang ist der Umstand, dass sich Heidegger im Schwarzwald eine Hütte bauen ließ, in die er sich zum Schreiben zurückzog, aber auch eine Vielzahl von Besuchern empfing, deren Aufenthalt das Gästebuch bezeugt, vgl. Adam Sharr, *Heideggers Hütte*, Berlin 2010.

dieser Höfe zurückkehren, sondern er veranschaulicht an einem *gewesenen* Wohnen, wie *es* zu bauen vermochte«.[208] Der Schwarzwaldhof ist insofern kein von ihm nostalgisch herbeigesehnter Ort aus einer besseren Zeit, sondern die adäquate Entsprechung für das bäuerliche Wohnen in der damaligen Zeit. Die explizite Zurückweisung dieser Wohnform als Vorbild für die Gegenwart verstehe ich als impliziten Aufruf, sich vor dem Hintergrund einer sich wandelnden Welt auf die Suche nach neuen Antworten zu machen, wie ein *schonendes Wohnen* unter aktuellen Bedingungen jeweils realisiert werden könnte. Wenn das heutige Wohnen weder alle Generationen unter einem Dach versammelt noch die Dinge enthält, die für den Anfang und das Ende des menschlichen Lebens sinnbildlich stehen (Kindbett und Totenbaum), da die Geburt ebenso wie das Sterben längst in entsprechende Sonderräume ausgelagert wurden, muss auch das heutige Bauen eines sein, das dieser veränderten Wohnauffassung Rechnung trägt. Wohnen ist insofern in erster Linie eine Aufgabe, der sich immer wieder neu gestellt werden muss. In Heideggers Beschreibung des Schwarzwaldhofes findet sich darüber hinaus nicht nur ein deutlicher Bezug zu den meteorologischen Verhältnissen, die es beim Bauen stets mitzubedenken gilt. Vielmehr scheint auch ein schonender Umgang mit der Erde dem Wohnen in seinem Sinne inhärent zu sein: *Die Sterblichen wohnen, insofern sie die Erde retten*. Es ist des-

208 Heidegger, *Vorträge und Aufsätze*, S. 155. Dennoch wird Heidegger als »Todtnauberger Hüttenbewohner« (Klaus Englert, *Wie wir wohnen werden. Die Entwicklung der Wohnung und Architektur von morgen*, Stuttgart 2019, S. 57) vorgestellt oder – wie bei Florian Rötzer, *Sein und Wohne*, S. 72 – als eine Art alemannische Ausgabe von Henry David Thoreau (1817-1862) karikiert, der sich in die Wälder zurückzog und von der Moderne nichts wissen wollte. Solche merkwürdigen Mischungen aus Auseinandersetzung mit Heidegger und dem Verwischen seiner Spuren in polemischer Absicht – trotz wörtlicher Zitate aus Heideggers Texten erfolgen keinerlei bibliographische Nachweise – bestätigen, dass man um Heideggers Nachdenken über das Bauen und Wohnen offenbar selbst dann nicht herumkommt, wenn man es rundweg ablehnt: »Das philosophische Wohnen Heideggers ist provinzell und antiglobal.« (Ebd.) In einer Hütte kann nicht urban und global gedacht werden, so scheint hier die Logik zu lauten. Über eine vergleichbare Liebe zur Hütte des Philosophen Ludwig Wittgenstein (1889-1951), der von 1913 bis 1950 seinen Urlaub an einem norwegischen Fjord verbrachte und sich dort 1914 eine Hütte bauen ließ, in der auch er an seinen Werken schrieb, ist mir eine solche Pauschalverurteilung nicht bekannt.

halb durchaus naheliegend, Heideggers Denken mit der Ökologie in Zusammenhang zu bringen, da auch diese »auf Schonung und Behutsamkeit«[209] ausgerichtet ist. Nach ihm ist für diese Rettung allerdings die Einsicht des Menschen in seine eigene Sterblichkeit eine unverzichtbare Voraussetzung:

> Solange wir am Fortgang der Zeit leiden und uns schwer tun mit unserem Älter-Werden und Sterben-müssen, werden wir uns auch schwer tun mit all dem, was uns an die Zeit bindet: mit unserem Körper zum Beispiel: mit unserer Geschlechtlichkeit; mit Sonnenuntergang und dem Kommen des Winters; auch mit der Erde, die uns so oft ihre Gaben versagt und einst umschließen wird. Die Unfähigkeit oder Unwilligkeit, die Erde zu retten oder den Himmel zu empfangen, hat ihren Grund in unserer Unfähigkeit, uns als die Sterblichen zu verstehen und zu bejahen.[210]

Heideggers Nachdenken über das Wohnen ist von großer Aktualität, da auch gerade heute – angesichts der wie schon in den fünfziger Jahren herrschenden Wohnungsknappheit und aufgrund der Klimakrise – wieder verstärkt über das Wohnen diskutiert wird. Dabei steht weniger die Frage *Wie wollen wir wohnen?* zur Debatte als vielmehr die sehr viel dringlichere Frage *Wie müssen wir zu wohnen lernen, wenn wir die Notwendigkeit des Schonens der endlichen Ressourcen der Erde bedenken?*. Dabei ist auch für das heutige Wohnen die von Heidegger vorgenommene Umkehr der üblichen Reihenfolge von Bauen und Wohnen elementar: »*Nur wenn wir das Wohnen vermögen, können wir bauen.*«[211] Mit anderen Worten: Nur wer zu wohnen weiß, kann auch richtig, angemessen, passend bauen. Das Bauen eines Gebäudes richtet sich nach den Vorstellungen, wie darin gewohnt werden soll. Man baut kein emissionsfreies Passivhaus, um sich erst anschließend Gedanken darüber zu machen, wie man in einem solchen Haus die Herausforderung des Wohnens bewältigen will. Vielmehr wird mit dem Bau eines solchen Häusertyps eine vorher bestehende Vorstellung von einem der Zeit und ihren Herausforderungen angepassten Wohnen verwirklicht, das

209 Vgl. dazu Hanspeter Padrutt, »Heideggers Denken und die Ökologie«, in: *Heidegger Studies* 6 (1990), S. 43-66, hier S. 48; Hans-Martin Schönherr, *Die Technik und die Schwäche. Ökologie nach Nietzsche, Heidegger und dem »schwachen« Denken*, Wien 1989.

210 Karsten Harries, »›Das Ding‹«, S. 257 f.

211 Ebd.

konkret auf ein Schonen von endlichen Ressourcen durch reduzierten Energieverbrauch ausgerichtet ist.[212] Durch die Art und Weise, wie über das Bauen und Wohnen gedacht und dabei Bezug auf die Erde (Boden, Gestein, Bewuchs, Tiere usw.) und den Himmel (Himmelsrichtung, Sonneneinstrahlung, Lichteinfall usf.) genommen wird, nähern wir uns der Aufgabe des Wohnens an: »Genug wäre gewonnen, wenn Wohnen und Bauen in das Fragwürdige gelangten und so etwas Denkwürdiges blieben.«[213] In Heideggers Vortrag sollte insgesamt gerade gezeigt werden, dass das Denken ebenso zum Bauen gehört wie das Wohnen. Vorschnelle Antworten werden dabei weit weniger angestrebt als das intensive Nachdenken über der Zeit angemessene Formen des Bauens.

Unter posthumanen Bedingungen haben wir dabei heute sehr viel stärker zu bedenken, dass das Bauen kein Privileg des Menschen ist, denn die Bedeutung des Wohnens geht über das menschliche Wohnen weit hinaus: »Das Leben wohnt, lebt, haust, es kommt nicht aus ohne Ort.«[214] Wohnen ist demnach ein Lebensprinzip, das bei verschiedenen Lebewesen – und nicht nur beim Menschen – beobachtet werden kann. Wie wir gesehen haben, sind Menschen und Tiere beim Bauen und Wohnen in vielfacher Weise miteinander verbunden. Zunächst bauen Tiere und Menschen die verschiedenen Wohnbehausungen für ihre eigene Spezies. Menschen bauen für sich Häuser, in denen Tiere entweder freiwillig aufgenommen werden (Haustiere wie Katzen, Hunde, Hamster, Fische usw.) oder unfreiwillig Unterschlupf finden (Waschbären,

212 Wer jedoch die urbane Lebensweise »mit ihrem verschwenderischen Umgang mit Energie, Licht und Bewegung « (Karl H. Hörning, »Kultur und Nachhaltigkeit im Netz alltäglicher Lebenspraktiken«, in: Oliver Parodi (Hg.), *Wechselspiele. Kultur und Nachhaltigkeit – Annäherungen an ein Spannungsfeld,* Berlin 2010, S. 333-346, hier S. 339) als grundsätzlich unverträglich mit dem Energiesparen ausgibt, so als handele sich um eine unveränderliche Konstante, und wer gleichzeitig das Wohnen in einem Passivhaus als nahezu unlebbare Idee praxisfremder Architekt:innen darstellt, der erteilt der Suche nach klimafreundlicheren Häusern von vornherein eine Absage. Als Grund wird ein den Bewohnern von Städten unterstelltes Verharren in überkommenen Lebensstilen und unveränderlichen Wohnbedürfnissen angeführt, die offenbar nur mit Gebäuden weit zurückreichender Architekturperioden kompatibel sind, in denen man sich über Energiekosten für den Planeten noch keine Gedanken machen musste.

213 Heidegger, *Vorträge und Aufsätze*, S. 155.

214 Serres, *Atlas*, S. 40.

Mäuse, Vögel, Ameisen, Spinnen, Wespen, Hornissen, Fliegen, Silberfische usw.). Darüber hinaus bauen Menschen auch gesonderte Räume *für* Tiere (Ställe, Käfige, Gehege, Zoos usw.), in denen diese gehalten und vorgezeigt werden. Tiere wie Menschen sind dabei in der Lage, ihre Bauten gegenseitig zu zerstören. Der Mensch tut dies in hohem Maße allein schon durch sein immer weiteres Vordringen in die Lebensräume der Tiere. Aber auch Tiere sind dazu fähig, in Häusern Schäden anzurichten, die zu deren Zerstörung führen können (Termiten etc.), wenn auch insgesamt zweifellos in eher bescheidenem Umfang. Das Bauen und Wohnen von Menschen und Tieren erfolgt jedoch in viel geringerem Ausmaß nur je für sich, als zumeist angenommen wird. Heutiges Bauen muss sich daher die Frage stellen, ob man weiterhin warten will, bis das Haus von als Bewohnern nicht vorgesehenen Lebewesen nach und nach annektiert wird, oder ob man ihnen als erwartbaren Gästen nicht von vornherein einen Platz einräumt. Warum werden etwa die Plätze für nistende Vögel nicht gleich in den Entwurf eines Hauses aufgenommen? Warum wird bei der Planung eines Hauses zumindest den Haustieren nicht ebenso selbstverständlich ein Raum zugedacht wie dem Auto? Weil man sie noch näher bei sich haben will als dieses? Selbst wenn dies zuträfe, wären deren Bedürfnisse in den Plan mit aufzunehmen, damit ihr Platz kein nachträglich für sie eingeräumter sein muss wie bei einem erworbenen Ding, für das man auf die Schnelle eine Ecke freiräumt. Damit bekäme das Haus den Charakter eines Baumes, der sich unter anderem dadurch auszeichnet, für eine Vielzahl von Lebewesen Wohnräume zur Verfügung zu stellen, eine Art Hausbaum. Nachdem Menschen das Zusammenleben mit Tieren auf die übliche Weise nun lange genug geprobt haben, wäre es jedenfalls an der Zeit, den nächsten Schritt zu tun und gemeinsam mit ihnen zu bauen:

Auf der Website www.Animal-Architecture.org werden Projekte für Fledermaustürme, Nistziegel für Vögel, Insektenhotels, Austernriffe, Wildtierreservate, lebende Strukturen und sogar ein von einer Kuh erschaffenes Gästehaus vorgestellt. Jedes dieser Projekte repräsentiert die wachsende Bewegung in der Designwelt, die darauf abzielt, unser Verständnis von Menschlichkeit sowie die Art und Weise, wie wir Menschen mit anderen Arten interagieren, zu verändern. Insgesamt präsentiert *Animal Architecture* der Öffentlichkeit die erste organisierte Sammlung von Arbeiten, die eine eindrucksvolle Zusammenarbeit zwischen menschlichen und nichtmenschlichen ArchitektInnen aufzeigen. Diese Projekte sind mehr als schlichte Designübungen – sie haben das Potential, die Art und Weise wie wir in einer dynamischen und vielfältigen Welt bauen und leben, neu zu gestalten.[215]

All diese ambitionierten Projekte stehen für den Versuch eines einvernehmlichen und kooperativen Bauens über Artengrenzen hinweg. Aber selbst wenn nicht dieser Weg eingeschlagen wird, stehen doch im Grunde alle aktuellen Überlegungen über die Zukunft des Bauens vor der Aufgabe, im Einklang mit der Erde und ihren Lebewesen zu bauen, was einen schonenden Umgang mit den endlichen Ressourcen impliziert. Dabei spielt etwa die Erschließung neuer Lebensräume eine große Rolle, zu denen die Erdwohnungen, von denen bereits die Rede war,[216] ebenso gehören wie neue Konzepte zum Wohnen auf dem Wasser. Angesichts steigender Meeresspiegel, die noch zur weiteren Ausweitung der Hydrosphäre führen würden, wird *schwimmende Architektur* bzw. *Floating architecture* als Alternative zum herkömmlichen Bauen auf festem Untergrund angepriesen. Die Projekte reichen von einigen schwimmenden Häusern in den Häfen und Wasserstraßen der Küstenstädte bis hin zur Planung einer auf dem Meer befindlichen »Oceanix City« durch den dänischen Architekten Bjarke Ingels[217] und die »Ocean Flower« des niederländischen Architekten Koen Othuis.[218] Werden wir mit solchen Projekten bereits einer maritimen Existenz näher kommen und die ausschließlich terrane zunehmend überwinden?

Mittelpunkt und Kern einer terranen Existenz – mit all ihren konkreten Ordnungen – ist das Haus. Haus und Eigentum, Ehe, Familie und Erbrecht, alles das bildet sich auf der Grundlage eines terranen Daseins, insbesondere des Ackerbaus. Auch der Bauer, wie wir ihn nennen, hat seinen Namen nicht etwa von der Arbeit des Bauens oder des Acker-Bebauens. Der Bauer heißt nach dem Bau, das heißt dem Gebäude, das ihm gehört und zu dem er gehört. Im Kern der terranen Existenz steht also das Haus.

215 Edward Dodington, »Architektur«, in: Arianna Ferrari, Klaus Petrus (Hg.), *Lexikon der Tier-Mensch-Beziehungen*, Bielefeld 2015, S. 41-45, hier S. 44.

216 Vgl. Kap. 3.3.1.

217 Vgl. ⟨https://www.baublatt.ch/bauprojekte/oceanix-city-bjarke-ingels-plant-schwimmende-stadt-26136⟩, letzter Zugriff 11. 06. 2021.

218 Dabei handelt es sich um blütenförmig aneinandergereihte Luxusvillen auf dem Wasser, vgl. Alistair Bonnett, *Die seltsamsten Orte der Welt. Geheime Plätze, verlorene Räume, wilde Plätze, vergessene Inseln*, München 2015, S. 240 ff.

Im Kern einer maritimen Existenz dagegen fährt das Schiff, das schon in sich selbst viel mehr und viel intensiver ein technisches Mittel ist als das Haus. Das Haus ist Ruhe, das Schiff ist Bewegung.[219]

Was bei Schmitt, dem Großmeister der strikten Unterscheidungen (Freund/Feind, Land/Meer usw.), als sich unversöhnlich gegenüberstehende Existenzweisen erscheint, wird heute miteinander zu kombinieren versucht, hin zu einem Wohnen, das die Ruhe mit der Bewegung in Einklang bringt, wie wir es bereits am Beispiel des mobilen Wohnens kennengelernt haben.[220] Der Vorgabe Schmitts folgend, hat sich durch die technische Durchdringung der Gebäude das Bauen der maritimen Existenz ohnehin längst angenähert und die terrane Existenz in seinem Sinne schon ein großes Stück hinter sich gelassen, was angesichts der Schmittschen Konnotation des Terranen mit den typisch bürgerlichen Institutionen nicht grundsätzlich zu bedauern ist. Selbst der Ackerbau als Symbol und Garant der terranen Existenz ist inzwischen in einem solchen Ausmaß von technischen Mitteln durchzogen, dass er die Schmittsche Unterscheidung implodieren lässt. Gemessen an seinen Vorstellungen ließe sich behaupten, dass sich die gesamte Erde inzwischen in ein Schiff verwandelt hat.[221]

Für ein anderes Wohnen und Bauen – ob nun auch zu Wasser oder weiterhin zu Lande – wird entscheidend sein, Wohnungen und Gebäude mit einem Zeitfaktor zu versehen, sie sich von Anfang an als veränderlich vorzustellen und dies bereits beim Bauen zu berücksichtigen. Entgegen steht dem bisher, dass sie noch immer als unveränderlich und langfristig stabil gedacht werden:

Gebäude wirken statisch. Es scheint fast unmöglich, sie in Bewegung, als Serie von Transformationen zu begreifen. Dennoch, jeder weiß und insbesondere Architekten wissen – dass ein Gebäude kein statisches Objekt, sondern ein sich bewegendes *Projekt* ist: Es altert auch nach seiner Fertigstellung, wird von seinen Nutzern umgestaltet, verändert sich durch all das, was in ihm und außerhalb von ihm passiert, und oftmals wird es bis zur Unkenntlichkeit renoviert, verfälscht oder verwandelt.[222]

219 Carl Schmitt, *Gespräche über Die Macht und den Zugang zum Machthaber. Gespräch über den neuen Raum,* Berlin 1944, S. 56.

220 Vgl. Kap. 3.3.2.

221 Bei Buckminster-Fuller wird die Erde in der Tat als Schiff, nämlich als Raumschiff, verstanden, vgl. Kap. 5.6.

222 Bruno Latour, Albena Yaneva, »Die Analyse der Architektur nach der Actor-

Die hier zusammengemengten Gründe für die Auffassung vom Gebäude als Projekt gilt es auseinanderzuhalten. Zum einen geht es um notwendige Arbeiten zum Zweck der Erhaltung des Gebäudes, von regelmäßigen Reinigungsarbeiten bis zur Renovierung, die nötig werden, weil äußere Einflüsse auf das Haus beständig einwirken und das verwendete Material Ermüdungserscheinungen aufweist: Der Putz bekommt Risse oder blättert ab, das Holz wird morsch, der Anstrich verwittert. Die entsprechenden Gegenmaßnahmen dienen allein der Bestandserhaltung: »Was gebaut ist, an dem muß dauernd weitergebaut werden, sonst verfällt es.«[223] Es ist ein Anrennen *gegen* die Zeit. Von diesen bloßen Instandhaltungsaktivitäten, die das Gebäude in seinen Grundrissen nicht verändern und damit einer aus dem Tierreich bekannten Häutung gleichkommen, sind die Um- und Anbauten zu unterscheiden, mit denen auf sich ändernde Bedürfnisse ihrer Bewohner reagiert wird. Statt dies nachträglich mit mehr oder weniger Geschick und ästhetischem Feinsinn zu tun,[224] könnten die absehbar notwendig werdenden

Network-Theory (ANT)«, in: Urs Staub (Hg.), *Explorations in Architecture. Teaching, design, research*, Basel, Boston, Berlin 2008, S. 80-89, hier S. 80. Vgl. auch Anke Rees, »Widerspenstige Gebäude. Eine Untersuchung von Materialität, Kontroversen und Atmosphären«, in: Tobias Conradi u. a. (Hg.), *Strukturentstehung durch Verflechtung. Akteur-Netzwerk-Theorie(n) und Automatismen*, Paderborn 2013, S. 93–111. Zum Vorschlag, über das hier im Vordergrund stehende Bauen und Weiterbauen auch den »Abriss als eine architektonische Maßnahme« zu verstehen, vgl. Dirk Baecker, »Bauen, Ordnen, Abreißen im Formmodell des Sozialen. Die ›Architektur der Gesellschaft‹ aus system- und formtheoretischer Sicht«, in: Joachim Fischer, Heike Delitz (Hg.), *Die Architektur der Gesellschaft. Theorien für die Architektursoziologie*, Bielefeld 2009, S. 195-222.

223 Freyer, *Schwellen der Zeiten. Beiträge zur Soziologie der Kultur*, S. 45. Gerade damit ergibt sich erneut eine Paralelle zur animalischen Architektur: »Am Bau eines Ameisenhaufens wird dauernd weitergebaut, ausgebessert, abgestützt, erweitert.« (Ebd., S. 48) Was passiert, wenn dieser Aufwand plötzlich nicht mehr betrieben wird, hat Alan Weisman, *Die Welt ohne uns. Reise über eine unbevölkerte Erde*, München 2007, S. 21 ff. für die menschlichen Behausung eindringlich beschrieben.

224 Die bis zur *Unkenntlichkeit verfälschten* Gebäude, auf die Yaneva und Latour anspielen, gehören zu dem großen Arsenal von »Bausünden«, die darin bestehen, ein vorhandenes Bauwerk in einem nicht mehr vertretbaren Ausmaß verändert zu haben. Es ist u. a. die Aufgabe des Denkmalschutzes, darauf zu achten, dass durch grobschlächtige Renovierungsmaßnahmen keine wertvolle Bausubstanz

Baumaßnahmen auch von vorneherein einkalkuliert werden, indem man etwa mit leicht erweiter- und reduzierbaren Modulen hantiert. Hier baut man entsprechend *mit* der Zeit. Damit würde in das Gebäude ein Wohnen Eingang finden, das etwa von der an- und abschwellenden Größe der Familie (erwachsene Kinder ziehen aus und auch wieder ein, verwitwete Großväter oder- mütter werden zunächst aufgenommen und wechseln später in ein Pflegeheim usw.) nicht mehr vor schier unlösbare, sondern bewältigbare Raumprobleme gestellt würde, da die flexiblen Häuser von Anfang an auf baulich notwendig werdende Umstrukturierungen durch veränderte Lebenssituationen ausgerichtet wären. Das Wohnen würde so nicht mehr als Zustand, sondern als »ein andauernder Prozess«[225] aufgefasst und ensprechend praktiziert. Mit dieser flexiblen Art des Wohnens ließe sich auch der oft beklagte hohe Raumverbrauch pro Person entgegenwirken. Für bestimmte Lebensphasen können auch die flächensparenden Tiny Houses eine sinnvolle Lösung sein.[226] Über imposante Schallplatten-, CD-, DVD- oder Büchersammlungen, schwere Möbel, Kunstwerke und andere platzraubende Dinge darf man bei dieser Wohnform jedoch nicht verfügen, sodass hier eine minimalistische bis asketische Lebensweise Voraussetzung ist, zu der entweder stabile Onlineverbindungen und Streamingdienste oder ein kompletter Medienverzicht gehören.

Welche Wege des Wohnens in Zukunft aber auch immer beschritten werden mögen, entscheidend wird sein, dass viele verschiedene ausprobiert und die Debatte über Bauen und Wohnen eröffnet wird, die auf breiter Basis bis heute nicht stattfindet. Zu berücksichtigen wäre in jedem Fall, dass man beim Sprechen über Architektur »über eine Art von Materialität sprechen« muss,

> eine Objekthaftigkeit, die sich letztendlich in jedem Fall materiell manifestiert und deswegen etwas ist, das von der Erde kommt. Es ist genau diese Verwurzelung in der irdischen Materialität, die eine gemeinsame Basis für die Verbindungen zwischen Lebewesen bieten kann, welche zu Kollabora-

und Handwerkerkunst irreversibel vernichtet wird. Ein gelungenes Beispiel für ein vielfach umgebautes Haus stellt dagegen das Privathaus des Stararchitekten Frank Gehry und seiner Familie dar, vgl. Niklas Maak, *Wohnkomplex. Warum wir andere Häuser brauchen*, München 2014, S. 260.

225 Ebd., S. 260.

226 ⟨https://tiny-houses.de/⟩, letzter Zugriff 25. 08. 2021.

tionen unter den verschiedenen Spezies einlädt. Schließlich sind wir alle zusammen Teilhaber am Leben.[227]

Auch das Wohnen entkommt der Erde nicht.

227 Dodington, »Architektur«, S. 43.

4. Geosoziale Gesellschaften – ihr Personal, ihre Grenzen und Territorien

»Je mehr die Natur herabgesetzt wird, umso strahlender erscheint alles, was nicht zu ihr gehört: Gott und der Mensch.«[1]

4.1 Pflanzengesellschaften: Formen des Zusammenlebens und Verankerung im Boden

Wenn von *Gesellschaft* die Rede ist, folgt geradezu automatisch und wie selbstverständlich eine Betrachtung rein menschlicher Gesellschaften. Auf ihre Geschichte, ihren Aufbau, ihr Funktionieren und ihren Wandel richten sich nahezu alle gängigen gesellschaftstheoretischen Bemühungen in der Soziologie. Auch dann, wenn nicht menschliche Handlungen, sondern Kommunikationen in den Mittelpunkt gestellt werden, geht es ausschließlich um menschliche, nicht aber um pflanzliche oder tierische Beiträge. Doch ähnlich wie im Fall der Architektur ist die einseitige Zentrierung auf die von Menschen gebildeten Gesellschaften weniger selbstverständlich, als es auf den ersten Blick erscheinen mag. Obwohl er über viele Jahrzehnte in soziologischen Zusammenhängen kaum noch eine Rolle gespielt hat, ist der Begriff Gesellschaft nicht von Anfang an für den Menschen reserviert worden. Vielmehr war lange Zeit ebenso auch von Pflanzen- und Tiergesellschaften die Rede, die von der Pflanzen- und Tiersoziologie schon früh systematisch untersucht wurden. Mit der wachsenden Etablierung und der damit einher gehenden Spezialisierung des Faches geraten beide Bereiche jedoch zunehmend aus dem soziologischen Aufmerksamkeitsfokus.

Die Beschäftigung mit Pflanzen liegt heute weit außerhalb der gängigen Auffassung vom Gegenstandsbereich der Soziologie.[2]

1 Ilya Prigogine, Isabelle Stengers, *Dialog mit der Natur. Neue Wege naturwissenschaftlichen Denkens*, München 1981, S. 57.

2 Wenn überhaupt, dann findet sich eine Berücksichtigung der Pflanzen in der Soziologie dort, wo eine grundsätzliche Beschäftigung mit dem Leben stattfindet. So finden sich etwa in der Philosophischen Anthropologie Einlassungen zum Thema Pflanzen: »Mehr noch als Steine und Sterne, als Tintenfische und Menschen

Doch die geradezu programmatische Ignoranz gegenüber allem Nichtmenschlichen ist der Soziologie nicht in die Wiege gelegt. Die Spuren sind noch nicht kalt. Sie führen uns an den Beginn soziologischen Forschens zurück. Ganz in diesem Sinne macht auch Bruno Latour darauf aufmerksam, dass es den Ausdruck »Pflanzensoziologie« sogar »schon lange vor der Soziologie menschlicher Gesellschaften gegeben«[3] hat. Darin sieht er ein wichtiges Indiz dafür, dass wir bei der Begrenzung des Sozialen auf den Menschen »vergessen, daß der Bereich des Sozialen sehr viel umfassender ist«.[4] Über den Schweizer Botaniker und Naturwissenschaftler Augustin-Pyrame de Candolle (1778-1841), der die Pflanzensoziologie systematisch betrieben hat, hält er fest: »Für ihn sind Korallen, Paviane, Bäume, Bienen, Ameisen und Wale ebenfalls sozial.«[5] In späteren Jahren ist das Werk von Josias Braun-Blanquet (1884-1980) von herausragender Bedeutung, ebenfalls ein Schweizer Botaniker, der mit seiner 1928 erstmalig erschienenen Schrift *Pflanzensoziologie. Grundzüge der Vegetationskunde* ein umfassendes Grundlagenwerk zu diesem Zweig der Botanik vorlegt. Das Aufgabengebiet der Pflanzensoziologie umschreibt er so: »Die Pflanzensoziologie befaßt sich mit den Gruppierungen der Pflanzen, ihren gegenseitigen Wechselbeziehungen und ihrer Abhängigkeit von der belebten und unbelebten Umwelt.«[6] Die grundlegenden Probleme, denen sich eine so verstandene Pflanzensoziologie zu widmen hat, zeigen, dass es sich um einen genuin soziologischen Zugang zur Botanik handelt:

> Die Gesellschaftslehre der Pflanzen umfaßt alle das Zusammenleben der Pflanzen berührenden Erscheinungen und Befunde. Sie hat folgende Hauptprobleme zum Gegenstand:

sind die Pflanzen, diskursgeschichtlich gesehen, Statthalter für Grundfragen der Theorie des Lebendigen. Denn Pflanzen sind Naturdinge, die, was die mögliche verwandtschaftliche Phänomenalität angeht, dem Menschen nicht so nah wie die Tiere und nicht so abständig wie die Felsen sind. Pflanzen haben einen mittleren Grad der Andersheit.« Eßbach, »›Des Menschen Tage sind wie Gras‹. Ein Dissens über Wachstum in der Philosophischen Anthropologie«, S. 210.

3 Bruno Latour, *Eine neue Soziologie für eine neue Gesellschaft*, Berlin 2007, S. 19.

4 Ebd.

5 Ebd.

6 Josias Braun-Blanquet, *Pflanzensoziologie. Grundzüge der Vegetationskunde*, Wien, New York 1964, S. 2. Zu seiner herausragenden Stellung innerhalb der Pflanzensoziologie und ihrer Geschichte insgesamt vgl. den historischen Überblick bei Hartmut Dierschke, *Pflanzensoziologie*, Stuttgart 1994, S. 13-30.

1. Wie sind die Gesellschaftseinheiten zusammengesetzt und wie zu klassifizieren? (Strukturelle und taxonomische Pflanzensoziologie.)
2. Welches sind die gesellschaftsbedingenden Umweltfaktoren und wie wirken sie auf die Gesellschaft? (Gesellschaftshaushalt, Synökologie.)
3. Wie sind die Gesellschaften geworden und was wird aus ihnen? (Gesellschaftsentwicklung, Syndynamik, Gesellschaftsgeschichte.)
4. Wie sind die Gesellschaften im Raume verteilt? (Gesellschaftsverbreitung, Synchorologie.)[7]

Diese Fragen machen den Aufbau des Buches aus und werden der Reihe nach abgehandelt. Offensichtlich stellt sich die Pflanzensoziologie durchaus ähnliche Fragen wie die Soziologie des Menschen dies tut, wenn sie über Gesellschaft nachdenkt. Dabei wird betont, dass die Pflanzengesellschaft nicht isoliert betrachtet werden darf:

> Sowenig eine reinliche Scheidung der Begriffe Pflanze und Tier durchführbar ist, sowenig kann die Pflanzengesellschaft als eine unabhängige, in sich abgeschlossene, selbständige Lebenseinheit gelten. Die Pflanzengesellschaften sind vielmehr mit der Tierwelt durch unzählige Wechselbeziehungen mehr oder weniger eng verbunden und bilden erst im Verein mit ihr eine natürliche, sich selbst genügende Organismengemeinschaft oder Biozönose.[8]

Im Gegensatz zur soziologischen Thematisierung der menschlichen Gesellschaften, für die die Ausblendung der Pflanzen- und Tierwelt und das Beharren auf der Gesellschaft als rein menschlichem Phänomen charakteristisch ist, wird hier Wert darauf gelegt, dass die Pflanzengesellschaften im Zusammenhang mit den Tiergesellschaften zu betrachten sind, da sie mit diesen in vielfacher Weise verbunden sind. Nur der heute im Rahmen einer geosoziologischen Erneuerung der Soziologie notwendige Schritt hin zur Untersuchung der Wechselbeziehungen zwischen Pflanzen- und Menschenwelt wird hier noch nicht gewagt. Trotz der Betonung des Zusammenhangs zwischen Tiergruppen und Pflanzengesellschaften, bei dem man zum Teil sogar von »konstantem Zusammenleben gewisser Tiervereinigungen mit bestimmten Pflanzen oder Pflanzengesellschaften sprechen kann«,[9] werden die Formen des tierischen von denen des pflanzlichen Zusammenlebens noch strikt geschieden:

7 Braun-Blanquet *Pflanzensoziologie. Grundzüge der Vegetationskunde*, S. 2.
8 Ebd., S. 3.
9 Ebd., S. 5.

Die Prinzipien der Nützlichkeit, der Arbeitsteilung, der bewußten Unterstützung, des Zusammenfassens aller Kräfte zur Erreichung eines gemeinsamen Zieles existieren im Pflanzenreich nicht. Unumschränkt herrscht hier der Kampf ums Dasein; er regiert direkt oder indirekt die meisten Äußerungen des sozialen Lebens der Pflanzen.[10]

Daneben ist es auch für den Schweizer Botaniker vor allem die Ortsgebundenheit, die das Leben der Pflanzen kategorial von dem der Tiere unterscheidet.[11] Die Formen des pflanzlichen Zusammenlebens unterteilt Braun-Blanquet grundsätzlich in zwei Hauptgruppen, »Abhängigkeitsverbindungen und Kommensalverbindungen«.[12] Während die Abhängigkeitsverbindungen aus einseitigem oder gegenseitigem Parasitismus sowie symbiotischen Beziehungen bestehen können, ist das Zusammenleben der Kommensalen davon geprägt, dass sie um die an einem Standort vorhandenen Lebensgrundlagen konkurrieren: »Die Beziehungen zwischen den Kommensalen beruhen auf dem Kampf um Raum, Licht und Nahrung.«[13] Braun-Blanquet geht davon aus, dass die Abhängigkeitsverbindungen zwar eine große Rolle im Zusammenleben der Pflanzen spielen, die entscheidende Rolle aber dem Kommensalismus zukommt.

Obwohl die Pflanzensoziologie offenbar nie von der Soziologie als eigener Forschungszweig betrieben und etwa als *spezielle Soziologie* ausgewiesen worden ist, sondern als Teil der Botanik angesehen wird, sind Pflanzen dennoch in den Aufmerksamkeitsfokus der Soziologie gelangt. In der 1921 erstmalig erschienenen Textsammlung von Robert Park und Ernest Burgess mit dem Titel *Introduction to the Science of Sociology* findet sich wie selbstverständlich – neben einem Eintrag zur »Ant Society« des Ethologen und Entomologen William M. Wheeler (1865-1937) – ein Beitrag zu »Plant Communities« von Johannes Eugenius Bülow Warming (1841-1924), einem dänischen Botaniker.[14] In dem kurzen Artikel sind einige der Ergebnisse kom-

10 Ebd., S. 7.

11 Vgl. Kap. 2.3.

12 Ebd., S. 7.

13 Ebd., S. 14.

14 William M. Wheeler, »Ant-Society«, in: Robert E. Park, Ernest Burgess (Hg.), *Introduction to the Science of Sociology. Incuding an Index to Basic Sociological Concepts*, Chicago, London 1970, S. 100-102; Eugenius Warming, »Plant Communities«, in: ebd., S. 93-100. Beide Beiträge werden unter der Rubrik »Plant Communities and Animal Societies« aufgeführt. Breite Berücksichtigung erfährt

primiert zusammengefasst, die sich auch Warmings umfangreichen *Lehrbuch der ökologischen Pflanzengeographie*[15] entnehmen lassen. Warming begreift die Soziologie, wie Braun-Blanquet sie beschrieben hat, als Teil der ökologischen Pflanzengeographie, die sich mit der Frage beschäftigt, warum Pflanzen »über das ganze Gebiet ihrer Verbreitung keineswegs gleichmäßig verteilt sind, sondern sich in ›Gesellschaften‹ oder ›*Vereinen, Assoziationen*‹ mit sehr *verschiedener Physiognomie* gruppieren«.[16] Auch er schlägt eine Taxonomie der Formen des Zusammenlebens der Pflanzen vor. Durchaus vergleichbar zur Einteilung von Braun-Blanquet behandelt auch er unter anderem den Parasitismus und die Symbiose als Verbindungsmodi der Pflanzen, die bei ihm aber nicht vom Kommensalismus, den »Pflanzenvereinen«,[17] strikt abgegrenzt werden, da auch diese auf den beschriebenen Beziehungsmodi, wie etwa dem des Parasitismus, beruhen. Die differente Auffassung von Braun-Blanquet und Warming ist unter anderem wohl auf die unterschiedliche Verwendung des Begriffs zurückzuführen, die Letzterer klar benennt: »Unter dem von *van Beneden* gebildeten Begriffe *Kommensalismus* verstehen wir hier, von dem Sinn des Autors etwas abweichend, ein Verhältnis zwischen Arten, die den Nahrungsvorrat in Luft und Boden miteinander teilen, an demselben Tische speisen.«[18] Warming unterscheidet weiter zwischen *gleichartigen und ungleichartigen Kommensalen*, betont dabei grundsätzlich ebenfalls den Wettbewerb um die vorhandenen Ressourcen an einem Standort, sieht aber bei den gleichartigen Kommensalen weniger einen Wettkampf zwischen den Pflanzen untereinander als vielmehr mit der »leblosen

Wheelers Forschung über die Ameisen bei Niels Werber, *Ameisengesellschaften. Eine Faszinationsgeschichte*, Frankfurt/M. 2013.

15 Vgl. Eugenius Warming, *Lehrbuch der ökologischen Pflanzengeographie*, Berlin 1933.

16 Ebd., S. 4.

17 Ebd., S. 359.

18 Ebd., S. 360. Hervorhebung im Original gesperrt. Vgl. dazu auch Walter Zimmermann, »Pflanzensoziologie«, in: Richard Thurnwald (Hg.), *Forschungen zur Völkerpsychologie und Soziologie*, Bd. 10: *Arbeiten zur biologischen Grundlegung der Soziologie*, 2. Halbband, Leipzig 1931, S. 19-69, hier S. 27. Gemeint ist offenbar der belgische Parasitologe Pierre-Joseph van Beneden (1809-1894), der als Erfinder des Kommensalismus-Begriffs gilt. Trotz des gleichlautenden Bezugs weisen die Literaturverzeichnisse von Braun-Blanquet und Warming keine Publikation van Benedens auf.

Natur«,[19] während die ungleichartigen Kommensalen untereinander konkurrieren. Stärker als Braun-Blanquet stellt Warming in seiner Darstellung auch immer wieder Analogien zur Menschenwelt her. Über die ungleichartigen Kommensalen heißt es: »Wie in den Menschenvereinen ist hier der *Kampf zwischen den Gleichartigen am heftigsten*, [...] also zwischen den Arten, die dieselben oder ungefähr dieselben Forderungen stellen und an dem gemeinsamen Tische dieselben Gerichte suchen.«[20] Es mag dieser gesuchte Vergleich zur Welt der Menschen sein, der Park und Burgess an Warmings Version der Pflanzensoziologie in besonderer Weise angezogen hat. Neben allen anderen Aspekten finden auch die »Eingriffe des Menschen« in die Pflanzenwelt Berücksichtigung:

> Auf vielfache Art stehen der Mensch und die Pflanzenwelt in Wechselwirkung. Obwohl die Pflanzenwelt auf den Menschen einwirkt, ist dieser doch bei weitem der Stärkere, und die Vegetation wird in dem Grad sein Werk, daß es bald nur wenige Gegenden der Erde geben wird, wo er nicht umbildend oder zerstörend eingegriffen hat, indem er die Vegetation nach seinem Gebrauch einrichtete oder indirekt auf sie einwirkte.[21]

Nicht nur greift der Mensch durch seine Bearbeitung des Bodens, die Umwandlung von Wildpflanzen in Kulturpflanzen und die Domestizierung von Wildtieren zu Haustieren in den Bestand der Pflanzenvereine ein, er führt diesen auch neue »Mitbewerber«[22] zu, wodurch alte Vereine durch neue Vereine ersetzt werden. Ebenfalls betont wird von Warming, was Braun-Blanquet für einen wesentlichen Unterschied zwischen Tier- und Pflanzenwelt hält, nämlich dass auch bei den Pflanzen »Arten einander Hilfe leisten«.[23] Für Park ist an den pflanzensoziologischen Beobachtungen Warmings zentral,

> daß verschiedene Pflanzenarten dazu neigen, permanente Gruppen zu bilden, die er als Gemeinschaften bezeichnete. Es stellte sich heraus, daß Pflanzengemeinschaften eine beträchtliche Anzahl von Eigenschaften lebender Organismen aufweisen. Sie entstehen allmählich, machen bestimmte cha-

19 Warming, *Lehrbuch der ökologischen Pflanzengeographie*, S. 360.

20 Ebd., S. 362. Hervorhebung im Original gesperrt. Auch werden die mächtigsten Exemplare etwa als »Fürsten« bezeichnet, ebd., S. 363.

21 Ebd., S. 329 f. Vgl. dazu Kap. 2.3.

22 Ebd., S. 330.

23 Ebd., S. 362.

rakteristische Veränderungen durch, verfallen schließlich und werden dann von anderen Gemeinschaften ganz verschiedener Art ersetzt.[24]

Der Begründer der Chicago School hält anschließend zwar fest, dass das Interesse der Humanökologie vor allem den Beziehungen gilt, die der Mensch zu seinen Mitmenschen unterhält, aber seine »Beziehung zur Erde, die er bewohnt«,[25] wird dabei nicht als irrelevant ausgeklammert, wie wir bereits an seiner spezifischen Untersuchungsweise der Stadt gesehen haben. Für Burgess und Park waren die Forschungsergebnisse aus der Botanik zur Bildung von Pflanzengesellschaften für die Soziologie noch so wichtig, dass sie in einer *Einführung* (!) in diese Wissenschaft präsentiert wurden, die aufgrund ihrer enormen Verbreitung und ihres Covers auch als »Green Bible« bezeichnet wurde.[26] Schon allein das ist bemerkenswert. Ihre Aufnahme in den Reader sollte dabei nicht zur Begründung einer Subdisziplin namens *Humanökologie* führen, sondern dazu dienen, »Studierenden der Soziologie *soziologische* Denkweisen nahezubringen«.[27] Durch die Konzentration der Pflanzensoziologie nicht auf die einzelnen Individuen, sondern auf die von ihnen gebildeten Gemeinschaften vermag sie diese elementare Aufgabe in Parks Augen zu übernehmen. Diese Ausrichtung ist es, die sein Interesse an der Erforschung der Pflanzen überhaupt hervorruft, gilt ihm doch die Soziologie als »Wissenschaft des kollektiven Verhaltens«.[28] Die Aufnahme von pflanzen- und tiersoziologischen Arbeiten in den für Generationen von Studierenden maßgeblichen Reader unterstreicht seine grundsätzliche Auffassung von Soziologie, die »eine Disziplin mit vielfältigen interdisziplinären

24 Robert Park, »Die Stadt als räumliche Struktur und als sittliche Ordnung«, in: Peter Atteslander, Bernd Hamm (Hg.), *Materialien zur Siedlungssoziologie*, Köln 1974, S. 90-100, hier S. 90.

25 Ebd.

26 Vgl. dazu Gabriele Christmann, *Robert E. Park*, Tübingen 2007, S. 33-46 und Groß, *Die Natur der Gesellschaft*, S. 139. Der Band von Groß enthält eine ausführliche Darstellung der Humanökologie und des Werks von Robert Ezra Park, in der die ökologischen Aspekte seiner Soziologie, insbesondere die Anleihen bei der Pflanzensoziologie, detailliert herausgearbeitet werden, die in anderen Darstellungen von Parks Schaffen oftmals kaum Berücksichtung finden, vgl. ebd., S. 89-168.

27 Ebd., S. 140.

28 Robert E. Park, Ernest Burgess (Hg.), *Introduction to the Science of Sociology. Including an Index to Basic Sociological Concepts*, Chicago, London 1970, S. 42.

Anschlußstellen werden«[29] sollte. Seine Bemühungen stehen damit im krassen Gegensatz zur als Professionalisierungsstrategie missverstandenen Engführung des Faches auf eine reine, von anderen Fächern zunehmend isolierte, sich ausschließlich auf den Menschen und seine Beziehungen als Inbegriff des Sozialen konzentrierende Soziologie. Nicht auszudenken, wie breit aufgestellt die Soziologie heute dastehen könnte, um sich der Thematisierung des Anthropozäns und der damit verbundenen ökologischen Problematik anzunehmen, wenn man seinem Beispiel gefolgt wäre, statt sich von Geographie und Biologie so radikal abzukoppeln, wie es in der Folgezeit bis auf wenige Ausnahmen getan wurde.

Eine derartige Nähe einer soziologischen Schule zur Pflanzensoziologie, wie sie sich in der Humanökologie von Park und Burgess auffinden lässt, hat es in der weiteren Geschichte des Faches nicht mehr gegeben. Bemerkenswert aber ist, dass in der von Richard Thurnwald (1869-1954), Professor für Ethnologie, Völkerpsychologie und Soziologie an der Universität Berlin, herausgegebenen Reihe zu *Forschungen zur Völkerpsychologie und Soziologie* im Jahr 1931 ein zweibändiges Buch mit dem Titel *Arbeiten zur biologischen Grundlegung der Soziologie* erscheint, in dem alle enthaltenen Beiträge fortlaufend mit dem Begriff *Biosoziologie* überschrieben sind. Der zweite Band präsentiert gleich drei Beiträge zur Pflanzensoziologie: den »Versuch einer Gesellschaftslehre der Pflanzen« von Raymund Rapaeis aus Budapest, die »Pflanzensoziologie« des Tübinger Botanikers Walter Zimmermann (1892-1980) und die »Beiträge zur Soziologie der Pflanzen« des Berliner Agrargeographen Paul Krische (1878-1956). Der ungarische Autor Raymund Rapaies hält in seinem Beitrag gleich zu Beginn ausdrücklich fest, dass Gesellschaft bzw. Vergesellschaftung »nicht nur ein Privileg des Menschen, sondern eine Eigentümlichkeit sämtlicher Lebewesen, sowohl der Pflanzen wie der Tiere«[30] ist. Die elementaren Aufgaben der Pflanzensoziologie werden von ihm ähnlich bestimmt wie von seinen Vorgängern, der Aspekt der Beziehung der Pflanzen zum Menschen aber wird stärker herausgestellt:

29 Groß, *Die Natur der Gesellschaft*, S. 140.

30 Raymund Rapaeis, »Versuch einer Gesellschaftslehre der Pflanzen«, in: Richard Thurnwald (Hg.), *Arbeiten zur biologischen Grundlegung der Soziologie*, Leipzig 1931, S. 1-17.

Die erste Aufgabe der Pflanzensoziologie ist, die Pflanzenvergesellschaftungen als geschlossenes Ganzes vom Standpunkt ihres inneren Lebens zu studieren und Vergesellschafterscheinungen aufzuklären, die das Verhältnis der einzelnen Mitglieder der Pflanzengesellschaft zueinander bestimmen. Ihre zweite Aufgabe ist, die Pflanzengesellschaften in ihrer Beziehung zur unorganischen Natur aufzuklären, das heißt, die Ansiedlung, die Platznahme der Pflanzengesellschaften und ihre an der Oberfläche der Erde vor sich gehenden grandiosen Arbeiten zu studieren. Dritte Aufgabe der Pflanzensoziologie ist, das Verhältnis der Pflanzenvergesellschaftungen zueinander aufzuklären. Schließlich ist es Aufgabe der Pflanzensoziologie, den Zusammenhang der Pflanzengesellschaft mit der Tierwelt und der Menschheit zu erforschen und aufzuklären.[31]

Rapaies betont in seinem Beitrag die oft übersehene physische Kraft der Pflanze, die sich etwa darin zeigt, dass sie ebenso in den Erdboden wie in den Fels einzudringen vermag und dort, wo dieser verwittert und zu Geröll zersplittert ist, die Trümmerstücke regelrecht umklammert und sich damit vor dem Abgleiten zu schützen versucht. Doch die Pflanze kämpft mit ihren bemerkenswerten Fähigkeiten nicht nur um ihr eigenes Überleben, sondern erbringt auch eine Leistung für die Pflanzengesellschaft insgesamt. Sie löst für ihre Ernährung Stoffe aus dem Boden und gibt Teile ihres eigenen Organismus an den Boden ab, in dem sie nach Ablauf ihres individuellen Lebens ganz aufgeht und ihn dadurch mit wichtigen Nährstoffen anreichert. Darin besteht die von der Pflanze verrichtete *Arbeit*, durch den sie den Humusboden bildet, den es ohne sie nirgendwo auf der Welt geben könnte. Für Rapaeis ist deshalb das »Wesentliche im pflanzlichen Handeln, in der pflanzlichen Arbeit [...] ein *chemischer* Vorgang«.[32] Entscheidend an dieser für den Autor zentralen Kategorie der Arbeit ist, dass damit bewiesen sei, »*daß es in der Pflanzengesellschaft eine Arbeitsteilung gibt und daß diese Arbeitsteilung das Wesen der Pflanzengesellschaft bildet*«.[33] Exakt diese Fähigkeit zur Arbeitsteilung hatte Braun-Blanquet noch der Tierwelt vorbehalten.

Im knappen Bericht von Paul Krische geht es vor allem um eine Zurückweisung der Auffassung von einer »im Vernichtungsrausch

31 Ebd., S. 9.

32 Ebd., S. 5. Hervorhebung i. O. gesperrt.

33 Ebd., S. 7, Hervorhebung i. O. gesperrt.

befangenen Natur«,[34] die durch Hinweise auf Formen gegenseitiger Hilfenahme deutlich abgeschwächt werden sollte:

Die alte Vorstellung vom erbarmungslosen Kampf aller gegen alle in der Natur und in der menschlichen Gesellschaft wird mehr und mehr durch die neueren soziologischen Untersuchungen zugunsten eines besseren Verständnisses der starken gesellschaftlichen Gemeinschaftskräfte abgelöst. Das Überraschendste ist immerhin, daß nicht nur in der menschlichen Gesellschaft und in den Tiergesellschaften, sondern auch in den Pflanzengesellschaften, die bisher als brutalste Kampfstätten des Daseins angesehen wurden, mächtige Gemeinschaftskräfte wirksam und für den Gesellschaftszustand bestimmend sind.[35]

Es ist gerade diese friedfertige und kooperative Seite der Pflanzen, die auch gegenwärtig wieder stark betont wird.[36]

Auf die Soziologie insgesamt ist der Einfluss dieser Überlegungen und anderer Arbeiten der Pflanzensoziologie nicht sehr groß gewesen. Sie hat sich mehrheitlich für eine programmatische Beschränkung auf den Menschen entschieden, aus der Pflanzen und Tiere sowohl explizit als auch implizit ausgeklammert wurden. Umso bemerkenswerter ist, dass sich bei René König als einem der einflussreichsten Soziologen der Nachkriegszeit eine vollständige Berücksichtigung anderer Lebewesen findet, in die auch pflanzensoziologische Erkenntnisse erkennbar eingeflossen sind:

Wenn wir aus interplanetarischen Räumen auf unsere Erde herunterblicken könnten, würden wir überall auf ihrer Oberfläche pflanzliches, tierisches und menschliches Leben zu zahlreichen ›Gemeinschaften‹ verbunden finden, die – aus der Entfernung besehen – alle miteinander einen ›wachstümlichen‹ Charakter aufweisen. Ansammlungen von Artgenossen mit mehr oder weniger ausgeprägter Struktur sowie Symbiosen, Kommensal- und parasitäre Verhältnisse verschiedener Art finden sich bereits auf der niedersten Stufe des Lebens, etwa im Bereich der Bakterien. Pflanzen zeigen höchst vielfältige Formen von geselligen Assoziationen, die von einfachsten ›Beständen‹ bis zu den ungemein komplexen Erscheinungen des

34 Paul Krische, »Beiträge zur Soziologie der Pflanzen«, in: Richard Thurnwald (Hg.), *Arbeiten zur biologischen Grundlegung der Soziologie*, Leipzig 1931, S. 71-75, hier S. 73. Belege für diese neuere Sichtweise bleibt er dem Leser allerdings schuldig.

35 Ebd., S. 75.

36 Vgl. Kap. 2.3.

Waldes reichen; zwischen seinen Extremen mit Humusschicht und Bodenbakterien, Würmern, Insekten, Moosen und Wurzeln einerseits und seiner Kronenschicht andererseits ordnet sich zudem eine ganze Reihe von Untersystemen an.[37]

Einmal mehr ist es die Orientierung an der Bildung von Gemeinschaften, die den Blick über den Menschen hinaus auf Pflanzen und Tiere erweitert. Dabei wird jedoch nicht nur auf das Vorhandensein all dieser Lebewesen und auf die ähnlichen Organisationsformen der pflanzlichen, tierischen und menschlichen Gemeinschaften hingewiesen, sondern auch bereits betont, dass sich nichtmenschliche Lebewesen nicht nur einer Umwelt passiv anpassen, sondern diese vielmehr aktiv hervorbringen, was heute oft so behandelt wird, als sei es eine Erkenntnis erst der letzten Jahre:

Während früher die Neigung vorherrschte, bei Pflanzen und Tieren ein mehr passives Erleiden der Umweltbedingungen anzusetzen, haben [...] die neueren Entwicklungen sowohl der Pflanzen- als auch der Tiersoziologie diese Auffassung wesentlich verschoben. [...] Schon die Pflanzen sind fähig, ihre Umwelt, also das ›*Habitat*‹, zu verändern und im Raum Biocoenosen zu entwickeln, die eine neue Umwelt schaffen.[38]

Deutlich wird, dass König die zu seiner Zeit aktuellen Forschungsergebnisse der Pflanzen- und Tiersoziologie in seine grundlegenden soziologischen Überlegungen über Formen des Zusammenlebens einbezieht. Seine Berücksichtigung der Pflanzen- und Tiersoziologie geht so weit, dass er in dem von ihm herausgegebenen, weitverbreiteten Lexikon mit dem schlichten Titel *Soziologie* einen Beitrag zur »Biosoziologie« [39] aufgenommen und selbst verfasst hat. Allein die Aufnahme dieses Begriffs, der neben den Einträgen zu klassischen Begriffen wie etwa Arbeitsteilung, Familie, Gemeinschaft, Gesellschaft, Kultur und Wirtschaft steht, ist beachtenswert und steht im deutlichen Kontrast zur später üblich werdenden Aussparung dieses Themenkomplexes. Zurückzuführen ist diese Offenheit zum Teil sicher auf den Umstand, dass einer von René Königs akademischen Lehrern ebenjener Richard Thurnwald war, der sich ja ebenfalls bereits für die Etablierung einer Biosoziologie stark gemacht hatte.

37 René König, *Grundformen der Gesellschaft: die Gemeinde,* Hamburg 1958, S. 12.

38 Ebd., S. 15.

39 René König, »Biosoziologie«, in: ders. (Hg.), *Soziologie*, Frankfurt/M. 1958, S. 43-46.

In seinem Lexikoneintrag zur »Biosoziologie« stellt König diese als »wichtige Hilfsdisziplin der Soziologie«[40] vor. Obwohl er sich gegen eine Tendenz der Human- bzw. Sozialökologie ausspricht, »die Verteilung der Menschen im Raum in gleicher Weise [zu] betrachten wie die entsprechende Verteilung von Pflanzen«,[41] sieht er in der Tier- und Pflanzensoziologie insgesamt eine »wichtige Ergänzung der Menschensoziologie«.[42] Aufgabe aller drei Soziologien sei es, »die gemeinsame Entwicklung von Menschenkultur, Tier- und Pflanzenwelt (Bioklimatologie)«[43] zu betonen.[44]

Bedauerlicherweise hat sich die in der Chicago School und bei König vorzufindende Berücksichtigung der Pflanzen- und Tiersoziologie nicht weiter fortgesetzt. In vergleichbaren späteren Publikationen kann von solch einer Offenheit gegenüber der Botanik und Biologie keine Rede mehr sein. Parallel zur zunehmenden Etablierung der Soziologie wird der Aufmerksamkeitsfokus vielmehr zunehmend auf die rein menschlichen Gesellschaften verengt, während Pflanzen und Tiere keine Berücksichtigung mehr finden.

Zwar enthalten das *Lexikon zur Soziologie*[45] ebenso wie das *Wörterbuch der Soziologie*[46] immerhin noch Einträge zur »Pflan-

40 Ebd., S. 43.

41 Ebd., S. 45.

42 Ebd., S. 44.

43 Ebd.

44 Erich Wohlfahrt, *Waldkunde, 1. Teil: Von dem Wesen und der Soziologie des Waldes*, Frankfurt/M. 1953, S. 29, unterbreitet ein in diesem Zusammenhang ebenfalls aufschlussreiches Verständnis der Soziologie und ihrer Aufgabengebiete: »Die soziologische Wissenschaft befaßt sich mit den Gesellschaften, den organischen (menschlichen, tierischen und pflanzlichen) Ganzheiten. Sie untersucht vor allem den Aufbau und die Formen dieser Gesellschaften, ihre Gliederungen und die Formen dieser Glieder, ihre Beziehungen zueinander und zur Umwelt. Man kann dabei die Soziologie in weitem oder in engerem Sinne auffassen. Im weiteren Sinne lassen sich sämtliche Lebenserscheinugnen solcher Gesellschaften oder Ganzheiten zur Soziologie rechnen, also nicht nur ihr Aufbau (Organisation und Systematik), sondern auch ihre Verbreitung (Geographie), ihre Entwicklung (Genetik und Kinetik), ihr Leben (Biologie) und ihr Haushalt (Ökologie).« In einem solchen weiten Verständnis der Soziologie erfüllt sich die Prognose von Gabriel Tarde, *Monadologie und Soziologie*, Frankfurt/M. 2009, S. 51: »Alle Wissenschaften scheinen dazu bestimmt, Zweige der Soziologie zu werden.«

45 Werner Fuchs-Heinritz u. a., *Lexikon zur Soziologie*, Wiesbaden 2011, S. 507.

46 Karl Heinz Hillmann, *Wörterbuch der Soziologie*, Stuttgart 2007, S. 676.

zensoziologie«.[47] Doch eine systematische Beschäftigung mit diesem Teilbereich der Soziologie findet nicht mehr statt, sodass heute andere Wissenschaften in die so entstandene Lücke stoßen können.[48] Vor dem Hintergrund des zentralen Stellenwerts der Pflanzen für die heutige ökologische Diskussion, die Wieder- und Neuentdeckung ihrer Fähigkeiten, wäre eine stärkere Hinwendung der Soziologie zu den Pflanzen durchaus geboten. Statt diese jedoch isoliert zu behandeln und allein die Beziehungen zwischen den Pflanzenarten zu untersuchen, müsste weit mehr als bisher die Verbindung von Menschen und Pflanzen in den Blick genommen werden. Für die ehemals kritisch beargwöhnte Annäherung von Pflanzensoziologie und Menschensoziologie gibt es heute ganz neue Plausibilitäten.[49] Über die Tradition der Pflanzensoziologie hinaus gilt es nicht nur den Zusammenhang zwischen Pflanze und Tier, sondern auch den zwischen Pflanze und Mensch systematisch zu erfassen. Mit den Pflanzen steht der Mensch allein schon durch seine Ernährung und die Einnahme von Medikamenten in einem viel größeren Austausch, als er sich dies zumeist klarmacht. Abgesehen davon gilt es natürlich vor allem die Tatsache zu betonen, dass er ohne sie gar nicht zu existieren in der Lage wäre: »Wenngleich unsere domestizierten Pflanzen ohne unsere Hilfe nicht gedeihen können, ist es doch ebenso wahr, dass unser Überleben als Spezies inzwischen von einer Handvoll domestizierter Kulturpflanzen abhängt.«[50]

4.2 Tier- und Menschengesellschaften: Zur Geselligkeit von Menschen und Tieren

Im Fall der Tiere zeigt sich ähnlich wie bei den Pflanzen, dass die Soziologie in ihren Anfängen der Tatsache noch Rechnung getragen hat, dass der Mensch nicht das einzige Lebewesen auf Erden ist,

47 In beiden Lemmata wird betont, dass »Phytocönologie, Wissenschaft vom Zusammenleben der Pflanzen, insbesondere von den sozialen Wechselbeziehungen innerhalb und zwischen den Pflanzenarten« handelt.

48 Vgl. Emanuele Coccia, *Die Wurzeln der Welt*, München 2018, vgl. dazu auch Kap. 2.2.

49 Vgl. Kap. 2.3.

50 Scott, *Die Mühlen der Zivilisation*, S. 99.

das nicht isoliert, sondern in Gesellschaften lebt. Ähnlich wie in der Pflanzensoziologie, die überwiegend von Biologen und Botanikern betrieben wird, stellt jedoch auch die Tiersoziologie keine ureigene Domäne der Soziologie dar. Sehr viel stärker als die Pflanzen aber finden Tiere in frühen soziologischen Arbeiten regelmäßig Berücksichtigung. Zudem stammt ein Klassiker der Tiersoziologie aus der Feder des französischen Soziologen Alfred Espinas (1844-1922), der bereits 1878 seine grundlegende Abhandlung *Des Sociétés animales, étude de psychologie comparée* vorlegt.[51] Sowohl Émile Durkheim als auch sein Antipode Gabriel Tarde loben das Werk in seltener Übereinstimmung. Während es der eine als »das erste Kapitel der ›Soziologie‹«[52] bezeichnet, empfiehlt der andere es als »ausgezeichnete[s] Buch«.[53] Espinas strebt in seinem Pionierwerk die zunächst getrennten Untersuchungen von tierischen und menschlichen Gesellschaften an, die erst anschließend, bei erreichter Reife der Erkenntnisse, zusammengeführt werden sollen. Getragen wird die gesamte Untersuchung von der Erkenntnis »Kein lebendes Wesen ist allein«,[54] die heute grundlegend für alle Ansätze des Posthumanismus, der Akteur-Netzwerk-Theorie und des Neomaterialismus ist. Im Mittelpunkt steht folgerichtig die *Geselligkeit der Tiere* als eine über alle Arten hinweg vorfindliche Tatsache, die sie dazu veranlasst, sich zu Gesellschaften zusammenzuschließen:

Das gesellige Leben im Thierreiche ist also keine zufällige Erscheinung, es tritt nicht hier und da gelegentlich und gewissermaßen launenhaft auf,

51 Vgl. in deutscher Übersetzung Alfred Espinas, *Die thierischen Gesellschaften. Eine vergleichend-psychologische Untersuchung*, Braunschweig 1879.

52 Émile Durkheim, *Frühe Schriften zur Begründung der Sozialwissenschaft*, Darmstadt 1981, S. 41.

53 Tarde, *Monadologie und Soziologie*, S. 51. Im Gegensatz zu Herbert Spencer geht Tarde von einer Entwicklung des Heterogenen zum Homgenen aus: »Das auffälligste Beispiel bietet uns wohl die Beobachtung der Menschen- oder Tiergesellschaften. Durch die Zusammenschlüsse von Polypen, welche oft recht komplexe Lebewesen sind, bilden sich Polypenkolonien, eine der elementarsten Wasserpflanzen. Durch die Zusammenschlüsse von Menschen zu Stämmen oder Nationen entsteht Sprache, eine Art niederer Pflanze, deren *Lebensraum*, *Wachstum* und historische *Blüte* von den Philosophen studiert werden.« Ebd., S. 69. Tarde sieht die Leistung seiner Theorie der Nachahmung unter anderem darin, »daß sich Gesellschaften durch diese Sichtweise erklären lassen, egal ob es sich um tierische oder menschliche handelt«. Tarde, *Die Gesetze der Nachahmung*, S. 28.

54 Espinas, *Die thierischen Gesellschaften*, S. 4.

es ist auch keineswegs, wie man häufig glaubt, das Vorrecht einiger, im Thierreich isolirt dastehender Arten, wie der Biber, Bienen und Ameisen; es ist im Gegentheil, und wir glauben dies zur Genüge hier nachweisen zu können, eine normale, beständige, allgemeine Thatsache. Von den tiefsten Stufen des Thierreichs bis zu den höchsten hinaus finden sich alle Thiere zu einer Zeit ihres Lebens zu irgendeiner Gesellschaft verbunden. Die Geselligkeit ist die nothwendige Bedingung für die Erhaltung und Erneuerung des Lebens.[55]

Es wird in der Folgezeit immer wieder dieser Aspekt der Geselligkeit sein, auf den sich die Tiersoziologie primär konzentriert und die auch in grundlegenden soziologischen Arbeiten über die verschiedenen Formen des Zusammenlebens in die Überlegungen einbezogen werden.

Die 1896 erstmalig veröffentlichte Arbeit von Frank H. Giddings (1855-1931) zu den *Prinzipien der Soziologie* zeigt sich bereits um eine von Espinas für die Zukunft in Aussicht gestellte gemeinsame Betrachtung der tierischen und menschlichen Gesellschaften bemüht: »Es liegt kein Grund vor, den Zusammenhang zwischen der tierischen und der menschlichen Gesellschaft zu bezweifeln.«[56] Dieser grundsätzlichen Annahme folgend, die aber eher von einer Ähnlichkeit des Aufbaus und der Organisation tierischer und menschlicher Gesellschaften ausgeht als von ihrem Zusammenhang im Sinne einer wechselseitigen Einwirkung aufeinander, werden etwa im Kapitel »Die soziale Bevölkerung« verschiedene Formen von Aggregationen vorgestellt, für die Beispiele aus der Welt der Tiere ebenso angeführt werden wie aus der Menschenwelt:

Die natürlichen Gruppierungen menschlicher Wesen, die die Grundlagen ihres Gemeinschaftslebens sind, stehen in keiner entscheidenden Beziehung einzig in ihrer Art dar. Aus der Botanik und Zoologie wissen wir, daß diese Gruppierungen allen Lebewesen gemeinsam sind. [...] Ebenso ist kollektives Handeln keine der menschlichen Gattung eigentümliche Erscheinung.[57]

Dabei betont auch Giddings die grundsätzlich soziale Ausrichtung von Tieren und Menschen im Sinne der Geselligkeit, die nur in

55 Ebd, S. 5.
56 Giddings, *Prinzipien der Soziologie*, S. 189.
57 Ebd., S. 389.

sehr selten Fällen vereinzelt leben,[58] was er als Einspruch gegen eine einseitig agonale Auffassung der Natur auffasst: »Eine Welt von lebenden Wesen, die einander ohne Einschränkung fürchten und hassen, meiden und angreifen, ist keine Beobachtungstatsache. Sie ist eine reine Schöpfung a priori der ›reinen‹ Vernunft.«[59] Die weit verbreitete Vorstellung »der Natur als ›rot an Zahn und Klau‹«[60] sei eine Erfindung von Moralphilosophen und Politikern, die nur über unzureichende Kenntnisse von ihr verfügten. Obwohl er selbst immer wieder auf den »Kampf um das Dasein«[61] eingeht und sich für eine starke Berücksichtigung von Konflikt und Macht ausspricht, will er doch einem rein kriegerischen Naturverständnis nicht das Wort reden, sondern gerade die Geselligkeit und den Zusammenschluss der Individuen zu Gruppen verschiedenster Art als weitaus erfolgreicheres Mittel im Kampf um das Dasein ausweisen, weshalb er im Einklang mit dem Anarchisten und Geographen Pjotr Alexejewitsch Kropotkin (1842-1921) auf die Kooperationsleistungen tierischer wie menschlicher Individuen ausführlich eingeht.[62] Edgar Morin zufolge betont »Darwin den fruchtbaren Gedanken des Kampfes [dem auch Marx gefolgt sei, MS], während Kropotkin anhand der Idee der natürlichen Selektion den Stellenwert der Hilfe und der Solidarität rechtfertigt«.[63] Giddings verfolgt im Anschluss an Darwin und Spencer zweifellos einen evolutionistischen Ansatz und betont mit ihnen den *Kampf um das Dasein*, legt aber ebenso viel Wert darauf, im Anschluss an Kropotkin die Kooperationsleistungen von Tier und Mensch herauszuarbeiten. Über das gesamte

58 Ebd., S. 73 f.

59 Ebd., S. 73.

60 Ebd.

61 Ebd., S. X.

62 Vgl. dazu Peter Kropotkin, *Gegenseitige Hilfe in der Tier- und Menschenwelt*, Berlin 2018. Dort heißt es etwa: »Wenn wir nichts anderes vom Tierleben kennten, als was wir über die Ameisen und Termiten wissen, dann könnten wir doch schon sicher vermuten, daß gegenseitige Hilfe [...] und individuelle Initiative [...] zwei unendlich wertvollere Faktoren in der Entwicklung des Tierreiches sind als gegenseitiger Kampf.« Ebd., S. 25.

63 Edgar Morin, »Die Unidualität des Menschen«, in: Dietmar Kamper, Christoph Wulf (Hg.), *Anthropologie nach dem Tod des Menschen*, Frankfurt/M. 1994, S. 15-24; hier S. 24. Er betont: »Es gab immer schon *linke* und *rechte* Auffassungen der Natur. [...] Die unterschiedlichen Auffassungen der Natur spielen [...] im Spiel der sozialen Auseinandersetzungen eine große Rolle.«

Buch hinweg wird dabei immer wieder auf die weitreichende Ähnlichkeit zwischen Tier- und Menschengesellschaften hingewiesen, woraus er nicht zuletzt Konsequenzen für den Begriffshaushalt der Soziologie ableitet:

Viele soziale Gewohnheiten sind Tieren und Menschen gemeinsam. Viele Gebräuche, Gesetze und Einrichtungen sind wilden Stämmen und zivilisierten Gemeinschaften gemeinsam. Etliche soziologische Kategorien müssen umfassend genug sein, um den Kannibalen und den im Klub Speisenden einzuschließen, andere, um den Weisen und die Ameise ein zuschließen.[64]

Obwohl also schon früh der Versuch unternommen wurde, Tiergesellschaften in soziologischen Zusammenhängen nicht nur zu berücksichtigen, sondern sich ihnen auch exklusiv zuzuwenden, finden wir bei Max Weber eine Begründung dafür, warum Tiersoziologie vorläufig nicht in den Kanon der Soziologie aufgenommen zu werden braucht, die sich als außerordentlich wirkmächtig erwiesen hat:

Wir haben die Möglichkeit, rationales Handeln der einzelnen menschlichen Individuen geistig nacherlebend zu verstehen. Wenn wir eine menschliche Vergesellschaftung, welcher Art immer, nur nach der Art begreifen wollen, wie man eine Tiervergesellschaftung untersucht, so würden wir auf Erkenntnismittel verzichten, die wir nun einmal beim Menschen haben und bei Tiergesellschaften nicht. Dies und nichts anderes ist der Grund dafür, weshalb wir für unsere Zwecke im allgemeinen keinen Nutzen darin erblicken, diese ganz fraglos vorhandene Analogie zwischen Bienenstaat und irgendwelcher menschlichen, staatlichen Gesellschaft zur Grundlage irgendwelcher Betrachtungen zu machen.[65]

Folgt man Webers Projekt der verstehenden Soziologie, so scheint damit auch der Ausschluss der Tierwelt aus dem soziologischen Kosmos beschlossene Sache. Insofern hätte das Webersche Programm an der weitgehenden Vernachlässigung der Tiere in der weiteren Geschichte der Soziologie einen nicht unerheblichen Anteil. Doch

64 Giddings, *Prinzipien der Soziologie*, S. 56. »Die Familie findet sich in einem gewissen Sinne des Wortes sowohl in tierischen wie menschlichen Gesellschaften.« Ebd., S. 57.

65 Max Weber auf dem Ersten Deutschen Soziologentag, zitiert nach Friedrich Jonas, *Geschichte der Soziologie*, S. 257.

so eindeutig ablehnend äußert sich Weber nicht durchgehend. In seinen *Soziologischen Grundbegriffen* heißt es zunächst nur, dass die Frage, ob »auch das Verhalten von Tieren uns sinnhaft ›verständlich‹ ist und umgekehrt: – beides in höchst unsicherem Sinn und problematischem Umfang – und inwieweit also theoretisch es auch eine Soziologie der Beziehungen des Menschen zu Tieren (Haustieren, Jagdtieren) geben könne«[66], in diesem Zusammenhang nicht weiter behandelt werde. Doch er räumt ein: »[V]iele Tiere ›verstehen‹ Befehl, Zorn, Liebe, Angriffsabsicht und reagieren darauf offenbar vielfach nicht ausschließlich mechanisch-instinktiv, sondern irgendwie auch bewußt sinnhaft und erfahrungsorientiert.«[67] Wir haben es also keineswegs mit einer rigorosen Ablehnung Webers gegenüber tiersoziologischen Erkenntnissen, sondern mit einem – am Stand des damaligen wissenschaftlichen Forschungsstandes gemessen – eingeräumten Unvermögen zu tun, das Verhalten der Tiere ebenso verstehen zu können wie menschliche Handlungen, was für den Fall weiterer Erkenntnisse der Tierforschung von Weber jedoch nicht prinzipiell ausgeschlossen zu werden scheint.

Insbesondere diejenigen Soziologen, die dezidiert keine verstehende Soziologie betreiben, teilen ohnehin nicht die Überzeugung, tiersoziologische Überlegungen schon deshalb ad acta legen zu müssen, weil Menschen grundsätzlich nicht dazu in der Lage seien, deren Verhalten nacherlebend zu verstehen.[68] Wie wir im vorhergehenden Kapitel bereits gesehen haben, rekurriert der dem Durkheimschen Programm der Soziologie näher stehende René König ausdrücklich auf Forschungsergebnisse der Pflanzen- und Tiersoziologie. Auch Werner Sombart geht diesen in seinem Lexikon-Artikel über die »Grundformen des menschlichen Zusammenlebens«[69] nach und bestimmt neben der »Leib-Seelhaftigkeit« und der »Geisthaftigkeit« die »Rudelhaftigkeit« als dritte der zentralen Wesenseigenschaften des Menschen, die dieser mit den Tieren teilt:

Die Rudelhaftigkeit, die der Mensch mit vielen Tierarten gemeinsam hat, besteht darin, daß es kein ›nacktes‹, für sich bestehendes Menschenwesen,

66 Weber, *Wirtschaft und Gesellschaft*, S. 7.

67 Ebd.

68 Charles Foster hat einen solchen Versuch dennoch unternommen, vgl. Kap. 2.5.

69 Werner Sombart, »Grundformen des menschlichen Zusammenlebens«, in: Alfred Vierkandt (Hg.), *Handwörterbuch der Soziologie*, gekürzte Studienausgabe, Stuttgart 1982, S. 49-67.

›Individuum‹ gibt, das mit anderen ebenso nackten Individuen in Verbindung träte, sondern daß der Mensch ›gesellig‹ lebt, das heißt in irgendwelcher Gemeinschaft oder Verbundenheit mit seinesgleichen, wie die Ameisen, die Bienen, die Hirsche, Rebhühner. [...] Menschliche ›Gesellschaft‹ kann nur als Neben-, Für-, Gegen-, Miteinander solcher Rudel gedacht werden. Gesellschaft besteht nicht aus Einzelnen, sondern aus ›Ganzen‹ von Personen (und Gütern). Die Gesellschaft ist eine Anti-Robinsonade. Und selbst Robinson vermochte nur zu leben, weil er die Rudelhaftigkeit auf seine Insel mitgebracht hatte.[70]

Für Sombart sind Tiere wie Menschen gleichermaßen auf Geselligkeit aus. Erst die mit den Tieren geteilte Rudelhaftigkeit erhebt das menschliche Leben zum »sozialen Dasein«.[71] Von diesem Zugeständnis abgesehen, definiert Sombart »die Aufgabe der Soziologie als der Lehre von der menschlichen Gesellschaft [...] als eine Verbandslehre«.[72] Theodor Geiger (1891-1952), der sich ebenfalls des Tiers annimmt und die bisherige Konzentration auf die Frage nach der Geselligkeit fortführt, schließt sich der soziologischen Priorisierung der menschlichen Gesellschaft zwar durchaus an, warnt aber eindringlich vor einer einseitigen Konzentration des Verständnisses von Gesellschaft auf den Menschen:

Kein Zweifel, daß uns in vorderster Linie doch immer die menschliche Gesellschaft interessiert. Doch darf dies nicht dahin kommen, daß die Gesellschaftslehre – und diese Gefahr zeigt sich schon – mit heftigerer oder zaghafterer Geste die Frage nach einem tierischen Gemeinschaftsleben als etwas ihre Kreise Störendes von sich schiebt und so eine neue Scheidewand zwischen den Welten des Menschen und des Tieres errichtet wird, kaum niedriger als die seinerzeit von christlicher Theologie getürmte. Irgendwo und irgendwie gehören doch Mensch und Tier zusammen, und es darf uns nicht gleichgültig sein, was die Biologie an Erkenntnissen über tierische Gesellungsphänomene beibringt oder beigebracht zu haben sich schmeichelt.[73]

Statt die aus der Biologie stammenden Vergleiche der Vergesellschaftungsformen von Tier und Mensch im Sinne Webers als letzt-

70 Ebd., S. 49.
71 Ebd., S. 50.
72 Ebd., S. 49.
73 Theodor Geiger, »Das Tier als geselliges Subjekt«, in: Richard Thurnwald (Hg.), *Forschungen zur Völkerpsychologie und Soziologie*, Bd. 10: *Arbeiten zur biologischen Grundlegung der Soziologie*, 1. Halbband, Leipzig 1931, S. 283-307, hier S. 284.

lich unfruchtbare Analogien abzuwerten, plädiert Geiger für eine Auseinandersetzung mit den so gewonnenen Erkenntnissen. Selbst wenn die Priorität auch hier auf den Menschen gelegt wird, so ist doch die Warnung vor der Ignoranz gegenüber der grundsätzlichen Zusammengehörigkeit von Mensch und Tier in gebotener Deutlichkeit formuliert:

> Werden tierische und menschliche Geselligkeit nebeneinander anerkannt, so wird die menschliche durch ihren betont mentalen Charakter von der tierischen abstechen. Dennoch müssen unter der dicken Schicht mental motivierter Lebensformen die Fundamente zu finden sein, die dem Menschen mit dem Tier gemein sind. Oder besser, da es sich nicht um bloßen Überbau handelt, sondern um durchgreifende Transformation: aus dem Gewebe menschlicher Gesellschaft, so fein und künstlich es versponnen sein mag, müssen irgendwo die Fäden ›tierischer‹ Elemente als Einschlag hervorschimmern.[74]

Geigers eindringlicher Betonung der Zusammengehörigkeit von Mensch und Tier, der die soziologische Arbeit Rechnung zu tragen habe, ist die Soziologie mehrheitlich nicht gefolgt.

Der Zoologe und Psychologe Alverdes versteht dagegen unter Tiersoziologie »einen besonderen Abschnitt der vergleichenden Gesellschaftswissenschaft« und macht schon im Vorwort deutlich: »Die Tiersoziologie ist für die Soziologie des Menschen von erheblicher Bedeutung, denn manches, was bei isolierter Betrachtung des letzteren als echt menschlich erscheinen mag, erweist sich im Lichte der Tiersoziologie und der vergleichenden Soziologie als typisch gruppenpsychologisch.«[75] Die Spur der Integration tiersoziologischer Forschung in allgemeinsoziologische Darstellungen lässt sich auch nach 1945 weiterverfolgen. In Werner Ziegenfuß' umfassendem *Handbuch der Soziologie* aus dem Jahr 1956 ist unter der Rubrik »Daseinsformen und Gestaltungsweisen der Gesellschaft« ein Kapitel zu »Gesellungsformen der Tiere« [76] von Hans M. Pe-

74 Ebd., S. 291.

75 Alverdes, *Tiersoziologie*, Leipzig 1925, im Vorwort ohne Seitenangabe.

76 Hans M. Peters, »Gesellungsformen der Tiere«, in: Werner Ziegenfuß (Hg.), *Handbuch der Soziologie*, Stuttgart 1956, S. 613-640. Vgl. vom gleichen Autor auch den Eintrag zur »Tiersoziologie« in: Carl Brinkmann (Hg.), *Soziologie und Leben*, Tübingen 1952, S. 306-331. Der Herausgeber sieht mithilfe der im Band aufgenommenen Beiträge, die soziologische sind, aber nicht durchweg von So-

ters enthalten. Statt sich von der Tiersoziologie nur einen gewichtigen Beitrag für die Menschensoziologie zu erhoffen, begreift der Tübinger Zoologe den Tiersoziologen als dem Humansoziologen insofern sogar als überlegen, da dieser »nur ein einziges Objekt, den Menschen« zu seinem Untersuchungsgegenstand auserkoren hat und damit nur eine eingeschränkte Perspektive auf das Soziale einnimmt: »Es liegt in der Natur der Sache, daß ihm der Blick auf den Gesamtzusammenhang des Sozialen in der lebendigen Wirklichkeit versagt bleibt.«[77] Die Aufgabe der Tiersoziologie ist dagegen außerordentlich umfassend. Sie besteht »in der Erforschung all dessen, was nach allgemeinem Sprachgebrauch als Gesellschaft und Gemeinschaft bezeichnet wird, seien es Herden, Rudel, Schwärme, Familien, Tierstaaten u. dgl. mehr – kurzum *soziale Gebilde*«.[78] Auch für den bereits erwähnten Pflanzenforscher Raymund Rapaeis ist »die Gesellschaft oder, in aktiver Form gesagt, das Vergesellschaften, eine allgemeine, urangeborene, originale, primäre natürliche Erscheinung [...]: sie ist nicht nur ein Privileg des Menschen, sondern eine Eigentümlichkeit sämtlicher Lebewesen, sowohl der Pflanzen wie der Tiere.«[79]

Die Resultate der Pflanzen- und Tiersoziologie erweisen sich für die Soziologie insgesamt als von großem Wert, wenn sie denn zur Kenntnis genommen werden. Mit Edgar Morin lässt sich festhalten, dass ihre Forschungen hinreichend nachgewiesen haben, dass »die Gesellschaft keine menschliche Erfindung«,[80] sondern ein »in der Natur außerordentlich verbreitetes Phänomen ist«.[81] Insbesondere der Tiersoziologie wird bescheinigt, dass sie

> uns Dimensionen eröffnet hat, die bisher nicht wahrgenommen wurden. Man sah Horden, Gruppen, Kolonien; nun sieht man Gesellschaften,

ziologen stammen, eine Soziologie entstehen, »die etwa wie die ›Grundlagenforschung‹ der modernen physikalisch-chemischen Naturwissenschaften den Spezialismus der ›Fächer‹ in einer neuen Synthese zusammenfaßt. Erst eine solche aber wird [...] Soziologie als ein Wissen vom Leben verstehen und möglich machen.« Ebd., S. 8.

77 Peters, »Gesellungsformen der Tiere«, S. 615.

78 Ebd., S. 613.

79 Rapaeis, »Versuch einer Gesellschaftslehre der Pflanzen«, S. 3.

80 Morin, *Das Rätsel des Humanen*, S. 37.

81 Ebd., S. 36. Vgl. dazu auch seine Ausführungen über »Die Affengesellschaft«, ebd., S. 39 ff.

komplexe Gebilde untereinander kommunizierender Individuen (wie etwa bei den Bienen). Doch man steht unentwegt in der Gefahr, wie Wilson mit seiner *Soziobiologie* und ihrer Rückführung des Sozialen auf das Genetische in Zweideutigkeiten zurückzufallen. Es bleibt also festzustellen, daß die Tiersoziologie nicht der Reduktion des Sozialen auf das genetische verfallen darf, sondern die – bisher verborgene – Dimension des Sozialen zu enthüllen hat.[82]

Noch weit entfernt von der später erfolgenden Spezialisierung der Soziologie auf einen eng gefassten Bereich des Sozialen, der allein aus dem Menschen und seinen Beziehungen zu anderen Menschen bestehen soll, ist der Blick zumindest einiger weniger Soziologen also durchaus umfassender auf das Lebendige in all seinen Ausdrucksformen gerichtet, sofern sich in diesem eine Formierung zum geselligen Verbund, zur Gesellschaft ausmachen lässt, die von grundlegendem soziologischen Interesse ist, weil es hier stets um das elementare »Zusammenleben«[83] geht. Eine Berücksichtigung der Tiere im Allgemeinen und tierischer Gesellungsformen im Besonderen geriet im Laufe der Geschichte der Soziologie jedoch mehr und mehr ins Abseits. Die vor allem in der deutschen Nachkriegssoziologie vorzufindenden »anti-biologischen Affekte«[84] haben zur schleichenden Exklusion der Tiere aus dem soziologischen Aufmerksamkeitsfokus zweifellos beigetragen. Bis vor wenigen Jahren schienen Einträge wie die von Hans Peters im Handbuch von Ziegenfuß in vergleichbar konzipierten Handbüchern jedenfalls noch nahezu undenkbar zu sein. Heute dagegen wäre eine Berücksichtigung der Tiere wieder mehr als naheliegend. Nach Jahrzehnten weitgehender Nichtbeachtung geraten Tiere heute wieder verstärkt in den Fokus der Sozial- und Kulturwissenschaften. Inzwischen haben sich sogar eigene Forschungsvereinigungen wie die *Animal Studies* herausgebildet und eigene Zeitschriften gegründet. In den letzten Jahren ist zudem eine schnell wachsende Anzahl von Sammelbänden und Handbüchern zum Thema erschienen.[85] Noch

82 Morin, »Die Unidualität des Menschen«, S. 21.

83 Peters, »Tiersoziologie«, S. 309.

84 Wolfgang Eßbach, »Anthropologische Überlegungen zum Begriff der Grenze in der Soziologie«, in: Monika Fludernik, Hans-Joachim Gehrke (Hg.), *Grenzgänger zwischen Kulturen.* Würzburg 1999, S. 85-98, hier S. 86.

85 Vgl. Roland Borgards u. a. (Hg.), *Texte zur Tiertheorie,* Stuttgart 2015; Arianna Ferrari, Klaus Petrus (Hg.), *Lexikon der Tier-Mensch-Beziehungen*, Bielefeld 2015.

deutlich vor der stetig anschwellenden Publikationsflut hat Rainer Wiedenmann eine Reihe von Beiträgen zur Tiersoziologie vorgelegt und für eine »humanimalische Sozialität«[86] geworben. Innerhalb der Geschichte der Soziologie folgt auf die anfängliche Berücksichtigung also eine weitgehende Vernachlässigung, die heute einer umfassenden Wiederentdeckung weicht. Dabei werden die hier behandelten klassischen Autoren aber zumeist ausgespart.

Als Herausforderung bleibt, keine erneut isolierte Betrachtung von Tieren und Pflanzen in Angriff zu nehmen, sondern das Zusammenspiel aller Lebewesen im Austausch mit ihren verschiedenen Umwelten zu analysieren.[87] Wir ernähren uns von ihnen, wir kleiden uns mit ihrer Haut, wir wohnen und leben mit ihnen zusammen, und dennoch sollen sie kein Teil der Gesellschaft sein und werden nur als Waren und Konsumgüter betrachtet. Aufgrund der den Pflanzen und Tieren heute zuerkannten Fähigkeiten und der aufgedeckten Verbindungen der Lebensräume aller drei Lebensformen liegt eine synthetische Beschäftigung mit ihnen näher als je zuvor. Mit der sukzessiven Exkommunikation der Pflanzen und Tiere aus dem allgemeinen soziologischen Gesellschaftsverständnis bestätigt sich dagegen die elementare Annahme Foucaults,[88] dass die Konstitution von Gesellschaften stets auf Grenzziehungen und Ausschlüsse angewiesen ist. Insofern erweist sich die neue Aufmerksamkeit den nichtmenschlichen Lebewesen gegenüber als umfassende Reinklusion in den soziologischen Gegenstandsbereich.

86 Wiedemann, *Tiere der Gesellschaft*, S. 12. Sein Interesse gilt dabei vor allem tierethischen Fragestellungen in einer historisch-soziologischen Perspektive.

87 Schon Ende der 1920er Jahre wird diese seperate Behandlung der Tiere in der Soziologie angezeigt und beklagt: »Die Soziologie pflegt sich nur als die Wissenschaft von den sozialen Verhältnissen der Menschen untereinander zu betrachten. Man kennt und anerkennt daneben allenfalls noch eine Soziologie der Tiere, die sich aber in der Regel von derjenigen der Menschen getrennt aufbaut und so wiederum nur die sozialen Verhältnisse nun der Tiere untereinander, höchstens noch die der Tiere zu den Menschen, nicht aber die der Menschen zu den Tieren zum Gegenstand hat.« Hermann Schmalenbach, »Soziologie der Sachverhältnisse«, in: *Jahrbuch für Soziologie*, 3. Bd. (1927), S. 38-45, hier S. 38.

88 Michel Foucault, *Mikrophysik der Macht. Michel Foucault über Strafjustiz, Psychiatrie und Medizin*, Berlin 1976, S. 57.

4.3 Vitale Gefüge aus Pflanzen, Tieren und Menschen – Konturen einer posthumanen Gesellschaft

Aus den behandelten pflanzen- und tiersoziologischen Arbeiten geht als Resultat deutlich hervor, dass der Begriff der Gesellschaft zunächst nicht allein für menschliche Gesellschaften reserviert worden ist. Auch Durkheim formuliert unmissverständlich: »›[D]ie Gesellschaft‹ existiert nicht. Es gibt ›Gesellschaften‹, die sich in Gattungen und Arten einteilen lassen, ähnlich wie bei den Gewächsen und Tieren.«[89] Doch entgegen dieser Auffassung und trotz der eindringlichen Warnung Theodor Geigers wird dafür plädiert, Gesellschaft mit menschlicher Gesellschaft gleichzusetzen: »Wenn wir von ›Gesellschaftslehre‹ (= Soziologie) sprechen, sollten wir das Wort ›Gesellschaft‹ immer nur im Sinne von ›menschlicher Gesellschaft« = menschliches Zusammenleben überhaupt verstehen.«[90] Unbelastet von der Berücksichtigung anderer Lebewesen wie Pflanzen und Tieren, soll sich die Soziologie also ausschließlich auf die menschliche Gesellschaft konzentrieren. Die Verbindung zu den von der Pflanzen- und Tiersoziologie erarbeiteten Ergebnissen hinsichtlich der Vergesellschaftungsweisen von Pflanzen und Tieren wird damit radikal abgeschnitten. Die breite Mehrheit der Soziologen ist diesem Verständnis vollständig gefolgt. Von Alfred Schütz (1899-1959) über Norbert Elias bis zu Niklas Luhmann und Jürgen Habermas ist Gesellschaft letztlich immer eine rein menschliche Angelegenheit.[91] Auch in neueren Gesamtdarstellungen findet sich

89 Durkheim, *Frühe Schriften zur Begründung der Sozialwissenschaft*, S. 35.

90 Werner Sombart, *Noo-Soziologie*, Berlin 1956, S. 111.

91 So klar dies in der Phänomenologie von Schütz und bei dem Menschenwissenschaftler Elias zu sein scheint, so sehr mag es im Falle Luhmanns zunächst irritieren, da er ausdrücklich einen antihumanistischen Ansatz verfolgt, der den Menschen gerade nicht in den Mittelpunkt des sozialen Geschehens rückt. Doch von der Dezentrierung des Menschen können nicht-menschliche Akteure in seiner Systemtheorie nicht profitieren, da sie auch bei ihm nicht zur Gesellschaft gezählt werden. Bei Jürgen Habermas führt die Umstellung der kritischen Theorie von Subjekt-Objekt-Beziehungen auf Subjekt-Subjekt-Beziehungen, also die Konzentration auf Intersubjektivität, und sein rein anthropozentrisches Sprachverständnis zu einer Ausgliederung anderer Lebewesen aus der Gesellschaft. In seiner Kommentierung von Marcuses Idee einer alternativen Einstellung zur Natur wird deutlich, dass die Kritische Theorie auch eine andere als die von Habermas gewählte Abzweigung hätte nehmen können: »Statt Natur als Gegen*stand*

das beharrliche Festhalten an der alleinigen Ausrichtung der Soziologie auf die Menschengesellschaft:

Wenn man Gesellschaftsbegriffe inflationär oder gedankenlos benutzt, dann kann man schon aufgrund des Kriteriums räumlicher Nähe selbstverständlich sowohl Pflanzengesellschaften wie auch Gesellungsformen bei Tierarten ausmachen. [...] In diesem Text wird Gesellschaft dagegen ausschließlich als eine sehr spezifische Form des Miteinanders aufgefasst, bei der Sozialverhalten an einer von den Gesellschaftsmitgliedern als geltend unterstellten Ordnung orientiert wird. In diesem Sinne haben [...] nur Menschen Gesellschaften entwickelt.[92]

»Misfits – nicht gesellschaftsfähig!« So ließe sich eine solche, wohl noch immer von vielen geteilte Position innerhalb der Soziologie bezeichnen. Eine Position, die sich von den neuesten Forschungen über Pflanzen und Tiere und deren zum Teil sensationellen Ergebnissen ebenso wenig beeindrucken lässt wie von den Einsichten von Espinas, Geiger, König, Morin und anderen. Dabei drängt sich angesichts des heutigen Wissensstandes über Pflanzen und Tiere und deren Gesellschaftsfähigkeit eine Ausweitung des Gesellschaftsbegriffs auf diese noch sehr viel mehr auf als in früheren Jahrzehnten. Völlig unberücksichtigt bleibt in einem solch reduktionistischen Gesellschaftsverständnis zudem die darüber noch hinausgehende Einsicht der posthumanen Theorien, dass Gesellschaften schon längst auch aus nichtmenschlichen Akteuren bestehen. Von Gedankenlosigkeit lässt sich deshalb wohl eher bei dieser die neueren Diskussionen um die Neuzusammensetzung der Kollektive vollkommen ignorierende Perspektive sprechen.

Solche Exkommunikationen von Pflanzen und Tieren aus dem

möglicher technischer Verfügung zu behandeln, können wir ihr als *Gegenspieler* einer möglichen Interaktion begegnen. Statt der ausgebeuteten Natur können wir die brüderliche suchen. Auf der Ebene einer noch vollständigen Intersubjektivität können wir Tieren und Pflanzen, selbst den Steinen Subjektivität zumuten und mit Natur kommunizieren, statt sie, unter Abbruch der Kommunikation, bloß zu *bearbeiten*.« Doch dies wird für Habermas erst dann möglich sein, wenn »die Kommunikation der Menschen untereinander von Herrschaft frei ist«. Jürgen Habermas, *Technik und Wissenschaft als ›Ideologie‹*, Frankfurt/M. 1968, S. 57. Da dieses Ideal noch immer nicht erreicht ist, wartet auch das andere Vorhaben weiterhin auf seine Einlösung.

92 Ditmar Brock, *Leben in Gesellschaften. Von den Ursprüngen bis zu den alten Hochkulturen*, Wiesbaden 2006, S. 73.

Bereich der Gesellschaft beruhen zumeist auf der veralteten Gegenüberstellung von Natur und Gesellschaft. Da Pflanzen und Tiere in westlicher Perspektive grundsätzlich als Teile der Natur angesehen werden, können sie nicht gleichzeitig auch Teil der Gesellschaft sein, so die vorherrschende Logik. Der Mensch dagegen hat sich dieser Lesart zufolge aus der Natur herausgelöst und sich eine künstliche Sphäre geschaffen, die allein er bewohnt. Er nennt sie Kultur bzw. Gesellschaft, die allein ihm zusteht. Diese weit verbreitete Auffassung sieht jedoch davon ab, dass man sich von Pflanzen und Tieren strikt getrennte menschliche Gesellschaften nur unter erheblichen Abstraktionsanstrengungen vorstellen kann. Abstraktionsanstrengungen, die etwa die schlichte Tatsache unterschlagen, dass menschliche Gesellschaften ohne Pflanzen und Tiere gar nicht überlebensfähig wären.[93] Darüber hinaus wird mit dem exklusiven Anspruch des Menschen auf Gesellschaft die Vorstellung von einer allein von Menschen gestalteten Welt perpetuiert, in der nur sie das Sagen haben, während alle anderen Lebewesen zur Passivität und zum Schweigen verurteilt sind, nicht wahrnehmend, dass sie sich überall zu Wort melden.

In der aktuellen gesellschaftstheoretischen Debatte wird die chronische Vernachlässigung von nichtmenschlichen Lebewesen als so gravierend angesehen, dass für die Abschaffung des Gesellschaftsbegriffs und seinen Ersatz durch alternative Begriffe wie Assoziationen, Assemblagen oder Gefüge plädiert wird.[94] Diesen Auffassungen ist unser Befund entgegenzuhalten, dass der Gesellschaftsbegriff keineswegs von Anfang an und durchgehend allein für rein menschliche Gesellschaften reserviert worden ist. Das haben nicht nur die Rekurse auf die Untersuchungen der Pflanzen- und Tiergesellschaften hinreichend verdeutlichen können, das zeigen auch verschiedene Gesellschaftsdefinitionen jüngeren Datums. Knüpft man an diese an und erweitert sie um die zeitgemäßen Stimmen aus dem Posthumanismus, lässt sich der Gesellschaftsbegriff weiterhin verwenden, da die begriffliche Einschränkung auf rein menschliche Verhältnisse zwar weit verbreitet, keineswegs aber zwingend ist:

Daß der Gesellschaftsbegriff vorzugweise dem *menschlichen* Zusammenleben vorbehalten wird, ändert nichts daran, daß er logisch höchst abstrakte

93 Vgl. Kap. 2.3 und 2.4.

94 Vgl. Oliver Marchat, *Das unmögliche Objekt. Eine postfundamentalistische Theorie der Gesellschaft*, Berlin 2013.

> Vorstellungen von Assoziation überhaupt enthält: Er stützt sich also auf allgemeinste Annahmen über den Zusammenschluß irgendwelcher Einzelheiten zu einem Verbund. Etwas gesellt sich zu etwas anderem (im Latein: associus) und bildet eine Vergesellschaftung (Assoziation).[95]

Gesellschaft meint also definitiv nicht den *Zusammenschluss* ganz bestimmter, sondern den Zusammenschluss *irgendwelcher Einheiten zu einem Verbund.* Ohne dass es hier explizit erwähnt wird, verdankt sich eine solche Begriffsbestimmung gerade den vielfältigen Untersuchungen der Tier- und Pflanzengesellschaften in früheren Dekaden der Soziologiegeschichte, der Ethologie und der Botanik, deren separate Betrachtungen nicht darüber hinwegtäuschen sollten, dass sie stets mit dem Ziel unternommen wurden, Erkenntnisse über den Zusammenschluss von Lebewesen und dessen Bedingungen generell zu gewinnen, die auch für das Verständnis der menschlichen Gesellschaften nutzbar gemacht werden können. Ihr vielfältiger und massiver Gebrauch des Terminus »Assoziation« verweist darauf. Auf ein ähnlich offenes Verständnis von Gesellschaft, das nicht von vorneherein für den Menschen reserviert ist, stoßen wir bei René König: »In einem weitesten Sinne bedeutet Gesellschaft die allgemeine Tatsache der Verbundenheit von Lebewesen überhaupt, vor allem auch von Pflanzen und Tieren. Da auch der Mensch ein Lebewesen ist, ist er zweifellos in den gleichen Zusammenhang eingeschlossen.«[96] Auch in diesem Fall wird primär

95 Jürgen Ritsert, *Gesellschaft. Ein unergründlicher Grundbegriff der Soziologie*, Frankfurt/M., New York: Campus 2000, S. 23. Gesellschaft ist aus meiner Perspektive weder das unmögliche noch das unergründliche, sondern das für die Soziologie weiterhin unverzichtbare Objekt.

96 König, *Soziologie*, S. 96 f. Auch in Bernhard Schäfers *Grundbegriffe der Soziologie*, Opladen 1995, S. 95 taucht diese grundsätzliche Bedeutung auf. Gesellschaft gilt auch hier als »Bezeichnung für die Tatsache der Verbundenheit von Lebewesen (Mensch; Tiere; Pflanzen)«. In Karl-Heinz Hillmanns' *Wörterbuch der Soziologie*, Stuttgart 2007, S. 289 heißt es: »1. Allgemein bezeichnet er [der Begriff, MS] das zeitlich andauernde Zusammenleben von Lebewesen einer je bestimmten Art (Menschen, Tiere, Pflanzen) in einem räumlich abgrenzbaren Bereich. Mit diesen im biologischen Sinne verschiedenartigen G.en befassen sich die Soziologie, Tier- und Pflanzensoziologie. 2. Zunehmend durchgesetzt hat sich dagegen ein eingeengter G.sbegriff, der sich auf das Zusammenleben der Menschen innerhalb eines räumlichen Bereichs bezieht.« Neben der Betonung des räumlichen Aspekts ist auch an dieser Begriffsbestimmung die separate Behandlung der Gesellschaften von Menschen, Tieren und Pflanzen auffällig, die je für sich als

nicht der Mensch als Gesellschaftswesen par excellence und seine exklusive Konstituierung von Gesellschaften herausgestellt, sondern die *Verbundenheit von Lebewesen überhaupt* betont, zu denen der Mensch als Lebewesen neben Pflanzen und Tieren auch gehört. Erst im Anschluss an diese grundsätzliche Bestimmung des Gesellschaftsbegriffs erfolgt dann auch bei König die handelsübliche Beschränkung auf soziale Beziehungen zwischen Menschen, während Tiere und Pflanzen – aber auch Maschinen, Dinge und Objekte – nicht weiter berücksichtigt werden. Wenn es jedoch schon zu Parks, Geigers und Königs Zeit richtig war, die Ergebnisse der Pflanzen- und Tiersoziologie in die Allgemeine Soziologie einzubeziehen, dann gilt dies heute noch viel mehr, da die den Pflanzen ebenso wie den Tieren inzwischen zugesprochenen Fähigkeiten noch deutlicher hervorgetreten sind. Heute spätestens können wir erkennen, dass die Ausgliederung anderer Lebewesen aus der Gesellschaft und die parallele Ausgliederung des Menschen aus der Natur die Probleme erst geschaffen haben, die unter der Bezeichnung Anthropozän diskutiert werden. Angesichts der aktuellen Debatten um das Anthropozän und den Posthumanismus gibt es deutliche Anzeichen einer erneuten Zuwendung zu nichtmenschlichen Lebewesen. Die aktuellen Bestrebungen von Bruno Latour, Donna Haraway, Rosi Braidotti u. a. könnten an die weit gefassten Gesellschaftsdefinitionen von König und Ritsert durchaus anknüpfen: *Etwas gesellt sich zu etwas anderem* meint heute auch, dass hier unterschiedliche Lebewesen, welcher Art auch immer, quer über die Grenzen der üblichen Klassifikationen hinweg zueinander finden. Es geht eben nicht allein um Formen menschlichen Zusammenlebens, da die Menschen nicht nur »nicht mehr *unter sich*«[97] sind, sondern es auch noch niemals waren. Nach wir vor aber geht es um das Zusammenleben, um Verbindungen alles Lebendigen und die Verschränkung mit dem Künstlichen, die wir erst nach und nach zu begreifen lernen. Dabei werden uns die Abhängigkeiten von den hochmütig aus der Gesellschaft ausgeschlossenen Akteuren zunehmend bewusst.

Spezies in Gesellschaften zusammenleben, nicht aber gemeinsam Gesellschaften bilden. Den Gesellschaftsbegriff gilt es im Sinne der Geosoziologie als *Verbundenheit von Lebewesen (Menschen; Tiere; Pflanzen)*, aber nicht je für sich, sondern artenübegreifend zu fassen.

97 Bruno Latour, *Die Hoffnung der Pandora. Unterschungen zur Wirklichkeit der Wissenschaft*, Frankfurt/M. 2000, S. 231.

Wir erleben damit das Ende der exklusiv für den Menschen reservierten Gesellschaft. Angesichts der heutigen Debatten um das Anthropozän kann Gesellschaft nicht mehr länger nur als »Gefüge zwischen Menschen«[98] verstanden werden, sondern ist als Gefüge aus Maschinen, Menschen, Tieren und Pflanzen zu denken, die alle füreinander Beiträge erbringen, welche das Leben der je anderen sowohl gefährden als auch unterstützen können. Sie erzeugen und gestalten alle auf ihre Weise Welten, im Einklang und in Konkurrenz zu den je anderen, mit deren Lebensräumen sie immer wieder in Kontakt und Konflikt geraten, nicht aufgrund der – unterstellten – prinzipiellen Enge der Erde, wie in Ratzels Lebensraumverständnis, sondern aufgrund der Zerstörung der Lebensräume zahlreicher Tier- und Pflanzenarten durch den Menschen. Dabei gilt es, sich klarzumachen: »Jedes Gefüge ist vor allem territorial.«[99]

4.4 Grenzen ziehen, Territorien einnehmen und verteidigen: Elementare Geopraktiken alles Lebendigen

In den Sozial- und Kulturwissenschaften ist der Begriff der Territorialität und des territorialen Verhaltens eher ungebräuchlich, was zweifellos mit seiner Herkunft aus der Ethologie zu tun hat.[100] Die weitgehende Aussparung des Begriffs innerhalb der Soziologie verdankt sich zu einem großen Teil dem Bestreben, Ähnlichkeiten zwischen tierischen und menschlichen Verhaltensweisen weitgehend zu negieren und das Augenmerk allein auf den Menschen zu richten, dessen immer wieder behauptete Sonderstellung gerade aus der Differenz zum Tier und seinen Verhaltensformen abgeleitet wird. Im Zuge ihrer Etablierungs- und Autonomisierungsbestrebungen als selbstständige Wissenschaft ist zudem der Versuch unverkennbar, die Soziologie rein halten zu wollen von biologischen und zoologischen Erkenntnissen. Es kommt jedoch hinzu, dass dem Territoriumsbegriff auch eine konkrete Beziehung zum physischen Raum inhärent ist, deren Erforschung die Soziologie im

98 Theodor W. Adorno, *Soziologische Exkurse*, Frankfurt/M. 1956, S. 22.

99 Deleuze, Guattari, *Tausend Plateaus*, S. 698.

100 Ina-Maria Greverus, *Der territoriale Mensch. Ein literaturanthropologischer Versuch zum Heimatphänomen*, Frankfurt/M. 1972, S. 17.

Laufe ihrer Geschichte weitgehend der Geographie überlassen hat: »Territorium ist zweifellos ein Begriff aus der Geographie, doch zunächst ist er ein rechtlich-politischer Begriff.«[101] Mit der weitgehenden Aussparung des Begriffs der Territorialität im soziologischen Denken kann die Verwandtschaft menschlicher und animalischer Verhaltensweisen ebenso negiert werden wie der territoriale Bezug menschlicher Handlungsweisen sowie der politische Kampf um Territorien.[102]

Doch wenn nicht der unbedingte Wille der Abgrenzung vom Tier die Feder führt, sind die Parallelen zwischen der tierischen und der menschlichen Behauptung eines Territoriums so offenkundig, dass alle wohlfeilen Invisibilisierungsbemühungen letztlich zum Scheitern verurteilt sind. So ist nach Walter L. Bühl

> die Aufrechterhaltung und die Verteidigung eines Territoriums stets an das Vorhandensein unersetzbarer oder schwer zu ersetzender *Ressourcen* gebunden, sei es das Jagdgebiet von Löwen oder Wölfen, seien es Nist- und Schlafplätze, lebenswichtige Wasserstellen, oder sei es bebaubares Land beim Menschen, ein eigenes Bett oder ein eigenes Zimmer in einer gemeinsamen Wohnung oder auch nur ein Bibliotheksplatz für einen Nachmittag. Das Territorium hat offenbar immer – in einem biologischen oder mehr seelisch-geistigen Sinn – mit dem ›Überleben‹ und mit der Sicherung der Reproduktion zu tun; zumindest gewährt die Rückkehr auf ein eigenes oder gemeinsames Territorium Sicherheit und Entspannung.[103]

101 Michel Foucault, »Fragen an Michel Foucault zur Geographie«, in: ders., *Schriften in vier Bänden. Dits et Écrits*, Bd. III, Frankfurt/M. 2003, S. 38-54, hier S. 44. Insofern stammt der Begriff aus der Ethologie, der Geographie und dem politisch-juristischen Bereich.

102 Vgl. dazu Kap. 5.1.

103 Walter L. Bühl, *Struktur und Dynamik menschlichen Verhaltens*, Tübingen 1982, S. 269. Auch der Verhaltensforscher Irenäus Eibl-Eibesfeldt (1928-2018) betont, »daß territoriales Verhalten eine ordnende und konfliktvermeidende Funktion erfüllen kann. Territorialität erlaubt es Tieren wie Menschen, zu einem Stück Umwelt eine Vertrauensbeziehung herzustellen. Man weiß um Zuflucht, Fluchtwege, Nahrung und Unterstand und bewegt sich daher mit größerer Sicherheit als im fremden Gebiet.« Irenäus Eibl-Eibesfeldt, *Die Biologie des menschlichen Verhaltens. Grundriß der Humanethologie*, Weyarn 1997, S. 479. Der bei Bühl angesprochene Bezug zu Ressourcen ist auch in anderen Begriffsbestimmungen enthalten: »Man bezeichnet mit Territorium einen Teil der Natur und damit des Raumes, für den eine bestimmte Gesellschaft für alle oder einen Teil ihrer Mitglieder dauerhafte Zugangs-, Kontroll- und Nutzungsrechte beansprucht und garantiert, die sich auf alle oder einen Teil der dort befindlichen Ressourcen

Für ein soziologisches Verständnis von Territorium scheint es in der Tat unabdingbar zu sein, den Begriff nicht allein auf staatliche Territorien zu beziehen, wie es etwa in der Politikwissenschaft üblich ist, sondern als eine auf allen Ebenen des Sozialen vorkommende räumliche Kategorie zu begreifen. Territorien einzunehmen, zu markieren und zu verteidigen, ist eine ebenso elementare wie ubiquitäre Geopraxis alles Lebendigen. Für die Erforschung der Pflanzen scheint der Begriff bisher zwar eher selten zur Anwendung zu kommen. Dabei ist es vor allem die klassischerweise immer wieder betonte Unbeweglichkeit, die das Einnehmen eines Territoriums durch eine Pflanze auf den ersten Blick abwegig erscheinen lässt. Doch die Pflanzen haben durchaus Möglichkeiten, ihren Standort zu schützen bzw. ihr Territorium zu verteidigen. Einige von ihnen geben »um sich herum einen kleinen, unsichtbaren Strahl Säure ab. Nichts gedeiht im eisigen Schatten der Tannen.«[104] Auch unter Walnussbäumen wächst so gut wie nichts: »Das liegt daran, dass der Baum in seinen Blättern ein bestimmtes Glucosid bildet. Sobald die im Herbst zu Boden gefallen sind, bildet sich Juglon – ein Stoff, der andere Pflanzen am Keimen und Wachsen hindert.«[105] So verstehen es also auch Pflanzen, unliebsame Gäste auf Abstand zu halten und ein bestimmtes Gebiet für sich allein zu beanspruchen.[106]

Aufgrund der ethologischen Herkunft des Territoriumsbegriffs verwundert es nicht, dass bei der Erforschung des tierischen Zusammenlebens das Territorialverhalten breiten Raum einnimmt. Für Hans M. Peters handelt es sich bei Territorien um

> individuelle Bezirke, die nicht nur längere Zeit besetzt bleiben sondern auch gegen vordringliche Nachbarn verteidigt werden. […] Charakteristisch für diese Art des sozialen Verhaltens ist, daß benachbarte Revierbesitzer die Grenzen ihrer Territorien im allgemeinen sehr wohl einhalten. Dringen sie in ein fremdes Gebiet ein, so kommt es zu Kämpfen.[107]

erstrecken, die diese Gesellschaft ausbeuten will und kann.« Maurice Godelier, *Natur, Arbeit, Geschichte. Zu einer universalgeschichtlichen Theorie der Wissenschaftsformen*, hg. von Dieter und Ruth Groh, Hamburg 1990, S. 89.

104 Michel Serres, *Das eigentliche Übel*, Berlin 2009, S. 7.

105 Peter Laufmann, *Der Boden. Das Universum unter unseren Füßen*, München 2020, S. 103.

106 Vgl. ⟨https://de.ergonengineering.com/plants-defend-their-territory-with-toxic-substances-471155⟩, letzter Zugriff 16. 07. 2021.

107 Peters, »Gesellungsformen der Tiere«, S. 618.

Peters geht davon aus, dass das »territoriale Organisationsprinzip«[108] eng mit der zumindest vorübergehenden Sesshaftigkeit der Tiere verbunden ist, während den umherwandernden Tierverbänden die hierarchische Rangordnung als Organisationsprinzip eigentümlich ist. Für die Tierarten, die etwa »Brutterritorien, Begattungsplätze, Wohnterritorien«[109] und weitere Territoriumsarten für sich beanspruchen, sei typisch, dass sie diese mithilfe optischer, akustischer oder olfaktorischer Signale als bereits besetzt kennzeichnen. Was genau damit gemeint ist, lässt sich auch dezidierter ausdrücken:

> Der Tiger pisst an die Grenzen seines Reviers. Ebenso der Löwe und der Hund. Wie diese fleischfressenden Säuger markieren viele Tiere, unsere Vettern, ihr Territorium mit ihrem harten, stinkenden Urin; ebenso mit ihrem Bellen oder mit ihren weichen, lieblichen Gesängen wie Buchfinken und Nachtigallen.[110]

Menschen scheinen optische Lösungen zu bevorzugen. Sie umgeben die von ihnen eingenommen Territorien vor allem mit weithin sichtbaren Grenzen wie Hecken, Zäunen, Wänden oder Mauern, um sie vor unbefugtem Betreten zu schützen. Doch wie Michel Serres zeigt, ist dem Menschen auch die tierische Form der Aneignung durch Verschmutzung keineswegs fremd. Nicht so sehr durch eine besondere Handlungsweise bzw. gezielte Tat, sondern durch die schiere Körperlichkeit seiner Existenz eignet der Mensch sich einen Raum an: »Um etwas für sich selbst zu behalten, weiß der Körper genau, wie er darauf eine persönliche Spur hinterlassen kann: Schweiß auf der Kleidung, Speichel in der Speise oder Füße im Fettnäpfchen, Abfall im Raum, Ausdünstungen, Duft oder Stuhlgang.«[111] Sobald er etwa das Bett in einem Hotelzimmer benutzt hat, wird es von keinem anderen Gast mehr beansprucht werden. Jedes im Bad gefundene Haar lässt sich deshalb als nicht getilgte Spur des Vorgängers ansehen, die die eigene Inbesitznahme des Territoriums empfindlich stört oder gar verhindert. So erwirbt

108 Ebd., S. 619.

109 Ebd.

110 Serres, *Das eigentliche Übel*, S. 7. Vgl auch Roland Barthes, *Wie zusammen leben*, S. 200: »Tiere mit Revier (Hirsch, Nilpferd, Mensch). Dieses Territorium kann nun gezielt (intentional, bedeutsam) mit Exkrementen abgesteckt werden (Nilpferd).«

111 Serres, *Das eigentliche Übel*, S. 9.

man durch Verschmutzung ein Anrecht auf einen bestimmten Raum. Aus diesen Überlegungen ergibt sich ein ungewohnter Blick auf die ökologische Umweltverschmutzung:

> Wenn eine Fabrik ihre Abwässer in einen nahen Fluß einleitet, sie in der Luft verteilt oder sie in einen entfernten Mangrovenwald transportiert [...] *sieht natürlich niemand, dass sie sich diese Orte aneignet.* [...] Aber wer würde nicht verstehen, dass niemand mehr auf der Welt dieses Wasser trinken, diese Luft atmen oder sich in einem solchen Gebiet wird nähren können [...] Das sind Orte, die besser als durch Mauern, Tür oder Vorhängeschlösser verteidigt sind! Diejenigen, die dort abschreckende Spuren und Markierungen hinterlassen, eignen sich diese Orte an, *nicht indem sie sie heimsuchen, sondern indem sie jede andere Person von dort ausschließen.*[112]

Das bedeutet nichts anderes, als dass etwa ein Chemieunternehmen sich durch Verschmutzung bestimmte Räume erschließt und deren Verwendung durch andere verhindert. Durch den Transport ihrer Giftstoffe und Abfälle über die Luft oder das Wasser eignet sie sich Räume selbst in weit entfernt liegenden Regionen der Welt an, die durch diese Kontamination gleichsam gebrandmarkt sind und nur noch durch den Verschmutzer benutzt werden können, wenn überhaupt.

Auf das menschliches Territorialverhalten hat sich kein Soziologe so intensiv eingelassen wie Erving Goffman, der in seinen Schriften ein gänzlich unbefangenes Verhältnis zur Ethologie an den Tag legt und sich nicht scheut, seine Soziologie der Interaktionsordnung als »Interaktionsethologie« [113] zu bezeichnen. Insbesondere in seinen *Mikrostudien zur öffentlichen Ordnung* entwickelt Goffman eine Heuristik, die nach wie vor fruchtbar für die Untersuchung territorialen Verhaltens im öffentlichen Raum herangezogen werden kann. Goffman fasst den Begriff Territorium so weit, dass damit sowohl räumliche als auch nicht-räumliche Territorien erfasst werden können. Als angemessen gilt ihm die Verwendung des Begriffs, weil die Grenzen eines jeden Territoriums von demjenigen, der Anspruch auf dieses erhebt, »bewacht und verteidigt werden«.[114] In den von

112 Ebd., S. 48.

113 Erving Goffman, *Das Individuum im öffentlichen Austausch. Mikrostudien zur öffentlichen Ordnung*, Frankfurt/M. 1974, S. 10.

114 Ebd., S. 55.

Goffman unterschiedenen »Reservaten«[115] (persönlicher Raum, Box, Benutzungsraum, Reihenposition, Hülle, Besitzterritorien, Informations- und Gesprächsreservat) stößt er auf menschliche Verhaltensweisen, die »deutlich Ähnlichkeiten mit den Verhaltensweisen der Tiere«[116] aufweisen. Der jeweilige Anspruch auf eines dieser Territorien wird stets durch bestimmte »Markierungen«[117] kenntlich gemacht. So kann etwa durch bestimmte Objekte ein territorialer Anspruch erhoben werden. Eine um eine Stuhllehne gehängte Jacke oder ein Badetuch auf einem Liegestuhl am Pool signalisiert, dass dieser Platz bereits besetzt ist. Ebenfalls Berücksichtigung finden in Goffmans Analyse verschiedene Formen von »territoriale[n] Übertretungen«,[118] womit das unerlaubte Eindringen eines Individuums in das von einem anderen Individuum beanspruchte Reservat gemeint ist.[119]

Zusammengenommen kann Goffman damit zeigen, wie oft Menschen im Alltag mit Territoriumsansprüchen und -markierungen konfrontiert sind, ohne dass sie sich dies immer klarmachen. Darüber hinaus zeigen Goffmans Beispiele in überzeugender Weise, wie verkürzt es ist, wenn erst auf der Ebene von Staaten von Territorien und Territorialkonflikten gesprochen wird. Wir kommen den mit Raumansprüchen stets verbundenen Machtverhältnissen nicht auf die Spur, wenn wir Territorien aus dem soziologischen Begriffsarsenal ausklammern. Denn nicht nur jeder Staat und jede Stadt, sondern auch jede Organisation und jedes Individuum steckt ein bestimmtes Territorium ab, das von den einen betreten werden darf und von den anderen nicht. Wer immer in der Lage ist, zu entscheiden, wer ein Territorium betreten darf und wer nicht, übt Macht aus, *Geomacht*. Es gibt wohl keine einzige Gesellschaftsform,

115 Ebd., S. 54.
116 Ebd., S. 92.
117 Ebd., S. 71.
118 Ebd., S. 81.
119 Mit dem Territorialbezug enden Goffmans aufgezeigte Parallelen zwischen Tier und Mensch nicht: »Individuen, sowohl menschliche als auch tierische, zeigen zwei grundlegende Formen der Aktivität. Sie gehen entweder gelassen und friedlich ihren Tätigkeiten nach: weiden, starren, gebären, verdauen, bauen, ruhen, spielen. Oder sie sind, aufs äußerste gespannt und alarmiert, bereit zum Angriff, zum Heranschleichen oder zur Flucht.« Ebd., S. 318. Goffman berücksichtigt in seinen Interaktionsnalysen immer auch den »materiellen Rahmen«, in dem sich Menschen tagtäglich bewegen, vgl. ebd., S. 174.

in der sich jeder frei überallhin bewegen darf. Gesellschaften resultieren vielmehr aus den Grenzziehungen, die sie vornehmen. Türsteher, Security, Drehkreuze, Schlagbäume, Mauern, Zäune und viele andere dingliche oder personale Akteure, Eingangskontrollen jeglicher Art sorgen für die Begrenzung des Zugangs zu bestimmten Orten. VIP-Lounges, Gated Communities, Regierungsviertel oder Militärgelände weisen sich durch ihre territorialen Grenzmarkierungen als besonders exklusive Orte aus, zu deren Attraktivität es gehört, dass sie nur von bestimmten Personen betreten werden dürfen, von anderen dagegen nicht. Durch die schiere Größe des eingenommenen Geländes, durch die der Abstand zu anderen Personen, Organisationen oder Staaten gewahrt wird, soll deren Macht und Status angezeigt werden:

> Großer Raum ist […] das Vorrecht der Reichen und Mächtigen; es sind die Armen, die in überfüllten Räumen, den übervölkerten Stadtvierteln ohne Gärten leben müssen, die in Schulen, Krankenhäusern und sogar auf dem Friedhof auf dem kleinen für sie vorgesehenen Raum Körper an Körper zusammengedrängt werden.[120]

Nancy Henley sieht in diesem offenkundigen »Territorialitätsprivileg der Reichen«[121] eindeutig eine Parallele zur Tierwelt: »Wie bei den Tieren besitzt die Elite nicht nur mehr Raum, sondern auch die begehrtesten räumlichen Positionen, sei es das Haus am Strand, die Theaterkarte im ersten Rang, die Farm mit fruchtbarem Land oder die Hotelsuite mit dem fantastischen Ausblick.«[122] Der Zusammenhang ist vielfach untersucht, dokumentiert[123] und wohl immer auch eine Frage des Geschlechts.[124]

Auf allen Ebenen des Sozialen begegnen wir dem territorialen

120 Nancy M. Henley, *Körperstrategien. Geschlecht, Macht und nonverbale Kommunikation*, Frankfurt/M. 1988, S. 52.

121 Ebd.

122 Ebd., S. 54.

123 Ohne ausdrücklichen Bezug zu Tieren etwa bei Ronald Girtler, bei dem es heißt: »Machthaber, Stammeshäuptlinge, hohe Beamte, angesehene Ärzte, Wirtschaftsleute und andere feine Leute haben als würdige Personen das Recht auf bestimmte ehrenvolle Plätze innerhalb von Räumen, oder sie greifen zu Strategien, um räumlich auf die hervorragende Bedeutung ihrer Person hinzuweisen.« Ronald Girtler, *Die feinen Leute. Von der vornehmen Art, durchs Leben zu gehen*, Linz, Frankfurt/M. 1989, S. 40.

124 Vgl. Henley, *Körperstrategien*, S. 62.

Prinzip. Auch »transnationale Unternehmen, *street gangs*, soziale Bewegungen, ethnische *neighbourhoods* und Staaten als kollektive Akteure verbindet der Kampf um territoriale Kontrolle«.[125] Selbst der harmlos wirkende Strandburgenbauer annektiert in einer Art *Landnahme light* ein bestimmtes Gebiet als das Seinige:

> Im Gedränge der Mitkonkurrenten um einen optimalen Platz an der Sonne schafft sich der erholungsbedürftige Badegast Raum [...]. Auf der Suche nach Entspannung geht der Tourist auf Distanz, indem er eine Barrikade gegen seinen Nächsten errichtet; er agiert in den Grenzen seiner Welt, die er persönlich abgesteckt hat, er definiert seinen Aktionsradius, innerhalb dessen er zu sich selbst zu kommen hofft. Sein Ziel ist die Vereinzelung in der Masse. Der Zweck des Arbeitens am Strand liegt also im Erlangen von Kontrolle über einen begrenzten Abschnitt, der mit einer Hemmschwelle gegen Annäherungen umgeben wird. Mit der Schaffung eines überschaubaren Bezirks legt sich ein magischer Zirkel um die Erholungsinsel, innerhalb dessen alles Geschehen dem eigenen Kommando gehorcht und die Dinge den eigenen Maßstäben unterworfen sind.[126]

Obwohl der Begriff nicht fällt, wird hier eindeutig ein Territorium markiert und vom Umgebungsraum abgegrenzt. Mit dem Anspruch auf Territorien werden sowohl in tierischen als auch in menschlichen Gesellschaften Machtansprüche erhoben und Statusunterschiede ausgedrückt.[127] Wie das Beispiel zeigt, gilt die Besetzung eines bestimmten Areals dem Zweck, die Kontrolle über dieses Gebiet zu erlangen und andere davon abhalten zu können, es unbefugt zu betreten. Um das eigene kleine Herrschaftsgebiet auf dem fremden Terrain des Urlaubsdomizils zu behaupten, müssen Menschen und Tiere auf Distanz gehalten und den Elementen wie Wind und Wasser getrotzt werden, die alle potentiell in der Lage sind, das mühsam geschaffene Idyll zu zerstören. Ein gekerbter Raum par excellence!

Trotz der Ubiquität von Territorien, deren Einnahme und Ver-

125 Hermann Schwengel, *Globalisierung mit europäischem Gesicht. Der Kampf um die politische Form der Zukunft*, Berlin 1999, S. 93.

126 Harald Kimpel, Johanna Werckmeister, *Die Strandburg. Ein versandetes Freizeitvergnügen*, Marburg 1995, S. 18.

127 Man denke dabei auch an den Anspruch krimineller Banden auf bestimmte Territorien. In allen erdenklichen Gangsterfilmen geht es um die Aufteilung der Stadt in Bezirke und die Konflikte darum durch Übertretungen oder Ansiedlung von Konkurrenten.

teidigung ist der Begriff *Territorium* in weiten Teilen der Soziologie schon deshalb eher marginal, da er sich gleich aus zwei Quellen speist, die ihr von Haus aus suspekt erscheinen: der Ethologie, also einem Bereich der Biologie bzw. Zoologie, auf der einen und der politischen Geographie auf der anderen Seite. Er ist jedoch wie kein anderer dazu in der Lage, ein Gegengewicht zur überwiegend irenischen Einfärbung des aktuellen Raumdiskurses zu schaffen, da er auf die Markierung, Aneignung und Verteidigung von Räumen verweist. Ein Territorium bezeichnet »zunächst die kritische Distanz zwischen zwei Wesen der gleichen Art: seinen Abstand markieren. Was mir gehört, ist in erster Linie mein Abstand, ich besitze nur Abstände. Ich will nicht, daß man mich berührt, ich bin brummig, wenn man in mein Territorium eindringt, ich stelle Schilder auf.«[128] Mit dem Goffmanschen Verständnis von Territorium zunächst durchaus kompatibel, geht es auch bei Deleuze und Guattari um die Verhinderung von Berührung, was die Vorstellung vom Körper als Territorium impliziert: »Wie wichtig ist es doch, wenn das Chaos droht, ein transportables und pneumatisches Territorium zu umreißen. Wenn es sein muß, verlege ich mein Territorium auf meinen eigenen Körper: das Haus der Schildkröte, der Einsiedlerkrebs, aber auch all die Tätowierungen, die aus dem Körper ein Territorium machen.«[129]

Das Territorium ist dabei nicht als ein statischer Raum, sondern als »ein Akt, ein Handeln«[130] zu verstehen. Territorien bilden sich durch das dynamische Geschehen einander ablösender De- und Reterritorialisierungsprozesse. Im Anschluss an Deleuze/Guattari schreiben Roberto Nigro und Gerald Raunig:

> Aber das Territorium ist nicht nur der Raum, den wir bewohnen (als Haus, Spital, Kirche, Universität, Straßenbahn, Favela usw.). Das Territorium ist der Punkt, an dem sich semiotische, linguistische, diskursive und nicht-diskursive Komponenten treffen. Man sollte in diesem Fall von existentiellen

128 Deleuze, Guattari, *Tausend Plateaus*, S. 436.

129 Ebd. Auf diese Weise kann auch den Herausforderungen des Klimawandels wohnend getrotzt werden, vgl. Kap. 6.6. Ähnlich können auch am Körper wie Vorhängeschlösser angebrachte Piercings als territoriale Gebietsmarkierungen interpretiert werden, vgl. Markus Schroer, »Körperräume«, in: ders., *Räume, Orte, Grenzen. Auf dem Weg zu einer Soziologie des Raums*, Frankfurt/M. 2006, S. 276-296.

130 Deleuze, Guattari, *Tausend Plateaus*, S. 429.

Territorien sprechen, welche unsere Existenz erst ermöglichen. Existentielle Territorien, die gleichzeitig der Käfig unserer Unterwerfung sind und der Punkt, an dem Mikropolitiken stattfinden, die neue Gefüge und neue Territorien eröffnen.[131]

Statt De- und Reterritorialisierungsprozesse gegeneinander auszuspielen und mit eindeutig positiven oder negativen Vorzeichen zu versehen, gilt es das Zusammenspiel beider und die mögliche Umkehrung der Vorzeichen in den Blick zu nehmen. Die *Occupy-Bewegung*[132] lässt sich beispielsweise durchaus dahingehend interpretieren, dass es bei ihrem Kampf um die Besetzung von Räumen um das ging, was Nigro und Raunig »eine selbstbestimmte Form der Reterritorialisierung« nennen, um die »Neubesetzung des Raums« und die »Versammlung als temporäre[] Konzentration«.[133] Nachdem in den 1990er Jahren der Umzug des Protests in den virtuellen Raum verkündet wurde, erleben wir heute eine Wiederkehr des Straßenprotests, der die Inbesitznahme und Verteidigung von Räumen zum Inhalt hat.[134] Peter Mörtenböck und Helge Mooshammer kommen in ihrer Studie *Occupy! Räume des Protests* zu dem Ergebnis: »Raum bildet die Grundlage von Occupy. Die Besetzung von Raum ist Ausgangspunkt und Ziel zugleich.«[135] Gerade am Beispiel von Occupy ließe sich die Verkettung der Besetzung des Raums mit dem Aufbau von Zelten, der Verteidigung der Territorien, der öffentlichen Aufmerksamkeit, den Gesetzen zur Versammlungsfreiheit, den Konflikten um die unterschiedlichen Nutzungsweisen von Parks, dem Gummiknüppel der Polizisten, den Megaphonen und Handys der Protestierenden, den Berichten in den Medien, der Verbreitung von Bildern und ihrem Ansteckungspotential usw. aufzeigen und zu einem rhizomartigen Akteurnetzwerk verdichten. Und damit ist hier nur ein Beispiel für die Aktualität von Territorialität erwähnt. Auch bei den Protesten gegen die Abholzung

131 Roberto Nigro, Gerald Raunig, *Inventionen 2: Exodus. Reale Demokratie. Immanenz. Territorium. Maßlose Differenz. Biopolitik*, Berlin 2012, S. 81.

132 Vgl. Jens Kastner u. a., *Occupy! Die aktuellen Kämpfe um die Besetzung des Politischen*, Wien 2012.

133 Nigro, Raunig, *Inventionen 2: Exodus. Reale Demokratie. Immanenz. Territorium*, S. 82.

134 Vgl. Judith Butler, *Anmerkungen zu einer performativen Theorie der Versammlung*, Frankfurt/M. 2016.

135 Peter Mörtenböck, Helge Mooshammer, *Occupy. Räume des Protests*, Bielefeld 2012, S. 17.

des Hambacher Forsts oder die Verhinderung des weiteren Braunkohleabbaus in Garzweiler, dem bereits viele Hektar große Flächen Wald- und Ackerland zum Opfer gefallen sind, geht es dem Aktionsbündnis »Ende Gelände« und anderen Klimaaktivisten um die Besetzung von Räumen, die sie als Territorien einnehmen und gegen Übergriffe verteidigen, die ausschließlich »[k]ahle, staubige, leergeschaufelte Erde«[136] hinterlassen. Der anhaltende Kampf um staatliche Territorien und die Zunahme von Grenzkonflikten in aktuellen politischen Auseinandersetzungen enthält eine Reihe weiterer Beispiele. Man denke etwa nur an den Russland-Ukraine-Europa-Konflikt, der seit der völkerrechtswidrigen Annektierung der Krim durch Russland schwelt. Gerade angesichts der immer näher aneinanderrückenden Lebensräume und der Suche nach noch bewohnbaren Arealen der Erdoberfläche ist mit Territorialkonflikten auf allen Ebenen des Sozialen und zwischen allen nur erdenklichen Akteuren verstärkt zu rechnen.

4.5 Die Beziehungen zwischen Pflanzen, Tieren und Menschen in verschiedenen Gesellschaftstypen, ihre Grenzziehungen und territorialen Verankerungen

Auffällig an der Untersuchung der Pflanzen- und Tiergesellschaften, wie wir sie weiter oben vorgestellt haben, ist, dass diese zumeist isoliert behandelt werden, man sich über diesen Umweg aber Erkenntnisse für die Erforschung menschlicher Gesellschaften verspricht.[137] Abgesehen von dieser angestrebten Transferleistung wird die Thematisierung der menschlichen Gesellschaften aber ähnlich isoliert betrieben wie die der anderen auch, zu einer Synthese ist man bisher jedenfalls nicht gelangt. Die Evolution der Gesellschaft wird dabei zumeist als Abfolge voneinander unterscheidbarer Gesellschaftstypen dargestellt, in denen der Mensch und seine Wandlung vom Jäger und Sammler über den Ackerbauer zum Industriearbeiter und Unternehmer im Mittelpunkt steht. Die Anteile

136 Eva von Redecker, *Revolution für das Leben. Philosophie der neuen Protestformen*, Frankfurt/M. 2020, S. 237.

137 Insgesamt bemühen sich bei den in Kap. 4.1 und 4.2 behandelten Untersuchungen eher die pflanzensoziologischen um eine Berücksichtigung der Tiere als die tiersoziologischen um eine Berücksichtigung der Pflanzen.

von Pflanzen und Tieren an der Konstitution der damit verbundenen Gesellschaftstypen – Jäger- und Sammler-, Ackerbau- und Industriegesellschaft – sind dabei kaum Gegenstand der soziologischen Darstellungen des Verlaufs der gesellschaftlichen Evolution. Vielmehr werden immer wieder der Aufbau und die Struktur der menschlichen Gesellschaften sowie die technischen Entwicklungen als allein maßgeblich in den Vordergrund gerückt. Ganz so, als ob Pflanzen und Tiere für die Konstitution und Aufrechterhaltung der verschiedenen Gesellschaftstypen keinerlei Beitrag geleistet hätten, wird stets der Mensch als diejenige Instanz vorgestellt, die neue Verhältnisse schafft. Dabei sind von Anfang an Pflanzen und Tiere an der Vergesellschaftung des Menschen so elementar beteiligt, dass jede Gesellschaftsform als eine »multi-species community«[138] aufgefasst werden kann, was in den frühen soziologischen Arbeiten zumindest im Fall der Tiere durchaus auch Erwähnung findet:

> Wäre der Mensch nicht imstande gewesen, Tiere zu zähmen, so hätte er nie die Zivilisation schaffen können. Tiere hätte er aber nicht zähmen können, wenn sie sich nicht vorher in der Assoziation die Anlage zur Unterweisbarkeit und eine hohe Intelligenz erworben hätten. Der Elefant, das Pferd, das Rind, das Schaf, das Lama, der Hund – diese sind des Menschen treue Diener gewesen, und diese sind die in hervorragendem Maße soziale Tiere. Tausende, vielleicht Millionen von Jahren vor der Entstehung des Menschen waren die Grundlagen seiner Herrschaft in den zoogenen Assoziationen der niedrigsten Formen des bewußten Lebens gelegt worden.[139]

Demnach kann der Mensch sich in seinen Domestizierungsversuchen der Tiere auf deren bereits im tierischen Verbund eingeübte Verhaltensweisen stützen. Für diese These spricht, dass sich nicht alle Tiere zur Domestikation eignen, es entsprechend auch geschei-

138 S. Eben Kirksey, Stefan Helmreich, »The Emergence of Multispecies Ethnography«, in: *Cultural Anthropology* 25 (2010), H. 4, S. 545-576. ⟨https://dspace.mit.edu/bitstream/handle/1721.1/61966/Helmreich_The%2520emergence.pdf?sequence=1&isAllowed=y⟩, letzter Zugriff 06. 08. 2021.

139 Giddings, *Prinzipien der Soziologie*, S. 188. »Hunde sollen die ersten domestizierten Tiere gewesen sein, womit sie Schweinen die Ehre des ersten Rangs ablaufen. Humanistische Technikbegeisterte stellen Domestizierung als den paradigmatischen Akt männlicher, alleinerziehender Selbstgeburt dar, wobei der Mann sich wiederholt neu erzeugt beim Erfinden und Erschaffen seiner Werkzeuge. [...] Man nahm den (freien) Wolf und zeugte den (dienenden) Hund und ermöglichte so die Zivilisation.« Haraway, *Das Manifest für Gefährten*, S. 35.

terte Versuche gab. Selbst aus einer solchen von den heutigen Positionen der *Animal Studies* noch weit entfernten Perspektive wie der von Giddings erscheint das Tier nicht als ein beliebig form- und nutzbares Objekt ohne eigenen Willen wie in vielen anderen herkömmlichen Schilderungen des Verlaufs der Zivilisation. Heute stellt sich die Aufgabe, die Rolle der Pflanzen und Tiere mit ihren Beiträgen zur Entstehung und Aufrechterhaltung der Gesellschaften so ernst zu nehmen, dass sie als Akteure des Geschehens sichtbar werden und nicht nur als dem Menschen zur Verfügung stehende Ressourcen erscheinen, die er nach Belieben für seine Vorhaben einsetzen kann. In James C. Scotts aktueller Rekonstruktion der Geschichte der frühesten Staaten wird eine solche für unser Vorhaben zentrale Perspektive mittels einer Erweiterung und Umdeutung des Domestizierungsgedankens eingenommen:

Der Ausdruck ›domestizieren‹ wird normalerweise als ein aktives Verb verstanden, das ein direktes Satzobjekt regiert, wie etwa in ›Der Homo sapiens hat den Reis, das Schaf usw. domestiziert‹. Dabei wird die aktive Handlungsmacht der Domestizierten übersehen. Es ist zum Beispiel nicht so eindeutig, inwieweit wir den Hund oder der Hund uns domestiziert hat. Und was ist mit den ›Tischgenossen‹ – Spatzen, Mäusen, Kornkäfern, Zecken, Wanzen –, die nicht in die neuen Siedlungen gebeten worden waren, aber sich ungefragt einfanden, weil ihnen die Gesellschaft und die Nahrung zusagten? Und was ist mit dem ›obersten Domestikator‹ Homo sapiens? Wurde er nicht seinerseits domestiziert, gefangen in der Tretmühle des Pflügens, Säens, Jätens, Mähens, Dreschens, Mahlens, alles um seines Lieblingsgetreides willen und zur Erfüllung der tagtäglichen Bedürfnisse seines Viehs?[140]

An eine solche Umkehrung der konventionellen Fragerichtung anschließend und diese weiter ausbauend, ist in einer geosoziologischen Perspektive nicht mehr länger der Mensch als der alleinige Initiator alles Geschehens anzusehen, sondern als Teil eines Gefüges zu betrachten, in dem alle Beteiligten wechselseitig aufeinander

140 Scott, *Die Mühlen der Zivilisation*, S. 33 f. Insgesamt widerspricht Scott der allgemeinen Auffassung einer Aufwärtsbewegung von der Jäger- und Sammlergesellschaft zur Agrargesellschaft. Ähnlich wie bei Marshall Sahlins, *Stone Age Economies,* London, New York 2017, ist der Übergang auch in seinen Augen vielmehr ein höchst problematischer, der nicht nur für die Menschen zu einer ganzen Reihe von Nachteilen geführt hat. Vgl. auch Ernst Gellner, *Pflug, Schwert und Buch. Grundlinien der Menschheitsgeschichte*, München 1993, S. 36.

Einfluss nehmen. Für die Beschreibung der einzelnen Gesellschaftstypen gilt es in einer von der Geosoziologie eingenommenen postanthropozentrischen Perspektive, den Einfluss der Pflanzen und Tiere auf die verschiedenen Siedlungsweisen und Lebensformen der Menschen systematisch zu erfassen. Gleichzeitig ist auf die je verschiedenen Grenzen und Territorien der Gesellschaftstypen aufmerksam zu machen, die in vielfacher Weise auch mit dem jeweiligen Umgang mit Pflanzen und Tieren in Beziehung stehen.

Folgt man einer weit verbreiteten Einteilung der Gesellschaftsgeschichte anhand drei verschiedener Gesellschaftstypen,[141] so gilt es festzuhalten, dass damit hier weder das Bild einer stetigen Höherentwicklung gezeichnet noch eine evolutionäre Ablösung des einen Typus durch den anderen das Wort geredet werden soll.[142] Vielmehr ist zu betonen, dass sich die Übergänge nicht abrupt, sondern langsam und allmählich vollziehen,[143] jeder einzelne Gesellschaftstyp viele verschiedene Formvarianten kennt, jeder neuere Gesellschaftstyp sich nicht eindeutig vor, sondern neben den anderen schiebt und dabei keineswegs als den älteren überlegen anzusehen ist. Vielmehr hat jeder Gesellschaftstyp seine je besonderen Herausforderungen. Von Interesse ist im vorliegenden Zusammenhang die jeweilige Rolle von Pflanzen und Tieren und die territoriale Verankerung der

141 Vgl. Ernest Gellner, *Pflug, Schwert und Buch. Grundlinien der Menschheitsgeschichte*, S. 14ff.; Heinrich Popitz, *Der Aufbruch in die artifizielle Gesellschaft. Zur Anthropologie der Technik*, Tübingen 1995; Gehlen, *Urmensch und Spätkultur*, S. 3. Deleuze und Guattari schlagen eine weitere trinäre Einteilung vor. Sie unterscheiden zwischen »drei große[n] Typen der Organisation von Menschen, die *stammesmäßige*, die *territoriale* und die *numerische*«. Deleuze, Guattari, *Tausend Plateaus*, S. 536.

142 Mit Tarde lässt sich die gesamte Entwicklung als Ansteckungsprozess konzipieren: »Die Kunst, einen Feuerstein zu behauen, einen Hund zu zähmen, einen Bogen zu bauen und in späteren Zeiten Brot aufgehen zu lassen, Bronze zu bearbeiten, Eisen zu gewinnen usw. mußte sich zu Beginn unserer Gesellschaften durch Ansteckung ausbreiten.« Tarde, *Die Gesetze der Nachahmung*, S. 40.

143 Darauf wird in der einschlägigen Forschung inzwischen ausdrücklich hingewiesen: »Der von Gordon Childe geprägte Begriff der ›neolithischen Revolution‹ verkürzt die entwicklungsgeschichtlichen Vorgänge aus heutiger Sicht auf unzulässige Weise. Die Veränderung der Wirtschaftsform im Vorderen Orient, in China, Nordafrika oder später in Mittel- und Südamerika war ein über mehrere Jahrtausende ablaufender Prozess, dessen Unumkehrbarkeit erst spät feststand.« Gerd-Christian Weniger, *Projekt Menschwerdung. Streifzüge durch die Entwicklungsgeschichte des Menschen*, Herne 2000, S. 130.

jeweiligen Gesellschaftstypen, die auf jeder Stufe neu hergestellt werden muss durch neue Formen der Grenzziehung.

4.5.1 Jäger- und Sammlergesellschaften: Territorien, Nomaden und das Feuer

Jäger- und Sammlergesellschaften zeichnen sich durch ihre geringe Größe, hohe territoriale Mobilität bzw. eine nomadische Lebensweise, egalitäre Strukturen, geringe Arbeitsteilung und Schriftlosigkeit aus.[144] Sie leben von der Jagd auf Tiere und dem Sammeln von essbaren Pflanzen:

> Die Nahrungsbeschaffenheit ist an eine profunde Kenntnis der tierischen und pflanzlichen Lebensräume gebunden; das alte Bild von der umherirrenden primitiven ›Horde‹ ist mit Sicherheit falsch: [...] die normale Situation besteht [...] in der längeren Frequentierung eines Territoriums, in dem sämtliche Ernährungsmöglichkeiten bekannt sind.[145]

Statt eines ziellosen Umherschweifens auf der Suche nach Nahrung drängt sich vielmehr das Bild von Jägern und Sammlern als »eifrige Beobachter«[146] ihrer natürlichen Umwelt auf, die sich auf diese Weise ein profundes Wissen über die im Rhythmus der Jahreszeiten erschließbaren Nahrungsquellen (Herdenwanderungen der Tiere, Reifezyklen der Früchte usw.) aneigneten.[147] Scott betont, dass dafür neben den »Techniken des Fangens oder Sammelns«[148] auch schon Werkzeuge zum Einsatz kamen (Sicheln, Mahlsteine, Stampfmörser usw.), deren Gebrauch zumeist erst dem neolithischen Zeitalter zugerechnet wird. Charakteristisch für den Umgang mit Pflanzen und Tieren ist in dieser Zeit also, dass diese dort aufgesucht wurden, wo sie sich befanden. Die Jäger stellten dem Tier nach und die Sammler pflückten die Früchte am jeweiligen Standort der Pflanzen. Anders als in den sich später entwickelnden Agrargesellschaften unternahmen sie noch keine Versuche, Pflanzen und Tiere durch Domestizierung dauerhaft an sich zu binden und an einem Ort zu versammeln. Dennoch verfügen auch die nicht-sesshaften,

144 Macho, »Tier«, S. 63.
145 Leroi-Gourhan, *Hand und Wort*, S. 194.
146 Scott, *Die Mühlen der Zivilisation*, S. 101.
147 Vgl. Leroi-Gourhan, *Hand und Wort*, S. 195.
148 Ebd.

nomadisch lebenden Völker über »ein privilegiertes Territorium«,[149] das vor dem Zugriff anderer Gruppen bzw. Clans geschützt wird.[150]

Eine in ihrer Bedeutung kaum zu überschätzende Neuerung für das Leben von Menschen, Pflanzen und Tieren und ihren Einfluss auf die sie umgebende Umwelt ergibt sich in dieser Zeit aus der kontrollierten Verwendung des Feuers durch die Hominiden. Zwar erkennen auch viele andere Tiere »die Vorteile des Feuers und nutzen sie, wenn sich die Gelegenheit dazu ergibt. Keines dieser Tiere hat jedoch jemals gelernt, das Feuer zu beeinflussen, es nicht ausgehen zu lassen und seine Entwicklung zu steuern.«[151] Insofern mag »die Monopolisierung des Feuergebrauchs zu einer Erweiterung der Kluft – in Macht und Verhalten – zwischen den Menschen und allen anderen Tieren beigetragen«[152] haben. Die sich aus dem Feuergebrauch ergebenden Vorteile für die Hominiden liegen jedenfalls auf der Hand. Durch den gezielten Einsatz von Feuer ließ sich Wild aufscheuchen, in die Enge treiben und so besser erlegen: »Das Beweismaterial legt nahe, dass Hominiden lange vor dem Erscheinen von Pfeil und Bogen vor etwa 20 000 Jahren das Feuer verwandten, um Herdentiere von Klippen zu stürzen und Elefanten in Sümpfe zu treiben, wo sie, bewegungsunfähig gemacht, leichter zu töten waren.«[153] Aber nicht nur für die Jagd, sondern auch für die Art und Weise der Ernährung hatte das Feuer eine durchschlagende Wirkung: Durch das Kochen der Nahrungsmittel konnte der frühe Mensch

eine wesentlich größere Vielfalt an Lebensmitteln sammeln und essen als zuvor: Pflanzen mit Dornen, dicken Schalen und Rinde konnten durch Kochen geöffnet, geschält und entgiftet werden; harte Körner und faserige Nahrungsmittel, bei denen der Aufwand an Kalorien für die Verdauung sich nicht gelohnt hätte, wurden genießbar.[154]

149 Arnold Gehlen, »Die Sozialstrukturen primitiver Gesellschaften«, in: ders., Helmut Schelsky, *Soziologie. Lehr- und Handbuch zur modernen Gesellschaftskunde,* Düsseldorf, Köln 1964, S. 13-45, hier S. 15.

150 Vgl. Popitz, *Der Aufbruch in die artifizielle Gesellschaft*, S. 90: »Auch Sammler und Jäger beanspruchten in der Regel bestimmte Regionen als ihr Revier und versuchten, Eindringlinge zu vertreiben.«

151 Goudsblom, *Feuer und Zivilisation*, S. 29.

152 Ebd., S. 38.

153 Scott, *Die Mühlen der Zivilisation*, S. 53, vgl. dazu auch Goudsblom, *Feuer und Zivilisation*, S. 46.

154 Scott, *Die Mühlen der Zivilisation,* S. 54f., vgl. dazu auch Goudsblom, *Feuer und Zivilisation*, S. 52.

Als willkommener Nebeneffekt des Feuers erwies sich die von ihm ausgehende Wärme. Neben dem Einfluss auf die Jagd, die Nahrungsaufnahme und die Wärmeregulierung der Körper erweist sich das Feuer auch als »Landschaftsarchitekt«.[155] Mit seiner Hilfe wurden schon die sammelnden und jagenden Menschen in die Lage versetzt, die natürliche Umwelt für die eigenen Zwecke umzugestalten und der Landschaft ihren Stempel aufzudrücken.[156] So ist das Feuer bei Rodungsarbeiten schon damals zum Einsatz gekommen und hat dabei bis heute sichtbare Spuren hinterlassen: »Der Regenwald des Amazonasgebiets trägt unauslöschliche Spuren der Verwendung von Feuer, um Land zu roden und das Blätterdach der Baumkronen zu öffnen; die australische Eukalyptuslandschaft ist zu einem erheblichen Grad eine Folge des menschlichen Feuers.«[157] Insofern lässt sich das Feuer insgesamt als »Schlüssel für die wachsende Macht der Menschheit über die natürliche Welt«[158] anführen. Das Verhältnis der Jäger- und Sammlergesellschaften zu den Tieren ist jedoch nicht nur durch die Jagd auf sie und ihren Verzehr geprägt. Eine weitere Beziehung ergibt sich aus der Verehrung und der Opferung von Tieren im Zusammenhang mit religiösen Ritualen, wovon nicht zuletzt die Höhlenmalereien zeugen.[159]

4.5.2 Agrargesellschaften und der Beginn der Sesshaftigkeit: Felder, Mauern und Städte

Agrargesellschaften sind Gesellschaften, die von der Landwirtschaft leben, in der Pflanzen angebaut werden, um Tier und Mensch zu ernähren. Tiere werden vor allem zur Arbeit auf dem Feld eingesetzt und dienen ebenfalls als Nahrung: »Zwischen 8000 und 5000 vor unserer Zeit bildet sich eine technisch-ökonomische Struktur heraus, die auf Landwirtschaft und Viehzucht basiert; die Gesell-

155 Scott, *Die Mühlen der Zivilisation,* S. 52.

156 Vgl. Goudsblom, *Feuer und Zivilisation*, S. 45.

157 Scott, *Die Mühlen der Zivilisation,* S. 53.

158 Ebd., S. 53.

159 Von hier aus ließe sich die Geschichte einer *Geoästhetik* entwickeln, die von den Höhlenmalereien in Lascaux und anderen Fundorten bis zu Joseph Beuys, Anselm Kiefer, Hans Haacke und darüber hinaus reichen könnte, vgl. Monika Wagner: »Erde als Material künstlerischer Gestaltung«, in: Schriftenreihe Forum, *Erde*, Köln 2002, S. 246-256.

schaften nehmen eine Gestalt an, die völlig verschieden ist von der Gestalt, die sie seit den Anfängen kannte.«[160] Die gänzlich andere Gestalt ergibt sich vor allem aus der deutlich gestiegenen Bevölkerungszahl und dem sich sukzessive vollziehenden Übergang vom nomadischen Leben zur Sesshaftigkeit in unterschiedlicher Ausprägung. Mit dem Übergang zur Agrargesellschaft begann für die Tiere die Geschichte der »großen Einsperrung«,[161] die keine kontinuierliche ist, sich aber sehr viel später in der Errichtung von Zoos fortsetzen sollte:[162]

> Statt sie bloß zu töten, begannen die neolithischen Dorfbewohner, sie einzufangen, einzupferchen, vor anderen Raubtieren zu schützen, sie notfalls zu füttern und zu züchten und ihre Nachkommenschaft zu vergrößern; sie nutzten die Milch, die Wolle und das Blut des lebenden Tieres und verwendeten dann den Kadaver des geschlachteten Tieres, wie es ein Jäger getan hätte.[163]

Die Verwandlung des Tieres von einer Jagdbeute in ein Nutztier bringt für es zwar die Gefangenschaft, aber auch einen bisher nicht gekannten Schutz mit sich. Bemerkenswert dabei ist, dass die weitgehend eingebüßte Bewegungsfreiheit der Tiere zugunsten einer sesshaften Lebensweise ebenso für den Menschen gilt, der sich auch selbst zunehmend an Haus und Feld fesselt:

> Wer etwas in Besitz nimmt, wird von diesem Besitz auch selber besessen; etwas besitzen heißt nicht nur darüber verfügen können, sondern auch da-

160 Leroi-Gourhan, *Hand und Wort*, S. 202.

161 Vgl. Michel Foucault, *Überwachen und Strafen, Die Geburt des Gefängnisses*, Frankfurt/M. 1976.

162 Vgl. Kap. 3.2. Zwischenzeitlich, im europäischen Mittelalter etwa, prägen Tiere das Stadtbild und gelten sogar als rechtstauglich. Vgl. dazu Gesa Lindemann, »Die reflexive Anthropologie des Zivilisationsprozesses«, in: *Soziale Welt* 52 (2001), S. 181-198; Michael Fischer, »Tiere als Rechtssubjekte. Vom Tierprozess zum Tierschutzgesetz«, in: Susann Witt-Stahl (Hg.), *Das steinerne Herz der Unendlichkeit erweichen. Beiträge zu einer kritischen Theorie für die Befreiung der Tiere,* Aschaffenburg 2007, S. 142-163.

163 Scott, *Die Mühlen der Zivilisation*, S. 89. »Achttausend Jahre lang haben wir Schafe nach ihrer Fügsamkeit ausgewählt – und zuerst die aggressiven, die aus dem Pferch ausbrachen, geschlachtet. Wie können wir es wagen, dann plötzlich eine Spezies wegen einer Kombination ihres normalen Herdenverhaltens mit genau denjenigen Merkmalen, die wir ausgesucht haben, zu verunglimpfen?« Ebd., S. 92.

rüber verfügen müssen. Wer ein Stück Erde einhegt, hegt sich auch selber ein, mit allen Folgen, die das für die Freizügigkeit mit sich bringt. […] wer ein Haus baut, haust sich ein; das eben heißt wohnen.[164]

Der Übergang zur Sesshaftigkeit geht insofern mit einer »Domestikation unserer selbst«[165] einher. Mit der Entstehung der Agrarwirtschaft ähneln sich die bewegungseingeschränkten Lebensweisen von Tieren und Menschen insofern ebenso an, wie sie während der Jäger- und Sammler-Zeit zuvor die hohe geographische Mobilität teilten. Die Domestizierung von Wild- zu Nutztieren, von Wild- zu Kulturpflanzen und von nomadischen Jägern und Sammlern zu sesshaften Ackerbauern lässt sich dabei als ein auf Reziprozität beruhendes Verhältnis zwischen Tier, Pflanze und Mensch beschreiben: »Die Hege und Kultur der Tiere und Pflanzen besteht […] in einem wechselseitigen Dienst. So wie sie für den Menschen da sind, so ist er für sie da.«[166] Tatsächlich ist der Mensch nicht als alleiniger Nutznießer der neuen Gesellschaftsform und des sich damit etablierenden neuen Arrangements zwischen Pflanzen, Tieren und Menschen anzusehen. Um von den Beiträgen der Tiere und Pflanzen für seine Ernährung und sein Auskommen profitieren zu können, muss er ihnen eine umfängliche Aufmerksamkeit, sorgfältige Pflege und intensive Zuwendung zukommen lassen, die seine eigene Bewegungsfreiheit in der Tat erheblich einschränken. Doch während sich der Mensch die Einschränkung seiner Bewegungsfreiheit durch das von ihm selbst gebaute Haus und die von ihm bestellten Felder, denen er sich nunmehr beständig zu widmen hat, selbst nimmt, werden die Tiere vom Menschen um ihren Bewegungsspielraum gebracht,

164 Freyer, *Schwellen der Zeiten*, S. 46 f. Ähnlich heißt es bei Popitz, *Der Aufbruch in die artifizielle Gesellschaft*, S. 90 f.: »Auch Sammler und Jäger beanspruchen in der Regel bestimmte Regionen als ihr Revier und versuchen, Eindringlinge zu vertreiben. Doch die Landesarbeiter fesseln ihre Existenz viel stärker an den Grund und Boden, den sie beackern – und sie werden den Grund und Boden auch stärker *an sich fesseln*. Der schlichte Zusammenhang ist geläufig genug: Man will ernten, was man gesät hat. Man will über die Erde verfügen, in die man seine Arbeit investiert hat. Das ist ein zwingendes Motiv, Besitzansprüche zu erheben.«

165 Scott, *Die Mühlen der Zivilisation*, S. 99. So vor ihm bereits Mumford, *Die Stadt*, S. 18: »Überhaupt ging die Domestizierung von Tieren und Pflanzen Hand in Hand mit der Domestizierung des Menschen und der naturgegebenen Landschaft.«

166 Gehlen, *Die Seele im technischen Zeitalter*, S. 71.

indem sie in Höhlen, Pferche, Gehege, Ställe und umzäunte Weiden gesperrt werden. Dem dem Tier gewährten Schutz vor den Angriffen der Raubtiere steht als Gegenleistung also die erzwungene Kooperation mit dem Menschen gegenüber, die als gegenseitiges Geben und Nehmen – so als gäbe es einen auf Gleichheit beruhenden Gesellschaftsvertrag zwischen ihnen – nur unzureichend beschrieben ist, da darin die unübersehbare Machtasymmetrie zwischen dem Menschen auf der einen und den Tieren und Pflanzen auf der anderen Seite übersehen wird, die trotz der Einsicht in die Pflichten des Agrarbauern seinen Rindern, Pferden, Schweinen, Ziegen und seinem Getreide gegenüber durchaus gegeben ist. Schließlich halten sich nicht Tiere und Pflanzen die Menschen zu ihrem Nutzen, sondern umgekehrt. Richtig ist dennoch, dass die auf Agrarwirtschaft umgestellte Gesellschaft für die Inbesitznahme von Pflanzen und Tieren durch den Menschen einen hohen Preis bezahlt: »Mit der Agrarkultur wird die Abhängigkeit der rasch wachsenden Gesellschaften vom Atmosphärischen, Klimatischen und von dem Vegetativen, dessen Gesetze man nicht beherrscht, chronisch und unaufhebbar, und sie bahnt sich den Weg bis in die Mitte des Lebensbewußtseins.«[167] Dazu gehört, dass sich der Mensch einem nicht von ihm bestimmbaren und kontrollierbaren Zeitregime unterwirft. Charakteristisch für die Mühsal des Ackerbauern ist, dass er in

> seiner bäuerlichen Arbeit an Prozesse gebunden ist, die *von Natur aus* langsam ablaufen. Die Zeitdauer des Wachsens und Gedeihens kann der Bauer nicht verkürzen. Der Bauer muß warten können. Die Pflanzen und Tiere, die er nutzen will, lassen sich Zeit. Zum Gebot der Ausdauer kommt das Gebot der Geduld.[168]

Insofern geben die Pflanzen und Tiere den Takt der Arbeit vor, ihr Beitrag kann nicht erzwungen, das Tempo ihrer Arbeit nicht beliebig erhöht werden. Wollen sie nicht so, wie sie sollen, hat dies Auswirkungen auf den gesamten agrarökonomischen Ablauf. Anders als bei Sammlern und Jägern, die ihre Nahrung finden, aufspüren

167 Gehlen, *Die Seele im technischen Zeitalter*, S. 71. Schon Herder notiert in Anbetracht des Beginns des Ackerbaus: »Der Boden gehörte jetzt nicht mehr dem Menschen, sondern der Mensch dem Boden.« Herder, *Ideen zur Philosophie der Geschichte der Menschheit*, S. 191.

168 Popitz, *Der Aufbruch in die artifizielle Gesellschaft*, S. 87.

und erlegen und im Erfolgsfall für ihre Anstrengungen umgehend belohnt werden, bringt der Bauer mit seiner Arbeit »hier und jetzt lediglich Prozesse in Gang, die nach ihren eigenen Regeln ablaufen und nur partiell beeinflußbar sind, Prozesse, die eventuell zukünftig das Erhoffte hervorbringen. Die Mühsal des Landarbeiters hat etwas eigentümlich Ausgeliefertes, der Zeit Überantwortetes.«[169]

Der Übergang zu einer sesshaften Lebensweise brachte jedoch nicht nur ein neues Arrangement des Zusammenlebens zwischen Menschen, Tieren und Pflanzen hervor, sondern auch eine umfassende Neuorganisation des physischen Raumes. Die Agrar-Kultur führt zu einer so zuvor nicht gekannten systematischen und intensiven Bearbeitung des Bodens und einer Aufteilung der Erdoberfläche durch Grenzziehungen, die in unmittelbaren Zusammenhang mit der Domestikation der Pflanzen und Tiere stehen. Die in mühsamer Arbeit angelegten Felder müssen vor den Zugriffen auch der eigenen Tiere geschützt werden, indem diese angepflockt oder auf umzäunten Viehweiden gehalten werden. Mit der Errichtung von Zäunen vollzieht sich eine grundlegende Umgestaltung der Landschaft, die Folgen für die gesamte Organisation des gesellschaftlichen Lebens und die gesellschaftliche Ordnung hat: »Am Anfang steht der Zaun. Tief und begriffsbestimmend durchwirken Zaun, Hegung, Grenze die von Menschen geformte Welt.«[170] Gleichzeitig ist mit der Grenzziehung der Anspruch auf Eigentum verknüpft. Der französische Historiker Fustel de Coulanges (1830-1889) verweist in seiner historischen Rekonstruktion des antiken Staates auf den hohen Stellenwert des Eigentumsrechts, das mit dem Anspruch auf ein Stück Erde eng verknüpft ist, und konstatiert: »In der Tat ist es kein leichtes Problem für eine Gesellschaft, die am Anfang ihrer Entwicklung steht, zu wissen, ob das Individuum sich ein Stück Erde aneignen und zwischen sich und dieser Erde ein so festes Band knüpfen darf, um sagen zu konnen: dieser Grund gehört mir, ist wie ein Teil von mir.«[171] Ein solches Eigentumsrecht ist keineswegs

169 Ebd. Vgl. dazu auch Kap. 1.3.

170 Jost Trier, »Zaun und Mannring«, in: *Beiträge zur Geschichte der deutschen Sprache und Literatur* 66 (1943), S. 232-264, hier S. 232, vgl. Freyer, *Schwelle der Zeiten*, S. 23.

171 Fustel de Coulanges, *Der antike Staat. Studie über Kultus, Recht und Einrichtungen Griechenlands und Roms*, Essen 1996, S. 61. Für ihn gilt deshalb: »Nicht

auf dem gesamten Erdball anzutreffen, entwickelte sich aber schon früh in der griechischen und römischen Antike. Dort besteht ein enger Zusammenhang zwischen Religion, Familie und Eigentum, der durch den Herd gestiftet wird. Nach Auffassung der Griechen ist er es, der »den Menschen gelehrt habe, Häuser zu bauen«[172] und deshalb als »Symbol des seßhaften Lebens«[173] angesehen werden kann:

> Er muß auf den Boden gesetzt werden, und ist er einmal gesetzt, so darf man seine Stelle nicht mehr ändern. Der Gott der Familie will eine dauernde Behausung haben [...]. Wenn man den Herd setzt, so geschieht es mit dem Gedanken und mit der Hoffnung, daß er stets auf diesem selben Platz bleiben werde. [...] So nimmt der Herd von dem Boden Besitz; dieses Stück Erde wird das seine sein, ist sein Eigentum. Und die Familie, die aus Pflicht und Religion sich immer um ihren Altar versammelt, faßt schließlich an diesem Boden Fuß, wie der Altar selbst. So entsteht auf natürlichem Wege der Begriff einer Häuslichkeit. Die Familie ist an den Herd gebunden, der Herd an den Boden; es bildet sich also ein enger Zusammenhang zwischen dem Boden und der Familie. [...] Dieser Platz gehört ihr; es ist ihr Eigentum.[174]

Der Mensch lässt sich also durch die Indienstnahme der Pflanzen und Tiere ebenso an den Boden fesseln wie durch den Herd als ein Ding und geradezu heiliger Stein, durch den seine Sesshaftigkeit zementiert und der Zusammenhalt der Familie garantiert werden soll. Es ist der Herd, der vom Boden Besitz ergreift. Die Funktion des Herdes als unumstößliches Zentrum der Familie und ihres Eigentums wurde auf den Feldern vom Grenzstein erfüllt, der die Grenzen eines jeden Feldes markierte: »Der Grenzstein, der mit Befolgung der heiligen Gebräuche einmal gesetzt war, konnte durch keine Macht der Welt von seiner Stelle verrückt werden. Er mußte in alle Ewigkeit auf demselben Platz bleiben.«[175] Für den Fall eines Umstürzens oder gar Versetzens des Grenzsteins sahen die religiö-

die Gesetze, sondern die Religion behütete anfangs das Eigentumsrecht.« Ebd., S. 67. Es ist die »häusliche Religion [...], die den Menschen lehrte, von der Erde Besitz zu ergreifen, und ihm sein Anrecht auf diese sicherte.« Ebd., S. 69.

172 Ebd., S. 64.

173 Ebd., S. 63.

174 Ebd., S. 62 f.

175 Ebd., S. 68.

sen Gesetze drakonische Sanktionen vor. Als oberstes Gebot galt deshalb in jener Zeit: »Überschreite nicht den Grenzstein.«[176]

Die mit der Sesshaftigkeit einhergehende Ausbreitung von Ackerbau und Viehzucht führt also zur sukzessiven Aufteilung der Erdoberfläche in Kleinterritorien, deren Grenzsteine das Eigentum an Grund und Boden sowohl physisch als auch symbolisch markieren. In der politischen Theorie und der Rechtsgeschichte wird der »Akt des Einzäunens«[177] als fundamentaler Einschnitt gewertet, der den Übergang vom Natur- zum Gesellschaftszustand definiert. So heiß es etwa bei John Locke (1632-1704): »So viel Land ein Mensch bepflügt, bepflanzt, bebaut, kultiviert und so viel er von dem Ertrag verwerten kann, so viel ist sein Eigentum.«[178] Sehr viel kritischer kommentiert Jean-Jacques Rousseau (1712-1778) diesen Vorgang: »Der erste, der ein Stück Land eingezäunt hatte und es sich einfallen ließ zu sagen: dies ist mein, und der Leute fand, die einfältig genug waren, ihm zu glauben, war der wahre Gründer der bürgerlichen Gesellschaft.«[179] Rousseau ist der Auffassung, dass den Menschen viel Leid (Kriege, Verbrechen, Morde) erspart geblieben wäre, wenn diesem Gründungsakt des Eigentumsrechts mit dem beherzten Herausreißen der Zäune bzw. Zuschütten der Gräben begegnet und mit dem Hinweis energisch widersprochen worden wäre, »daß die Früchte allen gehören und die Erde niemandem«.[180]

176 Ebd., S. 69. Vgl. dazu auch: »Im allgemeinen ist das Territorium, das ein halbzivilisierter Stamm einnimmt, nur durch natürliche Landschaftsmerkmale gekennzeichnet. Doch seine Bewohner und Nachbarn wissen ganz genau, innerhalb welcher territorialer Grenzen ihre Ansprüche und Rechte Geltung besitzen. Die natürliche Grenze, die unter Androhung übernatürlicher Sanktionen nicht überschritten werden darf, kann ein heiliger Fels oder Baum, eine heiliger Fluß oder See sein. Solche natürlichen Merkmale sind jedoch relativ selten. Häufiger wird die Grenze durch einen Gegenstand markiert – einen Pfahl, ein Tor, einen aufgerichteten Stein (Meilen- oder Grenzstein) –, dessen Aufstellung an diesem Ort von Einweihungsriten begleitet war.« Arnold van Gennep, *Übergangsriten*, Frankfurt/M., New York 1986, S. 26. Zur anhaltenden Bedeutung des Grenzsteins auch in unserer Zeit vgl. Bühler, Rieger, *Bunte Steine*, S. 69. Vgl. auch Kap. 2.1.

177 Bühler, Rieger, *Bunte Steine*, S. 70.

178 Zitiert nach Popitz, *Der Aufbruch zur artifiziellen Gesellschaft*, S. 91, Fn. 17.

179 Jean-Jacques Rousseau, *Diskurs über die Ungleichheit/Discours sur l'inegalité*, Kritische Ausgabe des integralen Textes, hg. von Heinrich Meier, 5. Aufl., Paderborn u. a. 2001, S. 165.

180 Ebd.

Dieser bis heute anzutreffenden Interpretation von Grenzziehungen als Wurzel alles Übels steht die Einsicht in den konfliktminimierenden Einfluss von Grenzziehungen entgegen.[181] Michel Serres, der den Anspruch auf ein eigenes Territorium grundsätzlich für lebensnotwendig hält,[182] hat eine eigene Fassung der Rousseauschen Position formuliert: »Der Erste, der einen Garten umzäunte, und sich anschickte zu sagen: ›Dies genügt mir‹, und der egonom wurde, ohne nach mehr Platz zu lechzen, schloss Frieden mit seinen Nachbarn und behielt das ruhige Recht zu schlafen, sich zu wärmen plus das göttliche Recht zu lieben.«[183] Damit wird dem bei Rousseau unterstellten Zusammenhang von Eigentum, Raumexpansion, Mord und Krieg deutlich widersprochen. Ein Fleckchen Erde sein eigen nennen zu dürfen, muss nicht zwangsläufig zur Gier nach immer mehr Raum führen.[184] Es kann vielmehr bedeuten, für dieses eine Areal Verantwortung zu übernehmen, es zu pflegen und zu bewahren.[185] Unabhängig von dieser Kontroverse gilt es festzuhalten, dass das vermehrte Aufeinandertreffen von menschlichen und nichtmenschlichen Akteuren eine Separierung des Raums durch verschiedene Grenzziehungen nach sich gezogen hat, die ein gewisses Maß an Abstand zwischen ihnen ermöglichen sollte. Doch auch durch sie haben sich die ebenso unerwünschten wie unbekannten Folgen der nie dagewesenen Versammlungen von Menschen, Schafen, Ziegen, Rindern, Schweinen, Hunden, Katzen, Hühner, Enten und Gänsen auf engstem Raum nicht verhindern lassen, die in den meisten auf den Menschen konzentrierten Zivi-

181 Roland Girtler, *Abenteuer Grenze. Von Schmugglern und Schmugglerinnen, Ritualen und heiligen Räumen*, Wien, Münster 2006, S. 9 f. Vgl. auch Konrad Paul Liessmann, *Lob der Grenze. Kritik der politischen Unterscheidungskraft*, Wien 2012.

182 Serres, *Atlas*, S. 48 ff.

183 Serres, *Das eigentliche Übel*, S. 93.

184 Ein Zusammenhang, den auch Lew Nikolajewitsch Tolstoi (1828-1910) in seiner Erzählung »Wieviel Erde braucht der Mensch?«, in: ders., *Die schönsten Erzählungen*, Berlin 2010, S. 250-274, herstellt. Darin kann ein Bauer einfach nicht genug bekommen, sodass er immer mehr Land anhäuft, um daran schließlich zugrunde zu gehen. Offenbar braucht es kein generelles Verbot der Inbesitznahme eines Raumes, sondern ein Gesetz gegen die ungezügelte Ausweitung desselben, eine Art Stoppregel für ein ausuferndes Raumbesitzstreben, vgl. dazu Kap. 5.2.

185 Vgl. Kap. 2.2.1.

lisationsgeschichten zu erwähnen lange vernachlässigt wurde: »Die neuen speziesübergreifenden Siedlungen des Spätneolithikums waren [...] nicht nur eine historische Ansammlung von Säugetieren in einer Anzahl und Nähe, wie man sie zuvor nie gekannt hatte, sondern auch Ansammlung all der Bakterien, Protozoen, Würmer und Viren, die sich von ihnen ernährten.«[186] In einem weit größeren Ausmaß, als in den herkömmlichen allgemeinen Überblicken über die einzelnen Etappen der Geschichte zumeist berücksichtigt wird, haben gerade die ungebetenen Gäste die historischen Abläufe beeinflusst und sind somit als Akteure weitaus ernster zu nehmen, als dies bislang zumeist geschieht.[187]

Doch das Neolithikum steht nicht allein für die Entstehung der Agrarkultur, sondern ebenso auch für den Beginn der Städte:[188] »Mit der neolithischen Revolution, mit der Ausbreitung der Landwirtschaft und der Gründung von Städten, wurde die Beständigkeit des Besitzes und das Markieren von territorialen Grenzen zu einem grundlegenden Anliegen gesellschaftlicher Organisation.«[189] Die Stadt stellt eine »Steigerung der Seßhaftigkeit« dar, ist »nicht bloß eingezäunt, sondern hoch ummauert, mit wenigen Toren nach außen geöffnet und hinter ihnen verschließbar«.[190] Dabei wird zunächst keine scharfe Grenze zur Umgebung gezogen, die Stadt und Land streng voneinander scheidet. Vielmehr

> enthalten alle frühen Städte Gärten, Felder und Gehege in ihrem Mauerring, und viele tun das auf Dauer. Doch sie enthalten auch die Tempel, den Palast oder die Stadtburg, dazu Speicher und Bazare, und in dem Maße,

186 Scott, *Die Mühlen der Zivilisation*, S. 115.

187 Vgl. dazu auch Jeffrey D. Sachs, *Wohlstand für viele. Globale Wirtschaftspolitik in Zeiten der ökologischen und sozialen Krise*, München 2008, S. 83 f. Schon Ratzel, *Anthropogeographie oder Grundzüge der Anwendung der Erdkunde auf die Geschichte,* S. 383, notiert: »In der Konkurrenz der lebenden Natur mit dem Menschen treten einige wenige Tiere dem Menschen aggressiv gegenüber, während manche Pflanzen und Tiere Giftstoffe enthalten, aber seine Kulturhöhe hebt ihn über die meisten von diesen offenen Gefahren und Feinden, wofür er dann umso mehr von den unsichtbaren Organismen bedrängt und beschränkt wird, die als Krankheitskeime sein Leben kürzen.«

188 Vgl. Kap. 2.4.

189 Stein Rokkan, *Staat, Nation und Demokratie in Europa*, Frankfurt/M. 2000, S. 135, vgl. Mette Løvschal, »Frühe Grenzziehungen«, in: *Aus Politik und Zeitgeschichte* 63 (2014), H. 4-5, S. 19-25.

190 Freyer, *Schwellen der Zeiten*, S. 97.

wie sie steinern werden, werden sie, aus ihrem Umland herausgehoben, zu Raumgebilden, die sich um ihre Brennpunkte zusammenschließen.[191]

Die Stadt ist ein räumlich zentriertes Gebilde, das sich durch eine hohe Bevölkerungsdichte, die Ansammlung spezifischer Gebäude und durch eine Begrenzung gegenüber dem Umland auszeichnet.[192] Im Gegensatz zu räumlich weit voneinander entfernt liegenden Gehöften versammelt die Stadt ihre Bewohner und Gebäude auf engstem Raum. Auch die Tiere sind keineswegs aus der Stadt verbannt, bleiben vielmehr anwesend und prägen bis weit ins Mittelalter hinein das Stadtbild. Selbst wenn es zunächst den Anschein haben mag, dienen die Stadtmauern nicht der Verbarrikadierung der Stadt gegenüber ihrer Umgebung:

> Die entscheidende Innovation der Stadt war, daß sie starke Grenzen für eine differenzierte Kontrolle von Transaktionen ausbildete. Ganz gleich, ob sie physisch von einer Mauer umgeben war oder nicht: Die Stadt des Altertums war eine rituelle und rechtliche Gemeinschaft, die strenge Kontrolle über ihre Mitglieder ausübte, während sie gleichzeitig ihre Grenzen für Export und Import sowohl von Personen […] als auch von Waren offenhielt.[193]

Selbst dort also, wo es zur Errichtung von Mauern kommt, die geradezu als Sinnbild für radikale Abschottung stehen, geht es nicht um die gänzliche Verhinderung des Austausches von Waren und Personen, sondern um dessen Organisation.

4.5.3 Industrielle Gesellschaften: Maschinelle Tierverwertung, nationalstaatliche Territorien und ihre Grenzen

In den *industriellen Gesellschaften* verschwinden die Tiere sukzessive von der Bildfläche. Sie werden im Zuge der Industrialisierung nahezu durchgängig durch eine Vielzahl von Maschinen substituiert, ihre ehemaligen Arbeitsplätze flächendeckend wegrationalisiert: An die Stelle des Pferdegespanns treten Eisenbahn und Automobil, der

191 Ebd., S. 97.

192 Vgl. Markus Schroer, »Die Stadt«, in: Stephan Günzel (Hg.), *Lexikon der Raumphilosophie*, Darmstadt 2012, S. 386-397; ders.: »Grenzen – ihre Bedeutung für Stadt und Architektur«, in: ders., *Räume der Gesellschaft. Soziologische Studien*, Wiesbaden 2019, S. 247-256.

193 Rokkan, *Staat, Nation und Demokratie in Europa*, S. 136.

Ochse auf dem Feld wird durch den Traktor ersetzt, die Pferde der Kavallerie weichen den Panzerdivisionen und die Brieftauben den Telefonen.[194] Das Verhältnis des Menschen zum Tier verändert sich damit noch einmal gravierend. Das ehemalige Nutztier verliert seinen Nutzen nicht nur bei der Produktion von Gütern im wachsenden sekundären Sektor der Wirtschaft (Industrie, Bau, produzierendes Handwerk), sondern auch in seiner angestammten Welt des primären Sektors (Landwirtschaft, Forstwirtschaft, Fischerei), in dem ebenfalls verstärkt Maschinen zum Einsatz kommen und die Tiere nach und nach verdrängen.[195] Die Tierhaltung selbst industrialisiert sich, sodass es zur Massentierhaltung im großen Maßstab kommt, bei der auf engstem Raum in möglichst kurzer Zeit Tiere in ertragreiche Fleischlieferanten umgewandelt und entsprechend verwertet werden:[196] »Sobald die Tiere nicht mehr gebraucht wurden, konnten sie verzehrt werden.«[197] Zwar wurden sie auch schon vorher verzehrt, aber die flächendeckende Bereitstellung von Fleisch entstand erst mit den industriellen Fleischverarbeitungsbetrieben. Ein emblematischer Ort der industriellen Moderne für den Umgang des Menschen mit dem Tier ist deshalb der Schlachthof.[198] In der Eliasschen Zivilisationstheorie gehört das Schlachten der Tiere in eigens dafür errichteten Gebäuden zu den zahlreichen Tätigkeiten des Menschen, die aufgrund steigender Scham- und Peinlichkeits-

194 Vgl. Macho, »Tier«, S. 62-85. Die enge Verbindung von Pferd und Mensch über die Jahrhunderte hinweg bis zu ihrer Trennung in unserer Gegenwart untersucht Raulff, *Das letzte Jahrhundert der Pferde*. Vgl. auch Reinhart Koselleck, »Der Aufbruch in die Moderne oder das Ende des Pferdezeitalters«, in: Berthold Tillmann (Hg.), *Historikerpreis der Stadt Münster. Die Preisträger und Laudatoren von 1981-2003*, Münster 2005. S. 159-174, hier S. 172.

195 In der Agrarwirtschaft wurden Tiere allerdings erst später durch Motoren ersetzt als in der Industrie, vgl. Juri Auderset, Peter Moser, *Die Agrarfrage in der Industriegesellschaft. Wissenskulturen, Machtverhältnisse und natürliche Ressourcen in der agrarisch-industriellen Wissensgesellschaft (1850-1950)*, Wien, Köln, Weimar 2018, S. 107. Vor pauschalen Aussagen über das Schicksal der Pferde bewahrt ihre Differenzierung. So mag das Pferd als Arbeitstier zwar aus der allgemeinen Wahrnehmung verschwunden sein, als Renn- und Freizeitpferd ist es aber bis heute noch immer präsent, vgl. Simone Derix, »Das Rennpferd. Historische Perspektiven auf Zucht und Führung seit dem 18. Jahrhundert«, in: *Body Politics* 2 (2014), H. 4, S. 397-429.

196 Vgl. Kap. 2.2.

197 Vgl. Macho, »Tier«, S. 79.

198 Vgl. Kap. 3.2.

schwellen zunehmend »hinter die Kulissen des gesellschaftlichen Lebens verlegt«[199] werden. Wie viele andere Tätigkeiten auch, wird das Zerlegen des Tieres nicht etwa aufgegeben, sondern in nicht für jeden einsehbaren Räumen ausgesondert und dort von Spezialisten vorgenommen. Am Vorgang des Zerlegens von Tieren lässt sich für Elias die gesamte Zivilisationsbewegung in nuce aufzeigen: »Die Kurve: Zerlegen großer Teile des Tieres oder ganzer Tiere an der Tafel, Vorrücken der Peinlichkeitsschwelle gegenüber dem Anblick der toten Tiere, Verlagerung des Zerlegens hinter die Kulissen in spezialisierte Enklaven, ist eine typische Zivilisationskurve.«[200] Damit ist auch der Schlachthof ein Ergebnis der Zivilisation, die damit weniger auf ein zunehmend zivilisiertes Verhalten als vielmehr darauf angelegt ist, die nunmehr als unzivilisiert geltenden Tätigkeiten verstärkt in speziellen Räumen stattfinden zu lassen. Statt einer umfassenden Verhaltensänderung steht damit eher eine räumliche Differenzierung von menschlichen Handlungen im Vordergrund des Zivilisationsprozesses. Für die Bewertung einer Handlung wird damit nicht mehr das ›Was‹, sondern das ›Wo‹ entscheidend. Ein und dieselbe Handlung kann hier erlaubt, dort aber verboten sein. Die räumliche Separierung der verschiedensten Tätigkeiten sorgt bis heute anhaltend dafür, dass viele nach wie vor stattfindenden Vorgänge wie etwa die Schlachtung von Tieren vor den Blicken der Konsumenten verborgen werden. Beim Besuch anderer Länder fällt etwa dem deutschen Touristen sofort auf, dass hier auf den Märkten noch komplette tote Tiere gezeigt werden und nicht nur deren bedarfsgerecht zurechtgeschnittene Fleischstücke ohne Kopf, gut erkennbare Gliedmaßen und andere an ein ehemals lebendiges Wesen noch erinnernde Körperteile. Durch diese Invisibilisierung des Tieres als Ganzes verliert der Mensch den Bezug dazu, dass hinter jedem Stück Fleisch ein lebendiges Wesen steht. Ein Fischstäbchen erinnert nicht einmal noch hinsichtlich der Form daran, dass es zumindest zum Teil aus Fisch besteht, also aus einem Tier gewonnen wurde.

Die von Elias beschriebene starke räumliche Differenzierung im Zuge des Zivilisationsprozesses, die starke Separierung von Räumen im Inneren einer Gesellschaft geht einher mit dem gesuchten Abschluss nach außen. Die parallel zur Industrialisierung verlaufen-

199 Elias, *Über den Prozeß der Zivilisation*, Bd. 1, S. 163.
200 Ebd.

de Entstehung der modernen Nationalstaaten zeichnet sich durch klare Grenzziehungen gegenüber anderen Nationalgesellschaften aus. Auf dem Höhepunkt der Verbreitung der nationalstaatlichen Ordnung stoßen Staaten unmittelbar aufeinander – nur durch eine Grenzlinie voneinander geschieden.[201] An diesen streng bewachten Grenzlinien wird die Kontrolle über das staatliche Territorium ausgeübt, der Zugang von Personen und Waren gewährt oder verweigert: »Das vielleicht wichtigste Merkmal des modernen Staates ist seine Territorialität.«[202] Noch für Marcel Mauss gilt der Nationalgesellschaft als »die jüngste und vollkommenste Form des Lebens in Gesellschaften«.[203] Unabdingbar für die Konstitution und Stabilisierung der Existenz moderner Staaten ist das Ziehen einer klar definierten und materiell eingeschriebenen Grenze zu anderen Staaten, um den Zugang zum eigenen Territorium überwachen und kontrollieren zu können.

4.5.4 Die Geburt der Gesellschaften aus der Praxis der Grenzziehung

So unterschiedlich die drei behandelten Gesellschaftstypen sind, gemeinsam ist ihnen, dass sie fest auf der Erdoberfläche verankert sind, indem sie Grenzen ziehen, Territorien einnehmen und diese verteidigen. Die jeweils eingenommenen Territorien werden durch

201 Die ehemals bestehenden Zwischenräume und Pufferzonen sind nunmehr auf ein Nichts zusammengeschrumpft, vgl. Arnold van Gennep, *Übergangsriten*, S. 27: »Bei uns rührt heute ein Land an das andere; aber früher [...] war das keineswegs so. Jedes Land war von einem neutralen Streifen umgeben, der in der Praxis in Abschnitte, sie sogenannten Marken aufgeteilt war.«

202 Martin van Creveld, *Aufstieg und Untergang des Staates*, München 1999, S. 154. In der *Allgemeinen Staatslehre* von Georg Jellinek (1851-1911) werden die drei Komponenten Staatsgebiet, Staatsvolk und Staatsgewalt genannt, ohne deren Zusammenwirken man nicht von einem modernen Staat sprechen kann. Ein Staat herrscht über ein bestimmtes Volk auf einem bestimmten Territorium mithilfe monopolisierter Gewalt. Vgl. Georg Jellinek, *Allgemeine Staatslehre*, Darmstadt 1959. »Die Idee einer linearen Grenze entstand ab dem 14. und 15. Jahrhundert, mit der Entwicklung des modernen Staates. [...] Der moderne Staat beansprucht eine lineare Grenze – zumindest als Begriff – allein schon aufgrund seines territorialen Wesens.« Claude Raffestine, *Zu einer Geographie der Territorialität*, hg. von Francisco R. Klauser, Stuttgart 2010, S. 60.

203 Marcel Mauss, *Die Nation oder der Sinn fürs Soziale*, Frankfurt/M., New York 2017, S. 336.

verschiedene Materialisierungen von Grenzen gesichert: Steht der Grenzstein für die Agrargesellschaften, so ist die Mauer für die Städtebildung von entscheidender Bedeutung, während Grenzlinien die Nationalstaaten voneinander trennen. Mithilfe dieser Grenzgebilde versuchen Gesellschaften ihre Einheit nach innen zu sichern und den Austausch mit den außerhalb ihres eigenen Territoriums liegenden Einheiten zu organisieren. Die Gesellschaftstypen sind somit erkennbar an ihren materiellen wie symbolischen Grenzen, durch die sie sich überhaupt erst konstituieren:

> Gesellschaften [...] sind soziale Einheiten. Wo immer Menschen sich zusammentun, wo sie ihr Verhalten alltäglich aneinander orientieren, entstehen soziale Einheiten: Wildbeuter-Horden, Familien, Sippen, Städte, bis hin zum Gesangsverein. Vergesellschaftung gehorcht einem zellenbildenden Prinzip. Soziale Einheiten sind leicht zu erkennen, weil sie Wert darauf legen, sich erkennbar zu machen. Sie ziehen Grenzen zwischen Innen und Außen, Drinsein und Draußensein. Wer als Zugehöriger anerkannt wird, muß über bestimmte Qualitäten verfügen, angeborene wie Geschlecht oder Herkunft oder erworbene wie bestimmte Leistungen oder Bewährungen. Vergesellschaftung bedeutet, daß Menschen in Strukturen von Zugehörigkeiten leben. Also in Ein- und Ausgrenzungen. Das zellenbildende Prinzip der Vergesellschaftung ist ein Prinzip der Grenzziehung.[204]

In dieser Auffassung werden Grenzziehungen als fundamentale Basisoperation von Gesellschaften angesehen. Gesellschaften ebenso wie andere soziale Einheiten bestimmen durch Ein- und Ausschließungen über Zugehörigkeit und Nichtzugehörigkeit. Darüber hinaus enthält die Bestimmung des Gesellschaftsbegriffs von Heinrich Popitz den gleichermaßen zentralen Hinweis, dass soziale Einheiten selbst daran gelegen ist, sich erkennbar zu machen. Damit ist ein wichtiger Einspruch gegen ein Verständnis von Gesellschaft formuliert, das diese für ein nur schwer fassbares, weil nicht sichtbares und deshalb nur abstrakt beschreibbares Phantom hält, das »man nur vom Hörensagen, aus dem Fernsehen oder der Zeitung«[205] kennt. Sich erkennbar machen zu wollen, heißt nichts anderes, als Sichtbarkeit anzustreben.[206] Eine sichtbare Gestalt erhalten Ge-

204 Popitz, *Der Aufbruch zur artifiziellen Gesellschaft*, S. 126 f.

205 Michael Uzarewicz, *Der Leib und die Grenzen der Gesellschaft. Eine neophänomenologische Soziologie des Transhumanen*, Stuttgart 2016, S. 60.

206 Vgl. Markus Schroer, »Sichtbar oder unsichtbar? Vom Kampf um Aufmerksamkeit in der visuellen Kultur«, in: *Soziale Welt* 64 (2013), H. 1-2, S. 17-36.

sellschaften wie andere soziale Einheiten etwa durch die jeweilige Bauweise ihrer Behausungen, sodass sich von der Geburt der Gesellschaft aus der Praxis des Bauens sprechen ließe. Von den Anfängen der Menschheitsgeschichte bis heute machen sich verschiedene Gesellschaftstypen an ihrer jeweiligen Architektur sicht- und erkennbar.[207] Schon die Zeltarchitektur vormoderner Gesellschaften zeigt, »dass bereits die frühen Menschen alle sich bietenden Möglichkeiten der Gestaltung und Aneignung von Raum kreativ genutzt haben«.[208] Zu dieser aktiven Gestaltung von Räumen gehört immer auch die Notwendigkeit von Grenzziehungen, mit denen Räume überhaupt erst hervorgebracht werden.

Die von Popitz darüber hinaus thematisierten »Zugehörigkeitsgrenze[n]«[209] spielen auch in der grundlegenden Arbeit über den Aufbau von Staat und Nation des norwegischen Soziologen Stein Rokkan (1921-1979) eine tragende Rolle. Rokkan unterscheidet zwischen »dem physischen Raum zum einen und dem sozialen und kulturellen zum anderen. Wir können den einen als den *geographischen* Raum, den anderen als den *Mitgliedschaftsraum* bezeichnen. Die Mitgliedschaftsgrenze ist gewöhnlich viel unüberwindbarer als die geographische Grenze.«[210] Mit dem letzten Satz spricht Rokkan an, dass das Überschreiten der Grenze zu einem staatlichen Territorium für einen Touristen, Händler oder Gelegenheitsarbeiter sich zwar relativ leicht bewerkstelligen lässt, der Grenzübertritt aber nicht mit dem Erwerb von Mitgliedschaft einhergeht. Während Rokkan dabei noch an die Mitgliedschaft in einer »Kerngruppe«[211] denkt, kann man im Anschluss an Popitz von einer Vielzahl sozialer Einheiten ausgehen, die nicht über einheitliche, sondern diverse Zugehörigkeitsregeln verfügen, die der Einzelne erfüllen muss, um dazugehören zu können. Das bedeutet, dass sich Gesellschaften

207 Delitz, *Die gebaute Gesellschaft.*

208 Peter Trebsche, Nils Müller-Scheeßel, Sabine Reinhold, »Einleitung«, in: dies. (Hg.), *Der gebaute Raum. Bausteine einer Architektursoziologie vormoderner Gesellschaften*, Münster 2010, S. 9-28, hier S. 19. Vgl. Kap. 3.3.

209 Georg Simmel, *Soziologie. Untersuchungen über die Formen der Vergesellschaftung*, Frankfurt/M. 1992, S. 701.

210 Rokkan, *Staat, Nation und Demokratie in Europa*, S. 135, vgl. Mathias Bös, »Zur Kongruenz sozialer Grenzen. Das Spannungsfeld von Territorien, Bevölkerungen und Kulturen in Europa«, in: Maurizio Bach (Hg.), *Die Europäisierung nationaler Gesellschaften*, Wiesbaden 2000, S. 429-455.

211 Rokkan, *Staat, Nation und Demokratie in Europa*, S. 135.

nicht nur durch eine geographische Grenze nach außen, sondern durch vielerlei soziale Grenzziehungen im Innern bzw. durch Binnengrenzen auszeichnen. Sie sind durchsetzt von Grenzziehungen, die sich zwar nicht zwangsläufig materialisieren müssen, um wirksam zu sein, dies aber durchaus oft tun – nicht zuletzt aufgrund des von Popitz betonten Strebens nach Sichtbarkeit. Aber auch deshalb, weil die *»sozialen Begrenzungsprobleme durch ihre Verräumlichung«* eine *»unvergleichliche Festigkeit und Anschaulichkeit«*[212] erlangen, worauf bereits Georg Simmel ausdrücklich hinweist:

> So ist eine Gesellschaft dadurch, daß ihr Existenzraum von scharf bewußten Grenzen eingefaßt ist, als eine auch innerlich zusammengehörige charakterisiert, und umgekehrt: die wechselwirkende Einheit, die funktionelle Beziehung jedes Elements zu jedem gewinnt ihren Ausdruck in der einrahmenden Grenze.[213]

Da Gesellschaften demnach nicht als homogene Einheiten vorstellbar sind, sich vielmehr in zahlreiche soziale Einheiten, Milieus und Gruppierungen unterteilen bzw. ausdifferenzieren, erweisen sie sich geradezu als Generatoren von Grenzen, die sich auch räumlich niederschlagen, wenn sie Regionen, Zonen, Gebiete und Areale voneinander abgrenzen. Gesellschaften haben also keine Grenzen von vornherein, sondern sind Produkt einer Grenzziehung, die sie von etwas anderem unterscheidet – etwa von der umliegenden Natur oder anderen Gesellschaften. Haben sie sich durch eine Grenzziehung nach außen erst einmal konstituiert, werden Binnengrenzen gezogen, die auch auf Zugehörigkeits- wie auf Abgrenzungsbedürfnisse der Menschen reagieren, die zusammengenommen für Simmel einen Grundmodus menschlichen Daseins ausmachen.[214] Jede Gesellschaftsform will über die Art und Weise ihrer Grenzziehungen festlegen und sichtbar machen, wer und was zu ihr gehört und wer oder was nicht, um sich damit – ganz im Sinne von Popitz – als identifizierbare Einheit erkennbar zu machen. Da sich Gesellschaften über ihre jeweiligen Grenzziehungen definieren und zu stabilisieren versuchen, wachen sie streng über die Einhaltung dieser Grenzen. Allerdings geht es nur in Ausnahmefällen um die Vertei-

212 Simmel, *Soziologie*, S. 699.

213 Ebd., S. 694; vgl. dazu Markus Schroer, *Räume, Orte, Grenzen*, S. 68 f.

214 Simmel 1992, S. 855; vgl. dazu Markus Schroer, *Das Individuum der Gesellschaft. Synchrone und diachrone Theorieperspektiven,* Frankfurt/M. 2001, S. 311 ff.

digung von ein für alle Mal gezogenen Grenzen. Bezeichnend ist vielmehr, dass immer wieder neu vorzunehmende Grenzziehungen an der Tagesordnung sind. Grenzen werden errichtet, verteidigt, verlagert, verschoben, abgebaut und neu gezogen und sind damit eher dynamische als starre Gebilde. Dabei ist keineswegs nur an die politischen Grenzen von Nationalstaaten zu denken. Ob Körperraum, Wohnraum oder nationalstaatlicher Raum: Immer geht es darum, den Zugang zu diesen Räumen zu limitieren, ihn nur unter bestimmten Bedingungen und Auflagen zu erlauben. Jeder dieser Räume umgibt sich mit Grenzen, die den wohldosierten Austausch mit der Umwelt organisieren und den ungehinderten Zutritt unterbinden sollen: die Haut, die Tür und der Schlagbaum.[215] So unterschiedlich diese Grenzen im Einzelnen auch sein mögen, gemeinsam ist ihnen die Funktion der Selektion: Sie alle sorgen für geregelte Übergänge in Räume, die nicht jedermann offenstehen. Während den einen Einlass gewährt wird, werden die anderen abgewiesen. Dabei spielt die Materialität der Grenze keine geringe Rolle für ihren jeweiligen Charakter: Weiche Formen der Begrenzung wie etwa Membranen unterscheiden sich deutlich von harten Abschlüssen wie etwa Betonmauern. Insofern lässt sich jede Form von Gesellschaft mit den jeweiligen Grenzziehungen in Beziehung setzen, die sie hervorrufen und deren Produkt sie gleichzeitig sind.

Im Zuge der Globalisierungsdebatte der 1990er Jahre werden an die Stelle der modernen Nationalstaaten alternative Gesellschaftskonzeptionen gesetzt, die sich nach der Überzeugung ihrer Verfechter von physischen Räumen und territorialen Grenzen weitgehend emanzipieren und die Bindung der Gesellschaft an den Nationalstaat überwinden sollen.

215 Vgl. Markus Schroer, *Räume, Orte, Grenzen*, S. 185 ff.

4.6 Gesellschaften ohne Bodenhaftung? Zur erdräumlichen Verankerung von Gesellschaften und dem Versuch ihrer Überwindung

Neben der zunehmenden Vernachlässigung pflanzlicher und tierischer Akteure im soziologischen Nachdenken über Gesellschaft verliert die Soziologie auch die Thematisierung der physischen Basis der Gesellschaften immer mehr aus den Augen.[216] Im Zuge der Globalisierungsdiskussion in den 1990er Jahren kommt es zu einigen Gesellschaftsentwürfen, die sich aus ihrer territorialen Verankerung angeblich gelöst haben, um nunmehr unabhängig vom materiellen Raum grenzenlos zu agieren. Ebenso wie man Pflanzen und Tiere aus den Überlegungen zur Gesellschaft zunehmend eliminiert hat, hat man auch den Raum-, Erd- und Bodenbezug nach und nach in gesellschaftstheoretischen Betrachtungen vernachlässigt, da sich die Gesellschaften aufgrund ihrer technischen Erfindungen aus ihrer erdräumlichen Verankerung angeblich mehr und mehr befreien.[217] In den elaboriertesten Versionen der Gesellschaftstheorie wird die Raumunabhängigkeit und Grenzenlosigkeit alles sozialen Geschehens behauptet.

In weiten Teilen der Sozial- und Kulturwissenschaften wird mit dem Begriff Globalisierung eine Entwicklung bezeichnet, die zum Bedeutungsverlust des Raumes, der Grenzen und des Nationalstaates führt.[218] Globalisierung steht hier für einen weltweiten Prozess der Enträumlichung, Entgrenzung bzw. Entterritorialisierung.[219] In dieser Perspektive erscheinen Grenzen rein negativ als unerwünschtes Hindernis und lästige Hürden, die der Durchsetzung einer ungehinderten Mobilität zwar noch vorübergehend im Wege stehen, schon bald aber verschwunden sein werden. Angesichts des weltweiten Austausches von Waren, Dienstleistungen und Informationen, der Entwicklung globaler Kapitalmärkte und zunehmender Migration über nationale Grenzen hinweg sei die Vorstellung nicht mehr länger plausibel, »*in geschlossenen und gegeneinander abgrenzbaren Räumen von Nationalstaaten und ihnen*

216 Vgl. dazu auch Kap. 1.2.

217 So argumentiert auch bereits E. K. Francis, *Wissenschaftliche Grundlagen Soziologischen Denkens*, Bern 1957; S. 108 ff.

218 Vgl. Schroer, *Räume, Orte, Grenzen*, S. 185 ff.

219 Vgl. Anthony Giddens, *Konsquenzen der Moderne*, Frankfurt/M. 1995.

entsprechenden Nationalgesellschaften zu leben und zu handeln«.[220] Die Nationalstaaten drohen in dieser Sichtweise zunehmend die Kontrolle über die auf ihrem Territorium stattfindenden Aktivitäten zu verlieren und damit an Souveränität einzubüßen. Ihre immer auch Sicherheit versprechenden Grenzen hätten sich zunehmend als wirkungslos erwiesen, die eigene Bevölkerung und das eigene Territorium umfassend vor Einflüssen und Gefahren von außen zu schützen. In der Tat haben sich die radioaktiven Wolken nach dem Reaktorunglück in Tschernobyl ebenso wenig von Nationalstaatsgrenzen aufhalten lassen wie Krankheiten und Seuchen (BSE, Schweinegrippe, Ebola), die Finanzkrise oder der Terrorismus. Der Fall der Berliner Mauer, der Untergang der Sowjetunion und das Ende des Ost-West-Gegensatzes haben zudem gezeigt, dass Grenzen nicht nur mehr oder weniger mühelos überschritten, sondern sogar buchstäblich niedergerissen und zum Einsturz gebracht werden können – selbst wenn sie bis dato für viele als schier unüberwindbar galten. Aufgrund dieses umfassenden Versagens der territorialen Grenzen wurde eine »Borderless World«[221] in Aussicht gestellt und das baldige Ende des Nationalstaates prophezeit.[222] Unter diesen Bedingungen verliert auch die Gesellschaft ihre nationalstaatliche Basis. Den zahlreichen Neubeschreibungen von Gesellschaften, die an die Stelle der Nationalgesellschaften treten, ist bei allen sonstigen Unterschieden gemeinsam, dass sie nicht länger im nationalstaatlichen Rahmen verbleiben, sondern weit über diesen hinausführen oder ihn gleich ganz hinter sich lassen. Ob nun von der »Weltgesellschaft«,[223] der »Netzwerkgesellschaft«[224] oder der »flüchtigen Moderne«[225] die Rede ist: Gemeinsam ist allen drei Konzepten, dass sie dafür werben, Gesellschaften nicht mehr länger mit den Nationalstaaten gleichzusetzen und als von räumlichen Grenzen unabhängig zu konzipieren.

220 Ulrich Beck, *Was ist Globalisierung? Irrtümer des Globalismus – Antworten auf Globalisierung*, Frankfurt/M. 1997, S. 44.

221 Kenichi Ohmae, *The Borderless World. Power and Strategy in the Global Marketplace*, London 1990.

222 Martin Albrow, *Abschied vom Nationalstaat?*, Frankfurt/M. 1998.

223 Niklas Luhmann, »Die Weltgesellschaft«, in: ders., *Soziologische Aufklärung 2*, Opladen 1975, S. 51-71.

224 Manuel Castells, *Das Informationszeitalter, Bd. 1: Der Aufstieg der Netzwerkgesellschaft*, Opladen 2001.

225 Zygmunt Bauman, *Flüchtige Moderne*, Frankfurt/M. 2003.

Niklas Luhmanns Konzept der *Weltgesellschaft* verdankt sich seinem ambitionierten gesellschaftstheoretischen Versuch, Gesellschaft grundsätzlich antiterritorial zu denken. Das moderne Gesellschaftssystem hat demnach gegenüber seinen Vorgängern derart an Komplexität und Heterogenität zugenommen, dass es »seine Teilsysteme nicht mehr durch gemeinsame (etwa territoriale) Außengrenzen integrieren« kann, weshalb Gesellschaft »von jetzt ab nur noch als Weltgesellschaft möglich«[226] ist, die keine anderen Gesellschaften mehr neben sich duldet. Im Gegensatz zur traditionellen Vorstellung einer Vielzahl menschlicher Gesellschaften gibt es die funktional differenzierte Gesellschaft für den Bielefelder Systemtheoretiker nur noch im Singular. Neben den »technischen Errungenschaften«[227] ist die »Ausdifferenzierung des Wirtschaftssystems«[228] die treibende Kraft dieser Entwicklung. Der internationale Geld- und Zahlungsverkehr macht vor nationalen Grenzen nicht länger halt. Doch dabei bleibt es nicht. Die grenzüberschreitenden Aktivitäten des Wirtschaftssystems machen Schule und infizieren auch die anderen Teilsysteme, die sich aus dem engen Korsett der territorialen Grenzen des Nationalstaats ebenfalls befreien. Mit Ausnahme des Politik- und Rechtssystems operieren alle Funktionssysteme »unabhängig von Raumgrenzen«.[229] Mit Luhmann erhält man damit einen von allen »alteuropäischen« Annahmen weitgehend gereinigten Gesellschaftsbegriff, der sich um Raum, Grenze, Territorialität, Erde, Land, Boden, Materie jeglicher Art nicht länger schert. Unter Gesellschaft wird nur mehr »das jeweils umfassendste System kommunikativer Beziehungen zwischen menschlichen Erlebnissen und Handlungen, die füreinander erreichbar sind«,[230] verstanden.

Auch die *Netzwerkgesellschaft* beruht auf dem grundlegenden Gedanken einer weltweiten Konnektivität, die sich durch die neuen Kommunikations- und Informationstechnologien herstellen lässt. Die Bildung von Netzwerken resultiert aus den Verflechtun-

226 Niklas Luhmann, »Selbst-Thematisierung des Gesellschaftssystems. Über die Kategorie der Reflexion aus der Sicht der Systemtheorie«, in: ders., *Soziologische Aufklärung 2*, Opladen 1975, S. 72-102, hier S. 89.

227 Luhmann, »Die Weltgesellschaft«, S. 60.

228 Luhmann, »Selbst-Thematisierung des Gesellschaftssystems«, S. 89.

229 Niklas Luhmann, *Die Gesellschaft der Gesellschaft*, Frankfurt/M. 1997, S. 166.

230 Luhmann, »Selbst-Thematisierung des Gesellschaftssystems«, S. 83.

gen und Verbindungen von bisher unverbundenen Elementen, durch die ehemals relevante Grenzen unterlaufen oder gar aufgehoben werden. Netze trennen nicht, Netze verbinden. Aufgrund dieser Qualität tragen sie zur »Intensivierung weltweiter sozialer Beziehungen«[231] bei und erfüllen damit das grundlegende Versprechen der Globalisierung, Interaktionen über alle Grenzen hinweg zu ermöglichen – jenseits nationalstaatlicher Vorgaben und Trennlinien. Manuel Castells geht in seiner Konzeption der Netzwerkgesellschaft von der »Auflösung der Orte im Raum der Ströme«[232] aus: »Ströme von Kapital, Ströme von Informationen, Ströme von Technologie, Ströme von organisatorischer Interaktion, Ströme von Bildern, Tönen und Symbolen«[233] überwinden mühelos alle lokalen Grenzen und bilden eine neue globale Gesellschaftsstruktur, die sich von ihren territorialen Fesseln erfolgreich befreit hat.

Die raum- und grenzüberwindenden Konzeptionen der Welt- und Netzwerkgesellschaft finden in Zygmunt Baumans Diagnose der *flüchtigen Moderne*, die angeblich an die Stelle der »schwere[n] Moderne«[234] tritt, noch eine Steigerung. Bauman zufolge ist das gegenwärtige Zeitalter von einer umfassenden Verflüssigung des Sozialen gekennzeichnet: »Raum, Grund und Boden waren zentrale Obsessionen der Moderne, das Streben nach ihrem Erwerb geradezu zwanghaft – und die Bewachung der Grenzen entwickelte sich zur allgegenwärtigen, sich immer weiter verbreitenden Sucht.«[235] Damit sei es nun vorbei. Die flüchtige Moderne habe zur vollständigen »Irrelevanz des Raums«[236] geführt. In ihr herrsche das Fluide, Flüssige und Flüchtige, das sich durch keinerlei Grenze mehr aufhalten lasse. Was heute allein zähle, sei die Geschwindigkeit, die Beweglichkeit und die Flexibilität. Die Bewohner der flüssigen Moderne sind demnach keine »Landtreter«[237] mehr, sondern nomadische Subjekte, Weltenbummler, immer unterwegs, heute

231 Giddens, *Konsequenzen der Moderne*, S. 85.

232 Castells, *Das Informationszeitalter*, Bd. 1, S. 475.

233 Ebd., S. 467.

234 Bauman, *Flüchtige Moderne*, S. 136.

235 Ebd.

236 Ebd., S. 140.

237 Schmitt, *Land und Meer*, S. 7; vgl. Markus Schroer, »Land und (Daten-)Meer. Zur Besetzung von Räumen im Internet«, in: *Telepolis* (2001), ⟨https://www.heise.de/tp/features/Land-und-Daten-Meer-3452118.html⟩, letzter Zugriff 31. 08. 2021.

hier, morgen dort, sich geschmeidig an immer neue Bedingungen anpassend und dabei auf Grenzen jeglicher Art keine Rücksicht mehr nehmend.

Die Konzepte der Weltgesellschaft, der Netzwerkgesellschaft und der flüssigen Moderne sind überaus wirkmächtige Beschreibungen der Gegenwartsgesellschaften, die bis heute den soziologischen Diskurs über die gesellschaftliche Wirklichkeit prägen. Sie weisen allerdings gravierende Schwächen auf, die vor allem die behauptete wachsende Indifferenz der neuen Gesellschaftsformen gegenüber physischen Räumen und territorialen Grenzen betreffen. So ist das Konzept der *Weltgesellschaft* mit einigem Recht als »soziologische Fiktion«[238] bezeichnet worden. Dabei wird argumentiert, dass von einer bereits erfolgten Realisierung eines welteinheitlichen Gesellschaftssystems gar keine Rede sein könne, da nicht einmal die immer wieder als Paradebeispiel angeführte globale Weltwirtschaft tatsächlich weltweit agiere.[239] Deshalb ist dem Urteil zuzustimmen, dass der Begriff »der Weltgesellschaft in der Luft hängt«[240] und die Theorie funktionaler Differenzierung nicht weiterführt, da »ihr die Materialität ihres Forschungsgegenstandes zwischen den Fingern zerrinnt«.[241] Der Hinweis auf die luftige Anlage des Weltgesellschaftsbegriffs verdeutlicht, dass sich auch darin die bereits von König kritisierte Tendenz zur Bodenlosigkeit in neuen Gesellschaftstheorien weiter fortgesetzt hat und sein Aufruf zu einer Verankerung der Gesellschaftsvorstellungen in Bio- und Ökosphäre kein Gehör gefunden hat. Eine Kritik neueren Datums hält Weltgesellschaft für »eine arrogante Bezeichnung, die der kapitalistischen, auf der Technologie von fossilen Brennstoffen beruhenden Ökonomie gegeben wurde«.[242]

Auch die *Netzwerkgesellschaft* zieht hinsichtlich ihres Umgangs mit dem Grenzbegriff die berechtigte Kritik auf sich: »Wenn es

238 Gerhard Wagner, *Herausforderung Vielfalt. Plädoyer für eine kosmopolitische Soziologie*. Konstanz 1999, vgl. auch Kurt Tudyka, »Weltgesellschaft – Unbegriff und Phantom«, in: *Politische Vierteljahresschrift* 30 (1989), S. 503-508.

239 Wagner, *Herausforderung Vielfalt*, S. 33.

240 Boike Rehbein, Hermann Schwengel, *Theorien der Globalisierung*, Konstanz 2008, S. 240. Vgl. dazu auch Kap. 4.7 (S. 409), wo diesem Urteil von René König weiter nachgegangen wird.

241 Ebd., S. 241.

242 Deborah Danowski, Eduardo Vivieiros de Castro, *In welcher Welt leben? Ein Versuch über die Angst vor dem Ende*, Berlin 2019, S. 15.

auch treffend sein mag, die Konstitution gegenwärtiger Gesellschaft mit der Netzwerkmetapher zu beschreiben: Grenzen werden nicht obsolet, das territoriale Moment verschwindet nicht.«[243] Statt von einem bloßen Wegfall, ist vielmehr von einer Transformation der Grenzen auszugehen: »Lineare Grenzziehungen werden netzwerkartig umgebildet.«[244] Für die Netzwerkforschung ist jedoch bezeichnend, dass sie sich der Frage nach den Grenzen von Netzwerken erst sehr spät gewidmet hat.[245] Der Aufbau von Netzen geriet zunächst allein unter dem Gesichtspunkt in den Blick, dass damit bisher isoliert existierende Elemente miteinander verbunden werden können – unbekümmert um die Frage der unterschiedlich verteilten Möglichkeiten der Partizipation aufgrund fehlender Infrastruktur: »Das Telefon mag noch so universell verbreitet sein, wir wissen dennoch sehr genau, daß wir neben einer Telefonleitung verschmachten können, wenn wir mit ihr nicht durch einen Anschluß und einen Telefonapparat verbunden sind.«[246] Obwohl sich an diesem Zusammenhang bis heute nichts geändert hat, steckt die systematische Berücksichtigung der Infrastruktur als unverzichtbare Basis aller Kommunikationsnetzwerke erst in den Anfängen.[247] Allzu lange hat man sich allein der Faszination für die technischen Möglichkeiten grenzüberschreitender Kommunikation hingegeben.

George Ritzer hält dem Baumanschen Konzept der *flüchtigen Moderne* und der behaupteten Ablösung des Festen durch das Flüchtige bzw. Flüssige zu Recht entgegen, dass beide Aggregatzustände des Sozialen nicht einander ablösen, sondern in vielfältigen Kombinationen miteinander verbunden sind. Ihm geht es darum zu zeigen, »dass Flüssiges nie ohne feste Strukturen fließt«.[248] In Containern, Kanälen, Staudämmen, Blockaden, Sperren, Hürden

243 Stefan Kaufmann, »Grenzregimes im Zeitalter sozialer Netzwerke«, in: Helmuth Berking (Hg.), *Die Macht des Lokalen in einer Welt ohne Grenzen,* Frankfurt/M., New York 2006, S. 32-65, hier S. 36.

244 Ebd., S. 37.

245 Vgl. Roger Häußling (Hg.), *Grenzen von Netzwerken*, Wiesbaden 2009.

246 Latour, *Wir sind nie modern gewesen*, S. 156 ff.

247 Vgl. Elisabeth Heidenreich, *Fliessräume. Die Vernetzung von Natur, Raum und Gesellschaft seit dem 19. Jahrhundert*, Frankfurt/M., New York 2004, S. 24.

248 George Ritzer, »Festes in einer Welt des Flusses. Die Beständigkeit der Moderne in einer zunehmend postmodernen Welt«, in: Matthias Junge, Thomas Kron (Hg.), *Zygmunt Bauman. Soziologie zwischen Postmoderne und Ethik*, Opladen 2002, S. 51-79, hier S. 53.

und Sieben sieht er wirkungsvolle Begrenzungstechnologien am Werk, die das in Fluss Geratene »umgeben, kanalisieren, eindämmen oder gar zu blockieren suchen«.[249] Sie sorgen dafür, dass es zu keinem gänzlich ungehinderten und konturlosen Fließen kommt. Die »Festigkeit der Moderne«[250] erweist sich nach dieser Lesart als weitaus zählebiger, als die Propheten eines neuen globalen Zeitalters suggerieren; ein zentraler Hinweis, dem aus geosoziologischer Perspektive uneingeschränkt zugestimmt werden kann.

An diesen Gesellschaftskonzepten wird aus einer geosoziologischen Perspektive deutlich, dass sich ihre Vorstellungen über das Soziale keineswegs aus geographischen Kontexten lösen, sondern sich an andere Aggregatzustände binden, vom Festen ins Flüssige und Luftige wechseln und dabei auf die Idee des Meeres als von Grund auf verbindendes Element rekurrieren.[251] Das zeigt sich deutlich an den gewählten Metaphern vom *Raum der Ströme* bis zur *flüssigen Moderne*, die sich den Umstand zunutze machen, dass die Meere alle untereinander verbunden sind, die Kontinente bildenden Erdmassen dagegen nicht. Doch angesichts der vielfach behaupteten Verflüssigungstendenzen stellt sich die Frage, ob es denn tatsächlich zu keinerlei Verfestigungen mehr kommt. Da auch bei Cornelius Castoriadis vom »Fluß des Werdens« und einem »unaufhörliche[n] Fließen«[252] die Rede ist, wird auch sein Begriff des *Magmas* als Metapher für Dynamisierung und Verflüssigung gelesen: »[Ä]hnlich der Bergsonschen Kategorie des élan vital ist damit jene schöpferische, ständig pulsierende Energiemasse gemeint, die allem Gegebenen – ›Vorstellung, Natur, Bedeutung‹ – zugrunde liegt.«[253] Magma ist jedoch »ein geologischer Begriff, der […] die Masse teilweise oder vollkommen geschmolzener Silikate mit gelösten Gasen im Innern der Erde bezeichnet«.[254] Aus der Perspektive der Geosoziologie ist diese Herkunft des Magma-Begriffs als Bezeichnung für eine

249 Ebd., S. 73.

250 Ebd.

251 Vgl. Kap. 1.4.

252 Cornelius Castoriadis, *Gesellschaft als imaginäre Institution. Entwurf einer politischen Philosophie,* Frankfurt/M. 1984, S. 388, 546.

253 Axel Honneth, »Eine ontologische Rettung der Revolution. Zur Gesellschaftstheorie von Cornelius Castoriadis«, in: ders., *Die zerrissene Welt des Sozialen. Sozialphilosophische Aufsätze*, Frankfurt/M. 1990, S. 123-143, hier S. 140.

254 Susanne Lüdemann, *Metaphern der Gesellschaft. Studien zum soziologischen und politischen Imaginären*, München 2004, S. 51.

bestimmte Form von Materie ernster zu nehmen, als dies in seiner bisherigen Rezeption der Fall ist. Anders als gemeinhin angenommen, lässt sich der von Castoriadis geprägte Begriff des Magmas auch so verwenden, dass er gerade das Zusammenspiel von Festem und Flüssigem bzw. die Transformation vom Flüssigen ins Feste und umgekehrt gleichermaßen ausdrücken kann. Die Pointe der Magma-Metapher liegt dann genau darin, dass sich das aus dem Erdinneren heraustretende Magma an der Erdoberfläche in Lava verwandelt, die sich als heißer Strom über die umliegende Landschaft ergießt, bis sie schließlich erkaltet, erstarrt und dabei bestimmte Formationen kreiert, die keineswegs zu vollkommener Starrheit und Unveränderlichkeit führen müssen.[255] Wenn mit dem Begriff des Magmas tatsächlich ausgedrückt werden soll, dass »sich die geschichtlich-gesellschaftliche Welt auf einer flüssigen, keinesfalls festen und nie wirklich zu fixierenden Grundlage«[256] erhebt, so findet dabei zu wenig Berücksichtigung, dass Gesellschaften nicht auf heißem Magma im Erdinneren erbaut werden, sondern unter anderem auf erkaltetem Lavagestein. So gewendet, würde mit dem Begriff des

255 Vgl. dazu etwa auch die Beschreibungen der Stadt Catania durch René König, *Sizilien. Ein Ein Buch von Städten und Höhlen, von Fels und Lava und von der großen Freiheit des Vulkans,* München 1950, S. 43 f. und Kap. 3.4 in diesem Band. »Das ist Catania: eine Stadt unmittelbar sich aufbauend auf der Lava, die in allen Winkeln durchschlägt. Diese Stadt wurde immer wieder zerstört, und immer wieder baute sie sich auf. Zerstört von Menschenhänden [...]. Zerstört aber auch von der Erdgewalt, die [...] in einem furchtbaren Erdbeben die Stadt vollkommen zu Boden warf. [...] Es gibt hier schlechterdings keine Vergangenheit im Sinne einer aufrollbaren Zeit, schlagen doch selbst die großen Vernichtungsstöße von durch Menschenhand und Vulkan wie aus ungreifbarer Zeitlosigkeit in ein Leben herein, das durch und durch Präsenz der immerwährenden Gestaltung ist. [...] Catania überwächst sich selber beständig, ein Vorgang, für den die Lavaverschüttungen ein besseres Symbol sind als jene Überwachsungen, die sich nur aus Schmutz, Abfall und Schlacke in schleichenden Jahrhunderten herausbilden.«

256 Hans Joas, Wolfgang Knöbl (Hg.), *Sozialtheorie. Zwanzig einführende Vorlesungen*, Frankfurt/M. 2004, S. 573. Auch bei Blumenberg, *Vollzähligkeit der Sterne*, S. 535 heißt es: »Alles fließt, noch immer und erst recht. Die Menschheit treibt mit ihren Lebensräumen auf dem Magma.« In letzter Instanz vielleicht, ja. Unberücksichtigt bleibt in diesen Bildern jedoch der hartnäckige Versuch, dem ewigen Fließen ein Stück Festigkeit abzuringen, um das Maß an Stabilität zu erzeugen, das für ein Dasein von elementarer Bedeutung ist, das nicht jeden Tag alles neu verhandeln will, sondern sich auf bereits Gefestigtes stützen können muss.

Magmas die Vorstellung von der Verflüssigung des Sozialen keine zusätzliche Unterstützung bekommen, sondern einkalkuliert, dass es bei bloßer Verflüssigung nicht bleibt, es vielmehr immer wieder auch zu Verfestigungen kommt, die, bevor sie zu vollkommener Starrheit führen, sich erneut verflüssigen – gerade auch mithilfe des Imaginären, der schöpferischen Einbildungskraft, die für Castoriadis eine so zentrale Rolle spielt. Die »brodelnde Geologie«[257] wäre somit als Geburtshelferin von Gesellschaften zu verstehen, die auf der durch sie gebildeten Geographie der Erdoberfläche erbaut werden, um dem Flüssigen etwas Festes abzugewinnen.[258]

4.7 Auch posthumane Gesellschaften sind terrestrische Gesellschaften: Kein Abschied von Territorien und Grenzen

Das nicht erst heute erkennbare Defizit von Gesellschaftskonzeptionen wie der *Welt- und Netzwerkgesellschaft* oder der *flüchtigen Moderne* besteht grundsätzlich darin, Grenzen und Räume als Kategorien der Vergangenheit auszuweisen und zu verabschieden, sich aber kaum für die sich neu herausbildenden räumlichen Konfigurationen und neuen Grenzbildungsprozesse zu interessieren, die ihre Vorläufer zumeist keineswegs so restlos ablösen, wie oftmals suggeriert wird. Entgegen der vorschnellen Verabschiedungsrhetorik in solchen und anderen soziologischen Zeitdiagnosen drängt sich zudem die Persistenz bestimmter Raum- und Grenzkonstellationen auf, die es stärker zu berücksichtigen gilt, als dies gemeinhin geschieht. Nach wie vor gilt dabei die Einsicht von Maurice Halbwachs: »Doch eine Gesellschaft, auch eine Gesellschaft von Heiligen oder Philosophen, ist niemals eine des reinen Geistes: sie besitzt einen Körper, selbst wenn sie ihn verneint, sich von ihm zu lösen versucht.«[259]

Was man über die euphorische Bejahung der digitalen Gesellschaften und den verheißungsvollen Aufbruch ins Virtuelle völlig vergessen hat, ist die schlichte Tatsache, dass auch die kommunikationstechnologisch aufgerüsteten und um virtuelle Räume

257 Braudel, »Das Land«, S. 15.

258 Das Diktum Heideggers ist damit zurückzunehmen. Steine sind Weltenerschaffer par excellence! Vgl. dazu auch Dartnell, *Ursprünge*. Vgl. Kap. 2.2.

259 Maurice Halbwachs, *Soziale Morphologie*, Konstanz 2002, S. 56.

erweiterten Gesellschaften – nach wie vor und bis auf Weiteres – »Erdgesellschaften«[260] sind, die in all ihren Aktionen auf diesen Planeten und die in ihm enthaltenen Ressourcen angewiesen bleiben. Während die Weltgesellschaft als ein sich rein über kommunikative Ereignisse erhaltendes System konzipiert wird, das sich von erdräumlichen Zusammenhängen weitgehend emanzipiert hat, bleibt die *Erdgesellschaft* an die Realitäten des Bodens gebunden. Entscheidend wäre, beide Entwürfe zusammenzudenken, da sich eine Weltgesellschaft aus erdräumlichen Verhältnisse so wenig vollständig herauslösen kann wie die Welt aus der Erde: »Die Welt gründet sich auf die Erde, und Erde durchragt Welt.«[261]

Klassische Gesellschaftsbegriffe weisen noch ausdrücklich auf den räumlichen bzw. territorialen Bezug von Gesellschaften hin, der in den herkömmlichen Weltgesellschaftskonzeptionen verloren gegangen ist. So heißt es bei Theodor Geiger:

> Gesellschaft bedeutet wörtlich den Inbegriff räumlich vereint lebender oder vorübergehend auf einem Raum vereinter Personen. So ergibt es sich aus der etymologischen Herleitung des Wortes von ahd. sal = Raum, ahd. selida = Wohnung; heute noch erhalten in: nhd. »Saal«, skand. Sal = Stockwerk, russ. Ssjelo = Hof, Landsitz (vielleicht zusammenhängend mit lat. Solum = Grund und Boden). Geselle, ahd. gisellio, ist also der »Saalgenoss«. Der Zusammenhang mit der Raumvorstellung ist in den alten Bedeutungen des Wortes Gesellschaft erhalten.[262]

Insbesondere die von Durkheim konzipierte und von Marcel Mauss und Maurice Halbwachs weiter ausgebaute soziale Morphologie betont diesen Zusammenhang von Gesellschaft und Raum:

> Auch wenn eine Gesellschaft vor allem aus Vorstellungen gemacht ist, kann sie doch nicht bestehen, ihre Aufgaben nicht bewältigen, ohne daß sie sich irgendwie im Raum niederließe und ausbreitete, ohne daß sie dort ihren

260 Elias, *Über den Prozess der Zivilisation*, S. 118.

261 Martin Heidegger, *Der Ursprung des Kunstwerkes*, Stuttgart 1960, S. 46. Etwas Ähnliches hat wohl auch Latour im Blick, wenn er vom unaufkündbaren Zusammenhang von »Boden und Welt« spricht, vgl. Kap. 5.5.

262 Theodor Geiger, »Gesellschaft«, in: Alfred Vierkandt (Hg.), *Handwörterbuch der Soziologie*, Stuttgart 1982, S. 39. Doch auch später heißt es hin und wieder durchaus noch: »Gesellschaft ist zuallererst ein raumgestalterisches Ereignis.« Wolf-Dieter Narr, Alexander Schubert, *Weltökonomie. Die Misere der Politik*, Frankfurt/M. 1994, S. 261.

Sitz fände. Sie hat, in ihrer Gesamtheit und ihren Teilen, immer eine bestimmte Ausdehnung, eine Lage, Größe und Gestalt im dinglichen Raum, auf der stofflichen Erde.[263]

Die von Durkheim ausgehende und von Mauss und Halbwachs betriebene soziale Morphologie[264] zeichnet sich durch die Berücksichtigung der materiell-physischen Basis von Gesellschaften im Sinne der Geosoziologie aus. Ihr verdanken wir die zentrale Einsicht, dass der Terminus Gesellschaft nicht für eine rein abstrakte Vorstellung steht, die ausschließlich in den Köpfen der Menschen vorkommt, sondern ein durchaus konkretes Gebilde bezeichnet: »Keine Gesellschaft, die sich nicht auch in ihren räumlichen Umrissen zeigte, nicht eine Ausdehnung und materielle Unterlage hätte.«[265] Gerade ihre morphologische Struktur bestimmt die jeweilige Form einer Gesellschaft:

Je nachdem, ob die Bevölkerung mehr oder weniger umfangreich und mehr oder weniger dicht ist, je nachdem, ob sie in den Städten konzentriert oder über das Land zerstreut, je nach Bauweise der Städte und der Häuser, je nachdem, ob der von der Gesellschaft eingenommene Raum mehr oder weniger ausgedehnt ist, je nachdem, welches ihre Grenzen sind und welches die Verkehrswege, die sie durchziehen, etc., ist das soziale Substrat ein verschiedenes.[266]

Gesellschaften schreiben sich förmlich in den Raum ein, nehmen unterschiedliche Gestalt an, bleiben aber niemals eine bloße Idee:

Indem wir die Gesellschaften als nichts anderes begreifen denn als organisierte Gruppen von Menschen an bestimmten Punkten der Erdoberfläche,

263 Halbwachs, *Soziale Morphologie*, S. 72. Sie weist darin Ähnlichkeiten mit der Sozialökologie amerikanischer Prägung auf, vgl. René König, *Soziologie*, 1958, S. 264. Der räumliche Bezug ist auch in aktuellen Soziologielexika geblieben. Bei Hillmann, *Wörterbuch der Soziologie*, 2007, S. 289 findet sich der Hinweis auf einen »G.sbegriff, der sich auf das Zusammenleben der Menschen innerhalb eines räumlichen Bereichs bezieht«.

264 Vgl. Markus Schroer, »Soziale Morphologie«, in: Johannes Kopp, Anja Steinbach, *Grundbegriffe der Soziologie*, Wiesbaden 2018.

265 Halbwachs, *Soziale Morphologie*, S. 23.

266 Émile Durkheim, zitiert in Marcel Mauss, »Über den jahreszeitlichen Wechsel der Eskimogesellschaften, eine Studie zur Sozialen Morphologie«, in: ders., *Soziologie und Anthropologie, Bd. 1: Theorie der Magie/Soziale Morphologie*, Wiesbaden 2010, S. 182-278, hier S. 182.

begehen wir nicht den Fehler, sie zu betrachten, als wären sie unabhängig von ihrer territorialen Basis; es versteht sich, daß die Zusammensetzung des Bodens, sein mineralischer Reichtum, seine Fauna und seine Flora ihre Organisation beeinflussen.[267]

Die soziale Morphologie will trotz ihrer systematischen Berücksichtigung der territorialen Basis von Gesellschaften eine zu einseitige Fixierung auf den Boden, wie sie sie in der Anthropogeographie Ratzels ausmacht, durch die Berücksichtigung zusätzlicher Faktoren (moralische, rechtliche und religiöse) vermeiden. Von heute aus gesehen hat die Soziologie in der Folgezeit vor allem den zusätzlichen Faktoren ihre ganze Aufmerksamkeit gewidmet und die Berücksichtigung der territorialen Basis von Gesellschaften dabei nicht einfach nur vergessen, sondern mehr und mehr als irrelevant behandelt, was sich spätestens in unserer Gegenwart als schwerer Fehler herausstellt.[268] Die fatalen Folgen einer solchen theoriestrategischen Weichenstellung sind zwischenzeitlich jedoch auch durchaus schon einmal moniert worden. So kritisiert etwa René König zu Beginn der 1970er Jahre das mangelnde Interesse an Fragen der Demographie und sozialen Morphologie, ohne die »Gesellschaft unbegreiflich bleibt«.[269] Entgegen der Einsichten der Durkheim-Schule säßen vor allem junge Soziologen dem Irrtum auf,

daß Gesellschaften gewissermaßen in der Luft schweben, ohne die Erdoberfläche zu berühren. So redet man von gesellschaftlichen Produktionsfaktoren und ähnlichem, ohne zu bedenken, daß auch für diese ein materielles Substrat wirtschaftsgeographischer Natur angesetzt werden muß, ohne das sie gar nicht funktionsfähig sind.[270]

Um einer solch immateriellen Auffassung der Gesellschaft etwas entgegenzusetzen, wirbt er für die »Reintegration sozialer Phäno-

267 Mauss, »Über den jahreszeitlichen Wechsel der Eskimogesellschaften, eine Studie zur Sozialen Morphologie«, S. 186.

268 Vgl. Kap. 1.2.

269 René König, »Vorwort«, in: Günter Albrecht, *Soziologie der geographischen Mobilität. Zugleich ein Beitrag zur Soziologie des sozialen Wandels*, Stuttgart 1972, S. V-VIII, hier S. V.

270 Ebd., S. VI. Dieser Hinweis Königs erinnert an die auch in der Architektur zu findende Tendenz, sich von der Erde unabhängig zu machen und sich der Luft zuzuwenden, was auf parallele Entwicklungen in Gesellschaft und Architektur hinweist. Vgl. Kap. 3.3.1 und Delitz, *Architektursoziologie*.

mene in die Ökosphäre und [...] Biosphäre«.[271] König selbst hat in seinem Buch *Sizilien* den höchst bemerkenswerten Versuch unternommen, eine Gesellschaft aus ihren geographischen Gegebenheiten heraus zu begreifen. Schon der Untertitel ist im Sinne einer geosoziologischen Auffassung von Gesellschaft ebenso aufschlussreich wie bedeutsam: »Ein Buch von Städten und Höhlen, von Fels und Lava und von der großen Freiheit des Vulkans«.[272] König zeigt darin, dass die Besonderheit der sizilianischen Gesellschaft nur vor dem Hintergrund der erdräumlichen Bedingungen, vor allem des Ätnas und seiner Lavaströme, verstanden werden kann. Bemerkenswert ist dabei auch sein Verständnis von Geologie: »Geologie ist die Vorschule aller geschichtlichen Weltschau. Nur wer in die Tiefe der Erde sich zu blicken bemüht, versteht das seltsame Gewimmel an ihrer Oberfläche, denn alle Ordnungen der Erde klingen wieder in den Tiefen der Seele.«[273] Nach der Lektüre dieses Buches kann man sich nicht mehr erklären, wie in der Soziologie so sehr in Vergessenheit geraten konnte, wie abhängig eine jede Gesellschaft von Geographie und Geologie ist, davon, auf welchem Boden sie sich angesiedelt hat, über welche Naturschätze sie verfügt, welche Möglichkeiten sie aufgrund ihrer geographischen Lage hat und welche ihr verwehrt sind. Schulbildend ist das Buch wohl vor allem deshalb nicht gewesen, weil es sich als Reisebericht tarnt und man – wie von König selber beklagt – innerhalb der Gesellschaftstheorie längst Wege in die Abstraktion beschritt, die sich möglichst weit von der Berücksichtigung materieller Gegebenheiten entfernen wollten, im Sinne der gesuchten Autonomie der Soziologie und einer rein soziologischen Vorstellung vom Sozialen, unabhängig von geographischen, geologischen, biologischen oder auch psychologischen Erklärungsanteilen. Aus einer geosoziologischen Perspektive auf die Gesellschaft wären dagegen jene physischen bzw. materiellen Grundlagen wieder mit einzubeziehen, von denen die gängigen Konzeptionen abstrahieren zu können glauben, womit ihnen jedoch einige der Spezifika auch heutiger Gesellschaften entgehen, die mit ihrer geographischen Lage nicht nur am Rande zu tun haben.

271 König, »Vorwort«, S. VII.

272 König, *Sizilien*.

273 Ebd., S. 50. Eine solche Perspektive erweist sich heute wieder als höchst aktuell, vgl. Dartnell, *Ursprünge*.

Angesichts der jüngsten weltgeschichtlichen Entwicklungen werden die schon zur Hochzeit der Globalisierung artikulierten Zweifel an den weitgehend raum- und grenzenlos gedachten Gesellschaftskonzeptionen nicht eben geringer. Ein aktueller Blick auf die Weltkarte zeigt, dass von einer grenzenlosen Welt gar keine Rede sein kann. Ganz im Gegenteil sehen wir uns einer »very bordered world«[274] gegenüber, in der auch Kämpfe um Territorien keineswegs obsolet geworden sind. Der Traum von einer sich zunehmend verflechtenden und zusammenwachsenden Welt scheint – zumindest vorerst – ausgeträumt. Wer wollte der vor noch gar nicht langer Zeit publizierten Diagnose Baumans heute noch zustimmen: »Der Druck auf die Grenzen, der darauf abzielt, sie zu durchlöchern und zu demontieren, und den man gemeinhin ›Globalisierung‹ nennt, hat Wirkung gezeigt: Mit wenigen Ausnahmen, deren Anzahl rapide sinkt, stehen heute die Tore aller Gesellschaften weit offen, materiell wie intellektuell.«[275] Entgegen dieser schon zum Zeitpunkt ihrer Entstehung bemerkenswert optimistischen Einschätzung muss heute dagegen eine wahre Renaissance der Grenzen und Wiederaufrüstung von Grenzanlagen konstatiert werden. Die Liste der derzeit wieder aufgerüsteten, neu gebauten und in Planung befindlichen Grenzbefestigungen ist denkbar lang.[276] Sie reicht von der geplanten Mauer zwischen den Vereinigten Staaten und Mexiko über die Sperranlage zwischen Israel und Palästina bis hin zu den innerhalb Europas eilig errichteten Grenzzäunen als politische Antwort auf die so genannte »Flüchtlingskrise«. Das »gegenwärtige nationalstaatliche Mauerbaufieber«[277] greift offenbar um sich und droht alle Länder auf dem Planeten Erde in streng gegeneinander abgeschirmte Festungsanlagen zu verwandeln. Träfe diese Beschreibung vollends zu, hätten wir es nach einer Zeit der vor allem in den 1990er Jahren verbreiteten Diagnosen der Öffnung mit einer radikalen Umkehrbewegung zu tun, die uns eine Rück-

274 Alexander C. Diener, Joshua Hagen, *Borders. A Very Short Introduction*, Oxford 2012, S. 1.

275 Zygmunt Bauman, *Flüchtige Zeiten. Leben in der Ungewissheit*, Hamburg 2008, S. 14.

276 Vgl. Dietrich Thränhardt, »Neue Grenzen in der Globalisierung. Warum Staaten wieder Mauern bauen«, in: *INDES. Zeitschrift für Politik und Gesellschaft*, H. 4 (2012), S. 14-22; Régis Debray, *Lob der Grenzen*, Hamburg 2016.

277 Wendy Brown, *Mauern. Die neue Abschottung und der Niedergang der Souveränität*, Berlin 2018, S. 46.

kehr ins Geschlossene beschert. Zweifellos lassen sich für die These einer neuen »Abschottung«[278] eine stattliche Anzahl von Indizien anführen, die kaum von der Hand zu weisen sind: Das Wiedererstarken des Nationalismus, die Erfolge des Rechtspopulismus, die restriktive Migrationspolitik, der neue Protektionismus und die überall aus dem Boden sprießenden Zäune und Mauern sprechen eindeutig dafür. Am Ende aber könnte sich eine solche Diagnose als ebenso eindimensional erweisen wie die zahlreichen Prognosen, die uns noch vor gar nicht langer Zeit einen »Umzug ins Offene«[279] versprochen haben. Doch sowenig der Nationalstaat durch die Globalisierung tatsächlich abgelöst wurde, so wenig kehrt er nun in alter Pracht zurück, so als wären die Entwicklungen spurlos an ihm vorübergegangen. Um einer solchen auf den ersten Blick naheliegenden, letztlich aber zu kurz greifenden »Rollback-These« zu entkommen, erweist sich gerade der nüchtern analysierende Blick auf Grenzen als hilfreiches Antidot gegen verabsolutierende Trendaussagen, deren Halbwertszeit ohnehin immer kürzer zu werden scheint. Denn nur dem – medial massiv unterstützten – Anschein nach haben wir es mit einer bloßen Wiederkehr der aus Mauern und Stacheldraht errichteten Befestigungsanlagen im klassischen Gewand zu tun, die das Bild einer Rückkehr in durch streng bewachte Grenzen strikt voneinander geschiedene Nationalstaaten heraufbeschwören. Was dieses Bild letztlich erzeugt, ist der einseitige Blick auf die nationalstaatliche Grenze als Grenz*linie*, der insofern gleich mehrfach trügt, weil bei der Erschließung der vormodernen Grenzverhältnisse, beim Blick auf die netzwerkartigen globalen Strukturen und bei der heutigen Wiederkehr der Grenzbefestigungsanlagen durchgehend diese spezielle Form der Grenze als Maßstab genommen wird, die wir von der Trennung zweier Nationalstaaten in der Fläche her kennen. Nur wenn diese zum Idealbild einer Grenze erhoben wird, gab es territoriale Grenzen in vormodernen Gesellschaften noch kaum,[280] während der großen

278 Tim Marshall, *Abschottung. Die neue Macht der Mauern*, München 2018.

279 Tom Fecht, Dietmar Kamper, *Umzug ins Offene*, Wien, New York 1998.

280 Vgl. Talcott Parsons, *Gesellschaften, evolutionäre und komparative Perspektiven*, Frankfurt/M. 1975, S. 65, für den das »Fehlen der Begrenzung [...] ein wichtiges Merkmal für die Primitivität einer Gesellschaft« darstellt. Wir haben dagegen gesehen, dass vormoderne Gesellschaften ihre Territorien mithilfe der Grenzsteine sehr wohl voneinander abgrenzen.

Zeit der Nationalstaaten nahezu durchgängig, in der Ära der Globalisierung immer weniger und aktuell wieder in großem Ausmaß. Statt ein solches Auf- und Abtreten des immer gleichen Grenztyps in immer neuen gesellschaftlichen Formationen zu rekonstruieren, gilt es vielmehr, den Wandel der Grenzen und der Grenzauffassungen selbst stärker ins Auge zu fassen, als dies zumeist der Fall ist. Die Phänomenologie von Grenzen erweist sich dabei als überaus reichhaltig. Nimmt man diese in den Blick, erweisen sich die Anzeichen einer bloßen Wiederkehr der nationalstaatlichen Grenzarchitektur als zumindest trügerisch. Denn die aktuellen Grenzanlagen bestehen aus der Akkumulation von sowohl alten und neuen, harten ebenso wie weichen Kontroll- und Überwachungstechnologien, also aus Mauern, Zäunen, Stacheldrahtrollen und Wachtürmen ebenso wie aus Drohnen, Hubschraubern, Wärmebildkameras und Nachtsichtgeräten. Hinzu kommen Pässe, Visa, Gesundheitszertifikate, Zoll- und Finanzbeamte, Gesundheits- und Einwanderungsbehörden. Kurz: Es kommt alles zum Einsatz, was die Menschen im Laufe des gesellschaftlichen Werdens an Begrenzungstechnologien erfunden haben – *mixed borders with mixed materials* gewissermaßen. Durch die Mischung aus sichtbaren und unsichtbaren, diskursiven und nichtdiskursiven Elementen lässt sich die Grenze in ihrer aktuellen Form treffend als »Raumdispositiv«[281] oder auch als »Grenzregime«[282] beschreiben.

Was beim Nachdenken über Grenzen zumeist außen vor bleibt, sind die vielfältigen Rollen der Tiere, die aus dem Phänomen Grenze und dem gesamten Grenzgeschehen kaum wegzudenken sind. Sie können *erstens* zu Assistenten der menschlichen Grenzschützer gemacht werden. So wird etwa an eigens dafür geschulte Hunde die Aufgabe delegiert, illegale Grenzübertritte von Waren und Menschen zu verhindern. Wie schon zu Beginn der Sesshaftwerdung und der Domestizierung der Tiere werden sie auch in diesem Fall zur Kooperation gezwungen und für die Interessen von Menschen gezielt eingesetzt. Ist der Hund entsprechend abgerichtet, nimmt er das Aufspüren von Drogen ebenso auf wie die Suche nach Flüchtenden. Diese Funktion wiederholt sich bei der Sicherung nicht nur

281 William Walters, »Mapping Schengenland«, in: Marianne Piper (Hg.), *Biopolitik – in der Debatte,* Wiesbaden 2011, S. 305-337, hier S. 322.

282 Sven Opitz, »Grenzregime«, in: Werner Fuchs-Heinritz u. a. (Hg.), *Lexikon zur Soziologie,* Wiesbaden 2011, S. 259.

staatlicher, sondern auch privater Territorien. So werden Hunde massenhaft gehalten, um das unbefugte Betreten von Privatgelände durch laustarkes Bellen anzuzeigen und gegebenenfalls auch zu unterbinden sowie den Zugang zu Privathäusern zu erschweren. Oftmals befinden sich entsprechende Warnhinweise bereits am Toreingang der Grundstücke, der als Grenze fungiert. *Zweitens* werden Tiere wie etwa Wildschweine, Damhirsche und Rehe zu Opfern von Grenzzäunen, die ihr angestammtes Territorium durchschneiden und ihre gewohnten Wanderungen durch das Gelände plötzlich verhindern. Insbesondere dann, wenn die Zäune mit Stacheldraht versehen sind, verletzen sich viele Tiere an den Drahtspitzen schwer.[283] Die Verletzungen und das Verenden der Tiere werden als Kollateralschäden der von Menschen gegen andere Menschen errichteten Grenzanlagen hingenommen. *Drittens* wird die Einfuhr von Tieren an staatlichen Grenzen streng kontrolliert, da in jedem Land bestimmte Einfuhrbestimmungen gelten. Daneben werden viele Tiere auch illegal über die Grenzen geschmuggelt. *Viertens* werden Grenzen gezielt gegen Tiere errichtet. Berühmt sind etwa die mehrere tausend Kilometer langen Zäune, mit denen sich die australische Bevölkerung gegen die im 19. Jahrhundert aus Großbritannien eingeführten Kaninchen und Füchse zu schützen versucht, die sich aufgrund nicht vorhandener Feinde in einem Ausmaß verbreiten konnten, das sie zu einer Bedrohung für das Weide- und Ackerland sowie die einheimischen Tiere hat werden lassen, die bis heute andauert.[284] Am 2. Dezember 2019 wurde in Dänemark der 70 Kilometer lange Wildschweinzaun entlang der Grenze zu Schleswig-Holstein fertiggestellt, der vor der afrikanischen Schweinepest schützen soll.[285] Wie in allen anderen Fällen, so ist auch der Erfolg dieses gegen Tiere errichteten Grenzzauns umstritten.

283 Vgl. dazu Robert Peters u. a., »Nature Divided, Scientists United: US-Mexico Border Wall Threatens Biodiversity and Binational Conservation«, in: *BioScience*, Volume 68 (2018), Issue 10, S. 740-743, ⟨https://academic.oup.com/bioscience/article/68/10/740/5057517⟩, letzter Zugriff 25. 08. 2021. John D.C. Linnell u. a., »Border Security Fencing and Wildlife: The End of the Transboundary Paradigm in Eurasia?«, in: *Plos Biology* 14 (2016) ⟨https://journals.plos.org/plosbiology/article?id=10.1371/journal.pbio.1002483⟩, letzter Zugriff 25. 08. 2021.

284 Vgl. dazu Diamond, *Kollaps. Warum Gesellschaften überleben oder untergehen*, S. 484 f.

285 Vgl. dazu ⟨https://www.tagesschau.de/ausland/wildschweinzaun-105.html⟩, letzter Zugriff 03. 08. 2021.

Alle vier Formen des Grenzaufbaus und der Grenzkontrollen unterstreichen den Akteurstatus der Tiere. Diese werden nicht nur selbst zu bestimmten Aktivitäten motiviert, sondern veranlassen auch ihrerseits Menschen zu bestimmten Handlungen und setzen bestimmte Vorgänge und Geschehnisse in Gang. Nimmt man die zahlreichen kilometerlangen Zäune zur Abwehr von Tieren zu den auf der ganzen Welt neu errichteten Grenzen hinzu, verstärkt sich der Eindruck eines Trends zunehmender Abschottung noch zusätzlich. Sieht man vom letzten Beispiel ab, ist im Gegensatz zum naheliegenden Befund eines martialischen Aufbaus von Grenzbefestigungsanlagen zur Verwirklichung einer totalen Abschottung jedoch vielmehr die Perfektionierung der Grenze als Selektionsinstrument das Ziel der massiven Aufrüstung ausgefeilter Grenzapparaturen.[286] Entgegen dem äußeren Anschein sollen die hoch technologisierten Grenzarchitekturen nicht für die lückenlose Abdichtung der Grenzen, sondern für einen geregelten Grenzverkehr sorgen und damit die genuine Funktion der Grenze als Instrument der Selektion erfüllen. Denn die Bestrebungen gehen offenbar grundsätzlich dahin, allen unerwünschten Migrationen mit Schließung und allen erwünschten mit Öffnung der Grenzen begegnen zu können, den Zustrom von Waren und Personen also nicht grundsätzlich zu unterbinden, sondern zu kanalisieren und zu filtern. Die Souveränität eines Staates wird in Zukunft wohl mehr denn je daran festgemacht werden, ob er zu einem solchen Sortierungsvorgang auf der Höhe der technologischen Möglichkeiten in der Lage ist oder nicht. Allerdings geht es nicht nur um die vom Staat gezogenen territorialen, sondern auch um die von anderen sozialen Einheiten gezogenen Grenzen. Nicht nur jeder Staat, auch jede Stadt, jede Organisation, jede soziale Gruppe und jedes Individuum zieht Grenzen und steckt damit Räume ab, die von den einen betreten werden dürfen und von den anderen nicht. Dabei geht es um die Aneignung und Besetzung von Territorien – von den »Territorien des Selbst«[287] über städtische Areale bis zu staatlichen Territorien.[288] Wer Kämpfe um Territorien für ein vormodernes oder gar nur der Tierwelt vorbehaltenes, zumindest aber für ein die freischwebenden Netze

286 Vgl. Markus Schroer, »Grenzen – ihre Dissemination und Diversifizierung«, in: ders., *Räume der Gesellschaft. Soziologische Studien*, Wiesbaden 2019, S. 257-265.

287 Goffman, *Das Individuum im öffentlichen Austausch*, S. 54.

288 Vgl. Kap. 4.4.

der Weltgesellschaft in ihrer Selbstgenügsamkeit nicht tangierendes Phänomen gehalten hat, wird zur Kenntnis nehmen müssen, dass wir es auch weiterhin und offenbar mit zunehmender Intensität mit der Besetzung und Verteidigung von Territorien zu tun haben, bei dem es nicht um das einmalige Ziehen und Festlegen von Grenzen geht, sondern um sich permanent vollziehende Grenzpraktiken und den immer neuen Kampf um die Errichtung und den Verlauf von Grenzen. Durch die posthumane Erweiterung der Gesellschaft um nichtmenschliche Lebewesen wird der Aushandlungsaufwand und das Konfliktpotential aller Wahrscheinlichkeit nach nicht geringer, sondern höher ausfallen als bisher schon, sodass wir es auch immer wieder mit Grenzziehungen, Grenzkonflikten und Grenzüberschreitungen zu tun haben werden, die eine Antwort auf die »*neue geo-soziale Frage*«[289] zu geben versuchen, wer mit wem auf welchem Stück Erde bereit ist zusammenzuleben.

289 Latour, *Das terrestrische Manifest*, S. 76.

5. Geoverhältnisse und Geopraktiken: Geopolitik, Geoökonomie, Geodäsie, Weltraumfahrt und Gaia

> »So wie niemand von uns außerhalb oder jenseits der Geographie steht, so ist niemand von uns vollständig frei vom Kampf um die Geographie. Dieser Kampf ist komplex und lehrreich, weil er nicht nur um und mit Soldaten und Kanonen geführt wird, sondern auch um und mit Ideen, Formen, Bildern und Imaginationen.«[1]

5.1 Die Erde einnehmen, aufteilen und verteidigen: Geopolitik, Territorialität und Landnahme

Schon lange bevor sich zu Beginn des 20. Jahrhunderts der Begriff der Geopolitik zu etablieren begann,[2] hat man über den engen Zusammenhang von Raum und Politik nachgedacht, der auch die Grundlage des geopolitischen Paradigmas bildet. So weist etwa schon Aristoteles einzelnen Herrschaftsformen für diese typische Raumrepräsentationen zu.[3] Daran knüpft Friedrich Ratzel an, wenn er betont, dass »jedes politische Gebilde die Verbindung mit dem Boden sucht«.[4] In ähnlicher Weise liegt auch Maurice Halbwachs' »Politischer Morphologie«[5] die Überzeugung zugrunde, dass ein »politisches Gemeinwesen [...] sich offenbar sehr viel enger an räumliche Gegebenheiten anschmiegt als eine religiöse Ord-

1 Edward W. Said, *Kultur und Imperialismus. Einbildungskraft und Politik im Zeitalter der Macht*, Frankfurt/M. 1994, S. 41.

2 Zum Konzept der Geopolitik und ihrer Geschichte vgl. grundsätzlich Rudolf Kjellén, *Der Staat als Lebensform*, Leipzig 1917. Eine frühe kritische Auseinandersetzung findet sich bei Karl A. Wittfogel, »Geopolitik, Geographischer Materialismus und Marxismus I, II und III«, in: *Unter dem Banner des Marxismus* 3 (1929), H. 1, 4 und 5, S. 17-51, 485-522, 698-735; Rainer Sprengel, *Kritik der Geopolitik. Ein deutscher Diskurs 1914-1944*, Berlin 1996. Zu einem literaturwissenschaftlichen Blick auf die Geopolitik vgl. Niels Werber, *Geopolitik zur Einführung*, Hamburg 2014, der auch in aktuellen massenkulturellen Produkten aufschlussreiche geopolitische Aspekte entdeckt.

3 Vgl. Aristoteles, *Politik*, München 1996, S. 235; vgl. Schroer, *Räume, Orte, Grenzen*, S. 185-226.

4 Friedrich Ratzel, *Politische Geographie*, München, Berlin 1923, S. 17.

5 Halbwachs, *Soziale Morphologie*, S. 34 ff.

nung«.[6] Im Blick hat er dabei zwar vor allem die materiellen Formen des physischen Raumes, die Gebäude, Straßen und Plätze, die der jeweiligen politischen Herrschaft ihr spezifisches Antlitz verleihen. Doch immer wieder sind es auch die geographischen Gegebenheiten, die in Halbwachs' Überlegungen eine Rolle spielen: »Nach und nach weitet sich die Rechtsordnung auf das gesamte Land aus. Und doch entziehen sich viele Gebiete noch lange ihrem Einfluß, bleiben mehr oder weniger unzugänglich: unbewohnte oder kaum besiedelte Landstriche, große Wälder, Höhenzüge, einsame Küsten, die Elendsviertel der großen Städte.«[7]

Die Etablierung einer politischen und rechtlichen Ordnung stößt also auf Hindernisse und Widerstände der Erdoberfläche sowie menschlicher Siedlungsräume, die eine flächendeckende Verbreitung der Ordnung stiftenden Regularien verhindern bzw. erschweren.

Das Konzept der Geopolitik, das sich auch aus der von Friedrich Ratzel begründeten »Politischen Geographie«[8] heraus entwickelt, ohne mit dieser identisch zu sein, geht über den bloßen Nachweis einer erdräumlichen Basis und eines räumlichen Ausdrucks des Politischen jedoch hinaus. Im Mittelpunkt der geopolitischen Literatur insgesamt steht der Staat und dessen strategische Überlegungen im Hinblick auf seine geographische Lage sowie die sich daraus ergebenden politischen und ökonomischen Möglichkeiten: »Das, was man als Geopolitik bezeichnet, behandelt im wesentlichen die Machtrivalitäten um bestimmte Territorien zwecks Kontrolle über die hier befindlichen Menschen und Ressourcen.«[9] Dabei ist grundsätzlich zu unterscheiden zwischen der Geopolitik als einer Form des politischen Denkens und Handelns von Staaten und anderen Akteuren einerseits und einer wissenschaftlichen Form der Beobachtung des geopolitischen Geschehens andererseits. Die Diskreditierung des Begriffs nach 1945[10] hat vor allem damit zu tun, dass von einer solchen Trennung in vielen geopolitischen Beiträgen

6 Ebd., S. 34.

7 Ebd., S. 40.

8 Ratzel, *Politische Geographie.*

9 Yves Lacoste, *Geographie und politisches Handeln. Perspektiven einer neuen Geopolitik*, Berlin 1990, S. 32.

10 Vgl. Werner Köster, *Die Rede über den »Raum«. Zur semantischen Karriere eines Konzepts*, Heidelberg 2002; Karl Schlögel, *Im Raum lesen wir die Zeit. Über Zivilisationsgeschichte und Geopolitik*, Frankfurt/M. 2006, S. 52.

keine Rede sein konnte, aus der wissenschaftlichen Arbeit vielmehr unverdeckt politische Handlungsempfehlungen abgeleitet wurden, wenn nicht gar umgekehrt für die geopolitischen Bestrebungen vermeintlich wissenschaftliche Ergebnisse zur Legitimation derselben herhalten mussten. Namentlich geht es dabei vor allem um die Nähe des Geographen Karl Haushofer zum Nationalsozialismus, Haushofers Arbeiten haben Adolf Hitlers Expansionspolitik offenbar intensiv zugearbeit. Das Konzept der Geopolitik und der von ihr forcierte Begriff des Lebensraums ist so eng mit nationalsozialistischem Gedankengut verbunden, dass nicht nur die Rede über Geopolitik, sondern die »Rede über den Raum« insgesamt nach 1945 in Misskredit geraten ist.[11] Es hat lange gedauert, bis man sich wieder mit Raum beschäftigen konnte, ohne umgehend dem Vorwurf ausgesetzt zu sein, rechtsnationales Gedankengut zu verbreiten. Sosehr das Nachdenken über Raum inzwischen erfolgreich aus dem Schatten nationalsozialistischer Ideologie herausgetreten ist, so sehr hängt dem Konzept der Geopolitik noch immer etwas Anrüchiges an.[12] Insbesondere in Deutschland hat sich das Nachdenken über Raum und Politik im Sinne der Geopolitik lange schlicht verboten, sodass man den Zeitpunkt fast versäumt hat, an dem es nötig war, wieder verstärkt über sie nachzudenken. Inzwischen jedoch drängt sich die »Geographisierung des politischen Denkens«[13] derart auf, dass dem Versuch von Yves Lacoste, »die Vergangenheit des Begriffs ›Geopolitik‹ abzuschütteln und ihn in einer Form auszuweiten, die sich kritisch befragen ließe«,[14] Unterstützung sicher sein sollte. Die weltpolitischen Ereignisse zeigen längst, dass in geopolitischen Zusammenhängen nach wie vor gedacht wird und dass ein Ignorieren des geopolitischen Faktors eine Verkennung der politischen Lage nach sich ziehen und nicht ohne Folgen bleiben würde.[15]

11 Vgl. Mechthild Rössler, »Vorwort«, in: Yves Lacoste, *Geographie und politisches Handeln. Perspektiven einer neuen Geopolitik*, Berlin 1990, S. 7-11. In Kapitel 2.1 haben wir gesehen, dass der Begriff des Lebensraums keineswegs allein aus diesem Umkreis stammt.

12 Vgl. Mathias Albert, Paul Reuber, Günter Wolkersdorfer, »Kritische Geopolitik«, in: Siegfried Schieder, Manuela Spindler (Hg.), *Theorien der Internationalen Beziehungen*, Opladen, Farmington Hills 2006, S. 527-551.

13 Rössler, »Vorwort«, S. 10.

14 Ebd.

15 Vgl. Markus Schroer, »Grenzen in einer entgrenzten Welt«, in: *Berliner Republik. Das Debattenmagazin*, H. 6 (2014), S. 22-24.

Die Geopolitik in früheren Zeiten beinhaltete stets den Kampf um bestimmte Territorien, Areale und Gebiete auf der Erde. Dieser Kampf ist keineswegs ad acta gelegt.[16] Noch immer dreht sich ein großer Teil der heutigen politischen Konflikte durchaus um territoriale Fragen bzw. strittige Gebietsansprüche, auch wenn dies eine ganze Zeit lang verleugnet und verdrängt und diese Verdrängung für fortschrittlich gehalten wurde:

Die Geopolitik berücksichtigt die Machtverhältnisse in dem Maße, wie diese *territorial* bedingt sind, was sehr häufig der Fall ist, da ja die Kontrolle (bzw. der Besitz) des Territoriums ein Mittel darstellt, auf die Menschen und Ressourcen, die sich hier befinden, Macht oder Einfluß auszuüben. Gemeint sind damit nicht nur zwischenstaatliche Rivalitäten, die sich um Räume von ganz erheblichen Ausmaßen drehen können, sondern auch Konkurrenzen zwischen anderen Formen von politischen Kräften, bei denen es unter Umständen um Territorien von relativ kleinen Dimensionen geht, im Extremfall sogar um Konflikte innerhalb ein und derselben Stadt.[17]

Insbesondere aus einer soziologischen Perspektive ist Geopolitik nicht auf staatliches Handeln zu reduzieren:

Geopolitik [...] umfasst nicht nur die Welt ordnenden Strategien, die von Seiten derjenigen an den Tag gelegt werden, die die Sprache der ›klassischen Geopolitik‹ sprechen. Sie kommt vielmehr vom Klassenzimmer bis zum Kanzleramt auf unzähligen Ebenen zum Tragen und umfasst auch all jene ganz ›alltäglichen‹ Strategien, im Rahmen derer die vermeintlich natürliche internationale Ordnung immer wieder aufs Neue unhinterfragt (re-)produziert wird.[18]

Von fundamentaler Bedeutung für das Nachdenken über erdräumliche Zusammenhänge im Hinblick auf Politik und Recht ist nach wie vor das Werk von Carl Schmitt, dem ebenso bedeutenden wie

16 Vgl. Schroer, *Räume, Orte, Grenzen,* S. 186, 220.

17 Lacoste, *Geographie und politisches Handeln*, S. 29. Man kann das sogar noch kleinräumiger denken, gerade dann, wenn man soziologisch und nicht politikwissenschaftlich argumentiert. Dann geraten nicht nur staatliche Akteure und ihre Auseinandersetzungen um Grenzverläufe und Territorien in den Blick, vgl. dazu Kap. 4.4.

18 Julia Lossau, »Politische Geographie und Geopolitik. Bemerkungen zu einem (un-)bestimmbaren Verhältnis«, in: *Erdkunde*, Bd. 56 (2002), H. 1, S. 73-80, hier S. 78.

umstrittenen Staats- und Völkerrechtler des 20. Jahrhunderts. Er hat wie kaum ein anderer die Konstitution von Politik und Recht auf die Erde bezogen. Schmitt zerlegt das Wort *Nomos*, das zumeist mit Gesetz oder auch mit Sitte bzw. Gewohnheit übersetzt werde, in drei elementare »Vorgänge«,[19] mit deren näherer Bestimmung er nichts weniger im Sinn hat, als die Fächerspezialisierungen in Rechts-, Wirtschafts- und Sozialwissenschaften zu unterlaufen, deren Gemeinsamkeit darin bestehe, dass sie sich alle mit »Fragen des menschlichen Zusammenlebens«[20] auseinandersetzen. Die drei *Vorgänge* Nehmen, Teilen und Weiden können in unserem Sinne auch als Geopraktiken aufgefasst werden, denn sie beziehen sich wie alle Praktiken auf »ein Tun«,[21] das sich in allen drei Fällen auf die Erde bezieht. Im ersten Fall geht es um das Nehmen eines Landes, im zweiten um das Teilen, womit der Anteil an bestimmten Lebensgütern, etwa einem »Stück Erde«,[22] gemeint ist, und im dritten um das Weiden, das Schmitt mit »Wirtschaften, Nutzen, Produzieren«[23] gleichsetzt. Alle drei Vorgänge zusammengenommen ziehen sich Schmitt zufolge durch die gesamte bisherige Geschichte hindurch und bilden die Basis einer jeden rechtlichen, wirtschaftlichen und sozialen Ordnung. Nicht die – sich wiederholenden – Praktiken selbst, sondern die Reihenfolge ihrer Anwendung bestimmt Schmitt dabei als Problem. Über Jahrtausende hinweg, bis zur Industriellen Revolution im 18. Jahrhundert, sei unumstritten das Nehmen von Land als Grund und Boden das primäre Tun gewesen. Erst an diese »Landnahme«[24] schlossen sich die weiteren Aktivitäten

19 Carl Schmitt, »Nehmen/Teilen/Weiden (1953)«, in: ders., *Verfassungsrechtliche Aufsätze aus den Jahren 1924-1954. Materialien zu einer Verfassungslehre*, Berlin 1973, S. 492.
20 Ebd., S. 489.
21 Ebd., S. 490.
22 Ebd., S. 491.
23 Ebd., S. 492.
24 Ebd., S. 493. Der Begriff ist zwar kaum ohne Rekurs auf Schmitt behandelbar, wird aber in der Soziologie inzwischen auch ohne Bezugnahme auf ihn benutzt, vgl. etwa Klaus Dörre, »Die neue Landnahme. Dynamiken und Grenzen des Finanzkapitalismus«, in: ders., Stephan Lessenich, Hartmut Rosa, *Soziologie, Kapitalismus, Kritik. Eine Debatte*, Frankfurt/M. 2009, S. 21-86. Stattdessen wird auf Hannah Arendt rekurriert. Dabei wird übersehen, dass sich gerade Arendt in ihren Überlegungen immer wieder auf Schmitt bezieht, wie Friedrich Balke in *Der Staat nach seinem Ende. Die Versuchung Carl Schmitts*, München 1996, S. 331 ff. plausibel nachweist.

der Teilung und Bewirtschaftung an: »Alle bekannten und berühmten Landnahmen der Geschichte, alle großen Eroberungen, wie sie in Kriegen und Okkupationen, in Kolonisierungen, Völkerwanderungen und Entdeckungen vor sich gegangen sind, bestätigen den fundamentalen Vorrang des Nehmens vor dem Teilen und dem Weiden.«[25] Dagegen behandeln Sozialismus und Liberalismus nach Schmitt ausschließlich das Verteilen und Produzieren, während sie die Notwendigkeit des Nehmens ignorieren, weil sie es moralisch ablehnen und damit so tun, als sei das Nehmen ein abgeschlossenes Kapitel der Geschichte, was Schmitt für einen großen Irrtum hält. Für ihn ist und bleibt die Landnahme die Voraussetzung für alle weiteren Schritte.[26] Dabei weist er ausdrücklich darauf hin, dass man das euphemistisch benannte »Zeitalter der Entdeckungen« ebenso zutreffend auch als »Zeitalter der europäischen Landnahme bezeichnen kann«.[27] Beschönigungen realpolitischer Machtpolitik sind von ihm nicht zu erwarten. Sie würden der Sache auch nicht gerecht:

> Die Geschichte der Völker mit ihren Wanderungen, Kolonisierungen und Eroberungen ist eine Geschichte der Landnahme. Diese ist entweder eine Nahme freien, d. h. bisher herrenlosen Bodens, oder die Eroberung fremden, dem bisherigen Inhaber unter Rechtstiteln des außenpolitischen Krieges genommenen oder mit Methoden innerpolitischer Ächtung, Entrechtung und Verwirkung neu verteilten Bodens.[28]

Statt bloß Entdeckungen zu machen, kämpfen die Portugiesen, Spanier, Holländer und Engländer untereinander erbittert um die Aufteilung der neu eroberten Erdteile. Die »Rechte der Eingeborenen und einheimischen Bevölkerung an ihrem eigenen Boden«[29] seien

25 Schmitt, »Nehmen/Teilen/Weiden«, S. 493.

26 »Bevor ein solcher Staat das Sozialprodukt verteilt oder umverteilt, muß er es nehmen, sei es durch Steuern und Abgaben, sei es durch Verteilung oder Arbeitsplätze, sei es durch Geldentwertung oder auf andere direkte oder indirekte Weise.« Schmitt, »Nehmen/Teilen/Weiden«, S. 503.

27 Schmitt, *Land und Meer*, S. 75.

28 Schmitt, »Nehmen/Teilen/Weiden«, S. 493. Ähnlich beschreibt Hans Freyer diesen Vorgang: »Das Land wird bewußt in Besitz genommen, aufgeteilt und mit Grenzen abgesteckt, die verteidigt werden können. Da es zumeist einen Vorbesitzer hatte, wird es sogar in einem sehr aktiven Sinne genommen, nämlich diesem abgenommen.« Freyer, *Schwellen der Zeiten*, S. 58.

29 Schmitt, *Land und Meer*, S. 76.

dabei von keiner der europäischen Mächte geachtet worden. Da es sich bei den kämpfenden Parteien um einerseits katholisch und andererseits protestantisch geprägte Länder handelt, entwickelte sich der »Kampf um die Landnahme der neuen Erde«[30] nach Schmitt zu einem »Weltkampf zwischen Katholizismus und Protestantismus«[31] und damit zu einem »Religionskrieg«.[32] Doch bei der Landnahme blieb es nicht. Während das Land unter einigen souveränen Staaten nach und nach aufgeteilt wird, bemächtigen sich die Engländer in einem Akt der »Seenahme«[33] zunehmend auch des Meeres: »Eine kleine Insel am nordwestlichen Rande Europas war zum Mittelpunkt eines Weltreiches geworden, indem sie sich vom festen Lande abwandte und für die See entschied. In einer rein maritimen Existenz fand sie die Mittel einer über die ganze Erde verstreuten Weltherrschaft.«[34] Durch die britischen Bestrebungen einer über die Landnahme hinausgehenden Seenahme kommt es für Schmitt zur »ersten planetarischen Raumordnung [...], deren Wesen in der Trennung von Land und Meer liegt. Das feste Land gehört jetzt einem Dutzend souveräner Staaten, das Meer gehört niemand oder allen oder in Wirklichkeit schließlich nur einem: England.«[35]

Doch die Geschichte der Nahmen enden damit noch immer nicht. Sichtet man die heutigen Aktivitäten des *Land Grabbing* so hat sich am elementaren Akt der Landnahme kaum etwas geändert.[36] Es gibt keine ein für alle Mal aufgeteilte Welt, in der Nahmen nicht mehr möglich wären, vielmehr tragen sich fortwährend neue Landnahmen aufgrund ungeklärter oder ignorierter Besitzstände zu. Auch die Seenahme erfährt eine Fortsetzung. Das Meer verbleibt nicht in der Obhut der Engländer, sondern wird inzwischen von vielen Nationen einzunehmen versucht, was sich jedoch nur in gewissen Grenzen als realisierbar erweist: »Die See ist ein unruhiger Raum, der zum größten Teil der Kontrolle der Staaten entzogen ist, ein gefahrvoller, freier und unregulierter Bereich.«[37]

30 Ebd., S. 78.
31 Ebd., S. 79.
32 Ebd.
33 Ebd., S. 86.
34 Ebd., S. 89.
35 Ebd., S. 86.
36 Vgl. Kap. 5.2.
37 Urry, *Grenzenloser Profit*, S. 164.

Doch die Bestrebungen von Staaten, auch über das Meer zu herrschen, nehmen seit einigen Jahren so stark zu, dass inzwischen von einer *Ocean Governance* ebenso die Rede ist wie von der *Geopolitik der Tiefsee*:[38]

Grundsätzlich genießen Staaten in ihrem Küstenmeer (bis zu zwölf Seemeilen ab der eigenen Küste) alleinige Verfügungsrechte. In der sich anschließenden ausschließlichen Wirtschaftszone (200 Seemeilen ab der eigenen Küste) fallen den jeweiligen Staaten ebenfalls viele Nutzungsrechte und Sorgfaltspflichten zu, während die Nutzung des Meeres jenseits dieser Gebiete – in der Hohen See – allen Staaten freigestellt ist. [39]

Erst 1945 kam es durch den amerikanischen Präsidenten Harry Truman (1884-1972) zum Startschuss für die Festlegung von Nutzungsrechten des Meeres. Nachdem er den Anspruch der USA auf alle natürlichen Ressourcen des vom Meer bedeckten Bereichs ihres Kontinents, des Festlandsockels, erklärt hatte, zogen zahlreiche Staaten nach, um ähnliche Ansprüche geltend zu machen: »So beanspruchten 1973 schließlich über 60 Staaten eine Zone von jeweils zwölf Seemeilen um die eigene Küste, 15 Staaten eine Zone zwischen vier und zehn Seemeilen und einige wenige Staaten wie Island erhoben gar Anspruch auf eine 200-Seemeilen-Zone.«[40] Vorausgegangen war diesen angemeldeten Besitzansprüchen auf Teile des Meeres eine mehrere Jahrhunderte andauernde Phase, in der dem Vorschlag des niederländischen Philosophen und Rechtsgelehrten Hugo Grotius (1583-1645) zur freien Nutzung der Meere gefolgt worden war – eingeschränkt allein durch die heute recht bizarr anmutende Idee des niederländischen Rechtsgelehrten Cornelis van Bynkershoek (1673–1743): »Demnach sollte eine Nation Hoheitsrechte über den Teil des Küstenmeeres beanspruchen kön-

38 Aletta Mondré, Annegret Kuhn, »Ocean Governance«, in: *Aus Politik und Zeitgeschichte* 67 (2017), H. 51-52, S. 4-9; John Hannigan, *The Geopolitics of Deep Oceans*, New York 2016.

39 Vgl. Mondré, Kuhn, »Ocean Governance«, S. 4. Vgl. auch Kurt-Peter Merk, »Das Rechtsregime der Meere. Verschwendung, Raubbau und Piratenfischerei«, in: Peter Cornelius Mayer-Tasch (Hg.), *Meer ohne Fische? Profit und Welternährung*, Frankfurt/M., New York 2007, S. 125-145.

40 Ulrike Kronfeld-Goharani, »Blauer Reichtum in Gefahr. Der Schutz der Tiefsee vor neuen Herausforderungen«, in: *Aus Politik und Zeitgeschichte* 67 (2017), H. 51-52, S. 23-28, hier S. 26.

nen, den sie mit der Reichweite von Kanonenkugeln – damals etwa drei Seemeilen – verteidigen konnte.«[41] Angesichts steigender Bedarfe und zurückgehender Fischgründe kam es jedoch schon bald zu einer ganzen Reihe von seerechtlichen Auseinandersetzungen und Konflikten. Vor dem Hintergrund immer weiter schrumpfender Fischbestände und knapper werdender Ressourcen wird um die Nutzung der See als Nahrungsreservoir und Raum wertvoller Bodenschätze auch weiterhin hart gerungen. In einem der jüngsten Fälle heißt es beispielsweise: »Die Regierung in Athen wirft dem Nachbarn etwa vor, in Gewässern der ausschließlichen Wirtschaftszone Griechenlands illegal nach Erdgas zu forschen. Ankara argumentiert, die erkundeten Zonen gehörten zum türkischen Festlandsockel und die Türkei habe ein Recht auf Ausbeutung der Bodenschätze.«[42] Es ist sehr wahrscheinlich, dass die oft ohnehin fragilen Beziehungen zwischen einzelnen Staaten durch die Verteidigung ihrer »Hoheitsgewässer« in Zukunft von weiteren Konflikten geprägt sein werden.

Mit dem Übergang des Maschinenzeitalters in das »Zeitalter der Elektrotechnik und Elektrodynamik«[43] wird nach Schmitt eine »zweite neue Raumrevolution«[44] eingeleitet, die das Ende der Teilung von Land und Meer herbeiführt, auf der der bisherige *Nomos der Erde* beruhte. Doch statt darin nur Zerstörung und Untergang zu erblicken, sieht Schmitt einen neuen »Nomos unseres Planeten«[45] im Entstehen begriffen, der auf der Eroberung der »*Luft* als ein neuer Elementarbereich menschlicher Existenz«[46] beruht. Für ihn setzen sich die Land- und Seenahmen früherer Dekaden in der *Luftnahme* fort.[47] Unabhängig von den Schwierigkeiten einer

41 Ebd.

42 ⟨https://www.spiegel.de/politik/ausland/tuerkei-und-griechenland-aussenminister-treffen-eskaliert-vor-der-presse-a-05dc5aca-d520-446f-85c5-8d183aecf027⟩, letzter Zugriff 15.07 2021.

43 Schmitt, *Land und Meer*, S. 103.

44 Ebd.

45 Ebd., S. 107.

46 Ebd., S. 105.

47 Für Schmitt ist die gesamte Weltgeschichte »eine Geschichte des Fortschritts – oder vielleicht auch nur des Wandels – in den Mitteln und Methoden der Nahme: von der Landnahme nomadischer und agrarisch-feudaler Zeiten zur Seenahme des 16./17. Jahrhunderts, über die Industrienahme des industriell-technischen Zeitalters und seine Unterscheidung in entwickelte und unentwickelte Gebiete

Aufteilung und Besetzung der Meere und der Luft werden auch diese Räume von Staaten zu markieren und einzunehmen versucht und als zu ihrem Territorium gehörig angesehen:

> Heute scheint es allerdings bereits denkbar, daß die Luft das Meer und vielleicht sogar auch noch die Erde frißt und daß die Menschen ihren Planeten in eine Kombination aus Rohstofflager und Flugzeugträger verwandeln. Dann werden neue Freundschaftslinien gezogen, jenseits deren die Atom- und Wasserstoffbomben fallen. Trotzdem hegen wir noch die Hoffnung, daß es gelingt, das Sinnreich der Erde zu finden, und daß es die Friedfertigen sein werden, die das Erdreich besitzen.[48]

Schmitt hat noch miterlebt, wie sich die Nahme auch in den Weltraum verlagert.[49] Was er dagegen nicht mehr erlebt hat, ist, dass die Dynamik der Nahmen sich auch in einem neu geschaffenen elektronischen Raum, dem Cyberspace, fortsetzen sollte. Nach einer anfänglichen Phase, in der Netzpioniere über die freie Betret- und Nutzbarkeit des neu erschaffenen Raums philosophierten, hat sich dieser sukzessive in einen von Grenzen und Hürden durchzogenen Raum verwandelt, wie wir ihn heute kennen.[50] Verfolgt man die verschiedenen Nahmen durch die Geschichte hindurch, so scheint es beinahe so, als würde die Praxis der Nahme sich immer neue Räume schaffen, um weiterhin stattfinden zu können. Die von Schmitt beschriebenen Nahmen sind eng verbunden mit dem Konzept der Geopolitik.

Die nach 1945 einsetzende Verbannung der Geopolitik aus dem Begriffsarsenal des politischen Denkens hat auch zur nun schon mehrfach nachgezeichneten Verabschiedung erdräumlicher Zusammenhänge aus dem sozialwissenschaftlichen Denken wesent-

bis schließlich zur Luft- und Raum-Nahme der Gegenwart«. Schmitt, »Nehmen/Teilen/Weiden«, S. 503, Fn. 3.

48 Schmitt, *Der Nomos der Erde im Völkerrecht des Jus Publicum Europaeum*, S. 20.

49 »Im Verteilungskampf über die Weiderechte der Erde bleibt der imperiale Drang und drängt hinaus in den Luft- und Weltraum, wie Schmitt den in den fünfziger Jahren einsetzenden Wettlauf zwischen Ost und West um die Eroberung des Weltraums deutet, der 1969 mit dem Hissen der amerikansichen Flagge auf dem Mond seinen Höhepunkt fand.« Reinhard Mehring, *Carl Schmitt zur Einführung*, Hamburg 1992, S. 133. Vgl. Kap. 5.3.

50 Vgl. Markus Schroer, »Land und (Daten-)Meer. Zur Besetzung von Räumen im Internet«, in: *Telepolis* (2001), ⟨https://www.heise.de/tp/features/Land-und-Daten-Meer-3452118.html⟩, letzter Zugriff 29. 06. 2021.

lich beigetragen. Über der berechtigten Kritik an prominenten Vertretern der Geopolitik, die sich zur Legitimation der expansionistischen Gebietsansprüche der Nationalsozialisten verleiten ließen, hat man die geographischen Einflüsse auf die Politik und den Kampf um Territorien als Teil politischer Machtbestrebungen fälschlicherweise gleich grundsätzlich verleugnet und als überwundenes Kapitel der Geschichte behandelt:

Spätestens seit dem Irakkrieg des Jahres 2003 ist jedoch klar, dass geopolitisches Denken und Handeln weder eine Erfindung der Nationalsozialisten war noch dass heute keine Geopolitik mehr betrieben würde. Vielmehr haben die USA vor allem mit dem Ziel in den Irak interveniert, ihre geostrategische Position zu verbessern, auch wenn es ›offiziell‹ um die Absetzung des Diktators und die Vernichtung von Massenvernichtungswaffen ging. Zu eindeutig ist der amerikanische Ressourcengewinn der Rohölförderung.[51]

An diesem Beispiel lässt sich nicht nur das Fortleben der Geopolitik, sondern auch die enge Verbindung zwischen Wirtschaft und Politik illustrieren, geht es bei diesem Vorgehen der USA doch auch um die – im nächsten Kapitel zu behandelnde – *Geoökonomie*. Da die Geopolitik als politisches Konzept keineswegs von der Bildfläche verschwunden ist, gilt es, auch sie wissenschaftlich zu analysieren im Sinne einer *kritischen Geopolitik*. Edgar Morin fordert deshalb:

Eine neue Geopolitik ist nötig. Die Geopolitik des Planeten würde nicht auf die Interessen der Nationen und Reiche konzentriert, sondern dezentriert und den assoziativen Imperativen untergeordnet sein; sie würde nicht Gebiete strategischen und wirtschaftlichen Einflusses schaffen, sondern kooperative Bindeglieder zwischen einzelnen Bereichen. Sie könnte sich nur durchsetzen, indem sie die vielfachen Wege der Annäherung zu einer gemeinsamen Ausrichtung bringt.[52]

In der klassischen Geopolitik ging es um die Aufteilung der Erdoberfläche, den Kampf um Territorien zwischen Staaten. In der

51 Rüdiger Voigt, »Großraum-Denken. Carl Schmitts Kategorie der Großraumordnung in der Diskussion«, in: ders. (Hg.), *Großraum-Denken. Carl Schmitts Kategorie der Großraumordnung*, Stuttgart 2008, S. 11-23, hier S. 13. Auch der Fall der Mauer ließ sich bereits als Teil »*geopolitischer* Umwälzungen von weltweiter Bedeutung«, Lacoste, *Geographie und politisches Handeln*, S. 13, verstehen.

52 Morin, *Heimatland Erde*, S. 135. Anthony Giddens spricht von der Geopolitik des Klimawandels, vgl. ders., *The Politics of Climate Change*, Cambridge, Malden 2009, S. 203-226.

neuen Geopolitik würde es um den Kampf um die Erhaltung der Erde als Lebensraum gehen. Da die neue Geopolitik die alte jedoch nicht ablöst, weil auch diese weiterhin existiert, möchte ich die von Morin anvisierte neue Geopolitik zur besseren Differenzierung als *Terrapolitik* bezeichnen. In ihr steht nicht die konflikthafte Eroberung und Aufteilung der Erde auf dem Programm, sondern die Maßnahmen zur Rettung der Erde als Planet.[53] Beide Kämpfe überschneiden sich insofern, als es auch bei den Rettungsmaßnahmen nicht um eine gemeinsame Anstrengung eines Kollektivs namens Menschheit geht, sondern um einen von einigen gegen andere geführten Kampf.[54]

Es geht auch weiterhin um die Eroberung geographischer Räume, die Erschließung zentraler Zugänge zu strategisch wichtigen Regionen und Orten, die Erweiterung der Einflussnahme auf andere Länder und ihre Regierungen, aber eben auch um den Kampf um die Aufteilung der Lebensräume auf der Erdoberfläche. Terrapolitik löst die Geopolitik keinesfalls ab, die vielmehr weiterhin Bestand hat:

> Wir müssen also die Frage der Geopolitik erneut stellen und uns im Klaren darüber sein, dass eine Macht im Eigentlichen etwas ist, das *statt*hat. Eine Regierung, die wie die unsrige ihr Verhältnis zur Geopolitik leugnet und der Virtualität der Börsenströme die Priorität einräumt, ist eine Regierung am Ende, fatal, und sie wird verschwinden und kann nur ins Chaos führen. Man muss also die Globalisierung auf der Ebene der Gebiete der Erde neu erfinden. Hier wird die Frage der ›letzten Grenze‹ wesentlich. Die Allgegenwart, die Ströme, Schwertransporte, Meereskultur, Ökologie, das Verhältnis zur Zeit und zum *tempo* – all das stellt erneut die Frage der Geopolitik.[55]

53 Vgl. Kap. 6.

54 Vgl. Kap. 6.3.

55 Virilio, *Die Küste, letzte Grenze*, S. 45.

5.1.1 Geo-Kriege, Geo-Terror und die anhaltende Bedeutung der Geographie

In der allgemeinen Ausrichtung der Geschichtsschreibung an zeitlichen Abläufen unter Vernachlässigung räumlicher Kategorien[56] ist auch die geographische und materielle Dimension des Krieges oftmals in den Hintergrund gerückt. Doch die genaue Kenntnis geographischer Gegebenheiten war für die Planung und Durchführung eines Krieges schon immer unerlässlich und werden es wohl auch weiterhin bleiben, denn bisher gibt es kaum Anhaltspunkte dafür, dass sich Kriege komplett in den Cyberspace verlagern werden. Vielmehr spricht vieles dafür, dass sich das Kriegsgeschehen in den virtuellen Raum ausdehnt, mit dem geographischen Raum aber eng verbunden bleibt. In den strategischen Erwägungen des Militärs spielt die Geographie des jeweiligen Einsatzgebietes von jeher eine herausragende Rolle. Vor jeder militärischen Aktion steht der Versuch, sich mithilfe von Karten und Kundschaftern, Drohnen und Satellitenaufnahmen einen möglichst genauen Überblick über das jeweilige Einsatzgebiet zu verschaffen. Schon Carl von Clausewitz (1780-1831), der preußische General und Kriegstheoretiker, thematisiert in seiner berühmten Schrift *Vom Kriege* die physischen Gegebenheiten und ihren Einfluss auf den Krieg ausgiebig. Sowohl im Hinblick auf die Verteidigung als auch auf den Angriff werden die besonderen Herausforderungen verschiedener Geländearten – Ebene, Gebirge, Flussübergänge, Wälder usw. – diskutiert. Seiner Ansicht nach »haben Gegend und Boden eine sehr nahe und nie fehlende Beziehung zur kriegerischen Tätigkeit, nämlich einen sehr entscheidenden Einfluß auf das Gefecht, sowohl was seinen Verlauf selbst als seine Vorbereitung und Benutzung betrifft«.[57] Daran hat sich seither wenig geändert:

> Bis heute bestimmt ›die Lage‹ sämtliche Strategie- und Taktikanalysen des Militärs. Über die wissenschaftliche Methodik der ›Lagebeurteilung‹ versucht das Militär, unter Zuhilfenahme moderner Technologie das oftmals als überlegen erachtete Wissen von Gegnern wettzumachen, die mit den lokalen Gegebenheiten vertraut sind.[58]

56 Zur Kritik und Überwindung dieser einseitigen Betrachtung von Geschichte vgl. Schögel, *Im Raume lesen wir die Zeit.*

57 Carl von Clausewitz, *Vom Kriege,* Berlin 1998, S. 359.

58 Conrad Schetter, Benedikt Korf, »Nachwort. Zur Geographie des Krieges«,

Doch die Geographie spielt nicht nur als Schauplatz von Kriegen eine entscheidende Rolle. Alexander Kluge und Oskar Negt machen auf eine weitere Beziehung zwischen Krieg und Geographie aufmerksam. Die Bildunterschrift zu einer der zahlreichen Abbildungen in ihrem gemeinsam verfassten Buch *Geschichte und Eigensinn* lautet: »Ein Granat-Trichter. Auf seinem Rand zwei Soldaten. Der Soldat sagt: ›Wir machen nicht nur Geschichte, wir machen auch Geographie.‹«[59] Nicht um die Berücksichtigung der Geographie als Bedingung für den geplanten kriegerischen Einsatz, sondern um die massiven Eingriffe in die Struktur der Erdoberfläche durch moderne Waffengewalt geht es hier. Tatsächlich werden durch Kriege komplette Landschaften umgekrempelt. Bomben und Granaten reißen gewaltige Krater in den Boden, Brücken werden gesprengt, Häuser zerstört, Wälder abgeholzt, Felder in Brand gesetzt. Zu Verteidigungszwecken werden Erdwälle aufgeworfen und Erdfestungen errichtet – solche Erdarbeiten sind Teil des klassischen Soldatenhandwerks. Aus den Schützengräben heraus erfolgen die Angriffe auf die feindlichen Stellungen. Jeder Krieg zwischen zwei oder mehr verfeindeten Parteien scheint somit nicht nur *auf* der Erde stattzufinden und Gebietseroberungen zum Ziel zu haben, sondern immer auch *gegen* die Erde geführt zu werden. Im 20. Jahrhundert wird die Kriegstaktik der »verbrannten Erde«[60] entwickelt, bei der eine Armee die gesamte Infrastruktur des Feindes zerstören soll, wozu neben Fabriken, Wohnhäusern und anderen Gebäuden vor allem die Transport- und Verkehrswege, also die Straßen, Gleise und Brücken gehören. Ganze Dörfer und Städte werden ›dem Erdboden gleichgemacht‹.

In unserer Zeit wird mitunter der Eindruck erweckt, als hät-

in: dies. (Hg.), *Geographien der Gewalt. Kriege, Konflikte und die Ordnung des Raumes im 21. Jahrhundert*, Stuttgart 2015, S. 230-240, hier S. 230.

59 Oskar Negt, Alexander Kluge, *Geschichte und Eigensinn*, Frankfurt/M. 1981, S. 354. Das durchgehende Interesse am Eigensinn teilt das Werk Kluges mit dem von Hans Magnus Enzensberger, vgl. dazu Markus Schroer, »Gesellschaft und Eigensinn. Hans Magnus Enzensbergers literarische Soziologie«, in: Dirk von Petersdorff (Hg.), *Hans Magnus Enzensberger und die Ideengeschichte der Bundesrepublik*, Heidelberg 2010, S. 9-36.

60 Die auch heute noch Anwendung findet, vgl. Benedikt Korf, »Zur Politischen Ökologie der Gewalt«, in: ders., Conrad Schetter, *Geographien der Gewalt. Kriege, Konflikte und die Ordnung des Raumes im 21. Jahrhundert*, Stuttgart 2015, S. 72-92, hier S. 86.

ten sich Kriege komplett in das Internet verlagert und als würden sie heute vor allem online geführt, so als ginge es inzwischen ausschließlich um Datenmanipulation und Informationsgewinnung. Doch die Cyberattacken richten sich auch auf die Sabotage der materiellen Infrastruktur wie etwa der Strom- und Wasserversorgung, die im Erfolgsfall ein ganzes Land stilllegen kann, so dass der angerichtete Schaden also nicht im Netz verbleibt, sondern konkrete materielle Folgen hat. Der von Achille Mbembe so genannte »infrastrukturelle Krieg«[61] richtet sich gegen all das, »was der Zivilgesellschaft dient: [...] Straßen, Stromtrassen, Flughäfen, Krankenhäusern und anderen Notwendigkeiten«.[62] All diese neuralgischen Punkte der Infrastruktur einer Gesellschaft können entweder direkt oder übers Internet angegriffen werden, da ihre Steuerung und Kontrolle überwiegend digital erfolgt. Auch die Aktivitäten von Terroristen sind darauf ausgerichtet, ihren Feind »*von innen* anzugreifen«.[63] Ziel ist der möglichst unauffällige Aufenthalt auf dessen Staatsgebiet, um zu gegebener Zeit losschlagen zu können.

Dieser infrastrukturellen Kriegführung ist die »ökologische Kriegführung« als weitere zentrale Form postmoderner Kriegführung an die Seite zu stellen:

Man muß sich tatsächlich auf die Geographie beziehen, um das zu charakterisieren, was jetzt ökologische Kriegführung genannt wird, denn es handelt sich nicht allein darum, durch verschiedene Mittel die Vegetation zu zerstören, die physikalische Verfassung und die chemische Zusammensetzung der Böden zu verwandeln (durch die Auswirkungen von Kraterisierung), die Einleitung von neuen Erosionsvorgängen zu bewirken, sondern auch darum, gewisse hydrographische Netze zu zerstören und die Tiefe der wasserhaltigen Schichten zu ändern, um die Brunnen trockenzulegen, wolkenbruchartige Regenfälle hervorzurufen, in bestimmten Gebieten das Netzwerk von Deichen zu zerstören, das die wesentliche Existenzbedingung der Bevölkerung ist, schließlich und vor allem die räumliche Aufteilung der Besiedlung radikal zu verwandeln.[64]

61 Achille Mbembe, »Nekropolitik«, in: Andreas Folkers, Thomas Lemke (Hg.), *Biopolitik. Ein Reader,* Berlin 2014, S. 228-273.

62 Braidotti, *Posthumanismus,* S. 126.

63 Heidenreich, *Sakrale Geographie,* S. 10.

64 Yves Lacoste, »Die Geographie (1973)«, in: Stephan Günzel (Hg.), *Texte zur Theorie des Raums,* Stuttgart 2013, S. 256-260, hier S. 259.

Infrastrukturelle und ökologische Kriegführung zusammengenommen zeigen, dass es auch auf dem Sektor des Krieges kein Ende der Geographie zu vermelden gibt. Die Zerstörung der ökologischen Grundlagen und der Infrastruktur einer Gesellschaft ist als Mittel der Kriegführung sicher keine Erfindung unserer Tage. Zweifellos gibt es für beide Formen der Kriegsführung historische Vorbilder (Brunnenvergiftung, Brückensprengung), sodass in beiden Fällen nicht von gänzlich neuen Kriegsmethoden gesprochen werden kann. Aber es zeigt sich, dass trotz der enormen technischen Aufrüstung der Akteure des Krieges und des Terrors mit allem, was die technologische Entwicklung hergibt, die geographischen Gegebenheiten und die materielle Basis eines Landes für das Kriegsgeschehen an Bedeutung keineswegs verloren haben. Ich bezeichne sie deshalb als *Geo-Kriege* und *Geo-Terror*, weil sich die Aktionen von Kriegsparteien und Terrorgruppen auch weiterhin an den jeweiligen geographischen Bedingungen eines Landes ausrichten müssen und die Zerstörung von Ressourcen der Erde und auf ihr erbauten Gebäuden der Infrastruktur zum Ziel haben: Erdölfelder werden in Brand gesetzt,[65] Wasser- und Stromversorgung unterbrochen, Böden verunreinigt, Bombenattentate auf Flughäfen und Untergrundbahnen ausgeübt und repräsentative Orte, die den verhassten Lebensstil des Westens symbolisieren, zerstört.

Die für den militärischen Bereich gesammelten Geodaten dienen auch heute kaum einem anderen Zweck, als über die geographischen Verhältnisse immer präzisere Auskunft zu erlangen, um die ins Visier genommenen Ziele noch exakter anvisieren und zerstören zu können. *Wo* exakt sich etwa die Atomforschungsanlagen eines Landes befinden, ist eine Information von unschätzbarem Wert, wenn es darum geht, diese auszuschalten. Deshalb wird von einzelnen Ländern viel Aufwand betrieben, um die ensprechenden Standorte auf dem digitalen und frei zugänglichen Kartenmaterial (Google Earth, Google Maps) unkenntlich zu machen. Trotz des Hinzutretens technischer Räume als Kriegsschauplätze und Orte der Vorbereitung von Anschlägen und kriegerischen Interventionen bleibt die Beschaffenheit des geographischen Raums sowohl für kriegführende Parteien als auch für Terrororganisationen eine entscheidende Größe. Elisabeth Heidenreich untersucht folgerich-

65 Vgl. dazu die eindrücklichen Bilder im Film *Lektionen in Finsternis* (D/F/GB 1992, R: Werner Herzog).

tig die »sakrale Geographie des globalen Dschihad, die gleichzeitig auch seine irdische Geopolitik definiert«.[66] Obwohl dieser vor allem auch in technischen Räumen ausgetragen wird, gilt gleichwohl:

> Nichts findet im Nirgendwo statt, alles geschieht irgendwo, auch der Krieg, auch der heilige. Dieses Wo ist keine zu vernachlässigende Größe, sondern ermöglicht überhaupt erst das Geschehen, befreit und begrenzt es zugleich im physischen Raum und gibt ihm seinen spezifischen Charakter. Der neuzeitliche Staatenkrieg findet auf einem Schlachtfeld im wörtlichen Sinn statt, er benötigt ein weites Gelände, auf dem die Truppen aufmarschieren und sich bekriegen können. Im Gebirge wäre es nicht möglich, genauso wie der Partisanenkrieg nicht auf einer weiten Ebene geführt werden kann. Er braucht Berge, natürliche oder städtische Steinmassen, Schutzräume und deren Zivilbevölkerung, die den Kämpfer unsichtbar machen und aus denen heraus er angreift.[67]

Unwegsames Gelände und unzugängliche Gebirge bieten nach wie vor strategisch wichtige Rückzugsorte. In Afghanistan haben gleich zwei Supermächte – die ehemalige Sowjetunion und die USA – nicht zuletzt vor diesen geographischen Verhältnissen kapitulieren müssen.

Schon diese wenigen Hinweise auf die anhaltende Bedeutung des physischen Raums für Krieg und Terror zeigen, dass es keine komplette Verlagerung in den virtuellen Raum gibt. Auch in diesem Fall tritt nicht das eine an die Stelle des anderen. Das Alte wird nicht durch das Neue abgelöst und damit obsolet. Vielmehr tritt das Neue zum Alten hinzu und geht eine spannungsreiche Verbindung mit diesem ein. Die neuen digitalen Möglichkeiten ersetzen kaum etwas, erweitern und modifizieren jedoch althergebrachte Formen der Kommunikation. Ein geradezu ikonisch gewordenes Bild dafür ist der Kontroll- und Operationsraum, wie er etwa aus der US-amerikanischen Erfolgsserie *Homeland* (USA 2011-2020), aber auch aus unzähligen weiteren Film- und Fernsehproduktionen nicht mehr wegzudenken ist. In diesem Fall geht es um die ins Paranoide kippende Terrorbekämpfung der USA seit 9/11, bei der auch »›gezielte Tötungen‹ Teil einer neuen militarisierten Geografie werden, die den ganzen Globus umspannt«.[68] Von der technologisch hoch aufgerüsteten Kommandozentrale aus werden die Operationen in der

66 Heidenreich, *Sakrale Geographie*, S. 8.

67 Ebd.

68 Eyal Weizman, *Sperrzonen. Israels Architektur der Besetzung*, Hamburg 2008, S. 17.

realen, physisch beschwerlichen Welt unternommen und so lange live am Bildschirm mitvollzogen, wie die Satelliten und Drohnen entsprechende Bilder liefern können, was hin und wieder, etwa wegen Wettereinflüssen,[69] nicht so durchgehend perfekt gelingt wie gewollt. Wenn auch dramatologisch verkürzt, wird in solchen und vergleichbaren Produktionen die enge Verbindung von realer und virtueller Welt, Boden und Bild, Analogem und Digitalem zutreffend veranschaulicht. Der ausschließliche Blick auf die durch den Einsatz von Computern und Satelliten ermöglichten Bilder der realen Geschehnisse an weit enfernten Orten auf der Erdkugel und deren visuelle Ähnlichkeit mit der Welt der Computerspiele, deren Verlauf mit Joysticks gesteuert wird, nährt die Illusion eines rein virtuellen Geschehens. Der Einsatz von Drohnen verstärkt diesen Effekt:

> Drohnen erledigen die schmutzige Arbeit der Überwachung und des Tötens aus der Ferne. Sie werden gewöhnlich von ›Bildschirm-Piloten‹ bedient, die auf ›heimatlichem‹ Gebiet sitzen und häufig in ›Pilotenanzüge‹ gekleidet sind. Tatsächlich agieren diese Drohnen-Piloten überlicherweise in der Nähe ihrer Wohnorte und ihrer Familien. Die ›Piloten‹, die als Kinder mit Videospielen aufgewachsen sind, in denen es darum ging, möglichst viele ›Feinde‹ zu töten, können nun auch in Wirklichkeit ein ihnen zugewiesenes Einsatzgebiet überwachen und dort feindliche Kämpfer töten und zwischendurch nach Hause fahren, um sich mit einem Bier zu erfrischen.[70]

Wer geglaubt hatte, Kämpfe um Territorien gehörten der Vergangenheit an, sieht sich gründlich getäuscht. Hätten Räume und die Verfügung über sie keine Relevanz mehr, würden sie wohl kaum in solch großem Ausmaß zerstört werden. Doch genau dies geschieht immer wieder, überall auf der Erde. Wer wollte mit Blick auf die aktuellen Krisenherde dieser Welt behaupten, dass der Satz »Städte zu erobern, bedeutet offenkundig einen eigentümlichen pathetischen Triumph«[71] keine Gültigkeit mehr hätte? Spätestens seit 9/11 wissen wir vielmehr, wie sehr zutrifft, dass »die Emotionalisierbarkeit ihrer Gefährdetheit […] Teil der neuen städtischen Realität«[72] ist. Insbesondere Städte bilden »nicht nur den Hintergund oder die Umge-

69 Vgl. Kap. 1.4.

70 Urry, *Grenzenloser Profit*, S. 144f. Der Film *Good Kill* (USA 2014, R: Andrew Niccol) liefert eine exakte cineastische Umsetzung dieser Beschreibung.

71 Popitz, *Der Aufbruch in die artifizielle Gesellschaft*, S. 119.

72 Ebd., S. 120.

bung für Krieg und Terror. Vielmehr waren ihre Gebäude, Anlagen und Institutionen, ihre Industrien und ihre Infrastrukturen, ihre kulturelle Vielfalt und symbolischen Bedeutungen explizite Ziele für eine große Zahl bewusst ausgeführter Angriffe.«[73] Der Stadtgeograf Stephen Graham moniert zu Recht, dass diese räumliche Dimension organisierter politischer Gewalt von den einseitig auf zeitliche Abläufe ausgerichteten Historiker:innen ebensowenig thematisiert worden sei wie von den Sozialwissenschaftler:innen, für die die massive Zerstörung der Städte in so krassem Widerspruch zur Modernisierungserzählung vom wachsendem Fortschritt steht, dass sie sich um die Ausleuchtung dieser »Schattenseite der städtischen Moderne«[74] nie bemüht hätten. Folgt man diesen Spuren bis in die Gegenwart, so wird klar, dass der Krieg sich ebensowenig wie der Terror komplett in den virtuellen Raum verlagert haben. Vielmehr werden wir in regelmäßigen Abständen Zeugen der Zerstörung, die sich gegen räumliche Artefakte, Gebäude und Plätze ebenso richtet wie gegen die Ökosysteme, während die Verluste unter der Zivilbevölkerung als angeblich unvermeidbare »Kollateralschäden« in Kauf genommen werden. Ein anschauliches Beispiel dafür liefert Palästina:

> Was in Palästina auffällt, ist die Gewalt gegen das Land, gegen das Territorium. Ruinen, so weit das Auge reicht, verwüstete Hügel, abgeholzte Bäume. Zerfetzte Landschaften. […] [H]ier geht es um die Zerstörung der Orte: Wälder, Hügel, Straßen – das ganze Land wird systematisch entstellt. Die Geografie, so heißt es, diene zuallererst der Kriegführung. Die Kriegführung in Palästina jedenfalls dient nicht zuletzt der Zerstörung von Geografie.[75]

Die Zerstörung der Städte erfolgt dabei so systematisch, dass inzwischen – in Anlehnung an den Genozid – vom »Urbizid«, also vom gezielten »Städtemord«, die Rede ist.[76]

73 Stephen Graham, »Postmortem City. Plädoyer für eine Geopolitik des Urbanen«, in: *Informationen zur modernen Stadtgeschichte* 2 (2004), S. 54-71.

74 Ebd., S. 60. Um diese Forschungslücke zu schließen, setzt sich Graham für »eine spezifisch geopolitische Stadtforschung und eine städtische Geopolitik« ein (ebd.).

75 Christian Salmon, »Du sollst nicht wohnen«, in: *Le Monde diplomatique* 17.05.2002, ⟨https://monde-diplomatique.de/artikel/!1109978⟩, letzter Zugriff 25.06.2021.

76 Vgl. dazu Graham, »Postmortem City. Plädoyer für eine Geopolitik des Urba-

Aus einer geosoziologischen Perspektive muss über diese Berücksichtigung der Geographie als räumliche Bedingung und Ziel von Krieg und Terror auch das Thema Krieg und Klima bzw. Wetter Berücksichtigung finden. Der Militärhistoriker Martin van Creveld hat darauf hingewiesen, dass es keine systematische Untersuchung über den Einfluss des Klimas und Wetters auf den Krieg und umgekehrt gibt, obwohl er doch offensichtlich sei:

> Wer siegen will, muss die klimatischen Verhältnisse in anderen Ländern genau studieren und Kleidung, Verpflegung, medizinische Versorgung, Logistik, Transport, Quartiere etc. entsprechend anpassen. Wer sich leichtfertig über das Klima hinwegsetzt oder seine Auswirkungen falsch einschätzt, riskiert eine Niederlage, wenn nicht die komplette Vernichtung seiner Streitkräfte.[77]

Berühmt sind die Niederlagen der Streitkräfte Napoleons und Hitlers aufgrund der Fehlkalkulation der klimatischen Bedingungen bei ihren Eroberungsfeldzügen in Russland. Auch die modernsten Mittel der Kriegsführung haben sich von der Abhängigkeit von Klima und Wetter nicht vollständig befreien können, weshalb es schon die verschiedensten Versuche der Wettermanipulation gegeben hat, um sich einen strategischen Vorteil zu verschaffen.[78] Heute stehen uns jedoch weniger Klima und Wetter als zentrale Beeinflussungsfaktoren als die durch den Klimawandel ausgelösten Kriege vor Augen, wenn wir über den Zusammenhang von Krieg und Klima nachdenken. Harald Welzer etwa postuliert »einen direkten Zusammenhang von Klimawandel und Krieg«.[79] Für ihn ist der Sudan »der erste Fall eines kriegsgeschüttelten Landes, für den als sicher gilt, dass Klimaveränderungen eine Ursache für Gewalt und Bürgerkrieg

nen«, S. 66; Martin Coward, »Urbicide in Bosnia«, in: Stephen Graham (Hg.), *Cities, War and Terrorism. Towards an Urban Geopolitics*, Oxford 2004, S. 154-171; ders., *Urbicide. The Politics of Destruction*, London/New York 2009. Eyal Weizman zeichnet in seiner vorzüglichen Studie *Sperrzonen. Israels Architektur der Besatzung* systematisch und kleinteilig nach, wie sehr Architektur und Landschaftsgestaltung in den Dienst der Besatzung der palästinensischen Gebiete durch die israelische Regierung gestellt wurden.

77 Martin van Creveld, »Klima, Wetter, Krieg«, in: Petra Ludz (Hg.), *Das Wetter, der Mensch und sein Klima,* Göttingen 2008, S. 67-71, hier S. 68.

78 Vgl. Kap. 1.6.

79 Harald Welzer, *Klimakriege. Wofür im 21. Jahrhundert getötet wird*, Frankfurt/M. 2010, S. 25.

bilden«.[80] Zwar ist diese These umstritten, doch für die Geosoziologie ist zunächst einmal nicht entscheidend, gravierende Klimaveränderungen als alleinige Ursache für Kriege anzusehen, sondern dass Klimafaktoren und geographische Gegebenheiten bei der Untersuchung von Kriegen und ihren Ursachen überhaupt Berücksichtigung finden.

Wie in anderen Fällen auch, wird auch bei der Kriegsthematik zudem bisher kaum berücksichtigt, was aus einer geosoziologischen Perspektive ebenfalls in den Fokus der Aufmerksamkeit gehört: Der Einsatz von Tieren. Kriege werden nur selten ohne den Einsatz von Tieren geführt. Über die große Anzahl von Pferden hinaus wurden auch Elefanten, Hunde, Tauben, Esel, Maultiere, Lamas, Kamele, Delfine und viele weitere Tiere bereits in Kriegen eingesetzt. Für die meisten von ihnen steht dabei ihr Einsatz als Reit- und Lasttier im Vordergrund. So wurden sie etwa dafür verwendet, Verpflegung, Kriegsgerät und Soldaten an die Front zu befördern. Darüber hinaus wurden viele Tiere auch darauf dressiert, Botschaften zu übersenden oder Minen aufzuspüren. Außerdem dienten sie als Wächter, Sanitäter oder lebende Bomben. Die Forschungsversuche dazu, wie noch weitere Tiere für den Kriegseinsatz manipuliert werden können, dauern an.[81] In einer postanthropozentrischen Perspektive stellt sich die Aufgabe, den Anteil verschiedener Tiere am Kriegsgeschehen systematisch zu erfassen.

5.2 Die Erde ausbeuten: Geoökonomie, Land Grabbing und Kapitalozän

»Die Erde ist zu klein für den Fortschritt, sie ist zu klein für den augenblicklichen Profit.«[82]

Vieles davon, was den Menschen im Laufe der Zeit zum geologischen Faktor macht, kann als direkte Folge seiner ökonomischen Tätigkeiten angesehen werden. Der menschliche Körper braucht

80 Ebd., S. 24.

81 ⟨https://www.br.de/nachrichten/wissen/tiere-im-krieg,ReW4rAx⟩, letzter Zugriff 25. 08. 2021; ⟨https://www.spiegel.de/fotostrecke/tiere-im-krieg-von-soldatenbaeren-und-minenratten-fotostrecke-161130.html⟩, letzter Zugriff 25. 08. 2021.

82 Paul Virilio, *Die Verwaltung der Angst,* Wien 2011, S 68.

schon zur Deckung seines eigenen Energiebedarfs ein bestimmtes Maß an Nahrung, das spätestens mit dem Ende der Jäger- und Sammlergesellschaften nicht mehr allein durch den Zugriff auf Vorhandenes gedeckt werden kann, sondern durch körperliche Anstrengung der Erde mühsam abgerungen werden muss. Da lebenswichtige Rohstoffe nicht einfach zur Nutzung bereitliegen, sondern sich unterhalb der Erdoberfläche befinden, müssen die Menschen nach ihnen graben, bohren und baggern, was sie im Laufe der Geschichte mit zunehmender Intensität auch tun. Die Nutzung und Ausbeutung der natürlichen Ressourcen (Boden, Luft, Wasser) und der aufwändige Abbau von Rohstoffen wie Aluminium, Eisen, Kohle, Kupfer, Nickel, Quarz, Uran, Zink usw. dienen der Produktion von Gütern und Waren und – da weit über den eigenen Bedarf hinaus gefördert wird – dem Handel mit diesen. Das vielfältige und umfassende »Anzapfen der Erde«[83] entsteht demnach aus der Notwendigkeit der Selbsterhaltung des eigenen Lebens. Für Sombart wird mit dem Begriff Wirtschaft

jene Aufgabe des Menschen bezeichnet, die ihm bei der Vertreibung aus dem Paradiese auferlegt wurde: im Schweiße seines Angesichts sein Brot zu essen, das heißt in beständigem Ringen mit den Naturgewalten, in beständiger Spannung zwischen Bedürftigkeit und Befriedigtheit, zwischen ›Bedarf und Deckung‹ den wesentlichen Teil seines Lebens zu verbringen.[84]

Demnach kann der Mensch sich nicht anders als durch Arbeit am Leben erhalten. Das wird vor allem auch von Marx so gesehen:

Die Arbeit ist zunächst ein Prozeß zwischen Mensch und Natur, ein Prozeß, worin der Mensch seinen Stoffwechsel mit der Natur durch seine eigene Tat vermittelt, regelt und kontrolliert. Er tritt dem Naturstoff selbst als eine Naturmacht gegenüber. Die seiner Leiblichkeit angehörigen Naturkräfte, Arme und Beine, Kopf und Hand, setzt er in Bewegung, um sich den Naturstoff in einer für sein eignes Leben brauchbaren Form anzueignen.

83 Freyer, *Theorie des gegenwärtigen Zeitalters*, S. 27.

84 Werner Sombart, »Wirtschaft«, in: Alfred Vierkandt (Hg.), *Handwörterbuch der Soziologie*, Stuttgart 1982, S. 209-216. »Die Arbeit, das heißt die ökonomische Aktivität, ist tatsächlich in der Geschichte der Welt nicht vor dem Tag erschienen, an dem die Menschen zu zahlreich waren, als daß sie sich von den spontanen Früchten der Erde hätten ernähren können.« Foucault, *Die Ordnung der Dinge*, S. 314.

Indem er durch diese Bewegung auf die Natur außer ihm wirkt und sie verändert, verändert er zugleich auch seine eigne Natur.[85]

Der Mensch als *Naturmacht* wirkt also durch seine eigene Natur auf die äußere Natur ein und ändert dadurch beide Naturen. Mensch und Natur sind damit unauflöslich miteinander verknüpft. Dabei ist das Erfordernis der Nahrungsbeschaffung so alt wie die Menschheit selbst. Schon die Epochenbegriffe der Ur- und Frühgeschichte wie Stein-, Bronze- und Eisenzeit verweisen auf die Erschließung und Verwertung von Rohstoffen, die auch schon nicht anders als durch körperliche Arbeit gewonnen werden konnten. Doch die enormen Umwälzungen gewaltiger Erdmassen und die maschinell unterstütze Beförderung der unter der Erde befindlichen Rohstoffe an die Erdoberfläche beginnen im großen Stil erst mit der Industriellen Revolution. Dazu gehört, dass die so gewonnenen Rohstoffe nicht an Ort und Stelle verbraucht, sondern zur Weiterverarbeitung und zum Verkauf an andere Orte gebracht werden müssen. Das Erfordernis, in möglichst kurzer Zeit an oft weit entfernt befindliche Orte zu gelangen, verleiht dem Bau von Verkehrswegen einen enormen Schub. Um eine schnellere Beförderung der abgebauten Bodenschätze und daraus hergestellten Waren und Güter zu erlauben, werden Tunnel durch Berge gegraben, Kanäle für die Schifffahrt angelegt, um langwierige Seewege abzukürzen, Eisenbahnschienen verlegt, Autobahnen und ein immer dichter werdendes Straßennetz gebaut und schließlich der Transport von Gütern durch den Luftraum erfunden:

In der Welt des Wirtschaftens richtet sich die Tätigkeit des Menschen unmittelbar auf die Materie, stärker als in Religion und Politik stößt hier das menschliche Denken und Handeln auf den Widerstand der Dinge; es muß sich auf bestimmte Gegebenheiten einstellen, die Erreichbarkeit von Rohstoffvorkommen, die Verfügbarkeit von Kraftstoffvorräten, Verkehrsmitteln, die Lage von Fabriken und Warenhäusern.[86]

Während sich Politik und Religion nach Halbwachs stärker in erdräumliche Verhältnisse einfügen, stoßen wirtschaftliche Aktivitäten demnach unweigerlich auf Widerstände, die es zu überwinden gilt. Durch diesen direkten Eingriff in die Stofflichkeit der Erde

85 Karl Marx, *Das Kapital. Kritik der politischen Ökonomie*, Bd. 1, 17. Aufl., in: Karl Marx, Friedrich Engels, *Werke*, Bd. 23, Berlin 1988, S. 192.

86 Halbwachs, *Soziale Morphologie*, S. 46.

stellt die Ökonomie einen wichtigen, wenn nicht *den* Motor für die im Laufe der Entwicklung der menschlichen Zivilisation »zur Gewohnheit gewordene Art der Erdausbeutung«[87] dar. Mit der die Industrielle Revolution befördernden Technisierung setzt ein gigantischer »Ausweidungsprozeß«[88] der Erde ein, in dessen Verlauf ihr unerbittlich entrissen wird, was für die Aufrechterhaltung des immer luxuriöser werdenden modernen Lebensstils benötigt wird:

> Heute verlangt jeder Mensch täglich nicht nur sein Brot, das in seiner Einfachheit die Nahrung des Steinzeitmenschen symbolisiert, sondern auch seine Ration Eisen, Kupfer und Baumwolle – seine Ration Elektrizität, Erdöl und Radium – seine Ration Entdeckungen, Film und internationale Nachrichten. Ein einfaches Feld – und sei es noch so groß – genügt nicht mehr. Der ganzen Erde bedarf es, um unsereinen zu ernähren.[89]

Der mit Anbruch des globalen Konsumzeitalters noch immer weiter steigende Anspruch auf den Erwerb von Waren zur Steigerung des Lebensstandards beruht nach wie vor auf einem ungebremsten Verbrauch der nur begrenzt zur Verfügung stehenden Ressourcen der Erde und der Verschmutzung zahlreicher Lebensräume. Trotz der vielfach vorgebrachten Hinweise auf die irreversible Zerstörung der Lebensgrundlagen aller irdischen Lebewesen wird am schier unumstößlich erscheinenden Ideal des Wachstums auf der politischen Ebene auch gegenwärtig weiterhin festgehalten. Ohne Rücksicht auf die seit vielen Jahren gewonnenen Erkenntnisse der Wissenschaften über die bedrohlichen Ausmaße der Zerstörung wird die Erde noch immer umfassend ausgebeutet. »Die weltweite Ökonomie beruht letztlich immer noch auf der Ausbeutung von Tieren und Pflanzen, bedeutsame Umwälzungen gab es hier nur auf der Ebene der technischen Mittel, und die Industrie, die Erbin des frühen Handwerks, beruht immer noch auf dem Metall, gewechselt haben nur die Brennstoffe.«[90] Die Ökonomie nimmt damit eine rein instrumentelle Haltung zur Erde ein. Die Erde gilt dem ökonomischen Denken von Anfang an primär als Rohstoffreservoir, das dem Menschen zur freien Verfügung steht. Insofern lässt sich durchaus folgern: »Ökonomie *ist* die Kriegserklärung an

87 Weber, *Der dritte oder der vierte Mensch*, S. 20.

88 Ebd.

89 Teilhard de Chardin, *Der Mensch im Kosmos*, S. 252.

90 Leroi-Gourhan, *Hand und Wort*, S. 236.

die Erde.«[91] Eine herausragende Rolle spielt dabei der Aufstieg des Kapitalismus: »Mit der kapitalistischen Akkumulation beginnt die Erschließung der Erde, die Ausrottung der Naturvölker sowie die Industrialisierung, die in der heutigen Erdverwüstung mündet.«[92] Nicht alle Stimmen stellen dabei eine Beziehung zur Religion her, deren Einfluss auf die Behandlung der Erde jedoch nicht zu unterschätzen ist. Speziell in der christlichen Religion und der Aufklärung erhält dieser instrumentelle Zugriff auf die Erde eine willkommene Legitimation:

Der Mensch soll besitzen, soll herrschen über die Natur und ihre Kreaturen – so will es die aufgeklärte Vernunft, und so wollte es seit jeher die religiöse Tradition. […] Ausdrücklich überträgt Gott den Menschen die Herrschaft über alles Lebendige; […] und herrschen sollen sie, weil sie Gott ähnlich sind, von ihm als ›Abbild‹ seiner selbst geschaffen wurden. Dieser Umstand […] löst die Menschen in einzigartiger Weise aus der Schöpfung heraus, mit der sie immerhin durch den Aspekt der Kreatürlichkeit verbunden sind.[93]

Andere Formen der Religion, denen auch ein anderer Naturbegriff inhärent ist, werden mit dem typischen Gestus moderner Überheblichkeit nicht zuletzt aufgrund ihres anderen Umgangs mit der Erde als heidnisch bzw. animistisch abgelehnt.[94] Das Christentum erklärt die Erde gerade nicht zum Partner des Menschen und unverzichtbaren Grundlage alles Lebens, sondern zum Besitz des Menschen:

Nun hat zwar das Christentum immer Liebe gepredigt, allein man betrachte diese Liebe genauer, und man wird finden, daß sie im Grunde nur mit überredendem Wort vergoldet ein bedingungsloses ›Du sollst‹ der Achtung,

91 Karl-Heinz Brodbeck, *Die fragwürdigen Grundlagen der Ökonomie. Eine philosophische Kritik der modernen Wirtschaftswissenschaften*, Darmstadt 2009, S. 128.

92 Gerd Bergfleth, »Erde und Heimat. Über das Ende der Ära des Unheils«, in: Heimo Schwilk, Ulrich Schacht (Hg.), *Die selbstbewusste Nation. »Anschwellender Bocksgesang« und weitere Beiträge zu einer deutschen Debatte*, Berlin 1994, S. 101-123, hier S. 112.

93 Bernd Mayerhofer, »Republik der Fische«, in: Peter Cornelius Mayer-Tasch (Hg.), *Meer ohne Fische? Profit und Welternährung*, Frankfurt/M., New York 2007, S. 166-192, hier S. 181 f., bezieht sich dabei auf die Genesis im Alten Testament. Vgl. dazu auch Brodbeck, *Die fragwürdigen Grundlagen der Ökonomie*, S. 128 f.

94 Eine Haltung, gegen die Claude Lévi-Strauss in seinem gesamten Werk angeschrieben hat.

und zwar allein des Menschen, des Menschen in vergötterter Gegenstellung zur gesamten Natur. Mit Menschheitsgeltung oder ›Humanität‹ verschleiert das Christentum, was es eigentlich meint: daß alles übrige Leben wertlos sei, außer sofern es dem Menschen diene![95]

Dieser programmatischen Abwertung alles nichtmenschlichen Lebens zu bloßen Mitteln des humanen Lebens wird durch die Umstellung auf das postanthropozentrische Denken in allen aktuellen Positionen des Posthumanismus ein Ende bereitet.[96] Die daraus resultierende Frage ist, wie es gelingen kann, mit einem schonenderen Umgang das Leben auf der Erde und die Erde selbst zu erhalten, ohne gleichzeitig die Weiterexistenz des Menschen zu gefährden. Ist der Mensch zu einem erdverträglichen Verhalten überhaupt in der Lage? Oder ist ihm der zerstörerische Bezug zur Erde gleichsam in die Wiege gelegt? Die erste Voraussetzung zur Beantwortung dieser Frage liegt darin, sich auch aus einer ökonomischen Perspektive heraus von der Erde nicht länger ab-, sondern ihr verstärkt wieder zuzuwenden. Vorbilder dafür finden sich in der Vergangenheit. So verfolgt etwa der Ökonom Artur Dix (1875-1935) in den 1920er Jahren das Ziel, »der erdhaften Betrachtung politischen Weltgeschehens (Geopolitik) eine erdhafte Betrachtung wirtschaftlichen Erdgeschehens (Geoökonomie) an die Seite zu stellen«.[97] Angesichts des Anthropozäns wird eine solch erdnahe Ausrichtung bei der Untersuchung des Wirtschaftsgeschehens erneut nötig, da insbesondere die Ökonomie zur Vernachlässigung der terranen und stofflichen Zusammenhänge zwischen Mensch und Erde erheblich beigetragen hat, indem sie sich mehr und mehr dem Finanzsektor und einer immateriellen Ökonomie zugewandt hat.[98] Im Rahmen der Geosoziologie soll mit der Geoökonomie bzw. dem Geokapita-

95 Ludwig Klages, *Mensch und Erde – ein Denkanstoß*, Berlin 2013, S. 27 f. An einer etwas halbherzigen Verteidigung versucht sich Freyer: »Gott sprach: Füllet die Erde und macht sie euch untertan. Es wird anzunehmen sein, daß in dieser Bevollmächtigung sehr viel Freiheit, die Natur nach Zwecken umzugestalten, eingeschlossen ist; jedenfalls hat der Mensch sie so verstanden. Immerhin hat Gott, indem er den Menschen die Erde gab, nicht zu ihnen gesagt: Macht damit, was ihr wollt.« Freyer, *Theorie des gegenwärtigen Zeitalters*, S. 31.

96 Vgl. Kap. 2.5.2.

97 Artur Dix, *Geoökonomie. Einführung in erdhafte Wirtschaftsbetrachtung*, München und Berlin 1925, S. III.

98 Vgl. Kap. 1.2.

lismus[99] kein neues Phänomen bezeichnet, sondern die umfassende Bearbeitung und Ausbeutung der Erde zur Sicherung des Lebens der Weltbevölkerung und des gesellschaftlichen Wohlstands verstanden werden. Dass der Begriff in die politik- und wirtschaftswissenschaftliche Diskussion so eingeführt wird,[100] als würde die ältere Geopolitik von der neuen Geoökonomie abgelöst, verweist zum einen einmal mehr auf das weit verbreitete Vergessen klassischer Texte und Positionen und zeigt zum anderen, wie sehr sich auch diese beiden Disziplinen vom Bezug zur Erde ab- und dem Finanz- und Mediensektor im Zuge der Globalisierung zugewandt haben – dabei haben sie ebenfalls die Vorstellung von einer erdunabhängigen Kommunikations- oder Weltgesellschaft entscheidend befördert. Währenddessen sind die weiterlaufenden politischen und ökonomischen Anstrengungen zur Besetzung, Aufteilung und Ausbeutung von Territorien – Geopolitik und Geoökonomie – lange vernachlässigt worden, sodass sie heute eine Renaissance erleben können, obwohl die Kämpfe um die Aufteilung der Erde und den Zugriff auf ihre Rohstoffe kaum jemals nachgelassen haben. Aktuell ist zu beobachten, dass einzelne Staaten sich verstärkt um den Zugang zu den Rohstoff- und Nahrungsquellen der Erde bemühen. Dabei gehen geopolitische und geoökonomische Strategien zumeist Hand in Hand. Der Einmarsch der USA in den Irak lässt sich etwa als geopolitischer Akt mit einem geoökonomischen Ziel bewerten, da sich die Supermacht unter dem Deckmantel einer dem Frieden in Nahost dienenden Vernichtung von Massenvernichtungswaffen – die es, wie sich später bekanntlich herausstellte, gar nicht gab –, einen ungehinderten Zugang zur Rohölförderung des Irak sicherte.[101] Es stellt sich jedoch auch in diesem Fall die Frage, ob hier

99 Der Journalist Richard Breiting spricht schon in seinem in den 1920er Jahren verfassten Bericht über das florierende Amerika angesichts der hoch aufragenden Gebäude der Wallstreet von »Repräsentanten des Erdkapitalismus«, vgl. Richard Breiting, *Von Wolkenkratzern, Kettenarbeitern und trockenen Städten. Eindrücke und Beobachtungen über »God's own Country«*, Leipzig 1925, S. 16.

100 Vgl. Claude Julien, »Von der Geopolitik zur Geoökonomie«, in: *Le Monde diplomatique* 26. 07. 2019, ⟨https://monde-diplomatique.de/artikel/!1259580⟩, letzter Zugriff 10. 08. 2021; Stefan Mair, »Von der Geopolitik zur Geoökonomie«, in: Stefan Mair, Dirk Messner, Lutz Meyer (Hg.), *Deutschland und die Welt 2030*, Berlin 2018, S. 83-91.

101 Vgl. Voigt, »Großraum-Denken. Carl Schmitts Kategorie der Großraumordnung in der Diskussion«, S. 13. Der amerikanische Schriftsteller Don DeLillo

wirklich von einem neuen Phänomen gesprochen werden kann. Denn inwiefern unterscheidet sich die Ausplünderung des neu entdeckten Kontinents durch die Spanier und Portugiesen im 15. Jahrhundert vom Vorgehen der USA während der Intervention im Irak? In beiden Fällen geht es um die Okkupation eines Landes mit dem Ziel, ihm seine Schätze zu entreißen. Der einzige Unterschied scheint darin zu bestehen, dass im Fall der kolonialisierten Länder gerne so getan wurde, als gäbe es dort gar keine bereits anwesenden Bewohner mit berechtigtem Anspruch auf den Besitz des Landes. Neu ist deshalb vielleicht eher der Versuch, durch wirtschaftliche Sanktionen politisches Wohlverhalten zu erzwingen oder Verstöße gegen internationale Vereinbarungen wie die Menschenrechte oder das Völkerrecht zu ahnden. Wirtschaftskriege wären insofern die Stellvertreterkriege des 21. Jahrhunderts. Aufgrund der in den westlichen Demokratien nur mehr geringen Akzeptanz von Militäreinsätzen[102] verlagert sich die Auseinandersetzung vom Militärischen weg hin zum wirtschaftlichen Sektor, was mit einer Ablösung der Geopolitik durch die Geoökonomie jedoch nicht zu verwechseln ist. Denn es sind ja nach wie vor immer auch politische Akteure, deren politische Entscheidungen auf den Wirtschaftssektor abzielen, statt militärische Auseinandersetzungen in Erwägung zu ziehen. Einen geoökonomischen Akt reinsten Wassers stellt in diesem Sinne sicher der von Donald Trump angestrebte Kauf Grönlands dar.[103] Hier geht es in der Tat nicht um einen kriegerischen Akt mit anschließender ökonomischer Ausbeute, sondern um ein wirtschaftliches Geschäft, einen – allerdings erfolglos gebliebenen –

lässt es eine Romanfigur so ausdrücken: »Ich glaube, es muß erst eine Krise kommen, damit Amerikaner andere Menschen sehen können. Es muß natürlich eine amerikanische Krise sein. Wenn sich zwei Länder bekriegen, die die Amerikaner nicht mit irgendwelchen kostbaren Rohstoffen beliefern, dann findet die Informierung der Öffentlichkeit nicht statt. Aber wenn der Diktator stürzt, wenn das Öl bedroht ist, dann schaltet man den Fernseher ein, und sie erzählen einem, wo das Land liegt, welche Sprache dort gesprochen wird, wie man die Namen der führenden Politiker ausspricht, um was es bei der Religion eigentlich geht, und in der Zeitung stehen vielleicht persische Küchenrezepte zum Ausschneiden.« Don DeLillo, *Die Namen*, Köln 1994, S. 81 f.

102 Vgl. Mair, »Von der Geopolitik zur Geoökonomie«.

103 ⟨https://www.deutschlandfunkkultur.de/trump-will-groenland-kaufen-ein-laenderkauf-ist-kein.1008.de.html?dram:article_id=456956⟩, letzter Zugriff 09.08.2021.

»Deal«, der vom 2020 abgewählten Präsidenten der USA zu einem Regierungsstil erhoben wurde. Wer nach Belegen für eine Ökonomisierung des Politischen noch gesucht hat, wird bei der Untersuchung der Amtsperiode Donald Trumps reichlich belohnt, auch wenn dieser Prozess ohne Zweifel schon deutlich früher eingesetzt hat.[104] Auch bei der Gaspipeline Nordstream 2 spielen geopolitische und geoökonomische Interessen zusammen. Es geht um Macht und Einfluss in der Ostsee.[105]

Ein weniger solitäres Beispiel für die gegenwärtig um sich greifende Geoökonomie stellt das so genannte »Land Grabbing«[106] dar. Die von der Nichtregierungsorganisation Grain erstmalig in die Diskussion um den globalen Kampf um Grund und Boden eingeführte Bezeichnung steht für eine

> spezifische Raumpraxis: den großflächigen und langfristigen Erwerb (Kauf, Pacht, Konzessionen) von Agrarland durch globale Finanzinvestoren, Agrarkonzerne und Staaten mit dem Ziel, dort Nahrungsmittel, Holzkulturen oder Biokraftstoffe anzubauen oder im Namen des Klimaschutzes (carbon offsetting) in Konservierungsprojekte zu investieren (green grabs).[107]

Wer im Zuge der Globalisierungsdiskussion geglaubt hatte, der Mensch könne sich vom Boden gänzlich lossagen, da dieser mühelos überwunden werden kann und in einer zunehmend virtuellen, immateriell gedachten Kommunikationsgesellschaft keinen Wert

104 Matthias Lemke, »Die Ökonomisierung des Politischen. Entdifferenzierungen in kollektiven Entscheidungsprozessen«, in: *Schriftenreihe des Verbundprojekts Postdemokratie und Neoliberalismus*, Discussion Paper Nr. 2 (2012), Helmut-Schmidt-Universität Hamburg (UniBw) und Universität Leipzig, ⟨http://www.epol-projekt.de/wp-content/uploads/2014/10/Discussion-Paper-epol-2_lemke.pdf⟩, letzter Zugriff 09. 08. 2021.

105 Vgl. ⟨https://www.freitag.de/autoren/der-freitag/poker-um-die-pipeline⟩ und ⟨https://www.deutschlandfunk.de/zukunft-der-pipeline-nordstream-2-die-geo politische-100.html⟩, letzter Zugriff 09. 08. 2021.

106 Vgl. die materialreichen Studien von Fred Pearce, *Land Grabbing. Der globale Kampf um Grund und Boden*, München 2012; Wilfried Bommert (mit Sabine Jacobs), *Bodenrausch. Die globale Jagd nach den Äckern der Welt*, Köln 2012 und Kurt Langbein, *Landraub. Die globale Jagd nach Ackerland*, Wals bei Salzburg 2015.

107 Stefan Ouma, »Land Grabbing«, in: Nadine Marquart, Verna Schreiber (Hg.), *Ortsregister. Ein Glossar zu Räumen der Gegenwart*, Bielefeld 2012, S. 171-177. Auf der Website ⟨https://www.farmlandgrab.org/⟩, letzter Zugriff 09. 08. 2021, dokumentiert Grain den weltweiten Kauf von Ackerland.

mehr besitzt, sieht sich heute staunend einem intensiv geführten Kampf um den Boden überall auf der Welt gegenüber, einer Landnahme im globalen Maßstab. Die Liste der Staaten, die sich auf dem Territorium anderer Staaten Böden aneignen, um dort industrielle Landwirtschaft mit dem Ziel zu betreiben, die Versorgung der eigenen Bevölkerung mit Agrarprodukten sicherzustellen, ist lang. China, Indien und Japan gehören zu den Global Players. Der begehrte Boden befindet sich in vielen Ländern Afrikas, in Südamerika, Südostasien und in einigen osteuropäischen Staaten, in denen auch Investoren aus anderen europäischen Ländern wie etwa Dänemark, Deutschland, Italien, Niederlande und Östereich tätig werden und investieren. China, das den eigenen Bedarf an landwirtschaftlichen Erzeugnissen auf dem eigenen Territorium immer weniger decken kann, hat zunächst in Ghana, Togo, Tansania, Sambia, Südafrika, Simbabwe, Mosambik, Sudan und Madagaskar diverse Versuche gestartet, Farmen zu errichten, sich aufgrund der hohen Risiken und Kosten der Verschiffung über so weite Strecken hinweg aber umorientiert. Inzwischen verlagert die chinesische Regierung ihre Anstrengungen in die unmittelbaren Nachbarländer wie Laos, Vietnam, Kambodscha, Burma und Russland.[108] Dieser Strategiewechsel zeigt einmal mehr, dass die Vorstellung von einer global agierenden Wirtschaft regelmäßig an ihre Grenzen stößt, weil geographische Entfernungen – entgegen der enthusiastischen Globalisierungserzählung vor allem in den 1990er Jahren – eben nach wie vor eine Rolle spielen und nicht beliebig in andere Regionen der Welt ausgewichen werden kann. Das Prinzip Nähe behält nicht nur weiterhin seine Gültigkeit. Vielmehr kommt ihm aufgrund einer deutlichen Ernüchterung über die Folgen des weltweiten Handels, eines neuen Protektionismus verschiedener Staaten und vermehrter Konkurrenzbeziehungen im Hinblick auf die Rohstoffquellen der Erde eine wachsende Bedeutung zu.

Die Bezeichnung *Land Grabbing* ist hoch umstritten, wird an wissenschaftlichen Kriterien gemessen als analytisch unscharf und undifferenziert kritisiert, dafür aber für politisch brauchbar gehalten.[109] In der Tat besteht die Gefahr, ein simplifizierendes Bild von

108 Vgl. Bommert, *Bodenrausch*, S. 62 f.

109 Vgl. Jan Brunner, »Land Grabbing«, in: ders. u. a. (Hg.), *Wörterbuch Land- und Rohstoffkonflikte*, Bielefeld 2019, S. 211-216. Nun sind womöglich genau diejenigen Begriffe am erfolgreichsten, die unscharf bleiben, da sie eine Fülle

einem übermächtigen reichen Norden zu zeichnen, der sich im globalen Süden den Zugriff auf begehrtes Ackerland sichert. Tatsächlich sind die Verflechtungen und Machtverhältnisse durchaus komplexer. Wie grundsätzlich in Machtbeziehungen zu beobachten, funktionieren diese auch in diesem Fall nicht ohne die Unterstützung der Benachteiligten. Viele der Großinvestoren stoßen in den verschiedenen Ländern auf durchaus kooperationswillige und hilfsbereite Partner und Verbündete, die sich von den Investitionen Vorteile für ihr Land erhoffen. Selten gefragt und einbezogen wird dagegen die Landbevölkerung. Sollte ihre Stimme tatsächlich einmal gehört werden, so werden ihr oftmals Versprechungen gemacht, die später nicht eingehalten werden.[110] In vielen Fällen werden sie einfach von ihrem Land vertrieben oder umgesiedelt. Wie so oft – und schon bei Schmitt beschrieben – bedient man sich bei der Annexion der begehrten Gebiete der Vorstellung von leeren und unbewohnten Territorien:

Eine Million Hektar Land in den Ebenen Afrikas, in den Reisfeldern Südostasiens, in den Wäldern Südamerikas und in den Steppen Russlands werden beim Abschluss der Kauf- und Pachtverträge meist als unerschlossen und ohne Besitzer ausgewiesen. Doch in Wirklichkeit gibt es heute auf der Welt kaum noch unbenutztes Land ohne Besitzansprüche. Wenn Männer wie Karuturi oder An Amoudi das von ihnen vereinnahmte Land als ›leer‹ oder ›unberührt‹ bezeichnen, gehen sie ebenso fehl wie die kolonialen Abenteurer ein Jahrhundert vor ihnen. Für die Einheimischen ist jeder Zentimeter ihr Besitz.[111]

Die auf die industrielle Bewirtschaftung des Bodens geeichten Blicke der Investoren erkennen oftmals nicht, oder geben zumindest vor nicht zu erkennen, dass es bei den scheinbar unberührten Flächen um brachliegende Teile des von den Einheimischen betriebenen »Wanderfeldbaus«[112] handelt, die für die hohe Bodenqualität dieser Region verantwortlich sind. Für Investoren, die mit dem Boden möglichst viel Geld verdienen wollen, von Landwirtschaft aber oft kaum etwas verstehen, müssen ungenutzte Felder einen ähnli-

von Deutungsmöglichkeiten erlauben. Man denke nur an das schillernde Wort Gobalisierung.

110 Vgl. Fred Pearce, *Land Grabbing*, S. 9.

111 Ebd., S. 22.

112 Ebd., S. 26.

chen Anblick bieten wie stillstehende Maschinen. Sie gehen von der Annahme industrieller Landwirtschaft aus, dass Boden permanent intensiv bearbeitet werden muss, um möglichst viel Profit aus ihm herauszupressen, verkennen dabei aber oder nehmen billigend in Kauf, dass es gerade diese industrielle Form der Landwirtschaft ist, die den Boden nach und nach zerstört. Da dies in ihren Heimatländern oftmals schon der Fall ist, sind sie auf der Suche nach noch intaken Böden, um diese nun den gleichen Prozeduren zu unterwerfen. In der Summe ist die Bezeichnung Land Grabbing deshalb nicht etwa als unzutreffend abzulehnen. Ihr gebührt vielmehr das Verdienst, auf eine Entwicklung aufmerksam zu machen und sie über weite Strecken auch zutreffend zu beschreiben, die vor den Augen der Öffentlichkeit gerne zu verbergen versucht wird. Im Sinne einer kritischen Geopolitik,[113] der eine *kritische Geoökonomie* an die Seite gestellt werden müsste, ist die Bezeichnung durchaus zulässig angesichts des unbestritten enormen Ausmaßes der globalen Landnahme, die in zunehmendem Maße durch Seenahmen ergänzt wird. Was am Land Grabbing deutlich wird, ist, dass Landnahme kein einmaliger Vorgang ist, sondern wiederholt werden kann. Nach der alten Kolonisation erfolgt nun eine neue:[114] »Es ist zu viel Geld vorhanden, und die Geldbesitzer fressen sich überall hinein in Grund und Boden. Sie setzen sich fest.«[115] So kann man es auch ausdrücken.

Auch das Meer bleibt von solch raumgreifenden Unternehmungen nicht verschont. Zunächst kann die Bedeutung des Meeres für den Welthandel kaum überschätzt werden:

> Der Welthandel findet heute zu etwa 90 Prozent auf dem Meer statt. Außerdem hängt die Ernährung der Menschen in erheblichem Maß von den Proteinen aus dem Fischfang ab. Alle Staaten der Welt haben das Recht auf Nutzung der Meere; auch Binnenstaaten dürfen den freien Zugang zur See und von der See zu ihrem Territorium in Anspruch nehmen.[116]

113 Vgl. Mathias Albert, Paul Reuber, Günter Wolkersdorfer, »Kritische Geopolitik«.

114 »Im ersten Durchgang des Kolonialismus sind wir mit Armeen im Gepäck gekommen und haben den Leuten ihr Land weggenommen. Jetzt nehmen wir es ihnen wieder weg.« So drückt es der Agrarwissenschaftler und Biobauer Felix zu Löwenstein aus, zitiert nach Kurt Langbein, *Landraub*, S. 9.

115 Hans-Jürgen Krysmanski, *0,1%. Das Imperium der Milliardäre*, Frankfurt/M. 2015, S. 121.

116 Davor Vidas, »Mare Librum: Das Völkerrecht im Spiegel menschlicher Ge-

Trotz dieser rechtlichen Regelungen sind sowohl das Ausmaß der Nutzung (Fischerei- bzw. Fangquoten) als auch der Umfang des für die Nutzung zur Verfügung stehenden Territoriums stark umkämpft. Im Rahmen der Verhandlungen um den Brexit gehörte gerade das Thema Fischereirechte – insbesondere zwischen Frankreich und England – zu den sprichwörtlich in letzter Minute geklärten Streitfragen. Angesichts der Bedeutung des Fischfangs für die Ernährung kann das kaum verwundern. Ähnlich wie im Fall des Kampfes um die Böden dieser Erde gibt es auch auf dem Meer das Bestreben, sich über das eigene Territorium hinaus den Zugang zu weiteren Nahrungsquellen zu sichern. Aufgrund der weitgehend leer gefischten eigenen Gewässer bemühen sich europäische Staaten darum, Fangrechte in außereuropäischen, noch fischreichen Meeresregionen zu erwerben, was auch als »Fischerei-Kolonialismus«[117] bezeichnet wird:

> Derzeit existieren mit 15 AKP-Staaten (Afrika, Karibik, Pazifik) Fischereiabkommen, die es den EU-Fischern gestatten, in fremden 200-Meilen-Wirtschaftszonen auf Fischfang zu gehen. Die Europäische Union subventioniert auf diese Weise den Export von Überkapazitäten und Überfischung und gefährdet darüber hinaus massiv noch gesunde Fischbestände, auf die die Küstenfischerei vieler Entwicklungsländer existentiell angewiesen ist. [...] Riesige ›schwimmende Fischfabriken‹ grasen in den Territorialgewässern Westafrikas die Fischbestände leer. Die ›Atlantic Dawn‹ aus Irland zum Beispiel holt pro Tag bis zu 400 Tonnen Fisch aus dem Meer. Um diese Menge an Fisch zu fangen, bräuchte ein lokaler Kleinfischer zehn Jahre.[118]

Nach dem Vorbild der Naturschutzparks an Land wurden bereits Meeresschutzgebiete eingerichtet, »in der die Fischereirechte und die wirtschaftliche Ausbeutung des Meeres erheblich beschränkt werden«.[119] Solche Rettungsmaßnahmen sind zweifellos positiv zu bewertende Initiativen, doch an der Logik der möglichst intensiven und profitablen Fischerei auf dem Rest des Meeres ändern sie nichts.

schichte«, in: Jürgen Renn, Bernd Scherer (Hg.), *Das Anthropozän. Zum Stand der Dinge,* Berlin 2015, S. 88-116, hier S. 109.

117 Harald Bergbauer, Patrick Uwe Petit, »Die Meeresfischerei als Faktor der Weltwirtschaft«, in: Peter Cornelius Mayer-Tasch (Hg.), *Meer ohne Fische? Profit und Welternährung*, Frankfurt/M., S. 59-97, hier S. 78.

118 Ebd.

119 Sachs, *Wohlstand für viele*, S. 91.

Neben der globalen Erschließung des Bodens durch Landnahmen finden auch auf dem Meer weiterhin Seenahmen statt. Die Parallele zum *Land Grabbing* ist so groß, dass der Fischfang außerhalb der eigenen Fangzonen inzwischen folgerichtig als *Ocean Grabbing* bezeichnet wird. In einer gleichnamigen Dokumentation[120] wird argumentiert, dass die Privatwirtschaft, die Entwicklungspolitik und der Naturschutz die »Regeln einer neuen Meeresordnung«[121] durchzusetzen versuchen, um »die maritimen Ressourcen effektiver, nachhaltiger und profitabler«[122] zu nutzen. Auch wenn sich die Motive der einzelnen Player durchaus unterscheiden mögen, ist den von ihnen aufgestellten Regeln dennoch gemeinsam, dass sie oftmals die Existenz der kleinen Fischer vor Ort bedrohen. Eine weitere Gemeinsamkeit der Land- und Seenahmen ist, dass beide Vorgänge kaum öffentliche Aufmerksamkeit auf sich ziehen. Beide sind damit Teil des »›Offshoring‹, des Auslagerns unterschiedlicher Aktivitäten, Funktionen oder Prozesse in ausländische Offshore-Zonen«,[123] die John Urry (1946-2016) als »dunkle Seite der Mobilität und der Globalisierung«[124] und »Grundprinzip der heutigen Gesellschaften«[125] bezeichnet: »›Offshore‹, also außerhalb des Blickfelds oder hinter dem Horizont, vollziehen sich beunruhigende Prozesse, die viele Bereiche des Lebens undurchsichtig werden lassen – sie mit Geheimnissen und Lügen umgeben.«[126] Diese Diagnose stellt eine wichtige Korrektur an der ihr gegenüberstehenden These einer sich ausbreitenden *Transparenzgesellschaft* dar, die – wie immer in solchen Fällen – vollmundig ausgerufen wird: »Alles (! MS) ist nach außen gekehrt, enthüllt, entblößt, entkleidet und exponiert. […] Die kapitalistische Ökonomie unterwirft alles (! MS) dem Ausstellungszwang.«[127] Ganz im Gegensatz zu dieser totalisierenden Annahme, in der ein einziger gesellschaftlicher Trend unter vielen anderen als der allein bestimmende herausgehoben wird, scheint die kapitalistische Ökonomie wesentliche Teile ihrer

120 Vgl. ⟨https://www.zdf.de/dokumentation/planet-e/planet-e-ocean-grabbing---wem-gehoert-das-meer-100.html⟩, letzter Zugriff 16. 07. 2021.

121 Ebd.

122 Ebd.

123 Urry, *Grenzenloser Profit*, S. 7.

124 Ebd.

125 Ebd., S. 19.

126 Ebd.

127 Byung-Chul Han, *Die Transparenzgesellschaft*, Berlin 2012, S. 22.

Aktivitäten vor solchen Zwängen recht erfolgreich schützen und den Blicken entziehen zu können. Offenbar haben wir es mit einer Umkehrung der Verhältnisse zu tun: Während Privatmenschen tatsächlich zu einer immer weitgehenderen Ausstellung ihres Selbst verleitet bzw. aufgefordert werden, sich sichtbar zu machen, und dabei mit einer Zunahme an Überwachung und Kontrolle rechnen müssen,[128] schaffen sich Wirtschaft und Staat gewissermaßen private, der öffentlichen Wahrnehmung entzogene Bereiche, in denen sie sich der Sichtbarkeit, Überwachung und Kontrolle erfolgreich entziehen und weitgehend ungestört agieren können.

Ein wesentlicher Teil des Offshore-Bereichs betrifft die Entsorgung des in immer größeren Mengen anfallenden Müll, aus dem der Mensch eine ganz neue Geographie erschafft: Berge aus Abfall, ein Meer aus Plastik, »riesige Inseln aus Müll [...], oft so groß wie Länder«,[129] die nicht nur für Menschen eine Gefahr darstellen, sondern auch für viele Meeresbewohner und Seevögel, die sich darin verfangen und umkommen. Die aus Müll erzeugten neuen Landschaften haben sogar eine eigene Welthauptstadt: Guiyu, an der Küste des Südchinesischen Meeres gelegen, gilt als »Welthauptstadt für elektronischen Müll«.[130] Bis zum Einfuhrstopp im Jahr 2018 galt China als der größte Importeur von Abfallmaterial, das die reichen Länder des Nordens hierher zum Recyceln verschifften. Diese umfassende Auslagerung veralteter digitaler Geräte (Bildschirme, Smartphones, Kabel, Drähte, seltene Erden usw.) in entfernte Regionen des Erdballs ist in meinen Augen einer der Gründe dafür, dass in den westlichen Industrieländern Vorstellungen von einer geradezu immateriell funktionierenden, weltweiten Kommunikation überhaupt entwickelt werden konnten.[131] Denn die dafür notwendige Infrastruktur liegt verborgen im Boden und die zum Abfall deklarierten Altgeräte wandern, der Wahrnehmung weitgehend entzogen, in ferne Länder aus:

> Digitale Objekte werden aus spezifischen, oft auch gefährlichen Materialien gebaut. Wenn sie veralten oder aus der Mode kommen, werden diese dann toten Maschinen auf Mülldeponien geworfen oder landen in

128 Markus Schroer, »Das ausgestellte Selbst in der Kultur der Aufmerksamkeit«, in: *Zeitschrift für systemische Therapie und Beratung* 28 (2010), H. 2, S. 70-73.

129 Urry, *Grenzenloser Profit*, S. 160.

130 Zitiert nach Urry, *Grenzenloser Profit*, S. 131.

131 Vgl. dazu Kap. 4.5.

Verbrennungsanlagen. Doch ihre Entsorgung wird zunehmend in den Offshore-Bereich verlagert, da sich die ›westlichen‹ Gesellschaften der Gefährlichkeit der in diesem elektronischen Abfall vorhandenen Materialien bewusst sind und ihn daher nicht auf ihrem Gebiet lagern möchten.[132]

Die Externalisierungsstrategie ist insofern immer auch eine Invisibilisierungsstrategie. Die westlichen Industrienationen herrschen demzufolge nicht mehr länger nur über ein bestimmtes Territorium, sondern zeichnen sich auch dadurch aus, es vom selbst erzeugten Müll durch entsprechende Auslagerung weitgehend freihalten zu können, womit sich ein neues Kriterium für die Souvernität eines Staates bzw. ein geosoziologisches Verständnis von Souveränität etablieren könnte: Souverän ist, wer seinen Müll außerhalb des eigenen Territoriums zu entsorgen vermag.

Nimmt man die weltweit vorhandenen städtischen Müllkippen und Mülldeponien hinzu, ließe sich ein neuer Atlas erstellen, der all die Berge, Inseln und Meere von Müll verzeichnet, die in unmittelbarer Beziehung zur Entsorgung und Weiterverarbeitung stehen.[133] Nicht zuletzt diese Strategien sind es, die es erlauben, an vielen Regionen der Erde den Eindruck einer nach wie vor intakten Umwelt entstehen zu lassen. Insbesondere die Tourismusindustrie lebt davon, dass die von menschlichen Aktivitäten verursachten Schäden der Umwelt vor den Augen und Kameras der Touristen so gut wie möglich verborgen gehalten werden.[134] Grundlage dafür ist eine Unterteilung in verschiedene Zonen (Fangzonen, Küstenschutzzonen, Tourismuszonen usw.) und die gewissenhafte Ausarbeitung

132 Ebd., vgl. dazu auch das Daten- und Kartenmaterial in Le Monde diplomatique, *Atlas der Globalisierung. Die neuen Daten und Fakten zur Lage der Welt*, Berlin 2006, S. 26-27 und in Le Monde diplomatique, *Atlas der Globalisierung. Weniger wird mehr. Kolleg Postwachstumsgesellschaften*, Berlin 2015, S. 86-89.

133 Auch einige Länder Osteuropas sind schon während der Zeit der Sowjetunion, aber auch noch nach dem Fall des ›Eisernen Vorhangs‹ als Lagerstätte für Müll benutzt worden, vgl. Urry, *Grenzenloser Profit*, S. 127.

134 Gelingt das nicht durchgehend, sorgt der Tourist selbst in einem Akt der Bildhygiene dafür, dass durch den gewählten Bildausschnitt, der alles Unvorteilhafte ausspart, eine ungetrübte Aussicht auf die Sehenswürdigkeiten nach wie vor gewährleistet ist, die in den sozialen Foren dargeboten und verbreitet werden. Durchaus im Bereich des Möglichen ist dennoch, dass sich auch imposante Müllinseln in naher Zukunft noch zur Touristenattraktion entwickeln könnten. Schließlich haben es auch organisierte Favela-Besichtigungen und Fahrten durch die radioaktiv verstrahlte Tschernobylregion dahin gebracht.

von Routen, die ein ungetrübtes Urlaubsvergnügen weiterhin garantieren sollen. Nur so ist es möglich, das Meer auch in Zukunft als Sehnsuchtsort werbewirksam anpreisen und die so erwirtschafteten Gewinne weiterhin abschöpfen zu können.

Zu dieser neuen Offshore-Geographie gehören auch die so genannten Steueroasen dieser Welt. Damit werden bekanntlich Staaten oder bestimmte Gebiete bezeichnet, in denen keine oder nur sehr geringe Steuern auf Einkommen und Vermögen erhoben werden. Zu ihnen gehören etwa die Schweiz, Jersey, Guernsey, Monaco, Panama, Dubai, Liechtenstein, Samoa, Singapur, Hongkong und viele mehr.[135] Jeder, der über genügend Einkommen oder Vermögen verfügt, kann an diesen Orten sein Geld vor dem Zugriff seines Heimatstaates in Sicherheit bringen. Deshalb gilt eine Steueroase auch als »Zufluchtsort«[136] des von Steuereintreibern verfolgten Geldes:

> Die Zunahme der Steueroasen […] bildet einen zentralen Bestandteil der neoliberalen Umgestaltung der Weltwirtschaft in den achtziger Jahren des 20. Jahrhunderts. Sein Geld ›offshore‹ zu parken erscheint wie ein Leben im Paradies, wenn man ›onshore‹ mit hohen Steuersätzen belastet wird. Steueroasen sind Fluchtmöglichkeiten und Orte der Freiheit, Paradiese mit niedrigen Steuern, Vermögensverwaltung, Deregulierung, Diskretion und oft auch schönen Stränden.[137]

Viele dieser Steueroasen sind Inseln oder Inselgruppen, die für ihre Klientel attraktive Rückzugsmöglichkeiten schaffen, während unerwünschtes Publikum durch die isolierte Lage von Besuchen erfolgreich abgehalten werden kann. Die in den letzten Jahren noch immer zunehmende Anzahl solcher Steuerparadiese zeigt, dass eine Finanzelite von Milliardären sich gleichsam abzusetzen versucht und anstrebt, zunehmend unerreichbar für die Ansprüche ihrer

135 Der *Financial Secrecy Index* verzeichnet 133 Orte, die als Steueroasen gelten. ⟨https://fsi.taxjustice.net/en/introduction/fsi-result⟩, letzter Zugriff 09. 04. 2021.

136 Gabriel Zucman, *Steueroasen. Wo der Wohlstand der Nationen versteckt wird*, Berlin 2014, S. 11.

137 Urry, *Grenzenloser Profit*, S. 51. So wie der Film *Wallstreet* (USA 1987, R: Oliver Stone) geradezu ikonologisch für die Welt der Börsenmakler, Spekulanten und deren Gier steht, wird in *The Laundromat* (USA 2019, R: Steven Soderbergh) das System aus Briefkästenfirmen, Steueroasen und Geldwäsche vor dem Hintergrund des Skandals um die »Panama Papers« durchleuchtet.

Heimatstaaten und deren Forderungen nach dem rechtlich festgelegten Anteil der Großverdiener für das Gemeinwohl zu sein. Dem Versuch, Orte zu erschaffen, die diese erwünschte Ungestörtheit und Unantastbarkeit sicherstellen, sind dabei keine Grenzen gesetzt. Gigantische Schiffe wie etwa »The World«[138] oder »Utopia«[139] von bis zu 300 m Länge und bis zu 13 Stockwerken bieten ihren finanzstarken Kunden nicht nur Eigentumswohnungen mit einem Luxus, der schnell vergessen lässt, dass man sich auf einem Schiff befindet. Hubschrauberlandeplätze, Bars, Restaurants, ein Kino, ein Casino, eine Kunstgalerie, ein Golfplatz, Fitnessstudio, mehrere Schwimmbecken, Wasserrutschen u. a. lassen vielmehr eher an eine weitgehend autonome schwimmende Stadt denken:

> *The World* fährt fast permanent über die Weltmeere, ist den nationalen Rechtssystemen und Steuergesetzgebungen [...] entzogen [...] und stellt den Wohnungseigentümern alle erforderlichen Versorgungseinrichtungen zur Verfügung. Es ist an die modernen Kommunikationsnetze angeschlossen und wurde speziell für hochvermögende Privatpersonen konzipiert, die dauerhaft ›offshore‹ leben möchten.[140]

Möglichkeiten der Abschottung werden von den Eliten natürlich auch auf dem Land gesucht. Der weltweite Erfolg der *Gated Communities* spricht hier eine eindeutige Sprache:[141] »Diese Leute – Eliten, die man wohl als obskurantistisch bezeichnen muss – haben begriffen, dass sie nur überleben können, wenn sie erst gar nicht mehr den Anschein erwecken, als würden sie die Erde mit dem Rest der Welt teilen wollen.«[142] Die gegenteilige Vorstellung, dass

138 Vgl. Urry, *Grenzenloser Profit*, S. 60.

139 Vgl. Krysmanski, *0,1 %. Das Imperium der Milliardäre*, S. 118. Vgl. auch ⟨https://www.businessinsider.de/panorama/reiche-zahlen-fuer-wohnungen-auf-diesem-kreuzfahrtschiff-mehr-als-30-millionen-euro-sie-sehen-aus-wie-luxuswohnungen-in-new-york-und-london-2018-11/⟩, letzter Zugriff, 15. 06. 2021.

140 Urry, *Grenzenloser Profit*, S. 60.

141 Vgl. Georg Glasze, »Geschlossene Wohnkomplexe (Gated Communities). Enklaven des Wohlbefindens in der wirtschaftsliberalen Stadt«, in: Heike Reggenthin (Hg.), *Stadt – der Lebensraum der Zukunft? Gegenwärtige raumbezogene Prozesse in Verdichtungsräumen der Erde. Mainzer Kontaktstudium Geographie*, Bd. 7, Mainz 2001, S. 39-55 und ders.: »Gated Community«, in: Nadine Marquardt, Verena Schreiber (Hg.), *Ortsregister. Ein Glossar zu Räumen der Gegenwart*, Bielefeld 2012, S. 126-132.

142 Latour, *Das terrestrische Manifest*, S. 28.

»[a]lle […] in einem gemeinsamen globalen Gefahrenraum – ohne Ausgang«[143] sitzen, soll eine kosmopolitische Einheit der Menschheit heraufbeschwören, um ein weltweites Gefühl der Solidarität zu erzeugen. Doch es gibt durchaus Eliten, die für sich sehr wohl Ausgänge finden und sich vor verschiedenen Bedrohungen sehr gut zu schützen wissen. Angesichts der geschilderten Anstrengungen, die von finanzkräftigen Eliten unternommen werden, um sich dieser Solidaritätslast zu entziehen, muss die Hoffnung auf eine gemeinschaftstiftende Gefahrenlage als gescheitert angesehen werden. Sie resultiert letztlich aus einer mangelnden Wahrnehmung der zahlreichen Grenzziehungen und der weltweiten Raumsegregation bzw. zunehmenden Zonierung der Erde in verschiedene Räume, die von herrschenden Eliten mit enormer Energie vorangetrieben wird. Statt eines globalen Gefahrenraums sehen wir uns vielen lokalen Sicherheitsräumen gegenüber, die bestimmte Bevölkerungsgruppen inkludieren, während sie andere verlässlich exkludieren. All diejenigen, die Einlass erhalten, sollen vor der Begegnung mit dem unerwünschten anderen und einer wie immer gearteteten Ansteckung durch geschützt werden.

Zusammengenommen ergibt sich daraus ein Lebensstil, der sich seine ganz eigene Geographie erschafft, in der das Leben der Mehrheiten und Ausgeschlossenen weiße Flecken darstellt, mit denen man kaum jemals in Berührung kommt. Sie werden allenfalls aus der Distanz vom Privatflugzeug oder Hubschrauber aus für kurze Zeit sichtbar, auf dem Weg vom Luxusappartment in einer der Metropolen dieser Welt zur eigenen Insel und zurück etwa.[144]

Vor dem Hintergrund der Phänomene des *Land-* und *Ocean Grabbing*, der Offshore-Finanzökonomie und der Steueroasen als zentralen Bestandteilen der Geoökonomie und der damit anhaltenden Ausbeutung der Erde durch den Kapitalismus – »Wie ein gigantischer Bulldozer scheint der Kapitalismus die Erde seinen Anforderungen gemäß einzuebnen«[145] – scheint es durchaus plausibel, das derzeitige Zeitalter nicht als Anthropozän zu bezeichnen,

143 Ulrich Beck, *Weltrisikogesellschaft*, Frankfurt/M. 2007, S. 111.

144 Vgl. dazu auch die Beobachtungen des chilenischen Politikwissenschaftlers Cristóbal Kaltwasser während der Corona-Pandemie ⟨spiegel.de/ausland/corona-pandemie-reiche-in-chile-mit-dem-hubschrauber-aus-dem-lockdown-a-3afd9543-5790-4fa7-adb0-66d5fda82e9d⟩, letzter Zugriff 19. 08. 2021.

145 Tsing, *Der Pilz am Ende der Welt*, S. 83.

sondern als *Kapitalozän*. Die Befürworter dieser Bezeichnung – der Umwelthistoriker und Geograph Jason W. Moore, der Historiker Christoph Bonneuil, der Politikwissenschaftler Elmar Altvater (1938-2018) und andere – stören sich in ihrer Argumentation vor allem daran, dass die Bezeichnung Anthropozän die Zerstörung der Erde zu einem allgemeinen Menschenproblem erklärt. Sie kritisieren, dass hier der Eindruck erweckt wird, als wären alle Menschen gleichermaßen verantwortlich für die der Erde zugefügten Schäden, und verweisen gemeinsam auf die je nach Gesellschaft, Klasse oder Lebensweise höchst unterschiedlichen Beiträge zur drohenden Klimakatastrophe: »Ein reicher Nordamerikaner verursacht in seinem Leben tausendmal mehr Treibhausgase als ein armer Afrikaner.«[146] Aber es sind nach Bonneuil nicht nur reiche Amerikaner, es sind vielmehr ganze Länder, die sich als Hauptverursacher der Emission von Treibhausgasen ausmachen lassen. War es im 19. Jahrhundert noch das die halbe Welt kolonisierende und dabei Unmengen von Kohlendioxid produzierende Großbritannien, traten ab Mitte des 20. Jahrhunderts die USA, aber auch die Sowjetunion, »deren System nicht weniger zerstörerisch war«, an die Stelle des Vereinigten Königreichs, das heute wiederum abgelöst wird durch eine neue aufstrebende Weltmacht: »Heute emittiert China mehr Treibhausgase als die USA und Europa zusammen.«[147] Auf die erdumwälzende Rolle der Sowjetunion hatte schon Ernst Bloch (1885-1977) aufmerksam gemacht:

Am großartigsten gab die Sowjetgesellschaft ihrer Naturwissenschaft und Technik den Auftrag zum Umbau der Natur. Hier kulminiert das mit dem Ackerbau begonnene Geschäft der Rodung ins bisher Unvorstellbare; Pflanzen, Ströme, Klima sehen sich verändert, noch die Tundra wird zu Getreideland umgeschaffen. Die Sowjetunion befördert damit in riesigem Maß die Gesichtsbildung der Kulturlandschaft, zu der die Erde fähig ist und in der sie seit ihrer ersten Bebauung sich ausbreitet. Geographie ohne und vor dem Menschen gibt es in bewohnten Gebieten nicht mehr, doch

146 Christophe Bonneuil, »Die Erde im Kapitalozän«, ⟨https://monde-diplomatique.de/artikel/!5247299⟩, letzter Zugriff 05. 08. 2021. Alle nachfolgenden Zitate von Bonneuil sind, sofern nicht anders angegeben, diesem Text entnommen.

147 Vgl. dazu auch ⟨https://de.statista.com/statistik/daten/studie/179260/umfrage/die-zehn-groessten-co2-emittenten-weltweit/⟩, letzter Zugriff 13. 08. 2021. Auf Platz 2, 3 und 4 der Statistik von 2019 stehen die USA, Indien und Russland, wobei der Erstplatzierte doppelt so viel ausstößt wie der Zweitplatzierte.

gerade deshalb hört sie selber nicht auf, um für die Geschichte umfassend zu sein – als Schauplatz wie Rahmen.[148]

Auch die amerikanische Journalistin und politische Aktivistin Naomi Klein hält fest, dass der Staatssozialismus der Sowjetära

> eine Katastrophe für das Klima [war]. Er verschlang Ressourcen ebenso unersättlich wie der Kapitalismus und spuckte ebenso hemmungslos Müll aus: Vor dem Fall der Berliner Mauer hatten Tschechen und Russen sogar eine schlechtere CO_2-Bilanz pro Kopf als die Bürger Großbritanniens, Kanadas und Australiens.[149]

Klar ist also, dass während der Zeit des Kalten Krieges und des Wettlaufs der konkurrierenden Systeme sowohl der Westen als auch der Ostblock ihre menschlichen und natürlichen Ressourcen hemmungslos ausgebeutet haben, sodass der Staatssozialismus niemals eine Alternative zum kapitalistischen Raubbau an der Natur dargestellt hat, was auch Bonneuil so sieht. Ein entscheidender Unterschied besteht für ihn dennoch darin, dass die kommunistisch regierte Sowjetunion hauptsächlich ihre »eigene Umwelt« ausgebeutet habe. Auch hätten sich die zahlreichen ökologischen Katastrophen »auf dem eigenen Territorium« ereignet: »Die westlichen Industrieländer hingegen nutzten für ihr Wachstum in großem Umfang mineralische und erneuerbare Ressourcen aus anderen Ländern.« Offenbar ist Umweltverschmutzung für Bonneuil so lange nicht zu beanstanden, wie sie auf dem eigenen Grund und Boden stattfindet. Hinter dieser Einschätzung steckt nicht nur eine problematische Auffassung von Souveränität bzw. Eigentum, die alle Handlungen so lange für legitim hält, wie sie sich auf dem eigenen Territorium abspielen, sondern auch ein höchst eigenwilliges Verständnis von ökologischen Belastungen, die sich – entgegen der Einsicht in deren grenzüberschreitende Ausmaße – an nationalstaatlichen Grenzen offenbar doch aufhalten lassen. Zwar kam es in Tschernobyl zum größten anzunehmenden Unfall in der Atomtechnologie, doch da dies auf dem Staatsgebiet der Sowjetunion geschah, scheint dies für Bonneuil nicht so stark ins Gewicht

148 Ernst Bloch, *Das Prinzip Hoffnung*, Frankfurt/M., S. 925. Vgl. auch Joachim Radkau, *Die Ära der Ökologie. Eine Weltgeschichte*, München 2011, S. 506, der aus einer Studie zum »Ökozid in der UdSSR« zitiert.

149 Naomi Klein, *Warum nur ein Green New Deal unseren Planeten retten kann*, Hamburg 2019, S. 95.

zu fallen wie die Zerstörungen, die die kapitalistischen Länder auf fremden Territorien anrichten. Die bis heute weit über die Grenzen von Belarus hinaus noch immer wirksamen Spätfolgen der Reaktorkatastrophe in Tschernobyl, die sich weder an nationalstaatliche Grenzen halten noch an politischen Regierungsformen ausrichten, finden in Bonneuils Bilanzierungsversuch ökologischer Schäden keinerlei Berücksichtigung. Seine Argumentation erinnert damit fatal an jene Zeiten, in denen in der extremen Linken gegen die Atomkraftwerke auf dem Boden der Sowjetunion keine Einwände erhoben wurden, da diese dem ›guten Kommunismus‹ dienten, die in der westlichen Welt dagegen kritisiert werden mussten, da sie dem ›bösen Kapitalismus‹ dienten. Spätestens heute werden solche grobschlächtigen ideologischen Verkürzungen komplexer Zukunftsfragen der Dringlichkeit der ökologischen Herausforderungen nicht mehr gerecht. Richtig ist dagegen der Hinweis, dass etwa die Treibhausgase vor allem von den hochindustrialisierten Ländern erzeugt werden, die sich inzwischen jedoch nicht mehr nur im Westen befinden, siehe China. Richtig ist auch, dass ausgerechnet diejenigen Regionen von den Auswirkungen des Klimawandels besonders betroffen sind, in denen der Lebensstandard gering und Armut verbreitet ist. Dennoch zielt Bonneuils Argumentation in erster Linie auf die Frage nach der Verantwortung für die aktuelle Lage. Doch diese Frage zielt an den eigentlichen Herausforderungen und Problemen letztlich vorbei, da sie die Diskussion um die Zukunft des Planeten Erde offenbar mit der Wiederauflage einer Systemdebatte beantworten will und damit einen wenig produktiven Nebenkriegsschauplatz eröffnet. Die Lösung für die ökologischen Verwüstungen der Erde ist dann auch denkbar schlicht: Es gilt, den »Klimaverbrechen« der »90 Kohlenstoff-Sklavenhändler«, die für mehr als 63 Prozent der seit 1850 verursachten Emmissionen verantwortlich seien, das Handwerk zu legen, dann könne das Kapitalozän überwunden werden. Für Bonneuil ist es nicht die Menschheit, die die gegenwärtige Transformation der Erde verursacht hat, sondern das Kapital. Der Begriff *Kapitalozän* ist der legitime Versuch, sich dem Anthropozän von marxistischer Seite aus zu nähern und einen Beitrag zum Thema Umwelt, Natur und Ökologie zu leisten. Er läuft allerdings Gefahr, uns in längst überwunden geglaubte Überzeugungen zurückzuführen: »Noch in den 70er Jahren konnte man lesen, daß die ökologischen Probleme der modernen Gesellschaft ein Phänomen des profitsüchtigen Kapitalismus seien und unter sozialistischen Bedingungen nicht auftreten würden.«[150] Trotz des inzwischen konzedierten Anteils der kommunistisch regierten Länder an den ökologischen Katastrophen, deren Folgen andauern, konzentriert sich die Kapitalozän-These auf den Kapitalismus als Hauptverursacher der gegenwärtigen ökologischen Lage und verkürzt damit das Problem in unangemessener Weise. Sie führt zudem zu einer klaren Identifizierung der Verursacher, deren Abschaffung gefordert wird, und enthebt damit alle anderen Instanzen der Verantwortung. Obwohl es an der auf Profit ausgerichteten Wirtschaftsweise des Kapitalismus als einer der Hauptquellen diverser Umweltkrisen und des aktuellen Klimawandels wahrlich nichts zu beschönigen gibt und dies die Suche nach einer anderen Ökonomie erforderlich macht, bleibt die alleinige Konzentration auf den Produktionssektor als Verursacher des Klimawandels unterkomplex, da sie alle anderen Einflussfaktoren ausklammert. Der Begriff des Kapitalozäns adressiert das Problem zu einseitig und läuft damit Gefahr, die Botschaft auszusenden, dass über Lösungen, die jenseits des Großziels der Abschaffung des Kapitalismus liegen, gar nicht mehr nachgedacht werden muss. Offensichtlich wird dies auch an Jason Moores Argumentation, der sich nicht mit Fragen der umfassenden Veränderung der Energieversorgung aufhält, sondern vor allem auf das Ende des Kapitalismus abzielt: »Schließt man ein Kohlebergwerk, kann man die globale Erwärmung vielleicht einen Tag lang verlangsamen; schafft man die Verhältnisse ab, die das Kohlebergwerk in die Welt gesetzt haben, kann man sie für immer stoppen.«[151] Das Argument bedient sich hier einer unzulässigen Simplifizierung der Gegenposition. Der ganz große Umbruch, der mit einem Mal alle Probleme löst, wird ins Verhältnis zu einer Einzelmaßnahme gesetzt, so als ginge es um die Stilllegung eines einzelnen Kohlebergwerks statt um einen generellen Ausstieg aus der Kohlewirtschaft, der immerhin zu gravierenden Strukturveränderungen in vielen Regionen dieser Welt führen wird, gegen die sich ein nicht unerheblicher Widerstand formiert.

Das Kapitalozän vermag als Alternative zum Begriff des Anthro-

150 Niklas Luhmann, »Am Ende der kritischen Soziologie«, in: *Zeitschrift für Soziologie* 20 (1991), S. 147-152, hier S. 147.

151 Jason W. Moore, *Kapitalismus im Lebensnetz*, Berlin 2020, S. 266 f.

pozäns am Ende nicht zu überzeugen aufgrund seiner Engführung des Problems auf eine ökonomische Perspektive, seiner einseitigen Konzentration auf die Verursacher der ökologischen Misere und seiner pauschalen Forderung nach einer Abschaffung des Kapitalismus, die zentrale Fragen nach alternativen Entwürfen und konkreten Lösungsvorschlägen unbeantwortet lässt. Ähnlich wie ›Globalisierung‹ ist auch ›Kapitalismus‹ ein Passpartoutbegriff, ein Begriff für alle Gelegenheiten, der zur Erklärung einer Vielzahl von Problemen herangezogen werden kann, ohne noch selbst als erklärungsbedürftig zu gelten. Er erweist sich gleichsam als zu groß und zu allgemein, um noch einen erkenntnisfördernden Beitrag für spezifische Thematiken leisten zu können und verkommt damit zum gleichzeitig nichts und alles sagenden Schlagwort. Die Befürworter des Kapitalozänbegriffs verrechtlichen zudem das Problem der Globalen Erwärmung durch ihre Priorisierung der Schuldfrage. Mit dem durchaus zutreffenden Hinweis auf die unterschiedlichen Anteile der Menschheit am Zustandekommen der Klimakatastrophe wird der Blick auf einige wenige reiche Personen gelenkt, die für die ganze Misere verantwortlich sind, und dies entlastet Millionen von Menschen auf der Erde davon, über den Beitrag ihres Lebenswandels zur Klimakatastrophe auch nur nachzudenken. Statt nach kreativen Lösungen zu suchen, werden Anklageschriften verfasst. Angesichts der umfassenden und anhaltenden Ausbeutung der Erde und der zunehmenden Einsicht in die Endlichkeit ihrer Ressourcen wird inzwischen intensiv nach bisher noch verborgenen Rohstoffen gesucht. Auch die Erschließung weiterer Planeten wird dabei als Ziel ausgegeben. Wenn die Erde nichts mehr hergibt, liegt die Flucht zu anderen Planeten nahe:

> Wenn die Menschheit als blühende Spezies überleben soll, muss sie in den Weltraum aufbrechen. Auf diesem Planeten wird sie es nicht schaffen, sofern nicht 90 Prozent der Menschen verschwinden – was höchstwahrscheinlich auf eine sehr hässliche Weise passieren wird. Aber wenn wir eine blühende, wachsende und abenteuerlustige Spezies bleiben wollen, dann halte ich die menschliche Expansion über den Heimatplaneten hinaus für die einzige optimistische Option.[152]

152 So der schweizerisch-amerikanische Weltraumkünstler Arthur Woods, »Leben muss sich ausbreiten«, in: Hans-Arthur Marsiske (Hg.), *Heimat Weltall. Wohin soll die Raumfahrt führen?*, Frankfurt/M. 2005, S. 177-182, hier S. 182.

An Befürwortern der Erdflucht mangelt es nicht. Sie haben mit der Erde bereits abgeschlossen und wenden sich dem Weltraum in einer euphorischen Weise zu, so als stünden die Möglichkeiten zum extraterrestrischen Leben ebenso schon bereit wie Menschen, die körperlich in der Lage sind, auf anderen Planeten leben zu können.

5.3 Der Erde entfliehen? Letzte Ausfahrt »Weltraum« und die Entdeckung des Heimatplaneten

> »Wir wurden vom Mittelpunkt der Welt in die vollkommene Bedeutungslosigkeit katapultiert, und dort kreisen wir jetzt.«[153]

5.3.1 Die Erde verlassen: Extraterrestrische Raumnahmen

Die Weltraumfahrt stellt den bisher radikalsten Versuch dar, sich von der Erde unabhängig zu machen. Ging es bisher um die vielen Aktivitäten der Menschen, die Erde ihren Bedürfnissen entsprechend anzupassen, so verfolgt die Raumfahrt das Ziel, sich von der Erde zu lösen. Nicht mehr die Umwandlung der Erde zugunsten der menschlichen Existenz, sondern die Erkundung anderer Planeten als mögliche Alternativen zur Erde und die Suche nach erdähnlichen Planeten stehen im Mittelpunkt der raumfahrtpolitischen Anstrengungen. Insofern kann die Raumfahrt als bisher letzter Akt der »Emanzipation des Menschengeschlechts von der Erde«[154] angesehen werden. Neben der sukzessiven Kolonisation des Bodens, der Meere und der Luft steht also auch das Hinausgreifen über die planetare Grenze der Erde zur Erschließung neuer Räume auf der

153 Michael Esser, *Der Griff nach den Sternen. Eine Geschichte der Raumfahrt*, Basel, Boston, Berlin 1999, S. 11.

154 Hannah Arendt, *Vita activa oder Vom tätigen Leben*, München 2002, S. 9. Das Verlassen ihres eigenen Planeten beschäftigt die Menschheit schon lange bevor es die technischen Möglichkeiten dazu gab. Die Überwindung der Erdgebundenheit durch die Reise zum Mond wird schon früh imaginiert. Sie erscheint schon um die Wende zum 20. Jahrhundert als attraktives Ziel. Der Roman *Von der Erde zum Mond* von Jules Verne erscheint bereits 1865. Vom französischen Filmpionier Georges Méliès (1861-1938) gelangt 1902 der Kurzfilm *Die Reise zum Mond* (F 1902, R: Georges Méliès) in die Kinos.

Agenda. Nicht nur die Frage, was sich wohl hinter der nächsten Hügelkette oder jenseits des Horizonts befindet, trieb die menschliche Neugier schon immer an, sondern auch die Frage, ob nicht jenseits des eigenen Planeten dort oben am Himmel Existenzbedingungen angetroffen werden könnten, die sich als ernstzunehmende Alternative zum beschwerlichen Leben auf der Erde anbieten würden. Die Rede des Christentums von der Erde als Jammertal hat hier durchaus Wirkung gezeigt.[155] Die bis heute und wohl auch in Zukunft weiter andauernde Suche nach Zeichen von Leben auf anderen Planeten gilt zudem der Hoffnung, dass die Erde nicht der einzige bewohnbare Planet im Universum ist, sondern Brüder hat, die ähnliche, der menschlichen Existenz förderliche Lebensbedingungen aufweisen. Ganz offensichtlich ist der Mensch nicht gern allein mit sich und seiner Erde.

Auch wenn Hannah Arendt sich Ende der 1950er Jahre mit der Vorstellung noch nicht recht anfreunden konnte, dass die Menschen »die Erde für ein Gefängnis des menschlichen Körpers«[156] halten und sich deshalb auf die »Suche nach neuen Wohnplätzen im Universum«[157] machen, so entsprechen die Anstrengungen, die verstärkt vor allem in den 1950er und 1960er Jahren im Rahmen der Flüge zum Mond und der Marserkundungen unternommen wurden, dennoch genau jener Auffassung und diesem Ziel. Wie bei der Erschließung neuer Räume auf der Erde auch ging es dabei nicht um eine gemeinsame Unternehmung aller technisch hoch aufgerüsteten Staaten im Dienste der gesamten Menschheit, sondern um einen regelrechten Wettlauf zwischen den USA und der UdSSR darum, wem es als Erstem gelingen würde, seine Flagge auf einem anderen Planeten zu hissen. Dies zumindest auf dem ständigen Trabanten der Erde zu tun, gelang am 21. Juli 1969 dem US-Amerikaner Neil Armstrong (1930-2012), der als erster Mensch überhaupt den Mond betrat.[158] Vor diesem als Triumph gefeierten Ereignis hatten die Amerikaner jedoch die als nationale Schmach empfundene Tatsache zur Kenntnis nehmen müssen, dass es nicht ihnen selbst, sondern der während des Kalten Krieges zum Erzfeind erkorenen Sowjetunion gelungen war, den Satelliten Sputnik

155 Vgl. ebd.

156 Arendt, *Vita activa, oder Vom tätigen Leben*, S. 9.

157 Ebd., S. 8.

158 Vgl. Esser, *Der Griff nach den Sternen*.

1 in eine Umlaufbahn der Erde zu schicken. Dieser Ausdruck eines technologischen Vorsprungs löste in der westlichen Welt einen regelrechten Schock aus, der unter dem Namen »Sputnik-Schock« Eingang in die Geschichtsbücher gefunden hat. Alle Anstrengungen galten danach vor allem dem Ziel, dem kommunistischem System des Ostens nicht die Herrschaft über den Weltraum zu überlassen, sondern mit einem eigenen sensationellen Vorstoß aufzutrumpfen, um den Westen als Sieger des verbissen geführten Wettbewerbs zu präsentieren. Bis das ehrgeizige, vom amerikanischen Präsidenten John F. Kennedy (1917-1963) ausgegebene Ziel der Reise zum Mond jedoch von Erfolg gekrönt war, hatten die Amerikaner auch im Wettrennen um den ersten Menschen im Weltraum zunächst das Nachsehen. Nicht ein amerikanischer Astronaut, sondern ein sowjetischer Kosmonaut namens Jurij Gagarin (1934-1968) begab sich an Bord der Raumkapsel Wostock 1 als erster Mann in den Weltraum, um die Erde zu umrunden.

Diese Frühgeschichte der Weltraumunternehmungen vor dem Hintergrund des Kalten Krieges lässt schon erahnen, wie es weitergehen könnte: »Es wird noch Generationen dauern, aber auch im All werden wir unsere Flaggen hissen, Territorien ›erobern‹, Gelände beanspruchen und die Hürden überwinden, die uns das Universum in den Weg stellt.«[159] Die Vorbereitungen dazu laufen bereits auf Hochtouren. So hat die US-Administration unter dem 2020 abgewählten Präsidenten Trump noch vor kurzem den Anspruch nicht allein auf eine amerikanische Präsenz, sondern auf eine amerikanische Dominanz im Weltraum erneut bekräftigt.[160] Dabei geht es längst nicht mehr nur um die Konkurrenz zu Russland. Zu den Nationen mit Weltraumambitionen gehören neben Russland und den USA inzwischen auch China, Indien, Japan, Iran, Israel, Nordkorea, Südkorea und die europäischen Staaten im Verbund der ESA. Hinsichtlich der fortschreitenden Versuche der »Eroberung des Weltraums«[161] scheint es insofern keineswegs übertrieben, von einer Fortsetzung der Raumnahmen im Sinne Carl Schmitts zu sprechen.

159 Marshall, *Die Macht der Geographie*, S. 304.

160 Vgl. Götz Neuneck, »Wettrüsten im All? Stand und Perspektiven der Weltraumbewaffnung«, in: *Aus Politik und Zeitgeschichte* 69 (2019), H. 29-30, S. 37.

161 Hannah Arendt, »Die Eroberung des Weltraums und die Statur des Menschen«, in: dies., *In der Gegenwart. Übungen im politischen Denken II*, München 2012, S. 373-388.

Die Land-, See- und Luftnahme würde somit in der Weltraumnahme kulminieren. Auch bei den historischen Vorläufern ging die Erforschung neuer Räume stets mit ihrer Inbesitznahme einher. Nach den Fahrzeugen, den Schiffen und den Flugzeugen sind es nunmehr die Raketen bzw. Raumschiffe, mit denen der neue Raum erschlossen werden soll. Wie bei allen anderen Raumnahmen versucht der Mensch auch diesen mobilen Raum nach seinen Vorstellungen zu gestalten und sich in ihm wohnend einzurichten. Was im Auto, an Bord eines Schiffes und im Flugzeug möglich ist, soll auch hier funktionieren: Es sich im Innern eines eingekapselten Raumes so bequem wie möglich zu machen, während die Welt außerhalb dieser geschützten portablen Höhlen als eine fremde und unwirtliche Welt wahrgenommen wird, die allenfalls vorübergehend betreten werden kann, nie aber ohne den Rückzug auf die Sicherheit spendende Basisstation jederzeit antreten zu können. Um diesen Effekt zu erreichen, werden auch Raumkapseln entsprechend ausstaffiert. Dazu gehört die Ausstattung der kosmonautischen Räume nach irdischen Maßstäben. Allerdings unter erschwerten Bedingungen, die zu erheblichen Reduzierungen des Wohnkomforts zwingen.[162] So sind die Raumstationen vor allem von Enge, den vielen technischen Apparaturen und der Schwerelosigkeit geprägt. Es ist nicht leicht, unter diesen Bedingungen Ordnung zu bewahren, da alle Dinge aufgrund der Schwerelosigkeit frei umhertrudeln, wenn sie nicht befestigt sind. Der enorme Aufwand, der nötig ist, damit der Mensch überhaupt ins Weltall aufbrechen kann, zeigt nicht nur, wie die Raumfahrtskeptiker argumentieren, dass er dort nicht hingehört, sondern wie vieler Bedingungen es auch auf der Erde bedarf, um als Mensch existieren zu können. Bedingungen, die nicht schon immer auf der Erde vorherrschten, sondern sich erst ganz allmählich und unter höchst kontingenten Umständen entwickelt haben.

Um die Lebensbedinungen im All zu erkunden, sind von Anfang an eine ganze Reihe von Tieren mit in den Weltraum genommen worden. Fliegen, Käfer, Schnecken, Kreuzspinnen, Mäuse, Meerschweinchen, Katzen, Frösche, Fische, Tauben und Affen waren

162 Zu den Rückwirkungen der Weltraumarchitektur auf die Architektur auf der Erde vgl. Heike Delitz, »A house from outer space. Raumfahrt-Effekte in der Architektur des 20. Jahrhunderts«, in: Joachim Fischer, Dirk Spreen (Hg.), *Soziologie der Weltraumfahrt*, Bielefeld 2014, S. 129-161.

bereits im All, um das Verhalten dieser Tiere unter Weltraumbedingungen (Schwerelosigkeit, kosmische Strahlungen) zu untersuchen. Hunde haben dagegen die Besatzungen der Raumkapseln nicht nur begleitet, sondern sind im Grunde als die eigentlichen Pioniere der Raumfahrt zu betrachten.[163] Denn noch bevor der Mensch ihnen folgte, hat man zunächst mehrfach Hunde ins All geschossen. Nur einige wenige von ihnen kehrten lebend auf die Erde zurück. Darunter Miss Able und Miss Baker auf amerikanischer und Belka und Strelka auf sowjetischer Seite. Jurij Gagarin, der erste Mensch im Weltall, hat die Rolle der Hunde in der Raumfahrt treffend kommentiert: »Ich weiß immer noch nicht, wer ich bin: der erste Mensch oder der letzte Hund im All?«[164]

Abgesehen von der Anwesenheit der Tiere für wissenschaftliche Zwecke bzw. Untersuchungen wird deutlich, dass Menschen sich nicht allein in den Weltraum aufmachen, sondern sich mit möglichst viel vertrauten Dingen und Objekten sowie anderen Lebewesen umgeben, wenn sie den Vorstoß in das Unvertraute und Fremde wagen. Dabei spielen auch Pflanzen eine nicht zu unterschätzende Rolle:

> Neben Selbstverständlichkeiten wie regelmäßigen Bildtelefonaten mit den Angehörigen tragen auch Lebewesen, vornehmlich Pflanzen, an Bord erheblich zur inneren Stabilität der Raumfahrer bei. Auf der Mir wächst ein Bonsai in einem Einmachglas – einer der wichtigsten Gegenstände, wie die Kosmonauten beteuern. Lebende Pflanzen sind ein Bindeglied zum Heimatplaneten Erde.[165]

163 Mit Katzen hat man dagegen keine guten Erfahrungen gemacht, vgl. Alexander Kluge, *Russland-Kontainer*, Berlin 2020, S. 31 f.

164 ⟨https://www.welt.de/vermischtes/weltgeschehen/article113402913/Das-brutale-Schicksal der Weltraumpioniere.html⟩, letzter Zugriff 11.06.2021; vgl. auch Esser, *Der Griff nach den Sternen*, S. 131 f. Das Thema Tiere im Weltall liegt noch immer weitgehend brach. Dass vor allem der Hund zum Weltraumeinsatz kam, erklärt sich aus den ihm zugesprochenen Eigenschaften: »Er ist das Tier, das den Experimentator nicht enttäuschen wird, das sich seinen Wünschen fügt, das ihm weder widerspricht noch eigene Wege geht.« Benjamin Bühler, »Hund«, in: ders., Stefan Rieger, *Vom Übertier. Ein Bestiarium des Wissens*, Frankfurt/M. 2006, S. 126-142.

165 Esser, *Der Griff nach den Sternen*, S. 152. Vgl. auch Mancuso, *Pflanzenrevolution*, S. 202 ff.

Über die Bedeutung der Pflanzen für die psychische Stabilität der Menschen an Bord hinaus spielen sie auch bei den Szenarien für eine mögliche Besiedlung des Mars eine zentrale Rolle.

Neu an der Weltraumnahme im Vergleich zu ihren historischen Vorläufern dürfte indessen sein, dass es längst nicht mehr nur um eine staatliche Raumnahme geht, sondern auch um Raumnahmen durch private Akteure. Nicht mehr nur Nationen, sondern auch Firmenimperien kämpfen um einen Platz im Weltraum. Die Privatisierung und Kommerzialisierung des Weltraums sind keineswegs Zukunftsmusik, sondern bereits in vollem Gange. Geht es nach dem Willen einiger Multimilliardäre, weht eines Tages nicht (nur) die USA-Flagge, sondern auch die mit ihrem Firmen-Logo auf dem Mars oder anderen erreichbaren Planeten. Einzelne Parzellen des Mondes stehen derweil bereits zum Verkauf. Und nicht nur das. Unter der Adresse ⟨https://lunarembassy.com/⟩ wird für weitere planetare Kaufmöglichkeiten geworben: »*Since 1980, Selling and Distributing Land on the Moon, Mars, Venus, Mercury & Io Worldwide.*«[166]

Bis es zur ersten bemannten Expedition zum Mars und dessen Besiedlung kommt, wird es sicher noch einige Zeit dauern. Doch die Pläne dafür liegen bereits vor und auch das Projekt *Weltraumtourismus* wird weiter vorangetrieben. Der Phantasie scheinen dabei sprichwörtlich keine Grenzen gesetzt zu sein.

Weitaus aufschlussreicher als die Beantwortung der Frage, wie wahrscheinlich oder unwahrscheinlich die Realisierung solcher und ähnlicher Unternehmungen ist, ist die schlichte Tatsache, dass die

166 Auch unter der Adresse ⟨https://www.mondland.de/⟩, letzter Zugriff 21.06.2021, werden Mondgrundstücke feilgeboten und mit folgenden Worten beworben: »Das Original Mondland jetzt hier erwerben! Ihr Mondgrundstück ist ein echter Claim auf dem Mond. Jede einzelne Grundstücks-Parzelle hat eine einheitliche Größe von 716 000 qm (das entspricht etwa 177 kleinen Fußballfeldern). Ihr Mondland liegt auf der erdzugewandten Seite unseres Mondes, Sie genießen somit einen atemberaubenden und ständigen Ausblick auf Heimat Erde. Und als kleines Highlight zusätzlich: In unserem Online-Mondregister können Sie Ihre Registrierung verfolgen und zumindest schon einmal virtuell zu Ihrem Mondland reisen! Kaufen Sie hier beim Originalanbieter das legendäre Grundstück auf dem Mond mit der personalisierten Besitzurkunde. Die Lieferung erfolgt inklusive einer Begleitbroschüre zum Mondgrundstück und einer Mondkarte mit Ihren spezifischen Koordinaten und dem eingezeichneten Grundstücksanteil.«

Verwirklichung solcher Vorhaben unter dem Einsatz hoher Geldsummen vorangetrieben wird. Die Erde verlassen zu können, ist ein lang gehegter Traum der Menschheit, der aufgrund des Rückblicks auf die Katastrophen der Erdgeschichte und der Aussicht auf ihren vorausberechneten Untergang zusätzlich Nahrung erhält. Wenn die Erde nicht als die dem Menschen unbegrenzt zur Verfügung stehende stabile Basis aufgefasst wird, sondern als eine nur vorübergehend praktikable Lösung, gewinnt die Suche nach Alternativen an Brisanz, die auch als Ausdruck von Habgier verstanden werden kann: »Warum sind die Spanier nach Amerika gefahren? Um Amerika auszurauben, aus Goldgier. Warum würden Menschen ihren Planeten verlassen? Weil sie ihn schon ruiniert haben, aus Gier nach neuen Ressourcen.«[167]

Unabhängig von den Versuchen, den Weltraum durch die Besiedelung fremder Planeten zu besetzen, gibt es aber auch hier noch einen anderen Weg: Die Aneignung durch Verschmutzung, wie Serres sie beschrieben hat.[168] Es ist durchaus möglich, dass sich die Erdbewohner auch rings um ihren Planeten so einmüllen, dass kaum ein Weg mehr zur Erde hin oder von ihr weg führt, zumindest müssten die irdischen Raumfahrer oder die potentiellen Besucher aus dem All Wege finden, wie sie durch den Müllgürtel, den die weltraumaktiven Nationen inzwischen um die Erde gelegt haben, hindurchstoßen können, ohne dass ihre Raumfahrzeuge Schaden nehmen. Der Weg ins vermeintliche Paradies, vom Planeten Erde hin zu einem neuen Planeten, ist derart von Weltraumschrott gesäumt, dass die Flucht zumindest erschwert wird durch die schon heute nötigen Ausweichmanöver.[169] Ebenso wie auf der Erde erfolgt auch diese Art der Raumnahme unter der paradoxen Bedingung, den Ort ebenso einzunehmen wie zu zerstören. Den Weltraum nimmt der Mensch auf die gleiche Weise in Beschlag, wie er das bei anderen Räumen auch tut: durch Verschmutzung. Im Orbit

167 Diese Worte werden Paul Feyerabend in Michael Hampes *Tangunska* in den Mund gelegt, der sich unter dem Namen Paul Feierabent in ein längeres vom Autor arrangiertes Gespräch mit den Kollegen Bordman (alias Adolf Portmann), Tscherenkov (dessen Aussagen sich auf mehrere Quellen beziehen) und Blackfoot (alias A. H. Whitehead) einlässt. Vgl. Hampe, *Tunguska oder das Ende der Natur*, S. 50.

168 Vgl. Kap. 4.4.

169 Vgl. Hilmar Schmundt, »Ralley am Himmel«, in: *Der Spiegel* Nr. 6/01. 02. 2020.

umherfliegender Schrott gilt bereits heute als echte Bedrohung für das Vorhaben der Nutzung des Alls, was vor allem beweist, dass bei den idealistischen Entwürfen einer besseren Welt im All gerne vergessen wird, dass der Mensch sich immer mitnimmt und sich außerhalb der Erde offenbar nicht anders verhält als auf ihr. Wie sollte es auch anders sein?

Der Kampf um neue Territorien im Weltall beginnt dabei nicht erst mit der bemannten Raumfahrt, sondern schon bei der Installierung von Satelliten auf den Umlaufbahnen der Erde. Wenngleich richtig ist, dass Satelliten nicht nur dafür da sind, »unsere Fernsehbilder auszustrahlen oder das Wetter vorherzusagen – sie spionieren auch andere Länder aus, schauen, wer sich wo und womit bewegt –«,[170] so ist schon allein die Positionierung der Satelliten ein alles andere als harmloser Vorgang. Die Tatsache, dass die Gesamtzahl der Satellitenpositionen aus technischen Gründen begrenzt bleiben muss, führte schon in der Vergangenheit »zu Verteilungskämpfen zwischen den Entwicklungsländern und den Industrienationen«.[171] Aufgrund der Platzierung der Satelliten auf den begehrten Positionen durch die reichen Länder und die große Abdeckung der Rundfunkprogramme klagten die Entwicklungsländer darüber, »einem unerwünschten Kulturimperialismus ausgesetzt zu sein«.[172] Deshalb wurden entsprechende Vereinbarungen getroffen, um wenigstens ein »Minimum an Verteilungsgerechtigkeit«[173] herzustellen. Inzwischen gilt: »Jedem Staat steht zumindest eine GSO-Position zu.«[174] Deutlich wird daran, dass die Versuche der rechtlichen Regelung nicht immer zeitgleich mit der Raumnahme einhergehen, sondern in mühsamen Aushandlungsprozessen nachträglich erkämpft werden müssen.

5.3.2 Erkundung der Erde oder Vorstoß ins Weltall?

Doch in den zahlreichen Plänen zur Weltalleroberung, wie wir sie bisher verfolgt haben, geht die Geschichte der Raumfahrt nicht auf.

170 Marshall, *Die Macht der Geographie*, S. 304.

171 Marcus Schladebach, »Wem gehört der Weltraum?«, in: *Aus Politik und Zeitgeschichte* 69 (2019), H. 29-30, S. 26-32, hier S. 27.

172 Ebd.

173 Ebd.

174 Ebd.

Sie hält vielmehr noch eine andere, für die Geosoziologie höchst brisante Pointe bereit. Trotz der anhaltenden Versuche, den Weltraum zu erschließen, gibt es nach dem Betreten des Mondes 1968 zunächst keine kontinuierliche Erfolgsgeschichte der Raumfahrt zu verzeichnen. Ganz im Gegenteil ist nach der anfänglichen Begeisterung angesichts der ersten spektakulären Erfolge schnell Ernüchterung eingetreten hinsichtlich der offen vertretenen oder heimlich gehegten Überzeugung, »die Menschheit habe immer noch eine andere Option als die Erde«.[175] Nicht nur Mond und Mars, auch die Vermessungen und Fotografien anderer Planeten, wie etwa die bei der Fernerkundung von Merkur und Jupiter vorgenommenen, hatten sich auf ganzer Linie als Enttäuschung entpuppt: »Was sich dem menschlichen Einblick eröffnete, waren nichts als narbige Kraterwelten oder stickige Gluthöllen ohne Anzeichen von Lebensmöglichkeiten.«[176] Am Ende hat die Erforschung unseres Planetensystems für Hans Blumenberg vor allem zu der Gewissheit geführt, »daß es für den Menschen keine Alternativen zur Erde gibt«.[177] Der »blaue Eigenplanet inmitten der enttäuschenden Himmelswüste«[178] ist ganz offensichtlich das, was sich die Menschen zum Teil bis heute nicht eingestehen wollen: Ein »Wunder von Ausnahme«.[179] Weder das Betreten des Mondes noch die durch Fernerkundung gewonnenen Bilder und Daten der anderen Planeten haben dagegen offenbar Lust auf einen zweiten Versuch oder gar einen Flug ohne Wiederkehr gemacht. Blumenberg legt dabei Wert auf die Feststellung, dass diese Einsicht nur durch das Verlassen der Erde erreicht werden konnte, eine bloßes Spekulieren über die Möglichkeit also nicht zum gleichen Ergebnis hätte führen können.[180] Die eigentliche Sensation der Fahrt zum Mond

175 Hans Blumenberg, *Die Genesis der kopernikanischen Welt*, Frankfurt/M. 1975, S. 787. Die Ernüchterung war derart groß, dass weitere Flüge zum Mond zunächst nicht mehr geplant wurden.

176 Ebd. Vgl. dazu auch Wolfgang Sachs, *Satellitenblick. Die Visualisierung der Erde im Zuge der Weltraumfahrt.* Forschungsgruppe »Große technische Systeme« des Forschungsschwerpunkts Technik – Arbeit – Umwelt am Wissenschaftszentrum Berlin für Sozialforschung FS I I 92-501 (1992).

177 Blumenberg, *Die Genesis der kopernikanischen Welt*, S. 794.

178 Ebd., S. 793.

179 Ebd.

180 Inzwischen zählt man zu den erdähnlichen, also terrestrischen Planeten auch Venus und Merkur. Darüber hinaus gibt es Exoplaneten, also außerhalb unseres

war – anders als die fiktionalen Schilderungen stets nahegelegt hatten – nicht die Entdeckung des Mondes, sondern die Entdeckung der Erde! Erstmalig hatte man nicht nur eine Vorstellung oder ein Modell der Erde als blaue Kugel im Weltall, sondern Bilder davon. Vor allem im Kontrast zu den Steinwüsten und Gasansammlungen seiner Nachbarn im Sonnensystem entfalten die fotografischen Ansichten von der Erde und deren Verbreitung eine unvergleichliche Wirkung: »[D]as Bild vom blauen Planeten ist zur Ikone unseres Zeitalters geworden.«[181] Günther Anders kommt in seiner Studie *Der Blick vom Mond* zu einer ähnlichen Einschätzung wie Blumenberg. Auch er sieht

> das entscheidende Ereignis der Raumflüge nicht in der Erreichung der fernen Regionen des Weltalls oder des fernen Mondgeländes [...], sondern darin, daß die Erde zum ersten Mal die Chance hat, sich selbst zu sehen, sich selbst so zu begegnen, wie sich bisher nur der im Spiegel sich reflektierende Mensch hatte begegnen können.[182]

Das Ausgreifen in den Weltraum hat die Menschen demnach vor allem auf sich selbst zurückgeworfen und kann damit als ein entscheidender Beschleuniger für die Vorstellung vom Anthropozän angesehen werden. Mithilfe der aus dem Weltraum aufgenommenen Bilder von der Erde soll seither die Rettung der Erde angesichts ihrer ebenso sichtbar gemachten Zerstörung durch den Menschen

Sonnensystems liegende Planeten, die einen erdähnlichen Aufbau aufweisen. Ähnlich hatte Plessner schon 1949 festgehalten: »In dieser neuen Welt wird dem Menschen die Erde zum ersten Male erfahrbar, weil er sich von ihr lösen kann.« Helmuth Plessner, »Gedanken eines Philosophen zur Weltraum-Rakete«, in: Joachim Fischer, Dirk Spreen (Hg.), *Soziologie der Weltraumfahrt*, Bielefeld 2014, S. 197-201, hier S. 199.

181 Wolfgang Sachs, »Satellitenblick. Die Ikone vom blauen Planeten und ihre Folgen für die Wissenschaft«, in: Ingo Braun, Bernward Joerges (Hg.), *Technik ohne Grenzen*, Frankfurt/M. 1994, S. 305-346, hier S. 307.

182 Günther Anders, *Blick vom Mond*, München 1970, S. 12. »Die Tatsache, daß wir, obwohl noch an der Oberfläche der Erde klebend, diese doch als etwas von uns Verschiedenes und von uns Entferntes, als etwas nicht hier Seiendes, sondern als einen dort seienden Fremdkörper wahrnehmen können, diese Tatsache versetzt uns nicht nur einen bisher unbekannten Schock, sie macht auch Epoche in der Geschichte des menschlichen Denkens. [...] Trotz der Tatsache, daß wir uns heute noch genauso wie gestern auf unserem Globus befinden, haben wir uns nun zu dessen Wahrnehmern gemacht, mit eigenen Augen sehen wir ihn nun als entferntes Gestirn.« Ebd., S. 96 f.

vorangetrieben werden. Die Botschaft, die von ihnen ausgehen sollte, lautet, sorgsam mit der Erde umzugehen, sie pfleglich zu behandeln, da sie alles ist, was wir haben. Offenbar ist sie aber so nicht durchgehend verstanden worden:

> Die Erde ist nur in einem einzigen Exemplar vorhanden – und doch leben die reichen Nationen heute bereits so, als ob sie anderthalb ausbeuten dürften. Sollte ihr Lebensstil auf alle Mitbewohner des Planeten ausgeweitet werden, müßten der Menschheit nicht weniger als vier Erden zur Verfügung stehen. Da aber die Erde eine einzige, nicht reproduzierbare Monade darstellt, müssen wir den Vorrang der Grenze vor dem Impuls zur Überschreitung akzeptieren.[183]

Doch wie wir auch aus anderen Zusammenhängen wissen, setzt jede Grenzsetzung den Willen zu ihrer Überschreitung unaufhaltsam in Gang. So auch in diesem Fall. Die Konzentration auf den Heimatplaneten wird von einigen Astrophysikern und Raumfahrtenthusiasten offensichtlich als völlig unnötige Selbstbescheidung des Menschen angesehen. Statt die Erde als das einzige mögliche Habitat für die Menschheit anzusehen, wird vielmehr verstärkt nach einer zweiten Erde bzw. »erdähnlichen« Planeten Ausschau gehalten. Wenn die Botschaft des Posthumanismus für die Menschen lautet: »Wir sind überhaupt nie so außergewöhnlich«,[184] da es auch so viele andere komplexe Lebewesen auf der Erde gibt, so lautet die Botschaft vieler Astrophysiker über die Erde ähnlich: Auch sie ist keineswegs so etwas Besonderes! Die Astrophysikerin Margherita Hack (1922-2013) vermutet etwa, dass es »Milliarden von erdähnlichen Planeten«[185] gibt, die jedoch zumeist Lichtjahre von der Erde entfernt liegen. Und tatsächlich vergeht kaum eine Woche, in der nicht das Auffinden neuer erdähnlicher Planeten öffentlich vermeldet wird.[186] Zwar mag es nach wie vor zutreffend sein, die eigentli-

183 Peter Sloterdijk, »Wie groß ist ›groß‹?«, in: *Das Raumschiff hat keinen Notausgang. Texte von Paul J. Crutzen, Mike Davis, Michael D. Mastrandrea, Stephen H. Schneider und Peter Sloterdijk*, Berlin 2011, S. 93-110, hier S. 107.

184 Serres, *Der Parasit*, S. 132.

185 »›Die Wunder der Physik sind fast noch die besseren Wunder‹. Über die Welten des Alls und den Sinn des Lebens. Ausschnitte aus Gesprächen mit älteren Naturwissenschaftlern aus den letzten zehn Jahren, die der Wissenschaftsjournalist Mathias Plüss geführt hat«, in: *Du. Die Zeitschrift für Kultur*, Nr. 834 (2013), S. 68.

186 Im Grunde ist es eher überraschend, dass nicht dem Narzissmus einer einzig-

che Aufgabe der Raumfahrt in der zunehmenden Verbesserung der Beobachtung der Erde zu sehen: »Heute ist die Erde das wichtigste Ziel der Raumfahrt. Ihre genaue Beobachtung verspricht den größten praktischen Nutzen. Satelliten sehen uns an, registrieren die Folgen dessen, was wir auf der Erde tun, und liefern die Ergebnisse an uns zurück.«[187] Diese Selbstbeobachtungsaktivitäten via Satellit und die damit gegebenen Möglichkeiten der Kurskorrektur des bisherigen Umgangs mit der Erde sind keineswegs zum Erliegen gekommen, sondern werden mit unverminderter Intensität weitergeführt. Dennoch kann, soll und darf dies für viele nicht das letzte Kapitel in der Geschichte der Raumfahrt sein. Wie könnte die Raumfahrt sich auch damit bescheiden, in nächster Nähe zum Heimatplaneten nur eine Beobachtungsinfrastruktur für dessen Erkundung aufzubauen und zu betreiben? Damit bliebe man hinter den vielen vorgedachten Expeditionen ins Weltall und ihrem Ertrag weit zurück. Ebenso wie sich einstmals die Fischer irgendwann immer weiter aufs Meer hinausgewagt haben, nachdem sie sich für lange Zeit nur an den Küsten aufhielten und somit nur eine »häusliche Seefahrt«[188] betrieben, wird es wohl auch in der Raumfahrt nicht bei der »Eroberung insbesondere des erdnahen Raums«,[189] also der *häuslichen Weltraumfahrt*, bleiben wie bisher, sondern die Erkundung entfernterer Welten angestrebt werden. Wenn es, wie Schmitt im Anschluss an Michelet annimmt, für die Fischer der Wal war, der diese immer weiter hinaus aufs offene Meer trieb, stellt sich die Frage, wer für die Raumfahrer die Rolle des Wals spielt. Was ist der Wal der Raumfahrt, der die Astronauten immer weiter hinauslockt

artigen Erde mit einer einmaligen Spezies gefrönt wird, sondern unbedingt andere Lebewesen und andere Erden herbeigesehnt werden. Das Bedürfnis des Menschen nach anderer Gesellschaft als der eigenen scheint wahrhaft grenzenlos zu sein. Es ist, als sendeten die Raumfahrtbetreiber und Weltraumerkunder die Botschaft ins All: »Lasst uns mit diesen Menschen nicht allein!«

187 Esser, *Der Griff nach den Sternen*, S. 76.

188 Vgl. Braudel, »Das Meer«, S. 45. Die Verbindung zur Seefahrt wird auch durch die von den Sowjets bzw. Russen bevorzugte Bezeichnung *Kosmonaut* und die von den Amerikanern präferierte Bezeichnung *Astronaut* hergestellt. Der zweite Wortteil »-naut« stammt aus dem Altgriechischen *ναύτης* (*nautēs*) und bedeutet Seefahrer/Matrose. Zudem heißt das bevorzugte Transportmittel im Weltraum Raum*schiff*, womit die Nähe zur Seefahrt ebenfalls gewahrt bleibt.

189 Götz Neuneck, »Wettrüsten im All? Stand und Perspektiven der Weltraumbewaffnung«, in: *Aus Politik und Zeitgeschichte* 69 (2019), H. 29-30, S. 33-39.

in die Weiten des Weltalls? Sicher spielt die technische Herausforderung nach wie vor eine entscheidende Rolle, die Überwindung scheinbar unüberwindlicher Grenzen der Natur: »Die Abhängigkeit von der Natur wird für den Machtanspruch des Technikers zum Stachel, die Erde zu überwinden, und das dürfte das tiefste Motiv der zeitgenössischen Raumfahrt sein.«[190] Daneben sind auch Wissensdrang und Neugier, aber auch die Sehnsucht nach Ruhm und die Habgier zweifellos ernstzunehmende Kandidaten für die Rolle des Wals der Raumfahrt, insbesondere dann, wenn man an die zunehmende Kommerzialisierung der Weltraumfahrt durch die Beteiligung privater Investoren denkt.

Angesichts der zunehmenden Meldungen über die fortschreitende Zerstörung des Globus ist es darüber hinaus jedoch wohl auch die blanke Angst vor den Folgen des eigenen Tuns und der *Rache Gaias*,[191] die die Suche nach einer Alternative zur Erde – entgegen den Erwartungen Blumenbergs – weiterhin antreibt. Seit der im Zuge der Anthropozändiskussion zunehmenden Aufmerksamkeit für das Ausmaß der Zerstörung des Heimatplaneten nehmen die Anstrengungen jedenfalls deutlich zu, Alternativen zur Erde zu finden, erdähnliche Planeten, auf denen das Leben der Menschen fortgesetzt werden könnte, wenn die Erde sich ihrer entledigt oder sie diese derart zugerichtet haben werden, dass ein Leben auf ihr nicht mehr länger möglich ist. Ging es einstmals um die Angst, dass der Erde etwas zustoßen und dies auch den Menschen in seinem Überleben – etwa durch einen Meteoriteneinschlag – gefährden könnte,[192] herrscht heute die Angst vor, dass die Menschheit selbst ihr inzwischen so viel angetan haben könnte, dass sie nicht länger bereit ist, den Verursacher weiterhin auf ihrer Oberfläche zu dulden. Das tiefere Motiv wäre demnach die blanke Angst, die jedoch auch ein wichtiger Antrieb für die Schonung der Erde sein könnte:

Die Expansion über die gesamte Oberfläche der Erde mit ihren Tiefen und Höhen macht das Leben unvernichtbar, selbst wenn sich eines seiner gewagtesten Evolutionsexperimente als rückschlagender Fehlschlag erweisen sollte: der Mensch. Dieser übertreibt gern, auch hinsichtlich dessen, was

190 Bergfleth, »Erde und Heimat. Über das Ende der Ära des Unheils«, S. 113.

191 Lovelock, *Gaias Rache*.

192 Vgl. Erhard Oeser, *Die Suche nach der zweiten Erde. Illusion und Wirklichkeit der Weltraumforschung*, Darmstadt 2009, S. 190.

er anrichten könnte. Und es ist gut, daß ihm seine einzigartige Fähigkeit, sich Angst zu machen durch Imagination, dabei hilft, der Fehlschlag nicht zu werden.[193]

Viele Produkte der literarischen wie filmischen Imagination im Science-Fiction-Genre[194] könnten also dazu beitragen, die dort beschriebenen Untergangsszenarien nicht eintreten zu lassen. Darüber hinaus hat sich gezeigt, dass viele der einstmals für Phantasie gehaltenen Vorhaben längst Wirklichkeit geworden sind:

Die Evolution auf der Erde hat nach mehr als drei Milliarden Jahren ein Wesen hervorgebracht, das in der Lage ist, seinen Heimatplaneten zu verlassen. Vieles von dem, was heute als seriöse Wissenschaft gilt, kam noch vor wenigen Jahren ausschließlich in Science-fiction-Romanen vor. Die Grenze zwischen Science und Fiction aber verwischt immer mehr.[195]

Tatsächlich ist die Phantasie für das Verständnis der Raumfahrt generell keine zu vernachlässigende Nebensache. Viele der bisher erfolgten Aktionen sind in fiktionalen Texten oder Spielfilmen, die dem SF-Genre zugeschrieben werden, bereits vorweggenommen worden. So ist etwa der Countdown beim Start einer Rakete aus *Die Frau im Mond* (D 1929, R: Fritz Lang) übernommen worden. In der Tat kann »nur ein solches Phantasielebewesen [...] auf die Weltraumfahrt kommen im Sinne eines Verlassens der erdhaften Raumzeitstelle, an die es körperlich gebunden ist, unter Mitnahme des eigenen Körpers«.[196] Dabei ist zwar die Überwindung der Schwerkraft das Ziel, doch »noch der Verlust der Erdenschwere in der Raumkapsel weist hin auf den Erdboden, von dem aus der Raumflieger aufgestiegen ist«.[197] Kurz: Selbst bei seiner Flucht von ihr bleibt der Mensch doch immer auf die Erde verwiesen.

193 Blumenberg, *Vollzähligkeit der Sterne*, S. 80.

194 Der Einfluss insbesondere der filmischen Imaginationen auf unser Bild von der Wirklichkeit ist generell kaum zu überschätzen.

195 Esser, *Der Griff nach den Sternen*, S. 7. Das sieht Donna Haraway, »Ein Manifest für Cyborgs. Feminismus im Streit mit den Technowissenschaften«, in: dies., *Die Neuerfindung der Natur. Primaten, Cyborgs und Frauen*, Frankfurt/M., New York 1995, S. 33-72, hier S. 34, ganz genauso: »[D]ie Grenze, die gesellschaftliche Realität von Sience Fiction trennt, ist eine optische Täuschung.« Vgl. auch Kap. 6.3.

196 Joachim Fischer, »Exzentrische Positionalität im Kosmos. Weltraumfahrt im Blick der modernen Philosophischen Anthropologie«, in: ders., Dierk Spreen (Hg.), *Soziologie der Weltraumfahrt*, Bielefeld 2014, S. 21-40, hier S. 33.

197 Bernhard Waldenfels, »Leibliches Wohnen im Raum«, in: Gerhardt Schröder,

Die unterschiedlichen Perspektiven über die Zukunft der Raumfahrt, wie wir sie bisher verfolgt haben – Konzentration auf die Erde oder weiteres Ausschweifen in den Weltraum – sind nicht nur mit einem jeweils anderen Bild von der Erde assoziiert – *eine einmalige Erscheinung* auf der einen oder *ein Planet unter vielen* auf der anderen Seite –, die dementsprechend entweder systematisch beobachtet oder verlassen werden sollte, sondern auch mit verschiedenen Menschenbildern. Die Skeptiker der Raumfahrt befürworten eine Konzentration auf die Beobachtung und Überwachung der Erde zugunsten ihrer Bewahrung. Sie treten für den terrestrischen Menschen ein, der für die Raumfahrt im Grunde nicht geschaffen ist. Statt seine Zukunft in der Besiedlung anderer Planeten zu suchen, sollte er sich lieber um die Rettung seines Heimatplaneten kümmern, so eine immer wieder artikulierte Kritik. Für die Fraktion der Skeptiker stellt dabei vor allem auch die natürliche Ausstattung des menschlichen Körpers eine letztlich nicht zu überschreitende Grenze der Raumfahrt dar:

> Die Leute haben ein idealistisches Bild vom Kosmos. In Wahrheit eignet sich der Mensch überhaupt nicht für das All. Die Muskeln verkümmern. […] Egal, in welchem Raum sich der Mensch bewegt – er nimmt seinen Körper mit. Von der Fliegerei in den Weltraum wird ihm einfach nur schlecht. Die Organe spielen verrückt. Er kämpft mit den menschlichsten Vorgängen, die hier unten keine Schwierigkeiten bereiten. […] Marskolonien sind Hirngespinste – hundertmal leichter wäre es, die Sahara oder die Antarktis zu besiedeln. […] Was wollen die Menschen dort? Sollen sie doch Roboter hinschicken.[198]

In der Tat gilt der Weltraum als unwirtlicher Ort, an dem der Mensch ohne aufwändige technische Geräte nicht überleben kann. Er benötigt Schutzkleidung und Schutzräume, ohne die er sich keine Sekunde außerhalb der Erdatmosphäre aufhalten könnte.

Helga Breuninger (Hg.), *Kulturtheorien der Gegenwart*, Frankfurt/M. 2001, S. 179-202, hier S. 184.

198 Stanisław Lem: »›Die Wunder der Physik sind fast noch die besseren Wunder‹. Über die Welten des Alls und den Sinn des Lebens«, S. 68. Was inzwischen auch geschieht. Roboter, als weitere Pioniere der Raumfahrt, werden in diesem Fall als dem Menschen zuarbeitende Helfer behandelt, die als nicht organische Akteure mehr Daten liefern können, als sich über Tierversuche ermitteln ließen, vgl. auch Esser, *Der Griff nach den Sternen*, S. 151 ff.

Es scheint deshalb nahezuliegen dafür zu plädieren, sich auf den Heimatplaneten Erde zu konzentrieren und alle Bestrebungen eines weiteren Vorstoßes in dieses und gar andere Sonnensysteme als Hirngespinste ohne Realisierungschancen ad acta zu legen. Übersehen wird dabei jedoch zum einen, dass auch für den Aufenthalt unter Wasser oder in der Luft Schutzräume und Schutzkleidung benötigt werden. Trotzdem sind wir in diese Räume vorgedrungen, erschließen sie und tun es weiterhin. Zum anderen lautet die aktuelle Frage vor dem Hintergrund des Klimawandels, ob wir nicht gerade dabei sind, die Erde zu einem unwirtlichen Ort zu machen, der uns dazu zwingt, uns in Schutzräume zurückzuziehen und die Außenwelt nur noch in Schutzkleidung zu betreten, sodass wir statt Terraforming auf dem Mars, um diesen in eine zweite Erde zu verwandeln, eine Art *Marsforming* auf der Erde betreiben, das diese in einen überhitzten und damit unbewohnbaren Planeten verwandelt. Was, wenn wir am Ende feststellen, dass wir die für den unwirtlichen Weltraum entworfenen Schutzanzüge und Schutzräume für unseren eigenen Planeten benötigen? Dann stünden uns die leblosen Planeten Mars und Venus nicht als unsere attraktiven zukünftigen Habitate vor Augen, sondern als mahnende Beispiele dafür, wie die Erde aussehen könnte, wenn wir so weitermachen wie bisher. Mars und Venus sind insofern nicht unsere Zukunft, sondern Planeten der Vergangenheit, die so aussehen, als hätten sie eine Besiedlung durch den Menschen bereits hinter sich.

Die Befürworter einer nach außen gerichteten Weltraumfahrt sind zum einen darauf ausgerichtet, im Weltall Anzeichen für intelligentes Leben zu finden. Zum anderen geht es ihnen um die Suche nach erdähnlichen Planeten als neuen Wohnorten der Menschheit. Hauptantrieb dieser Unternehmungen ist die Suche nach für den Menschen geeignetem Lebensraum, der sich im Fall einer tatsächlich möglichen Besiedlung anderer Planeten seines terrestrischen Lebens entledigt, um nunmehr ein extraterrestrisches Leben etwa auf dem Mars zu führen. Kompatibel sind diese Positionen mit dem Versuch einer umfassenden Umformatierung des Menschen zu einem weltraumtauglichen Wesen, wie dies etwa im Transhumanismus entworfen wird.[199] Sie legen allerdings auch den Vorwurf nahe, sich einfach auf die Suche nach dem nächsten Planeten zu

199 Vgl. Kap. 2.5.3.

machen, auf dem das zerstörerische Werk des Menschen fortgesetzt werden könnte, nachdem er die Erde bereits vollends zugrunde gerichtet hat.

Die Weltraumfahrten haben insofern enorm beigetragen zur Auffassung vom Anthropozän, da wir durch sie gelernt haben, die Erde als das anzusehen, was sie ist: Unser Schicksal und unsere einzige Lebensmöglichkeit. Erst dann, wenn alles andere fehlschlägt, bleibt am Ende womöglich nur die Flucht in den Weltraum, hin zu anderen Planeten, auf denen zu leben uns eventuell möglich wäre: Künstliche Habitate im Weltall als reale Utopie. Alle Science-Fiction-Filme über das Verlassen der Erde erzählen allerdings auch von der Sehnsucht nach Rückkehr zu ihr.[200] Eine Reise ohne Wiederkehr wird bisher eher nicht angestrebt.

Entscheidend für unseren Zusammenhang ist die neue Konfrontation mit der Erde im Akt des Verlassens der Erde. Der Mensch entkommt ihr nicht, sondern wird auf sie zurückverwiesen. Für die Geosoziologie bedeutet das, dass jede Raumfahrt abhängig von der Erde als Basisstation bleibt, dass bei der geplanten Erforschung anderer Planeten die Erde neu entdeckt wurde und dass bei der Suche nach neuem Wohnraum im Weltall nach erdähnlichen Planeten gesucht wird, die Erde also nach wie vor der beständige Bezugspunkt aller Unternehmungen bleibt.

Im Grunde genommen wird es für die Zukunft um die Frage gehen, ob die Weltraumfahrt sich in Richtung Geo- oder in Richtung Terrapolitik entwickeln wird: Eroberung des Weltraums oder Beobachtung der Erde mit dem Auftrag, sie dadurch zu retten. Klar ist jedenfalls, dass der durch die Raumfahrt ermöglichte Blick auf die Erde ihre Wahrnehmung nicht zuletzt auch unter ästhetischen Gesichtspunkten motiviert hat, die zur Idee der Einzigartigkeit und der daraus abgeleiteten Rettung der Erde erheblich beigetragen haben. Günther Anders hat sich von diesem Anblick sehr viel versprochen:

200 Auf dem Mond dagegen »verharrt, unverändert und unbetroffen, die Miniatur einer Abschußrampe für das Landeteil des Raumschiffs. Der Mensch ist unter gewaltigen Anstregungen an einen Ort gelangt, an dem er unter keinen Preis hätte bleiben wollen. Seine auffälligste Spur auf dem Boden des Mondes ist das Zeichen seines Willens zur Heimkehr.« Blumenberg, *Die Vollzähligkeit der Sterne*, S. 428.

Die zwei abenteuerlichen Leistungen: der Raumflug selbst und dessen Bildübertragung, haben Ignoranz unmöglich gemacht. Von der Unbeträchtlichkeit seiner Erde und damit von seiner eigenen Nichtigkeit nicht Notiz zu nehmen, das ist niemanden mehr vergönnt. Niemand ist fähig, was er täglich auf dem Fernsehschirm sieht [...], zu verdrängen.[201]

Angesichts der gewaltigen Umweltverschmutzungen und -zerstörungen, die seither unvermindert stattgefunden haben, lässt sich die Einschätzung einer Unmöglichkeit von Ignoranz wohl nicht aufrechterhalten. Ebenso hatte man auch einmal gedacht, dass es keine Klimawandelleugner mehr geben werde, wenn der Klimawandel nicht mehr nur mittels komplizierter Berechnungen nachgewiesen wird, sondern sich mit eigenen Augen sehen lässt. Doch weit gefehlt. Das Potential zur Verdrängung, Verleugnung und Ignoranz ist sehr viel größer, als zumeist angenommen wird. Aber selbst wenn es so wäre, ist immer noch die Frage, welche Konsequenzen aus dem Gesehenen gezogen werden. Die Einsicht in die eigene Nichtigkeit kann vielerlei Reaktionen hervorrufen. Sie kann etwa dazu führen, diese Nichtigkeit zu überwinden durch neue Großtaten wie die Besiedlung anderer Planeten. Auf Dauer werden die Menschen sich davon wohl nicht abhalten lassen.

5.4 Die Erde kartieren und beobachten: Die (Neu-)Vermessung und Digitalisierung der Erde

Die Erde ist nicht nur nach und nach entdeckt, eingeteilt, ausgeplündert, erobert und verlassen, sondern schon immer auch erkundet, vermessen und dargestellt worden. Die sukzessive Erschließung der Erde hat dabei wohl zu keinem Zeitpunkt rein wissenschaftlichen Zwecken gedient. Vielmehr gehört die Nähe zu Staat und Militär zur Geschichte der Kartographie unauflöslich hinzu.[202] Ihre Vermessungen und Projektionen sind schon immer politischen und ökonomischen Interessen gefolgt, Erkundungen und Entdeckungen mit Eroberungen stets einhergegangen. Es gibt also keine

201 Anders, *Der Blick vom Mond*, S. 64.

202 Vgl. Ute Schneider, »Geowissenschaften«, in: Stephan Günzel (Hg.), *Raum. Ein interdisziplinäres Handbuch*, Stuttgart 2010, S. 24-33. Bis heute sind es staatliche Einrichtungen, die das Vermessungswesen betreiben, in Deutschland etwa das Bundesamt für Kartographie und Geodäsie.

gleichsam unschuldige Erkundung und Darstellung der Erde auf einer Karte. Bei einer Karte handelt es sich um eine

> maßstabsgerechte, graphische Veranschaulichung raumbezogener Daten, die als topographische […] K. der Information über die Beschaffenheit der Erdoberfläche […] oder als thematische K. über Gegenstände, Sachverhalte und Vorgänge […] dient, die in einem räumlichen Verhältnis […] zueinander stehen bzw. in eine spatiale Ordnung gebracht werden können.[203]

Die Kartographie, die sich dem »Sammeln, Verarbeiten, Speichern und Auswerten raumbezogener Informationen sowie deren Veranschaulichung«[204] widmet und damit *Geo-Wissen* zur Verfügung stellt, hat für jeden Machthaber, Feldherren, Partisanen oder Terroristen einen unschätzbaren Wert.[205] Karten sind zweifellos »Machtinstrumente«.[206] Von der Karte ausgehend werden Ziele ins Visier genommen, Angriffe ausgeübt, Verteidigungslinien ausgemacht und Anschläge geplant. Die Umbenennung der Kartographie in *Geodäsie*, die sich als »Wissenschaft von der Ausmessung und Abbildung von der Erdoberfläche«[207] charakterisieren lässt, hat am Verwertungsaspekt der Karten für die politische Praxis nichts geändert. Nach wie vor zeigen politische Machthaber jeglicher Couleur ein reges Interesse an der exakten Verortung sämtlicher Objekte in einem bestimmten Gebiet. Dabei ist daran zu erinnern, dass sich etwa Nationalstaaten durch die Anfertigung von Karten erstmalig ein Bild von ihrem Territorium und seinen Ausmaßen machen konnten, die zuvor nur durch die Länge der beschwerlichen Reisen bis an die Grenzen des jeweiligen Landes erfahrbar wurden. Gleichzeitig hat die Darstellung der Geographie anderer

203 Matthias Bauer, »Karte«, in: Stephan Günzel (Hg.), *Lexikon der Raumphilosophie*, Darmstadt 2012, S. 198-200, hier S. 198.

204 Schneider, »Geowissenschaften«, S. 24.

205 In *Moby Dick* von Hermann Melville gibt es eine Stelle, in der der verbitterte Kapitän Ahab seinem Ersten Steuermann die Karte zeigt, in der sämtliche Routen und Sichtungen von Walen akribisch vermerkt sind, was von unvergleichlichem Wert für einen jeden Walfänger ist, doch Ahab interessiert sich nur dafür, wo der von ihm erbittert gejagte weiße Wal gesichtet worden ist. Der geschilderte Untergang Ahabs ist durch die Nichtnutzung dieses enormen Kapitals bereits besiegelt, folgt er damit doch nicht der Ratio, wie es seit dieser Zeit zur ultimativen Handlungsleitlinie gehört, sondern allein dem Affekt der Rache.

206 Lacoste, »Die Geographie«, S. 257.

207 Schneider, »Geowissenschaften«, S. 24.

Länder zweifellos manch ein Begehren geweckt oder verstärkt, sich dieses Land einzuverleiben aufgrund seiner auf den Karten deutlich sichtbaren und womöglich auch eigens hervorgehobenen Attraktionen. Schon insofern ist eine

> gänzlich unpolitische K. […] kaum denkbar, weil jede K. gliedernd und ordnend in den Raum des gesellschaftlichen Zusammenhangs eingreift. Folglich muss die K. als Symbol z.B. der Macht über das Territorium gelesen werden, das sie als Herrschaftsgebiet demarkiert. Mit dem Machtaspekt eng verbunden ist die Auffassung der K. als Instrument der Landnahme […], als Wissensspeicher […] und Denkmal.[208]

All diese Funktionen übernehmen Karten auch heute noch. Sie stellen ein Wissen bereit, auf dessen Grundlage über politische Maßnahmen entschieden wird. Die Annexion eines Landes oder das Ziehen territorialer Grenzen erfolgt niemals ohne die Konsultation einer Karte: Keine Raumnahme und Raumaufteilung ohne das in der Karte gespeicherte Raumwissen!

Von dieser Macht der Karten vor allem handelt das Buch *Die Macht der Geographie* von Tim Marshall, in dem anhand von 10 Karten die heutige Weltpolitik erklärt werden soll.[209] Dabei wird die Wahrnehmungssteuerung durch Karten, etwa aufgrund des gewählten Maßstabes, durchaus vermerkt, aber auch selbst eingesetzt, um die gegenwärtige politische Weltlage zu veranschaulichen. Trotz einer insgesamt gar nicht in Abrede zu stellenden Erklärungskraft, da geographische Bedingungen in der Tat einen heute – sowohl in der Politik als auch in den Sozial- und Kulturwissenschaften – sträflich unterschätzten Einfluss auf die politische und wirtschaftliche Situation eines Landes haben, wird das hohe Maß an Anschaulichkeit doch auch mit der verführerischen Simplifizierung komplexer politischer Zusammenhänge erkauft, die sich aus der Argumentation ergibt, die aktuelle Situation der einzelnen Regionen *allein* auf ihre geographische Lage zurückzuführen, die wie ein unausweichliches Schicksal angeblich auch ihre Zukunft nahezu determiniert. Die der Karte beinahe inhärente Verbindung von Politik und Wissenschaft kommt hier auf besonders plastische Weise zum Ausdruck.

Doch der Siegeszug der Karte geht über ihren unmittelbaren politischen Gebrauch inzwischen weit hinaus. Ohne eine Orientie-

208 Bauer, »Karte«, S. 199.

209 Marshall, *Die Macht der Geographie*.

rung im Raum, zu der uns die Karte verhilft, ist heute kaum eine Aktivität mehr denkbar. Längst hat sich die Karte vom begehrten und seltenen Gut in den Händen einiger weniger zum Allgemeingut in den Händen vieler verwandelt. Wie einst die Bibel hat sie im Laufe der Zeit Eingang in Schulen und Haushalte gefunden und ist dort zum alltäglichen Objekt geworden.[210] Insbesondere für die Neuorientierung in einer Stadt nach einem Umzug oder als Vorbereitung auf eine Reise und als Wegweiser vor Ort spielt sie auch im Bereich privater Nutzung eine nicht zu vernachlässigende Rolle. Die zum Atlas gebündelte Kartensammlung hat dabei über Generationen hinweg das Bild von der Erde geprägt. Zu unvergleichlichem Ruhm hat es im 16. Jahrhundert in der Kartographie der Geograph Gerhard Mercator (1512-1594) aus Duisburg gebracht, der alle bis dato verfügbaren Karten bearbeitet und in ein einheitliches Format übersetzt hat.[211] Die mentale Prägung durch diese Karten hatte zweifellos einen nachhaltigen Einfluss auf die Wahrnehmung der Welt. Karten helfen durch ihre Wiedergabe erdräumlicher Verhältnisse nicht nur Weltbilder zu erzeugen, sie tragen auch dazu bei, diese zu verfestigen durch eine Art bildlicher Beglaubigung sonst weitgehend abstrakt bleibender räumlicher und politischer Verhältnisse.[212] Die *Tagesschau* im öffentlich-rechtlichen Fernsehen etwa, die

210 Wer erinnert sich nicht an die gummierte und so auch riechende Karte für den Geographieunterricht, die heranzuschaffen und fachgerecht aufzuhängen dem von zumeist zwei Schüler:innen übernommenen Kartendienst oblag? Mit dem Zeigen von Kontinenten, Ländern, Bergen, Flüssen und Städten mithilfe eines Zeigestocks sollte den Schüler:innen Kunde von der Erde nahegebracht werden, um zumindest eine Ahnung dafür zu bekommen, besser aber noch ein Verständnis dafür zu entwickeln, wo sie sich überhaupt befanden, was weit weniger trivial ist, als zumeist angenommen wird. Dabei ist das Zeigen als eine hoch voraussetzungsreiche Geste im Sinne einer eingeübten Praxis zur Erzeugung von Aufmerksamkeit zu verstehen, vgl. dazu Lambert Wiesing, *Sehen lassen. Die Praxis des Zeigens*, Berlin 2013.

211 Vgl. Schneider, »Geowissenschaft«, S. 25. Zur Geschichte der Kartographie vgl. auch Schlögel, *Im Raume lesen wir die Zeit*.

212 So wird etwa Afrika zumeist nicht in seinen tatsächlichen Ausmaßen dargestellt: »Die Vorstellung, die die Welt von der Geographie Afrikas hat, ist fehlerhaft. Nur wenigen ist klar, wie groß Afrika ist, denn die meisten von uns benutzen eine Weltkarte mit der normalen Mercator-Projektion. Die bildet, wie andere Karten auch, eine Kugel auf einer zweidimensionalen Fläche ab und verzerrt deshalb die Formen. Afrika ist viel, viel länger, als es gemeinhin dargestellt wird.« Marshall, *Die Macht der Geographie*, S. 134 f.

bis zur Wiedervereinigung den Nachrichtensprecher stets vor dem Hintergrund einer Karte zeigte, auf der die Teilung Deutschlands in Ost und West, in DDR und BRD, zu sehen war, hat diese so gesehen nicht nur abgebildet, sondern im Grunde immer wieder aufs Neue zementiert. Über ihren direkten politischen Einsatz hinaus entfalten Karten insofern auch eine eher untergründige, subkutane, weniger offensichtliche politische Wirkung. Karten bilden zudem Vorhandenes nicht einfach nur ab. Vielmehr können sie – ähnlich wie ein Text oder ein Foto – bestimmte Sachverhalte hervorheben, andere dagegen weggelassen. Selbst wenn es sich dabei nicht um gezielte Manipulationen handelt, steht aufgrund bestimmter Vorgaben, etwa des Maßstabes oder anderer festgelegter Kriterien, doch immer die Frage im Raum, was erfasst werden soll und was nicht. Der britische Spielfilm *Der Engländer, der auf einen Hügel stieg und von einem Berg herunterkam* (GB 1995, R: Christopher Monger) erzählt von den Anstrengungen, die die Bewohner eines kleinen walisischen Dorfes auf sich nehmen, um ihrem knapp unterhalb der für einen Eintrag als Berg notwendigen Höhe (1000 Fuß) liegenden Hügel die Aufnahme in eine Karte zu ermöglichen, die von zwei Landvermessern auf ihrer Reise durch diese Region erstellt werden soll. In mühevoller Arbeit bringen sie es am Ende zuwege, ihren Hügel mithilfe der in Eimern herangetragenen Erde zu einem Berg aufzufüllen. Ohne die Repräsentation des Berges in der Karte, so wird der Anschein erweckt, käme nicht nur dieser, sondern gewissermaßen das gesamte Dorf gar nicht vor, wäre es gar nicht existent, während die Berücksichtigung des Berges in der Karte nicht nur dessen Existenz unbezweifelbar zu dokumentieren scheint, sondern auch die des Dorfes und die jedes einzelnen Bewohners, der durch den Eintrag gleichsam mitrepräsentiert wird und einen Beleg für seine eigene Existenz erhält. Die Erfassung oder Nichterfassung wird damit zu einer wahrhaft existentiellen Frage. Damit lässt sich der Film wie eine kinematographische Parabel auf das auch heute sichtbare Ringen von Personen, Städten, Unternehmen, Bewegungen und zahlreichen anderen Akteuren um eine medial verbürgte Existenz, einen medialen Fußabdruck, verstehen.[213]

In der Geschichte der Erstellung, Nutzung und Wirkung von Karten ist mit der seit dem 21. Jahrhundert immer stärker themati-

213 Vgl. dazu Markus Schroer, »Sichtbar oder unsichtbar? Vom Kampf um Aufmerksamkeit in der visuellen Kultur«, in: *Soziale Welt* 64 (2013), H. 1/2, S. 17-36.

sierten Digitalisierung, deren Geschichte bis in die 1930er Jahre zurückreicht, ein völlig neues Kapitel aufgeschlagen worden. Statt mit der analogen haben wir es nunmehr mit der digitalen Erfassung und Abbildung erdräumlicher Verhältnisse zu tun. Ausschlaggebend für diese Entwicklung war – wie wir bereits gesehen haben – einmal mehr die Raumfahrt, die einen gänzlich neuen Blick auf die Erde ermöglicht hat. Allerdings ist es dabei nicht geblieben. Statt der Fotos aus der Perspektive der Weltraumfahrer, die mithilfe zahlreicher Bildbände und dem Fernsehen große Verbreitung gefunden haben, hat sich durch die Raumfahrt auch eine neue Technologie etabliert, die nicht nur Momentaufnahmen von der Erde liefert, sondern eine kontinuierliche Erdbeobachtung ermöglicht. Auch wenn es sich dabei letztlich eher um einen Nebeneffekt der Weltraumfahrt und nicht um ihr von vorneherein intendiertes Ziel handeln mag, so ist doch unbestreitbar, dass die heute schon zur Routine gehörende Erdbeobachtung ohne die durch die Raumfahrt ermöglichte Satellitentechnik nicht erfolgen könnte. Immer wieder ist seither darauf aufmerksam gemacht worden, dass die Bilder vom blauen Planeten Erde entscheidend dazu beigetragen haben,

> daß das Raumfahrtwesen von einem Unternehmen zur Erkundung des Weltraums (mission to space) zu einem Projekt zur Erkundung der Erde (mission to earth) umgedeutet werden und sich auf dieser Basis ein neuer Zweig der interdisziplinären Großforschung, die sogenannten ›geosciences‹, etablieren konnte, denen der blaue Planet als konstitutives Forschungsobjekt und die technischen Systeme der Raumfahrt und der satellitengestützten Erdbeobachtung als Forschungsgeräte dienen.[214]

So unterschiedlich die Ziele der Raumfahrt zu Beginn auch immer gewesen sein mögen, durchgesetzt zu haben scheint sich nach diesen Aussagen ein ursprünglich keineswegs intendierter Effekt: Die Möglichkeit der systematischen Beobachtung der Erde und die wachsende Einsicht, dass wir auf einem ebenso schönen wie fragilen Planeten leben: »Was die Erde aus der Weltraumperspektive gesehen besonders schön macht, ist die Tatsache, dass wir Leben sehen. Wir schauen auf einen lebenden Planeten mit all seinen Farben und Formen.«[215] Die Verbreitung der Bilder und deren Kommentierung

214 Sachs, *Satellitenblick,* S. 6.

215 Arthur Woods, »Leben muss sich ausbreiten«, in: Hans-Arthur Marsiske (Hg.), *Heimat Weltall. Wohin soll die Raumfahrt führen?,* Frankfurt/M. 2005, S. 177-182;

durch die Astronauten wird seither als ein wichtiger Motor für die steigende Relevanz der Ökologiebewegung angeführt.[216] Ähnlich wie im Fall der Karten sind auch beim Aufbau der Satellitensysteme von Anfang an politische und militärische Interessen involviert: »Satelliten versprachen vor allem die Fähigkeit, aus großer Höhe und deshalb gefahrlos und unbemerkt Informationen über die militärische Infrastruktur des Gegners zu sammeln.«[217] Es geht um Versuche des Abhorchens, der Überwachung und des Spionierens: »Gewiß liefern die Luftbilder und Satellitenaufnahmen der Geographie neue Gesichtspunkte, aber diese Photos werden aufgenommen, um den Militärs, die immer mehr auf die geographische Analyse zurückgreifen, ein noch wirksameres Überwachungs- und Aktionsmittel zur Verfügung zu stellen.«[218] Darüber hinaus aber ist es vor allem auch die für wissenschaftliche Zwecke erfolgende Erdbeobachtung, die auf der Basis des durch Satelliten erhobenen Datenmaterials operiert. Heute ist ein Verzicht oder ein Ausbleiben der über Satelliten empfangenen Daten kaum mehr vorstellbar: »Wir sind abhängig von Satelliten, das ist vielen Menschen nicht bewusst. Dabei geht es nicht nur um Wettervorhersage, Ressourcenmanagement oder Navigation.« Vielmehr sind »alle kritischen Infrastrukturen, die Energienetze und Finanzsysteme eingeschlossen, […] abhängig […] von Daten aus dem All. Wenn die ausfallen, wird es wortwörtlich dunkel werden.«[219] Ebenso wie die klassischen Karten dienen auch die durch Satelliten bereitgestellten Daten längst auch zivilen Zwecken, ohne ihre militärischen dadurch einzubüßen. Angesichts der verschiedenen Programme, die durch sie zur Verfügung gestellt werden, erweitern sich die Möglichkeiten der visuellen Erfassung der Erde. Statt eine vor mir ausgebreitete Karte oder den analogen Globus für die Orientierung im Raum zu benutzen, kann sich inzwischen jeder Erdenbürger mit einem Zugang zu einem Computer mit Internetanschluss oder einem

vgl. James Lovelock, *Gaia. Die Erde ist ein Lebewesen*, Bern, München, Wien 1992, S. 180 und die Schilderungen der Astro- bzw. Kosmonauten beim Anblick der Erde aus der Weltraumperspektive in Kevin W. Kelley (Hg.), *Der Heimat-Planet,* Frankfurt/M. 1989.

216 Sachs, »Satellitenblick«, S. 328 f.; vgl. auch Radkau, *Die Ära der Ökologie*.

217 Sachs, »Satellitenblick«, S. 309.

218 Lacoste, »Die Geographie«, S. 259.

219 Kai-Uwe Schrogl, zitiert nach Schmundt, »Ralley im Himmel«, in: *Der Spiegel* Nr. 6/2020, S. 102.

Smartphone die Erde nicht nur auf den Bildschirm holen und wie von außen betrachten, sondern – anders als beim Globus – auch als Himmelskörper in einer Umgebung wahrnehmen. Was erstmalig nur dem Astronauten möglich war und anschließend dem Fernsehzuschauer präsentiert wurde, lässt sich heute an jedem Ort und zu jeder Zeit auf einem Computerbildschirm aufrufen: Ein Bild von der Erde als Planet im Universum. Doch nicht nur das. Darüber hinaus kann jeder User und jede Userin mithilfe von *Google Earth* oder ähnlichen Programmen zum virtuellen Flug über die Erde abheben und sich bei dieser Reise an jeden Ort heranzoomen, um ihn genauer zu inspizieren.[220] Durch diese Individualisierung der digitalen Erdbeobachtung sind wir inzwischen »allesamt Astronauten geworden, völlig deterritorialisiert«.[221] Diese nahezu gottgleiche Perspektive verstärkt womöglich das Gefühl, zum Herrn der Erde geworden zu sein. Dabei erhält der Nutzer dieser Technologie allerdings keineswegs einen lückenlosen Blick auf die Erdoberfläche, was die Gottesperspektive sogleich wieder sichtlich einschränkt. Aus Gründen der Sicherheit – so zumeist die offizielle Begründung – haben einzelne Staaten, das Militär, Kraftwerkbetreiber – das Unternehmen Google zur Schwärzung bzw. Verpixelung von Gebäuden gebeten, deren Preisgabe für den Blick jedermanns etwa das Risiko von terroristischen Anschlägen in sich berge, weshalb das Unternehmen den Bitten zumeist nachkommt. Doch auch die Verhinderung der totalen Transparenz ist nicht ohne Risiko, da oftmals erst die leicht erkennbaren Bildverfremdungen die Aufmerksamkeit auf sich ziehen. Um dieses Risiko möglichst klein zu halten, ist das Bildmaterial veraltet, bevor es für den normalen Nutzer freigeschaltet wird.[222]

Die technisch erzeugte Möglichkeit, wie im Gleitflug über die Erde zu schweben, hat auch die Vorstellung von der widerstandslosen Verfügbarkeit der Erde, die in einigen Gesellschaftskonzepten[223] gepflegt wird, beflügelt. Sich virtuell an einen Ort der Wahl begeben zu können, hat die Illusion erzeugt, Räume und Grenzen

220 Pablo Abend, *Geobrowsing. Google Earth und Co. Nutzungspraktiken einer digitalen Erde*, Bielefeld 2013.

221 Serres, *Der Naturvertrag*, S. 197.

222 ⟨https://www.googlewatchblog.de/2020/08/google-maps-zensiert-verpixelt-geheime-orte/⟩, letzter Zugriff 09. 08. 2021.

223 Vgl. Kap. 4.5.

ließen sich so beliebig überqueren und überwinden, dass ihnen in Zeiten der Globalisierung und des Internets keine Bedeutung mehr zukommt. Damit beruhen Vorstellungen über die Globalisierung auf technologischen Entwicklungen, obwohl diese materielle Basis ihrer Existenz zumeist Anathema bleibt. Das Bild, das sich die Menschheit von ihrer Erde macht, ist jedoch immer stark von den technischen Möglichkeiten beeinflusst, sie sich erschließen zu können. Die Erfindung der Eisenbahn, des Automobils, des Flugzeugs und schließlich der Raketen und Raumkapseln hat die Vorstellungen von der Erde entscheidend geprägt und verändert. Während sie aus der Fußgängerperspektive nahezu unendlich groß erscheint, verkleinert sie sich mit jeder Erfindung neuer maschineller Fortbewegungsmittel scheinbar ein wenig mehr, um schließlich als kleiner Ball in unserer Hand zu enden, nicht größer als eine Kugel, klein und transportabel, überschau- und handhabbar.[224] Dagegen wird an einem Roman wie Émile Zolas *Die Erde* noch deutlich, dass den Dorfbewohnern des 19. Jahrhunderts schon ein anderes Département innerhalb Frankreichs wie eine andere Welt vorkam und der Weg dorthin ihnen wie eine Weltreise erschien.[225] Für eine Rückkehr in diese Welt spricht derzeit nicht eben viel. Die inzwischen erlangte Einsicht in die zerstörerischen Auswirkungen der maschinellen Verkehrsmittel auf die Ökosysteme dieses Planeten könnte allerdings zu Maßnahmen führen, die uns den Globus in Zukunft wieder deutlich größer erscheinen lassen werden als in den vergangenen Jahrzehnten.

5.5 Die Erde schrumpfen und neu zusammenfügen: Terrestrische Globalisierung

In den Sozialwissenschaften ist die Globalisierung, die uns in den vergangenen Kapiteln schon mehrfach begegnet ist, vor allem in den 1990er Jahren intensiv diskutiert worden. Das damit bezeich-

224 Vgl.: »Lange bevor wir gelernt hatten, die Erde zu umkreisen und die Stätten menschlichen Wohnens in Tagen und Stunden zu umschreiten, hatten wir den Globus in unsere Wohnung gebracht, um gleichsam symbolisch die Erde wie einen Ball in die Hände zu schließen oder vor den Augen kreisen zu lassen.« Arendt, *Vita activa oder Vom tätigen Leben*, S. 321.

225 Émile Zola, *Die Erde*, München 1976.

nete Phänomen hat allerdings eine viel weiter zurückreichende Geschichte. Trotz einiger vorhergehender »*Globalisierungsanläufe*«,[226] die bereits weit voneinander entfernt liegende Regionen der Erdkugel miteinander in Kontakt bringen, kommt es vor allem seit etwa 1880 zu einer verstärkten weltweiten Vernetzung, die jegliche Formen der Isolierung immer unwahrscheinlicher erscheinen lässt: »Man konnte einander nicht mehr entrinnen; die Welt war bis ins Alltagsleben spürbar zu einer Schicksalgemeinschaft geworden.«[227] Formulierungen wie diese sind im Globalisierungsdiskurs geradezu Legion. Sie verdanken sich einer Perspektive, die den zunehmenden Grad der Verflechtung zwischen den Regionen der Welt und den Austausch von Waren und Gütern über Grenzen hinweg in den Blick nimmt. Dabei interessiert man sich aus der eingenommenen Weltperspektive heraus nicht für regionale Unterschiede dieser Entwicklung, nicht für partizipierende Regionen oder gegenläufige Prozesse, sondern allein für den totalisierend auf die ganze Welt bezogenen Vorgang. Keine Berücksichtigung findet, dass es eine Fülle von Bevölkerungsgruppen gegeben hat und auch heute weiterhin gibt, die sich keineswegs als Teil einer großen Schicksalsgemeinschaft empfinden und den Eindruck haben, dass sie mit der ganzen Welt vernetzt sind und im Austausch stehen. Denn dafür bedurfte es immer schon und bedarf es nach wie vor einer entsprechenden technischen Ausstattung, einer funktionierenden Infrastruktur, ausreichend finanzieller Möglichkeiten und Sprachkenntnisse. Doch die Faszination über die unaufhaltsam einander näher rückenden Regionen der Erde ist bei vielen Beobachter:innen offenbar zu groß, um sich für solche materiellen Detailfragen zu interessieren. Was zählt, ist die generelle Richtung der Entwicklung, die von Martin Heidegger und Alfred Weber über Marshall McLuhan (1911-1980) bis Hannah Arendt und Paul Virilio (1932-2018) mit verblüffend ähnlichen Formulierungen immer wieder verkündet wird: Die Erde schrumpft! Sie wird angeblich zusehends kleiner angesichts der wachsenden technischen Möglichkeiten, Orte auf der Erdkugel in immer kürzerer Zeit erreichen zu können:

226 Jürgen Osterhammel, Niels P. Petersson, *Geschichte der Globalisierung. Dimensionen, Prozesse, Epochen*, München 2003, S. 25.
227 Ebd., S. 63.

> Alle Entfernungen in der Zeit und im Raum schrumpfen ein. Wohin der Mensch vormals wochen- und monatelang unterwegs war, dahin gelangt er jetzt durch die Flugmaschine über Nacht. [...] Der Mensch legt die längsten Strecken in der kürzesten Zeit zurück. Er bringt die größten Entfernungen hinter sich und bringt so alles auf die kleinste Entfernung vor sich.[228]

Hannah Arendt folgt dieser Diagnose ihres philosophischen Lehrers bis ins Detail. Auch für sie sind »Ferne und Entfernung vor dem Ansturm der Geschwindigkeit«[229] aus der modernen Welt verschwunden: »Denn die Bedeutung der Ferne ist vernichtet, seitdem es keinen Punkt der Erde mehr gibt, den man nicht von einem Punkt in wenigen Stunden erreichen könnte.«[230] Es sind auch für Arendt die technischen Erfindungen der Raumüberwindung wie Eisenbahn, Dampfschiff und Flugzeug, durch die es zur »Zusammenschrumpfung des Erdraumes und der Aufhebung von Entfernung«[231] kommt. Die Pointe der Heideggerschen Überlegung besteht nun darin, dass diese bloße Beseitigung von Entfernungen nicht mit einem Triumph der Nähe verwechselt werden darf, da sich Ferne wie Nähe für ihn nicht rein geographisch fassen lassen: »Was streckenmäßig in der geringsten Entfernung zu uns steht, durch das Bild im Film, durch den Ton im Funk, kann uns fern bleiben. Was streckenmäßig unübersehbar weit entfernt ist, kann uns nahe sein. Kleine Entfernung ist nicht schon Nähe. Große Entfernung ist noch nicht Ferne.«[232] Heidegger liefert mit diesem Verständnis ein gleichsam qualitatives Näheverständnis, das nicht in meßbaren Entfernungen im physischen Raum aufgeht, eine Vorlage für spätere soziologische Beschreibungen der Globalisierung, die ganz in diesem Sinne Nähe und Ferne neu bestimmen und von geographischen Bezügen abkoppeln wollen. Auch für die Soziologie scheint ausgemacht, dass das, was dem Menschen nah ist, nicht von geographischen Entfernungen abhängig ist, sondern eher durch einen gemeinsam geteilten Lebensstil oder einen geteilten emotionalen Bezug zu einem Thema generiert wird und dadurch weit voneinander entfernt lebende Menschen mittels der

228 Martin Heidegger, »Das Ding«, in: ders., *Vorträge und Aufsätze*, Pfullingen 1954, S. 157-175, hier S. 157; vgl. ähnlich auch Schmitt, *Land und Meer*, S. 103.

229 Arendt, *Vita activa oder Vom tätigen Leben*, S. 320.

230 Ebd.

231 Ebd., S. 321.

232 Heidegger, »Das Ding«, S. 157.

Kommunikationstechnologien einander näher bringt. Aufgrund mangelnder Übereinstimmung kann dagegen auch das räumlich Nächste als sehr weit vom eigenen Stand*ort*, den man dann in diesem Zusammenhang bevorzugt Stand*punkt* nennt, entfernt empfunden werden. Während der Standort auf eine geographische Positionsbestimmung abzielt, steht der Standpunkt eher für eine Haltung oder eine Überzeugung. Über die Revolutionierung der Transport- und Verkehrsmittel hinaus sind es die Kommunikationstechnologien, also die Erfindung des Telegraphen, des Telefons, des Fernsehens und schließlich des Internets, die für eine zunehmende Verflechtung und Intensivierung kultureller Kontakte über traditionelle Grenzziehungen hinweg immer wieder angeführt werden. So schreibt schon Vernadskij in den 1930er Jahren:

> Das Leben der Menschheit ist, bei all seiner Verschiedenartigkeit, unteilbar geworden. Ein Ereignis, das im abgelegensten Winkel eines beliebigen Kontinents oder Ozeans vonstatten ging, zieht Folgen nach sich und hat an einer Reihe anderer Orte, überall auf der Erdoberfläche, Auswirkungen – große und kleine. Der Telegraph, das Telefon, das Radio, die Flugzeuge, die Ballone haben die ganze Erdkugel umspannt. Die Verbindungen werden immer einfacher und schneller. Alljährlich steigt ihr Organisationsgrad, wächst er stürmisch.[233]

Für Edgar Morin befinden wir uns damit im »planetarischen Zeitalter«,[234] was für ihn vor allem heißt, dass Ereignisse »an irgendeinem sensiblen Ort auf dem Globus [...] beinahe unmittelbare Auswirkungen auf den Rest der Erde«[235] haben, wodurch sich die Erdbewohner in einer »gegenseitigen Abhängigkeit«[236] befänden. Ein Großteil der Globalisierungsforschung hat sich darauf konzentriert, den Nachweis solcher gegenseitigen Einflussnahmen, Abhängigkeiten und Verstrickungen nachzuweisen. Die nach wie vor bestehenden Möglichkeiten der Abstandwahrung und die ausdrücklichen Widerstände gegen die zunehmende Verflechtung stehen dagegen weit weniger im Fokus der philosophischen sowie sozial- und kulturwissenschaftlichen Einlassungen zur Globalisie-

233 Vernadskij, *Der Mensch in der Biosphäre,* S. 51. Es gibt eine schier endlose Reihe von Wiederholungen dieser Einsicht.

234 Edgar Morin, *Europa denken*, Frankfurt/M., New York 1988, S. 195.

235 Ebd.

236 Ebd.

rung, die sich in weiten Teilen auf die Beschreibung der Chancen und Gewinne der Globalisierung kaprizieren. Doch Formen des Neonationalismus, Separatismus, Lokalismus, Protektionismus usw. müssen gerade vor dem Hintergrund eines als beängstigend und bedrohlich erlebten Zusammenpralls der Kulturen als Flucht in das Überschaubare, Eigene usw. angesehen werden. Die von Osterhammel und Petersson artikulierte Vorstellung, dass Menschen einander *nicht mehr entrinnen* können, beschwört das sichtlich übertriebene Bild von hoffnungslos überfüllten Räumen herauf, die Fluchtbewegungen in Gang setzen können. Eine Situation, in der niemand mehr sein eigenes persönliches Territorium bewahren kann und deshalb zunehmend unter Druck gerät. Die oft einseitig als Öffnungsprozess interpretierte Globalisierung wird jedoch von Anfang an von neuen Schließungsbestrebungen begleitet, von Gegenbewegungen, die ihre Stadt, Region oder Nation vor dem nicht zur Disposition stehenden Kontakt mit dem Anderen bewahren wollen.[237] Doch auch unabhängig von den oftmals zu wenig berücksichtigten Gegentendenzen neuer Schließungen und Abschottungen ist die Beschreibung eines durch technische Möglichkeiten erreichten größeren Austausches schon an sich nicht unproblematisch. Das behauptete Ausmaß der kommunikativen und verkehrstechnischen Möglichkeiten des Austausches über Grenzen hinweg neigt zur Gleichsetzung von Potentialität und Faktizität. Unterstellt werden stets ausreichend vorhandene und problemlos funktionierende Kommunikationstechnologien sowie die Unabhängigkeit von erdräumlichen Gegebenheiten wie etwa dem Klima und dem Wetter, die den weltweiten Austausch jedoch erheblich einschränken und die Infrastruktur – wenn sie denn vorhanden ist – empfindlich stören können. Globalisierungserzählungen vermitteln oftmals den Eindruck eines tiefsitzenden Technikoptimismus, der von den technischen Möglichkeiten auf die scheinbar alternativlosen Geschehnisse der Vermischung und des Austausches schließt, die angeblich durch nichts mehr aufzuhalten sind, wobei die Tendenzen zur Abschottung gerne ignoriert werden.

Die Vernachlässigung der für Kommunikation und Verkehr notwendigen Infrastruktur als materielle Basis der Globalisierung hat auch etwas mit deren Unsichtbarkeit zu tun, die wir auch am

237 Vgl. Schroer, *Räume, Orte, Grenzen*, S. 214 ff.

Beispiel der Infrastruktur der Städte aufgezeigt haben: »In Europa verschwinden im Laufe des 20. Jahrhunderts die sich immer wieder verbreitenden und vernetzenden Trägerstrukturen der Versorgung, Information und Kommunikation allmählich aus dem Blickfeld, weil Leitungen, Rohre und Kabel in der Erde vergraben, zu Infra-Struktur werden.«[238] Was nicht sichtbar ist, scheint in einer stark visuell geprägten Gesellschaft überhaupt nicht zu existieren. Doch ob nun sichtbar oder nicht: Auf dem Meeresboden wie auch im Weltraum findet sich die Infrastruktur für die digitale Welt: »Was landläufig als Globalisierung bezeichnet wird, wäre ohne weltraumbasierte Kommunikations-, Navigations- und Aufklärungsapparaturen einerseits, eine extraterrestrische Beobachtungsperspektive andererseits nicht denkbar.«[239]

Neben der aus der Entwicklung von Transport, Verkehr und Kommunikation abgelesenen »Bagatellisierung«[240] des Raums ist die Ökonomie von Anfang an ein Treiber für die infrastrukturvergessene und nichtmaterielle Form der Globalisierungserzählung. Wann immer es um die Beschreibung ökonomischer Zusammenhänge geht, werden deren angeblich erdüberwindende Kräfte betont und die Prinzipien eines Weltverkehrs beschworen:[241]

Dieser Verkehr schert sich wenig um lokale Gegebenheiten, Strömungen und Stürme, Tag oder Nacht, Winter oder Sommer, sondern zieht seine Linien gemäß seiner eigenen Systemzeit kreuz und quer über den Globus […] – er nivelliert den Raum. Er löscht die Topografie und Geografie der Strömungen und Winde, der Steigungen und Gefälle, der günstigen und ungünstigen Umweltbedingungen zugunsten einer Topologie, einer Analyse der Verbindungslinien zwischen Marktplätzen, ohne jede Berücksichtigung realer materieller Umstände. Im Idealfall verhalten sich die Container wie Bits, indem sie auf Datenleitungen über Land und Meer prozessieren.[242]

238 Heidenreich, *Sakrale Geographie*, S. 24 f. Vgl. Kap. 3.4.

239 Alexander C. Geppert, »Phantasie, Projekt, Produkt. Astrokultur und der Weltraum des 20. Jahrhunderts«, in: *Aus Politik und Zeitgeschichte* 69 (2019), H. 29-30, S. 25.

240 Luhmann, *Die Gesellschaft der Gesellschaft*, S. 166.

241 Vgl. Kap. 1.2.

242 Alexander Klose, *Das Containerprinzip. Wie eine Box unser Denken verändert*, Hamburg 2009, S. 41 f.

In einer solchen Beschreibung kippt die gesamte materielle Welt ins Virtuelle, trägt das Virtuelle den Sieg über das Reale davon, an dessen Stelle es getreten ist. Die nach wie vor bestehenden Widerstände des Raums werden als nicht mehr länger existent schlicht negiert. Doch wer von einer widerstandslosen Überbrückung erdräumlicher Abstände ausgeht und die Logik von Computerspielen auf die Realität überträgt, übersieht die Tatsache der stets begrenzten und nach wie vor voraussetzungsreichen Möglichkeiten der Raumüberwindung im Sinne einer Geopraktik:

> Wer den Weg eines Flugzeugs, eines Schiffes oder eines Fußgängers verfolgen will, muss auch berücksichtigen, dass sie an bestimmte Bedingungen gebunden sind. [...] Jeder Navigator muss die Geschwindigkeit einschätzen, die Richtung und die Kraft des Windes, des Kerosinverbrauchs, die Verflachung der Erde zwischen den Polen etc. Für diesen einen Flug – heute und unter diesen Bedingungen – gibt es nämlich immer nur eine optimale Route. Auf dem Meer muss der leitende Offizier die Winde und die Strömungen berechnen, er muss den Wetterbericht lesen und ihn einkalkulieren und er muss den Stand des Meeres und die Höhe der Wellen, all die Fluten, welche die Route einengen und die Matrosen ermüden, einschätzen: genauso wie ein Fußgänger.[243]

Solch mühsame Berechnungen werden in den verkehrs- und kommunikationseuphorischen Stimmen des Globalisierungsdiskurses implizit als Merkmale einer Welt von gestern behandelt, über die die digitale Welt längst erhaben ist. Der Irrtum könnte kaum größer sein. Wie Serres' Einlassung zeigt, sind Reisen nach wie vor weitaus voraussetzungsvoller, als immer wieder angenommen wird. Wer sich auf eine Schiffsreise begibt, weiß, dass Navigationsgeräte den Navigator keineswegs überflüssig machen. Dieser muss vielmehr dazu in der Lage sein, die komplexen Apparaturen zu bedienen, die durch sie generierten Informationen zu lesen und einzuordnen sowie die richtigen Schlüsse aus ihnen zu ziehen.

Wie fragil das Gebilde des weltweiten Handels tatsächlich ist und wie wenig es sich von materiellen Bedingungen emanzipiert hat, wird an Ereignissen deutlich, wie sie sich etwa im März 2021 vor den Augen der Weltöffentlichkeit abspielten. Das gigantische Containerschiff »Ever Given« mit einer Länge von 400 Metern und

243 Michel Serres im Gespräch mit Régis Debray für die *Cahiers de Médiologie*, ⟨https://homepage.univie.ac.at/alessandro.barberi/Publikationen/Interview%20mit%20Michel%20Serres.pdf⟩, S. 3, letzter Zugriff 19. 08. 2021.

annähernd 40 Metern Breite steckte im schmalen Suezkanal mehrere Tage lang fest und verhinderte so die Weiterfahrt zahlreicher anderer Schiffe – havariert war es offenbar aufgrund eines sehr starken Windes, der auf eine gewaltige Angriffsläche, eine Wand aus mehr als 18 000 Containern, drückte und das Schiff so aus der schmalen Fahrrinne trug.[244] Die Folge war ein maritimer Stau von zeitweise bis zu 300 Schiffen, die vollbeladen auf die Freigabe des Kanals warteten und anschließend zahlreiche Nachfolgestaus in vielen Häfen verursachten, von denen aus sie wiederum, wie etwa in Rotterdam, in andere Häfen umgeleitet werden mussten, da selbst durch die Arbeit bei Tag und Nacht die Schiffe nicht so schnell entladen werden konnten, wie es eigentlich erforderlich gewesen wäre. »Pannen« wie diese werden deshalb so genannt, weil sie als ein nicht vorgesehener Störfall in den ansonsten reibungslos funktionierenden Abläufen beim globalen Transport von Waren angesehen werden.[245] Die enorme mediale Aufmerksamkeit, die dieses Ereignis auf sich gezogen hat, resultiert nicht nur aus den wirtschaftlichen Verlusten und Versorgungsengpässen, die sich aus der mehrere Tage andauernden Blockade der Schiffsroute ergaben, sondern vor allem auch daraus, dass mit Widerständen durch physische Hindernisse längst nicht mehr gerechnet und die materielle Infrastruktur grundsätzlich für jederzeit beherrschbar gehalten wird. Durch den vermehrten Blick auf die glatten Screens mit ihren Daten, Schaubildern, Linien und Zahlen entsteht der falsche Eindruck einer Welt, die sich von den dahinterstehenden materiellen Prozessen und Ereignissen gänzlich abgekoppelt zu haben scheint. Die Bildschirme suggerieren eine eigene Wirklichkeit, und es fällt offenbar schwer, eine davon abweichende andere Wirklichkeit als weiterhin existent überhaupt noch wahrzunehmen bzw. für möglich zu halten. Deshalb das allerorten ungläubige Staunen angesichts von Vorfällen wie dem querliegenden Schiff im Suezkanal, das als zu groß geratenes Stück Nahrung in der Speiseröhre des globalen Wirtschaftskörpers die Versorgung mit weiteren Nahrungsmitteln vorübergehend gefährdete. Auch dieses Ereignis zeigt noch einmal eindrücklich, dass für unser Zeit-

244 Vgl. ⟨https://www.tagesspiegel.de/wissen/ever-given-wurde-zum-opfer-der-physik-was-das-containerschiff-im-suezkanal-wirklich-quergelegt-hat/27051666.html⟩, letzter Zugriff 15. 07. 2021.

245 Vgl. dazu auch Jörg Potthast, *Die Bodenhaftung der Netzwerkgesellschaft. Eine Ethnografie von Pannen an Großflughäfen*, Bielefeld 2007.

alter nicht der Sieg des Digitalen über das Materielle, sondern die Verknüpfung der beiden typisch ist. Was unser Zeitalter ausmacht, ist gerade die spannungsvolle Beziehung zwischen terran und digital und die Überlagerung »realer« und »virtueller« Räume.[246] Wir leben in Welten, in denen sich Analoges und Digitales so sehr überlagern, dass man von *anatalen* und *digilogen* Welten sprechen könnte, um die Verschränkung zu betonen, in denen entweder das Analoge (anatal) oder das Digitale überwiegt (digilog), immer aber Mischungsverhältnisse vorliegen. Entscheidend ist, dass damit betont werden kann, dass es nicht um streng geschiedene Welten oder eine restlose Ablösung der analogen Ordnung durch eine digitale geht. Die wirkliche Herausforderung liegt in der Bewältigung und Organisation des Zusammenspiels beider Welten einschließlich der Spannungen und Konflikte, die sich daraus ergeben.

Angesichts der vollmundigen Verabschiedungen erdräumlicher Zusammenhänge gilt es heute wieder daran zu erinnern, dass es sich bei der vielfach diagnostizierten »Erdschrumpfung«[247] vor allem um eine »kommunikative Erdverkleinerung«[248] handelt. Entgegen der Vorstellung, die die bloße technische Möglichkeit der Raumüberwindung schon als Vernichtung der Ferne verstanden haben will, ist es nötig darauf hinzuweisen, dass es bei den Entfernungen durchaus bleibt und die grassierende Rede von einer *Enträumlichung* deshalb unzutreffend ist.[249] Insofern ist die Bedeutung der Ferne keineswegs vernichtet, wie Arendt meint, sondern reproduziert sich auch weiterhin durch das der Erfahrung weiterhin offenstehende Erlebnis der mühsamen Überbrückung von Entfernungen zwischen A und B. Auf diese zentrale Tatsache, die heute aus einem falschen Überlegenheitsgefühl der Vergangenheit gegenüber gerne verleugnet wird, hat bereits Ratzel hingewiesen:

Das, was am Verkehr geographisch ist, das bleibt. Der Weg von Leipzig nach Dresden bleibt immer derselbe, der Eisenbahnlinie nach, wie auch die Landschaft sich ändern mag, wie auch die Menschen und die Güter

246 Vgl. Schroer, *Räume, Orte, Grenzen*, S. 252 ff.

247 Arendt, *Vita activa oder Vom tätigen Leben*, S. 321 und Alfred Weber, *Der dritte oder der vierte Mensch*, S. 19.

248 Ebd., S. 16.

249 Vgl. Walter Seitter, »Technischer Raum: Enträumlichung«, in: Stephan Günzel (Hg.), *Raum. Ein interdisziplinäres Handbuch*, Stuttgart, Weimar 2010, S. 204-218.

andere werden mögen. Wir werden auf diesem Wege immer in östlicher Richtung reisen, immer die Elbe zu überschreiten, immer 115 km zurückzulegen haben.[250]

Die verkürzte Zeit, in der mittels technischer Verkehrsmittel eine Entfernung überwunden werden kann, mit Enträumlichung gleichzusetzen, läuft auf eine für fortschrittsgläubige Globalisierungsenthusiasten typische »Geographieverleugnung«[251] hinaus. Zwar können Entfernungen tatsächlich in immer kürzerer Zeit überwunden werden, sofern die technischen und finanziellen Mittel dafür vorhanden sind, doch beim Wegfall dieser beiden Ressourcen als Grundvoraussetzungen wachsender Mobilität werden die zwischen den Orten bestehenden Entfernungen nicht nur immer noch so wie einstmals erfahren, sondern sogar intensiver und schmerzhafter, da um die technischen Möglichkeiten der Überbrückung der Entfernungen nunmehr gewusst wird. Auf diese Weise erhält sich die alte Welt der Entfernungen in der neuen Welt der technischen Entfernungsüberbrückungsmöglichkeiten und spaltet die Weltbevölkerung auf in nach wie vor auf den Nahraum Verwiesene auf der einen und die die Erdkugel als beliebig bereisbaren Globalraum Nutzende auf der anderen Seite.[252]

Die gesamte Diskussion um das Anthropozän macht zu Recht auf die immens gestiegene menschliche Verfügungsgewalt über Räume und die Beanspruchung von Raum aufmerksam. Kaum ein Raum existiert mehr, in den der Mensch seinen Fuß noch nicht gesetzt und dort seine Spuren unübersehbar hinterlassen hat. Statt der Fortschtrittserzählung der Moderne von einer ständigen Zunahme der erforschten Lebensräume und ihrer Erfassung zu folgen, müssen wir dennoch zur Kenntnis nehmen, dass viele Lebensräume nur scheinbar bekannt sind, wir etwa über Lebewesen in der Tiefsee noch immer nur wenig wissen:

Vom Meeresgrund ist weniger bekannt, als von den benachbarten Planeten. Mars und Venus sind jedenfalls besser kartiert als der Boden des Meeres, von dessen 360 Millionen Quadratkilometern etwa ein Prozent als erforscht gelten. In diesem Bereich sind wir erst auf der Evolutionsstufe

250 Ratzel, *Politische Geographie*, S. 319.

251 Seitter, »Technischer Raum: Enträumlichung«, S. 216.

252 »Unser Reiseraum hat sich ausgeweitet, und diese Ausweitung kann man schwerlich unter ›Enträumlichung‹ subsumieren.« Ebd., S. 205.

der Sammler und Jäger angelangt. Die wahre, die letzte *terra incognita* ist mithin das *mare incognitum*, das ›Wasserland‹.[253]

Die Annahme, dass es sich dabei um die letzte terra incognita handelt, könnte sich jedoch als Sinnestäuschung erweisen. Statt einer immer weiter fortschreitenden Erschließung der Erde bis hin zum Endpunkt ihrer kompletten Erfassung und Besiedelung haben wir es offenbar auch mit einer Neuentstehung unbekannter Regionen zu tun. Zwar vollzieht sich die Erforschung und Erschließung der Erdkugel zunächst so ungebremst, dass der Pioniergeist sich Ende der 1960er Jahre andere Betätigungsfelder suchen muss:

> die extreme Höhe, die Tiefe der Meere, die Eroberung des Weltraums. Das Unbekannte war nicht mehr auf der Erde zu finden: nichts hatte dem ungeheuren Prozeß des Austauschs und der Öffnung widerstanden, welcher die Archaismen zerbricht und eine Beziehung zu den abgelegensten Winkeln der Erde herstellt. Welthandel, Information und Tourismus verbinden mit ihren Tentakelarmen alle Feuerstätten des planetaren Dorfes.[254]

Doch scheinen wir uns inzwischen längst in einer weiteren Phase zu befinden, in der sich einzelne Regionen so umfassend vor der Außenwelt verschließen, dass kein Einblick von außen mehr möglich ist. Die Folge: »[D]ie weißen Flecken tauchen wieder auf.«[255] Ähnlich war auch Luhmann – entgegen seiner Erwartung einer stetig steigenden Homogenisierung der weltweiten Lebensbedingungen und Verhaltensstandards – auf Favelas, Slums und andere vernachlässigte, von der Globalisierungsdynamik übergangene oder von ihr abgehängte Gebiete gestoßen, die keine Anbindung an die weltumfassenden Kommunikationsströme erlangen und auf dem Bildschirm der Weltöffentlichkeit nicht auftauchen. Zu Recht wurde dieser Beobachtung entgegengehalten, dass die räumliche Ausgrenzung bestimmter Bevölkerungsteile »exterritoriale, für Fremde un-

253 Bernd Malunat, »Meer ohne Fisch? Der Oikos des Meeres am Abgrund«, in: Peter Cornelius Mayer-Tasch (Hg.), *Meer ohne Fische? Profit und Welternährung*, Frankfurt/M., New York 2007, S. 101-124, hier S. 103. Vgl. auch United Nations Environment Programme, Ecosystems and Biodiversity in Deep Waters and High Seas, UNEP Regional Seas Reports and Studies 178/2006, S. 10; ⟨https://wedocs.unep.org/bitstream/handle/20.500.11822/11811/rsrs178.pdf⟩, letzter Zugriff 30. 06. 2021, und das Interview mit der Meeresbiologin Antje Boetius, in: *DIE ZEIT* vom 25. 07. 2019, S. 29.

254 Jean-Christophe Rufin, *Das Reich und die neuen Barbaren*, Berlin 1993, S. 36.

255 Ebd.

betretbare Räume« schafft, »die mit der These der Weltgesellschaft nicht ohne weiteres harmonisierbar sind«,[256] was Luhmann nachhaltig irritiert und zu Überlegungen einer Ablösung der funktional differenzierten Gesellschaft durch eine neue Differenzierungsform motiviert hat, die auf die regional unterschiedlichen Partizipationsmöglichkeiten an den Angeboten der Funktionssysteme reagiert. Die Beschreibung der verschiedenen Typen dieser »neuen unerforschten Zonen«[257] durch Rufin entgeht nicht durchgehend der Gefahr der Exotisierung. Dennoch geht sein Hinweis in die richtige Richtung: Ähnlich wie wir am Beispiel der neuen Landnahmen zeigen konnten, dass deren Geschichte nicht mit der Aufteilung der Welt zwischen den Großmächten endete, sondern sich mit dem Zugriff des globalen Nordens auf die fruchtbaren Agrarzonen der Erde im globalen Süden erneut vollzieht, ist auch die Entstehung neuer unbekannter Regionen nicht zu leugnen. Entgegen der weithin geteilten Annahme einer vollständig erschlossenen Welt tun sich doch immer wieder neue Welten, Rätsel und Geheimnisse auf.[258] Auch deshalb gehe ich davon aus, dass die *terrestrische Globalisierung* weiterhin stattfindet und nicht etwa abgelöst wurde durch die elektronische Globalisierung, wie in typisch fortschrittsmoderner Manier angenommen wird.[259] Im beschriebenen Sinne tritt die Letzere der terrestrischen hinzu, statt diese als abgegoltene Vergangenheitsstufe hinter sich zu lassen. Globalisierung bedeutet in meinem Sinne die Konfrontation von verschiedenen Räumen

256 Rudolf Stichweh, »Inklusion/Exklusion, funktionale Differenzierung und die Theorie der Weltgesellschaft«, in: *Soziale Systeme* 3 (1997), S. 123-136, hier S. 127. Vgl. dazu Schroer, *Räume Orte, Grenzen*, S. 149-157.

257 Rufin, *Das Reich und die neuen Barbaren*, S. 36.

258 Sombart dagegen meinte noch: »Steine und Pflanzen und Menschen werden registriert und katalogisiert. Ja – was das Ärgste ist – ihr geheimes Leben wird rücksichtlos entschleiert mittels eines grausamen Instruments, das sich Kamera nennt, und wird [...] allabendlich im Lichtspieltheater« und »in ungezählten Bilderzeitschriften zur Schau dargeboten.« Sombart, *Vom Menschen*, S. 325. Und weiter: »Die Natur bietet dem menschlichen Forschungsdrang kein Geheimnis mehr. Sie ist von seinem Wissen bald völlig unterjocht.« (Ebd.) Sombart geht offenbar noch von der Vorstellung eines endlichen Vorrats an Wissen über die Erde aus, die nicht berücksichtigt, dass durch jedes Forschungsergebnis umgehend zahlreiche neue Fragen aufgeworfen werden.

259 Peter Sloterdijk, *Im Weltinnenraum des Kapitals. Für eine philosophische Theorie der Globalisierung*, Frankfurt/M. 2005.

und deren Überlappung an einem Ort, nicht deren Abschaffung.[260] Die mangelnde Konzeptualisierung des schillernden Begriffs Globalisierung beklagend, schlägt ein Vertreter der kritischen Geopolitik vor:

Eine sinnvolle Näherung ist, Globalisierung als die Abkehr von der Territorialität des staatlich strukturierten Kapitalismus, seiner Grenzen, Regime und Horizonte, zu fassen, jedoch nicht als die Auflösung von Territorialität selbst. Die Räume des staatlich strukturierten Kapitalismus werden durch suprastaatliche Territorialbezüge des Kapitalismus, durch neue institutionelle Netzwerke und Akteure verschoben und ersetzt.[261]

Auch hier ist jedoch wieder jene Substitutionslogik am Werk, die den einen gegen den anderen Zustand ausspielt und von einer Ersetzung des Alten durch das Neue ausgeht. Es geht jedoch nicht um Ersetzung, sondern um Ergänzung, um das Hinzutreten neuer Räume und Raumlogiken zu alten, die verstärkt miteinander in Konflikt geraten. Selbst der richtige Hinweis auf einen anhaltenden, aber sich verändernden Territorialbezug unterschätzt noch die Beharrungskräfte nationalstaatlicher Territorialherrschaft, die keineswegs im Schwinden begriffen ist, wie wir heute – auch angesichts der bevorzugten Bewältigungsstrategien der Corona-Pandemie – deutlich erkennen können.[262]

Statt eines Übergangs vom lokalen Gehäuse der Nationalstaaten in die globalisierte Welt bzw. die Weltgesellschaft oder – umgekehrt – eines Verharrens im nationalstaatlich organisierten Raum bzw. der Rückkehr zu diesem kann es sich heute nur noch um ein Zusammenspiel des Lokalen und des Globalen, von »Boden und Welt«[263] handeln. Die zur Gewohnheit gewordene Haltung, dass »jede Verbundenheit mit irgendeinem Boden zwangsläufig mit dem Kainsmal der Reaktion geschlagen«[264] sei, ist ein Erbe der Modernisierung, das auszuschlagen ist. Für die Herausforderung des

260 Vgl. Schroer, *Räume, Orten, Grenzen*.

261 Gearóid Ó Tuathail, »Rahmenbedingungen der Geopolitik in der Postmoderne. Globalisierung, Informationalisierung und die globale Risikogesellschaft«, in: Reinhard Zeilinger u. a. (Red.), *Geopolitik. Zur Ideologiekritik politischer Raumkonzepte*, Wien 2001, S. 120-142, hier S. 125.

262 Vgl. Kap. 7.2.

263 Latour, *Das terrestrische Manifest*, S. 107.

264 Ebd., S. 23.

Anthropozäns und die erfolgreiche Rettung der Erde wird es vielmehr von großer Bedeutug sein, einen positiven und unbelasteten Bezug zum Boden herzustellen.[265]

Charakteristisch für die Beschreibungen der Globalisierung im sozialwissenschaftlichen Mainstream ist darüber hinaus auch die Konzentration auf Menschen und Waren, während sie bezogen auf Pflanzen und Tiere einen blinden Fleck aufweisen. Doch gerade auch diese Lebewesen kommen durch den Ausbau der Infrastruktur für Verkehr und Transport in ungeahntem Ausmaß zusammen – mit schwer kalkulierbaren Folgen. Angesichts der Ausbreitung von Pflanzen- und Tierarten in Gebieten, wo bereits andere Arten heimisch sind, dürfte vor allem für sie gelten, dass sie *einander nicht mehr entrinnen können*. Im Zuge der menschlichen Überschreitung von Hindernissen wie Meeren, Flüssen, Gebirgen, Wüsten und Steppen mittels technischer Erfindungen

> werden eine große Zahl von Pflanzenarten aus ihren ursprünglichen Sitzen über ihre Grenzen verbreitet, zum Teil fremden Umgebungen angepaßt oder als überlegene Konkurrenten neuen Gegenden zugeführt [...] Und diese Einflüsse und Einwirkungen ruhen auch heute im Zeitalter eines intensiven Verkehrs und Warenaustausches zwischen den einzelnen Ländern, Zonen und Erdteilen nicht, sondern werden noch dauernd teils durch absichtliche Arbeit des Menschen, Gewinnung neuer Nutzpflanzen, Anpflanzung neuer Arten in Kolonie und Mutterländern, teils durch seine unabsichtliche Übertragung in neue Gebiete aufs kräftigste unterstützt, so daß man, schon rein die bloße Zahl der Artenbestände betrachtend, den menschlichen Einfluß einen ganz gewaltigen nennen muß.[266]

265 Vgl. dazu etwa Laufmann, *Der Boden*. Die früheren Kulte um den Boden sind unbedingt zu vermeiden und können als Warnung vor einer posthumanen Renaissance übertriebener Harmonisierung von Unterschieden dienen: »Es mag sein, daß die Sehnsucht der Menschen immer wieder auf die Überwindung der verborgenen oder offenen Feindschaft ihrer Lebensstile gerichtet sind. Dann soll sich das Vertrauen auf die Festigkeit des Bodens verbinden mit der Verwurzelung in ihm als einer Metapher für Seßhaftigkeit, Treue, Familienverbund, Erbordnung, damit bebaut und gebaut werden kann über die Generationen hinweg. Das dies ein gefährliches Ideal sein kann, hat es mit anderen Idealen von Harmonisierung des Unverträglichen gemein. Je schwieriger die Vereinbarkeit und Vereinigung sind, desto mehr kann sich die Entschlossenheit dazu in den Kult hineinsteigern, der – wie alle Kulte – seine Opfer und seine Priester haben will.« Hans Blumenberg, *Die Sorge geht über den Fluß*, Frankfurt/M. 1987, S. 99.

266 Fischer, »Der Mensch als geologischer Faktor«, S. 129 f.

Abgesehen von diesem nicht zu leugnenden, aber selten beleuchteten Einfluss des Menschen auf die Verbreitung der Pflanzen, sind diese dabei dennoch nicht allein von deren gewollt oder ungewollt zur Verfügung gestellten Transportmöglichkeiten abhängig. Pflanzen reisen nicht nur als ›blinde Passagiere‹, sondern sorgen vielmehr auch aktiv selbst durch Sporen und Samen für ihre Verbreitung, wodurch sie sich immer neue Lebensräume erobern:

> Farne etwa setzen geradezu astronomische Sporenmengen frei, die vom Wind jahrelang Tausende Kilometer weit getragen werden können. Die Methoden, derer Samen sich dabei bedienen, sind erstaunlich. [...] So gibt es Samen, die sich mithilfe des Windes ausbreiten oder einfach über den Boden rollen; Samen, die von irgendwelchen Tieren oder bestimmten Tiergruppen wie Ameisen, Vögeln oder Säugetieren verbreitet werden; Samen, die von Tieren gefressen werden oder ihrem Fell anhaften; Samen, die im Wasser schwimmen oder einfach von der Pflanze herabfallen [...], und anderes mehr. Jedes Jahr werden neue raffinierte Strategien entdeckt, die von Pflanzen entwickelt wurden, um die Keimfähigkeit ihrer Samen zu erhöhen. Diese Vielfalt an Möglichkeiten, Verfahren und Mitteln zeigt den unaufhörlichen Expansionsdrang des Lebens, der die Pflanzen jede erdenkliche Umgebung erobern lässt.[267]

Dieser weltweite »Austausch von Flora und Fauna«[268] gehört zu den im soziologischen Kontext nur selten thematisierten Seiten der Globalisierung. Dabei hat sowohl die Verbreitung von Nutzpflanzen als auch der Import und die Übersiedlung von Tieren in Gebiete, in denen sie zunächst nicht heimisch waren, gravierende gesellschaftliche Auswirkungen. So konnten etwa durch die Einführung der Kartoffel in Europa den dort lange Zeit herrschenden

267 Mancuso, *Die unglaubliche Reise der Pflanzen*, S. 10 f. Damit fällt ganz nebenbei auch diese Besonderheit des *homo sapiens*, dem Gehlen noch die Fähigkeit zugesprochen hatte, sich auf der ganzen Welt ausbreiten zu können. Mancuso erzählt im weiteren Verlauf seines Buches mehrere Einzelgeschichten solcher vegetabilischen Verbreitungsphänomene. Auch Herder wusste bereits: »Jede Pflanze der Natur muß verblühen; aber die verblühte Pflanze streut ihren Samen weiter, und dadurch erneut sich die lebendige Schöpfung.« Herder, *Ideen zur Philosophie der Geschichte der Menschheit*, S. 380. Allerdings muss sie dafür auf ihr Absterben gar nicht warten.

268 Edgar Morin, »Planet – Erde«, in: Christoph Wulf (Hg.), *Der Mensch und seine Kultur. Hundert Beiträge zur Geschichte, Gegenwart und Zukunft des menschlichen Lebens,* Köln 2010, S. 119-139, hier S. 123.

Hungersnöten ein Ende bereitet werden,[269] während die von den Spaniern in Amerika eingeführten Pferde den Prärieindianern erst die Bisonjagd ermöglichten.[270] Gleichzeitig schleppten die Europäer Kranheitserreger ein, »gegen welche die Bewohner Amerikas keinen Immunschutz besaßen. Unter den vielen Gründen, die den Europäern die Unterwerfung des Kontinents erleichterten, dürfte keiner wichtiger gewesen sein als die verheerenden Pockenepidemien, die die Urbevölkerung dezimierten.«[271] Die Verbreitung und Ansteckung mit Krankheitserregern in alle Richtungen haben seither nicht nachgelassen, sondern zu weiteren Epidemien und Pandemien geführt. Wird zunächst noch vor allem der Erste Weltkrieg als Grund für die Ausbreitung von ansteckenden Krankheiten angegeben – die »Spanische Grippe« raffte in wenigen Monaten über 30 Millionen Menschen hin –, so ist es zum Ende des 20. Jahrhunderts vor allem der enorm gestiegene Reiseverkehr der Menschen, der den Infektionskrankheiten ideale Bedingungen zur Weiterverbreitung liefert.[272] Die in immer kürzerer Zeit absolvierten Wegstrecken

269 Vgl. ebd. »In Irland ist dank der Einführung der Kartoffel die Bevölkerung von 3 Millionen 1766 auf 8300000 im Jahr 1845 angewachsen.« Tarde, *Die Gesetze der Nachahmung*, S. 145.

270 Vgl. Gehlen, *Urmensch und Spätkultur*, S. 218; vgl. auch Osterhammel, Petersson, *Geschichte der Globalisierung*, S. 38.

271 Ebd. Edgar Morin betont die gegenseitigen Ansteckungen zwischen alter und neuer Welt: »Bazillen und Viren aus Eurasien verbreiten Röteln und Herpes; Grippe und Tuberkulose wüten auf dem amerikanischen Kontinent, während sich die Syphilis aus Amerika kommend von Geschlecht zu Geschlecht springend bis nach Schanghai ausbreitet.« Morin, »Planet – Erde«, S. 123.

272 Vgl. John R. McNeill, *Blue Planet. Die Umweltgeschichte des 20. Jahrhunderts*, Frankfurt/M. 2003, S. 223 und Dix, *Geoökonomie*, S. 1 f.: »Die durch den Krieg in ungeahnter Weise beschleunigte Eroberung der Luft für Verkehr und Nachrichtendienst macht unsere alte Erde zusammenschrumpfen. Wenn der Funkspruch in Sekunden den Erdball umkreist, wenn das Luftschiff in zwei Tagen den Ozean überquert, dann sind Überwindungen von Raum und Zeit so gründlich gewandelt, daß wir mehr als je zuvor zu ›globalem‹ Sehen befähigt erscheinen, daß unser Geist wirklich die Erde umspannen kann und sich an das Denken in Kontinenten gewöhnt – unentbehrlich in dem neuen Zeitalter globaler Politik, das die Zeit der europäischen Vorherrschaft abgelöst hat.« Auch für Ratzel sorgt der »Verkehr als Raumbewältiger« (Ratzel, *Politische Geographie*, S. 319-383), für eine zunehmende Annäherung aller Länder auf der Erdkugel: »Der Zusammenhang aller Länder mit der ganzen Erdoberfläche ist keine bloße Abstraktion, sondern er ist und wirkt in der Gegenwart und in alle Zukunft. Mit der Gemeinsamkeit der Grundlage sind Berührungen und Wechselbezie-

helfen den Überträgern von Krankheiten dabei, die Reise lebend zu überstehen und sich am Ankunftsort ungehindert auszubreiten.[273] Auf diesen Zusammenhang hat Susan Sontag schon in den 1980er Jahren in Bezug auf die Aids-Pandemie aufmerksam gemacht:

> Wie die Auswirkungen der industriellen Umweltverschmutzung und das neue System der globalen Finanzmärkte ist die Aids-Krise Beweis für eine Welt, in der nichts Wichtiges mehr regional, lokal oder begrenzt ist; in der alles, was zirkulieren kann, auch zirkuliert und jedes Problem weltweit ist oder dazu dazu verurteilt ist, weltweit zu werden. Waren zirkulieren [...]. Abfälle zirkulieren: der giftige Industriemüll von St. Etienne, Hannover, Mestre und Bristol landet in den Küstenstädten Westafrikas. Menschen zirkulieren, in größerer Zahl als je zuvor. Und Krankheiten zirkulieren. [...] heute birgt diese gesteigerte moderne räumliche Verflochtenheit [...] eine Gesundheitsbedrohung in sich, die mitunter als Bedrohung der menschlichen Spezies selbst beschrieben wird; und die Furcht vor Aids entstammt demselben Grund wie die Aufmerksamkeit auf andere sich abzeichnende Katastrophen, die das Nebenprodukt der fortgeschrittenen Gesellschaft sind, namentlich solche, die die Zerrüttung der Umwelt im Weltmaßstab illustrieren. Aids ist einer der dystopischen Boten des globalen Dorfes, der Zukunft, die schon da ist und doch immer vor uns liegt und der niemand zu entrinnen weiß.[274]

Berücksichtigt man nicht nur den erleichterten Ortswechsel der Menschen, sondern zählt auch die Verbreitung der Pflanzen, Tiere und Viren zum Phänomen der Globalisierung hinzu, lässt sich in der Tat behaupten: »Globalisierung bedeutet: Neubesiedlung des Planeten.«[275] Durch die gegenseitigen Einflussnahmen kommt es zu Begegnungen von bisher einander fremder Lebewesen, die

hungen der Länder gegeben, so daß trotz aller Unterschiede und Grenzlinien keines als ganz besondere Existenz zu denken ist. Weil diese 510 Millionen qkm der Erdoberfläche die Schranken des politischen Wachstums sind, mußten die Länder, je mehr und je größere heranwuchsen, einander um so näher kommen und in um so innigere Wechselwirkungen treten. Mit ihnen und durch sie ihre Völker. Geschichte ist also Zusammendrängen, Vervielfältigung der Berührungen und des Austausches.« Ratzel, *Politische Geographie*, S. 250.

273 Vgl. John R. McNeill, *Blue Planet*, S. 222.

274 Susan Sontag, *Krankheit als Metapher. Aids und seine Metaphern,* Frankfurt/M. 2003, S. 147 f.

275 Paul Virilio, »Mobile Architektur und neue urbane Kulturen«, in: Gerhard Blechinger, Yana Milev (Hg.), *emergencydesign. designstrategien im arbeitsfeld der krise*, Wien, New York 2004, S. 41-46, hier S. 43.

ebenso zu neuen fruchtbaren Zusammenschlüssen führen wie neue Konkurrenzkämpfe und Konflikte auslösen können. Hinsichtlich der Diskussion um invasive Arten im Pflanzen- und Tierreich gibt es Argumente, die in fataler Weise an die fremdenfeindlichen Reaktionen auf die Migration der Menschen erinnern:

> In Naturschützerkreisen galt es nahezu als Ketzerei, wenn man einräumte, dass eingeschleppte Arten bleiben würden und man sie als vollgültige Mitglieder ihrer neuen Ökosysteme betrachten sollte. Stattdessen werden sie verfolgt, diskriminiert und als verachtenswürdige Formen von Leben behandelt. In Großbritannien wollen manche Naturschützer am liebsten sogar noch gegen Arten vorgehen, die sich vor mehr als fünfhundert Jahren angesiedelt haben.[276]

Bei solchen Forderungen spätestens wird klar, dass es sich um einen Naturschutz handelt, der die Natur offenbar in einen Glaskasten einsperren will, damit sie keinen äußeren Einflüssen mehr ausgesetzt ist. Natur soll hier zu einem Zustand gemacht werden, der jeglicher Dynamik entbehrt, womit letztlich nicht weniger als das Leben selbst angehalten werden soll zum Zwecke der Musealisierung der Natur, die dabei zu einem zu betrachtenden Gegenstand verkommt. Der Versuch, sich dem Kontakt mit allem Fremden zu entziehen und in sein eigenes Territorium zurückzuziehen, um die »Phantasien der Reinheit, der Authentizität, der Grenzen und der Sicherheit auszuleben«,[277] ist weltweit zu beobachten und schlägt sich offensichtlich auch in Fragen des Natur- oder Artenschutzes nieder. Was dabei stets vergessen und verdrängt wird, ist eine schlichte Tatsache, die für Pflanzen, Tiere und Menschen gleichermaßen gilt: Die Einheimischen von heute sind die Einwanderer von gestern. Ist die Einwanderung nur lange genug her, hält man Pflanzen, Tiere und Menschen für einheimisch, die jedoch alle einmal von anderswoher eingewandert sind. Herkunft ist insofern eine weitgehend überflüssige Kategorie. Allein entscheidend ist vielmehr das aktuelle Zusammenleben der vor Ort zusammenkommenden Lebewesen: »Sich an einem Ort aufhalten, das bedeutet dabei auch, dass man ›mit etwas handelt‹: mit den anderen desselben Ortes ebenso wie mit dem Mineralischen, Pflanzlichen und Tierischen, das diesen

276 Callum Roberts, *Der Mensch und das Meer. Warum der größte Lebensraum der Erde in Gefahr ist*, München 2013, S. 285.

277 Arjun Appadurai, *Die Geographie des Zorns*, Frankfurt/M. 2009, S. 37.

Ort zu dem macht, was er ist, Ergebnis eines Sediments.«[278] Dass es dabei auch zu unerwünschten Folgen kommen kann, ist kaum zu vermeiden, es sei denn, man wollte sich in von Fremdeinflüssen völlig abgeschotteten Wagenburgen einschließen. Der Kontakt mit dem anderen lässt sich niemals gänzlich risikofrei organisieren.

5.6 Die Erde neu sehen: Lebendiger Planet Gaia oder Raumschiff Erde?

> »Die Erde, dachte er, hat eine Haut; und diese Haut hat Krankheiten. Eine dieser Krankheiten heißt zum Beispiel: ›Mensch‹.«[279]

Die vieldiskutierte Gaia-Hypothese des britischen Wissenschaftlers, Erfinders und ehemaligen NASA-Mitarbeiters James Lovelock ist ein direktes Produkt der Weltraumfahrt. Der durch die Raumfahrt ermöglichte Blick aus dem All zurück auf die Erde hat nach seinen eigenen Angaben die Vorstellung von der Erde als einem lebendigen Planeten überhaupt erst ermöglicht.[280] Denn nur aus dieser »Vogelperspektive« wird »uns die Erde als *ein* System und [...] als etwas Lebendiges«[281] erkennbar. Lovelock entwickelt diese Position in betonter Abgrenzung zur herkömmlichen Wissenschaft und ihren professionellen Vertreter:innen aus der Meterologie, der Biologie, der Meeresforschung und Atmosphärenchemie, die eine zwangsläufig reduktionistische Perspektive einnähmen, da sie aus der »Froschperspektive«[282] die Erde betrachten und daher nur Teilaspekte, niemals aber das Ganze zu erkennen in der Lage seien.[283] Obwohl Lovelock sich selbst als Wissenschaftler begreift, ist für das Verständnis seiner Überlegungen zentral, dass er seine Gaia-Theorie in Opposition zur herkömmlichen Wissenschaft und ihrer

278 Michel Maffesoli, »Élan Vital«, S. 83.

279 Friedrich Nietzsche, *Also sprach Zarathustra*, kritische Studienausgabe, hg. von Giorgio Colli und Mazzino Montinari, Berlin, New York 1988, S. 168.

280 Lovelock, *Gaia*, S. 11.

281 Ebd., S. 15.

282 Ebd.

283 Nur »einige wenige, überwiegend Geographen«, ebd., S. 177, werden von diesem Vorwurf ausgenommen.

in seinen Augen notwendig beschränkten Perspektive konzipiert. Umgekehrt haben die so charakterisierten Wissenschaftler:innen seine Thesen nicht nur als unwissenschaftlich zurückgewiesen, sondern auch »verhöhnt und beschimpft«, worüber er sich bitter beklagt.[284] Lovelock, der seine Arbeit als »schöpferische Naturwissenschaft« verstanden wissen will, die die »Domäne praktizierender Wissenschaftler«[285] sei, wie er einer ist, nimmt so einerseits eine überlegene Perspektive für sich in Anspruch, die den notwendig defizitären Teilperspektiven der Spezialist:innen enthoben ist, kämpft aber andererseits um die Anerkennung seiner Gaia-Hypothese als wissenschaftlich fundierte Theorie und bestreitet vehement den Vorwurf des Esoterischen. Dabei steht Gaia[286] im Kern für die Idee, den Planeten Erde nicht länger als einen toten Himmelskörper anzusehen, auf dem sich Leben abspielt, sondern selbst als ein Lebewesen zu begreifen. James Lovelock und Lynn Margulis (1938-2011) haben bereits in den 1970er Jahren – gegen die herrschende Lehrmeinung – für die Idee geworben, den Planeten Erde als ein sich selbst regulierendes System zu betrachten, »das aus der Gesamtheit der Organismen, der Oberflächenfelsen, der Meere und der Atmosphäre besteht, die eng zu einem einzigen sich evolvierenden System verknüpft sind«.[287] Massive Kritik hat die Gaia-Theorie immer wieder vor allem deshalb auf sich gezogen, weil sie dieses System so betrachtet, »als hätte es ein Ziel – die Regulierung der Oberflächenverhältnisse auf eine Weise, die stets für die gegenwärtigen Lebensformen so günstig wie möglich ist«.[288] Da sich Gaia ihre idealen Lebensbedingungen selber zu schaffen

284 Lovelock hat seine Gaia-Theorie gegen die Vorwürfe der Unwissenschaftlichkeit und Esoterik immer in Schutz genommen, zu solchen Lesarten durchaus aber auch selbst eingeladen, vgl. James Lovelock, »Vorwort«, in: Elisabeth Sahtouris, *Gaia. Vergangenheit und Zukunft der Erde*, Frankfurt/M., Leipzig 1993, S. 11-15.

285 Ebd., S. 7.

286 Der Vorwurf des Esoterischen resultiert daraus, dass der Name *Gaia* auch in entsprechenden Kreisen verwendet und als schützende »Mutter Erde« bzw. als Göttin angesehen und verehrt wird.

287 Lovelock, *Gaias Rache*, S. 234. Eine weitere Definition lautet: »Gaia [...] ist die Erde als *ein* durchgängiges physiologisches System, eine Entität, die zumindest in dem Sinne lebendig ist, als sie wie jeder biologische Organismus ihren Stoffwechsel und ihre Temperatur selbst regelt und in den mehr oder weniger engen Grenzen hält, in denen das Leben bestehen kann.« Lovelock, *Gaia*, S. 10.

288 Lovelock, *Gaias Rache*, S. 234.

in der Lage ist, werden alle Handlungen des Menschen, die sich auf die Biosphäre – verstanden als Gesamtheit aller lebenden Organismen – auswirken, als unerwünschte Einmischungen, ja als beständige Störquelle für eines sich sonst im Gleichgewicht befindlichen Systems behandelt. So störten etwa die in die Atmosphäre entlassenen Treibhausgase und die Umwandlung von Wäldern in Ackernutzflächen die Selbsterhaltungskräfte Gaias gleich in doppelter Hinsicht, weil so nicht nur ein Temperaturanstieg erzeugt, sondern gleichzeitig auch das ausgleichende Kühlsystem abgeschaltet werde.[289] Dabei wird die Erde in irrtitierend simplifizierender Weise immer wieder als lebendiger Körper vorgestellt, vergleichbar mit dem menschlichen Körper: »Wie jeder von uns steuert die Erde ihre Temperatur und Zusammensetzung so, dass es ihr jeweils gut geht, und sie hat das stets getan, seit vor über mehr als drei Milliarden Jahren das Leben begann.«[290] Sich selbst sieht Lovelock in der Rolle eines »Erd-Arztes«,[291] der »Erdheilkunde«[292] praktiziert. Entsprechend dieser Vorstellung kann auch die Erde entweder gesund oder krank sein. Die aktuelle Klimaerwärmung bedeutet für ihn folgerichtig, dass die Erde »Fieber«[293] hat. Lovelock stellt die Frage, wie der *Patient Erde* geschont, gerettet, erhalten werden kann. Das Weiterleben der menschlichen Spezies scheint in seinen Überlegungen zur Rettung von Gaia von eher nachrangiger Bedeutung zu sein, ist diese »Menschenplage«[294] doch »so etwas wie eine Krankheit des Planeten«.[295] Seiner pessimistischen Prognose zufolge wird Gaia schon bald »ihre unbarmherzigen Kräfte gegen uns Aufstellung nehmen«[296] lassen, um die Menschheit zu bestrafen für ihr ungebührliches Eindringen in »die ökologischen Nischen anderer Spezies«.[297] Durch ihre Eingriffe in die Umwelt haben die Menschen »unbewusst Gaia den Krieg erklärt«.[298] Bei solchen und

289 Vgl. ebd., S. 72.
290 Ebd., S. 10.
291 Lovelock, *Gaia*, S. 6.
292 Ebd., S. 10.
293 Lovelock, *Gaias Rache*, S. 9.
294 Lovelock, *Gaia*, S. 153 ff.
295 Lovelock, *Gaias Rache*, S. 22.
296 Ebd.
297 Ebd.
298 Ebd. Was vor allem auf die ökonomisch motivierten Eingriffe zurückzuführen ist, vgl. Kap. 6.2 dieser Arbeit.

ähnlichen, in Lovelocks Schriften zahlreich vorhandenen Formulierungen nicht an eine strafende Gottheit zu denken, die den ungehorsamen Menschen ihren Zorn spüren lassen wird, fällt nicht eben leicht. Insgesamt laufen seine Überlegungen vor allem auf die Botschaft hinaus, »daß Gaia größer ist als wir«.[299] Parallel zur Vergrößerung und Erhöhung der Erde wird der Mensch verkleinert und entmachtet: »In Gaia sind wir einfach eine Spezies unter vielen, weder die Eigner noch die Verwalter dieses Planeten.«[300] Es ist exakt diese Position einer Abkehr vom Anthropozentrismus, die sich für die posthumanistischen Ansätze von Serres, Latour und Haraway als anschlussfähig erweist.

Bei der neuen Hinwendung zur Erde, »die unsere Mitte und unsere Grundlage ist«,[301] wird deshalb immer wieder auch auf die umstrittene Gaia-Hypothese von James Lovelock Bezug genommen.[302] Allerdings unterscheiden sich die posthumanistischen Positionen von Lovelocks Annahmen deutlich darin, dass der Mensch der Natur nicht gegenübergestellt, sondern als ein Teil von ihr konzipiert wird im Sinne eines Natur-Kultur-Kontinuums. Für Lovelock ist zudem nicht unbedingt das Überleben bestimmter Spezies,[303]

299 Rupert Sheldrake, *Die Wiedergeburt der Natur. Wissenschaftliche Grundlagen eines neuen Verständnisses der Lebendigkeit und Heiligkeit der Natur*, Bern, München, Wien 1993, S. 177.

300 Lovelock zitiert nach Sheldrake, *Die Wiedergeburt der Natur*, S. 184.

301 Braidotti, *Posthumanismus*, S. 5.

302 Vgl. Bruno Latour, »Warten auf Gaia. Komposition der gemeinsamen Welt durch Kunst und Politik«, in: Michael Hagner (Hg.), *Wissenschaft und Demokratie,* Berlin 2012, S. 163-188; ders., *Kampf um Gaia*. Während sich Latour der Gaia-Idee weitgehend anschließt, präzisiert Morin, dass »der ganze Planet Erde als lebendes Wesen angesehen wird – jedoch nicht im biologischen Sinne, mit einer DNA, einer RNA usw., sondern als sich selbst organisierendes und regulierendes Wesens, das seine eigene Geschichte hat, das sich entwickelt und wandelt und dabei doch gleichzeitig seine Identität bewahrt; mit anderen Worten, das geformt und transformiert wird und dabei seine Identität aufrechterhält.« Morin, *Einen neuen Anfang wagen*, S. 164.

303 »Ich glaube, dass die Ansichten über Biodiversität [...] Unsinn sind. Die Evolution verändert die Erde. Und zwar so, dass sie bewohnbar bleibt, glaube ich.« James Lovelock, »Können wir die Erde zerstören? Im Gespräch mit Udo Flohr«, in: *Technology Review. Das Magazin für Innovation*, ⟨https://www.heise.de/meinung/Koennen-wir-die-Erde-zerstoeren-917173.html⟩, letzter Zugriff 10.08.2021. Welche Art Lebewesen sie bewohnen werden, ist insofern unwesentlich, entscheidend ist ihre *prinzipielle* Bewohnbarkeit.

schon gar nicht das des Menschen, das Ziel, dessen wahrscheinlichem Ende er eher mit Gelassenheit entgegensieht, sondern die Rettung von Gaia, die nicht nur ebenso gut, sondern sogar weitaus besser ohne sie zu existieren vermag, wie sie es schon über Jahrmillionen getan hat, bevor sie von der Krankheit namens Mensch heimgesucht wurde.

Obwohl Lynn Margulis die Gaia-Theorie gemeinsam mit Lovelock entwickelt hat, setzt sie sich von Lovelocks Auffassung nachdrücklich ab: »In Lovelocks Augen ist die ganze Welt ein Lebewesen. Ich bin mit dieser Formulierung nicht einverstanden. Kein Lebewesen frißt seine eigenen Abfälle. Ich bezeichne die Erde lieber als großes, zusammenhängendes Ökosystem, das aus vielen kleineren Ökosystemen zusammengesetzt ist.«[304] Ihr Versuch, zwischen einer schwachen und einer starken Lesart der Gaia-Hypothese zu unterscheiden,[305] kann über die widersprüchlichen Aussagen und Unentschiedenheiten in Lovelocks und ihrer eigenen Argumentation jedoch nicht hinwegtäuschen. So spricht sie sich einerseits zwar gegen »jede Personifizierung einer Mutter Erde«[306] aus. Andererseits hält sie dies jedoch nicht davon ab, ein personalisierendes Loblied auf Gaia anzustimmen, die als »expansiv, raffiniert, ästhetisch, uralt und äußerst widerstandsfähig«[307] charakterisiert wird, während die Menschen pauschalisierend als »unverschämt, grob und unmündig«[308] beschimpft werden. An Lovelocks Position erschließt sich zunächst nicht, warum ein sich so perfekt selbst regulierendes System überhaupt einen *Erdarzt* benötigt, der im Krankheitsfall die passende Medizin verschreibt. Der Widerspruch löst sich erst in späteren Publikationen auf: »Wir wissen heute, dass die Erde sich wirklich selbst reguliert, aber weil es so lange dauerte, die Beweise zu sammeln, haben wir zu spät herausgefunden, dass die

304 Lynn Margulis, »Gaia ist ein zähes Weibstück«, in: John Brockman (Hg.), *Die dritte Kultur. Das Weltbild der modernen Naturwissenschaft*, München 1996, 177-202, hier S. 193.

305 »Nach der ›schwachen Gaia-Hypothese‹ sind Umwelt und Leben gekoppelt und machen eine gemeinsame Evolution durch. [...] Die ›starke Gaia-Hypothese‹ behauptet dagegen, die ganze Erde mit ihren Lebewesen sei ein einziges lebendiges System und werde in bestimmten Aspekten vom Leben reguliert.« Margulis, *Der symbiotische Planet*, S. 163.

306 Ebd., S. 140.

307 Ebd., S. 168.

308 Ebd., S. 169.

Regulierung versagt und das irdische System sich rasch einem kritischen Zustand nähert, der alles Leben in Gefahr bringt.«[309] Es hätte also immer schon heißen müssen, dass die Erde sich nur *so lange* selbst regulieren kann, wie der Mensch sich nicht einmischt und sie nicht aus dem Gleichgewicht bringt, also entweder lange bevor der Mensch seinen ersten Auftritt auf der Erde hatte oder vor der Industriellen Revolution als Startschuss für das Anthropozän. Charakteristisch für die Position Lovelocks und Margulis' ist insgesamt ihre gemeinsame Überzeugung, dass die Sorge der Menschen um den Planeten Erde unbegründet ist, da Gaia in ihren Augen letztlich unzerstörbar ist: »Die zähe alte Gaia ist durch die Menschen keineswegs bedroht.«[310] Wir können »der Natur kein Ende setzen, sondern nur zu einer Bedrohung für uns selbst werden. Die Vorstellung, wir könnten alles Leben zerstören [...], ist lächerlich.«[311] Darin ist Margulis sich mit Lovelock vollkommen einig: »Ich glaube, es ist reine Hybris anzunehmen, dass wir derartig mächtig sind. Die Erde hat Arten erduldet, die viel schädlicher waren als wir.«[312] Würde der Mensch von der Erdoberfläche verschwinden, es wäre demnach wohl allenfalls ein tiefer Seufzer Gaias zu vernehmen, wenn überhaupt. Das Leben geht auf jeden Fall weiter – in welcher Form auch immer. Ob nun mit oder ohne Menschen, das ist für Lovelock und Margulis letztlich nicht die entscheidende Frage: »Gaia ist ein zähes Weibsstück – ein System, das über drei Milliarden Jahre lang ohne Menschen funktioniert hat. Die Oberfläche unseres Planeten, seine Atmosphäre und seine Umwelt werden auch dann noch weiter die Evolution durchlaufen, wenn Menschen und Vorurteile längst verschwunden sind.«[313] Es ist wohl die von Margulis und Lovelock eingenommene Vogelperspektive, die eine solche abgeklärte Haltung erlaubt. Für die von Lovelock gescholtene Froschperspektive ist dagegen die Konfrontation mit den konkreten Einzelheiten der globalen Erwärmung und ihren katastrophalen Folgen unausweichlich. Das in Aussicht gestellte Verschwinden des Menschen ist zwar kaum bestreitbar, verlangt aber nach anderen Antworten als nur einem indifferen-

309 Lovelock, *Gaias Rache*, S. 15.

310 Margulis, *Der symbiotische Planet*, S. 157.

311 Ebd., S. 169.

312 Lovelock, »Können wir die Erde zerstören?«.

313 Ebd., S. 194.

ten Schulterzucken: »Auch wenn das Aussterben von Arten in der Erdgeschichte etwas Normales ist, handeln wir nicht ohne Sinn, wenn wir das Unsrige dazu beitragen, unser eigenes Aussterben ein wenig hinauszuschieben.«[314] Die Frage, wie diese Fristverlängerung erreicht werden kann, ruft unweigerlich die Politik auf den Plan, in der um entsprechende Wege gestritten wird.[315] Es ist kein Zufall, dass Lovelock sich gegenüber wissenschaftlichen wie politischen Interventionen zur Rettung der Erde außerordentlich skeptisch zeigt. Er führt eine ordentliche Portion Fatalismus mit im Gepäck, die sich gegenüber politischen Lösungen der globalen Erwärmung letztlich als taub erweist. Während Hinweise auf die Notwendigkeit der Vermeidung gefährlichen radioaktiven Abfalls als »jede Menge grüner Blödsinn«[316] verunglimpft werden, wirbt Lovelock für den entschiedenen Ausbau der Atomkraft. Ansonsten aber glaubt er nicht, »dass wir viel tun können«.[317] Was bleibt, ist die Hoffnung, »dass ein noch besseres Lebewesen entsteht, das besser mit dem Planeten leben kann«.[318] Lovelock, der einst als Öko-Pionier gefeierte Amateurwissenschaftler und Erfinder, ist in das Lager der Transhumanisten übergelaufen.[319]

Spätestens an diesem Punkt unterscheidet sich eine naturwissenschaftliche Perspektive, wie Lovelock sie einnimmt, dann doch erheblich von einer genuin gesellschaftswissenschaftlichen. Entgegen dem Wunschdenken mancher Endzeitprediger, die ungeduldig ihrer Himmelfahrt harren, oder strammer Ökologen, die glauben, Gaia wäre am

314 Radkau, *Natur und Macht*, S. 34.

315 Vgl. dazu Kap. 6.

316 Lovelock, »Können wir die Erde zerstören?«. Dort heißt es auch: »Seit mehr als dreieinhalb Milliarden Jahren hat Gaia die Erde [!, MS] mit diesen gefährlichen Experimenten bewohnbar gehalten und dabei kontinuierlich besser abgestimmt.« Da hier Gaia und Erde nicht synonym verwendet werden, scheint Gaia für Lovelock also doch eine geheimnisvolle Kraft zu sein, von der die Erde gesteuert wird. Es sind solche Inkonsistenzen, die Lovelocks Ausführungen anfällig für esoterische Inanspruchnahmen der Gaia-Theorie machen.

317 Ebd.

318 Ebd.

319 James Lovelock, *Novozän. Das kommende Zeitalter der Hyperintelligenz*, München 2020. Wie wir gesehen haben, sind hier die Erfinder ohnehin führend. Die überbordenen Spekulationen in seinem neuesten Buch passen sehr gut zu den Schriften des Transhumanismus, vgl. Kap. 2.5.3.

glücklichsten, wenn auf der Erde nur eine Handvoll Jäger und Sammler herumliefen, werden Megacitys wie Los Angeles nie einfach in sich zusammenfallen und verschwinden. Viel wahrscheinlicher ist, daß sie – erschüttert von einer Serie immer häufiger eintretender und immer verheerenderer Katastrophen aller Art – dahinvegetieren, wobei eine stetig wachsende Zahl von Menschen auf der Strecke bleiben und das Elend unaufhörlich wächst.[320]

Das aber sind kleinteilige Vorgänge, die aus der von Lovelock eingenommenen Vogelperspektive gar nicht erst in den Blick geraten und ihn deshalb auch nicht interessieren.

Mit Lovelocks aktueller transhumanistischer Ausrichtung nähert er sich – womöglich ungewollt – einer Position an, die als Konkurrenzunternehmen zur Gaia-Theorie verstanden werden kann und von Lovelock stets zurückgewiesen wurde als typischer Ausdruck herkömmlichen wissenschaftlichen Denkens. Gemeint ist die Idee vom »Raumschiff Erde«, die von dem US-amerikanischen Architekten und Designer Richard Buckminster-Fuller (1895-1983) Ende der 1960er Jahre entwickelt wurde[321] und von Lovelock als konventionelle Ansicht über die Erde vorgestellt wird:

Wie wenn wir Menschen die Besatzung und die Passagiere eines steinernen Schiffes wären, das die Sonne umrundet! Wie wenn die 3,6 Milliarden Jahre, seitdem es Leben auf der Erde gibt, nur ein Vorspiel zur Evolution des Menschen gewesen wären und uns sozusagen nur als Lebenserhaltungssystem dienten! Unter diesem Gesichtspunkt mag die Erde fragil erscheinen. Wer so denkt, sollte sich fragen, warum sie so lange überlebt hat.[322]

Gemeinsam ist der Gaia-Theorie und der Vorstellung vom Raumschiff Erde, dass sie unter dem Eindruck der Raumfahrt entwickelt wurden. Buckminster-Fullers Visionen zeigen von Anfang an eine starke Affinität zur Erkundung und Eroberung des Weltraums. Für ihn ist zwar ausgemacht, dass der Mensch die Erde »weiterhin als Ausgangsbasis seiner weitreichenden Unternehmungen im Universum bewohnen wird«.[323] Doch schicksalhaft verwiesen ist er auf sie

320 Davis, *Ökologie der Angst*, S. 70.

321 Buckminster-Fuller, *Bedienungsanleitung für das Raumschiff Erde*.

322 Lovelock, *Gaia*, S. 177.

323 Richard Buckminster-Fuller, »Geosoziale Revolution«, in: ders., *Konkrete Utopie. Die Krise der Menschheit und ihre Chance zu überleben*, Düsseldorf, Wien 1974, S. 181-229, hier S. 186.

nicht. Er geht vielmehr davon aus, dass sich im Zuge der weltweit stattfindenden Industrialisierung seit den 1950er Jahren eine *geosoziale Revolution* entfaltet, die in ihren ganzen Ausmaßen und immensen Auswirkungen noch gar nicht umfassend begriffen worden sei. Sie führe unter anderem auch zu einer Lösung des von Thomas Robert Malthus (1766-1834) aufgeworfenen Problems der Überbevölkerung, da in den industrialisierten Staaten die Geburtenrate automatisch sinke, was in den die Industrialisierung nachholenden Staaten auch so eintreffen werde.[324] Dabei thematisiert er nicht primär, wie Lovelock, die ökologischen Gefährdungen des Planeten, sondern die ungeheuren Erfolge und Leistungen, die der Mensch auf der Erde bereits vollbracht hat. Er sieht den Menschen unter Gebrauch seines Intellekts durchaus dazu in der Lage, das Raumschiff Erde, das für ihn ein »mechanisches Fahrzeug ist – ganz wie ein Automobil«,[325] erfolgreich zu steuern:

> Unser kleines Raumschiff hat nur einen Durchmesser vom 8000 Meilen. Das ist in der ungeheuren Weite des Weltraums eine ziemlich unbedeutende Größe. Der Stern, der uns am nächsten ist – unser Energie lieferndes Mutterschiff Sonne –, ist 92 Millionen Meilen von uns entfernt, und der danach uns nächste Stern ist hunderttausendmal weiter. Das Licht braucht rund zweieinhalb Jahre für den Weg vom nächsten Energieversorgungsraumschiff bis zu uns. Das ist die Art von Raumordnung, in der wir uns bewegen.[326]

Die Reaktionen auf Buckminster-Fullers optimistischen Entwurf, der ganz im Vertrauen auf die prometheische Kraft des *homo-faber*-Menschen, auf Wissenschaft und Technik, formuliert ist, sind nicht weniger kontrovers ausgefallen als im Falle von Lovelocks Gaia-Hypothese. Während Blumenberg der Idee von einem *Raumschiff Erde* noch eine klare Absage erteilt,[327] kann Sloterdijk ihrer Kühnheit durchaus etwas abgewinnen:

324 Vgl. ebd., S. 224 f.

325 Buckminster-Fuller, *Bedienungsanleitung für das Raumschiff Erde*, S. 20.

326 Ebd., S. 19.

327 »›Raumschiff Erde‹, das ist eine Verleumdung. Erde heißt es gerade dort, wohin alle Raumschiffe zurückkehren, sofern sie nicht bloße Roboter oder Sonden sind. Die Erde ist das Gegenteil eines Raumschiffes. Sie ist der Nullpunkt aller Koordinatensysteme, in denen sich bewußte Raumfahrten bewegen könnten. Die kleine Sensation von Florida, die Erde selbst einmal gleichsam von außen zu sehen, sie erlebbar gefunden zu haben, ist mit der Verfälschung ihrer Bodenfunktion erkauft.« Hans Blumenberg, *Vollzähligkeit der Sterne*, S. 539.

Wenn die Erde ein Raumschiff ist, so muß seine Besatzung sich tatsächlich vor allem an der Aufrechterhaltung lebbarer Verhältnisse im Innern des Fahrzeugs interessiert zeigen – die Raumfahrttechnologen sprechen diesbezüglich von dem Life Support System (LSS), das an Bord von Raumstationen die biosphäre-mimetischen Konstanten kontrolliert. [...] Zu bedenken ist hierbei: In diesem Gefährt fallen keine Sauerstoffmasken automatisch von der Kabinendecke, sollte der ›unwahrscheinliche Fall‹ einer Luftverknappung eintreten.[328]

Damit enthielte die Vorstellung, sich auf der Erde an Bord eines Raumschiffes zu wissen, einen warnenden Hinweis für die Menschheit, pfleglich mit ihrem störungsanfälligen Fahrzeug umzugehen. Nach Margulis hatte Lovelock mit seiner Gaia-Theorie etwas Ähnliches im Sinne: »Lovelock möchte die Menschen glauben machen, die Erde sei ein Lebewesen, denn wenn sie darin nur einen Haufen Steine sehen, dann treten sie mit den Füßen darauf, mißachten und mißhandeln sie.«[329] Wenn das stimmt, kann man fragen, ob diese Intention durch die Vorstellung eines sich um sich selbst kümmernden Systems nicht konterkariert wird. Buckminster-Fullers Vergleich des Raumschiffs mit dem Auto dagegen zeigt, dass er sich auf einen bestimmten Umgang mit dieser Maschine verlässt, der die Einsicht beinhaltet, dass man sich um diese zu »kümmern«[330] habe. Das Auto wird aber eben nicht nur immer pünktlich zur Inspektion gefahren, regelmäßig gepflegt und gesäubert, sondern auch nachlässig behandelt, trocken und kaputtgefahren. Außerdem ist es austausch- und ersetzbar, was die Erde gerade nicht ist. Insofern sollte tunlichst vermieden werden, die Erde wie ein Auto zu behandeln.

Vergleicht man die Positionen Lovelocks und Buckminster-Fullers, ergeben sich einige erstaunliche Übereinstimmungen. Beide argumentieren in Anbindung an systemtheoretische Ansätze,[331]

328 Peter Sloterdijk, »Wie groß ist ›groß‹?«, S. 93-110. Vgl. auch Sabine Höhler, »›Raumschiff Erde‹: Lebensraumphantasien im Umweltzeitalter«, in: Iris Schröder, Sabine Höhler (Hg.), *Welt-Räume. Geschichte, Geographie und Globalisierung seit 1900*, Frankfurt/M., New York 2005, S. 258-281.

329 Margulis, »Gaia ist ein zähes Weibstück«, S. 193. Das hängt allerdings ganz von unserem Verständnis von Steinen ab, vgl. Kap. 2.2.

330 Buckminster-Fuller, *Bedienungsanleitung für das Raumschiff Erde*, S. 20.

331 Buckminster-Fuller argumentiert auf der Basis einer »allgemeinen, antizipatorischen und komprehensiven Systemtheorie« (»Geosoziale Revolution«, S. 197) und Lovelock betreibt als *Erdarzt* »Geophysiologie, die Systemwissenschaft der Erde« (*Gaia*, S. 7).

beide kritisieren die Spezialisierung innerhalb des Wissenschaftssystems und werben für ein komprehensives Denken, und beide sind sich in der Geringschätzung des Politischen einig. Denn auch für Buckminster-Fuller steht fest, »dass das fundamentale und primäre Problem, auf diesem kleinen, die Sonne umkreisenden Raumschiff ›Erde‹ zu überleben, nicht durch politische Theorie zu lösen ist«.[332] Statt politischer Verfahren setzen beide eher auf wissenschaftliches Know-how und technokratische Ansätze. In beiden Konzepten werden zudem anthropozene Steuerungszentren für unverzichtbar gehalten. Was hier der *Erdarzt* ist, der sich für das Wohl des Planeten einsetzt und dessen Wunden heilt, sind dort die Kapitäne, deren Luft- und Seeschiffe nichts anderes sind als »instrumentelle Extensionen«[333] ihrer selbst. Insgesamt scheint deshalb eher fraglich, ob wir es mit tauglichen Metaphern auf der Höhe des Anthropozäns zu tun haben, die die drohende Unbewohnbarkeit der Welt abzuwenden helfen können. Während die eine letztlich in Fatalismus und transhumanistische Ausflüchte mündet, lebt die andere von einem Glauben an die technische Mach- und Berherrschbarkeit, wie sie heute von Seiten der Geoengineering-Fraktion vertreten wird. Doch warum für die Erde überhaupt immer neue Metaphern bemühen? Warum sie nicht begreifen, als das, was sie ist? Unsere einzige Lebensgrundlage. Weder Göttin noch Fahrzeug.

332 Buckminster-Fuller, »Geosoziale Revolution«, S. 198. Der gesamte Text liest sich als radikale Abrechnung mit der Politik und ihrer Unfähigkeit zur Herstellung eines auf der ganzen Erde verbreiteten Wohlstands, der durch die industrielle Massenproduktion jedoch ermöglicht werde. Durch die »Geosoziale Revolution kann die ganze Menschheit jetzt in materieller Hinsicht erfolgreich werden, wenn sie die Trends nicht durch überzogene Ignoranz zunichte macht.« Ebd., S. 223.

333 Ebd., S. 228.

6. Terrapolitik – Kampf um den Planeten Erde

»Die ganze Erde braucht Erholung von den Menschen.«[1]

6.1 Naturvertrag und Symbiosen

Lynn Margulis betrachtet neben der Ausarbeitung der Gaia-Hypothese die Symbioseforschung als ihr wissenschaftliches Lebensthema.[2] Der Zusammenhang zwischen beiden Forschungsthemen liegt auf der Hand. Steht die Gaia-Theorie vor allem dafür, die biologischen, geologischen, physikalischen, chemischen Erscheinungen und Gegebenheiten des Planeten Erde nicht getrennt voneinander und in Konkurrenz der einzelnen Wissenschaften zueinander, sondern als Gesamtzusammenhang mit- und ineinander verflochtener lebendiger Systeme zu behandeln, die eine Ganzheit bilden, so nimmt auch die Symbioseforschung das Zusammenleben von Lebewesen aller Art in den Blick. Margulis' Definition von Symbiose lautet: »Symbiose – ein System aus Lebewesen verschiedener Arten, die in engem körperlichen Kontakt leben.«[3] Obwohl zwischen einer ganzen Reihe unterschiedlicher Formen der Symbiose unterschieden werden kann, hat Margulis sich vor allem auf die Erforschung der *Endosymbiose* konzentriert und sich mit der »seriellen Endosymbiontentheorie« einen Namen gemacht. Dabei geht es ihr vor allem darum zu zeigen, dass die Symbiose einen wichtigen, wenn nicht *den* zentralen Evolutionsmechanismus darstellt, wobei die »langfristige Symbiose, die zu neuen Lebensformen führt«,[4] als »Symbiogenese«[5] bezeichnet wird. Das bedeutet vor allem, dass neue Arten nicht etwa aufgrund von Konkurrenz, wie die Darwinisten postulieren, oder durch Zufallsmutationen entstehen, wie die Neodarwinisten behaupten, sondern durch die Verschmelzung von verschiedenen auf der Erde existierenden Arten.[6] Margulis hat

1 Döblin, *Berge, Meere und Giganten*, S. 131.

2 Vgl. Margulis, *Der symbiotische Planet*, S. 8.

3 Ebd., S. 13.

4 Ebd., S. 186.

5 Ebd.

in ihrem gesamten Forscher:innenleben dafür geworben, die Symbiose für einen sich permanent vollziehenden Prozess und nicht für ein nur selten anzutreffendes Phänomen zu halten. Während der Namensgeber der Symbiose, der deutsche Mediziner und Botaniker Anton de Bary (1831-1888), noch der Meinung war, dass »die Erscheinungen, welche wir als Symbiose zusammengefasst haben, nur Specialfälle darstellen in der grossen Gesammtreihe der Wechselbeziehungen von Organismen«,[7] ist bei Margulis aus dem Spezial- der Normalfall geworden: »Wir sind Symbionten auf einem symbiontischen Planeten, und wenn wir genau hinschauen, finden wir überall Symbiose.«[8] Manche Lebewesen sind sogar so »innig verbunden«,[9] dass sich kaum mehr eine klare Grenze zwischen ihnen bestimmen lässt, nicht eindeutig zu sagen ist, wo der eine Organismus aufhört und der andere beginnt.[10]

Margulis' Ausführungen lassen sich keine konkreten Hinweise darauf entnehmen, ob und wie die Symbiose zur Rettung des Planeten Erde eingesetzt werden soll. Schließlich sorgt dieser bestens selbst für sich. Um ihn muss man sich folglich auch keine Sorgen machen: »Ja, Gaia wird sich zu helfen wissen: ja, sie wird Umweltschäden beseitigen, aber diese Wiederherstellung der Umwelt wird wahrscheinlich zu einer Welt ohne Menschen führen.«[11] Dabei ist der Untergang des Menschen nicht zu betrauern, da aus dem Pool der alten Spezies immer wieder neue entstehen werden.[12]

In Michel Serres' lange Zeit kaum wahrgenommener Schrift über den Naturvertrag[13] spielt das Konzept der Symbiose ebenfalls

6 Vgl. dazu Margulis, »Gaia ist ein zähes Weibstück«, S. 185.

7 ⟨https://archive.org/details/DieErscheinungDerSymbiose/page/n31⟩, letzter Zugriff 17. 06. 2021.

8 Margulis, *Der symbiontische Planet*, S. 14.

9 Ebd., S. 19.

10 Dieser Gedanke findet sich bereits bei Alfred North Whitehead, *Denkweisen*, Frankfurt/M. 2001, S. 64 und wird auch bei Haraway wieder aufgenommen, vgl. Kap. 6.3.

11 Lynn Margulis: »Gaia ist ein zähes Weibstück«, S. 193.

12 So richtig es ist, den Menschen nicht länger als die Krone der Schöpfung zu behandeln, so wenig vermag ich einen Erkenntnisfortschritt darin zu erkennen, diesen Platz nun stattdessen den Bakterien zuzuweisen, wozu Margulis neigt. Die Antwort auf die falsche Verherrlichung des Menschen zu allen anderen überlegenen Spezies kann nicht darin liegen, eine andere an dessen Stelle zu rücken.

13 Serres, *Der Naturvertrag*, S. 61.

eine entscheidende Rolle. Doch unterscheidet sich seine Verwendung dieses Begriffs insofern deutlich von Margulis' Vorgaben, weil ihm eine zentrale Rolle bei der Bekämpfung der heraufziehenden Klimakatastrophe zukommt. Im Gegensatz zu Lovelocks und Margulis' ausgeprägtem Hang zum Fatalismus und zur Misanthropie gelten seine Überlegungen der Anstrengung, das scheinbar Unvermeidliche dennoch abzuwenden. Zwar stimmen die Diagnosen der drei Autor:innen in vielen Punkten zunächst durchaus überein. So ist auch für Serres die derzeitige Lage an Dramatik kaum zu überbieten: »Die Geschichte steht damit an einem Kreuzweg: entweder Tod oder Symbiose.«[14] Ebenso wie Lovelock und Margulis ist auch er der Überzeugung, dass die Erde ohne uns zu existieren in der Lage ist, »während wir nicht ohne sie existieren können«.[15] Ferner teilt er die Ablehnung der klassischen humanistischen Vorstellung, die den Menschen zum »Nabel des Universums, Herren und Besitzer der Natur«[16] auserkoren hatte. Und schließlich erklärt auch Serres in Übereinstimmung mit Lovelock, dass wir uns im Krieg befinden: »Wir so genannten entwickelten Nationen bekämpfen uns nicht mehr untereinander, wir wenden uns vereint gegen die Welt. Ein Weltkrieg im buchstäblichen Sinn.«[17] Doch anders als den beiden Gaia-Erfindern geht es Serres darum, Gegenmaßnahmen zu ersinnen zur Rettung des Planeten *einschließlich* der menschlichen Spezies. Er tritt deshalb dafür ein, dass »wir die Dinge in den Mittelpunkt rücken und uns an die Peripherie verweisen«.[18]

Dem Philosophen mangelt es insofern an jener Unbekümmertheit, mit der die beiden Biologen das sehr wahrscheinliche Ende der Menschheit nüchtern konstatieren. Statt die Erde und die Menschheit gegeneinander auszuspielen, betont Serres eine gemeinsame Bedrohungslage:

> Aufgrund allzu blinder Herrschaft sind wir nun aber so wenig Herren der Erde geworden, daß sie ihrerseits damit droht, uns erneut zu beherrschen.

14 Ebd., S. 62. Die einzige Überlebenschance des Menschen besteht auch für Lovelock, *Gaia*, S. 171, darin, mit Gaia in »symbiontischer Harmonie« zu leben.

15 Serres, *Der Naturvertrag*, S. 61.

16 Ebd. Diese Auffassung bildet jedoch ohnehin so etwas wie den *basso continuo* aller poststrukturalistischen und posthumanistischen Theorien.

17 Ebd., S. 59.

18 Ebd., S. 61.

Durch sie, in ihr und mit ihr teilen wir ein und dasselbe zeitliche Schicksal. In noch höherem Maß, als wir sie besitzen, wird sie uns besitzen, wie früher, als wir notwendigerweise den Zwängen der Natur unterworfen waren, doch anders als früher. Früher lokal, heute global.[19]

Um es dazu nicht kommen zu lassen, geht es ihm um einen zweifachen Friedensprozess: »Untereinander müssen wir Frieden schließen, um die Welt zu retten, und mit der Welt, um uns selbst zu retten.«[20] Will der Mensch überleben, darf er sich nicht länger wie bisher als Parasit aufführen, der seinen Wirt durch die gnadenlose Ausbeutung seiner Güter nicht nur schwächt, sondern irreparabel beschädigt. Eine auf Kooperation ausgerichtete Form des Zusammenlebens ist prinzipiell möglich, weil sich Erde und Mensch nach Serres nicht fremd und unvermittelt gegenüberstehen wie zwei getrennt voneinander existierende Entitäten. Vielmehr stehen beide in enger kommunikativer Verbindung, weil die Erde sich durchaus auf eine Weise mitteilt, die vom Menschen wahrgenommen werden kann: »Tatsächlich spricht die ERDE mit uns in Begriffen von Kräften, Verbindungen und Interaktionen, und das genügt, um einen Vertrag zu schließen. Jeder der beiden symbiotisch zusammenlebenden Partner schuldet dem anderen also rechtens das Leben, bei Strafe des Todes.«[21] Bei Serres wird keine Überlegenheit der Erde und Unterlegenheit der Menschen konstatiert, die sich allein um sich sorgen müssen, da Gaia ohnehin überlebt, sondern die Möglichkeit einer partnerschaftlich-symbiotischen Beziehung angestrebt, die beide zum schonenden Umgang verpflichtet, da sonst *beide* in ihrer Existenz gefährdet sind. Diese gegenseitige Verpflichtung soll in einem neuen Naturvertrag festgelegt werden, der an die Stelle des alten Gesellschaftsvertrags treten soll. In diesem war nach Serres in all seinen Varianten stets vergessen worden, die Natur bzw. die Dinge mit einzubeziehen:

Also zurück zur Natur! Was bedeutet: den ausschließlichen Gesellschaftsvertrag durch einen Naturvertrag der Symbiose und Wechselseitigkeit zu ergänzen, [...] zugunsten von bewunderndem Zuhören, Wechselseitigkeit, Kontemplation und Respekt. [...] Ein Waffenstillstandvertrag im objektiven Krieg, ein Symbiosevertrag: der Symbiont räumt das Recht des Wirtes

19 Ebd.
20 Ebd., S. 48.
21 Ebd., S. 71.

ein, während der Parasit – unser gegenwärtiger Zustand – denjenigen, den er ausplündert und bewohnt, zum Tode verurteilt.[22]

An die Stelle des ehemalig vorherrschenden Herrschafts- und Eigentumsrechts soll das »Symbiose-Recht«[23] treten, das die Vertragspartner zu einem reziproken Austausch und gegenseitiger Unterstützung verpflichtet: »So viel die Natur dem Menschen gibt, so viel muß der Mensch ihr, die jetzt Rechtssubjekt geworden ist, zurückerstatten.«[24] Im Gegensatz zu den vielen auf Politik setzenden Antworten auf die ökologischen Gefährdungslagen setzt Serres damit auf eine rechtliche Lösung. Bemerkenswert ist dabei, dass er diese radikale Erweiterung des Rechtssystems nicht in eine noch ferne Zukunft verschiebt, sondern in Teilen bereits verwirklicht sieht. Die weltweit erfolgten Manifestationen von Solidarität nach dem Tsunami von 2004 im Indischen Ozean kommentiert er mit den Worten: »Die menschliche Welt antwortet plötzlich auf die physische Welt.«[25] Und er folgert daraus: »Der Naturvertrag ist heute unterschrieben worden.«[26] Mit seiner Auffassung eines wachsenden Bewusstseins dafür, »dass wir alle im selben Boot sitzen«,[27] nähert er sich überraschend dem kosmopolitischen Ansatz Ulrich Becks, bei dem es ähnlich heißt: »Alle sitzen in einem gemeinsamen globalen Gefahrenraum – ohne Ausgang.«[28] Die Postulierung eines solchen *Wir* durch die maßlose Verwendung des verallgemeinernden *Alle* erweist sich jedoch als problematisch. Unterschätzt werden dabei sträflich die Unterschiede, die immer wieder eingezogen werden können, trotz der offenbaren Gleichheit der Gefahr. Völlig zu Recht hält Braidotti solchen »Neufigurationen einer verletzlichen Menschheit, die von der Angst um ihr eigenes Verschwinden« umgetrieben wird, entgegen:

22 Ebd., S. 68.

23 Ebd., S. 69.

24 Ebd.

25 Michel Serres, *Kleine Chroniken. Sonntagsgespräche mit Michel Polacco*, Berlin 2012, S. 121.

26 Ebd., S. 123.

27 Ebd., S. 122.

28 Beck, *Weltrisikogesellschaft*, S. 111; vgl. Sven Opitz, »Neue Kollektivitäten: Das Kosmopolitische bei Bruno Latour und Ulrich Beck«, in: *Soziale Welt* 67 (2016), S. 249-266.

Viel zu viele Menschen, Kooperationen, Institutionen und politische Parteien wiederholen das Mantra: ›Wir sind darin gemeinsam.‹ Aber wer ist dieses ›wir‹, das hastig und verallgemeinernd als das Subjekt eines neuen bioethischen Konsenses für das globale Überleben vorgeschlagen wird? Ich fürchte, solche vorschnellen Sprünge in Richtung erneuter Verallgemeinerungen der ›neuen‹ Menschheit verdecken die wesentlichen Unterschiede im Zugang zu Macht und Anspruch, die unsere jeweiligen Subjektpositionen ausmachen und strukturieren.[29]

Das aufgerufene »wir« appelliert an ein Kollektiv, das es noch gar nicht gibt. Statt ein solches *Wir* schlicht zu postulieren oder zu beschwören, geht es Latour um die sukzessive Zusammensetzung eines neuen *Wir*.

6.2 Neu versammeln im Kampf um Gaia?

Das Anthropozän – »diesem größten aller Kuddelmuddel«[30] – und Gaia – diese »zusammengesetzte Gesamtheit«[31] – stehen im Mittelpunkt der aktuellen Publikationen von Bruno Latour, der sich in seinen Schriften in vielfältiger Weise von Michel Serres hat anregen lassen. Latour hält beide Konzepte für tauglich, um die gegenwärtige Situation adäquat zu erfassen, die sich mit einem Satz beschreiben lässt: »Wir haben es geschafft, die Erde für immer aus dem Gleichgewicht zu bringen!«[32] Im Gegensatz zur alten Erde des Holozäns scheint Gaia als Erde des Anthropozäns »für unser Handeln äußerst sensibel zu sein und auf das, was SIE registriert

29 Rosi Braidotti, *Politik der Affirmation,* Berlin 2018, S. 10. Nicht von der Hand zu weisen ist allerdings, dass die Nichtverwendung dieses Wir schwerfällt: »Wenn ich sage, dass ›wir‹ diese Kategorie [das Menschliche, MS] durchdenken müssen, bemühe ich möglicherweise eine selbstgefällige humanistische Redeweise, um zu zeigen, dass die Kategorie uns noch immer im Griff hat, auch wenn wir uns diesem zu entwinden versuchen.« Butler, *Anmerkungen zu einer performativen Theorie der Versammlung*, S. 177.

30 Latour, »Warten auf Gaia. Komposition der gemeinsamen Welt durch Kunst und Politik«, S. 177.

31 Latour, *Kampf um Gaia*, S. 250.

32 Bruno Latour, »Ein Plädoyer für irdische Wissenschaften«, in: Herbert Kalthoff u. a. (Hg.), *Materialität. Herausforderungen für die Sozial- und Kulturwissenschaften,* München, S. 89-101, hier S. 100.

und verspürt, extrem rasch zu reagieren«.[33] Latour lässt sich hier auf Lovelocks Idee weitgehend ein, dass die Erde nicht länger als ein Planet betrachtet werden kann, auf dem sich Leben nur abspielt, sondern selbst als ein lebendiges System anzusehen ist. Auch für Latour müssen sich deshalb unsere Denk- und Handlungsweisen grundlegend ändern. Da die Neukonzeption von Gesellschaft und Soziologie aber ohnehin das Kernanliegen seiner Schriften ausmacht, verleihen die aktuellen Debatten über das Anthropozän seinem gesamten Vorhaben insofern nur einen zusätzlichen Schub. Als durchgängiges Motiv seiner Arbeiten lässt sich dabei die Konnektivität bestimmen.[34] Von seinen frühesten Arbeiten bis zu den jüngsten Veröffentlichungen verfolgt Latour die sukzessive Zusammensetzung von Kollektiven und weist dies als die primäre Aufgabe soziologischer Forschung aus. Spätestens seit seiner Schrift *Das Parlament der Dinge*[35] hat er es als dringlichste Aufgabe formuliert, das Kollektiv neu zu versammeln, welches für ihn an die Stelle der Gesellschaft zu treten hat. Seither ist Latour nicht müde geworden, für die Neuzusammensetzung des Kollektivs zu werben, die ihm als politische Aufgabe par excellence gilt. Da das Kollektiv jedoch »kein Ding in der Welt [ist], kein Wesen mit festen und definitiven Umrissen, sondern eine Bewegung der provisorischen Herstellung von Kohärenz, die jeden Tag wiederaufzunehmen ist«,[36] liegt es – und zwar immerzu – »in der Zukunft«.[37] Ein Ende oder Ergebnis der Bemühungen ist schon rein konzeptionell nicht vorgesehen, bleibt vielmehr die immer wieder aufs Neue zu bewältigende Aufgabe. Über der Verve, mit der Latour unablässig für eine Neuversammlung menschlicher und nichtmenschlicher Akteure wirbt, drohen die Implikationen eines solchen Vorhabens vernachlässigt zu werden. Ein Neuanfang in seinem Sinne impliziert nichts weniger als den Versuch, das Rad der Geschichte anzuhalten und die Vergangenheit auszulöschen.[38] Womöglich steht dahinter die »Sehnsucht

33 Latour, *Kampf um Gaia*, S. 243.

34 Vgl. Markus Schroer, »Vermischen, Vermitteln, Vernetzen. Bruno Latours Soziologie der Gemenge und Gemische im Kontext«, in: Georg Kneer u. a. (Hg.), *Bruno Latours Kollektive. Kontroversen zur Entgrenzung des Sozialen,* Frankfurt/M. 2008, S. 361-398.

35 Latour, *Das Parlament der Dinge*, S. 89.

36 Ebd., S. 191.

37 Ebd., S. 275.

38 Max Frischs Stück *Biografie. Ein Spiel*, Frankfurt/M. 1985, handelt von der Un-

eines anfänglichen Tuns«,[39] der Wunsch nach einer Art Gründungsakt, der die Vergangenheit weitgehend abschütteln soll: Tabula rasa! Alles auf Anfang! Darauf läuft Latours Vorschlag am Ende hinaus. Entgegen steht einer solchen Entsorgung der Vergangenheit, dass alle in Frage kommenden Aktanten nicht vollkommen blank und unbelastet in die Versammlungen eintreten können. Stets gibt es Vorgeschichten und Erfahrungen, bereits bestehende Verstrickungen und Verbindungen, die erst einmal aufgelöst und gekappt werden müssten, um einen wahrhaftigen Neuanfang wagen zu können. Das darin liegende Zerstörungspotential bleibt unerwähnt. Latour tut vielmehr so, als könne man das Erbe der Geschichte ausschlagen und gänzlich neu beginnen. Kompositionisten gingen davon aus, so Latour, dass »alles Stück für Stück wieder zusammengebaut werden muss. Das ist eine andere Art zu sagen, dass wir mit dem 20. Jahrhundert nichts zu tun haben wollen.«[40] Aber können wir uns das wirklich aussuchen? Sind wir in der Lage, das 20. Jahrhundert einfach abzulehnen, sein Erbe zurückzuweisen? Selbst wenn ein Neuanfang in Latours Sinne möglich wäre, müssten Kriterien dafür entwickelt werden, wer wen wann mit wem zusammenbringen kann. Aufschlussreich ist in diesem Zusammenhang Latours Rekurs auf den Kommunismus: »Der Kommunismus lag vielleicht nicht falsch in der Suche nach Gemeinschaft, sondern in der hastigen Weise, wie er sich die Gemeinsame Welt vorstellte, die wir alle teilen sollten.«[41] Aufgrund dieser Einsicht soll nun langsam und mit Bedacht vorgegangen, jede vorschnelle Zusammensetzung verhindert werden. Auffällig ist, dass die Idee des Kommunismus als Suche nach Gemeinschaft interpretiert wird, nicht aber von einer politischen Idee die Rede ist, die gegen andere politische Ideen bzw. Systeme durchgesetzt werden sollte mit allen zur Verfügung stehenden Mitteln des politischen Kampfes. Diese Ausblendung der Kategorie des Kampfes passt zu Latours irenisch ausgerichteten

möglichkeit des Neuanfangs für Individuen. Bei Kollektiven dürfte sich dies kaum anders verhalten.

39 Joseph Vogl, *Über das Zaudern*, Zürich, Berlin 2007, S. 34.

40 Bruno Latour, »Ein Versuch, das ›Kompositionistische Manifest‹ zu schreiben«, in: *Telepolis*, 11. Februar 2010, S. 6. ⟨https://www.heise.de/tp/features/Ein-Versuch-das-Kompositionistische-Manifest-zu-schreiben-3384467.html⟩, letzter Zugriff 27.05.2019.

41 Bruno Latour, *Von der Realpolitik zur Dingpolitik*, Berlin 2005, S. 77.

Einlassungen in vielen seiner Schriften. Das aktuelle Zeitalter wird von ihm – ähnlich wie in Serres' Diagnose – bezeichnenderweise als eines der »Bindung, Zuwendung, Verwicklung, Abhängigkeit und Fürsorge«[42] charakterisiert. Von Trennung, Konfrontation, Kampf und Ausschlüssen ist dagegen weit weniger die Rede. Schon zur Zeit des *Parlaments der Dinge* hat ihm dies den berechtigten Vorwurf eingehandelt, »der Idee eines weitgehend konsensuellen und konfliktfreien Kollektivs anzuhängen«.[43] Wie um diesen Vorwurf zu entkräften, bemüht er sich mit dem Rekurs auf die Carl Schmittssche Freund-Feind-Unterscheidung[44] um die Integration des Agonalen in seine Konzeption, zu der erst neuerdings auch die Notwendigkeit von Grenzziehungen gezählt wird:

> [D]ie Grenzen werden nicht aufgelöst. Im Gegenteil, es müssen ziemlich konkrete Grenzen gezogen werden, beispielsweise zwischen denjenigen, die von ›Klimawandel‹ reden, und denen, die von ›globaler Erwärmung‹ reden. Ich möchte mit jemandem, der von Klimawandel redet, nicht innerhalb derselben Grenzen leben. So jemand ist mein Feind. Wir leben in unterschiedlichen Welten, und ich muss mich gegen seine Übergriffe wehren. Das verstehe ich unter Kosmopolitik. Es geht nicht um eine Auflösung von Grenzen, sondern um ihre Neuorganisation.[45]

Diese – der geosoziologischen Perspektive entgegenkommende – Einlassung berücksichtigt nunmehr die zentrale Einsicht in die Unvermeidlichkeit von Grenzziehungen und ihrer Folgen als notwendiger Bestandteil der politischen Konstitution eines Kollektivs, während Latours Überlegungen zum *Parlament der Dinge* über weite Strecken noch ein eher konsensuelles Modell zu verfolgen

42 Bruno Latour, »Ein vorsichtiger Prometheus. Einige Schritte hin zu einer Philosophie des Designs, unter besonderer Berücksichtigung von Peter Sloterdijk«, S. 357.

43 Thomas Lemke, »Latour: Politische Ökologie«, in: Ulrich Bröckling, Robert Feustel (Hgg.), *Das Politische denken. Zeitgenössische Positionen,* Bielefeld 2015, S. 273-293, hier S. 288, Fn 14.

44 Vgl. Latour, *Kampf um Gaia*, S. 387 ff.

45 »Die Apokalypse duldet keinen Sachzwang. Ein Gespräch mit Ulrich Beck und Bruno Latour«, ⟨https://www.faz.net/aktuell/feuilleton/debatten/ulrich-beck-und-bruno-latour-zur-klimakatastrophe-12939499.html⟩, letzter Zugriff 25. 08. 2021. Allerdings ist trotz dieses Zugeständnisses bisher wenig zu hören von der Neuorganisation von Grenzen. Im Fokus steht vielmehr immer wieder die Grenzauflösung.

schienen.[46] Die systematische Berücksichtigung von Kämpfen und Konflikten ist für die Idee einer Neuzusammensetzung des Kollektivs unverzichtbar. Denn insbesondere dann, wenn sich das neu zu versammelnde Kollektiv nicht nur aus Menschen, sondern auch aus Dingen und Tieren zusammensetzen soll, ist kaum anzunehmen, dass die Verhandlungen über Zugehörigkeiten weniger konfliktreich werden, als dies schon bei ausschließlich aus Menschen bestehenden Kollektiven der Fall ist. Die möglichen Widerstände und Kampfansagen nicht einzukalkulieren, resultiert entweder aus einer kaum begründbaren Unterstellung der Friedfertigkeit aller Lebewesen oder aus deren insgeheimer Nichtanerkennung als vollwertige Bündnispartner, deren Wille und Einverständnis zur Neuversammlung über weite Strecken einfach unterstellt wird, was auch Latour schließlich auffällt: »Es könnte sein, daß zusammenzukommen letztlich gar kein so universeller Wunsch ist! [...] Das Drängen auf politische Repräsentation könnte so sehr eine westliche Obsession sein, daß andere Menschen Einwände dagegen erheben könnten, in dieser Weise mobilisiert oder einberufen zu werden.«[47] In der Tat wäre es wichtig, diese Option mit einzukalkulieren bei den Versuchen der Neuzusammensetzung des Sozialen. Gleichzeitig stellt sich die Frage, warum nur Menschen sich dem neuen Versammlungsimperativ verweigern können sollten. Haben Tiere ihre bisherige Behandlung durch den Menschen schon keineswegs nur klaglos hingenommen,[48] ist keineswegs gesagt, dass sie die neue Weise der Beziehungsaufnahme und -gestaltung auf Augenhöhe restlos begrüßen und in die dargereichte Hand nicht umgehend beißen werden. Vielleicht wird auch die mit den besten Absichten vorgenommene Verschmelzungsoffensive nur wie ein neuer Versuch der Vereinnahmung und Manipulation aufgenommen; wie ein unwillkommener Verstoß gegen das nicht nur menschliche, sondern

46 Für konkurrierende theoriepolitische Konzepte sind Grenzziehungen dagegen konstitutiv: »Um eine Vorstellung davon zu entwickeln, wie man politisch handeln sollte, ist der Augenblick der Entscheidung unumgänglich, und das erfordert das Ziehen von Grenzen, die Festlegung eines Raums der In- bzw. Exklusion.« Chantal Mouffe, *Agonistik. Die Welt politisch denken*, Berlin 2014, S. 25. Vgl. auch Kap. 4.5.4.

47 Latour, *Von der Realpolitik zur Dingpolitik*, S. 58 f.

48 Vgl. dazu Jason Hribal, *Fear of the Animal Planet. The Hidden History of Animal Resistance*, AK Press 2010; Despret, *Was würden Tiere sagen, würden wir die richtigen Fragen stellen?*, S. 33; Amir, *Schwein und Zeit*.

womöglich auch tierische Bedürfnis, schlicht in Ruhe gelassen zu werden.[49] Was dann?

> Die neue Universalität ist das Empfinden, dass einem der Boden unter den Füßen wegsackt. Ob sie ausreicht, sich zu verständigen und künftigen Kriegen um die Aneignung des Raums vorzubeugen? Vermutlich nicht, aber es ist unser einziger Ausweg: gemeinsam herauszufinden, welches Territorium bewohnbar ist und mit wem wir es teilen wollen.[50]

Die Neuzusammensetzung des Sozialen ist bei weitem noch nicht abgeschlossen, sondern erweist sich als elementare Aufgabe, die für Latour nunmehr von einem grundsätzlichen Konflikt bestimmt wird: »Die im HOLOZÄN lebenden MENSCHEN stehen in Konflikt mit den ERDVERBUNDENEN des ANTHROPOZÄNS.«[51]

6.3 Verwandtschaften über Artengrenzen hinweg

> »Wir sind immer mittendrin.«[52]
>
> »Wir stehen mitten drin.«[53]

Auch Donna Haraways aktuelles Denken ist stark vom Anthropozän, von Gaia und dem Begriff der Symbiose geprägt. Für das Anthropozän hat sie mit dem Begriff »Chtuluzän«[54] zwar eine Alternative vorgeschlagen, da ihr die von Crutzen verbreitete Bezeichnung für unser gegenwärtiges Zeitalter zu pessimistisch erscheint: »Das Anthropozän und das Kapitalozän überweisen sich zu schnell dem Zynismus, der Schwarzseherei.«[55] Abgesehen von dieser neuen Namensgebung finden aber auch ihre Überlegungen vor dem Hintergrund der Diagnose einer »verletzlichen und verwundeten

49 Vgl. Kap. 2.4

50 Latour, *Das terrestrische Manifest*, S. 18.

51 Latour, *Kampf um Gaia*, S. 418.

52 Donna Haraway, »›Wir sind immer mittendrin.‹ Ein Interview mit Donna Haraway«, in: dies., *Die Neuerfindung der Natur. Primaten, Cyborgs und Frauen*, Frankfurt/M., New York 1995, S. 98-122.

53 Döblin, *Unser Dasein*, S. 73.

54 Donna Haraway, *Unruhig bleiben. Die Verwandtschaft der Arten im Chtuluzän*, Frankfurt/M., New York 2018.

55 Ebd., S. 81.

Erde statt«.[56] Auch für sie ist dieser Situation mit herkömmlichen Mitteln nicht beizukommen: »Gaia ist ein eindringliches Ereignis, das dem gewohnten Denken ein Ende setzt.«[57] Ähnlich wie Latour, mit dem sie in einem beständigen Austausch steht, der sich etwa in den gegenseitigen Kommentierungen ihrer Schriften niederschlägt, geht auch Haraway schon lange keine konventionellen Wege mehr, um die Herausforderungen der Gegenwart wissenschaftlich und intellektuell zu bewältigen.[58] Schon in ihrem berühmten »Manifest für Cyborgs«[59] hat sie »machtvolle Verschmelzungen«[60] von Mensch und Technik thematisiert. Seither hat sich der Schwerpunkt ihrer Forschungen mehr und mehr auf das Mensch-Tier-Verhältnis verschoben. In beiden Fällen geht es ihr um die Verknüpfung von Natur und Kultur, das Niederreißen der Speziesgrenzen zugunsten artenübergreifender Vermischungen. Als Antwort auf die gegenwärtige Gefährdung sämtlichen Lebens auf diesem Planeten gibt sie als Losung aus: »Macht euch verwandt, nicht Babys!«[61] Der bedrohlich schnell ansteigenden Menschenbevölkerung der Erde soll offenbar nicht mit restriktiven Geburtenkontrollregeln begegnet werden, sondern durch die Amalgamierung mit anderen Lebewesen.[62] Obwohl sie dabei auch auf Symbiose setzt, geht es ihr bevorzugt um eine »Ausdehnung und Neukomposition des Begriffs Verwandtschaft«,[63]

56 Ebd., S. 20.

57 Ebd., S. 65. Schon in einer früheren Publikation heißt es: »Gaia ist verrückte Göttin, Planet, Trickster, alte Frau und Großtechnologie zugleich, auf deren Oberfläche sich eine außergewöhnliche Ansammlung von Post-Cyborg-Symbiosen ausbreitet.« Haraway, »Ein Manifest für Cyborgs. Feminismus im Streit mit den Technowissenschaften«, S. 69.

58 Vor allem teilt sie Latours Erweiterung des Akteursbegriff über Menschen hinaus auf die nichtmenschliche Natur, vgl. Haraway, *Monströse Versprechen*, S. 250 f.

59 Haraway, »Ein Manifest für Cyborgs. Feminismus im Streit mit den Technowissenschaften«.

60 Ebd., S. 39.

61 Haraway, *Unruhig bleiben*, S. 140.

62 Zur Problematik der Überbevölkerungsthese von Thomas Robert Malthus (1766-1834) vgl. Susanne Schultz, »Der Einfluss des Neomalthusianismus in der aktuellen Bevölkerungs- und Klimadebatte«, in: *Femina Politica – Zeitschrift für feministische Politikwissenschaft*, H. 2 (2020), S. 23-36.

63 Haraway, *Unruhig bleiben*, S. 142. Zu ihrer Verbindung zur Whiteheadschen Prozessphilosophie äußert sie sich in »Conversations with Donna Haraway«, in: Joseph Schneider (Hg.), *Live Theory*, New York, London 2005, S. 114-157, hier S. 126 ff.

die sich dadurch rechtfertigt, »dass alle Erdlinge im tiefsten Sinn verwandt sind«.[64] Zweifellos findet hier eine Einsicht von Alfred North Whitehead ein spätes Echo, dessen Philosophie sie sich grundsätzlich verpflichtet weiß: »Verbundenheit ist das Wesen jeglicher Art von Dingen. So gehört es zum Wesen der Arten, daß sie miteinander verbunden sind.«[65] Haraway als gelernter Naturwissenschaftlerin zeigt sich um den empirischen Nachweis dieser grundlegenden philosophischen Einsicht bemüht. Ihre Schrift über gänzlich neu gedachte Verwandtschaftsverhältnisse bietet eine Fülle von Hinweisen auf Forschungen, die unter Beweis stellen sollen, dass es hier nicht länger nur um eine Idee geht, sondern um eine längst stattfindende Praxis. Eine Praxis, die für sie ganz wesentlich auch aus dem Erzählen von Geschichten besteht. Ähnlich wie Serres und Latour setzt sie sich als Wissenschaftsphilosophin für eine entschieden *andere* Form des Denkens und Forschens ein, bei der die Aufweichung der Trennung von Literatur und Wissenschaft eine zentrale Rolle spielt. Die Schriften aller drei Autor:innen zeichnen sich durch die starke Verwendung von Metaphern und die Verarbeitung literarischer Quellen aus. Bei der »Theoretikerin und Erzählerin des Vermischens und der Hybridität«[66] führt dies vor allem dazu, dass die Überwindung von Kultur und Natur, Wissenschaft und Literatur durch grenzüberschreitende Praktiken nicht einfach nur gefordert, sondern vielmehr im Schreiben selbst vollzogen wird. Geschichten sind damit nicht bloße Illustrationen eines auf herkömmliche Weise erzeugten Wissens, sondern ein eigenständiges Erkenntnismittel.[67] Dabei geht es um Geschichten,

64 Haraway, *Unruhig bleiben*, S. 142. Zur Aufdeckung »verborgener Verwandtschaften« vgl. auch Stefan Helmreich, »Menschliche Natur auf See«, in: Martin G. Weiß (Hg.), *Bios und Zoë. Die menschliche Natur im Zeitalter technischer Reproduzierbarkeit,* Frankfurt/M. 2009, S. 136-151, hier S. 145.

65 Whitehead, *Denkweisen*, S. 54.

66 Karin Harrasser, »Donna Haraway: Natur-Kulturen und die Faktizität der Figuration«, in: Stephan Moebius, Dirk Quadflieg (Hg.), *Kultur. Theorie der Gegenwart*, Wiesbaden, S. 445-459, hier S. 449.

67 Eine Mitstreiterin beim Versuch, Geschichten als Methode in den Wissenschaften zu etablieren, findet Haraway in Anna Tsing: »Seit der Aufklärung haben uns die westlichen Philosophen von einer Natur gesprochen, die großartig und universell, aber auch passiv und mechanisch ist. Natur lieferte die Kulisse und war Quelle für die moralische Intentionalität des Menschen, der sie zugleich zu zähmen und zu beherrschen wußte. Man überließ es den Fabulierern, den nicht-

die vom beständig stattfindenden Austausch und der Vermischung von nichtmenschlichen und menschlichen Akteuren erzählen, bei denen es um das »Mit-Machen« und »Mit-Werden« geht.[68] Ihre Camille-Geschichten haben wahre Metamorphosen im Blick, in denen tierische und menschliche Wesen zu neuen Lebewesen verschmelzen.[69] Und darum geht es ihr vor allem: »Sich verwandt machen bedeutet, Personen zu machen, aber nicht zwingend als Individuen oder Menschen.«[70] Dass der Mensch als Krone der Schöpfung endgültig abgedankt hat, lässt sich schon an ihren vielen Namen für neue Mischwesen erkennen, von denen der Mensch nur jeweils ein Teil ist: »Wir sind Cyborgs«;[71] »Wir sind Humus«;[72] »Wir sind alle Flechten«;[73] »Wir sind alle Kompost!«.[74] Um die zur kategorialen Differenz gesteigerten Unterschiede zwischen verschiedenen Lebewesen zu nivellieren, erfindet Haraway immer neue Begriffe für diverse »Menschtier-Verknotungen«.[75] Obwohl diese Gleichsetzungen mit andere Lebensformen im Kern dafür werben sollen, sich auch als Mensch als Teil einer biologischen Masse zu fühlen, ohne aus ihr herauszuragen, wird auch in diesen Fällen ein »Wir« postuliert, das auf Abweichler, die sich nicht vereinnahmen lassen wollen, nicht eingeht. Im Sog der Begeisterung für Vermischungen gerät die Frage der Verweigerung – ähnlich wie bei Latour – weitgehend in den Hintergrund. Auch bei Haraway wird eine erstaun-

westlichen, den nicht der Zivilisation verbundenen Geschichtenerzählern, uns an das muntere Tun aller Lebewesen zu erinnern, ob sie nun Menschen waren oder nicht.« Tsing, *Der Pilz am anderen Ende der Welt*, S. 7.

68 Vgl. Haraway, *Unruhig bleiben*, S. 141.

69 Ulrich Beck verpasst in seinem gleichnamigen Buch von 2017 die eigentliche Pointe des Begriffs Metamorphose, wenn er ihn nur allein für eine radikale Form des sozialen Wandels reserviert. Kein Wort wird dagegen über die Verbindungen und Verwandlungen von Tier und Mensch, die schon in Ovids *Metamorphosen*, bei dem noch die Götter hinzukommen, Hauptthema sind. Sein Epos hebt an mit den Worten: »Lust wird rege zum Sang, wie sich Formen in andere Körper wandelten.« Ovid, *Metamorphosen*. Mit den Zeichnungen von Pablo Picasso, Leipzig 1971, S. 7.

70 Haraway, *Unruhig bleiben*, S. 141 f.

71 Haraway, »Manifest«, S. 34.

72 Haraway, *Unruhig bleiben*, S. 80. Diese Selbstcharakterisierung findet sich ebenso bei Latour, *Kampf um Gaia*, S. 423.

73 Haraway, *Unruhig bleiben*, S. 82.

74 Ebd., S. 140.

75 Ebd., S. 226.

lich hohe Bereitschaft der Lebewesen zur Vermischung vorausgesetzt.

Ihre Suche nach Verwandtschaftsbeziehungen lässt sich zurückbinden an weit zurückliegende Versuche mit ähnlicher Stoßrichtung: »Es gibt kein lebendes Wesen, das nicht durch verwandtschaftliche Bande mit jedem anderen lebenden Wesen verknüpft wäre.«[76] Der von Haraway konstatierte Grad an Vermischung zwischen Menschlichem und Nichtmenschlichem geht über die von Giddings betonte Verwandtschaft zwischen verschiedenen Spezies jedoch weit hinaus. Haraway interessiert sich aus einer geosoziologischen Perspektive gesehen jedoch zu wenig für die gerade aus den Verwandtschaftsbeziehungen resultierenden Bestrebungen nach neuen Grenzziehungen. Insbesondere ein hoher Grad an Vermischungen ruft die Frage nach den Grenzen hervor, weil es den Wunsch gibt, von anderen unterschieden werden zu können. Und diesen hegen wohl nicht nur menschliche Lebewesen. Im Tierkapitel haben wir gesehen, dass auch bei Tieren der Wunsch nach Auszeichnung und Besonderung beobachtet werden kann.

Wir betrachten uns als so eng verbunden mit unserem körperlichen Leben, daß ein Mensch sich als eine komplexe Einheit – Körper und Geist – darstellt. Aber der Körper ist Teil einer äußeren Welt und hängt eng mit ihr zusammen. Er ist in der Tat genauso ein Teil der Natur wie alles andere in ihr – ein Fluß, ein Berg oder eine Wolke. Selbst wenn wir penibel exakt sind, können wir nicht genau definieren, wo ein Körper beginnt und wo die äußere Natur endet.[77]

Diese betonte Unklarheit über die Grenzen von Individuen und ihren vielfältigen Verwobenheiten in die Natur nimmt Haraway in ihren Schriften wieder auf. Doch statt es bei dem bloßen Nachweis der Verbindungen aller Lebewesen zu belassen, wird aus Sicht der Geosoziologie gerade die von Whitehead hervorgehobene Unklarheit über die Grenzverläufe zwischen menschlichem Körper und äußerer Natur als Auslöser für Grenzziehungen angesehen, womit gewissermaßen kontrafaktisch Klarheiten hergestellt werden sollen. Gerade wenn und weil Grenzen immer nur vorläufig zu haben sind, weil sie regelmäßig unterlaufen und damit nach und nach geschleift

76 Giddings, *Prinzipien der Soziologie*, S. 388.
77 Whitehead, *Denkweisen*, S. 64.

werden, lassen sich immer wieder neue Versuche der Grenzziehung und der Abgrenzung beobachten.[78]

6.4 Zur Politik der Bündnisse: Kooperationen und Konflikte

In den Überlegungen von Serres, Latour und Haraway wird übereinstimmend die Notwendigkeit diagnostiziert, sich angesichts der Herausforderungen und Gefährdungen des Planeten zu versammeln, zu verbünden, zu verbinden und zu verschmelzen, Bündnisse und Allianzen zu schließen, Kooperationen einzugehen und »symbiotische Kollektive«[79] zu bilden. Bündnisse werden im Allgemeinen eingegangen, um drohende Gefahren abzuwenden: Schon bei Thomas Hobbes (1588-1679) sucht der Mensch das »Bündnis mit anderen«, sofern diese sich »in derselben Gefahr wie er selbst befinden«.[80] Eine nachvollziehbare Reaktion, die eine lange Geschichte hat. Neu ist, dass die Verbündeten auch dort ausgemacht werden, wo man sie bisher kaum vermutet hatte: Unter der von der abendländischen Tradition nahezu durchgängig als Kooperationspartner nicht ernst genommenen Klientel der nichtmenschlichen Lebewesen, insbesondere der Tiere. Gegenwärtig sind die Aufrufe zur Bildung von Bündnissen Legion. Sie finden sich nicht nur in den Texten von Serres, Haraway und Latour, sondern auch bei weiteren Autor:innen des Posthumanismus. So wirbt etwa auch Rosi Braidotti für das »neue transversale Bündnis zwischen den Arten«.[81] Schon Anfang der 1980er Jahre schreiben Ilya Prigogine (1917-2003) und Isabelle Stengers: »Der Alte Bund ist zerbrochen. Wir sehen unsere Rolle nicht darin, dem Vergangenen nachzuweinen. Wir sehen sie darin, neue Bündnisse zu stiften zwischen dem Menschen,

78 Haraway ebenso wie Latour tun sich dagegen insgesamt schwer mit der Einsicht in diese nicht stillzustellende Dynamik immer neuer Grenzziehungen.

79 Andreas Folkers, Sven Opitz: »Symbiose als Begriff und Gegenstand der Soziologie. Für eine Analyse von Biosozialität im Zeitalter des Mikrobioms«, in: Nicole Burzan (Hg.), *Komplexe Dynamiken globaler und lokaler Entwicklungen. Verhandlungen des 39. Kongresses der Deutschen Gesellschaft für Soziologie in Göttingen 2018*, S. 1-13, ⟨https://publikationen.soziologie.de/index.php/kongressband_2018/article/view/1119/1349⟩.

80 Thomas Hobbes, *Leviathan*, Frankfurt/M. 1984, S. 94.

81 Braidotti, *Posthumanismus*, S. 107.

seiner Erkenntnis, seinen Träumen und den erfinderischen Aktivitäten der Natur.«[82] Rückblickend gesehen erscheint diese Formulierung wie der Startschuss zur Forschung von Michel Serres,[83] Bruno Latour, Donna Haraway und vielen anderen. Eine weitere wichtige Quelle der Inspiration für das Nachdenken über die Stiftung von Bündnissen über Artengrenzen hinweg stellen die Schriften von Gilles Deleuze und Félix Guattari dar, die in *Tausend Plateaus* notieren: »Das Werden kommt durch Bündnisse zustande.«[84] Auch sie haben dabei, ähnlich wie Lynn Margulis, eine sich von der klassischen Evolutionstheorie deutlich unterscheidende Evolution durch Symbiosen im Blick: »Wenn die Evolution wirkliche Arten des Werdens umfaßt, so im weiten Bereich von *Symbiosen*, in dem Geschöpfe völlig unterschiedlicher Entwicklungsstufen und Tier- oder Pflanzenreiche zusammenkommen, ohne daß irgendeine Abstammung vorliegt.«[85] Gerade aber bei diesen beiden Autoren geht darüber eine Berücksichtigung kriegerischer Elemente des lebendigen Sozialen nicht verloren. Im Symbiosekonzept von Margulis und den verschiedenen Anschlüssen daran ist dies schon deutlich anders. Bei allen Aufrufen zur Verschmelzung, Verbindung und Versammlung stellt sich die Frage, ob dabei die Verweigerung, der Widerstand und der Unwille nicht zu wenig berücksichtigt wird und ob angesichts der »Glückseligkeit organischer Symbiose«,[86] der Liebe – »Ohne Liebe gibt es weder Bindung noch Bündnis«[87] –, und der unterbreiteten Friedensangebote nicht die Konflikte, der Kampf und der Krieg unterschätzt werden, die sich trotz der benevolenten Angebote ergeben können, worauf insbesondere eine geosoziologische Durchdringung des Themas stets aufmerksam zu machen hätte. Wird bei Serres', Latours und Haraways Vorschlägen insgesamt nicht zu stark auf Harmonie und Einklang abgestellt? Angesichts des Symbiosekonzepts von Margulis muss sich dieser Verdacht in

82 Ilya Prigogine, Isabelle Stengers, *Dialog mit der Natur. Neue Wege naturwissenschaftlichen Denkens*, München 1981, S. 30.

83 Eine erste Fassung seiner Idee des Naturvertrags wird jedoch bereits von Prigogine und Stengers, *Dialog mit der Natur*, S. 292, kommentiert.

84 Deleuze, Guattari, *Tausend Plateaus*, S. 325.

85 Ebd.

86 Donna Haraway, »Situiertes Wissen. Die Wissenschaftsfrage im Feminismus und das Privileg einer partialen Perspektive«, in: dies., *Die Neuerfindung der Natur. Primaten, Cyborgs und Frauen*, Frankfurt/M., New York 1995, S. 73-97, hier S. 79.

87 Serres, *Der Naturvertrag*, S. 84.

der Tat aufdrängen. Margulis legt mit ihrem Symbiose-Konzept eine Alternative zur herkömmlichen Evolutionstheorie vor, in der die Verschmelzung von Lebewesen zum gegenseitigen Nutzen im Mittelpunkt steht. Statt wie in der Darwinschen Evolutionstheorie überall in der Natur auf Konkurrenzverhältnisse zu stoßen, lenkt sie den Blick auf Kooperationen, die sie, wie wir gesehen haben, *überall* wahrnimmt. Exakt dieser Blickwechsel ist ihr von Kollegen aus der Evolutionsbiologie zum Vorwurf gemacht worden:

> Vielleicht ist es unfair, aber in meinen Augen leidet Lynn Margulis an einem ›Gott-ist-gut-Syndrom‹. Wenn sie sich in der Natur umsieht, möchte sie etwas Gutartiges und Wohlwollendes entdecken, das letztlich nützlich und erstrebenswert ist. Ich dagegen sehe eher mit Tennysons Augen und entdecke alles mögliche mit rotgefärbten Zähnen und Klauen. Mit anderen Worten, da draußen herrscht ein blutiges Durcheinander. Sie möchte beim Betrachten der Natur Kooperation beobachten und sehen, wie alle nett zueinander sind. Diese Sichtweise kulminiert in der Gaia-Theorie.[88]

In der Tat ist bei Margulis von *dieser* Seite der Natur keine Rede. Alle Lebewesen haben sich unter der Hand in eine kooperationswillige Population friedfertiger Zeitgenossen verwandelt, die nur mehr auf Zusammenschluss zu Bündnissen aus sind, offenbar aber nicht mehr auf Flucht, Unterwerfung, Domestizierung und Tötung. Vom Fressen-und-Gefressenwerden, das im Werden der Natur unleugbar auch weiterhin eine gewichtige Rolle spielt, erfahren wir nichts: »Die Verfechter einer ökologisch befriedeten Umwelt-Welt vergessen, daß ›Natur‹ ursprünglich Überlebenskampf, Krieg, Sich-gegenseitig-Vertilgen bedeutet und daß die friedliche Symbiose nur eine Ausnahme ist oder eine optische Täuschung.«[89] Die auffällige Aussparung dieser Seite der Natur geschieht wohl nicht zuletzt deshalb, weil es unweigerlich das Thema Tod aufrufen würde, das in posthumanen Konzeptionen nicht zufällig eher ein Schattendasein führt: »Bloß weil Thanatos am Ende immer gewinnt, sollte ihm dennoch kein so hoher konzeptioneller Stellenwert beigemessen werden. Der Tod ist überbewertet.«[90] So fehlt es den neuen Konzep-

88 So George C. Williams in der Diskussion im Anschluss an Margulis' Vortrag »Gaia ist ein zähes Weibstück«, in: John Brockman (Hg.), *Die dritte Kultur. Das Weltbild der modernen Naturwissenschaft*, München 1996, S. 177-202, hier S. 195.

89 Hanimann, *Vom Schweren, Ein geheimes Thema der Moderne*, S. 39.

90 Braidotti, *Politik der Affirmation*, S. 40. Die Thematisierung des Todes bildet

ten der Natur durchgängig an Hinweisen auf ihre brutale und rücksichtslose Seite, die in soziologischen Beiträgen stets präsent war. So notiert etwa Werner Sombart: »Pflanzen und vor allem Tiere töten unausgesetzt, um sich selbst am Leben zu erhalten.«[91] Norbert Elias sekundiert: »Vielleicht sollte man auf der gegenwärtigen Stufe der Sensibilität nicht die Natur im Rohzustand vergessen – die Tiere, die töten, um selbst zu leben, und die anderen, schnellfüßigen, die ihnen zu entkommen versuchen.«[92] Und bei Bataille heißt es: »Die Natur selbst ist gewaltsam.«[93] Kann diese Seite der Natur mit der Symbiose-Theorie nun einfach ignoriert werden? Kommt ihr angesichts der heutigen Situation keinerlei Relevanz mehr zu? Ich glaube kaum, dass sich das, was man als Natur bezeichnet, im Zeitalter des Anthropozäns so radikal verändert hat, dass diese Einsichten als überholt zurückgewiesen werden können, auch wenn sie in der gegenwärtigen Debatte tatsächlich nur selten mehr Erwähnung finden. Anna Tsing ist eine der wenigen Ausnahmen: »Wenn wir Schädlinge und Krankheiten einbeziehen, können wir nicht mehr auf Harmonie hoffen. Der Löwe wird nicht beim Lamm liegen.«[94] Dass wir es zudem auch mit »gefährlichen Mischwesen«[95] zu tun haben könnten, scheint völlig außerhalb der Kalkulation zu sein. Die überwiegend friedfertigen Szenarien rechnen unter den nichtmenschlichen Lebewesen offenbar nicht mit Feinden, sondern nur mit Freunden, mit zu unterstützenden Spezies, die den Menschen nichts anhaben und nichts tun wollen, nicht auf Angriffe aus sind. Woher stammt dieses Vertrauen? Es ist wohl letztlich Ausdruck

auch bei Serres, Latour und Haraway eine Leerstelle. Bei Haraway stoßen wir immerhin auf das Frohlocken darüber, nach dem Tod als Nahrungsdepot für andere Lebewesen fungieren zu können: »Ich liebe, dass, wenn ›ich‹ sterbe, all diese bösartigen und gefährlichen Symbionten übernehmen und alles nutzen werden, was von meinem Körper übrig sein wird, zumindest für eine gewisse Zeit, denn ›wir‹ benötigen einander gegenseitig.« Donna Haraway, »Die Begegnung der Arten«, in: Roland Borgards u. a. (Hg.), *Texte zur Tiertheorie,* Stuttgart 2015, S. 290-325, hier S. 293.

91 Sombart, *Vom Menschen,* S. 335.

92 Norbert Elias, »Über Natur«, in: ders.: *Gesammelte Schriften, Aufsätze und andere Schriften,* Bd. III, Frankfurt/M. 2006, S. 136.

93 George Bataille, *Die Erotik,* Berlin 2020, S. 57.

94 Tsing, *Der Pilz am Ende der Welt,* S. 342.

95 Michael Hagner, »Die Welt als Labor und Versammlungsort. Bruno Latours politische Ökologie aus dem Geiste der Wissenschaftsforschung«, in: *GAIA* 15/2 (2006), S. 127-134, hier S. 131.

unserer Herrschaft über sie, der erfolgreichen Zähmung oder Verdrängung vieler Arten, die wir – so oder so – auf Abstand zu halten versuchen. Die anderen Lebewesen ernst zu nehmen als gleichberechtigte Partner oder Gegner, hieße aber eben auch, deren Willen zur Differenz, zum Dissens und Kampf ernst zu nehmen, ihr Interesse an der Erhaltung und Verbreitung ihrer Art, statt ihnen eine friedfertige und konsensuelle Ausrichtung zu unterstellen. Der Schock der rasend schnellen Verbreitung des Corona-Virus über den gesamten Planeten resultiert zum Teil gerade auch darin, zugeben zu müssen, dass wir die Natur keineswegs im Griff haben. Die Pandemie bedeutet die Konfrontation mit einem Gegner, der womöglich noch effizienter zu töten versteht als der Mensch. Während dieser es geschafft hat, alle anderen Tiere als Gefahren weitgehend auszuschalten, geht von Bakterien und Viren unvermindert eine tödliche Gefahr aus, die viele Menschenleben zerstört, ehe sie zumindest so eingedämmt werden kann, dass sie keine globale Gefahr mehr darstellt, sondern bloß ein weiteres Virus, mit dem die Menschen offenbar zu leben lernen müssen.[96]

Insgesamt kann man sich des Eindrucks nicht erwehren, dass mit dem Symbiosekonzept eine Tendenz zur Harmonie verbunden ist.[97] Statt das Kooperationsparadigma als Ergänzung des Konkurrenz- und Kampfparadigmas zu verstehen, wird Kooperation nunmehr als *die* alleingültige Erzählung angepriesen, mit der eine »Umstellung von Konkurrenz auf Kooperation«[98] eingeleitet werde. Damit wird der in der deutschen Übersetzung behauptete Anspruch der Margulisschen Perspektive, zu zeigen, wie die Evolution »wirklich« verlief, untermauert. Wenn die eine gegen die andere Evolutionstheorie aber tatsächlich ausgetauscht werden soll, erhalten wir als Ergebnis eine ebenso einseitig argumentierende Perspektive wie in der klassischen Evolutionstheorie auch. Was wir dagegen benötigen, ist eine Synthese aus beiden konträren Konzepten, über die die Soziologie aus meiner Sicht längst verfügt und die sich auch

96 Vgl. Kap. 7.

97 Interessanterweise erwähnt Margulis zwar, dass dieser Aspekt auf der zweiten Gaia-Konferenz im Jahr 1996 zur Diskussion gestanden habe. Doch sie verhält sich in ihren weiteren Ausführungen nicht dazu, vgl. Margulis, *Der symbiotische Planet*, S. 150.

98 Folkers, Opitz, »Symbiose als Begriff und Gegenstand der Soziologie. Für eine Analyse von Biosozialität im Zeitalter des Mikrobioms«.

für diese Debatte fruchtbar machen lässt. Warum sollte die »Mischung harmonischer und feindseliger Beziehungen«,[99] aus denen die menschlichen Beziehungen nach Georg Simmel bestehen, nicht auch die Verbindungen von menschlichen und nicht-menschlichen Beziehungen prägen? Nach Simmel braucht »die Gesellschaft irgendein quantitatives Verhältnis von Harmonie und Disharmonie, Assoziation und Konkurrenz, Gunst und Mißgunst, um zu einer bestimmten Gestaltung zu gelangen«.[100] Es gibt keinerlei Anzeichen dafür, warum dies für Kollektive, die auch aus nichtmenschlichen Lebewesen bestehen, nicht gelten sollte. Denn wer wollte behaupten, dass die neu zu berücksichtigenden nicht-menschlichen Akteure allein für die Verbreitung von Harmonie, Assoziation und Gunst stehen und nicht auch für Disharmonie, Konkurrenz und Missgunst sorgen? Im Gegensatz zu Simmels Perspektive können wir bei Margulis und einigen anderen Vertretern des Symbiosekonzepts ein starkes Votieren für die eine Seite unter Vernachlässigung der anderen beobachten. Auch Michel Serres, Donna Haraway und Bruno Latour lassen sich in ihren Überlegungen von dieser deutlich harmonischen Ausrichtung des Symbiosedenkens über weite Strecken leiten. Schon das von Serres präferierte Modell des Vertrags ist daraufhin angelegt, da sich jeder Vertrag dadurch auszeichnet, »Konsens als Modus der Vereinheitlichung«[101] zu denken. Obwohl bei Latour mit seinem Rekurs auf Carl Schmitt ein agonistisches Moment in seine Argumentation Einzug gehalten hat und weiterverfolgt wird, ist auch seine Perspektive über weite Strecken auffällig irenisch eingefärbt. Bei Donna Haraway verrät sich die harmonische Ausrichtung ihrer eigenen Perspektive nicht zuletzt in der deutlich artikulierten Distanz zu Latours Ausflug in die Welt der Gegensätze, Kämpfe und Konflikte. Seinem Rekurs auf Carl Schmitt und dessen Betonung von Konfrontationen, Kraftproben und Krieg kann sie – im Gegensatz zu so vielen anderen Übereinstimmungen mit Latour – überhaupt nichts abgewinnen.[102]

In der – im Vergleich etwa zu Latours Schriften – weit weniger

99 Simmel, *Soziologie*, S. 295.

100 Ebd., S. 286.

101 Niklas Luhmann, »Wie ist soziale Ordnung möglich?«, in: ders., *Gesellschaftsstruktur und Semantik,* Bd. 2, Frankfurt/M. 1981, S. 194-285, hier S. 210.

102 Vgl. Haraway, *Unruhig bleiben*, S. 61 ff.

rezipierten »Bio-Anthropo-Soziologie«[103] Edgar Morins findet sich dagegen eine Position, die über dem Nachdenken über eine bessere Welt nicht die Augen vor den kaum zu bestreitenden realen Gegebenheiten verschließt, die alles andere als friedlich sind. Die derzeitige Welt erscheint ihm als

> zerrissen, von Krämpfen geschüttelt. Alle Bindungen sind konfliktgeladen, und die Konflikte sind alle in irgendeiner Form miteinander verbunden. [...] Die Kriege des planetarischen Zeitalters sind daher Bürgerkriege. Wie bei einer Autoimmunerkrankung, bei der die Zellen eines Organismus sich nicht gegenseitig als Gefährten erkennen und wie Feinde bekriegen, wollen sich die Bestandteile des planetarischen Organismus weiter gegenseitig zerstören.[104]

Statt sich der Analyse dieser Konflikte und Kriege zu stellen, laufen die Konzepte von Serres, Haraway und Latour Gefahr, diese zugunsten der Entwürfe für eine wünschenswerte Welt zu vernachlässigen. Statt einer neuen Politik scheinen posthumanistische und neomaterialistische Positionen eher eine neue Ethik zu priorisieren, eine »Ethik des Werdens«[105] oder »Ethiken der Verwobenheit«.[106] Politische Modelle hätten dagegen den Streit- und Kampfaspekt systematisch zu analysieren. Insofern scheinen wir es derzeit in der Tat mit einer »Verdrängung des Politischen durch das Ethische«[107] zu tun zu haben, von der auch die Positionen von Serres, Haraway und Latour, wenn auch in unterschiedlichem Ausmaß, angesteckt sind. Von der Botschaft, »dass wir die Suche nach einem Konsens ohne jede Exklusion einstellen und die Hoffnung auf eine ganz mit sich versöhnte und harmonische Gesellschaft fahrenlassen müssen«,[108] scheinen Serres, Latour, Haraway und weitere Vertreter des Posthumanismus noch nicht vollends überzeugt zu sein. Zusätzliche Unterstützung findet ihre Perspektive etwa auch in der neuen Pflanzenphiloso-

103 Vgl. Stephan Moebius, »Bio-Anthropo-Soziologie: Edgar Morin«, in: ders., Lothar Peter (Hg.), *Französische Soziologie der Gegenwart,* Konstanz 2004, S. 237-265.
104 Morin, *Einen neuen Anfang wagen*, S. 16.
105 Braidotti, *Politik der Affirmation*, S. 64.
106 Karen Barad, »Quantum Entanglements and Hauntological Relations of Inheritance: Dis/continuities, SpaceTime Enfoldings, and Justice-to-Come«, in: *Derrida Today* 3/2 (2010), S. 240-268, hier S. 266.
107 Chantal Mouffe, *Agonistik*, S. 39.
108 Ebd., S. 11.

phie, die die Aussparung von Grenzziehungen und Exklusion geradezu zum Programm erhebt: »Das Rätsel, das wir lösen müssen, ist also das der Inklusion aller in ein und derselben Welt und nicht die Exklusion anderer Lebewesen – die ist immer instabil, illusorisch und vergänglich.«[109] Abgesehen von der unbegründet bleibenden Vorstellung, dass Inklusion im Gegensatz zur Exklusion stabil, realistisch und dauerhaft sein soll, wiederholt sich in dieser einseitig auf Inklusion fokussierten Perspektive der schon der Soziologie in die Wiege gelegte Konstruktionsfehler, sich ausschließlich auf Inklusion zu konzentrieren und Exklusion als allenfalls vorübergehendes Krisenphänomen anzusehen. Ein Fehler, der insbesondere von Foucault aufgedeckt wurde und zu einer systematischen Erforschung der für die Gesellschaft konstitutiven Exklusionen geführt hat. Während die traditionelle Soziologie von der Art Durkheims nach den Instanzen gefragt hat, die den Zusammenhalt der Gesellschaft herstellen können, stellt Foucault die exakt umgekehrte Frage: »[D]urch welches Ausschließungssystem, durch wessen Ausmerzung, durch die Ziehung welcher Scheidelinie, durch welches Spiel von Negation und Ausgrenzung kann eine Gesellschaft beginnen zu funktionieren?«[110] Diese Frage hat sich keineswegs erledigt, sondern muss sich vor dem Hintergrund eines posthumanen und geosoziologischen Gesellschaftsverständnisses auf das gesamte Gefüge aus menschlichen und nichtmenschlichen Lebewesen ausdehnen, wodurch ein ganzes Heer neuer Ausmerzungen, Ausschließungen und Ausgrenzungen in den Blick gerät, die vorgenommen werden, um die Konstitution und Stabilisierung der territorialen Gesellschaftsgefüge zu ermöglichen: Durch welches Verständnis von Gesellschaft wurde und wird Natur ausgeschlossen? Durch welche Vorstellung von Natur werden welche Tier- und Pflanzenarten ausgemerzt? Welche Spezies werden als nützlich definiert, um die als schädlich geltenden bekämpfen zu dürfen? Aufgrund welcher Definition werden heimische von fremden Arten unterschieden? Welche Bewertungskriterien werden herangezogen, um bestimmte

109 Coccia, *Die Wurzeln der Welt*, S. 63.

110 So heißt es bei Foucault, *Mikrophysik der Macht*, S. 57 programmatisch. Siehe dazu auch Sven Opitz, »Eine Topologie des Außen — Foucault als Theoretiker der Inklusion/Exklusion«, in: Roland Anhorn u. a. (Hg.), *Foucaults Machtanalytik und Soziale Arbeit. Eine kritische Einführung und Bestandsaufnahme*, Wiesbaden 2007, S. 41-58.

Lebensräume zu schützen, während andere dem Verfall preisgegeben werden?

Die allein an Symbiose orientierten und auf Kooperation setzenden Ansätze laufen Gefahr, in die klassische Inklusionsorientierung zurückzufallen, die auch Latour in die Arme Durkheims zurücktreibt, von dem er sich sonst stets abzugrenzen bemüht zeigt.[111] Ein bloßes Umschalten von Darwin (und seiner Betonung des Kampfes) auf Kropotkin (und seiner Betonung der Kooperation) wird jedoch nicht ausreichen.[112] Um kein notwendig einseitiges Bild zu erzeugen, bedarf es der Berücksichtigung von Inklusion *und* Exklusion, Kooperation *und* Kampf, Grenzauflösung *und* erneutem Grenzaufbau. Sofern die ökophilosophische Pespektive beinhaltet, »[a]nzuerkennen, dass die Welt ein Raum des Eintauchens ist, heißt […], dass es keine stabilen, keine wirklichen Grenzen gibt«,[113] wird der Kurzschluss nur allzu offensichtlich. Wenn es keine stabilen Grenzen gibt, scheinen demnach überhaupt keine mehr zu existieren. Wie wir jedoch gesehen haben, erweisen sich gerade die flexiblen und elastischen Grenzen als außerordentlich effizient.[114] In der Tat kann von ein für alle Mal zementierten, essentialistisch verstandenen Grenzen keine Rede sein. Alle Grenzziehungen sind vielmehr kontingent, Resultat historischer und politischer Bedingungen. Doch es ist gerade der Nachweis von Gemeinsamkeiten, der die Unterscheidungsmaschinerie immer wieder aufs Neue in Gang setzt. Die Globalisierung ist geradezu ein Lehrstück dafür, dass aufgrund zunehmender Verflechtung, Angleichung der Lebenslagen und der Betonung von Gemeinsamkeiten ein Wettbewerb um die besseren und *noch* besseren Plätze einsetzt und die exklusive Besonderheit von Individuen, Städten, Organisationen, Unternehmen und Staaten behauptet werden muss, um einen Unterschied zu machen, der sie aus dem Meer des Immergleichen herausragen lässt. Insbesondere vor dem Hintergrund der behaupteten Verflochten-

111 Zur unfreiwilligen Nähe Latours zu Durkheim siehe Gesa Lindemann, »›Allons enfants et faits de la patrie …‹. Über Latours Sozial- und Gesellschaftstheorie und seinen Beitrag zur Rettung der Welt«, in: Georg Kneer u. a. (Hg.), *Bruno Latours Kollektive. Kontroversen zur Entgrenzung des Sozialen*, Frankfurt/M. 2008, S. 339-360 und Schroer, »Vermischen, Vermitteln, Vernetzen. Bruno Latours Soziologie der Gemenge und Gemische im Kontext«.

112 Vgl. Kap. 4.2.

113 Coccia, *Die Wurzeln der Welt*, S. 63.

114 Vgl. Kap. 4.4 und 4.7.

heit und Angleichung entstehen die Fragen nach den Differenzen, Trennungen und Grenzziehungen. Die Verbundenheit ist insofern nicht das letzte Wort, denn: wo das Gemeinsame ist, da wächst das Trennende auch!

Eine ganz andere Haltung ergibt sich, wenn dieses Trennende schon zum unüberwindbaren Ausgangspunkt des Nachdenkens über das Leben erhoben wird:

> Und dann blicke hinein in Deine eigene Existenz. Jeder Deiner Schritte geht über das Leben selbst. Jeder Löffel voll Nahrung, den Du zu Dir nimmst, bedeutet Leiden und Untergang der lebenden Kreatur, bedeutet die Verdrängung und Verletzung eines fremden Rechts. Jeder Schnitt, den die Sense tut, jeder Axthieb, der in den Schlachthäusern fällt, wird gegen das volle Leben geführt. Du fürchtest eine Krankheit und kochst Dein Trinkwasser ab: das heißt, daß Du unzählige Lebewesen Deiner persönlichen Sicherheit wegen zu einem langsamen und qualvollen Tode verdammst. Du bist wirklich krank geworden und der Arzt spritzt Dir ein Gegengift ins Blut, das heißt: daß gegen Armeen von Bakterien eine Entscheidungsschlacht geschlagen werden soll. Oder Du wirst durch eigene Kräfte gesund: Die Abwehrstoffe Deines Körpers haben den eingedrungenen Feind vernichtet. Willst Du Dir Vorwürfe machen deshalb? Dann geh hin und stirb. Solange Du lebst, übst Du Recht aus, und das hat unweigerlich die Verdrängung anderer, schwächerer Arten des Rechtes zur Folge. Alles Leben unterscheidet sich und ist schon deshalb kriegerisch gegeneinander gestellt.[115]

Während hier von vornherein auf die Unterschiede zwischen allen Lebewesen abgehoben wird, sind die neueren Ansätze aus dem Umkreis des Posthumanismus und des Neomaterialismus gerade um den Nachweis von Ähnlichkeiten bemüht. Bemerkenswert dabei ist, dass aus dieser Ähnlichkeit weitgehend auf Friedfertigkeit geschlossen wird, während Jünger bereits aus der unterstellten Unterschiedlichkeit alles Lebens eine unheilbare Gegnerschaft aller Lebewesen ableitet. Warum schon die Unterscheidung allein zu kriegerischer Konfrontation führen muss, ist dabei keineswegs so selbstverständlich, wie suggeriert wird. Nach Jünger ist in der Natur des Menschen angelegt, andere Lebewesen für das eigene Überleben töten zu müssen. Deshalb ist es ihm verwehrt, im Einklang mit der Natur zu leben, wenn das bedeutet, ohne Zerstörung anderer natürlicher Lebewesen existieren zu können. Die Ansicht Jüngers

115 Ernst Jünger, *Politische Publizistik 1919-1933*, hg., kommentiert und mit einem Nachwort von Sven-Olaf Berg-Götz, Stuttgart 2001, S. 133.

resultiert aus der Vorstellung, dass der Mensch nicht Teil der Natur ist, dieser vielmehr fremd gegenübersteht, weshalb ein hoher Grad an Isoliertheit für seine Existenz charakteristisch ist, die auch von anderer Seite betont wird:

> Ein jedes Wesen ist von allen anderen verschieden. Seine Geburt, sein Tod und die Ereignisse seines Lebens können für die anderen interessant sein, aber unmittelbar ist es nur selbst daran beteiligt. Nur es selbst wird geboren. Nur es selbst stirbt. Zwischen dem einen und dem anderen Wesen liegt ein Abgrund, trennt sie die Diskontinuität.[116]

Auch auf diese Weise kann das Leben bestimmt und empfunden werden. Es verweist auf eine durch den unheilbaren Abstand zu anderen Existenzweisen gegebene Einsamkeit. Symbiose zum führenden Existenzmodus alles Lebendigen zu erklären, nimmt sich vor diesem Hintergrund wie eine Trosterzählung aus. Eine Erzählung, die Entlastung bietet gegenüber der Unausweichlichkeit des einsamen Todes der isoliert voneinander existierenden Individuen, in der jedes Ende als ein neuer Anfang umgedeutet wird. Der von Bataille betonte Abgrund lässt sich durch bloße Appelle an die Einsicht in die tiefe Verbundenheit der Lebewesen untereinander nicht beseitigen. Begegnet werden kann einer solchen Perspektive nur durch andere Erfahrungen. Die Verbundenheit des Menschen mit allem anderen Leben auf der Erde muss insofern nicht nur behauptet, sondern erfahrbar, die weit verzweigten Beziehungen und Zusammenhänge erlebbar gemacht werden. Denn diese veränderte Haltung gegenüber dem Leben in seiner Gesamtheit ist zentral für einen anderen Umgang mit der Erde, der diese nicht mehr länger für eine vom Menschen abgespaltene Natur hält, deren Gesamtbestand ihm zur Verfügung steht für seine alleinigen Interessen, sondern als seine mit vielen anderen Lebeswesen zu teilende vulnerable Lebensgrundlage, deren Bestand weit weniger selbstverständlich und langlebig ist, als in den vergangenen Jahrhunderten zumeist angenommen wurde. Es ist die Sicherheit spendende Selbstverständlichkeit der Existenz der Natur in der uns bekannten Form, die mit dem Anbruch des Anthropozäns in sich zusammenbricht und erstmals nach Rettungsmaßnahmen im großen Stil verlangt.

116 Bataille, *Die Erotik*, S. 21. Mit dieser Position unterscheidet sich Bataille deutlich von Caillois, der dagegen auf Kontinuität setzt, vgl. Kap. 2.4.

6.5 Verlangsamung oder Beschleunigung politischer Prozesse?

Bei der Neuzusammensetzung der Kollektive durch Latour sind wir bereits auf das Motiv der Verlangsamung gestoßen. Sein politisches Unternehmen des *Parlaments der Dinge* plädiert unter anderem dafür, »die politischen und gesellschaftlichen Entscheidungsprozesse zu entschleunigen«.[117] Dieses »Lob der Langsamkeit«,[118] das aus dem Versuch der behutsamen Allinklusion aller Lebewesen und ihrer Stimmen bei möglichst vollständiger Vermeidung von Exklusion resultiert, die sich nach Latours Vorstellung allenfalls vorübergehend ergeben kann, kulminiert in einer »Politik des Aufschubs«:[119] »Für einen Kompositionisten gibt es nichts, das jenseits der Diskutierbarkeit stünde, und dennoch muss ein Abschluss erreicht werden, allerdings durch den langsamen Prozess von Komposition und Kompromiss.«[120] Eine Parallele zu Latours Versuch der Verzögerung und Entschleunigung findet sich bei Isabelle Stengers, deren Arbeiten er ähnlich intensiv verfolgt, kommentiert und in seine eigenen Überlegungen einspeist wie diejenigen von Haraway. Wenn Stengers für einen »Raum des Zögerns«[121] plädiert, so hat sie mit Latour einen verlässlichen Bündnispartner an ihrer Seite. Auch bei Serres stoßen wir auf diesen Zusammenhang: »Es ist ganz so, als ob die Kurzfristigkeit mit der Destruktion im Bunde stünde.«[122] Zwar könnten wir allerlei Maßnahmen ergreifen, um die sich abzeichnende Katastrophe noch aufzuhalten, doch führe dies nicht zu einem einschneidenden Kurswechsel. Deshalb fordert Serres: »Die Lösung eines langfristigen Problems maximaler Größenordnung muß, um effizient zu werden, seiner Tragweite zumindest gleichkommen.«[123] Für Serres liegt sie in dem von ihm propagierten Naturvertrag. Er beklagt in diesem Zusammenhang, dass auf die Praktiker wie Bauern und Seeleute schon lange nicht mehr gehört werde, obwohl

117 Hagner, »Die Welt als Labor und Versammlungsort. Bruno Latours politische Ökologie aus dem Geiste der Wissenschaftsforschung«.

118 Ebd., S. 134.

119 Vogl, *Über das Zaudern*, S. 53.

120 Latour, »Ein Versuch, das ›Kompositionistische Manifest‹ zu schreiben«, S. 8.

121 Isabelle Stengers, *Spekulativer Konstruktivismus*, Berlin 2008, S. 157.

122 Serres, *Der Naturvertrag*, S. 56.

123 Ebd.

diese bezüglich des Umgangs mit Boden, Wind und Wetter über ein hervorragendes Expertenwissen verfügten, das sich aus ihren gelebten Erfahrungen speist und damit als tragfähige Wissensbasis angesehen werden könne. Doch stattdessen werde das Feld »den Verwaltern, Journalisten und Wissenschaftlern, allesamt Menschen der Kurzfristigkeit«[124] überlassen, die schon aufgrund der ausufernden Spezialisierung nicht in der Lage sein können, eine umfassende Antwort auf die Probleme zu liefern. Auch bei Anna Tsing findet sich eine eindeutige Parteinahme für die Entschleunigung: »Fortschritt ist ein Vorwärtsmarschieren, das fremde Zeitformen in seinen Takt hineinzieht. Ohne diesen treibenden Rhythmus wären wir vielleicht imstande, andere Muster wahrzunehmen.«[125] Hier nimmt das Votum für die Entschleunigung die Gestalt eines Plädoyers für die Verlangsamung und Verzögerung unserer Praktiken und unseres Denkens an, das sich dezidiert gegen den modernen Fortschrittsoptimismus ausspricht und darin in Martin Heidegger einen Verbündeten finden könnte: »Der vulgäre Verstand kann nur das sehen und fassen, was geradewegs vor ihm liegt, und so will er sich ständig geradewegs fortbewegen und von einem Nächsten zum anderen Nächsten. Man nennt das Fortschritt.«[126] Statt eines solch überhasteten Vorgehens, das sich vom Imperativ des Wissenschaftssystems antreiben lässt, in schneller Taktung vorzeigbare Ergebnisse zu produzieren, plädiert Heidegger für ein langsames Umkreisen der Dinge im Denken bzw. ein Denken, das sich in Kreisbewegungen vollzieht, ohne auf die eilige Erzeugung verwertbaren Wissens aus zu sein.

Die entscheidende Frage ist nun allerdings, ob die für Philosophie und Wissenschaft charakteristische bzw. zumindest tolerierbare Langsamkeit auf das Feld der Politik übertragen werden kann. Sind hier nicht auch in Latours Sinne zwei verschiedene Existenzmodi am Werk, die mit unterschiedlichen Geschwindigkeiten agieren? Läuft eine Verlangsamung des Politischen nicht nur auf ein Verzögern und Vermeiden von Entscheidungen hinaus? Ist die Entschleunigung tatsächlich die richtige Antwort auf die anstehenden ökologischen Probleme, die doch gerade keinen Aufschub zu

124 Ebd., S. 57.

125 Tsing, *Der Pilz am Ende der Welt*, S. 37.

126 Martin Heidegger, *Die Grundbegriffe der Metaphysik. Welt – Endlichkeit – Einsamkeit*, Frankfurt/M. 1983, S. 276.

dulden scheinen? Ist der Dringlichkeit durch eine Verzögerungsstrategie wirklich beizukommen? Ist das Verzögern tatsächlich die Lösung oder nicht doch eher das Problem? Birgt das Zögern und Zaudern nicht die Gefahr, von den Dynamiken des Geschehens überrollt zu werden, sodass es zu einem Geschehen-Lassen führt, das ein passives Ausharren gegenüber dem aktiven Eingreifen privilegiert? Läuft hier das Zaudern und Zögern nicht auf ein Verharren in der Schockstarre hinaus? Angesichts der Verheerungen, die durch die Privilegierung der Tat und des beherzten Eingreifens im Zuge eines blinden Fortschrittsdenkens entstanden sind, mögen die Verzögerung und das Innehalten auf den ersten Blick als angemessene Reaktion auf die gegenwärtige Lage plausibel erscheinen. Ob damit jedoch tatsächlich die anstehenden Probleme adäquat bearbeitet und bewältigt werden können, erscheint angesichts des Ausmaßes der schon erfolgten Zerstörung mehr als fraglich. Auch ist keineswegs ausgemacht, ob Gaia den Aufschub gewährt. Angesichts der immer stärker sichtbar werdenden Folgen der globalen Erderwärmung scheint vielmehr Eile durchaus geboten zu sein.[127]

Festzuhalten ist: Die vielfältigen Aufrufe zur Zusammensetzung der Welt und die Anrufung des Gemeinsamen speisen sich aus der Annahme der nicht mehr nur bevorstehenden, sondern in Teilen sich schon vollziehenden Klimakatastrophe, die aus der vollständigen Zerstörung der Lebengrundlagen vieler Lebewesen des Planeten besteht. Nur zu gerne würde man annehmen, dass entgegen dem grassierenden Katastrophismus am Ende Hans Blumenberg mit seiner Einschätzung über den Menschen Recht behielte: »Dieser übertreibt gern, auch hinsichtlich dessen, was er anrichten könnte.«[128] Es sieht derzeit jedoch nicht danach aus. Ganz im Gegenteil. Deshalb wird politisch darum gerungen, die Erde in eine andere Zukunft zu überführen, als sie derzeit zu befürchten steht. Ein wesentlicher Faktor ist dabei die Klimapolitik.

127 Die Bekämpfung des Corona-Virus in Deutschland hat sich als die große Stunde der Zauderer und Zögerer erwiesen und eindringlich gezeigt, dass Unentschlossenheit Menschenleben kosten kann. Das sollte für die Bewältigung der Klimakatastrophe Warnung genug sein.

128 Blumenberg, *Die Vollzähligkeit der Sterne*, S. 80.

6.6 Klimapolitik: Regierungshandeln, Demokratie und neue Protestbewegungen

In dem Maße, wie das Klima von einer bloßen »Hintergrundbedingung des Alltags«[129] zu einer von Menschen mitgestalteten Grundlage alles Lebens geworden ist, wird um die Klimafrage politisch gerungen. Wäre dagegen bewiesen, dass sich das Klima vom Menschen so wenig beeinflussen lässt wie die zyklischen Bewegungen der Planeten im Sonnensystem, gäbe es sicher auch Meinungsverschiedenheiten und politischen Streit um die bestmögliche Anpassung an die jeweiligen klimatischen Bedingungen. Doch stets wäre ausgemacht, dass sich das Klima, so wie es ist oder sich verändert, nicht von den Handlungen des Menschen abhängig ist, weshalb diese auch nicht über Maßnahmen nachzudenken hätten, wie sich eine drohende Klimakatastrophe durch veränderte Handlungs- und Lebensweisen der Menschen doch noch abwenden lässt. Alles könnte vielmehr weitergehen wie bisher. Insofern erstaunt es nicht, dass alle politischen Kräfte, die an der Erhaltung des Status quo ein Interesse haben, zur Gruppe der Leugner des menschengemachten Klimawandels gehören.[130] Während diese für ein entschiedenes »Weiter so!« eintreten und keine Notwendigkeit sehen, einen anderen Umgang mit der Erde zu pflegen, als die beiden Dogmen Fortschritt und Wachstum es vorgeben, werden alle anderen klimapolitischen Strategien von der gemeinsamen Überzeugung getragen, dass sich ein durch Menschenhand verursachter Klimawandel auch durch Menschenhand wieder verändern, aufhalten oder in eine andere Richtung lenken lassen müsste. Jede Klimapolitik drängt deshalb auf geeignete Maßnahmen, um die von Klimaforschern in Aussicht gestellten Folgen katastrophalen Ausmaßes durch den Temperaturanstieg um mehr als zwei Grad – das Austrocknen der Böden, das Abschmelzen der Polkappen, das Ansteigen des Meeresspiegels usw. – doch noch abwenden zu können. Die im Einzelnen vorgeschlagenen Wege, um dieses Ziel zu

129 Stehr, Machin, *Gesellschaft und Klima*, S. 151.

130 Dabei kann ihrer Argumentation ein durchaus rationales Motiv unterstellt werden: »Sie wissen, dass die Klimaforschung ihre Autorität, ihre Macht und ihre ökonomische Welt zerstört. In gewisser Weise haben sie verstanden: Wenn der Klimawandel real ist, ist der Kapitalismus am Ende.« Paul Mason, *Postkapitalismus. Grundrisse einer kommenden Ökonomie*, Berlin 2016, S. 318.

erreichen, sind Gegenstand politischer Auseinandersetzungen auf lokaler, nationaler und globaler Ebene. Klima ist damit grundsätzlich nicht mehr länger »etwas, das der menschlichen Gesellschaft einfach *äußerlich* ist, Klima ist etwas, das *in* ihrer Politik *enthalten*, ja gelegentlich vielleicht sogar ihr zentraler Punkt ist. Klima ist etwas, *für* das und *über* das Politik gemacht wird.«[131] Klimapolitik katapultiert das Nischenthema Umwelt endgültig in die vorderste Reihe der globalen politischen Herausforderungen. Nico Stehr und Amanda Machin identifizieren die drei Bereiche Wissenschafts-, Technologie-, Wirtschafts- und Ordnungspolitik und setzen sich für eine enge Verzahnung der Klimapolitik mit weiteren Politikbereichen wie etwa »Energie, Transport und Verkehr, Sicherheit und Gesundheit«[132] ein. Aufgrund des geosoziologischen Interesses an den Fragen der Klimapolitik konzentriere ich mich im Folgenden auf die Technologie- und Wirtschaftspolitik sowie auf den – von Stehr und Machin ausgesparten – Bereich der *Subpolitik*, worunter die »Politik jenseits der repräsentativen Institutionen des nationalstaaatlichen politischen Systems« [133] verstanden werden kann.

Die *Wissenschafts- bzw. Technologiepolitik* nimmt bei der Bekämpfung des Klimawandels breiten Raum ein. Bei den Maßnahmen in diesem Bereich unterscheide ich zwischen *offensiver Manipulation der Klimaverhältnisse*, *defensiver Anpassung an den Klimawandel* und der *offensiven Bekämpfung der Ursachen des Klimawandels*. Manipulieren, Anpassen oder Aufhalten sind die drei Lösungsansätze innerhalb dieses Bereiches der Politik.

Im Mittelpunkt der ersten Gruppe von Maßnahmen steht das *Geoengineering*, das auch als »Erdsystemmanipulation« bezeichnet wird: »Gemeint ist damit der Einsatz von Technologie in planetarischer Größenordnung, um die unerwünschten Umweltfolgen unserer industriellen Zivilisation zu unterdrücken oder gar zu

131 Stehr, Machin, *Gesellschaft und Klima*, S. 151.

132 Ebd., S. 152. Auch die Flüchtlingspolitik müsste hinzugenommen werden, da durch den Klimawandel ausgelöste gravierende schädliche Einflüsse auf die Umwelt Migrationen in Gang setzen, auf die politische Antworten gefunden werden müssen.

133 Ulrich Beck, »Weltrisikogesellschaft, Weltöffentlichkeit und globale Subpolitik«, in: Andreas Diekmann, Carlo C. Jaeger (Hg.), *Umweltsoziologie. Sonderheft 36 der Kölner Zeischrift für Soziologie und Sozialpsychologie*, Opladen 1996, S. 136-163, hier S. 137.

beseitigen.«[134] Die Vorschläge reichen vom Aufspannen eines Sonnensegels zwischen Erde und Sonne, um die Erdoberfläche mit mehr Schatten zu versorgen, der Installation eines Spiegels im Weltall, um die Sonnenstrahlung von der Erde abzulenken, über die Wüstenbewässerung und die Erzeugung von künstlichem Regen bis hin zur Stimulierung des Wachstums von Algen, die Kohlendioxid aufnehmen und so den Treibhauseffekt reduzieren können, sowie der Anreicherung der Stratosphäre mit gewaltigen Schwefelmengen, um die Abkühlung der Erde zu bewirken, die auch nach Vulkanausbrüchen gemessen werden konnte.[135] Befürworter der Atomkraft befinden sich ebenfalls in diesem Lager.[136] Der Einfallsreichtum der Erfinder und Forscher scheint dabei ebenso groß zu sein wie die wohl allzu enge Fixierung auf das alleinige Ziel einer Abkühlung der Erde, bei der der Gesamtzusammenhang des Erdsystems ebenso ausgeblendet wird wie die unbestrittenen Gefahren und unkalkulierbaren Nebenfolgen der großflächigen technologischen Manipulationsversuche, weshalb sie durchaus umstritten sind. Allerdings genießt ihre defensive Ausrichtung in manchen Kreisen auch eine leicht erklärbare Attraktivität: »Großtechnik erlaubt es, die her-

134 Stefan Rahmstorf, Hans Joachim Schellnhuber, *Der Klimawandel*, Bonn 2020, S. 132; vgl. auch Thilo Wiertz, »Geoengineering«, in: Sybille Bauriedl (Hg.), *Wörterbuch Klimadebatte*, Bielefeld 2016, S. 87-93; Florian Rötzer, »Globale Technik für den globalen Klimawandel. Die Großprojekte des Geoengineering zur Rettung des irdischen Klimas«, in: Peter Lutz, Thomas Macho (Hg.), *Zwei Grad. Das Wetter, der Mensch und sein Klima*, Göttingen 2008, S. 120-126 und David Keith, *A Case for Climate Engineering*, Cambridge 2013, ein starker Befürworter des Geoengineering.

135 Ein Schaubild in Rahmstorf, Schellnhuber, *Der Klimawandel*, S. 133, stellt einige dieser Vorschläge anschaulich zusammen.

136 Bei der Diskussion um die globale Transformation der Energiesysteme spielt die Atomkraft eine große Rolle. Während sich Deutschland von der Atomkraft als Energielieferant verabschiedet hat, sind in vielen anderen Ländern (China, Russland, Frankreich u. a.) neue Kernkraftwerke in Planung oder bereits im Bau. Auch bei der Umstellung auf andere Energieträger wie Wind oder Wasser sind geographische Verhältnisse ein entscheidender Faktor. So verfügen etwa Norwegen oder Island über reichlich vorhandene Wasserkraft. Island kann zudem auf geothermische Energie zurückgreifen. In anderen Ländern ist die Umstellung auf alternative Energieformen dagegen weitaus aufwändiger. Obwohl die Diskussion um die Atomkraft als Klimaretter aufgrund des Reaktorunglücks von Fukushima am 11. 03. 2011 zwischenzeitlich verstummt war, flammt sie heute erneut auf, was angesichts der nach wie vor ungelösten Probleme (Entsorgung des Atommülls, Risiko der Kernschmelze usw.) erstaunen muss.

kömmliche Wachstumsstrategie fortzusetzen und womöglich noch zu übertreffen. Statt CO_2-Emissionen jetzt einzudämmen und dauerhaft zurückzufahren, sollen sie zerstäubt, verbuddelt und entsorgt werden.«[137] Die technologieaffinen bis technophilen Antworten auf den Klimawandel ziehen nachvollziehbare Kritik auf sich, da hier an den Symptomen herumgeschraubt wird, statt sich deren Ursachen zu stellen. Zudem würden beim Einsatz von Geoengineering exakt dieselben Kräfte, die die Probleme überhaupt erst verursacht haben, mit der Aufgabe der Rettung des Planeten beauftragt. Sie wollen die tödlichen Folgen ihrer Erfindungen durch weitere Erfindungen in Schach halten, deren langfristige Auswirkungen heute ebenso wenig erforscht sind wie die ihrer damaligen technischen Innovationen. Der abgenutzte Vergleich, in dem ein Bock und ein Gärtner die Hauptrolle spielen, drängt sich hier unwillkürlich auf. Ein zentraler Punkt der Kritik betrifft die kaum kalulierbaren Nebenfolgen der entsprechenden Maßnahmen, die so gut wie unerforscht sind. Außerdem kann der Glaube an die technologische Lösung des Problems der Erderwärmung die Versuche lähmen, schon die Entstehung von CO_2 zu verhindern und das Signal aussenden, dass alles so weitergehen kann wie bisher. Allerdings wird der Einsatz solcher Maßnahmen letztlich wohl auch davon abhängen, wie viel Zeit noch bleibt, die drohende Klimakatastrophe mit anderen Mitteln abzuwenden. Wenn die eintretenden Schäden zu groß zu werden drohen, könnte die eine oder andere Maßnahme womöglich als eine Art Notwehr und letztes Mittel doch noch zur Anwendung kommen. Es wird insofern entscheidend sein, ob andere Strategien noch rechtzeitig eingeleitet und sich als hinreichend erfolgreich erweisen werden, um prometheische Verzweiflungstaten aus dem Arsenal des Geoengineering unnötig zu machen. Mit anderen Worten: Die komplette Verdammung aller Geoengineering-Maßnahmen muss man sich leisten können!

Zur zweiten Gruppe – der *defensiven Anpassung an den Klimawandel* – rechne ich alle vor allem bauliche Schutzmaßnahmen, die gegen die vom Klimawandel verursachten Katastrophen ergriffen werden. Dazu gehören etwa ein verbesserter Küsten-, Hochwasser- und Feuerschutz, Entwässerungssysteme, optimierte Frühwarnsysteme oder die weitere Verbreitung von Kühlsystemen. Die Ge-

137 Leggewie, Welzer, *Das Ende der Welt, wie wir sie kannten*, S. 123.

schichte des wachsenden Wohlstands und dessen negativer Folgen für die Umwelt ist auch eine Geschichte der Klimaanlage.[138] So sind in den USA bereits heute 90 Prozent aller Haushalte klimatisiert. Der Stromverbrauch allein für die Gebäudekühlung war 2015 so hoch wie der Stromverbrauch auf dem afrikanischen Kontinent insgesamt. Ob in Wohnhäusern, Hotels, Autos, Zügen, Geschäften, Restaurants, Hotels, Krankenhäusern, Schulen oder Kinos: Wohin sich ein US-Amerikaner auch immer bewegt, überall erwartet ihn eine Klimaanlage.[139] Sein Alltag scheint insofern vollständig durchklimatisiert zu sein:

> Amerikaner neigen einerseits dazu, die Natur auszuschalten: durch einen kuriosen Umgang mit Klimaanlagen, durch Isolierung von der natürlichen Umwelt. Sie leben nur noch in ›Gehäusen‹ und sie benutzen fahrbare ›Gehäuse‹, um sich von einem Gehäuse zum anderen zu bewegen. Sie müssen das Automobil nicht mehr verlassen, um Bankgeschäfte zu erledigen, Speisen zu kaufen, die Apotheke aufzusuchen; sie trinken ihren Kaffee in den fahrbaren Gehäusen und zunehmend essen sie auch dort. [...] Man sitzt nicht mehr im Freien.[140]

In einer solch pauschalisierenden Beschreibung werden allerdings alle nach wie vor außerhalb von Gebäuden ausgeübten Berufe, die weiterhin jedem Wetter ausgesetzt sind, ebenso ausgeblendet wie alle freiwillig im Freien stattfindenden Sport- und Freizeitaktivitäten. Der massentouristische Befall der Küsten und Gewässer findet auch in den USA noch immer unter freiem Himmel statt, gerade die Outdoor-Aktivitäten boomen und drücken sogar der Mode ihren Stempel auf. Insbesondere in den ländlichen Gebieten der USA trifft man auf viele sich mit Begeisterung im Freien aufhaltende Bürgerinnen und Bürger, die in das Bild vom Gehäuse-Hopping so recht nicht hineinpassen wollen. Wie insgesamt, so gilt auch für

138 Benôit Bréville, »Kalte Luft. Eine kurze Geschichte der Klimaanlage«, in: Le Monde diplomatique, *Atlas zur Globalisierung. Welt in Bewegung*, Berlin 2019, S. 36-39. Alle genannten Zahlen folgen den dortigen Angaben.

139 Die flächendeckende Ausstattung mit Klimaanlagen hat in den USA in erheblichem Maße dazu beigetragen, dass die Produktivität in den heißen Sommermonaten nicht mehr deutlich gesunken ist; sie hat sich somit auch als ein zentraler Wettbewerbsvorteil gegenüber anderen Staaten erwiesen, die sich auf diese Weise nicht vor der sommerlichen Hitze zu schützen wissen.

140 Manfred Prisching, *Good Bye New Orleans. Der Hurrikan Katrina und die amerikanische Gesellschaft,* Graz 2006, S. 142.

die überwiegende Mehrheit der US-Amerikaner, dass keineswegs das gesamte Leben in geschlossenen Gebäuden stattfindet.[141] Richtig ist allerdings, dass angesichts steigender Temperaturen damit zu rechnen ist, dass die Installierung von Klimaanlagen in Wohn- und Bürogebäuden weltweit noch in erheblichem Maße zunehmen und auch dort Einzug halten wird, wo bisher keine nötig schienen oder – durch mangelnde finanzielle Möglichkeiten – nicht angeschafft wurden. So steigt etwa der Verkauf von Klimaanlagen in Indien seit etwa zehn Jahren kontinuierlich an. Insofern lässt sich durchaus behaupten: »Die Klimaanlage ist das Schicksal.«[142] Das Problem aus ökologischer Sicht ist jedoch, dass Klimaanlagen das Klima weiter aufheizen und die verwendeten Kühlmittel wie Fluorkohlenwasserstoff (FKW) die Umwelt schädigen.[143] Insofern erweist sich diese Schutzmaßnahme gegen die steigenden Temperaturen als weiterer Beschleuniger des Klimawandels.

Erwähnung finden muss in diesem Zusammenhang auch der Bau von *Klimakapseln*, die von Wissenschaftler:innen, Architekt:innen und Künstler:innen konstruiert werden.[144] Dabei kann angesichts der Reaktionen auf Klimaveränderungen und ökologischen Gefährdungen von einem regelrechten »Gesetz der Einkapselung«[145] gesprochen werden. Auf das zunehmende Bedürfnis, sich mit einer Schutzhülle zu umgeben, hatte die Trendforscherin Faith Popcorn schon in den späten 1970er Jahren aufmerksam gemacht und vom Trend zum *Cocooning* gesprochen.[146] Der als Klimakapsel verwendbare »Cocooning Chair« von Jennie Pineus bietet die Möglichkeit, sich als Individuum gegenüber der lärmenden und schmutzigen Umwelt abzuschotten. Dieses mobile Objekt, eine Art *Architektur to go*, besteht aus einem Stuhl und einer undurchsichtigen Hülle,

141 Vgl. Kap. 1.6.

142 Peter Sloterdijk, *Sphären II. Makrosphärologie: Globen,* Frankfurt/M. 1999, S. 1008.

143 ⟨https://www.geo.de/natur/nachhaltigkeit/19353-rtkl-teufelskreis-wie-klimaanlagen-das-klima-aufheizen⟩, letzter Zugriff 05. 07. 2021.

144 Vgl. Friedrich von Borries, *Klimakapseln. Überlebensbedingungen in der Katastrophe,* Berlin 2010.

145 Peter Sloterdijk, »Europa ist ein Kristallpalast. Im Gespräch mit Peter Sloterdijk«, in: Friedrich von Borries u. a. (Hg.), *Bessere Zukunft? Auf der Suche nach den Räumen von Morgen*, Berlin 2008, S. 32-47, hier S. 33.

146 Vgl. Faith Popcorn, *Der Popcorn-Report. Trends für die Zukunft*, München 1992, S. 39 ff.

die die darauf sitzende Person sich überstülpen kann.[147] Ziel solcher und anderer »Mikrokapseln«[148] ist die Einrichtung geschützter Sphären, die sich auch als postmoderne Höhlenbauten interpretieren lassen, die heute nicht mehr nur als statischer Rückzugsraum vorgestellt werden können, sondern als Versuche anzusehen sind, die Suche nach geschützten Räumen mit den Bedürfnissen nach Mobilität zu vereinbaren, sodass gleichsam tragbare Höhlen – oder »mobile Kokons«[149] – entstehen, die Schutz auch im Außenbereich ermöglichen.[150] Davon unterschieden werden können die großformatigen Versuche der »Makro-Einkapselung«,[151] künstlich geschaffene Inseln, die sich als energetisch autarke Einheiten gegen schädliche Umwelteinflüsse komplett abzuschotten versuchen: »Ich bin davon überzeugt, dass eine Tendenz im Realen darauf hinausläuft, solche geschützten Sphären zu erzeugen.«[152] Das Fatale an diesen Strategien, die längst in die Tat umgesetzt worden sind, ist, dass es die globalen Eliten sind und in noch stärkerem Maß als bisher sein werden, die sich in diese geschützten Sphären zurückziehen und den Rest der Gesellschaft, mit dem sie kaum mehr in Berührung kommen, zunehmend sich selbst überlassen.

All diese Maßnahmen sind nicht auf die Bekämpfung der Ursachen des Klimawandels ausgerichtet, sondern erweisen sich eher als eine Art Klimamanagement bzw. Klimadesign, das helfen soll, mit den Folgen des Klimwandels besser leben zu können, da sich dieser ohnehin nicht mehr aufhalten lässt.[153] Dabei stehen beim

147 Siehe dazu die Abbildungen in von Borries, *Klimakapseln*, S. 114 f.

148 Sloterdijk, »Europa ist ein Kristallpalast«, S. 33.

149 Popcorn, *Der Popcorn-Report. Trends für die Zukunft*, S. 43 f.

150 Vgl. Kap. 3.3. Wir benötigen in zunehmendem Maße tragbare Umwelten, die wir mit uns führen und in denen wir leben können, während die eigentliche Luft um uns herum – insbesondere seit dem Ausbruch der Covid-Pandemie – zu einer toxischen Substanz geworden zu sein scheint, der wir zusehends mit Misstrauen begegnen, vgl. Kap. 7.

151 Sloterdijk, »Europa ist ein Kristallpalast«, S. 33.

152 Ebd., S. 33, vgl. auch Kap. 5.2.

153 In diesem Sinne äußert sich Paul Crutzen: »Wissenschaftler und Ingenieure stehen vor einer gewaltigen Aufgabe: Sie müssen der Gesellschaft den Weg in Richtung eines ökologisch nachhaltigen Managements des Planeten im Zeitalter des Anthropozäns weisen. Dies erfordert angemessenes menschliches Verhalten auf allen Ebenen und möglicherweise auch großangelegte Geoengineering-Projekte, zum Beispiel zur ›Optimierung‹ des Klimas.« Crutzen, »Die Geologie der

Geoengineering technologische Antworten im engeren Sinne im Mittelpunkt, während es im letzten Fall eher Konzepte aus Architektur und Design sind. Gemeinsam ist ihnen der alleinige Aspekt des Schutzes: Statt das brennende Haus zu löschen, bekommt jeder einen feuerfesten Schutzanzug ausgehändigt, um der Hitze besser trotzen zu können. Letztlich geht es hier um zum Teil hoch ambitionierte Ausweich-, Reperatur- und Rettungsmanöver, nicht aber um lösungsorientierte Strategien zur Bekämpfung der Ursachen des Klimawandels, die diesen Namen verdienen.

Zur dritten Gruppe – *der offensiven Bekämpfung der Ursachen des Klimawandels* – gehören dagegen alle technologischen Maßnahmen, die eine Verringerung der Freisetzung von Treibhausgasen ermöglichen sollen, um die Transformation der Erde in einen immer heißer werdenden Planeten aufzuhalten. Dazu zählt etwa die vielbeschworene Energiewende, die die emissionsintensive Energiegewinnung durch saubere Energiequellen ersetzen soll, wozu der Ausstieg aus den fossilen Energieträgern wie Braunkohle, Steinkohle, Torf, Erdgas und Erdöl ebenso gehört wie großflächige Aufforstungsprogramme, die Verwendung anderer Kraftstoffe für Autos, Flugzeuge und Schiffe sowie klimafreundlicher Baumaterialien beim Häuserbau. Dabei geht es vor allem um die Ablösung des Betons als immer noch führendem Baumaterial durch Holz oder Lehm und die Suche nach Alternativen zum herkömmlichen Bindemittel Zement, der etwa acht Prozent des globalen jährlichen Kohlenstoffdioxidausstoßes verursacht.[154]

All diese wissenschaftlich-technischen Maßnahmen sind eng verbunden mit dem Bereich der Wirtschaft, da es immer darum geht, genügend Anreize zu schaffen, damit Unternehmen auf klimafreundliches Produzieren und die Herstellung klimafreundlicher Produkte umstellen und Konsumenten diese käuflich erwerben.

Die *Wirtschaftspolitik* umfasst eine Vielzahl von Überlegungen, die sich letztlich vor allem darin unterscheiden, ob die ökonomische Antwort auf den Klimawandel innerhalb oder außerhalb des derzeit herrschenden kapitalistischen Systems gesucht wird; ob eine Kompatibilität von »einer gesunden Umwelt und starkem

Menschheit«, S. 10. »Leben mit dem Klimawandel« nennt das treffend Sachs, *Wohlstand für alle*, S. 139.

154 ⟨https://www.baunetzwissen.de/beton/fachwissen/herstellung/betonherstellung-und-klimaschutz-7229519⟩, letzter Zugriff 12. 07. 2021.

Wirtschaftswachstum«[155] für möglich gehalten, eine Modifizierung der kapitalistischen Wachstumsgesellschaft oder der Umbau zu einer Postwachstumsgesellschaft bzw. zum Postkapitalismus angestrebt wird.[156]

Ganz im Zeichen einer gesuchten harmonischen Verbindung von Umweltschonung und Wachstumsorientierung steht die Diskussion um den Emissionsrechtehandel und die Emissionsbesteuerung. Die der kapitalistischen Wirtschaftsordnung in ihre DNA eingeschriebene Orientierung am Wachstum wird hier nicht in Frage gestellt, sondern mit der Ökologie zu versöhnen versucht. Die Befürworter der Einführung von CO_2-Preisen versprechen sich von dieser Maßnahme einen durchschlagenden Effekt für die Bekämpfung des Klimawandels, weil die dann nicht mehr kostenneutrale Emisson die Nutzung fossiler Energieträger verteuert und die erneuerbaren Energien begünstigt. Probleme werden allein in der Umsetzung gesehen. Da eine nur von einzelnen Staaten eingeführte Emissionsbepreisung für diese einen Wettbewerbsnachteil mit sich bringen könnte, ist man zur internationalen Kooperation geradezu verdammt,[157] die schon deshalb schwer umzusetzen ist, da stets jeder auf die Initiative des anderen wartet und insofern auch aus grundsätzlichen Erwägungen heraus scheitern könnte: »[D]ie Menschen lassen sich leicht zum Kampf gegeneinander verführen, aber nur schwer gewinnen für den gemeinsamen Kampf gegen den zivilisatorischen Untergang.«[158] Neben diesem anthropologischen Argument gibt es eine Reihe von weiteren Einwänden gegenüber dieser wirtschaftspolitischen Lösungsstrategie. So umfasst der Emis-

155 Barack Obama auf dem UN-Klimagipfel 2014, zitiert nach Stehr, Machin, *Klima und Gesellschaft*, S. 157.

156 Vgl. Tim Jackson, *Wohlstand ohne Wachstum – das Update. Grundlagen für eine zukunftsfähige Wirtschaft*, München 2017; Barbara Muraca, *Gut leben. Eine Gesellschaft jenseits des Wachstums,* Berlin 2014; Giacomo D'Alisa u. a., (Hg.), *Degrowth. A Vocubulary for a New Era*, New York 2015; Irmi Seidl, Angelika Zahrnt (Hg.), *Postwachstumsgesellschaft: Neue Konzepte für die Zukunft*, Marburg 2010 und Mason, *Postkapitalismus*. Zentraler Ausgangspunkt der Debatte ist Dennis Meadows, *Die Grenzen des Wachstums. Bericht des Club of Rome zur Lage der Menschheit,* Stuttgart 1972.

157 Vgl. Ottmar Edenhofer, »Klima, Kohle, Kapital. Ökonomische Hebel in der internationalen Klimapolitik«, in: *Aus Politik und Zeitgeschichte* 68 (2018), H. 21-23, S. 26-33.

158 Rahmstorf, Schellnhuber, *Der Klimawandel*, S. 131.

sionshandel etwa nur bestimmte Industrien, und die Zuteilung der vom Staat verliehenen Zertifikate kann dazu führen, dass ausgerechnet »die größten Verursacher der Vergangenheit nun mit den höchsten Subventionen belohnt werden [...] ein Gratisgeschenk in Gestalt von Verschmutzungsrechten für einige der schlimmsten industriellen Verursacher«.[159]

Kritisiert wird an diesen Vorschlägen vor allem auch ihr unerschütterlicher Glaube an den Markt als die alles überragende Instanz, die schon dafür sorgen wird, dass die richtigen Maßnahmen ergriffen werden, um ein umweltschonendes Produzieren zu ermöglichen, das nicht zu Lasten des Wachstums geht, und die damit einhergehende Reduktion des Menschen auf einen rationalen Entscheider, den *homo oeconomicus*, als weiterhin gepflegtes Leitbild der Mainstreamökonomie, dem grundsätzlich entgegenzuhalten ist, dass »Individuen nicht bloß Konsumenten und Produzenten sind, sondern Menschen mit ganz unterschiedlichen Ideen, Interessen, Identitäten und Werten, deren Handlungen nicht notwendig mit dem vorhergesagten ›rationalen Handen‹ übereinstimmen«.[160] Das heißt: Trotz bestimmter Anreize ist keineswegs ausgemacht, dass sich die Wirtschaftsakteure auch in der erwünschten Weise verhalten werden.

Die Emissionsbepreisung versucht also über den Umweg einer wirtschaftspolitischen Maßnahme eine Emissionsminderung zu erreichen, indem sie etwa Anreize dafür setzt, von fossilen auf erneuerbare Energieformen umzustellen, während andere Konzepte die Emissionsreduktion auf direktem Wege durch den Einsatz neuer Technologien zu erreichen versuchen, was einen Ausstieg aus den konventionellen Energieträgern beinhaltet, der allerdings einfacher ökologisch gefordert als politisch durchsetzbar ist. Ist der Konsens dafür schon in einem Land wie Deutschland, das sich seit langem zu klimapolitischen Maßnahmen zur Bekämpfung der Erderwärmung bekennt, nur schwer zu erzielen, kann weltweit gesehen von einem Abschied von der Kohle noch keineswegs die Rede sein:

Die Kohleproduktion hat im letzten Jahrzehnt eine tragische Renaissance erlebt, so daß der Albtraum des 19. Jahrhunderts jetzt auch das 21. Jahr-

159 Tamra Gilbertson und Oscar Reyes, zitiert nach Stehr, Machin, *Klima und Gesellschaft*, S. 159.

160 Ebd., S. 161.

hundert heimsucht. In China schuften fünf Millionen Bergleute unter lebensgefährlichen Bedingungen, um den umweltfeindlichen Rohstoff zu gewinnen, der es Peking ermöglicht, im Schnitt jede Woche ein neues Kohlekraftwerk in Betrieb zu nehmen. Doch die Kohle boomt auch in Europa (für die nächsten Jahre sind fünfzig neue Kohlekraftwerke geplant) und Nordamerika (wo nicht weniger als 200 neue Kraftwerke in Planung sind).[161]

Die durch die Globalisierung eng miteinander verzahnte Welt ist eine Welt voller Ungleichzeitigkeiten, in der einige Staaten gerade einführen wollen, was die anderen aufgrund der sich inzwischen zeigenden Zerstörungen der Ökosysteme gerade abzuschaffen bemüht sind. Allerdings zeigt sich auch, dass eine Reihe von Staaten ihren Bürger:innen sowohl einen Lebensstandard ermöglichen wollen, der den reichsten Ländern im Westen in nichts nachsteht,[162] sich andererseits aber auch dafür einsetzen, die ökologischen Folgen der Industrialisierung und Modernisierung abzuwenden durch ein entsprechendes Engagement in Fragen des Klimaschutzes. Ein gutes Beispiel dafür ist China. Während einerseits durchaus behauptet werden kann, dass »Chinas Kontrollwirtschaft auch weiterhin den totalen Krieg gegen die Natur führt– durch überdimensionale Staudämme, Autobahnen und fossile Energieprojekte, die insbesondere auf Kohlenutzung basieren« –, ist ebenso richtig, dass das aus dem Schatten Russlands und der USA immer selbstbewusster hervortretende China »inzwischen bei Wind-, Solar- und Wasserkraft Weltführer«[163] ist.

Insgesamt zeigt die Entwicklung, dass zwischen Umweltzielen und ökonomischen Zielen ein nur schwer auflösbares Spannungsverhältnis besteht und für die Annahme einer harmonischen Vereinigung beider nur wenig spricht.[164] Wenn die marktkonformen Ansätze aus der Misere nicht herausführen, drängt sich die Notwendigkeit eines radikalen Umbaus des bisherigen Systems förmlich auf:

161 Mike Davis, »Wer wird die Arche bauen?«, S. 69.

162 Shi Ming, »Chinas neue Mittelschichten. Die Menschen orientieren sich am westlichen Lebensstil mit all seinen zerstörerischen Konsequenzen«, in: Le Monde diplomatique, *Atlas zur Globalisierung. Weniger wird mehr. Kolleg Postwachstumsgesellschaften*, Berlin 2015, S. 32-35.

163 Klein, *Warum nur ein Green New Deal unseren Planeten retten kann*, S. 95.

164 Vgl. ebd., S. 102.

Eine Fülle an wissenschaftlichen Forschungsergebnissen, die zeigt, dass wir die von der Natur gesetzten Grenzen überschritten haben, verlangt mehr als nur grüne Produkte und martkbasierte Lösungen, sie verlangt ein neues Paradigma für unsere Zivilisation, das nicht auf Unterwerfung der Natur gründet, sondern auf Respekt für die natürlichen Zyklen der Erneuerung – und auf höchstem Feingefühl für die natürlichen Grenzen, einschließlich der Grenzen menschlicher Intelligenz.[165]

Naomi Klein ist eine prominente Befürworterin des *Green New Deal*.[166] Im Kern geht es dabei um eine ökologische Transformation der Industriegesellschaften. Zusammengehalten werden die Anhänger dieses Ansatzes von der Überzeugung, dass die Verteilung kleiner und größerer technischer Werkzeuge nicht ausreichen wird, um die Erde im notwendigen Ausmaß zu reparieren, es vielmehr eines tiefgreifenden Wandels bedarf, der zu einer neuen Wirtschafts- und Gesellschaftsordnung führen wird. Auch viele Befürworter einer Postwachstumsgesellschaft möchten mit ihren Vorstellungen gerade nicht innerhalb des neoliberalen Kapitalismusrahmens verbleiben, sondern sich vom Wachstum als alles bestimmendem Dogma endlich befreien.[167]

Die Wirtschaftsjournalistin Ulrike Herrmann hält den Ausstiegsszenarien aus dem kapitalistischen System entgegen, dass es bisher an Überlegungen dazu fehlt, wie der Transformationsprozess in eine postwachstumsökonomische Wirtschafts- und Gesellschaftsordnung konkret vollzogen werden soll. Sie geht davon aus, dass es gar nicht so sehr an politischem Willen fehlt, ein anderes System zu installieren, sondern rein ökonomische Gründe einen solchen Umbau bisher verhindert haben – allen voran die Unverzichtbarkeit von Wachstum. Im Anschluss an den Schweizer Ökonom Hans Christoph Binswanger (1929-2018) argumentiert sie:

165 Ebd., S. 94.

166 Vgl. ⟨https://greennewdealgroup.org/⟩, letzter Zugriff 10. 07. 2021.

167 Allerdings gibt es ein recht breites Spektrum verschiedener Denkschulen innerhalb des Postwachstumsansatzes. In seinem Überblick unterscheidet Matthias Schmelzer, »Spielarten der Wachstumskritik. Degrowth, Klimagerechtigkeit, Subsistenz – eine Einführung in die Begriffe und Ansätze der Postwachstumsbewegung«, in: Le Monde diplomatique, *Atlas der Globalisierung. Weniger wird mehr: Kolleg Postwachstumsgesellschaften*, Berlin 2015, S. 116-121, zwischen konservativen, sozialreformerischen, suffizienzorientierten, kapitalismuskritischen und feministischen Ansätzen.

Wenn man Wachstum verhindert, wäre der Kapitalismus zwar beendet, aber das Ergebnis wäre nicht jene ökologische Kreislaufwirtschaft, die sich Umweltschützer erhoffen. Vielmehr wäre es eine Wirtschaft im freien Fall, die Panik erzeugt. Es erschüttert die Menschen zutiefst, wenn sie ihren Arbeitsplatz und ihr Einkommen verlieren.[168]

Die vielen einzelnen Initiativen, die sich an der Transformation im Kleinen versuchen und auf Ansteckungs- und Nachahmungseffekte hoffen, sind in ihren Augen eher gut gemeint als umfassend wirksam, da hier allein betriebswirtschaftliche Effekte erzielt werden können, nicht aber volkswirtschaftliche. Ernüchternd fällt insofern ihre Gesamteinschätzung der Situation aus: »Es ist ein Dilemma: Ohne Wachstum geht es nicht, komplett grünes Wachstum gibt es nicht, und normales Wachstum führt unausweichlich in die ökologische Katastrophe. Der Kapitalismus erscheint wie ein Fluch.«[169] Deshalb setzt sie am Ende ihrer Argumentation auf ein »pragmatisches Trotzdem«, auf Maßnahmen, die durchaus helfen können, nicht aber zu einer umfassenden Transformation führen werden: »trotzdem weniger fliegen, trotzdem Abfall vermeiden, trotzdem auf Wind und Sonne setzen, trotzdem biologische Landwirtschaft betreiben«.[170] Der Vorschlag scheint mir allerdings weniger pragmatisch zu sein als vielmehr eine gewisse Nähe zur protestantischen Ethik aufzuweisen, die zu einem arbeitsamen, sparsamen und genussfreien Leben anhält, obwohl damit, so die Prädestinationslehre, keineswegs die Garantie auf einen Platz im ewigen Himmelreich verbunden ist, sondern sich allenfalls die Wahrscheinlichkeit erhöhen lässt, am Ende zu den Auserwählten zu gehören.[171] Ein redliches Bemühen und der Verzicht – in der Hoffnung, dass beides den erwünschten Erfolg bringen soll: Das ist die Lebensphilosophie des Puritaners! Insgesamt geht Herrmann in ihrer Argumentation sehr stark von den bereits erfolgten Zusammenbrüchen des Kapitalismus aus, die stets zu verheerenden sozialen Verwerfungen geführt

168 Ulrike Herrmann, »Der schwierige Übergang. Der Kapitalismus ist zerstörerisch, aber für den Ausstieg gibt es keinen Plan«, in: Le Monde diplomatique, *Atlas der Globalisierung. Weniger wird mehr, Kolleg Postwachstumsgesellschaften*, Berlin 2015, S. 104-107, hier S. 105.

169 Ebd., S. 107.

170 Ebd.

171 Vgl. Max Weber, »Die Protestantische Ethik und der Geist des Kapitalismus«, in: ders., *Gesammelte Aufsätze zur Religionssoziologie I*, Tübingen 1988.

hätten, niemals aber zu einer Verbesserung der Lage der arbeitenden Klasse bzw. der abhängig Beschäftigten, weshalb ihre Botschaft am Ende lautet: *Kein Kapitalismus ist auch keine Lösung!*[172]

Ihr amerikanischer Kollege Paul Mason ist da weitaus optimistischer. Er meint auf die von Herrmann als Forschungsdesiderat ausgewiesene Frage, wie der Kapitalismus ohne chaotischen Zusammenbruch mit fatalen Folgen transformiert werden kann, bereits eine Antwort gefunden zu haben. Mason glaubt nicht an ein abruptes Ende des Kapitalismus, sondern an seine schleichende Transformation, die sich im Inneren des kapitalistischen Systems bereits vollziehe. Obwohl sich der Kapitalismus bisher als überaus wandelbar und zäh erwiesen habe, sei er inzwischen jedoch an das Ende seiner Anpassungsfähigkeit gelangt. Die letzten Krisen hätten gezeigt, dass dem Kapitalismus die Totenglöckchen läuten.[173]

Die entscheidende Zäsur erfolge durch die Umstellung auf eine Informationsökonomie. Information neige dazu, »Märkte aufzulösen, das Eigentum zu zerstören und die Beziehung zwischen Arbeit und Einkommen zu zersetzen«.[174] Daneben begreift Mason die entstehenden Kooperativen, Parallelwährungen, Peer-Netzwerke, Genossenschaftsbanken und selbstverwaltete Wirtschaftseinheiten[175] als eine Art Trojanische Pferde, die sich im Inneren des Kapitalismus immer mehr ausbreiten, die alten Strukturen umkrempeln und in neue transformieren. Der Umbau ist also nicht nur machbar, er vollzieht sich längst.

Selbst wenn wir weitere Politikfelder hinzuziehen würden: Auf allen Feldern der Politik unterscheiden sich die Ansätze danach, ob sie eine gravierende Veränderung des bisherigen Umgangs mit der Erde insgesamt verlangen, die eine andere Wirtschafts-, Energie-, Verkehrs-, Wohnungspolitik usw. erfordert, oder ob eher kosmetische Schutzmaßnahmen ergriffen werden sollen, die es erlauben, so weitermachen zu können wie bisher. Strittig ist immer, wie tief

172 Ulrike Herrmann, *Kein Kapitalismus ist auch keine Lösung. Die Krise der heutigen Ökonomie oder Was wir von Smith, Marx und Keynes lernen können*, Frankfurt/M. 2016.

173 Vgl. auch: »Wir erleben den Zusammenbruch eines ökonomischen Systems, das auf der Ausbeutung angeblich unerschöpflicher Ressourcen basiert.« Clément, *Gärten*, S. 44.

174 Paul Mason, *Postkapitalismus*, S. 15.

175 Vgl. ebd., S. 16, 314.

die Einschnitte in den typisch modernen Lebensstil gehen dürfen, der unter anderem auf grenzenloser Mobilität und grenzenlosem Konsum beruht; ob mit Verboten oder Anreizen gearbeitet werden soll, um die Wirtschaft zur Herstellung klimafreundlicher Produkte und die Konsumenten zu klimafreundlichen Kaufentscheidungen zu animieren oder zu zwingen, usw. Diese Frage ziehen sich durch alle betroffenen Politikfelder hindurch. Nicht zuletzt wird darüber debattiert, ob die Demokratie noch die angemessene Herrschafts- und Regierungsform ist, mit der die anstehenden Herausforderungen bewältigt werden können.[176]

Angesichts der gewaltigen Herausforderungen gibt es Stimmen, die Abstimmungsprozesse innerhalb von Demokratien für zu langwierig halten, um die drohende Klimakatastrophe noch rechtzeitig verhindern zu können, und sie liebäugeln deshalb mit den Möglichkeiten autoritärer Staaten, die Entscheidungen schneller treffen können, um Gegenmaßnahmen noch rechtzeitig in Gang zu setzen.[177] Wer alle Werte westlicher Demokratien für verzichtbar hält, solange garantiert ist, dass die Erde sich nicht weiter aufheizt, der mag sich für eine Ökodiktatur oder eine Diktatur mit ökologischem Antlitz erwärmen. Es sollte aber niemand glauben, dass sich die dafür aufgegebenen Freiheiten einfach wieder zurückerlangen lassen, wenn das Regime erst einmal errichtet worden ist und die ökologische Lage sich tatsächlich verbessern sollte. Statt einer Aushöhlung der Demokratie wären die bisherigen Vorstellungen von Demokratie im Sinne des Neomaterialismus und Pragmatismus um eine Ausweitung der Akteure zu ergänzen.[178]

Über diese eher klassischen Politkfelder und die Frage der Demokratie hinaus ist auch das Auftreten der neuen ökologischen Protestbewegungen als Beispiel für die Subpolitik relevant, die eine »Gesellschaftgestaltung von unten«[179] betreiben. Neben der auf Skepsis, Ablehnung und Verdrängung stoßenden Tatsache, dass der

176 Vgl. Stehr, Machin, *Gesellschaft und Klima*, S. 164-168.

177 Dazu gehört etwa auch die Klimaprotestbewegung »Extinction Rebellion«, vgl. das Interview mit einem ihrer Mitbegründer, ⟨https://www.spiegel.de/wissenschaft/technik/extinction-rebellion-gruender-roger-hallam-wenn-eine-gesellschaft-so-unmoralisch-handelt-wird-demokratie-irrelevant-a-1286561.html⟩, letzter Zugriff 14.07.2021.

178 Vgl. dazu Bennett, *Lebhafte Materie*, S. 175 ff. und Kap. 6.2.

179 Ulrich Beck, »Weltrisikogesellschaft, Weltöffentlichkeit und globale Subpolitik«, S. 137.

Mensch der Verursacher des Klimawandels und all seiner Folgen für alle Lebewesen ist, hat sich auch eine neue Protestbewegung wie *Fridays for Future* formiert, die eine gravierende Kursänderung und Neuausrichtung von Politik und Wirtschaft einfordert, um den Planeten Erde als Lebensraum zu erhalten. Noch kurz bevor Fridays for Future die weltpolitische Bühne betrat, wurde allerorten die zunehmende Politikverdrossenheit insbesondere auch bei Jugendlichen beklagt. Wie an den Reaktionen auf die von der neuen Ökologiebewegung initiierten Schulstreiks insbesondere von konservativen und liberalen Parteien jedoch schnell deutlich wurde, hatten diese bei der angeblich erwünschten Umkehr dieses Trends nicht an *diese* Art von politischem Engagement gedacht, sondern sich eher einen größeren Zulauf zur eigenen Partei erhofft. Statt auf die vorgetragenen Argumente der Protestbewegung einzugehen, reagierte man deshalb eher mit ordnungspolitischen Hinweisen auf das inakzeptable Schuleschwänzen, also mit Ablenkmanövern. Die paternalistische Arroganz, die insbesondere der Klimaaktivistin Greta Thunberg – die schnell zum Gesicht der Fridays-for-Future-Bewegung avancierte – in Teilen der Öffentlichkeit entgegenschlug, hat die wissenschaftlich gestützten Argumente der neuen Ökologiebewegung jedoch nicht entwerten können, sondern nur die Hilflosigkeit der etablierten Politik gegenüber den schonungslos offengelegten Versäumnissen ihrer bisherigen Klimapolitik offenbart. An der Argumentation der Bewegung selbst fällt dabei auf, dass der Klimawandel mitunter behandelt wird, als wäre die globale Erwärmung das mit vereinten Kräften verfolgte Ziel des Handelns ganzer Generationen gewesen. Nur angesichts einer solchen Prämisse macht es Sinn zu formulieren: »How dare you?« – Wie könnt ihr es wagen?«, »Shame on you!« – »Schämt euch!« und »We will never forgive you« – »Wir werden euch niemals vergeben!«[180] Der dadurch ins moralische mit leicht erzieherischen Untertönen gewendete Diskurs ist zugleich auch ein religiös aufgeladener, der von Schuld, Sühne und Verzeihen handelt. Dadurch ist es naheliegend, die Anthropozändebatte in eine »Gerichtsverhandlung«[181] zu überführen. Während im Anthropozändiskurs die Menschheit und

180 Alle zitiert nach Redecker, *Revolution für das Leben*, S. 98, 112.

181 Peter Sloterdijk, »Das Anthropozän – Ein Prozess-Zustand am Rande der Erd-Geschichte?«, in: Jürgen Renn, Bernd Scherer (Hg.), *Das Anthropozän. Zum Stand der Dinge*, Berlin 2015, S. 25-49, hier S. 26.

im Kapitalozändiskurs der Kapitalismus als Angeklagte vor Gericht stehen, scheint es im jugendlichen Protest vor allem die Elterngeneration zu sein, die für die Verschmutzung der Erde zur Rechenschaft gezogen werden soll. Dabei wird mitunter der abwegige Eindruck erweckt, als hätten sie es mit einer ganzen Generation gewissenloser Umweltsünder zu tun, die völlig unverantwortlich gehandelt und die Zerstörung der Erde dabei billigend in Kauf genommen haben. Dem kann entgegnet werden: »[W]er Auto fährt oder seine Wohnung heizt, hat die Folgen der Ölförderung nicht mitgewollt. Sein Bedürfnis nach Mobilität und Wärme ist befriedigt worden, und danach kam heraus, mit welchen Mitteln diese Befriedigung stattfand.«[182] In den Anklagen der Ökoprotestbewegung klingt es dagegen oft so, als wären die verheerenden Folgen industrieller Produkte für die Umwelt immer schon bekannt und die Alternativen immer schon verfügbar gewesen. Solcherlei Kurzschlüsse führte Luhmann einst auf einen Mangel an Theorie zurück, die dabei helfen könnte zu begreifen, dass es sich so einfach nicht verhält und niemand machen sollte.[183] So kann soziologische Theorie tatsächlich darüber aufklären, dass auch die heute auf wissenschaftlicher Grundlage beruhenden Maßnahmen gegen die globale Erwärmung unbeabsichtigte Folgen und Nebenfolgen haben werden, die die Kinder und Enkel der heutigen Klimaakativist:innen zu ähnlichen Fragen veranlassen könnten, wie diese sie heute an ihre Elterngeneration stellen: »Was habt ihr euch nur dabei gedacht?« Es ist keineswegs eine Ablehung von Verantwortung, wenn auf die nicht intendierten Folgen von Entscheidungen verwiesen wird, die sich immer einstellen: »Dass unsere Entscheidungen darauf einwirken, was morgen passieren wird, bedeutet nämlich keinesfalls, dass wir die Zukunft erfolgreich planen und entwerfen können. [...] Wir können einwirken, nicht bestimmen.«[184] Dies schon deshalb nicht,

182 Hampe, *Tunguska oder Das Ende der Natur*, S. 278. Vgl. auch: »Jahrhundertelang brauchte sich die Menschheit keine Sorgen über die Auswirkungen ihres Tuns auf die Umwelt zu machen, weil die Natur es schaffte, sich an die Abholzung der Wildnis, den Abbau von Kohle und Öl usw. anzupassen.« Slavoj Žižek, *Auf verlorenem Posten*, Frankfurt/M. 2009, S. 311.

183 Niklas Luhmann, *Ökologische Kommunikation. Kann die moderne Gesellschaft sich auf ökologische Gefährdungen einstellen?*, Opladen 1986, S. 234.

184 Elena Esposito, »Die offene Zukunft der Sorgekultur«, in: Lorenz Engell u. a. (Hg.), *Gefahrensinn*, München 2009, S. 107-114.

weil es zumindest in demokratisch verfassten Staatengebilden niemals nur einen Entscheider gibt, sondern unzählige. Und was sich aus einer Fülle von getroffenen Entscheidungen verschiedener Akteure ergeben wird, haben wir einfach nicht in der Hand: »Wir wissen nie, was sich alles an Effekten und Reaktionen ergeben wird.«[185] Das trifft natürlich auch auf alle heute getroffenen Entscheidungen zur Bekämpfung der globalen Erwärmung zu.

Der enge Schulterschluss mit der Wissenschaft gehört zweifellos zu den herausragenden Kennzeichen der neuen ökologischen Protestbewegung, der sie von ihren Vorläufern unterscheidet. In ihrer Rede vor dem Wirtschafts- und Sozialausschuss der EU in Brüssel am 21. Februar 2019 heißt es bei Greta Thunberg:

> Wir wissen, dass die meisten Politiker nicht mit uns sprechen wollen. Gut, wir wollen auch nicht mit ihnen sprechen. Wir wollen lieber mit den Wissenschaftlern reden, auf sie hören. Denn wir wiederholen nur, was sie sagen und seit Jahrzehnten gesagt haben. Wir wollen, dass Sie sich an das Pariser Klimaschutzabkommen und den Bericht des Weltklimarates halten. Wir haben keine anderen Programme oder Forderungen: stellen Sie sich einfach hinter die Wissenschaft. Das ist unsere Forderung.[186]

Musste sich etwa die Anti-Atomkraft-Bewegung in den 1980er Jahren noch auf wenige Dissidenten verlassen, die das Risiko der Kernenergie für zu groß hielten,[187] kann sich die heutige Bewegung auf die herrschende naturwissenschaftliche Lehrmeinung der Klimaforschung beziehen. Die Klimaleugner sind im wissenschaftlichen Lager dagegen längst in der Minderheit. Doch statt ausschließlich naturwissenschaftliches Wissen zu konsultieren, könnte in der Argumentation der Klimaschutzbewegung auch sozialwissenschaftliches Wissen sehr hilfreich sein, um vermeidbare Formen der Naivität und der Selbstgerechtigkeit zu vermeiden, die es den

185 Redecker, *Revolution für das Leben*, S. 111. Vgl. dazu einschlägig Ulrich Beck, »Das Zeitalter der Nebenfolgen und die Politisierung der Moderne«, in: ders., Anthony Giddens, Scott Lash (Hg.), *Reflexive Modernisierung. Eine Kontroverse*, Frankfurt/M. 1996, S. 19-112.

186 Greta Thunberg, *Ich will, dass ihr in Panik geratet. Meine Reden zum Klimaschutz*, Frankfurt/M. 2019, S. 57.

187 Man las deshalb Dissidenten wie Klaus Traube (1928-2016), der sich vom Spitzenmanager in der Kernernergieindustrie zu einem der lautesten Gegner der Hochrisikotechnonologie gewandelt hatte.

Gegnern der Klimaprotestbewegung sehr leicht machen, die Bewegung zu diffamieren. Natürlich lebt Protest immer von Zuspitzungen und Übertreibungen, aber wenn mehr als nur Aufmerksamkeit erreicht werden soll, braucht es differenzierte Argumente, die vor der Komplexität der Herausforderungen des Anthropozäns nicht allzu banalisierend einknicken, sondern unter Anerkennung dieser Komplexität nach Lösungen suchen, die den Verlockungen der Simplifizierung entgehen. Was etwa bei Thunberg unterschlagen wird, ist, dass die Wissenschaftler:innen zumeist gerade nicht vorgeben, was zu tun ist, sondern berechnen, was geschieht, wenn nichts unternommen wird. Die Übersetzung der wissenschaftlichen Ergebnisse in konkrete Maßnahmen obliegt politischen Verfahren, die verschiedene Perspektiven und Interessen zu berücksichtigen haben und in Einklang zu bringen versuchen. Teile der Bewegung scheinen eine gewisse Sympathie für die Idee einer Expertokratie zu haben, in der Wissenschaftler:innen auch bestimmen, welche Entscheidungen getroffen werden. Eine gewisse Demokratiemüdigkeit ist hier nicht zu überhören.

Unabhängig von diesen Kritikpunkten kann der Protestbewegung jedoch bescheinigt werden, was auch manch einem ihrer Vorläufer schon gelungen ist: Ein Thema auf die Tagesordnung gesetzt zu haben und die offizielle Politik zu zwingen, sich damit zu beschäftigen. Ein Thema, das jedoch zweifellos weit mehr als eines unter vielen ist, sondern eines, dem absolute Priorität eingeräumt werden muss, da es die Grundlage von allem anderen ist. Noch immer scheint zu wenig begriffen zu werden, dass über viele Probleme gar nicht mehr nachgedacht zu werden braucht, wenn sich die globale Erderwärmung nicht entscheidend stoppen lässt.

Zur richtigen Einordnung der neuen Ökologiebewegung gehört es gleichwohl, zu berücksichtigen, dass ihr Auftreten kein solitäres Ereignis ist und sie kein gänzlich neues Profil entwickelt hat, sondern im Zusammenhang mit der vorhergehenden Umweltbewegung steht. Wenn es heißt »Weder Fridays for Future noch Extenction Rebellion drängen auf eine spezielle bessere Zukunft. Vielmehr versuchen sie verzweifelt, das allgemeine Bewusstsein dafür zu schärfen, dass wir kaum noch Aussichten auf eine Zukunft haben«,[188] so ist darauf hinzuweisen, dass von dieser Vorstellung

188 Redecker, *Revolution für das Leben*, S. 93.

auch die Antiatomkraft- und die Friedensbewegung schon getragen wurden. »No Future« war nicht nur ein Logo der Punk-Bewegung, sondern Ausdruck einer sehr weit verbreiteten Stimmungslage vor allem unter Jugendlichen in den späten 1970er und in den 1980er Jahren. Zum einen herrschte die keineswegs unberechtigte Angst davor, dass einer der beiden Herren, ob er nun in Moskau oder Washington saß, die Nerven verlieren und durch einen Druck auf den berühmten roten Knopf die Welt jederzeit in Schutt und Asche legen könnte.[189] Zum anderen wurde bereits Mitte der 1970er Jahre auf die Plünderung des Planeten Erde und die notwendige ›planetare Wende‹ in aller Deutlichkeit aufmerksam gemacht.[190] Die damaligen Aussichten auf den Weltuntergang stehen den heutigen an dramatischer Zuspitzung insofern in nichts nach. In beiden Fällen geht es um die Frage des Lebens und Überlebens. Die neuen Protestbewegungen lassen sich deshalb unter dem Motto *Revolution für das Leben* zweifellos treffend zusammenfassen, doch auch diese Orientierung am Leben ist bereits den neuen sozialen Bewegungen[191] der 1980er Jahre eigen, worauf schon Michel Foucault hingewiesen hat:

189 Vgl. Günther Anders, *Die atomare Bedrohung. Radikale Überlegungen zum atomaren Zeitalter*, München 2003.

190 Herbert Gruhl, *Ein Planet wird geplündert – Die Schreckensbilanz unserer Politik*, Frankfurt/M. 1975. Blickt man in die Literatur zur Umweltproblematik aus dieser Zeit, lesen sich einige Titel so, als seien es Publikationen unserer Tage, vgl. nur Barry Commoner, *Wachstumswahn und Umweltkrise*, München 1971; Hans Liebmann, *Ein Planet wird unbewohnbar*, München 1973; Raymond F. Dasmann, *Bedrohte Natur. Der Mensch und die Biosphäre*, Düsseldorf 1974. Auch in den 1950er Jahren wird das Thema diskutiert, vgl. Reinhard Demoll, *Bändigt den Menschen. Gegen die Natur oder mit ihr?*, München 1957. Natürlich lässt sich auch noch weiter zurückgehen, vgl. etwa Klages, *Mensch und Erde*. Dass uns immer noch die gleichen Themen beschäftigen, zeigt, wie wenig sich an den Problemen geändert hat.

191 Zum Stellenwert des Lebens in den neuen sozialen Bewegungen vgl. Markus Schroer, »Kampf um Lebenschancen. Zur Risiko*beobachtung* der Risiko*bewegungen* in der Risiko*gesellschaft*«, in: Toru Hijikata, Armin Nassehi (Hg.), *Riskante Strategien. Beiträge zur Soziologie des Risikos*, Opladen 1997, S. 109-140. Die sozialwissenschaftliche Bewegungsforschung insgesamt wird bei von Redecker nicht wahrgenommen. Zur soziologischen Beobachtung der neuen Ökologiebewegungen vgl. etwa Dieter Rucht, »Faszinosum Fridays for Future«, in: *Aus Politik und Zeitgeschichte* 69 (2019), H. 47-48, S. 4-9.

> Was man verlangt und worauf man zielt, das ist das Leben verstanden als Gesamtheit grundlegender Bedürfnisse, konkretes Wesen des Menschen, Entfaltung seiner Anlagen und Fülle des Möglichen. Egal ob Utopie oder nicht: es handelt sich jedenfalls um einen wirklichen Kampf, in dem das Leben als politisches Thema gewissermaßen beim Wort genommen und gegen das System gewendet wird, das seine Kontrolle übernommen hat. Weit mehr als das Recht ist das Leben zum Gegenstand der politischen Kämpfe geworden.[192]

Den neuen ökologischen Bewegungen kommt eine zentrale Bedeutung dabei zu, diesen Kampf unbeirrt fortzusetzen und dabei die Begrenzung auf den rein menschlichen Bereich zu überschreiten – im Sinne einer posthumanistischen Ausrichtung ihres Protests, die bisher allerdings noch kaum zu erkennen ist.

192 Michel Foucault, *Der Wille zum Wissen. Sexualität und Wahrheit*, Bd. 1, Frankfurt/M. 1977, S. 172f.

7. Das Anthropozän und die Corona-Pandemie: Ausblick auf eine andere Gesellschaft?

»Ich hege keinen Haß gegen die kühne und fleißige Spezies, der ich angehöre. Nur kann ich mich nicht von dem Gedanken lösen, daß es eine Zeit gab, als sie nicht existierte, und daß eine Zeit kommen wird, in der die Erinnerung an sie in keinem Gedächtnis fortdauern wird.«[1]

7.1 Die üblichen Verdächtigen: Die Pandemie macht nur deutlich, was ohnehin gilt?

Aus der Corona-Pandemie ergibt sich eine Fülle von Einsichten, die für die Soziologie insgesamt von großem Interesse sind. An den ersten Reaktionen fällt jedoch auf, dass in der Pandemie oft nur eine Bestätigung der ohnehin schon vorhandenen Überzeugungen erkannt wird: Für den Systemtheoretiker ist die Pandemie ein weiterer Beleg dafür, dass wir in einer hochkomplexen und funktional differenzierten Weltgesellschaft leben, die trotz Erschütterung weiterhin funktioniert; für den Kapitalismuskritiker zeigt sich an der Pandemie endgültig zweifelsfrei, dass der Kapitalismus die Wurzel alles Übels ist und deshalb abgeschafft gehört; für den Medienwissenschaftler hat die unter den Bedingungen der Pandemie notwendig gewordene Umstellung von analogen zu digitalen Kommunikationsformaten die Überlegenheit der Kommunikation unter Abwesenden gegenüber der Kommunikation unter Anwesenden bravourös unter Beweis gestellt; und wer schon bisher behauptet hatte, dass wir in einem permanenten Ausnahmezustand leben und alle staatlichen Interventionen auf das *nackte Leben* ausgerichtet sind, sieht in den staatlichen Reaktionen auf die Pandemie nicht mehr als eine willkommene Bestätigung für diese radikale These.[2] Festgefügte Weltbilder, die sich in solchen Theo-

1 Roger Caillois, *Patagonien und weitere Streifzüge,* Graz, Wien 2016, S. 70.

2 Jeder sieht sich bestätigt, für jeden ist etwas dabei! Die angesprochenen Perspektiven von Rudolf Stichweh, Klaus Dörre und Sascha Dickel finden sich in Michael Volkmer, Karin Werner (Hg.), *Die Corona-Gesellschaft. Analysen zur Lage und Perspektiven für die Zukunft,* Bielefeld 2020 und bei Giorgio Agamben, *An welchem*

rieansätzen und Diagnosen niederschlagen bzw. aus diesen ergeben, haben letztlich die Funktion, sich gegenüber Überraschungen zu immunisieren, weshalb sie im Grunde erwartbar sind. Sie bieten ein Stück Sicherheit in einer Welt der Unsicherheit, weil sie selbst die unvorhersehbarsten Ereignisse noch in eine vertraute Sichtweise einordnen können. Sie kommen damit der auch von ihnen selbst behaupteten Veranlagung des Menschen entgegen, alles Unvertraute stets in Vertrautes zu überführen, damit der Schock des Neuen sie nicht derart hart trifft, dass sie zur Hinterfragung ihrer als gesichert geltenden Wissensbestände gezwungen wären. Die Gefahr solcher leicht narkotisch wirkender Selbstimmunisierungen liegt darin, gravierende gesellschaftliche Umwälzungen selbst dann nicht mehr als solche erkennen zu können, wenn sie einem förmlich auf die Füße treten. Ist der Berg hoch genug, von dem aus man das Treiben im Tal beobachten will, sind tatsächlich nur schemenhafte Konturen erkennbar, die vorgaukeln, dass alles so ist, wie es immer schon war und bleiben wird. Hat man sich nur lange genug einem umfassenden Theoriegebäude verschrieben, steht zu viel auf dem Spiel, um es angesichts einer vorübergehenden Krise leichtfertig zu opfern. Dann lässt sich weiterhin aus einer überlegenen Beobachterposition heraus so argumentieren, als sei nichts Außergewöhnliches geschehen und die Krise ohnehin – wie so oft – ein Problem ferner Länder. Dabei ist es eine der ersten Lektionen von SARS-CoV-2, die Bewohner:innen der reichen Industrienationen aus ihrer gewohnten Rolle als Zuschauer:innen von *anderswo* stattfindenden Katastrophen zu reißen und in die Geschehnisse hautnah zu involvieren. Und schon diese Desavouierung der reinen Zuschauerrolle verbindet die Pandemie mit dem Anthropozän, das die gleiche Botschaft aussendet. Die Menschen überall auf der Welt bekommen ein Stück zu sehen, das sie selbst in Szene gesetzt haben, wenn auch mit unterschiedlich intensiver Beteiligung und in unterschiedlichen Rollen und Funktionen. Was sie auf den heimischen Bildschirmen zu sehen bekommen – die Flutkatastrophen, Überschwemmungen, Bodenzerstörungen, Wasserverschmutzungen, Feuersbrünste und nun die Millionen Opfer der Pandemie –, ist in wachsendem Maße als die nicht intendierten Folgen ihres eigenen Tuns anzusehen. Dies vollumfänglich zu begreifen und die nötigen Schlüsse daraus

Punkt stehen wir? Die Epidemie als Politik, Wien 2021.

zu ziehen, ist die eigentliche Herausforderung unseres gegenwärtigen Zeitalters.

Es scheint derzeit keineswegs ausgeschlossen, dass diese Pandemie zu so nachhaltigen Veränderungen führen wird, dass ihr Auftreten nachträglich als einschneidende Zäsur bewertet werden könnte. Für Gesellschaften, die sich selbst über ihre Mobilität, die Beschleunigung aller Lebensbereiche und weltweite Verflechtungen definieren, handelt es sich bei den ergriffenen Maßnahmen zur Eindämmung des grassierenden Virus immerhin um schwerwiegende Eingriffe in ihre grundlegenden Strukturen und eine Infragestellung ihres Selbstverständnisses. Dem Corona-Virus gelingt zumindest vorübergehend, was nicht einmal der Terrorbedrohung gelungen ist: Die nahezu vollkommene Aussetzung des öffentlichen Lebens, eine gravierende Einschränkung der Bewegungsfreiheit, die radikale Reduzierung aller Reisetätigkeiten, ein Anhalten des Produktionssektors, eine Minimierung des Konsums auf die Einkäufe für den täglichen Bedarf. Es lassen sich damit in der Pandemie und ihrer Bekämpfung nicht zwingend nur erwartbare Ereignisse, Entscheidungen und Maßnahmen registrieren, die zu einer Hinterfragung der gewohnten Theorieperspektiven keinen Anlass böten, zumal die Spätfolgen der Pandemiebekämpfung in ihrem ganzen Ausmaß noch längst nicht absehbar sind. So könnte man schon in einem ersten Zugriff auch zu der Auffassung gelangen, dass die Pandemiebekämpfung keineswegs als Bestätigung der Theorie der funktional differenzierten Gesellschaft gelesen werden muss. Eher im Gegenteil fällt etwa auf, dass es zu einer hierarchischen Ordnung der Funktionssysteme kommt, die in der Theorieanlage so gerade nicht vorgesehen ist. Als führend gehen das Politik-, Wissenschafts- und Gesundheitssystem in Stellung, während andere – das Kunst- oder das Religionssystem beispielsweise – deutlich ins Hintertreffen geraten.[3] Eine sonst als übermächtig erscheinende und so auch gerne immer wieder beschriebene Ökonomie konnte, von der Politik veranlasst, ›heruntergefahren‹ und in Teilen geradezu

3 Dem bei verschiedenen Gelegenheiten immer wieder vorgebrachten Hinweis der Systemtheorie, dass die Gesellschaft trotz widrigster Umstände funktioniert, ist noch immer entgegenzuhalten: »[Z]u sagen, eine Gesellschaft funktioniere, ist eine Banalität; aber zu sagen, alles in einer Gesellschaft funktioniere, ist eine Absurdität.« Claude Lévi-Strauss, *Strukturale Anthropologie I*, Frankfurt/M. 1967, S. 25.

lahmgelegt werden. In den Vordergrund rückten schnell räumliche Kategorien wie Nähe und Ferne, Drinnen und Draußen und die Differenzierung nach Gebieten, Zonen usw., die in der Theorie funktionaler Differenzierung Luhmannscher Provenienz stets für obsolet gehalten wurde.[4] Das SARS-CoV-2-Virus begann seinen Zug um die Welt zudem immerhin von einer chinesischen Stadt namens Wuhan aus, also innerhalb eines kommunistisch regierten Landes. Die für solche Staaten typische verzögerte Informationspolitik hat zumindest dazu beigetragen, dass sich das Virus nahezu ungehindert verbreiten konnte. Es ist deshalb nicht unmittelbar zwingend, die gesamte Krise in erster Linie auf ein Versagen des Kapitalismus zurückzuführen. Wer aus dem notwendigen Umschalten von analogen auf ausschließlich digitale Kommunikationsformen einen Sieg der Digitalisierung ableiten will, hat offenbar nicht zur Kenntnis genommen, in welchem Ausmaß die Reduzierung des Erfahrungs- und Erlebnisbereichs auf digitale Begegnungen nicht nur als willkommene Erleichterung des Alltags, sondern auch als schwer erträgliche Zumutung erlebt worden ist. Die Stimmen, die während der Lockdownphasen ihre Sehnsucht nach leibhaftigen Begegnungen, nach Umarmungen und Berührungen artikuliert haben, sind jedenfalls Legion und sollten hinreichend daran erinnern, dass Menschen leibliche Wesen sind, die nicht nur aus einer zum Tastendrücken konzipierten Hand und einem auf dem Bildschirm erscheinenden Kopf bestehen. Und wer angesichts der vielen Todesopfer gerade in Italien von einer unverhältnismäßigen Überreaktion der Regierung auf eine harmlose Grippe phantasiert, die an die Machtergreifung der Nationalsozialisten erinnere,[5] hat seine politische Urteilskraft dem behaupteten Wahrheitsgehalt der eigenen Schriften offenbar restlos untergeordnet. Gegen die eigenen Landsleute wird dabei ernsthaft der Vorwurf erhoben, wohl allzu sehr am eigenen Leben zu hängen, statt dem Tod sein Recht einzuräumen. Stärker lässt sich der nur schwer zu unterdrückende vitale Impuls aller Lebewesen, leben zu wollen, wohl kaum verunglimpfen.[6]

4 Vgl. Schroer, *Räume, Orte, Grenzen*, S. 132 ff.

5 Vgl. Agamben, *An welchem Punkt stehen wir? Die Epidemie als Politik*, S. 8 f. Dabei ist die vom Autor ausgemachte »Gesundheitspflicht« (ebd.) nicht einmal so groß, dass daraus eine allgemeine Impfpflicht abgeleitet würde.

6 Ebd., S. 61 f. Agamben traut diesen Impulsen nicht mehr, weil er fest davon über-

Statt in solch eingefahrenen Denkmustern zu verharren und alle Ereignisse als eine Bestätigung der eigenen Annahmen zu lesen, hat die Pandemie hinreichend Anlässe geboten, *anders zu denken* als bisher, da sich auch weniger Erwartbares und sogar Überraschendes ereignet hat. Dabei wirft die Pandemie Schlaglichter gerade auch auf die hier verhandelten Themen einer neu zu konstituierenden Geosoziologie.

7.2 Raum-, Grenz- und Gesundheitspolitik und das Wiedererstarken der Nationalstaaten

Die Pandemiebekämpfung hat zu einer beeindruckenden Rückmeldung der mitunter schon für abgestorben gehaltenen Nationalstaaten auf der politischen Bühne geführt, während in weiten Teilen der Sozial- und Kulturwissenschaften weiterhin von einer bereits verwirklichten Weltgesellschaft und nicht mehr hintergehbaren Globalisierungsprozessen ausgegangen wird, der die Nationalstaaten angeblich nahe an den Nullpunkt ihrer Existenz geführt hat.[7] Es war durchaus eindrucksvoll zu sehen, wie lebendig die alten Reflexe des Regierungshandelns noch immer sind, sich bei Bedrohungslagen in den eigenen nationalstaatlichen Container zurückzuziehen und Maßnahmen zu ergreifen, die sich ausschließlich auf die eigene Bevölkerung und deren Schutz beziehen und dabei die Illusion befeuern, dass sich einzelne Länder vor den von außen kommenden Bedrohungen komplett abdichten lassen. Die in unzähligen Reden sonst immer beschworene unhintergehbare Vernetzung mit der gesamten Welt geriet mächtig ins Stocken und wurde abgelöst von eindringlichen Warnungen einer alarmierten Politikerkaste, der sehr rasch wieder einfiel, dass sie sich schon bald wieder ihren Wähler:innen zu stellen hat, die sich zum größten Teil auf ihrem nationalstaatlichen Territorium befinden und über den Erfolg oder Misserfolg ihres Krisenmanagements abstimmen werden. Wohl wissend, dass sich auch ein Virus von Grenzen nicht aufhalten lässt, wurde zeitweise das Schließen von Grenzen als

zeugt ist, dass diese längst Ergebnis staatlicher Bervormundung sind und zur Errichtung einer Gesundheitsdiktatur dienen.

7 Vgl. Martin Albrow, *Abschied vom Nationalstaat?*, Frankfurt/M. 1998 sowie Kap. 4.6 und 5.5 dieses Buches.

probates Mittel der Seuchenbekämpfung zum Einsatz gebracht. Die kalkulierte Symbolik eines Staates, der seine Bürgerinnen und Bürger effizient zu schützen in der Lage ist, wird in solchen Fällen von Berufspolitiker:innen als weitaus wichtiger angesehen als nüchterne Wirksamkeitserwägungen. In dem Moment aber, wo klar wird, dass nationalstaatliche Grenzen das Virus nicht eindämmen können, sich der unsichtbare, aber mächtige Feind bereits auf dem eigenen Territorium befindet, werden Grenzziehungen gleichsam im Innenbereich der Nationalstaaten vorgenommen und auf kleinräumige Formen der Abschottung gesetzt. So werden die Bevölkerungen dazu aufgerufen, veranlasst oder gezwungen, sich in sozialen Einheiten wie der Familie oder dem Haushalt gegeneinander abzuschotten. Die stets als vorübergehend gedachten Maßnahmen des Lockdowns verordnen eine möglichst weitgehende Isolierung, um einer Ansteckung zu entgehen: »Treffen Sie niemanden!« und »Bleiben Sie zuhause!« lauten einhellig die Appelle der Regierungsvertreter:innen an ihre Bevölkerungen. Sie folgen darin der Einsicht, dass nur dort, wo wir weitgehend mit uns allein sind, das Virus keine Chance hat, da ihm schlicht die Körper als Wirte zur Weiterverbreitung fehlen. Jede Form der Begegnung, des Kontakts, der Berührung gar birgt dagegen das Risiko der Ansteckung.[8] Das Bedürfnis nach Geselligkeit darf nicht ausgelebt werden, muss vielmehr so lange unterdrückt und unterbunden werden, wie der andere ein potentielles Sicherheitsrisiko darstellt.

Die durch Corona neu befeuerte Tendenz zum *Cocooning* auf der Mikroebene des Sozialen und die auf staatlicher Ebene nicht zu übersehende Tendenz zur Abschottung erhält durch die Pan-

8 »Das Element der Ansteckung, das in der Epidemie von solcher Wichtigkeit ist, hat die Wirkung, daß die Menschen sich voneinander absondern. Das sicherste ist, niemand zu nahe zu kommen, denn er könnte die Ansteckung schon in sich haben. […] Einer vermeidet den anderen. Das Einhalten von Distanz wird zur letzten Hoffnung. […] Es ist merkwürdig, wie die Hoffnung, zu überleben, den Menschen hier zu einem Einzelnen macht, ihm gegenüber steht die Masse aller Opfer.« Elias Canetti, *Masse und Macht*, Frankfurt/M. 1980, S. 325. In der Pandemie unserer Tage vollzieht sich die Trennung zwischen Masse und Individualisierung bzw. Vereinzelnung noch früher. Während sich die Gruppe der Coronoleugner- und skeptiker bzw. der Gegner der zur Bekämpfung erlassenen Maßnahmen zu Massen zusammenschließen, die Abstandsregeln missachten und protestierend durch die Straßen marschieren, ziehen sich die Befürworter der Maßnahmen in ihre Häuser und Wohnungen zurück und gehen auf Distanz zueinander.

demie also zweifellos einen weiteren Schub, sodass sich ein »Vorwärts in die Höhlen!« als Imperativ der Stunde erweisen könnte. Darüber hinaus kann auch außerhalb der privaten Wohnräume im öffentlichen Raum die Tendenz zur Territorialisierung, Abschottung und Zonierung beobachtet werden. Durch den Aufruf zum Abstandhalten, dem Social Distancing, wird der öffentliche Raum neu vermessen, separiert und in *Zonen* unterteilt. So ist etwa von »Ansteckungs*gebieten*« und »Mutations*gebieten*« oder der Einrichtung »grüner« und »roter Zonen« die Rede, womit der öffentlich zugängliche Raum in relativ sichere und weiterhin gefährliche Regionen unterteilt und die Bevölkerung je nach Gefährdungspotential auf die verschiedenen Zonen aufgeteilt und auseinanderdividiert wird.[9] Die bereits als Antwort auf den Klimawandel zu beobachtende Tendenz zu räumlichen Abschottungsstrategien verstärkt sich damit noch und wird unter Coronabedingungen weiter erprobt. Von der ursprünglich euphorisch begrüßten Globalisierung ist ohnehin nur mehr wenig übrig geblieben. Die Zeichen stehen nur zu deutlich auf Deglobalisierung.[10] Die Corona-Pandemie hat insgesamt zwar gezeigt, wie eng die Welt miteinander verflochten ist, da sich ein Virus in Windeseile über den gesamten Globus verteilen kann und kein Land verschont bleibt. Ebenso ist aber deutlich geworden, dass die Bearbeitung einer solchen Katastrophe bevorzugt im nationalstaatlichen Rahmen gesucht wird und in Konkurrenz der Nationalstaaten untereinander stattfindet.[11] Eine Renaissance erleben dadurch die nationalstaatlichen Grenzen, die manch einer

9 Es hat ganz den Anschein, als würde zu solch durchweg räumlich bestimmten Maßnahmen immer dann und so lange gegriffen, wie eine Lösung des Problems, die diesen Namen verdient, nicht in Sicht ist, die Krise vielmehr nur gemanagt wird. So wird etwa auch die so genannte Flüchtlingskrise nicht wirklich politisch gelöst, sondern durch Abschottung, Aufbau und Verstärkung von Mauern und die Errichtung von Lagern zu beantworten versucht. Eine Herausforderung dürfte es in all diesen Fällen sein, zu verhindern, dass die zunächst als Provisorien gedachten Einrichtungen sich nicht zu Dauereinrichtungen verfestigen, wie dies bei einigen Flüchtlingslagern heute bereits der Fall ist.

10 Vgl. Meinhard Creydt, »Deglobalisierung«, in: *Telepolis* 04.04.2021, ⟨https://www.heise.de/tp/features/Deglobalisierung-6005348.html?seite=all⟩, letzter Zugriff 06.08.2021.

11 Entgegen der herrschenden Auffassung lässt sich eine regelrechte Renaissance des nationalstaatlichen Container-Modells nicht erst seit kurzem beobachten, vgl. dazu Schroer, *Räume, Orte, Grenzen*, S. 214 ff.

bereits für ein Auslaufmodell gehalten hatte.[12] Dabei gerät auch die Grenze des menschlichen Körpers in den Fokus und wird zum umkämpften Terrain. Ebenso wie auf der Ebene staatlicher Grenzen gilt auch hier, dass eine radikale Abschottung gegenüber Einflüssen von außen in politischen Debatten zwar gerne insinuiert wird, praktisch aber nicht umsetzbar ist. Auch der individuelle Körper vermag es nicht, sich gegenüber seiner Umgebung vollkommen abzuschließen. Eine Fülle von Stoffen passiert durch den lebensnotwendigen Metabolismus permanent die Körpergrenze, sodass auch diese Grenze nicht mit Schließung assoziiert werden kann, sondern mit dem Versuch der Organisation und Kontrolle des so oder so stattfindenden Grenzverkehrs. Die zunehmende Spaltung der Bevölkerung in Impfgegner und Impfbefürworter im Verlauf der Pandemiebekämpfung resultiert wohl nicht zuletzt daraus, dass die erste Gruppe das Vakzin unter gar keinen Umständen die Grenze ihres Körpers über die Haut passieren lassen will, während sie dem Virus über die orale Aufnahme freies Geleit in ihre Körper gewährt. Ähnlich wie auf der Ebene staatlicher Grenzschließungen als Mittel der Bekämpfung einer Pandemie liegt womöglich auch hier entweder die Illusion vor, dass ein lückenloser Abschluss nach außen möglich ist, oder diejenige, dass individuelle wie kollektive Körper jederzeit souverän darüber entscheiden können, was oder wer in sie eindringen darf. Um in beiden Fällen zu einer realistischeren Lagebeurteilung zu kommen, wäre die Einsicht in die unleugbar stattfindenden Austauschsprozesse aller Körper mit ihrer Umgebung unverzichtbar.

7.3 Bauen und Wohnen während und nach der Pandemie

An den Aufrufen der Politiker zum Rückzug in die eigene Häuslichkeit wird ersichtlich, dass der Besitz einer Wohnung bzw. die Verfügung über eine solche als Selbstverständlichkeit vorausgesetzt wird, obwohl die wachsende Zahl von Obdachlosen angesichts

12 Markus Schroer, »Grenzverhältnisse. Vom ›Umzug ins Offene‹ zum ›Rückzug ins Geschlossene‹?«, in: *Soziopolis*, 02.11.2016, letzter Zugriff 08.08.2021. An die Entgrenzungsthese in der Globalisierungs- und Weltgesellschaftsdebatte anschließend, erhielt die Grenze verfrühte Aufnahme in Volker Wieprecht, Robert Skuppin, *Lexikon der verschwundenen Dinge*, Reinbek 2010. Vgl. Kap. 4.6.

ständig steigender Mietpreise ein sattsam bekanntes Phänomen darstellt. Aber auch für die glückliche Mehrheit derer, die dauerhaften Zugang zu einer Wohnung oder einem Haus haben und damit zur erzwungenen Flucht in den schützenden »Schoß der Mikrokollektivität, nämlich der Familie«[13] in der Lage sind, hält der staatlich verordnete Rückzug aus der Öffentlichkeit einige Herausforderungen bereit. Zurückverwiesen auf die berühmten eigenen vier Wände, wird der hier zur Verfügung stehende Raum schnell zum hart umkämpften Territorium.[14] Um Konflikte zu vermeiden, wird er in verschiedene Mikrozonen eingeteilt, die vor unzulässigen Überschreitungen durch andere Familienmitglieder – zum Teil wehrhaft – geschützt werden müssen. Wir haben es also mit einem unfreiwilligen Rückzug ins Private zu tun, der den öffentlichen Raum nahezu menschenleer werden lässt, wodurch im Gegenzug aber nicht mehr Raum für Intimität entsteht, weil der private Raum nicht mehr zeitlich gestaffelt, sondern gleichzeitig von allen Familienmitgliedern dauerhaft in Anspruch genommen wird, sodass sich dieser mitunter selbst beinahe wie ein öffentlicher anfühlt, da man sich nun hier den Blicken anderer in ungewohnt langen Zeitspannen ausgesetzt sieht, wovor der private Raum sonst gerade schützen soll.[15] Zum umfassenden In-den-Blick-genommen-Werden trägt auch der durch Videokonferenzen ermöglichte Einblick anderer in die eigene Wohnsituation bei, der dort zuge-

13 Virilio, *Die Verwaltung der Angst*, S. 21. Die engen Begegnungen mit Familienmitgliedern in einem Haushalt als unproblematisch anzusehen, ist eine deutlich nicht virologisch gestützte Entscheidung, sondern eine politische, die Grenzen der Zumutbarkeit erkennbar nicht überschreiten will. Rein virologisch gesehen, stellten über weite Zeiträume hinweg auch Schulkinder offenbar durchaus eine mögliche Ansteckungsgefahr für die anderen Familienmitglieder dar.

14 Plötzlich wird deutlich, für wie viele Frauen sich die tiefe Sehnsucht nach einem »Zimmer für sich allein« noch immer nicht erfüllt hat, vgl. Virginia Woolf, *A Room of One's One*, New York 2015. Vgl. dazu Ulrich Beck, »Die Entfaltung des eigenen Raums«, in: ders., *Eigenes Leben. Ausflüge in die unbekannte Gesellschaft, in der wir leben*, München 1995, S. 41-43.

15 Dass auch der Blick engster Familienmitglieder nicht immer ein harmloser ist, unterstreichen die während der Lockdowns gestiegene häusliche Gewalt und die Anzahl sexueller Übergriffe. Somit ist die Wohnhöhle wie in Franz Kafkas *Der Bau* »zugleich Rückzugsort und Bedrohung«: Marion Ackermann, Kathrin Beßen, Florence Thurmes, »Abstieg ins Unterirdische. Einführende Gedanken zur Ausstellung«, in: Kunstsammlung Nordrhein-Westfalen (Hg.), *Unter der Erde. Von Kafka bis Kippenberger*, Dortmund 2014, S. 13-18, hier S. 13.

lassen wird, wo die Personen sich in einem von ihnen ohnehin gewohnten, komfortablen Setting präsentieren können (Schreibtisch, Bücherwand, Büroutensilien), dort aber verweigert wird, wo er Lebensverhältnisse preisgeben könnte, die für nicht vorzeigbar gehalten werden. Die seltsam hohe Anzahl von Kameraausfällen etwa bei Teilnehmer:innen digitaler Universitätsseminare oder bei Schüler:innen während der Homeschoolingphase ist wohl unter anderem darauf zurückzuführen, dass hier ein Einblick in für privat Gehaltenes nur ungern gewährt wird. Die durch die verordnete Lebensweise des häuslichen Einigelns ohnehin erhöhte »Anwesenheits-Verfügbarkeit«[16] soll durch eine digitale Verfügbarkeit für Abwesende offenbar nicht noch weiter gesteigert werden.[17] Schon die ungewohnt hohe Konfrontation von Familienangehörigen in geschlossenen Räumen macht eine regelrechte »Höhlenkompetenz«[18] erforderlich, die sich zweifellos in Abhängigkeit zur Größe und Ausstattung der Wohnhöhlen ausbilden kann. Wenn das gestiegene Anwesenheitsaufkommen hier und dort das Gefühl der Einsperrung hat aufkommen lassen, so weist dies darauf hin, dass das aktuelle Wohnproblem nicht nur im immer schwerer zu erlangenden Zugang zu finanzierbarem Wohnraum besteht, sondern auch in der immer noch weit verbreiteten Art und Weise des Bauens und Wohnens.[19] In einem konventionellen Wohngebäude, das sich stark von der Außenwelt abgrenzt, indem massive Außenwände nur durch wenige kleine Fenster unterbrochen werden, mag sich die ungewohnt hohe Aufenthaltszeit in diesen engen Wohnhöhlen mitunter tatsächlich wie Haft angefühlt haben. In einem Wohngebäude dagegen, das etwa durch bodentiefe Panoramafenster eine stärkere Durchdringung von Innen und Außen herstellt, lässt sich die Empfindung des Eingesperrtseins zumindest deutlich minimieren. Insofern ergeben sich aus der Erfahrung mit der Corona-Pandemie nicht zuletzt auch Konsequenzen für ein anderes Bauen und Wohnen. Zumal dann, wenn sich die nunmehr eingeübten Homeoffice-

16 Anthony Giddens, *Die Konstitution der Gesellschaft. Grundzüge einer Theorie der Strukturierung,* Frankfurt/M., New York 1992, S. 175.

17 Dass umgekehrt auch das Nicht-mehr-in-den-Blick-genommen-Werden psychisches Leid verursachen kann, ist dabei nur die andere Seite der Medaille.

18 Der Ausdruck stammt von dem Wiener Kommunikationswissenschaftler Jürgen Grimm, vgl. ⟨https://science.orf.at/stories/3203261/⟩, letzter Zugriff 04. 08. 2021.

19 Vgl. Kap. 3.6.

Strukturen verstetigen werden, wofür derzeit vieles spricht, muss sich der Bau von Wohnungen und Häusern stärker auf die noch weiter zunehmende Verzahnung von Arbeit und Freizeit in privaten Wohnräumen einstellen und entsprechende Konzepte entwickeln, die von staatlicher Seite ausreichend zu fördern wären. Dies zeigt, dass die Zukunft des Wohnens nicht ausschließlich in immer kleineren Wohneinheiten im Sinne des Minimalismus gesucht werden kann, sondern mit einem steigenden Raumflächenbedarf im Privatsektor gerechnet werden muss, der im öffentlichen und privatwirtschaftlichen Sektor entsprechend eingespart werden kann. Diese Konsequenz aus der Corona-Krise verträgt sich insofern mit den Herausforderungen des Klimawandels, als auch aufgrund steigender Temperaturen der Aufenthalt außerhalb von Gebäuden so unerträglich werden könnte, dass gut gedämmte und mit Lüftungs- und Filteranlagen versehene Wohnungen bzw. Häuser eine Aufwertung erfahren. Die angesichts des Klimawandels wieder deutlich in den Vordergrund rückende Funktion der Architektur als Wetterschutz kann eine Allianz mit der durch Corona notwendig werdenden Architektur eingehen, die für einen regelmäßigen Luftaustausch sorgt. Die Corona-Krise, in der das gesellige Leben außerhalb des familiären Kernbereichs nahezu zum Stillstand kam, hat uns so gesehen womöglich den ersten Vorgeschmack auf eine Zukunft gegeben, die den Stellenwert der Wohnung als geschützter Raum zu einem so geschätzten Raum macht, dass alle anderen im Vergleich dazu an Attraktivität verlieren könnten. Das Wohnen wird hier wieder zu einem Schonen, einem sich selbst vor dem riskant gewordenen Kontakt mit dem anderen Schonen und einem die anderen mit der eigenen Anwesenheit *Ver*schonen.[20]

7.4 Die Mobilität von Menschen, Tieren, Viren und die Zunahme von Zoonosen

Das Auftreten der Corona-Pandemie macht ebenfalls deutlich, dass wir es im menschengemachten Zeitalter mit menschengemachten Pandemien zu tun bekommen. Auch Pandemien lassen sich nicht mehr länger als ein über die Menschheit hereinbrechendes Schick-

20 Vgl. Kap. 3.6.

sal interpretieren, das mit ihren Handlungsweisen nichts zu tun hat. Vielmehr hängen sie ursächlich mit der raumgreifenden Lebensweise von Menschen zusammen:

> Durch den Klimawandel sowie internationale Migration, Handel und Reisen breiten sich Reservoir- und Vektortiere sowie die von ihnen übertragenen Krankheiten wie Dengue-, Chikungunya und West-Nil-Fieber weiter aus. Massentierhaltung – insbesondere von unterschiedlichen Tierarten auf engem Raum – bietet einen Schmelztiegel für Virusübertragungen und -mutationen. Eindringen in unberührte Naturgebiete und die Rodung der Regenwälder sowie der damit verbundene Kontakt von Mensch und Tier bieten Übertragungspotenzial für bisher unbekannte Zoonosen. So sind vor allem Fledermaus- und Nagetierarten Reservoir diverser humanpathogener Viren oder solcher, deren Gene humanpathogenen Viren ähnlich sind.[21]

Die Bedrohung durch immer mobiler werdende Viren, die sich die immer besser und lückenloser funktionierenden Transport- und Verkehrswege der Menschen für ihre eigene weltweite Verbreitung zunutze machen, verweist gleich in dreierlei Hinsicht auf den problematischen Umgang mit der Welt der Tiere: Auf das zunehmende Eindringen des Menschen in ihre Lebensräume, die Haltung der Tiere unter tierunwürdigen Verhältnissen und das Verzehren exotischer Tiere. Dabei haben die hohen Ansteckungsraten in fleischverarbeitenden Betrieben auch den Blick freigegeben auf die skandalösen Arbeits- und Wohnverhältnisse insbesondere von nur saisonal angestellten Wanderarbeitern. Zwar hat die mediale Berichterstattung erheblich dazu beigetragen, dass es hier zu einigen Nachbesserungen seitens der Politik gekommen ist. Grundsätzliches – insbesondere die Art und Weise der Tierhaltung und Tierverarbeitung – ist jedoch weiterhin unangetastet geblieben.[22] Deutlich geworden ist aber, wie eng sich klassische soziale Problemfelder und ökologische Aspekte durchdringen und ineinandergreifen, Tiere, Viren, Menschen und Maschinen ein Gefüge bilden, das es verbietet, nur eines der Elemente in den Blick zu nehmen und die anderen zu ignorieren. Ganz im Sinne der Akteur-Netzwerk-Theorie werden alle zukünftigen Betrachtungen gesellschaftlicher Phänomene die gestiegene Anzahl von Akteuren zu berücksichtigen haben.

21 Lutz Ehlkes, Jürgen May, »Seuchen – gestern, heute, morgen«, in: *Aus Politik und Zeitgeschichte* 65 (2015), H. 20/21, S. 3-10, hier S. 10.

22 Vgl. Kap. 3.2.

Tiere sind jedoch auch noch in anderer Weise in den Fokus medialer Aufmerksamkeit geraten. Insbesondere während der ersten Lockdown-Phasen kursierten im Internet eine Fülle von Fotografien und Videoclips über die Wiederkehr der Tiere in die Stadt, die die fehlende Präsenz von Menschen und den üblichen Menschenansammlungen nutzen, um ihren eigenen Aktionsradius auszuweiten und sich Lebensräume – zumindest vorübergehend – zurückzuerobern. Es scheint fast so, als hätten sie auf den Startschuss zur Wiedereroberung ihrer Lebensräume nur gewartet.

7.5 Von der (Un-)Sichtbarkeit einzelner Bevölkerungssegmente und der Zukunft des Menschen

Entgegen der üblichen Verdrängung von Krankheit, Alter und Tod aus der öffentlichen Wahrnehmung in den industrialisierten Gegenwartsgesellschaften konfrontiert uns die Corona-Pandemie in ungewohnter Weise mit diesen sonst so gerne ausgesparten und räumlich kasernierten Seiten des menschlichen Lebens. Wie der Ausbruch und die schnelle Verbreitung des Virus zeigen, sind wir – entgegen den weitreichenden Träumen des Transhumanismus[23] – von der Abschaffung von Krankheit, Alter und Tod noch immer sehr weit entfernt. Wenn überhaupt etwas abgeschafft wurde, dann eher die Alten als das Alter. Das massive Sterben in den Altenheimen und der mangelnde Schutz ihrer Bewohner:innen gehört zweifellos zu den unrühmlichsten Kapiteln der Bewältigung der Pandemie. Es hat Fälle gegeben, in den die Bewohner der Seniorenheime auf sich allein gestellt waren, weil sich das Pflegepersonal nicht mehr in die Einrichtungen getraut hat.[24] Während die Medizin im Transhumanismus bereits dafür da sein sollte, »nicht die Kranken zu heilen, sondern die Gesunden zu optimieren«,[25] so steht zumindest für die Zeit der akuten Bedrohungslage durch SARS-CoV-2 wieder die ureigenste Aufgabe der Rettung von Leben und der Heilung von Krankheit im Mittelpunkt der immensen Anstrengungen des ge-

23 Vgl. Kap. 2.5.3.

24 ⟨https://www.arte.tv/de/videos/098813-000-A/corona-die-eingesperrten-alten/⟩, letzter Zugriff 21.06.2021.

25 Yuval Noah Harari, *Homo Deus. Eine Geschichte von morgen*, München 2017, S. 486.

samten medizinischen Apparats. Auf den Intensivstationen wurde um das Leben jedes einzelnen schwer Erkrankten hart gerungen, während die einschlägigen Einrichtungen zur Selbstoptimierung, die Fitnesscenter und Sportstätten zur Körperertüchtigung, bis auf Weiteres geschlossen wurden. Der Deutsche Ethikrat hat in diesem Zusammenhang eine klare Botschaft formuliert:

> Jedes menschliche Leben genießt den gleichen Schutz. Damit sind nicht nur Differenzierungen etwa aufgrund des Geschlechts oder der ethnischen Herkunft untersagt. Auch eine Klassifizierung anhand des Alters, der sozialen Rolle und ihrer angenommenen ›Wertigkeit‹ oder einer prognostizierten Lebensdauer muss seitens des Staates unterbleiben.[26]

Es ist durchaus zweifelhaft, ob dieser Empfehlung immer vollumfänglich entsprochen wurde. Dabei ist nicht auszuschließen, dass hier auch transhumanistische Motive subkutan in die staatliche Handlungsweise bereits eingeflossen sind.[27] Davon abgesehen, erleben wir mit Covid 19 eine Konfrontation mit Natur und Biologie, die alle Transhumanisten, die im Grunde von einer Ersetzung der Biologie durch Technik in »einer postbiologischen Gesellschaft«[28] träumen, gar nicht mehr für möglich gehalten hätten. Der Angriff des Virus auf den menschlichen Körper ist jedoch ein biologischer Akt, der das Immunsystem des menschlichen Organismus in besonderer Weise herausfordert. Angesichts der weltweiten Zahl an Infizierten und der Todeszahlen hat diese Pandemie die besondere Fragilität und Vulnerabilität des Menschen und seines Körpers schonungslos offengelegt. Insofern könnte Corona dem Transhumanismus und dessen Arbeit an einer robusteren Ausgabe des bisherigen Menschentyps bzw. seinem künstlichen Ersatz auch einen zusätzlichen Schub verleihen. Würde sich ein Cyborg erfolgreicher gegen das Virus zur Wehr setzen können? Wäre eine superintelligente Maschine gar immun gegenüber Viren wie SARS-CoV-2? Das ist nicht nur nicht aus-

26 Siehe ⟨https://www.medrecherche.de/Deutscher_Ethikrat_27.03.2020.pdf⟩, letzter Zugriff 18. 06. 2021.

27 Wodurch noch einmal deutlich wird, wie gut sich der Transhumanismus mit dem Neoliberalismus verträgt, vgl. Georg Seeßlen, *Coronakontrolle oder Nach der Krise ist vor der Katastrophe,* Wien 2020, S. 18 ff. Vgl. Kap. 2.5.3.

28 Käte Meyer-Drawe, »Maschine«, in: Christoph Wulf (Hg.), *Der Mensch und seine Kultur. Hundert Beiträge zur Geschichte, Gegenwart und Zukunft des menschlichen Lebens,* Köln 2010, S. 726-737, hier S. 734.

zuschließen, sondern sogar sehr wahrscheinlich. Zu denken geben sollte allerdings, dass auch Computer von Viren befallen werden, sodass wir es im transhumanistischen Stadium der Menschheitsentwicklung nicht mit einem Ende, sondern mit einer Verwandlung von Viren wohl ebenso zu tun hätten wie mit einer anderen Form der Vulnerabilität. Wer wollte bestreiten, dass der Befall mit dieser Art Viren nicht ein ähnlich bedrohliches Ausmaß annehmen kann? Die stets als vollkommen gedachten transhumanen Wesen sind womöglich weitaus anfälliger für Störungen ihrer Betriebssysteme, als ihre Anhänger zuzugeben bereit sind. Entgegen den Szenarien des Transhumanismus, die stets davon ausgehen, dass ihren Verlockungen kaum jemand zu widerstehen in der Lage ist, stellt sich gerade unter den Bedingungen der derzeitigen Pandemie die Frage, ob die in Aussicht gestellte Umwandlung des Menschen in einen Roboter oder Supercomputer über den Kreis ihrer Erfinder hinaus überhaupt gewollt wird. Ist während der Bekämpfung der Pandemie in vielen Menschen der Wunsch geweckt worden, eine zwar gefühllose, dafür aber unverletzliche Maschine zu sein? Bisher jedenfalls drängt sich ein anderer Eindruck auf. Während der Krise hat sich eindrucksvoll gezeigt, dass Menschen nicht nur leibhaftige Wesen sind, sondern sich auch als solche erleben wollen, die es vermissen, sich zu berühren, zu tanzen und zu feiern. Noch sind Menschen auch biologische und keine rein technischen Wesen, die von einer Umwelt abhängig sind, in der sie existieren, in der sie atmen können. Das Unproblematische des Atmens hat uns Corona allerdings – zumindest vorerst – ausgetrieben. Das Virus stellt eine neue Form des lautlosen Luftangriffs dar. Die Frage, die sich stellt, ist, ob wir angesichts des zunehmend Problematisch-Werdens der Körperberührung auf der Erde zu einem Leben hinter Glas gezwungen sein könnten. Steht uns ein Leben im Schutzanzug bevor? Einem Terranautenanzug, der uns vor den Angriffen aus der Luft, den drohenden Kontaminationen zu schützen und die Ansteckung zu vermeiden hilft? Wenn der Körper der anderen nur noch als Bedrohung wahrgenommen wird und der eigene als dauerhaft bedroht, ändern sich grundlegende Parameter des menschlichen Zusammenlebens. Dabei lernen wir zugleich, dass es ein ausschließlich menschliches Zusammenleben gar nicht gibt, da Viren unsere ständigen Begleiter sind.[29]

29 Vgl. dazu auch Sven Opitz, »Luftsicherheitszonen. Atmosphären des Selbst in Zeiten von COVID 19«, in: Michael Volkmer, Karin Werner (Hg.), *Die Corona-*

Deutlich geworden ist auch, dass ein Komplettumzug des sozialen Lebens in das Internet weder möglich noch gewollt zu sein scheint. Obwohl die unzureichende Digitalisierung in Deutschland nicht mehr länger zu leugnen ist, kann ebenso wenig bestritten werden, dass die analoge Form der Begegnung sich nicht komplett ersetzen lässt durch virtuelle digitale Kontakte. Das zeigt sich insbesondere beim in der Jugendphase ausgeprägten Bedürfnis nach Rausch und Ekstase, dem unter normalen Umständen in Clubs, bei Raves und Feiern aller Art nachzukommen versucht wird, was angesichts der geltenden Abstandsregeln während der Lockdown-Phasen der Pandemiebekämpfung schwer bis überhaupt nicht möglich war. Ein Thema, das in der öffentlichen Debatte über die Pandemie nur dann in den Fokus geriet, wenn es vereinzelt zu Verstößen gegen die Coronaregeln kam und darüber skandalisierend berichtet wurde. Daneben haben die Sorgen und Nöte der Jugendlichen lange Zeit über kaum eine Rolle gespielt.

7.6 Zukunft nach Corona: Zur Permanenz der Katastrophe und der Wiederkehr der Utopie

Die Literaturnobelpreisträgerin Swetlana Alexijewitsch vertritt in ihrer Schrift *Tschernobyl. Eine Chronik der Zukunft* die These eines Übergangs vom Zeitalter des Krieges zum Zeitalter der Katastrophen, das mit der Explosion des Atomreaktors in Tschernobyl am 26. April 1986 begonnen habe: »Die Geschichte der Katastrophen ist angebrochen.«[30] Für diese These spricht, dass sich

Gesellschaft. Analysen zur Lage und Perspektiven für die Zukunft, Bielefeld 2020, S. 125-134. Deshalb wird die Frage des Zusammenlebens wieder zu einer elementaren: »Eine der dringlichen Fragen, die unsere Epoche – dominiert durch Technik, Telekommunikation, internationale Märkte, Globalisierung – aufwirft, lautet: Wie ist die Koexistenz mit dem anderen zu reorganisieren, die nicht länger innerhalb einer gleichen und durch eine gleiche Welt stattfinden kann? Wir gehören nicht alle derselben Welt an, es sei denn, die Erde ist damit gemeint. Aber selbst diese Erde bewohnen wir nicht auf die gleiche Weise. Nicht nur, weil wir reich oder arm sind, am Meeresufer oder in den Bergen wohnen, Bauern oder Städter sind, sondern weil wir uns unterschiedlich auf die Natur und auf den anderen beziehen: auf uns als Natur oder in der Natur.« Luce Irigaray, *Welt teilen*, Freiburg 2010, S. 86.

30 Swetlana Alexijewitsch, *Tschernobyl. Eine Chronik der Zukunft*, Berlin 2019, S. 44.

seither mindestens zwei weitere Katastrophen ereignet haben, die trotz mancher Unterschiede auch eine Reihe von Gemeinsamkeiten aufweisen: die Klima- und die Corona-Katastrophe. Die größte Gemeinsamkeit der Tschernobyl-, der Klima- und der Coronakatastrophe besteht zunächst darin, dass sie viele Menschenleben gekostet haben und weiterhin kosten werden, da sie offenbar nicht an ein Ende gelangen, sondern in ihren Neben- und Langzeitfolgen auf unabsehbare Zeit andauern, worüber das sukzessive Nachlassen der medialen Berichterstattung aufgrund des nicht mehr länger gegebenen Sensationscharakters der Nachricht hinwegtäuscht. Ihr zähes Andauern wird durch ihre Überführung in die Normalität nur unzureichend kaschiert: Die weiterhin bestehende Kontamination von Böden und Tieren mit Radioaktivität wird auf einen Wert heruntergerechnet, der als unbedenklich eingestuft werden kann, das Impfen gegen immer neue Virusvarianten wird verstetigt bzw. ausgeweitet und die Zerstörung der Umwelt durch »Landschaftsvergesslichkeit«[31] erträglich gehalten. Darüber hinaus lassen sich alle drei Fälle als ökologische Katastrophen verstehen: Der Reaktorunfall von Tschernobyl zieht schwerwiegende und bis heute andauernde ökologische und medizinische Folgen nach sich, die Klimakatastrophe führt zur Zerstörung der gesamten ökologischen Lebensgrundlagen auf diesem Planeten und die Corona-Pandemie erweist sich als eine Folge ebendieser Zerstörung.[32] In allen drei Fällen spielt zudem der Faktor »Unsichtbarkeit« eine große Rolle bei den umstrittenen, verschleppten und schließlich durchgesetzten Maßnahmen zur Eindämmung der Katastrophen. Während der Krieg für jedermann sichtbare Zerstörungen zeigt, die eindeutig auf Handlungen des Gegners zurückgeführt werden können, haben wir es bei der Klimakatastrophe, beim Tschernobyl-Unglück und der derzeit wütenden Pandemie mit Ereignissen zu tun, die zwar ebenfalls zerstörerische Auswirkungen haben. In allen drei Fällen lässt sich aber der jeweils auftretende Schaden (Feuersbrünste und Hochwasserkatastrophen durch die Erderwärmung,

31 Damit ist das Phänomen gemeint, dass schlicht vergessen wird, »dass die Landschaft vor 50 Jahren ganz anders ausssah, weil von Jahr zu Jahr nur ein ganz geringfügiger Wandel eingetreten ist«. Diamond, *Kollaps*, S. 524.

32 »Tschernobyl und AIDS haben uns schonungslos die Grenzen der technisch-wissenschaftlichen Macht der Menschheit enthüllt.« Félix Guattari, *Die drei Ökologien*, Wien 2016, S. 34. Corona ist ein weiterer Beleg für diese Grenzen.

ungebremste Ausbreitung von Radioaktivität und der Ausbruch von Krankheiten) nicht mit einer für alle leicht erkennbaren Ursache in Zusammenhang bringen, da eine kausale Beziehung zwischen auftretendem Schaden und der zugrunde liegenden Ursache mit dem bloßen Auge nicht zu erkennen ist, sondern aufwändig hergestellt und veranschaulicht werden muss mithilfe von Berechnungen, Zahlen, Schaubildern und Graphiken, auf die wir seit Ausbruch der Pandemie Tag für Tag ebenso angestrengt wie ritualhaft blicken, die dadurch aber nichts von ihrer Abstraktheit verlieren. Da sich die Zusammenhänge der eigenen sinnlichen Anschauung entziehen, fällt die Einsicht in das Ausmaß der Gefahr offensichtlich schwer:

> Der Mensch wurde davon überrumpelt, war darauf nicht vorbereitet. Nicht vorbereitet als biologische Art; sein gesamtes natürliches Arsenal, ausgebildet zum Sehen, Hören und Tasten, versagte. Nichts davon war brauchbar; Augen, Ohren und Hände taugten nicht, waren keine Hilfe, denn Radioaktivität ist unsichtbar, lautlos und ohne Geschmack.[33]

Diese drei Eigenschaften treffen ebenso auch auf das Corona-Virus zu. Aufgrund der sinnlich nicht wahrnehmbaren Zusammenhänge zwischen den Schäden und ihren Auslösern gab und gibt es in allen drei Fällen das Phänomen der Leugnung der Geschehnisse. Hätten wir es statt mit einem unsichtbaren Virus dagegen mit aggressiven Vogelschwärmen zu tun, die regelmäßig über uns herfallen, uns beißen und dabei infizieren, würde es wohl kaum eine Infragestellung der Bedrohung geben. Der Gegner wäre sichtbar, die Gefahr mit Händen zu greifen, die Gegenmaßnahmen schnell ersonnen. Radioaktive Strahlung, Viren und selbst der Klimawandel sind von sich aus dagegen nicht sichtbar, sondern müssen erst sichtbar gemacht werden, und an dieser Last haben die jeweils ersonnenen Gegenmaßnahmen schwer zu tragen.

Wenn der Einblick in das katastrophale Ausmaß eines Ereignisses vermieden werden soll, wird bevorzugt von einer Krise gesprochen. Denn wer von einer Krise spricht, »hat die Hoffnung noch nicht aufgegeben«.[34] Eine Krise ist per definitionem ein vorübergehender Zustand, der durch geeignete Maßnahmen überwunden werden kann. Doch es spricht vieles dafür, dass wir uns

33 Alexijewitsch, *Tschernobyl. Eine Chronik der Zukunft*, S. 45.

34 Luhmann, »Am Ende der kritischen Soziologie«, S. 147.

derzeit keineswegs nur in einer Krise, sondern in einem Zeitalter der Katastrophen befinden, einem Zeitalter sich parallel entfaltender Katastrophen, die nicht mehr eine vorübergehende Ausnahme, sondern einen fortdauernden Zustand darstellen, in der nicht die aktuelle die vorhergehende Katastrophe ablöst, sondern zu dieser hinzutritt, so wie die Corona- zur Klimakatastrophe und diese zur Katastrophe von Tschernobyl und Fukushima, weil sie alle auf die prometheische Selbstüberschätzung des Menschen zurückgeführt werden können. Von dem französischen Medienphilosophen und Soziologen Jean Baudrillard stammt der Satz: »Das Leben zu ändern, bedeutet die maximale Utopie. Zu überleben die minimale Utopie.«[35] Nach vielen Debatten um das gute Leben sind wir unter Coronabedingungen und vor dem Hintgergund des Klimawandels wieder auf die Ebene der minimalen Utopie des Überlebens zurückgeworfen worden. Doch langfristig wird dieses Ziel nur zu erreichen sein, wenn die maximale Utopie der Veränderung wieder in Angriff genommen wird, denn nur dadurch lässt sich die minimale Utopie des Überlebens überhaupt noch verwirklichen. Beide Utopieformen hängen also unmittelbar zusammen. Corona macht deutlich, dass es ein »Weiter so« ebenso wenig geben kann wie ein Zurück zum Zustand vor Corona, der von so vielen herbeigesehnt wird. Wenn nicht gelten soll »Nach der Pandemie ist vor der Pandemie«, was heute von Virolog:innen und Epidemiolog:innen bereits nahegelegt wird, bedarf es im Sinne des Posthumanismus einer fundamentalen Neuorganisation des Lebens auf diesem Planeten, ein gewandeltes Verständnis anderer Lebewesen und der Erde insgesamt. Es sei denn, man tritt im Sinne des technoeuphorischen Transhumanismus die Flucht in die unendlichen Weiten des Universums an, auf der Suche nach einer besseren Welt jenseits der Erde, was aber eher als »Flucht aus der Realität«[36] gewertet werden darf.[37] Latours Werben darum, dass die Menschheit nicht an eine mögliche Flucht zum Mars glauben, sondern sich mit dem

35 Jean Baudrillard zitiert nach Boris Groys, *Groysaufnahme. Philosophische Gedanken zum Kino*, Köln 2007, S. 118.

36 Bruno Latour, »Eine Katastrophe, die von innen kommt – Interview«, in: *Der Freitag*, 09. 07. 2020, ⟨https://www.freitag.de/autoren/the-guardian/eine-katastrophe-die-von-innen-kommt⟩, letzter Zugriff 04. 08. 2021.

37 Vgl. Kap. 5.3.

Gedanken anfreunden sollte, dass sie in der »kritischen Zone«[38] der Erde »gefangen« ist, aus der es kein Entkommen gibt, ist allerdings ein eher unglücklich gewähltes Bild, da es die Fluchttendenzen noch zusätzlich befeuern könnte. Wer lebt schon gerne in Gefangenschaft? Die Erde lässt sich vielmehr als der einzige Aufenthaltsort beschreiben, an dem wir zu leben in der Lage sind, als eine Insel voller Leben in einem Meer von kalten Planeten oder eben doch als ein Garten, den wir zu pflegen und mit anderen zu teilen haben, weil nur er Leben ermöglicht.[39] Kein Gefängnis, sondern ein ebenso bedrohtes wie fragiles kleines Paradies! Aber davon einmal abgesehen wird deutlich, dass uns die Pandemie gewissermaßen ›auf die harte Tour‹ die Lektion erteilt, dass der Mensch sich keineswegs aus der Natur herausgehoben und von ihr unabhängig gemacht hat, sondern im Gegenteil immer intensiver mit ihr verschmilzt, und dies keineswegs in ausschließlich kooperativer, sondern auch in konfliktuöser und zerstörerischer Weise geschieht. Corona macht uns unsere Abhängigkeit von anderen Lebewesen und unsere Vulnerabilität ebenso deutlich, wie sie uns mit den Folgen unseres eigenen Tuns konfrontiert. Am Ende stellt sich deshalb die Frage, die sich auch hinsichtlich des Klimawandels stellt: Will man auf eine bessere Diagnostik und Prognostik setzen, um die möglichen Schäden, die Ausbrüche, die Katastrophen besser erkennen, um sich früher und besser vor ihnen schützen zu können? Oder will man die Ursachen bekämpfen, die zu Atomreaktorkatastrophen, zum Klimawandel und zu Pandemien überhaupt erst führen? Gerade die Bekämpung der Coronakrise hat gezeigt, dass diese Ursachenbekämpfung keineswegs ausweglos ist. Corona hat nicht zuletzt deutlich werden lassen, dass vieles möglich ist, wenn die Dringlichkeit der Maßnahmen von möglichst vielen Akteuren eingesehen und rechtzeitig in Entscheidungen übertragen wird: »Alles schien unaufhaltsam wie ein Tsunami, alternativlos. Jetzt realisieren wir, dass es das nicht war.«[40] Gezeigt hat sich, dass Regierungen durchaus eine Vielzahl von Maßnahmen ergreifen können, wenn sie von deren existenti-

38 Ebd. Vgl. auch die gleichnamige Ausstellung im Karlsruher ZKM »Critical Zones. Horizonte einer neuen Erdpolitik«, ⟨https://zkm.de/de/ausstellung/2020/05/critical-zones⟩, letzter Zugriff 16.08.2021.

39 Vgl. Kap. 2.3.1.

40 Ebd.

eller Notwendigkeit überzeugt werden können.[41] Der von ihnen stets vorgebrachte Hinweis auf die notorisch leeren Kassen dürfte in Zukunft nicht mehr so ohne weiteres überzeugen wie bisher. Naheliegend wäre vielmehr, dass das Klimathema so intensiv wie die Pandemiebekämpfung behandelt wird, einschließlich der täglichen Informationen zu den aktuellsten Entwicklungen und Maßnahmen zur Bekämpfung der globalen Erwärmung, bei der sich jede Woche nicht die Gesundheits-, sondern die Umweltminister:innen an die Öffentlichkeit wenden. Zielführend wäre es zudem, wenn die einzelnen Ministerien nicht gegeneinander arbeiten würden, wie der Konkurrenzkampf zwischen den Parteien es zu erzwingen scheint, sondern in gegenseitiger Abstimmung und ausgerichtet auf ein gemeinsam formuliertes, übergeordnetes Ziel. Für die stetige wissenschaftliche Begleitung der politischen Entscheider:innen hatte die Bekämpfung der Corona-Pandemie insofern durchaus Modellcharakter. Die Pandemie hat zudem eindrücklich gezeigt, was passiert, wenn eindringliche Warnungen aus der Wissenschaft seitens der Politik ignoriert werden.[42]

41 Damit ändert sich auch die Grundlage einer Kritik, der Niklas Luhmann, *Beobachtungen der Moderne*, Opladen 1992, S. 211, unterstellt hatte, mit der letztlich naiven Vorstellung zu arbeiten, »daß man könnte, wenn man nur wollte«. Die Bekämpfung der Pandemie hat dagegen in der Tat gezeigt, dass man durchaus kann, wenn man nur will.

42 Vgl. Robert Wallace, *Was Covid-19 mit der ökologischen Krise, dem Raubbau an der Natur und dem Agrobusiness zu tun hat*, Köln 2020.

Schluss: Willkommen im Vitalozän!

»Das Leben auf der Erde steht tatsächlich auf dem Spiel.«[1]

Noch ist die Pandemie nicht besiegt, neue Herausforderungen durch verschiedene Mutationen des Virus stehen bevor, da holt die globale Erwärmung schon zum nächsten Schlag aus. Die Wohnhöhlen, die wir gerade noch schutzsuchend aufsuchen sollten, werden Opfer kaum noch zu bändigender Feuersbrünste oder sie werden hinweggespült von über die Ufer tretenden Bächen und Flüssen, die als wütende Ströme alles mit sich reißen, was sie aus der Bio- und Technosphäre zu fassen bekommen. Die Extremwetter-Ereignisse allein im Jahr 2021 zeigen, dass wir gut beraten wären, diese als Sprache zu verstehen, mit der die Erde uns die Botschaft übermittelt, dass es so wie bisher nicht weitergehen kann. Wenn über unser Überleben als Ziel Einigkeit hergestellt werden kann und wir uns mit dem Untergang nicht anfreunden wollen, um wie Todgeweihte wenigstens noch ein paar ausgelassene Monate oder Jahre zu verbringen, empfiehlt es sich, gegenüber den Anrufungen der Erde nicht einfach taub zu sein und auf ihre Botschaften – »Alles ist Botschaft«[2] – endlich zu hören. In den Weltraum in der Hoffnung hineinzulauschen, dass sich dort womöglich neue Gesprächspartner ausmachen lassen, und gleichzeitig vor den Botschaften der Erde die Ohren zu verschließen, ist ein irritierend widersprüchliches Verhalten, das Anlass zu der Vermutung gibt, dass uns selbst die vage Aussicht auf extraterrestrisches Leben stärker zu affizieren scheint als der Kontakt mit den menschlichen und nichtmenschlichen Mitbewohnern der Erde. Dabei müssen wir auf der Erde auf Beweise für Leben nicht erst geduldig warten. Es ist längst da, in allen Farben und Formen – und es schreit förmlich nach Aufmerksamkeit. Wenn wir diese konkreten Existenzformen ignorieren, was versprechen wir uns dann von den nur potentiell im unendlichen Weltraum vorfindbaren Lebensformen? Wie sollten wir diese überhaupt erkennen, wenn wir nicht einmal die terrestrischen Lebewesen und deren Lebensäußerungen wahrzunehmen in der Lage sind? Auch ist aus dem All wohl kaum Hilfe für unsere Misere

1 Tsing, *Der Pilz am Ende der Welt*, S. 43.

2 Clément, *Gärten*, S. 37.

zu erwarten. Widmen wir uns also der systematischen Erforschung der Lebensräume der Erde und ihrer Lebewesen, über die wir noch immer so vieles nicht wissen. Konzentrieren wir uns auf das Leben, das uns umgibt. Es ist so radikal gefährdet, dass es unsere Epoche treffend bezeichnen könnte: Das *Vitalozän*! Wollte man das neue Zeitalter nicht nach dem Hauptverursacher der Umweltschäden und des Klimawandels benennen (also in der Sozialdimension fragen), sondern nach dem, was im Mittelpunkt der Aufmerksamkeit steht (also in der Sachdimension fragen), dürfte es nicht Anthropozän oder Kapitalozän heißen, vielmehr müsste es *Vitalozän* getauft werden, denn das, was wirklich auf dem Spiel steht, ist das gesamte Leben auf diesem Planeten (Raumdimension), wie wir es bisher kannten. Wollte man das Zeitalter danach bewerten, was es dem Leben auf der Erde bringt, dann wäre das *Thanatozän* die korrekte Bezeichnung, denn für viele Lebewesen bedeutet es bereits jetzt den Tod. Doch dagegen formiert sich immerhin Widerstand, der das Recht auf Leben für alle Lebewesen einfordert. Als fatal wirkt sich aus, dass in der Zeitdimension gravierende Fehler gemacht worden sind, denn nicht neu ist die Einsicht: »Die Welt hat ohne den Menschen begonnen, und sie wird ohne ihn enden.«[3] Dieses Ende ist jedoch stets für eine allenfalls in weiter Zukunft stattfindende, eher abstrakte Möglichkeit gehalten worden, der man relativ entspannt gegenüberstehen konnte, weil sie uns selbst nicht mehr betreffen würde. Sie rückt aber nun aus der fern geglaubten Zukunft sehr viel schneller an unsere Gegenwart heran. Längst stellt sich die Frage, wie viel Zeit noch bleibt, die katastrophischen Folgen der globalen Erwärmung abzuwenden. Diese Frage lässt sich weder heute noch in Zukunft konkret beantworten. Doch wenn es uns nicht gelingt, die Erde als unsere eigene Lebensgrundlage zu schützen und zu bewahren, ist das Ende der Menschheit keine höchst unwahrschein-

3 Claude Lévi-Strauss, *Traurige Tropen*, Frankfurt/M. 1978, S. 411. Auch bei Caillois, *Patagonien und weitere Streifzüge*, S. 68 heißt es: »Ich bin nicht sicher, daß die Erde sich leicht an die menschliche Anwesenheit anpaßt. Andererseits wird sie jedoch nicht ewig verpflichtet sein, diese zu ertragen. Erst kürzlich auf dem Planeten angekommen, gebärdet sich der Mensch dort als wilder Usurpator, der es nicht vermocht hat, das allgemeine Gleichgewicht zu achten. Mit einer an Wunder grenzenden Schnelligkeit hat er eine Natur, in der er gestern noch abwesend war, fast gänzlich seinen Strebungen unterworfen. [...] Das gleiche genetische Durcheinander, das seine Souveränität begründet hat, kann ebenso gut, durch einen umgekehrten Erfolg, sein Verschwinden bewirken.«

liche Dystopie mehr. Denn immerhin darf inzwischen als sicher gelten, dass sich die seit langem angekündigten und befürchteten Prozesse, vor denen die Klimaforschung schon seit Jahrzehnten warnt, noch weitaus schneller ereignen als bisher angenommen.[4] Deshalb kann nur weiterhin, aber beschleunigt und intensiviert, um die »Bewohnbarkeit der Erde«[5] für alle Lebewesen gekämpft werden. Dafür ist es elementar einzusehen,

> daß zwischen Leben und Denken nicht jene absolute Kluft besteht, die der philosophische Dualismus des 17. Jahrhunderts als gegeben hinstellt. Wenn wir zu der Einsicht gelangen, daß das, was in unserem Denken vorgeht, etwas ist, das sich nicht substantiell oder fundamental vom Grundphänomen des Lebens unterscheidet, und wenn wir außerdem zu der Erkenntnis kommen, daß zwischen der Menschheit einerseits und all den anderen Lebewesen andererseits – nicht nur den Tieren, sondern auch den Pflanzen – keine unüberbrückbare Kluft besteht, dann werden wir vielleicht zu mehr, sagen wir, Weisheit gelangen, als wir uns zutrauen.[6]

Diese Überlegung besagt, dass schon die Art und Weise des Nachdenkens über das Leben auf der Erde Auswirkungen auf diese hat. Um die angemessenen Antworten auf die globale Erwärmung geben zu können, ist es folglich notwendig, die Erde und das Zusammenwirken ihrer Ökosysteme noch sehr viel besser kennenzulernen, als wir dies bisher tun. Ganz in diesem Sinne ging es auf den vorangegangenen Seiten darum, aus Sicht der Soziologie, mit dieser und für diese zu zeigen, dass die Bezugnahme zur Erde auch in den Mittelpunkt soziologischer Arbeit rücken muss, um einen Beitrag für die von Lévi-Strauss formulierte Einsicht, die längst von vielen anderen Wissenschaftler:innen geteilt wird, zu leisten. Im Kern geht es der Geosoziologie um den Umgang, den wir mit der Erde pflegen, um die Praktiken, mit denen wir mit ihr in Kontakt treten: Die Erde wird vermessen, erkundet und erforscht (Geo-Wissen), umgewandelt und manipuliert (der Mensch als geologischer Faktor), eingenommen und aufgeteilt (Geopolitik), ausgebeutet (Geoökonomie), als Lebens- und Wohnraum erschlossen und be-

4 So der neueste Bericht des Weltklimarates, vgl. ⟨https://unric.org/de/ipcc-bericht-alarmstufe-rot-fuer-menschengemachte-globale-erwaermung/⟩, letzter Zugriff 17.08.2021.

5 Lévi-Strauss, *Mythos und Bedeutung*, S. 272.

6 Ebd., S. 36 f.

baut (Geo-Architektur), zu verlassen (Weltraumfahrten) und zu erhalten versucht (Terrapolitik). Doch wie immer man dabei mit ihr umgeht: Man entkommt der Erde nicht, nicht einmal mit den aufwändigsten Fluchtversuchen, sodass man mit Nietzsche ausrufen möchte: »Ich beschwöre euch, meine Brüder [und Schwestern, MS], *bleibt der Erde treu* und glaubt Denen nicht, welche euch von überirdischen Hoffnungen reden!«[7] Ihr treu zu bleiben, beinhaltet aber, alles in unserer Macht Stehende dafür zu tun, sie – durchaus auch für uns selbst – zu erhalten.

Natürlich lassen sich aus dem bereits erreichten Ausmaß an Zerstörung auch andere Konsequenzen ziehen: »Es ist auch nicht zu begründen, weshalb das, was jetzt den Planeten bevölkert und auf jede nur erdenkliche Weise zerstört, ins Endlose weiterexistieren soll.«[8] Doch man muss nicht zwingend Interesse am eigenen Untergang haben und ihn wie im Transhumanismus noch zusätzlich befördern. Es gehört zu den vitalen Impulsen aller Lebewesen, leben zu wollen. Auch dem Menschen ist dieser Impuls nicht einfach abzusprechen aufgrund seiner nicht zu leugnenden Zerstörungsmacht bzw. als angemessene Strafe für sein bisheriges Versagen. Er bleibt grundsätzlich in der Lage, aus Einsicht auch anders handeln zu können. Dabei muss es allerdings um bedeutend mehr gehen als nur darum, ein paar geringfügige Anpassungen des sich vor unser aller Augen radikal verwandelnden Habitats vorzunehmen:

> In einer vorwärtsgewandten Ökologie wird man sich [...] endgültig darauf einzurichten haben, daß wir einen Jahrtausendwandel, eine wirkliche Revolution unserer Lebensweise vor uns haben, in ihrer Bedeutung (nicht in ihrer Form) vergleichbar vielleicht mit dem Übergang von der Jäger-Sammler- zur Bauern- und Hirtenkultur oder von dieser zur Industriekultur.[9]

Nicht besser, noch besser und immer besser leben, sondern *anders leben* steht angesichts der massiven planetaren Gefährdungslage als *wirkliche Revolution* auf dem Programm. Eine Revolution *des* Lebens[10] *für* das Leben, die gleichzeitig als eine neue »Erd-

7 Nietzsche, *Also sprach Zarathustra*, S. 15 (Hervorheb. i. O. gesperrt, MS).

8 Martin Heidegger, *Zollikoner Seminare. Protokolle – Gespräche – Briefe*, hg. von Medard Boss, Frankfurt/M. 1987, S. 360.

9 Bühl, »Das ökologische Paradigma in der Soziologie«, S. 110.

10 Vgl. Redecker, *Revolution für das Leben*.

revolution«[11] verstanden werden muss. Dabei wird man um die Einsicht nicht herumkommen, dass wir anders denken und handeln müssen, dass wir anders wirtschaften, uns anders ernähren und fortbewegen müssen – und zwar als Kollektive. Hilfreich sind dafür schon Aufrufe wie diese: »Nicht überall muß gleich der Fuß hingesetzt werden.«[12] Damit muss keineswegs ein Abschied von jeglicher Reisetätigkeit verbunden sein. Er könnte allerdings dazu einladen, die Sinnhaftigkeit der millionenfachen Betretungsmanie aller prinzipiell erreichbaren Ziele noch einmal gründlich zu überdenken. Die Lockdown-Maßnahmen während der noch immer anhaltenden Corona-Pandemie etwa haben gezeigt, dass es durchaus auch verzichtbare Reisen zu Zusammenkünften gibt, für deren Durchführung digitale Formate zur Verfügung stehen.

Insgesamt wird es darum gehen müssen, stärker als bisher nach den Folgen und Nebenfolgen zu fragen, die menschliches Handeln auf den Planeten, seine menschlichen und nichtmenschlichen Bewohner jeweils hat. Da wir noch nicht sehr lange (und längst noch nicht alle) davon ausgehen, dass wir als geologischer Faktor derart gravierenden Einfluss auf den Zustand der Erde haben, ist nicht von vornherein auszuschließen, dass ein Umdenken stattfinden *kann*, wenn die Auswirkungen der globalen Erwärmung sich auf ebenso unbestreitbare wie unangenehme Weise spürbar in unserem täglichen Leben niederschlagen. Die wenigen Nischen, in denen dies bisher noch nicht der Fall ist, werden ebenso kleiner werden wie die Möglichkeiten, die Zusammenhänge weiterhin zu bestreiten. Beim intensivierten Nachdenken über die Folgen unseres Tuns könnten wir zu einer Form des Verzichts gelangen, die keineswegs auf eine asketische Lebensführung hinauslaufen muss: »Immer weniger Abfälle produzieren! Darin besteht die Macht des Citoyen, die Macht des Boykotts und der freien Wahl, die durch Verzicht erreicht wird, nicht auf das uns überflüssig Erscheinende – der Luxus ist für uns lebenswichtig –, sondern darauf, was unnütz und uns nicht angemessen ist.«[13] Womöglich ist dies einer der Schlüssel für eine andere Lebensweise: Kein rigoroser Luxusverzicht und keine generellen Verbote, sondern eine intensive Debatte darüber, *was unnütz und uns einfach nicht angemessen ist.* Sie führt

11 Alfred Weber, *Kulturgeschichte als Kultursoziologie*, München 1950, S. 42.

12 Bloch, *Das Prinzip Hoffnung*, S. 819.

13 Clément, *Gärten*, S. 48.

letztlich jedoch unweigerlich zu der weitaus größeren Frage, wer *wir* überhaupt sind und sein wollen. Zentral für die Beantwortung dieser Frage wird sein, das Anthropozän gerade nicht als Triumph des Menschen über die Natur zu verstehen, sondern als seine Kapitulation. Denn die Menschheit hat es gerade nicht geschafft, die Erde zu beherrschen, wie es ihr zumindest eine der Weltreligionen ausdrücklich aufgetragen hatte. Ganz im Gegenteil entzieht diese sich zunehmend ihrer Kontrolle. Auf die enorme Zerstörungskraft der Menschen reagiert sie mit groß angelegten Versuchen, die Menschheit von der Erde zu tilgen. Dieser ist es bisher nicht gelungen, eine Alternative zum Heimatplaneten zu finden. Alle anderen von der Erde aus erreichbaren Planeten scheinen keineswegs die Voraussetzungen zu erfüllen, die ein menschliches Leben ermöglichen würden. Deshalb kann das Anthropozän nur als Startsignal für eine radikale Umkehr und Umorientierung aufgefasst werden. Die Vorstellung, dass der Mensch das alles andere überragende und geradezu übermächtige Lebewesen auf dieser Erde ist, gilt es dafür endgültig ad acta zu legen zugunsten der Einsicht in seine vielfältige Verwobenheit in das terrestrische Leben. Zielführend könnte dabei gerade die Einsicht in seine offenkundige Vulnerabilität sein: »Die Erkenntnis der eigenen Schwäche ist die Grundlage für die Hinwendung zu anderen.«[14] Nun ließe sich zwar einwenden, dass der Mensch nun auf einmal, da er den Planeten nahezu zerstört hat, Hilfe in der Verbrüderung mit anderen Lebewesen sucht, mit deren Unterstützung er sich vor allem selbst retten will. Während er dem Verschwinden zahlreicher Arten weitgehend hilflos bis gleichgültig gegenübersteht, scheint erst die Gefährdung der eigenen Spezies Grund genug, ihn endlich in Alarmbereitschaft zu versetzen. Nun buhlt er um Unterstützung bei den so lange von ihm verachteten nichtmenschlichen Lebewesen, die ihm nun helfen sollen, aus dem Schlamassel, den allein er angerichtet hat, wieder herauszukommen. Und doch wird es kaum einen anderen Weg geben, als aufgrund der nunmehr endlich eingestandenen Vulnerabilität sich neue Bündnispartner zu suchen, von denen man vielleicht lernen könnte, wie man im Einvernehmen mit diesem Planeten lebt. Gemeinsam mit ihnen müssten neue geosoziale Gefüge und Formationen erfunden werden, die über die altbekannten Muster des Zusammenlebens

14 Sennett, *Civitas*, S. 290.

hinausgehen, indem sie die moderne Spaltung zwischen Kultur und Natur, Geist und Körper, menschlichen und nichtmenschlichen Akteuren überwinden. Eine Mischung aus Geophilie und Erdpatriotismus wäre als Beitrag des Menschen für dieses Vorhaben mehr als hilfreich. Nicht die Identifikation mit einer Nation, wie noch im 19. und 20. Jahrhundert, sondern mit der Erde und all ihren menschlichen und nicht-menschlichen Bewohner:innen ist die dem 21. Jahrhundert angemessene Form eines Zusammengehörigkeitgefühls. Warum sollten die Bekämpfung der Globalen Erwärmung und die Einsätze zur Rettung des Planeten nicht das notwendige Maß an Verbundenheit erzeugen können, um das Überleben der posthuman-terrestrischen Gesellschaften zu sichern? Mit dieser kollektiven Aufgabe lässt sich womöglich tatsächlich ein neues Wir begründen, das sich aus allen *Erdverbundenen* des Vitalozäns zusammensetzt. Denn für sie zumindest steht fest: Nicht ein Gott, sondern nur wir selbst können uns noch retten.

Literaturverzeichnis

Abend, Pablo, *Geobrowsing. Google Earth und Co. Nutzungspraktiken einer digitalen Erde.* Bielefeld: transcript 2013.

Ackermann, Marion, »Vorwort«, in: Kunstsammlung Nordrhein-Westfalen (Hg.), *Unter der Erde. Von Kafka bis Kippenberger*, Dortmund: Kettler 2014, S. 6-12.

Ackermann, Marion, Kathrin Beßen, Florence Thurmes, »Abstieg ins Unterirdische. Einführende Gedanken zur Ausstellung«, in: Kunstsammlung Nordrhein-Westfalen (Hg.), *Unter der Erde. Von Kafka bis Kippenberger*, Dortmund: Kettler 2014, S. 13-18.

Adorno, Theodor W., *Soziologische Exkurse*, Frankfurt/M.: Europäische Verlagsanstalt 1956.

Adorno, Theodor W., »Wozu noch Philosophie?«, in: ders.: *Eingriffe. Neun kritische Modelle*, Frankfurt/M.: Suhrkamp 1963, S. 11-28.

Adorno, Theodor W., »Einleitung«, in: ders. u. a., *Der Positivismusstreit in der deutschen Soziologie*, Darmstadt, Neuwied: Luchterhand 1972, S. 7-79.

Agamben, Giorgio, *An welchem Punkt stehen wir? Die Epidemie als Politik*, Wien: Turia + Kant 2021.

Albert, Mathias, Paul Reuber und Günter Wolkersdorfer, »Kritische Geopolitik«, in: Siegfried Schieder, Manuela Spindler (Hg.), *Theorien der Internationalen Beziehungen*, Opladen & Farmington Hills: Barbara Budrich 2006, S. 527-551.

Albrow, Martin, *Abschied vom Nationalstaat?*, Frankfurt/M.: Suhrkamp 1998.

Alexijewitsch, Swetlana, *Tschernobyl. Eine Chronik der Zukunft*, Berlin: Suhrkamp 2019.

Altenloh, Emilie, *Zur Soziologie des Kino*, Jena: Diederichs 1914.

Althen, Christian, Thomas Keil, »Nachwort«, in: Alfred Döblin, *Unser Dasein*, Frankfurt/M.: Fischer 2017, S. 501-522.

Alverdes, Friedrich, *Tiersoziologie*, Leipzig: C. L. Hirschfeld 1925.

Amir, Fahim, *Schwein und Zeit. Tiere, Politik, Revolte*, Hamburg: Edition Nautilus 2018.

Anders, Günther, *Der Blick vom Mond. Reflexionen über Weltraumflüge*, München: C. H. Beck 1970.

Anders, Günther, *Die Antiquiertheit des Menschen. Über die Zerstörung des Lebens im Zeitalter der dritten industriellen Revolution*, München: C. H. Beck 1980, Bd. 1 und 2.

Anders, Günther, *Die atomare Bedrohung. Radikale Überlegungen zum atomaren Zeitalter*, München: C. H. Beck 2003.

Appadurai, Arjun, *Die Geographie des Zorns*, Frankfurt/M.: Suhrkamp 2009.

Arendt, Hannah, »Die Eroberung des Weltraums und die Statur des Menschen«, in: dies.: *In der Gegenwart. Übungen im politischen Denken II*, München: Piper 2000, S. 373-388.

Arendt, Hannah, *Vita activa oder Vom tätigen Leben*, München: Piper 2002.

Arendt, Hannah, *Vom Leben des Geistes*, München: Piper 1998.

Aristoteles, *Politik*, München: dtv 1996.

Arndt, Ingo, Jürgen Tautz, *Architektier. Baumeister der Natur*, München: Knesebeck 2013.

Aron, Raymond, *Die industrielle Gesellschaft. 18 Vorlesungen*, Frankfurt/M.: Fischer 1964.

Aron, Raymond, *Hauptströmungen des klassischen soziologischen Denkens I. Montesquieu, Comte, Marx, Tocqueville*, Reinbek bei Hamburg: Rowohlt 1979 [amerik. Orig. 1965].

Auderset, Juri, Peter Moser, *Die Agrarfrage in der Industriegesellschaft. Wissenskulturen, Machtverhältnisse und natürliche Ressourcen in der agrarisch-industriellen Wissensgesellschaft (1850-1950)*, Wien, Köln u. a.: Böhlau 2018.

Augstein, Jakob, *Die Tage des Gärtners. Vom Glück, im Freien zu sein*, München: Carl Hanser 2012.

Bachelard, Gaston, *Poetik des Raumes*, München: Carl Hanser 1960.

Baecker, Dirk, »Bauen, Ordnen, Abreißen im Formmodell des Sozialen. Die ›Architektur der Gesellschaft‹ aus system- und formtheoretischer Sicht«, in: Joachim Fischer, Heike Delitz (Hg.), *Die Architektur der Gesellschaft. Theorien für die Architektursoziologie*, Bielefeld: transcript 2009, S. 195-222.

Bahrdt, Hans Paul, *Umwelterfahrung. Soziologische Betrachtungen über den Beitrag des Subjekts zur Konstitution von Umwelt*, Darmstadt: Wissenschaftliche Buchgesellschaft 1974.

Balke, Friedrich, *Der Staat nach seinem Ende. Die Versuchung Carl Schmitts*, München: Wilhelm Fink 1996.

Balke, Friedrich, *Gilles Deleuze*, Frankfurt/M., New York: Campus 1998.

Balke, Friedrich, Maria Muhle, Antonia von Schöning (Hg.), *Die Wiederkehr der Dinge*, Berlin: Kadmos 2011.

Bammé, Arno, *Geosoziologie. Gesellschaft neu denken*, Marburg: Metropolis 2016.

Barad, Karen, *Agentieller Realismus. Über die Bedeutung materiell-diskursiver Praktiken*, Berlin: Suhrkamp 2012.

Barad, Karen, »Quantum Entanglements and Hauntological Relations of Inheritance. Dis/continuities, SpaceTime Enfoldings, and Justice-to-Come«, in: *Derrida Today* 3/2 (2010), S. 240-268.

Baratay, Eric, Elisabeth Hardouin-Fugier, *Zoo. Von der Menagerie zum Tierpark*, Berlin: Wagenbach 2000.
Barlösius, Eva, »Klassiker im Goldrahmen – Ein Beitrag zur Soziologie der Klassiker«, in: *Leviathan* 32 (2004), S. 514–542.
Barthes, Roland, *Wie zusammen leben. Simulationen einiger alltäglicher Räume im Roman, Vorlesungen am Collège de Fance 1976-1977*, Frankfurt/M.: Suhrkamp 2007.
Barthes, Roland, *Mythen des Alltags*, Vollständige Ausgabe, Berlin: Suhrkamp 2010.
Bassin, Mark, »Russland. Renaissance der Geopolitik«, in: *Der Tagesspiegel*, 09.09.2001.
Bataille, Georges, *Die Höhlenbilder von Lascaux oder die Geburt der Kunst,* Stuttgart: Skira-Klett-Cotta 1983.
Bataille, Georges, *Theorie der Religion*, München: Matthes & Seitz 1997.
Bataille, Georges, *Die Aufhebung der Ökonomie*, Berlin: Matthes & Seitz 2001.
Bataille, Georges, »Schlachthof«, in: Rainer Maria Kiesow, Henning Schmidgen (Hg.), *Kritisches Wörterbuch*, Berlin: Merve 2005, S. 32-33.
Bataille, Georges, *Die Aufgaben des Geistes*, Berlin: Matthes & Seitz 2012.
Bataille, Georges, »Anziehung und Abstoßung II. Die soziale Struktur«, in: Denis Hollier (Hg.), *Das Collège de Sociologie 1937-1939*, Berlin: Suhrkamp 2012, S. 130-149.
Bataille, Georges, *Die Erotik*. Berlin: Matthes & Seitz 2020.
Bataille, Georges, »Die Sprache der Blumen«, in: Theodor Lessing, *Blumen,* Berlin: Matthes & Seitz 2018, S. 227-236.
Baudrillard, Jean, *Das System der Dinge. Über das Verhältnis zu den alltäglichen Dingen*, Frankfurt/M., New York: Campus 1991.
Baudrillard, Jean, »Überleben und Unsterblichkeit«, in: Dietmar Kamper, Christoph Wulf (Hg.), *Anthropologie nach dem Tod des Menschen*, Frankfurt/M.: Suhrkamp 1994, S. 335-354.
Bauer, Matthias, »Karte«, in: Stephan Günzel (Hg.), *Lexikon der Raumphilosophie*, Darmstadt: Wissenschaftliche Buchgesellschaft 2012, S. 198-200.
Bauman, Zygmunt, »Biologie und das Projekt der Moderne«, in: *Mittelweg 36* (1993), S. 3-16.
Bauman, Zygmunt, *Vom Nutzen der Soziologie,* Frankfurt/M.: Suhrkamp 2000.
Bauman, Zygmunt, *Flüchtige Moderne*, Frankfurt/M.: Suhrkamp 2003.
Bauman, Zygmunt, *Flüchtige Zeiten. Leben in der Ungewissheit*, Hamburg: Hamburger Edition 2008.
Beck, Ulrich, *Risikogesellschaft. Auf dem Weg in eine andere Moderne*, Frankfurt/M.: Suhrkamp 1986.

Beck, Ulrich, *Gegengifte. Die organisierte Unverantwortlichkeit*, Frankfurt/M.: Suhrkamp 1988.
Beck, Ulrich, »Die Entfaltung des eigenen Raums«, in: ders., *Eigenes Leben. Ausflüge in die unbekannte Gesellschaft, in der wir leben*, München: C. H. Beck 1995, S. 41-43.
Beck, Ulrich, »Das Zeitalter der Nebenfolgen und die Politisierung der Moderne«, in: ders., Anthony Giddens, Scott Lash (Hg.), *Reflexive Modernisierung. Eine Kontroverse*, Frankfurt/M.: Suhrkamp 1996, S. 19-112.
Beck, Ulrich, »Weltrisikogesellschaft, Weltöffentlichkeit und globale Subpolitik«, in: Andreas Diekmann, Carlo C. Jaeger (Hg.), *Umweltsoziologie*, Sonderheft 36 der *Kölner Zeischrift für Soziologie und Sozialpsychologie*, Opladen: Westdeutscher Verlag 1996, S. 136-163.
Beck, Ulrich, *Was ist Globalisierung? Irrtümer des Globalismus – Antworten auf Globalisierung*, Frankfurt/M.: Suhrkamp 1997.
Beck, Ulrich, *Weltrisikogesellschaft. Auf der Suche nach der verlorenen Sicherheit*, Frankfurt/ M.: Suhrkamp 2007.
Beck, Ulrich, *Die Metamorphose der Welt*, Berlin: Suhrkamp 2017.
Bellebaum, Alfred, »Gesellschaft als Lebensraum«, in: ders., *Unser Alltag ist voll von Gesellschaft. Sozialwissenschaftliche Beiträge*, Wiesbaden: VS 2014, S. 9-13.
Benevolo, Leonardo, *Die Geschichte der Stadt,* Frankfurt/M., New York: Campus 1983.
Benevolo, Leonardo, Benno Albrecht, *Grenzen. Topographie, Geschichte, Architektur,* Frankfurt/M., New York: Campus 1995.
Benjamin, Walter, *Das Passagen-Werk*, Gesammelte Schriften, Bd. V.1, Frankfurt/M.: Suhrkamp 1982.
Benn, Gottfried, »Der Aufbau der Persönlichkeit. Grundrisse einer Geologie des Ich«, in: ders., *Essays und Reden. In der Fassung der Erstdrucke*, Frankfurt/M.: Fischer 1989, S. 111-124.
Bennett, Jane, *Lebhafte Materie. Eine politische Theorie der Dinge*, Berlin: Matthes & Seitz 2020.
Berger, John, *Das Sichtbare und das Verborgene*, Frankfurt/M.: Fischer 1999.
Berger, John, »Warum sehen wir Tiere an?«, in: Roland Borgards u. a. (Hg.), *Texte zur Tiertheorie*, Stuttgart: Reclam 2015, S. 163-188.
Bergfleth, Gerd, »Erde und Heimat. Über das Ende der Ära des Unheils«, in: Heimo Schwilk, Ulrich Schacht (Hg.), *Die selbstbewusste Nation. »Anschwellender Bocksgesang« und weitere Beiträge zu einer deutschen Debatte,* Berlin: Ullstein 1994, S. 101-123.
Bergson, Henri, *Die seelische Energie. Aufsätze und Energie*, Jena: Eugen Diederichs 1928.
Bergson, Henri, *Schöpferische Evolution,* Hamburg: Felix Meiner 2013.
Berland, Jody, »Das Wetter und wir. Wie Natur und Kultur sich miteinan-

der verschränken«, in: Karl H. Hörning, Rainer Winter (Hg.), *Widerspenstige Kulturen. Cultural Studies als Herausforderung*, Frankfurt/M.: Suhrkamp 1999, S. 544-567.

Bernhard, Thomas, *Frost*, Frankfurt/M.: Suhrkamp 1963.

Berz, Peter, »Die Lebewesen und ihre Medien«, in: Thomas Brandstetter u. a. (Hg.), *Ambiente. Das Leben und seine Räume*, Wien: Turia + Kant 2010, S. 23-49.

Bethge, Philip, »Unsere schlaue Farm«, in: *Der Spiegel* 45 (2020), S. 96-98.

Bianciotti, Hector, Jean-Paul Enthoven, »Gespräch mit Roger Caillois«, in: *Sinn und Form. Beiträge zur Literatur* 62 (2010), H. 3, S. 300-308.

Biebert, Martina F., Michael T. Schetsche, »Theorie kultureller Abjekte. Zum gesellschaftlichen Umgang mit dauerhaft unintegrierbarem Wissen«, in: *Behemoth. Journal on Civilisation* 9 (2016), Nr. 2, S. 97-123.

Blawar, Katrin, »Die Klugheit der Kopffüßler«, in: *Süddeutsche Zeitung*, 21. 12. 2018, Nr. 294, S. 14.

Bloch, Ernst, *Das Prinzip Hoffnung*, 3 Bde., Frankfurt/M.: Suhrkamp 1985.

Blumenberg, Hans, *Die Genesis der kopernikanischen Welt*, 3 Bde., Frankfurt/M.: Suhrkamp 1975.

Blumenberg, Hans, *Schiffbruch mit Zuschauer*, Frankfurt/M.: Suhrkamp 1979.

Blumenberg, Hans, *Die Sorge geht über den Fluss*, Frankfurt/M.: Suhrkamp 1987.

Blumenberg, Hans, *Höhlenausgänge*, Frankfurt/M.: Suhrkamp 1989.

Blumenberg, Hans, *Die Vollzähligkeit der Sterne*, Frankfurt/M.: Suhrkamp 1997.

Blumenberg, Hans, *Beschreibung des Menschen*, Frankfurt/M.: Suhrkamp 2006.

Böhme, Gernot, *Anthropologie in pragmatischer Hinsicht. Darmstädter Vorlesungen*, Frankfurt/M.: Suhrkamp 1985.

Böhme, Gernot, *Natürlich Natur. Über Natur im Zeitalter ihrer technischen Reproduzierbarkeit*, Frankfurt/M.: Suhrkamp 1992.

Böhme, Gernot, »Immanuel Kant. Die Bildung des Menschen zum Vernunftwesen«, in: René Weiland (Hg.), *Philosophische Anthropologie der Moderne*, Weinheim: Beltz 1995, S. 30-38.

Böhme, Gernot, »Das Wetter und die Gefühle. Für eine Phänomenologie des Wetters«, in Bernd Busch (Red.), *Luft*, Köln: Wienand 2003, S. 148-161.

Böhme, Hartmut, »Leibliche und kulturelle Codierungen der Angst«, in: ZDF-Nachtstudio (Hg.), *Große Gefühle. Bausteine menschlichen Verhaltens*, Frankfurt/M.: Suhrkamp 2000, S. 214-239.

Böhme, Hartmut, »Anthropologie der vier Elemente«, in: Bernd Busch, Larissa Förster (Red.), *Wasser*, Köln: Wienand 2000, S. 17-37.

Böhme, Hartmut, »Elemente – Feuer, Wasser, Erde, Luft«, in: Christoph Wulf (Hg.), *Der Mensch und seine Kultur. Hundert Beiträge zur Geschichte, Gegenwart und Zukunft des menschlichen Lebens*, Köln: Anaconda 2010, S. 17-45.

Böhme, Hartmut, *Fetischismus und Kultur. Eine andere Theorie der Moderne*, Reinbek bei Hamburg: Rowohlt 2006.

Böhme, Hartmut, *Aussichten der Natur*, Berlin: Matthes & Seitz 2017.

Böhme, Gernot, Hartmut Böhme, *Feuer, Erde, Wasser, Luft. Kulturgeschichte der Naturwahrnehmung in den Elementen*, München: C. H. Beck 1996.

Bös, Mathias, »Zur Kongruenz sozialer Grenzen. Das Spannungsfeld von Territorien, Bevölkerungen und Kulturen in Europa«, in: Maurizio Bach (Hg.), *Die Europäisierung nationaler Gesellschaften*, Wiesbaden: Westdeutscher Verlag 2000, S. 429-455.

Bollnow, Otto Friedrich, *Neue Geborgenheit. Das Problem einer Überwindung des Existentialismus,* Stuttgart, Köln: Königshausen und Neumann 1955.

Bollnow, Otto Friedrich, *Mensch und Raum*, Stuttgart: Kohlhammer 1963.

Bommert, Wilfried (mit Sabine Jacobs), *Bodenrausch. Die globale Jagd nach den Äckern der Welt*, Köln: Eichborn 2012.

Bonnett, Alastair, *Die seltsamsten Orte der Welt. Geheime Plätze – Verlorene Räume – Wilde Plätze – Vergessene Inseln*, München: C.H. Beck 2015.

Bonneuil, Christophe, »Die Erde im Kapitalozän«, in: *Le Monde Diplomatique*, 12. 11. 2015, ⟨https://monde-diplomatique.de/artikel/!5247299⟩, letzter Zugriff 05. 08. 021.

Bonneuil, Christophe, »The Geological Turn: Narratives of the Anthropocene«, in: Gemene Hamilton, François Gemenne und Christophe Bonneuil, *The Anthropocene and the The Global Environmental Crisis. Rethinking modernity in a new epoch*, London: Routledge 2015, S. 17-31.

Bonneuil, Christophe, Jean-Baptiste Fressoz, *The Shock of the Anthropocene. The Earth, History and Us*, London, New York: Verso 2017.

Bonta, Mark, Robert Gosford, Dick Eussen, Nathan Ferguson, Erana Loveless, Maxwell Witwer Source, »Intentional Fire-Spreading by ›Firehawk‹ Raptors in Northern Australia«, in: *Journal of Ethnobiology* 37 (4), S. 700-718.

Borgards, Roland, Esther Köhring, Alexander Kling (Hg.), *Texte zur Tiertheorie*, Stuttgart: Reclam 2015.

Borries, Friedrich von, *Klimakapseln. Überlebensbedingungen in der Katastrophe,* Berlin: Suhrkamp 2010.

Bostrom, Nick, *Die Zukunft der Menschheit. Aufsätze*, Berlin: Suhrkamp 2018.

Boyle, T. C., *The Terranauts*, New York: Ecco 2016.

Braidotti, Rosi, »Zur Transposition des Lebens im Zeitalter des genetischen

Biokapitalismus«, in: Martin G. Weiß (Hg.), *Bios und Zoë. Die menschliche Natur im Zeitalter ihrer technischen Reproduzierbarkeit,* Frankfurt/M.: Suhrkamp 2009, S. 108-135.

Braidotti, Rosi, *Posthumanismus. Leben jenseits des Menschen,* Frankfurt/M., New York: Campus 2014.

Braidotti, Rosi, *Politik der Affirmation,* Berlin: Merve 2018.

Brandstetter, Thomas u. a. (Hg.), *Ambiente. Das Leben und seine Räume,* Wien: Turia + Kant 2010.

Braun-Blanquet, Josias, *Pflanzensoziologie. Grundzüge der Vegetationskunde,* 3., neubearb. und wesentlich vermehrte Aufl. Wien, New York: Springer 1964 [zuerst 1928].

Braudel, Fernand, »Das Land«, in: ders. (Hg.), *Die Welt des Mittelmeeres. Zur Geschichte und Geographie kultureller Lebensformen,* Frankfurt/M.: Fischer 2006, S. 11-34.

Braudel, Fernand, »Das Meer«, in: ders., (Hg.), *Die Welt des Mittelmeeres. Zur Geschichte und Geographie kultureller Lebensformen,* Frankfurt/M.: Fischer 2006, S. 35-60.

Braudel, Fernand, »Géohistoire und geographischer Determinismus«, in: Jörg Dünne, Stephan Günzel (Hg.), *Raumtheorie. Grundlagentexte aus Philosophie und Kulturwissenschaften,* Frankfurt/M.: Suhrkamp 2006, S. 396-408.

Bréville, Benôit, »Kalte Luft. Eine kurze Geschichte der Klimaanlage«, in: *Le Monde diplomatique: Atlas zur Globalisierung. Welt in Bewegung,* Berlin 2019, S. 36-39.

Briese, Olaf, *Steinzeit. Mauern in Berlin,* Berlin: Matthes & Seitz 2011.

Brinkmann, Carl (Hg.), *Soziologie und Leben. Die soziologische Dimension der Fachwissenschaften,* Tübingen, Stuttgart: Rainer Wunderlich 1952.

Brock, Ditmar, *Leben in Gesellschaften. Von den Ursprüngen bis zu den alten Hochkulturen,* Wiesbaden: Springer VS 2006.

Brodbeck, Karl-Heinz, *Die fragwürdigen Grundlagen der Ökonomie. Eine philosophische Kritik der modernen Wirtschaftswissenschaften,* Darmstadt: Wissenschaftliche Buchgesellschaft 2009.

Brown, Wendy, *Mauern. Die neue Abschottung und der Niedergang der Souveränität,* Berlin: Suhrkamp 2018.

Brunner, Jan, »Land Grabbing«, in: ders. u. a. (Hg.), *Wörterbuch Land- und Rohstoffkonflikte.* Bielefeld: transcript 2019, S. 211-216.

Buckminster-Fuller, Richard, *Bedienungsanleitung für das Raumschiff Erde und andere Schriften,* Amsterdam, Dresden: Verlag der Kunst 1998, ⟨https://campus.burg-halle.de/id-neuwerk/start-up-start-now/wp-content/uploads/sites/41/2015/09/Fuller-Raumschiff-Erde.pdf⟩, letzter Zugriff 23. 08. 2021.

Buckminster-Fuller, Richard, »Geosoziale Revolution«, in: ders., *Konkrete*

Utopie. Die Krise der Menschheit und ihre Chance zu überleben, Düsseldorf, Wien: Econ 1974, S. 181-229.
Bude, Heinz, Andreas Willisch, *Exklusion. Die Debatte über die ›Überflüssigen‹*, Frankfurt/M.: Suhrkamp 2007.
Budke, Alexander u. a. (Hg.), *Internetgeographien. Beobachtungen zum Verhältnis von Internet, Raum und Gesellschaft*, Stuttgart: Franz Steiner 2004.
Bühl, Walter Ludwig, »Das ökologische Paradigma in der Soziologie«, in: Harald Niemeyer (Hg.), *Soziale Beziehungsgeflechte*, Berlin: Duncker und Humblot 1980, S. 96-122.
Bühl, Walter Ludwig, *Ökologische Knappheit, Gesellschaftliche und technologische Bedingungen ihrer Bewältigung*, Göttingen: Vandenhoeck & Ruprecht 1981.
Bühl, Walter Ludwig, *Struktur und Dynamik menschlichen Verhaltens*, Tübingen: J.C.B. Mohr (Paul Siebeck) 1982.
Bühler, Benjamin, Stefan Rieger, *Vom Übertier. Ein Bestiarium des Wissens*, Frankfurt/M.: Suhrkamp 2006.
Bühler, Benjamin, Stefan Rieger, *Dass Wuchern der Pflanzen. Ein Florilegium des Wissens*, Frankfurt/M.: Suhrkamp 2009.
Bühler, Benjamin, Stefan Rieger, *Bunte Steine. Ein Lapidarium des Wissens*, Berlin: Suhrkamp 2014.
Bullik, Alexander, »Singularität der ›Massen‹? Kollektivität bei Canetti und Tarde«, in: *Zeitschrift für Kultur- und Kollektivwissenschaft* 6 (2020), S. 145-176.
Bullik, Alexander, Markus Schroer, »Hybride Körper. (Re-)Assembling the Body?«, in: Thomas Kron (Hg.), *Hybride Sozialität – soziale Hybridität*, Weilerswist: Velbrück 2015, S. 201-222.
Butler, Samuel, *Erewhon oder Jenseits der Berge*, Frankfurt/M.: Eichborn 1994 [i. O. 1872].
Butler, Judith, *Anmerkungen zu einer performativen Theorie der Versammlung*, Berlin: Suhrkamp 2016.

Caillois, Roger, *Steine*, München: Carl Hanser 1983 [frz. Orig. 1966].
Caillois, Roger, *Der Krake. Versuch über die Logik der Imagination*. München: Carl Hanser 1986 [frz. Orig. 1973].
Caillois, Roger, *Der Mensch und das Heilige*, München, Wien: Carl Hanser 1988. [frz. Orig. 1950]
Caillois, Roger, *Die Schrift der Steine*, Graz, Wien: Droschl 2004.
Caillois, Roger, »Diagonale Wissenschaften«, in: ders., *Méduse & Cie. Die Gottesanbeterin – Mimese und legendäre Psychasthenie*, Berlin: Brinkmann & Bose 2007, S. 47-59.

Caillois, Roger, *Méduse & Cie. Mit Die Gottesanbeterin und Mimese und Legendäre Psychasthenie*, Berlin: Brinkmann & Bose 2007.
Caillois, Roger, *Patagonien und weitere Streifzüge*. Graz, Wien: Droschl 2016 [frz. Orig. Paris 1946].
Caillois, Roger, *Der Fluss Alpheios*, Berlin: Brinkmann & Bose 2016.
Caillois, Roger, *Die Spiele und die Menschen. Maske und Rausch*, Berlin: Matthes & Seitz 2017.
Canetti, Elias, *Masse und Macht*, Frankfurt/M.: Fischer 1980.
Canguilhem, Georges, »Das Lebendige und sein Milieu«, in: ders., *Die Erkenntnis des Lebens*, Berlin: August 2009, S. 233-279.
Capote, Truman, *Kaltblütig, wahrheitsgemäßer Bericht über einen mehrfachen Mord und seine Folgen*, Gütersloh: Bertelsmann 1993.
Cassirer, Ernst, *Versuch über den Menschen*, Hamburg: Meiner 2007.
Castells, Manuel, *Das Informationszeitalter*, Bd. 1: *Die Netzwerkgesellschaft*. Opladen: Leske + Budrich 2001.
Castoriadis, Cornelius, *Gesellschaft als imaginäre Institution. Entwurf einer politischen Philosophie*, Frankfurt/M.: Suhrkamp 1984.
Castoriadis, Cornelius, »Ontologische Tragweite der Wissenschaftsgeschichte«, in: ders., *Das imaginäre Element und die menschliche Schöpfung*, Ausgewählte Schriften Bd. 3, Lich/Hessen: Edition AV 2010, S. 149-190.
Chakrabarty, Dipesh, »Das Klima der Geschichte. Vier Thesen«, in: Harald Welzer u. a. (Hg.), *KlimaKulturen. Soziale Wirklichkeiten im Klimawandel*, Frankfurt/M., New York: Campus 2010, S. 270-301.
Chakrabarty, Dipesh im Gespräch mit Katrin Klingan, »Eine gemeinsame, aber differenzierte Verantwortung«, in: Jürgen Renn, Bernd Scherer (Hg.), *Das Anthropozän. Zum Stand der Dinge*, Berlin: Matthes & Seitz 2015, S. 142-159.
Christmann, Gabriela, *Robert E. Park*, Tübingen: UVK 2007.
Claessens, Dieter, *Das Konkrete und das Abstrakte. Soziologische Skizzen zur Anthropologie*, Frankfurt/M.: Suhrkamp 1980.
Clark, Nigel, »Geoengineering and geologic politics«, in: *Environment and Planning* 45 (2013), S. 2825-2832.
Clausewitz, Carl von, *Vom Kriege*, Berlin: Ullstein 1998.
Clément, Georges, *Gärten, Landschaft und das Genie der Natur*, Berlin: Matthes & Seitz 2015.
Coccia, Emanuele, *Die Wurzeln der Welt. Eine Philosophie der Pflanzen*, München: Carl Hanser 2018.
Coccia, Emanuele, »Die Wurzeln der Welt«, in: *Merkur. Zeitschrift für europäisches Denken* 72 (2018), S. 23-33.
Cohen, Jeffrey Jerome, »Geophilie oder die Liebe der Steine«, in: An-

dreas L. Hofbauer (Hg.), *Bleibende Steinzeit*, Wien: Sonderzahl 2018, S. 10-29.
Commoner, Barry, *Wachstumswahn und Umweltkrise*, München: Bertelsmann 1971.
Corbin, Alain, *Meereslust. Das Abendland und die Entdeckung der Küste*, Berlin: Wagenbach 1990.
Coulanges, Fustel de, *Der antike Staat. Studie über Kultus, Recht und Einrichtungen Griechenlands und Roms*, Essen: Phaidon 1996.
Coward, Martin, »Urbicide in Bosnia«, in: Stephen Graham (Hg.), *Cities, War and Terrorism. Towards an Urban Geopolitics*, Oxford: Blackwell 2004, S. 154-171.
Coward, Martin, *Urbicide. The Politics of Destruction*, London, New York: Routledge 2009.
Creveld, Martin van, *Aufstieg und Untergang des Staates*, München: Gerling Akademie-Verlag 1999.
Creveld, Martin van, »Klima, Wetter, Krieg«, in: Petra Ludz (Hg.), *Das Wetter, der Mensch und sein Klima*, Göttingen: Wallstein Museum 2008, S. 67-71.
Creydt, Meinhard, »Deglobalisierung«, in: *Telepolis* 04. 04. 2021, ⟨https://www.heise.de/tp/features/Deglobalisierung-6005348.html?seite=all⟩, letzter Zugriff 06. 08. 2021.
Cronon, William, *Nature's Metropolis: Chicago and the Great West*, New York, London: W.W. Norton & Company 1991.
Crutzen, Paul, Michael Müller (Hg.), *Das Ende des blauen Planeten? Der Klimakollaps. Gefahren und Auswege*, München: C.H. Beck 1991.
Crutzen, Paul J., »The Geology of Mankind«, in: *Nature* 415 (2002), S. 23.
Crutzen, Paul, »Die Geologie der Menschheit«, in: *Das Raumschiff hat keinen Notausgang. Texte von Paul J. Crutzen, Mike Davis, Michael D. Mastrandrea, Stephen H. Schneider und Peter Sloterdijk*, Berlin: Suhrkamp 2011, S. 7-10.
Crutzen, Paul J., »Wir sind nicht dem Untergang geweiht«, ein Interview mit Paul J. Crutzen, in: Nina Möllers u. a. (Hg.), *Willkommen im Anthropozän. Unsere Verantwortung für die Zukunft der Erde*, München: Deutsches Museum 2015, S. 30-36.
Crutzen, Paul J., Eugen Stoermer, »The ›Anthropocene‹«, in: *Global Change Newsletter*, IGBP 41, Mai 2000, S. 17-18, ⟨http://www.igbp.net/download/18.316f18321323470177580001401/1376383088452/NL41.pdf⟩, letzter Zugriff 23. 08. 2021.
Cuvillier, Armand, *Kurzer Abriß der soziologischen Denkweise. Probleme und Methoden*, Stuttgart: Ferdinand Enke 1960.

D'Alisa, Giacomo u. a. (Hg.), *Degrowth. A Vocabulary for a New Era*, New York: Routledge 2015.

Danowski, Deborah, Eduardo Vivieiros de Castro, *In welcher Welt leben? Ein Versuch über die Angst vor dem Ende*, Berlin: Matthes & Seitz 2019.

Dartnell, Lewis, *Urprünge. Wie die Erde uns erschafft*, Berlin: Carl Hanser 2019.

Darwin, Charles, *Die Abstammung des Menschen*, Stuttgart: Kröner 2002.

Darwin, Charles, *Über die Entstehung der Arten im Thier- und Pflanzenreich durch natürliche Züchtung oder Erhaltung der vervollkommneten Rassen im Kampfe um's Dasein*, Darmstadt: Wissenschaftliche Buchgesellschaft 2008.

Darwin, Charles, *The Formation of Vegetable Mould through the Action of Worms, with Observations on their Habits*, Norderstedt: Hansebooks GmbH, Nachdruck der Ausgabe von 1881 ⟨https://web.archive.org/web/20111125114847/http://www.regenwurm.de/pdf/bildung-der-ackererde.pdf⟩, letzter Zugriff 23.08.2021.

Dasman, Raymond F., *Bedrohte Natur. Der Mensch und die Biosphäre*, Düsseldorf: Eugen Diederichs 1974.

Davis, Mike, *Ökologie der Angst. Los Angeles und das Leben mit der Katastrophe*, München: Antje Kunstmann 1999.

Davis, Mike, »Wer wird die Arche bauen?«, in: *Das Raumschiff hat keinen Notausgang. Texte von Paul J. Crutzen, Mike Davis, Michael D. Mastrandrea, Stephen H. Schneider und Peter Sloterdijk*, Berlin: Suhrkamp 2011, S. 60-92.

Debray, Régis, *Lob der Grenzen,* Hamburg: Laika 2016.

Deleuze, Gilles, Félix Guattari, *Tausend Plateaus,* Berlin: Merve 1992.

Deleuze, Gilles, Félix Guattari, *Was ist Philosophie?*, Frankfurt/M.: Suhrkamp 2000.

Deleuze, Gilles, Claire Parnet, *Dialoge*, Frankfurt/M.: Suhrkamp 1980.

DeLillo, Don, *Die Namen*, Köln: Kiepenheuer & Witsch 1994.

DeLillo, Don, *Der Omega-Punkt*, Köln: Kiepenheuer & Witsch 2010.

Delitz, Heike, *Die gebaute Gesellschaft. Architektur als Medium des Sozialen*, Frankfurt/M., New York: Campus 2010.

Delitz, Heike, *Architektursoziologie*, Bielefeld: transcript 2009.

Delitz, Heike, »A house from outer space. Raumfahrt-Effekte in der Architektur des 20. Jahrhunderts«, in: Joachim Fischer, Dirk Spreen (Hg.), *Soziologie der Weltraumfahrt*, Bielefeld: transcript 2014, S. 129-161.

Delitz, Heike u. a. (Hg.), *Soziologien des Lebens. Überschreitung, Differenz, Kritik*, Bielefeld: transcript 2018.

Demoll, Reinhard, *Bändigt den Menschen. Gegen die Natur oder mit ihr?*, München: Bruckmann 1957.

Demuth, Volker, *Der nächste Mensch*, Berlin: Matthes & Seitz 2018.

D'Eramo, Marco, *Das Schwein und der Wolkenkratzer. Chicago: Eine Geschichte unserer Zukunft*, Reinbek bei Hamburg: Rowohlt 1998.

Derix, Simone, »Das Rennpferd. Historische Perspektiven auf Zucht und Führung seit dem 18. Jahrhundert«, in: *Body Politics* 2 (2014), Heft 4, S. 397-429.

Descartes, René, *Gespräch mit Burmann,* Hamburg: Meiner 1982.

Descartes, René, »Bericht über die Methode«, in: Roland Borgards u. a., (Hg.), *Texte zur Tiertheorie*, Stuttgart: Reclam 2015, S. 55-60.

Descola, Philippe, *Jenseits von Kultur und Natur,* Berlin: Suhrkamp 2011.

Despret, Vinciane, *Was würden Tiere sagen, würden wir die richtigen Fragen stellen?*, Münster: Unrast 2019.

Dewey, John *Die Suche nach Gewißheit. Eine Untersuchung des Verhältnisses von Erkenntnis und Handeln,* Frankfurt/M.: Suhrkamp 1998.

Diamond, Jared, *Kollaps. Warum Gesellschaften überleben oder untergehen,* Frankfurt/M.: Fischer 2005.

Diamond, Jared, *Arm und Reich. Die Schicksale menschlicher Gesellschaften,* Frankfurt/M.: Fischer 2006.

Diener, Alexander C., Joshua Hagen, *Borders. A Very Short Introduction,* Oxford: University Press 2012.

Dierschke, Hartmut, *Pflanzensoziologie*, Stuttgart: Eugen Ulmer (UTB) 1994.

Dix, Artur, *Geoökonomie. Einführung in erdhafte Wirtschaftsbetrachtung,* München, Berlin: R. Oldenbourg 1925.

Döblin, Alfred, *Unser Dasein,* Frankfurt/M.: Fischer 2017.

Döblin, Alfred, *Berge, Meere und Giganten,* Frankfurt/M.: Fischer 2008.

Dodington, Edward, »Architektur«, in: Arianna Ferrari, Klaus Petrus (Hg.), *Lexikon der Tier-Mensch-Beziehungen*, Bielefeld: transcript 2015, S. 41-45.

Döring, Jörg, Tristan Thielmann (Hg.), *Mediengeographie. Theorie – Analyse – Diskussion.* Bielefeld: transcript 2009.

Dörre, Klaus, »Die neue Landnahme. Dynamiken und Grenzen des Finanzkapitalismus«, in: ders., Stephan Lessenich, Hartmut Rosa, *Soziologie, Kapitalismus, Kritik. Eine Debatte*, Frankfurt/M.: Suhrkamp 2009, S. 21-86.

Drösser, Christoph, »Wichtig zu wissen: das Wetter«, in: Petra Lutz, Thomas Macho (Hg.), *Das Wetter, der Mensch und sein Klima*, Göttingen: Wallstein 2008, S. 86-91.

Dürbeck, Gabriele, »Das Anthropozän erzählen. Fünf Narrative«, in: *Aus Politik und Zeitgeschichte* 68 (2018), H. 21-33, S. 11-17.

Dürrenmatt, Friedrich, *Der Auftrag oder Vom Beobachten des Beobachters der Beobachter. Novelle in vierundzwanzig Sätzen*, Zürich: Diogenes 1986.

Durkheim, Émile, *Frühe Schriften zur Begründung der Sozialwissenschaft,* Darmstadt: Luchterhand 1981.

Durkheim, Émile, *Der Selbstmord,* Frankfurt/M.: Suhrkamp 1983.

Durkheim, Émile, *Die elementaren Formen des religiösen Lebens*, Frankfurt/M.: Suhrkamp 1984.

Edelhart, Mike, *Das Erdhaus. Handbuch für Architekten und Bauherren*, Wien: Orac Pietsch 1983.

Edenhofer, Ottmar, »Klima, Kohle, Kapital. Ökonomische Hebel in der internationalen Klimapolitik«, in: *Aus Politik und Zeitgeschichte* 68 (2018), H. 21-23, S. 26-33.

Ehlers, Eckart, *Das Anthropozän. Die Erde im Zeitalter des Menschen*, Darmstadt: Wissenschaftliche Buchgesellschaft 2008.

Ehlkes, Lutz, Jürgen May, »Seuchen – gestern, heute, morgen«, in: *Aus Politik und Zeitgeschichte* 65 (2015), H. 20-21, S. 3-10.

Eibl Eibesfeldt, Irenäus, *Die Biologie des menschlichen Verhaltens. Grundriß der Humanethologie*, Weyarn: Seehamer 1997.

Elden, Stuart, *Terror and Territory. The spatial extent of sovereignty*, Minneapolis, London: University of Minnesota Press 2009, S. 1-32.

Eliade, Mircea, *Das Heilige und das Profane. Vom Wesen des Religiösen*, Frankfurt/M.: Suhrkamp 1998.

Elias, Norbert, *Über den Prozeß der Zivilisation*, 2 Bde., Frankfurt/M.: Suhrkamp 1976.

Elias, Norbert, »Über den Rückzug der Soziologen auf die Gegenwart I« (1983), in: ders: *Gesammelte Schriften, Aufsätze und andere Schriften, Bd. II*, Frankfurt/M.: Suhrkamp 2006, S. 389-408.

Elias, Norbert, »Über die Natur« (1986), in: ders.: *Gesammelte Schriften, Aufsätze und andere Schriften, Bd. III*, Frankfurt/M.: Suhrkamp: 2006, S. 118-138.

Ellard, Colin, Sigrid Ruschmeier, *Psychogeografie. Wie die Umgebung unser Verhalten und unsere Entscheidungen beeinflusst*, München: btb 2017.

Ellis, Erle C., *Anthropocene. A Very Short Introduction*, Oxford: University Press 2018.

Endlicher, Wilfried, »Stadtökologie«, in: Haral A. Mieg, Christoph Heyl (Hg.), *Stadt. Ein interdisziplinäres Handbuch*, Stuttgart: J. B. Metzler 2013, S. 97-119.

Englert, Klaus, *Wie wir wohnen werden. Die Entwicklung der Wohnung und Architektur von morgen*, Stuttgart: Reclam 2019.

Espinas, Alfred, *Die thierischen Gesellschaften. Eine vergleichend-psychologische Untersuchung.* Nach der vielfach erweiterten zweiten Auflage unter Mitwirkung des Verfassers deutsch herausgegeben von W. Schloesser. Braunschweig: Vieweg und Sohn, 1879.

Esposito, Elena, »Die offene Zukunft der Sorgekultur«, in: Lorenz Engell u. a. (Hg.), *Gefahrensinn*, München: Wilhelm Fink 2009, S. 107-114.

Eßbach, Wolfgang, »Anthropologische Überlegungen zum Begriff der Grenze in der Soziologie«, in: Monika Fludernik, Hans-Joachim Gehrke (Hg.), *Grenzgänger zwischen Kulturen*. Würzburg: Ergon 1999, S. 85-98.

Eßbach, Wolfgang, »Und wie ist das bei Tintenfischen? Annäherungen an Montaignes Katze und ihre Antipoden«, in: Oya Erdoğan, Dietmar Koch (Hg.), *Im Garten der Philosophie,* Festschrift für Hans-Dieter Bahr, München: Fink 2005, S. 77-84.

Eßbach, Wolfgang, »›Des Menschen Tage sind wie Gras‹. Ein Dissens über Wachstum in der Philosophischen Anthropologie«, in: Heike Delitz u. a. (Hg.), *Soziologien des Lebens. Überschreitung, Differenzierung, Kritik,* Bielefeld: transcript 2018, S. 199-218.

Esser, Michael, *Der Griff nach den Sternen. Eine Geschichte der Raumfahrt,* Basel, Boston u. a.: Birkhäuser 1999.

Fabre, Jean-Henri, *Erinnerungen eines Insektenforschers,* Berlin: Matthes & Seitz 2020.

Faegre, Torvald, *Zelte. Die Architektur der Nomaden,* Hamburg: Papyrus 1980.

Fechner, Gustav Theodor, »Nanna oder über das Seelenleben der Pflanzen«, in: ders., *Das unendliche Leben,* mit Zeichnungen von Leonardo da Vinci und einem Nachwort von Gert Mattenklott, Berlin: Matthes & Seitz 1984, S. 17-53.

Fechner, Gustav Theodor, *Das unendliche Leben,* mit Zeichnungen von Leonardo da Vinci und einem Nachwort von Gert Mattenklott, Berlin: Matthes & Seitz 1984.

Fecht, Tom, Dietmar Kamper (Hg.), *Umzug ins Offene. Vier Versuche über den Raum*, Wien, New York: Springer 1998.

Fels, Edwin, *Der Mensch als Gestalter der Erde. Ein Beitrag zur allgemeinen Wirtschafts- und Verkehrsgeographie*, Leipzig: Bibliogr. Inst. 1935.

Fels, Erwin, *Der wirtschaftende Mensch als Gestalter der Erde*, Stuttgart: Francksche Verlagshandlung 1954.

Felsch, Philipp, *Der lange Sommer der Theorie. Geschichte einer Revolte 1960-1990,* Frankfurt/M.: Fischer 2013.

Ferrari, Arianna, Klaus Petrus (Hg.), *Lexikon der Tier-Mensch-Beziehungen*, Bielefeld: transcript 2015.

Fischer, Ernst, »Der Mensch als geologischer Faktor«, in: *Zeitschrift der Deutschen Geologischen Gesellschaft (Abhandlungen und Monatsberichte)* 67 (1915), S. 106-148.

Fischer, Joachim, *Philosophische Anthropologie. Eine Denkrichtung des 20. Jahrhunderts,* Freiburg: Karl Alber 2016.

Fischer, Joachim, »Interphänomenalität. Zur Anthropo-Soziologie des Seins«, in: Stephan Moebius, Sophia Prinz (Hg.), *Das Design der Gesellschaft. Zur Kultursoziologie des Designs*, Bielefeld: transcript 2012, S. 91-107.

Fischer, Joachim, »Exzentrische Positionalität im Kosmos. Weltraumfahrt im Blick der modernen Philosophischen Anthropologie«, in: ders.,

Dierk Spreen (Hg.), *Soziologie der Weltraumfahrt,* Bielefeld: transcript 2014, S. 21-40.

Fischer, Michael, »Tiere als Rechtssubjekte. Vom Tierprozess zum Tierschutzgesetz«, in: Susann Witt-Stahl (Hg.), *Das steinerne Herz der Unendlichkeit erweichen. Beiträge zu einer kritischen Theorie für die Befreiung der Tiere*, Aschaffenburg: Alibri 2007, S. 142-163.

Flannery, Tim, *Wir Wettermacher. Wie die Menschen das Klima verändern und was das für unser Leben auf der Erde bedeutet*, Frankfurt/M.: Fischer 2006.

Flessner, Bernd, »Imitatio machinae. Die Säkularisierung der Idee vom vollkommenen Menschen«, in: *Kursbuch* 2001, S. 145-155.

Flitner, Michael u. a. (Hg.), *Infrastrukturen der Stadt,* Wiesbaden: VS 2017.

Flusser, Vilém, »Räume«, in: Heidemarie Seblatnig (Hg.), *außen räume innen räume. Der Wandel des Raumbegriffs im Zeitalter der elektronischen Medien,* Wien, Salzburg: WUV Universitätsverlag 1991, S. 75-83.

Flusser, Vilém, *Dinge und Undinge. Phänomenologische Skizzen*, München, Wien: Carl Hanser 1993.

Flusser, Vilém, *Von der Freiheit des Migranten. Einsprüche gegen den Nationalismus,* Bensheim: Bollmann 1994.

Flusser, Vilém, »Räume«, in: Jörg Dünne, Stephan Günzel (Hg.), *Raumtheorie. Grundlagentexte aus Philosophie und Kulturwissenschaften,* Frankfurt/M.: Suhrkamp 2006, S. 274-285.

Folkers, Andreas, Sven Opitz, »Symbiose als Begriff und Gegenstand der Soziologie. Für eine Analyse von Biosozialität im Zeitalter des Mikrobioms«, in: Nicole Burzan (Hg.), *Komplexe Dynamiken globaler und lokaler Entwicklungen.* Verhandlungen des 39. Kongresses der Deutschen Gesellschaft für Soziologie in Göttingen 2018, DGS 2019, S. 1-13, ⟨https://publikationen.soziologie.de/index.php/kongressband_2018/article/view/1119/1349⟩, letzter Zugriff 23. 08. 2021.

Foster, Charles, *Der Geschmack von Laub und Erde. Wie ich versuchte, als Tier zu leben*, München, Berlin: Malik 2017.

Foucault, Michel, *Die Ordnung der Dinge. Eine Archäologie der Humanwissenschaften,* Frankfurt/M.: Suhrkamp 1971.

Foucault, Michel, *Mikrophysik der Macht. Michel Foucault über Strafjustiz, Psychiatrie und Medizin*, Berlin: Merve 1976.

Foucault, Michel, *Der Wille zum Wissen. Sexualität und Wahrheit*, Bd. 1, Frankfurt/M.: Suhrkamp 1977.

Foucault, Michel, »Vorrede zur Überschreitung«, in: ders., *Von der Subversion des Wissens*, Frankfurt/M.: Fischer 1987, S. 28-45.

Foucault, Michel, *Das Leben der infamen Menschen*, Berlin: Merve 2001.

Foucault, Michel, »Gespräch mit Madeleine Chapsal«, in: ders., *Schriften in vier Bänden*, Bd. I, Frankfurt/M.: Suhrkamp 2001, S. 664-670.

Foucault, Michel, »Fragen an Michel Foucault zur Geographie«, in: ders., *Schriften in vier Bänden*, Bd. III (1976-1979), Frankfurt/M.: Suhrkamp 2003, S. 38-54.
Foucault, Michel, »Von anderen Räumen«, in: Jörg Dünne, Stephan Günzel (Hg.), *Raumtheorie. Grundlagentexte aus Philosophie und Kulturwissenschaften*, Frankfurt/M.: Suhrkamp 2006, S. 317-329.
Foucault, Michel, *Die Anormalen. Vorlesungen am Collège de France (1974-1975)*, Frankfurt/M.: Suhrkamp 2003.
Francis, E. K., *Wissenschaftliche Grundlagen soziologischen Denkens,* Bern: A. Franke Verlag 1957.
Freyer, Hans, *Theorie des gegenwärtigen Zeitalters*, Stuttgart: DVA 1955.
Freyer, Hans, *Schwellen der Zeiten. Beiträge zur Soziologie der Kultur,* Stuttgart: DVA 1965.
Friedman, Yona, »Wohnen als Spiegel der Gesellschaft«, in: Lutz Franke (Hg.), *Menschlich wohnen*, Frankfurt/M., New York: Campus 1985, S. 9-22.
Frisch, Karl von, *Tiere als Baumeister*, Frankfurt/M., Berlin u. a.: Ullstein 1974.
Frisch, Max, *Der Mensch erscheint im Holozän*, Frankfurt/M.: Suhrkamp 1979.
Frisch, Max, *Biografie. Ein Spiel*, Frankfurt/M.: Suhrkamp 1985.
Fuchs, Thomas, *Verteidigung des Menschen. Grundfragen einer verkörperten Anthropologie,* Berlin: Suhrkamp 2020.
Fuchs-Heinritz, Werner u. a., *Lexikon zur Soziologie*, Wiesbaden: VS 2011.
Fuhrmann, Ernst, *Pflanzen als Lebewesen. Eine Biographie in 200 Aufnahmen*, Frankfurt/M.: Societäts-Verlag 1930.
Fuhrmann, Ernst, *Was die Erde will. Eine Biosophie*, mit einem Nachwort von Gert Mattenklott und einer Bibliographie von Detlev Zakbar, Berlin: Matthes & Seitz 1986 [zuerst 1930].
Fukuyama, Francis, *Das Ende der Geschichte. Wo stehen wir?*, München: Kindler 1992.

Gabriel, Markus, *Der Sinn des Denkens*, Berlin: Ullstein 2018.
Geenen, Elke, »Kollektive Krisen. Katastrophe, Terror, Revolution – Gemeinsamkeiten und Unterschiede«, in: Lars Clausen (Hg.), *Entsetzliche soziale Prozesse. Theorie und Empirie der Katastrophen*, Münster: Lit 2003, S. 5-24.
Gehl, Jan, *Städte für Menschen,* Berlin: Jovis 2015.
Gehlen, Arnold, *Anthropologische Forschung. Zur Selbstbegegnung und Selbstentdeckung des Menschen*, Reinbek bei Hamburg: Rowohlt 1961.
Gehlen, Arnold, »Die Sozialstrukturen primitiver Gesellschaften«, in: Arnold Gehlen, Helmut Schelsky, *Soziologie. Lehr- und Handbuch zur*

modernen Gesellschaftskunde, Düsseldorf, Köln: Eugen Diederichs 1964, S. 13-45.

Gehlen, Arnold, *Urmensch und Spätkultur. Philosophische Ergebnisse und Aussagen*, Frankfurt/M.: Klostermann 2004.

Gehlen, Arnold, *Der Mensch. Seine Natur und seine Stellung in der Welt*, Wiebelsheim: Aula 2009.

Geiger, Theodor, »Das Tier als geselliges Subjekt«, in: Richard Thurnwald (Hg.), *Forschungen zur Völkerpsychologie und Soziologie*, Bd. 10 *(1931), Arbeiten zur biologischen Grundlegung der Soziologie*, 1. Halbband, Leipzig: C. H. Hirschfeld 1931, S. 283-307.

Gellner, Ernst, *Pflug, Schwert und Buch. Grundlinien der Menschheitsgeschichte*, München: dtv 1993.

Gennep, Arnold van, *Übergangsriten (Les Rites de passage)*, Frankfurt/M., New York: Campus 1986.

Giddens, Anthony, *Die Konstitution der Gesellschaft. Grundzüge einer Theorie der Strukturierung,* Frankfurt/M., New York: Campus 1992.

Giddens, Anthony, *Konsequenzen der Moderne*, Frankfurt/M.: Suhrkamp 1995.

Giddens, Anthony, *The Politics of Climate Change*, Cambridge, Malden: Polity Press 2009.

Giddings, Franklin Henry, *Prinzipien der Soziologie,* Leipzig: Dr. Werner Klinkhardt 1911.

Giedion, Siegfried, *Befreites Wohnen*, Zürich: Orell Füssli 1929.

Giedion, Siegfried, *Die Herrschaft der Mechanisierung. Ein Beitrag zur anonymen Geschichte*, Frankfurt/M.: Europäische Verlagsanstalt 1982 [amerik. Orig. 1948].

Gieryn, Thomas, »What Buildings Do«, in: *Theory and Society* 31 (2002), S. 35-74.

Gipper, Helmut, »Johann Gottfried Herder. Apologie der Sonderstellung des Menschen«, in: René Weiland (Hg.), *Philosophische Anthropologie der Moderne*, Weinheim: Beltz 1995, S. 15-29.

Girtler, Ronald, *Die feinen Leute. Von der vornehmen Art, durchs Leben zu gehen*, Linz, Frankfurt/M.: Veritas 1989.

Girtler, Ronald, *Abenteuer Grenze*, Münster, Wien: Lit 2006.

Glacken, Clarence J., »Zum Wandel der Vorstellungen über den menschlichen Lebensraum«, in: Rolf Peter Sieferle (Hg.), *Fortschritte der Naturzerstörung,* Frankfurt/M.: Suhrkamp 1988, S. 158-190.

Glasze, Georg, »Geschlossene Wohnkomplexe (Gated Communities). Enklaven des Wohlbefindens in der wirtschaftsliberalen Stadt«, in: Heike Reggenthin (Hg.), *Stadt – der Lebensraum der Zukunft? Gegenwärtige raumbezogene Prozesse in Verdichtungsräumen der Erde. Mainzer Kontaktstudium Geographie,* Bd. 7, Mainz 2001, S. 39–55.

Glasze, Georg, »Gated Community«, in: Nadine Marquardt, Verena Schreiber (Hg.), *Ortsregister. Ein Glossar zu Räumen der Gegenwart*, Bielefeld: transcript 2012, S. 126–132.

Godelier, Maurice, *Natur, Arbeit, Geschichte. Zu einer universalgeschichtlichen Theorie der Wissenschaftsformen*, hg. von Dieter und Ruth Groh. Hamburg: Junius 1990.

Goffman, Erving, *Asyle. Über die soziale Situation psychiatrischer Patienten und anderer Insassen*, Frankfurt/M.: Suhrkamp 1973.

Goffman, Erving, *Das Individuum im öffentlichen Austausch. Mikrostudien zur öffentlichen Ordnung*, Frankfurt/M.: Suhrkamp 1974.

Goffman, Erving, *Wir alle spielen Theater. Die Selbstdarstellung im Alltag*, München: Piper 1983.

Gothein, Eberhard, »Soziologie der Panik«, in: *Verhandlungen des Ersten Deutschen Soziologentages vom 19. bis 22. Oktober 1910 in Frankfurt am Main*, Tübingen: J. C. B. Mohr 1911, S. 216-249.

Goudsblom, Johan, *Feuer und Zivilisation,* Frankfurt/M.: Suhrkamp 1995.

Graedel, Thomas E., Paul J. Crutzen, *Atmosphäre im Wandel. Die empfindliche Lufthülle unseres Planeten*, Heidelberg, Berlin u. a.: Spektrum 1996.

Graham, Stephen, »Postmortem City. Plädoyer für eine Geopolitik des Urbanen«, in: *Informationen zur modernen Stadtgeschichte* 2 (2004), S. 54-71.

Greverus, Ina-Maria, *Der territoriale Mensch. Ein literaturanthropologischer Versuch zum Heimatphänomen*, Frankfurt/M.: Athenäum 1972.

Groß, Matthias, *Die Natur der Gesellschaft. Eine Geschichte der Umweltsoziologie*, Weinheim, München: Juventa 2001.

Groß, Matthias »Energetische Soziologie« in: Lars Holstenkamp, Jörg Radtke, *Handbuch Energiewende und Partizipation*, Wiesbaden: VS 2018, S. 177-193.

Groys, Boris, *Groysaufnahme. Philosophische Gedanken zum Kino*, Köln: Schnitt 2007.

Gruhl, Herbert, *Ein Planet wird geplündert – Die Schreckensbilanz unserer Politik*, Frankfurt/M.: Fischer 1975.

Guattari, Félix, *Die drei Ökologien*, Wien: Passagen 2012.

Günzel, Stephan, »Geographie der Aufklärung. Klimapolitik von Montesquieu zu Kant«, in: *Aufklärung und Kritik* 2 (2004), S. 66-91.

Günzel, Stephan, »Geophilosophie«, in: *Information Philosophie* 2 (2005), S. 1-5.

Günzel, Stephan (Hg.), *Lexikon der Raumphilosophie*, Darmstadt: Wissenschaftliche Buchgesellschaft 2012.

Guillebaud, Jean-Claude, *Das Prinzip Mensch. Ende einer abendländischen Utopie?*, München: Luchterhand 2004. [frz. Orig. 2001]

Guzzoni, Ute, *Wohnen und Wandern*, Freiburg, München: Karl Alber 2017.

Habermas, Jürgen, *Technik und Wissenschaft als ›Ideologie‹*, Frankfurt/M.: Suhrkamp 1968.

Habermas, Jürgen, *Zukunft der menschlichen Natur. Auf dem Weg zu einer liberalen Eugenik?*, Frankfurt/M.: Suhrkamp 2001.

Habermas, Jürgen, *Der philosophische Diskurs der Moderne. Zwölf Vorlesungen*, Frankfurt/M.: Suhrkamp 1985.

Hadid, Zaha, im Gespräch mit Alvin Boyarski, »Häuser können fliegen«, in: *Arch+* (1986) S. 28-33.

Häußermann, Hartmut (Hg.), *Großstadt. Soziologische Stichworte,* Opladen: Leske + Budrich 2000.

Häußermann, Hartmut, Walter Siebel, *Soziologie des Wohnens. Eine Einführung in Wandel und Ausdifferenzierung des Wohnens*, Weinheim, München: Juventa 1996.

Häußling, Roger (Hg.), *Grenzen von Netzwerken*, Wiesbaden: VS 2009.

Hagner, Michael, »Die Welt als Labor und Versammlungsort. Bruno Latours politische Ökologie aus dem Geiste der Wissenschaftsforschung«, in: *GAIA* 15/2 (2006), S. 127-134.

Hahn, Alois, »Gesellschaft als Lebensraum«, in: Alfred Bellebaum (Hg.), *Die moderne Gesellschaft. Formen des menschlichen Zusammenlebens*, Freiburg, Basel u. a. 1972, S. 100-116.

Hahn, Achim, *Architekturtheorie*, Konstanz: UVK 2008.

Hahn, Achim, »›Gebrauch und Geschmack‹ – Architektonisches Verhalten im Kontext der Lebensführung. Die ›Architektur der Gesellschaft‹ aus Sicht der phänomenologisch-hermeneutischen Soziologie«, in: Joachim Fischer, Heike Delitz (Hg.), *Die Architektur der Gesellschaft. Theorien für die Architektursoziologie*, Bielefeld: transcript 2009, S. 195-222.

Halbwachs, Maurice, *Soziale Morphologie. Ausgewählte Schriften,* Konstanz: UVK 2002.

Halbwachs, Maurice, *Das kollektive Gedächtnis*, Frankfurt/M.: Fischer 1991.

Hampe, Michael, *Tunguska oder das Ende der Natur*, München: Carl Hanser 2011.

Han, Byung-Chul, *Die Transparenzgesellschaft*, Berlin: Matthes & Seitz 2012.

Han, Byung-Chul, *Im Schwarm. Ansichten des Digitalen*, Berlin: Matthes & Seitz 2013.

Han, Byung-Chul, *Die Müdigkeitsgesellschaft*, Berlin: Matthes & Seitz 2016.

Han, Byung-Chul, *Lob der Erde. Eine Reise in den Garten*, Berlin: Ullstein 2018.

Hanimann, Joseph, *Vom Schweren. Ein geheimes Thema der Moderne*, München: Carl Hanser 1999.

Hannigan, John, *The Geopolitics of Deep Oceans*, New York: John Wiley & Sons 2015.

Hanske, Paul Philipp, Christian Werner, *Die Blüten der Stadt. Ein Wegweiser durch die urbane Pflanzenwelt*, Berlin: Suhrkamp 2018.

Harari, Yuval Noah, *Homo Deus. Eine Geschichte von Morgen,* München: C.H. Beck 2017.

Harrasser, Karin, »Donna Haraway. Natur-Kulturen und die Faktizität der Figuration«, in: Stephan Moebius, Dirk Quadflieg (Hg.), *Kultur. Theorien der Gegenwart,* Wiesbaden: VS, S. 445-459.

Haraway, Donna, »Ein Manifest für Cyborgs. Feminismus im Streit mit den Technowissenschaften«, in: dies., *Die Neuerfindung der Natur. Primaten, Cyborgs und Frauen,* Frankfurt/M., New York: Campus 1995, S. 33-72.

Haraway, Donna, »›Wir sind immer mittendrin.‹ Ein Interwiew mit Donna Haraway«, in: dies., *Die Neuerfindung der Natur. Primaten, Cyborgs und Frauen,* Frankfurt/M., New York: Campus 1995, S. 98-122.

Haraway, Donna, «Conversations with Donna Haraway«, in: Joseph Schneider (Ed.), *Donna Haraway. Live Theory,* New York, London: Continuum 2005, S. 114-157.

Haraway, Donna, *When species meet*, Minneapolis, London: University of Minnesota Press 2008.

Haraway, Donna, »Die Begegnung der Arten«, in: Roland Borgards u. a., *Texte zur Tiertheorie*, Stuttgart: Reclam 2015, S. 290-325.

Haraway, Donna, *Das Manifest für Gefährten*, Berlin: Merve 2016.

Haraway, Donna, *Unruhig bleiben. Die Verwandtschaft der Arten im Chtuluzän,* Frankfurt/M., New York: Campus 2018.

Hard, Gerhard, »Der Spatial Turn, von der Geographie her betrachtet«, in: Jörg Döring, Tristan Thielmann (Hg.), *Spatial Turn. Das Raumparadigma in den Kultur- und Sozialwissenschaften*, Bielefeld: transcript 2008, S. 263-315.

Harries, Karsten, »›Das Ding‹, ›Bauen Wohnen Denken‹, ›… Dichterisch wohnet der Mensch …‹ und andere Texte aus dem Umfeld. Unterwegs zmm Geviert«, in: Dieter Thomä (Hg.), *Heidegger-Handbuch. Leben – Werk – Wirkung*, Stuttgart: Metzler 2013, S. 250-261.

Harrison, Robert, *Gärten. Ein Versuch über das Wesen der Menschen*, München: Carl Hanser 2010.

Hasse, Jürgen, *Unbedachtes Wohnen. Lebensformen an verdeckten Rändern der Gesellschaft*, Bielefeld: transcript 2009.

Hayes, Edward C., »Effects of Geographic Conditions upon Social Realities«, in: *American Journal of Sociology* 19 (1914), S. 813-824.

Hegel, Gottfried Wilhelm Friedrich, *Philosophie des Rechts. Die Vorlesung von 1819/20 in einer Nachschrift*, hg. von Dieter Henrich, Frankfurt/M.: Suhrkamp 1983.

Hegel, Gottfried Wilhelm Friedrich, *Enzyklopädie der philosophischen Wissenschaften II*, Werke 9, Frankfurt/M.: Suhrkamp, 2013.
Heidegger, Martin, »Bauen, Denken, Wohnen«, in: ders., *Vorträge und Aufsätze*, Pfullingen: Neske 1954, S. 139-156.
Heidegger, Martin, »Das Ding«, in: ders., *Vorträge und Aufsätze*, Pfullingen 1954, S. 157-175.
Heidegger, Martin, *Vorträge und Aufsätze*, Pfullingen: Neske 1954.
Heidegger, Martin, *Der Ursprung des Kunstwerkes*, Stuttgart: Reclam 1960.
Heidegger, Martin, *Über den Humanismus*, Frankfurt/M.: Klostermann 1981.
Heidegger, Martin, *Die Grundbegriffe der Metaphysik. Welt – Endlichkeit – Einsamkeit*, Frankfurt/M.: Klostermann 1983.
Heidegger, Martin, *Aus der Erfahrung des Denkens*, Gesamtausgabe I, Abteilung Veröffentlichte Schriften 1910-1976, Bd. 13, Frankfurt/M.: Klostermann 1983.
Heidegger, Martin, *Zollikoner Seminare. Protokolle – Gespräche – Briefe*, hg. von Medard Boss, Frankfurt/M.: Vittorio Klostermann 1987.
Heidegger, Martin, *Was heißt Denken?*, Frankfurt/M.: Klostermann 2002.
Heidenreich, Elisabeth, *Fließräume. Die Vernetzung von Natur, Raum und Gesellschaft seit dem 19. Jahrhundert*, Frankfurt/M., New York: Campus 2004.
Heidenreich, Elisabeth, *Sakrale Geographie. Essay über den modernen Dschihad und seine Räume*, Bielefeld: transcript 2010.
Heinrich-Böll-Stiftung (Hg.), *Bodenatlas. Daten und Fakten über Acker, Land und Erde*, Würzburg 2015.
Heinsdorff, Hellmuth, »Bauten und Anlagen zoologischer Gärten«, in: Natascha Meuser (Hg.), *Architektur und Zoologie. Quellentexte zur Zooarchitektur*, Berlin 2017, S. 83-101.
Heise, Ursula K., *Nach der Natur. Das Artensterben und die moderne Kultur*, Berlin: Suhrkamp 2010.
Hejl, Peter M., »Biologische Metaphern in der deutschsprachigen Soziologie der zweiten Hälfte des 19. Jahrhunderts«, in: Achim Barsch, Peter M. Hejl (Hg.), *Menschenbilder. Zur Pluralisierung der Vorstellung von der menschlichen Natur (1850-1914)*, Frankfurt/M.: Suhrkamp 2000, S. 167-214.
Hellpach, Willy, *Geopsyche. Die Menschenseele unter dem Einfluß von Wetter und Klima, Boden und Landschaft*, Stuttgart: Ferdinand Enke 1977.
Helmreich, Stefan, »Menschliche Natur auf See«, in: Martin G. Weiß (Hg.), *Bios und Zoë. Die menschliche Natur im Zeitalter technischer Reproduzierbarkeit*, Frankfurt/M: Suhrkamp 2009, S. 136-151.
Henkel, Anna, »Terra. Zur Differenzierung und Verdinglichung von Bo-

den, Raum und Pflanzenernährung in der modernen Gesellschaft«, in: dies. u.a. (Hg.), *Raum und Zeit. Soziologische Beobachtungen zur gesellschaftlichen Raumzeit*, 4. Sonderband der *Zeitschrift für Theoretische Soziologie*, Weinheim 2017, S. 97-125.

Henley, Nancy M., *Körperstrategien. Geschlecht, Macht und nonverbale Kommunikation*, Frankfurt/M.: Fischer 1988 [amerik. Orig. 1977].

Herder, Johann Gottfried, *Zur Philosophie der Geschichte. Eine Auswahl in zwei Bänden*, Bd. 2: *Ideen zur Philosophie der Geschichte der Menschheit*, Berlin: Aufbau 1952.

Herrmann, Ulrike, »Der schwierige Übergang. Der Kapitalismus ist zerstörerisch, aber für den Ausstieg gibt es keinen Plan«, in: Le Monde diplomatique, *Atlas der Globalisierung. Weniger wird mehr. Kolleg Postwachstumsgesellschaften*, Berlin 2015, S. 104-107.

Herrmann, Ulrike, *Kein Kapitalismus ist auch keine Lösung. Die Krise der heutigen Ökonomie oder Was wir von Smith, Marx und Keynes lernen können*, Frankfurt/M.: Westend 2016.

Herrndorf, Wolfgang, *Sand*, Berlin: Rowohlt 2011.

Herzog, Werner, *Eroberung des Nutzlosen*, Frankfurt/M.: Fischer 2009.

Hillmann, Karl-Heinz, *Wörterbuch der Soziologie*, Stuttgart: Kröner 2015.

Hobbes, Thomas, *Leviathan*, Frankfurt/M.: Suhrkamp 1984.

Höhler, Sabine, »Raumschiff Erde. Lebensraumphantasien im Umweltzeitalter«, in: Iris Schröder, Sabine Höhler (Hg.), *Welt-Räume. Geschichte, Geographie und Globalisierung seit 1900*, Frankfurt/M., New York: Campus 2005, S. 258-281.

Hörning, Karl H., »Kultur und Nachhaltigkeit im Netz alltäglicher Lebenspraktiken«, in: Oliver Parodi (Hg.), *Wechselspiele. Kultur und Nachhaltigkeit – Annäherungen an ein Spannungsfeld,* Berlin: Edition Sigma 2010, S. 333-346.

Honneth, Axel, »Eine ontologische Rettung der Revolution. Zur Gesellschaftstheorie von Cornelius Castoriadis«, in: ders., *Die zerrissene Welt des Sozialen. Sozialphilosophische Aufsätze*, Frankfurt/M.: Suhrkamp 1990, S. 123-143.

Horkheimer, Max und Theodor W. Adorno, *Dialektik der Aufklärung. Philosophische Fragmente*, Frankfurt/M.: Fischer 1971.

Horn, Eva, Hannes Bergthaller, *Anthropozän zur Einführung,* Hamburg: Junius 2019.

Hotzan, Jürgen, *dtv-Atlas Stadt. Von den ersten Gründungen bis zur modernen Stadtplanung*, München: dtv 1994.

Houellebecq, Michel, *Serotonin.* Köln: DuMont 2020.

Hribal, Jason, *Fear of the Animal Planet. The Hidden History of Animal Resistance,* AK Press 2010.

Husserl, Edmund, »Kopernikanische Umwendung der Kopernikanischen

Umwendung (1934)«, in: Stephan Günzel, *Raumtheorie. Grundlagentexte aus Philosophie und Kulturwissenschaften*, Frankfurt/M.: Suhrkamp 2006, S. 153-165.

Husserl, Edmund, »Grundlegende Untersuchungen zum phänomenologischen Ursprung der Räumlichkeit der Natur«, in: Marvin Farber, *Philosophical Essays. In Memory of Edmund Husserl*, Cambridge, Massachusetts: Harvard University Press 1940, S. 307-325.

Hutter, Manfred, »Der Erdboden: Symbol des Lebens, der Heiligkeit, der Vernichtung«, in: Bernd Busch (Red.), *Erde*. Köln: Wienand 2002, S. 187-194.

Huxley, Julian, *Ich sehe den zukünftigen Menschen. Natur und neuer Humanismus,* München: List 1965.

Illies, Joachim, *Das Geheimnis des Lebendigen. Leben und Werk des Biologen Adolf Portmann*, München: Kindler 1976.

Ineichen, Stefan, *Die wilden Tiere in der Stadt. Zur Naturgeschichte der Stadt*, Frauenfeld: Waldgut 1997.

Ineichen, Stefan, Bernhard Klausnitzer, Max Ruckstuhl, *Stadtfauna. 600 Tierarten unserer Städte,* Bern u. a.: Haupt 2012.

Ipsen, Detlev, *Raumbilder. Kultur und Ökonomie räumlicher Entwicklung,* Pfaffenweiler: Centaurus 1997.

Ipsen, Detlev, »Ökologie, Naturverhältnis«, in: Hartmut Häußermann (Hg.): *Großstadt. Soziologische Stichworte*, Opladen: Leske + Budrich 2000, S. 182-194.

Irigaray, Luce, *Welt teilen*, Freiburg: Karl Alber 2010.

Jackson, Tim, *Wohlstand ohne Wachstum – das Update. Grundlagen für eine zukunftsfähige Wirtschaft*, München: Oekom 2017.

Jacobs, Jane, *Stadt im Untergang. Thesen über den Verfall von Wirtschaft und Gesellschaft in Amerika*, Frankfurt/M., Berlin u. a.: Ullstein 1970.

Jellinek, Georg, *Allgemeine Staatslehre*, Darmstadt: Wissenschaftliche Buchgesellschaft 1959.

Jensen, Carsten, *Wir Ertrunkenen*, München: btb 2010.

Joas, Hans, Wolfgang Knöbl (Hg.), *Sozialtheorie. Zwanzig einführende Vorlesungen*, Frankfurt/M.: Suhrkamp 2004.

Joerges, Bernward, »Prosopopoietische Systeme«, in: Jost Halfmann, Werner Rammert (Hg.), *Technik und Gesellschaft Jahrbuch 8: Theoriebausteine der Techniksoziologie*, Frankfurt/M., New York: Campus 1995, S. 31-48.

Johach, Eva, »Diagonale Verwandtschaften. Caillois, Bergson und die sozialen Insekten«, in: Anne von der Heiden, Sarah Kolb (Hg.), *Logik des Imaginären. Diagonale Wissenschaft nach Roger Caillois*, Bd. 1: *Ver-*

suchungen durch Natur, Kultur und Imagination, Berlin: August 2018, S. 159-182.

Jonak, Ulf, »Parasitäre Architektur. Schmarotzer in der Stadt«, in: Sabine Fabo (Hg.), *Parasitäre Strategien,* Kunstforum International 2007, S. 108-119.

Jonas, Friedrich, *Geschichte der Soziologie,* mit Quellentexten, Bd. 1, Opladen: Westdeutscher Verlag 1980.

Jonas, Hans, *Das Prinzip Leben. Aufsätze zu einer philosophischen Biologie,* Frankfurt/M., Leipzig: Suhrkamp 1994.

Jünger, Ernst, *Politische Publizistik 1919–1933*, hg., kommentiert und mit einem Nachwort von Sven-Olaf Berg-Götz, Stuttgart: Klett-Cotta 2001.

Jünger, Ernst, *Annäherungen. Drogen und Rausch*, Stuttgart: Klett-Cotta 2014.

Julien, Claude, »Von der Geopolitik zur Geoökonomie«, in: *Le Monde diplomatique* 26. 07. 2019, ⟨https://monde-diplomatique.de/artikel/!1259580⟩, letzter Zugriff 10. 08. 2021.

Kaesler, Dirk, »Was sind und zu welchem Ende studiert man die Klassiker der Soziologie?«, in: ders., *Klassiker der Soziologie. Von Auguste Comte bis Norbert Elias*, München: C. H. Beck 1999, S. 11-38.

Kaltenbrunner, Robert, Peter Jakobowski, *Die Stadt der Zukunft. Wie wir leben wollen*, Berlin: Aufbau 2018.

Kamper, Dietmar, »Mensch«, in: Christoph Wulf (Hg.), *Der Mensch und seine Kultur. Hundert Beiträge zur Geschichte, Gegenwart und Zukunft des menschlichen Lebens,* Köln: Anaconda 2010, S. 85-91.

Kamper, Dietmar, Christoph Wulf, »Einleitung. Zum Spannungsfeld von Vervollkommnung und Unverbesserlichkeit«, in: dies. (Hg.), *Anthropologie nach dem Tod des Menschen*, Frankfurt/M.: Suhrkamp 1994, S. 7-12.

Kang, Han, *Die Vegetarierin*, Berlin: Aufbau 2016.

Kant, Immanuel, *Physische Geographie. Mathematische Vorkenntnisse und die allgemeine Beschreibung der Meere und des Landes*, ohne Ortsangabe: Musaicum Books 2019.

Kastner, Jens u. a., *Occupy! Die aktuellen Kämpfe um die Besetzung des Politischen*, Wien: Turia + Kant 2012.

Kathan, Bernhard, *Zum Fressen gern. Vom Haustier zum Schlachtvieh*, Berlin: Kadmos 2004.

Kaufmann, Stefan, »Grenzregimes im Zeitalter sozialer Netzwerke«, in: Helmuth Berking (Hg.), *Die Macht des Lokalen in einer Welt ohne Grenzen,* Frankfurt/M., New York: Campus 2006, S. 32-65.

Kaufmann, Jean-Claude, *Frauenkörper – Männerblicke*, Konstanz: UVK 1996.

Kegel, Bernhard, *Tiere in der Stadt. Eine Naturgeschichte*, Köln: Dumont 2013.

Keith, David, *A Case for Climate Engineering*, Cambridge: MIT Press 2013.
Kelley, Kevin W. (Hg.), *Der Heimat-Planet*, Frankfurt/M.: Zweitausendeins 1989.
Kimpel, Harald, Johanna Werckmeister, *Die Strandburg. Ein versandetes Freizeitvergnügen*, Marburg: Jonas 1995.
Kirksey, S. Eben, Stefan Helmreich, »The Emergence of Multispecies Ethnography«, in: *Cultural Anthropology* 25 (2010), H. 4, S. 545-576. ⟨https://dspace.mit.edu/bitstream/handle/1721.1/61966/Helmreich_The%2520emergence.pdf?sequence=1&isAllowed=y⟩, letzter Zugriff 06. 08. 2021.
Kjellén, Rudolf, *Der Staat als Lebensform*, Leipzig: Hirzel 1917.
Klaas, Peter, »Lebensraum Boden. Vom Maulwurf bis zur Bakterie«, in: Bernd Busch (Red.), *Erde*, Köln: Wienand 2002, S. 215-220.
Klages, Ludwig, *Mensch und Erde – ein Denkanstoß*, Berlin: Matthes & Seitz 2013.
Klawitter, Nils, »Apps für den Acker«, in: *Der Spiegel* 42 (2017), S. 68-70.
Klein, Naomi, *Die Entscheidung. Kapitalismus vs. Klima*, Frankfurt/M.: Fischer 2015.
Klein, Naomi, *Warum nur ein Green New Deal unseren Planeten retten kann*, Hamburg: Hoffmann und Campe 2019.
Klein, Bernhard, Gesa Mackenthum (Hg.), *Das Meer als kulturelle Kontaktzone. Räume, Reisen, Repräsentationen*, Konstanz: UVK 2003.
Klingholz, Reiner, »Was Pflanzen alles anrichten«, in: *DIE ZEIT* Nr. 31, 25. Juli 2002.
Klose, Alexander, *Das Containerprinzip. Wie eine Box unser Denken verändert*, Hamburg: Mare 2009.
Klotz, Heinrich, *Von der Urhütte zum Wolkenkratzer. Geschichte der gebauten Umwelt*, München: Prestel 1991.
Kluge, Alexander, *Russland-Kontainer*, Berlin: Suhrkamp 2020.
König, René, *Sizilien. Ein Buch von Städten und Höhlen, von Fels und Lava und von der großen Freiheit des Vulkans*, München: Nymphenburger Verlagshandlung 1950.
König, René, *Grundformen der Gesellschaft: die Gemeinde*, Hamburg: Rowohlt 1958.
König, René, *Soziologie*, Frankfurt/M.: Fischer 1958.
König, René, »Soziale Morphologie«, in: ders. (Hg.), *Soziologie*, Frankfurt/M.: Fischer 1958, S. 257-268.
König, René, »Vorwort«, in: Günter Albrecht, *Soziologie der geographischen Mobilität. Zugleich ein Beitrag zur Soziologie des sozialen Wandels*, Stuttgart: Ferdinand Enke 1972, S. V-VIII.
Köster, Werner, *Die Rede über den »Raum«. Zur semantischen Karriere eines Konzepts*, Heidelberg: Synchron 2002.

Kolbert, Elizabeth, *Das sechste Sterben. Wie der Mensch Naturgeschichte schreibt,* Berlin: Suhrkamp 2015.

Korf, Benedikt, »Zur politischen Ökologie der Gewalt«, in: ders., Conrad Schetter, *Geographien der Gewalt. Kriege, Konflikte und die Ordnung des Raumes im 21. Jahrhundert,* Stuttgart: Borntraeger 2015, S. 72-92.

Korf, Benedikt, Conrad Schetter (Hg.), *Geographien der Gewalt. Kriege, Konflikte und die Ordnung des Raumes im 21. Jahrhundert,* Stuttgart: Borntraeger 2015.

Koselleck, Reinhart, »Der Aufbruch in die Moderne oder das Ende des Pferdezeitalters«, in: Berthold Tillmann (Hg.), *Historikerpreis der Stadt Münster. Die Preisträger und Laudatoren von 1981-2003,* Münster: Stadt Münster, Presse- und Informationsamt 2005, S. 159–174.

Kracauer, Siegfried, »Felsenwahn in Positano«, in: ders., *Straßen in Berlin und anderswo,* Berlin: Das Arsenal 1987, S. 55-63.

Krische, Paul, »Beiträge zur Soziologie der Pflanzen«, in: Richard Thurnwald (Hg.), *Forschungen zur Völkerpsychologie und Soziologie,* Bd. 10: *Arbeiten zur biologischen Grundlegung der Soziologie,* 1. Halbband, Leipzig: C. H. Hirschfeld 1931, S. 71-75.

Kristeva, Julia, *Powers of Horror. An Essay on Abjection,* New York: Columbia University Press 1982.

Kron, Thomas, Pascal Berger, »Leben und Form der Gesellschaft«, in: Heike Delitz u. a. (Hg.), *Soziologie des Lebens. Überschreitung, Differenzierung, Kritik,* Bielefeld: transcript 2018, S. 113-136.

Kronfeld-Goharani, Ulrike, »Blauer Reichtum in Gefahr. Der Schutz der Tiefsee vor neuen Herausforderungen«, in: *Aus Politik und Zeitgeschichte* 67 (2017), H. 51-52, S. 23-28.

Kropotkin, Peter, *Gegenseitige Hilfe in der Tier- und Menschenwelt,* Berlin: Henricus 2018. [Orig. 1902]

Krysmansiki, Hans-Jürgen, *0,1 %. Das Imperium der Milliardäre,* Frankfurt/M.: Westend 2015.

Kurzweil, Ray, *Homo S@piens. Leben im 21. Jahrhundert – Was bleibt vom Menschen?,* Köln: Kiepenheuer und Witsch 1999.

Kurzweil, Ray, *Menschheit 2.0. Die Singularität naht,* Berlin: Lola Books 2013.

Lackner, Helmut, »Ein ›blutiges Geschäft‹. Kommunale Vieh- und Schlachthöfe im Urbanisierungsprozess des 19. Jahrhunderts. Ein Beitrag zur Geschichte der städtischen Infrastruktur«, in: *Technikgeschichte* 71 (2004), H. 2, S. 89-138.

Lacoste, Yves, »Einheit und Vielfalt der Wüsten«, in: Ulrich Conrads, *Wüsten,* Berlin, Braunschweig: Vieweg 1981, S. 11-25.

Lacoste, Yves, *Geographie und politisches Handeln. Perspektiven einer neuen Geopolitik,* Berlin: Wagenbach 1990.

Lacoste, Yves, »Die Geographie«, in: Stephan Günzel (Hg.), *Texte zur Theorie des Raums*, Stuttgart: Reclam 2013, S. 256-260.

Lamnek, Siegfried, Marie-Theres Tinnefeld (Hg.), *Privatheit, Garten und politische Kultur. Von kommunikativen Zwischenräumen*, Opladen: Westdeutscher Verlag 2003.

Langbein, Kurt, *Landraub. Die globale Jagd nach Ackerland*, Wals bei Salzburg: Ecowin 2015.

Lardeau, Yann, »Blindlings«, in: Ulrich Conrads, *Wüsten*, Berlin, Braunschweig: Vieweg 1981, S. 56-62.

Lash, Scott, »Georg Simmel im Informationszeitalter«, in: Heike Delitz u. a. (Hg.), *Soziologie des Lebens. Überschreitung, Differenzierung, Kritik*, Bielefeld: transcript 2018, S. 35-63.

Latour, Bruno, *Wir sind nie modern gewesen. Versuch einer symmetrischen Anthropologie*, Frankfurt/M.: Fischer 1998.

Latour, Bruno, »Übersehen wir den Erdwurm nicht«, in: Bodo-Michael Baumunk, Jasdan Joerges (Hg.), *7 Hügel – Bilder und Zeichen des 21. Jahrhunderts. Dschungel*, Berlin: Henschel 2000, S. 17-21.

Latour, Bruno, *Die Hoffnung der Pandora. Untersuchungen zur Wirklichkeit der Wissenschaft*, Frankfurt/M.: Suhrkamp 2000.

Latour, Bruno, »Gabriel Tarde und das Ende des Sozialen«, in: *Soziale Welt* 52 (2001), S. 361-375.

Latour, Bruno, *Von der Realpolitik zur Dingpolitik*, Berlin: Merve 2005.

Latour, Bruno, »Drawing things together. Die Macht der unveränderlich mobilen Elemente«, in: Andréa Belliger, David J. Krieger (Hg.), *ANThology. Ein einführendes Handbuch zur Akteur-Netzwerk-Theorie*, Bielefeld: transcript 2006, S. 259-308.

Latour, Bruno, *Eine neue Soziologie für eine neue Gesellschaft. Einführung in die Akteur-Netzwerk-Theorie*, Berlin: Suhrkamp 2007.

Latour, Bruno, »Ein vorsichtiger Prometheus. Einige Schritte hin zu einer Philosophie des Designs, unter besonderer Berücksichtigung von Peter Sloterdijk«, in: Marc Jongen u. a. (Hg.), *Die Vermessung des Ungeheuren. Philosophie nach Peter Sloterdijk*, Paderborn: Fink 2009, S. 356-373.

Latour, Bruno, »Ein Versuch, das ›Kompositionistische Manifest‹ zu schreiben«, in: *Telepolis*, 11. Februar 2010, ⟨https://www.heise.de/tp/features/Ein-Versuch-das-Kompositionistische-Manifest-zu-schreiben-3384467.html⟩, letzter Zugriff 23. 08. 2021.

Latour, Bruno, »Warten auf Gaia. Komposition der gemeinsamen Welt durch Kunst und Politik«, in: Michael Hagner (Hg.), *Wissenschaft und Demokratie*, Berlin: Suhrkamp 2012, S. 163-188.

Latour, Bruno, »Ein Plädoyer für irdische Wissenschaften«, in: Herbert Kalthoff u. a. (Hg.), *Materialität. Herausforderungen für die Sozial- und Kulturwissenschaften*, München: Fink 2016, S. 89-101.

Latour, Bruno, »Wir sind alle wie Trump. Bruno Latour im Interview«, in: ⟨https://www.faz.net/aktuell/feuilleton/buecher/autoren/interview-mit-dem-franzoesischen-soziologen-bruno-latour-15586851.html⟩, letzter Zugriff 09.08.2021.

Latour, Bruno, *Kampf um Gaia. Acht Vorträge über das neue Klimaregime*, Berlin: Suhrkamp 2017.

Latour, Bruno, *Das terrestrische Manifest,* Berlin: Suhrkamp 2018.

Latour, Bruno, »Eine Katastrophe, die von innen kommt« – Interview, in: *der Freitag*, 09.07.2020 ⟨https://www.freitag.de/autoren/the-guardian/eine-katastrophe-die-von-innen-kommt⟩, letzter Zugriff 04.08.2021.

Latour, Bruno, Emilie Hermant, *Paris. Invisible City*, Paris 2006, ⟨http://www.bruno-latour.fr/virtual/EN/index.html⟩, letzter Zugriff 23.08.2021.

Latour, Bruno, Albena Yaneva, »Die Analyse der Architektur nach der Actor-Network-Theory (ANT)«, in: Urs Staub (Hg.), *Explorations in Architecture. Teaching, design, research*, Basel, Boston u.a.: Birkhäuser 2008, S. 80-89.

Laufmann, Peter, *Der Boden. Das Universum unter unseren Füßen*, München: Bertelsmann 2020.

Law, John, »Technik und heterogenes Engineering: Der Fall der portugiesischen Expansion«, in: Andréa Belliger, David J. Krieger (Hg.), *ANThology. Ein einführendes Handbuch zur Akteur-Netzwerk-Theorie*, Bielefeld: transcript 2006, S. 213-236.

Leggewie, Claus, Harald Welzer, *Das Ende der Welt, wie wir sie kannten. Klima, Zukunft und die Chance der Demokratie*, Frankfurt/M.: Fischer 2009.

Lemke, Matthias, »Die Ökonomisierung des Politischen. Entdifferenzierungen in kollektiven Entscheidungsprozessen«, in: *Schriftenreihe des Verbundprojekts Postdemokratie und Neoliberalismus*, Discussion Paper Nr. 2 (2012), Helmut-Schmidt-Universität Hamburg (UniBw) und Universität Leipzig, ⟨http://www.epol-projekt.de/wp-content/uploads/2014/10/Discussion-Paper-epol-2_lemke.pdf⟩, letzter Zugriff 23.08.2021.

Lemke, Thomas, »Latour: Politische Ökologie«, in: Ulrich Bröckling, Robert Feustel (Hg.), *Das Politische denken. Zeitgenössische Positionen,* Bielefeld: transcript 2015, S. 273-293.

Lepenies, Wolf, *Soziologische Anthropologie. Materialien,* Berlin: Ullstein 1977.

Lepenies, Wolf, *Die drei Kulturen. Soziologie zwischen Literatur und Wissenschaft,* Frankfurt/M.: Fischer 2002.

Leroi-Gourhan, André, *Hand und Wort. Die Evolution von Technik, Sprache und Kultur*, Frankfurt/M.: Suhrkamp 1980.

Lessing, Theodor, *Blumen*, mit einem Essay von Georges Bataille und einem Nachwort von Ulrich Holbein, Berlin: Matthes & Seitz 2004.

Lessing, Theodor, *Tiere*, mit einem Nachwort von Ulrich Holbein, Berlin: Matthes & Seitz 2004.

Leuerer, Thomas, »Raum und Politik – am Beispiel Montesquieus«, in: Karl Schmitt (Hg.), *Politik und Raum*, Baden-Baden: Nomos 2002, S. 29-42.

Lévi-Strauss, Claude, *Strukturale Anthropologie I*, Frankfurt/M.: Suhrkamp 1967.

Lévi-Strauss, Claude, *Strukturale Anthropologie II*, Frankfurt/M.: Suhrkamp 1975.

Lévi-Strauss, Claude, *Traurige Tropen*, Frankfurt/M.: Suhrkamp 1978.

Lévi-Strauss, Claude, *Mythos und Bedeutung. Vorträge*, Frankfurt/M.: Suhrkamp 1980.

Lévi-Strauss, Claude, »Strukturalismus und Ökologie«, in: ders., *Der Blick aus der Ferne*, München: Suhrkamp 1985, S. 159-186.

Liebmann, Hans, *Ein Planet wird unbewohnbar*, München: Piper 1973.

Liessmann, Konrad Paul, *Lob der Grenze. Kritik der politischen Unterscheidungskraft*, Wien: Paul Zsolnay 2012.

Linde, Hans, *Sachdominanz in Sozialstrukturen*, Tübingen: J. C. B. Mohr 1972.

Lindemann, Gesa, »Die reflexive Anthropologie des Zivilisationsprozesses«, in: *Soziale Welt* 52 (2001), S. 181-198.

Lindemann, Gesa, »›Allons enfants et faits de la patrie …‹. Über Latours Sozial- und Gesellschaftstheorie und seinen Beitrag zur Rettung der Welt«, in: Georg Kneer u. a. (Hg.), *Bruno Latours Kollektive. Kontroversen zur Entgrenzung des Sozialen*, Frankfurt/M.: Suhrkamp 2008, S. 339-360.

Lipp, Wolfgang, »Soziale Räume, regionale Kultur: Industriegesellschaft im Wandel«, in: ders., *Industriegesellschaft und Regionalkultur. Untersuchungen für Europa*, Köln u. a.: Heymann 1984, S. 1-56.

Lipp, Wolfgang, »Heimatbewegung, Regionalismus. Pfade aus der Moderne?«, in: Friedhelm Neidhardt u. a. (Hg.), *Kultur und Gesellschaft*. Opladen: Westdeutscher Verlag 1986, S. 331-355.

Lissitzky, El, *Russland. Architektur für eine Weltrevolution*, Braunschweig: Vieweg & Sohn 1989.

Loh, Janina, *Trans- und Posthumanismus zur Einführung*, Hamburg: Junius 2018.

Lossau, Julia, »Politische Geographie und Geopolitik. Bemerkungen zu einem (un-)bestimmbaren Verhältnis«, in: *Erdkunde*, Bd. 56 (2002), H. 1, S. 73-80.

Lovelock, James, *Gaia. Die Erde ist ein Lebewesen*, Bern, München u. a.: Scherz 1992.

Lovelock, James, »Vorwort«, in: Elisabeth Sahtouris, *Gaia. Vergangenheit und Zukunft der Erde*, Frankfurt/M., Leipzig: Insel 1993, S. 11-15.

Lovelock, James, *Gaias Rache. Warum die Erde sich wehrt,* Berlin: Ullstein 2008.

Lovelock, James, *Novozän. Das kommende Zeitalter der Hyperintelligenz*, München: C. H. Beck 2020.

Løvschal, Mette, »Frühe Grenzziehungen«, in: *Aus Politik und Zeitgeschichte* 63 (2014), H. 4-5, S. 19-25.

Luckmann, Thomas, »Die Grenzen der Sozialwelt«, in: ders., *Lebenswelt und Gesellschaft*, Paderborn u. a.: Schöningh 1980, S. 56-92.

Lüdemann, Susanne, *Metaphern der Gesellschaft. Studien zum soziologischen und politischen Imagnären*, München: Wilhelm Fink 2004.

Lüdemann, Susanne, »›Zusammenhanglose Bevölkerungshaufen, aller inneren Gliederung bar‹ – Die Masse als das Andere der Ordnung im Diskurs der Soziologie«, in: *Behemoth* 7 (2014), S. 103-117.

Luhmann, Niklas, »Die Weltgesellschaft«, in: ders., *Soziologische Aufklärung 2*, Opladen: Westdeutscher Verlag 1975, S. 51-71.

Niklas Luhmann, »Selbst-Thematisierung des Gesellschaftssystems. Über die Kategorie der Reflexion aus der Sicht der Systemtheorie«, in: ders., *Soziologische Aufklärung 2*, Opladen: Westdeutscher Verlag 1975, S. 72-102.

Luhmann, Niklas, »Wie ist soziale Ordnung möglich?«, in: ders., *Gesellschaftsstruktur und Semantik*, Bd. 2, Frankfurt/M.: Suhrkamp 1981, S. 194-285.

Luhmann, Niklas, *Archimedes und wir*, Berlin: Merve 1987.

Luhmann, Niklas, »Am Ende der kritischen Soziologie«, in: *Zeitschrift für Soziologie* 20 (1991), S. 147-152.

Luhmann, Niklas, *Soziologie des Risikos*, Berlin, New York: Walter de Gruyter 1991.

Luhmann, Niklas, *Beobachtungen der Moderne*, Opladen: Westdeutscher Verlag 1992.

Luhmann, Niklas, »Kann die moderne Gesellschaft sich auf ökologische Gefährdungen einstellen?«, in: ders., *Protest. Systemtheorie und soziale Bewegungen,* Frankfurt/M.: Suhrkamp 1996, S. 46-63.

Luhmann, Niklas, *Ökologische Kommunikation. Kann die moderne Gesellschaft sich auf ökologische Gefährdungen einstellen?*, Opladen: Westdeutscher Verlag 1986.

Luhmann, Niklas, *Die Gesellschaft der Gesellschaft*, Frankfurt/M.: Suhrkamp 1997.

Luhmann, Niklas, »Was ist Kommunikation?«, in: ders., *Short Cuts*, Frankfurt/M.: Zweitausendeins 2000, S. 41-63.

Maak, Niklas, *Wohnkomplex. Warum wir andere Häuser brauchen*, München: Carl Hanser 2014.
Maas, Walther, *Geographie und Soziologie,* Braunschweig: Verlag des Geographischen Instituts der Kanthochschule Braunschweig 1966.
Maas, Walther, »Geophilosophie«, in: ders., *Geographie und Soziologie,* Braunschweig: Verlag des Geographischen Instituts der Kanthochschule Braunschweig 1966, S. 26-39.
Macho, Thomas, »Zoologiken. Tierpark, Zirkus und Freakshow«, in: Gert Theile (Hg.), *Anthropometrie. Zur Vorgeschichte des Menschen nach Maß*, München: Wilhelm Fink 2005, S. 155-177.
Macho, Thomas, »Wetter machen«, in: Petra Lutz, Thomas Macho (Hg.), *Das Wetter, der Mensch und sein Klima,* Göttingen: Wallstein 2008, S. 132-138.
Macho, Thomas, »Tier«, in: Christoph Wulf (Hg.), *Der Mensch und seine Kultur. Hundert Beiträge zur Geschichte, Gegenwart und Zukunft des menschlichen Lebens.* Köln: Anaconda 2010, S. 62-85.
MacIntyre, Alistair, *Die Anerkennung der Abhängigkeit*, Hamburg: Rotbuch 2001.
Maffesoli, Michel, *Der Schatten des Dionysos*, Frankfurt/M.: Athenäum 1986.
Maffesoli, Michel, »Vitalismus und Naturalismus als epistemische Grundlagen einer Soziologie des Alltags«, in: Thomas Jung, Stefan Müller-Doohm (Hg.), *Wirklichkeit im Deutungsprozeß. Verstehen und Methoden in den Kultur- und Sozialwissenschaften,* Frankfurt/M.: Suhrkamp 1993, S. 482-494.
Maffesoli, Michel, *Matrimonium. Petit traité d'écosophie*, Paris: CNRS ÉDITIONS 2010.
Maffesoli, Michel, *Écosophie. Une écologie pour notre temps,* Paris: Les Éditions du Cerf 2017.
Maffesoli, Michel, »Élan Vital«, in: Heike Delitz u. a. (Hg.): *Soziologie des Lebens. Überschreitung, Differenzierung, Kritik,* Bielefeld: transcript 2018, S. 65-89.
Maffesoli, Michel, *Die Zeit kehrt wieder*, Berlin: Matthes & Seitz 2018.
Mair, Stefan, »Von der Geopolitik zur Geoökonomie«, in: Stefan Mair u. a. (Hg.), *Deutschland und die Welt 2030*, Berlin: Econ 2018, S. 83-91.
Malinowski, Bronislaw, *Eine wissenschaftliche Theorie der Kultur,* Frankfurt/M.: Suhrkamp 2005 [engl. Orig. 1944].
Malunat, Bernd, »Meer ohne Fisch? Der Oikos des Meeres am Abgrund«, in: Peter Cornelius Mayer-Tasch (Hg.), *Meer ohne Fische? Profit und Welternährung*, Frankfurt/M., New York: Campus 2007, S. 101-124.
Mancuso, Stefano, Interview im *ZEIT-Magazin*, 22. März 2018, S. 18-25.
Mancuso, Stefano, *Die Intelligenz der Pflanzen*, München: Antje Kunstmann 2015.

Mancuso, Stefano, *Pflanzenrevolution. Wie die Pflanzen unsere Zukunft erfinden*, München: Antje Kunstmann 2018.

Mannheim, Karl, *Strukturen des Denkens*, Frankfurt/M.: Suhrkamp 1980.

Marchat, Oliver, *Das unmögliche Objekt. Eine postfundamentalistische Theorie der Gesellschaft*, Berlin: Suhrkamp 2013.

Margulis, Lynn, »Gaia ist ein zähes Weibstück«, in: John Brockman (Hg.), *Die dritte Kultur. Das Weltbild der modernen Naturwissenschaft*, München: Goldmann 1996, S. 177-202.

Margulis, Lynn, *Der symbiotische Planet oder Wie die Evolution wirklich verlief*, Frankfurt/ M.: Westend 2017.

Margulis, Lynn, Dorion Sagan, *Leben. Vom Ursprung zur Vielfalt*, Heidelberg, Berlin: Spektrum 1999.

Marshall, Tim, *Die Macht der Geographie. Wie sich Weltpolitik anhand von 10 Karten erklären lässt,* München: dtv 2015.

Marshall, Tim, *Abschottung. Die neue Macht der Mauern*, München: dtv 2018.

Marsiske, Hans-Arthur, *Heimat Weltall. Wohin soll die Raumfahrt führen?*, Frankfurt/M: Suhrkamp 2005.

Marx, Karl, *Das Kapital. Kritik der politischen Ökonomie*, Bd. 1, in: Karl Marx, Friedrich Engels, *Werke*, Bd. 23, Berlin: Dietz 1988.

Mason, Paul, *Postkapitalismus. Grundrisse einer kommenden Ökonomie*, Berlin: Suhrkamp 2016.

Mau, Steffen, *Das metrische Wir. Über die Quantifizierung des Sozialen*, Berlin: Suhrkamp 2017.

Mauer, Roman, *Das Meer im Film. Grenze, Spiegel, Übergang*, München: Edition Text + Kritik 2010.

Mauss, Marcel, »Ohne Titel«, in: Bruno W. Nikles, Johannes Weiß (Hg.), *Gesellschaft. Organismus, Totalität, System*, Hamburg: Hoffmann und Campe 1975, S. 132-141.

Mauss, Marcel, »Über den jahreszeitlichen Wechsel der Eskimogesellschaften, eine Studie zur Sozialen Morphologie«, in: ders., *Soziologie und Anthropologie, Bd. 1: Theorie der Magie / Soziale Morphologie*, Wiesbaden: VS 2010, S. 183-278.

Mauss, Marcel, *Die Nation oder der Sinn fürs Soziale*, Frankfurt/M., New York: Campus 2017.

Mayerhofer, Bernd, »Republik der Fische«, in: Peter Cornelius Mayer-Tasch (Hg.), *Meer ohne Fische? Profit und Welternährung*, Frankfurt/M., New York: Campus 2007, S. 166-192.

Mbembe, Achille, »Nekropolitik«, in: Andreas Folkers, Thomas Lemke (Hg.), *Biopolitik. Ein Reader*, Berlin: Suhrkamp 2014, S. 228-273.

McCarthy, Cormac, *The Road*, Stuttgart: Reclam 2014.

McKibben, Bill, *The End of Nature,* New York: Random House 1989.

McNeill, John R., *Blue Planet. Die Geschichte der Umwelt im 20. Jahrhundert*, Frankfurt/M., New York: Campus 2003.
Meadows, Dennis, *Die Grenzen des Wachstums. Bericht des Club of Rome zur Lage der Menschheit,* Stuttgart: Deutsche Verlagsanstalt 1972.
Mehring, Reinhard, *Carl Schmitt zur Einführung*, Hamburg: Junius 1992.
Melville, Hermann, *Moby Dick oder Der Wal*, München, Wien: Carl Hanser 2001.
Meuser, Natascha, *Architektur im Zoo. Theorie und Geschichte einer Bautypologie*, Berlin: DOM 2017.
Meijer, Eva, *Die Sprachen der Tiere*, Berlin: Matthes & Seitz 2016.
Meyer-Drawe, Käte, »Maschine«, in: Christoph Wulf (Hg.), *Der Mensch und seine Kultur. Hundert Beiträge zur Geschichte, Gegenwart und Zukunft des menschlichen Lebens*, Köln: Anaconda 2010, S. 726-737.
Michelet, Jules, »Die unbemerkbaren Erbauer des Erdballs«, in: *Tumult. Zeitschrift für Verkehrswissenschaften: Der Planet* (1983), S. 78-82.
Michelet, Jules, *Das Meer*, Frankfurt/M., New York: Campus 1987.
Miller, Rudolf, »Von Willy Hellpachs Geopsyche bis heute. Eine Spurensuche in der Psychologie«, in: Georg Braungart, Urs Büttner (Hg.), *Wind und Wetter. Kultur – Wissen – Ästhetik*, Paderborn: Fink 2018, S. 333-356.
Ming, Shi, »Chinas neue Mittelschichten. Die Menschen orientieren sich am westlichen Lebensstil mit all seinen zerstörerischen Konsequenzen«, in: Le Monde diplomatique, *Atlas der Globalisierung. Weniger wird mehr. Kolleg Postwachstumsgesellschaften*, Berlin 2015, S. 32-35.
Moebius, Stephan, *Die Zauberlehrlinge. Soziologiegeschichte des Collège de Sociologie (1937-1939)*, Konstanz: UVK 2006.
Moebius, Stephan, »Bio-Anthropo-Soziologie: Edgar Morin«, in: ders., Lothar Peter (Hg.), *Französische Soziologie der Gegenwart*, Konstanz: UVK 2004, S. 237-265.
Moebius, Stephan, *Kultur. Von den Cultural Studies bis zu den Visual Studies,* Bielefeld: transcript 2012.
Moebius, Stephan, Markus Schroer (Hg.), *Diven, Hacker, Spekulanten. Sozialfiguren der Gegenwart*, Berlin: Suhrkamp 2010.
Möllers, Florian, *Wilde Tiere in der Stadt*, München: Knesebeck 2010.
Mörtenböck, Peter, Helge Mooshammer, *Occupy. Räume des Protests*, Bielefeld: transcript 2012.
Mondré, Aletta, Annegret Kuhn, »Ocean Governance«, in: *Aus Politik und Zeitgeschichte* 67 (2017), H. 51-52, S. 4-9.
Montaigne, Michel de, »Apologie für Raymond Sebond«, in: Roland Borgards u. a. (Hg.), *Texte zur Tiertheorie*, Stuttgart: Reclam 2015, S. 38-52.
Montesquieu, Charles, *Vom Geist der Gesetze*, in neuer Übertragung eingeleitet und herausgegeben von Ernst Forsthoff, 2 Bde., Tübingen: H. Laupp'sche Buchhandlung 1951.

Moore, Jason W., *Kapitalismus im Lebensnetz. Ökologie und die Akkumulation des Kapitals*, Berlin: Matthes & Seitz 2020.

Morgenstern, Christian, *Stufen. Eine Entwickelung in Aphorismen und Tagebuch-Notizen*. München: Piper 1984.

Morin, Edgar, *Das Rätsel des Humanen. Grundfragen einer neuen Anthropologie*, München, Zürich: Piper 1974.

Morin, Edgar, *Europa denken*, Frankfurt/M., New York: Campus 1988.

Morin, Edgar, *Einen neuen Anfang wagen. Überlegungen für das 21. Jahrhundert*, Hamburg: Junius 1992.

Morin, Edgar, »Die Unidualität des Menschen«, in: Dietmar Kamper, Christoph Wulf (Hg.), *Anthropologie nach dem Tod des Menschen*, Frankfurt/M.: Suhrkamp 1994, S. 15-24.

Morin, Edgar, *Heimatland Erde. Versuch einer planetarischen Politik*, Wien: Promedia 1999.

Morin, Edgar, «Towards Ecological Thought. Interview with Edgar Morin«, in: *Quaderns de la Mediterrània* 16 (2011), S. 101-106, ⟨https://radicaltheoryandpraxis.wordpress.com/2019/09/27/edgar-morin-towards-ecologised-thought/⟩, letzter Zugriff 15. 07. 2021.

Morin, Edgar, »Planet – Erde«, in: Christoph Wulf (Hg.), *Der Mensch und seine Kultur. Hundert Beiträge zur Geschichte, Gegenwart und Zukunft des menschlichen Lebens*, Köln: Anaconda 2010, S. 119-139.

Moscovici, Serge, *Versuch über die menschliche Geschichte der Natur*, Frankfurt/M.: Suhrkamp 1982.

Mouffe, Chantal, *Agonistik. Die Welt politisch denken*, Berlin: Suhrkamp 2014.

Mumford, Lewis, *Die Stadt. Geschichte und Ausblick*, München: dtv 1979. [amerik. Orig. 1961]

Muraca, Barbara, *Gut leben. Eine Gesellschaft jenseits des Wachstums*, Berlin: Wagenbach 2014.

Nagel, Thomas, *What Is It Like to Be a Bat? Wie ist es, eine Fledermaus zu sein?*, Stuttgart: Reclam 2020.

Narr, Wolf-Dieter, Alexander Schubert, *Weltökonomie. Die Misere der Politik*, Frankfurt/M.: Suhrkamp 1994.

Negt, Oskar, Alexander Kluge, *Geschichte und Eigensinn*, Frankfurt/M.: Zweitausendeins 1981.

Neuber, Matthias, »Max Weber, Wilhelm Ostwald und die ›energetischen Grundlagen‹ der Kulturwissenschaft«, in: Gerhard Wagner, Claudius Härpfer (Hg.), *Max Webers vergessene Zeitgenossen. Beiträge zur Genese der Wissenschaftslehre*, Wiesbaden: Härpfer 2016.

Neuneck, Götz, »Wettrüsten im All? Stand und Perspektiven der Weltraumbewaffnung«, in: *Aus Politik und Zeitgeschichte* 69 (2019), H. 29-30, S. 33-39.

Neurath, Otto, *Empirische Soziologie. Der wissenschaftliche Gehalt der Geschichte und Nationalökonomie,* Wien: Springer 1931.

Nietzsche, Friedrich, *Jenseits von Gut und Böse. Zur Genealogie der Moral*, Kritische Studienausgabe, hg. von Giorgio Colli und Mazzino Montinari, Berlin, New York: Walter de Gruyter 1988.

Nietzsche, Friedrich, *Also sprach Zarathustra*, Kritische Studienausgabe, Hg. von Giorgio Colli und Mazzino Montinari, Berlin, New York: Walter de Gruyter 1988.

Nigro, Roberto, Gerald Raunig, *Inventionen 2: Exodus. Reale Demokratie. Immanenz. Territorium. Maßlose Differenz. Biopolitik*, Berlin: Merve 2012.

Nohr, Rolf, »Lebensraum«, in: Stephan Günzel (hg.), *Lexikon der Raumphilosophie*, Darmstadt: Wissenschaftliche Buchgesellschaft 2012.

Norris, Richard D. u. a., »Sliding Rocks on Racetrack Playa, Death Valley National Park: First Observation of Rocks in Motion«, in: *Plos One,* 27. August 2014, ⟨https://journals.plos.org/plosone/article?id=10.1371/journal.pone.0105948⟩, letzter Zugriff 05. 08. 2021.

O'Brien, Richard, *Global Financial Integration. The End of Geography,* London: Pinter for Royal Institute of International Affairs 1992.

Oeser, Erhard, *Die Suche nach der zweiten Erde. Illusion und Wirklichkeit der Weltraumforschung*, Darmstadt: Wissenschaftliche Buchgesellschaft 2009.

Ohmae, Kenichi, *The Borderless World. Power and Strategy in the Global Marketplac*e, London: Profile Books 1990.

Oldroyd, David R., *Die Biographie der Erde. Zur Wissenschaftsgeschichte der Erde*, Frankfurt/M.: Zweitausendeins 1998.

Opitz, Sven, »Eine Topologie des Außen — Foucault als Theoretiker der Inklusion/Exklusion«, in: Roland Anhorn u. a. (Hg.), *Foucaults Machtanalytik und Soziale Arbeit. Eine kritische Einführung und Bestandsaufnahme*, Wiesbaden: VS 2007, S. 41-58.

Opitz, Sven, Stichwort »Grenzregime«, in: Werner Fuchs-Heinritz u. a. (Hg.), *Lexikon zur Soziologie,* Wiesbaden: VS 2011.

Opitz, Sven, »Neue Kollektivitäten: Das Kosmopolitische bei Bruno Latour und Ulrich Beck«, in: *Soziale Welt* 67 (2016), S. 249-266.

Opitz, Sven, »Luftsicherheitszonen. Atmosphären des Selbst in Zeiten von COVID 19«, in: Michael Volkmer, Karin Werner (Hg.), *Die Corona-Gesellschaft. Analysen zur Lage und Perspektiven für die Zukunft*, Bielefeld: transcript 2020, 125-134.

Osterhammel, Jürgen, *Die Verwandlung der Welt. Eine Geschichte des 19. Jahrhunderts*, München: C. H. Beck 2009.

Osterhammel, Jürgen, Niels P. Petersson, *Geschichte der Globalisierung. Dimensionen, Prozesse, Epochen*, München: C. H. Beck 2003.

Ostwald, Wilhelm, *Energetische Grundlagen der Kulturwissenschaft*, Leipzig: Verlag von Dr. Werner Klinkhardt 1909.

Otto, Frederike, *Wütendes Wetter. Auf der Suche nach den Schuldigen für Hitzewellen, Hochwasser und Stürme*, Berlin: Ullstein 2019.

Ó Tuathail, Gearoid, »Rahmenbedingungen der Geopolitik in der Postmoderne. Globalisierung, Informationalisierung und die globale Risikogesellschaft«, in: Reinhard Zeilinger u. a. (Red.), *Geopolitik. Zur Ideologiekritik politischer Raumkonzepte*, Wien: Promedia 2001, S. 120-142.

Ouma, Stefan, »Land Grabbing«, in: Nadine Marquart, Verna Schreiber (Hg.), *Ortsregister. Ein Glossar zu Räumen der Gegenwart*, Bielefeld: transcript 2012, S. 171-177.

Ovid, *Metamorphosen*. Mit den Zeichnungen von Pablo Picasso, Leipzig: Reclam 1971.

Padrutt, Hanspeter, »Heideggers Denken und die Ökologie«, in: *Heidegger Studies* 6 (1990), S. 43-66.

Park, Robert Ezra, Ernest Burgess und Roderick D. McKenzie, *The City. Suggestions for Investigation of Human Behavior in the Urban Environment*, Chicago, London: The University of Chicago Press 1967, 5. Aufl.

Park, Robert Ezra, Ernest Burgess (Hg.), *Introduction to the Science of Sociology. Including an Index to Basic Sociological Concepts*, Chicago, London: The University of Chicago Press 1970.

Park, Robert Ezra, »Die Stadt als räumliche Struktur und als sittliche Ordnung«, in: Peter Atteslander, Bernd Hamm (Hg.), *Materialien zur Siedlungssoziologie,* Köln: Kiepenhauer & Witsch 1974, S. 90-100.

Parsons, Talcott, *Gesellschaften. Evolutionäre und komparative Perspektiven*, Frankfurt/M.: Suhrkamp 1975.

Pascal, Blaise, *Gedanken*, Stuttgart: Reclam 1987.

Pearce, Fred, *Land Grabbing. Der globale Kampf um Grund und Boden*, München: Antje Kunstmann 2012.

Perec, Georges, *Denken/Ordnen*, Zürich, Berlin: diaphanes 2014.

Pereira, Kiran, »Sand, ein knappes Gut«, in: Le Monde diplomatique, *Atlas der Globalisierung. Weniger wird mehr. Kolleg Postwachstumsgesellschaften*, Berlin 2015, S. 72-75.

Peters, Hans M., »Tiersoziologie«, in: Carl Brinkmann (Hg.), *Soziologie und Leben. Die soziologische Dimension der Fachwissenschaften*, Tübingen, Stuttgart: Rainer Wunderlich 1952, S. 309-331.

Peters, Hans M., »Gesellungsformen der Tiere«, in: Werner Ziegenfuß (Hg.), *Handbuch der Soziologie*, Stuttgart: Ferdinand Enke 1956, S. 613-640.

Pignatti, S., »Pflanzensoziologie am Scheideweg«, in: *Vegetatio*, Vol. 30 (1975), 3, S. 149-152.

Platonow, Andrei , *Die Baugrube,* Berlin: Suhrkamp 2016.
Plessner, Helmuth, *Die Stufen des Organischen und der Mensch,* Berlin, New York: Walter de Gruyter 1975.
Plessner, Helmuth, »Mensch und Tier« (1946), in: ders., *Conditio humana,* Gesammelte Schriften VIII, Frankfurt/M.: Suhrkamp 1983, S. 52-65.
Plessner, Helmuth, »Zur Frage der Vergleichbarkeit tierischen und menschlichen Verhaltens« (1965), in: ders., *Conditio humana,* Frankfurt/M.: Suhrkamp 1983, S. 284-293.
Plessner, Helmuth, »Der Mensch als Naturereignis« (1965), in: ders., *Conditio humana,* Gesammelte Schriften VIII, Frankfurt/M.: Suhrkamp 1983, S. 267-293.
Plessner, Helmut, *Elemente der Metaphysik. Eine Vorlesung aus dem Wintersemester 1931/32,* hg. von Hans-Ulrich Lessing, Berlin: Akademie 2000.
Plessner, Helmuth, »Gedanken eines Philosophen zur Weltraum-Rakete« (1949), in: Joachim Fischer, Dirk Spreen, *Soziologie der Weltraumfahrt,* Bielefeld: transcript 2014, S. 197-201.
Plüss, Mathias, »›Die Wunder der Physik sind fast noch die besseren Wunder.‹ Über die Welten des Alls und den Sinn des Lebens. Ausschnitte aus Gesprächen mit älteren Naturwissenschaftlern aus den letzten zehn Jahren, die der Wissenschaftsjournalist Mathias Plüss geführt hat«, in: *Du. Die Zeitschrift für Kultur,* Nr. 834 (2013), S. 68.
Polanyi, Karl, *The Great Transformation. Politische und ökonomische Ursprünge von Gesellschaften und Wirtschaftssystemen,* Frankfurt/M.: Suhrkamp 1978. [engl. Orig.: 1944)
Pollan, Michael, *Die Botanik der Begierde. Vier Pflanzen betrachten die Welt,* München: Claasen 2002.
Popcorn, Faith, *Der Popcorn-Report. Trends für die Zukunft,* München: Heyne 1992.
Popitz, Heinrich, *Der Aufbruch zur artifiziellen Gesellschaft. Zur Anthropologie der Technik,* Tübingen: J. C. B. Mohr (Paul Siebeck) 1995.
Porter, Jeremy R., Frank M. Howell, *Geographical Sociology. Theoretical Foundations and Methodological Applications in the Sociology of Location,* Dordrecht, Heidelberg u. a.: Springer 2012.
Portmann, Adolf, *Alles fließt. Wege des Lebendigen,* Freiburg, Basel u. a.: Herder 1967.
Portmann, Adolf, *Entläßt die Natur den Menschen? Gesammelte Aufsätze zur Biologie und Anthropologie,* München: Piper 1970.
Portmann, Adolf, *Biologie und Geist,* Frankfurt/M.: Suhrkamp 1973 (zuerst Zürich 1956).
Portmann, Adolf, *An den Grenzen des Wissens. Vom Beitrag der Biologie zu einem neuen Weltbild,* Wien, Düsseldorf: Econ 1974.
Portmann, Adolf, *Das Tier als soziales Wesen. Mit 32 Kunstdrucktafeln und*

37 Abbildungen im Text, Frankfurt/M.: Suhrkamp 1978 (zuerst Zürich 1953).
Potthast, Jörg, *Die Bodenhaftung der Netzwergsellschaft. Eine Ethnografie von Pannen an Großflughäfen*, Bielefeld: transcript 2007.
Priester, Karin, *Mary Shelley – Die Frau, die Frankenstein erfand*, München: Langen Müller 2001.
Prigogine, Ilya, Isabelle Stengers, *Dialog mit der Natur. Neue Wege naturwissenschaftlichen Denkens*, München: Piper 1981.
Prisching, Manfred, *Good Bye New Orleans. Der Hurrikan Katrina und die amerikanische Gesellschaft,* Graz: Leykam 2006.
Pschera, Alexander, *Das Internet der Tiere. Der neue Dialog zwischen Mensch und Natur,* Berlin: Matthes & Seitz 2014.

Radkau, Joachim, *Natur und Macht. Eine Weltgeschichte der Umwelt,* München: C.H. Beck 2000.
Radkau, Joachim, *Die Ära der Ökologie. Eine Weltgeschichte,* München: C.H. Beck 2011.
Raffestine, Claude, *Zu einer Geographie der Territorialität*, hg. von Francisco R. Klauser, Stuttgart: Franz Steiner 2010.
Rahmstorf, Stefan, Hans Joachim Schellnhuber, *Der Klimawandel*, Bonn: Bundeszentrale für politische Bildung 2020.
Rapaies, Raymund, »Versuch einer Gesellschaftslehre der Pflanzen«, in: Richard Thurnwald, *Arbeiten zur biologischen Grundlegung der Soziologie*, Bd. 2, Leipzig: C. H. Hirschfeld 1931, S. 1-17.
Ratzel, Friedrich, *Anthropogeographie oder Grundzüge der Anwendung der der Erdkunde auf die Geschichte,* Leipzig: Elibron Classics 2005 [Stuttgart 1882].
Ratzel, Friedrich, *Politische Geographie,* München, Berlin: R. Oldenbourg 1923 [1887].
Raulff, Ulrich, »Das unterirdische Paradies oder: ein Stück aus einer künftigen Geschichte«, in: *Daidalos* 13 (1984), S. 124-131.
Raulff, Ulrich, im Gespräch mit Marion Ackermann, in: Kunstsammlung Nordrhein-Westfalen (Hg.), *Unter der Erde. Von Kafka bis Kippenberger*, Dortmund: Kettler 2014, S. 65-74.
Raulff, Ulrich, *Das letzte Jahrhundert der Pferde. Geschichte einer Trennung*, München: C.H. Beck 2015.
Rauterberg, Hanno »Das Glück ist grün«, in: *ZEIT ONLINE*, 24.05.2012, ⟨https://www.zeit.de/2012/22/Garten⟩, letzter Zugriff 05.08.2021.
Redecker, Eva von, *Revolution für das Leben. Philosophie der neuen Protestformen*, Frankfurt/M.: Fischer 2020.
Rees, Anke, »Widerspenstige Gebäude. Eine Untersuchung von Materialität, Kontroversen und Atmosphären«, in: Tobias Conradi u. a. (Hg.),

Strukturentstehung durch Verflechtung. Akteur-Netzwerk-Theorie(n) und Automatismen, Paderborn: Wilhelm Fink 2013, S. 93-111.

Rehbein, Boike, Hermann Schwengel, *Theorien der Globalisierung*, Konstanz: UVK 2008.

Rehberg, Karl-Siegbert, »Soziologie als ›Wirklichkeitswissenschaft‹ jenseits von Naturalismus und Virtualitätseuphorie: Eröffnungsvortrag des 33. Kongresses der Deutschen Gesellschaft für Soziologie«, in: ders. (Hg.), *Die Natur der Gesellschaft*, Verhandlungen des 33. Kongresses der Deutschen Gesellschaft für Soziologie in Kassel 2006, Teilbd. 1 u. 2, Frankfurt/M., New York: Campus 2008, S. 23-41.

Reichholf, Josef H., *Naturschutz. Krise und Zukunft*, Berlin: Suhrkamp 2010.

Reichholf, Josef H., *Stadtnatur. Eine neue Heimat für Tiere und Pflanzen*, München: Oekom 2007.

Reinbothe, Horst, Claus Wasternak, *Mensch und Pflanze. Kulturgeschichte und Wechselbeziehung*, Heidelberg, Wiesbaden: Quelle und Meyer 1986.

Reuber, Paul, Günter Wolkersdorfer, »Geopolitische Weltbilder als diskursive Konstruktionen – Konzeptionelle Anmerkungen und Beispiele zur Verbindung von Macht, Politik und Raum«, in: Hans Gebhardt, Helmut Kiesel (Hg.), *Weltbilder*, Berlin, Heidelberg: Springer, S. 367-387.

Reufels, Delia González de u. a. (Hg.), *Grenzüberschreitendes Kino. Geoästhetik, Arbeitsmigration und transnationale Identitätsbildung*, Berlin: Bertz + Fischer 2019.

Reusswig, Fritz, »Klimawandel und Gesellschaft – Vom Katastrophen- zum Gestaltungsdiskurs im Horizont der postkarbonen Gesellschaft«, in: Martin Voss (Hg.), *Der Klimawandel. Sozialwissenschaftliche Perspektiven*, Wiesbaden: VS 2010, S. 75-97.

Rid, Thomas, *Maschinendämmerung. Eine kurze Geschichte der Kybernetik*, Berlin: Ullstein 2016.

Riechelmann, Cord, Danilo Scholz, Gespräch mit Philippe Descola, in: *Merkur* 69 (2015), H. 799, S. 5-19.

Riechelmann, Cord, *Bestiarium. Der Zoo als Welt – die Welt als Zoo*, Frankfurt/M.: Eichborn 2003.

Riechelmann, Cord, *Wilde Tiere in der Großstadt*, Berlin: Nicolai 2004.

Ritsert, Jürgen, *Gesellschaft. Ein unergründlicher Grundbegriff der Soziologie*, Frankfurt/M., New York: Campus 2000.

Roberts, Callum, *Der Mensch und das Meer. Warum der größte Lebensraum der Erde in Gefahr ist*, München: DVA 2013.

Rokkan, Stein, *Staat, Nation und Demokratie in Europa*, Frankfurt/M.: Suhrkamp 2000.

Roland, Oliver (Hg.), *Friedhof – Adé? Die Bestattungskultur des 21. Jahrhunderts*, Mannheim: AZUR 2006.

Rössler, Mechthild, »Vorwort«, in: Yves Lacoste: *Geographie und politisches Handeln. Perspektiven einer neuen Geopolitik,* Berlin: Wagenbach 1990, S. 7-11.

Röttgers, Kurt, Monika Schmitz-Emans (Hg.), *Steine – Versteinertes,* Essen: Die Blaue Eule 2014.

Rötzer, Florian, »Globale Technik für den globalen Klimawandel. Die Großprojekte des Geoengineering zur Rettung des irdischen Klimas«, in: Peter Lutz, Thomas Macho (Hg.), *Zwei Grad. Das Wetter, der Mensch und sein Klima,* Göttingen: Wallstein 2008, S. 120-126.

Rötzer, Florian, *Sein und Wohnen. Philosophische Streifzüge zur Geschichte und Bedeutung des Wohnens,* Frankfurt/M.: Westend 2020.

Ross, Edward Alsworth, *Das Buch der Gesellschaft. Grundlagen der Soziologie und Sozialreform,* Karlsruhe: G. Braun 1926.

Roßler, Gustav, *Der Anteil der Dinge an der Gesellschaft. Sozialität – Kognition – Netzwerke,* Bielefeld: transcript 2016.

Rousseau, Jean-Jacques, *Diskurs über die Ungleichheit/Discours sur l'inegalité,* kritische Ausgabe des integralen Textes, hg. von Heinrich Meier, 5. Aufl., Paderborn u. a.: Schöningh 2001, S. 165.

Rucht, Dieter, »Faszinosum Fridays for Future«, in: *Aus Politik und Zeitgeschichte* 69 (2019), H. 47-48, S. 4-9.

Rufin, Jean-Christophe, *Das Reich und die neuen Barbaren,* Berlin: Volk & Welt 1993.

Rufin, Jean-Christophe, *Globalia,* Köln: Kiepenheuer und Witsch 2005.

Sachs, Wolfgang, *Satellitenblick. Die Visualisierung der Erde im Zuge der Weltraumfahrt,* Forschungsgruppe »Große technische Systeme« des Forschungsschwerpunkts Technik – Arbeit – Umwelt am Wissenschaftszentrum Berlin für Sozialforschung FS II 92-501, 1992.

Sachs, Wolfgang, »Satellitenblick. Die Ikone vom blauen Planeten und ihre Folgen für die Wissenschaft«, in: Ingo Braun, Bernward Joerges, *Technik ohne Grenzen,* Frankfurt/M.: Suhrkamp 1994, S. 305-346.

Sachs, Wolfgang, »Astronautenblick. Über die Versuchung zur Weltsteuerung in der Ökologie«, in: *Jahrbuch Ökologie,* München: C. H. Beck 1998, S. 199-206.

Sachs, Jeffrey D., *Wohlstand für viele. Globale Wirtschaftspolitik in Zeiten der ökologischen und sozialen Krise,* München: Siedler 2008.

Sahlins, Marshall, *Stone Age Economics,* London, New York: Routledge 2017.

Said, Edward W., *Kultur und Imperialismus. Einbildungskraft und Politik im Zeitalter der Macht,* Frankfurt/M.: Fischer 1994.

Saint-Exupéry, Antoine de, *Wind, Sand und Sterne,* Düsseldorf: Karl Rauch 2010. [frz. Orig. 1939]

Salmon, Christian, »Du sollst nicht wohnen«, in: *Le Monde diplomatique* 17.05.2002, ⟨https://monde-diplomatique.de/artikel/!1109978⟩, letzter Zugriff 06.07.2021.

Schäfers, Bernhard, *Grundbegriffe der Soziologie*, Opladen: Leske + Budrich 1995.

Scharbacher, Gabriele, »Unsichtbare Stadt. Zur Medialität urbaner Architekturen«, in: *Zeitschrift für Medienwissenschaft* 7, H. 12 (2015), S. 79-90.

Scheler, Max, *Schriften zur Anthropologie,* Stuttgart: Reclam 1994.

Scheler, Max, *Die Stellung des Menschen im Kosmos,* Bonn: Bouvier 2007.

Schelsky, Helmut, »Der Mensch in der wissenschaftlichen Zivilisation« (1961), in: ders., *Auf der Suche nach Wirklichkeit. Gesammelte Aufsätze,* Düsseldorf, Köln: Eugen Diederichs 1965, S. 439-480.

Schetter, Conrad, Benedikt Korf, »Nachwort. Zur Geographie des Krieges«, in: dies. (Hg.), *Geographien der Gewalt. Kriege, Konflikte und die Ordnung des Raumes im 21. Jahrhundert*, Stuttgart: Borntraeger 2015, S. 230-240.

Schladebach, Marcus, »Wem gehört der Weltraum? Grundlagen des Weltraumrechts«, in: *Aus Politik und Zeitgeschichte* 69 (2019), H. 29-30, S. 26-32.

Schlögel, Karl, *Im Raum lesen wir die Zeit. Über Zivilisationsgeschichte und Geopolitik,* Frankfurt/M.: Fischer 2006.

Schmalenbach, Hermann, »Soziologie der Sachverhältnisse«, in: *Jahrbuch für Soziologie*, 3. Bd. (1927), S. 38-45.

Schmelzer, Matthias, »Spielarten der Wachstumskritik. Degrowth, Klimagerechtigkeit, Subsistenz – eine Einführung in die Begriffe und Ansätze der Postwachstumsbewegung«, in: *Le Monde diplomatique, Atlas der Globalisierung. Weniger wird mehr. Kolleg Postwachstumsgesellschaften*, Berlin 2015, S. 116-121.

Schmied, Gerhard, *Das Rätsel Mensch – Antworten der Soziologie*, Opladen und Farmington Hills: Barbara Budrich 2007.

Schmidgen, Henning, *Latour zur Einführung*, Hamburg: Junius 2010.

Schmidt, Rainer G., »Einschlüsse/Aufschlüsse. Eine phantastische Mineralogie«, in: Roger Caillois, *Die Schrift der Steine*, Graz, Wien: Droschl 2004, S. 185-195.

Schmitt, Carl, »Nehmen / Teilen / Weiden« (1953), in: ders., *Verfassungsrechtliche Aufsätze aus den Jahren 1924-1954. Materialien zu einer Verfassungslehre*, Berlin: Duncker & Humblot 1973, S. 489-504.

Schmitt, Carl, *Land und Meer. Eine weltgeschichtliche Betrachtung. Meiner Tochter Anima erzählt,* Köln-Lövenich: Hohenheim 1981 (zuerst Leipzig 1942).

Schmitt, Carl, *Gespräch über die Macht und den Zugang zum Machthaber. Gespräch über den Neuen Raum,* Berlin: Akademie 1994.

Schmitt, Carl, *Der Nomos der Erde im Völkerrecht des Jus Publicum Europaeum,* Berlin: Duncker & Humblot 1997 (zuerst: 1950).

Schmitz, Friederike (Hg.), *Tierethik. Grundlagentexte*, Berlin: Suhrkamp 2014.

Schmitz-Emans, Monika, »Roger Caillois' Texte über Steine. Ein literarisches Lapidarium«, in: Kurt Röttgers, Monika Schmitz-Emans (Hg.), *Steine – Versteinertes,* Essen: Die Blaue Eule 2014, S. 47-60.

Schmundt, Hilmar, »Ralley am Himmel«, in: *Der Spiegel* Nr. 6/1.2.2020.

Schneider, Ute, »Geowissenschaften«, in: Stephan Günzel (Hg.), *Raum. Ein interdisziplinäres Handbuch,* Stuttgart: Metzler 2010, S. 24-33.

Schnibben, Cordt, David Schraven (Hg.), *Corona. Geschichte eines angekündigten Sterbens,* München: dtv 2020.

Schönherr, Hans-Martin, *Die Technik und die Schwäche. Ökologie nach Nietzsche, Heidegger und dem »schwachen« Denken*, mit einem Vorwort von Gianni Vattimo, Wien: Passagen 1989.

Schroer, Markus, »Kampf um Lebenschancen. Zur Risiko*beobachtung* der Risiko*bewegungen* in der Risiko*gesellschaft*«, in: Toru Hijikata, Armin Nassehi (Hg.), *Riskante Strategien. Beiträge zur Soziologie des Risikos*, Opladen: Westdeutscher Verlag 1997, S. 109-140.

Schroer, Markus, *Das Individuum der Gesellschaft. Synchrone und diachrone Theorieperspektiven*, Frankfurt/M.: Suhrkamp 2001.

Schroer, Markus, »Land und (Daten-)Meer. Zur Besetzung von Räumen im Internet«, in: *Telepolis* (2001), ⟨https://www.heise.de/tp/features/Land-und-Daten-Meer-3452118.html⟩, letzter Zugriff 06. 07. 2021.

Schroer, Markus, »Richard Sennett«, in: Dirk Kaesler (Hg.), *Aktuelle Theorien der Soziologie. Von Shmuel N. Eisenstadt bis zur Postmoderne*, München: Beck 2005, S. 250-266.

Schroer, Markus, *Räume, Orte, Grenzen. Auf dem Weg zu einer Soziologie des Raums,* Frankfurt/M.: Suhrkamp 2006.

Schroer, Markus, »Körperräume«, in: ders., *Räume, Orte, Grenzen. Auf dem Weg zu einer Soziologie des Raums*, Frankfurt/M.: Suhrkamp 2006, S. 276-296.

Schroer, Markus, »Auf der Suche nach der verlorenen Wirklichkeit. Aufmerksamkeit und Dingwahrnehmung bei Siegfried Kracauer«, in: *Österreichische Zeitschrift für Soziologie* 32 (2007), H. 1, S. 3-24.

Schroer, Markus, »Vermischen, Vermitteln, Vernetzen. Bruno Latours Soziologie der Gemenge und Gemische im Kontext«, in: Georg Kneer u. a. (Hg.), *Bruno Latours Kollektive. Kontroversen zur Entgrenzung des Sozialen,* Frankfurt/M.: Suhrkamp 2008, S. 361-398.

Schroer, Markus, »Materielle Formen des Sozialen. Die ›Architektur der Gesellschaft‹ aus Sicht der sozialen Morphologie«, in: Joachim Fischer,

Heike Delitz (Hg.), *Die Architektur der Gesellschaft. Theorien für die Architektursoziologie*, Bielefeld: transcript 2009, S. 19-48.

Schroer, Markus, »Gesellschaft und Eigensinn. Hans Magnus Enzensbergers literarische Soziologie«, in: Dirk von Petersdorff (Hg.), *Hans Magnus Enzensberger und die Ideengeschichte der Bundesrepublik*, Heidelberg: Winter 2010, S. 9-36.

Schroer, Markus, »Der Star«, in: Stephan Moebius, Markus Schroer (Hg.), *Diven, Hacker, Spekulanten. Sozialfiguren der Gegenwart*, Berlin: Suhrkamp 2010, S. 381-395.

Schroer, Markus, »Das ausgestellte Selbst in der Kultur der Aufmerksamkeit«, in: *Zeitschrift für systemische Therapie und Beratung* 28 (2010), H. 2, S. 70-73.

Schroer, Markus, »Die Stadt«, in: Stephan Günzel (Hg.), *Lexikon der Raumphilosophie*, Darmstadt: Wissenschaftliche Buchgesellschaft 2012, S. 386-387.

Schroer, Markus »Sichtbar oder unsichtbar? Vom Kampf um Aufmerksamkeit in der visuellen Kultur«, in: *Soziale Welt* 64 (2013), H. 1-2, S. 17-36.

Schroer, Markus, »Soziologie der Aufmerksamkeit. Grundlegende Überlegungen zu einem Theorieprogramm«, in: *Kölner Zeitschrift für Soziologie und Sozialpsychologie* 66 (2014), S. 193-218.

Schroer, Markus, »Grenzen in einer entgrenzten Welt«, in: *Berliner Republik. Das Debattenmagazin*, H. 6 (2014), S. 22-24.

Schroer, Markus, »Erde, Klima, Territorien – Konturen einer Geosoziologie«, in: *Merkur* 69 (2015), H. 9, S. 93-102.

Schroer, Markus, »Grenzverhältnisse. Vom ›Umzug ins Offene‹ zum ›Rückzug ins Geschlossene‹?, in: *Soziopolis*, 02. 11. 2016, letzter Zugriff, 08. 08. 2021.

Schroer, Markus, »Geosoziologie im Zeitalter des Anthropozän«, in: Anna Henkel u. a. (Hg.), *Raum und Zeit. Soziologische Betrachtungen zur gesellschaftlichen Raumzeit*, 4. Sonderband der *Zeitschrift für Theoretische Soziologie*, Weinheim: Juventa 2017, S. 126-152.

Schroer, Markus, *Soziologische Theorien. Von den Klassikern bis zur Gegenwart*, Paderborn: Wilhelm Fink (UTB) 2017.

Schroer, Markus, »Soziale Morphologie«, in: Johannes Kopp, Anja Steinbach, *Grundbegriffe der Soziologie*, Wiesbaden: VS 2018, S. 331-333.

Schroer, Markus, »Rausch, Fest und Ekstase. Zur Lebenssoziologie von Georges Bataille und Michel Maffesoli«, in: Heike Delitz u. a. (Hg.), *Soziologie des Lebens. Überschreitung, Differenzierung, Kritik*, Bielefeld: transcript 2018, S. 91-112.

Schroer, Markus, *Räume der Gesellschaft. Soziologische Studien*, Wiesbaden: VS 2019.

Schroer, Markus, »Raum im Poststrukturalismus«, in: ders., *Räume der Gesellschaft. Soziologische Studien*, Wiesbaden: VS 2019, S. 27-41.
Schroer, Markus, »Grenzen – ihre Dissemination und Diversifizierung«, in: ders., *Räume der Gesellschaft. Soziologische Studien,* Wiesbaden: VS 2019, S. 257-265.
Schroer, Markus, »Raum, Wohnen und Mobilität«, in: ders., *Räume der Gesellschaft. Soziologische Studien,* Wiesbaden: VS 2019, S. 167-177.
Schroer, Markus, »Materialität und Raum/Materiality and Space«, in: MARTa Herford (Hg.), *Glas und Beton – Manifestationen des Unmöglichen,* Herford: MARTa Herford 2020, S. 71-73.
Schroer, Markus, »Michel Maffesolis postmoderne Soziologie des Alltags«, in: Heike Delitz (Hg.), *Soziologisches Denken aus Frankreich*, Wiesbaden: VS 2022, i. E.
Schroer, Markus, Jessica Wilde, »Mit allen Sinnen. Aufmerksamkeitsgenerator Stadt«, in: *Der Architekt. Zeitschrift des Bundes Deutscher Architekten* (2012), H. 2, S. 46-50.
Schroer, Markus, Jessica Wilde, »Stadt und Körper« in: Robert Gugutzer u. a. (Hg.), *Handbuch Körpersoziologie,* Wiesbaden: VS 2016, S. 319-333.
Schultz, Susanne, »Der Einfluss des Neomalthusianismus in der aktuellen Bevölkerungs- und Klimadebatte«, in: *Femina Politica – Zeitschrift für feministische Politikwissenschaft*, H. 2 (2020), S. 23-36.
Schwengel, Hermann, »Der Planet den Präsidenten, die Erde den Partisanen und die Weltgesellschaft für IBM«, in: *Tumult. Zeitschrift für Verkehrswissenschaft* 7 (1983), S. 28-39.
Schwengel, Hermann, *Globalisierung mit europäischem Gesicht. Der Kampf um die politische Form der Zukunft*, Berlin: Aufbau 1999.
Scott, James C., *Die Mühlen der Zivilisation. Eine Tiefengeschichte der frühesten Staaten*, Berlin: Suhrkamp 2019.
Seeßlen, Georg, *Coronakontrolle, oder Nach der Krise ist vor der Katastrophe,* Wien: bahoe books 2020.
Sharr, Adam, *Heideggers Hütte*, Berlin: Brinkmann & Bose 2010.
Shelley, Mary, *Frankenstein or The Modern Prometheus*, Ditzing: Reclam 2014.
Seidl, Imri, Angelika Zahrnt (Hg.), *Postwachstumsgesellschaft: neue Konzepte für die Zukunft*, Marburg: Metropolis 2010.
Seidl, Ernst (Hg.), *Lexikon der Bautypen. Funktionen und Formen der Architektur*, Stuttgart: Reclam 2006.
Seitter, Walter, »Aufmerksamkeitskorrelate auf der Ebene der Erscheinungen«, in: Aleida Assmann, Jan Assmann (Hg.), *Aufmerksamkeiten. Archäologie der literarischen Kommunikation VII*, München: Wilhelm Fink 2001, S. 171-182.

Seitter, Walter, *Physik des Daseins. Bausteine zu einer Philosophie der Erscheinungen,* Wien: Sonderzahl 1997.

Seitter, Walter, »Nachwort«, in: Michel Foucault, *Das Leben der infamen Menschen,* Berlin: Merve 2001, S. 49-79.

Seitter, Walter, *Physik der Medien. Materialien, Apparate, Präsentierungen,* Kromsdorf: VDG Weimar 2002.

Seitter, Walter, »Technischer Raum: Enträumlichung«, in: Stephan Günzel (Hg.), *Raum. Ein interdisziplinäres Handbuch,* Stuttgart, Weimar: Metzler 2010, S. 204-218.

Sennett, Richard, *Civitas. Die Großstadt und die Kultur des Unterschieds,* Frankfurt/M.: Fischer 1991.

Sennett, Richard, *Fleisch und Stein. Der Körper und die Stadt in der westlichen Zivilisation,* Frankfurt/M.: Suhrkamp 1997.

Serres, Michel, *Der Parasit,* Frankfurt/M.: Suhrkamp 1981.

Serres, Michel, »Anfänge«, in: Ilya Prigogine, Isabell Stengers, Serge Pahaut, Michel Serres, *Anfänge. Die Dynamik – von Leibniz zu Lukrez,* Berlin: Merve 1991, S. 7-18.

Serres, Michel, *Die fünf Sinne. Eine Philosophie der Gemenge und Gemische,* Frankfurt/M.: Suhrkamp 1993.

Serres, Michel, *Der Naturvertrag*, Frankfurt/M.: Suhrkamp 1994.

Serres, Michel, *Atlas,* Berlin: Merve 2005.

Serres, Michel, *Aufklärungen. Fünf Gespräche mit Bruno Latour*, Berlin: Merve 2008.

Serres, Michel, *Das eigen*tliche *Übel*, Berlin: Merve 2009.

Serres, Michel, *Kleine Chroniken. Sonntagsgespräche mit Michel Polacco,* Berlin: Merve 2012.

Serres, Michel, *Erfindet euch neu! Eine Liebeserklärung an die vernetzte Generation,* Berlin: Suhrkamp 2013.

Serres, Michel, W*as genau war früher besser? Ein optimistischer Wutanfall,* Berlin: Suhrkamp 2019.

Serres, Michel, »Nie Netze verlassen ...«. Interview mit Regis Debray für die *Cahiers de Médiologie*, übersetzt von Alessandro Barberi. ⟨https://homepage.univie.ac.at/alessandro.barberi/Publikationen/Interview%20mit%20Michel%20Serres.pdf⟩.

Service, Elman R., *Ursprünge des Staates und der Zivilisation. Der Prozess der kulturellen Evolution*, Frankfurt/M.: Suhrkamp 1977.

Settele, Veronika, »Mensch, Tier und Technik. ›Doing Technology‹ in deutschen Schweineställen und die Veränderung des Verhältnisses von Mensch und Tier seit 1945«, in: *Technikgeschichte* 87 (2020), H. 2, S. 133-163.

Seyfert, Robert, *Beziehungsweisen. Elemente einer relationalen Soziologie*, Weilerswist: Velbrück 2019.

Sieferle, Rolf Peter, »Im Einklang mit der Natur«, in: Bodo-Michael Baumunk, Jasdan Joerges (Hg.), *7 Hügel – Bilder und Zeichen des 21. Jahrhunderts: Dschungel,* Berlin: Henschel 2000, S. 12-16.
Simmel, Georg, *Philosophie des Geldes*, Gesamtausgabe Bd. 6, hg. von David P. Frisby und Klaus Christian Köhnke, Frankfurt/M.: Suhrkamp 1989.
Simmel, Georg, *Soziologie. Untersuchungen über die Formen der Vergesellschaftung,* Gesamtausgabe Bd. 11, hg. von Otthein Rammstedt, Frankfurt/M.: Suhrkamp 1992.
Simmel, Georg, »Aesthetik der Schwere«, in: ders.: Aufsätze und Abhandlungen 1901-1908, Bd. I, Gesamtausgabe Bd. 7, hg. von Rüdiger Kramme, Angela Rammstedt und Otthein Rammstedt, Frankfurt/M.: Suhrkamp 1995, S. 43-48.
Simmel, Georg, »Die Alpen«, in: ders., *Hauptprobleme der Philosophie. Philosophie der Kultur*, Gesamtausgabe Bd. 14, hg. von Rüdiger Kramme und Otthein Rammstedt, Frankfurt/M.: Suhrkamp 1996, S. 296-303.
Simmel, Georg, »Lebensanschauung. Vier metaphysische Kapitel«, in: ders., *Der Krieg und die geistigen Entscheidungen / Grundfragen der Soziologie / Vom Wesen des historischen Verstehens / Der Konflikt der modernen Kultur/Lebensanschauung*, Gesamtausgabe B. 16, hg. von Gregor Fitzi und Otthein Rammstedt, Frankfurt/M.: Suhrkamp 1999.
Simondon, Gilbert, *Tier und Mensch. Zwei Vorlesungen*, Berlin: diaphanes 2011.
Sinclair, Upton, *Der Dschungel*, Zürich: Unionsverlag 2020.
Sheldrake, Rupert, *Die Wiedergeburt der Natur. Wissenschaftliche Grundlagen eines neuen Verständnisses der Lebendigkeit und Heiligkeit der Natur*, Bern, München u. a.: Scherz 1993.
Sloterdijk, Peter, »Anthropogonischer Exodus«, in: Tom Fecht, Dietmar Kamper (Hg.), *Umzug ins Offene. Vier Versuche über den Raum*, Wien, New York: Springer 1998, S. 302-312.
Sloterdijk, Peter, *Sphären I, Mikrosphärologie: Blasen,* Frankfurt/M.: Suhrkamp 1998.
Sloterdijk, Peter, *Sphären II, Makrosphärologie: Globen,* Frankfurt/M.: Suhrkamp 1999.
Sloterdijk, Peter, *Das Menschentreibhaus. Stichworte zur historischen und prophetischen Anthropologie*, Weimar: Verlag und Datenbank für Geisteswissenschaften 2001.
Sloterdijk, Peter, *Sphären III, Plurale Sphärologie: Schäume,* Frankfurt/M.: Suhrkamp 2004.
Sloterdijk, Peter, *Im Weltinnenraum des Kapitals. Für eine philosophische Theorie der Globalisierung,* Frankfurt/M.: Suhrkamp 2005.
Sloterdijk, Peter, »Europa ist ein Kristallpalast. Im Gespräch mit Peter Slo-

terdijk«, in: Friedrich von Borries u. a., *Bessere Zukunft? Auf der Suche nach den Räumen von Morgen*, Berlin: Merve 2008, S. 32-47.

Sloterdijk, Peter, »Wie groß ist ›groß‹?«, in: *Das Raumschiff hat keinen Notausgang. Texte von Paul J. Crutzen, Mike Davis, Michael D. Mastrandrea, Stephen H. Schneider und Peter Sloterdijk*, Berlin: Suhrkamp 2011, S. 93-110.

Sloterdijk, Peter, »Das Anthropozän – Ein Prozess-Zustand am Rande der Erd-Geschichte?«, in: Jürgen Renn, Bernd Scherer (Hg.), *Das Anthropozän. Zum Stand der Dinge*, Berlin: Matthes & Seitz 2015, S. 25-49.

Soentgen, Jens, »Im Funktionskreis des Feindes. Über die Angst der Tiere im Anthropozän«, in: *Merkur. Zeitschrift für europäisches Denken* 71 (2017), S. 18-30.

Sombart, Werner, »Wirtschaft«, in: Alfred Vierkandt (Hg.), *Handwörterbuch der Soziologie*, Gekürzte Studienausgabe, Stuttgart: Ferdinand Enke 1982, S. 209-216.

Sombart, Werner, »Grundformen des menschlichen Zusammenlebens«, in: Alfred Vierkandt (Hg.), *Handwörterbuch der Soziologie*, Gekürzte Studienausgabe, Stuttgart: Ferdinand Enke 1982, S. 49-67.

Sombart, Werner, *Der Bourgeois. Zur Geistesgeschichte des modernen Wirtschaftslebens*, Reinbek bei Hamburg: Rowohlt 1988.

Sombart, Werner, *Noo-Soziologie*, Berlin: Duncker & Humblot 1956.

Sombart, Werner, *Vom Menschen. Versuch einer geisteswissenschaftlichen Anthropologie* (1938), Paderborn: Salzwasser 2012.

Sontag, Susan, *Krankheit als Metapher. Aids und seine Metaphern*, Frankfurt/M.: Fischer 2003.

Sorgner, Jens, *Transhumanismus. ›Die gefährlichste Idee der Welt‹?*, Freiburg, Basel u. a.,: Herder 2016.

Sorokin, Pitirim, *Soziologische Theorien im 19. und 20. Jahrhundert*, München: C.H. Beck'sche Verlagsbuchhandlung 1931.

Spencer, Herbert, *Die Prinzipien der Soziologie*, 1. Band, Stuttgart: E. Schweizerbart'sche Verlagshandlung (E. Koch) 1877.

Spencer, Herbert, *Die Prinzipien der Soziologie*, 2. Band, Stuttgart: E. Schweizerbart'sche Verlagshandlung (E. Koch) 1877.

Spengler, Oswald, *Untergang des Abendlandes. Umrisse einer Morphologie der Weltgeschichte*, Berlin: Albatros 2015.

Spreen, Dierk, *Upgradekultur: Der Körper in der Enhancement-Gesellschaft*, Bielefeld: transcript 2015.

Sprengel, Rainer, *Kritik der Geopolitik. Ein deutscher Diskurs 1914-1944*, Berlin: Akademie 1996.

Squillace, Faustino, *Die soziologischen Theorien*, Leipzig: Dr. Werner Klinkhardt 1911.

Stahr, Karl, »Böden tragen uns? – Böden ernähren uns? Was kennen wir vom Wesen unserer Böden?«, in: Bernd Busch (Red.), *Erde*, Köln: Wienand 2002, S. 195-214.

Stavrinaki, Maria, *Bataille und Lascaux. Gedanken zu Beginn und Ende der Geschichte*, Berlin: Matthes & Seitz 2019, S. 80-112.

Steffen, Will u. a., «The Anthropocene: Are Humans Now Overwhelming the Great Forces of Nature?«, in: *AMBIO. A Journal of the Human Environment* 36 (2007), H. 8, S. 614-621.

Stehr, Nico, Hans von Storch, *Klima, Wetter, Mensch*, Opladen, Farmington Hills: Barbara Budrich 2010.

Stehr, Nico, Amanda Machin, *Gesellschaft und Klima. Entwicklungen, Herausforderungen, Umbrüche*, Weilerswist: Velbrück 2019.

Steiniger, Benjamin, »Sand, Beton, Sediment«, in: Andreas L. Hofbauer (Hg.), *Bleibende Steinzeit*, Wien: Sonderzahl 2018, S. 30-42.

Steinmetz, Rudolf, »Die Stellung der Soziogeographie in der Reihe der Geisteswissenschaften«, in: *Archiv für Rechts- und Wirtschaftsphilosophie*, Bd. VI (1912/13), S. 492-501.

Stengers, Isabelle, *Spekulativer Konstruktivismus*, Berlin: Merve 2008.

Stichweh, Rudolf, »Inklusion/Exklusion, funktionale Differenzierung und die Theorie der Weltgesellschaft«, in: *Soziale Systeme* 3 (1997), S. 123-136.

Stichweh, Rudolf, »Raum und moderne Gesellschaft. Aspekte der sozialen Kontrolle des Raums«, in: Thomas Krämer-Badoni, Klaus Kuhm (Hg.), *Die Gesellschaft und ihr Raum. Raum als Gegenstand der Soziologie*, Opladen 2003, S. 93-102.

Stifter, Adalbert, *Bunte Steine und andere Erzählungen*, hg. und kommentiert von Jürgen Jahn, Leipzig: Insel 1981.

Tarde, Gabriel de, *Die Gesetze der Nachahmung*, Frankfurt/M.: Suhrkamp 2003.

Tarde, Gabriel, *Monadologie und Soziologie*, mit einem Vorwort von Bruno Latour, Frankfurt/M.: Suhrkamp 2009.

Tarde, Gabriel, *Masse und Meinung*, Konstanz: Konstanz University Press 2015.

Tarde, Gabriel, *Fragment einer Geschichte der Zukunft*, Konstanz: University Press 2015.

Teilhard de Chardin, Pierre, *Die Entstehung des Menschen*, München: C. H. Beck 1997.

Teilhard de Chardin, Pierre, *Der Mensch im Kosmos*, München: C. H. Beck 1999.

Tetsuro, Watsuji, *Fudo – Wind und Erde. Der Zusammenhang von Klima und Kultur*, Darmstadt: Primus 1997.

Thomä, Dieter, »Selbstbestimmung und Desorientierung des Individuums in der Moderne«, in: Werner Stegmaier (Hg.), *Orientierung. Philosophische Perspektiven*, Frankfurt/M.: Suhrkamp, 2005, S. 289-308.

Thränhardt, Dietrich, »Neue Grenzen in der Globalisierung. Warum Staaten wieder Mauern bauen«, in: *INDES. Zeitschrift für Politik und Gesellschaft*, H. 4 (2012), S. 14-22.

Thunberg, Greta, *Ich will, dass ihr in Panik geratet. Meine Reden zum Klimaschutz*, Frankfurt/M.: Fischer 2019.

Thurmes, Florence, »Unheimlich unterirdisch«, in: Kunstsammlung Nordrhein-Westfalen (Hg.), *Unter der Erde. Von Kafka bis Kippenberger*, Dortmund: Kettler 2014, S. 105-112.

Tinbergen, Nikolaas, *Tiere untereinander. Formen sozialen Verhaltens*, Berlin, Hamburg: Paul Parey 1975.

Tillich, Paul, »Das Wohnen, der Raum und die Zeit«, in: ders., *Der Widersteit von Raum und Zeit. Schriften zur Geschichtsphilosophie*, Berlin: Walter de Gruyter 1963, S. 328-332.

Tönnies, Ferdinand, »Hafenarbeiter und Seeleute in Hamburg vor dem Strike 1896/97«, in: *Archiv für soziale Gesetzgebung und Statistik* 10 (1897), H. 2, S. 173–238.

Tönnies, Ferdinand, »Die Ostseehäfen Flensburg, Kiel, Lübeck«, in: *Die Lage der in der Seefahrt beschäftigten Arbeiter*, Leipzig: Duncker & Humblot 1903, S. 509–614.

Tolstoi, Leo »Wieviel Erde brauch der Mensch?«, in: ders., *Die schönsten Erzählungen*, Berlin: Aufbau 2010, S. 250-274.

Trebsche, Peter, Nils Müller-Scheeßel, Sabine Reinhold, »Einleitung«, in: dies. (Hg.), *Der gebaute Raum. Bausteine einer Architektursoziologie vormoderner Gesellschaften*, Münster: Waxmann 2010, S. 9-28.

Trier, Jost, »Zaun und Mannring«, in: *Beiträge zur Geschichte der deutschen Sprache und Literatur* 66 (1943), S. 232-264.

Tsing, Anna Lowenhaupt, *Der Pilz am anderen Ende der Welt*, Berlin: Matthes & Seitz 2019.

Tudyka, Kurt, »Weltgesellschaft – Unbegriff und Phantom«, in: *Politische Vierteljahresschrift* 30 (1989), S. 503-508.

Urry, John, *Climate Change and Society*, Cambridge, Malden: Polity Press 2011.

Urry, John, *Grenzenloser Profit. Wirtschaft in der Grauzone*, Berlin: Klaus Wagenbach 2015.

Uzarewicz, Michael, *Der Leib und die Grenzen der Gesellschaft. Eine neophänomenologische Soziologie des Transhumanen*, Berlin: Walter de Gruyter 2016.

Vernadskij, Vladimir L., *Der Mensch in der Biosphäre. Zur Naturgeschichte der Vernunft*, Frankfurt/M. u. a.: Peter Lang 1997.

Vidas, Davor, »Mare Librum: Das Völkerrecht im Spiegel menschlicher Geschichte«, in: Jürgen Renn, Bernd Scherer (Hg.), *Das Anthropozän. Zum Stand der Dinge,* Berlin: Matthes & Seitz 2015, S. 88-116.

Virilio, Paul, *Geschwindigkeit und Politik*, Berlin: Merve 1980.

Virilio, Paul, *Rasender Stillstand*, München, Wien: Carl Hanser 1992.

Virilio, Paul, *Die Eroberung des Körpers*, München, Wien: Carl Hanser 1994.

Virilio, Paul, *Fluchtgeschwindigkeit. Essay*, München, Wien: Carl Hanser 1996.

Virilio, Paul, »Mobile Architektur und neue urbane Kulturen«, in: Gerhard Blechinger, Yana Milev (Hg.), *emergencydesign. Designstrategien im arbeitsfeld der krise*, Wien, New York: Springer 2004, S. 41-46.

Virilio, Paul, *Die Verwaltung der Angst,* Wien: Passagen 2011.

Virilio, Paul, *Bunkerarchäologie*, Wien: Passagen 2011.

Virilio, Paul, *Die Küste, letzte Grenze. Ein Gespräch mit Jean-Louis Violeau,* Wien: Turia + Kant 2015.

Vitruv, *Zehn Bücher über Architektur*, Köln: Anaconda 2019.

Vogl, Joseph, *Über das Zaudern,* Berlin, Zürich: Diaphanes 2007.

Voigt, Rüdiger, »Großraum-Denken. Carl Schmitts Kategorie der Großraumordnung in der Diskussion«, in: ders. (Hg.), *Großraum-Denken. Carl Schmitts Kategorie der Großraumordnung,* Stuttgart: Franz Steiner 2008, S. 11-23.

Volkmer, Michael, Karin Werner (Hg.), *Die Corona-Gesellschaft. Analysen zur Lage und Perspektiven für die Zukunft*, Bielefeld: transcript 2020.

Wagner, Gerhard, *Herausforderung Vielfalt. Plädoyer für eine kosmopolitische Soziologie*, Konstanz: UVK 1999.

Wagner, Gerhard, *Eine Geschichte der Soziologie*, Konstanz: UVK 2007.

Wagner, Monika, *Das Material der Kunst. Eine andere Geschichte der Moderne*, München: C. H. Beck 2001.

Wagner, Monika, »Erde als Material künstlerischer Gestaltung«, in: Schriftenreihe Forum, *Erde*, Köln: Wienand 2002, S. 246-256.

Waldenfels, Bernhard, »Leibliches Wohnen im Raum«, in: Gerhart Schröder, Helga Breuninger, *Kulturtheorien der Gegenwart*, Frankfurt/M., New York: Campus 2001, S. 179-202.

Waldrich, Hans-Peter, »Das Bewußtsein aller Dinge. Gustav Theodor Fechner und die Einheit von Geist und Materie«, in: ders., *Grenzgänger der Wissenschaft*, München: Kösel 1993, S. 12-37.

Wallace, Robert, *Was Covid-19 mit der ökologischen Krise, dem Raubbau an der Natur und dem Agrobusiness zu tun hat,* Köln: PapyRossa 2020.

Wallace-Wells, David, *Die unbewohnbare Erde. Leben nach der Erderwärmung,* München: Ludwig 2019.

Wallerstein, Immanuel, »Die Entstehung einer Geokultur. Ideologien, soziale Bewegungen und die Sozialwissenschaften«, in: ders., *Welt-System-Analyse. Eine Einführung*, Wiesbaden: VS 2019, S. 69-86.

Walters, William, »Mapping Schengenland«, in: Marianne Piper (Hg.), *Biopolitik – in der Debatte*, Wiesbaden: VS 2011, S. 305-337.

Warming, Eugenius, »Plant Communities«, in: Robert E. Park, Ernest Burgess (Hg.), *Introduction to the Science of Sociology. Including an Index to Basic Sociological Concepts*, Chicago, London: The University of Chicago Press 1970, S. 93-100 [zuerst: 1921].

Warming, Eugenius, P. Graebner, *Lehrbuch der ökologischen Pflanzengeographie*, Berlin: Verlag von Gebrüder Borntraeger 1933.

Weber, Alfred, *Kulturgeschichte als Kultursoziologie*, München: Piper 1950.

Weber, Alfred, *Der dritte oder der vierte Mensch. Vom Sinn des geschichtlichen Daseins*, München: Piper 1953.

Weber, Max, »Wissenschaft als Beruf« (1919), in: ders., *Gesammelte Aufsätze zur Wissenschaftslehre*, Tübingen: J. C. B. Mohr (Studienausgabe) 1988 (zuerst 1922), S. 582-613.

Weber, Max, *Wirtschaftsgeschichte: Abriss der universalen Sozial- und Wirtschaftsgeschichte*, München: Duncker & Humblot 1923.

Weber, Max, »Die nichtlegitime Herrschaft (Typologie der Städte)«, in: ders., *Wirtschaft und Gesellschaft. Grundriss der verstehenden Soziologie*, Tübingen: J. C. B. Mohr (Studienausgabe) 1972, S. 727-814.

Weber, Max, *Wirtschaft und Gesellschaft, Grundriss der verstehenden Soziologie*, Tübingen: J. C. B. Mohr (Studienausgabe) 1972.

Weber, Max, »Die Protestantische Ethik und der Geist des Kapitalismus«, in: ders., *Gesammelte Aufsätze zur Religionssoziologie I*, Tübingen: J. C. B. Mohr 1988, S. 1-236.

Weber, Max, »Agrarverhältnisse im Altertum«, in: ders., *Gesammelte Aufsätze zur Sozial- und Wirtschaftslehre*, Tübingen: J. C. B. Mohr 1988, S. 1-288.

Weber, Max, »›Energetische‹ Kulturtheorien« (1909), in ders., *Gesammelte Aufsätze zur Wissenschaftslehre*, Tübingen: J. C. B. Mohr (Studienausgabe) 1988, S. 400-426.

Weisman, Alan, *Die Welt ohne uns. Reise über eine unbevölkerte Erde*, München: Piper 2007.

Weizman, Eyal, *Sperrzonen. Israels Architektur der Besetzung*, Hamburg: Nautilus 2008.

Welzer, Harald, *Klimakriege. Wofür im 21. Jahrhundert getötet wird*, Frankfurt/M.: Fischer 2010.

Weniger, Gerd-Christian, *Projekt Menschwerdung. Streifzüge durch die Entwicklungsgeschichte des Menschen*, Herne: Heitkamp-Deilmann-Haniel 2000.

Werber, Niels, *Ameisengesellschaften. Eine Faszinationsgeschichte*, Frankfurt/M.: Fischer 2013.

Werber, Niels, *Geopolitik zur Einführung*, Hamburg: Junius 2014.

Werlen, Benno, »Gibt es eine Geographie ohne Raum? Zum Verhältnis von traditioneller Geographie und zeitgenössischen Gesellschaften«, in: *Erdkunde* 47 (1993), H. 4, S. 241-255.

Wheeler, William M., »Ant-Society«, in: Robert E. Park, Ernest Burgess (Hg.), *Introduction to the Science of Sociology. Including an Index to Basic Sociological Concepts*, Chicago, London: The University of Chicago Press 1970, S. 100-102 [zuerst: 1921].

Whitehead, Alfred North, *Die Funktion der Vernunft*, Stuttgart: Reclam 1974 (amerik. Orig. 1929).

Whitehead, Alfred North, *Denkweisen,* Frankfurt/M.: Suhrkamp 2001.

Wiedenmann, Rainer E., *Tiere der Gesellschaft. Studien zur Soziologie und Semantik von Mensch-Tier-Beziehungen*, Konstanz: UVK 2002.

Wiens, Bernhard, »Die dritte Zerstörung. Fassadendämmungen aus Hartschaum befeuern die Nachhaltigkeitsdebatte«, in: *Telepolis*, 01.01.2015, ⟨https://www.heise.de/tp/features/Die-dritte-Zerstoerung-3369177.html⟩, letzter Zugriff 06.07.2021.

Wieprecht, Volker, Robert Skuppin, *Lexikon der verschwundenen Dinge*, Reinbek: Rowohlt 2010.

Wiertz, Thilo, »Geoengineering«, in: Sybille Bauriedl (Hg.), *Wörterbuch Klimadebatte*, Bielefeld: transcript 2016, S. 87-93.

Wiese, Leopold von, *System der Allgemeinen Soziologie als Lehre von den sozialen Prozessen und den sozialen Gebilden der Menschen (Beziehungslehre),* München, Leipzig: Duncker & Humblot 1993.

Wiesing, Lambert, *Sehen lassen. Die Praxis des Zeigens,* Berlin: Suhrkamp 2013.

Wilde, Jessica, *Die Fabrikation der Stadt. Eine Neuausrichtung der Stadtsoziologie nach Bruno Latour,* Bielefeld: transcript 2021.

Williams, George C., »Diskussionsbeitrag im Anschluss an Margulis' Vortrag ›Gaia ist ein zähes Weibstück‹«, in: John Brockman (Hg.), *Die dritte Kultur. Das Weltbild der modernen Naturwissenschaft*, München: Goldmann 1996, S. 177-202.

Wilson, Edward O., *Die soziale Eroberung der Erde. Eine biologische Geschichte des Menschen,* München: C.H. Beck 2013.

Winiwarter, Verena, »Landwirtschaftliches Wissen vom Boden. Zur Geschichte der Konzepte eines praktischen Umgangs mit der Erde«, in: Bernd Busch (Red.), *Erde,* Köln: Wienand 2002, S. 221-232.

Wischermann, Clemens, »Der Ort des Tieres in einer städtischen Gesellschaft«, in: *Informationen zur modernen Stadtgeschichte* 2, Themenschwerpunkt: Tiere in der Stadt, (2009), S. 3-12.

Wittfogel, Karl A., »Geopolitik, Geographischer Materialismus und Marxismus I, II und III«, in: *Unter dem Banner des Marxismus* 3 (1929), H. 1, 4, 5, S. 17-51, 485-522, 698-735.
Wohlfahrt, Erich, *Waldkunde, 1. Teil: Von dem Wesen und der Soziologie des Waldes*, Frankfurt/M.: J. D. Sauerländer's Verlag 1953.
Woods, Arthur, »Leben muss sich ausbreiten«, in: Hans-Arthur Marsiske, *Heimat Weltall. Wohin soll die Raumfahrt führen?*, Frankfurt/M.: Suhrkamp 2005, S. 177-182.
Woolf, Virginia, *A Room of One's Own,* New York: John Wiley & Sons 2015.
Worms, René, *Die Soziologie. Wesen, Inhalt und Beziehung zu anderen Wissenschaften*, Karlsruhe: Verlag G. Braun 1926.
Wüst, Christian, »Villa ohne Grenzen«, in: *Der Spiegel* Nr. 37, 07 .09. 2019.
Wulf, Christoph: »Pflanze«, in: ders. (Hg.), *Der Mensch und seine Kultur. Hundert Beiträge zur Geschichte, Gegenwart und Zukunft des menschlichen Lebens,* Köln: Anaconda 2010, S. 55-61.

Yourcenar, Marguerite, »Der Mann, der die Steine liebte«, in: dies., *Die Zeit, die große Bildnerin. Essays über Mythen, Geschichte und Literatur*, München, Wien: Carl Hanser 1998, S. 226-250.

Zahnen, Barbara, »Geographievergessenheit«, in: *Divinatio* 34 (2011), S. 197-228.
Zalasiewicz, Jan, »Die Einstiegsfrage: Wann hat das Anthropozän begonnen?«, in: Jürgen Renn, Bernd Scherer (Hg.), *Das Anthropozän. Zum Stand der Dinge,* Berlin: Matthes & Seitz 2015, S. 160-180.
Zepp, Harald, *Geomorphologie. Eine Einführung*, Paderborn: Ferdinand Schöningh (UTB) 2017.
Ziegenfuß, Werner, *Handbuch der Soziologie,* Stuttgart: Ferdinand Enke 1956.
Zimmermann, Walter, »Pflanzensoziologie«, in: Richard Thurnwald (Hg.), *Forschungen zur Völkerpsychologie und Soziologie*, Bd. 10: *Arbeiten zur biologischen Grundlegung der Soziologie*, 2. Halbband, Leipzig: C. H. Hirschfeld 1931, S. 19-69.
Žižek, Slavoj, *Auf verlorenem Posten*, Frankfurt/M.: Suhrkamp 2009.
Zoelly, Pierre, *Terratektur. Einstieg in die unterirdische Architektur*, Basel, Boston u. a. : Birkhäuser 1989.
Zola, Émile, *Die Erde.* Aus dem Französischen übertragen von Hans Balzer, Berlin: Rütten & Loening 1963.
Zucman, Gabriel, *Steueroasen. Wo der Wohlstand der Nationen versteckt wird*, Berlin: Suhrkamp 2014.
Zwerenz, Gerhard, *Die Erde ist unbewohnbar wie der Mond*, Frankfurt/M.: Fischer 1976.

Filmographie

Alraune (D 1928, R: Henrik Gallen)
Attack oft the Killer Tomatoes (USA 1978, R: John De Bello)
Black Robe – Am Fluss der Irokesen (KAN, AUS: 1991, R: Bruce Beresford)
Das Blumenwunder (D 1926, Regie: Max Reichmann)
Cujo (USA 1983, R: Lewis Teague)
Day of the Triffids (GB 1963, R: Steve Sekely)
Dogville (USA/Frankreich/Schweden 2003, R: Lars von Trier)
Endzeit (D 2018, R: Carolina Hellsgård)
Der Engländer, der auf einen Hügel stieg und von einem Berg herunterkam (GB 1995, R: Christopher Monger)
Der letzte Tango in Paris (IT/FR 1972, R: Bernardo Bertolucci)
Die Frau im Mond (D 1929, R: Fritz Lang)
Die Reise zum Mond (F 1902, R: Georges Méliès)
Fata Morgana (D 2007, R: Werner Herzog)
Gerry (USA 2002, R: Gus van Sant)
Good Kill (USA 2014, R: Andrew Niccol)
Grizzly Man (USA 2005, R: Werner Herzog)
Himmel über der Wüste (GB, IT 1990, R: Bernardo Bertolucci)
Im Keller (Ö 2014, R: Ulrich Seidl)
Intimacy (FR/GB/D/SP 2001, R: Patrice Chéreau)
Königin der Wüste (USA 2015, R: Werner Herzog)
Körper und Seele (Ungarn 2017, R: Ildikó Enyedi)
Lawrence of Arabia (GB 1962, R: David Lean)
Lektionen in Finsternis (D/F/GB 1992, R: Werner Herzog)
Lola (Frankreich/Philippinen 2009, R: Brillante Mendoza)
Nokan – Die Kunst des Ausklangs (Japan 2008, R: Masahiro Motoki)
Nostalgie des Lichts (Chile/Frankreich/Deutschland 2010, R: Paricio Guzman)
127 Hours (USA 2010, R: Danny Boyle)
Paris, Texas (FR, D 1984, R: Wim Wenders)
Prey (USA 2007, R: Darrell Roodt)
Seefeuer (IT/F 2016, R: Gianfranco Rosi)
Styx (D/Ö 2018, R: Wolfgang Fischer)
Take Shelter – Ein Sturm zieht auf (USA 2011, R: Jeff Nichols).
The Laundromat (USA 2019, R: Steven Soderbergh)
The Little Shop of Horrors (USA 1960, R: Roger Corman)
The Parasite (Südkorea 2019, R: Bong Jong Hoo),
The Pervert's Guide to Cinema, presented by Slavoj Žižek (GB 2006, R: Sophie Fiennes)

Transcendence (USA 2014, R: Wally Pfister)
Wallstreet (USA 1987, R: Oliver Stone)
Wild (D 2016, R: Nicolette Krebitz)

Namenregister

Ausführliches Inhaltsverzeichnis

Raumtheorie und -wissenschaften im Suhrkamp Verlag

Michail M. Bachtin. Chronotopos. Aus dem Russischen von Michael Dewey. Mit einem Nachwort von Michael C. Frank und Kirsten Mahlke. stw 1879. 242 Seiten

Bild – Raum – Kontrolle. Videoüberwachung als Zeichen gesellschaftlichen Wandels. Herausgegeben von Leon Hempel und Jörg Metelmann. stw 1738. 402 Seiten

Jörg Dünne/Stephan Günzel (Hg.). Raumtheorie. Grundlagentexte aus Philosophie und Kulturwissenschaften. In Zusammenarbeit mit Hermann Doetsch und Roger Lüdeke. stw 1800. 554 Seiten

Martina Löw
- Raumsoziologie. stw 1506. 320 Seiten
- Soziologie der Städte. Mit zahlreichen Abbildungen. Gebunden. 292 Seiten

Richard Münch. Offene Räume. Soziale Integration diesseits und jenseits des Nationalstaats. stw 1515. 320 Seiten

Raumtheorie. Grundlagentexte aus Philosophie und Kulturwissenschaften. Herausgegeben von Jörg Dünne und Stephan Günzel. stw 1800. 554 Seiten

Raum – Wissen – Macht. Herausgegeben von Rudolf Maresch und Niels Werber. stw 1603. 310 Seiten

Raumwissenschaften. Herausgegeben von Stephan Günzel. stw 1891. 406 Seiten

NF 162/1/10.10

Markus Schroer. Räume, Orte, Grenzen. Auf dem Weg zu einer Soziologie des Raums. stw 1761. 334 Seiten

NF 162/2/10.10

Soziologie
im Suhrkamp Verlag
Eine Auswahl

Dirk Baecker
- Beobachter unter sich. Eine Kulturtheorie. Gebunden. 309 Seiten
- Form und Formen der Kommunikation. stw 1828. 285 Seiten
- Neurosoziologie. Ein Versuch. eu 52. 262 Seiten
- Organisation und Management. stw 1614. 348 Seiten
- Organisation und Störung. stw 2012. 336 Seiten
- Studien zur nächsten Gesellschaft. stw 1856. 229 Seiten
- Womit handeln Banken? stw 946. 207 Seiten
- Wozu Theorie? stw 2177. 292 Seiten

Ulrich Beck
- Nachrichten aus der Weltinnenpolitik. es 2619. 150 Seiten
- Reflexive Modernisierung. Eine Kontroverse. Zusammen mit Anthony Giddens und Scott Lash. es 1705. 368 Seiten
- Risikogesellschaft. es 1365. 396 Seiten
- Weltrisikogesellschaft. Auf der Suche nach der verlorenen Sicherheit. st 4038. 439 Seiten

Herbert Blumer. Symbolischer Interaktionismus. Aufsätze zu einer Wissenschaft der Interpretation. Herausgegeben von Heinz Bude und Michael Dellwing. stw 2069. 187 Seiten

Pierre Bourdieu
- Entwurf einer Theorie der Praxis. stw 291. 493 Seiten
- Die feinen Unterschiede. Kritik der gesellschaftlichen Urteilskraft. stw 659. 912 Seiten
- Homo academicus. stw 1002. 455 Seiten
- Die männliche Herrschaft. stw 2031. 211 Seiten

NF 178/1/6.16

- Manet. Eine symbolische Revolution. Gebunden. 921 Seiten
- Sozialer Sinn. Kritik der theoretischen Vernunft. stw 1066. 512 Seiten
- Über den Staat. Gebunden. 722 Seiten

Ulrich Bröckling. Das unternehmerische Selbst. Soziologie einer Subjektivierungsform. stw 1832. 327 Seiten

Eva Illouz
- Die Errettung der modernen Seele. Therapien, Gefühle und die Kultur der Selbsthilfe. stw 1997. 412 Seiten
- Gefühle in Zeiten des Kapitalismus. stw 1857. 170 Seiten
- Israel. Soziologische Essays. es 2683. 229 Seiten
- Der Konsum der Romantik. Liebe und die kulturellen Widersprüche des Kapitalismus. stw 1858. 343 Seiten
- Warum Liebe weh tut. stw 2057. 467 Seiten

Stefan Kühl. Ganz normale Organisationen. Zur Soziologie des Holocaust. stw 2130. 411 Seiten

Jörn Lamla. Verbraucherdemokratie. Politische Soziologie der Konsumgesellschaft. stw 2072. 507 Seiten

Bruno Latour
- Eine neue Soziologie für eine neue Gesellschaft. stw 1967. 488 Seiten
- Existenzweisen. Eine Anthropologie der Modernen. Gebunden. 665 Seiten
- Die Hoffnung der Pandora. Untersuchungen zur Wirklichkeit der Wissenschaft. stw 1595. 386 Seiten
- Jubilieren. Über religiöse Rede. stw 2186. 247 Seiten
- Die Ökonomie als Wissenschaft der leidenschaftlichen Interessen. Eine Einführung in die ökonomische Anthropologie Gabriel Tardes. Zusammen mit Vincent Lépinay. Broschur. 120 Seiten

NF 178/2/6.16

- Das Parlament der Dinge. Für eine politische Ökologie. stw 1954. 364 Seiten
- Wir sind nie modern gewesen. Versuch einer symmetrischen Anthropologie. stw 1861. 205 Seiten

Martina Löw

Prostitution. Herstellungsweisen einer anderen Welt. Zusammen mit Renate Ruhne. es 2632. 215 Seiten
- Raumsoziologie. stw 1506. 320 Seiten
- Soziologie der Städte. stw 1976. 289 Seiten

Niklas Luhmann
- Die Gesellschaft der Gesellschaft. stw 1360. 1164 Seiten
- Kontingenz und Recht. Gebunden. 348 Seiten
- Die Kunst der Gesellschaft. stw 1303. 517 Seiten
- Liebe als Passion. stw 1124. 231 Seiten
- Liebe. Eine Übung. Gebunden. 94 Seiten
- Macht im System. stw 2089. 156 Seiten
- Die Moral der Gesellschaft. stw 1871. 402 Seiten
- Der neue Chef. Gebunden. 120 Seiten
- Politische Soziologie. stw 2068. 499 Seiten
- Das Recht der Gesellschaft. stw 1183. 598 Seiten
- Soziale Systeme. Grundriß einer allgemeinen Theorie. stw 666. 675 Seiten
- Die Wirtschaft der Gesellschaft. stw 1152. 360 Seiten

Hans-Peter Müller. Pierre Bourdieu. Eine systematische Einführung. stw 2110. 372 Seiten

Armin Nassehi
- Geschlossenheit und Offenheit. Studien zur Theorie der modernen Gesellschaft. stw 1636. 352 Seiten
- Gesellschaft der Gegenwarten. Studien zur Theorie der modernen Gesellschaft II. stw 1996. 362 Seiten
- Der soziologische Diskurs der Moderne. stw 1922. 481 Seiten

Andreas Reckwitz. Die Erfindung der Kreativität. Zum Prozess gesellschaftlicher Ästhetisierung. stw 1995. 408 Seiten

Hartmut Rosa
- Beschleunigung. Die Veränderung der Zeitstrukturen in der Moderne. stw 1760. 537 Seiten
- Beschleunigung und Entfremdung. Entwurf einer kritischen Theorie spätmoderner Zeitlichkeit. Broschur. 145 Seiten
- Resonanz. Gebunden. 816 Seiten
- Weltbeziehungen im Zeitalter der Beschleunigung. Umrisse einer neuen Gesellschaftskritik. stw 1977. 446 Seiten

Robert Schmidt. Soziologie der Praktiken. Konzeptionelle Studien und empirische Analysen. stw 2030. 288 Seiten

Georg Simmel. Gesamtausgabe in 24 Bänden. Gebunden oder Broschur.

Silke Steets. Der sinnhafte Aufbau der gebauten Welt. Eine Architektursoziologie. stw 2139. 274 Seiten

Rudolf Stichweh
- Der Fremde. Studien zu Soziologie und Sozialgeschichte. stw 1924. 213 Seiten
- Die Weltgesellschaft. Soziologische Analysen. stw 1500. 274 Seiten

Wolfgang Streeck. Gekaufte Zeit. Die vertagte Krise des demokratischen Kapitalismus. stw 2133. 351 Seiten

Gabriel Tarde
- Die Gesetze der Nachahmung. stw 1883. 400 Seiten
- Monadologie und Soziologie. stw 1884. 153 Seiten

Gunter Weidenhaus. Soziale Raumzeit. stw 2138. 240 Seiten

NF 178/4/6.16

Französische Philosophie im Suhrkamp Verlag Eine Auswahl

Jocelyn Benoist. Elemente einer realistischen Philosophie. Übersetzt von David Espinet. stw 2100. 180 Seiten

Grégoire Chamayou. Die unregierbare Gesellschaft. Eine Genealogie des autoritären Liberalismus. Übersetzt von Michael Halfbrodt. 496 Seiten. Gebunden

Gilles Deleuze

- Das Bewegungs-Bild. Kino 1. Übersetzt von Ulrich Christians und Ulrike Bokelmann. stw 1288. 332 Seiten
- Die einsame Insel. Texte und Gespräche 1953-1974. Übersetzt von Eva Moldenhauer. 435 Seiten. Gebunden
- Die Falte. Leibniz und der Barock. Übersetzt von Ulrich Johannes Schneider. stw 1484. 231 Seiten
- Logik des Sinns. Übersetzt von Bernhard Dieckmann. Aesthetica. es 1707. 397 Seiten
- Foucault. Übersetzt von Hermann Kocyba. stw 1023. 192 Seiten
- Kritik und Klinik. Übersetzt von Joseph Vogl. es 1919. 208 Seiten
- Unterhandlungen 1972-1990. Übersetzt von Gustav Roßler. es 1778. 261 Seiten
- Das Zeit-Bild. Kino 2. Übersetzt von Klaus Englert. stw 1289. 454 Seiten

Gilles Deleuze/Félix Guattari

- Anti-Ödipus. Kapitalismus und Schizophrenie. Übersetzt von Bernd Schwibs. stw 224. 529 Seiten
- Kafka. Für eine kleine Literatur. Übersetzt von Burkhart Kroeber. es 807. 133 Seiten

NF 107/1/2.20

- Was ist Philosophie? Übersetzt von Bernd Schwibs und Joseph Vogl. stw 1483. 272 Seiten

Jacques Derrida

- Das andere Kap. Die vertagte Demokratie. Zwei Essays zu Europa. Übersetzt von Alexander García Düttmann. es 1769. 97 Seiten
- Gesetzeskraft. Der »mystische Grund der Autorität«. Übersetzt von Alexander García Düttmann. es 1645. 125 Seiten
- Grammatologie. Übersetzt von Hans-Jörg Rheinberger und Hanns Zischler. stw 417. 541 Seiten
- Marx & Sons. Übersetzt von Jürgen Schröder. stw 1660. 135 Seiten
- Marx' Gespenster. Der Staat der Schuld, die Trauerarbeit und die neue Internationale. Übersetzt von Susanne Lüdemann. stw 1659. 300 Seiten
- Politik der Freundschaft. Übersetzt von Stefan Lorenzer. stw 1608. 496 Seiten
- Die Schrift und die Differenz. Übersetzt von Rodolphe Gasché. Die Übersetzung von »Cogito und Geschichte des Wahnsinns« wurde von Ulrich Köppen besorgt. stw 177. 464 Seiten
- Schurken. Übersetzt von Horst Brühmann. 224 Seiten. Gebunden und stw 1778. 219 Seiten
- Seelenstände der Psychoanalyse. Übersetzt von Hans-Dieter Gondek. 104 Seiten. Kartoniert
- Die Stimme und das Phänomen. Einführung in das Problem des Zeichens in der Phänomenologie Husserls. Übersetzt von Hans-Dieter Gondek. es 2440. 144 Seiten
- Die unbedingte Universität. Übersetzt von Stefan Lorenzer. es 2238. 78 Seiten
- Vergessen wir nicht – die Psychoanalyse! Herausgegeben, übersetzt und mit einem Nachwort von Hans-Dieter Gondek. es 1980. 234 Seiten

NF 107/2/2.20

- Vom Geist. Heidegger und die Frage. Übersetzt von Alexander García Düttmann. stw 995. 159 Seiten

Didier Eribon

- Michel Foucault. Eine Biographie. Übersetzt von Hans-Horst Henschen. st 3086. 533 Seiten
- Rückkehr nach Reims. Übersetzt von Tobias Haberkorn. 240 Seiten
- Gesellschaft als Urteil. Klassen, Identitäten, Wege. Übersetzt von Tobias Haberkorn. 320 Seiten. Klappenbroschur
- Betrachtungen zur Schwulenfrage. Übersetzt von Achim Russer und Bernd Schwibs. 622 Seiten. Gebunden

Michel Foucault

- Über den Willen zum Wissen. Vorlesungen am Collège de France 1970/71. Übersetzt von Michael Bischoff. stw 2290. 394 Seiten
- Theorien und Institutionen der Strafe. Vorlesungen am Collège de France 1971-1972. Übersetzt von Andrea Hemminger. 414 Seiten. Gebunden
- Die Strafgesellschaft. Vorlesungen am Collège de France 1972-1973. Übersetzt von Andrea Hemminger. 444 Seiten. Gebunden
- Die Macht der Psychiatrie. Vorlesungen am Collège de France 1973-1974. Übersetzt von Claudia Brede-Konersmann und Jürgen Schröder. Herausgegeben von Jacques Lagrange. stw 2152. 595 Seiten
- Die Regierung der Lebenden. Vorlesungen am Collège de France 1979-1980. Übersetzt von Andrea Hemminger. stw 2306. 496 Seiten
- Subjektivität und Wahrheit. Vorlesungen am Collège de France 1980-1981. Übersetzt von Andrea Hemminger. 415 Seiten. Gebunden
- Sexualität und Wahrheit. Vierter Band: Die Geständnisse des Fleisches. Übersetzt von Andrea Hemminger. 556 Seiten. Gebunden

NF 107/3/2.20

Tristan Garcia
- Wir. Übersetzt von Ulrich Kunzmann. 332 Seiten. Gebunden
- Das intensive Leben. Eine moderne Obsession. Übersetzt von Ulrich Kunzmann. Gebunden und stw 2273. 215 Seiten

Hans-Dieter Gondek/László Tengelyi. Neue Phänomenologie in Frankreich. stw 1974. 708 Seiten

Vladimir Jankélévitch
- Die Ironie. Übersetzt von Jürgen Brankel. 190 Seiten
- Die Musik und das Unaussprechliche. Übersetzt von Ulrich Kunzmann. Mit einem Nachwort von Andreas Vejvar. 268 Seiten. Gebunden
- Der Tod. Übersetzt von Brigitta Restorff. Herausgegeben und mit einer Nachbemerkung von Christoph Lange. Mit einem Nachwort von Thomas Kapielski. 574 Seiten. Gebunden und stw 2240
- Das Verzeihen. Essays zur Moral und Kulturphilosophie. Übersetzt von Claudia Brede-Konersmann. Herausgegeben von Ralf Konersmann. Mit einem Vorwort von Jürg Altwegg. Gebunden und stw 1731. 292 Seiten
- Zauber, Improvisation, Virtuosität. Schriften zur Musik. Übersetzt von Ulrich Kunzmann. Herausgegeben und mit einem Nachwort von Andreas Vejvar. stw 2271. 422 Seiten

Bruno Latour
- Cogitamus. Übersetzt von Bettina Engels und Nikolaus Gramm. eu 38. 213 Seiten
- Existenzweisen. Eine Anthropologie der Modernen. Übersetzt von Gustav Roßler. Gebunden. 665 Seiten
- Die Hoffnung der Pandora. Untersuchungen zur Wirklichkeit der Wissenschaft. Übersetzt von Gustav Roßler. stw 1595. 386 Seiten
- Jubilieren. Über religiöse Rede. Übersetzt von Achim Russer. Gebunden. 247 Seiten

NF 107/4/2.20

- Kampf um Gaia. Acht Vorträge über das neue Klimaregime. Übersetzt von Achim Russer und Bernd Schwibs. 522 Seiten. Gebunden
- Eine neue Soziologie für eine neue Gesellschaft. Einführung in die Akteur-Netzwerk-Theorie. Übersetzt von Gustav Roßler. stw 1967. 488 Seiten
- zusammen mit Vincent Lépinay: Die Ökonomie als Wissenschaft der leidenschaftlichen Interessen. Eine Einführung in die ökonomische Anthropologie Gabriel Tardes. Übersetzt von Gustav Roßler. Broschur. 120 Seiten
- Das Parlament der Dinge. Für eine politische Ökologie. Übersetzt von Gustav Roßler. stw 1954. 365 Seiten
- Das terrestrische Manifest. Übersetzt von Bernd Schwibs. 136 Seiten. Klappenbroschur
- Wir sind nie modern gewesen. Versuch einer symmetrischen Anthropologie. Übersetzt von Gustav Roßler. stw 1861. 205 Seiten

Achille Mbembe
- Ausgang aus der langen Nacht. Versuch über ein entkolonisiertes Afrika. Übersetzt von Christine Pries. 300 Seiten. Gebunden
- Kritik der schwarzen Vernunft. Übersetzt von Michael Bischoff. 332 Seiten. Gebunden
- Politik der Feindschaft. Übersetzt von Michael Bischoff. 235 Seiten. Gebunden

Maurice Merleau-Ponty
- Die Abenteuer der Dialektik. Übersetzt von Alfred Schmidt und Herbert Schmitt. stw 105. 281 Seiten
- Das Primat der Wahrnehmung. Übersetzt von Jürgen Schröder. Mit einem Nachwort von Lambert Wiesing. stw 1676. 132 Seiten

NF 107/5/2.20

Jacques Rancière. Das Unvernehmen. Politik und Philosophie. Übersetzt von Richard Steurer. stw 1588. 150 Seiten

Paul Ricœur

- Die Interpretation. Ein Versuch über Freud. Übersetzt von Eva Moldenhauer. stw 76. 400 Seiten
- Wege der Anerkennung. Erkennen, Wiedererkennen, Anerkanntsein. Übersetzt von Ulrike Bokelmann und Barbara Heber-Schärer. 350 Seiten. Gebunden

Michel Serres

- Erfindet euch neu! Eine Liebeserklärung an die vernetzte Generation. 69 Seiten
- Die fünf Sinne. Eine Philosophie der Gemenge und Gemische. Übersetzt von Michael Bischoff. stw 1389. 472 Seiten
- Der Naturvertrag. Übersetzt von Hans-Horst Henschen. es 1665. 203 Seiten
- Der Parasit. Übersetzt von Michael Bischoff. stw 677. 391 Seiten
- Was genau war früher besser? Ein optimistischer Wutanfall. Übersetzt von Stefan Lorenzer. 80 Seiten. Taschenbuch

Michel Serres (Hg.). Elemente einer Geschichte der Wissenschaften. Von Michel Authier, Paul Benoît, Bernadette Bensaude-Vincent, Geof Bowker u.a. Übersetzt von Horst Brühmann. stw 1355. 1080 Seiten

NF 107/6/2.20